中国近代人物文集丛书

翁同龢集

（增订本）

一

谢俊美 编

中 华 书 局

图书在版编目(CIP)数据

翁同龢集/谢俊美编.—增订本.—北京:中华书局,2021.1
(中国近代人物文集丛书)
ISBN 978-7-101-14732-2

Ⅰ.翁… Ⅱ.谢… Ⅲ.翁同龢(1830~1904)-文集
Ⅳ.Z425.2

中国版本图书馆 CIP 数据核字(2020)第 167410 号

书　　名　翁同龢集(增订本)(全四册)
编　　者　谢俊美
丛 书 名　中国近代人物文集丛书
责任编辑　欧阳红
出版发行　中华书局
(北京市丰台区太平桥西里 38 号　100073)
http://www.zhbc.com.cn
E-mail:zhbc@zhbc.com.cn
印　　刷　北京瑞古冠中印刷厂
版　　次　2021 年 1 月北京第 1 版
2021 年 1 月北京第 1 次印刷
规　　格　开本/850×1168 毫米　1/32
印张 67　插页 8　字数 1300 千字
印　　数　1-1500 册
国际书号　ISBN 978-7-101-14732-2
定　　价　298.00 元

增订说明

《翁同龢集》自 2005 年出版，至今已有十二年。十多年来，学者们在阅读和使用中发现它还存在一些问题，这些问题主要集中在：一、一些函稿收寄时间欠准确；二、少数无署名函稿误判。造成这两个问题，从主观方面检讨，编者考证功夫不够。从客观方面讲，这些资料当年都是从各地图书馆、档案馆、博物馆用手工抄录而来，再加不少资料因年代久远、印刷粗劣，水浸、虫蛀、鼠咬，字迹模糊缺失，还有一部分来自美国翁氏后人的复印件，纸墨浑黑，不易辨认，根本看不到原件，以致造成不少错漏讹误。

十多年来，随着电子技术的快速发展，有关翁同龢的资料，如《翁同龢日记》、遗留文献、《瓶庐丛稿》等相继影印出版；上海中西书局还专门出版了电子版翁同龢日记，既有标点，又有新旧年月日对照，人名目录索引，检索非常方便，这些为集中纠正上述缺陷提供了方便，本集就是以此来进行增订的。这里特别要提的，国家图书馆李红英研究员，她对集中收录的、现存国家图书馆的翁氏家书中翁同龢函札的时间进行了认真考订，并出版了《翁同龢书札系年考》，并将此书赠送给编者，这也为编者的这次修订提供了不小的帮助，对此，表示感谢。

本集在这次修订中，还增补了近十年来新出版的翁同龢资料。这些资料计有奏摺类文书十多件、未刊函札上百件、诗词二十多首、赋稿四十多篇、联对六十多副、历次主持乡会试和其他各类考试的《试事录存》十五件。这些资料主要来源于《翁同龢文献丛编》、《瓶庐丛稿》、《翁心存日记》、《上海图书馆藏翁同龢未刊手稿》和由翁氏后人提供。这些资料的增补必将有助于推动翁同龢研究和晚清史的研究。

目前出版界对古籍的出版，大多依样影印，既不标点，更乏注释。近年出版的翁同龢资料，无论大陆、台湾，亦均如此。因此，编者在选录应用和文本解读方面讹误不免，敬请读者见谅。

本次增订出版，得到了中华书局近代史编辑部欧阳红编审的鼎力相助和大力支持。国家清史编委会主任戴逸教授、副主任朱诚如教授以及上海交通大学出版社编审任雅君女士给予了许多关心，中华书局编审陈铮先生为了落实本书的增订出版，还亲自专门与书局近代史编辑部进行联系。对于他们的关爱帮助，一并表示谢忱。

编　者

2017 年 7 月于上海武定坊北州书屋

编订说明

翁同龢，字声甫，一字均斋，号叔平，又号瓶生，晚号松禅老人，祖籍江苏常熟，出身世家，父兄都是朝廷重臣。他生于道光，咸丰六年会试，一甲第一名，状元及第。此后跻身政坛，历任同、光两朝帝师，授为军机大臣，兼任总理衙门大臣，出长学政、都察院左都御史、国子监祭酒，工、刑、户部尚书协办大学士。任职期间，有凡国家重大军政、外交、经济、法律、交通、金融、工程、水利，诸如中法战争、中日甲午战争、戊戌变法、中德胶州湾租借谈判交涉、中俄旅大租借谈判交涉等等，无不参与，他的言行举止"动关朝局"，直接或间接地决定和影响了这些事件的进程。因此，他是近代史上的关键人物，是一个值得人们重视和研究的人物。

1898 年（光绪二十四年），翁同龢因支持维新变法被开缺回籍。戊戌政变后，慈禧太后又将他革职永不叙用，并交地方编管。之后他在忧病中度过了七年岁月，于 1904 年（光绪三十年）去世，终年 75 岁。

翁同龢去世后，因为处分尚未开复，所以，遗稿还无法出版。1909 年宣统改元，他被平反昭雪。他的诗文以《瓶庐诗稿》名义出版。民国以后，特别是二三十年代，他的部分文稿以及函稿陆续影印出版。日记在其门生张元济的主持下，也于 1925 年由商务印书馆涵芬楼影印行世。

翁同龢的手稿大多"真草相杂"，一般人很难辨识。所以，上述文稿、函稿和日记虽影印行世，但无论对读者，还是对学者来说，阅读和使用起来均很不方便。非了解晚清政情，无由知其内容。由于上述原因，以至在他死后长达半个多世纪的时间内，无人对他进行专门研究，既无一本汇集他著作的集子，也未出版过一部反映他一生活动的传记。

1978 年改革开放，春回大地，学术研究重新获得自由。随着中国近代史研究的不断深入，翁同龢也越来越多地引起人们的重视。1985 年中华书局率先出版了由陈义杰整理标点的《翁同龢日记》，这是迄今为止海内外整理得最好的一本翁同龢日记，有力地推动了翁同龢和近代史的研究，因而受到学术界的欢迎和好评。

1980 年，我开始涉足翁同龢的研究。史料是史学研究的生命，没有大量丰富翔实的史料就不可能有好的历史研究。为此，我前后大约花费了八九年的时间进行资料的搜集工作，足迹遍及北京、上海、常熟、苏州、天津、合肥、长沙、广州等城市的图书馆、博物馆、档案馆及有关大学的图书馆。其间六上北京，十赴常熟，为查找资料，艰苦备尝，其情景至今回忆起来犹历历在目。有凡翁同龢乃至翁家的资料无不抄录，后又从翁氏后人那里搜集到部分资料，其总字数不下一百五十万，本集就是在这些资料的基础上整理编辑而成的，它熔铸了我多年的汗水和心血。

本集主要由奏疏、函稿、诗词联对、文录、自订年谱、甲午日记和随手记及附录七部分组成。奏疏共收录一百多件，主要录自北京国家第一历史档案馆馆藏军机录副及有关档案资料，凡翁同龢个人单衔或与他人连衔的重要摺件则收，有关例行公文的呈式摺件则不录。函稿共收录一千三百多件，集中反映了他同家族成员以及他与晚清官场各色人物的交往和他对朝政的看法，史料价值较高。诗文部分共收录诗近700首,词10首,联对50副,文录141篇。中国历来文史不分,文中有史,史中有文。这些诗文内多涉及当时的史实和人物,从一个侧面为我们提供了近代史方面的若干史料。翁同龢年谱比日记多出道光十年至咸丰六年部分,且内容较日记翔实,研究使用方便,故加收录。鉴于翁同龢日记已单独出版,本集不可能也无此必要再加收录。但集中还是收了他的另外两本片断日记:《甲午日记》和《随手记》。这两本日记内容多带机密性,对研究甲午战争后到戊戌变法前夕晚清政局相当重要。且《甲午日记》还可补年谱之不足(年谱中甲午年正月至十一月部分在“文革”中遗失)。考虑到这些原因,也一并将它们收入集中。为了便利读者阅读和学者研究,书后附录了本书涉及人员的简介及本书征引的主要文献资料。

本书从资料搜集、整理到这次正式出版,前后经历了十多年。十多年来,人事沧桑,几多变迁。有些当年保管资料的机构不是被裁,就是被并,加上新的保管办法和商品经济思潮的趋动,使编者很难再将这些资料与原稿逐一加以核对。有些资料本来就因年代久远、水浸虫咬,已很难辨认,编者只好用“□”来表示;对资料中明显的错别字则加上“〔　〕”“〈　〉”。资料原件无标点,文稿、函稿也未注明写作时间,为方便读者利用,编者对每件资料分别加注了出处和写作时间,但因数量大及水平有限,虽经多方考证,讹误仍在所不免。

当今出书不易,尤其是出版像《翁同龢集》这类著作更难。本书之所以能顺利出版,除了个人努力外,其中力源主要得自师友们的恩泽。这里有已故导师陈旭麓的谆谆教诲,著名历史学家戴逸和李侃、陈铮、施宣园、李炳清、杨增麒等先生对我的研究始终给予无微不至的关怀。陈铮先生还多次助我查找资料，这次又冒着酷暑高温天气，为我审读全稿，字斟句酌，一丝不苟，备极辛劳，他的求真求实的学术风范，使我终生难以忘怀。中华书局历任编辑从副总编李岩到陈东林、侯明、柳宪、沈致金、冯宝志、任灵兰、欧阳红等，均为本书的出版倾注了心力。华东师范大学图书馆、常熟市图书馆、常熟市博物馆、翁同龢纪念馆、上海市图书馆等单位的师友、同事也给予很多的帮助。在此，让我一并向他们表示衷心感谢。

数十年来，我的家人、亲戚对我的研究更是给予了莫大的支持。内兄王昭仁一家刘凤华、王浩然、王怡、王思源对我的无微不至的关怀帮助我将永远铭记。我的夫人王昭芬，儿子谢建骁、儿媳金莉、孙女谢正悦给予的关心更多。至于我的父亲谢高成、母亲唐玉兰不仅养育了我，而且省吃俭用培养我上大学。我工作后仍时时关心我。父亲于1999年以91岁高龄、母亲于2000年以94岁高龄相继辞世，谨以本书的出版表示对他们的深切悼念。

文似山陵不喜平，传世文章不近名。回顾是书编辑出版的历程，看到它的出版，不由感慨万千，内心充满了无限的愉悦之情。编者学识粗疏，书中不足之处，敬请方家指正。

谢俊美谨识

2003年12月于上海武定坊北州书屋

目　录

第一册

奏　疏

第二册

第三册

第四册

赋　稿

奏　疏

请修实政疏*

同治八年六月二十三日(1869 年 7 月 31 日)

本月十七日恭读上谕:"本日神武门内敬事房木库不戒于火,亟应恐惧修省,寅畏天威等因。钦此。"

夫所谓恐惧修省者,非徒托诸空言,所贵见之实事。不知纶音布告,将姑为是说饰一时之耳目耶?抑诚心感发实欲见之躬行耶?躬行则力崇节俭,纷华靡丽必捐也;辨色视朝,逸乐宴安必戒也;从谏如流,改过不吝,忠言谠论必乐闻也;召对臣工,旁咨博采,民情吏治必周悉也;是之谓真恐惧,是之谓真修省。若惟是言焉而已,恐天心难革而灾变之柬未易弭也。人情履患难则惧,惧则敬心生;处安乐则怠,怠则肆心起,故善始者繁,克终者鲜。

皇上御极之初,皇太后垂帘听政,维时甫经变乱,兢兢业业,宵旰靡遗,薄海臣民莫不欣然望治。近年以来,精勤之意稍逊于前矣,是以月食再见,冬雪衍期。本年次辛祈谷烈风大作,禁城以内屡有火灾,此固天心仁爱不惮殷勤示警,使之慎始而图终也。伏望皇太后、皇上常思时事之艰难,无忘庚申之忧患,不以恐惧修省为诰诫之虚文,而以恐惧修省行敬天之实政,庶灾变可弭,祥和可致矣。

葛士浚辑:《皇朝经世文续编》(四)卷十二,治体二,第 11 页

---

* 翁同龢同治八年六月二十四日日记记载,与倭仁、徐桐联衔。

因母病重陈请开缺摺

同治十年十二月十九日(1872 年 1 月 28 日)

奏为微臣母病未瘳,吁恳天恩俯准开缺侍养事:臣母许氏,现年八十二岁,素无疾病,前因感受冬暖,遽投攻下之剂,元气大亏。臣三次请给假期,仰蒙恩准在案。旬月以来,虽渐减轻,惟精神转觉委顿,饮食减少,未能速痊。伏念臣世受国恩,隆天厚地,臣父在日,曾值讲筵,现当皇上圣学方新,臣虽至愚,亦思随诸臣之后,稍效涓埃,岂敢以将母之私上尘圣听。且臣母素知大义,每日臣退值之时,必谆谆以尽职忘身为训。若仅晨昏奉养亦非所以慰臣母之心,无如病势缠绵,经旬累月,目前医药等事固未敢跬步暂离,即调理就痊而饮食寒暖之宜,尤必备加慎重。臣窃念书斋侍值,职有攸司,若增内顾之忧,必不能尽心劝讲,与其怀私心以窃禄,何如据实以陈情,用是披沥下忱,吁恳圣恩俯准开缺,俾得专心侍奉。如能仰赖朝廷福庇,渐就轻安,则此后臣母桑榆之岁皆皇太后、皇上再造之隆恩矣。臣无任激切屏营之至。谨缮摺奏,伏乞皇太后、皇上圣鉴。谨奏。

翁斌孙辑《翁同龢瓶庐丛稿》(四)第 235—237 页,上海远东出版社 2014 年版

奏请停止圆明园工作摺*

同治十三年七月十七日(1874 年 8 月 28 日)

(皇上侍奉)皇太后孝思纯笃,未肯收回成命,而当此时势艰

---

* 该摺由李鸿藻、翁同龢与徐桐、广寿联衔陈奏。

难，论理论势，皆有必须停止者，敢为皇太后敬陈之：咸丰十年，文宗显皇帝由圆明园巡幸热河，为我朝二百馀年非常之变，至今天下臣民，无不痛心疾首。两宫皇太后与皇上念及当时情形，亦必伤心惨目，何忍复至其地。且前内务府大臣文丰，曾殉节于斯。不祥之地，更非驻跸之所宜，此理之不可不停止者也。

现在西路军事孔亟，需饷浩繁，各省兵勇欠饷累累，时有哗变之虞，加以日本滋扰台湾，势甚猛悖，沿海各口均需设防，经费尚不知从何筹措。以户部而论，每月兵饷不敷支放，江苏四成洋税，已奏明停解，捐输、厘金亦已搜索殆尽。内外诸臣，方以国帑不足为忧，而园工非一两千万莫办，当此中外空虚，又安得此巨款办此巨工乎？此势之不能不停止者也。皇上常以宵旰勤劳。乂安寰宇，仰慰两宫皇太后之心，为孝之大者，若竭天下之脂膏，供园庭之工作，以皇太后之至圣至仁，当必有所不忍也。十馀年来，皇太后、皇上励精图治，发捻各匪，次第扫除，良由政令修明，故人心固结。今大局粗安，元气未复，当匮乏之时为不急之务，其知者以为皇上之孝思，其不知者将谓皇上渐耽安逸，人心有不免涣散者也。在承办诸臣，亦明知工大费多，告成无日，不过敷衍塞责，内而寺宦，外而佞人，希图中饱，必多方画策，极力赞成。如李光昭者，种种欺蒙，开干进之门，启逢迎之渐，此尤不可不慎者也。

虽曰不动巨款，而军需之捐例未停，园工之捐继起，以有限之财，安能给无穷之用。臣等以为与其徒敛众怨，徒伤国体，于事万难有成，不如及早停工，以安天下之人心。

伏愿皇太后明降谕旨，停止园工，则皇太后之威德，皇上之孝思，均超越千古矣。臣等不胜激切待命之至，伏祈圣鉴。谨奏。

李宗侗、刘凤翰《李鸿藻先生年谱》（上）第211—212页

呈请两宫皇太后听政摺*

同治十三年十一月十三日(1874年12月21日)

皇上于本月遇有天花之喜,经钟郡王、惇亲王等合词吁恳静心调摄。……惟现在尚难耐劳,诸事深虞旷误,所有内外臣工各衙门陈奏事件,可否一应呈请两宫皇太后披览裁定;俟来年二月十一日后,再照常办理。臣等不胜激切待命之至,伏祈圣鉴。谨奏。

李宗侗、刘凤翰《李鸿藻先生年谱》(上)第219页

奏请复讯杨乃武一案摺**

光绪元年十月三十日(1875年11月27日)

为核议重案,现讯情节与原题尚多歧异,谨详细奏明,请旨饬令再行研讯明确,以成信谳事。

臣等查:此案已革举人杨乃武因奸,商同奸妇葛毕氏谋毒本夫葛品连身死。现据该学政复讯明确:将葛毕氏依淫妇同谋杀死亲夫,凌迟处死;杨乃武依奸夫起意杀死淫妇之夫例,拟斩立决。查罪名并无出入,惟检查浙江巡抚原题,与该学政复讯供招,逐一详核,尚有歧异之处。如原题杨乃武、葛毕氏供称:同治十二年八月

---

* 同治十三年十一月八日翁同龢日记有:上遇有天花之喜,“命诸臣具摺奏请。退后与诸臣同诣枢廷拟摺稿,略言俟来年二月十一日后再照常办理”。此摺由惇亲王、恭亲王、醇亲王等领衔,列衔的有奕劻、李鸿藻、翁同龢、徐桐、广寿、王庆祺等人。

** 此摺由翁与桑春荣、皂保、崇实、绍祺等刑部堂官联衔。查翁同龢光绪元年十月三十日日记有:“是日奏葛毕氏一案,驳令该侍郎再行详鞫,奉明发一道。”

二十四日，杨乃武在葛毕氏房内玩笑，被本夫葛品连撞见。杨乃武走避，葛品连向葛毕氏盘出奸情，将葛毕氏责打，并称：再与往来，定要一并杀害。邻人王心培供亦相同。今查阅复讯杨乃武供词，称：八月二十四日听人传说，葛品连与葛毕氏争闹，葛毕氏把头发剪下，欲至葛毕氏家探问，走到门首，见他家有人，并未进去。葛毕氏、王心培供亦略同。查原题断罪出入，称杨乃武与葛毕氏通奸，被本夫葛品连撞破奸情，即系指八月二十四日之事而言；今复讯供称八月二十四日杨乃武并未进葛毕氏家，是杨乃武与葛毕氏奸情，本夫并未撞破。前后情节互异。

至杨乃武原供：十月初三日由杭州回到余杭，路过仓前镇地方，向钱宝生药铺买得红砒。及查复讯，供称：系十月初二日在钱宝生铺内购买。查买砒日期，不容稍涉含混，何以原供与现审供词互相参差？况钱宝生系卖砒要证，检阅现供，系初审时仅在本县传讯一次，此后该府向以未经亲自复鞫；是否曾与杨乃武当堂对质，案中亦未叙及。

且王心培供有葛毕氏白日常不在家，夜深时每闻其开户之语。究竟来往者系属何人，检阅葛毕氏等供招，于此节并未详讯。

又杨乃武牵告该县刘锡彤之子刘子翰令民壮阮得传谕，令其出洋钱了结。刘子翰是否刘海昇？仅凭民壮阮得供词，谓刘海昇早已回籍，并未取具该县亲供，亦属疏漏。

以上各节，均系案中紧要关键，经臣等逐细详核，原审情节与现供尚多歧异。在该学政就现讯供词定案，原不必与原审情节尽符，惟供词因何不符之处，亦应于复审供内详细声明，方成信谳。

今复审供词既与原审情节互异，并未逐层剖析，臣部未便率复，应否请旨饬下该学政提集要犯，将复讯、原审情节因何歧异之处，再行讯取详细供词，声叙明晰，妥拟具奏，到日再由臣部核议。……

所有臣等遵旨速议奏请复讯情由，谨恭摺具奏请旨。

光绪元年十一月十四日《京报》，转引朱寿朋等辑：《杨乃武冤狱》第67—68页

披沥下忱恳辞恩命摺

光绪元年十二月十三日（1876年1月9日）

署刑部右侍郎、内阁学士臣翁同龢跪奏，为披沥下忱恳辞恩命事。

光绪元年十二月十二日钦奉慈安端裕康庆皇太后、慈禧端佑康颐皇太后懿旨："皇帝冲龄践祚，亟宜乘时典学，日就月将，以裕养正之功，而端出治之本。著钦天监于明年四月内选择吉期，皇帝在毓庆宫入学读书，著派署侍郎、内阁学士翁同龢，侍郎夏同善授皇帝读等因。钦此。"闻命之下，感涕交并。

伏念臣于同治四年恭承特简，在弘德殿行走，十年以来，仰蒙穆宗毅皇帝天地之仁，恩礼有加，始终无间，不意遭变，讲筵中辍，此诚千古伤心之事。为臣子者不幸之遭逢，于斯为极。臣自去腊迄今，百疾交攻，心气恍惚，梦寐中往往标擗号呼。盖微臣受恩之深，辜恩之甚，实自知之，固非章奏所能达者也。今者恭遇皇上典学维新，如日之升，万方企仰，两宫皇太后博选廷臣，岂无堪胜辅导之责者，何独于侍学旧臣，又蒙简畀。况臣衰疾之馀，智力短浅，自问已难称职，若复觍颜就列，必至有负圣恩。惟有披沥下忱，叩恳

两宫皇太后俯鉴微臣无可名言之苦衷，与不能胜任之实迹，收回恩命，别简贤能。臣不胜惶悚激切，待命之至，谨具摺渎陈，伏乞圣鉴。谨奏。

中国第一历史档案馆，奏档，光绪元年二号 D：内政职官卷

恪遵训谕恭谢天恩摺

光绪元年十二月十四日（1876 年 1 月 10 日）

臣翁同龢跪奏，为恪遵训谕恭谢天恩事。

光绪元年十二月十三日，钦奉慈安端裕康庆皇太后、慈禧端佑康颐皇太后懿旨："署侍郎翁同龢奏披沥下忱、侍郎夏同善奏巨任难胜，恳辞恩命各一摺。皇帝典学之初，端资养正，朝廷以翁同龢曾在弘德殿行走有年，特命与夏同善在毓庆宫授读。翁同龢、夏同善惟当尽心纳诲，用副简任之意，其各懔遵前旨，毋许固辞，钦此。"跪读之下，惶悚难名，伏念臣前摺所陈，皆出至诚，毫无矫虚饰伪，冀圣慈听许，俾得稍慰初衷。今蒙温谕再加，臣亦何敢屡渎。惟念皇上入学之初，圣学圣躬，两者皆负培养，臣素性讦直，工夫未能静细，加以衰疾，智虑更疏，凡书房一切课程，皆应上禀两宫太后懿训，与同直诸臣悉心商酌，庶获涓埃之益，稍酬高厚之恩。

所有微臣感激下忱，谨缮摺叩谢天恩，伏乞圣鉴。谨奏。

光绪元年十二月十四日。

中国第一历史档案馆，奏档，光绪元年二号 D：内政职官卷

遵议左宗棠出关饷需摺*

光绪二年三月初九日(1876年4月3日)

奏为左宗棠出关饷需遵旨分别提拨恭摺并案办理奏祈圣鉴事。

两江总督沈葆桢等奏关外饷需碍难借用洋款及江苏力筹西征协饷各摺片,光绪二年二月初七日奉上谕:"沈葆桢等奏筹议关外饷需碍难借用洋款暨江苏拟力筹西征协饷各摺片,据称:借用洋款耗息甚多,海关部库均受其害,应于各省关移缓就急,并江苏竭力筹措等语,所陈亦属实在情形。西征饷事甚殷,自当通盘筹画,于国计军饷两无妨碍,方为有济。左宗棠公忠素著,自能计出万全,应如何斟酌尽善之处,著该大臣体察情形,妥为筹划,迅速具奏。原折片著钞给左宗棠阅看。沈葆桢所请将湖北、湖南协济江防银两移解西征粮台济用,俟左宗棠复奏到日再行降旨,钦此。"

二月十七日军机大臣面奉谕旨:"著该衙门议奏,钦此。"陕甘总督左宗棠复陈请借洋款、福建巡抚丁日昌奏变通办法各一摺,三月初一日奉上谕:"左宗棠、刘典奏会报抵兰出塞日期,左宗棠奏新疆贼势大概情形,请筹洋款四百万两,丁日昌奏洋债不宜多借各摺片,览奏均悉。刘典现已驰抵兰州,所有关内关外各事宜,左宗棠业已统筹全局,布置妥协,督率马步各营,分起西进,为规复新疆各城之计,足见公忠体国,力任其难。该督抵肃州后,应如何次第进

---

* 此摺与载龄、董恂、毛昶熙、荣禄、恩承、袁保恒、庆升联衔。

兵之处，均著随时相机筹办，朝廷不为遥制。所陈新疆贼势军情，了如指掌，惟期节节扫荡，收复乌鲁木齐、吐鲁番，以次廓清南北两路，奠定西陲，为一劳永逸之举。后路催运粮饷军火，关系紧要，刘典当随时筹画，以资接济。左宗棠出师塞外，必须士饱马腾，方足以壮军威而张挞伐，各营将士踊跃前驱，尤深廑念。各省协解西征饷银，未能足数，致有积欠口粮。此次远道进兵，粮饷必须充裕。左宗棠前议借洋款一千万两以备应用，因耗息过多，现请减借用四百万两，系为节省经费顾全大局起见。惟现当大举深入，酌发欠饷，预备行粮，需款甚巨，恐不足以资周转。该督既以肃清西路自任，何惜筹备巨款，俾敷应用，以竟全功。加恩著于户部库存四成洋税项下，拨给银二百万两，并准其借用洋款五百万两，各省应解西征协饷提前拨解三百万两，以足一千万两之数。该督得此巨款，务将新疆军务早日蒇事，迅奏肤功。国家经费有常，似此竭力凑拨，可一而不可再，万不可虚縻帑项，日久无功。洋款如何筹借，著左宗棠自行酌度，奏明办理。拨用四成洋税二百万两，如何解还部库，著户部筹拨归款。所借洋款著仍遵前旨，在各省应协西征新饷分年拨还。各省应解西征协饷，现令提前赶解三百万两，并著户部酌量指拨，毋任延宕。其馀应解西征协饷，仍著各该将军、督抚凛遵前旨，严饬该藩司、监督尽力报解，毋得以八成自限。左宗棠奏闽、粤欠解较多，请饬将本年应协甘款如数迅解等语，著该督抚遵照办理。筹借洋款，本系万不得已之举，因西征大局所关，是以允借五百万两，俾利军行。丁日昌所陈变通西饷办法，亦有所见，并先行凑齐六十万两，由沈葆桢处汇解，具见急公。嗣后应解左宗棠协饷，仍著会商文煜、李鹤年，源源筹办，以应急需，钦此。”丁日昌奏提前预解西饷片一体，同日军机大臣奉旨：“知道了，钦此。”钦遵。由军机处抄交到部。据沈葆桢等原摺内称:“洋人肯以巨款借我者,恃有海关坐扣,如取携也。洋人取之海关,海关仍待济于各省。向日各省仅筹协饷,已催解不前,今令兼筹协饷之息,能如期以应乎?协饷愆期而海关病;海关无可弥补,不得不亏解部之款,而部库病。前届左宗棠借洋款三百万,计息盖七十万,今以一千万照台湾成案,八厘起息,十年清还,计之耗息约六百万。前届之三百万,至光绪四年始清。续借之一千万,今年即须起息,明年即须还本。海关应接不暇,而西陲之士饱马腾,不足两年,涸可立待,此臣等所以反复再四,不敢为孤注一掷也。然谓西征可停,臣等又以为不可,臣请饬部臣将有著之款,移稍缓者于最急之区。如江苏协甘饷内有每月一万归陕西抚臣收放,陕西肃清多年,此款似应归之西征;江西派协云贵饷数颇巨。凡类此者,似宜由部臣酌量匀拨。”又片称:“江苏协西征饷,一从同治七年正月,以二万两解左宗棠,以一万两解穆图善,每月共三万两;一为随左宗棠西征之老湘营,每月四万五千两;一为陕西抚臣每月一万两,同治八年正月部议每月续拨三万两,前督臣认解一万两;此外,如豫师、荣全、金顺等军,名目孔多,无非江苏协甘之饷。除穆图善一军已改拨吉林,另归东三省协饷筹解外,本年正月为始,江苏月协八万两,内划出代左宗棠还洋款数目交江海关,其馀尽解左宗棠后路粮台。所有老湘营及关内外各军,均由左宗棠统收分拨,至年终一月满饷五万两,仍极力筹解,不入月饷之内,惟出关待用孔急,谨将江防、湖北未解十二万两、湖南未解八万两移解以(赴)〔应〕西征之急。”据左宗棠复奏内称:“臣之奏借洋款原因各省关协款积欠成巨万,不得已而有此请,非不知非正办也。夫西征用兵,以复旧疆,借千万巨款,济目前急需,可免悬军待饷。十年计息,所耗虽多,而借本于前,得以迅赴戎机，事之应办者，可以速办。计十年中所耗之息，可取偿十年之中，以海疆按年应协之饷，了还按年应还陕甘借款本息，不必得半而已足。查借用洋款向章，海关出票定数，督抚钤印归款，此次办法，自亦如此。各省关印票之数，原划定各省关应协之款，并非于协饷外兼筹协饷之息，与解部之款本不相涉。应请饬下两江督臣，代臣借洋款四百万两，迅解来甘。臣得此款，清还新借陕、鄂、上海各款一百二十万，尚可馀二百数十万，暂资敷衍。江苏协款，每年除划抵前借洋款本息外，仅应解二十馀万。协款外，尚有应解老湘营每月四万五千两，截至今正，已欠解六个月。自统收分解之议起，臣军之饷，正因垫解过多，大受其累。总计各省关协款，欠解最多者闽为最，粤次之。恳饬两广督抚、福建督抚将本年应协甘款如数迅解，毋以八成自限，犹陇饷之一大宗也。”据丁日昌原摺内称：“若使西饷千万之数果有著落，则洋债一举未尝不可变通办理。查各省应解西征军饷七百馀万两，各省将认派之数预提一年零三个月，并在春间起解，便符一千万之款。福建此次提前凑解西饷一年零三个月，须银六十万两，当挪凑汇至沈葆桢等处汇解，伏祈圣慈飞饬各省仿照提前办理，尽一月内，将应解之款汇甘，较之筹借洋款当更有速无迟。”又片称：“福建提前预解西饷六十万两，藩盐各库共约三十万两，尚欠三十万两，在各处凑借，并向洋行借二十万两，共六十万两之数，不得已而为此举，非愿与洋人交易。”各等语。

臣等伏查上年十二月间，据陕甘总督左宗棠奏，出关饷源涸竭，拟筹巨款等因。当经臣部会同总理各国事务衙门奏令各省关将原协、添协各饷，光绪元年旧欠，除专案指提外，暂予缓解。自光绪二年起，查照每年应协数目筹解，统于年终核计。如每年不能解至八成以上，将各藩司、监督照贻误京饷例，由臣部指参。

至筹借洋款，请饬下沈葆桢，即照所请妥速筹办。此项即由各省应解西征饷内，自光绪二年起分年拨还等因。奉上谕："著沈葆桢妥速筹议，奏明办理等因，钦此。"今据沈葆桢等沥陈碍难借款各情形，请将江西派协云贵各饷拨归西征，并将湖北、湖南未解江防银共二十万两移解等语。该督等系因借款难办，量为设法，以济西征之急。现在钦奉谕旨，于库存四成洋税项下拨银二百万两，并准借用洋款五百万两，各省应解西征协饷提前拨借三百万两等因。左宗棠得此巨款，谅应足资展布。沈葆桢等所称将江防、云贵各饷移拨西征之处，应毋庸议。惟江苏省除每月应协左宗棠饷银五万两外，尚有月协陕西银一万两，由左宗棠统收分济。现在陕西军务已靖，此项能否拨归西征，应令左宗棠体察情形，会商陕西巡抚奏明办理。

此外，苏省应解老湘营、豫师、金顺、荣全各军饷银，臣等查同治七年十月奉上谕："刘松山所统老湘营饷项向由江南供支，该军现在西征，所有饷项自应仍归江苏接济，即著马新贻、丁日昌每月协拨六万两等因，钦此。"同治九年十二月两江总督奏明，每月添拨银五千两，同治十一年十月署两江总督何璟奏，此项饷银分为解赴行营四万五千两，清给欠饷一万五千两，每月仍不逾六万两之数等语。今沈葆桢等奏称每月四万五千两，核与曾国藩等奏报数目，何以递减？应令沈葆桢等查明报部查核。

其馀豫师饷银，两淮每月拨银五千两；金顺出关饷银，江海关六成洋税每月拨银二万两；又金顺接统景廉一军，每月由库存四成洋税项下垫发银一万六千两；江海关六成洋税每年应解还部库银五万两；荣全饷银由部库垫发，无闰之年共十五万六千两，有闰之年共十六万九千两。江海关六成洋税，每年应解还部库银四万五千两，又由库存四成洋税垫发银一万七千两，江海关六成洋税每月应解还部库银三千七百两。以上各款，或应由苏省解交该营，或应由苏省解还部库，均与西征军饷无涉。

且据左宗棠复称："老湘营月饷截至今正欠解六个月，自统收分解之议起，臣军之饷因垫解过多，大受其累，应请饬令两江总督、江苏巡抚转饬各归各款循旧拨解，毋庸由左宗棠统收分拨，以免轇轕。"至西征军年终一月满饷六十万两，历年均由该督等奏请，臣部在于各省积欠协饷内指提。嗣后左宗棠等如仍奏请年终满饷，臣部自应照案于旧欠饷内指提，不准各省并入各该年应解新饷数内牵算，以清界限。惟现奉谕旨，各省应解西征协饷，现令提前赶解三百万两，著户部酌量指提等因。除福建一省据丁日昌奏报提前凑解六十万两、广东一省奉旨将本年应协甘款如数迅解，查该省本年连闰月共应协甘饷九十一万两，除还上届洋款本息共四十万两有奇，仍馀银五十万两，连福建省六十万两，共一百一十万两。其馀一百九十万两，臣等拟予浙江提银四十五万两，江西提银三十万两，河南提银五万两，湖北提银三十八万两，湖南提银六万两，山东提银六万两，山西提银二十万两，安徽提银十万两，四川提银二十万两，闽海关提银十万两，共凑足三百万两，均于光绪二年应解西征协饷项下先行提齐。统限三个月内扫数解交左宗棠收用，不准丝毫短欠。

至福建省月协银四万两，本年有闰之年，该省一年应解五十二万两。今据丁日昌奏称解银六十万两，核计应作为本年至光绪三年二月止月饷，不得作为一年零三个月之饷。

至由库存四成洋税拨银二百万两，奉旨著户部筹拨归款。查臣部前于议复景廉等奏请拨款摺内，叠次声明请饬下各路统兵大臣等，无论何项军需，均不准奏请动拨部款在案。此次朝廷轸念出关军饷紧要，特沛恩施，著拨部款，应即如数动拨。分作四批，由顺天府遴委妥员，克日接续领解至陕西省西征粮台分收转解军前，以期迅速而利师行。此项库款，拟请在于本年各省应解西征协饷内除提解三百万两，及左宗棠前次及此次所借洋款划还本利各银若干外，其馀应令尽数解还部库。如仍不敷，即于光绪二年以后各省应解西征协饷内解还，以足二百万两之数。

此次左宗棠所借洋款五百万两，本利各银，应令遵照谕旨，在各省本年应协西征饷内分年拨还。惟查同治十三年左宗棠筹借洋款三百万两，奏明在江苏、浙江、广东三省应协西征饷内每年各还本银三十三万三千馀两，息银亦在该三省协饷内，各按应还本银若干一并归还。

查前次借款，苏、浙、粤三省协饷内，计至光绪四年始能还清。今又借洋款五百万两，亦在各省协饷内摊还本利各银。应请饬下左宗棠详细核定各省协饷内，某年某省应还借款若干，分晰奏明办理。并令各督抚、将军将该省协饷解过西征粮台若干，还过借款本利若干，解过部库若干，随时咨报臣部，统于年终核计。如有不能解至八成以上者，仍请查照奏案，将该藩司、监督照贻误京饷例指名严参，以儆玩泄。

所有遵旨提拨出关各款并案办理缘由，理合恭摺具陈，伏乞皇太后、皇上圣鉴。谨奏。

中国第一历史档案馆，奏档，光绪二年十三号(A)：军务军需卷

遵议刘长佑等奏军饷支绌请饬拨协滇新饷摺*

光绪二年七月二十五日（1876年9月12日）

奏为遵旨速议恭摺具陈仰祈圣鉴事。

云贵总督刘长佑等奏滇省军饷万分为难据实密陈一摺，光绪二年七月十六日军机大臣奉旨："户部速议具奏，钦此"。钦遵。由军机处交出到部。据原奏内称："滇处西南之偏，自咸丰年间回匪倡乱，历任疆吏赤手经营，兵饷两缺，不得不借资民练，以图效目前。然练势已成，兵权下替，虽有剿贼之功，不能掩其抗上虐民之罪。不得已以勇补兵，为一时止沸之计，其已入营者，为数无几，又无足饷以餍之，日久不无觖望；其未入营者，流而为匪，欲用兵力以制之，营员皆其同类，从前以民练剿逆回，回灭而练不可制。兹复以练兵剿练匪，此练平而彼练益张。自同治十二年大理杜逆剿灭之后，不数月即有乌索散练之变，嗣后开化等处连年滋扰。近日顺宁以卸事守备聚众戕官，腾越以永北营兵据城以叛。回平已及三年，兵乱几无虚日。臣长佑由粤西带楚勇数百人，仅以坐镇省垣而不足。臣鼎新随从镇将数人，均未带淮部旧勇。现在迤西有事，臣等若亲往督剿，可早日奏功。奈莅事日浅，徒张空拳，若再往倚民团，既无以制练匪之死命，益以长其挟制之心。再四思维，必得另筹大支劲旅控驭蛮疆，遇事则痛惩一二，以儆其馀。决不借力于骄横之兵，渐以遏其气而立之威。镇副参游各官，照例陆续对调出省，显以分其势，即隐以示保全。臣等久在行间，得力将弁尚不乏

* 此摺与载龄、董恂、荣禄、殷兆镛、庆升联衔。

人，非筹兵之艰，实饷之为艰。滇当隆盛之时，赋税正额照数全征，银锡铜铁五金并产，而岁计不足，犹取求于外省者数十万。变乱以后，田地荒芜，矿厂填废，今昔情形，十不及一。伏查各省奉拨滇饷旧欠共计八百馀万两，自同治八年截至十二年底止，又新欠银五百馀万两。迁延三载，报解寥寥。滇地山多田少，每年缴公正款共计银二十馀万两，水旱偏灾，又免三分之一；各属厘局年计抽银二十馀万两；盐课试办两年，人民稀少，销路无多，每年拨抵兵饷不过十四五万两。统计本省入款多至五六十万两，亦已极矣。而文武例支银三十馀万两出其中；绿营饷米银七十馀万两出其中；加以各处实发欠款，及善后一切经费，并不时紧要军需，又需银五六十万两均出其中。出入悬殊，能无捉襟见肘。至铜本并无大宗专款，亦于协饷内提拨百万两。各省零星凑解工本甚微，开采自难丰旺，既无补于铜政，转有妨于滇铜，是铜厂之有益于滇，目前亦虚语也。惟有仰恳天恩，饬部速为筹划，可否于原协滇饷七省中，无论新欠旧欠每月拨定饷数，大省或二万两，小省或一万两，即自奉旨之日为始，作为协滇新饷，明定章程，不至如前款之有名无实。俾臣等招募湘、淮旧部万馀人，从容布置。俟三年后滇事粗定，即奏请停止，断不敢稍涉虚糜，致多贻累。再，臣鼎新前曾函商直隶督臣李鸿章，酌派淮部数千人暂赴滇中，藉资剿抚，亦如陕西、福建办法，事竣仍凯撤回防，如其海防无事，或可暂时抽拨，则所请各省新饷亦可酌减等语。

臣等伏查同治十三年三月，据前任云南巡抚岑毓英奏请，饬广东等省将新欠滇饷五百馀万两尽先筹出一半，一面照滇中库收随到随发，一面发交该省坐催委员于年内汇解到滇等因，钦奉上谕一道，由臣部恭录行知各该省遵照。本年六月据云贵总督刘长佑沥陈滇省困苦情形摺内声明:“各省新欠一半滇饷。自同治十三年正月起,四川欠饷六十五万馀两,解过银七万两;浙江欠饷七十一万馀两,拨过银三万馀两;江西欠解银二十八万馀两,解拨过银二十六万馀两;江苏欠解银十万馀两,解拨过银六万馀两;广东欠解银十一万馀两,解拨过银八万馀两;湖南欠解银七万馀两,拨过银四万馀两;湖北欠解银二十九万馀两,拨过银十一万馀两。共欠解二百二十二万馀两,三四年间仅得六十八万馀两。又乙亥年奉拨常年兵饷:浙江二十万两,福建五万两,东海关五万两,分厘未解。丙子年常年兵饷:浙江二十万两,及丁丑年春饷二十万两,仅汇解银四万馀两;其馀江西、广东各五万两,均分厘未解。”等语。钦奉上谕:“四川等省欠解滇饷及常年兵饷,著文煜、沈葆桢、刘坤一、翁同爵、文格、杨昌浚、吴元炳、刘秉璋、张兆栋、王文韶、丁宝桢、丁日昌、李文敏督饬藩司迅筹拨解,以资接济,毋再延缓等因。钦此。”复经臣部行知各督抚钦遵办理,并叠次飞咨催解各在案。

兹据刘长佑奏陈通省实在情形,请“于原协滇饷七省中无论新欠旧欠每月拨定饷银,大省或二万两,小省或一万两,即自奉旨之日为始,作为协滇新饷,明定章程,不至如前款之有名无实。俾臣等招募湘淮旧部万馀人,从容布置。俟三年后滇事粗定,即奏请停止,断不敢稍涉虚糜”等语。查各省新欠一半滇饷,除划拨马如龙专饷不计外,本年六月以后,四川省咨报续解银五万两,湖北省咨报续解银四万两,各省欠解之银并原欠一半新饷,汇总合算银一百三十九万馀两。四川省欠解银一百十八万馀两,江苏省欠解银十四万馀两,广东省欠解银十四万馀两,湖南省欠解银十一万馀两,湖北省欠解银四十四万馀两,江西省欠解银十五万馀两。各该省虽因拨款繁多,以致欠解滇饷,积成巨款;然滇中待用孔殷,若不变通办理,势将贻误大局。惟该所请大省每月二万,小省每月一万,为数过多,各省力有未逮,仍恐有名无实。臣等公同商酌,惟有按各省积欠之多寡,定每月协拨之数目,庶足以昭公允而免迟误。拟请自本年九月为始,令欠解一百数十万两之浙江、四川两省,每月各酌提银一万三千两;欠解四十馀万两之湖北省,每月酌提银六千两;欠解十馀万两之江苏、广东、湖南、江西四省,每月各酌提银二千两,计每月共解银四万两,即作为协滇新饷。在各该省本应早解之款,今改为按月分解,饷力既纾,筹办自易,断不准再有迟延短少。相应请旨饬下两江、湖广、两广、四川各总督,浙江、湖北、湖南、江苏、江西、广东各巡抚,严饬藩司按月如数协解,不得丝毫延欠。滇省办理一切专赖此项应用,如各藩司仍前观望或逾月未解或解不足数致误边陲大局,即由云贵总督、云南巡抚照贻误军饷例指名奏参。其常年例拨兵饷,仍令各归各款,扫数拨解,俾资接济,毋得牵混。并令将逐月批解日期,先行报部备查。再,据该省督抚奏称,招募湘淮旧部万馀人,并声称臣鼎新前曾函商直隶督臣李鸿章酌派淮军数千人暂赴滇中,藉资剿抚等因。溯查本年四月间,据护理广西巡抚庆爱奏报,刘长佑由湖南行次来咨奏调楚宝一营随同赴滇;六月间,护理四川总督文格奏报提臣胡中和募带楚勇五百名随带赴滇。臣等查滇省饷需本形支绌,本省兵勇时因饷项不继,藉端滋事,必须均匀协济,俾兵民彼此相安,自可剿抚兼施,协饷方能周转。现督臣、提臣均已酌带勇营赴滇,若再多募客勇,恐协饷仍致不敷,本省勇营更虑无款匀给。应并请旨饬下该督抚熟思审处,妥慎筹办,以维全局而固军心。此次奏拨滇省的饷,加以前经该督奏准设局开捐,如果捐项踊跃,亦可集成巨款,该省月饷必不致如前竭蹶,其办理善后一切,定可展布裕如,并令分饬所部员弁认真经理，务使饷不虚糜，并将每月实需饷银若干先期咨报，嗣后即按年造册报部核销。

所有遵议缘由，理合恭摺复奏，伏乞皇太后、皇上圣鉴。谨奏。

中国第一历史档案馆，奏档，光绪二年十三号(B)：军务卷

遵旨复议同治帝后神牌升祔位次摺*

光绪三年七月初六日(1877年8月13日)

六月十四日钦奉慈安端裕康庆昭和庄敬皇太后、慈禧端佑康颐昭豫庄诚皇太后懿旨："本日据礼亲王世铎等奏：穆宗毅皇帝、孝哲毅皇后神牌升祔供奉位次，遵旨敬谨相度会议具奏。醇亲王奕譞奏请定久远之计，詹事府少詹事文治、鸿胪寺卿徐树铭、内阁学士钟佩贤、鸿胪寺少卿文硕、国子监司业宝廷奏敬陈管见各折片，著派惇亲王奕誴、恭亲王奕䜣、醇亲王奕譞，御前大臣、军机大臣、大学士、侍郎翁同龢、夏同善，礼部、太常寺堂官，将王大臣等所奏各折片，详细阅看，再行妥议具奏等因，钦此。"

仰见皇太后慎重典礼，务求尽美尽善之至意。臣等遵即公同详细阅看。文治等折片所议，终多窒碍难行之处。再四筹商，惟有仿奉先殿增修龛座成案，尚有成宪可循，拟请仍照前议，敬谨办理。特庙中之规制有限，我朝之统绪无疆，将来于万斯年，自当一循古礼，为久远之计。应如何著为令典，重之万世，圣心自有权衡，应恭候皇太后懿旨遵行。

《光绪朝东华录》第一册，总字第456页

---

* 此摺与奕䜣、奕譞等联衔。

请将御史英震解任折*

光绪五年二月十六日(1879 年 3 月 8 日)

奏为请旨遵行事。

光绪五年正月二十三日奉上谕:“前据御史楼誉普奏参御史英震抽查漕粮营私舞弊;又据都察院奏英震携带伊子在差次居住,难保无招摇生事之处,先后降旨令仓场侍郎确查。兹据桂清等查明具奏,英震虽无得赃纵容偷米情事,伊子前往差次省视亦无招摇生事之处。惟该御史于漕粮偷漏之案并不认真惩办,任令伊子时常往来,致招物议,殊属不知远嫌,英震著先行交部议处。至请奖员弁,据查共咨奖二十六名,与楼誉普所称十七名不符,内十三名一单,书吏供系英震面交,何以楼誉普亦同判行,难保非该吏影射。并据该御史供:英震家人林六有干预保奖情事等语。著该衙门将闸科书吏解交刑部审讯,并著英震将林六交出送部归案讯办,英震著听候传质等因,钦此。”并据该衙门将书吏金廷奎、谢嘉绩、余懋贤等三名解部,并声明金廷奎患病沉重。又据臣部司狱司报称,饬医诊视,金廷奎系属痨病,势甚沈笃。

臣等督饬司员,提讯金廷奎,该犯恃病狡供,未能严讯。复饬将谢嘉绩、余懋贤讯问,佥供上年完漕后,于九月二十二日英震交给金廷奎十三名弁兵名单,称系家人林六所求,饬其另办奖赏稿一件。金廷奎将稿办妥,于二十三日先赴英震家标画,并称金廷奎于夜间办稿时,向伊等言及英震嘱咐之言,隔别严讯,无不吻合。是

* 此折与文格、长叙、冯誉骥、宣振、启秀、钱宝廉联衔。

金廷奎在仓场所供英震称家人林六所求之语，实非捏造。正在调卷质讯间，旋据司狱司呈报，金廷奎在狱病故，经查监御史验明，并无别故。臣部遵旨片行都察院，转饬英震将家人林六送部去后，英震延不交出。复经五次片催，仍未送部。直至本月十一日，始据英震用本管河南道印信移称，林六已于上年十二月二十日病故；复据都察院以林六病故等词片复到部。查阅所称亦系英震呈报之词。至家人林六既称于上年病故，何以迟至今日始行呈报，林六是否病故，抑或另有别情，均难悬揣。

除由臣部饬坊查验明确，另行办理，定拟具奏外，相应请旨，将河南道御史宗室英震暂行解任，以便会同宗人府传质，谨先恭摺奏明请旨。

中国第一历史档案馆，奏档，光绪五年二A：内政职官卷

修复首伙盗犯悔罪投首减罪旧例疏*

光绪五年二月十六日（1879年3月8日）

窃维弭盗之法，必以严缉首盗为先。首盗党羽既多，踪迹尤秘，能使其党互相攻发，庶根株可以尽拔，而渠魁不至稽诛，此臣部旧例。所以有伙盗供获首盗免死一条，立法虽似从宽，用意实为严密也。查例载，伙盗供出首盗所在确实地方，一年之内拿获者，将供出之伙盗，照例免死，减发云贵、两广极边烟瘴充军，若系例应减等之盗犯，改拟杖一百，流三千里。又盗首伤人逃逸，若能捕获他盗解官投首者，照伤人伙盗自首例，减为杖一百，徒三年。嗣于同

---

* 光绪五年正月二十七日，翁同龢擢为刑部尚书。其二月十六日日记有“连日点稿皆携入点定”。此摺与其他刑部堂官联衔陈奏。

治九年，将此两条修并，改为强盗首伙各犯，于事未发觉及五日以内，若能捕获他盗及同伴解官投首者，系伤人盗犯，杖一百，徒三年；未伤人盗犯，免罪；若在五日以外及闻拿捕获他盗及同伴投首者，系伤人盗犯，减为杖一百，流三千里；未伤人盗犯，减为杖一百，徒三年。虽立法更周，拟罪更轻，冀其自新自效，而八九年来，办理京外各盗案，从未见有捕获投首之犯，诚以事未发觉，莫不存幸免之心。及至被获供出，亦无免死之望，所以忍死隐瞒，案难全获，是严于现犯而疏于逸犯，非所以清盗源也。且旧例虽经归并，而外间误会，往往援引多歧，未能划一。

臣等悉心查核，现例归并之条，系指事未发觉而自行捕获者，所以减徒免罪如是之轻；旧例供获之条，系指到案供出因而缉获者，所以减军减流，较之稍重。情节不同，罪名各异，似未可以偏废。惟盗案现无减等之例，供出亦与捕获有差，遽减军流，似觉轻纵，而定限一年，为时过久。又恐妄供捏指，藉此稽延，尤不可不防其弊。臣等公同商酌，拟请量为修复。嗣后凡伙盗被获，供出首盗逃所，于定案之前拿获者，系曾经伤人、伤轻平复之犯，减为斩监候，秋审入于缓决；如系未经伤人之犯，减为发遣新疆给官兵为奴。其首盗供获伙盗，及伙盗供获伙盗者，均拟以斩监候，秋审时核其情节，分别实缓。至现例首伙各盗，于事未发觉及五日内捕获他盗，及同伴投首者，仍遵例分别已未伤人，拟徒免罪。其五日以外至一月内，或闻拿捕获投首，分别曾否伤人，亦遵例减流减徒。

再，查新纂条例，拿获盗犯之眼线，如曾为伙盗悔罪将同伴指获，被供出者，如在五日以外，照伤人首盗闻拿投首例，拟斩监候；若犯事之后五日以内指获同伴，旋被供出获案，审明同伙确有实据者,照强盗免死减等例,发遣新疆给官兵为奴等语。此等眼线,既有悔罪之心,又有捕贼之效,若另照例拟以斩候发遣,则与伙盗被获供出首盗者无所区别。拟请将拿获盗犯之眼线,曾犯盗案,悔罪将同伴指获致被供出者,无论首伙,如在五日外一月内,照强盗免死例,发遣新疆给官兵为奴;若在五日以内,于斩罪上减一等,拟以杖一百,流三千里。倘原伙较多,果能获犯三名以上者,准其再减一等。似此量为宽减,庶盗党互相攻发,而盗风可期稍戢。

至盗首捕获他盗投首旧例,业经修并,应即删除。

如蒙谕允,臣部遵行各省督抚、将军、都统一体遵照办理。

盛康辑《皇朝经世文续编》卷一百,刑政,律例上,第44—45页

遵议预定大统疏*

光绪五年四月初十日(1879年5月30日)

奏为阐明圣意,恪遵祖训事。

闰三月十七日,发下主事吴可读一摺,命王大臣等妥议。臣等谨于四月初一日齐赴内阁公同集议。

窃思吴可读所陈预定大统,此窒碍不可行者也。我朝家法不建储贰,此万世当敬守者也。臣等恭绎同治十三年十二月懿旨,于皇子承嗣一节,所以为统绪计者,至深且远。圣谕煌煌,原无待再三推阐。今吴可读既有此奏,而懿旨中复有即是此意之谕,特命廷臣集议具奏,若不将圣意明白宣示,恐天下臣庶,转未能深喻慈衷。

---

* 此疏与徐桐、潘祖荫联衔。

臣等以为诚宜申明列圣不建储之彝训,将来皇嗣蕃昌,默定大计,以祖宗之法为法,即以祖宗之心为心。总之,绍膺大宝之元良,即为承继穆宗毅皇帝之圣子。揆诸前谕则合,准诸家法则符。使薄海内外,咸晓然于圣意之所在,则诒谋久远,亿万世无疆之休,实基于此矣。

盛康辑《皇朝经世文续编》卷六十二,礼教,大典上,第54页

太常寺咨修物件请循照旧章摺*

光绪六年正月十八日(1880年2月27日)

奏为太常寺咨修物件,典礼攸关,请循照旧章,声明前修年分并造册咨部,以期核实事。

查臣部则例内载嘉庆九年奉旨:"工部奏太常寺咨修物件,请令汇案奏明办理。"等语。所奏是坛庙一切物件,典礼攸关,自应敬谨收藏,毋任损坏,何至每届祀期即需立行修理。可见该衙门收贮不加敬谨,以致常有损坏。若并未损坏,凡遇祭祀一次,辄请修一次,竟成开销具文,殊非核实之道。嗣后太常寺应修各件,除应随时零星修理者外,仍照常咨报外,馀著汇案奏明,并查明前修年分,咨部修理。倘将不应修之件滥行咨请,著工部查照参奏。至该寺存贮物件数目,亦著即行造册送部,以备稽核。钦此。"又恭读道光二十三年七月初十日上谕:"太常寺奏核复工程一摺,嗣后大祀、中祀、群祀,遇有应修工程及祭器等项,均著管理寺务之尚书、侍郎及该衙门堂官敬谨看视。实系必不可缓者,再行咨报估修,以归核实

* 此摺与载龄、师曾、孙家鼐、兴廉、孙沄卿联衔。

而昭慎重。钦此。”圣训煌煌，允宜敬遵勿替。

臣等查近年以来，大祀、中祀、群祀工程，或屡经兴修，或随时葺治，现在报修之案尚不甚多。惟祭器等件，每逢祭祀前期，太常寺咨部请修者络绎不绝。经臣部叠次咨行太常寺，令其声明前修年分，并将各处祭器造册咨部，以凭查对。乃自同治十一年迄今，该寺总未将册籍造齐，并称前修年分、款目繁多，难以声明。以致遇有报案，臣部派员前往会同太常寺官查看该处，即有一种破烂不全之什器指以藉口。该司员等因无册可稽，即于十成中缓去七八成而应修者业已不少。甚者，前案甫办，后案又来；此件未完，彼件沓至。开报者既任意填写，咨行者亦一气相通。究之何项待修，何项堪用，问诸典守，亦复茫然。以朝廷恪共祀事之诚，为官吏蒙混开销之地，殊于政体有碍。即如绒绳一项，本非祭器可比，而光绪五年，一岁中祭祀应用者共修过八九十案，约计实银已在三万两以外。其馀笾、豆、桌、案、灯、座、柜、箱、牲、桶、毡、毯等项，名目极繁，需费尤巨。若不申明定例、酌立章程，日复一日，费将无所底止。

臣等公同商酌，拟请旨饬下太常寺堂官，敬谨查明大祀、中祀、群祀一切祭器等项，现在存储者若干，堪用者若干，待修者若干。分别坛庙各处，每处设立总册一本，将祭器等逐件编列字号，咨行臣部。由臣部检查近十年中修过之案，核对明确，作为定制。以后遇有咨修之件，必须声明前修年分。每修一案，即于某字号下详细登载，庶将来有所稽考。非特慎重度支，亦足修明祀典。

臣等为核实办理起见，是否有当，伏祈皇太后、皇上圣鉴。谨奏请旨。

中国第一历史档案馆，奏档，光绪六年四十五—四十七号：工程卷

遵查万青藜被参各款摺*

光绪六年正月二十八日(1880 年 3 月 8 日)

奏为遵旨查明尚书万青藜被参各款据实复陈,恭摺仰祈圣鉴事。

光绪五年十一月二十九日奉上谕:"御史孔宪瑴奏,大员昏庸贪纵请饬查办一摺,据称吏部尚书万青藜身任兼尹二十年,平日惟以纳贿揽权为事。按缺肥瘠,收受节寿。有能格外赂遗,立予调剂。纵容家人在外招摇,勒索规费。其门丁朱二即朱韵山,捐有五品官职,尤为跋扈,竟将指缺说情。该兼尹认候补通判张兆丰为义子,叠次委署固安、顺义等县。府尹衙门公事率由该兼尹独断。请旨查办等语。所参万青藜各款是否属实,著派载龄、翁同龢会同都察院堂官确切查明,据实具奏,毋稍徇隐等因,钦此。"

臣等遵即派员会同京畿道御史,并咨调刑部司员,公同查办。当经札行顺天府转饬所属各州县,将有无馈送兼尹节寿情事,据实声复;并向来委署各缺,及一切公事,是否由府尹主稿,抑由兼尹主稿,意见有无不合;各前任府尹所办公事,兼尹有无不肯画稿之处;委署各缺,向系如何轮委,逐层查复,以凭核办。又片行吏、户两部检查捐案,朱二即朱韵山,又名朱朝全,一名朱喜,有无报捐五品官职。一面饬传宁河县丁符九、署顺义县张兆丰询取亲供;一面将朱二拘案传讯。

现据吏、户两部暨顺天府先后咨复前来,并丁符九、张兆丰所递亲供,及朱二叠次供词,臣等详加复核。

---

* 此摺与载龄、志和、童华、崇勳、宝森、程祖诰、陈兰彬、夏家镐联衔。

如原参顺天府兼尹收受节寿，及万青藜接任，按缺肥瘠定为多寡之数，有能格外赂遗，立予调剂一节。据顺天府咨："据所属二十四州县申复，均称向无馈送兼尹节寿规礼"，并将各州县禀结送到复讯。据朱二供称："在万青藜家中服役多年，主人并未收过顺属各州县节寿。"

又，原参该兼尹家人向多在外招摇，勒索规费；其门丁朱二即朱韵山，捐有五品官职，尤为跋扈，竟敢指缺说价，如张兆丰之署固安，丁符九之补宁河，皆由该门丁关说一节。据讯朱二供称："在万青藜家先系跟班，嗣在门房接帖，自知门丁贱役，不敢接纳五品官职，所有宅内服役六人，皆因主人管束得严，均不敢在外招摇。伊在门房，亦未收过门包。惟遇有各州县到宅谢委，向其叩喜，随得赏银一二两至二两四钱不等；不赏亦不敢要。所得赏钱，陆续花用，记不清某位曾赏过，及某位赏过若干。此事主人并不知道。"等语。旋准吏部复称：业经掣签之筹饷头卯至八十一卯候选五品实职册内，并无朱二、朱韵山、朱朝全、朱喜之名。至捐纳官职，未经户部核准之案，及仅捐职衔人员向不掣签，无凭查复。户部复称："历年捐册繁多，该家丁既无何年月日在何处报销确据，实属无从检查。"臣等尚恐朱二所供或有不实不尽，当即调取刑具，督饬派出各员，将该家丁加以刑讯，反复研诘，矢口不移。

至张兆丰因何得委、丁符九因何得缺，据朱二供称："概不知情。"复据张兆丰亲供内称："同治十三年由刑部主事改官直隶，分顺当差。光绪二年因监放粥厂劳绩，三年四月委署固安。五年六月复奉札委，与顺义县梁魁对调。时当兼尹请假，例不会行。原参由门丁关说得缺，自问断不至为此苟贱之行。"等语。核与顺天府查复该员因监放安定等门粥厂出力得有尽先拔委劳绩，三年四月委署固安，五年六月调署顺义之案相符，并由顺天府将张兆丰调署顺义札稿送到，该兼尹委在假期之内，并未画行。又据丁符九亲供内称：“同治九年三月由江西峡江县教谕选授顺天文安县知县，十二月到任。光绪二年六月，由直隶藩、臬两司以历俸已满三年，与调繁之例相符，详请会题调补宁河县知县，经部核准，三年三月到宁河县任。所有调补缘由，并非一人主政，安能情托？且由藩、臬两司详请，无所用其关说。”等语。核与顺天府送到该员调补宁河县司详会稿并部复，亦属相符。

又，原参该兼尹认张兆丰为义子，不注门籍，出入私宅，其家人称曰四少爷。该兼尹喜其佞谀，故张兆丰得以候补通判，署固安县，甫卸固安，即署顺义一节。据张兆丰亲供内称：“四世起家科目，向承家训，以廉隅名节自励。原参认为义子，名节攸关，若查有其事，虽获重谴，亦所甘心。其前署固安，系因劳绩；现署顺义，系因对调，既无佞谀情事，亦非甫卸即署。且现官候补知州，前官试用通判，并非候补通判。”等语。证之朱二，亦供称：“自光绪元年即在万宅门房接帖，登记门簿。张兆丰在顺天当差，遇有公事到宅禀见，门簿上均写张老爷，并没有四少爷称呼。”

又，原参该兼尹自知委署不公，人言啧啧，公事率由独断，凡有由府尹核定者，辄不画稿一节。据顺天府复称：“本衙门委署各缺，并办理一切公事，向系府尹主稿判定后，再送兼尹阅画。如遇兼尹请假出差期内，则不画稿，紧要事件由府尹即办先行。前任府尹核办公事，查无兼尹不肯画稿之处。惟批答各州县禀详请示事件，兼尹抒其所见，偶有加签相商之时，然亦仍凭府尹复核酌定。”等语。

臣等公同参酌，此案原参该兼尹揽权纳贿收受节寿各礼，其门丁朱二即朱韵山捐有五品官职指缺说价，张兆丰之署固安、丁符九之补宁河皆其关说，并认张兆丰为义子，府尹衙门公事率由独断各款，现均查无其事，应毋庸议。惟门丁朱二虽无在外招摇，勒索规费，亦无收过门包，而遇有州县到门谢委，私自向其叩喜，得受赏银，实属有干例议。第所得赏银并无确数可计，且系得自赏受，亦与家人求索有间，应酌照不应问拟。朱二即朱韵山，合依不应重杖八十律，拟杖八十，斥责发落，递解回籍，交该地方官严加管束。至兼尹万青藜被参各节，虽查无其事，惟于门丁朱二得受所属赏银并未查出，究属失于觉察，相应请旨交部议处。行提到案之宁河县丁符九、署顺义县张兆丰，均查无关说之事，张兆丰亦无认为义子之事，均应饬令回任。张兆丰现经呈报丁忧，应由顺天府自行办理。除将咨文供词存案外，调到卷宗案结发还。

所有臣等遵旨会同查办缘由，谨合词恭折据实复陈，伏乞皇太后、皇上圣鉴。谨奏。

中国第一历史档案馆，奏档，光绪六年1—2A：内政官制卷

进呈陈奂《毛诗传疏》折*

光绪七年正月初九日(1881年2月7日)

臣潘祖荫、臣翁同龢跪奏，为呈进《毛诗传疏》，恭折仰祈圣鉴事。

窃前咸丰辛亥科孝廉方正陈奂，系江苏苏州府长洲县附贡生，少习经训，研经儒术，中年绝意进取，专心考证。因见《毛诗》一经，

---

* 折中夹有南书房翰林院附片一件，内容如下：“发下《毛诗传疏》一部，臣等公同阅看。伏查陈奂在嘉庆道光年间，与段玉裁、江声、王念孙、王引之、江藩诸经学家相善，以三十年之功乃成此书。自来为诗学者虽不少，而笃守毛氏，专力研求，无过之者，允称绝学，无愧通儒。谨奏。”

毛亨作诂训传,郑康成作笺,孔颖达作正义,宗郑驳毛,名为《毛诗》,实非毛亨。且毛亨系六国时人,郑康成生东汉之季,毛在郑前数百十年。六国时去孔子未远,传中训诂与《尔雅》相表里。该贡生博考儒先之说,旁搜曲证,专力研求历三十载,于道光年间成《毛诗传疏》一书。臣等籍隶苏州,夙钦该贡生品学兼励,其著述实足阐发经义,垂示来兹。用是缮写成函,恭呈一览,仰副圣世右文之意,伏乞皇太后、皇上圣鉴。谨奏。

中国第一历史档案馆,奏档,光绪七年五十八—六十一号文教卷

恭报慈安皇太后奉安礼成摺*

光绪七年九月十九日(1881 年 11 月 10 日)

奏为恭折奏闻仰祈圣鉴事。

前经臣等谨将恭奉孝贞显皇后梓宫至普祥峪定东陵隆恩殿暂安一切事宜具奏在案。谨于九月十四日午时,在孝贞显皇太后梓宫前行飨奠礼。十六日辰时,行迁奠礼毕,恭请梓宫安奉于候时芦殿内龙輴上。十七日卯时,肃亲王隆懃、贝勒载澂恭捧全书尊谥册宝安奉于地宫内左右石几上,庄亲王载勋恭捧金井吉土复于金井之中。臣等只率执事人员,带领夫役,奉请梓宫永远奉安,并经派出之礼亲王世铎,惠郡王奕详,贝勒载澂、载漪,随入地宫,敬视奉安毕,永闭石门,大葬礼成。

所有应行典礼,臣等均遵照奏准礼节敬谨将事,理合恭摺奏闻,伏乞皇太后、皇上圣鉴。

---

* 此摺与奕谅、奕䜣、奕劻、景寿、宝鋆、宗室灵桂、恩承联衔。

再，臣奕譞敬谨督办隧道工程，工竣后即行回京；臣恩承跟随神牌还京，合并声明，为此谨奏。

中国第一历史档案馆，奏档，光绪七年四号：内政礼仪陵寝卷

遵保司员摺*

光绪七年九月十九日（1881 年 11 月 10 日）

奏为遵旨酌保襄办典礼人员恳恩奖励事。

九月十九日内阁奉上谕："本月十七日孝贞显皇后梓宫永远奉安普祥峪定东陵，礼、工二部、内务府承办差务司员，著该堂官查照成案，酌量保奏，候旨施恩等因。钦此。"钦遵到部。臣等伏查此次奉移奉安，差务倍繁，典礼尤重。先期拣派司员，分任其事，敬谨办理一切。该员等自奉派以来，恭办各项事宜，竭力尽诚，诸务悉臻妥协，洵属认真办事，备著勤劳。谨将出力各员，酌拟奖叙，另缮清单，恭呈御览。可否恳恩照拟给奖之处，出自逾格鸿恩。

兹所有臣等遵旨酌保司员，理合恭摺具奏，伏乞皇太后、皇上圣鉴、训示遵行。谨奏请旨。

中国第一历史档案馆，奏档，光绪七年四号：内政礼仪陵寝卷

随同恭理慈安皇太后安葬山陵各员请奖摺**

光绪七年九月二十五日（1881 年 11 月 16 日）

奏为遵旨酌保随同承办恭理差务各员，恭摺奏祈圣鉴事。

---

* 此摺与瑞联、师曾、孙家鼐、兴廉、张沄卿、徐郙联衔。

** 此摺与奕譞、奕䜣、奕劻、景寿、宝鋆、灵桂、恩承等恭理丧仪王大臣联衔。

光绪七年九月十九日由内阁抄出奉上谕:“九月十七日孝贞显皇后梓宫永远奉安普祥峪定东陵,在事王大臣均能恪恭将事,谨慎无愆。所有内务府承办差务司员,著恭理王大臣及该堂官查照成案,酌量保奏,候旨施恩等因。钦此。”臣等遵查随同办理恭理堂主事、笔帖式、司员等,自本年三月派办孝贞显皇后大事以来,迄今数月之久,襄办一切差务,详核例案,均能敬谨将事,诸臻妥善,毫无贻误。为时既久,差务繁多,该员等始终勤奋,未便没其微劳。谨遵旨查照成案,酌量保奏,另缮清单,恭呈御览,伏候恩施。至内务府其馀承办差务各员,臣等未能周知,应由该衙门自行酌量奏奖,以示鼓励。

所有臣等遵旨酌保缘由,理合恭摺具奏,伏乞皇太后、皇上圣鉴。谨奏请旨。

中国第一历史档案馆,奏档,光绪七年四号:内政礼仪陵寝卷

复陈官学情形摺

光绪八年四月十五日(1882 年 5 月 31 日)

翁同龢等奏:三月二十四日内阁奉上谕:“御史俊义奏请整顿官学生一摺。国家设立八旗官学,原以培养人才,该教习宜如何安心督课,以期名实相符。若如所奏,近来各官学生并不入学肄业,教习、助教亦不认真教诲督责,尚复成何事体?著国子监堂官严饬各该学教习、助教尽心训诲,毋任积久懈生。该堂官务当随时稽查,认真整顿,用副朝廷教育人材至意。钦此”。跪读之下,钦悚莫名。

伏查各项官学,建自国初,教养兼施,法良意美。八旗官学,专

隶臣监办理，当时立法亦甚周详。近年以来，渐形懈弛。推原其故，约有数端：一则曰膏火短绌；一则曰房屋倾颓。夫膏火者，士子读书之资也。自兵饷减成，而膏火亦遂折扣。该生每月应得银一两五钱，按现在章程，实不过九钱。以九钱之银，饘粥且不能给，安能市书籍纸笔以从事于学乎？同治十二年，臣监奏准择学生中材堪造就者，酌加奖励，然筹款无多，究不足以资津帖。此膏火短绌之实在情形也。官学之设，原系拨给官房，或二十馀间，或三十馀间，大率以足容百人为度。讲堂学舍，粗具规模，无如年久失修，墙屋遂多颓废。同治十年，臣监因雨水过多，官学坍塌，迭次咨报各旗及时修葺。旋因工程浩大，一概缓修。现在廊庑萧条，上雨旁风，益复不堪栖止。此房屋倾颓之实在情形也。夫学生既无读书之所，则教习难以责成；教习既无住学之时，则助教何从督率？臣等职司教士，未尝不日夕图维，然仅能于学生挑缺时秉公去取，教习教课时认真查验。至于肄业无资，横经无地，断非空言所能奖劝，抑岂微力所能振兴？

臣等悉心商酌，以为事贵因时以制宜，法必变通以尽利。拟请仿照各旗义学之制，先立数斋，俾生徒得以居处；并请饬部将应修处所确实查估，择要缮完，不必统加修整。至官学生中，分别到学不到学两项，世家子弟有力从师者，于挑补后不必责令到学，准其在家读书，只予出身，不给膏火，即以所裁膏火匀给到学生徒，作为津帖，仍请饬部另筹奖赏之款，以期鼓舞奋兴。如此量为变通，尚不至过于繁费。至教习等如何责成，学生如何核实，臣等再行详议章程，奏明办理。

《光绪朝东华录》第二册，总字第1330页

会奏官学事宜摺*

光绪八年六月初三日（1882 年 7 月 17 日）

四月二十三日奉上谕："侍郎锡珍奏请派大员整顿八旗学校一摺，著吏部会同国子监妥议具奏。钦此。"臣等查八旗官学隶于国子监衙门，选八旗子弟在学考课读书，有助教、教习督课之，有祭酒、司业稽查之，立法既周，成材亦众。如果奉行勿替，本毋庸改弦更张。乃日久弊生，有名无实，学舍倾圮，教习备员，生徒假冒，诚有如该侍郎所云者。当兹时局需材，官学近隶校庠，八旗半属勋裔，允宜加意培植，以宏圣教而育英才。惟臣等深究官学废弛之由，学舍倾圮，由于库款支绌，修理无资。而教习应得银币，学生应得膏火，亦俱减成折发，以至因贫废业，日即荒嬉。历任监臣非不欲设法整顿，而军务甫平，司农仰屋，率视为不急之务而置之。今工程愈烦，经营不易，欲事事取给于库帑，财力仍属难支。是原奏所云兴工作，筹款项，用人员，议章程四条，尤以筹款为第一要义。款项不集，则学舍不能议修，俸饩不能议益。学舍不修，俸饩不益，则教习不能应官，学生不能应课。教习不应官，学生不应课，即遽行加派大员专管学务，亦难行不养之教而为无米之炊，是非因时制宜，仍属空言无补也。夫作事在谋其始，而立法贵得其通。该侍郎原奏谓官学虚名仅存，转不如私设义学之得收实效。然则欲除官学之积弊，亦惟有俯采义学之成规，务令事事从实而已。诚使厚集款项，酌增饩廪，修学舍则平估其价，管学务则慎举其人，以急公无

---

* 此摺为吏部与国子监会奏稿，与宝鋆、李鸿藻、徐桐、麟书联衔。

私之心，收舍旧谋新之效，积弊虽久，整理非难。臣等公同详酌，该侍郎所云一切学务专员经理者，乃规模既定以后之事。所云一切规模悉心集议者，乃学务未定以前之事。将筹良法以谋其成，宜简重臣以经其始。拟请先行特派满汉大臣数员经管整顿八旗官学事宜，将集款、用人、修工、定章四条，饬令会同监臣详细定议，请旨施行，必令费足济工，人足应务，有合于原奏尽除积弊力破浮文之意。将来规模大备，所有官学事宜，或派员专理，或派员会同监臣协理，应即由此次钦派之大臣秉公保荐，疏请简派。其文职旗员概归考试一节，亦应由该大臣等斟酌情形，归入章程具奏，再候命下，臣等复核定议。

《光绪朝东华录》第二册，总字第 1351—1352 页

遵旨详询御史洪良品据实复奏摺*

光绪八年八月二十七日（1882 年 10 月 8 日）

本月二十四日内阁奉上谕："御史洪良品奏云南报销一案，户部需索贿银，景廉、王文韶均受赂遗巨万等语。览奏殊深诧异。事为朝廷体制、重臣名节所关，谅洪良品不敢以无据之词率行入奏。著派惇亲王、翁同龢饬传该御史详加询问，务得确实凭据，即行复奏。钦此。"臣等当即于二十五日行文都察院，饬传该御史于二十六日至宗人府署中详加询问。即据该御史呈出亲笔说帖一件，内开户部索贿有乾盛亨、天顺祥账簿可据。又称："贿托之实当问之崔尊彝、潘英章，关说之实当问之周瑞清。"等语。臣等问以景廉、王文韶俱系大

* 此摺与奕谅联衔。

臣，若果受贿，当必有过付之人、交纳之地，不妨一一指实，以便入奏。该御史声称："此等诡秘之事，岂有令御史闻知之理，实因物议沸腾，并非无端诬蔑。"臣等又问："以此等物议究竟何人所传？亦不妨确指数人以为证据。"该御史声称："言者极多，或系士大夫，或系商贾，万口一辞，不能指定何人所说。"臣等再四推求，从容诘问，该御史总称一切情事已详说帖中，此外更无凭据。并称："御史有风闻言事之责，既有所闻，不敢不据实陈奏等语。"臣等谨将详询御史洪良品面述情形，并该御史亲笔说帖一件一并恭呈御览。

云南道监察御史洪良品谨呈。

八月二十四日奉上谕："御史洪良品奏云南报销一案等因。钦此。"闻命之下，不胜惶悚。窃维贿赂之事，踪迹诡秘。良品不在事中，自无从得其底蕴。但此案户部索贿累累，现经刑部取有乾盛亨、天顺祥账簿确据。前御史陈启泰奏崔尊彝、潘英章交通周瑞清贿托关说。外间喧传，贿托者，即贿托景廉、王文韶也；关说者，即向景廉、王文韶关说也。巷议街谈，万口如一。是贿托之实据，当问之崔尊彝、潘英章；关说之实据，当问之周瑞清。然则景廉、王文韶受贿非无据也，崔尊彝、潘英章即其据。良品非无据而率奏也，人人所言即其据。以枢臣而大招物议，是谓负恩；闻人言而不以奏闻，是谓溺职。且御史例以风闻言事，使天变不言，人言亦不言，亦安用此尸素御史为耶！良品与景廉、王文韶素无往来，亦无嫌怨，使非因物议沸腾，何敢无端诬蔑？实见时事艰难，天象如此示变，人言如此确凿，故不能不据实以奏。请旨一并查办，严讯崔尊彝、潘英章所存票号十馀万两用于何处，交于何人，则此案自然水落石出矣。谨具说帖上陈。

《光绪朝东华录》第二册，总字第 1404—1405 页

吁恳圣恩收回成命摺

光绪八年十一月初六日(1882 年 12 月 15 日)

臣翁同龢跪奏,为吁恳圣恩收回成命事。

本月初五日内阁奉上谕:“翁同龢著在军机大臣上行走。钦此。”闻命之下,悚惧莫名。

窃臣世受国恩,隆天厚地,备员禁近十有馀年,凡力之所能为者,断不敢自外生成,稍耽安逸。惟政事文学,本有殊科。臣赋性庸愚,于文学固未窥见万一。然自入直毓庆宫以来,于圣性之渊微,圣功之懋勉,朝夕在侧,或尚稍补涓埃;至军机处,则上禀宸谟,总揽几事,非明通干济之才,弗克胜任。无论臣之衰病,智识日消,即使黾勉自将,而迂腐空疏,实无一长之可取。是用披沥上陈,惟望皇太后、皇上俯念臣在讲筵尚无大过,若兼军机处行走,则志虑不专,名为兼任要差,实恐两有贻误,臣之罪戾益无可辞。伏乞收回恩命,别简贤能,庶臣衷得以少安,于国事实有裨益,无任感激迫切之至。谨缮摺吁陈,伏祈皇太后、皇上圣鉴。谨奏。

中国第一历史档案馆,奏档,光绪八年二号:内政职官卷

遵议顺天府奏请增建贡院号舍摺*

光绪八年十二月十九日(1883 年 1 月 27 日)

奏为会议具奏事。

---

* 此摺与恩承、景廉、瑞联等联衔。

准顺天府咨呈称具奏援案增建号舍一摺，奉旨："依议。钦此。"钞录原奏咨行核议等因到部。查原奏内称："本科京闱应试人数最多，展建墙垣，搭盖棚号，幸资士子坐息安静完场。而际此人文日盛，咸各踊跃观光畿辅。应试人数既增，兼之轮船通行，南皿、中皿各生更多及期来集。就本科人数核之，已有一万五千，而号舍只有一万三千一百馀间。尚须除去井号、底号及瞭望亭左近各号，另留誊录书手坐号。棚舍随在可虞，士子固视以为苦。即乡试书手已增至一千五百人，每至急求因应，不得不移其坐号以资士子，究之亦非久计。揆诸现时要策，必须增建四千号方可敷用。仍须届时知照国子监及顺天学政按计坐号录送，庶不至临时窘于措施。查同治九年，前尹臣奏请增建号舍，经礼部会同议，准添建号舍三千间。拟请查照成案分别拟办。所有应展地基，于此次考试誊录完竣以后，饬令大、宛二县前往查勘。本科新建围墙以内可增建八百馀间，向北展至总布胡同，可建三千馀间。究竟地界若何展宽，工程若何估计，应俟奉旨后由部请钦派大臣酌度情形具奏办理。惟本科展建围墙，本系应急权宜之策，现拟增建号舍，必须从速集事。诸凡勘展地址，迁移房舍，以及需款估工集料，均宜及早筹办，俟明春会试场竣，即行兴工，期于六月间蒇事。尚有添备号板、刻印号签等事，须接踵赶办，始能事期预立，不至急就为难。是此次筹办情形，尤亟于同治九年之举者也。应请旨饬下礼部、户部、工部查照成案，迅速核议，一切详细情形再行随时奏明办理"等语。礼部查例开各省贡院添建号舍，该督抚核实具题，其动用公项及估计兴修各事宜，由户、工二部定议等语。又查军兴以来，各省加广学额中额，每遇乡试人数增多，号舍辄不敷用，是以江西、湖北、四川、山东、河南等省先后奏请添建号舍，均经臣部议准各在案。又同治九年,据顺天府奏请添建贡院号舍。当经臣部议复,以顺天近科乡试增搭棚号,彻夜灯火,在在惊心,一遇风雨之期,士子更视棚号为畏途。且聚千百士子于一棚,防范稍疏,难保无传递枪替等弊,拟准如该兼尹等所请,添建号舍三千间等因奏准亦在案。

今据顺天府以畿辅人文日盛、应试人数既增,兼之轮船通行,南皿、中皿各生更多来集,本科搭盖棚号随在可虞,士子固以为苦,即书手坐号移资士子亦非久计,均系实在情形。所请援案增建号舍之处,自系为体恤寒畯,慎重科场起见,且于防范传递、枪冒等弊,较为周密。臣等公同商酌,所有顺天贡院号舍,拟如所请,准其增建,并于明春会试场竣即行兴工,期于六月间蒇事。仍由顺天府届期知照国子监及顺天学政,按计坐号录送,俾不致临时窒碍。至所称钦派大臣酌度情形估工集料等语,工部查顺天贡院应增建号舍工程,既据礼部拟如所请,准其增建,应俟奉旨后,即由工部咨取各部堂衔开单奏请钦派大员,前赴贡院,先行查勘地势,并将应修处所据实勘估奏明办理。至所称需款宜及早筹办等语。户部查前于同治五年正月间,臣部具奏顺天贡院号舍工程,按照估数以四成实银由部给发。又九年九月间据顺天府府尹等奏请增建贡院号舍,经礼、工二部议准,所需工料银两,臣部会议按照四成实银,由该大臣请领各在案。今据顺天府府尹等奏援案增建贡院号舍,既经礼部议准,所需工料银两,应俟勘估后,由承修大臣照章以四成实银咨部请领,以资修建。

所有臣等会议缘由,是否有当,伏乞圣鉴。

再,此摺系礼部主稿,会同户部、工部办理,合并陈明。为此谨奏请旨。

中国第一历史档案馆,奏档,光绪八年四八～五〇号:文教卷

急修工程与案未符据实陈明摺*

光绪八年十二月二十五日(1883 年 2 月 2 日)

奏为急修工程与案未符据实陈明仰祈圣鉴事。

光绪八年十二月初七日毓棣等专摺奏报孝陵隆恩殿暖阁龛座隔扇各工急须修理,钦奉谕旨,派出臣部左侍郎敬信前往查勘。经臣敬信查得各工,皆有应修情形,请归入明年承修另案大臣修理具摺复陈在案。伏查七年十一月奉上谕:"向来东陵、西陵遇有异常紧要工程,原准随时奏报专案办理。近来该管大臣于奏报岁修另案工程时复添入急修等工,与向章未符,嗣后该管大臣如遇异常紧要工程仍著随时专摺奏请估修,其馀一概并入另案,不得于奏报岁修另案时列入专案等项名目,以归划一等因。钦此。"是于撙节之中仍寓慎重之意,该管大臣等自应钦遵办理。

此次毓棣等所报龛座等工,如果情形早出,何不归入另案报修?如系现出情形,本月初间,臣部侍郎查勘岁修时,何以并未就近咨报?且香漆爆裂,海窝吊落,断非一日之事,何以前此未经查出,至今始报急修?况原摺既称明岁方向相宜,何以又请归入本年修理?当此隆冬凛冽,施漆非宜,飨殿深严,动工不易,该大臣等岂未之知而于岁暮时始为此请,毋乃慢于事而渎于礼乎?伏查臣部则例,两陵岁修之案,东陵不得逾九百两,西陵不得逾八百两。乃近年以来岁修之外增出另案,另案之外复增专案。本年东陵专案

* 据翁同龢光绪八年十二月十六日日记记载,此摺由其"手拟",与瑞联、敬信、孙家鼐、兴廉、孙毓汶、徐用仪联衔。

业已报过两次，今又专案急修，若不稍示范围，工作将无底止。臣等公同商酌，拟请饬下该管大臣等，嗣后除夏秋大雨各处殿座如有渗漏情形，准其奏请急修外，其馀各工自当恪遵前旨，一概归入另案，于每年十一月钦派大臣前往查勘岁修时分别修缓，以符旧制。

臣等愚昧之见，是否有当，谨缮折具陈，伏乞皇太后、皇上圣鉴。谨奏。

中国第一历史档案馆，奏档，光绪八年三—五号：礼仪卷

复议云南报销案摺*

光绪九年五月二十七日（1883 年 7 月 1 日）

光绪八年七月二十三日奉上谕："御史陈启泰奏，太常寺卿周瑞清包揽云南报销，经该省粮道崔尊彝、永昌府知府潘英章来京汇兑银两，贿托关说等语，著派麟书、潘祖荫确切查明，据实具奏。钦此。"当经奏请饬提崔尊彝、潘英章归案审讯，一面起获天顺祥、乾盛亨两票号账簿，并将该号商人王敬臣、阎时灿，及户部书吏褚世亨、张瀛、吴庆林，工部书吏张兆鸿等传获到案。正在查办间，据御史洪良品、给事中邓承修以此案牵涉枢臣景廉、王文韶，先后奏参。奉旨："俟崔尊彝、潘英章到案后，著添派惇亲王、翁同龢会同查办等因。钦此。"遵即提讯，周瑞卿供有过付银两，户部云南司主稿主事孙家穆供有收受津贴各情事。旋因崔尊彝据报病故，潘英章延不到案，节次奏请将周瑞清、孙家穆、潘英章革职，并经都察院将牵

* 据翁同龢光绪九年五月初九日日记记载，此摺由翁同龢出面，有麟书、阎敬铭、张之万、薛允升参加，在翁同龢家中共同拟定，最后由翁同龢亲笔改定。奕訢领衔，翁同龢、阎敬铭、麟书、张之万、薛允升联衔于同月二十七日奏上。

涉之御史李郁华参革。经臣麟书等将户部司员松安等、工部司员福志传案,饬递亲供,并以该省此次各款应否准销,潘英章等来京承办此事是否该督抚委派,其汇款由何项动支,奏请分别饬查。旋据户、工两部声明,均非不应销之款,该省督抚查明潘英章等系引见来京,其所赍银两并非库款,是否捐款平馀,抑有该员私项在内,俟潘英章等到部质讯便可水落石出等因复奏。九年正月间,臣潘祖荫丁忧开缺,奉旨:"著派张之万会同审办。钦此。"复经讯出该司掌印员外郎福祉有分受津贴情事,将该员并说合之龙继栋奏请革职,并将该司主事周颂、崔澄寰传讯。二月二十五日,据该省督抚派员将潘英章解部,当即奏闻,并知照惇亲王、翁同龢派员会讯。复先后奉旨:"著派阎敬铭、薛允升会同查办,钦此。"各在案。

臣等遴派司员检查两号账簿并百川通票据,崔尊彝由云南兑京共京平松江银十八万五千两,此外尚有借用天顺祥银二万八千两,共计银二十一万三千两。讯据潘英章供:"伊等由云南汇京款,内崔尊彝备用报销津贴银实只十万七千六百两;崔尊彝私项三万二千两,潘英章私项一万两,又代该省同知邓家荣等二十馀人汇京银三万五千四百两,共银七万七千四百两,并非公项。伊到京商定报销津贴银八万两,先过付五万两,未过付三万两。馀款二万七千六百两,系崔尊彝私自侵用;另借银二万八千两,系崔尊彝因私项不敷,向天顺祥挪借,并非报销用款。"等语。复查两票号汇项内,各有银六万七千两款目,其为即御史陈启泰所称十三万之款。据潘英章供出:"津贴银两已过付五万两,未过付三万两。"亦与洪良品所称八万了结之语相符。复饬该司员严加审讯。据潘英章供:伊与崔尊彝同省服官,周瑞清世交相好,龙继栋原系伊署幕友,伊在知县任内曾经借用龙继栋房价抵还交代。李郁华曾放云南试差来滇，伊因系湖南同乡，彼此拜往。崔尊彝系善后局总办。云南自同治十三年以后，一切收支各款均未报销，经督抚饬催该局造册咨部。崔尊彝恐部中书吏刁难勒索，因与周瑞清均系熟人，趁伊补永昌府进京引见之便，商令至京找向周瑞清转托户部司员交办，较为省便。崔尊彝亦拟来京引见，当向天顺祥、乾盛亨并百川通各票号，先后将公私银两并代邓家荣等汇京之款，一并由崔尊彝兑交。编列福裕恒等字号名目，嘱令该铺开票记账。各款均俟伊等到京取用。伊于光绪七年九月间到京，因天顺祥系新设票号，银票行使不开，商允周瑞清代换百川通票花用，并将崔尊彝托办等情向周瑞清谈及。周瑞清辞不愿管，伊再三央允。嗣伊探知户部云南司系孙家穆主稿，派办处亦系总办，龙继栋系孙家穆同司，商同周瑞清找向龙继栋转向孙家穆说合，连兵、工两部，共计津贴银八万两。约定先在周瑞清家过付五万两，俟全案奏结后，再由崔尊彝另交三万两分付各处。李郁华询及报销如何办理，伊回称托周瑞清商办。又因李郁华先已知情，不敢冷落，时相过从，并将崔尊彝托买之物交李郁华置办。八年五月间，崔尊彝抵京，其时户部报销核准复奏，兵部以未经造册议驳，工部议准未经会奏，全案未结，伊将原存银三万两交崔尊彝收存。崔尊彝言，俟该省复奏到日再行议办，此款暂存票号。伊将崔尊彝私项连借项交讫，又将邓家荣等汇京之款分别用出。伊私项一万两内还给龙继栋房价银本利五千两，又因在龙宅养病，送给饭食银并龙继栋母亲寿礼共银四百两，馀俱陆续花用。崔尊彝汇交公项，除津贴存用八万两外，馀二万七千六百两。伊代崔尊彝买物用银九千四百六十五两二钱六分，交崔尊彝自行买物银一万五千八百二十九两，经伊送给龙继栋酬谢银二百两，李郁华收用买物馀银四百两。因盘费不足，经崔尊彝将馀银一千七百馀两借给，伊即出京回滇。行抵平彝县境，闻此案经御史指参，奉旨提讯，并闻崔尊彝中途病故，遵即回滇听候解案，于九年二月二十五日抵京，等语。

据周瑞清供：伊与崔尊彝、潘英章均世交相好。潘英章自云南来京，据称崔尊彝现办报销，托伊从中安置，以免部吏需索，央乞允许。嗣潘英章声称孙家穆在云南司主稿，龙继栋与孙家穆同司，随托龙继栋向孙家穆说明津贴公费八万两。潘英章先交银五万两，伊付结孙家穆银四万五千两，馀五千两，潘英章嘱伊暂存，俟两部议准后再行过付。其馀三万两，言明全案奏结后由崔尊彝自行交付。李郁华向伊探问报销情事，伊诿称系龙继栋经手，并未告知实情，伊实未分用银两等语。龙继栋供：云南报销一案，伊听从周瑞清托孙家穆交办，由周瑞清过付孙家穆银四万五千两。内有备存津贴兵部书吏六千两一款，经兵部议驳未用，孙家穆于七月间交伊退还潘英章，并未动用。潘英章曾借伊房价银两，计共本利五千两，经潘英章到京送还，并在伊宅养病，送给伊饭食银及伊母寿礼银四百两。潘英章将银二千两托伊买物，馀银二百两，潘英章于出京时送给作为酬谢。李郁华曾问及云南报销，伊称系孙家穆经手，并未告知详情等语。李郁华供：伊前放试差到滇，因与潘英章同乡，彼此拜往。光绪七年秋间，接到云南伊戚邬菊卿来信，云有银信托潘英章由天顺祥兑交。彼时即闻云南有报销情事，随向天顺祥掌柜人王敬臣访问潘英章来京有无办理报销信息，王敬臣均推不知。九月间，潘英章将银信带交。伊问询此事，据称现托周瑞清、龙继栋商办。及问之周瑞清等，均称不知详细。八年五月间，伊又向孙家穆探问报销情形，据称公事系照例办理，嗣后伊即再未询及。潘英章与伊时相过从，并交伊银二千馀两托买参茸等物，馀银四百两,伊至好挪用,潘英章旋经出京,将此银送给。伊得受潘英章馈遗属实,委无同办报销情事。据孙家穆供:伊在户部云南司主稿兼派办处总办,龙继栋托伊核办报销,并言明津贴银八万两。至四月初间,先在周瑞清宅过付银四万五千两。伊于过付项下分受津贴七千两,提存四千两归入本司饭银公用。同司主事崔澄寰、周颂向伊挪用饭银,伊将此款借给,并未告知系报销之款。又分给本司书吏张瀛等银一万两,并令张瀛给派办处在逃书吏沈鸿年、陈瑞轩银九千两,给工部书吏银五千两,仅存兵部书吏银六千两。五月间奏准后,掌印福祉向伊分给银四千两。其馀备存津贴,均因全案未结,周瑞清、崔尊彝等未经交付。据福祉供:伊在户部云南司掌印,云南报销一案,经同司主事孙家穆主稿,与伊一同核定画押。孙家穆收受津贴银两,伊先不知情,迨五月间奏结后,外间传言,此案报销确有本司津贴饭银,为数不少。伊暗中查访,孙家穆料难隐瞒,即向告知情由,并分给银四千两等语。据张瀛供:伊与同司书吏褚世亨、吴庆林、在逃书吏卢良驹,各分用津贴银二千两,在逃书吏王鉴分用银一千五百两,下馀银五百两归饭食公用。又经伊付给工部书吏周仁溥报销津贴银五千两,周仁溥自用二千五百两,交给同司书吏张兆鸿,馀归饭食公用等语。质之崔澄寰、周颂及书吏褚世亨、吴庆林等,供亦相同。此累月以来审讯此案之大概情形也。

臣等伏查周瑞清以三品正卿,辄代潘英章等过付报销津贴,且有潘英章交伊备存银五千两,据供并未受赃,殊难凭信。诘据周瑞清供:伊与崔尊彝先未谋面,伊侄周祚恩赴云南投效,与崔尊彝同营当差,后抱病在滇,均系崔尊彝照应,心甚感激。伊放江南试差,取中举人崔应科系崔尊彝堂弟,因此通信认为世交,平时亦常有接济。此次托办报销，实系碍于情面，未能推卸，咎无可辞，委无得赃情事。伊备存之款，实系未用津贴等语。质之潘英章，据供：兵部议驳后，经崔尊彝函催该省速即造册具奏，伊复奏到日，仍托原经手人办理，是以未将存款取回等语，是周瑞清所供并(本)〔未〕受赃各情，尚属可信。又李郁华于报销一案，屡次查询，并经潘英章送给银两。据供并未商同说合，似不近情。复据周瑞清同龙继栋供：伊等稔知李郁华为人难与共事，是以报销事件未与商办，潘英章因其早已知情，虑恐挟嫌举发，以故设法羁縻，并送给银两，与报销无干，是李郁华所供未办报销等情，亦属可信。又查崔尊彝与潘英章用款甚巨，安知非侵吞公项捏作私项以为营私地步。复据天顺祥商人王敬臣、铺伙陈作霖、帅大山佥供：伊号汇京实有崔尊彝私项三万二千两在内，伊到案即行供明，并缮具清单呈阅，不敢扶同捏饰。并据潘英章供：崔尊彝由捐纳郎中保举知府到省，洊升道员，历署藩司，官况甚好，是以资斧较丰。因先经被人参劾，逆料在滇服官不久，将灵柩十三口，并全家带去。在滇无人，所有私蓄，不得不一并汇京，系革员素所深知。至革员代邓家荣等汇京三万五千馀两，均有本人及票号账簿可查，革员万里来京，又有宿欠五千馀两，不得不稍筹资斧等语。是潘英章所供，伊等私项委无官项，尚非无据。又查崔尊彝用款，除私项三万二千两并公项二万七千六百两，复借用天顺祥二万八千两。崔尊彝以道员来京，不应费用如此之多。复讯据潘英章供：崔尊彝素性浮华，用度挥霍。其将柩眷带出，沿途有小队数十名护送，到京后又将银两寄给其弟崔子琴，将寄停荆州灵柩扶回原籍安葬，自己带同眷属先至涿州为儿女议亲后到京居住，多购服物玩好，商贾不绝于门，是以费用浩大。迨由京回南，川资必巨，亦可想见。且崔尊彝到京后在五月中旬,五月以前用款内,如革员代为买物各项,有各铺供词账单可据;崔尊彝自行买物之款,有天顺祥铺伙查出账单为凭。革员于五月间出京,崔尊彝向该号取银,大半在六七月间,其馀款作何使用,伊实不知情等语。饬查崔尊彝用款内有三万馀两无可稽考。所有各铺发票,讯据王敬臣供:该铺认票不认人,取银人姓名不能详记。印票注有字号姓氏等项,由钱铺炉房转手多家,先后次序模糊,亦难挨户查究各等语。此又因款项甚巨详加追究之实在情形也。

以上各情,均经反复研究,供俱佥同。臣等复亲提详鞫,亦无异词。

窃维此案究竟官项银两为数若干,未据云南督抚切实声明。第就潘英章等所供各情,与该票号账目所载详细勾稽,亦不致大相悬殊。崔尊彝花用银数置买货物各项均有实据外,其馀三万七千零五十两九钱九分究竟作何使用,不特并无记载,即质之潘英章等,亦不能指出确据。惟既查明系属私款,与报销官项无干,崔尊彝业经病故,亦复无从查考。其侵用之二万五千二百九十四两二钱六分,讯明确系官款。除将该员借款票存未用拨还二千零七十九两外,其馀仍由崔尊彝名下著追。所有孙家穆分用银七千两,及提归饭银,并崔澄寰等借项银四千两,福祉分用银四千两,周瑞清备存津贴银五千两,龙继栋备存津贴银六千两,并潘英章酬谢银二百两,潘英章借用公项银一千六百零五两七钱四分,张瀛、褚世亨、吴庆林、张兆鸿分用津贴银共八千两,张瀛、褚世亨、吴庆林各应摊缴公用饭银共三百两,张兆鸿摊缴二百五十两,崔尊彝存放天顺祥、乾盛亨未用津贴银三万两,李郁华得受馈遗银四百两,王敬臣交出崔尊彝借款未取一千零七十九两,共京平松江银六万八千九百三十四两七钱四分。查对账簿，平色相符，现均一律完缴。在逃之沈鸿年、陈瑞轩共分用银九千两，卢良驹分用银二千两，王鉴分用银一千五百两，卢良驹、王鉴各应摊缴公用饭银共二百两。病故之周仁溥分用银二千五百两，并应摊缴二万五千两，均未完缴。经步军统领衙门将沈鸿年房产查封，除饬坊变价备抵外，各该犯未交银共一万五千四百五十两，应于伊等家属名下著追，屡次饬传沈鸿年等，据报弋获无期，应即拟结。

查律载：官吏因事受财，不枉法，按赃折半科罪，有禄人一百二十两以上，绞；无禄人一百二十两以上，罪止杖一百，流三千里。又例载：以财行求及说事过钱者，计所与之赃与受财人同科，有禄人概不减等，无禄人各减一等；为从，有禄人听减一等。又律载：事后受财不枉断者，准不枉法论。又律载：准不枉法论罪，止流三千里。又，官吏非因事而受人财，坐赃致罪，各主者通算折半科罪。又，风宪官吏受财，加其馀官吏二等。又例载：不枉法准不枉法等赃，一年限内全完，死罪减二等发落，流徒以下免罪。又律载：不应为而为，事理重者杖八十各等语。

此案已革户部云南司主事孙家穆，在司主稿，宜如何洁己奉公，乃因核办该省报销，得受赃银七千两入己，虽据查明均系应销之款，于法无枉，究属贪婪不职，按有禄人不枉法赃一百二十两以上，罪应拟绞。现据该革员将赃完缴，若照一年限内全完例，减死罪二等，未免轻纵。孙家穆应于完赃减等拟徒三年例上酌加一等，拟杖一百，流二千里。已革太常寺卿周瑞清，虽无包揽报销及分赃情事，惟以三品正卿，入直枢垣，辄敢商令龙继栋向孙家穆说合，并由伊过付银两，实属荒谬。受财人孙家穆业经于完赃减二等罪上均加一等拟流，周瑞清合依说事过钱为首受财人同科例，拟杖一百,流二千里,均从重发往黑龙江效力赎罪。周瑞清据供母老丁单,不准留养。已革员外郎福祉,于贿办报销一节,先不知情,事后分用津贴银四千两,按照事后受财律准不枉法论计赃一百二十两以上,罪应杖一百,流三千里。已革知府潘英章,听从崔尊彝来京贿办报销,明知崔尊彝侵用公款,辄向借银一千七百馀两,准监守自盗论,亦罪应流三千里。已革主事龙继栋,听从周瑞清说合过付,罪应拟以满徒,事后得受酬谢银二百两,按坐赃计罪仅徒一年,仍应照本例拟徒三年。已革御史李郁华,虽未同办报销,惟身任风宪,辄向各处探问报销诸事,致人疑畏,又甘为代买物件,因得剩馀银四百两,按坐赃折半科罪二百两,徒一年半律上加二等,罪应徒二年半。该员等于未结案之先,将所得各赃照数完缴,例应均予免罪。惟案情较重,孙家穆、周瑞清既经从重定拟,该员等未便竟予全免。福祉、潘英章应于孙家穆、周瑞清流罪上酌上减一等,拟杖一百,徒三年;龙继栋应于本罪上减一等,拟杖九十,徒二年半;李郁华应于本罪上减一等,拟杖八十,徒二年,均系职官,应发往军台效力赎罪。以上各员应得罪名,仍照律请旨定夺。降调主事崔澄寰、周颁向孙家穆借用银两,虽供称只知系属本司饭银,现已照数归还,惟究系报销之款,未便因其业经降调,遽予免议,致与随同画稿之彭垚曦等无所区别,应请旨即行革职。云南司随同画稿之主事彭垚曦、员外郎恽宝桢,派办处员外郎松安、郎中清瑞、员外郎余九毂、郎中博明、主事文琦、郎中李希莲、员郎廷雍、主事徐树钧,讯不知情,前经予以处分,应免置议。户部书吏褚世亨、张瀛,吴庆林,工部书吏张兆鸿,承办报销各分受银二千两,照无禄人不枉法赃一百二十两以上,罪应拟流。虽据该犯等将赃完缴,惟此案报销,系因畏罪书吏需索,辗转托司员交办,以致酿成巨案,且为数至盈千累万，与寻常得受赃物之案情节迥异，应不准免罪。褚世亨、张瀛、吴庆林、张兆鸿应照无禄人不枉法赃一百二十两以上，杖一百，流三千里律，拟杖一百，流三千里。褚世亨等据供亲老丁单，均不准留养，应即札交顺天府定地发配，到配折责安置。天顺祥商人监生王敬臣、乾盛亨商人布政司理问阎时灿，于云南报销事件仅止知情，并未同办，惟此案津贴银两均系不应经手之款，王敬臣、阎时灿合依不应为而为事理重者杖八十律，各拟杖八十，仍照律纳赎。崔尊彝贿办报销并侵用公项二万三千二百十五两二钱六分，虽经据报病故，仍应请旨革职，侵用之银著该原籍督抚于伊家属名下著追，如不完缴，即行查抄，所有寄放银票，作为废纸无用。书吏周仁溥业已病故，应与讯不知情之百川通商人阎正卿及各该号铺伙陈作霖等，均毋庸议，无干省释。周仁溥所分赃银，仍饬传该家属著追。在逃之沈鸿年、陈瑞轩、卢良驹、王鉴等，缉获另结。陈瑞轩等所分银两，仍著该管地方官于各该犯家属名下著追，完不足数，一并查抄。孙家穆等缴案赃银，饬坊解交户部取具批回存案。所有沈鸿年查封房产，于饬坊变价后，连调到销册一并解交户部办理。崔尊彝借用该银号之款，除现存馀银二千馀两业经追出入官外，其他借款，著王敬臣自行清理，起出账簿，分别存案发还。失察书吏受赃，除户部司员业经分别拟罪议处、户部堂官另片奏请外，应请旨将工部堂司各官，查取职名，交部分别议处。谨照原账簿详细分开官私各项银数清单四件恭呈御览。

又奏：臣等查御史洪良品奏请罢斥舞弊枢臣一摺，先经臣奕𫍯、臣翁同龢遵旨详询洪良品据实复奏。奉旨："此案必须崔尊彝、潘英章到案，与周瑞清及户部承办司员及书吏号商当面质对，庶案情虚实不难立见。"等因。嗣经给事中邓承修奏参枢臣被劾无据事实有因等情，奉旨："著派惇亲王、翁同龢会同查办。"等因在案。光绪九年二月二十五日，潘英章解送到部。

臣等遵即会同将潘英章、周瑞清及户部司员书吏提集，一面查照洪良品说帖内关说贿托各节逐层研究。据周瑞清供：伊系军机章京，入直十有馀年，该处承办事件，向在公所面呈堂官核定，从不至私宅回事。云南报销一案，伊与潘英章托龙继栋向承办司员商办，系实有其事，并未向堂官关说。据潘英章供：伊汇京报销一款，内中已付过五万两，未过付三万两，系津贴该部承办司员及经手书吏，并无分送景廉、王文韶巨万之款。据孙家穆供：本部堂官委无分用此款情事各等语。质之承办书吏及各该号商，均供并不知情。复将天顺祥、乾盛亨两号账簿详加考核，并无潘英章等馈送景廉、王文韶之款。

臣等再四研诘，各处查对，所有科道原参枢臣报销案内各节，委实查无其事。惟各省动用钱粮军需报销，与年例奏销判然两事，该省因军务倥偬，将两项笼统报销，原属权宜办法。现在军务已平，自不应仍前并案办理。该尚书等未经查出，实属疏忽，且于司员孙家穆等并保列京察一等之员外郎福祉得受不枉法赃均无觉察，亦难辞咎。应请旨将景廉、王文韶并各该堂官，均查取职名，分别交部议处。

又奏：御史陈启泰奏参云南督抚贿遣道府朦办报销一节。据查，该省督抚奏称："崔尊彝等均系照例引见，并非派办报销，亦无嘱令贿托之事。该省捐款平馀均归各局作为外销公用，现在捐局久经裁撤，无从清查。是否此项及多寡之数，抑系该员私项，须讯明崔尊彝等方可得实。"等语。查据吏部复称："崔尊彝系由现任粮道保列卓异，潘英章系由安平同知升补永昌府知府，均系照例送部引见。”

该督抚所称并非派办报销，尚属可信。至捐局平馀，虽与正款钱粮不同，究系官项，不应漫无稽考。且以各局公用外销之款，经崔尊彝挪移动用至十馀万两之多，该局主守官吏岂得诿为不知？如果确切查询，何至多寡并无实数？乃该前任总督刘长佑、巡抚杜瑞联，平日于官项出入一无查考，任听属员挪用，复将劣迹昭著之道员崔尊彝保列卓异；至崔尊彝及已革知府潘英章贿办报销，事先未能觉察，迨发觉以后，总督岑毓英、巡抚杜瑞联又未将伊挪用银两查明实数具奏。崔尊彝且有侵用公项情事，应请旨将前任云贵总督刘长佑、现任总督岑毓英、巡抚杜瑞联交部分别照例议处。馀依议。

《光绪朝东华录》第二册，总字第 1537—1546 页

各省工程报销改定简易章程疏*

光绪九年十二月十八日（1884 年 1 月 15 日）

窃臣部职在勾稽，其著为定例者必实能见诸施行，方不致空烦案牍。即如外省工程报销一事，始则视造报为畏途，继并视奏催为故事，愈延愈久，亦愈久愈难。溯乾隆十九年正月奉上谕：“外省动用钱粮及工程报销，应驳应准，俱有定例。乃该督抚往往于部驳后辗转行查，不及克期办结。或据属员详禀，叠次声复请销，而该部仍复往返驳诘，以致尘案积累，迨历年久远，官吏迭更，徒致拖累。此向来相沿陋习，殊非敬事勤政之道。现据刘统勋、策楞查江南兴

---

* 此摺与其他工部堂官联衔陈奏。

修水利以来，有历十馀年至二十馀年未结之案，自雍正四、五年间尘案尚有悬搁者。此等案件，如果有浮混，自当据实查明，催追完款，何至任意迟延，历久不结？如果无情弊，亦当请豁免。嗣后报销之案符例者，该部不得漫行驳诘；例应驳查者，至三次后该部具摺声奏，或按例核减，饬交该督抚查明经手官员照数追赔完案，或据情酌予豁销，务令克期速结，仍著于每年岁底将未完各案汇档奏闻。其现有从前未结各案，予限一年，令户、工两部通行查明，分别办理完结，钦此。”又于道光七年六月，奉上谕：“昨据工部奏汇查各省工程未完各案，请分别年限查办。各省工程报销准驳俱有定限，乃各该督抚于奉文后，不即克期办结，实属因循疲玩。著即将该驳部查新旧各案逐一查明，未经逾限者按限催办完结，其已经逾限者，查取承办迟延及督催不力各职名参奏议处，仍严催办结。嗣后各该督抚务当随时逐案查核，依限催办，毋任再有延宕，致干咎戾等因，钦此。”

臣等恭绎叠次谕旨，一则杜部中之往返驳查，一则惩外省之因循疲玩，法至善也。嗣是以后，咸丰十一年臣部将道光十五年以前未结各案限六个月办结，如再逾限，一面注销，一面将用过钱粮分别着赔。同治八年臣部复改定以二十年为限，二十年外即行分别注销。然奉行日久，竟成具文，历年以来，未尝指参一人，着赔一款。推原其故，总缘二十年后官非一任，事隔多时，若一律着追，则离任者羁留异地，已故者且累及子孙，于政体实多窒碍。现在臣部纂修则例，臣等熟商妥议，与其空悬令甲留书吏搜剔之门，何如更定章程，布朝廷宽大之典。拟请自同治十三年腊月以前作为旧案，一概免其著追。自光绪元年正月以来未结各案，概以接奉部文之日起，予限二年报部核销；如再逾限，即由臣部专摺劾参，请旨饬交吏部照例议处。其九年正月以后按限造报，如有逾限，即照前议，一体办理，以清尘牍而免积疲。如蒙谕允，应请特颁谕旨通行各直省督抚一体钦遵办理。臣部一面查明光绪元年以来未经办结之案，开缮清单，恭呈御览，恳请特旨严催；一面将拟定新章纂入臣部则例，永远遵行。

再，臣部例载，士民捐资自行经理之工，由督抚奏请分别奖叙，一面饬造工段清册送部存案，至工料册籍有不能尽合部例之处，应宽其文法，毋庸往返驳查等语。又，咸丰八年，钦奉上谕："各直省修办一切工程系民间捐修并不邀请议叙者，均免其造报。其士民出资捐修奏请奖叙，均著一体造册报部核销，予以保固限期，以符定制等因，钦此。"臣等伏查民间修办工程，既经督抚奏请给予奖叙，即与动用正款无异，自应钦遵咸丰八年谕旨，令其一体造册报销，立限保固，用昭核实。至工料做法，臣部定例，纤屑曲折勾稽必审，诚恐民间自行办理之工未必能尽谙成法。若拘泥例文，动辄驳诘，易滋书吏延搁需索之弊。拟请嗣后各直省民捐民办工程奏请奖叙者除册报钱粮数目与例大相悬殊、应行议驳、分别办理外，其钱粮之数不甚相悬，而工料做法有未能尽合例文之处，仍循旧例免其往返驳查，以杜弊窦而示体恤。

何良栋辑《皇朝经世文四编》(二)，卷四十二，工政，第2页

遵议中法交兵停战一款可行摺*

光绪十年九月十三日(1884年10月31日)

窃维法越构衅以来，筹饷征兵，无日不上廑圣虑，固非利其土

---

* 此摺与伯王、克王、奕劻和孙家鼐联衔。

地,诚欲拯彼民于水火之中也。迨至法夷败约,阑入中华,轰我基隆,毁我马尾,于是特降明诏,决计兴师,所谓圣人之兵不得已而后用者也。数月之中,前敌各军,同仇敌忾,苏元春一胜于谅山,刘铭传再捷于台北,虽未能大加惩创,亦足以稍示威棱。无如病瘴者困于天时,孤悬者限于地势。故关外之师顿而不进,而台湾且岌岌告警矣。臣等细阅前后电报,刘铭传以百战之馀,乃至有呼天之语。敌舰外逼,军火渐穷,土匪内讧,人心摇动,此诚危急存亡之秋矣。

夫台湾之地大于琉球,埒于吕宋,其物产则衣被海国,其形势则控引八闽。国初勘定如此其难,各国垂涎如此其急,设一旦为彼族所据,不特于门内添一盗薮,是直于榻侧树一敌邦,贻祸无穷,隐忧方大。故为今之计,必以救台为第一义。

然救台固未易言矣。闽、粤有兵而不能飞渡,南北洋有船而不能分援,募本地之勇,则以无火器而不能战,雇他国之舰,则以违公法而不肯行,如是而台湾尚能终保乎?不能终保,则必议及弃台。夫台何可弃也!即万不得已而忍于一弃,将侵突各口,各口亦可弃乎?设窥伺津沽,津沽亦可弃乎?不特刘铭传为一时名将,失之必隳军心,抑且关系全台数十万之生灵,祖宗三百年之经画,臣等安敢出此,亦何忍出此乎?

用是辗转思维,中国之于法夷,远隔重洋,其势固不能犁庭扫穴也,始虽议战,终必议和。与其战不胜而和,莫若乘方胜而和。但和必有和之机,亦必有和之体。彼方锐进,忽又转圜,此即有机可乘也。不索赔偿,不占地面,此于大体无失也。所恐急而治标,必致忙中有错。查万国公法,有暂时停兵之条,于围困城池炮台等处,相约暂停,不相攻击,又引罗马国与费国停兵长久再行交战云云。是停兵与立约,较然两事。目前形势,似可摘其一款,先议停兵,然后将所陈各条详细推敲,或准或驳,并会合各国公使,公同评论。彼见法国独专其利,或亦群起不平之心,从而折服调和,庶几近理。倘竟不能就范,何难再与交兵?此则欲保全台湾以维大局,不得不深长思虑者也。

臣等伏见兵事、饷事并集于一时,而海防、边防必期诸数岁,故愿暂纾今日之急,移以为自强之图,诚不敢徒尚虚谈,致贻后悔。仰惟皇太后、皇上至仁至圣,洞烛机先,不以议战而绝和之机,不以议和而忘战之备,博采群论,计出万全,天下幸甚!

《中法越南交涉资料》(中),中国近代史资料丛刊《中法战争》第六册

厘剔官吏经征钱粮积弊疏*

光绪十一年十二月十八日(1886年1月22日)

奏为正供钱粮,缺额过多,亟当厘剔官吏经征积弊,核实整顿,以复旧制而裕饷源,恭摺仰祈圣鉴事。

窃闻古制赋税者计其岁入,以供郊庙社稷百神之祀,天子奉养、百官有司禄食、车马兵甲士徒征调之用,故曰正供。成周创制,重以要会簿书,而国用通于三十年,深虑无九年三年之蓄,财赋阙供,岂细故哉!我朝承平旧制,惟持正供所入,以备度支。经费既有定款,钱粮尤鲜未完,亏空少而弊以清,故国用足而民不困。军兴以来,田赋缺征,不得已别为筹饷。关税之外又抽厘金,引课之外复增盐价,他如牙帖、捐输之类,重重加收,百姓困穷,疲于供亿。及至军务平定,终难减裁。良由吏治不修,政刑不饬,勇丁遍于寰

* 查翁同龢光绪十一年十二月初十日、十八日日记,此摺由阎敬铭、福锟、翁同龢会商,翁氏曾"草一底",交阎,后由阎拟就,上奏前翁氏曾"删四五百字",并说"阎亦无如我何也"。可见,翁对此曾参与了意见,但又不完全苟同。

区,员役浮于常设,坐致物力耗竭。而用款日多,即使钱粮丝毫无亏,犹苦不给。况夫赋法刓敝,官吏侵亏,条令废弛而弗行,文告纷繁而鲜实,部库未尝有一年之蓄,各省并不能给终岁之需。民间瘠苦已如彼,帑项匮乏又如此。臣等职司度支,昕夕深惧。方今河患未平,边防未撤,出款更增于昔时,入款不多于曩日。臣等勉思补救,别无良图,惟有极力整顿钱粮而已。我朝深仁厚泽,优恤黎民,现在闾阎生计艰难,臣等断不敢为剥瘠搜枯之计,所谓整顿钱粮,亦惟严杜官吏中饱而已。查发捻之平垂二十年,正杂钱粮,期可渐复原额。臣部考核正杂赋税额征总数,岁计三千四百馀万两,近年实征仅二千三四百万两有奇,每年少征银在一千万两以外;各省漕项仓银,额征总数岁计二百五十馀万两,近年实征仅一百四五十万两有奇,少征银在一百万两以外。赋税亏额之多如此,财既不在国,又不在民,大率为贪官墨吏所侵蚀,钱粮积弊日累月深,约而言之,其弊有五:

一曰报荒不实。查天下户口之数,中国最为繁昌,虽多无业之民,鲜有无民之业。即兵燹之后,荒地实多,然生聚日繁,则必逐渐垦辟,乃岁不加益,甲年除荒银数如此,乙丙等年除荒银数亦如此。在百姓或报升科,而州县犹指为荒地,视吃荒之多寡为缺分之肥瘠。奏销册内,又可除去荒缺银数,巧避考成,于是已荒之地不可复熟。此报荒不实之弊也。

一曰报灾不确。查水旱为灾,间有之事,乃捏灾官吏利其可以侵蚀,谓之例灾,或无年不然,或轮年开报。核计奏销册内,因灾蠲缓总数,彼年开报若干,此年亦必开报若干,几成一定之例。上司以报灾为故事,数月之后,督抚始奏请蠲免缓征,其实州县已勒限严追完缴。至于奏报摺内,更不声明蠲缓钱粮数目,率请恩施。复将誊黄压搁；间有张贴，语本浑括，究竟某庄某图蠲缓若干，民间概无由知。蠲免者立入私囊，缓征者逾时又请豁除。复虑发觉其贪私，事阅多年，并不照例题豁，即或具题到部，每与奏销册内完欠数目不符，一经驳查，则以头绪拉杂为词，或以划除另办为说。此报灾不确之弊也。

一曰捏完作欠。查两税逾限不完，民则杖笞，绅则褫革，定例綦严。纵有无力输将之小户，与夫抗纳不交之劣绅，其实并不多见。在民间已输之款，州县必捏作未完者，无非希冀他日恩诏豁免，以遂其侵吞之私。当钱粮开征，佐贰教职，既不敢按簿监收，民欠细数，州县又未尝出示本里，该管道府大都仰其供给，串根红簿终未调查。州县诡计变幻，甚有私造征册者。虽未完例有考成，而处分可以抵销，不过报捐数百金，即降调数级，毫无妨碍，而盈千累万之民欠实已婪入贪囊，甚或一面造送奏销，一面奏请豁免，永无带征未完之处分，益可自便其私图。此捏完作欠之弊也。

一曰征存不解。查已征钱粮，例限三日批解。及查各省报部考成奏销交代各册，显列征存未解字样，上司并不登时督提，历年既多，积至数万数十万、数百万不等。此等名目，显系挪移侵蚀。该州县恃上司不行催提揭参，将征存银两，或任意挥霍，或厚自封殖，迨至离任败露，上司复代为弥缝，后任被其抑勒，私议通融弥补，将无作有，捏作征存，此缺挪于彼缺，后任加于前任，愈积愈深，亏空愈大。此征存不解之弊也。

一曰交代宕延。查官员交代，例有定限。各省迟延，不结不报，二参积累多年。臣部叠催，则请分别新案旧案另行起限，始谓新案不便越次造报，请将旧案先行清厘，继而旧案未清，新案又积，再请将新案作为旧案，屡易名目，百端支吾。应送册结，并不送部，偶或送部，亦多逾二参定期，文内声称皆因册结舛错，往返驳诘，以致稽迟。避重就轻，各省一律，良由州县亏空，该管上司设法回护，深恐属员挟制，不敢照例开参，及为更调优缺，令其陆续弥补，必俟屡任屡亏，其人已故已革，始揭出一二亏空，查抄仅有空名，库款早同虚掷。此习已成锢疾，臣部文牍山积，莫可如何。此交代宕延之弊也。

在贪官侵蚀钱粮，不捏为荒地则捏为灾区，不捏为灾区，则捏为民欠，加以征存未解，交代宕延，不顾宪章，诸弊丛集。臣部尝核计，近年赋税短征之多，以安徽及江苏之江宁为最，苏州、江西次之，河南又次之。查安徽地丁额征起运银一百四十馀万两，内除荒田未征、该年缓征及民欠未完银八十馀万两，止完银六十馀万两，所收不及五分。江苏江宁藩司所属地丁额征起运银九十三万馀两，内除荒田未征、该年缓征及民欠未完银四十馀万两，止完银五十二万馀两，所收不及六分。苏州藩司所属地丁额征起运银一百四十七万馀两，内除豁免缓征及民欠未完银四十馀万两，止完银一百万馀两，所收不及七分。江西省额征地丁起运银一百八十馀万两，内除该年缓征及民欠未完银五十馀万两，止完银一百二十八万馀两，所收仅及七分。河南省地丁额征起运银二百万馀两，止完银一百八十九万两，所收不及八分。其他各省，除四川系一年全数完解外，馀均亏缺一分二分不等。臣部粗举光绪九年亏缺省份如是。溯考上三年，亏缺省份，大致亦皆如是。亏缺地丁正银如是，亏缺耗羡、芦项、漕项等赋亦大率如是。至于杂税，则听任州县意为多少，当税则任听州县亏欠不完，该上司概不照应解之数催齐。近年各省所欠当、杂各税，总计百数十万两，所收又不及三分；且已收银内，倘有征存未解交代亏空之款。赋税多缺，国用何由而足？

敬惟我朝政治宽仁，勤恤民隐，虽大兵大役，从未加赋于民。溯查雍正年间，部库积存六千馀万；乾隆年间，部库积存七千馀万，皆我世宗宪皇帝、高宗纯皇帝清厘财赋，故收效若是。当时天下地丁钱粮牵匀计算，每年所欠不过六十万，而近岁欠数每年辄至千万。以今较昔，判若天渊。虽每年尚有续完，所欠总不下六七百万，欲求有济，亟当整顿正供。臣等若一一遵制刻绳，尚恐窒碍难行，无补于事，惟有申明近年奏定例章未能实行者，再为我皇太后、皇上切实陈之。

一、荒地逐年考核，分别劝惩也。查定例，劝课农桑，责在有司，不实心者，以溺职论。臣部同治十二年十月具奏整顿正供，令各省认真考核荒地未垦田亩，赶紧劝垦开征，不准借词短欠，州县征解足数者破格甄叙，督催不力者从严参处。又光绪元年六月具奏浙江荒产查明成熟分数开单奏报，并令江苏等省一律照办，将荒熟田地确切查明，造册开单奏咨立案，核成熟之分数，定牧令之考成，倘有指熟作荒，与原报成数不符者，奏参重惩。光绪五年十月议复翰林院侍读王先谦条陈，令各省限三个月内将荒熟田地开单报部。光绪六年奏请筹备饷需，令各省将有无荒地，征收是否足额，专摺奏明，其有清出隐匿，垦有成效者奏请优叙，因循废弛者立予严参。条奏已烦，迄今仍无成效。古之察诸侯也，土地荒芜则有让，今之上司绝不以此课牧令，田赋混淆久矣，官多不知民事，不思设法授田，一任百姓私相侵占，土客纷争，豪强包庇，饬令清理，官吏丁役又刁难网利，民或不服思逞，官及代为含混，奸伪者吃荒捏荒，更无论矣。查光绪四五年，山西大祲之后，荒田无数，惟解州设法授田，百计便民，三年升科，输纳省〔胜〕于往昔，地丁扫数全完，良由备体民隐，一钱不扰，固非易民而治也。应令直省司道府州各立查荒专条，劝督州县，遵照定例及近年通行户部章程，逐年渐次切实办理，督抚年终必奏明该省荒地已未垦复若干顷亩，有无升科银粮若干，分县开单，随以劝惩牧令，毋令正供赋税终成废弃，此其一也。

一、灾区免缓银粮数目，初报必须声明也。臣部光绪十年议复御史程鼎芬疏内，奏定蠲缓章程五条，报灾之初，不必由省委员，令该管道府州履勘，会同该州县，将某村某图某里某甲被灾分数亩数及应免应缓银两若干总数，申报督抚藩司，据详入奏，声明应免应缓总共亩数银数，再令造册具题。勘定成灾之日，一面即由道府直隶州即日先出停征告示，示内注明某村某图某里某甲应免应缓银米若干，所有钱粮自某月日停征，如有停征之前先期全输在官，俱准流抵下年正赋。现在各省是否照办，臣部无由而知，而请蠲请缓奏报仍无银数粮数，并有题本报册亦无银粮数目者。此非细故也，请言其详。州县报灾，专以不肯即时报出银数粮数，为始终作弊之秘诀，一切侵蚀，皆于此早留地步，至届奏销，考成不足之数概入免缓，始有大略数目。此如无底之橐，任意藏纳，无可定数，奏销逾限之由，此亦一端。滑吏劣幕，锢疾难改。臣部令随奏即报银粮数目，州县必以即时难查，巧惑上司，或谓臣部为此琐屑不要之具文，此未知官之情伪也。州县每一都图里甲各有分造征册，册内银数粮数散总分明，开册照录，即累百盈千，顷刻毕事，何难即报。今再为简便之法，州县报灾之初，花户亩数令其随后册报，惟每一村庄都图里甲免缓银数粮数，必令随禀一一分注，该数总数，初案报定，道府州出示，一村一庄，亦各分示该村庄免缓银粮总数，督抚汇总具奏通省灾案，亦即可核定银粮定数，或稍愈于事后之蒙混无考。应请旨饬下各省督抚，此后奏请灾荒免缓摺内，即令声明通省银粮总数,并令道府州会勘后,即日自行单衔出示,分村分庄,示明免缓银粮总数,以除积弊。各督抚如别有良法,亦即奏请施行。总期实惠及民,免缓不虚,又其一也。

一、官报民欠,必与民间核对也。查例载征收钱粮各条,今多不复遵行。强令照办,一不得人,更易滋弊。惟例载民欠钱粮,州县官岁令里书将所管各户完欠细数开送查对,出示本里,是定例杜绝捏完作欠之弊,实属严密。如果认真核对,何难摘发奸欺?奈久废不行,漏卮中饱,此为尤甚。现在御史刘恩溥有刊散民间征信册之奏,臣部已议准照行,拟定章程,颁发册式,另摺奏明办理。果能认真举行,不惟于稽民欠有益,大可杜绝一切弊端。但虑有名无实,则虽法良意美,终属空文。兹再切实声明:各省上司勿惮烦琐确实核对民欠,又其一也。

一、征存未解名目,宜严行禁止也。光绪十年十二月初四日,臣部奏参陕西藩司叶伯英摺内,议令各省凡交代之际,将已征未解及扣缺裁减之项,无论何款,凡系应行解司之项,统由前任官扫数解司;即交卸之日,尾款赶解不及,移交后任,后任官于接印之日,登时批解,各情各任,概不准率报存库。如册内仍有开报征存未解,其责专在结报之后任官,应由该藩司详请将接收之员,照起解钱粮设法延挨显有亏挪情弊例,革职查办。如藩司有心徇隐,不行查参,即由督抚照徇庇例将该藩司参奏。倘督抚藩司均不参办,臣部查出,即将督抚藩司一并照徇庇例,从严议处。复于上年十二月初八日会奏筹饷摺内,严行提催,截至光绪十年十二月底止,令各省督抚查明历年交代案内应解征存未解银两,限于光绪十一年五月内一律解清,其未完及欠解各员于六月初旬奏参革职查办治罪,若该省不照奏定限期奏参,或率请展缓,即由户部将督抚、藩司、盐粮道均照徇庇例严参。至光绪十一年正月起，如有征存未解，即照十二月初四日奏案参处。惟各省尚未能一律办理，嗣后各项册内，均不准再有征存未解名目，如违，定将上司参处。此在各上司于各官一年征收正杂钱粮，催提扫数速解，自不至有征存未解名目。一年无亏，乃可望一任无亏，又其一也。

一、交代宜遵限办结也。查官员交代，初参二参，例限四个月完结，逾限参处。又例载交代款册，随结依限呈详，由司核转咨部，如限内只送总结，不送款册，即以交代迟延查参。又例载二参限期及各州县到任卸任日期，随案咨部核扣，并由吏部将补署各缺知照考核，倘二参已逾，该管上司延不揭报，即由户部奏参，将二参逾限之州县革职，该管上司照徇庇例议处。复查光绪十一年八月，臣部奏交代逾二参限期，该省送册仍称舛错迟误者，扣去初次驳查程途日期，核计仍属逾限，概照交代逾限未清例奏参，并将该管上司一并照徇庇例参处。又，查上年会奏筹饷案内，将八月间奏案，再四声明。臣部于交代一事，不啻连章累牍，奈各省仍多不照行。州县到任日期不肯按月接报，臣部无从查考，册结到部，多已逾限，无不曲为迟延饰词。兹再援引交代例案，请旨饬下各直省，遵依历次奏章办理。但得各省交代皆能依限，举凡钱粮各事，如前四端之弊，可渐祛除，实于一切政事有益，非仅可裕库储；倘仍前玩泄，臣部惟有指参督抚、藩司、粮道以徇庇之咎，非好刻核实，亦势逼处此，又其一也。

五者之外，复有当税一项，断无商欠之理。本年七月，臣部奏定，如有欠完，责令该州县照数赔补，不准列欠，各项杂税，应令一并照应征之数，实力催齐。

以上各事，必责成该上司，先振起州县精力，使之专心民事，又体恤州县财力，使之省减摊捐耗费，守定例章，有犯必参，庶握其要，如仍前因循，办理毫不得力，惟督抚藩司是问，即以此定其功过。但得中收年岁，钱粮或可少有起色，以救一时之急。逐岁增复，日久钱粮复额，凡厘金诸不得已之举，即可议减议裁。

抑臣等更有请者，方今用款太巨，例外厘捐所入，取于民者，诚不为少。民为邦本，古训昭然，欲恤民艰，莫如节用。臣等识见寡陋，以为国家元气在民，故于钱粮先杜中饱之官吏，藉为支应目前之计，仍当将近二十年来例外新增中外一切支款，渐为厘正裁节，庶库储可望充积。苟不能然，空言何益。惟整顿钱粮，本系臣部专责，未敢因节用尚鲜实效，置正供入款于不言。相应请旨饬下各直省督抚藩司，认真厘剔官吏钱粮积弊，守法不移，期有成效可观。将来裁减厘金，裕储度支，与民休息之政，当基于此矣。

臣等愚昧之见，是否有当，伏乞圣鉴训示。谨奏。

盛康辑：《皇朝经世文续编》卷三十六，户政，赋役三，第55—64页

遵议黄宗羲等从祀文庙摺*

光绪十二年二月十五日（1886年3月20日）

户部尚书臣翁同龢等跪奏，为遵旨会议事。

谨案从祀孔子庙廷，乃国家表彰先儒昌明正学之巨典。我朝硕儒顾炎武、黄宗羲皆原本忠孝，实事求是，一洗明季空谈心性之弊，古圣遗经赖以不坠，其生平学行著于国史，彰于载记，服习于天下学士大夫，臣等前摺中既备陈之。今大学士等仍照礼部原奏议

---

* 此摺由翁同龢领衔，列衔有潘祖荫、周家楣、孙诒经、孙家鼐、盛昱、龙湛霖。

驳,有该二儒仅著述家言、非有躬行实践之语。臣等固不敢矫同立异,致涉纷争,亦不敢疵议前儒,随声附和。其应否从祀之处,敬候宸断。

为此,另摺复陈,伏乞皇太后、皇上圣鉴。谨奏。

中国第一历史档案馆,奏档,光绪十二年四号:内政礼仪卷

遵议先儒黄宗羲顾炎武从祀疏*

光绪十二年二月十五日(1886 年 3 月 20 日)

窃臣等准礼部咨:以前任江西学政陈宝琛奏,请以故儒黄宗羲、顾炎武从祀文庙。钦奉谕旨,命臣等赴内阁会议。

臣等谨按从祀之典,古无所见。礼祀文王世子,凡学春官释奠于其先师,秋冬亦如之,又凡始立学,必先释奠于先圣先师,郑元注先圣周公若孔子先师,汉礼有高堂生,乐有制氏,诗有毛公,书有伏生,亿可以为之,此为言从祀之始。汉魏以还,阙焉未举。唐贞观二十二年诏左丘明等总二十二座,春秋二仲行释奠之礼,继遂以周公配成王,而以孔子为先圣,此为定从祀之始。推原事始,盖本乐祖瞽宗之义,凡从祀先圣者,皆博士弟子所从承学转相授受之本师,汲则各以其师附祀,所谓将习其道,必各祭其师,证之古谊,斯为最合。濂洛诸贤,挺生宋代,卓然为世大师,元明以来,叠为增祀,亦因士习其教,故以崇德为报功。追契始初,并非相悖,厥后请祀纷纷,无关兹义。我朝礼教昌明,动循古法。道光九年特旨不准李容从祀,盖惧空谈心性者冒越其间,实与唐人创始之心,若合

* 此摺与潘祖荫、孙家鼐、孙诒经、周家楣、盛昱、龙湛霖联衔。

符节。

臣等远遵其义，近凛圣谟。谨核黄宗羲、顾炎武之生平及素所服习该故儒之遗书，窃谓宗羲、炎武皆有传经之功，卫道之力，崇正遏邪之实效，敢举其合于从祀之谊者条列上闻，不厌烦渎，一一为我皇太后、皇上陈之：

我朝文治昌明，经师辈出，诸经各有专家，各有疏义，精研小学，淹贯群经者，尤难指数。盖自三代以来，经学至国朝而极盛，而上溯渊源，并推至黄宗羲、顾炎武而止。即至辨书古文之伪，发古韵之微，深通天算，博稽地理，凡朴学之专门，皆该二儒之遗绪，迄今著述，炳在人寰。传授既繁，渊源有在，是凡读其书、习其言者，皆以该二儒为转相授受之本师。故道光年间，京朝各官特建顾炎武祠于京师，春秋祀事，直省学人，咸为执事，迄今不绝，盖亦未有之创举矣。臣等以为人心所在，即定论所凭，各省名臣达官，实不乏人，何以区区独祀该故儒，此即所谓将习其道，必各祭其师，皆发于人心之不自觉。臣等准之古谊，以为黄宗羲、顾炎武当从祀者，此其一。

然仅合古谊而相乖今制，臣等亦不敢妄请。伏读道光九年圣训，先儒升祔学宫，祀典致臣，必其人学术精纯，经纶卓越，方可以俎豆馨香，用昭崇德。又咸丰十年议准从祀先儒，应以阐明圣学、传受道统为断。臣等查黄宗羲编定明儒学案，综二百年学术升降之原，会通融贯，虽出自蕺山，而于姚江末派，痛予斥绝，故河东姚江两得其正。创修宋元学案，条分派别，祗斥邪而扶正，不伐异而党同，其称朱子谓致广大尽精微，综罗百代，推挹可云极至。顾炎武不立讲学之名，而有蹈道之实，其论学之旨，谓圣人之道，曰博学于文，曰行己有耻；又谓今之理学，禅学也，不取之论语、五经，而但资之语录，不知本矣，故所学一以肫笃精实而无嚣张之气，门户之私；至推崇宋子，其所著《日知录》，皆可复按，夫亦足以当学术精纯之目矣，然犹未证诸实效也。明季心学盛行，颜山农、何心隐、李贽之徒，标目狂禅，荡无礼法，细心不谨，束书不观，学术既坏，国运随之。黄宗羲排斥其根株，顾炎武痛绝其支蔓，自二儒兴而禅学息矣，禅学息而朴学起矣，绝续之交，固由景运之隆，亦该故儒教泽之力，所谓阐明圣学传授道统者非欤。至于经纶卓越之称，该二儒皆以经济交推，特以身丁末运，心在胜朝，自不能奋迹昌期，各抒伟略。如顾炎武《日知录》所载，正定之辖五州二十七县，苏州之辖一州七县，而苏州之粮三百三万八千石，正定止十一万石，王者则壤成赋，岂有大小轻重之不同若此者，后之王者审形势以制郡县，则土壤以起征科，乃平天下之先务，此即列圣减定苏松浮粮，及增设直隶州改并州县之议。其他鉴明人之失，开我朝之法者，不可枚举，而《肇域志》、《宅京记》诸书，具有深意，尤非徒舆地之学，盖与宗羲《明夷待访录》同为经济家必资之书矣。夫空言经济，能欺一时，而不能垂之后世，至流传二百馀年，而读者犹思取法，则其非空言经济可知矣。臣等准之今制，以为黄宗羲、顾炎武当从祀者，又其一。

凡若此而无列圣钦定之评，犹未敢遽定也。黄宗羲、顾炎武经四库著录之书，原案已经详列，提要褒许之语，学者无不周知，臣等毋庸复为引叙。惟钦定国史儒林传，于黄宗羲传内，称其上下古今，穿穴群言，自天文地志、九流百家之教，无不精研；又称宗羲之学，出于蕺山开诚意慎独之说，缜密平实。于顾炎武传内，谓其敛华就实，扶弊救衰；又谓国朝学有根柢，以炎武为最；至篇末特笔，谓其在华阴于云台观侧建朱子祠，则隐然以紫阳嫡派归之矣。如谓四库提要中有一二纠正之语，遂即寝议，此正不然。提要为叙录之体，意在解题，系专为一书而发，非是统论全书。譬如诗有正变，书有真伪，而至今并著为经，未尝有所偏废，远者无论矣。臣等即就国朝之得列从祀者言之，如陆世仪《思辨录》，提要则谓其不免迂阔之失；陆陇其《问学录》，提要则谓其过于主持；孙奇逢《四书近指》，提要则谓其不免高明之病；至张伯行所著理学各书，斥入儒家存目，一字不登。向使当时礼臣必据提要之辞以为论定诸儒之案，则陆世仪等即不应俎豆于两庑矣。汤斌国朝从祀之儒之至纯至正者也，而推黄宗羲之词曰：黄先生论学，如大禹导水导山，脉络分明，吾党之斗杓也。其于顾炎武书，谓道之衰久矣，得大力阐明，岂非斯人之幸。兹数语者，苟非宗羲、炎武，孰敢当此！苟非汤斌深知宗羲、炎武，亦何能发此。况汤斌在史馆，得黄宗羲一书，谓宋史之道学传，乃元人之陋，遂示于众而即去之，其志同道合略见也。圣君之评如此，贤臣之评如此，殆几乎无可致疑矣，此臣等准之成宪以为黄宗羲、顾炎武当从祀者，又其一。

以上三端，容有未尽之语，而初无溢美之词，俎豆馨香，洵无愧色。乃者礼臣具稿，力从驳议，臣等实不敢苟立异同，亦不敢随事附和。即如陈宝琛疏中，有宗羲倡于前，炎武继于后二语。查二人生既同时，初无先后之分，学又异派，更无倡继之说。该学政措词偶误，臣等亦不曲为之讳，然因此而遂谓其不明学术，因并斥其所请之人，则固不可也。臣等稽之古训，求之舆论，以为该故儒之从祀，实顺人心而不违成例。况我皇上缉熙典学，正当审辨学术，以风示天下，将因以求所谓师以贤得民、儒以道得民者，以为平治天下之本，是该故儒从祀之典，似亦系乎时政，而非徒滋物议论者已。

臣等公同商酌，拟请旨准将黄宗羲、顾炎武从祀文庙。傥因祀典重大,未能骤定,应请旨饬下大学士、六部九卿、翰詹科道再行详议具奏。

盛康辑《皇朝经世文续编》卷六十四,礼政,学校上

遵旨复议轮船招商局事宜摺*

光绪十二年三月十四日(1886年4月17日)

北洋通商大臣大学士李鸿章等奏遵议招商局事宜以保中国利权一摺,光绪十二年正月二十四日军机大臣奉旨:"户部知道,钦此。"由军机处钞交到部。

据原奏内称:"钦奉光绪十一年九月十二日寄谕,顺天府代递道员叶廷眷条陈扶持商局一条等因。钦此。"窃维轮船招商局之设,原因各口通商以来,中国江海之利尽为外国商轮侵占,故设法招集华股,特创此局,以与洋商争衡。惟船栈码头,成本甚重,分揽客货,所得水脚无多,洋商屡次跌价倾挤,上年又遭法兵之扰,海船难行,遂至局本亏折,不得不暂借洋债以应急需,当此局势岌岌之际,必须官为维持,乃可日就起色。叶廷眷所陈各节,装运鄂盐,展缓运漕期限两条,不无窒碍,应毋庸议。其运漕局船回空照沙宁船免税一条,查运漕沙宁船回空,凡在北洋三口装载豆货、杂粮等项,向准全免出口税,嗣后商局轮船运漕回空,请免北洋三口出口税二成,如原来装米一千石,回空时免出口货税二百石,较沙宁船少免八成,以示区别。又,湖北帽合茶一条,向由鄂、豫内地运赴张家口、蒙古地方,粗枝大叶,价值甚轻,后华商由鄂附搭商局轮船出口,请照砖茶之例,每百斤减为出口税银六钱,并免复出口半税,其

* 此摺与阎敬铭、福锟等户部堂官联衔陈奏。

由津北运张家口外，仍照完沿途内地税厘。以上两条，应请自本年开办起，另将执照保单及稽核章程核定，分饬遵照，惟总计所沾利益，每年不过核银二万两左右，局累既深，实不足以资补救。查该局奏定章程，原藉运漕水脚以补揽载客货之不足，每石实银五钱六分零，上年美商、英商承运漕粮，减为三钱五分，实则支用不敷。现在沙宁船运漕每石应支银四钱三分一厘零，所有本届商局较船运漕，应请照沙宁船现领之款支给，不再区分扣减，亦不扣海运局公费，以资津贴。又，该局原存官本及光绪二年买并旗昌船栈案内奏拨官本未还银一百七十八万馀两，由漕运水脚项下分年扣还，并湖北军需扣款尚应还银七十七万馀两，应请暂缓拨还，免扣水脚各项，以示体恤。俟商局洋债归结后，即责令筹缴官本，不准短少，该局商困藉可少纾。至该局自去秋向旗昌收回后，遴派道员盛宣怀等认真整顿经理，严定章程，力除弊窦。"等语。

臣等伏查轮船招商局之设，创始于同治十一年，当时如何招集商股，有无借拨官款，部中无案可稽。光绪二年前两江总督沈葆桢奏，美国旗昌公司归并招商局，请拨浙江等省官款通力合作，是为招商局报部之初案。此后行之十年，官本之盈亏，商情之衰旺，该局从未报部，部中均无从查悉。惟据沈葆桢原议奏称："不可失者时也，有可凭者理也。论时，则人谋务尽，适赴借宾定主之机；论理则天道好还，是真转弱为强之始。"等语，是招商局一举，实通商以来之要务。今据李鸿章等奏称，当此局势岌岌之际，必须官为维持，乃可日就起色，自系实在情形。

查原奏回空免税一条，臣部查历届海运章程内开，沙船领运官粮至津交清后，回南贩运北地货物，并准循照奏案全行免税，如往天津、牛庄、奉天、山东各口贩运，仍由津局查明承运米石全清后，方准填给免税印照，持赴各关呈验放行。倘有交米不清之船，一概不准给照。如在各口带有洋药，应令查照新章完税等因。今该督请嗣后商局轮船运漕回空请免北洋三口出口税二成，原来装米一千石，回空时免收出口货税二百石，系援照沙宁船成案办理，仍照沙宁船少免八成，应议准行。该船如带有洋药，仍请照章纳税字样，以防包私偷漏。

又，原奏湖北帽合茶一条，臣部查俄国条约内载，砖茶每百斤收正税银六钱，半税银三钱等因，今该督请嗣后如华商附搭商局轮船运帽合茶出口，请照砖之例，每百斤减为出口正税六钱，并免复进口半税，系为商船多得水脚起见，且称减税甚微，亦应准行。惟帽合茶一项，原运张家口各处，每百斤收正税若干，半税若干，部中无案可稽，应由该大臣转饬查明报部。

又，原奏漕运水脚一条，臣部查本年二月间两江总督曾国荃等奏，苏省海运章程内开：上届加给沙轮各船修舱，每石银一钱五分，上年经户部奏准，沙船减去一钱，每石准拨给五分，轮船永远停给，今届自应遵办。又沙船每石应支正项水脚四钱之内扣发三分，轮船招商局业已收回仍归华商经理，似与洋商有间，是否循照向来华轮之数支给，抑照上年暂雇洋轮数目核给，请饬部核复遵办等因。经臣部议复，本届招商局承运江、浙漕粮，除每石修舱一钱五分照案永远停给，其应领水脚神福等项，准其循照向来招商局华轮之数支给，以示体恤。其应扣回一分及三分等银，照章提扣，行知直隶、两江总督查照在案。查向来华轮之数，较之上届雇运外国轮船水脚每石多支银三分零，已足以示体恤，应令仍照臣部前议办理。湖北、湖南采办漕米，如由该局承运，亦即援照江浙现支之数支给，以昭划一。俟该局官本清还，运脚应否议减，再由臣部酌核办理。

又,原奏官本暂缓拨还一条,臣部查光绪二年两江总督沈葆桢奏归并旗昌轮船,请拨官本银一百万两,内江苏藩司十万两,江安粮道二十万两,江海关道二十万两,浙江省二十万两,江西省二十万两,湖北省十万两;光绪三年直隶总督李鸿章咨拨济招商局生息银十万两,内天津道五万两,津海关五万两,此招商局官款报部有案者也。光绪六年三月,李鸿章奏,各省拨存该局官款,自光绪六年起匀作五年拨还,由承运漕粮水脚按年扣抵。六年六月,又据李鸿章奏,定购美国铁甲船二只,提用招商局漕脚还款一百万两,此招商局拨还官款之报部有案者也。复查二年沈葆桢摺内有本年北洋又酌拨官帑以济之语,六年三月李鸿章摺内有存官本原秤银一百九十万八千两,除拨还东海关十二万六千五百两,尚存一百七十八万一千五百两之语,是招商局官本不止部中有案之一百一十万两,拨还官本亦不止部中有案之一百万两。又查光绪三年南北洋大臣李鸿章等会奏整顿招商局摺内称:"历年拨存该局官帑一百九十万八千两,均有缓息三年,俟光绪六年起缓息拨本,均分五期,每年缴还一期,无论如何为难,不得再求展缓,统计八年官本全清,其缓收息款,以后或作官股,或陆续带缴,届期察看情形再议。"等因。今据该督奏称:"该局官本计历年扣还并湖北军需扣款业已过半外,尚应还银七十七万馀两。"等语,前后奏案颇有参差。且历年所缓息银作何结算,亦未声叙。臣部职司度支,既为官帑有关,即无论正款外款,均应详细稽核,以慎出入,相应请旨饬下北洋大臣李鸿章、南洋大臣曾国荃,将招商局拨借官款某年由某省某项动拨银若干,某年于某案内拨还抵还某省银若干,现在未还系欠某省银若干,并查明前后八年所缓息银共计若干,曾否陆续缴还,抑系作为官股生息,应由某年起息,每年息银若干,详细开单奏报,以备考核。至所请应还官本七十七万馀两,俟洋债归结后分年筹缴,未免漫无限制。所有招商局未还官本,除本年免于拨还,应自光绪十三年起分作五年缴清,每年只责令缴还十馀万两,商力亦不至竭蹶,所缴银两,即令提解部库以备饷需。

抑臣等更有请者:三代之治法,贵本而抑末,重农而贱商,从古商务未尝议于朝廷。海上互市以来,论者乃竟言商政,窃谓商者逐什一之利,以厚居积、权子母为事者也。厚居积必月计之有馀,权子母必求倍入之息。若计存本则日亏,问子母则无著,甚且称贷乞借,以补不足,犹号于众曰,此吾致富之术也,有是理乎?尝见富商大贾,必择忠信之人以主会计,其入有经,其出有节,守其三馀一之法,核实厚积,乃能久远。若主计不得人,生之者寡,食之者众,取之无度,用之无节,不旋踵而终窭。用人理财之道,与政通矣。前者李鸿章、沈葆桢创立此局,谋深虑远,实为经国宏谟,固为收江海之利,以与洋商争衡,转贫为富、转弱为强之机,尽在此举。洋人之通商中国,断不为折阅而来。乃招商局十馀年来,不特本息不增,而官款洋债欠负累累,岂谋之不臧哉。臣等稽之案牍,证之人言,知所谓利权,上不在国,下不在商,尽归于中饱之员绅。如唐廷枢、朱其昂之被参于前,徐润、张鸿禄之败露于后,皆其明证。主计之不得其人,出入之经不能讲求撙节,又安得以局本亏折诿之于海上用兵耶!臣等公同商酌,该局既拨有官款,又津贴以漕运水脚,减免于货税,其岁入岁出之款,即应官为稽核。拟请旨饬下南、北洋大臣,钦遵光绪十一年八月十七谕旨,彻底清查,认真经理,并将该局现存行海轮船几只,行江轮船几只,码头几处,船只名号,码头处所及总局、分局委员、商董衔名,详细造册送部备考。其每年承运官漕、民货所得运脚若干,开支员董薪水、轮船经费若干,自本年起，每届年终，核造四柱清册，报部存案。该局总办，由该大臣会商遴派。嗣后派办之员，如有如徐润、张鸿禄之亏欠局款，其原保及失察之大臣，即应请旨交部议处，以昭慎重。

《光绪朝东华录》第二册，总字第2077—2081页

奏为各旗支领库银浮支情形处分摺*

光绪十二年四月初九日（1886年5月12日）

臣部前因各旗支领库银查有浮支情弊，当于上年十一月十二日两次具奏，奉谕旨饬查在案。当经开具查出浮多名数，分咨各旗，令其据实声复。嗣据各旗陆续声复，情形不一，或称笔划讹错；或称满汉字音相类；或称缺已改补，漏未更换花名；或自认一二错误，馀皆诿为无从查考，所叙情节参差不同，经臣部迭次驳诘，始终未能声复明晰。

臣等查此案重在重支及花名不符之二端。重支一节，既经臣部按册查出，自应逐名追缴。其花名不符一节，现经各旗声复，均未能一律清楚，设再事烦查，徒延时日，臣等公同商酌，拟就该旗所报情形斟酌定拟，除声复明晰，实因笔划错误，满汉字音相类及改补漏未更名各情均系无关重支之弊，应即开除不究外，其笼统声叙，并未逐名声复，甚有诿为无从查考者，均拟一并列入重支，著赔归款，其分赔成数，应以造册舛错之各旗参佐领及经手办事之领催为最重。此项员弁，拟著落赔缴七成；管旗营之都统大臣，拟请分赔二成；臣部堂官及俸饷处司员亦拟分赔一成，以示区别，均予限

---

* 查翁同龢光绪十二年三月十八日、四月初九日日记，此摺由翁同龢亲手草拟，最后经户部六堂官和阎敬铭商定联衔奏呈。

半年缴齐。谨缮浮支银数清单,恭呈御览。然此犹指款项而言也。

臣等窃谓天下积弊皆起于簿书丛杂之中,而胥吏之因缘为奸,有司之勾稽不密,皆能使良法美意尽变为蠹政之资。即如此案,各旗营所行印册,种种讹谬,臣等固不必过事吹求。第就臣部俸饷处而论,该司员稽核册档是其专责,不应熟视无睹,至经手书吏,勾通朋比,上下其手,尤难保其必无,又安得以事无证佐,概从宽宥。除俸饷处掌印员外郎福诚,因嗜好太深、办公弊混,前已参革外,员外郎钟英一员,首先查出,应予免议。至臣部堂官与该处总办管股各司员,皆有失察之咎,应请旨交部议处。俸饷处各股书吏人数众多,除正红一旗浮支银五两,毋庸置议处,其馀各股经承,均拟斥革,杖六十,徒一年,俟奉旨后札顺天府照此办理。此系仰体朝廷法外之仁,从宽发落,后再有犯,不得援此冀邀幸免。至各旗营领催等应如何惩办之处,由各该旗自行定拟完结。

再,八旗库银一项,积弊日深,现就一年之中查出如许巨款,从前浮领之弊不问可知,今虽恳恩免其既往,尤必须严定考核,以杜将来。谨厘定章程十条,恭候钦定。

《光绪朝东华录》第二册,总字第 2097—2098 页

遵旨复查津海关道参案无从更正摺*

光绪十二年八月二十七日(1886 年 9 月 24 日)

奏为遵旨复核具奏事。

据直隶总督李鸿章查明津海关征收洋药厘金并无中饱情弊,

---

* 据翁同龢光绪十二年八月二十二日日记载,此摺由其手拟,与阎敬铭、福锟等户部堂官联衔。

请将关道等免议一摺，光绪十二年八月十五日，军机大臣奉旨："著户部复核具奏，如厘数并无短少，理将参案奏请更正。钦此。"钦遵。由军机处交出到部。据原奏内称："征收洋药税与厘金本属两事，互有参差，不能每结一律，即以近六结牵算，箱数、厘数并不短少，其中确无弊混，请将该关道周馥严议之案更正免议。"等语。

臣等复查洋药厘金一项，各关久视为利薮，盖因向无考校，遂多匿报分肥，此三十年来之通弊也。上年二月，臣部会同总理各国事务衙门议复左宗棠等请加洋药厘金摺内，定为每百斤抽收八十六两，并声明与税关收数层层核对，如厘数与税数大相悬殊，户部即从严奏参，并令按照洋关结数报止日期，依限造报。臣等之意原为剔弊起见，不特为裕课加征也。自是年四月开办以来，如浙海、江海、镇江、芜湖、九江、江汉等关先后据报，或委员稽察，或傍关设局，其有商人包办者，则以税厘互校，倘箱数与关册不符，责令补足，办法虽各不相同，大致均无异议。独津海一关，始则据报自五月至七月分□无收，迨后册报厘收又不按该关结数，臣部按册复对，所报厘数，不特与进口税数大相悬殊，即较之未经改章以前常年收数，短绌亦近万两，是朝廷议加而该关暗减，揆诸情理，实难姑容，此臣部所以按照奏案将该关道指参之原由也。

今李鸿章奏称税厘原属两事，彼此多寡不能按结相符，自系实在情形。但历届结数虽有参差，何至悬殊数万两之多？臣部奏参后，始据该关道续报，不过五个月，忽增收厘数至六万五千六百馀两，何以与去年九个月仅收一万七千馀两之数，盈绌迥异？且臣部八月初六日奏参该关道，续报于八月十六日到部，臣部又安能逆料其今年收数而为之预先并计乎？亦安知非该关道闻奏参之信而乃为此，以后补前、以多补少之计也？

今奉谕旨饬查，臣等督饬司员复加查核，据该关一百结、一百一结收数，实系厘金与税数大相悬殊。所有前次参案，无从更正。至该关续报今年收数加多，其前两结亏短银三万馀两，自应免其赔缴。

所有臣等遵旨复核缘由，理合恭摺复陈，伏乞皇太后、皇上圣鉴。谨奏请旨。

中国第一历史档案馆，奏档，光绪十二年十八号：财政关税卷

再行恭请加上徽号摺*

光绪十二年十一月二十日（1886 年 12 月 15 日）

奏为再行恭请加上徽号以光孝治事。

恭照明年正月皇上亲政，臣等查照成案，会议奏请加上慈禧端佑康颐昭豫庄诚皇太后徽号，于本年八月初五日奉慈禧端佑康颐昭豫庄诚皇太后懿旨召见军机大臣，谕："以时事多艰，正君臣交儆之时，所请加上徽号未便俯从。皇帝再三吁恳，该大臣等复以上遵成宪，下顺人心，合词陈请，自系出于至诚。惟念垂帘听政，惟日孜孜，无非仰体祖宗缔造之艰，冀臻中外乂安之治。前允诸臣所请，俟皇帝亲政后再行训政数年，亦惟兢兢，以国事为重。尔内外大小臣工，务当忠赤为怀，尽心勗助，俾万事咸登上理，克副深宫期望之忱，不必以崇上隆仪，始见尊亲之义也。该王大臣等所请加上徽号之处，著毋庸举行。钦此。"跪聆之下，仰见皇太后忧勤惕厉，崇实政而不尚虚文，臣等敬体谦衷，原不敢再行陈请。惟帝王之以孝治天下也，事天与事亲并重，故凡遇亲政大典，皆始于郊坛之躬祀，即

---

* 此摺与魁斌、奕劻、李鸿藻等六部九卿联衔。

继以徽号之隆仪，准诸周颂思齐宋歌媲昊尊亲之谊，先后同符。今皇上亲政于明年正月举行，而躬祀圜丘先于本年冬至为始，是事天之礼既应大备于前，则事亲之仪岂容稍阙于后。且查十月二十日奏准训政各事宜，凡召见、引见以及考试命题诸大政，莫不禀承慈训，始见施行。皇上典学方殷，一日万几，犹烦宵旰，斯即鸿称迭晋，原于圣量无加，然深宫之谦德弥尊，四海之颂忱莫罄，恐后之考礼者将谓皇帝孝思之未达，实由臣等数典之多忘。为此，合词再行恭请皇上俯鉴群情，重申前请，于亲政后，仍照成案，加上慈禧端佑康颐昭豫庄诚皇太后徽号。总期竭诚吁恳，仰邀谕旨允行，庶我皇上事天与事亲之盛典，永隆于亿万斯年，此则臣等所踊跃欢忭急切待命者也。

所有臣等祷吁下忱，谨合词恭摺具奏请旨。

中国第一历史档案馆，奏档，光绪十二年四号：职官礼仪卷

遵旨明白回奏摺*

光绪十二年十二月初八日（1887年1月1日）

奏为遵旨明白回奏仰祈圣鉴事。

本月初六日内阁奉上谕："御史王赓荣、张炳琳、吴兆泰、刘纶襄奏蠹吏侵扣巨帑。吴兆泰所称孙诒经与该部各堂官筹商办法送坊看管，饬罚万金，希图了事等语，著户部各堂官明白回奏等因。钦此。"

臣等查户部与银库分立衙门，户部办理文件不管银两，银库专

* 此摺与阎敬铭、福锟、嵩申、景善、孙家鼐联衔。

管弹兑、收发银两,各有堂司,各有书吏,而户部满汉左侍郎照例兼管三库,此定制也。本年十一月初七日,据山东巡抚张曜咨称派员请领河工用款银一百万两,臣等因系急需,即日饬令司员办稿札库,如数发讫。是月二十九日左侍郎孙诒经到部,饬传银库书吏史恩涛当堂严斥,先行革役,交坊管押,勒限缴银一万两,再行请旨惩办。臣福锟是日未经入署。臣阎敬铭、臣景善以部库各有职司,该侍郎自办银库蠹吏,毋庸臣等越俎,是以未置一词。臣嵩申兼管三库,以此事既经发觉,不难水落石出,故亦未经参酌。臣翁同龢、臣孙家鼐与孙诒经系属同直,凡户部官事无不公商,至库务系孙诒经专管,惩奸摘伏,乃该侍郎分内之事,是以亦未置一词。此孙诒经并未与臣等筹商办法之实在情形也。

至臣部承办书吏有无弊混,臣等已于前月二十九日将山东司仓科经承陈世昌交坊看管,现在送交刑部听候讯究。

臣等谨合词恭摺回奏,伏祈皇太后、皇上圣鉴。谨奏。

中国第一历史档案馆,奏档,光绪十二年法律类贪污卷

遵旨复议山西巡抚请旨增加厘金提成公费摺*

光绪十二年十二月十五日(1887年1月8日)

准内阁钞出山西巡抚刚毅奏称厘金公费请实用实销不得过二成限制一摺,奉旨令臣部议奏。

臣等伏查上年八月前署抚臣奎斌两次奏请加增厘金公费,经臣部议定,晋省厘捐如收数在十八万至二十一万两以上者,准其

---

* 此摺与福锟、嵩申、景善、孙家鼐联衔。

于旧章一成外提银一万两，作为外销公用；如收数在十七万两左右，仍照旧章提用一成，不准多支，并声叙因收数多而明提公费，非无故更易旧章等因，奏准行知在案。是臣部于该省厘金公费，固已因时变通，权衡至当。今该抚奏称，部议公费不敷支销，复以实用实销不过二成为请。臣等悉心酌核，此项公费有不可再议加增者。查咸丰、同治年间，该省厘捐多亦不过十六七万两，向提公费一成，何以足敷开支，并未奏请加增？前次部议加提公费折内，议及收数在十七万两左右止准提用一成者，原以明示限制，俾无流弊。若如该抚所奏，陕西厘金公费准提成五厘，晋省收数如在十七万两左右，即比较陕省成数提用，不敷仍巨，拟请实用实销等语，是预为征收短绌多开公费地步。查该省厘捐，自前抚整顿以后，九、十两年收数均在二十万两上下，按部议于旧章一成外准提一万两，核计已暗合一成五厘之数，况该省药厘现已奏加，经该抚益加整顿，委任得人，嗣后厘捐当比九、十两年倍形畅旺，收数尤多，公费亦随之而增；且一成之外，又准提一万两，则公费更见有赢无绌。臣部职司度支，凡当用之财，从未吝惜。前因该省厘捐收数日有起色，议增公费，若整顿以后，复虑及将来收数短绌，预请照多收之数加提公费，臣部实碍难议准。相应请旨饬下山西巡抚，仍遵臣部上年八月奏定章程办理，毋庸再议更张，以示限制。

《光绪朝东华录》第二册，总字第2207—2208页

请简放左右翼监督摺*

光绪十三年三月初三日(1887 年 3 月 27 日)

奏为请旨事。

光绪十三年二月十三日准左翼监督清安、右翼监督长春,各将差满日期照例预报等因前来。臣等查得左右两翼税差期满,例由臣部将各衙门保送人员并八旗、内务府俸深人员职名开列具题,恭候钦简更替,近年俱系专摺奏明请旨,均蒙特简大员管理在案。今查左翼监督清安、右翼监督长春于光绪十二年三月十三日接任起,扣至十三年三月十二日止,均届一年任满,例应更替,理合专摺具奏,请旨简放,并将上三届左右两翼监督各员缮写名单,恭呈御览。伏候命下,由臣部行文左右两翼遵照,仍俟一年差满预期报部奏请更换。为此谨奏请旨。

中国第一历史档案馆,奏档,光绪十三年二号(1):内政职官卷

统筹新疆全局疏**

光绪十三年三月初五日(1887 年 3 月 29 日)

窃维理财之要,在量入以为出。考之《礼》,曰:“财用足故百志成。”又曰:“国无九年之蓄曰不足。”是知财用穷乏,则苟且之法繁兴,即天下之大患潜伏,非小故也。我朝用兵之费,未有如今之多

* 此摺与阎敬铭、福锟、嵩申、孙诒经、熙敬、曾纪泽联衔。

** 此摺与阎敬铭、福锟、嵩申、孙诒经、景善、孙家鼐等联衔。

且久，财用窘乏，亦未有如今日之甚者。军兴以来，近三十年，用财曷止万万。迄寰宇底定，惟甘肃、新疆需饷孔多，除明春一军业经裁撤不计外，以现在调拨而论，刘锦棠、谭钟麟关内外之师，岁拨银七百九十三万两，是为西征军饷。若西宁岁拨之一万，宁夏岁拨之十万，凉庄岁拨之八万四千两，不与焉。金顺一军，并接统荣全、景廉旧部，岁拨银二百二十八万两，部垫二十六万两，是为伊犁军饷。若巴里坤专饷，迭次提拨之四十万两，不与焉。锡纶接统英廉所部并新募诸军，岁拨银三十三万，是为塔尔巴哈台兵饷。长顺接统恭镗所部，岁拨银九万六千两，是为乌鲁木齐军饷。若张曜所带豫军，岁需银六十馀万两，向由河南供支，亦不与焉。以上西路各军，每岁共需银一千一百八十馀万两，遇闰加银九十馀万两。军需而外，善后经费又每次动拨数万、数十万两不等，事权本未划一，故勇无定数，饷尤无定额。通盘计算，甘肃、新疆岁饷，耗近岁财赋所入六分之一。各省、关或括库储，或向商借，剜肉补疮，设法筹解，已属不遗馀力。各路又以饷不足用，屡请于朝。臣部不得已，为之提拨积欠。各省、关解积欠则停月饷，解月饷则停积欠，虽叠奉谕旨，令统兵大臣将欠解之藩司、监督指名严参，各将帅深知艰窘情形，碍难参劾。公议既穷，不得已私函婉托，委员守催提解。偶有不前，飞章告匮，咸谓嗷嗷待哺，奏请部储。臣部无可指拨，不得已于封储洋税项下，动拨数万或数十万两，以救其穷。此处甫行领完，彼处告急又至。事同一律，本难歧视，不得已再拨库储。所有历年部垫饷银，各省、关未能悉数清还。出款暗增，入款暗耗。臣等以部库关系根本，储积无多，实难轻予外拨。而各处领到部饷，甫清旧欠，又有新亏，不得已另向商借；或将勇数浮报，暗地赔偿；或将应协饷银，明请抵补。一款未清，又借一款，重重计息，愈累愈多，近来所偿息款将近千万，上损国帑，下竭民膏，艰窘情形，日甚一日。查光绪八年份，各省、关实借西路饷银，尚有五百八十万两，划还洋款二百一十六万九千馀两，部垫银四十八万两，部库另拨银八十一万两，各军共受协饷银八百五十三万馀两。夫协饷必出于库，今则库款空虚矣。从前因军饷不敷，务求节省，葬银、红事等赏久已悉停，廉俸兵(饷)〔丁〕役食莫不减折，一切支款又须减平。综计裁省之数，悉以供军。既供本省各营，又顾各路协饷，预拨来年钱粮，不足填补上年旧欠，疆吏则以罗掘一空，频登奏牍；臣部亦以库款支绌，屡渎宸聪。上年筹办海防、西路协饷，颇难兼顾，各省奏请改拨，臣部几无可改；各省奏请停解，臣部何敢遽从。各省声称万分艰难，臣部犹谓务当筹饷。不量其力，徒托空言。天下无大患难之时，犹且拮据如此，万一海疆有警，岁入更减，各省自顾不暇，西路之事何堪设想。协饷究出于民，今则民益困穷矣。

查咸丰初年，始抽厘助饷，于关税之外，复设厘卡，迹近重征。大吏谕民以暂时抽收，事竣裁撤，小民均切同仇之义，勉强输将。其后厘卡愈密，法网愈周，析及秋毫，贩负俱不得免，因军饷不足，迄今未能遽裁。计每年报部收厘数目千数百万，至外销之款，与夫官吏所侵蚀，书役所勒索，又无论矣。层层剥削，竭泽而渔。商贾咸谓事竣不裁，久为商累，货物昂贵，终归累民。至于田赋所出，俱有常经，军兴既久，供亿不恒，遂隳经制。如四川之按粮津贴捐输，已近加赋；各省遭贼蹂躏，城池甫复，遽事征收。兵燹孑遗，靡得喘息。本年之钱粮，既须完纳；历年之积欠，又须带征。饷需紧要，不得不严其考成；考成既严，不得不出于敲扑。至于州县之勒派，胥吏之诛求，尚不在其中。而民间捐赀以应差徭，摊派以办团保，又无论矣。虽官未增赋，私已倍输。数十年来，海内疲敝，户鲜殷实，田多污莱，率以此故。近年如山西、河南二省，迭遭大旱，死亡枕籍，闾里为墟，竭全力以救之，殆仅有存者，至今元气未复，生计萧条。上年山东黄河溃堤，横流千里，沿河之众，半付波臣，辗转流亡，以百万计，虽蒙圣恩截漕发帑，恤此灾黎，犹有居无室庐，食无藜藿，鬻男卖女，聊图苟活者，饥民既众，隐患方深。至于顺天、直隶、湖北、江苏、浙江、安徽、河南、四川等省，水旱偏灾，又无论矣。大乱甫靖，又罹奇灾，一切苟且之法皆未停罢，臣等窃危之。

伏查我朝戡定准、回两部，举全疆二万里隶之职方，其时府库充溢，当事犹不免耗中事西之疑。今则库款空虚如此，民力困穷又如彼，而西路军饷数倍于国家全盛之时，悉索以供，靡所底止。若不预为筹划，仰屋徒嗟。倘蒙圣明垂询空虚之故，臣等毫无补救，实难辞咎，即圣慈不加谴责，天下万世清议，其谓之何！臣等再四思维，耗中以奉边，终非良策，但西陲要地，非内地为之调拨，亦不能支，是用稽考旧章，旁参众说，不揣冒昧，敬为我皇太后、皇上陈之：

一曰定额饷。甘肃、新疆岁需拨饷千数百万，断难供亿，且断无全解之理，徒使应协者任意挪移，盈虚难考，受协者借口欠解，借垫频仍，皆额饷未定之故。查道光年间，额兵尚未裁减，臣部估拨甘肃、新疆岁饷等项四百万两，或四百十五万两有奇，除留抵外，实拨银三百万两。咸丰年，计陆续裁减截扣，每年计拨银三百二十万两，除核减折放留抵外，尽调拨银二百四十四万五千馀两。迨回逆构乱，攻剿之师另拨月饷，额饷久已停解。光绪四年，西路渐就肃清，前督臣左宗棠复陈新疆情形摺内，请于三年之后，部拨甘肃、新疆的饷每年以三百数十万两为度。臣部议复，届时再行奏明办理。迄今已逾三载之期，所有甘肃、新疆各军饷，应照左宗棠奏案，每年调拨的款三百数十万两，不准各省蒂欠，合之本处岁入流抵之款，已在四百万两上下，嗣后不准再向商借，亦不得率请部储。经久之图，莫要于此。

一曰定兵额。查关内减兵裁勇，已有规模，惟关外统兵大员太多，均得专摺奏请，招募兵勇，迄无定额。现查刘锦棠所部马步二万三千馀人，张曜所部六千馀人，乌鲁木齐、古城兵勇八百馀人，巴里坤官兵九百人，金顺、锡纶所部约有二万馀人，综计全疆兵勇，数逾五万，较承平额兵四万之数，已多一万有奇。力分于将多，财匮于兵众。臣等窃以为新疆既改设州县，时势变迁，乌鲁木齐、巴里坤、古城、库尔哈喇、乌苏等处，自遭回乱，旗丁所存无多，宜归并伊犁，即以伊犁将军专辖旗兵，如内地驻防之例。应令刘锦棠等通盘筹划，就额饷数目，酌留兵勇，应并者速并，应裁者速裁，合南北两路满蒙汉兵勇，总不得逾旧额四万之数。现在防营无事，口分尚给行粮，若有事之时，加饷则款愈难筹，不加则何以示劝。臣等拟仿成法，量为变通，暂以二万人为勇，改行粮为坐粮，出征外域，始照行粮支给，再于客勇之愿留关外者，选精壮万数千人，规复制兵，照土勇章程支给，其驻防及台站卡伦各项官兵，口分有较土勇少者，毋庸议增，以节饷项。惟各路兵勇，饷章歧异，约有数十等，应令刘锦棠等查明各路章程，殚心经划，力任其难，将兵数、勇数、饷数，妥议章程，奏明办理。

一曰一事权。查新疆南北两路，岁需兵饷等项，向由该将军、都统、参赞大臣核明确数，预先在甘省调拨各数，归入甘省兵饷，于年终造册具报，臣部于冬拨案内，汇总拨给，至今成法荡然，募勇则各请专饷，善后则各立章程，饷则各自迎提，浮开盘费，局则各自添设，经费尤多。至无事之员，亦复张颐待哺，一官之费，耗十数勇之口粮。官阶无可清查，虚冒更难考核。即如前乌鲁木齐恭镗所部一千馀人，开报差员至一百七十馀人，几于数勇一官，纷纷滥支薪水，尤出情理之外。良由事权不一，无所考核，以至于此。虽有督办军务大臣，而各将帅位敌势均，究不能如内地督抚，可以节制全省。今议调拨饷额，汇总发给，必须得人总会其成，俾各营章程划一，解到之款，专归一处分拨，各军各路差员尽可裁撤，以裕兵食。

臣等所议三事，旁参远证，理在不疑，犹虑有阻臣等之议，而挠臣等之说者。

或曰：西事孔棘，今昔情形不同，拨饷千万，犹苦不支，乃尽以三百数十万两为额，西陲瘠区，岁入有限，为边计者，不已疏乎！不知内地根本也，边陲枝叶也，公私匮竭则根本伤，根本伤则枝叶将安所附？夫天下之患不在于外，常在于内，史册所载，具有明证。今自通商以来，寰海之内，皆有敌人，几于无处不防，遇事虚声恫喝，使我常为之备；师老财殚，以冀乘间一逞。方今要策，在蓄财力以待时，断无偏重一隅之理。新疆距神京万里，而耗竭中原，予人以隙，非计之得也。溯查同治初年，各省办操办防，未能兼顾额饷，每年调拨新疆经费仅四十万两，尚未解齐，此后若有缺乏，客勇剽悍，岂止哗溃堪虞，欲求如旗丁之甘心穷饿，诚不可得，能不为之寒心哉！即谓边备不可不修，而筹划必归久远，故额饷宜复。复额饷，当裁勇以复兵，屯田以抵饷。所议额饷，原系左宗棠奏案，其时甘省尚未裁兵，续查左宗棠奏新疆利源可开，流亦可节，就地取资之说，将来调拨，尚应照咸丰年间成案核减，若徒求目前调拨之多，而忘日久难继之患，变出意外，恐非浅识所能窥耳。

或又曰：逆酋勾煽回众，俄人潜蓄阴谋，纵使益兵，犹虑疏失，裁客勇，则军威不振；减勇饷，则口分不敷，所虑得无未周。不知自古有必胜之将，无必胜之兵，顾谋略何如耳。若处处填塞兵勇，则备多力分，善用兵者，必不出此。方今养勇太多，浮冒居其半，老弱居其半，而西陲各军，日虞敌至，不敢遽裁，坐致罢敝，久皆无用，殊为失策。夫用兵犹弈棋然，巧者熟审全势，置数子于要害，足以制人；拙者昧犄角之方，即布子满局，不免于败。现议汰弱留强，合全疆兵勇，以四万为额，一半列戍为防守之局，一半居中为游击之师，苟将得其人，军无虚籍，平时屯田以劳勚之，农隙训练而整齐之，必大可恃。纵俄人启衅，逆酋窥边，悉众征行，不难调关内之兵防固后路，固不在多养无事之勇，蠹耗国家有限之财。议者以为兵多足恃，譬之千金之家，常虑盗贼，日需数十人以防之，盗尚未至，不终岁，而千金之家已为窭人矣。勇饷不敷之说，当以关外粮价昂贵故。查关外粮价，与关内不殊，且有比内地稍贱之处，前据刘锦棠奏称，颇有谷贱伤农之患。况楚军坐粮，已较土勇为优；土勇章程，较之制兵额饷已加二三倍，亦不为少。远考之军需则例，出征加给盐菜，事竣即应住支。近考之刘锦棠、张曜所议，亦以改行粮为坐粮，招募土勇规复制兵为请，但须严禁克扣军饷，口分必无不敷。至各城回民虽众，同是血气之伦，绥之斯来，虐之则叛。疆臣仰体皇仁，奉扬风化，蚩蚩之氓，未有不帖然服者，间有顽梗之辈，不难诛锄，又何勾煽之足虑哉！

窃揣众流所议，略尽于斯。臣等亦非故为高论，漫相穷诘。

至于用人者，皇上之大柄，臣下所不敢言，而筹兵筹饷，疆吏与臣等当共体时艰，勉图久安长治之规，以维国本。刘锦棠身膺重寄，洞悉边情，尤应蒇此一篑之功，恢宏远略。相应请旨饬下督办军务大臣刘锦棠等，会同陕甘总督谭钟麟，统筹全局，就左宗棠原议岁拨三百数十万两之数合计，所有甘肃及新疆南北两路，某处酌留若干兵勇，某处实需若干钱粮，赋税留抵若干，划还洋款若干，屯田抵饷若干，一切经费若干，无论如何区划，总应照原议饷数，量入为出。一俟议复后，臣部即于本年秋季，照新定额饷，将十四年份饷项预为奏拨。该大臣等务当力求撙节，虑始图终，庶免牵动大局，臣等幸甚，天下幸甚。

盛康辑《皇朝经世文续编》卷七十八，兵政，饷需，第 57—64 页

请兴办新疆屯田疏*

光绪十三年三月（1887 年 4 月）

窃维天下之患，常苦于兵多而饷不足，兵愈多则国愈弱，饷愈多则国愈贫，史册具在，可考而知。自军务平定以来，俸禄未复，官已困矣；厘金未裁，商已困矣。京协各饷，定有考成，追呼急则农亦困；各处欠饷，累千百万，积欠多则兵亦无不困。夫尽搜括裁省之术，而犹不足以养兵，此臣等所为夙夜忧惶，靡知所措也。以现在兵饷论之，惟新疆一隅，较各省养勇为多，饷需亦较各省为急，每年军饷不下七百馀万，各省、关频年协济，竭蹷不遑，偶有不敷，动请部垫，部库关系根本，且全倚外省解款，支用繁多，时虞不给，万难将巨款屡行垫出，致误要需。以现在营勇论之，新疆尚有四万馀人，不裁则终年并

* 此摺与阎敬铭、福锟、嵩申、孙诒经、景善、曾纪泽联衔。

无战事，遽裁则又恐疏虞。长此不已，坐耗资粮，其患安所底止。况目下各省水患频仍，海防吃紧，假令协饷提解不前，军心摇动，在臣部既无可指拨之区，各路统兵大臣又将何以为善后之计乎！

为此时事艰难，臣等弥深焦灼，勉图补救，实之良谋，惟有于新疆南北两路急为大兴屯田为当今紧切要务，藉人以尽地利，即藉地利以养人，是有五利矣。新疆军粮，向由内地运至哈密，分运各城，或于各城设转运军局，分运各处，山谷阻深，道路辽远，核计运脚，所费不赀。若兴屯政，就地收耕获之利，内地无转输之劳，其利一。各路请饷太多，垫款难按期拨解。若兴屯政，口粮无忧缺乏，且该处所收粮食，即可划抵该处饷需，每年当节省银数十万两，足以纾饷力，固军心，其利二。新疆现收民粮，每年约有三千馀万石，皆以供支各营，扣抵兵饷。若兴屯政，寓农于兵，所收民粮，即可改征折色，用备度支，其利三。兵燹之后，户鲜盖藏。若兴屯政，数年之内，必有馀资，粮价因之而平，边储亦因之而实，其利四。凡兵以劳而强，以逸而弱，各军无事坐食，筋骨懈弛，窃恐师老财殚，缓急俱不足恃。若兴屯政，劳其筋骨，将来驱赴战场，必更勇健，其利五。

臣等反复思维，虽富强之效，不能期诸旦夕，而屯垦之事，殊难缓于须臾。且修屯政以实边陲，非自今始也，古人尝行之矣。新疆开办屯田，亦非自今始也，乾隆、嘉庆年间已行之矣。历代屯政，难以继述，我朝自开辟新疆以来，旧有旗屯、兵屯、户屯、回屯，成效昭然，遗规具在，可仿而行，岂空言哉！查臣部于上年十月会议新疆善后事宜摺内，曾请将屯田事宜由该大臣等明定章程，奏请谕旨，行知遵照在案，迄今一年有馀，仍未据该大臣等声复。臣等悬揣其故，必有三难：一则虑边地苦寒，(西)〔收〕成难必；一则虑军卒骄惰，不习锄犁；一则虑心力不齐，难归一致。臣等以为无足虑也。

新疆地广，间有戈壁，然北路自木垒河起，西抵伊犁，地皆肥润，种一石可获数十石，南路八城，素称饶沃，各营驻札处所，即不能一律，大抵可耕之地居多，不难择地开垦。前闻俄国山诺尔地方，产粮甚多，曾代楚军采运。夫以山诺尔偏隅之地，尚有馀粮售买，新疆地大物博，果能勤事耕作，储积自必丰盈，是边地苦寒不足虑。昔唐臣郭子仪封汾阳王，自耕百亩以励军士，于是谷麦充赡，军有馀粮。该大臣等若严加督课，以身先之，该营弁勇何敢告劳，是军卒骄惰亦无足虑。所可虑者心力不齐耳，心力不齐，生食者任意优游，力耕者转扣底饷，人情既有所不甘，各营或因而观望，相应请旨饬下新疆各路统兵大臣，速议章程，刻期一律兴办屯政，并须明定赏罚，以示劝惩。嗣后该营营官，以本营收获之多寡为殿最，各统兵大臣，即以各营收获之多寡为殿最，庶几士皆用命，饷不虚糜，一俟开办稍有端倪，臣部即为筹拨款项，续行奏明办理，所有屯田事宜，谨缮清单，恭呈御览，伏乞圣鉴训示：

一、各处屯田地方宜预行筹划也。查新疆于三年冬收复，前督臣左宗棠即有就地取资之论。遴派委员，分投清丈地亩，迄今六年之久，当已丈竣。此次开办屯田，或因昔时旧屯，或逆回叛产，以及零星荒地，皆可耕种，该大臣等应将某境内可垦田地若干亩，迅速查明，报部备核。

一、各营承种地亩宜分任责成也。查新疆从前开办屯田之时，每兵一名种地二十亩至二十馀亩不等。现在各营承种，必须分任责成。该大臣应将某营认种某境内某处地亩若干，每勇一名承种地亩若干，分晰报部查核。

一、兴修水利以资灌溉也。查南北两路，河流甚多，百馀年来，水利迭兴，尤以故督臣林则徐所修伊拉里克水利为最著，前伊犁将军曾奏请加新赋二十万两。今查其地在吐鲁番、托克逊之间,水田甚广,故屯田尤以得人为要,应由该大臣等拣派熟谙水利之员,遍勘地势,或引河水,或浚山泉,若著有成效,准其择优保奖,并令久于其任,以资熟手而竟全功。

一、农具等项应分别购买修补也。查开办屯田,所有农具以及籽粮牛只,皆需经费。或招工匠制造,或由他处购买,或就仓存籽粮拨给,由该大臣等查明某营种地若干,应用各项若干,报部查核。嗣后添购修补,或动存馀经费,或将收获馀粮变价津帖,届时酌度情形办理。

一、收获粮石应分别扣抵存储也。查光绪八年,乌鲁木齐都统咨称:巴里坤屯地,初年耕种,除口粮及籽种外尚馀各色粮数十石,二三年即馀二百馀石。巴里坤系著名寒苦之区,必须歇年耕种,收获尚能如此,况各处腴区甚多,若每营以一半应差操,一半事耕作,约计每人种地,尽可供数人口粮。一俟收获之时,该大臣等将某营某处,实收某色粮若干,除籽种外,扣抵各营兵饷若干,馀存若干,按年造报查核。其馀粮石,择拣高燥之地,建仓存储,以免霉烂。

一、分别赏罚以示劝惩也。查光绪四、五等年,伊犁将军派官兵在塔尔巴哈台等处屯田,将出力官兵奏请奖励,其实所种之地无多,且有赏无罚,何以示惩。屯田各营,耕作不无勤惰之分,劝惩宜有赏罚之别。嗣后各营中如有收获最多者,准将该营官保奖升阶,以示优异;收获较少,查系耕作不力者,即将该营官严行参办,以警效尤。该大臣等均视各营收获多寡,分别议叙议处。若总办、督办大臣果能尽心尽力,每年实能以粮放兵抵省饷银数十万两者,仰恳天恩,特予格外优赏。其为数实多者,由特恩锡以世职,以为广筹兵食者劝,非臣下所敢妄请,均俟该处开办定章,再由臣部奏明,会同吏、兵二部遵照办理。

盛康辑《皇朝经世文续编》卷三十九,户政,屯垦,第83—87页

遵议御史胡俊章奏州县交代责成道府督催摺*

光绪十三年五月二十五日(1887年7月15日)

奏为遵旨议奏事。

查光绪十三年四月十二日由军机处交出军机大臣面奉谕旨:"御史胡俊章奏州县交代请饬部定章责成道府督催等语,著户部议奏。钦此。"钦遵。将原奏一并钞交到部。

据原奏内称:查州县亏空近有二等:一系病故之员,一系参劾之员,迨至查抄,万不抵一。道府为州县亲临上司,果能于上下两忙后及一岁之终,将所属州县应解正杂一切款项,应留支者准其留支,其馀必勒限一月扫数解司,否即由道府详参,州县亏空该上司例应分成代赔,请饬定章通行等语。

臣等查州县亏空钱粮,雍正年间钦奉谕旨,酌定条例,分别治罪;乾隆年间叠奉上谕,严切申儆。诚以贪不惩则奸不止,法不立则令不行,故凡遇亏空之案,无不立办,且无不重办。当时大小官吏洗手奉公,仓库正供毫无欺,职是故也。数十年来军务倥偬,仕途淆杂,朝廷崇尚宽大,而巧宦因缘为奸,遂致钱粮正款视如私囊,任意亏挪。若已革已故之员,其本人家属皆拼一查抄之名,将库款有意席卷假作亏空,尤为近年恶习。各该上司曲为弥缝,往往亏空者不即参劾,而参劾者多已革已故之员,迨至查抄万不抵一,甚且

* 此摺与阎敬铭、福锟、嵩申、孙诒经、熙敬、曾纪泽联衔。

以查无其人，公然登诸奏牍，而国帑竟归无著矣。臣等以为与其惩于事后，何如防于事先，故于光绪十年奏定新章，各州县于上下忙征完时将应解一切正杂款项尽数解司，该管道府直隶州亲赴属库核对盘验，查明的数，出具甘结送部，较之旧例更为严密。各省督抚亦力加振作，参追之款，比比皆是。今该御史请将州县正杂款项除留支外，勒限一月扫数解司，否则即由道府详参，其意为杜绝征存不解起见，与臣部前定新章实相表里。各道府州果能平时考查催提，俾属库一无久存不解之项，彼已革已故者自无从施其伎俩。

至所称上司例应分成代赔请饬定章一节。查州县亏空本有知府分赔之条，道光七年钦奉上谕："嗣后各州县亏空银米被参后，先在本犯及家属名下照例按限催追，如限满完不足数，查明家产尽绝，实在不能追缴者，即将未完数目作为十成，无论原案是侵是挪，俱著不行揭报之知府、直隶州知州分赔五成，勒限追缴，其馀五成著失察之道员分赔二成，藩司分赔二成，巡抚分赔一成，均照代赔例限，按银数多寡分年完缴。倘有两案，准将前案银两依限清完后再行接续追缴。至从前已参未结各案，亦照此分别核赔等因。钦此。"立法周详，似无可再议。惟功令虽严而奉行不力，且臣部则例屡经修改，不免前后参差。臣等公同商酌，拟请明发谕旨，饬下各直省督抚，嗣后州县正杂钱粮税课，务须随征随解，其一切应解款项，亦必随时解司，不准稽延，并于上下两忙应解款项，亦必随时解司，不准稽延，并于上下两忙各截数后，限一个月内解清。倘有已征未解，立限撤参，并责令本管道府直隶州亲赴属库盘查核对，加结申详，将来如有亏空，即将道府直隶州照盘查不实例议处。一面于本员名下勒限著追，如完不足数，即按所亏之数分作十成，该管知府直隶州分赔五成，出结之道员分赔二成，失察之藩司分赔二成，督抚分赔一成，以示惩儆。其有扶同隐者弊在知府直隶州，则令知府直隶州独赔；弊在各上司，则令各上司加倍罚赔，仍均照例议处。又查吏部处分则例内载，督抚题参州县亏空，即于疏内将该管上司应否分赔之处，一并查明具题，若不声明者，降三级调用公罪等语。应令嗣后各督抚奏参州县亏空，即随案陈明，如亏短之州县将来无力完交或交不足数，凡应行分赔之该管各上司职名，一并随摺开明，以免日久推延，易为查考。倘再漏未声叙，臣部即照吏部处分则例奏参。如蒙谕允，并请明谕通饬遵行。至臣部则例中参差各条，容臣等陆续奏明更正，以期划一。

所有臣等遵旨议奏缘由，谨恭摺具陈，伏乞皇太后、皇上圣鉴。谨奏。

中国第一历史档案馆，奏档，光绪十三年十九号(1)：财政经费卷

请将已故治麟列入国史孝友传摺*

光绪十三年六月初十日(1887年7月30日)

翁同龢等奏：窃惟朝廷制治，以孝为先，人臣致身，资于事父，此天地之大经，古今之通义也。伏见故国子监司业治麟，生有至性，其学术以宋儒尹焞为宗，律己教人，鞭辟近里。同治初年，该员之父景廉任伊犁参赞，旋统兵剿贼，其时该故员年仅二十，匹马出关，往来省视。比长，承侍左右，色养无违。景廉之疾笃也，不欲人侍，该故员屏息户外，听于无声，有呼则敬唯；有所苦则抑搔扶持。终夕徘徊风露中，履迹重沓，倦则倚檐柱以息，四十馀日，用是成忧

---

* 光绪十三年六月初十日翁同龢日记有“是日成钧奏故司治麟请付史馆入孝友传，奉旨一道准行。”此摺所标日期为“旨准”时间。

劳羸困之疾。其父既殁，该故员病已深矣。既葬，越小祥，盐酪不入于口，医者以豕肉汁进，谓得此可脂膏五脏，该故员屏而不饮。臣等见其瘦骨柴立，亦援古人居丧有疾之礼，谆谆劝谕，该员闵默涕泣而已。苫块之中，编次其父遗稿，一字之误，反复审订，至于呕血数碗，死之夕，遗书犹在旁也。

臣等以为鲁襄亡而子野毁，不见绝于《春秋》，此圣人教孝之微意。然则即死于毁，历代史册犹且褒扬之，况该故员蒸蒸之孝，征于平野，孚于舆论，众著于宗族师友之间者乎！我朝功令，孝子有旌闾之典，国史列传特立孝友一门。光绪四年苏松太道冯焌光以孝行可嘉，准予立传。臣等窃惟太学为教化所出之地，该故员事亲尽孝，无愧人师。臣等谊属同官，见闻确实，合无仰恳天恩特降谕旨，准将前国子监司业治麟列入国史孝友传，仍由馆臣咨行该旗查取事实清册，以备纂辑，用以风励天下。

钱塘吴庆坻撰，吴兴、刘承幹校《蕉廊脞录》卷四第10—11页

黄河南决恳饬速筹堵塞并设法补救摺*

光绪十三年九月初十日(1887年10月26日)

翁同龢、潘祖荫奏：本年八月十三日，郑州上南厅黄河决口三百馀丈，全河断流，朝廷旰食，诏辞严切，责令河臣督率工员，赶集

---

* 此摺与潘祖荫联衔。《松禅年谱》光绪十三年八月记载，有："八月，……河决郑州，淮甸震恐，偕伯寅(潘祖荫)连衔请分导下河诸水归海，以防黄淮涨溢，廷谕下江督苏抚酌行。"录自潘祖年纂《潘文勤(祖荫)公奏稿》(吴县潘氏刻本，华东师大图书馆藏本)。另，中华书局排印本《光绪朝东华录》第二册，总字第二三三四—二三三六页亦录有此摺，但文字内容及上奏时间略有不同。

料物，设法抢办，迅速竣工，薄海臣民，同深感戴。数日以来，外间议论，或谓可乘此归复故道，几疑决口不必遽塞。臣等愚见以为现在水势断不能入黄河故道，山东之患仍未能弭，颍、寿、泗、淮、徐、扬一带，患且不可测，请为皇太后、皇上一一陈之。

伏考黄河自大禹之后，行北地者三千六百一十馀年，其南行者不过五百一十九年，是黄河由云梯关入海，本不谓之故道也。即使指为故道，而现在郑州决口，由贾鲁河入淮，直注洪泽湖。洪泽湖形如侧釜，北高南下，断不能导之使出清口，其去故道尚不止百馀里，安能挽既倒之狂澜，循久淤之旧辙乎？故曰现在水势断不能复入黄河故道也。或者曰：山东数被水害，遂以黄河南流为幸。不知河性利于北行。自金章宗以后，河虽分流，大德中决蒲口，至正中决金堤。有明一代，决而北者十四次，决而南者五次。我朝顺治、康熙以来，决而北者十之九，决而南者十之一。况今之淮水，全无经行之渠，黄水入淮，安有归宿之地？下流不得宣泄，上游必将复决，决则仍入山东境内，齐鲁之间安能高枕哉！故曰山东之患仍未能弭也。至于黄水南注，害不可更仆数，约略言之，有两大患，有五可虑。

现在黄水决渠，直注洪泽，而清河以下淮口久形淤垫，吴城十四堡久不通水，仅张福口引河，阔不过数丈，其大溜由旧礼坝俗名三河之处并而东注，以宝应、高邮、邵伯诸湖为陂泽，以运河为尾闾，里下河一带数百万生灵，仅恃东岸一线之堤以为防护，业已岌岌可危，今忽加一黄河，则运河东堤必不能保，大患一。洪泽湖淤垫以后，涸出数千顷柴滩，昔已设立湖滩局，按亩升科。吴城七堡一带石工，又已拆筑清河城垣。高家埝久不可恃，黄河势悍，入湖以后，难保淤滩不立时坍卸。昔潘季驯河臣议曰："高埝较宝应高丈八尺，较高邮高二丈二尺，高宝堤较兴化、泰州高丈许或八九尺，后来湖垫益高，高家埝且高于宝应、高邮诸水数倍，挟数倍建瓴之势以灌千里之平原，故俗有‘决高埝，淮、扬二府不复见’之谣。”明隆庆四年，高埝溃，全淮东注，决宝应之八线山，盐、高、宝、兴、泰江东诸县悉为巨浸，命潘季驯治之，久而后安，然彼时尚只一淮水也。若黄、淮并合，不东冲里下河，即南灌扬州，是江、淮、河、汉并而为一矣，东南大局何堪设想，大患二。

里下河州县为产米之区，各处起解，胥取于宝应，江北一带万一被水淹及，漕米何从措办？可虑一。即令漕米如故，或因黄水挟河淤垫，运河不能浮送，或因积水漫溢，纤道无存，漕艘停滞，且山东本系借黄济运，黄既远去，沂、汶微弱，水从何出，河运必废，可虑二。两淮盐场胥在范公堤，东运一溃，范堤亦不能保，盐场淹没，淮盐国课何从征纳，可虑三。颍、寿、徐、海之地，好勇斗狠，夙称难治，小民荡析离居，无所得食，难保不滋生事端，可虑四。黄汛合淮，势不能局于湖潴，必将别开一地，自寻入海之路，横流猝至，朝东暮西，江乡居民，莫保旦夕之命，可虑五。此郑州决口所以不得不速筹堵塞者也。

然上游虽塞，而现在已经入湖之水，亦须早筹宣泄，譬如人身既患臌胀，或肚上，或肚下，必居其一，今虽未知水势所向，姑为遥度之词。假令黄、淮合力，竟至破高埝，入高宝，明湖不能容，则运河东西二堤必不能保，里下河数百里一片汪洋，如入瓮中，四无出路。里下河地势，西北俯、东南仰，导之之术，似宜顺其就下之势，由兴化以北，历朦胧、傅家坞等处入旧黄河身，避过云梯关以下淤沙，横穿而北，开浚大通口四十馀里，入于潮河，以达灌河海口，如此则取径直捷，形势较便，经费亦不至过巨，可否饬下两江督臣、漕臣察看情形,妥筹办理,所谓设法补救者也。臣等籍隶江南,为顾全大局起见,是否有当,伏乞圣鉴。

《光绪朝东华录》第二册,总字第 2334—2336 页

遵旨议复河工拨款摺*

光绪十三年九月二十日(1887 年 11 月 5 日)

河南郑州黄河漫口,掣溜南趋,仰蒙圣慈特颁内帑急赈灾黎,迭次钦奉谕旨,截留京饷南漕以资赈抚,鸿施迭沛,凡有血气,感泣同声。复于八月三十日由军机处交出军机大臣面奉谕旨:"此次河南郑州黄河漫口,所有抢办河工及办理灾赈各事宜,需款甚巨,亟应预筹的款以济要需,著户部悉心酌核,妥议具奏。钦此。"当经臣部议将各省洋药加征厘税,自今年正月以后除已由部拨各用不计外,所有收数全行存储,以备防赈之用,并声明再由臣等将应减应停之项及变通则例,再行分具条款奏明办理,奏奉谕旨:"依议。钦此。"钦遵在案。

伏惟黄流尚无归宿,泛滥之处必宽,淹漫之日必久,亿万生灵嗷嗷待哺。现据河臣奏报,口门刷至五百馀丈之宽,则河口一日不堵,民生一日不安,即朝廷忧勤一日不释。现经钦奉谕旨,令于部库提拨银二百万克日解往,此后仍陆续筹拨,工程浩大,即使修防得手,克日奏功,而五六百万之巨款何从筹拨?查历次河工用款,皆以捐输为大宗,现在海防捐输拟改为河工事例,尚须详细斟酌,变通办理,除另摺陈奏,此外应筹款项,臣部再三集议,既不便将一

---

* 此摺与阎敬铭、福锟、嵩申、孙诒经、熙敬、曾纪泽联衔奏呈。

切支款概行核减，更不敢过事搜括，累及小民，际此时艰，万分焦急，不得不于无可设法之中竭力筹划，惟有裁长夫、停购买、改米折、调防营，以及劝谕盐当汇号各商捐输集款，以佐经费之不足，议拟各项办法六条，另缮清单，恭呈御览。

筹备河工赈需用款办法六条：

一、外省防营长夫拟概令裁撤也。查长夫一项，原为征兵而设，现在外省皆系防军，并非出征可比。近年以来，外省长夫饷银开销至一百数十万两之多，如将此项裁撤，移作河工之用，亦可成一巨款。况河南、山西、湖北、安徽、江西等省均已一律裁撤，甘肃、新疆练军亦无长夫之名，历时已久，皆能相安无事。臣等公同商酌，拟令凡有防营省份，除河南等省均已一律裁撤外，其馀无论沿边沿海各营长夫，自本年十一月初一日起，全行裁撤，每月节省银若干，限于年内迅速奏报，统计腾出银数，专作河工之用。

一、购买外洋枪炮船只机器等项及炮台各工拟令暂行停止也。查外省购买外洋枪炮、各项船只，以及修筑洋式炮台各工，每次用款动需数十万两，均须由部筹拨，竟有不候部拨已将本省别项挪用，遂致应解京协各项每多虚悬，迨经饬催，辄以入不敷出转请部中改拨他省。窃计十馀年来，购买军械，存积甚多，铁甲快船、新式炮台，业经次第添办，且外省设有机器制造局，福建设有船厂，岁需经费以百万计，尽可取资各处，不必购自外洋。迩来筹办海防，固属紧要，而河工巨款，待用尤殷，自应移缓就急，以资周转。拟请饬下外省督抚，所有购买外洋枪炮、船只及未经奏准修筑之炮台等工，均请暂行停止，俟河工事竣，再行办理。

一、在京官员兵丁应领各项米折银两拟分别停止变通也。米折一项，原因仓储不足，用银搭放，专动库存漕折之款。近来部库进款日减，出款日增，本年划拨截留已短进六百馀万两。现在河工紧要，奉旨提拨库银二百万两，因系正项，不得已由漕折项下动用。惟米折一项，无款另筹。查米折开放之数，官员兵丁每人所得甚微，而总计部拨之款，每年约须百馀万两。若一律全行停止，在官员所损无多，恐兵丁生计有碍。今拟变通办理，自光绪十四年正月起，将在京王公百官米折银两暂行停止一年；兵丁应领甲米，每米一石内加放一斗五升本色实米，将米折银两一律停支一年，庶库款稍可周转，而兵丁多领一成五实米，似亦有所裨益。

一、酌调附近河南省防军以节经费也。查此次河工情形甚重，一切堵筑疏浚，必须广募民夫，需费甚大。现在库款支绌，筹措匪易，各省防营近无征调之烦，均系驻扎无事，若调附近豫省防军协同工作，仍食本饷，以补经费之不足，于河工不无裨益。拟请旨饬下附近豫省督抚，体查情形，与豫省河督商酌遣调，迅速声明办理。

一、各省盐商应令捐输请奖也。查长芦、两淮、山东、广东、浙江等省盐商，从前凡遇军需、河防、灾赈，无不踊跃捐输。咸丰年间军兴以后，商力虽不如前，而小逻堡、清水潭等工，及协助各省赈款，并光绪六年筹备饷需，两淮商人亦先后捐过数百万两。并查两淮盐商前于筹备饷需案内，该督奏准公捐一次，共银一百万两，且称宽恤一时，正以备缓急于异日等语。现在河工用款浩繁，拟援照成案，捐输济用。应令两江督臣转饬两淮运使，按照引票劝谕该商等捐输一次；其馀盐务省份，情形不同，应并令各该督抚就行盐地方，体查商情，督饬运使、盐道，按引按票劝谕各该商等普捐一次，以济经费。如捐有成数，专款存储，迅即报部候拨，并准按所捐银数给予虚衔、封典奖叙。各该督抚务当实心实力，赶紧劝办，并限一月内将如何筹办情形先行奏报,不得以商情疲累,空言搪塞,致误要需。

一、当商、汇号应令分别交银也。查当商每年所完当税,各省数目不同,然至多亦不过五两,交纳零星,地方官不免侵吞挪用。今拟令各省查明,各予收照,注明所交银数及准抵年份,以免混淆。在当商每年应交税银数目,预行饬交二十年之课,如每年应完银五两者完银一百两,即准抵二十年应交之税,由该地方官给予收照,注明所交银数及准抵年份,以免混淆。在当商应完此数,本不为难,且一总汇交,尤为便捷,该商等自必乐从。惟甫经定章,必须严防弊窦,倘有不肖官吏藉此格外需索,一经发觉,严参治罪。至应交税银,应自光绪十四年起一律计算,统限年底扫数解司,逾限不解,将该地方官参处。再,汇兑银号商亦系殷实富户,从前臣部会议筹饷章程内议令承领部贴,每号纳课银六百两,旋因海疆撤防,故未举办,此次拟令每处每号捐银六百两,并令只捐一次,免其承领部贴。以上两款所收银两,均由该省报部候拨作为河工专款,不得擅作别用。

注:摺呈上后,"得旨:览奏均悉。裁撤长夫暨盐商捐输、当商汇号交银三条,著照所请行,馀毋庸议"。

《光绪朝东华录》第二册,总字第1782—1784页

遵议各省解部的款改解河工摺

光绪十三年九月二十四日(1887年11月9日)

奏为遵旨划拨各省应行解部的款改解河南河工备用,恭摺仰祈圣鉴事。

窃臣部于光绪十三年九月二十日具奏筹议河工用款一摺，钦奉谕旨："览奏均悉，裁撤长夫暨盐商捐输、当商汇号交银三条著照所请行，馀勿庸议。现筹各款均非现银，恐停工待饷，贻误要需，仍著该部于附近河南各省应行解部的款先行指明划拨，以期迅速应用，俟所筹积有成数，再行分别归款，钦此。"

臣等伏查河臣成孚等原奏堵筑郑工决口估需银六百万两，奉特旨先拨部库银二百万两外，尚需银四百万两。际此中外匮乏之时，不得不为京师根本之计，一面条具办法，先行请旨；一面查应解京饷，以备划拨。缘各省应解京饷有截留者，有划抵者，有改解者，款目较繁，情形不一，均须逐款核算。今奉谕旨，饬拨附近豫省部饷，仰见圣慈宏覆，洞见几先。查本年各省应解京饷、边防经费、筹边军饷，及京官津贴、抵闽京饷、西征还清洋款改为加放俸饷，并各省认解加放俸饷等款，统共银一千五百馀万，内除各省已截留划拨银六百馀万两，实解到部银六百馀万两。现年尚未解到之款为数无多，其中如山东、湖北、安徽为附近河南省份，未解仅六十馀万两，即合陕西、江苏、江西、浙江、福建、湖南、广东、四川、奉天各省计之，亦止三百二十馀万两，较该督等原估所短四百万尚不敷银六七十万两。

臣等公同商酌，现在河工需款甚殷，为时甚迫，而附近河南各省应解之数又属无多，拟移缓就急，将各省所有未解部款全数划拨，径解工次，以应急需，谨缮具清单，恭呈御览。可否请旨饬下直隶、陕甘、两江、闽浙、湖广、两广、四川各总督，奉天将军，两淮、两浙各盐政，山东、河南、陕西、安徽、江苏、江西、浙江、福建、湖北、湖南、广东各巡抚，转饬各该藩司、运司、监督、盐道、关道等，将本年各省未解部款，全数径解河工应用，俾得乘此冬令尽力办工。如蒙谕允，即由臣部电知各省、关一体遵照。此皆系有著的款，在该省无难速解，应限于十月内扫数解清。如有迟误,即照贻误京饷例指名严参。其已解在途者,如道出河南,即由该省截留解工。其将次抵京者,亦飞饬沿途州县,令该委员折回转解豫省应用。其馀不敷之数,无论如何为难,亦由臣部陆续添拨足数,以慰宸廑。至部库度支尤关紧要,本年业已短入六百万两,此次提拨截留者又有五百馀万两之多,明年放款所亏甚巨,拟将洋药税并征一项并前摺所陈三款,俟集有成数,全数提归部库,补还正项。此外仍应竭力筹划弥补前项拨款,以实库储。

所有臣等遵旨划各省、关解部的款改拨河工应用缘由,恭摺具陈,伏乞皇太后、皇上圣鉴。谨奏。

中国第一历史档案馆,奏档,光绪十三年二十二号:水利工程卷

遵旨议复开办郑工新例摺*

光绪十三年九月二十八日(1887 年 11 月 13 日)

军机处交出御史周天霖奏豫省河工急宜堵筑,东省河工急宜疏浚,请开郑工捐例一摺,于光绪十三年九月十三日军机大臣面奉谕旨:"御史周天霖奏请开河工捐输以应急需一摺,著户部议奏。钦此。"又,御史李士琨奏河工需款,请由各省开捐实职官阶,以广招徕而济要工一摺,于九月十五日军机大臣面奉谕旨:"御史李士琨奏河工需款甚巨,请饬各省设局开捐一摺,著户部归入周天霖摺,一并议奏。钦此。"钦遵。到户部。

查御史周天霖原奏内称:"本年八月初七日河南武陟县属之小杨村沁河漫决一百四十馀丈,是月十三日郑州下汛之石家桥黄河

* 此摺由阎敬铭参加,户部六堂官共商,翁同龢改拟,以户部公折陈奏。

漫决三百丈，现已夺溜南趋，实为近年罕见之灾，必须于春汛以前赶紧设法堵筑，以期早日合龙，此豫省河工之刻不容缓者也。臣以为豫省堵合口门，赈恤灾民，固为当急之先务；而东省疏通河道，培筑堤岸，亦不可缓之时宜，再四筹思，非仍准开捐不可。前于光绪十年，曾以海防需饷浩繁，奏准暂开海防事例，比照筹饷例核减二成。此次系属河工，拟请比照海防再减二成，仍以实银报捐官职，名为郑工新例，并准于各直省设立分局以广招徕，被水灾区赈款亦不敷分布，拟请仿照山东赈捐办理，只准捐虚衔封典，专备赈抚之需。"又御史李士琨原奏内称："河南郑州河决，黄水为灾，目前拯救赈恤为先，日后河工筹款宜裕。查道光年间曾因河工广开捐例，此次工款浩大，似无妨援案办理。现在海防捐例，现银上库，捐输踊跃，莫若各省设局以广招徕；欲捐输之济用，莫若统解部库以待动拨"各等语。

臣等伏查本年八月三十日恭奉谕旨："此次河南郑州黄河漫口，所有抢办河工及办理灾赈各事宜，需款甚巨，亟应预筹的款，以济要需，著户部悉心酌核妥议具奏。钦此。"当经臣部奏明筹款情形，并请变通捐例在案。臣等正在筹议间，据该御史等先后奏陈开办河工捐输，并请比照海防例收捐数再行核减，与臣部前奏意见相同。拟请准如所奏开办，即名为郑工新例；将现行之海防事例应暂请停止。一切捐项，应由臣部银库上兑，并照初开海防事例办法，各直省藩库准其一律收捐，随时发给实收，分次造册，按月将副实收随册咨送臣部以凭核办。至设立分局之处，流弊甚多，前开海防例，原不准行，该御史等所请，应毋庸议。所有郑工新例收捐条款，拟仿照海防事例办理。

惟报捐银数一层，查海防事例，将及三年，京外捐银千馀万两，近日收数渐减，弩末势成，若新例仍以八成收捐，恐捐生观望不前，于筹款仍无实济。现在河工需饷甚巨，不得不照海防例量为酌减，以广招徕。除专归部收之免保举、免考试、加级纪录、捐复、补监银两、捐输赎罪并京外收捐翎枝等项，仍照旧办理毋庸减成；又职衔封典、升衔顶戴、贡监等项，另议核减五成外，其馀实官双月三班、分发指省，并分缺先、分缺间、本班尽先各花样，以及应行收捐各项条款，均照筹饷例及常例银数核减四成，统令以六成实银上兑；并拟另立郑工新例遇缺先花样一项，惟班次较优，银数未便统随各项议减，拟照筹饷例分缺先银数只减二成，以八成实银上兑；请予限一年，部库以奉旨之日起，外省以接到部文之日起，扣去封印日期，限满即行停止，俾示限制。如蒙谕允，再由臣部会同吏、兵二部妥议条款具奏，俟奉旨后即行开办。

伏思豫省黄流泛滥，罹此奇灾，朝廷特沛浩荡之恩，不惜帑金，拯斯民之饥溺，臣部先后遵旨提拨库存银两及截留京饷等五百馀万两以济要工，而库款空虚，亦亟应早为筹计。些次开郑工新例，准令各直省收捐，固以济河工之用，亦以广集巨资，藉以弥补京饷之不足，在各省督抚臣，当思京师根本重地，八旗待饷殷繁，督饬藩司将收捐事宜认真经理，所收捐输正项银两，专款存储，听候臣部随时提用。并令月月将捐银数目报部一次，以凭稽考，既不准擅行动用，亦不得奏请截留，倘不遵照此次奏章，仍敢挪动捐款，即由臣部将该藩司指名参革，并将该省督抚奏请议处。

至御史周天霖奏请仿照山东办理赈捐一节，自系为拯救灾黎起见。拟一并照准，应令豫省查照另议减成新章收捐。职衔封典、升衔顶戴、贡监等项，由该省按月分次将所收报捐员名、银数，详细造册，同副实收咨送臣部随时核办，缮照颁发。所收正项银两,准其动用,藉供赈济之资,务期实收实用,一洗向来积弊,且豫省此次被灾较重,必须广筹抚恤之需,方敷周转。除现有赈务之省份仍令照旧开办赈捐外,其向来劝捐协助直、东等省赈款者,仍应广为劝募,集成巨款,均令改协河南急赈。一切请奖事宜,并照此次减成新章办理,由各该省造册送由河南巡抚汇总,挨次报部,以归一律。

再,查福建洋药、茶捐,广东海防经费,陕西廉俸抵捐,所捐各项虽无实职官阶,究与新章不无窒碍,应仍令暂停请奖,一俟郑工新例停止,再由各该督抚报部核办,恭候命下,应由臣部行知各省,晓谕诸生,一体遵照。

《光绪朝东华录》第二册,总字第2353—2355页

遵旨议复内务府需用银两摺*

光绪十三年十一月初四日(1887年12月18日)

再,查内务府经费前于同治四年十月奉上谕:"内务府奏内廷需用银两缺乏,通盘筹划妥议章程一摺,著户部会同内务府妥议具奏等因。钦此。"当经臣部会议。查内廷要需既不可缺,奏明设法变通,暂行添拨。同治五、六两年各添拨银三十万两。嗣据内务府因用项较繁,奏请于前议外再行添拨,经臣部自同治七年起,每年复添拨银三十万两,连前共六十万两各在案。

臣等伏查各省进款岁有定额,而应解京协各饷日渐加增,实已不敷周转。惟前项经费为供应要需,自应设法匀拨,俾资支应,所

---

* 此摺与阎敬铭、福锟、嵩申、孙诒经、熙敬、曾纪泽联衔。

有内务府光绪十四年经费应照历届数目，拟拨两淮盐课银十二万两，浙盐课银五万两，广东盐课银五万两，湖北盐厘银五万两，福建茶税银五万两，淮安关常税银三万两，闽海关常税银十万两，九江关常税银十五万两，共银六十万两。内闽海关之款，前因内务府令北洋大臣代借洋款即将该关应解银十万两径解北洋外，其馀各项，相应请旨饬下各该督抚、将军、盐政、藩司、运司、监督等，务于来年开印后陆续径解内务府交纳，先将起程日期咨报臣部，仍限六月前解到一半，十二月初间扫数解清，不准稍有蒂欠。

谨将添拨光绪十四年内务府经费缘由，恭摺具奏，伏乞皇太后、皇上圣鉴。谨奏。

中国第一历史档案馆，奏档，光绪十三年十九号（2）财政经费卷

速议谭钟麟奏请饬催四川江西欠饷摺*

光绪十四年正月二十日（1888年3月2日）

奏为遵旨速议具奏恭摺仰祈圣鉴事。

陕甘总督谭钟麟奏请催四川、江西欠饷以济新疆遣撤勇丁之费一摺，于光绪十四年正月十三日奉朱批："户部速议具奏。钦此。"钦遵。由军机处钞交到部。据原奏内称："新疆抚臣旧欠勇饷，请拨部款，以资裁汰老勇，改营为旗，嗣准抚臣函称：上年旧勇假归已挪动十一二年新饷二十八万，又借支城工善后等款十馀万，陆续发给。迨奉部拨百万，除还此四十馀万两外，仅馀五十馀万。属臣仍照前议筹四十万两，臣不得已于商号挪借二十万两，

* 此摺与阎敬铭、福锟、嵩申、孙诒经、熙敬、曾纪泽联衔。

以应急需。查江西欠解十一年新饷五十万两,四川欠解十二年新饷三十三万,部臣前议分年补解。现据江西报解三万,四川尚无起解消息,计江西、四川所欠八十三万。新疆抚臣应分三十八九万,如果两省如数解到,自应先其所急,尽发欠饷,以支危局。相应请旨饬下四川、江西督抚臣饬司迅速补解,照部议赶紧筹拨。"等语。

臣部查甘肃新饷,江西省欠解十一年分银四十九万八千一百七十九两七钱五分九厘,丁亥年应带解银九万八千一百七十馀两,自戊子年起每年带解银十万两;四川省欠解十二年份银三十三万二千一百八十一两,自丁亥年起每年应带解银十一万七百二十七两,均限每年九月以前随同是年应解饷数,一并解清。光绪十三年份江西省带解银三万两,欠解银六万八千一百馀两,四川省并未带解分毫。前经臣部奏请将四川藩司参处,并令四川、江西将应行带解银两迅即照数批解,倘迟至光绪十四年三月底止尚无奏咨解清案据,均照逾限二月以上例限,续行奏参等因行知在案。现据陕甘总督奏催迅速补解,相应请旨饬下四川总督、江西巡抚,严饬各该藩司,将丁亥年应行带解甘肃新饷,务于本年三月以前赶紧如数筹拨,戊子年应行带解之款,一并提前照数解清,毋得任意宕延,致干参处。至陕甘总督收到前项饷银,仍应按各处应分数目划拨,以符奏章而昭平允。

所有臣部遵旨速议具奏缘由,理合恭摺具陈,伏乞皇太后、皇上圣鉴。谨奏。

中国第一历史档案馆,奏档,光绪十四年十五号(A):财政经费卷

遵旨议复筹拨大婚典礼用款摺*

光绪十四年二月初二日(1888 年 3 月 14 日)

光绪十四年正月十七日钦奉懿旨:"办理大婚典礼,户部去岁筹拨外用之款二百万两,著户部全数提拨来京,由礼仪处交进。其传办外省应需之款,由礼仪处随时奏明,核定价值请领,由内支发。再,办理大婚之款,四百万两尚不敷用,著户部再行筹拨一百万两,先行提拨二十万两,亦由礼仪处交进,其馀八十万两陆续筹拨。钦此。"

臣部恭查上年五月间钦奉懿旨:"大婚典礼应需款项,著户部先行筹划银二百万两,奏明候旨办理等因。钦此。"当经臣部于各省应需解部款内分别匀拨,内拨十三年部款一百万两,十四年部款一百万两,奏明行令各省敬慎照数备齐,一奉提拨,即行报解,不得稍有延缓在案。兹钦奉懿旨,将去岁外用之款二百万两,全数提解交进。自当由臣部上年指拨改拨之款迅速钦遵办理,惟查各省之路途远近不同,匀拨之数目多寡不一,且内有现筹之款,恐不能同时一律解齐,拟俟各省陆续解到时,暂存部库,凑足四十万两交进一次,分为五次,二百万两交齐。续行筹拨之款一百万两,拟由库储六分扣平项下先行提拨银二十万两,其馀八十万两,容臣等尽力设拨,筹有库款,再行奏闻。

《光绪朝东华录》第三册,总字第 2416 页

---

* 此摺与福锟等人联衔。

奏为飞催各省尽数提解加征洋药厘金交部库摺*

光绪十四年三月二十三日(1888 年 5 月 3 日)

查臣部岁入之款,惟各省京饷八百万两,各省漕折一百馀万两为待支正项。此外边防经费二百万,筹边军饷二百万,加放俸饷一百馀万,皆有专款支销,不在正项待支之内。至四成洋税及六分扣平,均系奏明另款存储,以备要用。此部库入款之大略也。从前各省报解足额,出入仅可相抵。近一二年各省因筹办海防,购买船炮,匀还洋款,往往截留京饷,每年解部者不过十之六七。而部中用款又倍增于前,除恭备大婚典礼四百万,添拨银一百万,臣部业已备有专款,不与寻常度支并论,此外筹拨郑州大工六百万两,山东河工二百万两,续拨山东河工八十九万两,制钱工本九十馀万两,铜本五十万两,直隶坞工巡船购费数十万两,皆系提拨截留部库之款。将历年铢积寸累之馀罄于数月。此部库出款之大略也。现在部库存款,截止三月半止,统计银五百四十万两,其中漕折一百十万两系专备开放俸甲米折之用,边防经费二百三十八万两系专备拨放东三省防军之用,其另款存储可以挪用者,只四成洋税一百二十三万两而已。现在正额专款已经告罄,而各省应解本年京饷,大抵皆在上忙开征之后。部中上半年放款,竟支绌万分。现拟暂顾目前之窘,拟先将四成洋税一百二十三万两提归正项,以备开放月饷之需;此外可以提用者,尚有加征洋药厘金一项。查洋药厘金原系上年臣部奏准专归部库,留为弥补库储之用。今

* 此摺与福锟、嵩申、孙诒经、熙敬、曾纪泽等联衔。

查此款自上年正月开办起至十一月第一百九结止，除各省留支及海防拨用外，尚馀剩银一百万两上下，拟飞催各省尽数提解部库，以备度支。

《光绪朝东华录》第三册，总字第2433—2434页

奏为药厘一项未能提拨海军衙门经费摺*

光绪十四年四月初六日（1888年5月16日）

上年十月间，据海军衙门奏称："前以东三省练饷及北洋三舰、四快船用款不敷筹拨，奏请将海防捐输展限一年，统归海军衙门动支。自展捐以来，仅由户部领过银十万两。嗣因北洋旅顺坞工用款不敷，户部复将此项展限捐款拨充坞工应用，并有北洋迎接快船经费银二十二万两亦待捐项抵还。刻下户部将海防捐输改为河工事例，则前项抵款应由户部另行筹补。至此后东三省练饷及三舰、四快船经费，所需甚巨。现闻各海关洋药税厘征收颇有起色，请在洋药税厘并征项下，自光绪十四年起，每年筹拨库平银一百万两，解交臣衙门供用。"等因。钦奉懿旨："依议。钦此。"抄录原奏咨行前来。

臣等伏查海防捐输展限一年，原为提充海军衙门用款，无如展捐之后收款无多，计自十三年四月起至九月止，共收过银三十二万两。而由臣部拨过海军衙门十万两，认拨旅顺坞工五十四万两，迎接快船经费二十二万两，皆指此项展捐以相偿。捐款即止有此数，则臣部垫拨者，业已一倍有馀矣。且查上年臣部库款，一年之中多

---

* 此摺与阎敬铭、福锟、嵩申、孙诒经、熙敬、曾纪泽联衔。

出至一千二百馀万，京师待放之款顷刻难停，各省告匮之文联翩而至，臣等夙夜彷徨计无所措。其稍可周转者，惟洋药税厘一款耳。然就此一款而论，药税本在洋税之中，自有专用；药厘自一百六结至一百九结，留支动用者，业已十之六七，所馀止一百万有零。前经臣部奏明提补库亏，而所补之数较所亏之数，尚相悬绝，即预计本年四结收数，至多亦不过五百万左右，除划归各省、关应支各款及岁拨大连湾等处防饷、税务司新增经费外，所用又已过半，而臣部应拨未拨者，尚有二百馀万两之多，则本年洋药厘金固亦并无闲款矣，此臣部需用药厘之实在情形也。

窃惟臣部所职掌者，军国之要需也；海军所规划者，筹边之要策也。臣部苟有馀财，必当力辅海军之不足；海军苟无急用，亦当深体臣部之为难。虽云各有司存，实则同舟共济。况天下储胥入不敷出，久在圣明洞鉴之中。去年河决郑州，灾延数省，合龙与否事未可知，无一非民生国计所攸关，即无一非旰食宵衣所廑念。此固中外臣庶所共见而共闻，亦王大臣等所同休而同戚者也。今河工续估之奏未来，各省应解之饷已竭，而臣部之库款又如此之万分支绌，臣等辗转筹思，不得不将本年洋药厘金一款，专归臣部拨用。所有海军衙门请岁拨一百万两之处，俟河工告竣，饷源稍裕，再由臣部奏拨应用。至南、北洋经费内有广东等省截留之款，上年经臣部照数拨补，本年拟先由臣部指拨银六十五万两，以供海军要需，由臣等另片陈奏。

所有臣部药厘一项未能提拨海军经费缘由，恭摺具陈，伏乞皇太后、皇上圣鉴。谨奏。

中国第一历史档案馆，醇亲王府档

奏拨补海军衙门经费片[*]

光绪十四年四月初六日（1888年5月16日）

再，查臣部奏拨海军衙门南、北洋经费款内，广东、福建厘金及沪、打[①]二口洋税，原系截留本省办理海防之用，上年海军衙门奏令由臣部另行拨补，为经臣部奏明，按照各该处原解数目拨补银六十五万两，由各省关于新收洋药加厘项下提解海军衙门应用在案。本年洋药加厘一款，虽经此项正摺奏请为弥补部库之需，而海军此款上年拨有成案，今年应先行筹拨。拟拨闽海关银二十四万两，镇江关银二十万两，九江关银十二万两，江汉、宜昌两关银六万两，芜湖关银三万两，均于一百十结至一百十三结共四结洋药厘金加征项下，按季匀拨，解交海军衙门兑收，以济要需。如蒙谕允，即由臣部行文各省、关遵照办理。

所有臣部拨补海军衙门经费，谨附片奏陈。伏乞圣鉴。

中国第一历史档案馆，醇亲王府档

进呈员外郎顾璜编纂《钱法备考》摺[**]

光绪十四年七月初九日（1888年8月16日）

奏为司员编纂《钱法备考》成书，恭呈圣鉴事。

窃惟钱为民生日用所必需，历代相沿，未之或废。我朝自顺治

---

* 查翁同龢光绪十四年三月二十六日日记，此奏片由其手拟。并与福锟等其他户部堂官联衔陈奏。

① 台湾打狗港。

** 此摺与阎敬铭、福锟、嵩申、熙敬、孙诒经、曾纪泽联衔。

元年，京师设宝泉、宝源二局鼓铸制钱，各省以次设局兴铸，其钱文铢两，铜铅调剂，增捐靡常，要惟因时制宜，变通尽利。年来叠奉皇太后懿旨，责令臣部整顿钱法。臣等仰承慈训，筹修炉座，采购铜铅，督饬鼓铸，粗有端绪，现在每月兵饷搭放制钱，暂与大钱并行，尚称安谧，此后鼓铸何以尽善行用，何以适宜，矿利何以振兴，转输何以通畅，惟当参酌时宜，详稽往牒，以期益国便民。

兹据臣部员外郎顾璜将平日编纂《钱法备考》一书共二十卷，呈请核定。臣等公同披阅，书内卷首恭录列圣训谕，仰见庙谟广远，纤悉靡遗，允当随时敬谨寻绎。至各卷内条列现行事例，厘分门类，不相淆混，尚便检查。后附历朝钱币源流，均据正史编入，并杂采前人钱法谏议，自周迄于明代，其间因革利弊，前鉴具详，亦尚可资考证。谨令装成卷帙，恭呈御览，伏候钦定。谨请发下由臣部咨送总理各国事务衙门排印，再行进呈，并存部备考。

除将该司员原书送由军机处代递外，谨缮摺具陈，伏乞皇太后、皇上圣鉴训示。谨奏。

中国第一历史档案馆，奏档，光绪十四年十六号：财政金融卷

筹拨甘肃新饷摺*

光绪十四年八月二十八日(1888 年 10 月 3 日)

奏为照案筹拨光绪十五年甘肃新饷恭摺仰祈圣鉴事。

窃查甘肃关内外各军饷银，合旗、绿、勇营，每年共指拨银四百八十万两，统名之曰甘肃新饷。原议自光绪十一年起，照数筹拨三

---

* 此摺与福锟、昆冈、潘祖荫、嵩申、孙诒经、熙敬、曾纪泽联衔。

年。本年复经臣部奏准，自光绪十四年起至十六年止，每年仍按四百八十万两之数拨给。除十四年份新饷业已照数指拨外，兹届指拨光绪十五年份甘肃新饷之期，臣等公同商酌，拟仍照案指拨山西省银八十四万两，河东道银五十二万两，河南省银六十一万两，陕西省银二十万两，湖北省银三十三万两，湖南省银十六万两，江苏省银二十万两，两淮银二十万两，安徽省银二十万两，江西省银三十六万两，四川省银九十八万两，闽海关银二十万两，共银四百八十万两。以上指拨款项均系确数，不准丝毫短欠。相应请旨饬下两江、湖广、四川、闽浙各总督，福州将军，山西、河南、陕西、湖北、湖南、江苏、安徽、江西各巡抚，转饬各藩、运、司、道、监督等一体遵照，截至光绪十四年十二月底止，务须赶解三成，以便来春接续供支，截至光绪十五年四月底止再解三成，下馀四成统限光绪十五年九月月底止扫数解清。倘能依限照数解清，即由陕甘总督奏请奖叙；其有视为具文，仍前延欠，即由臣部照例奏参。至各省报解军饷，应令仍照光绪十一年臣部厘定章程办理，以免歧异。

所有照案指拨光绪十五年甘肃新饷缘由，谨恭摺具陈，伏乞皇太后、皇上圣鉴。谨奏。

中国第一历史档案馆，奏档，光绪十四年十五号（B）：财政经费卷

各省欠解东北边防经费请旨严催摺*

光绪十四年十二月初八日（1889 年 1 月 9 日）

奏为各直省欠解本年并历年东北边防经费银两，请旨再行严

---

* 此摺与奕劻、福锟、锡珍、许庚身、曾纪泽、熙敬、孙诒经、敬信联衔。

催，以重防饷，恭摺仰祈圣鉴事。

窃查光绪六年正月，户部会同总理各国事务衙门具奏，指拨东北边防经费，令各直省将军、督抚等督饬藩、运各司暨各关监督，按照指拨银数，自光绪六年为始，按年解部，于五月前批解一半，年内全数解清，如有迟逾，由户部照贻误京饷定例，指名严参等因，历经遵办在案。

兹查本年各省、关应解东北边防经费银二百万两内，原拨广东厘金银八万两。除奏准第三次扣留垫过东三省毛瑟枪价银三万七千七百四十七两一钱六分四厘三毫，尚应解银四万二千二百五十二两八钱三分五厘七毫。又，原拨江苏厘金银八万两，除奏准划抵织造银三万两、朝衣等件工价银一万两，尚应解银四万两。共计各省关实应解银一百九十二万二千二百五十二两八钱三分五厘七毫。截至本年十一月二十日止，除原拨山西省地丁银十万两，江海、江汉、闽海各关六成洋税项下各原拨银十万两，四川省盐厘津贴，夔关常税共银二十七万两，山东督粮道库银五万两，并广东厘金应解银四万二千二百五十二两零，均已分别照数解清，统计各省、关解到部库及报解起程共银一百三十三万二千二百五十二两八钱三分五厘七毫，其馀未解共银五十九万两。至光绪六、七、八、九、十、十一、十二、十三等年各省、关积欠东北边防经费银一百二十万零九千七百馀两，节经奏咨严催，迄未报解。此项经费系为近年创办东北边防要款，均应随时预为筹解，岂容稍有延欠！况各省关上年应解部库京饷边防等款，业经划拨豫省河工备用，复由库存银内动拨并将各省未解部款，全数拨解工次。现在部库实已空虚，自应严催各省、关将本年未解及历年欠解东北边防经费银两赶紧解部，以供支放。谨缮具清单，恭呈御览。并请旨饬下直隶、两江、湖广、闽浙、四川各总督，浙江、福建、江苏、江西、湖南、湖北、山东、河南、安徽、广东各巡抚，两淮盐运司暨粤海、九江、浙海、津海各关监督，并令四川总督转饬夔关，迅速分别筹解部款交纳。倘再延欠，即由户部查照光绪六年正月奏案，照贻误京饷例指名严参。

所有催解东北边防经费缘由，理合恭折会陈，伏乞皇太后、皇上圣鉴。

再，此折系户部主稿，会同总理各国事务衙门办理，合并声明。谨奏。

中国第一历史档案馆，奏档，光绪十四年十五号(B)：财政经费卷

津通铁路宜暂缓开办折*

光绪十四年十二月二十一日(1889年1月22日)

查泰西之法，电线与铁路相为表里，电线既行，铁路势必举办。然此法可试行于边地，而不可遽行于腹地。边地有运兵之利，无扰民之害；腹地则坏田庐，平坟墓，民间哗然，未收其利，先见其害矣。

今闻由天津至通州拟开铁路一道。查天津距通州二百馀里，其中庐舍相望，桑麻被野。水路则操舟者数万人，陆路则驱车者数百倍，以及村酤、旅舍、负贩为活者更不知其凡几。铁路一开，本业顿失，其不流而为盗者几稀。近来外间议论，无不以此事为可虑。臣等伏思皇太后、皇上勤恤民隐，无微不至，偶遇四方水旱，发帑赈

---

* 此折与孙家鼐联衔。

济，惟恐一夫之失所，岂有咫尺畿疆，而肯使小民穷而无告乎？况明春恭逢归政盛典，皇上履端肇始，而盈廷多讽议之辞，近郊有怨咨之口，似非所以光昭圣治，慰安元元也。

夫稽疑以卜，众论为先，为政以顺民心为要。津通铁路宜暂缓开办，俟边远通行，民间习见，然后斟酌形势，徐议及此，庶事有序而患不生。

《中国近代史资料丛刊·洋务运动》(六)第213页

遵旨复议乌里雅苏台房园租税积欠恳恩饬部蠲免一事摺*

光绪十五年十二月初五日(1889年12月26日)

暂护乌里雅苏台将军祥麟等奏乌里雅苏台房园租税拖欠难征，恳恩饬部蠲免一摺。光绪十五年十一月十五日奉朱批："户部议奏。钦此。"钦遵。由军机处钞交到部。

据原奏内称："乌里雅苏台征收房园租税，专备官兵出差行装等项杂支之用，于同治九年兵燹后，无租可征。十一年六月间，经前任将军等以街市房园并非皆旷，令将有商民承认房园者照旧征税，至光绪元年十二月底，所征租银尽数奏归城杂支项下动用。自二年正月起，租银经前任将军额勒和布等奏明，仍归官兵行装等项杂支之用。复自七年以来，灾荒未转，商民裹足。至九、十两年，铺房无人承认，园地承种无多，计此八年内应征租税七千馀两，除陆续交纳外，共拖欠三千二百二十九两四钱二分五厘。伏思此项民

* 此摺与福锟、锡珍、许庚身、熙敬、敬信等联衔。

欠,均在皇太后归政恩旨以前,核与所开赦条宽免地丁钱粮无异,恳恩俯念积欠实系在民,饬部豁免,不惟稍缓民力,而于积年报销可得早清。"等语。

查臣部例载,地方积欠钱粮,恭奉恩旨指蠲自某年至某年者,其扣蠲截数仍以已入奏销之数为准,若未入奏销者,不得统作积欠蠲免等语。查乌里雅苏台房园租银一项,专备该城杂项之用,其收支数目,同治以前向系归入该城常年经费案内奏销。八年据前将军等奏称,档案俱焚。九、十两年又据奏称,兵燹后无租可征。同治十一年至光绪元年,虽据奏称照旧征租,系尽数归于城工动用,并未奏销。光绪二年复据奏称,自是年正月起仍归杂项支用。查该城常年经费,自同治十三年以后应造十馀年之奏销,叠经臣部奏催,迄今仍未造送。所有原奏内称自光绪七年以来,八年内共拖欠房园租银三千二百二十九两四钱二分五厘,该城既未奏销,臣部无凭核办。且此项租银,积欠至数千两之多,阅时至八年之久,究竟某年房租短征若干,园租短征若干,是否商民实欠,臣部亦无从考核。至称此项民欠均在皇太后归政恩旨以前,核与新开赦条宽免地丁钱粮无异。恭查本年三月十六日钦奉恩诏内开:各直省地丁钱粮,著户部查明,实系积欠在民,酌议年份豁免。其已征在官署者,不得藉口民欠侵隐等因。系专指地丁钱粮而言。今该城积欠系房园租项,与恩诏内开地丁钱粮,本有区别,即使推恩格外,亦当以造入奏销之数为准,方与定制相符。

臣等公同商酌,该护将军等所请蠲免积欠房园租银之处,未便率准。相应请旨饬下乌里雅苏台将军,于此次部文到日,迅将自同治十一年起至光绪元年止房园租银收支数目,另案奏销;光绪二年以后收支数目,仍照旧归入常年经费案内分年分款题报查核。所有前项积欠租银，应俟册造到日再行核办，并令将同治十三年以后常年经费赶紧接造清册，送部核销，以清积牍而昭核实。

《光绪朝东华录》第三册，总字第2694—2696页

奏为乌里雅苏台参赞大臣崇欢借用库款治装赴任一事摺*

光绪十六年五月初二日（1890年6月18日）

据镶黄旗满洲咨称：据乌里雅苏台参赞大臣觉罗崇欢呈称：职于光绪十六年二月二十八日奉旨赏给副都统衔，作为乌里雅苏台参赞大臣等因。钦此。现因起程在迩，川资无措。查前任参赞大臣，因川资不济，曾经借支有案，职事同一律，为此呈明转行户部援案借支实银八百两，俾济川资而速行程，由参赞大臣养廉内每年扣还银二百两，四年带归，以清库款，乞准照章核办等情，相应照依该员所呈咨部办理等因前来。

臣等伏查同治十年十二月间前乌里雅苏台参赞大臣志刚，光绪十二年四月间前乌里雅苏台参赞大臣祥麟，曾以制办行装并盘运等项需款，前后呈请在部各借支银八百两以资应用等情，均经臣部奏请照数借给，由该大臣等应支养廉内分别坐扣等因，奉旨允准在案。今乌里雅苏台参赞大臣崇欢呈请借给川资银八百两，臣部查与前乌里雅苏台参赞大臣志刚等由部借支养廉成案相符，合无仰恳天恩俯准，由部库借给银八百两，俾该大臣川资有著，以利遄行。如蒙谕允，由

---

* 此摺由翁同龢、福锟、熙敬、孙诒经、敬信等联衔。

臣部行文乌里雅苏台，在崇欢应支参赞大臣养廉项下，自本年起每年扣银二百两，限四年内扣清，报部查核。惟乌里雅苏台距京路途窎远，所有前项扣还银两，若由该城按年解交部库，殊费周折，应请饬令山西巡抚转饬藩司，自本年起，在于额解乌里雅苏台常年经费款内每年由藩库坐扣银二百两，遇有便员搭解部库，以清款目而重帑项。

《光绪朝东华录》第三册，总字第2738—2739页

遵旨复议土默特蒙古征租不敷练兵一事摺*

光绪十六年七月初三日（1890年8月18日）

绥远城将军克蒙额奏土默特六成地亩应征租银不敷练兵，拟请变通作为津贴官兵之需等因一摺，光绪十六年五月十六日奉朱批：“户部议奏。钦此。”钦遵。由内阁钞出到部。

据原奏内称：前于光绪十一年准察哈尔都统绍祺咨送奏明断归土默特六成地亩各摺片内称，请将每年所征租银约五六万两，挑选该旗蒙丁训练成军，至马匹器械，即由押荒项下动支等因，于四月初二日奉上谕：“土默特、达拉特两旗争地一案，其断归土默特地亩征租练兵一节，著绥远城将军妥筹办理，总期于营务地方两无窒碍，以垂久远。该衙门知道。钦此。”嗣准户部咨行，令援照丰镇等厅放地成案，征收押荒租银等因，当经奴才会同山西巡抚委员办理，均经山西巡抚奏明在案，检查察哈尔都统原奏内称：“约计而言，可征租银五六万两。今查山西巡抚原奏内开，所征押荒银两，除用尚存储二万七百馀两，每年所征租银四千二百馀两，只敷挑练马队数十名，为数过少。

---

* 此摺与福锟、锡珍、昆冈、熙敬、孙诒经等户部堂官联衔。

查土默特蒙古每月应差官兵约八百馀名，每遇该班，自备资斧，当差困苦，拟将所征押荒租银全行作为每月应差官兵津贴之需，如蒙谕允，奴才即移咨户部并山西巡抚，将存储押荒银两，并已垦自十三年升科至十五年租银，交归绥道发商，按月一分生息，自十六年秋季起，作为津贴官兵之需，年终造册报部核销。”等语。

查光绪十一年三月间，据前察哈尔都统绍祺奏称：“请将断归土默特地亩交萨拉旗厅，按年征收租银，解交绥远城将军，责成该将军就饷练兵，由土默特幼厂中挑选精壮，勤加训练，操演成军，既与就地筹饷之法相符，亦于穷蒙大有裨益。”等因。奏奉谕旨允准在案。是此项租银，当日奏定系专为绥远城就饷练兵之需。今该将军以每年所征租银不敷挑练，奏请改为津贴蒙古应差官兵等因，核与前察哈尔都统绍祺原奏不符。臣等公同商酌，所有该将军奏请变通办理之处，应毋庸议。至所征租银，既据声称不敷挑练，应令该将军将自光绪十三年起征收租银，并前存押荒银两，专款存储该城粮饷厅库，毋得率请移作别用。一俟将来积有成数，足敷练兵之需，再行奏明请旨办理，以符奏案而重边防。

《光绪朝东华录》第三册，总字第2762—2763页

遵议御史余联沅条陈赈务摺*

光绪十六年七月十二日（1890年8月27日）

奏为遵旨速议具奏事。

据御史余联沅具奏近畿灾重设法急赈一摺，光绪十六年七月

---

* 此摺与张之万、福锟、续昌、孙诒经、崇礼、徐用仪联衔。

初四日内阁奉上谕："御史余联沅奏近畿灾重，办赈银米不敷，请饬再拨库款并发给粳籼米石，变通赈捐章程，购办南米运京一摺，著户部速议具奏。钦此。"钦遵。钞出到部。

臣等伏查本年五月下旬以来，霪雨为灾，加以浑河决口，近畿一带被水甚重，小民流离失所，待哺嗷嗷，仰蒙皇太后、皇上轸念民艰，发帑赈济，并开设各处粥厂，得以稍资安集。兹复据该御史以地广人众，赈款不敷，请再由部拨款，以资接济。事关民命，虽库储支绌万分，臣等不敢不竭力筹拨。拟请由正项待支款内提拨银五万两，又于臣部收捐搭交一成当十钱文内动拨大钱五十万串，以上银钱两项，均交顺天府府尹，会同五城御史暨公正绅士，核实散放。

至该御史所拟章程四条，臣等逐加复核。除第一条所称灾区巨浸汪洋，船只短少，总宜妥筹善法周历灾区等语，已由臣部钞录原奏札行顺天府府尹迅速筹办外，其第二条请发仓米暨第四条请购南米各节，查各仓现在实存粳籼米三百五十六万馀石，合之本年江浙到通漕米共四百万石有奇，每年粳籼放款约九十五万馀石，核计仓存约支四年之蓄。近畿灾区过广，计口授食，需米甚多，该御史请拨粳籼米数万石，尚恐难以遍给。近年江、浙、山东等省被灾，均蒙圣恩截拨漕米，或十数万石，或二十馀万石，近畿密迩京师，根本所在，关系尤重。臣等仰体皇仁，拟请赏给粳籼米十万石，以资赈抚。如蒙谕允，应由臣部知照仓场，发交顺天府会同五城御史暨绅士，分济灾区，务期周遍。至所称请购南米运京一节，前据直隶总督李鸿章奏报，业经电致两江、安徽各督抚，劝谕商人运米来京，是筹款采买可以无须。该御史所请，应毋庸议。又，第三条请开赈捐一节。查原奏内称：捐事至今已成弩末，海防新例甫开，既未见其踊跃，若再另立名目，益形支绌，但现在赈款所需不能不广为设措，可否饬下部臣将捐款量为变通，与海防新例相辅而行，如有以巨款捐赈者，准其援案给奖，总期无碍于捐有济于民等语。臣等查现办赈捐章程不准请奖实官，惟准按照常例收捐封典、虚衔、贡监等项。现在直隶、山东、江浙、安徽、湖北、奉天等省，均经援照办理。即就直隶、山东两省而论，近年收数甚巨，是在劝募有方，正不必另立名目。兹值畿疆被水，需款浩繁，筹赈集捐，洵为急务，但捐若与海防例相辅而行，势须收捐实官，必至多所侵占。臣等公同商酌，拟令各直省开办顺直赈捐，仍援成案，准收职衔、升衔、顶戴、封典、贡监，以上各条新海防例内均暂停收，只准于赈捐案内收此数项，庶于赈款有裨，且与海防新款无碍。应请饬下各该督抚臣，派委妥员，广为劝办，务期集成巨款，藉充顺直赈抚之需，并请予限一年，限满即行停止。

至该御史所称巨款捐赈准其援案给奖一节，查赈捐定章止准封典虚衔，核给奖叙，惟士民中果能捐输巨款，急公好义，自未便没其报效之忱。嗣后如有捐银至一万两以上者，由臣部专摺请旨给奖，此项捐款，应令专交部库，外省不准兑收。以上各条，如蒙谕允，即由臣部分别行知，钦遵办理。

所有遵旨速议缘由，理合恭摺复陈，伏乞皇上圣鉴。谨奏。

中国第一历史档案馆，奏档，光绪十六年三号：内政赈济卷

遵旨盘查禄米仓完竣据实复奏摺及附片一件*

光绪十六年九月初八日（1890年10月21日）

奏为遵旨盘查禄米仓完竣据实复陈仰祈圣鉴事。

---

* 此摺与张之万、福锟、续昌、孙诒经、崇礼、徐用仪联衔。

前据御史端良奏禄米仓亏短甚巨，请派员盘查一摺，奉旨："户部速议具奏。钦此。"当经臣部议以仓储米石止能据该仓册报为凭，至是否实储，无从知其确数，应否派员盘查之处，请旨遵行等因，于八月十四日具奏，旋准兵部递到军机大臣密寄，奉上谕："该仓所存米石，叠次经人奏参亏短甚巨，亟应彻底严究，著派户部堂官认真盘查，毋稍含混。该仓花户并著先行看押，毋令远扬。钦此。"

臣等遵即片行仓场衙门，将花户先行看押。臣福锟等一面饬弁将花户郭启泰拿获，一面将该仓外门加封，派兵巡逻看守。臣等即于十六日率同司员，前赴禄米仓，传齐该仓监督，先行查看米色，逐廒标记，严密加封，并派员将该仓收支各项米数详细勾稽，按原报四柱及历年札仓已放之案，实应存平斛粳米二十六万五百三石九斗七升六合，籼米三万二千十四石，粟米二万三千三百七十九石七斗九升，当将米数行查；仓场衙门并札饬该监督开单呈报，旋据送到清单，复加查核，应存各项米数均属相符。臣等自十七日起，逐日赴仓督饬司员，眼同该监督分别米色过斛盘量，不使稍有含混。至九月初五日止，一律盘查完竣。归并存储，计堪以食用之粳米十万六千一百八十六石，籼米二万八千二百六十五石，粟米四百十三石，搀杂黑丁之粳米一千五百四十石，籼米八千四百四十七石，粟米二千三百二十五石，共计米十四万七千一百七十六石，尚有土米搀和及霉变发块之米，非实力挑晾筛扬，不能得其确数。除府字一廒，系积年土米略加筛扬，米色尚好，而泥沙过半，该廒梁柱倾欹，一经刨动，恐致覆压，连土估计，约有五千石上下。其馀各廒霉变杂色米，业经过斛盘量，共计米八千一百八十六石，另廒封存，拟交仓场衙门督饬夫役认真挑晾筛扬，其中实在堪食之米若干石，归入正数；下馀霉变土米若干石，照案粜变，其粜变不敷银两，仍并入亏案者著追。

查该仓截至本年八月十五日止,应存平斛米三十一万五千八百九十七石七斗六升六合,现在盘查实存米十四万七千一百七十六石,并暂行并计之府字廒土米约五千石,及霉变杂色米八千一百八十六石,计亏短米十五万五千五百三十五石七斗六升六合。伏思天庾正供,颗粒不容短少。今盘查禄米仓米石,竟亏至十五万五千馀石之多,若不从严惩办,何以清积弊而儆效尤。该仓花户人等,除郭启泰一名业经步军统领衙门拿获外,其馀张增禄、王得海、马德山三名,仓书陶斌、何桂林二名,据仓场衙门复称,均系在逃未获。相应请旨饬下步军统领衙门、顺天府、五城衙史,按名严拿务获,送交刑部归案审讯。该仓监督臣部主事容恩、都察院都事孟守箴职司典守,于仓储亏缺毫无觉察,实难辞咎,应先行撤去监督之任,听候传质。此次盘查米石,业由臣部于初五日点交仓场衙门,逐廒加封,严饬该仓弁兵认真看守,毋任再有偷漏。所亏米石,应俟刑部究出亏短确情,再由臣部著落分成赔补。

所有臣等查出禄米仓亏短情形谨据实复奏,并将盘过各廒米数缮具清单,恭呈御览。伏乞皇上圣鉴。谨奏。

再,禄米一仓积疲已久,光绪十三年三月经仓场衙门奏称:"据该仓监督呈报以放代盘,除放过外,内有不堪开放米七千馀石,积年土米五千馀石,约亏短陈存粳米九千馀石,请按限设法弥补"等语,均系约略之词。节经臣部行查,并未指明〈确〉数,且该仓自十一年起亦未停进新粮,难免挪新补旧等弊。今逐廒过斛,亏缺米竟至十五万馀石,其前次查报不实已可概见。应请饬下刑部,就现获各犯严切根究,因何亏缺如此之多,俟定案后再由臣部核议。

又,查仓务之坏,实由花户与仓匪互相盘结。积蠹不除,仓务断难整饬。此次奉旨饬拿各犯,如全才一名,系著名把持仓务之犯;张六即张世和一名,系已革花户、同治六年在逃未获之犯,今由禄米仓廒内搜出,行踪实为诡秘,并请饬部严行究办,以肃仓政。

理合附片具陈。谨奏。

中国第一历史档案馆,奏档,光绪十六年十六号:财政仓储卷

奏为工作繁兴请分别次第以节钱粮摺*

光绪十六年九月二十五日(1890 年 11 月 7 日)

奏为工作繁兴,请分别次第,以节钱粮,仰祈圣鉴事。

窃查本年六月霪雨过多,官舍民居坏者十五,以致官工报修之案接踵而起。其业经奏准者,如乾清宫等处、南苑围墙、火器营房等工;其派员查估尚未咨领钱粮者,如堂子殿座、太岁殿座、御茶膳房、圆明园营房、刑部、阁署、内城沟渠等工;尚有已报未估,如禁城内外及九门城垣各要工,约略计数,不下数十百万。所需钱粮多寡不同,尚难预度,然为数不下数十百万两。

臣等公同商酌,拟请分别次第,最要者曰坛庙,曰宫殿;次曰城垣;次曰营房;次曰阁署;次曰沟渠。此六者,皆必应修而不能一时并修者也。其情形亦请分别次第,曰因雨坍塌,曰因雨渗漏。此二者重在因雨,不得不修者也。其多年落架之工,常时黏修之款,既非因雨所致,岂可趁此兴修。此一概当从删除者也。即应修之工亦应分别次第,一曰方向相宜则修之,一曰钱粮不多则修之,其工

---

* 此摺与福锟、续昌、崇礼、孙诒经、徐用仪联衔。

巨费繁、方向不利，则请先估钱粮，或分一二年，或三四年缓缓葺完，庶人工物料可以周转。

臣部综理度支，工程一项，虽曰要需，理宜撙节，为此通盘核计，据实陈明，伏乞皇上圣鉴。谨奏。

中国第一历史档案馆，奏档，光绪十六年十八号：工程卷

遵旨复议许振祎革查河南河工积弊更章设局保险节费事宜摺*

光绪十六年九月二十五日（1890 年 11 月 7 日）

河东河道总督许振祎奏查革河南河工积弊更章设局保险节费一摺，光绪十六年八月二十二日奉朱批："著照所请。该部知道。钦此。"钦遵。由内阁钞出到部。

据原奏内称：河工重在保险，先保险而后减费，人所共知。豫省河工款项，名目纠纷，有所谓额款者；有所谓奏派节省防险者；有所谓另案砖工、扫工、土工、石工者，约计每年报销六十馀万，司库或迟之又久而拨给，有事不为先时之备，无事可备中饱之私。今拟定改章，每年请款即以六十万两为率，寻常抢险不必加添，将各种名目概行不用，特定名曰岁修额款六十万两，内四十八万归七厅赴司分四次支领；另提十二万，设一河防局，由委员赴司领取，总求涓滴到工。如复有弊，该河臣愿独承其罪。并称给事中张廷燎奏河南河工积弊宜革，请酌提一成为各衙门办公之需。查河南督抚两道七厅，共十一衙门，自幕友、委员、差官、胥吏外，防工走卒，月领

---

* 此摺与福锟、续昌、孙诒经、崇礼、徐用仪联衔。

口粮者不下数千人，计非七万五千金不敷，请以此垂为定额等语。

臣等伏查豫省河工，同治二年间前河臣谭廷襄奏定岁修款目不过二十万两，未几而岁修之外复请添拨，每年多寡无定。自光绪十年钦差孙毓汶、乌拉布查办河工奏明节省以后，每年岁修及添拨银两，或四十万，或五十馀万，极多者方至六十万。今该河臣请以六十万定为岁修额款，较近年用过数目并未裁减，且有加增。在该河臣统筹全局，重在保险，扫除积习，独任其难，业经奉旨允准，臣等自应钦遵办理。原奏声称，寻常抢险不必添拨，各种名目概行不用，改定河工岁修额款六十万两，一切布置当已裕如，自不得再有加添之款。其公费银七万五千两，即由六十万两额款内支给。该河臣每年既有此的款，抢险各工自当益加稳固，此后随时有可减省之处，亦应据实奏明，以节经费。并将饬下河东河道总督，慎选廉介之厅员，力杜折扣陋习。于岁额既不能议减，则保险必责有攸归，毋事更章，转生他弊，是为至要。

《光绪朝东华录》第三册，总字第2794—2795页

遵议醇亲王奕谖饰终典礼疏*

光绪十六年十一月二十二日（1891年1月2日）

光绪十六年十一月二十一日，内阁奉上谕："朕钦奉慈禧端佑康颐昭豫庄诚寿恭钦献皇太后懿旨：'自古帝王以孝治天下，必推本于所生，而礼有经权，尤必折衷至当，方足以昭示来兹。恭读高宗纯皇帝御制《濮议辨》，援引礼经，殊为定论，称所生曰皇帝本生

* 此摺与全体御前大臣、军机大臣及孙家鼐联衔。

父，殁则称本生考，立庙于其邸第，为不祧之庙，祀以天子之礼，合乎父为士，子为大夫，葬以士，祭以大夫之义，则尊亲之谊交尽，而于公义私恩两无遗憾。’圣训煌煌，昭垂万世，洵协于天理人情之至。皇帝入嗣文宗显皇帝，诞承大统。光绪元年正月，醇亲王奕譞密陈预杜妄论一疏，内称：‘历代继统之君，推崇本生父母者，以宋孝宗不改子称秀王之封为至当，将来如有以治平、嘉靖之说进者，务目之为奸邪小人，力加屏斥。’等语，持论正大光明。敬征高宗纯皇帝御论，正相吻合。其志虑之忠诚，防维之深切，方之古纯臣，何以加兹。上年二月初二日因吴大澂之奏，特降懿旨，将王之密疏宣示中外，俾天下臣民咸知我朝隆轨超越前代，而醇亲王寅畏之本心从此昭然若揭。讵意天不假年，遽尔溘逝，痛惜之极，悲感弥深。醇亲王著定称号曰：皇帝本生考。所有一切饰终典礼，自宜凛遵祖训，详定彝章，用遂皇帝恩义交尽之忱，兼表贤王终始不渝之志。著派御前大臣、军机大臣、翁同龢、孙家鼐会同礼部妥议以闻，钦此。”钦遵。钞出前来。

臣等伏查礼经齐衰杖期章，为人后者为其父母服，又通礼内载齐衰不杖期，为人后者为本生父母，是为本生父母，应服齐衰期也。今醇亲王薨逝，恭奉懿旨，命臣等将一切饰终葬祭典礼会同妥议。臣等公同商榷，谨遵懿旨，醇亲王著定称号曰皇帝本生考之义，拟请皇上持服期年。服制既定，一切典礼，拟即准此次第详定。臣等悉心参酌，谨将饰终各典礼，分别条款，开单进呈。伏候皇上恭请懿旨遵行。此外未尽事宜，仍由臣等随时酌拟，奏明请旨。

所有臣等遵议缘由，是否有当，伏乞圣鉴。

盛康辑《皇朝经世文续编》卷六十二，礼政，大典上，第72页

修改参追案件上司分赔办法摺*

光绪十六年十二月十二日（1891年1月21日）

查臣部办理交代参追之案，如实系家产尽绝无力完缴者，除豁免本员家属外，向有责成上司分赔之例。嗣因各省日久生懈，臣部复于光绪十三年五月间议复御史胡俊章请定交代章程摺内声明，旧例著落认真分赔在案，上年三月十六日恭逢恩诏，内开：凡应追赃私，实系家产尽绝者，概与豁免。旋经臣部奏设豁免处，推广条款，厘定章程，通行遵照，于是臣部办理豁免案件，遂有常例、恩诏之分。常例所应豁者，归各省司承办，常例所不应豁必须援引恩诏而后准豁者，归豁免处承办。豁免处之设，原所以推广皇仁，故一经准豁，即行销案，不复著落上司分赔，诚以既加恩于本员，即未便责偿于上司也。至常例豁免分赔之案，例无遇有恩诏作何办理明文，惟以理论之。同一应豁之案，由豁免处承办者，奏准后即行销案；由各省司承办者，题准后仍复分赔，办法殊未划一。况常例豁免皆属情节较轻之案，各省因例本应豁，故未援引恩诏，今乃以未援恩诏之故，办理转致从严，尤不足以昭平允。

窃维分赔旧例，各省久未遵行，自光绪十三年部议申明，始行举办，未及四载，即逢恩诏，应赔之案尚属无多。臣等仰体朝廷宽大之心，自当划清界限，分别办理，拟请将常例豁免之案，核其参追奉旨日期。如在光绪十五年三月十六日恩诏以前者，一经题豁，即行销案，无庸著落上司分赔，即业经行令分赔者，亦准予注

---

* 此摺与福锟、续昌、崇礼、孙诒经、徐用仪联衔。

销完案。如在光绪十五年三月十六日以后者，仍照旧例，若本员家属勒追无著，即著落上司分赔，以重库款。似此量为变通，庶部章不致两歧，而隆恩亦征普被矣。如蒙谕允，即由臣部通行各省钦遵办理。

《光绪朝东华录》第三册，总字第2820—2821页

遵议醇贤亲王庙制及葬祭各事宜摺*

光绪十六年十二月二十六日(1891年2月4日)

奏为会议具奏事。

臣等遵议醇贤亲王饰终至奉移一切典礼，业经两次会奏在案。恭查奉移园寓后，所有庙制及葬祭各事宜，均应先期集议，次第举行。伏读本年十一月二十一日懿旨，恭引高宗纯皇帝御论："立庙于邸第为不祧之庙，祀以天子之礼，合乎父为士，子为大夫，葬以士，祭以大夫之义等因。钦此。"圣训昭垂，范围千古。臣等钦遵妥议，谨分列条款，缮具清单，伏候皇上恭请懿旨遵行。谨奏。

一、醇贤亲王庙拟请于新赐邸第恭建，钦派大臣查估承修，至庙额应请谨书曰：醇贤亲王庙。

一、庙制拟建殿七楹，殿外中门三间，殿前东西配屋各五间，殿后寝室五间，中门之内建焚帛亭、祭器亭；中门之外建宰牲亭一座，神厨五间，神库五间；东西厢及治牲房各三间；大门三间。至殿宇及正门瓦色，应用绿色琉璃或黄色琉璃，恭候懿旨。

一、每岁时飨，拟仿宋秀安僖王祀典，请于四仲月朔举行，由承

---

* 此摺与全体御前大臣奕劻、世铎、孙家鼐、伯彦讷谟祜、晋祺、额勒和布、张之万、许庚身、孙毓汶、昆冈、李鸿藻、文兴、钱应溥、景善、李文田联衔。

袭王承祭。前期太常寺请旨是否亲行，如遇皇上亲诣行礼，应以承袭王陪祀。

一、礼节乐舞祭器祭品应钦遵高宗纯皇帝御论，祀以天子之礼，由各该衙门详晰具奏请旨，祝文乐章，均请由翰林院撰拟。

一、立庙后恭遇醇贤亲王诞辰、忌辰，是否亲自行礼，恭候懿旨。

一、皇上期年除服，拟请亲诣行礼，照大祭礼读文致祭。

一、恭绎御论，醇贤亲王葬礼应查照亲王例，由各该衙门敬谨备办。

一、醇贤亲王园寝飨殿业经建造，其碑亭瓦色，因碑文内恭书御名，拟请用黄色琉璃。

一、奉安前期，拟请皇上亲诣园寓行礼，照大祭礼读文致祭；奉安礼成后，拟请亲诣园寝行礼。至奉安日是否亲诣恭送，届时恭候懿旨。

一、醇贤亲王飨殿神牌，拟请由工部制造，先期知照钦天监择吉神牌字样拟谨书醇贤亲王神位，钦派大臣恭题。奉入飨殿时，拟请派承袭王恭奉行礼。其庙内神牌，拟请俟庙成后择吉制造、题写。至供奉日，仍由承袭王恭拟请皇上亲诣行礼。所有应行礼节事宜，届期由各该衙门奏明办理。

一、醇贤亲王碑文是否御制，抑由翰林院敬谨撰拟，恭候懿旨。

一、奉安后每岁清明、中元、冬至、岁暮致祭园寝，拟请派承袭王行礼。

一、查宋秀安僖王于立庙前班讳，醇贤亲王应否讳名一字，恭候懿旨。

一、醇贤亲王庙及园寝，均请设官员兵役看守，应由该衙门酌拟奏明办理。

中国第一历史档案馆,奏档,光绪十六年十八号:工程坛庙卷

整顿八旗官学摺

光绪十七年二月初三日(1891 年 3 月 12 日)

奏为八旗人才日见缺乏,亟宜培养,以济时艰,请饬大员下旗举办仰祈圣鉴事:切维图治首在用人,而作必由学校,我朝满汉并用,内外需人孔多,合十八省汉人所服之官,八旗与之同负而共其事,我祖宗深知其难也,于是广设官学,加意训迪,二百馀年人才辈出,指不胜屈,良由上之教泽深、下之学业广也。降至今日,统观中外干济之才未必尽无,而以视从前则百不逮一,去八旗生齿日繁与朝廷振拔之亟皆非有识于昔也。何以今不逮古?□□□□,静之思之,其故有二:一曰学校不修。查八旗官学建于国初,选学生,设教习,给膏火,予升阶,训课精严,法良意美。今则奉行故事,百弊丛生,各旗学舍多年不修,倾圮殆尽。教习仅备员额,不同实授,生徒学生挑选强半假冒,官学之虚名仅存,转不若私设义学之得收实效。国家选士之美意几等于告朔之饩羊,今不逮昔者,一也。一曰由仕途太广。查八旗仕途除科目荫生世职外,其由满汉文武入仕之途宽于汉员数倍,宽则易,易则坐历阶资,孰肯攻苦?其尤甚者莫过捐纳笔帖式,投资无多,易于措办,往往年未及冠,即出当差,从此束书不读,而异日之保送,御史荐列,京察内则京堂,外则道府,率由此出,此今不逮昔者,二也。去前无往行非无以传,不学则立身何所式,文物典章非书无以识,不学则掌故何由知?即簿书稿案万服官所必需,不学则何以解于心而出于手?一旦置繁理剧,京

官则恃有书吏，外官则恃有幕友，方自谓其得计而不知官声之坏，弊端之多，实由于此。且闻御史之奏疏半皆假手于人，甚或听人主使，尤为不成事体。人才之乏至斯已极。若不亟为培养，从此学日废，教日坏，恐有求如今日不可得者。恭读上年十月二日谕旨，有“今日之道府即异日之藩臬，亦即将来之督抚。道府半属平庸，则封疆两司将有乏才之患等因”，又今年三月二十四日奉上谕：“御史俊乂入奏，请整顿官学一摺等因，钦此。”是人才之宜讲、学校是应修，皆在圣洞鉴之中，然非尽除积弊，力被虚文，不能获真才而收实效。今欲实事求是，莫先于修学舍，慎选教习、甄别学生，然后取旧时之规制，斟酌损益，实力奉行，使教者真教，学者真学，为清源正本始基，再于旗员入仕之初明定章程，严加考核，除由考试得官者不计外，其馀但就文职皆令考于官学，或满或汉，务须文理通顺，方许服官，如此庶得弊渐除，才渐出，吏治可期蒸蒸日上。查八旗官学向归国子监管理，从前之废弛，未必不因耳目难周，不能兼顾。今议重修，事同创始。举凡兴工作、筹款项、用人员、议章程诸大端，责重事繁，断非一二监臣所能独任，拟请饬吏部将进士出身之一、二品满汉大员开具全单，请旨简派，按八旗每旗一人作为管学专员，一切学务悉归经理，即于派定之后，先令该大臣等将一切规章会同国子监堂官悉心妥议，奏明举办。至宗学觉罗学应如何整顿之处，拟请饬下宗人府会同查学大臣妥议办理，其有益于宗支者亦非浅鲜。洵为培养人才、整饬吏治起见。是否有当，伏乞圣裁。云云。

《翁同龢文献丛编》之二《考试 · 国子监》第 729—731 页

遵旨复议查办仓场积弊摺*

光绪十七年四月初九日（1891年5月16日）

光绪十七年二月二十八日奉上谕："给事中洪良品奏，仓臣侵欺废弛，请饬查办，并条陈整顿仓务事宜各摺片，著派贵恒、许应骙会同户部确查复奏。钦此。"旋由内阁钞录原奏。臣等公同阅看，该给事中所参仓场侍郎兴廉、游百川各款，列举欺饰、包庇、纵弛、侵冒四端，而复以考究各仓米石为请。事关仓政废坏，亟应悉心查核，当即遴派司员，检齐案据，并向仓场衙门咨查各项事宜，调取卷宗，嗣于三月十七日，始据该侍郎等逐款声复，并将各项卷宗及监督、花户等印甘各结咨送前来。

臣等按照原参各款详细推求。如原奏内称，该给事中查禄米仓时，见仓门不闭，偷漏甚多，请饬认真整顿，该侍郎并不实心经理，去岁查验竟亏米十六万石之多一节。查禄米仓米石亏短，该侍郎固有失察之咎，惟此案既经刑部将该仓花户人等审明治罪，并将该侍郎请旨交部议处，复由户部查照成案，按成责令分赔，案经奏结，已无应查之处。又原参内称：该给事中查北新仓时，见市侩数十人，不持领票来仓偷运，移文令将花户交城严讯，该侍郎反代为饰辩，云并无其事一节。查光绪十四年六月间，该给事中曾将此事奏请查办，并移会仓场检阅，仓场移复该给事中文内，未见有并无其事之语，惟复奏摺内声明，兵丁由米房支食，以领米抵偿铺商，到仓寻觅兵丁事或有之等因。原参所谓代为饰辩，或即指此。第此

* 此摺与许应骙、福锟、贵恒、崇礼、徐用仪、续昌、廖寿恒联衔。

事业经该侍郎严饬该仓监督查明详复，并派员密查，尚非置之不办，当时既未查出花户与商人勾串夹带实在确据，现在亦无从追究。又原参内称：各仓监督近来并不驻守官厅，另择僻静之地栖止，该侍郎听其自便，并不严加约束一节。查监督专司仓务，理应在仓驻守，认真防范，当经咨查仓场去后。旋经该侍郎等复称：满汉监督两员，均按五日一班，轮班值宿，遵照旧章在附近处所住宿，并未另择僻静之地棲止等语。臣等复于查看工程时，面询该监督等，佥称近来均系轮班值宿，与该侍郎等所言相同，似尚可信。仍请饬下该侍郎等实力稽查，此后该监督等如有旷误，随时参处，以儆玩泄。以上所参欺饰、包庇、纵弛三端，均可毋庸置议。惟原奏内称，倒塌廒座所剩木植砖瓦，归并拆修尚堪敷用，该侍郎扣存部库银内声明三四年后各仓廒座一律修完，乃阅时已及四年，用银八万四千馀两，而册报修整之廒只有兴平、南新、旧太、富新、太平、储济六仓，且据仓犯供招仍有勒令花户自行苦补之说，而所扣部款不知作何开销一节，历年案卷虽有可凭，而工程是否修齐，情形必须察看。臣等随于三月二十三、二十五等日，带同司员亲往兴平、南新、旧太、富新、太平、储济六仓，周历阅看新修各廒，复会同细心综核，查各仓工程，向俱归工部查照定例办理，自光绪元年原任侍郎延煦等奏请照民间办法由该衙门自行筹款兴修，原系为节省浮费起见，其时修理一百七十九廒，用银四万九千九百馀两，每间仅合银十八两有奇。迨十三年该侍郎等奏明，每年由归还户部五万两内扣存二万两作为修廒之用，如有不敷，由通库筹补，迄今四年之久，所修仅止六仓，已与原奏所云三四年后各仓次第修整者不相符合。且该侍郎等因各仓应修者有百数十廒，故于原奏内声明择情形次重者先行兴修，是所修并无情形极重之处，乃新修四十六廒，以银数每间摊算,约合一百两有奇,比较元年成案多至五六倍。即谓今昔情形不同,修廒一间需费总在百金以外,何以储济一仓,每间合银二百数十两,竟至十数倍之多,又储济仓之益字、周字、景字三廒,册报添换大木有七成、八成、九成之不同,而动支银数分毫无异,是其任听商人含糊开报,并不悉心稽核。现经查看,已修各廒座间数尚与册报相符,而太平之仁字廒,兴平之致字廒,新修之后,复有坍塌渗漏情形,可见当日修理未必工坚料实。该给事中所指侵冒,不为无因。特是此项工程,从前既未查估,情形轻重,不能悬揣,究竟有无浮冒,已无从核算。现在提讯花户人等供称,廒座小有渗漏用钱无多者,每遇大雨时行,呈报不及,花户自行捐资修葺,系为保护米石起见,尚非仓场勒令苦补。所扣部款,经户部叠经驳饬,由该侍郎等于本年二月间自行奏请照数开销,业经奉旨谕允在案。所有太平、兴平二仓已修廒座坍塌渗漏之处,亦据承修之商人供称情愿赔修,取具甘结。当即咨行仓场,饬令赶紧修理,工竣知照户部验收。此后应修工程,若仍漫无稽考,窃恐帑项虚糜,应请饬下该侍郎等,遵照本年户部奏定新章,先行咨报户部查验确实,再行勘估兴工,其有应行变通之处,仍由户部酌核办理。

臣等窃维仓场积弊甚深,如果认真经理,自可日有起色,今该侍郎等总司仓政,历年已久,禄米亏空,则事前未能觉察,顺属赈米,则开放不免搀和;即如修廒一事,工程既不能一律坚实,奏报亦涉含混。又,此次查勘各仓,见有未修之廒,廒顶坍塌,米石露积。询之监督等,称系去年大雨后续行坍塌,业已呈报仓场。乃该侍郎等并未查明据实具奏,设法收储,一任风雨狼藉,日久霉变。是一切仓政,该侍郎等未能实力整顿,咎无可辞,应如何量予惩处,伏候圣裁。至于米石虚实,现据仓场将禄米等十三仓实存米数分晰开报，饬令花户出具并无亏短如虚甘认重罪甘结，由监督加具印结，赍送存卷，虽经司员逐款核对，大致尚无短少，然系按册而稽，臣等亦不敢遽以为可信。惟仓存米数，非彻底盘查，不能水落石出，而去岁盘查禄米一仓，月馀始行竣事，现在未盘者尚有十二仓，如欲一律盘查，事须经年，费无从出，只有分年分仓以放代盘之法，较为简而易行，请由户部每年拈定二三仓，尽数札放，按年接续办理，以放代盘，数年之后，各仓虚实无不立见，且花户人等知有此法，庶几意存戒惧，不敢任意舞弊。所有详细章程，应由户部通盘筹划妥拟办理。

又奏，该给事中附片所陈除弊各条，谨分别准驳，恭呈御览。

一、原奏内称：近来监督到仓，每收花户规费，实有明知故纵情弊，仓场侍郎意在弥缝，一惟监督之言是听，彼既得所徇庇，亦何所惮而不为哉！制之之法，请嗣后御史参出仓弊，先将监督撤任，另派大臣查办等语。查各仓弊窦，御史本应查参，既经查参，则如何查办，自应候旨施行，该给事中所称先将监督撤任及另派大臣查办之处，事多窒碍，应请毋庸置议。

一、原奏内称：花户伎俩惟在盗米出售，乃仓门既无关锁，花户任其出入，于是私设米局，运销无忌，复有无赖棍徒，乘此运出仓门，径行抢劫，花户被其禁制，不得不以贿免，或即引为身后办事之人，谓之吃仓。制之之术，惟有每仓派令花户分廒承领，不独易于盘验，抑且责有专归等语。查花户之无弊不作，吃仓之狼狈为奸，诚如该给事中所奏。惟仓廒承领，则此廒有弊，彼廒即袖手旁观，一人在逃，而馀人仍晏然无事，办理亦多窒碍。臣等参酌旧制，拟用连环互保之法，凡一仓承充花户，必令各仓花户出具切结，如有情弊，著落出结之花户一体分赔，似此互相牵制，亏短脱逃诸弊庶可稍戢。

一、原奏内称：各仓廒门大半破坏，甚至无门者，有之皆不慎加封锁，请饬下仓臣，将廒座门户修理坚完，必以大铁锁锁固，再令御史严密加封，如有揭破纸迹，将花户惩办等语，查仓廒门锁，定例通仓由仓场侍郎封识，御史加封，京仓由御史封识，立法本甚严密，近来竟有廒中满储米石而门环俱无者，实属漫无防检，应请饬下仓臣查明各仓廒座，凡门户脱落者，一律修理完固，外用大木直环，加以大铁锁锁固，查照旧例分别加封，如有揭破纸迹，立将花户交部惩办。

一、原奏内称：向例收米必报御史查验米色，乃臣查禄米仓时，花户必于收米完竣后始行来报，臣言之再三不应，盖临收米时，花户或勾通车户，将米运入私局，而经纪车户，亦乘机以泼水之米交仓搪抵，湿米入仓，全仓为之蒸变，其弊实由于此。监督置之不问，侍郎更所不知。请于收放米石时，花户不先期报闻或别有舞弊之处，许令御史将花户径交刑部讯办，则花户有所畏惮等语。查新米入仓，查仓御史例应查核，若不先期报知，则米色之纯杂，米数之多寡，何由而知。嗣后新粮进仓，拟令该仓监督先期三日备文知照查仓御史，该御史赴仓会同监督验收，方准分廒存储，如不候御史到仓，率将低潮之米收入者，查出立将花户送部治罪；如业经报明，该御史并不亲身到仓验收，亦准仓场咨明都察院办理。

一、原奏内称：臣三次巡仓，深愧涓埃未报，每愿得一忧国如家之人，与之和衷厘剔，但恐呼应不灵，终至隔阂贻误，其应如何咨行抑或稍假便宜之处，还求恩旨裁定等语。查例载，凡御史稽查所及，行知仓场侍郎，仓场侍郎不及时妥办者，指实具奏等语。是御史奉派查仓，责任甚重。傥御史查出弊端，仓场侍郎有心回护，并不认真妥办，该御史例准据实纠参，又何至呼应不灵，无法救弊？嗣后应仍循旧例办理，该给事中所请稍假便宜之处，应请毋庸置议。

至原奏所称，去岁顺、直水灾，皇上谕发京仓赈济，每开一仓，米多霉变不可食一节。臣等伏查去岁顺、直水灾，钦派大员于六门六镇分设粥厂，赈济饥民，又谕发京仓米石拨给顺天各属俾资接济，经户部行令仓场选择干洁好米开放。旋据顺天府咨，各门镇粥厂所领粟米不堪煮食；又良乡县绅士赴仓领取粳籼米石，率多红朽，复经户部行文仓场，令其凛遵谕旨开放干洁之米，毋任花户舞弊等因各在案。是该给事中所奏米多霉变，实非无因，天庾米石，理应加谨收储，岂可漫不经心，任令红朽？应请饬下仓场侍郎切实严查，督饬各仓监督认真挑晾。以后开放各项米石，如有以霉变之米搀和者，一经发觉，即将该花户从重治罪，并将该仓监督照例议处，以肃仓政。

《光绪朝东华录》第三册，总字第 2884—2888 页

为孔庙释典礼复太常寺片

光绪十七年七月十八日（1891 年 8 月 22 日）

为片查事：本月十五日准太常寺来文内称亲释典先师孔子所有崇圣祠四配两庑仍用国子监官四员分献。又称崇圣祠执事国子监司香官、司帛官、司爵官各九员、司尊生四人等因前来。查本监则例内载，凡亲诣释典由太常寺奏请钦派崇圣祠承祭官分献官；又载后殿四配两庑各执事用六堂肄业生、八旗官学生各等语。今贵寺文开崇圣祠四配分献终及四配执事均用国子监官，查与本监则例不合，所有四配执事是否仍遵照则例用六堂肄业生分司香帛爵，

以符定例之处，相应片行贵寺查照，务于文到三日内声复过监，以凭造具清册可也。十八日。行太常寺。

注：后礼部给国子监咨文：崇圣祠四配两庑仍用国子监官四员分献。

《翁同龢文献丛编》之二《考试 · 国子监》第808—809页

关于广东录科事奏摺

光绪十七年七月二十四日（1891年8月28日）

旨交部议奏，当经礼部咨商臣监，臣等议以广东录科拟照该御史原奏七取一百名，定为七百名。并以中皿中额太少应否加增咨复礼部，旋经礼部议准中皿字号毋庸加编某省字号，仍复三十六名之数奏奉谕旨遵行亦在案。查严行考试者有司之事，广为造就者朝廷之公。广东积解弊在大场而不在录科，弊在富家而不在寒士。差录科之额二十倍于中额，但使文理清通即应宽为录选。上年臣监办理广东录科，终日逡巡，深宵校阅，场规之严，与大场相等。除录取七百名外，被遗者尚有百馀人。该生等航海远来，艰辛万状，乃未入试而先放归，其情不无可悯。兹者恭逢皇太后万寿庆典特开恩榜，嘉惠士林，岂可令一方之人有向隅之感。臣等悉心商酌，拟请本届国子监录科广东一省仍照旧例，毋庸限定七百名，总以文理为断，清通者悉行送考，荒率者概予汰除，场规一切仍应严肃，出结认官倘有蒙保枪替者查出参劾，以符功令。所有臣监办理录科请将广东一省毋庸限定额数，缘由是否有当伏乞皇上圣鉴。谨奏。

《翁同龢文献丛编》之二《考试 · 国子监》第773—774页

奏为各省不得私自向洋商借款摺*

光绪十七年十月二十四日(1891 年 11 月 25 日)

臣等查从前各省督抚,或因军国要需借用洋款,皆须先行奏明,请旨办理,并由总理各国事务衙门照会驻京使臣以为证据,从未有经向洋商私自订借者。今故抚张曜,于未经准销之款滥行支用,又不先行奏明,辄向洋商借用巨款。合同内订明:如该抚升迁,即归后任承认;又有如该抚力不能还,即奏明由朝廷归还,并付利息等语,且盖用山东巡抚关防,故洋商亦遂深信不疑。今臣等遵旨妥议,业经按照原请之数分别指拨的饷,俾得清理借款。惟惩前毖后,极应预为之计,拟由总理各国事务衙门照会各国驻京使臣,嗣后中国大小官员,如有借用洋商银两,须令该商先行禀报驻京大臣,问明总理各国事务衙门,果系奏明在案,方可借给;若无奏准案据而私自借给者,设有事故,无论曾否盖用关防印信,朝廷概不与闻,亦不能为之代追。如此预为防维,庶足以杜效尤而弭后患。

《光绪朝东华录》第三册,总字第 3000 页

奏指拨来年筹边军饷摺**

光绪十七年十一月十五日(1891 年 12 月 15 日)

奏为指拨光绪十八年份筹边军饷银两,恭摺仰祈圣鉴事。

---

* 此摺与福锟、熙敬、崇礼、张荫桓、立山、陈学棻联衔。

** 此摺与张之万、福锟、续昌、廖寿恒、崇礼、徐用仪联衔。

窃臣部前因近畿各省办理防务，奏将节省西征各军饷银拨作光绪十一年近畿防饷，嗣因沿边沿海办防截留划拨京饷，边防经费等项未能弥补，放款不敷，自光绪十二年起奏将近畿防饷改为筹边军饷，按年奏拨各在案。现查部库竭蹶，较前尤甚，此项来年饷银若不援案办理，深恐开放不敷。臣等公同商酌，拟照上年指拨数目，共请拨银二百万两，相应将所拨各省关银数缮具清单，恭呈御览。应请旨严饬各该督抚、将军、藩司、监督、关道等，迅筹陆续批解，统限来年四月前解到一半，十月内解清。如有依限全数完解者，由臣部分别奏请奖叙；其有任意藉词延宕，即由臣部严行奏参。

所有指拨壬辰年筹边军饷银两缘由，理合恭摺具陈，伏乞皇上圣鉴。谨奏。

谨将指拨各省关壬辰年筹边军饷银数缮具清单，恭呈御览。

计开：

江苏省银六万两

江西省银二十四万两

安徽省银四万两

福建省银十四万两

浙江省银四十万两

两浙运库银六万两

广东省银二十万两

闽海关四成洋税银十二万两

粤海关四成洋税银二十万两

六成洋税银二十万两此款应令照案截留归还洋款之用。

江汉关四成洋税银十二万两

六成洋税银十六万两

江海关六成洋税银十四万两

以上各省关总计指拨银二百万两。

中国第一历史档案馆，奏档，光绪十七年九～十二号：军务卷

奏为光绪十八年东北两路边防经费筹办情形摺*

光绪十七年十二月十二日（1892 年 1 月 11 日）

户部奏：所有光绪十八年份东北两路边防经费，请于各省关地丁、盐课、厘税各项下共拨银二百万两，限明年五月以前解部一半，十二月扫数解清；倘有迟延，指名纠参。

《光绪朝东华录》第三册，总字第 3052 页

遵旨复查顺天府尹孙楫被劾摺

光绪十九年正月十一日（1893 年 2 月 27 日）

臣徐桐、臣翁同龢跪奏，为遵旨查明复奏恭摺，仰祈圣鉴事。

光绪十八年十二月二十二日准军机大臣字寄，奉上谕："有人奏顺天府府尹孙楫，近来骄怠益甚，遇事任情，接见属吏动辄（诃）〔呵〕斥，前东路厅同知郝联薇素有吏声，被其辱詈而自缢其署中，公事尤多积压等语，著派徐桐、翁同龢按照原参各节确切查明，据实具奏。原片均着摘抄给与阅看，将此各谕令知之。钦此。"遵旨寄信前来。臣等遵即按照原参各节，分别详查，一面札行现任东路

---

* 此摺与福锟、续昌、廖寿恒、崇礼、徐用仪等联衔。

厅，查明前任同知郝联薇于何年月日因何身故，饬令查传该故员家人听候询问，复咨行兼管府尹检齐顺天府衙门本年收发文簿，以凭查核，并札传顺天府治大兴、宛平两县知县详询一切。

旋据现署东路厅同知调送通州知州据呈通禀，郝联薇病故原卷一宗，载家人张纯具报原呈内，称：家主郝联薇于六月十九日忽染时症，至二十日午刻痰气上壅，因病出缺等情；并据详复，该故员家属已于九月间扶柩回籍，现在并无家人在通，无从查传等语。又据兼管顺天府府尹咨送十八年收发文簿十五本，均经按照簿内案由逐件分别注明。又询据顺天府治中等申称：府尹署内应办公事，均系随到随办，每逢五、逢十堂期接见属员，遇有紧要公事及外州县来京面禀公务，均随时接见，词色和平等语。

臣等查原参顺天府府尹孙楫骄怠各节，应以郝联薇是否被辱自缢及公事有无积压为据。现查郝联薇报病全卷，该家人具报原呈，确系因病出缺，经通州知州据呈通禀有案，是郝联薇并非被辱自缢，已有原卷可凭，原参自系风闻之误。至该府尹署中应办公事，按照到任后收文各簿详细查核，自十七年十月起至十八年十一月止，均经逐件注明，除应行附卷汇存各案外，并无未办之件，亦不得谓为积压。顺天府府尹管辖各厅州县，董率属吏、整饬地方是其专责，如属吏实有过失，自不能曲予优容，致启宽纵之渐。其原奏指参各节，既查明郝联薇并非被辱自缢，有该家人具报病故原呈可凭，应办公事尚非积压，有收文各簿可据，应请勿庸置议。调到案卷文簿分别发还。

所有臣等遵旨查明复奏缘由，谨缮摺具陈，伏乞皇上圣鉴。谨奏。

光绪十九年正月十一日《京报》（上海《新闻报》刊印本）

加上皇太后徽号请钦定摺*

光绪十九年二月十一日(1893 年 3 月 28 日)

奏为本年正月二十七日钦奉上谕:"本日据总办万寿庆典王大臣世铎等会同礼部奏,请加上慈禧端佑康颐昭豫庄诚寿恭钦献皇太后徽号以光巨典,朕钦奉懿旨:此次办理庆典一切事宜,业经降旨,悉照旧章。已命特开恩榜,加惠士林。兹据该王大臣等合词奏请加上徽号,皇帝恪遵成宪,竭诚吁恳,予若固却,转似矫情,即著照所请行。钦此。仰蒙圣慈俯允,朕心欢忭实深,所有一切应行典礼,著各该衙门敬谨预备,钦此。"

臣等窃惟瑶阶受嘏,万年迓昌炽之庥;宝箓延釐,六合仰尊亲之戴。矧值荣辰乍启,凤□吹而先兆阳和;并欣绮甲初周,鹤舞增而弥膺禔福,宜虔稽夫宪典,用式晋夫隆称。钦惟慈禧端佑康颐昭豫庄诚寿恭钦献皇太后,政协天工,德符地载。璇宫训政,恩勤开有道之长;玉户呈祥,申锡永无疆之祜。皇上彝伦笃敬,孝治光昭,仰酬训育之深恩,益切显扬之至念,躬下龙衣之拜,摅诚悃而情吁再三,典增鸿号之隆,奉谕旨而欢胪亿兆。辉腾玉册,寿固金瓯。臣等钦遵谕旨,敬考彝章,加上皇太后徽号字样,应由内阁敬拟,兹敬拟慈禧端佑康颐昭豫庄诚寿恭钦献皇太后徽号十四字恭呈御览,伏祈钦定二字,俟发下,臣等再行恭摺复奏①。

---

* 此摺与世铎、奕劻、熙敬、昆冈、李鸿藻、许庚身、孙毓汶、松溎、孙家鼐、李鸿章、额勒和布、张之万、福锟、麟书、徐桐联衔。

① 光绪十九年二月十一日奉朱笔圈出"崇熙"二字。

再,此摺系内阁主稿,会同钦派王大臣办理,合并声明,谨奏。

中国第一历史档案馆,奏档,光绪十九年二号(1):内政职官卷

酌拟皇太后骑驾尺寸摺*

光绪十九年五月十五日(1893年6月28日)

奏为请旨事。

光绪十九年二月十一日工部准銮仪卫咨称掌卫事大臣多罗庆郡王奕劻面奉谕旨:"皇太后仪驾銮仪卫,工部现有二份,已敷陈设,毋庸另制。内如有虧旧者,著修理整齐。皇太后六旬万寿庆典,金辇前应行预备骑驾,著照仪驾内旌节,伞、扇等件加添数目,骑驾内应有乐器,著銮仪卫开单交工部制造。所有骑驾执差校尉,均著穿石青云缎地金寿字驾衣。钦此。"钦遵。希即派员赴本卫会同详细查勘斟酌尺寸,统俟改小,饬匠妥为成做等因,咨行工部前来。当即拣派司员前往銮仪卫,会同敬谨查看。并由臣等往返片商,详细酌拟。皇太后骑驾一份内,旌节拂尘、立瓜、卧瓜、吾仗、各色旗,仍恭照仪驾尺寸成做,毋庸改小;其各色伞、扇,拟照仪驾尺寸,每只做小二寸成做,俾马上易于执持,庶于变通办理之中仍合大小适宜之用。相应开具清单,恭呈御览,伏候训示。再由工部将应需绣片缎纺暨寿字袍等项,咨行苏州织造敬谨如数织办,务须质地纯厚,颜色鲜明,限文到六十日一律妥速办解,并知照户部转咨江苏巡抚拨给的款,以期无误。至各旌伞顶木柄暨乐器等项应由工部拣派司员妥慎制办,俟绣片各项解到后,一并奏交銮仪卫敬谨

---

* 与世铎、奕劻、额勒和布、张之万、福锟、昆冈、李鸿藻、孙家鼐、松溎等全体会办庆典王大臣及工部堂官联衔。

收存备用。至现用仪驾一份,应俟届时另行酌核办理。

再,此摺系工部主稿,会同钦派王大臣具奏,合并声明,谨奏请旨。

中国第一历史档案馆,宫中奏档,光绪十九年五号:内政宫廷事务卷

恭逢庆典中外臣工情殷报效藉备工需谨援案具陈并拟定分交经费数目摺*

光绪十九年五月二十六日(1893 年 7 月 9 日)

奏为恭逢庆典,中外臣工情殷报效,藉备工需,谨援案具陈,并拟定分交经费数目,吁恳恩准,以遂愚诚事。

本年二月二十六日内阁奉上谕:"据总办万寿庆典王大臣世铎等会同内务府奏称,恭查乾隆年间历次庆典,自西华门至西直门,将两旁街道铺面量加修葺,并搭盖经坛、戏台,分段点设景物各在案,明岁恭逢皇太后六旬万寿,可否照案办理请旨遵行一摺。朕谨援成案,竭诚吁恳,钦奉慈禧端佑康颐昭豫庄诚寿恭钦献皇太后懿旨:西直门外关厢一带,及城内跸路所经,著平治洁净,两旁铺面房间稍加修葺。至点设景物等项,著相度地势,酌量办理,不得踵事增华,致滋糜费。钦此。朕仰承谕旨,钦悦实深,即著该王大臣等将一切应办事宜敬谨妥议具奏。钦此。"

臣等遵即相度地势,分别酌办,除俟查勘明确另行专摺具奏请旨遵行外,敬查乾隆年间历次庆典,王公大臣以及京外文武官员各效微忱,经钦派大臣将大小臣工愿输经费分别开单进呈,仰邀谕允在案。明岁恭逢慈禧端佑康颐昭豫庄诚寿恭钦献皇太后六旬万寿,普天同庆,凡属中外大小臣工,皆愿祝嘏输忱,共襄盛典。臣等

---

* 与世铎、奕劻、额勒和布、张之万、福锟、熙敬、昆冈、李鸿藻、许庚身、孙毓汶、松溎、孙家鼐联衔。

查照乾隆年间成案，酌拟数目，开具清单，吁恳天恩，俯如所请，庶葵藿私衷稍伸万一。至应交款项，臣等公同商酌，在京王公及文武大小官员，均在户部呈缴；其外省文武大小官员所交之款，即于各省藩库，运库、织造、关税等库就近存储，听候户部提解，统由臣等随时支取备用。再，查乾隆年间，各省盐商皆有捐输款项，由各督抚奏明请旨准其报效，以遂衢歌巷舞之忱。此次各该商众，如有照案呈请者，应由各督抚据实奏闻，请旨遵办。

所有臣等援案恳请报效经费缘由，谨缮摺具陈，伏祈皇上圣鉴，恩准施行。谨奏。

京外文武大小官员报效经费数目：

亲王、郡王、贝勒、贝子、公、将军共银四万三千六百两；宗人府、内阁各部院、寺满汉文职各官共银九万四千八百两；侍卫处、銮仪卫、八旗满洲、蒙古、汉军、前锋、护军、圆明园八旗、内务府三旗、健锐营、火器营、绿步各营满汉武职各官共银六万八千四百两；公、侯、伯、子、男、轻车都尉、骑都尉、云骑卫、恩骑尉、满汉袭庙各官共银五万七千一百两；以上共报效银二十六万三千九百两。

直隶省共银五万七千两；

江宁省共银三万五千八百两；

江苏省共银三万五千六百两；

安徽省共银三万三千五百两；

山东省共银五万六千一百两；

山西省共银五万一千五百两；

河南省共银五万八千四百两；

陕西省共银二万九千三百两；

甘肃省共银六万六千五百两；

新疆省共银四万六千八百两;

福建省共银四万五千两;

台湾省共银一万三千四百两;

浙江省共银四万三千三百两;

江西省共银四万一千二百两;

湖北省共银四万三千六百两;

湖南省共银四万四千九百两;

四川省共银六万一千八百两;

广东省共银六万四千五百两;

广西省共银三万一千七百两;

云南省共银三万二千六百两;

贵州省共银三万七千六百两;

奉天省共银五千七百两;

吉林省共银三千两;

黑龙江省共银一千两;

热河共银三千二百两;

以上共报效银九十四万三千两。

统计京内外各官共报效银一百二十万六千九百两。

中国第一历史档案馆,奏档,光绪十九年三号:内政礼仪及陵寝卷

奏为刷印方略事宜片

光绪十九年七月初五日(1893年8月17日)

查历届纂办方略于书成之后送交武英殿照缮宋字样本开雕,同治十二年纂办剿平粤“匪”、捻“匪”方略,因武英殿工价较繁,旷

日迟久,奏明改用总理各国事务衙门集字板刷印,以期简捷,奏旨依议,钦遵办理在案。此次纂办平定陕甘、新疆回“匪”,云南回“匪”方略并附纂平定贵州苗“匪”纪略,卷帙繁多,如送交武英殿刊刻,需款既巨,蒇工甚缓。臣等公同商酌,拟援照同治年间成案,仍用总理各国事务衙门集字板刷印,而工程较速。如蒙谕允,一俟全书进呈完竣后,由臣等督饬在馆人员随时赴总理各国事务衙门认真校勘,不敢稍涉疏忽,理合先行陈明,伏候圣裁。谨奏。

光绪十九年七月初五日奉旨“依议。钦此”。

《翁同龢文献丛编》之二《考试·国子监》第813页

遵议李鸿章奏捐银万两请奖摺*

光绪十九年七月十一日(1893年8月22日)

奏为遵旨速议具奏事。

直隶总督李鸿章奏近畿赈需至要,恳捐银万两请旨给奖一条照案收办附片一件,于光绪十九年七月初五日奉朱批:“户部速议具奏。钦此。”钦遵。由军机处钞交到部。据原奏内称:光绪十六年顺直地方被水,灾重赈繁,户部议准开办赈捐,于常行捐例之外,酌增捐银万两请旨给奖一条,上年夏间直省复遭水患,经臣奏开赈捐,仍请援案收办,嗣于十二月间接准部咨,以春融伊迩,赈务较缓于前,所有捐银万两优奖一条,奏请先行停止,奉旨:依议,钦此。旋又钦奉寄谕,饬筹山西边外赈款,腾挪应付,实已力尽筋疲,方冀年谷丰稔,依限停捐,无如夏间霪雨

---

* 此摺与福锟、熙敬、崇礼、张荫桓、立山、陈学棻联衔。

兼旬，水势较十六年为尤甚，灾赈情形已于请展赈捐摺内陈明，近畿密迩京师，非他省情形可比，赈需至要，不得不广筹拯救之方，臣等吁恳天恩，将捐银万两请旨给奖一条，仍照光绪十六年成案一体收办等语。

臣等伏查上年十二月间，臣部奏停捐银万两请给优奖摺内，声明光绪十六年奏开捐银万两优奖一条专归部库兑收，万不得已，为一时权宜之计。十八年夏间直省复遭水患，直隶总督李鸿章奏开顺直赈捐，仍将此条援引。此项请奖之员，较诸海防新例班次为优，趋捷径者不免舍彼而就此。现在赈务较缓于前，自应因时制宜，示以限制，请将捐银万两优奖一条先行停止，奏奉谕旨允准通行遵照在案。复于本年二月二十三日奉旨："前据户部奏顺直赈捐万两奏请优奖一条先行停止，当经降旨允行，乃近来援案奏奖者尚复不一而足，总缘部文驿递迟滞，难免各捐生蒙混取巧，或倒填月日补交银两，其弊不可不防。著再申谕各直省将军、督抚，自本日降旨以后，于此项赈捐不得再行奏请。此旨著电寄李鸿章，即日分电各直省一体懔遵毋忽。钦此。"天语煌煌，允宜遵守。兹据该督奏称近畿赈需至重，请将捐银万两优奖一条照案收办，自系为广筹捐款速拯灾黎起见，惟捐银万两优奖一项，既经钦奉特旨，一体饬停，臣部未敢率行议准。至顺直赈抚事宜，洵属紧要，应请饬下直隶督臣将现行赈捐设法招徕，广为劝募，总期集成巨款，以济灾区。

所有遵旨速议缘由，理合恭摺具陈，伏乞皇上圣鉴。谨奏。

中国第一历史档案馆，奏档，光绪十九年二号(3)：内政职官卷

奏请简派清文总校折*

光绪十九年七月十五日(1893 年 8 月 26 日)

奏为请旨事。

窃臣馆此次续修会典,汉书稿本恭纂已有成数,其满本亦陆续纂办将次缮写正本,惟卷帙繁多,必须派员专司校阅,始足以昭慎重。臣等公同商酌,自应援照成案,请旨简派翻译出身一二员,作为清文总校官,详阅会典满本,俾得详慎厘订而免讹误。理合恭折具陈,伏乞皇上圣鉴。谨奏请旨。

中国第一历史档案馆,奏档,光绪十九年三十号:文教卷。

崇文门正监督期满请更换折**

光绪十九年七月二十五日(1893 年 9 月 5 日)

奏为请旨事。

光绪十九年七月十五日,准崇文门正监督载漪咨报,于光绪十八年八月初三日接任征收商税起,照例扣至光绪十九年八月初二日,一年期满,预为报明等因前来。

臣等查得崇文门税差期满,向由臣部将各衙门保送人员并八旗内务府俸深人员职名,开列具题,恭候钦点更替,近年俱系专折奏明请旨,均蒙特简大员管理在案。今崇文门正监督载漪,自光绪

---

* 此折与额勒和布、张之万、徐桐、麟书、李鸿藻、乌拉布喜崇阿、许庚身、贵恒、孙毓汶联衔。

** 此折与福锟、熙敬、崇礼、张荫桓、立山、陈学棻联衔。

十八年八月初三日接管起，扣至本年八月初二日，一年期满，例应更换，理合专摺具奏请旨简放，并将上三届崇文门正监督各员缮写名单，恭呈御览，伏候命下，行令到任管事，仍俟一年期满预报臣部，奏请更换，为此谨奏请旨。

谨将上三届崇文门正监督开列名单，恭呈御览。计开：

光绪十六年崇文门正监督晋祺，管理一年；光绪十七年崇文门正监督奕劻，管理一年；光绪十八年崇文门正监督载漪，管理一年。

中国第一历史档案馆，奏档，光绪十九年二号(3)：内政职官卷

奏为广东录科人数超额事宜摺

光绪十九年七月二十九日(1893年9月9日)

奏为臣监办理录科，广东人稍愈定额，拟全行录送以广皇仁事。查广东录科历届录送多至一千三百馀名。光绪十七年礼部奏准以七百名为定额。臣监办理辛卯科录遗即遵照按额录送在案。本年癸巳恩科顺天乡试广东士子赴监录遗者共七百七十八名，若必从严甄核，则不得入场者尚有数十名。现当庆榜宏开，多士以得与观光为幸，似未便远方寒畯独有向隅，况此七百馀名中，除去在京官员及在监肄业与年老诸生外，实亦逾额未几。臣等公同商酌，拟即全行录送，以广皇仁。嗣后常年考试之期仍不得援以为例。所有臣监现在办理情形谨具摺奏陈，伏乞皇上圣鉴。谨奏。光绪十九年七月二十九日。

《翁同龢文献丛编》之二《考试·国子监》第776—777页

恭备庆典酌拟分设景物摺*

光绪十九年九月初一日（1893年10月10日）

奏为奏闻请旨事。

本年二月二十六日由内阁钞出奉上谕："据总办万寿庆典王大臣世铎等，会同内务府奏称：恭查乾隆年间历次庆典，自西华门至西直门将两旁街道铺面量加修葺，并搭盖经坛戏台，分段点设景物各在案，明岁恭逢皇太后六旬万寿，可否照案办理，请旨遵行一摺，朕谨援成案，竭诚吁恳，钦奉慈禧端佑康颐昭豫庄诚寿恭钦献皇太后懿旨：西直门外关乡一带及城内跸路所经，著平治洁净，两旁铺面房间，稍加修葺。至点设景物等项，著相度地势，酌量办理，不得踵事增华，致滋縻费，钦此。朕仰承谕旨，钦悦实深，即著该王大臣等将一切应办事宜，敬谨妥议具奏，钦此。"

臣等遵即遴派内务府司员会同步军统领衙门司员，遵照明岁皇太后六旬庆典金辇经由道路，将两旁铺面房间并点设景物地段敬谨详查。据该员等查得自西华门至西直门外关乡广通寺止，两旁官私铺面房间楼座墙垣空厂地基敬谨踏勘，其完整残缺情形不一，均应遵旨酌加修葺，共应修房间三千四百三十八间，并酌度地势，分建龙棚、彩棚、经坛、戏台、牌楼、亭座以及点设各段景物，共酌拟三十六段，谨将大致规模绘图贴说缮单，一并恭呈御览。如蒙谕允，即由臣世铎等敬谨恭办。如有增添之处，再由臣等查核情形，请旨办理。谨将恭备庆典酌拟修葺房间点设景物缘由，谨恭摺

---

* 此摺与世铎、奕劻、福锟、熙敬、昆冈、李鸿藻、孙家鼐、松溎、容贵、崇光联衔。

具奏,伏候圣裁。

再,此摺系由内务府主稿,会同钦派王大臣具奏,合并声明,谨奏。

中国第一历史档案馆,奏档,光绪十九年五号:内政宫廷事务卷

宫内及西苑等处约需彩棚数目摺*

光绪十九年十一月初一日(1893 年 12 月 8 日)

奏为奏闻请旨事。

恭照明岁皇太后六旬万寿庆典,乾清门以内及西苑宁寿宫、慈宁宫、颐和园万寿寺各殿宇门座应行安挂架彩彩绸,自应约略数目先行筹办,方昭妥慎。谨将臣等酌拟安挂架彩之绸各殿宇门座处所,敬缮清单①,恭呈御览,伏候钦定。如蒙谕允,即由臣等将应需彩绸核计数目,请旨饬下三织造敬谨织办,是否有当,伏候训示遵行。其馀应行安挂架彩彩绸处所,由臣等随时查明,再行请旨办理。

再,此摺系内务府主稿,会同钦派王大臣具奏,合并声明。谨奏请旨。

中国第一历史档案馆,奏档,光绪十九年五号:内政宫廷事务卷。

乾清门等处谨拟架彩挂彩摺**

光绪十九年十一月初二日(1893 年 12 月 9 日)

奏为请旨事。

---

* 此摺与世铎、奕劻、额勒和布、张之万、昆冈、李鸿藻、孙毓汶、松溎、容贵联衔。

① 各殿宇门座处所共一千二百多处,其清单从略。

** 此摺与世铎、奕劻、额勒和布、张之万、福锟、熙敬、昆冈、李鸿藻、孙家鼐、汪鸣銮联衔。

窃工部于本年九月初一日具奏恭备彩殿需用彩绸折内，声明架彩挂彩各彩绸由工部会同各该处另行请旨办理等因，奉旨："依议，钦此。"

伏查紫禁城内乾清门外，中一路暨东华门、西华门内两路各处门座，应由工部悬挂彩绸之处，臣等公同商酌，谨拟分别架彩挂彩另缮清单，恭呈御览，伏候命下。再由工部将应需彩绸匹数详细核计，请旨饬下各织造敬谨备办。至乾清门内宁寿宫、慈宁宫内并颐和园、西苑门内外各处应挂彩绸，应由内务府、奉宸苑等处自行奏明办理。

再，此折系工部主稿，会同钦派王大臣具奏，合并声明，伏乞圣鉴训示。谨奏请旨。

中国第一历史档案馆，奏档，光绪十九年五号：内政宫廷事务卷

遵议知府恩寿报捐巨款请旨量予奖励折*

光绪十九年十二月初三日（1894 年 1 月 9 日）

为咨行事。

捐纳房案呈，准海军衙门咨："本衙门于光绪十九年十二月初三日具奏，知府恩寿报捐巨款请旨赏收，量予奖励一折。查原奏内称：据花翎四川成都府知府恩寿呈称，系镶白旗满洲世勋佐领下人，由兵部员外郎补授四川嘉定府知府，调补成都府知府，现闻海军衙门需款浩繁，愿将历年廉俸所积京平纹银一万两报效应用，恳请代奏赏收等情前来。查臣衙门奏定章程，报效各员不准声称不

---

* 此折与福锟、熙敬、崇礼、张荫桓、立山、陈学棻等联衔。

敢仰邀议叙字样，务令将应得何项奖励，自行报明，由臣衙门咨查户部，是否合例，再行酌量准驳。”等语。

伏查光绪十四年八月间，四川嘉定府知府朱其煊曾报捐京平纹银五千两，仰蒙赏收，朱其煊著以道员交军机处存记。钦此。钦遵在案。今成都府知府恩寿以海军需款，心殷报效，捐银一万两，较朱其煊所捐数已倍之，情词肫挚，出于至诚。核其情形，自与以微资报捐者事体迥殊，未便阻其报效之忱，可否赏收，量予恩施之处出自圣裁，恭摺具陈，伏乞皇上圣鉴训示。谨奏。

中国第一历史档案馆，奏档，光绪十九年二号(4)：内政职官卷

请更换左右翼监督摺*

光绪十九年十二月初七日(1894 年 1 月 13 日)

奏为请旨事。

光绪十九年十一月十三等日准左翼监督宗室敬信、右翼监督赓音布各将差满日期照例预报前来。臣等查得左右两翼税差期满，例由臣部将各衙门保送人员并八旗内务府俸深人员职名，开列具题，恭候钦简更替，近年俱系专摺奏明请旨，均蒙特简大员管理在案。今查左翼监督宗室敬信、右翼监督赓音布于光绪十八年十二月十三日接任起，扣至本年十二月十二日止，均届一年任满，例应更替。理合专摺具奏请旨简放，并将上三届左右两翼监督各员，缮写名单，恭呈御览，伏候命下，由臣部行文左右两翼遵照，仍俟一年差满，预期报部，奏请更换，为此谨奏请旨。

---

* 此摺与福锟、熙敬、崇礼、张荫桓、立山、陈学棻联衔。

谨将上三届左右两翼监督各员缮写名单,恭呈御览:

计开:

光绪十七年

左翼监督松湝管理一年。

右翼监督佛佑管理一年。

光绪十八年

左翼监督巴克坦布管理一年。

右翼监督立山管理一年。

光绪十九年

左翼监督宗室敬信管理一年。

右翼监督赓音布管理一年。

中国第一历史档案馆,奏档,光绪十九年二号(4):内政职官卷

奏请饬催浙江等省克期赶制全省各标营制以便应修会典事宜摺*

光绪十九年十二月初十日(1894 年 1 月 16 日)

纂修会典,各省营制须与各省所造册籍对,方昭详慎,是以前经臣部开列款式,通行各省督抚汇订总册报部,以凭纂辑。嗣因各省造报不齐,复经臣部七次奏催并叠次咨催各在案,迄今又逾限一年,除直隶等省陆续造册到部、臣等派员核对纂办外,其浙江、云南及福建、台湾等省,仍未按式造送,实属任意玩延。臣部应修会典,专待该省等造齐送部,方可纂辑成编,若仍前延宕,会典告成无期,

* 光绪十八年闰六月二十五日翁同龢被任命为会典馆正总裁。此摺由额勒和布、翁同龢等会典馆正副总裁联衔具奏。

殊非慎重公事之道。应请特旨饬令浙江、云南、福建、台湾督抚，转饬提镇克期照臣部前行款式，以接到部文之日起，勒限三个月，将全省各标营制造齐总册，迅即送部，毋再延缓。倘再任意迟延，应由臣部从严奏参。

《光绪朝东华录》第三册，总字第3295页

遵议解清甘饷各员请奖分别准驳摺*

光绪十九年十二月十七日（1894年1月23日）

奏为遵旨议奏事。

陕甘总督杨昌濬奏各省关筹拨光绪十八年份甘肃新饷依限扫数完解，请将出力各员照案分别奖叙一摺，光绪十九年十一月十八日奉朱批："户部议奏。单并发。钦此。"钦遵。由内阁钞出到部。据原奏内称：前准部咨，钦奉谕旨：甘肃关内外饷银关系紧要，经户部分别饷数，请饬依限报解，著该将军督抚严饬各该司道，按照部拨数目，扫数解清，如能依限完解，即由陕甘总督奏请奖叙等因，钦此。历经钦遵办理在案。兹查光绪十八年甘肃新饷，户部指拨银四百八十万两，各省俱已扫数完解，应叙职名，经臣分别咨取，现准陆续咨送到甘。臣维关内外防军林立，分拨饷糈，原系计口授食，全赖各省、关源源协济，方足以资饱腾而固边圉，所有筹协之藩、运、司、道等，当赈务纷乘之际、库储支绌之时，均各设法腾挪，移缓就急，上年新疆防务吃紧，尤能提前赶解，凑赴事机，其劳绩实不可泯。查十七年份各省解清甘饷，臣援案奏请奖叙，经户部核议，凡

* 此摺与福锟、熙敬、崇礼、张荫桓、立山、陈学棻联衔。

无管库责任，一概不准给奖，在部臣慎重名器，自应循名责实，而各省疆臣顾全大局，不能不借资群力奉拨饷数，有由盐漕提入者，有由税厘措解者，款项繁杂，藩、运、司、道各衙门公事纷繁，势难兼顾，所赖各局员终岁持筹，同资飞挽，虽无管库之责，亦有赞助之劳，若不酌予奖叙，未免向隅。现准湖广总督臣张之洞咨称：湖北协甘新饷实系各局道员会同藩司筹办，拟请自光绪十八年起每年解清甘饷应叙司道而外，酌保两员，俾资鼓励，商由臣具奏办理，并咨送各员职名请奖，自系实情。合无仰恳天恩俯准，一律给奖，以示平允而昭激劝。至各将军、督抚臣力顾边防，督饬司道等尽心筹划，俾免迟误，应如何加恩奖叙，臣未敢擅拟各等语。

臣部伏查甘肃新疆军饷前经奏定章程，自光绪十一年起，汇总指拨由甘肃藩库统收分支，各省扫数解清，即由陕甘总督奏请奖叙，历经遵照办理。计光绪十一年分请奖承协甘饷之各藩司、运司并河东盐道共只十三员。十二年以后，所保员数逐渐加多上案，经臣部奏明，嗣后解清甘饷请奖人数，除承协省份之藩司、运司、盐道、粮道有筹拨款项之责者，准照吏部保奖例章办理，仍不准违例滥保外，其馀无筹款之责者，一概不准给奖；即有盐道粮道省份，而筹解饷银内无动支盐课、漕务款项，亦不得滥予奖叙；其有违例滥请者即行奏驳，以示限制等因。奉旨允准，行知遵照亦在案。兹据该督将承协各省解清光绪十八年份甘肃新饷之将军、督抚、司道、知府、同知等职名开单奏请奖励，臣部查核原单，除筹拨款项之藩司、运司、盐道、粮道外，仍有不应列保之员。虽据声明饷数由盐漕、税厘提拨，局员有赞助之劳，惟局员究无管库责任。即如湖南一省，筹解军饷仅十六万两，既将该藩司列保，复将臬司及候补各道并知府胪列八员名之多，殊未核实，仍应照案议驳。至署理与护理道员之知府、同知等官，本职较卑，且系暂时权篆之员，若遽予奖叙，未免开滥保之渐，臣等公同商酌并拟毋庸给奖。谨将陕甘总督单开人员分别应奖不应奖，另缮清单二件，恭呈御览。其应给奖之将军、督抚、藩运司道共二十九员，内除将军、督抚十二员，应如何奖叙之处，请旨定夺外，其馀所请奖励是否与吏部例章符合，臣部无从查悉。惟历来均由臣部请旨办理此案，应予奖叙藩运司道各员，可否仍照该督所请奖励，抑或饬下吏部核奖之处恭候圣裁。其不应给奖者共十二员，应请毋庸给奖，以示限制。

所有臣等遵旨议奏缘由，理合恭摺具陈，伏乞皇上圣鉴训示。谨奏。

中国第一历史档案馆，奏档，光绪十九年二号(4)：内政职官卷

遵旨复议勘阅《重修两淮盐法志》一书情形摺*

光绪二十年五月初九日(1894年6月12日)

光绪十九年三月二十一日，据两江总督刘坤一奏《重修两淮盐法志》告成，缮写黄册进呈一摺，钦奉朱批："著户部详细复勘具奏，钦此。"钦遵。由内阁钞出到部。旋据该督咨送副本前来。

臣等伏查两淮盐法，自嘉庆时续修志书而后，迨今已八十馀年。其间所为兴利除弊守经达权者，不可枚举。即如道光时整顿两淮纲盐，创行淮北票盐，继行淮南票盐；咸丰时淮南就场征课，设厂收税，及湖广、江西各省借运邻盐，同治以来，规复淮南引地，变通两淮票盐诸大端，卷牍已属綦繁，采辑已为不易，而金陵、扬州又复中更兵灾，远年故籍，不无散佚；迟至近岁，筦盐政者始得纂集成

* 此摺与福锟、熙敬、崇礼、张荫桓、立山、陈学棻等联衔。

书，其事盖尤难焉。据该督前次所奏，谓于近人文集、故家藏案，以及老商世幕所钞秘本，皆采辑无遗，则其难亦可想见。顾盐法志一书，皆累朝典章所系，与私家著述不同，故案牍必典守在官而后可据，载籍必通行于世而后可凭，编辑必不违乎劝戒之意，论断必不背乎是非之公，而后可为后来之法守。臣等窃本斯义，督饬司员，悉心复勘，凡制诏奏议律令在嘉庆以前者，则征之旧志；在嘉庆以后者，则核之部档，或旧志未载，部档所无，则恭稽历朝圣训，旁考长芦等处盐法志与近时诸文集，并行查军机处及在京各衙门。其盐务各官禀详批札及各省督抚往复咨文未经达部者，则参证于两淮南北盐法记略、志略、续略诸书，而绳以存部之例案。其繁称博引，如历代正史、通典、通考之类，则从其所据者而是正之。其图说、小序、按语、传论，显为抑扬褒贬之处，则原其时势，取其事实而审定之。统观是书，铨叙虽详而未能尽善，其中有措词失当者，有叙事牴牾者，有旧案漏略者，有采录杂芜者，有款目舛误者，有字句讹脱者，因就所见，逐条指出，分为订正、补辑、复核、签商四类，凡一千三百馀条，缮成清册，拟由臣部咨交该督转饬原纂之员，妥速办理，另缮黄册进呈，恭候钦定，仍造具副本送部备查，以资考订。

《光绪朝东华录》第三册，总字第3410—3411页

复陈会议朝鲜事宜摺

光绪二十年六月十六日（1894年7月18日）

本月十三日，军机大臣面奉谕旨："本日据奕劻面奏，朝鲜之事，关系重大，极须集思广益。著派翁同龢、李鸿藻，与军机大臣、总理各国事务大臣会同详议，将如何办理之处，妥筹具奏。钦此。"

当于十四日，臣翁同龢、臣李鸿藻同至军机处，与军机大臣、总理各国事务大臣会同详议。

倭人以重兵驻韩，日久未撤，和商迄无成议，不得不速筹战事，此乃一定办法。叠奉谕旨，令李鸿章派兵进发，妥筹布置。兹据电称：历来中国进兵朝鲜，皆由平壤北路进发。现派总兵卫汝贵统盛军六千馀人进平壤，提督马玉崑统毅军二千人进义州，均由海道前往，并咨商盛京将军，派左宝贵马步八营进平壤，又调提督叶志超一军移扎平壤，旅顺等处海口，亦已整备等语；所筹尚属周密。应请谕李鸿章，即饬派出各军，迅速前进，勿稍延缓。既经厚集兵力，声势较壮。中国本有保护朝鲜之权，此次派兵前往，先以护商为名，不明言与倭失和，稍留馀地，以观动静。现在倭兵在韩颇肆猖獗，而英使在京仍进和商之说。我预备战事，如倭人果有悔祸之意，情愿就商，但使无碍大局，仍可予以转圜，此亦不战而屈人之术也。

盖国家不得已而用兵，必须谋出万全；况与洋人决战，尤多牵掣。刻下各国皆愿调停，而英人尤为著力，盖英最忌俄，恐中倭开衅，俄将从中取利也。我若遽行拒绝，恐英将暗助倭人，资以船械，势焰益张。且兵端一起，久暂难定。中国沿海地势辽阔，乘虚肆扰，防不胜防；又当经费支绌之时，筹款殊难为继，此皆不可不虑者也。然果事至无可收束，则亦利钝有所勿计。

现察倭人之意，以整理朝鲜内治，保其土地为主，只以中国见其商议不甚切实，但催令先主撤兵，是以未能就范。此时既派大兵前往与之相持，亦可不必催令撤兵。彼如仍请派员与议，则倭人所请各条，如有不妥，我可议驳；如果有裨政务，亦可由我饬行，既收保护利权，亦不失上国体制，届时再当请旨遵行。倘仍要求必不可行之事，或竟先逞凶锋，则大张挞伐，声罪致讨，师直为壮，各国当亦晓然共喻矣。

所有臣等会议缘由,谨公同复奏,是否有当,伏祈皇上圣鉴。谨奏。

光绪二十年六月十六日。臣翁同龢、臣李鸿藻、臣世铎、臣额勒和布、臣张之万、臣孙毓汶、臣徐用仪、臣奕劻、臣福锟、臣崇礼、臣廖寿恒、臣张荫桓。

故宫博物院编《清光绪朝中日交涉史料》卷十四,第14页

预筹战备摺[①]

光绪二十年六月二十一日(1894年7月23日)

……蒙发下摺片电报各种,臣等公同商酌,倭人不听他国之劝,要挟无理,恐难就范,亟须预筹战备。北洋所派各军,业经分起进发,到防后应如何相机应敌,自应由李鸿章责成统兵将领妥慎办理,勿误事机。现当用兵之际,需人尤亟,闻姜桂题、郑崇义均系得力之员,应由李鸿章酌量调遣。此外,如有著名宿将,并请饬下李鸿章奏调前往,以收群策群力之效。台湾孤悬海外,汪凤藻电称,闻倭派重兵犯台,冀挠我进兵计,尤宜加意防范。福建水师提督杨岐珍素有名望,请旨饬下谭钟麟,即令该提督迅速渡台会商邵友濂妥筹布置。广东南澳镇总兵刘永福,前在越南著有战绩,闽、粤相距较近,亦拟请旨饬下李瀚章调令赴台相助为力,庶几战守有备,可阻敌谋。李鸿章电称俄拟派兵驱倭,我军前往会办一节,恐多窒

① 查翁同龢光绪二十年六月二十一日日记有:“北洋电传大鸟下令,种种狂悖,……北洋又谓俄有十船可调仁川,我海军可会办云云。前电上盛怒,后一电上不以为然,命不得倚仗俄人也,拟电旨致北洋达此意。”此摺与奕劻、李鸿藻及孙毓汶等军机大臣联衔。

碍，应令李鸿章再行妥酌复奏。

此摺据翁同龢手稿整理，摺名系编者所加。由翁万戈先生提供

为孔子祭典事与太常寺联衔摺

光绪二十年六月二十二日（1894年7月24日）

恭照光绪二十年三月二十一日奉上谕："每岁春秋大祀、中祀致祭之期，朕已次第亲诣行礼，至圣先师祀典綦重，本年八月初三日致祭文庙，朕亲诣行礼，以申诚敬。所有应行典礼该衙门敬谨预备。钦此。"钦遵在案。臣等恭查咸丰三年成案亲诣致祭先师孔子庙行礼。臣寺前期恭进上香读祀帛爵三献礼礼节。四配住遣尚书四员，十二哲两庑遣侍郎六员，崇圣祠遣大学士一员行礼。所有各遣官例应咨取各衙门满汉衔名，请旨奏派，一切应办事宜谨援照成案办理具题，惟管理臣寺事务礼部尚书宗室昆于三月二十二日面奉谕旨，此次致祭文庙仍由臣寺先期双签请旨办理。查臣寺例载春秋致祭具题向不双签，今既奉命双签，声请是以改题为奏。所有八月初三日致祭文庙是否仍遵前旨理合恭摺具奏，伏乞皇上圣鉴训示遵行。谨奏请旨。

《翁同龢文献丛编》之二《考试·国子监》第789页

国子监恩赏银两奏销摺

光绪二十年六月二十二日（1894年7月24日）

谨奏为恩赏银两奏销事。臣监肄业诸生膏火银两历经遵照奏定章程，每年由户部支领实银六千两，其有馀所剩银两归于次年销

算，并将上三年实用数目开列清单，于开印后奏销一次等因各在案。又，于光绪十二年十二月臣监因南学肄业诸生膏火用款不敷，奏请每月赏加库平银二百两，当蒙谕允。旋户部知照自十三年起归并原领膏火银两内一并开支并准其遇闰月加增银二百两。臣监自光绪十三年正月起按数支领。臣等督饬办理之员核实勾稽，撙节开放，统计一年用款仅可支持。光绪十九年分存剩银二百七十六两七钱，二十年领到库平银八千四百两，合京平银八千九百四两，连前存银九千一百八十两七钱。发过肄业诸生讲课桌叙膏火月粮，加给住学肄业膏火等项银七千一百二十五两六钱。又，季考奖赏八旗官学生以及月课奖赏诸生银一千四百二十三两五分，共享银八千五百四十八两六钱五分，实存银六百三十二两五分，应入于光绪二十一年分给发项下销算，并将上三年用过数目照例缮具清单恭呈御览。为此奏闻。谨奏。六月二十二日具奏。

夹单：光绪十七年分共享过银八千二百六十一两九钱。光绪十八年分共享过银一万三千二百两四钱。

本日奉旨仍遵前旨。

《翁同龢文献丛编》之二《考试 · 国子监》第 787—788 页

遵议筹饷摺*

光绪二十年七月十四日（1894 年 8 月 14 日）

户部谨奏，为遵旨妥议具奏筹饷事。

光绪二十年七月初九日军机大臣、李鸿章奉旨：“翰林院编修

---

* 《翁文恭公日记》光绪二十年七月十三日有：“未正退，驰入署，画稿定筹款摺，明日递。”此摺与熙敬、张荫桓等户部堂官联衔。

张百熙片奏筹饷六条，著户部妥议具奏。钦此。”钦遵。将原奏抄交前来。查原奏筹饷六条内，除扣发职官俸廉一条，臣部已另行具奏。内务府支款皆按九成一条，应由内务府自行议奏，臣部均毋庸核议外，其馀四条谨分别酌核，恭呈御览。

一、原奏拟请饬中外一、二、三品著名殷实大员捐助征倭协饷巨万者，准分别给予该员子孙一、二、三品荫生，稍次者亦准予实在优奖等语。查倭氛不靖，中外同仇，凡在臣工，均有急公之谊，矧大员受恩深重，捐赀助饷，尤属义不容辞，应请旨饬中外一、二、三品大员，竭力捐输，如有报效巨万者，准由部专摺奏明，给予实在奖叙，以示优异。至荫生系出特恩，未便以捐赀较多即准给予，应请毋庸置议。

一、原奏拟请饬各督抚，劝谕所属富绅巨贾，有能如光绪十年福建台湾林维源捐饷巨万者，准照加恩林维源之例，破格录用，或系商民不欲服官，并准移奖子弟一人等语。查现任太仆寺卿林维源于光绪五年间，由花翎道员捐缴洋银五十万元，经该督抚奏明请旨，赏给三品卿衔、一品封典，并给予伊弟官阶、翎枝等项。又，光绪十年台防案内，列收台绅林维源捐饷二十万元，是年十二月间奉上谕：“刘铭传奏台湾绅士捐输巨款等语，台湾绅士林维源著以四五品京堂候补等因。钦此。”今筹饷紧要，应令顺天府尹暨各省督抚劝谕中外富绅，有能照林维源捐输巨款者，如系正途出身及已得有职衔人员，即由臣部暨各省督抚查照林维源捐输成案，请加恩破格奖励，其富商大贾捐至巨万者，如系身家清白，亦请破格录用，并准移奖子弟，以示鼓励。仍严饬地方官不得向所属绅民分派勒捐，致滋纷扰。

一、原奏拟请酌提固本银两等语。查固本银两即系直隶练饷，各省按月解部,直隶亦按月请领,如各省解不足数,尚须由部库垫放,此项固本饷银历系归入正项开放,并非另行存储部库,实无专款可以酌提。至直隶练饷局约计尚有馀存,应由直隶总督酌量缓急,通融提用。

一、原奏拟请加收川广盐厘每斤制钱八文,淮盐每斤五文,长芦、河南等处四文,许照厘加价,令各商等先行垫缴一年之款,无总商者官为筹办等语。查盐务以两淮为大宗,川广次之,长芦、河东又次之。光绪十年间湖广将川淮盐价每斤加两文,两江将川盐每斤加三文,湖南将粤盐每斤加两文,现在均未停止,长芦、河南,从前或因荥工加价,或因海防加引,至今亦照旧征收。若再将盐价每斤加制钱四文至八文不等,则官价愈昂,私贩愈多,额引愈滞,势不至于病商病民而因以病课不止。夫言利固无善策,立法必取易行,拟通行有盐务各省每斤加制钱两文以佐军需,军务一平即行停止,仍令严禁商人藉端抬价及重包夹带之弊。至按斤加价或令各商先行垫缴,抑或陆续带缴,统由该省督抚体察情形报部核办。

以上酌核各条,如蒙谕允,即由臣部行知在京各衙门及各督抚等遵照办理。所有臣等遵旨议奏缘由,理合恭摺具陈,伏乞皇上圣鉴,谨奏。

筹饷十策:

一曰减漕运。三代以上有贡道而无漕运,《禹贡》纳秸纳粟米不出五百里,《周礼》九贡九赋未闻转侯国之粟以赡王畿也。秦攻匈奴飞刍挽粟率三十钟而致一石,汉高转关东粟以给中都岁不过数十万石,武帝灭朝鲜、击匈奴转运甚远,率大馀钟致一石,是漕务因军务而起,未闻官俸民食皆仰给于遐方也。唐初,漕运岁不过二十万石，其后兵日多，漕米亦日多，斐耀卿、刘晏所讲求半为养兵计也；宋都汴京去江淮不远，劳费尚轻；元行海运，初止四万石，后至二百馀万，亦无甚劳费；自明始，永乐九年会通河成，遂废海而用河，时建都南京已四十年，南人不喜麦食也，乃漕南米以赡北都，开通河运千里引黄河以济运，劳民伤财，几竭天下之全力。圣朝龙兴东土，定鼎北京，本系食麦之地，仍沿明制，岁漕南米四百万石，二百四十馀年帑项之耗，耗于漕与河者不可数计。列圣宵旰勤劳，亦于此二端尤甚。其设官也，有漕督，有中军、副将以下各弁，有漕标兵，有各省督粮道，有仓场总管，有坐粮厅，有巡粮御史，又卫守备兵四十人、千总六十人、运丁数十万，又运河设闸官四十一人、闸夫数千。其给漕费也，运丁各授屯田使耕，每船给田千亩，少亦数百亩。其船三年一小修，五年一大修，十年拆造，皆给例价。头舵水手有工食，家口有月粮，运丁有行粮，又轻赍有月增有席亶银，凡运米百石例给耗米五石、银十两，犹不敷用，于是州县给以兑费，雍正初每船给银二十两，嘉庆五年增至二百两，道光初则七八百两矣，然运丁之疲苦如故也。各衙有千总领运矣，而漕督又岁委帮押官，又分为一人押重，一人押空；每省有粮道督押矣，又别委丞倅为总管，沿途有地方官催趱矣，又有漕委、河委、督抚委，自瓜州抵淀津不下数百员。官愈多，费愈广，一总运费二三万金，一重运费二三千金，一空运，一催趱，费皆逾千金，至淮安盘粮则有漕督之弁兵，通州上仓则有仓督之经纪，两处费皆不赀，加以黄河口额设官剥船七百五十艘，山东官剥船三百艘，直隶官剥船七百五十艘，通州武清六州县剥船六百馀艘及挑浚运河建闸筑坝诸费。通盘合算，非四十金不能运米一石入京仓，视秦之三十钟、汉之十钟，古今一辙，而米在京城每石不过值千馀文，其馀皆成虚掷矣，此漕运之所以为无底之壑也。道光初创行海运，论者深以为便。军兴以来，河运不行，蠹弊不得革除，海运成效益著。乃自海防不靖，法人借端挟制，声言欲拦，截海运米船，于是他国洋行领运之冬漕不免藉词观望，洋报中屡及之，现虽已定约款，然此说既明，恐海运终久不无阻滞，或藉此为要挟之端，盖诸国中倘有一国为梗，势即不行，不能不思患预防也。臣闻穷则变，变则通，通则久，古无五十年不变之法，汉之代田不行于唐，唐之府兵不行于宋，安在漕运必沿明制而习焉不察哉！况漕之利病在河，河不治则漕不能治。国家经费以黄、运两河为漏卮，而又无十年不决之河，故漕与河尝交其弊，令黄河北徙，天意既折河与漕为二，犹不思解弦而更张之非计之得也。应请饬部核议改章，除直隶之通州、天津二所，山东之济宁、东昌、临清、任城、德州五卫，濮州、东平二所，皆密迩京畿，无虞阻隔，照章运米径解通仓计共六十五万三千二百二十九万石外，其馀江南十九卫，江西三卫七所，浙江四卫一所，湖广十一卫，岁额三百三十馀万石，并随漕耗米概行折色，照现定折价每石一两四钱，或酌加数钱，共折银五六百万，责成各粮道征收解部。由仓场总督酌设招商局，奏定价时，陆续采买麦石，仍储京仓。凡官俸民食愿领银者，按照折价给银。京东产米海船多往注南中，一闻都城需米自必源源而来，自购亦易。其愿领麦者，每米一石给麦一石二三斗，以价值相准为度。其万不能不需米者，尚有六十馀万石以给之。俟十年后，官民交便，则直东漕运可一律改折，届时酌议施行。如此一转移间，于仓库民食俱无所裁，而裁员弁、汰标兵、罢运船、免丁夫、省接济，所省者岁约数百万。以之拨充海防经费，(造)〔招〕人筹炮(炼)〔练〕兵可以实力讲求矣。或谓民食为国之根本成法，未容轻变。不知此正为根本起见也，以养民之源仰给于数千里外，使外人得持其短长，设一旦骤被阻隔，人心必至惶然，曷若就地筹仓不假外求之为脚踏实地乎。夫南人食米、北人食麦，定于天亦定于地也。南人既居北地，则易米以麦，自亦无难，况米不难购乎。查湖广江南漕米久经折色，现惟各采数万石搭运赴津，此外惟浙江及江宁四府之米百三十馀万石，江安粮道止十万石而已，然则因势而利导之，概行折色，是亦非创举也。如蒙择采议行，则因而及者可进筹矣。

一曰办屯田。漕法既改，则两江、两湖、浙江共三十七卫八所，请照湖南三厅屯田章程，改卫守备为屯守备，卫千总为屯千总，其运丁改为屯田郎，认耕所受之屯田，屯租照入官地亩勘报义租例，责成该管知府各按原册清查顷亩实数报部，毋许胥吏上下其手，瞒匿者罪之，盗卖私与者严追复旧。大约每亩收租一石折银五钱，较完纳钱粮为重，较民间租课则轻，此项折价解各粮道经收听候部拨，以供海防经费。计两江、两湖、浙江两卫所共船五十馀艘，以每船千亩计之，应有四五千万亩，收租一石折银五钱，岁可得银二百五十万。其通州、武清、宝坻、香河、东安、永清六州县旧设剥船六百馀艘，每船给地十顷，共六千馀顷，均请免其剥运，改为屯田，每顷收麦租一百石，岁可收麦六万石，径解通仓以助支放。又每船假给水脚银十两，岁需六千馀两，今亦可省。此外，黄河口之官剥船，山东闸河内外官民剥船，直隶官剥船，凡曾给地亩者，均照麦租章程办理。是改漕法即以兴屯田，岁入不无小补也。

一曰裁员弁。漕运既停，则漕督自可不设。其直隶之二所，山东之二所、五卫，有顺天府尹、山东巡抚可以兼理。漕标自中军副将以下计参将一人，游击一人，都司二人，守备三人，千总十二人，把总十三人，除盐城、海门、东台三营均兼城守，应酌留改归镇标外，馀皆可裁，岁省廉俸兵饷及各衙门胥役工食银约数十万。又，运河免挑浚，所设河闸官、闸夫，纵不全撤，亦可裁改大半，此因改漕法而议节之冗费也。此外则凡与总督同城之巡抚亦皆可省。查总督、巡抚均仿自前明，因事设官，事定则罢，中叶始为定额。我国朝因之，然督抚多不并设。如甘、陕、川、湖，总督所辖亦时有分合，直隶初设巡抚，后改总督；浙江曾设总督，后改巡抚；甘肃旧有巡抚，后以总督兼之，皆因时制宜之道也。第督抚权位相埒，和衷固不乏人，而同城者议论意见每多不协，同一事也，或此是而彼非；同一人也，或此好而彼恶；两姑之将难为妇道，属吏既无所适从。应请旨饬议，将同城之湖北、广东、云南三巡抚裁并，而各以总督兼之，以一事权；其福建巡抚则应专驻台湾，计楚、粤、滇三抚标官弁丁岁可节省廉俸兵饷役食银数十万，听候指拨，而所裁之员弁仍隶他标，以原官候补，亦不至偏枯。或谓督抚相资成法，未可轻议，则请问直隶、四川何独有督而无抚，山东、山西、河南何以有抚而无督！况河南近裁总督，新疆近增巡抚，奉天亦增设督抚，沿革因时，未容拘泥。倘许增而不许减，恐后亦难为继矣。

一曰重农政。言京东水利者多矣，雍正中发帑百万，遣重臣大治营田，踵而行之非一次。著书言农田水利者不一家，然皆无大成效。非法不可行也，南人宜稻，北方宜麦，而请兴水利欲借以宽东南之输挽，则必强种麦之地以种稻，无论非土之宜，亦非人之所习，且种稻之难较种麦数倍，必强人以所难，何怪劝之而不动，况有麦可食，即与谷米无殊，何必定需输挽。今漕运既成，就地采麦，自当广用其原，以重根本。应请简派劝农大臣巡察畿辅，会同各疆理督劝种麦，毋或失时。州县以是为考成，仓储以是为来路，麦以冬雪为命，不其资雨泽，故不必图兴之利，而但除水害足矣。何谓水害？田间之沟洫不深通，水无去路，一遇霖潦，遍地汪洋，安有秋成之望。是必正其经界，深其沟道，毋怠耘锄之力，无失栽种之时，斯粟麦不可胜食矣。至木棉之利，乾隆中直隶督臣方观承曾实力讲求，今亦宜出示劝种，以兴织纴之利。织纴宜用机器，巧捷异常，事半而功倍。由此推之，各省宜设机房。如织绒则设直隶，以就其地之棉花，皆参用机器，获利较丰，此亦开源之一端也。纵由惩惰农则耕者宜奋，禁游女则织者自勤，实为根本之计耳！

一曰整淮纲。天下产盐之地九，而课额以淮盐为最多。淮南岁额一百三十九万五千馀引，课银五百八十馀万，内皖、西、鄂、湘四岸认运之引已敷原额，鄂岸现悬十五万引。道咸初，贼踞江南，楚督奏明备运川盐以济民食，仍声明事定归还引地，以符定制。江宁既复，曾国藩、沈葆桢迭请查照原议禁川复淮，节奉谕旨停止川盐行楚，部议森严，而川楚督臣先后奏请展缓，楚省以川厘济饷为辞，川省以黔滇未靖，盐无销路为辞，遂成久假不归之势。曾国藩不得已，疏请暂将湖北之荆州襄安、安陆、宜昌、施南、荆州五府一州，湖南澧州一州借行川盐，日后仍遵定制，收回引地；又议于五府二州境地设局配销淮盐，以为收复张本。然川盐价贱，淮盐价昂，运商卒无肯往配销者，其川私既广占引地，而所完之厘又岁止一百四五十万串，合银不及九十万两，较淮课不及一半，于是沈葆桢奏明运商自愿自完鄂厘，刘坤一奏称鄂省果以引地归淮，愿自光绪八年起鄂省每年应解部款请减去九十万两改拨两淮。其时丁宝桢奏明川盐可以停止济楚，而鄂省仍格未行，于是川盐不特占销湖北之五府一州，湖南之澧州并武、汉、黄、德，及岳、常各属，川私亦充斥矣。溯查道光十九年林则徐督楚时，曾奏称："果使川课与淮课相等，则均之有益于帑项，臣亦何敢畛域过分。今以课则较之，川盐每包一百三十五斤，在大宁、云阳等厂仅纳银六分八厘一毫，即最重之犍为厂，每包亦止一钱三分四厘，若淮盐一百三十五斤即该纳银一两三四钱，比川课加重十数倍，是淮盐销得一分几足抵川盐二十分之课，川盐侵越一分即淮盐绌销一分。”等语。然则禁川复淮之议早行一年即多得十数倍之课，司计者不能坐受其弊矣。近年川省奏定章程，每引一张配盐五十包，连皮重一万一千二百斤，以淮盐每引连皮六百八十八斤计之，川盐每月酌定七百引，冀川减一分使淮得进一分，以期渐复旧制，不知轻重悬殊，即七百引已抵淮盐一万一千四百九十馀引，合计一年已占销十三万七千馀引矣，尚云减乎。况偷漏、飞洒之数，更莫可究诘乎。已往者不可谏矣，当此军饷紧急之秋，坐令淮纲有著之款盈千累万尽归中饱，岂不惜哉！应请仍遵禁川复淮谕旨，如上届之停止，上年之决战，不咨群议，特旨饬行，责成两江督臣派员派兵坚厄宜昌府属之平善坝，以杜川私来路，责成楚省官吏实力查禁，如有阳奉阴违以私废公者罪之，凡楚岸五府二州引地一概收回。如果缉私认真，岁可增淮课及盐场钱粮银二百万，且鄂岸尚悬十五万引计三百票，将来照章募商认运，可得报效银三百万，即酌减亦不下二百万，为益多矣。至宜昌所属之鹤峰、长乐，向食川盐，请仍照林则徐奏定章程，专配大宁一场之盐，不准远配犍为场盐，以杜影射浸灌。或虑川贩失业滋事，是为遁词。夫两淮灶丁数十万，引地被占，销路日蹙，穷苦无聊，尚不虑其滋事，川贩获厚利已三十年，尚何滋事哉。再，查鄂省近年除川私外，又被浙私侵占，名曰岱私，由宁波夹底船运来，借外国旗号闯关而进，莫敢过问。此种无税私盐每斤价不过四十文，较川私尤贱，应请饬总理衙门缕叙前由，照会各国，勿以旗号借给民船，乃责成沿江关道、监卡认真查缉，如夹带岱私，纵有旗号，仍照例惩办，谅外国亦无异言，而岱私可杜矣。

一曰改钞法。咸丰初年尝行钞矣，而卒无成效者，非钞不可行，所以行之者也，未善也。凡钞皆用以准银而不执以发银，前次行钞，各省立官局以备按钞发银，此必穷之道也，何怪其不行哉！今请饬部造钞计银二千万两，分两年造完，著为定额，以后不得再添，□□则滥其银数，则每百两编一字号，仍照旧章五十两一张，十两两张，五两四张，一两十张，馀照此而推。自奉文之日起，凡出款进款概令搭钞三成，凡地丁、漕折、关税、盐课、厘金、捐款等项，均按成搭解，行至三年后，遇有解银而不搭钞者，以违例论，部库、关库、司道库均驳回不收，务使钞与实银并重，且将过之，不准有折水等事。惟有外洋交涉之款，搭否听其自愿，并不相强，其外洋应交中国之款，仍令搭交三成，如此则钞法行矣。满十二年后，钞纸渐敝，即照原字号另造新钞兑换，亦不必另起炉灶，但于收钞到库日，如数验看，原钞注销备案，外省则由司道关库验换后，将原钞解部备查。请即令钱法堂兼管钞法堂事务，不以钞为权宜之计，而以钞为制用之经。虽日后帑项至足，钱乃与银相辅而行，搭用如故。盖钞有定额，则无冗滥之虞；出进搭成则无畸轻畸重之弊，钞时可以换新，换敝复无烦费，则用者毫无疑虑。得此二千万巨款，流通于官民上下，无减无增，自足资周转而为力亦舒，此目前之急务也。或者既无银发则空券耳，虑难取信于人。不知银钱饥不可食，寒不可衣，不过应用而已。钞既可以通用，而又出进一律，有轻赍之便，无耗折之虞，亦何惮而不受钞哉！查湖北粮台自咸丰中搭用台票，至今承用，常有巨款在外，藉以腾挪。倘妥议钞章，尽杜流弊而又坚如金石，信如四时，其可行也决矣。

一曰招鼓铸。近年市面萧条，钱商歇业，良由军兴以来，久停鼓铸而私销者复多，遂至钱日艰贵。闻官中铸钱一串，须工本一串三百馀文，无怪其绌于财力也。今请用招商鼓铸之法。查铜出滇中，铅出黔省，设局鼓铸，必铜铅两便而后可以开炉，必水路通行而后可以转运，惟四川泸州为滇铜黔铅铸〈汇〉于此，诚以铜铅便，资本少，而馀利自丰也。自各省停铸，而铜铅均无销路。同治初，黔抚张亮基以军饷无出，奏请开局仁怀厅招商鼓铸试办在案，以寇匪充斥，委员不得其人，致无成效。今请查照原案，饬下四川督臣、滇黔督抚臣，开局于泸州，招商鼓铸，多集股份，官为照料，或径由官办，遴委廉干大员总理。凡云南昭通东川之铜，贵州咸宁之铅皆可由水路抵泸，而宣威、楚雄等处之厂及遵义、仁怀旧有之厂，均可一律开办，即蜀有洪雅、荥经，铜源亦旺，所谓严道铜山者也，推之陕西之宁羌各处，均可以复旧厂，均由水路至泸州，是一举而川、滇、黔皆分其利矣。铸钱既远，广四流通，商办则核计所得赢馀，官抽厘税；官办则以钱解充川、黔各省之协饷，较之铸钱于京内，成本轻便多矣。但使钱文日多，自见充给，并不在抽厘之多少也。

一曰开矿厂。《周礼》廾人之职主开采金玉，外国有矿师能知五金之矿，按法开采有机器，以省人工。近闻各国之矿开采将尽，见中国矿产富有，莫不垂涎，因而潜生觊觎。盖中国地气最厚，尚未发泄，五金、煤矿各省皆有，且炼铅可以得银，炼银可以得金，一切无所不有。所谓地不爱宝也，特以山多封禁，不敢议开。譬如家有窖金、囷粟，不知取用，而徒仰屋忧贫，岂不固哉！今宜专请矿师分途勘察采试，确有把握即行开办。试办之初当用人力，既获利益则购机器，仍分官办商办两种。商办由巡抚给予印帖，令该商邀集股分，联络公正绅士，如法开采，地方官就近照料，或酌拨兵勇弹压，俟一年之后出产既旺，照章抽厘；如有奸人借开矿为名，骗吞股分，即行重究。官办则在委员得力，不辞劳苦，不贪小利，毋任用私人,毋虐视矿夫。办有成效,满三年即行破格升擢,营私误公者罪之。如此则地宝出矣,无论金银也,但使煤铁皆渐出土,其利已不可胜言。盖矿中有煤则必有铁,中国既设船炮局,机器造铁甚多,则购之于英,是以利畀外人也。今自开铁矿则造炮、造机器、造铁船、造轮车、铁路皆取诸其中,且可售之西人,以夺其利。西人尝言中国一省所产之煤可抵欧罗巴一洲而有馀,西人轮舶东来所用之煤皆自远运,至一旦不给,船即不行。若中国有煤,则取资甚便,西人所以每请中国开煤矿而不请开铁矿也。今我有煤铁,则出口之价稍昂,彼亦无如我何,而我得收其利矣。至五金之利,则云南产铜;山东、山西产金,而(燕)〔烟〕台一带尤旺;四川产银;广东水银,西人解周历其地,绘图贴说,以告其国。必我能自行开办,庶彼不至生心也。或谓矿税为前明弊政,安可效尤?彼以聚敛为心,任用阉宦;此兴自然之利,期厚民生,讵可因噎而废食哉!

一曰筹开垦。查乾隆中,尝因八旗人众,分拨拉林地方给田垦种,以享其利。嘉庆季年,吉林将军富俊准奏于双城堡设立中、左、右三屯,议移驻京旗三千户,每岁以二百户为率,愿移者十月报部,次年正月治装,户给装银三十两,本旗津贴银五十两,车马皆官给,到屯后每户给屋四间,皆官建,自道光二年至五年,共移驻二百户,时垦熟之地已有三十馀万亩。会富俊卒官,往者遂少,其后尚书英和犹屡以为言。先是富俊屡请推其法于伯都讷围场,谓可垦地二十万亩,较双城堡事半而功倍,议以经费不足而止。道光三年松筠继为将军,亦请开养什牧及大凌河马厂,皆嘉庆十七年故所勘地,然亦未施行,其实费小而益大。近年俄人逼近珲春,则吉林、黑龙江伯都讷等处正宜大兴屯政,为募民实边之计,兼顾藩篱。又新疆库车、阿克苏、乌什阗、喀什、噶尔羌、伊拉里克、塔尔纳沁等处旧办屯垦，道光末曾命林则徐亲历各城，纵横二万里，水利大兴。近更回乱，屯务久废，应请查照原章，饬令新疆巡抚逐渐施行，即以裁撤之勇、裁汰之兵改而为农官，购外国机器，借水火二气之力，更为事半功倍。至浙江、秦、晋、青、豫、滇、黔，自经寇乱，田土多荒芜未垦，请饬各督抚责成各守巡道详查勘报，出示劝谕附近殷实之户，分地承厘，三年后升科，即作为垦主承业，此殷实之户所乐从也。一家得利，则一邑劝；一邑得利，则邻邑劝。有人斯有土，有土斯有财，似不可以其近而忽之，因其难而畏之也。

一曰节縻费。查光绪十年上海、闽、粤机器局三所，支银八十四万有奇，而各营所需枪械仍须别购，未知各局所造究有若干，是否可用，应请责成经手各员，每岁开明通禀，核实报销，以归实用。经云日省月试，既禀称事，以劝百工也。又查是年出使经费共用过一百万六千有奇。夫英、俄共二使，德、法共一使，美国一使，日本一使，而需费至百万以外，虽云外洋日用昂贵，任大事者不惜小费，然总督养廉银多者不过万八千两，使费未免过优。应令节省，以定经久之制，节流与开源并宜加意也。又查关税、厘金，例收制钱，而关款之解库，又必以钱易银，是所收者钱，所解者非钱，钱虽大而公众固未收其益也。近闻洋人勾通关吏及沿江厘局司事之人，收买大钱，每一串可易行钱一串四百文以出洋销作铜器，仍运入中国以售厚值，制钱所以日少，此之一端也。然其授受甚秘，禁遏颇难持之，过迫虑生隙于外人，惟有仰恳饬部酌改章程，嗣后海关及各处厘局完课概行钱，每串补水及补底加收六十文，正好一同报解，惟不受私铸小钱，抑或改收银两，如此则公项无损，而私卖之弊可免矣。

何良栋辑《皇朝经世文四编》（二）卷三十五，粮饷，第415页

息借华商款项办法章程摺*

光绪二十年八月二十九日(1894年9月28日)

海防吃紧,需饷浩繁,前经臣部于北洋大臣李鸿章奏请募勇购船各案内拨银二百五十万两,嗣又酌拟筹饷四条,约可提挪银四百万两,并声明续有所见,应由臣部奏明办理各在案。

伏查近年以来,帑藏偶有不敷,往往息借洋款,多论镑价,折耗实多。因思中华之大,富商巨贾岂无急公慕义之人,若以息借洋款之法施诸中国商人,但使诚信允孚,自亦乐于从事,当即拣派廉干司员,招集京城银号、票号各商等,佥称食毛践土,具有天良,朝廷现有要需,敢不竭力设措。臣等窃谓该商此举,实开风气之先,既宜体恤下情,尤当昭示大信,谨酌拟办法章程六条,缮具清单,恭呈御览,如蒙谕允,应由臣等饬令派出司员,即向该商定借银一百万两备充饷项。

一、预定还期。查从前借用洋款,归还限期或六年、八年不等,分作两期,按期付给。今拟援照成案,略为变通,分限两年半,以六个月为一期。第一期还利不还本;自第二期起本利并还,每期还本四分之一,已还本银若干,利即递减,定以五年还清。所定限期,先于印票内标明,不得稍违时日。

一、酌给利息。查从前借用洋款,悉以七厘、八厘行息,今借用商款,自应照给利息,以示体恤。此次酌定七厘行息,一年按十二个月核计,遇闰照加,较诸洋款行息,有减无增。

---

* 此摺与熙敬、立山、张荫桓、刚毅、陈学棻联衔。

一、颁发印票。查借用商款，必应发给印票，俾得执以为券。所有商铺字号，本息数目，交兑日期，均须一一填写，钤用户部堂印，每届一期，无论还本还利，皆于票内注明。还清之后，将票交销。此外再给五期小票，每还一期，即撤一票，并由臣部设立登记印簿以凭稽考。

一、定准平色。查借用洋款，以镑价合银，每遇归还之期，镑价骤昂，以致异常折耗。兹拟借用商款，概以库平足色纹银交纳，将来亦以库平足色纹银归还，一出一入，平色划一，自无两歧之弊。

一、拨抵款项。查臣等创议，凡借商款，概不由库出入，以期蠲去烦苛。此次所借商号银两，若由部库兑收，验看成色，较对平砝，未免多费周折。现查内务府有应领部款数在百万以外，拟将各商应交之一百万两，拨归银号转交内务府支领，抵作部库应发之银款，部库即于应发内务府款内如数提出，作为收到该商交项，留充饷需。将来归还本利之时，如各该票号有汇到外省京饷等项，即准其赴部呈明照数扣抵；倘汇不敷，即行筹款放给，不使稍有分毫赔累。

一、严防弊端。查此次借用商款，本属创举。臣等遴派廉干司员认真经理，一切事宜，不假吏胥之手，收交项款，并无丝毫规费，不致扰累商人。惟防弊之道不可不严，臣等当密加谘访，并令派出司员随时查察，如有吏役在外招摇，立即饬拿严究，并传知该商，遇有前项情事，准其赴部控呈以凭惩办。

再，息借商款，京城已经创办，各省省会关埠等处，或绅富聚居，或商贾辐辏，该地方官果能实力劝谕，妥立章程，必有闻风而起者。拟请饬谕各省督抚，遍谕官绅商民人等，如有凑给资本，情愿借给官用者，准赴藩司、关道衙门呈明，照臣衙门办法，议定行息，填给印票。其票以一百两为一张，钤用藩司、关道印信，填明归还本利限期，准于地丁、关税内照数按期归还，不得丝毫挂欠。如集款至一万两以上，并将筹款之人先行请奖，给以虚衔封典，以示鼓励。是否有当，伏候圣裁。

所有各省官绅商民如有凑集资本情愿借给官用者，准照本部办法议定行息，填给印票，并将筹办之人给奖。

《光绪朝东华录》第三册，总字第3454—3455页

遵议湖北汉阳铁厂借拨开炼两炉经费摺*

光绪二十年十一月初四日（1894年11月30日）

奏为遵旨速议具奏事。

湖广总督张之洞奏铁厂仅开生铁一炉难资周转拟借拨开炼两炉经费一摺，光绪二十年十月二十六日奉朱批："户部速议具奏。钦此。"由军机处抄交到部。查原奏内称："湖北炼铁厂告成，开炼生铁大炉一座，炼成生铁、熟铁及贝色麻钢，辗铁条、制钢轨，均已著成效；惟生铁仅开一炉，每年匀算可出铁一万五千馀吨，其铁路运到码头及洋匠人工原备生铁两炉之用，若仅开一炉，成本亏折甚巨，必须开炼两炉，始足资周转而垂久远。臣熟加筹度，窃谓铁厂为武备根源，既已开办，必宜作成。臣在两广总督任内筹有武营四成报效一款，每年集银二十万两，奏明专供制造粤省兵轮炮火之用，嗣经两广督臣李瀚章到任，除闽厂协造已成兵轮四艘外，馀悉停造，而此项报效经费仍按年照收，并未停止。粤省用费，臣虽未

* 此摺与福锟、熙敬、立山、张荫桓、刚毅、陈学棻联衔。

能周知,然近年并无创造大举,此项经费报效已历八年,自当岁有所馀。又臣前在粤创设钱局,筹捐巨款,购买机器,建造厂屋,开铸银元,岁有赢馀,近年该局已馀存银数十万两。窃拟即就上两项向广东借款银五十万两为铁厂开炼生铁两炉成本,俟鄂省银元、纺纱两局开办后,分定年限,由鄂省纱、布、银元三局归款。铁厂本系由粤移鄂,武营四成报效及银元馀款,又系臣在粤创办之举,每岁增常款数十万金,今为铁厂仅借用五十万两开炼钢铁筹备军实,当务之急,无逾于此。李瀚章公忠体国,轸念时艰,必能设法腾挪,迅速拨解济用,助成自强要举。若粤省能借拨五十万,则鄂省就枪炮厂长年经费三十馀万,合之得八十馀万,即将铁厂、枪炮厂经费合为一事,统用分销,酌量挹注,或尚可勉强支持。恳恩敕部如数饬拨,以应急需。"等语。

臣等伏查湖北创办铁厂拨定银二百万两,嗣因添购机炉开炼需费,于十八、十九两年先后在厘金、盐厘及盐粮道库各款内共拨银五十万两,又因赎增用款,于本年九月间于厘金、盐厘两项内共拨银二十万两,均经奏明在案。兹复据该督声称铁厂仅开生铁一炉,难资周转,拟开炼两炉,湖北支绌万分,无可再筹之款,惟有向广东就武营四成报效及洋元馀款两项借银五十万两,为铁厂开炼生铁两炉成本等因。查广东武营四成报效及银元馀款此两项皆外销,并无报部案据。惟炼铁为制造急需,枪械系行军利器,该督自创立铁厂之后,千回百折,始克告成,今欲开炼两炉,以经费难筹,拟向广东借银五十万两,在鄂省成功伊始,固当渐拓规模;在粤省乐观厥成,必不稍分畛域。所有广东武营四成报效一款及钱局银元赢馀一款历年既有馀存,应请饬下两广总督李瀚章查照原奏,在于前两项内挪借银五十万两,拨解湖北,作为铁厂成本之用,仍由湖北银元、纺纱两局开办后，分年陆续归款。一转移间，可以当先务之急，可以立自强之基，其获益洵远且大矣。

所有臣等遵旨速议缘由，恭摺具陈，伏乞皇上圣鉴，谨奏。

中国第一历史档案馆，奏档，光绪二十年十号：工业卷

另筹内务府常年经费摺*

光绪二十年十一月十二日（1894 年 12 月 8 日）

奏为另筹内务府常年经费恭摺仰祈圣鉴事。

窃查上年十月间钦奉谕旨："内务府每年借拨户部款项约银五六十万两，嗣后著户部按年于各省、关项下另筹银五十万两解交内务府应用，并传谕内务府有此专款，毋得再请由部借拨。钦此。"当经臣部钦遵办理，在于各省、关应解京协各饷外，共凑拨银五十万两，作为二十年添拨内务府常年经费，开单奏明，行知遵照在案。

兹查应拨二十一年内务府常年经费银五十万两，臣等公同商酌，拟照上年指拨数目，仍在各省、关酌量凑拨，以供经费。谨将拟拨各款，缮具清单，恭呈御览。应请饬下各该督抚将军、藩司、运司、监督、关道等，按照臣部指拨数目，于光绪二十一年开印以后，分批解交内务府应用。仍遵向章，于六月前解到一半，十二月初间扫数解清，不准丝毫蒂欠。

所有另筹二十一年内务府常年经费缘由，理合恭摺具陈，伏乞皇上圣鉴。谨奏。

中国第一历史档案馆，奏档，光绪二十年八号：财政经费卷

---

* 此摺与福锟、熙敬、立山、张荫桓、克们泰、陈学棻联衔。

遵旨复议闽浙总督奏请减免盐厘以恤商艰而苏民困摺*

光绪二十年十一月二十日（1894年12月16日）

奏为遵旨妥议具奏事。

闽浙总督谭钟麟奏闽鹾疲惫，请免盐厘，以恤商艰而苏民困一摺，光绪二十年九月初七日奉朱批："户部妥议具奏，钦此。"钦遵。由内阁抄出到部。据原奏内称："窃准户部咨议复闽省奏请全免盐厘窒碍难行等因，即经札饬遵办去后。兹据福建盐法道龙锡庆会同布政使黄毓恩详据通省总散商贩郑安远等禀，闽省滨海产盐原与淮、浙、粤东无异，然淮、浙于兵燹之后，正额尚未复旧，闽则于正额之外又加厘金，是办法本已遍枯，非免厘难期公允，此他省所不能藉口者也。裁陋规，加厘金，名义固然正当。有陋规之时，每年实收正课不过十馀万两，并非于正课二十八万之外，尚有馀力供此陋规也。今则完足正课，又加厘金，名曰化私为官，实则自无而有，商力几何奚以堪。此闽盐不借行江西，诚如部议。然当同治之初，实因浙岸未复，江贩麇来，故销数顿增，征收较旺。乃据偶尔旺销之征数，定为永远照收之厘金，三十年来筋力尽矣。此相继请免，实有万不得已者。德化滋事，虽系稞户办理不善，苟早免厘金，成本既轻，稞户亦何至抑配，售价既贱，乡民又何必食私？是因私多而抑配，因抑配而扰民，竟委穷源，厘金实是阶之厉。至量入为出，固有常经，酌盈济虚，亦宜通变。厘金一项，当时原奏系充军饷。

* 此摺与福锟、熙敬、张荫桓、立山、陈学棻联衔。

昔日军书旁午，商等毁家纾难，既已竭力于前；今则军务久平，商等力尽帮危，宜蒙矜恤于后。况请免全厘，数止八万馀两，以商等言之，固已视为巨款，以全局计之，似尚易于斡旋。以上数端，系实在情形，非敢蹈危词耸听之愆，实迫于穷则乎天之义。吁请永免全厘，以纾商困。情词极为恳切，该司道查盐务之根本在于销数，销数之旺淡视乎价值，非跌价不足敌私，非免厘不能减价。闽盐自有厘金以来，本重价昂，销数日绌，民则困于食，贵乐于趋私，禁令虽严，刑章甘蹈，私枭日重，讼狱繁兴，民之生机蹙矣。商则课厘并征，追呼日迫，掩前挪后，欠款累累，典借俱穷，支持无力，商之脂膏竭矣。商贩积票至数十万，官运倍之，虽每届勉报全免，实则寅借卯粮，弥补无计，官之设施穷矣。该商贩等所禀各节，委系实情，毫无虚饰。况今年五月，二十九届已经限满，三十届将报启征，若将此次请免之六成与从前暂减之二成厘金，一旦责令规复，每年即须多征八万馀两，实难支持。所谓非免厘、非减价不能敌私，趁此尚可挽救，倘再迁延日久，受病愈深，补救无及。请照原奏，将西路之邵武、光泽、泰宁、建宁、建安、瓯宁、建阳、崇安、南平、顺昌、将乐、尤溪、永安、沙县、古田县之黄田埠，并龙岩、漳平、宁洋，及南路之闽县、侯官、罗源、壶江、闽清等二十三帮奉准暂减之六成并前奉准减之二成盐厘，暨县澳等帮未经请减之盐厘一万九千馀两，自三十届起仍准不拘年限，一律全免。俾得减价敌私，疏通销路，以苏商困而保课源。臣等复查属实，合无仰恳天恩，俯念闽鹾商情万分疲惫、立见倾危，准将盐厘全行蠲免，以资补救。"等语。

臣等伏查福建省盐务，自同治四年改行票运，经前督臣左宗棠奏准将第一届征收课耗厘银四十万五千三百馀两作为定章。同治七年，经前署督臣英桂援照酌减百货厘金之案，请将西路盐厘酌减二成银二万九百四十馀两。光绪九年又经督臣何璟奏准再行暂减盐厘二成。嗣后历年推展,迄未复额。光绪十八年,前署督臣希元又将该省现完六成盐厘奏准暂免二年,光绪十九年复据现任督臣谭钟麟奏请将改票时新增之盐厘全数蠲免。当经臣部议以该督所请窒碍难行,逐条指驳,并令该督通盘筹划,如果每年能节省银十馀万两可抵盐厘收数,专款存储,以供京协各饷,然后详陈利弊,徐议蠲除,俾成法不致轻更,各省亦不得援为口实,庶于国计民生,两有裨益等因,奏准行知各在案。今据该督奏称,闽鹾疲惫,非免厘不能减价,非减价不能敌私,趁此尚可挽救,倘再迁延,补救无及,请将西路即邵武等二十三帮及县澳等帮盐厘全行蠲免等语。查盐厘本以供军用,同治以来,军务虽平,而防营不能尽撤,故盐厘不能裁。然闽省西路盐厘,则已于同治七年奏减二成,光绪九年复奏准再行暂减二成,虽限年复额,而迭次展限,迄未启征;光绪十八年又将现完之六成盐厘暂免二年。盖闽省盐务本与他省情形稍有不同,而朝廷所以体恤该省鹾商者亦较他省为独优矣。乃该督谭钟麟于暂减二成、六成盐厘限满之时,不能力复原额,辄将该省盐厘全数一再请免,虽为恤商起见,而于京协各饷殊属未能兼顾。惟据沥陈该省鹾务万分疲惫,非免厘不足以资补救。臣等细加访察,所言尚非虚饰,但十万馀两之盐厘一旦全蠲,未免过当。臣等公同商酌,所有该省西路邵武等二十三帮商贩极疲,除同治七年已减二成外,拟请再减四成,实收四成;其县澳等邦未经减成之盐厘,拟请亦减四成,实收六成。如此分别减免,庶商力可纾,而军饷尚无大碍。如蒙谕允,即由臣部行文该督,即自光绪二十年五月限满之日起,分别减免,下馀四成、六成照数征收,按期造报,不得再有短少。

所有臣等遵议缘由,理合恭摺具陈,伏乞皇上圣鉴。谨奏。

中国第一历史档案馆,奏档,光绪二十年一号:内政官制礼仪赈济卷

遵议光绪二十年天津练兵收支各款事宜摺*

光绪二十年十二月初十日(1895年1月5日)

户部谨奏,为遵旨议奏事。

北洋大臣直隶总督王文韶奏,天津海防练军,光绪二十年九月二十四日奉朱批:"该部议奏。钦此。"钦遵。由内阁抄出到部。旋据该大臣将各项清册咨送前来。查原奏清册内开:"天津支应局司道详称,天津练军及大沽、葛沽、北塘海口各炮台防营,并'云'字营马队,营务处小队,应需饷项向由津海关六成洋税、招商局税、洋药厘捐、长芦盐斤复价、正间课及天津厘金各项内随时筹拨支放,业将光绪十九年以前收支款目奏咨准销在案。二十年十月间,因海氛日炽,筹添炮费、夫马、薪饷等项,已经奏咨立案。所有二十年收支细数,造具清册,详请奏咨。臣逐加复核,自光绪二十年正月起至年底止,旧管项下实存银二万五千九百九十六两零,新收各款并本案扣收平馀共银四十万一千九百六十四两零,开除支款,悉照定章,毫无浮滥。计应归户部核销银三十四万五千一十八两零,工部核销银三万六千二百三十两零,兵部核销银一千四百两零,应存银四万五千三百一十两零,其历年垫支不敷银二万一千一百七十八两零,仍于册内列报另案核办。"等语。

臣等伏查天津海防挑练各营官弁兵勇,练习外国枪炮,前因该省举办已历多年,一切支发款项头绪纷繁,当经咨行该督转饬,将凡关支发章程,详细造册报部。嗣于光绪九年据该督将支发各款

---

* 此摺与熙敬、张荫桓、立山、陈学棻联衔。

补录送部，当即拣派司员按照册开各款，逐一详核，存案候销。续据该督先后奏咨变通章程报部立案，均经臣部分别核复，行文遵照在案。今据该督将天津海防支应局光绪二十年分收支各数，造册送部核销。查册开旧管银二万五千九百九十两六钱三厘六毫八丝九忽，核与上年奏销实存银数相符。新收长芦盐斤复价、天津厘金等银十六万九千六百两，核与报部原案银数相符。新收津海关六成洋税等银二十三万两，内银十六万五千两，核与报部原案系动支华洋税银五万两，又动支一百三十八结洋税银二万两，报部原案系六万两，又动支洋药厘捐银一万两，并未声明动支何结银两，无凭查核，应令查明声复。本案扣平及照开源节流章程，扣回湘平银二千三百六十四两一分一厘三毫五丝五忽六微，核与应扣银数相符。开除各项官弁兵勇薪水口分、廉俸、饷干、柴薪，并现任官员借支养廉、演炮经费、书吏工食、民地租价等项，银三十四万三千七十五两八钱九分七厘八毫二丝七忽五微，核与该督录送章程及续报变通各成案，悉属相符，应准开销。内有现任官员借支养廉银一百七十七两六钱六分，应在该员例支养廉银内照数扣还。又开除中营添设洋炮炮费、拉车马干、葛沽银□□两□厘六毫四丝六忽三微，核与报部立案银数相符，亦应准其开销。惟葛沽营薪粮，因是年十月间海防吃紧改照练军支给，嗣后防务稍松，应令仍照本营旧章，以示限制。其买办价值及房租、皮袄、外洋军火制造等项，共银三万八千五十九两二钱五分一厘四毫一丝四忽二微，系兵、工二部核销之款，已由臣部将原册移送兵、工两部核复，俟核结后，知照臣部存案。至实存银四万五千三百十两七钱九分九厘一毫五丝六忽六微，核与应存银数相符，应令归入下年旧管项下报部查核。此外尚有历年垫支不敷银二万一千一百七十八两九钱四分七厘五毫九丝七忽，核与历年垫支银数相符。查此项银两曾经臣部拟令查照成案章程，为子弟请奖，不准将实存银两拨还，自应仍令查照臣部前奏办理，并令嗣后仍应遵照定章撙节动用，并将练习官弁兵勇应支薪水口粮等项起止月日，先行造具花名清册，分别送部，以凭核办。

所有议复天津海防支应局光绪二十年分收支款目缘由，理合恭折具陈，伏乞皇上圣鉴。谨奏。

中国第一历史档案馆，奏档，光绪二十年八号：财经卷

遵旨复议守护大臣麟嘉等加派满兵并请筹拨经费折*

光绪二十年十二月十二日（1895 年 1 月 7 日）

奏为遵旨议奏事。

据守护大臣公麟嘉等奏援案加派满兵并请筹拨经费一折，光绪二十年十一月二十四日奉朱批："户部议奏，钦此。"由军机处抄交到部。查原奏内称："马兰镇地方与山海关、津沽各海口相距较近，且附近州县连年歉收，粮价昂贵，人情异常窘迫，当此外患未平，诚恐饥民土匪藉端滋事，奴才文瑞于奏请训练马兰镇弁兵预筹设防折内声明，围墙以内风水地方，尤关紧要，俟迅速会商，应如何加意防守，再行具奏，俾照慎重。溯查咸丰三年逆匪窜扰畿南，曾经前任守护大臣等奏请筹添满兵在案，现当军务吃紧，又值荒年，拟照前案妥为办理。恭照各陵宫门以外东西班房，每岁原设值日官二员，兵十名，现拟加添官二员，兵十名；其妃园寝向系官一员，

* 此折与福锟、熙敬、张荫桓、立山、克们泰、陈学棻联衔。

兵五名，现拟加添官一员，兵五名；大红门等处向有官员兵丁值宿，亦拟一并加添。至大红门以外，虽有绿营弁兵，无如地面敞旷，声势似未联络，现在拣择年力精壮满兵一百名，拟派在大红门外左至东便门迤东，右至西便门一带搭盖营房，分拨驻守，遴委翼长、章京管带，以期周密。惟向来满兵俱习弓箭，并无别项利器，拟将加添官兵改练洋枪，饬令该营总管等分日传赴空旷地方演习，俾资熟练，以壮声势，练习之后，仍回驻守地方，小心守护，此项应用洋枪一百杆，请由神机营发给，子药应需若干，按月具领。至各礼部司员差役并内务府司员拜唐阿等均系守护员役，由奴才等酌量情形，饬其各按差使，一体轮流守卫，分段巡查。伏念八旗礼部内务府官员兵役俱受国家豢养之恩，值此时艰，各具天良，必更力图报效。惟逐日宿卫，不能散归，当此天气严寒，生计不无苦累，惟有援案，恳恩准将所添驻守之官每员给饭食银一钱，兵每名每日给饭食银六分，以示体恤。其驻守拨房油薪纸张以及官员兵丁饭食银两，每月约需银千两。检查咸丰三年筹添满兵成案，所需银两系由永济库闲款内支发，现在永济、筹备两库万分支绌，无款可筹，请旨饬下户部每月筹拨银一千两，以济急需。俟军务肃清，即将加添各项官员兵役裁撤，其用过银两数目，再行报销。”等语。

臣等伏查海疆多事，畿辅迤东均添调勇营，扼要驻扎，况陵寝重地，风水攸关，自应添派官兵妥为守护。本年十一月间业据马兰镇总兵文瑞奏请挑出精壮兵丁五百名，遴选将备官弁二十员，分布巡查，仿照练军章程，按月由部拨银一千两在案。兹复据守护大臣麟嘉等奏称各陵宫门以外，东西班房、妃园寝、大红门等处官员兵丁拟一并加添，大红门以外绿营弁兵似未联络，现拣择满兵一百名分拨驻守，恳将所添官员每员每日给饭食银一钱，兵每名每日给饭食银六分以及油薪纸张，每月约需银一千两，请饬户部筹拨等因。查前次排选标兵，系在陵寝照山以外，择要巡防，此次加派满兵系在围墙以内分拨驻守，既据奏明风水地方尤关紧要，应照该大臣等所拟加添官兵并拣择满兵俾资守卫，俟军务告竣，即行裁撤。至所请每月拨银一千两一节，查原奏未将统共加添官若干员、兵若干名分晰声叙，臣部无凭核算，应令该大臣等将官兵人数、支数以及油薪纸张等项，先行开单报部，俟臣部核定后，再行赴部关支，以昭核实。

除洋枪一百杆请由神机营给发，子药应需若干，按月具领，应知照神机营自行核办外，所有臣部议奏缘由，理合恭摺具陈，伏乞皇上圣鉴。谨奏。

中国第一历史档案馆，奏档，光绪二十年五号：军务人事卷

遵旨复议湘鄂各军添购外洋枪炮请拨部款摺*

光绪二十年十二月十七日（1895 年 1 月 12 日）

奏为遵旨建议具奏事。

据湖南巡抚吴大澂奏湘鄂各军添购外洋枪炮请拨银三十万两附片一件，光绪二十年十二月初一日奉朱批："户部速议具奏。钦此。"钦遵。由军机处抄交到部。查原片内称："臣订购军械本备二十馀营之用，现在湘、鄂各军及添练勇营将及五十营，该统领等纷纷请领洋枪，核计前购枪炮即使到齐，亦属不敷分拨，不能不

* 此摺与福锟、熙敬、立山、张荫桓、廖寿恒、长麟、陈学棻联衔。

早为筹备,并闻外洋快炮极利行军之用,亦拟添购十馀尊,拟请饬部筹拨银三十万两,赶令洋商电购枪炮,明年二月间即可运到,以资接济。再,前张之洞属臣代购奥国小口径枪三千杆并带药弹二百万颗,价银十二万八千两,系备吴凤柱、熊铁生两军之用,奏明由湖北息借商款内拨还。接张之洞、谭继洵来电:湖北库款支绌,仅还银四万两,其馀银八万八千两请户部于天津息借洋款内筹拨。"等语。

臣等伏查行军之要,利器为先,既据吴大澂声称各统领纷纷请领该军前购枪炮不敷分拨等因,所有外洋枪炮一项允宜早为购办,以济急需,所请由部筹银三十万两,自应照数拨给。臣等公同商酌,拟于江海关所存广东息借商款项下,指拨银三十万两,俾资应用。如蒙谕允,即由臣部行知遵照。至张之洞前属购奥国枪价十二万八千两,除由湖北息借商款还银四万两外,下欠之八万八千两,已由臣部在于息借汇丰洋款内如数拨还,应毋庸议。

所有遵旨速议缘由,理合恭折具陈,伏乞皇上圣鉴。谨奏。

中国第一历史档案馆,奏档,光绪二十年四号:军需卷

遵议各路电信摺件奏片*

光绪二十年十二月二十日(1895 年 1 月 15 日)

蒙发下电信摺件。臣等公同阅看,除宋庆、依克唐阿两电业经遵旨饬办,高燮曾片奏请饬袁祖礼招募训练一节应交督办处酌核,

---

* 此摺与奕䜣、奕劻、李鸿藻、荣禄、长麟联衔。

馀无应办之件。臣等公商,意见相同。谨奏。

中国第一历史档案馆,奏档,光绪二十年四号:军务卷

遵议刘坤一条陈摺*

光绪二十年十二月二十三日(1895 年 1 月 18 日)

奏为遵旨速议具奏事。

光绪二十年十二月二十一日准军机处交出本月奉上谕:"刘坤一奏出驻榆关并陈事宜八条一摺,著督办军务处速议具奏,钦此。"

臣等伏查刘坤一钦奉懿旨,出驻榆关,现值军事紧急,责任重大,详阅该大臣原奏及条列各节,均属切要之图。除原奏所请以四川提督宋庆、湖南巡抚吴大澂帮办军务,已奉旨允行,程文炳、董福祥两军由军机大臣面奉谕旨留驻京畿,毋庸调往外,所有现驻乐亭之刘光才、申道发两军,现驻静海之宋朝儒一军,应由该大臣调令,随同赴关,以资厚集。其乐亭海口即以总兵阎殿魁一军填扎。至所陈办理事宜八条,谨逐条议复,恭候圣裁:

一、原奏分任责成一节。所有津沽一带防务已奉电旨,责成李鸿章力任其事,其辽阳防务由裕禄等妥为筹办,该大臣身总师干,凡关内外征调各军悉归节制,何处有警,即应派兵往援,想该大臣必能妥筹兼顾,不致坐守一隅也。

一、原奏进兵次第一节。其整饬海军已奉电旨,饬李鸿章悉心筹办,此外所拟用兵先后机宜,应由该大臣随时酌度军情,次第办理。

---

* 此摺与奕䜣、奕劻、李鸿藻、荣禄、长麟联衔。

一、原奏申明赏罚一节。信赏必罚系行军最要之事，应如该大臣所议，务期令出惟行。其立功人员应行优奖者，请饬下吏、兵等部破格照准，无得拘守常例，俾将士踊跃用命。

一、原奏采用人才一节。军务需才，自应兼收并蓄，京外文武人员如有材能出众足供任使者，应照所议，分别奏咨办理。其投效之员，亦准量才委用，随时咨部照准。

一、原奏筹划饷械一节。应如所议。凡各军有原饷者，饬下各该省督抚督率司局，按月预筹起解，违误者即将该经手司道局员严行奏参。其由部支发者，除按月照发外，如各省饷项有缓不应急之时，准由户部垫发，行奏各省解还。其子药等项，亦如所请，饬下南北洋制造各局宽为筹解。其指请南洋□枪五千杆及将南北洋新购大批快炮快枪酌提一半解交该大臣军营随时拨济，亦请饬下李鸿章迅速照办，以免贻误。

一、原奏酌给津贴一节。系为体恤军情起见，应如所请与应购车驼等项，均即由该大臣妥定章程，划一办理，俾各军□所遵守。

一、原奏添募亲军一节。所拟将余虎恩馀勇编为三营并归提督杨金龙统领，共成护军五营，照章支饷。应请照办。

一、原奏设局支应一节。所拟现在支用各款，皆系行军要需，每月由部拨银八万两，以资应用，应请饬下户部按月照拨，即由该大臣派员设局经理，核实报销。

以上各条，皆就该大臣所拟切要之件，核明复陈。其驻关后，如有未尽事宜，应由该大臣随时奏请。

所有遵旨速议各缘由，是否有当，谨恭摺具陈，伏乞皇上圣鉴。谨奏。

中国第一历史档案馆，奏档，光绪二十年四号：军务卷

奏为请饬各省不准于地丁漕粮项下加收捐款片*

光绪二十一年正月二十六日(1895年2月20日)

再,自海上用兵以来,饷源不继。上年臣部筹饷摺内,请饬各督抚就地方情形通盘筹划,何费可减,何利可兴,何项可先行提存,何款可暂时挪借,仰蒙谕旨,饬各省一体举办。旋据两江总督刘坤一等奏,"历年办理赈务,由各州县按漕捐输,每米一石捐钱五十文,今拟俟本年熟田启征,约计数目,酌定捐数,一律谕令捐缴"等语。当时因该省既有成案可循,是以未经议驳。乃近闻山西等省,不论大小州县,一律派捐,州县无所取资,则取偿于田亩,闾阎困苦,啧有烦言。臣等窃谓饷需固宜宽筹,民力尤应兼顾。上年臣部就地筹款之奏,原冀各疆臣共体时艰,尽力设法,庶几有裨国计,无碍民生。兹因军兴需款,转致扰累农氓,既非朝廷勤恤之仁心,亦非臣部筹饷之本意。相应请旨通饬各直省督抚,此次办理海防,不准于地丁、漕粮项下加收捐款。如该省业经举办,速即出示晓谕,停止收捐。或小民已输在官,准其流抵。次年正赋,经征州县倘有藉端舞弊者,即行从严参办。

再,查江苏、湖北、湖南三省现因筹饷开办铺户房捐,此系古者征廛之遗意,然亦宜量加体恤,不可一意苛求。应请饬下各该省督抚,体察民情,酌减成数,俾商民乐于从事,以期易简可行。

是否有当,理合附片具陈,伏乞皇上圣鉴。谨奏。

中国第一历史档案馆,奏档,光绪二十一年十五号:财政盐税卷

---

* 此摺与福锟、熙敬、立山、张荫桓、廖寿恒、长麟、陈学棻联衔。

复议筹饷片*

光绪二十一年四月初四日(1895 年 4 月 28 日)

上年翰林院编修张百熙陈奏筹饷六条及两江总督刘坤一奏请就地筹款摺内,均有劝谕绅富捐输一条。臣部两次议复,均声明不得向所属绅民分派勒捐,致滋纷扰等因,奏准通行各在案。嗣因御史张仲炘奏请停止派捐,复经臣部议令严禁苛派,并将藉捐勒索之官吏惩办,奏奉谕旨允准,行咨遵照亦在案。是臣部于劝捐一事,预防流弊,反复申禁,不啻至再至三。而数月以来,道路传闻,苛派勒索之风迄未尽绝,推原其故,非由立法之未周,实因奉行之不善。夫捐助军需,究与正供有间,只宜婉劝,不应勒追。溯自军兴以来,臣部筹饷各条,如预缴盐厘、典当及土药行店捐输,并茶叶、糖斤加厘,取之于民,数已不少;而浙江加抽烟酒酱缸等捐;江苏、湖广等省开办铺户房捐;江苏并照案于漕米项下加收钱文,皆臣部原议所未及。中国富户殷商,非业钱当丝茶,即以田产房租为生计,今既于各项收捐,而复欲捐其身家,是生产只有此数,而征输迄无穷期,不独刻剥病民,亦恐琐屑失体,况乎吏胥之婪索,暮夜之追呼,捐借不分,影射难免,借捐并举,悉索何堪,种种扰累情形,皆与劝捐之意相背。惟有请旨饬下各直省督抚,嗣后捐输一项,务须遵照奏章,只准向绅富剀切劝谕,不准按州县勒数派捐。倘有所属地方各官办理不善,致令民怨沸腾,即行据实严参,毋许徇隐。理合附片具奏。

《光绪朝东华录》第四册,总字第 3582 页

* 此摺与熙敬、陈学棻、张荫桓等联衔。

奏陈暂停议借商款摺*

光绪二十一年四月初四日(1895年4月28日)

臣部于上年八月间,因息借洋款,镑价折耗太多,爰有息借华款之举,先试办于京师,继复推行于外省,均经奏准有案。各该督抚接奉谕旨并臣部行知,向所属商民尽力筹借。溯自开办至今,已经奏咨有案者,广东借银五百万两,江苏借银一百八十一万馀两,山西借银一百三十万两,直隶借银一百万两,陕西借银三十八万馀两,江西借银二十三万馀两,湖北借银十四万两,四川借银十三四万两,合诸京城所借之一百万两,已逾千万之数,洵于军兴用款不无少补。惟查中国与泰西通商,近年进出口货价不能相抵,以致各省现银日少,商力亦远不如前,是息借华款一事,虽属公私两便,而行之过久,恐银价日增,有碍商民生计,且外省办理此事,未必尽能恪守部章,万一经手官吏不恤民艰,加之抑勒,则流弊更大。臣等公同商酌,各省借款现既集有成数,此事不妨暂停。候请饬下各直省督抚,迅将已收之款,查明数目报部,未收者一律饬停,毋庸再行议借。至还款届期,务须遵照臣部奏章,不差时日,以期取信于民。倘经手之人从中舞弊,致令平色折耗,期限逾迟,应由该管上司从严惩处。

《光绪朝东华录》第四册,总字第3581—3582页

---

* 此摺与熙敬、陈学棻、张荫桓等联衔。

认真裁留归并防兵摺*

光绪二十一年五月十九日(1895 年 6 月 11 日)

臣奕䜣、臣奕劻、臣翁同龢等跪奏,为防务渐定,防兵仍未能尽撤,拟请认真裁留归并,以资整顿恭摺仰祈圣鉴事。

窃维用兵之道,本贵精而不贵多。然当军事紧急之际,非多兵不足集事,势不能不广为招募,招募既广,限期又迫,势不能不强弱参差,此一定之情事也。自此次军兴以来,先后征调召募统将既多,远近互异,计关内外共四百馀营,其间哨勇之强弱,器械之精窳,统将之能否,皆属临时取集,深苦未能一律。现值防务渐定,若不力加裁并,饷需过巨,亦属难于持久。臣等再四筹商,宜就关内外各军赶为简料,分别应留、应裁、应并。有必宜留者,即行酌留;有必宜裁者,即行全裁;有统将宜为更易而兵尚可用者,应酌量归并。此三事筹定之后,已裁者即可发给遣费,分起分日,责令统将营官分别带回到籍遣散,以免沿途生事;已并者亦可责令统将督饬营哨各官认真校阅;如有应行更换之勇,无论旧招新并,均即切实更换,以期共成劲旅。以上各节,拟请旨饬下刘坤一、宋庆会同依克唐阿、长顺妥为筹商办理,俟该大臣等具奏到日,再由臣等复核定议,候旨遵行。

臣等为通筹军事大局起见,是否有当,谨恭摺具陈,伏乞皇上圣鉴训示。谨奏。

中国第一历史档案馆,奏档,光绪二十一年六号:军务营制卷

---

* 此摺与奕䜣、奕劻、李鸿藻、荣禄、长麟等督办军务王大臣联衔。

请裁东三省练兵另练新兵摺*

光绪二十一年闰五月初九日(1895 年 7 月 1 日)

奏为请裁东三省练兵,另筹办法,期收实效,恭摺仰祈圣鉴事。

我朝龙兴东土,满洲索伦等兵甲于天下,诚以性情朴实、骑射绝伦,故自国初以来,各处用兵,所向无敌。迨咸丰以后,粤、捻事起,调征南省者,精锐销亡;其凯撤归旗者,习染过深,风气因而大坏。光绪十一年,王大臣等筹议边防,遂有调练东三省兵丁之请。仰蒙特简穆图善为钦差大臣办理练兵事宜,并钦奉懿旨,责令东三省将军振作精神,同心协助。庙谟深远,立法极为周详。无如该处额兵骄惰成风,愿者一无所能,黠者汰侈无度,十年以来,所费练饷计逾千万,而临事竟不得力。往岁定安派出丰升阿所带各军,其明验也。臣等毖后惩前,不得不为易辙之图,作补牢之计,以谓欲图自强必自练兵始,欲讲练兵必自东三省始。前此调练兵丁既不得力,即应及早议裁,拟请饬下奉天、吉林、黑龙江将军悉心酌核,将调练各兵撤回归伍,其西丹本无底饷者,酌给津贴,分别遣散,每年腾出饷项,即以之另练新兵。

查练兵之法,以西法为最善。既用西法,非将中国旧法扫除而更张之,则视听不专,进退不齐必不能够划一。臣等公同商酌,拟请先悬一令,兵则选用华人,将则兼用洋弁,一切教练之方,皆采西国新法,务使器械精良,饷糈充足,速成一支劲旅,然后逐渐扩充,应由臣等访求西洋上等将弁,延聘来华,俾之教练,先在奉天省练

---

* 此摺与奕䜣、奕劻、李鸿藻、荣禄、长麟联衔。

成一军,以为程式。所需饷项,即由东三省裁撤调练兵丁项下,按季筹给,一转移间,可以化无用为有用,而饷需亦无待另筹。

臣等为变通兵制、捍卫边圉起见,是否有当,谨恭摺具陈,伏乞皇上圣鉴训示。谨奏。

中国第一历史档案馆,奏档,光绪二十一年六号:军务营制卷

遵议裁留归并淮军湘军豫军摺*

光绪二十一年闰五月十三日(1895 年 7 月 5 日)

奏为遵旨核议具奏仰祈圣鉴事。

准军机处交出李鸿章等会奏津关防营裁留归并一摺,光绪二十一年闰五月初五日奉朱批:"著督办军务王大臣核议具奏。钦此。"钞交前来。

臣等查阅原奏除关外各营请由宋庆、长顺、依克唐阿等自行相机酌办外,其津关防营,请将淮军留并大枝,归聂士成总统;湘军征募各营,概拟遣散。所称选将之方,裁兵之法,原已具有条理。然臣等揆度时宜,通筹全局,有不得不从长计议者。查上年征调召募之军,分布山海关内外者,凡三百馀营,统而计之曰淮军、湘军、豫军而已,各军风气不同,而朝廷视之则一。淮军虽驻津日久,然屡经挫衄之后,必当量予删除;湘军虽水土未宜,然远道征调而来,岂可全行裁撤;至新募之豫军,其兵士强弱不齐,其将领勇怯参半,亦当分别归并,酌量去留。臣等之意,以选将为第一义,而裁兵之法即寓乎其中。直隶提督聂士成治军有法,卓著战功,宜令总统淮军,拨足三十营,驻扎津沽一带,一切分统营哨官均听其自行选择,其馀各营悉数裁汰。江西藩

* 此摺与奕䜣、奕劻、李鸿藻、荣禄、长麟等督办军务王大臣联衔。

司魏光焘沈毅有为，晓畅军事，宜令总统湘军，酌留三十营，驻扎山海关一带，一切分统营哨官均听其自行选择，其馀各营悉数遣撤。四川提督宋庆，老成持重，廉公有威，所部不尽豫军，而以豫军得名，宜令总统豫军，选置三十营，驻扎锦州一带，其分统营哨官尤当精选材能，毋徇情面，其馀各营亦悉数遣撤。此臣等议归并淮、湘、豫三军之大略也。至各炮台之守兵，亲军营之炮队，应归北洋大臣调遣者不在议裁之列，然亦当严加整顿，汰弱留强。其驻守大高岭及辽沈各军，俟防务大定，再由臣等另行议奏。

抑臣等更有请者，兵家进退以权衡时势为先。现在辽地未归，商约未定，若徒为节省饷糈起见，一旦空千里而旋师，适足启戎心而隳士气。臣等以为前敌得力诸军，此时宜缓撤遣，暂捐数月之饷，用固疆圉之防。至王连三、李永芳、丁槐、陈凤楼、宋朝儒五军，应如原奏，与马心胜、牛师韩、何鸣高三军即先行分别遣撤。其现留各军，应请饬下刘坤一等转饬仍前扼守，勿懈操防。

再，原奏所称撤遣之勇，查明道路远近，酌给口粮一两月，以示体恤，并将银两解交原省，俟遣撤日支放等语，应如所请办理。

所有臣等遵议缘由，是否有当，伏乞皇上圣鉴。谨奏。

中国第一历史档案馆，奏档，光绪二十一年六号：军务营制卷

遵议厘金章程摺*

光绪二十一年闰五月二十五日(1895 年 7 月 17 日)

奏为遵旨议奏事。

---

* 此摺与熙敬、立山、张荫桓、长麟、陈学棻联衔。

掌浙江道监察御史易俊奏，厘金积弊太甚，请妥定章程等因，光绪二十一年闰五月初九日内阁奉上谕："易俊奏各省厘金积弊太深，请饬妥定章程，以杜中饱一摺，著户部议奏。钦此。"钦遵。由内阁钞出到部。

据原奏内称："抽厘一事，虽属不得已之举，而数十年来各省防营林立，已为筹饷大宗，商民相安，久忘扰累。现值需款孔殷之际，与其从旁搜括，曷若就此认真整顿，岁增巨帑，不致病民也。各省情形不同，大要不患来源之少，而患侵蚀之多；不患比较之不严，而患劝惩之不实；请为我皇上陈之：各省厘差定限一年期满，名为调剂，非为劳绩，不能得委，其最优之厘差，非劳绩而兼有奥援者，何不能得委。充斯差者，大卡动获万金，中卡或数千金，小卡亦逾千金。夫薪水能有几何，而此盈千累万，苟非多作弊窦，从何处得来，固不待智者而知也。其在稍知自爱委员，纵未必涓滴归公，尚能顾名思义。若劣员，则任意侵渔，毫无忌惮，司事有充司事之费，巡丁有充巡丁之费，试问司事、巡丁有何银钱贿赂委员乎？亦不过取偿于商民而已。不知司事、巡丁私取商民一二金，则厘金少收商民十馀金矣。查部章，有按年按卡切实比较，以收数之盈绌定委员之功过，如收数较多，再令接办，其短收各员立予记过停委等语。各省总局其始非不遵照办理，无如日久视为具文，夤缘者虽多记过而不见撤差，安分者虽多记功而不见留办。似此漫无赏罚，人虽至愚，孰不欲收多报少、自饱囊橐乎？委员狃于积习，先私后公，犹望厘金有起色也，难矣。拟请各省将军、督抚，于厘金一切弊端，认真厘剔，并令户部妥定章程咨行各直省，以从前收数最巨之年为定额，毋得藉词减少，其比较数目、委员姓名、接办年月，按月报部，以备稽查。有一连两季记过者，即行撤差，不得徇情留办。有一连两季记功者，不独留办，并准报部奖给虚衔、封典；倘一连四季记功，大卡长收至一万两以上，中卡长收至五千两以上，小卡长收至二千两以上者，准分别酌保升阶。如此则贪得无厌者不能钻营恋栈，而洁清自好者尚得保奖酬劳，庶人人奋勉。又恐不肖委员，既欲免过又图肥己，多方抑勒，累及商民，应由总局刊刻简明告示，遍行张贴，如厘卡有额外需索，故意留难情事，准商民赴总局控告，从严参办，委员知所儆惧，不敢违章图利。”等语。

臣等伏查厘金积弊，一由于局卡之太密，一由于委员之过多，而其弊之最巨且深、病民蠹国者，则在于局役、巡丁之得财卖放，委员、司事之牟利营私。自咸丰初年创办以来，屡经有司条陈及臣部疏奏，并叠奉谕旨训饬，而各省厘金之弊仍不免丛生，则以通行奏章虽极详尽，亦唯是比较多寡以定劝惩，至于劣员之中饱、蠹吏之侵渔，断非空定章程能禁止也。现在臣部筹款，复于厘金一事切实陈明。兹专就该御史所奏，分晰□之。

如请以从前收数最巨之年为定额一节。查抽厘助饷，本属权宜，与征收关税不同，未便明行定额，且货物时有盈绌。如以最巨之年为定额，将实在少收者，即非抽收不力，仍较定额有亏；实在多收者，转因定额已敷，可以公行入己。立法之始，已欠核实，久更窒碍难行，自应毋庸置议。

又请将委员记功，长收者奖给虚衔、封典及酌保升阶一节。查短收即行撤差，长收仍准留办，果使毫无瞻徇，自足以昭激劝。若再将两次记功及长收二千两以上者，给予衔封，酌保升阶，是寻常应办之事，转得幸邀优奖，名器似属太轻，且恐侵占捐输，于筹饷亦无大裨益。

至请由总局刊刻告示，遍行张贴，如厘卡有需索留难情事，准商民赴局控告一节。系为严禁抑勒，体恤商民起见，应令各省转饬各厘卡一体遵照施行。惟是天下有一利即有一弊，设一防弊法不如将一用法之人。请旨饬下将军、督抚力除积习，严核局员，廉能则从优差委，贪墨则从重奏参，庶功过分明而厘金不难整顿矣。

所有议奏缘由，理合恭摺具陈，伏祈皇上圣鉴。谨奏。

中国第一历史档案馆，奏档，光绪二十一年十五号：财政盐税地丁杂税卷

需饷孔殷谨陈办理情形摺*

光绪二十一年六月初四日（1895年7月25日）

奏为需饷孔殷，部库奇绌，谨陈筹办情形，恭摺仰祈圣鉴事。

窃臣部前因偿款太巨，筹措为难，当经具疏沥陈，钦奉谕旨，饬令大学士、六部、九卿，直省将军、督抚，各抒所见，详晰陈奏，业由臣部行知遵照在案。惟是二万万之巨款，固须内外臣工悉心筹议，合力维持，将来弥补巨亏，方有把握。至论目前情形，征防各军一时未能尽撤，饷需即不能全裁，息借华洋各款按期归还，亦须先事筹备，方不致失信于人。臣等职司度支，责无旁贷，库储告匮，焦急莫名，不得不尽力维持，设法补救，谨将拟办情形为我皇上縷缕陈之：

一曰裁减制兵。绿营兵额计五十八万四千有奇，乾隆四十六年增添六万五千，嘉庆、道光年间两次裁兵，仅减去一万六千，至今武职养廉及兵丁各粮岁尚需银一千馀万。康熙以后，绿营虽屡立战功，然川楚教匪之役，调兵至十馀万未能办贼，卒藉本地乡勇之

---

* 此摺与熙敬、立山、张荫桓、长麟、陈学棻联衔。

力得以奏功，是制兵积弱已久，故仁宗睿皇帝有调兵不如募勇之谕。咸丰以来，荡平粤捻，征剿苗回，皆舍兵用勇，而兵饷如故。十年法越之战，上年倭韩之师，并未征调一兵，是绿营之久成虚设，已可概见。各省防勇，除此次新募不计外，岁需饷项二千馀万。兵勇兼养，本难久支。但两者相较，防勇尚可出征，而制兵并不能驻守。现在新募之勇方议陆续裁并，则旧有之兵益当核实淘汰。或虑裁兵生变，不知各省各粮台大都虚伍，其食饷之兵非贸易营生，即游手坐食，所得饷项甚微，本不足以资养赡就食，裁撤亦与生计无关，当不致驱而为盗。或虑裁兵有碍缉捕，不知州县设有民壮捕役，皆古游徼之遗，且各省防营星罗棋布，遇有承缉案件，尽可会同防营，无须制兵协缉。臣等反复筹思，绿营之设，无裨战守，徒糜饷乾，裁汰实无流弊。拟请饬下各直省督抚，将原有制兵认真简阅，除丁壮可用者酌量挑留编作练军外，其馀老弱一概裁撤，每省挑留兵数至多不得过三成，限于一年内蒇事，仍将裁去兵额及节存饷需分晰开单，奏明办理。

一曰考核钱粮。各省岁入之款以正杂赋税为大宗，综计地丁漕项杂赋等款额征三千六百万两有奇，各省实征之数每年仅及七成，约短征银一千一百万两有奇。即以地丁论，乾隆年间所欠不过六十万，近年短征总在六百万上下。夫大乱初平，流亡未复，田亩荒芜，犹可藉词(土满)〔隐瞒〕，今则承平垂三十年，休养生息，户口日繁，只有无业之游民，宜无未垦之旷土，乃各省钱粮总未复额。推原其故，半由官吏侵蚀所致，或以熟作荒，或捏完作欠，或存属未解，随便挪移，或交代不清，多方掩饰，上司知情容隐，属吏任意亏挪，惟恃年终蠲缓及恩诏豁免得以归结。查钱粮考成载在臣部及吏部处分则例者不为不严，近十数年来，臣部于结报交代查办奏销反复指陈，亦极著明深切，各该督抚司道果能仰体时艰，力图整顿，不庇护属吏,不玩视部章,何至年复一年钱粮仍无起色。当此度支告匮,罗掘俱穷,若再任令州县侵吞正供,臣部益难筹措。惟有请旨饬下各直省督抚,查照臣部历次奏案,将应征钱粮认真考核。所有灾缓分数完欠考成,务须核实举报,不准稍有讳饰。经此次奏明后,倘再扶同隐匿,并不实力奉行,即照臣部光绪十一年二月间奏章,将该上司照徇庇例议处,以警玩泄。

一曰整顿厘金。两湖开办厘捐,仿唐刘晏引用士流之法,不归衙署,不假手吏胥,力除关卡积弊,故收解核实,商民亦均信从。迨各省改用候补人员办理厘捐,于是设防渐密,流弊转滋。定比较之法,而希冀留办者或减收以招徕;严偷漏之防,而分司稽查者或得钱而卖放。三联四联之票法非不善,而总局既不简稽,邻卡复不举发,大头小尾,无人过问,则连票又成具文。近来各省,局卡林立,留难需索,商民受累实深,而牟利分肥,委员视为美差,上司即以此调剂。优者巨万,少亦数千,苟非任意侵渔,何从得此厚利。加以司事、巡丁半属闲民交相引荐,或碍于亲知情面而不能却,或屈于上官势力而不敢辞。此辈游荡为生,本非善类,鱼肉商旅,刻剥乡民,惟利是图,无恶不作,即使赃款败露,亦仅斥退,不科罪名。故厘卡之弊,委员什居三四,司事、巡丁什常六七。今欲严杜中饱,纵不能改用士流,亦宜于候补人员中择其操守廉洁者用之,不可瞻徇情面,以阘茸巧滑之人滥竽充数。如果收数加增,办理有效,或给予补署,或酌量留差,必须赏罚分明,方能整齐严肃。抽捐之法,宜重征坐贾宽恤行商,如能于要隘处所并征,一次黏贴印花,发给护照,通省查验放行,则捐项既免零星,商人亦乐其便易。至司事、巡丁,须由委员自行选充,上司同寅不准推荐。司巡等果能实力稽察,涓滴归公,准由厘金留支项下酌给奖赏;如敢营私舞弊,送交地方官按律严惩。该委员意存徇隐,别经发觉,一并参办。其抽收章程,各省办理殊未划一,应由该将军督抚悉心妥筹,折衷尽善,仍俟章程议定,将办理情形咨部备案。总须参酌损益,易简可行,商民绝无怨言,官吏不敢作弊,厘金收数自然起色矣。

以上三端,皆有益于国,无损于民,善后之要图,当今之急务,用敢抉剔利弊,缕晰敷陈。其馀筹款事宜四条,谨缮具清单①,恭呈御览,伏乞皇上圣鉴,训示施行。谨奏。

中国第一历史档案馆,奏档,光绪二十一年六号:军务营制卷

就俄德借款户部北档房核算单

光绪二十一年十月初九日(1895 年 11 月 25 日)

德款与俄款比较,一、多交本银十八万镑;二、利息多开一厘;三、俄款每年应还本利合八十三万六千六百七十镑,此次应每年多还十三万二千八十一镑;四、俄款九四一二五扣,此次扣五分,约少扣八十七万五千;五、俄款杂费约三厘,此次多一厘;六、经手费俄款约一厘,此次多半厘。

《翁同龢文献丛编》之六《外交・借款》第 167 页

奏派广西臬司胡燏棻督办津榆铁路事宜摺*

光绪二十一年十月二十日(1895 年 12 月 6 日)

臣等前经面奉谕旨,以铁路工程亟宜举办,当饬广西臬司胡燏

① 其馀筹款事宜四条,谨缮具清单在原案卷中未见。

* 此摺与奕䜣、李鸿藻、荣禄、长麟联衔。

菜,先将津榆一带情形详细查勘去后。兹据该臬司禀称:"已督同洋员切实勘估,自天津起,循北运河西岸迤逦而北,绕越南苑,以达于芦沟桥,共计二百一十六里,民田庐墓均无关碍。此路造成,商务必行畅旺,自应修筑双轨。现因经费难筹,姑拟先造单路铁轨,而购地填土,修桥筑堤,开通涵洞水沟,盖造房屋车辆,均须预为双轨地步,加以铜铁木石之工料,委员、司事、学生、工匠、夫役之薪资,统共需银二百四十馀万两。倘于年内购定地基,催齐物料,春融赶紧开办,约计一年可以完工。俟将来运脚充裕,拟再添置双轨,即由养路司工随时修造,所加经费,只须原估四分之一。"等语,并绘呈图说前来。

臣等公同核议,窃以铁路一事,关系大局,提纲挈领,自以芦汉干路为枢纽。惟自芦沟桥至汉口,约计三千六百馀里,地段绵长,工费浩大,一时未易告成,必须南北两路分头举办,而一切材料器具,无不购自外洋,由津至芦沟,转运艰阻,故拟先将此路造成,以固始基而省运费,且冀利源既浚,各省殷富绅商闻风兴起,集股或当较易。一面遴选妥员查勘芦汉干路,逐渐经营,愈推愈广,四五年间可期一律告竣。开办伊始,端绪纷纭,应请特简大员专司其事。查广西臬司胡燏棻,明干有为,结实可靠,可否仰恳天恩,即派胡燏棻督办铁路工程,准其专摺奏事,以崇事宜。至应用经费,拟由户部及北洋各任其半。请饬北洋大臣王文韶先筹借银一百万两,交胡燏棻收领,以便动工,馀由户部陆续筹拨,一俟股份招齐,先行归还。胡燏棻原呈图说,合并呈览。

《光绪朝东华录》第四册,总字第3678页

请派员督练陆军摺*

光绪二十一年十月二十二日(1895 年 12 月 8 日)

奏为变通兵制,拟在天津新建陆军,并请简员督练,期收实效,恭摺仰祈圣鉴事。

窃查欧洲各国专以兵事为重,逐年整治,精益求精,水师固其所长,陆军亦称骁勇。中国自粤捻削平以后,相沿旧法,习气渐深,百弊丛生,多难得力。现欲讲求自强之道,固必首重练兵,而欲迅期兵力之强,尤必更革旧制。臣等于去岁冬月军事方殷之际,曾请速练洋队,仰蒙简派广西臬司胡燏棻,会同洋员汉纳根,在津招募开办。嗣以该洋员拟办各节,事多窒碍,旋即中止。另由胡燏棻请练定武十营,参用西法,步伐号令,均极整齐,虽未尽西国之长,实足为前路之导。今胡燏棻奉命督造津芦铁路,而定武一军接统乏人,臣等公同商酌,查有军务处差委、浙江温处道袁世凯,朴实勇敢,晓畅戎机,前驻朝鲜,颇有声望,因令详拟改练洋队办法。旋据拟呈聘请洋员合同及新建陆军营制饷章。臣等复加详核,甚属周妥。相应请旨饬派袁世凯督练新建陆军,假以事权,俾专责任。现在先就定武十营步队三千人、炮队一千人、马队二百五十人、工程队五百人以为根本,并加募步队二千人、马队二百五十人,共足七千人之数,即照该道所拟营制饷章编伍办法办理,每月约支正饷银七万数千两。至应用教习洋员,最关紧要,应由臣等咨会出使德国大臣,与德国外部选商聘订。其人数、银数,均按该道所拟合同办

---

* 此摺与奕䜣、奕劻、李鸿藻、荣禄联衔。

理。一切军械,即在去岁汉纳根购到大批军火内拨给。月支饷银及新军应用制办各件价值,均由户部筹定核发。果能著有成效,尚拟逐渐扩充,悉裁无用之勇营,以供新军之饷糈。务期养一兵得一兵之力,庶足以裨时局而振颓风。

所有请旨派员督练天津新建陆军各缘由,理合恭摺具陈,伏乞皇上圣鉴施行。谨奏。

中国第一历史档案馆,奏档,光绪二十一年六号:军务营制卷

指拨光绪二十二年筹备饷需银两摺*

光绪二十一年十月二十八日(1895 年 12 月 14 日)

奏为指拨光绪二十二年分筹备饷需银两,恭摺仰祈圣鉴事。

窃臣部前因近畿各省办理防务,奏将节省西征军饷银拨作光绪十一年近畿防饷。嗣因沿边沿海办防,截留划拨京饷,边防经费等项未能弥补,放款不敷,自光绪十二年起,奏将近畿防饷改为筹边军饷,按年奏拨,又于十八年正月间奏将筹边军饷改为筹备饷需各在案。现查部库竭蹶较前尤甚,此项来年饷银若不援案办理,深恐不敷开放。臣等公同商酌,拟照上年指拨数目,共请拨银二百万两。相应将所拨各省关银数缮具清单,恭呈御览。并请旨严饬各该督抚、将军、藩司、监督、关道等迅筹,陆续批解,统限来年四月前解到一半,十月内扫数解清。如有依限全数完解者,由臣部分别奏请奖叙;其有任意藉词延宕者,即由臣部严行奏参。

---

* 此摺与敬信、立山、张荫桓、刚毅、陈学棻联衔。

所有指拨丙申年筹备饷需银两缘由,理合恭摺具陈,伏乞皇上圣鉴。谨奏。

中国第一历史档案馆,奏档,光绪二十一年十七号(2):财政经费卷

关于内务府借款径解部库归垫摺*

光绪二十一年十月二十八日(1895 年 12 月 14 日)

查内务府经费,前于同治四年十月间奉上谕:"内务府奏内廷需用银两缺乏通盘筹划妥议章程一摺,著户部会同内务府妥议具奏等因。钦此。"当经臣部会同内务府奏明,自同治五年起,每年指拨各省、关银三十万两,径解内务府应用。嗣据内务府因用项较繁,奏请再行添拨,复经臣部核议,自同治七年起,每年添拨三十万两,统计每年应拨银六十万两,均于年前奏明预拨等因,奏准遵办在案。现在时届冬令,所有光绪二十二年份内务府应需经费,自应照案指拨,以资供应。惟臣部前代内务府垫放光绪十九年分御茶膳房等处经费共银二十一万二千二百九十馀两,均应照数扣抵,由各省、关于应解二十二年份内务府经费款内照臣部指定数目改解部库归垫,以清款目。其馀银两,仍径解内务府应用,相应将拟拨各款分晰缮具清单,恭呈御览。并请旨饬下各该督抚、将军、藩司、运司、监督等,务于来年开印后分批匀解,均限于六月前解到一半,十二月初间扫数解清,不准稍有蒂欠。

《光绪朝东华录》第四册,总字第 3690—3691 页

---

* 此摺与敬信、立山、张荫桓、陈学棻等联衔。

请饬催各省将军督抚查照筹饷各条实力举行摺*

光绪二十一年十一月十三日(1895年12月28日)

奏为国用匮绌,拟请饬催各省将军、督抚查照臣部前奏筹饷各条实力举行,共维大局,恭摺仰祈圣鉴事。

窃维天地生财,其数有限,国家用财,其端无穷,以有限待无穷,是坐困之地也。上年东方有事,凡军饷、购械、偿费诸大端,供亿浩繁,调度不继,虽息借华洋各款权济一时,而他年之赋入既由此暗亏,逐岁之度支即无从取给,是以臣部不得已而有上年七月酌拟筹饷四条,及议准编修张百熙所陈筹饷四条之奏;又不得已而有上年八月、十月续拟筹饷四条,及议准两江总督刘坤一筹款三条之奏;又不得已而有本年六月拟办三条附陈四条之奏。凡此皆窃附于因时损益之义,所望与内外诸臣同心协力共济时艰者也。自臣部先后具奏奉旨之时,以至今日,多或年馀,少亦数月,其已行与否,理应统为检核,分别督催。内如停止工程、核减颜料、缎匹两库、折价停放官兵米折三条,事隶京师,毋庸与外省并论;又酌提运本,专属四川;酌提固本饷银,专属直隶;以及官员报效,本无定程,绅富捐输已经议止;预缴盐厘只同挪借,此五条亦扣除不计外,其通行各省现应督催者实有十条:一核扣养廉;一盐斤加价;一茶糖加厘;一当商捐银;一土药行店捐银;一裁减制兵;一考核钱粮;一整顿厘金;一裁减局员薪费;一重收烟酒税厘。此十条中,以裁减制兵、考核钱粮、整顿厘金三者为最大,而茶糖、盐斤、烟酒之加征

* 此摺与敬信、立山、张荫桓、刚毅、陈学棻联衔。

及土药、典当各店铺之认捐次之，养廉薪费之扣减又次之。要之巨细不同，而有益于国无伤于民则同归一是，其详具在臣部原奏各摺中，无烦赘述。今以各省奏咨造报案牍考之，则茶糖、盐𥂝、烟酒、土药、典当、养廉薪费各条已经举行者至多不过四五条，少则一二条而已，是其小者已不能尽行，而裁减制兵、考核钱粮、整顿厘金最大之事多未举办。近日陕西以空文复奏，其他未经声复者更未知何如也。方今国用匮绌既异寻常，东戍未休，西师又起，每一拨饷，动辄数十百万，罗掘已空，供应何恃。臣部前奏筹饷各条，即使各省逐一举行，犹惧于事无济，而况有行有不行者哉！臣等忝膺理财，深虞坐困，谨将各省未行未复亟应督催各条，缮具清单，请旨饬下各省将军、督抚迅即查照臣部此次清单及前次原奏各摺，实力举行，共维大局。其有应行另议章程者，亦即切实筹拟，统限文到一月内详细声复，不得再有迟延，亦不得空言搪塞。

所有臣部奏定筹饷各条拟请督催各省速办之处，理合恭摺具陈，伏乞皇上圣鉴。谨奏请旨。

中国第一历史档案馆，奏档，光绪二十一年十六号：财经卷

库平银二万万两合成英镑细数附片*

光绪二十一年十二月(1896 年 1 月)

谨将库平银二万万两合成英镑细数开单恭呈御览：

计开

一、库平银二万万两，每两合英镑五百七十五葛林八二，共合

* 此摺与福锟、熙敬、立山、张荫桓、廖寿恒、长麟、陈学棻联衔。

二万三千九百九十二万五千盎斯；

一、将前数核成英国九二五定例银二万五千九百三十七万八千三百七十八盎斯又三十七万八千三百七十八；

一、照本年西历六、七、八三个月英国伦敦镑价酌中核算，每一盎斯合三十弁士又三十四万四千四百四十八分之十五万二千五百六十三，计库平银二万万两合英金三千二百九十万九百八十三镑七希令七弁士。

朱批：览。

中国第一历史档案馆，奏档，光绪二十一年16号：财政金融货币卷

遵旨复议御史王鹏运奏请讲求商务一事摺*

光绪二十一年十二月二十四日（1896年2月7日）

光绪二十一年十一月十七日军机处片交御史王鹏运奏请讲求商务一摺，军机大臣面奉谕旨："著总理各国事务衙门议奏。钦此。"

臣等查该御史所陈，无非欲官商一气，力顾利权，此《周官》保富之法，行之今日，尤为切要。

如所称沿海各省会应各设商务局一所，责令督抚专政。局中派提调一员，驻局办事，将该省各项商业，悉令公举董事一人，随时来局，将该省商况利病情形与提调妥商补救整顿之法，禀督抚而行之，事关重大者督抚即行具奏一节。查通商为致富之原，必令上下相维，始克推求利弊。泰西各国，首务富强，或专设商部大臣，其他

* 此摺与奕訢、奕劻、李鸿章、荣禄、敬信、崇礼、许应骙、廖寿恒、张荫桓联衔。

公司商会,随地经营,不遗馀力。中国各省商行,自为风气,间有公所、会馆,章程不一,地方官吏更不关痛痒,公事则派捐,讼事则拖累,商之视官,政猛如虎,其能收上下相维之益乎?自立约互市以来,洋商运货只完正子两税,华商则逢关纳税,遇卡抽厘,于是不肖华商,贿买牌照,假托洋商之名,洋商出售报单,坐收华商之利,流弊遂不可究诘。要之,欧美各洲商民之捐名目繁多,如田房捐、存款捐、进项捐、印花捐,较中国厘金加重倍蓰,即香港、新嘉坡诸岛,何莫不然,此皆华商习闻习见者也。至于洋商仅完正半两税便可畅行无阻,利权较华商为优,然华商食毛践土,当能仰体国家立约通商之故,不应自外生成,何以假冒牌照之风年来愈炽,良由官商隔阂,官既不恤商艰,商复何知官法。该御史请于各省设主商务局,俾得维护华商,渐收利权,诚为当务之急。惟请派设专员作为提调,以官府之体而亲阛阓之业,终难透辟。不如官为设局,一切仍听商办,以联其情。拟请饬下各督抚,于省会设立商务局,由各商公举一殷实稳练素有声望之绅商派充局董,驻局办事,将该省物产行情,综其损益,逐细讲求。其与洋商关涉者,丝茶为大宗,近则织布、纺纱、制糖、造纸、自来火、洋胰子诸业,考其利病,何者可以敌洋商,何者可以广销路,如能实有见地,确有把握,准其径禀督抚为之提倡,再由各府按季具报省局,汇总造册,仿照总税务司贸易总册式样,年终由督抚咨送臣衙门以备参考。其华商互相贸贩不与洋商相涉之货,亦应按照市价公平交易,不准任意高抬,或故为跌价,以累同业。设经局董查确,应即明为告诫,若复怙恶,即由局董禀官,将该行店劣迹榜示通衢,以儆效尤。该局所遇有禀官之事,无论大小衙门,均不得勒索规费。各局、所地方长吏,月或一二至,轻骑减从,实心咨访,盖必有恤商之诚,乃能行护商之政,非徒藉势位之尊也。各直省果能实力奉行,商情可期踊跃,商利可冀扩充,即华洋交涉亦可得其要领矣。

又如原奏所称招商局开办多年并无起色,请特派督办招商局大员一人驻局办事,将招商之务分为闽广、三江、两湖、四川四大股,每股各令公举殷实公正之商董一二人,专办设股,一切商务由各商董议定办法,禀督抚而行之,别置提调一员,专管局中一切章程一节。查招商局为南、北洋轮船总汇,同治十一年前北洋大臣李鸿章奏明设局,商为承办,官为维持。自光绪二年买并旗昌船栈后,官帑积付一百九十万八千两,逮今拨还,现已不存官款,尚非并无起色。即就每年完税而论,各省、关所收招商局船税,岁约三百馀万。搭载水脚,自开局至今,几逾万万。若无局船,则此利尽属洋商,是该局收回利权,实明效大验。更能力祛中饱,切实经理,则为益较多。该御史请整顿招商局,诚非无见。惟整顿之法,实分两端:一在局之弊,一在船之弊。查该局所以能自立者,实赖官为维持。故虽怡和、太古多方排挤,该局犹能支拄,盖岁运苏浙漕米又带免二成税课,皆该局独擅之利。其于江西、两湖漕米,则代买代运,尤操奇赢。若概属之局中,不由一二人专利,则公积愈增。此在局之弊所应整顿者也。各船买办,半由夤缘而得,每船货脚,容有舱口簿可查,而搭客则以多报少,影射隐瞒,难为究办。外洋轮船,责在船主,事无巨细,悉听船主指挥,每搭客登舟则验票,船至半途则查票,登岸则缴票,此皆大副专责,而船主总其成,不致挤杂朦混。招商局船主,但管驾驶,船中一切,买办主之,故长江买办之缺为最肥美。此在船之弊所应整顿者也。凡兹积弊,临以贵而无位之督办,公私未澈,呼应不灵,徒拥虚名,恐无实际。该局向隶南、北洋辖理,以局船起卸口岸均有关道可以稽查,而受成于南、北洋较为切近。光绪七年李鸿章议复王先谦一疏，声明该局缴清官款，不过商本盈亏，与官无涉，并非一缴公帑，官即不应过问，听其漫无钤制，盖预言之矣。拟请饬下南、北洋大臣，将招商局历年积弊认真整顿，该局总办及掣票、登账、管理船头司事，与夫江海各船买办，能否得人，经办之事有无自私自利，为商贾所指摘，并声明旧章，每年结算，由津、沪两关道稽核。该局岁刊告白，设被商股诋驳有据，则津、沪两关道亦应任咎。至于每船到岸如何稽察客载，应饬各关道委员经理，无分昼夜，与税关船头官公同查验，以杜弊混。其未设关道之地，如江南下关，安徽大通、安庆，湖北武穴等处，由南洋大臣檄委地方官办理，按月径禀南、北洋商署存查。能否如该御史所陈分闽广、两湖、三江、四川为四大股，应由南北洋大臣体察情形酌办。该局船曾驶赴旧金山、檀香山、新嘉坡各岛，道远费煤，船小载轻，为利无几，现求扩充之法，宜就中国各口岸有可为该局增益以敌洋商者，统由南、北洋大臣随时规划，请旨遵行。

至通商时务，向由臣衙门办理，该御史请在京师设主商务公所，与臣衙门无甚表异，自应毋庸置议。

《光绪朝东华录》第四册，总字第3722—3725页

遵旨复议茶务折*

光绪二十二年正月十七日(1896年2月29日)

光绪二十一年十一月初十日内阁代奏中书刘铎条陈茶政一折；又是月二十九日臣部代奏户部员外郎陈炽条陈茶政一折，均经

---

* 此折与福锟、熙敬、立山、张荫桓、廖寿恒、长麟、陈学棻联衔。

军机大臣面奉谕旨:“著户部议奏,钦此。”钦遵。由军机处先后钞交到部。

查内阁中书刘铎原呈内称:“自洋人通商以来,海外悉索华茶,而华人获利者少,折本者多,何哉?产不一区,销无定所,其弊一;茶品不佳,费本甚重,其弊二;公所虽设,并无市规,其弊三;华商不认真置货,坐使利源尽失,其弊四;当兹积重之时而图挽回之策,斟酌损益,谨拟切要条文数端:一、颁茶照。浙江、安徽、江西、湖广五省,折衷照数,不准溢额,先由各省厘金总局交课给单办茶,厘金局卡俟茶成箱,验单呈样,酌本估值,抽收厘金。一、设茶政局。汉口为各省通衢,宜设茶政局,五省茶箱起运,厘局按月造册咨送茶政局。凡茶到汉,抽验核价,合十字为一批,以到府为先后,不得越销。一、设茶叶公所。洋人爱砖茶,宜由局制定模式,颁商仿造,每岁孟春,由各省公所会萃众司整饬购求。”等语。又查臣部员外郎陈炽原呈内称:“中国茶务昔盛今衰,其故有三:一则印度、日本之仿种太多;一则洋商之抑勒太甚;一则山户与商人互相忌嫉,抬价居奇,败坏市面。茶务之江河日下,至于今日,补救无从。虽然,有四法焉,可以嘘枯吹生:一曰参用机器。人工炒焙,不能无优劣粗细之殊,惟参用机器烘制,火候均匀,物皆精美,宜令各关道酌提款项,选募中国茶师赴印度考验制法,购机器入山制造。压砖机器,浔、汉已有十家,亦先购一分入山,以佳茶试办。二曰准设小轮。婺源,宁州茶船,须渡鄱阳;湖南之茶,须渡洞庭。茶市届期,阻风一二十日,后到之货多受西商抑勒。宜令各商在鄱阳、洞庭置轮拖带,或由官设立,酌收其资,然后茶船不致后期,行旅咸占利涉。三曰设立公栈。茶商运茶至埠,中国茶栈皆逼窄不能容,宜令江汉关道晓谕商栈,设立公栈,务极宽大,可容数十万箱,茶船至埠,皆运存公栈,不准一箱先入洋行,议价时可由吾操纵。四曰暂减厘捐。西人之喜用印茶者,贪其价廉耳。印茶之廉,由于参用机器者半,由于不征税钞者亦半,华茶则税钞不能议减,厘捐方且议增,是驱之用印茶也。今出口税及子口半税,关系洋息,未敢轻议减收。至于内地厘金及各项山捐、箱捐、善堂捐、外销捐项,均请一律暂减三成。"等语。

臣等伏查中国出口茶数所以大减于昔日,固由印度、日本诸处大兴茶务有以分我之利,然茶务如何,探其本则在讲求采制,握其要则在核减捐厘而已。臣部前于光绪十六年二月咨复北洋大臣请减茶厘案内,行令各省裁减外销捐项,并令另行筹款应用,以为酌减茶厘地步。十七年七月,又将江汉关道所复采茶三事,通行产茶省份认真劝导,以冀共保利源,而各省迄未实力举行,以致茶务日敝,茶商日困,此诚不可不急为补救也。今内阁中书刘锌及臣部员外郎陈炽缕陈茶务积弊,可谓深切著明,所拟办法亦多可采,如刘锌之请设茶业公所,陈炽之请用机器、设小轮、立公栈、减捐厘,或为制茶而设,或为运茶而设,或为鬻茶而设,或为保护茶商减轻茶本而设,凡病于茶、病于商者皆去之,利于商者皆举之,是茶务转衰为盛一大关键也。虽茶厘一项,关系京协各饷,本难议减,然各省果能整顿茶务,使采制精良,行销畅旺,则出口之茶税既可暂增,而内地之茶厘即可暂减,固有不待再计而决者,即刘锌请颁茶照、设茶政局,所拟验货核价分批挨售,并责成厘金局卡收课给单,估值抽厘,其事皆未免烦苛,而弃其所短,取其所长,则设一茶政局以总司东南各省茶务,俾事权归一,呼应灵通,亦未始非维持大局之一道也。惟茶业公所、茶商公栈究应如何设立,制茶机器、运茶小轮究应如何购制,以及茶照可否颁行,茶政局可否创设,事隶产茶各省,臣部无从遥度。谨拟钞录该中书等原呈,请旨饬下湖广、两江、江西、安徽、浙江、福建、广东各督抚,按照该中书等所陈,悉心核议,切实复奏,分别举行。俟试办一二年,如果确有把握,即将各该省所收茶厘数目奏请核减,以成兴复茶务之盛举。其各省茶捐外销款目,应令查照臣部前咨立予全裁,毋许延玩。总之,茶务为中国一大利源,东南数省商民生计所系,各该督抚职司教养,固不得淡漠视之,任其敝坏而不一为整顿也。

《光绪朝东华录》第四册,总字第 3737—3738 页

遵旨复议并奏派大员管理新设官书局事宜摺*

光绪二十二年正月二十二日(1896 年 3 月 5 日)

光绪二十一年十二月二十二日准军机处钞交御史胡孚宸奏书局有益人才请饬筹议以裨时局一摺。军机大臣面奉谕旨:"著总理各国事务衙门议奏。钦此。"钦遵。到臣衙门。

查原奏内称:"京师近日设有强学书局,经御史杨崇伊奏请封禁。在朝廷预防流弊,立意至为深远。惟局中所储藏讲习者,首在列圣圣训及各种政书,兼售同文馆、上海制造局所刻西学诸书,绘印舆图,置备仪器,意在流通秘要图书,考验格致精蕴,所需费用,皆系捐资集股,绝无迫索情事。所刻章程,尚无疵谬。此次封禁,不过防其流弊,并非禁其向学。倘能广选才贤,观摩取善,此日多一读书之士,他日即多一报国之人,收效似非浅鲜。请旨饬下总署及礼部各衙门,悉心筹议官立书局,选刻中西各种图籍,任人纵观,

---

* 此摺与奕䜣、李鸿章、李鸿藻、廖寿恒、张荫桓等联衔。

随时购买。并将总署所购洋报选译印行以扩见闻,或在海军旧署开办,经理既善,流弊自除,庶于国家作育人材挽回时局之本心不相剌谬。”等因。

臣等维国势之强弱,视乎人才,人才之盛衰,系乎学校。古者家塾、党庠、州序、国学,自诸侯以达王畿,莫不建学,大而德行道艺,细而名物象数,综贯靡遗,是以人才日盛。近世学者往往避实骛虚,舍难就易,视西人一技之长,一能之擅,或斥为异学,或诧为新奇。不知西人之学,无不以算学为隐括,西算之三角与中算之勾股理无异同,《周髀经》曰圜出于方,又曰方数为典,以方出圜,言圜之不可御而又驭之以方。西人三角八线之法,实基于此。馀若天学、化学、气学、光学、电学、重学、矿学、兵学、法学、声学、医学、文字制造等学,皆见中国载籍,试取管、墨、关列、淮南诸书以类求之,根原具在。可知西学者,中国固有之学,西人踵而行之,所谓礼失而求诸野耳。泰西教育人才之道,计有三事:曰学校,曰新闻报馆,曰书籍馆。英、德、法、俄各国学校之盛,或二三万所,或六七万所,生徒率皆二三十万人。美国学校多至十七万馀所,生徒几及千万人。学校费用,自三四千万以至八千馀万不等,率由国家及生徒各出其半,各国富强之基实本于是。是庶政由人才而理,人才由学术而成,固有明效大验。该御史请将强学书局改归官办,自系为讲求实学培养人才起见。臣等公同商酌,拟援照八旗官学之例建立官书局,钦派大臣一二员管理,聘订通晓中西学问之洋人为教习,常川驻局,专司选择书籍、各国新报及指授各种西学,并酌派司事译官,收掌书籍,印售各国新报,统由管理大臣总其成,司事专司稽察。所需经费,由总理衙门于出使经费项下每月提拨银一千两,以备购置图籍仪器、各国新闻纸及教习、司事、翻译薪水等用,核实散放，年终由臣衙门奏销，毋庸招股集资。设不敷用，再由臣衙门设法筹措。如有慕义之士，愿借巨款或捐书籍，准由司事呈明管理大臣酌定核收。至建设学舍地方，或假官房，或租民宅，取足教习各官起居之地，兼为士大夫入观群书之所，因地制宜，妥筹布置，该御史所请就海军旧署开办之处，应毋庸议，如蒙谕允，再由管理大臣详定章程，定期开设。

附上谕：总理各国事务衙门奏新设官书局请派大员管理一摺，著派孙家鼐管理。

《光绪朝东华录》第四册，总字第3738—3740页。

遵旨复议御史王鹏运禁止制钱出口并开办矿务、鼓铸银元摺*

光绪二十二年正月三十日（1896年3月13日）

光绪二十一年十二月二十五日，准军机处片交，本日御史王鹏运奏制钱日少，铜产日稀，请禁止轮船运钱出口并开办矿务、鼓铸银元，以维大局一摺，钦奉谕旨："著户部、总理各国事务衙门议奏。钦此。"钦遵并钞录原奏知照前来。

查原奏内称："近来京师钱价日贵，银价日贱，咸归咎于私铸之充斥，银号之把持，而不知皆非也。其间有大漏卮不可不亟思补救。当光绪十一、二年间越事初定，即有人串同内地奸商，以银易钱，装运出口，以致各省钱价陡涨，银价愈低，于是乃有鼓铸制钱之议。滇南产铜日少，遂不得不购买洋铜，日商购去中国制钱，将其中金银提出，已敷购钱资本。及购铜议起，以净铜售诸中国，本一

* 此摺与总理衙门大臣、户部其他堂官联衔。

而息三倍之,天下之利孰大于是。此次日本索偿款多至二万万三千馀万,彼以一万万购钱出口,可买尽中国制钱,各省禁钱出口,独未查禁轮船。外洋不用中国铜钱,出口何为者?应请旨饬下总署,通行各口税务司严查充公,不得纵,此节流之法也。然利之所在,人所必趋,虽法禁綦严,仍将百计偷漏,非筹变通之法,不足以支危局而开利源,其策有二:一曰铸银元。九州作贡,三品兼权。周初有九府泉刀,始专以铜钱济用,迄今民用繁而铜矿少,加以外人盘剥,流弊已深。乾隆时,美洲银矿大开,皆运至中国,现银日多而不自铸银钱,此何说也。比年来,中国黄金出口,由三百万增至二千馀万,如不自铸金钱,则国宝全空,终受外人挟制。应请旨饬下户部,购买极大机器,新铸金、银、铜三品之钱。金钱略仿英镑;大小银钱用鄂、粤铸成之式,铸成后颁发各省,谕天下一体通行;各省亦一律鼓铸,以资利用,仍特派大臣总理其事。惟救急之法,则宜先铸银钱。明春钱价必大涨,度购机运京,建厂设局,约需一年。广东铸银局机器甚大,每日可铸银钱七万馀元,铜钱七万馀串。应请饬下户部,先拨银三百万两,专铸大小银钱运京备用,通行各省筹款运粤铸钱,俟机器到京,厂屋齐备,即由京局办理。一曰开矿政。中国五金各矿,藏地下者不可胜数,徒以封禁,大利不开。此年西士考察及中国士人所知者,如川藏之金矿、铜矿,江西、湖南之铜矿、金矿、煤矿,云南、两广之五金各矿,奉、吉之金矿,山西、河南之煤铁矿,皆以官吏贪图省事,不愿开采;小民本小力微,无由上达。应请特谕天下,凡有矿之地,一律准民招商集股呈请开采,地方官吏认真保护,不准阻挠,俟矿利既丰,然后数十取一,酌抽税课,一切盈绌,官不与闻,期以十年,矿产全开,民生自富。"各等语。

臣等窃维理财之要,兴利与除弊,不外因时以制宜。自通商互市以来,中国金银流出外洋者岁以数千万计,固不徒制钱一端为然也。即以制钱论,洋商轮运出口,原难保其必无;而矿务未兴,鼓铸应需铜铅,仍从外洋购取,是其流不能节,源不能开,国计民生所由日以蹙也。当此时局艰难,度支告匮,自宜取天地自然之利,收国家自有之权,设法变通,诚为当务之急。该御史原奏内称,各省禁钱出口独未查禁轮船,应请通行各海口税务司严查充公不得徇纵一节。总理各国事务衙门查咸丰八年议定通商章程善后条约第五款内载,铜钱不准运出外国。惟通商中国各口,准其以此送至彼口,照现定章程遵行,该商赴关报明数目若干,运往何口,或令本商及同商二人联名具呈单,抑或听监督饬令另交结实信据,方准给照,别口监督于执照上注收到字样,加盖印信,从给照之日起,限六个月缴回验销,若过期不缴销执照,即按其钱货原本照数罚缴入官,其进出口均免纳税。至载船无论浅满,均纳船钞等语,是查禁轮船载运铜钱,本有成约。该御史所奏奸商偷运如此之多,究由何关出口辗转出洋,未据声叙,应由臣衙门转饬各关、道监督会同税司申明约章,切实查理。各该关出口铜钱岁约几何,是否概有保单执照,其无单照之钱,各该关曾否查出罚办,应令各该关监督、税司详查声复,以后务当照约办理,毋或疏虞。倘扦手人等徇情容隐,被别口查出,即治以应得之咎。该御史所请禁钱出口,并行各海口严查不得徇纵,自系严杜铜源外溢、为维持圜法要计,核与约章相符,自应照准。

又据奏称,非筹变通之法,不足以支危局而开利源,其策有二:曰铸银元,曰开矿政各节。户部查银元之铸,创自外洋,近则督臣张之洞购置机器设局开办于粤东,现复试办于湖北、江、浙、粤、闽,流通甚便。嗣后奏请仿照成法推行各省,则有御史易俊、陈其璋两摺,均经臣部议准,奏请咨令沿海沿江各省用意经营,并声明务须考核成色，流通行使，尤以选派局员为第一要义，通行遵照各在案。今该御史王鹏运请谕天下一体通行，各省一律鼓铸，与臣部先后议复各摺奏意见相同。推原奏内称，先铸银元，预防钱价大涨，请饬下臣部先拨银三百万两，由粤局先铸大小银元运京备用，俟购买机器到京，厂屋齐备，即由京屋办理等语。查臣部上年议复御史陈其璋摺内，亦以京城开铸，工匠生疏，不如仍就广东、湖北两省已成之局，加增成本，竭力扩充。此外，沿海沿江各省亦可自行设局，如购器设厂一时未能应手，酌拨成本附粤、鄂两局分铸，现在各省尚未奏咨声复。如粤局成本果能凑集加增，各省畛域不分，又复力筹附本，则成本较前倍巨，自无容再拨库储。应俟粤省及沿海沿江各省奏咨到日，再由臣部妥筹办理。

开办矿政，识时务者莫不以此为言，惟必统利害以兼筹，联商民为一气，始能兴办。上年九月，臣部议复漕运总督松椿摺内，业已按照原奏开列省份，咨行各督抚、将军、都统大臣详细查明，如境内有可采之处，确有把握，准其奏明开办，现在亦未奏咨到部。今该御史王鹏运陈请准民招商集股开采，地方官吏认真保护，不得阻挠，矿务既丰，酌抽税课，一切盈绌，官不与闻等语。既与公帑无亏，尤与国课有益，自应照准。惟股份能否凑集，有无弊混，应由臣部再行咨令各产矿省份厘定章程，切实奏明报部。如有奸商侵蚀股款及藉众滋生事端，仍责令地方官从严惩办，地方官吏亦不得藉端勒索，致干严参。

以上各条，臣等只知其利可兴，而不能知其弊之悉去。应请特颁谕旨，饬下各省将军、督抚及各海关监督，转饬税务司一体遵照，实力奏行，不得视为故常，仍前空言搪塞。

《光绪朝东华录》第四册，总字第3741—3744页

遵旨复议拟请设立邮政摺*

光绪二十二年二月十七日(1896年3月30日)

臣衙门准署南洋大臣张之洞咨钞,拟请设立邮政请饬议章程一片,光绪二十一年十二月初三日,钦奉电传谕旨:"邮政一节,业经总署筹议,粗有头绪矣,钦此。"钦遵。仰见圣主周恤商旅族通志类情之至意。

查原奏内称:"泰西各国邮政,重同铁路,特设大臣综理,取资甚微,获利甚巨,权有统一,商民并利。近来英、法、美、德、日本在上海及各口设局,实背万国通例,曾经前南洋大臣曾国荃据道员薛福成、委员李圭、税务司葛显礼等往复条议,咨由总理衙门饬总税务司赫德详议,谓此举裕国便民,为办得到之事。至税关所办邮递,因与国家所设体制不同,故推广每多窒碍,现复与葛显礼面加筹议,知其情形熟悉,各关税务司熟谙办法者当亦不乏,请饬总理衙门转饬赫德妥议章程开办,即推行沿江沿海各省及内地水陆各路,务令各国将所设信局全撤,并与各国联会,彼此传递文函。"等语。

臣等查光绪二年间,赫德因议滇案,请设送信官局,为邮政发端之始。经臣衙门函商北洋大臣,李鸿章于四年间复称拟开设京城、天津、烟台、牛庄、上海五处,略仿泰西邮政办法,交赫德管理。嗣因各国纷纷在上海暨各口设立邮局,虑占华民生计。九年间,德国使臣巴兰德来请派员赴会。十一年,曾国荃咨称,州同李圭条陈邮政利益各节,并据宁海关税务司葛显礼申称,香港英监督有愿将

---

* 此摺与敬信、崇礼、许应骙、廖寿恒、张荫桓联衔。

上海英局改归华关自办之语。经臣衙门先后饬据江海关道、总税务司筹议，咨行南、北洋大臣查核。十六年三月，札行赫德，以所拟办法既与民局无损，即就通商各口推广办理，拟俟办有规模，再行请旨定设，此该大臣张之洞所称各税关试办邮递之权舆也。

臣等复查宁海、江海各关道来禀，每谓税关邮局未经奏定，外人得以藉口。十八年冬，赫德亦以数年来创办艰难，若再不奏请设立官邮政局，恐将另生枝节。十九年五月，迭接李鸿章、刘坤一咨，据江海关道聂缉槼禀称：上海英、美工部局现议增设各口信局，异日中国再议推广，必更维艰各等语。是原奏所称体制不同，推广每虞窒碍，诚为洞见症结之论。

至各国通行岁收巨帑一节。考泰西邮政，自乾隆初年，普国始议代民经理，统以大臣，位齐卿贰，各国以为上下交便，仿而效之。光绪十九年，葛显礼呈送万国邮政条例，联约者六十馀国，大端以先购图记纸黏贴信面送局以抵信资，其费每封口信重五钱者，取银四分，道远酌加，其取资既微，又有定期而无遗拆，百货腾跃，万里起居，随时径达。至有事时，并可查禁敌国私函，诚如原奏所称，权有统一，为利商利民即以利国之要政也。又查十八年以来美国一国邮局清单一纸，所收银元至六十四兆二十万九千四百九十元之多。张之洞所举英国收数，当中银三四千万两，尚系约略之辞，利侔铁路，诚为不虚。且西国邮政与电局相辅，以火车、轮船为递送，近年法国设立公司轮船十艘，通名曰信船，遇口停泊，信包未到不得开碇，其郑重如此。中国工商旅居新旧金山、檀香山、新嘉坡、槟榔屿、古巴、秘鲁者，不下数百万人，据李圭禀称：该工等有一纸家书十年不达者，缘邮会有扣阻无约国文函之例也。中国邮政若行，即以获资置备轮船出洋，藉递信以通商货，其挽回利权，所关尤巨。

臣等博访周咨，知为当务之急，爰于十九年札饬赫德详加讨论，是否确于小民生计无碍。上年六月至十二月，复与该总税务司面商屡屡，先后据其递到四项章程，计四十四款。臣等详加披阅，大致厘然，自应及时开办。应请旨敕下臣衙门，转饬总税务司赫德专司其事，仍由臣衙门总其成，略如各口新关规制，即照赫德现拟章程定期开办，应制单纸，亦由赫德一手经理。遇有应行酌改增添之处，随时呈由臣衙门核定，务期有利无弊。

至赫德呈内称万国联约邮政公会，系在瑞士国。应备照会寄由出使大臣转交该国执政大臣为入会之据，自可援万国通例转告各国，将在华所设信局一律撤回。按咸丰八年俄约、光绪十三年法约本，载明两国公文信件互相递送，中国既经入会，各国当无从藉口。

以上所议，如蒙谕允，即由臣衙门钦遵分别咨照，届期即将简要办法饬地方州县晓谕商民，咸知利便。凡有民局，仍旧开设，不夺小民之利，并准赴官局报明领单，照章帮同递送，期与各电局相为表里。其江海轮船及将来铁路所通处所应如何交寄文信，由该总税务司与各该局员会商办理。官邮政局岁入暨开支款目，由总税务司按结申报臣衙门汇核奏报。

《光绪朝东华录》第四册，总字第3748—3749页

制订有关地方官办理教案不善处分章程摺*

光绪二十二年四月十二日（1896年5月24日）

光绪二十二年二月十一日准军机处钞交御史陈其璋奏请严定

* 此摺与奕䜣、奕劻、荣禄、敬信、崇礼、许应骙、廖寿恒、张荫桓等联衔陈奏。

教案处分一片,奉旨:“该衙门议奏。钦此。”陈其章片称:“地方官办理教案,向无议处专条,故每遇议处时,各国公使动辄怀疑,致多口舌。近来教案甚多,地方官不善处置,自应严予处分,然不先定章程,恐议重议轻,既难见信于洋人,亦难保部中之无弊,请饬下总理衙门会同吏、兵两部先行议定章程。”等语。

臣等查传教既载在条约,则地方官均有保护之责。每遇教案,各国使臣援约相持,迹近要挟,几于无可收拾,总由该管事官事前既不能照约保护,临事又不能拿犯惩凶,每酿巨案,若非严定章程,不足以示惩儆。该御史所奏,诚为切要。嗣后如有拆堂杀教之案,各督抚、将军、大臣等于审结后,酌量案情轻重,分别附参。其文武处分各官,查应得处分,自以案情之轻重为准。近数年各省教案迭出,地方官处分诚不能不明定专条;第操之过急,必至以规避处分之故纵教虐民,反致积隙日深,发机愈烈。迨至衅端既搆,又自知一经罣议,无望原情,惟有束手听参,并不思力图补救,似与立法预防之本意转有所妨。臣等公同酌议,嗣后如更有教堂被毁之案,除实系有心故纵酿成巨案赔误大局者,由臣部酌量案情,随时奏明请旨办理外,其事关仓猝,竭力保护而势有所弗及者,拟请将该地方官照防范不严降一级留任公罪例议处。其保护未能得力,自属办理不善,应查照历办成案,以不应重公罪降二级留任例定议。其武职处分,兵部查近年各省教案迭出,地方武职人员,诚不能不明定处分章程。今该御史所奏,系为先事预防起见,臣等公同商酌,拟请嗣后遇有拆教堂杀教士之案,除有心故纵以致酿成巨案者,应由臣部酌量案情随时奏明请旨办理外,如系事起仓猝迫不及防,应将地方官照防范不严降一级留任公罪例,议以降一级留任。其保护未能得力,自系办理不善,应照不应重公罪降二级留任例,议以降二级留任,俾示惩儆,均候命下之日,由臣衙门通行各直省、各出使大臣遵照办理。

《光绪朝东华录》第四册，总字第3785—3786页

奏请推行印花捐片

光绪二十二年四月（1896年5月）

再，印花捐一事，经总理衙门行文出使大臣咨取各国章程备核，迄今尚未送齐。现与各国议加税则，如加税议成，则厘金必将裁撤，厘金一裁，则利权全归洋关，且加税之数，万不敌厘金之数，如此中国几不能自立矣。查厘金所以不能稽核者，其故有二：曰外销，曰中饱。中饱者，委员胥吏之弊，此必当剔除者也。至外销一项，取于是杂项，取于是非特以资转移，亦且以备缓急，一旦裁去，各省督抚将成枯木朽株，必至束手无法而后至。然则补苴之法，莫若趁此厘金未裁之际，先行印花捐之法，不必苛细琐屑，即就中国原有各行牙帖、田房税契清厘而扩充。总之，每行必有无不领之帖，每产无不税之契，各督抚就地斟酌定立科则，事在必行。倘有舞弊匿报，或额外多索分文，官则革职，吏则处斩。半年之内必办有头绪，然后推之各店各货，庶入款添此大宗，即裁厘亦无大碍。如蒙谕允，所有详细章程容再续拟具奏。为此谨奏。

《瓶庐丛稿》卷五

审定《国子监新定章程》

光绪二十二年八月二十八日（1896年10月4日）

一、本监设立南学，原以成就人才肄业章程颇极详备，徒以经费未足，膏火不丰，上舍高才往往轻去其学，而恋而不去者类皆中

才以下之流,如此而欲人才之有所成就难矣。今保举之例既未可轻行,则鼓励之法莫如优给奖赏,以资膏火之所不足,使中才有所奋厉,而高才亦籍以羁縻,似亦整顿南学之一道。惟本监发商生息,书吏所得之六十二金内,扣出拾两,合共二十二两,以十六金作为南学考试奖赏,以六金添设满照房两员,以资调剂,缘满股人员较汉股多至十馀,且多贫苦而无出结,故酌为此议,是否可以举办,伏乞酌示遵行。如书吏或有阻挠,尚求立予主持,以必行为望,同人之意如此,谨并陈明。

一、本监挑补官学生率多顶替之弊,八旗皂役颇恃此为利薮,每补一缺,皂役索费数十千或百千不等,不愿花费者往往应传不传。积弊相沿为日已久,现经出示严禁需索,有敢索费者准诸生指名扭禀,如不行指禀,查出将该生开缺示惩,并刊发执照分给记名诸生,令其按照牌示日期赴监备挑,以杜需索顶替及应传不传之弊。

一、南学肄业生颇有愿习时务者,业经咨取江南、广东、湖北等省所有时务、洋务诸书,闻译署印书处有各种书籍二十馀部,可否由本监行文咨取,伏候裁酌。

一、不便轻动经费,正项两款赤少赢馀,每月大课加课例奖银数太少,不足以示鼓励。至小课有仅奖数银者,得之者至引以为耻,此宜亟更旧例者也。现与同事诸君商酌,本监照字一项,每一字共银二百七十二两,除司员以至是役及六堂随封各项应分一百五十两不计外,拟于六堂应分之六十两内摊出二十两,每一堂各摊出二两。

一、稽查南学亦属要差,近日已有名无实,八旗既添设照房,即应将稽查一差专为六堂人员轮派。且南学本六堂所分辖,与八旗无涉也。稽查差向有津贴银八两,拟派六堂司官二员,每员给津贴四两,轮查南学,以考勤惰,庶几事归实际,款不虚糜。此差亦定为一年期满改派之例①。

《翁同龢文献丛编》之二《考试·国子监》第791—794页

满汉章京循例奏保请旨奖励摺*

光绪二十二年十月初八日(1896年11月12日)

奏为循例保奏请旨奖励仰祈圣鉴事。

查向例军机处行走满汉章京每阅三四年遴择当差勤奋者请旨量予鼓励,历经遵办在案。

兹查光绪十九年保奏之后至今已逾三年,臣等留心查看,于各章京内择其资格较深及办事勤奋者数员,公同酌拟:理藩院员外郎承祐,请以本院郎中,无论满蒙题选、咨留,遇缺即补;刑部员外郎玉贵,请以本部郎中,无论题选、咨留,遇缺即补;兵部候补员外郎麟绪,请仍以本部员外郎,无论题选、咨留,遇缺即补;户部缮本笔帖式恒斌,请作为本部候补主事遇缺即补;工部候补主事□□□补缺后,无论题选、咨留,遇缺即补;员外郎王彦威,请免补主事,仍以本部员外郎,无论题选、咨留,遇缺即补;刑部员外郎李舜宾请以本部郎中,无论题选、咨留,遇缺即补;内阁候补中书杨寿枢,请免补本班,以侍读遇缺即补;刑部候补主事卢震,请免补主事,以本部员外郎遇缺即补。合无仰恳天恩,俯准照所请奖励,

---

① 八月二十八日(10月4日)张伯熙等撰拟《国子监新定章程》,请翁同龢审核。函件封面有翁同龢亲笔所书"冶秋(张百熙)祭酒面交。二十二年八月二十八日"字样。

* 此摺与奕訢、世铎、李鸿藻、刚毅、钱应溥联衔。

以昭激劝。

所有循例酌保章京缘由，理合恭摺具陈，伏乞皇上圣鉴，谨奏。

中国第一历史档案馆，奏档，光绪二十二年一号(4)：内政职官卷

缮修汉档校勘各员请奖摺*

光绪二十二年十月初八日(1896年11月12日)

奏为恭摺奏闻事。

窃查军机处历年所有汉字谕旨、寄信及议复等项档册，前于咸丰四年奏明每届三年缮办一次。自光绪十九年办理以后，本年复届缮办之期，前于三月内奏请缮录，并声明将出力之供事随案拟保，奉旨："依议，钦此。"

臣等遵即查照成例，传内阁中书十六员分册缮写，并拣派军机章京总司校勘。计自光绪十九年正月起至光绪二十一年十二月止共三十七册，又逐日登记号簿十二册，又洋务档二十册，又电寄档二十一册，又引见档六册、早事档十二册，并将积年旧档，一律补缀齐全。查历届办理清汉档册告竣均经奏蒙赏给议叙在案。此次缮写三年档案，并将历年各旧档督饬供事人等修补完善。所有承办各员及在馆供事等，可否比较历届告竣之例，酌量赏给议叙，出自天恩。如蒙谕允，臣等查明各该员功课及供事，分别等第，咨部办理。

所有军机处汉档告竣缘由，恭摺具陈，伏乞皇上圣鉴。谨奏。

中国第一历史档案馆，奏档，光绪二十二年一号(4)：内政职官卷

---

* 此摺与奕䜣、世铎、李鸿藻、刚毅、钱应溥联衔。

为汉教习期满请旨录用摺

光绪二十二年十月十七日(1896 年 11 月 21 日)

为汉教习期满事草摺呈奏:“跪奏。为汉教习期满事。准管理八旗官学处文称:厢白旗汉教习萧端林、正蓝旗汉教习戴承祖三年期满,教有成效,出具切实考语咨送过监,以使查核等因,当经臣监咨查吏部,嗣据复称汉教习萧端林、戴承祖三年期满,应以知县、教职二项请用,核与例章相符等因咨复到监。谨缮写‘绿头牌’带领引见,请旨录用,为此谨奏。”

排单:萧端林:四川石泉县,举人,四十岁,考语:“训迪精勤,著有成效。”

戴承祖:河南祥符县,附贡,年四十一岁。考语:“持躬谨慎,训课甚勤。”

《翁同龢文献丛编》之二《考试·国子监》第 798 页

奏为筹饷紧要请旨允准本年核扣官员俸廉三成数摺*

光绪二十二年十月二十日(1896 年 11 月 24 日)

光绪二十年七月间,臣部因筹饷紧要,奏称将二十一年份在京王公以下满汉文武大小官员俸银并外省文武大小官员养廉,均按实支之数核扣三成,统归军需动用。嗣于上年十月间因关外虽已撤防,甘肃尚有军务,一切征兵募勇需款不赀,奏请将二十二年份京俸外廉再行接扣一年,存储候拨,先后奉旨允准通行遵办在案。

---

* 此摺与麟书、敬信、立山、张荫桓、溥良、陈学棻等户部堂官联衔陈奏。

现在海疆已无战事，回匪业就肃清，自二十三年起，京官应得俸银，外官应得养廉，原应按照二十年以前实支之数开支，以复旧制；惟北洋于归并淮军之外，添练海军，西路于停发行饷之馀尚需坐饷，加以兴修轨道，堵筑河工，用款浩繁，部库艰窘情形，当为臣工所共谅，而各省认还洋款，罗掘一空，且有指养廉三成凑还洋债者，合俸廉两项并计，每年核扣数逾百万，以三成分计，各员所扣无多，以百万合计，公家所裨实巨。当此时局艰难，度支匮乏，中外文武久沐皇仁，允宜共摅忠义之忱，藉伸报效；惟查京外员弁，其职分较卑者，上年各省核扣养廉，文职州、县以下，武职参、游以下，迭经各该省奏请免扣，均邀圣明允准，中外视同一律。臣等商酌，拟请将光绪二十三年份京官应得俸银，文职自五品以下，武职自四品以下，仍照全数开支。其文职四品以上，武职三品以上，照案再行核扣三成。外官应得养廉，文职自府经历、县丞以下，武职自都司、守备以下，仍照全数开支。其文职州、县以上，武职参将、游击以上，照案再行核扣三成，并京俸外廉均拟再行接扣一年，汇总奏咨存候拨用。如蒙谕允，俟命下之日，即由臣部通行在京各衙门暨各省将军督抚钦遵办理。

《光绪朝东华录》第四册，总字第3895—3896页

遵旨复议盛宣怀条陈自强大计暨设立达成馆并开设银行摺*

光绪二十二年十一月十二日（1896年12月16日）

光绪二十二年九月二十六日军机处钞交候补四品京堂盛宣怀

---

* 据翁同龢光绪二十二年十月十九日日记记载，此摺由翁同龢亲手修改，最后作为总理衙门、军机处、户部公摺联衔复奏。

条陈自强大计摺暨设立达成馆并开设银行各摺片，奉旨："著军机大臣、总理各国事务衙门、户部妥议具奏。钦此。"

臣等查原奏内练兵一条，所称："近年中国既縻饷千馀万以养绿兵，复縻饷千馀万以养练勇，计各省实存绿兵、练勇八十馀万人。更新而不去旧，无此财力，制兵而不划一，非善治军。宜将天下划分十镇，海疆边疆为重，腹地僻地为轻，坚强朴实之地多征，膏腴柔脆之地少选，参酌西法，简练新兵三十万人。就各镇形势轻重等差，兵数多寡，征选户籍可稽年在二十以上二十五以下体质身干合式者，录为常备兵，入营教练，期以三年；退为预备兵，亦期以三年；退为后备兵，亦期以三年；退为民兵，期以五年，除其兵籍。自预备兵以下，平时在家服农，有事以次征集。预备兵每年一次召集屯营，与常备兵合操；后备兵每年一次召集便宜地方，使之演习，皆视道里远近，给予路费。民兵不集操，在籍者皆免本户徭役，每岁十月由各镇拣派选兵官分赴各属，会同州、县验选合格者注于籍，随时征充常备，壮者入营而老者退籍，老者退而壮者又复入营，历三年而一兵之饷得二兵之用，历六年而一兵之饷得三兵之用，九年以后，岁额三十万人之饷常得一百二十万人之用。各镇营制饷章统归一律，各营器械统归一式，举绿营、勇营悉去之，以其岁饷三千馀万而练常备兵三十万人。重订饷章，岁约不逾二千万两，其馀以备洋教习薪水、预备后备兵调操路费等用，计无不足。"等语。臣等查添练新军，必须宽筹的饷。上年臣户部筹款奏内，奉旨令各直省将绿营兵额裁七留三，嗣经先后奏到，除山东请减五成，自本年始陆续裁汰，将每年节存饷项银数开单奏咨办理，奉旨允准外，其馀各省所裁兵数，多寡不一，现已时阅年馀，办理情形究竟若何，均未据续行奏到，拟请旨饬催各直省将裁减兵数及切实办法速行奏明，毋得仍以含混延宕之词一奏塞责。近年内外军务均已平定,如江南之榆关撤回各营,陕西之善后防军固应一律尽裁,即直省之练军,旅顺之毅军,长江之内河水师,亦拟请旨饬令分别核实裁减,以节虚縻。以上二项腾出之饷,专款存储,以备添练新军之用。以目前情形而论,亦只有就北洋袁世凯、聂士成两军及江南自强军、湖北洋操队,将西法切实讲求,认真训练,悉成劲旅,俟裁减兵勇节省银两核明确数,再行逐渐推广。盛宣怀所奏分划十镇、简练三十万人,举绿营、勇营悉去之,约计海疆边疆已属不敷分布,而腹地僻地过形空虚,亦非所宜,且三年退换,一弛不张,诸多窒碍,应请毋庸置议。至各营枪炮宜归一律,内外臣工条奏多持此说,本年七月,督办军务处奏请饬下刘坤一、张之洞将新制枪式彼此较准,划一办理,迄今尚未复奏。相应请旨饬催,并令将上海、湖北两局厂每日可出快枪若干支,合价银若干,迅速具奏。

其理财一条,所称:"欲求足国,先无病民;欲收商利,在挽外溢。加税之议,闻洋人以厘金为词,盖窥我国用之绌,必不能停收厘金也,应机决策,莫如径免天下中途厘金,加关税为值百抽十,令彼无所藉口。厘金既免,即仿行西国印税之法,办理得宜,计加收之关税,新收之印税,合之当倍于厘金。西人通商惠工之本,其枢纽皆在银行,中国亦宜仿行。及另片所奏,遴选各省公正殷实之绅商举为总董,招集股本银五百万两,先在京都、上海设立中国银行,其馀各省会口岸以次添设,由商董自行经理。"摺内又谓:"墨西哥国以九成之银铸钱运行中国,易我十成之银,岁耗以亿万计。近来广东、湖北、北洋、南洋先后铸造银元,分两轻重悉准墨银,既不能废两为元,各库出入,仍需元宝,必至无银可铸。拟请在京师特设银元总局,以广东、湖北、天津、上海为分局,开铸银币,每元重京平九成银一两，再酌铸金钱及小银钱，使子母相权而行。凡出款俱用官铸银币，各省、关收纳地丁钱粮、盐课、关税、厘金，俱收官铸银币，元宝、小锭概不准用。惟收款仍照库平十成银计算，库平较京平，定以每百两加平六两，十成银较九成银每百两应加色十两，除各库上兑津贴银一两，定以每百两加色九两，如应交库平足银一百两者，实收银币一百十五元，无高下轻重之别，无减平扣色之弊，以每年度支八千馀万两计之，户部约用平色银盈馀一千二百万两，较向来各省拨解平馀多收当不下千万。"等语。

臣等查各省设卡抽厘，为近来入款之一大宗，如果洋税可加至值百抽十，将厘卡一律裁撤，非惟入款足以相抵，抑且体恤商艰，无如值百抽十之议，各国多方龃龉，尚未定局，且厘金为我自主之权，洋货或免，土货未能一律全免；印花税虽议仿行，将来办理能否得法，亦无把握，此番免厘金之说此时未便遽行者也。至开设银行一节，业已奉旨责成盛宣怀选择殷商，设立总董，招集股本，合力兴办矣。其所称开铸银元酌加分两一节，足以维持利权之一策。臣等公同商酌，亦拟责成盛宣怀俟银行办成后，准其附铸一两重银元，以十万元为率，先在南省试行。如果可以流通，毫无窒碍，再由户部妥议章程，奏明办理。

其育才一条，所称："西国人才之盛皆出于学堂，中国各州县一时未能遍设，宜令各省先设省学堂一所，教以天算、舆地、格致、制造、汽机、矿冶诸学，而以法律、政治、商税为要；先设武备学堂一所，教以筑垒、测地、枪炮、制造、弹丸、发送、队伍分合、马骑控御诸学，而以兵律戎机有勇知方为要。文武两科不能尽改旧制，似宜专设一科，裁天下之广额，为新学之进阶，明定功令，使文武学堂卒业者皆有出身之正途，齐仕进于科第，则闻风兴起，有志之士无不自奋于有用之学。另片所奏,京师及上海两处各设一达成馆,取成材之士,专学英、法语言文字,专课法律、公法、政治、通商之学,两馆各以三四十名为额,京官取编检、六部司员,外官取候补、候选州县以上府道以下,令京官四品以上、外官三品以上各举所知,出具切实考语保送,另简大臣考取,分发两馆,每年一切经费,约需银十万两,由盛宣怀所管招商轮船、电报两局捐集解济。"各等语。臣等查学堂之设,已由臣总理衙门于上年十一月议复御史陈其璋所奏,请旨饬下沿海将军、督抚,于已设学堂量为展拓,未设学堂者择要仿行;及本年七月议复侍郎李端棻奏请推广学校摺内,令内地各府州县,或就原有书院量加课堂,或另建书院肄业专门,业经先后奉旨允准通饬各省遵办。至武备学堂,现已设立者,仅有南、北洋数处,自应酌量推广,拟请旨饬下各省将军、督抚体察情形,能否于各省会中一律添设之处,妥筹办理。至所称在京师、上海两处各设达成馆一节,自系为急求人才起见,应请照准。此事为国家重大之举,所有常年经费,拟由户部筹定的款,按年拨给,未便如盛宣怀所奏由招商、电报两局集款解济,以崇体制。至馆中一切章程及应送何项人员入馆肄业之处,应俟建造房屋落成,请旨简放大臣后,再行详议具奏。

《光绪朝东华录》第四册,总字第3906—3909页

为汉教习期满弓箭教习期满量予录用摺

光绪二十二年十一月二十二日(1896年12月26日)

为汉教习期满事呈摺:"跪奏:奏为汉教习期满事。准管理八旗官学处文称:正蓝旗汉教习张思诚三年期满,教习有成效,出切

实考语咨送过监,以便查核等因。”当经臣监咨查吏部,嗣据复称汉教习张思诚三年期满,应以知县、教职二项请用,核与例章相符等因咨复到监,谨缮写“绿头牌”带领引见,请旨录用。为此谨奏。

同日,又为弓箭教习期满呈奏:“跪奏。为弓箭教习期满事。查例载八旗官学弓箭教习五年期满,应以护军骁骑校补用引见,奉旨后仍留学行走候选。”等语,今臣监弓箭教习富宽、德全五年期满,咨查管理八旗官学处,嗣据复称该教习富宽、德全教有成效,出具考语移复前来,谨将该教习等出身、履历缮写“绿头牌”带领引见,恭候钦定,为此谨奏。

翁同龢手书清秘堂教习庶吉士教习名单:檀玑(斗生)、吴郁生(朔若)、朱福诜(桂卿)、张建勋(京淑)、许叶芬(绍翯)、刘若曾(仲鲁)、恩祥(露芝)、吴荫培(颖芝)。奏办院事的为:溥瑛(菊彭)、徐受帘(计甫)、吴炳(珠浦)、刘若曾(仲鲁)、陆钟埼(申甫)、嵩珣(祝三)、朱福诜(桂卿)。

《翁同龢文献丛编》之二《考试 · 国子监》第 799—800 页

奏为暂缓加征制造土货税收新章摺*

光绪二十三年三月初八日(1897 年 4 月 9 日)

光绪二十三年正月二十八日准军机处钞交司业黄思永片称:“自有加收洋税值百抽十之议,商情瓦解。上海华商,有将自立纺纱、缫丝等厂售与洋人,免亏血本者。纱、丝若此,馀可类推。近年仿用机器改造土货,原欲以华敌洋,收回利权,华商亏折太甚,必纷纷闭歇,低昂物价之权尽归洋商。”等语,奉谕旨:“著该衙门议奏。钦此。”

---

* 此摺与奕劻、荣禄、敬信、崇礼、许应骙、廖寿恒、张荫桓联衔。

臣等查光绪二十二年五月二十一日臣衙门奏请酌定机器制造货物税章一摺，原因允准洋商制造土货之后，不能为中国土货随地征收税厘，若不加重离厂税课，则洋商改造土货，存本既轻，获利必厚，中国土货必致滞销，是值百抽十之议，原所以抑洋商之利权，保华商之生计。嗣于光绪二十三年正月内准浙江巡抚廖寿丰电称："制造征税新章，系为洋商预立专案，但华商资本支绌，风气尚未大开，若骤增税项，商务恐难振兴，拟请暂缓开办，以纾商力，俟洋商加税时然后一体征税。"等因。臣以此项章程，原为抵制马关约准日本制造起见，续与日本使臣林董定议，任听中国征税，却不能较华商有所增益，是日本从前不允纳正税之说业经争回，此项征收华商章程暂可缓办，当经电复浙江巡抚，并电南洋大臣暨札总税务司在案。兹据该司业奏请从长计议，臣等详加商酌，自应仍照臣衙门电复浙江巡抚缓征原案办理，操纵可以自如，统俟洋商有开办机器厂时，华洋一体征税，以免洋商藉口。

《光绪朝东华录》第四册，总字第3947—3948页

奏为饬令各省切实开征土药税厘以济饷需摺*

光绪二十三年五月十二日（1897年6月11日）

土药一项，为自古载籍所无，既不为物土之宜，即无从则壤成赋，从前固悬为厉禁，自开禁之后，种植日广，贩售日多，骎骎有不可遏之势，是以光绪十六年总理各国事务衙门会同臣部议定章程，并将税务司赫德采访各节具摺请旨，饬下各省督抚体察情形核实

* 此摺与麟书、敬信、立山、溥良、陈学棻、徐用仪联衔。

兴办。近年以来,各省复奏,或按亩输税,或设局统捐。按亩者则捏报歉收,统捐者则隐匿短绌。即如南徐州土药,该省督抚初报以产计捐可收银三十万两;旋又改办统捐,在徐局每百斤捐足六十两,所过各关不复再捐。乃自改章后,每年仅收二十四五万,今又短至二十一万馀两,即此一处,前后收数已属悬殊,一再改章,竟同虚设。其馀各省,办法不同,要之一无实际,统计各省收数,每年不过一百数十万两,其中胥役之包庇,商贩之偷漏,官吏之侵渔,种种弊端,更仆难数,朝廷徒受开禁之名,赋税未获征收之实,若不亟图变计,将大利徒归于中饱。臣等反复筹商,并令总税务司赫德详加察访。据该总税务司开呈手摺,按近年出产,吉林六千担,甘肃、陕西、山东、山西、河南、直隶六万担,四川十二万担,云南八万担,贵州四万担,浙江一万四千担,江苏一万担,安徽二千担,福建二千担,总计三十三万四千担。虽所开者只系约略之辞,然西人工于心计,于中国物产,较量稽考,绩密无遗,证以臣等所闻,大抵边塞荒寒之地,炎方瘠薄之区,凡五谷不宜者,莺粟转能丰殖,所出之处,与该总税务司所开无甚出入。若厘税并征,每一担以六十两为度,则三十三万担岁可得银二千万两,如此则不加税而税足,不开源而源裕。此等商贩,本非廉贾,所谓多取之而不为虐者也。

臣等查阅该总税务司所开中国土药,吉林,四川、云南、江苏等省最为出色,拟先由四省兴办,办有头绪,再为推及他省。吉林由山海关税务司兼理,四川由重庆关税务司兼理,云南由蒙自关税务司兼理,江苏由镇江关税务司兼理等语。然土药与洋药不同,洋药必先至通商各口而后散入内地,在新关税厘并征,实为包括无遗。土药则产销内地而后分运通商各口。在新关税厘并征,不免多所挂漏。中国土药,吉林、四川、云南、江苏以外,各省不乏出产之区,若专由上海、重庆、蒙自、镇江四关征收税厘，其距四关较远该省商贩不常经过者，固难遍行查考，即距四关较近而本地土药已在本地销售者，亦属无从征收。若俟办有头绪，再为推及他省，不惟累岁经年，难期速效，终恐鞭长莫及，徒费周章。盖各省可以兼统四关，而四关不足以兼统各省，事理灼然，不待辩也。兹拟通行各直省将军、督抚，遴派干员，在各省出产土药繁盛各处，设立总局，略仿洋药税厘并征之法，先行试办，每担百斤征银六十两，就近在总局交纳，纳足之后，发给印票，黏贴印花，任其销售，无论运往何处，概不重征。如所过关卡查无总局印票及黏贴印花，或斤两不符，除令找足六十两外，仍照章议罚。自开办之日起，半年报部一次，一年汇总开报。惟一年征过土药数目，必与总税务司手摺所开大致不甚悬殊，方为核实。如所短过巨，则是卖放、偷漏等弊未能杜绝，该将军督抚即应将贪劣疲玩之员从严参办。如与手摺所开不相上下，或更有加增，亦准择其尤为廉能勤奋者奏请优予奖叙。至总税务司手摺未开之奉天、黑龙江、热河、新疆、湖南、湖北、广东、广西、江西等省，或向产土药，抑或新种土药，均应照此次征收新章一律办理。将来各省收有成数，准提一成开支局用经费，六成留归本省，专备拨还续借洋债，其馀三成尽数解部，照案作为奉宸苑、颐和园等处工程之用，庶巨款不致尽归无著，而部库与各省饷力亦可稍纾。现因需用过巨，筹款极难，此事势在必行。各直省将军、督抚等自当共体时艰，实心经划，其应如何各就地方情形速筹开办之处，即行妥定详细章程，专案奏报。

《光绪朝东华录》第四册，总字第3963—3965页

遵旨复议土药行销变通收税章程摺*

光绪二十三年五月十二日(1897 年 6 月 11 日)

光绪二十三年四月十二日御史张兆兰奏各省土药行销日盛，请变通收税章程一摺，军机大臣面奉谕旨:“户部议奏，钦此。”钦遵。钞交到部。

据原奏内称:“土药为筹款大宗，拟令各省查明实在出产数目，专案报部，一律改捐落地正税。盖就地征收，较官卡易于查察，自收落地税后，任其运销别省，概不重征。商民知不重征，亦必乐于从事。并拟由户部发给印花，领新缴旧，收税后即准黏贴印花，所过关卡随时查验，有印花者放行，无印花者罚扣。并请裁撤各局委员以省浮费，专归地方官经理，按结详报，如能收税足额，由该上司比照征钱粮之例酌加奖叙。设有隐匿，一经查出即行严参。”等语。

臣等伏查各省土药，臣部已另筹征收之法定议具奏。正缮摺间，据御史张兆兰奏请前因。查该御史请征收落地税，核与臣部所议以在出产土药繁盛之处就近每百斤缴足六十两概不重征各节，大致尚属相符。惟所请裁撤各局委员，专归地方官经理，虽为节省浮费起见，第恐地方公事繁多，未能常川稽查，似不如设立总局，派委员就近征收，较为得力。至印花请由户部发给，恐边远省份赴京具领，未免有稽时日，且开需索留难之弊，应由各省将军、督抚自行妥酌议定，应用何项印信，迅即奏明开办，以免迟延。

《光绪朝东华录》第四册，总字第 3965 页

---

* 此摺与麟书、敬信、立山、张荫桓、溥良、陈学棻、徐用仪联衔。

奏请开征各省典当税收以济饷需摺*

光绪二十三年五月二十一日(1897年6月20日)

查臣部则例内载:各省民间开设典当,呈明地方官转详布政使请帖,按年纳税,于奏销时汇奏报部,其有无力停止者,缴帖免税。直隶、江苏、安徽、江西、浙江、福建、湖北、湖南、河南、山东、山西、陕西、甘肃、四川、广东、广西等省,每年每座税银五两,云南省每年每座税银四两,贵州省每年每座税银三两,奉天省每年每座税银二两五钱各等语,历经各省照例征收于奏销册内报部在案。光绪十四年,因河工需款,臣部奏令各省每当商一座缴银一百两,作为预完二十年当税,奉准行知各省。旋据先后报部,共预缴税银七十馀万两。光绪二十年,复因海防筹饷,由臣部奏令中外典当各商于额税外每座捐银二百两,报部候拨,计各省已报部者,共捐缴银三十馀万两。该商典等两次报缴巨款,已足见急公好义之忱。当此时事艰难,臣部亦知体恤商情,未便强令再伸报效。无如度支万分奇绌,银行、铁路在在均须部筹,即归还洋债要需,实已挪无可挪,借难再借,虽核扣中外俸廉,裁汰各营兵勇,加抽土药厘税,提扣放款减平,究竟每年腾出的款若干,尚难预料。

惟查京外典当,以光绪十四年座数计之,约共七千数百馀座,开设既多,资本亦巨,获利较厚,税额独轻。臣等公同商酌,拟自本年起,无论何省,每座按年纳税银五十两,岁可共征银三十馀万两,应由各省州县查明现在座数,分别造册详司报部,税银照征足额,

---

* 此摺与麟书、敬信、立山、张荫桓、溥良、徐用仪联衔。

缴解藩司,汇总专案随册奏咨,听候拨用,不许外省截留。其有光绪十四年已预缴二十年税银者,除已经歇业不计外,凡现经开设者,均自本年起,准其按照预缴之数分年扣除。已缴五两者,补缴四十五两;已缴四两者,补缴四十六两;已缴三两及二两五钱者,准此类推,均俟预缴年限届满,仍照五十两之数征收。光绪十四年以后新开各当,拟自本年起,每座征税银五十两,不得延欠。此外,则例未报各省,如吉林、黑龙江、新疆等处,无论新旧当商,均自本年起一律征银五十两,以昭平允。该商等食毛践土,具有天良,自当体念时局之艰,勉赴公家之急。惟既加税额,自应概裁陋规。闻从前各商呈充、领帖、换牌,藩司道府州县各衙门均有使费,地方官吏年节亦有陋规。商力几何,何堪朘削。拟请旨饬下各省将军督抚严谕该管地方官,概行禁革,不得再蹈从前恶习。如有假公济私,加派逾额,或劣绅蠹役藉端讹索,准该商人据实控告,按律严惩,该上司等不得袒庇姑容,以恤商艰而重税课。一俟命下,即由臣部行知顺天府府尹暨各该省将军、督抚,转饬所属州县等官,剀切晓谕各商,一体钦遵办理。

《光绪朝东华录》第四册,总字第3965—3966页

遵旨复议添扣各项减平以裕利源摺

光绪二十三年五月二十七日(1897年6月26日)

光绪二十三年三月十二日奉上谕:"御史宋伯鲁奏请添扣各项减平以裕利源一摺,著户部议奏。钦此。"钦遵。由内阁抄出到部。

据原奏内称:"筹款之法,节流不如开源,而开源之途有二:有创前此所未开者,取道纡而责效迟;有就已成之局而推广之者,用

力省而成功易。现在洋债繁重,库款支绌,转瞬交利之期又届,司农仰屋,计吏束手,于无可筹划之中,必筹一岁入巨款,则莫如酌增减平之一法。查库平一两内核扣减平六分为京平一两,虽贵如王公巨卿,其廉俸莫不核扣,近如宗室、觉罗,其钱粮亦莫不核扣,而外省旗绿兵勇饷干,或竟支库平,并不扣减,或按库平共减三四分不等,本非平允办法,然相沿已久,无故亦不便更章。兹因筹款万难,不得已拟统按六分核扣,其向有支款占定者,仍准留用。此外添扣者,概令报解。每人每月所扣无几,似无伤于正体,而的款每年约可得银百馀万两。若仍不足用,或再将一分平馀扣款普遍推广,每年又可得数十万,合之可得二百万。盖军需定例,惟采制运脚,除扣平外,每百两向扣平馀银一两,馀则不扣。今拟统行核扣。"等语。

臣等复查道光二十三年臣部奏明,将各省文武廉俸暨杂支等款一律减平支放,每年约节省银七十四万七千馀两。又咸丰七年奏明,兵饷马干等款毋庸减平,其馀一切放款改用二两平支放,每年约节省银二十馀万两,俱令按平如数解部。又光绪十年奏明,各省勇饷大半按湘平支发,嗣后一切薪水杂项,均照湘平扣银四分之数,一律扣平支放。扣出银款另行存储候拨。此臣部先后办理减平之大略也。今御史宋伯鲁奏称筹款万难,不得已拟统按六分核扣,概令报解,每年约可得银百馀万两等因。查各省支发库平各款,除京协各饷、海关经费、中外交涉款目、雇募洋人薪工、购买外洋物料,均难议减外,现在旗绿各营兵饷马干、员役薪粮等款,每年约需库平银一千四五百万两,若每两减平六分,一年约节省银八九十万两,实不及百馀万之数。惟每年每月所扣无多,不至遽行困苦,而铢集寸累,积有成数,于库储不为无裨。臣等公同商酌,拟照该御史所议,行令各省,自本年七月起,无论藩运道库及各局派所,额支旗绿各营俸薪饷干米折养膳,并各项经费津贴薪费口粮暨一切正杂各款,凡向支库平者,每两核扣六分,统按二两平发给,其由旗绿各营内挑练之兵,所支饷糈本较额兵为优,亦应核扣六分平,以归一律。至各省勇饷,多系开支湘平,当此整顿营勇之时,自未便再行核减。第查各处防饷,间或以库平支给,未免稍有参差,亦拟令自今年七月起,无论旧有防勇、新添练勇,以及学习洋操各军,凡饷项开支库平者,照数核扣四分,统按湘平发给。计各项减平扣出银数若干,应令按半年报部一次,专款存储,留备臣部拨还洋款,无论何项,不得擅行动支。其从前减平各案扣存六分、四分各数,并令照案分别解部及报部候拨,毋得径行截留应用。再,军需例扣一分平馀,开支书吏工食,为数无几,自应循例办理,无庸统行核扣。

以上核议各节,如蒙谕允,应请饬下各直省将军、督抚一体遵办,并将各该省各项减平一年约扣数目先行专案奏报,毋稍迟延。

《光绪朝东华录》第四册,总字第3968—3969页

奏为请饬各省慎选将领暨新增各项兵数饷数造册送部核办摺*

光绪二十三年七月初三日(1897年8月19日)

户部奏:各省裁汰兵勇,节省饷银大宗数目,务宜认真办理。应请饬下各省将军、督抚慎选将领,嗣后再有老弱缺额等弊,务将该营将领从严参处,并将该营某标某军原有新增各项兵数饷数实

* 此摺与麟书、敬信、立山、张荫桓、陈学棻、徐用仪联衔。

存兵勇数目，造具简明细册，限文到三个月送部查核办理。

《光绪朝东华录》第四册，总字第3979页

就中德交涉第一次呈奏摺

光绪二十三年十一月十一日（1897年12月4日）

臣翁同龢、臣张荫桓于初十日未刻遵旨前往德馆理论，自未抵戌始才就绪，其寒暄语不叙，辨驳语不叙，谨将与海靖问答择要录出恭呈御览。第一款，此款最费辩论，末允李秉衡不做大官，删去"永不叙用"四字。第二款，济宁教堂工价六万六千两，扁用"敕建天主堂"五字并结案立碑。第三款，曹州府城巨野县两处教堂作为赔偿被杀教士，每处工价照济宁教堂数目，地基由中国指给。教士被刦受亏偿银三千两。第四款，恭请明发谕旨照约饬地方官尽力保护。第五款，如中国开办山东铁路及铁路旁矿务，先尽德商承办，惟须彼此妥商。第六款，此款海靖推伊国家主持，臣等扼定"办结"二字，再四磋磨，允两国面交照会，教案事毕即为办结。此外，胶澳退兵，伊不肯承，然已有活动之意。领事赴山东一节，允作罢论。告以德提督有分兵赴胶州、即墨等事，殊违公理，伊允电阻。以上六条，臣等虑有反复，当将铅笔画于每条下，给翻译读与海靖逐条讲解，伊诺无辞。

《翁同龢文献丛编》之六《外交·借款》第261—263页

就中德交涉第二次呈奏摺

光绪二十三年十一月十五日（1897年12月8日）

臣翁同龢、臣张荫桓十四日往晤海靖，问其结案照会如何照复，海靖逐条申说，大致均与臣衙门照会尚无出入，惟偿恤被杀教士略有

加增。第六条用费一节颇费磋磨,现渐就范,是此案可(有)〔以〕收束。谨将问答分晰录呈御览。第一款,李秉衡处分始允删去四字,现允至降调,不提革职,由中国自办,不作为德国所请。第二款,照前议。第三款,添曹郡巨野教堂一体赐扁立碑,并于巨野、荷泽、城武、单县、曹县、郓城、鱼台七县,各为教士造住房一所,共给银二万四千两,交教士自造,均作为被杀教士恤典。第四款,照前议。第五款,照前议。第六款,始称用费不至多索,未肯明说数目。至臣衙门照会内另案商办一节,伊颇乐从。以上六款大致已具,教案即可拟结。臣等即促令胶澳退兵,伊意竟欲久踞,另指一岛抵换,伊不能决。再三磋磨,允将登岸之兵全撤下船,臣等仍令全船退出口外,作为教案了结之据。伊沉思良久,云须请示国君。臣等告以今既和商到此,用费即为罢论,伊似亦首肯。惟借岛之事,伊最着意,恐须此事商妥始能大定。此六款大致已妥之情形也。至于昨日该使所来照会,该管各官议处一事,亦经臣等再三驳诘,允由中国自行酌办,兖沂道调任他处,州县分别参撤,统候明发谕旨施行。臣等复诘以王弟督兵似可电止,伊云此来别无他意,欲令各国知德国重视教案,王弟本是水师提督,从前到过上海,请中国以礼接待,况现在教案已结,可保不生波澜。又云现在不能照复之故,因候本国电复。今日发电,计三日内可以复到即行互换。臣等要以俟互换后再请明发谕旨,伊照允。

《翁同龢文献丛编》之六《外交·借款》第264—266页

就中德交涉向光绪帝奏报会商情形摺

光绪二十三年十一月二十三日(1897年12月16日)

臣翁同龢、臣张荫桓十四日往晤海靖后,该使昨日始得国电,二十二日订晤。臣等申刻前往。海靖云教案赔款可以定,惟第六款胶澳退兵实难办到。告以英使昨来照会，铁路、口岸两事，应要均沾利益。铁路事业经辨明，口岸事本无定说，英使尚在怏怏。海靖云接本国电，胶澳不能退，即敛兵入船亦难办到。臣等反复驳诘，海靖始允先将教案五条照复了结，敛兵一节亦尚可商，惟退地之说要电本国请示，须顾德国面子，非迅速能定，只可作为另案。臣等告以若论面子，两国都要顾，只好将胶澳作为不通商码头，多予德国租界为泊船屯煤之用，以报归辽之谊，则德国实有利益、各国可免饶舌是最好办法。海靖迟疑良久，云恐俄国不愿，告以各国通商，俄且不愿，德国独踞，俄岂甘心！海靖云俄、德两国主曾经面商，交情甚厚。告以且以此意电告外部，东方大局从长计较。海靖允照电。臣等察看情形，教案似可结束，因促以将照会底稿先行送阅，订期互换，海靖允照办。

《翁同龢文献丛编》之六《外交·借款》第273—274页

遵议通艺学堂奖叙教习章程摺*

光绪二十三年十一月二十四日（1897年12月17日）

本年正月间，接据刑部主事张元济等呈称："联合同志，分筹款项，赁房开馆，学习西国语言文字，请发给同文馆书籍。"等因，当经照准拨给在案。兹于八月二十四日复据张元济等呈称："设立学堂，来学者多系京员及官绅子弟，现在定立课程，先习英文及天算舆地，其兵、农、商、矿、格致、制造等学，俟洋文精熟，各就性质所近，分门专习。伏查二十一年十二月总理衙门议复御史陈其璋推

---

* 光绪二十一年七月初二日，翁同龢奉命派管同文馆事务。此摺与奕䜣、奕劻、李鸿章、荣禄、敬信、崇礼、许应骙、廖寿恒、张荫桓联衔。

广学堂一摺，准令官绅集资创建，奏明办理。今试办半年，规模初立，来学者众，自应援案呈请具奏，并援案请将学堂教习，比照成案，酌给奖叙。暨学堂成业学生，仿照广方言等馆学生例，调考录取。”等因。

臣等查近日中外交涉事宜，条目日繁，需才益亟，仅恃臣衙门之同文馆、上海之广方言馆、广东之同文馆及南北洋、闽厂学堂数处，学生有限，诚不足应各省之取求。前议推广学堂通行各省，而官绅创办尚属寥寥，该员等居京师首善之地，筹款设立通艺学堂，自行讲习，造就人才，留心时务，志趣实属可嘉。其所请酌奖教习一节，应比照安徽成案略与变通，拟俟三年期满著有成效，由该学堂出具考语，禀由臣衙门核办，有官人员，准其保加升阶；无官人员，准其作为监生一体乡试；再留三年，始终不懈，准以府经历、县丞，归部铨选。其成业学生，情愿投效同文馆者，应准其随时报名，听候调考，惟必须由该学堂出具凭单，将该学生所习何业，成就分数，考试等第，详悉注明，由同文馆查核，再行调考，以防冒滥。

《光绪朝东华录》第四册，总字第 4088 页

就中德交涉第三次呈奏摺

光绪二十三年十二月初一日（1897 年 12 月 24 日）

臣翁同龢、臣张荫桓于十一月三十日奉旨与海靖会晤，当即前往该馆。海靖云：今日之会所谈必能中听，外部本欲教案与胶澳并论，经伊电，知始划分两截。该使自以为功，以此结欢中国，并以见好于臣等，旋云教案无更改，惟第五条铁路欲由胶澳开至济南府，准由德商领办。臣等驳以与前议不符，旋要以华商必与德商合

办，海靖应允。第六条用费一层，海靖云若胶澳租定，用费不索。此教案六条粗定之大致也。臣等即申胶澳退兵之说，海靖云租界划定，兵可全撤，所谓租界指青岛两岸而言，若能划定，伊愿出租钱，愿立年限，租界内准造船厂、煤厂、炮台，租界外听中国办理，伊不过问。臣等告以租界可商，租界外应开各国通商码头，海亦无词，惟守口炮台，伊欲两岸并占，臣等不允，此事尚须磋磨。此臣等议结教案又议胶澳退兵之情形也。现因西俗假期，面订初三伊将照会底稿送阅，如有参差，臣等于初五日再与海靖晤面，初六伊到臣衙门面交照会，先结教案。至胶澳租界作为各国通商口岸等事，自当一气赶办，不宜中辍，应由臣衙门妥商办理。

《翁同龢文献丛编》之六《外交·借款》第267—268页

就中德交涉第四次呈奏摺

光绪二十三年十二月初六日（1897年12月29日）

臣翁同龢、臣张荫桓初五日申初往晤海靖，详商第五、第六两款，该使拟请山东铁路自胶澳造至济南省城，照俄国东三省铁路办法并他国现在及日后所得铁路利益，臣等要以德商与华商各自招股，各派要员领办，一切办法另议，合同无庸比照他国章程，以为中德两国自商之据，示以底稿。该使云须细看，俟明日将底稿送回再缮。第六款彼此意见略同。惟教案既结，驻胶作质之兵应即撤退，海靖谓兵可撤而不能尽撤，拟摘撤几队，让出所踞之地一半，以顾中国交谊，并声明嗣后不复再有未先知照，遽调兵船占踞中国土地之事。展阅地图，臣等与争守口之权，该使不能驳，然不能遽定，云另备照会声明，拟与教案统结。臣等以统结固免葛藤，特事因教案而起，仍应先结教案。该使似虑教案既结，无可要挟，必欲与另案统结，且愿将铁路一款归入另案，臣等以德国所得两项利益，恐助归辽之国援以为例，只可仍照原议，作为教案第五款。该使应允。其第一款至第四款均经议妥，无庸再商。

《翁同龢文献丛编》之六《外交·借款》第269—270页

就中德交涉第五次呈奏摺

光绪二十三年十二月初十日（1898年1月2日）

臣翁同龢、臣张荫桓遵旨于初九日申刻前往德馆与海靖晤面，海靖词气与前数次略有不同，尚不至十分桀骜。臣等首诘以曹州事有无续报，海靖云今日来电尚无事，强张地名不能实指。臣等告以已订六条不可因曹州小事忽有改变，海靖云万本华之事，外国新闻纸已传遍了。臣等答以此等意外传闻，中国亦甚不愿。海靖手执地图，将胶澳让出之地划开，坚索澳口两岸，直至阴岛地方。臣等坚持不允，辩论至两时之久，几于舌敝唇焦。臣等告以宁让齐伯山不让陈家岛，德若依我，我与德立密约，彼此守口一切炮台炮位均可定雇德厂克虏伯代造，此已十分通融。而海靖仍称奉到外部训条不能改，且照提督原占之地让出甚多，又系租给德国，不损中国自主之权，已还中国面子，万难再让，语甚决绝。臣等以此事关键所系，万难即允。仍索以教案六条照会，先行拟结，海靖必要胶澳界定始肯互换。臣等约以俟过明日外国礼拜之期，于十一日三点钟晤商再定。

《翁同龢文献丛编》之六《外交·借款》第271—272页

咨军机处文*

光绪二十三年十二月十八日(1898 年 1 月 10 日)

咨行事。

案据督练新建陆军臬司袁世凯禀称:“前经演习泅水夜战及纵跳各项杂技,于六月十九日二更后,正值夜战之时,当派帮统五品军功候选县丞武备学生梁华殿等,南逾小站之减水河,袭攻炮队,扑河接应,上游来溜甚大,潮水又复来至,竟将县丞梁华殿一员及哨长升用守备千总陈如松、五品军功田有章二员同时淹毙,禀请优恤。”前来。

查该县丞等平素操练认真,奉公勤奋,今因夜操同被沈溺,情殊可悯,若竟听其湮没,实无以作士气而励戎行,自应照准将五品军功候选县丞梁华殿、升用守备千总陈如松、五品军功田有章,一并照军营立功后积劳病故例,从优议恤。除咨行兵部外,相应咨行贵处查照办理可也。须至咨者。右咨军机处。光绪二十三年十二月十八日。

中国第一历史档案馆,奏档,光绪二十三年三号:军务营制人事卷

请为帮统五品军功候选县丞梁华殿等人从优议恤折**

光绪二十三年十二月十八日(1898 年 1 月 10 日)

据督办军务处咨,据袁世凯禀称:“帮统五品军功候选县丞梁

---

* 此文与奕䜣、奕劻、荣禄等联名。

** 此折与奕䜣、奕劻、荣禄联衔。

华殿、升用守备千总陈如松、五品军功田有章均因练习泅水夜战被水淹毙，请照军营立功后积劳病故例从优议恤。”前来。臣等公同商酌，拟请旨准如所请办理，谨奏。

中国第一历史档案馆，奏档，光绪二十三年三号：军务营制人事卷

奏为严饬各省将厘金中饱之数如实报部摺*

光绪二十三年十二月二十五日(1898 年 1 月 17 日)

本年十一月二十五日钦奉上谕：“前曾谆谕各省将军、督抚严杜厘金中饱，旋据陆续复奏，并未将厘金中饱之数和盘托出等因。钦此。”

臣等窃查各省厘金中饱，弊在承办委员不肯和盘托出，各省例不应支而事非得已者，辄于厘税收款提留济用，所谓外销者也。各省院司类有案存，原非自谋肥己。然既有外销之事，即有匿报之款，否则从何罗掘？无惑于人言藉藉，佥谓各省厘税实收之数竟数倍于报部之数矣。现在中饱之弊，已奉上谕饬令各该将军、督抚激发天良，认真整顿，各该将军、督抚自不致仍前泄沓。惟是外销之数若不和盘托出，则厘税实收之数亦终不能和盘托出。臣部总握度支，各省岁出岁入，不合藏头露尾，致臣部无可勾稽。即外销款目不能骤议全裁，亦宜咨报臣部，权衡缓急，庶几内外一气，共济时艰。譬之各省局卡亦援院司报部办法，该将军督抚其许之否？此理之浅近者也。拟请饬下各省将军、督抚，一面将该省外销各款数目向来取给于厘税者，据实奏明，分别裁汰；一面将各该省所收百

---

* 此摺与敬信、立山、张荫桓、徐用仪等户部堂官联衔。

货厘、盐厘、茶厘、土药厘及常税杂税等项银钱数目，据实报部，毋事欺饰，统限奉旨后三个月奏咨，不得违逾。自光绪二十四年正月起，按季具报。其从前造报不实或外销浮糜，拟乞圣恩宽其既往，并准将外销最要之款切实声明，臣部量予留支，使无窘于公用。惟各省通年进出款项，不得再有隐匿，俾臣部无隔阂之虞，各省免掩著之烦。倘经此次通饬之后，各省仍有隐匿，甚或巧立名目，谬称入不敷出，则典守之官不能辞咎，臣部亦难曲为之谅也。

《光绪朝东华录》第四册，总字第4015页

会议特设经济特科摺*

光绪二十四年正月初六日(1898年1月27日)

奏为遵旨议奏事。

光绪二十三年十一月二十三日准军机处钞交贵州学政严修奏请设专科以收实用一摺，军机大臣面奉谕旨："著总理各国事务衙门会同礼部妥议具奏。钦此。"

臣等查该学政原奏所陈各节，大抵以近世士大夫颇多讲求实学，而书院、学堂之设所成就仅及于少年新进，而耆儒宿学及已经通籍者不入院堂肄业，转无由邀朝廷特达之知，因请设经济特科，仿照从前博学鸿词之例，由京官四品以上，外官三品以上及各省学政核实保送，不限京官外官、未仕已仕，一体考试，分别议用。其所拟科立专名、不限额数、试凭保送、严责成、破资格、筹经费六条办法，筹划亦尚周密。方今时势多艰，需材孔亟，诚非有破格非常之

---

* 此摺与奕䜣、奕劻、李鸿章、荣禄、敬信、崇礼、许应骙、廖寿恒、张荫桓、怀塔布联衔。

举,不足以耸外人之视听而鼓舞海内之人心。第原奏请设特科,又请设立年限,揆之事理,窃恐难行。夫既曰特科,其事固不能岁举,而岁举之例行之科目,亦断不能概加超擢,与以破格之迁除,朝廷立贤无方,议法必通而后久,非特科无以动一时之耳目,非岁举无以供历久之取求,二者兼资可分办而不宜合办。查国朝康熙乾隆年间,两举博学鸿词,本依据唐人诠目以网罗海内人材,唐制举博学鸿词者大抵皆明经进士律算诸科,有出身人,复经朝官荐送,试之吏部,优等或竟除给舍,若陆贽、韩愈等皆由此以跻清要,当世号为得人。宋制沿唐,所荐送亦皆已由科目出身者,若洪迈、王应麟诸人皆以进士应举,非布衣所能语也。康熙、乾隆年间,意在访求遗逸,故不限布衣及朝官外官,一皆荐送。而一时剡牍□林之数较倍于缙绅,立法因时,各收宏效。其在于今则宜仿康熙、乾隆年间特科旧制,甄录学堂书院外之人材。惟现今科目阶级以登进学堂书院中之髦俊,一为岁举,一为特科,先举特科,次行岁举,庶几贞干不遗,亦且施行有序。

臣等公同商议,其特科拟略宗宋臣司马光十科、朱子七科之例,约以六事合为一科,一曰内政,凡考求方舆、险要、郡国利病、民情风俗诸学者隶之;二曰外交,凡考求各国政事、条约、公法、律例、章程诸学者隶之;三曰理财,凡考求税则、矿产、农工商务诸学者隶之;四曰经武,凡考求行军布阵、驾驶测量诸学者隶之;五曰格物,凡考求中西算学、声光化电诸学者隶之;六曰考工,凡考求名物象数、制造工程诸学者隶之。其保送应请如该学政所奏,饬下京官三品以上,外官督抚学政各举所知,无限疆域,无论人数,悉填姓名、籍贯、已仕、未仕、并其人何所专长,咨送总理衙门,定期考试。其考试则仿鸿博之制,各省保送人员一经齐集,由臣衙门会同礼部奏请试期，钦命题目，简派阅卷大臣在保和殿试以策论，差次优劣，分别去留。录取者再请殿廷复试一场，另请简派阅卷大臣详定等第，以昭慎重。复试后由臣衙门会同礼部带领引见，应如何量材擢用，或悉照鸿博成案，略与变通，权衡鼓舞，出自圣裁，非臣等所敢擅拟，应临时由军机大臣请旨办理。此为特科，或十年而一举，或二十年而一举，统候特旨，不为常例。此特科议办之大略也。若设为年限之科，则即以新增讲求算艺各书院、学堂为造端之始。每届乡试年分，由各省学臣调取各书院、各学堂高等诸生监，另场科考送，令就试乡会，皆以策问试之，初场试专门题，次场试时务题，三场仍试四书文，以端趋向，中式者另为一榜，名之曰：经济正科举人、贡士，其复试殿试朝考仍与寻常举人、贡士合为一场，同试一题。第于卷面另论字号，不责以楷法，不苛其讹脱，一以学问根柢为高下，自不至屈抑真材而亦可免诸生之歧视，此为常科，三岁一举。此臣等就该学政所请考试年限酌与变通之议办大略也。

臣等窃惟学问以磨励而后求，人材以激扬愈□。察看近来风尚，上之所求与下之所学，精神所注，未尝不并出一途，徒以科举未开，故相需殷而相遇疏，当官每叹乏才而处士恒嗟不遇。诚使丕焕纶音，广开贤路，风声所树，群士向臻，因风尚以激扬，较之藉激扬以开风尚者其势弥顺，其程效亦当弥捷，拨十得五，理可预期。惟其间详细章程，或需咨商外省，或需参考旧章，斟酌施行，兹先将大概办法恭摺具陈。如蒙特旨谕允，恭候命下之日，再由臣等分别咨商，拟定详细章程，开列清单，进呈御览，请旨定夺。

所有遵议开设经济专科缘由理合恭摺具陈，伏候皇上圣鉴训示遵行。

再，此摺系总理衙门主稿，会同礼部办理，合并声明。谨奏。

中国第一历史档案馆，奏档，光绪二十四年四号（1）：戊戌变法卷

奏为开办昭信股票以筹对日偿款摺*

光绪二十四年正月十四日（1898 年 2 月 4 日）

军机处交出右春坊右中允黄思永奏筹借华款请造自强股票一摺，光绪二十四年正月初九日奉谕旨："户部速议具奏。钦此。"

据原奏内称："时事孔棘，库藏空虚，舍借款无以应急，舍外洋不得巨款，前已种种吃亏。近闻各国争欲抵借，其言愈甘，其患愈伏，何中国臣民如此之众，竟无以借华款之策进者；若谓息借商款，前无成效，且有扰民之弊，遂不可行，此诚因噎废食之说也。在外洋与在通商口岸之华民，依傍洋人买票借款者甚多，不能自用，乃以资人，且缙绅之私财，寄顿于外国洋行或托洋商营运者不知凡几，存在中国之银号、票庄者又无论矣。小民不足责，应请特旨严责中外臣僚，激以忠义奋发之气，先派官借，以为民倡。合天下之地力、人力、财力，类别区分，各出其馀，以应国家之急，似乎四万万民之众，不难借一二万万之款。闻外洋动辄以万万出借，非其素蓄，不过呼应甚灵，每股百两，且有折扣，甲附股以售与乙，反掌间即可加增，以为恒产传之子孙者；不愿归还，即辗转操纵，亦有赢

---

* 翁同龢光绪二十四年正月十一日日记有："午到户部定黄思永条陈股票事。"二十日日记有："退至户部，敬、张、徐皆集，商股票事。""与颂阁书，论股票事"。二十二日日记有："饭后至户部，画户部章程稿，余与樵野屡改，终未妥。敬、徐两公亦来，徐参酌数语，拟写出重看耳！"二十三日日记有："至户部，敬、张、徐、溥皆到，商量股票式。樵野必欲照俄式令日本造之，傍晚始归。"二十七日后亦有同样有关内容的记载。此摺与敬信、张荫桓、徐用仪、溥颋等联衔。

馀,股票胜于银票,故举国信从,趋之若骛。每得中国电报借款议成,即由银行造票,登新闻纸出售,虽万万两之多,克期立尽。中国风气若开,岂难渐收成效。拟请敕下速造股票,先按官之品级,缺之肥瘠,家道之厚薄,酌定借款之多寡,查照官册之分派,渐及民间。亦仿西法每百两为一股,每股分期收缴,还以十年或二十年为度,每年本利共还若干,预定准数,随股票另给票据,十年则十张,平时准其转售,临期准抵交项,盖分期宽则交本易,交本易则股本方肯多入,归款亦不为难,出入皆就近责成银行、票庄、银号、典当代为收付,不经胥吏之手,无诈无虞,确有凭信,可售可抵,更易流通。抑或能借巨款给奖叙,以资鼓励,亦是一法。臣非空言,请先派筹借若干两,定限缴齐,逾期请治臣罪。其力数倍于臣、数十倍于臣者,如恒河沙数,聚沙成塔,只在人为。惟恳皇上宸断,令出惟行,则颓风可振,众志成城,转弱为强之机及求即是。"等语。

臣等伏查日本偿款,数巨期迫,原拟息借洋债,以应急需。乃需用愈急,息借愈难,或已有头绪而不免纷纭;或已立合同而终成反计。计自去年以迄今日,借债一事,其旋议而旋停者,盖不知凡几矣。现在期限日紧,洋债仍无成说。臣部正议息借华款为补救万一之谋,今中允黄思永请特旨严责中外臣僚,激以忠义愤发之气,先派官借以为民倡,并请速造股票,先按官之品级,缺之肥瘠,家道之厚薄,酌借定款之多少,查照官册分派,渐及民间。亦仿西法每百两为一股,每股分期收缴,还以十年或二十年为度,每年本利共还若干,预定准数,随股票另给票据,十年则十张,平时准其转售,临期准抵交项等因。自属筹款之一法。第缺分肥瘠,家道厚薄,一时既难周知,且按官之品级以定数之多少,亦恐迹近抑勒,窒碍难行。臣等会同商酌,拟令官绅商民均量力出借,无庸拘定数目，先由臣部印造部票一百万张，名曰昭信股票，颁发中外，随后再制造息摺，给予本人收执。每部票一张，注明库平纹银一百两，银元亦准折合抵交。凡中国官民，领取部票，缴纳借款，或在部库藩库兑交，或寄存某字号票商，但使无误提拨，均听其便。此项借款，照洋款办法，周年以五厘行息计，用二十年，前十年每年还息一次，后十年本利并还，期以二十年本利完讫。在京由部库发给，在外由藩库发给，断不准丝毫需索。平时股票许其转相售买，每届还期，准抵地丁、盐课、厘金，以冀通行而昭大信。夫商民食毛践土，各怀忠义之心，而内外大小臣工，受国厚恩，际此帑绌时艰，尤当熟计安危，出家资以佐国用。况朝廷不责以报效，不强令捐输，一律按本计息，分期归还，谁无人心，谁无天良，断不忍观望迟回，一任大局之溃裂。该中允原奏先派官借以为民倡，所论诚为扼要。拟请降旨，饬令在京自王公以下，在外自将军督抚以下，无论大小文武现任候补候选各级官员，均领票缴银，以为商民之倡。在京大小官员，出借银若干，应领票若干，由该旗该衙门开单报部，请领转发；在外大小官员出借银若干，应领票若干，由各省将军督抚开单请领转发。至地方商民人等愿借者亦复不少，在京即责成顺天府府尹，在外即责成将军、督抚，将部定大概章程，先行出示，随即拣派廉干之员，剀切晓谕，劝令绅商士民，一体谅力出借，仍不得苛派勒捐，致滋纷扰。一面由臣部将印票分别省份，酌量给发；一面由地方官将出借银数，随时报部，听候拨还日本偿款，无论何项不准挪移动用。此项借款，待用孔亟，各直省应自奉旨之日起，限两个月内，将筹借办法及已借银数赶紧电报，不得稍有迟逾。如派办筹借人员，多方劝谕，能借巨款十万以上，准从优奖；五十万以上，准破格优奖，以示鼓励。

《光绪朝东华录》第四册，总字第4034—4036页

遵旨复议抽收铺税药牙以清偿款摺*

光绪二十四年正月二十日(1898 年 2 月 10 日)

黑龙江副都统景祺奏请专设铺税、药牙以清偿款一摺,光绪二十三年十二月十八日,钦奉谕旨:"户部议奏。钦此。"钦遵。由军机处钞交到部。

据原奏内称:"天下有可收之利而举办不致骚扰者,厥有二端:一曰铺税,将市廛铺户蠲其契买之税,而令按间纳税,大致以深广一丈为一间,每间岁征铺税钱自五百文至三百文为率,其铺略分上、中、下三等,如盐典、绸布、金银、皮张、药材等铺为上等,米面酱料油糖烟酒杂货等铺栈为中等,手艺工作等铺店为下等。上等每间岁税制钱五百文,中等每间岁税制钱四百文,下等每间岁税制钱三百文,行令各直省将军、督抚、府尹酌量情形,或责成地方印官,或另委妥员,照例开办,一切薪水公费,仿照厘捐章程,不得过十成之一。正税之外,不得复有丝毫规费,在商贾所出税项,上等极大之铺,每年不过数千文,下等极小之铺,每年仅止数百文,于四季二首分征,开设及闭歇者,仍按开闭月日报明起止,似此出诸商贾者为数甚微,裨于帑藏者已数百万矣。一曰药牙。查洋药、土药一项,为害无穷,而民间沾染习用,几与米盐无殊。其初悬为厉禁,既刑法之俱穷,其继并征税厘,又外域之梗阻,此外如膏捐、灯捐,或行之未效,或散漫难稽,所收甚微,无济实用。而洋人之寄居我国

---

* 光绪二十四年二月初七日翁同龢日记有:"户部奏,议准景祺奏收铺屋捐及洋土药牙帖。依议。此剥削闾阎之政,极可愧叹"。此摺与敬信、立山、张荫桓、徐用仪等户部堂官联衔。

者，则香港收膏捐矣，上海收灯捐矣，商民出于其途，奉法维谨，其故何也？则以我之章程未得以简驭繁之要也。奴才以为国家盐法，其权一操于官，其课为天下最，今略师其意，行令直省州县，于城市乡镇，概设洋药、土药行牙，分为引地，预发部帖，交各州县正印官稽征，凡售卖洋药、土药，必须请领部帖，方准行销。如无票私销，货房全数入官，仍照十倍科罚。平日即令有帖之牙，自相查诘，禀官罚征。每帖一纸，分繁盛、次盛、简僻为三纸。繁盛者征银一千两，次盛者征银五百五十两，简僻者征银五百两，一年倒换一次，即纳税一次。承充之后，凡有洋药、土药交易，悉由该牙经手，约取用钱，并准该牙自行营运贩卖，独专其利，如一县而有数行，则一行各有一牙，无论买卖多寡，均匀分利。若此一行，则归一牙承办，惟不准一县境内不设一牙。分居他县之人，不得购用此县之药，违者以十倍征罚。又洋、土两药熬膏出售，则另设烟膏部帖，每帖一纸，亦年缴牙税，分繁盛、次盛、简僻三等。繁盛者岁征银五十两，次盛者岁征银四十两，简僻者岁征银三十两。设帖之后，始准开灯卖膏，私开者主予查封，房货入官，仍十倍追罚。所缴膏费，准由地方佐杂或委员经征，仍加收一部饭公费，加费内以一成解部，其馀九成归经征员役各项用费。以上繁盛、次盛、简僻，请以二千户以上为繁，一千户以上为次，五百户以下为简僻。若合二十二省并计，岁入不下千万。奴才伏思理财之要，在于得人。得人之方，务在给其所求，养其廉耻，故公费之给，必资十一成之，乃可杜意外之需索，无意外之需索，则商民易知易从，虽取之而不为虐。其有取于什一之外者，应请特设专例，轻则流遣，重则军法，并各予查抄；如果成效昭然，亦立即擢升序补，不托空言。盖朝廷驭众之权，端在信赏必罚，理财用人，治军饬吏，无不由之。是在部臣坚意持之于内，疆臣实力奉行于外。”各等语。

臣等窃维时局艰难，偿款既未能全清，洋债复无从再借，而一切应行筹备紧要待支之款，更复纷至沓来，所赖中外大小臣工，目击阽危，共筹利济。本年正月，臣部因偿款期迫数巨，是以议准筹借华款，颁发昭信股票，由京外官员提倡为商民先。臣部忝领度支，亦知天下财力有限，断不忍过为搜括，重困商民，故凡筹济饷需，总期无损于民，有益于国，此臣等持筹之苦衷，可为天下共谅者也。该副都统所陈铺税、药牙两端，亦谓天下有可收之利而举办不致驿骚，并期臣部持之以坚，疆臣行之以力。臣等详加参酌，铺税纳捐一事，即古人廛法遗意。光绪二十二年，湖广督臣张之洞曾行之于汉镇。咸丰同治年间，京师及江苏、广东各省亦均有行之者。大致按铺户租价之多寡，按月各酌提租银数成，纳之公家，夫房主按月凭摺付租，住客按月凭摺交租，其租价自必确有可据。若如副都统之所奏，按间架之大小广狭及商人所业工艺强分三等，不特办公繁难，易滋骚扰，且恐丛生弊混，转开胥吏需索之门。应请旨饬下顺天府府尹及各省将军、督抚，遴派妥慎之员，会同地方印官，查明城乡市镇各有铺户行店若干，无论资本之重轻，获利之厚薄，与夫间架之大小广狭，均按所赁房租摺每月实缴银数，自本年四月初一日为始，于十成租价内，酌提一成归公，此一成内房主与租客各占其半，如每月租价十两，提银一两，房主与租客各出银五钱，按月汇集，或由地方印官查收，或另派员分收，该员等应需薪水，准由该管上司于所收租价内酌量提给，惟不得于此外复有丝毫规费等以杜弊端。此外自行盖造铺屋，但系经商，虽无租摺，亦应比照同行所缴银数，照收一成。一俟洋款本息还清，再行酌量停止。

至洋药、土药一项，迭经臣部会同总理衙门奏请整顿，并奏令各省于土药出产之地，照每担六十两之数征收，先后据各省声复，或已照数开征，或请暂从缓办，或有原收税厘之外加抽二成，或照抽地税之法加收亩税。至商贾营运之后，烟土如何行销，熟膏如何售卖，应否再行收税，臣部实未议及。现据该副都统声称，凡售卖洋药、土药，必须请领部帖，方准行销；熟膏出售，另设烟膏部贴，大致分繁盛、次盛、简僻三等，责令牙行按年领帖纳税。细绎原奏，亦以此等药物为害无穷，犹是借征为禁之心，多取诚不为虐，应请旨饬下顺天府府尹及各直省将军、督抚，按照该副都统所陈各节，查明各城厢市镇售卖洋药土药及出售烟膏各行店共有若干，分别地面繁盛、次盛、简僻三等，迅即酌定章程报部，自本年四月起，一律分设牙行，请领部帖。各省地方有司及印委各员，自应共体时艰，秉公办理，如有抑勒苛派，浮收侵蚀，及纵容家丁吏胥藉端讹索，或包庇徇隐等弊，一经查出，应即从严治罪。该商等食毛践土，具有天良，际此时艰，自必量力乐捐，以济公家之急。

一俟各省办有端倪，通计全省能收铺捐若干，药牙税银若干，均限本年三月概行据实复奏，不得藉词推诿延宕，致误要需。

《光绪朝东华录》第四册，总字第 4037—4040 页

就续借英德借款订立合同呈奏摺*

光绪二十四年二月初九日（1898 年 3 月 1 日）

光绪二十二年二月间订借英德商款一千六百万镑，约合库平

* 二月初九日（3 月 1 日）午，翁同龢至总理衙门，赫德偕汇丰银行熙尔德华及戈颁、福兰格来画借款合同，司员那桐、舒文画押，盖用总理衙门印。同一天，由翁同龢执笔，代表总理衙门和户部向光绪帝呈递续借英德商款订立合同摺。

银一万万两,奏蒙允准在案,嗣经陆续提付日本赔款及威海军费七千七百五十九万馀两,加以订购船炮等款,仅馀银三百数十万两,而日本赔款尚欠七千二百五十万两,若不续借巨款,照约于三年之内全数还清,则已付之息不能扣回,威海之军不能早撤,中国受亏甚巨,且本年闰三月间应付之一千七百馀万两亦尚无从筹措。上年十二月间,英德两国使臣迭向臣等商议借其国家之款,息扣虽较商款为轻,而所索利益互相关碍,难以允从。臣等筹思至再,只可仍借商款,以免纠葛。然不先指定偿款,则借款仍归无着。中国借款向指关税作抵,各关关税每年约收二千一二百万两,内提出使经费、各关经费船钞等项并抵还以前借款本息,所馀无多,不敷抵借。至于盐课地丁虽皆有着之款,然均系岁入正供,不宜作抵,且所收数目,洋商无由得知,若准令洋商照看,更碍于俄法借款一体均沾之条,益恐别生枝节。臣等通盘筹划,拟将苏州货厘、松沪货厘、九江货厘、浙东货厘、宜昌盐厘、鄂岸盐厘、皖岸盐厘等项,索照广东六厂办法,札派总税务司赫德代征,以便按期拨付本息,不致迟误。此项货厘、盐厘每年约征银五百万两抵偿借款,当可取信洋商,而他国亦不致有所借口,当将此意面告赫德,令向英德银行商办。经赫德与该行往复商论,订明续借英金一千六百万镑,仍合库平银一万万两,开具草合同呈送前来,臣等查合同所开,周息四厘五毫,八三折扣,四十五年还清,每四百镑用费一镑,虽较前次英德借款折扣稍重,然前款周息五厘,三十六年还清。现款周息四厘五毫,四十五年还清,每年少还本息十三万一千七百二十馀镑,亦可稍纾财力。其馀各款与前次合同无甚参差,较诸俄英两国同时商借之款利害相悬甚远,既无误日本偿款之期,亦免诸多要挟,臣等公同商酌,自可照此定拟。谨抄录合同底稿恭呈御览。臣等即一面照案饬令总办章京、户部司员与该银行董事画押，订明如期交款；一面札行总税务司并咨行江苏、江西、浙江、湖北、安徽等省督抚钦遵办理。所有续借英德商款缘由理合恭摺具陈，伏乞皇上圣鉴训示。再，此摺系总理各国事务衙门主稿，会同户部具奏，合并声明，谨奏。

《翁同龢文献丛编》之六《外交·借款》第336—339页。

会奏呈上后，奉旨"依议"。户部又奏昭信股票章程，原摺呈太后批示，亦奉旨"依议"。归后"以华俄银行收银二十二万字据"送张荫桓。

《翁同龢日记》第3099页

昭信股票章程摺*

光绪二十四年二月初十日(1898年3月2日)

臣部议复中允黄思永奏筹借华款请设股票一摺，光绪二十四年正月十四日具奏，奉上谕："著依议行等因。钦此。"臣部前奏仅陈借款大概情形，至一切详细章程，声明另行核议。自奉谕旨通饬遵行以后，臣等连日督同司员，熟计终始，兼筹利弊，拟定章程十七条，内五条系臣部办法，十二条系中外通行办法，缮列清单，恭呈御览，一俟命下，即由臣部知照礼部，迅速铸造昭信局印，并分别咨行各省钦遵办理。再，臣部原奏制造股票一百万张，每股银一百两。现在遵旨详议章程，统核办法，酌设股票，每票一百两者五十万张，每票五百两者六万张，每票一千两者二万张，合银一万万两。每股仍作银一百万，按认股银数领票，以便什袭，合并声明。

---

* 翁同龢光绪二十四年二月初十日日记有："户部奏股票章程。原摺呈〇〇〇慈览。依议。"与敬信、张荫桓、徐用仪、溥颋联衔。

昭信股票详细章程：

一、由户部印造昭信股票，编列字号，每票一百两者造五十万张，计股银五千万两；每票五百两者造六万张，计股银三千万两；每票一千两者，造二万张，计股银二千万两，共合一万万两。由户部设立昭信局，遴选司员经理。

一、股票式样。前幅拟用四围龙边，恭录奉旨年月并开每票银数，下半分二十小方，书明年份银数，每年付还一次，裁去一方；后幅刊列简明章程，每票编列号数，纸心及骑缝各盖印一颗，印花用朱色印泥。每票除联票外，另缮号册，以备稽查。

一、拟咨行铸印局铸造铜印一颗，文曰户部昭信局印，遵用满汉篆文，以符定制。

一、选派廉勤司员经理昭信局公任。责成局内设给票处、收银处、各有专司，不致纷杂。先收银，后给票，收银处将收过银数付至给票处，验明图记花押，即将股票登明册簿，将股票当面点交本人。稽核之员，逐日将收银给票数目列单呈堂，以备核对。册簿登簿收掌，皆司员专责，至钤印核算，皆由司员督同笔帖式及人役办理。该司员等始终出力，应照异常劳绩奏奖；倘有疏忽贻误，罚亦从之。若人役舞弊营私，即奏交刑部按律治理。

一、制造股票刷印章程及各项经费，应将需用数目核实给发。至局中常年办公人役工食，由臣部饭食项下酌量拨给。

一、拟在京师及各直省筹集库平一万万两纹银，略仿中西集股章程成式印造股票，每票一百两者五十万张，每票五百两者六万张，每票一千两者二万张，合成库平纹银一万万两，如有以各项平色及银元交纳者，均准折合库平，就认股数目给予股票，以昭信守。

一、此款限二十年还清，周年以五厘行息，遇闰不加增。前十年还息不还本，后十年本息并还，本还则息减。每届还期，官绅商民人等来取者，随带股票呈验，自第一年起，每付还一次即剪去一方块，至第二十年本息还讫，即将股票缴销。

一、户部既设昭信局，各省藩司亦应设昭信局，冠以省名，如直隶省即曰昭信直局，各省以此类推。东三省由各该将军派员设局，以昭一律。在京认股，款交户部昭信局照章领票；在外认股，款交各该省昭信分局领票，或交殷实号商代为领票，款存该号，候拨无误，亦可通融办理。惟该号商须有各商号连环保结报部报司有案，始准承办。至认股之人，或开列官阀姓名，或堂名别号，悉听其便。股票未发以前，暂给印收，俟股票刷成互换，届时由部局、省局出示晓谕。

一、起息日期以交银给票之日为始。原应足数一年付息一次，惟给票有先后，日期有参差，将来难以截算，拟第一年交银给票之日起均扣至十二月底止，将周年五厘行息息银摊匀，按日计算，共得本年给息银若干，发票时填明数目，取息时照数。光绪二十四年为集股第一年，应付息银以光绪二十五年二月初一日起至二月底止付讫，先期一月由户部及各省藩司出示晓谕，俾认股者无误取息之期。若逾期不取，归入下期并付。以后第二年至第十一年均按周年五厘付息。第十一年起，每年付息时每百两并预还本银十两，第十二年以后至第二十年，均按照股票内所载年限及本息银数办理。自第二年至第二十年，每年付息还本，均以二月初一日起至二月底止付讫，仍先期出示晓谕。

一、归还本息，在京由户部昭信局；在外由各直省藩司昭信分局，届期凭票照章付给，裁剪息票一方块，存局备查。各省年终汇报户部，以凭总核，仍准殷实号商代持股票赴局代领，局中验明禀据，照数付给，仍照章裁剪息票备查。京外各商号自持票呈验至发还本人，不得稍有迟延及勒索扣克情事，一经查出，严行惩办。至该商号承办收发股票本息，亦宜略筹其劳，拟令京外汇兑此项票款概交该商号专办，以资津贴。

一、股票每年应得息本准抵地丁盐课一节，原为便民起见。第思有股票之人未必皆有应交地丁、盐课之款，若辗转相抵，又恐轇轕不清，自以概由各局发给现银为妥。俟各省集有股票若干报部后，核明每年应给本息若干，先期由部指拨地丁盐课等款如数截留，以备临时按票发给，总期随到随发，不稍迟延。

一、京局省局收银给票及付还本息，各顾考成，断无丝毫出入。倘各州县印委及经手劝集之人有藉端扰累勒肯者，准人告发，或别经访闻的确，即分别治罪。如地方军民人等有假造股票诓骗情事，一经查实，即照伪造印票例，为首者斩。

一、股票准其辗转押抵售卖，与产业券凭无异；惟抵押售卖仍应报局立案。京外官员认票不认人，各宜谨慎收储。倘有遗失，应将股票某字某号如何遗失情形，在京径投户部昭信局，在外径投藩司昭信局，如离省稍远，即报由该州县转报各该衙门，立即出示，将此票禁止抵押售卖。每届付还本息之期，如有持原票来取者，即行扣留根究。如失主随时将原票寻获，亦即呈明原报地方官转报存案。倘三年不获，由局给予凭单，将原票作废，所有应付失票之息本，仍按认股年例给发。

一、凡京外官员认领股票后，或调任他省，或一再迁任，或回原籍，准在原领票处呈报，即于底册内注明，另给凭单一张，注明股票号数，盖用印信，如一人而票多者，亦只给一凭单，注明票数号数，令其持赴所到之省将凭单股票一并呈验，一面将发过凭单行文知照该省备案,并报部查改,该省将凭单验明盖印连股票一并发还本人,以后应付本息之期,即在该省支领,若再迁调他省,将所领凭单缴销,另换凭单,仍前办法。各省凡有请领凭单之票,另立一册,逐年登载,每年各省各将收发凭单若干号,年终截请报部,以凭稽核,其各省商民有在他省认领股票后如有他故回籍者,其呈照给单取息办法,均照此办理。

一、各省收有成数,听候臣部拨还洋款,不作别用,更不准勒令捐输,至以何款付息还本,臣部责无旁贷,自应宽为之备,现筹裁减兵勇,加增当税,核扣减平养廉,盐斤加价,漕粮减运,丁漕折钱馀盈各的款,每年新增银五六百万,归还利息,尚有盈馀。至十年以后,汇丰、克萨洋款已减,复可腾出银数百万两,每年应还本利,断不至逾期。

一、各省官绅商民有一人劝集商民股款至一万两以上及五十万两以上者,准各省将军、督抚分别奏请由部核给奖叙。其由公款提凑者,不在此例。

一、除利息数目及还本年限永不更改外,如有未尽事宜应行变通者,随时奏明办理。

《光绪朝东华录》第四册,总字第4052—4055页

遵议御史陈其璋外善邦交内修边备摺*

光绪二十四年二月十九日(1898年3月11日)

奏为遵旨议奏仰祈圣鉴事。

---

* 此摺与奕訢、奕劻、李鸿章、荣禄、敬信、崇礼、许应骙、廖寿恒、张荫桓联衔。

光绪二十四年正月二十九日御史陈其璋奏德事将定,后患宜防,请外善邦交,内修边备,并请饬总署将已经译印之各种图书颁给各学各馆,暨阿尔泰山金矿请饬总署妥议办理各摺片,军机大臣面奉谕旨:“著总理各国事务王大臣妥议具奏。钦此。”钦遵。由军机处钞交到臣衙门。

臣等查原奏内称:“各口通商以来,泰西诸邦接踵而至,俄国东窥吾东三省,西窥吾新疆,南又斜探蒙古而窥吾直北之边,扼吭拊背,防不胜防,西伯利亚铁路渐次告成,国势之危,日甚一日。西藏环印度而接缅甸,实为西南藩篱,俄近屡窥藏地,可为寒心。中国恃俄为外援,而俄益得逞志东方,以渐伸其太平洋之权力,各国占地之意愈急而愈坚。为今之计,莫如兼联英、日。泰西兵舰东来必经苏彝士河,俄、德等国入地中海必过直布罗陀海峡,直布罗陀为英地,苏彝士河十分之八属英,若与英结盟,英守局外例扼要以守,则泰西兵舰无能飞渡苏彝士河者,若绕非洲而来,中道煤水何从接济,故联英不但制俄,并足以寝列国觊觎之计。日本近在肘腋,唇齿相依,俄扼太平洋之门户博亚西亚之内地,将盗黄海为己属,日本怵然有戒心,故既联盟于英复思交欢于我,未尝不望中国引为唇齿,我如其意而深结之,庶有援而可以自主。今宜特简京外能通各国语言文字政教风俗而又声望卓著、才辩纵横者,使之历聘英、日,陈说利害,为保太平之约,庶几俄患可弭。”等语。臣等查各国邦交未便显分疏密,倘拒此联彼,恐将自启衅端,况英、俄相忌由来已久,日与英合,久有雄视东方之心,法与俄联,渐露逞志东方之态,德虽中立无偶,亦思均势,其间之数国者各不相下,亦各怀狡谋,皆以中国为绝大关键,一露偏私痕迹,势必群起而争,排难解纷,办理愈多窒碍,此交涉之所以为难也。现若与英、日另立密约,不惟无厌之请难餍贪心，且英、日之政出诸议院，断难严密，万一泄漏，转予人以口实。就今日时势而论，东方太平之局自应亟图共保以张国维，臣等现拟奏请简派专员分聘英、俄、日、美诸国，似较专联英、日以拒俄略为妥善。该御史所奏应毋庸议。

原奏又称："边备宜修，东省、新疆防务亦似力求整顿，而各部置若罔闻，卡伦鄂博难当敌骑，东省、新疆犹俟后路之策应，办事大臣徒拥虚号，全藏六十八城，亦仅官舍民居，堑山建硐，僧多于民者十之七，强邻压境，无以御之。今宜相视形势分为四部：东起混同江及吉林、盛京全省，西至贺兰山，南界长城，北距瀚海，内蒙古六盟之地属焉是为东部；东起黑龙江全省，西界阿尔泰山，北界俄罗斯，南界瀚海，外蒙古四盟之地属焉，是为北部；东起阿尔泰山，西尽新疆，北界俄罗斯，南以喀咁噶尔河、塔里木河为界，是为西部；全藏别为一部。各简晓畅兵事，熟谙边务者为办事大臣，不分满、汉，以期得力。东部驻伯都讷城，南部驻土谢图，西部驻塔尔巴哈台，西藏驻札什伦布，以便四面策应。所有官制宜大为更变，或仍用大臣统之，参赞佐之，别置分巡官巡视所部，凡边陲险要，防务张弛，将领士马贤否强弱，务须周知，假以举劾之权，优者以后入为参赞及内地干练久任者给屯田为世禄，年届六十者各告退。按满、蒙全境丁口约四百馀万，回种又不下三百万，益以三藏之众，兴屯保甲，以卡伦之旧，筑土城，浚城壕，招外洋华工以实边，徙内地囚犯以垦荒，生聚教训，期以岁年，边圉固而无北顾之忧。"等语。臣等查吉林、盛京、黑龙江、新疆各省，逼近俄境，自应善谋边备。若四部骤分移驻，重烦更张，甚非仓猝可定，且内外蒙古各分部落，各有盟长，相安已久，骤为分治，亦须统筹道里，体察蒙旗情形，庶无窒滞。应请饬下东三省将军、新疆巡抚、驻藏大臣妥筹办法请旨遵行。至所称以满、蒙丁口及回种、三藏之众兴屯保甲,筑城浚壕,招工以实边,徙囚以垦荒各节,皆酌剂之宜,所奏不为无见。惟海外华工谋食不惮航海而畏陆行,招集不易,徙囚垦荒须预筹经费,现在库款支绌,似应先其所急,此非一时所能议及。至满、蒙丁口及回民兴屯保甲各事,原有屯田之处无令废弛,可以兴屯之地量予举办,不为无益,并请饬下该将军等认真办理,以固边防。

所有臣等遵议缘由,理合恭摺具陈,伏乞皇上圣鉴。谨奏。

中国第一历史档案馆,奏档,光绪二十四年四号(1):戊戌变法卷

遵旨复议河南矿务请归商人自借洋款承办一事摺*

光绪二十四年三月十七日(1898年4月7日)

光绪二十四年二月十六日准军机处钞交河南巡抚刘树堂奏豫省矿务请归商人自借洋款承办一摺,奉朱批:"著总理各国事务衙门会同户部议奏。单并发。钦此。"查原奏内称:"据翰林院检讨吴式钊、分省补用道程恩培呈请,与义商罗沙第立定合同,借款一千万,设立公司,请办豫省矿务,名为豫丰公司,声明所借之款商借商还,如有亏折,归该公司自理,所得矿利,以百分之三十五分报效朝廷,开办六十年以后,所置办矿产业全数报效。谨照缮该商等议定合同呈请圣裁,如蒙谕允,再行加盖关防,分别存发,指派地方以便开办。"等语。臣等正在核议间,复准军机处片交给事中郑思贺等奏河南矿务请饬禁借洋债一摺,军机大臣面奉谕旨:"该衙门知道。钦此。"

---

* 此摺与奕劻、李鸿章、荣禄、许应骙、廖寿恒、张荫桓联衔。

臣等就原定合同逐款查核，内惟第二款所获馀利以百分之三十五分报效中国朝廷，虽较之山西矿利多得百分之十，而其馀各款，于应征地赋及矿产落地税、出口税等均未开载。周息八厘，亦嫌过重。给事中郑思贺等请饬禁借洋债，与御史何乃莹条奏山西路矿停借洋款，同一用意。刘树堂原奏，则以华商资本难集，成效茫然，必须借资外人，亦不为无见。臣等公同商酌，山西矿务既经臣等将合同章程逐加添改，奏准开办，豫省事同一律。义、英驻京使臣日来催询，自应照案办理。当即督饬义国商人罗沙第仿照山西办法，另拟合同章程二十条，与前定山西合同均属相符。惟刘树堂原拟第一款，准该公司承办怀庆左右、黄河以南、西南诸山各矿，地段过广，应改为怀庆左右、黄河以北，以示限制。谨照录合同章程，恭呈御览。现准刘树堂电称：已派商董吴式钊、程恩培来京备问，拟俟命下之日，即令该商董等与义商罗沙第等在臣衙门画押，以凭开办。

中国第一历史档案馆，奏档，光绪二十四年四号(1)：戊戌变法卷

遵旨复议御史郑思赞、李盛铎有关河南开办矿务摺*

光绪二十四年三月十七日(1898年4月7日)

又奏，正在核奏间，准军机处片交御史郑思赞奏："翰林院检讨吴式钊、候选道程恩培在河南揽办矿务、借端渔利。"等语，军机大臣面奉谕旨："该衙门查明具奏，钦此。"复准军机处片交御史李盛铎奏河南矿务请详商办法等语，军机大臣面奉谕旨："著该衙门查

---

* 此摺与奕劻、李鸿章、荣禄、许应骙、廖寿恒、张荫桓联衔。

明办理,钦此。"

查郑思赞原奏内称:"河南矿务,吴式钊、程恩培实主其事。二人朋比为奸,从中渔利,该处不肖官员,因其擅有利权,趋之若鹜,吴式钊托故出京,擅至豫省,孳孳为利。程恩培生长纨绔,一无所知,此等劣员,何能经理矿务,用特具实纠参。"李盛铎原奏内称:"河南矿务,由总理衙门议照山西章程办理,自系为划一起见。惟河南原议章程比之山西原议较为妥善,即如由华董会同洋商办理一语,改为由洋商会同华董办理,则洋商有权而华商无权,事关华洋商人合股办事,不厌求详,可否饬下总理衙门知照河南巡抚详商办理。"各等语。

臣等查吴式钊、程恩培二员承办豫省矿务,是否从中渔利,此外有无劣迹,臣等无从访查,应咨行河南巡抚刘树堂查明复奏。至河南原订商务合同,于应完各项赋税均未声叙,臣等既议照山西章程一体征收,非将合同各款概照山西办理,无以折服洋商。惟合同第三款,凡调度商务、开采工程、用人理财各事一节,既据李盛铎指称有妨华商利权,不厌求详。臣等复与英、义两国使臣论及,均以概照山西办法,本甚公平,再四磋磨,该使臣等以为事有波折,持之愈坚,拟就该款内添叙出入数簿,由河南巡抚随时派员稽查,尚不致利权旁落。总之,各省矿务,果能自集华股,自行开采,原无事招致洋商,致增纠葛,无如股本既难猝招,矿务又未便停办,不得已而借资异地,势不能不予以利益,以观厥成。现英、义使臣屡向臣衙门催促画押,臣等以吴式钊等既经被参,当电商刘树堂另择妥员来京商办。旋准复称:"豫省官绅拘守故辙,风气尚未大开,强求恐滋贻误,仍由臣等酌量办理。"等语,臣等公同商酌,只令吴式钊先与罗沙第画押,一面由刘树堂随时察看,如果有从中渔利情事,即行撤换,以肃矿政。

《光绪朝东华录》第四册,总字第 4066—4068 页

遵旨复议请令各省自辟利源以赡国用摺*

光绪二十四年闰三月二十八日(1898 年 5 月 18 日)

工部尚书松淮等代奏工部候补郎中唐浩镇请令各省自辟利源以赡国用一摺,光绪二十四年三月三十日钦奉谕旨:"户部议奏。钦此。"钦遵。由军机处钞交到部。

据原呈内称:"富国之本,首在足民,生物之功,资乎因地。今者世变益亟,财用内匮,各直省官员未闻以何物可兴何项利益,何处可植何种树木,详筹以增国库者。中国膏腴至广,生产最繁,诚量各省土性之所宜,广植物产,其已备者扩而充之,未备者购种给之,务使无旷土无游民而止。一曰蚕桑。中国产丝之区,以江、浙为最。江、浙以近太湖者为最,盖湖水澄清,性肥而暖,故以水灌桑则叶茂,以桑饲蚕则丝韧。以太湖例之,鄱阳、巢湖、大明、滇池、昆明各省之湖,诚能推广此意,遍兴蚕桑,则丝茧皆能光白柔韧,远胜于日本、意大利诸邦而收大利。二曰葡萄。外国葡萄酒为货物之大宗,其酒税为国课之大宗。考察奉天、吉林土性皆宜葡萄,苟能广种购机以酿,复能推而行之,直隶西山北山、山西太行、陕西华山、山东泰山、河南嵩山泉甘土沃之区,则酒产日丰,酒销日旺,而酒税可以赡国用矣。三曰种棉。中国棉花,向推顺天平谷,丝长色白,足与美国南海岛种相匹。洋棉价贵,每百斤需洋三十三元,华

---

* 此摺与敬信、张荫桓、陈学棻、徐用仪联衔。

棉价贱至十七八元，故华棉行销外洋，以之纺纱织布，转运中国销售，尚有巨利。今江苏、两湖产棉亦旺，宜令各省凡土脉松厚、山陆高燥之地，广为播种，岁入不可胜计。四曰种蔗。甘蔗为中国独有之利，西人试种爱尔兰之地而不合土宜，且枯瘦无糖，故中国丝茶而外，蔗糖为西人最嗜，虽法人之萝葡糖、美国之枫脂糖不足比也。惟不用机器提制，色味不洁，若令江西、浙江、江苏、安徽素常种蔗之地，广植丰收，购机制造，则岁增之利无算。五曰种竹。竹之为物，可制器，可造纸，获利较他产尤速。中国除直隶、山、陕诸省不能丰植，馀皆可种，产纸之区，向以浙江之绍兴，安徽之宣城、宁国为最，惟舂煮烘焙仍未得法，若用洋机制造，和以菅麻，加以坚韧，则成纸速而销场广，每年洋纸数百万之利可以抵制，而竹竿、竹器出口之价亦可岁增。六曰种樟。樟脑为制炸药所必需，其涨力可增至五千倍，日本与台湾所产最旺，中国江西、湖南、安徽、广西等省，苟能广植，不数年间即可熬脑，每十斤可值洋五元，其利什佰倍于他产。七曰种橡。西人岁剥橡树熬胶以制器物，续剥续长，获利无穷，以之为物，广狭屈伸，各适于用。中国各省有之，云南最多。西人名曰胶树，今宜专收橡子，任民播种，数年即可剥胶，行销外洋，足夺意大利及旧金山所产之利。八曰种烟与加非。烟性能涤秽化痰，中国关东烟叶，味较芳厚，第不善收储，又不知卷成纸烟，致巨利为人所侵。如令直隶、奉天，择其隙地广种烟子，收储地中。一二年后退其火性，购机卷制，亦可行销外洋。加非一物，始于非洲，西人日用必需，销路大广，故各国市肆俱设加非之馆。近通商口岸华人俱嗜之，与纸烟同。宜令各直省添种加非之树，其利较种茶尤厚。凡此八利，如蒙谕旨饬令直省各督抚详查地宜，购种发给，以郡守牧令总其成，以同知、通判、县丞等分任其事，各州县能劝种树木三十万株以上，农利三百亩以上，考核得实，立与擢用，奉行故事者罢黜之。地方官吏亦视种植之繁简为考成，按图立册，就地课税。土产既加多，税自益旺，足国之道权舆于此各等语。

臣等窃维树艺与耕耘并兴，本天地自然之利，为农民切要之图，值此时局艰难，度支奇绌，各省地方有司尤当审量土宜，广开利源，藉纾国用，迭经钦奉谕旨，饬令各省考核钱粮，稽核荒田，开办蚕桑，振兴商务，并行令各省督抚就地筹款，如有可兴之利，随时陈奏，以应急需。上年九月御史华辉奏令各省讲求种植水利，亦由工部会同臣部通行在案。复据都察院左都御史徐树铭奏请举行蚕桑，并护理陕西巡抚张汝梅奏请通行各属，如蚕桑种植等项，凡有裨生计者，饬令兴办，亦已奉准咨行，臣部郎中陈炽复编辑《续富国策》一书，内详载种树富民，种桑育蚕，葡萄造酒，种竹造纸，种樟熬脑，种木成材，种橡制胶，种茶制茗，种棉轧花，种蔗制糖，种烟及加非以供食用各说，业由坊间刊行。臣等职司农政，凡内外臣工条奏兴利摺件，无不行令各省设法振兴，无如各省于种植一事迄未举行，或土性实有所不宜，抑民情有难以相强。现据该郎中所陈蚕桑、葡萄、种棉、种蔗、种竹、种樟、种橡、种烟八利，实皆臣部郎中陈炽所辑《续富国策》中之言。臣等反复推勘，亦知地利之可兴，惟风土异宜，亦难必成效之可睹。即如蚕桑之一事，前据广西巡抚马丕瑶奏称兴办，未及两载，而桑秧蚕子靡有孑遗。又如葡萄制酒，前据山东巡抚奏称，东海关道盛宣怀仿照外洋法制造，价廉味美，准该商专利十五年；又据山西巡抚奏称，汶水一带所产葡萄最佳，诚宜设局开办，现在是否确能酿造，能否行销外洋，未据该抚等奏咨到部。此外，如轧花、制糖、熬脑、制胶、烟卷各事，非购有外洋机器，则货物不精；非熟习商务情形，则获利不厚，且未察物产之多寡，销路之畅滞，更不讲求制造诸法，亦恐未必有益。应请旨饬下各直省将军、督抚,各就地方情形详加考察,认真举办,如树艺有合土宜,制造有可抵制外洋之处,应如何定章劝惩,即行奏咨之案,以重国课而开利源。

《光绪朝东华录》第四册,总字第4078—4080页

遵议御史徐道焜昭信股票流弊甚多请速筹补救摺*

光绪二十四年四月初三日(1898年5月22日)

奏为妥议具奏事。

御史徐道焜奏昭信股票流弊甚多,请速筹补救一摺,光绪二十四年闰三月初五日军机大臣面奉谕旨:"户部妥议具奏。钦此。"钦遵。抄交到部。

据原奏内称:"数月以来,所集之款不过百分之一二,而流弊有不可胜言者。中国市面流通之现银至多不过数千万,乃闻各省股票必索现银,民间所存银票纷纷向银号、钱铺兑取,该铺号猝无以应,势必至于倒闭,一家倒闭,合市为之萧然,其弊一。此次办理股票虽奉谕旨严禁勒索,而督抚下其事于州县,州县授其权于吏役,力仅足买一票则以十勒之,力仅足买十票则以百勒之,商民惧为所害,惟有贿嘱以求免求减,以致买票之人所费数倍于股票,即未买股票之人所费亦等于买票,其弊二。往年息借商款,其名未尝不顺,无如各省官吏奉行不善,始而传问,继而差拘,甚且加锁羁禁随之,商民既已允借,于是州县索解费,委员索川资,藩司衙门索铺堂

---

* 此摺与麟书、敬信、立山、张荫桓、溥良、徐用仪联衔。

等费,或妄称银色不足,另行倾泻,每百金已耗去十之二三。复有银已交官,并无票据,官署森严,乡民何从追问。或适值交卸,则恣意勒索,席卷以去。问之前任则曰业已移交;问之新任,则新任不知。商民方避殷实之名,谁敢上控,亦惟隐忍而已。故官绅吏役尝视息借为利薮,此时开办股票,故智复萌,恐非上司一纸空文所能杜绝,其弊三。近来内地教堂林立,偶有勒索,则以争入洋教为护符,中国官员不敢过问。又闻通商口岸有本系华商开设店铺,因避捐款,遂改用洋商牌号者。此次办理股票,地方官希图奖叙,巧用其勒派,彼愚民无知,顾惜身家,皆将入耶稣、天主等堂,图一日之安枕。驱中国富厚良民,使之尽投洋教,其弊四。为今之计,英款既已借定,股票所得尚非目前急用,不如留民间有馀之力为他日急公奉上之地,在官人员身受国恩,自当力图报效,仍应照章饬领。至商民以下,如能立时停办,自是上策;否则不由各省地方官劝借,径由户部选择殷实号商数家,并现在官设之通商银行,将印就股票发由该商号、银行领出转售,以后每年还息还本,则由商号、银行给发。其各处业经报借尚未领票者,并饬就近赴商号、银行交银领票,转解户部,官绅吏役皆不经手。"等语。

臣等伏查昭信股票议办之初,臣部已拟定大概章程,令各省先行出示晓谕量力出借,不得苛派勒捐,致滋纷扰,并于详细章程内声明京外认股或交殷实号商代为领票,款存该号候拨无误,亦可通融办理,并非概收现银,至归还本息仍准号商持票代领等因,先后奏奉谕旨通饬遵行,是于设法筹借之中早寓体恤商民之意。今御史徐道焜奏昭信股票流弊甚多,然就所奏四弊论之,如银号、钱铺倒闭、商民贿嘱求免、需索川资解费、驱民使投洋教各节,无非地方官吏不善奉行所致。第查各该省自劝办以来,商民贿嘱求免者何人？官吏需索使费者何人？何处商号因股票至于倒闭？何处良民因股票投入洋教？该御史亦未能一一指出，据实奏明。惟流弊不可不防，应请旨饬下各省将军、督抚查明地方如有前项情事，即将办理不善之员从严参办，毋稍瞻徇，仍再行明白晓谕，使官绅商民周知户部颁发此项股票，认领者听，不认领者亦听，多领固可，少领亦无不可。官吏既无从勒派，商民亦无庸贿免，上下之情不隔，而从中营私之弊可不禁而自除。又原奏英款既已借定，股票尚非急用，官员应照章饬领，商民以下停办一节。查续借英德镑款系以厘金作抵，而厘金解支各款，亟筹拨补京协各饷及本省防饷，始不至同时告匮，是股票凑集之款，正属目前急需，无论官绅商民均难立时停办。又原奏不由地方官劝借径由户部选择殷实号商并官设之通商银行领出转售一节。洵为便民起见，惟在京商号臣部已就近选择城内四家、城外五家，令其兑收股票，款项听候提拨。至各省商号孰为殷实，臣部殊难遥度。若通商官银行惟上海一处开设，其馀省会、口岸现时尚未设立，未便以通行之案仅令一处承领，自应仍由地方官按照臣部奏定章程及在京办法，酌量本地情形，各就城市镇集，选择殷实银号、钱铺，凡股票缴款还款，即令代为收发，均平出入，不准胥吏经手。其间仍须体察商情，不使畏难，绝无赔累，然后乐于从事，断不许挟官长之势，强令商人承办，致法甫立而弊又生。总之，办理昭信股票其要莫先于得人，封疆大吏务当慎选廉正人员，上筹国计，下顺舆情，行之以宽，守之以信，庶人心悦服，劝办亦不至为难矣。

所有妥议缘由，理合恭摺具陈，伏乞皇上圣鉴。谨奏。

中国第一历史档案馆，奏档，光绪二十四年四号(1)：戊戌变法卷

遵议贵州巡抚王毓藻精练陆军并整顿军实摺*

光绪二十四年四月初五日(1898 年 5 月 24 日)

奏为遵旨议奏恭摺仰祈圣鉴事。

光绪二十四年二月十六日军机处抄交本日贵州巡抚王毓藻奏请精练陆兵并整顿军实等语,军机大臣面奉谕旨:"该衙门议奏。钦此。"抄交前来。

臣等公同查阅原奏,内称:"练军为当务之急,各行省竟无著名劲旅,何堪设想。张之洞署两江时设立自强军,回任后设护军两营,皆改用洋操,请旨饬神机营暨各督抚咨取湖北洋操饷章试练两营,逐渐增加。"等语。查湖北所练两营原系督办军务处于二十二年六月议定,一切饷章仿照武毅军,采用淮军旧制,准裁鄂厘三旗之兵以供洋操两营之饷,并行令将所拟章程分别咨照之案。其两营章制及所著成效,均尚未经具报。查洋操于自强军、湖北两营外,尚有荫昌旗兵学营及袁世凯所练新建陆军七千人,聂士成所练武毅军万人,皆训练勤奋。神机营如须调取,近在密迩,极为捷便。现已奏明挑选万人作为先锋队,教练枪炮准头、各项杂技及行军诸法,并议换用新式器械,一切均已次第举办。无事调取,别立章程。且近来湖北、浙江等省纷纷调取新建陆军员弁充当教习,是各直省果欲推广教练洋操,直可于各军内自行咨取,不必专定鄂中两营。刻下要在疆臣著意练兵,不必拘定营数,节冗饷以供正饷,汰弱兵以练精兵,逐为

* 此摺列衔的有:翁同龢(会办军务协办大学士、户部尚书)、荣禄(会办军务、协办大学士、兵部尚书)、管理神机营事务大臣载漪、熙敬、扎拉丰阿、桂祥、恩祐、长顺、芬车等。

推广,每省各有得力劲旅,以备征调,一有警音自易集事。

至所论海军船炮各节,现亦力为规划,新购快船不日可以竣工来华,正在核议带船员弁各项,自应另行奏明办理。总之,际此时势艰迫,复海军则洋面清,练陆军则边陲固,用陆军以卫海军,用海军以辅陆军,互相联络,自壮声威。臣等惟有随时体察情形,相机奏请开办。

所有遵议缘由,谨恭摺复陈,伏乞皇上圣鉴。

再,此摺系督办军务处主稿,会同神机营办理,合并声明。谨奏。

中国第一历史档案馆,奏档,光绪二十四年四号(1):戊戌变法卷

遵旨复议暂停开办铺税药牙摺*

光绪二十四年四月初十日(1898年5月29日)

据陕西巡抚魏光焘片奏:准户部咨,议复黑龙江副都统景祺奏请专设铺税、药牙一摺,奉准咨行到陕,当经行司派委妥员分赴查办,约计甚需时日,兼以昭信股票现在委员劝借,商民财力有限,若同时并举,诚恐顾此失彼,难期有济,请暂为展缓各等语。光绪二十四年闰三月十二日奉朱批:"户部知道。钦此。"钦遵。由内阁钞出到部。

臣等查铺税、药牙二事,原议令各省本年四月起一律举办,并声明按照该副都统所陈各节,限本年三月概行据实复奏等因,奏准通行在案。现计已逾三月之期,各直省能否举行,未据奏咨报部。惟陕西抚臣首先复奏,所称昭信股票现已委员劝借,商民财力有限,若铺税、药牙同时并举,诚恐顾此失彼,难期有济,自系实在情形。且药牙一事,该副都统所奏,并非专指土药,办法尚须推求。

---

* 此摺与敬信、张荫桓、徐用仪等户部堂官联衔复奏。

臣等公同商酌,陕西一省如此,推之各省情形当亦相同,应请旨饬下各直省将军、督抚、都统,所有铺税、药牙一律酌量暂缓开办,以恤商艰。

《光绪朝东华录》第四册,总字第4081页。

遵旨复议依克唐阿请行钞法、开设银行一事摺*

光绪二十四年四月十二日(1898年5月31日)

光绪二十四年二月初三日盛京将军依克唐阿奏复陈筹饷练兵要策请行钞法一摺,军机大臣面奉谕旨:"户部核议具奏。钦此。"遵即钞交到部。

查原奏内称:"方今时事急迫,仓猝聚亿万之财,收亿万之利,舍钞法别无良图;欲行钞法,舍银行无以取信。考钞法仿前汉之皮币,唐、宋、辽、金历变其制,以相沿用。元始盛行,其时赋税极重,兵役极烦,卒赖钞票以济。明初亦行宝钞,直至宏治始废。我朝顺治初年,造行钞贯,岁有定额,至十八年因库储充裕而止。嗣后举行,以立法不善,遂因滋弊而罢。故今人论钞法者,不深究利之所出,辄引前弊以相戒,于是钞法不行于中国,而转行于泰西。夫泰西各国之富,犹赖钞法以济用,则行钞法之利可知矣。查日本维新以前,国势浸弱,行钞法而即转弱为强;俄罗斯昔时地广民贫,行钞数十年,国用充裕,至今赖以周转,此皆仿西法而著明效者。奴才于光绪初年在黑龙江副都统任内,亲见瑷珲商贾行用皆系俄帖,且华商购办货物,必须以银易帖,始可易货,以至边界数百里,俄帖充

* 此摺与敬信、张荫桓、徐用仪、溥颋等户部堂官联衔。

溢不下数百万。迨后调任珲春，见华俄互市仍以俄帖为重。由今思之，中国如早行钞票，则以票换帖，自足相抵，亦可堵塞边隅漏卮，矧此时帑藏告匮，偿款未完，将来罗掘一空，势不至虚行钞票不止。奴才愚以为天地生财，只有此数，酌剂盈虚，本赖朝廷妙用。行钞虽属权宜，但能虚实相因，得人而理，亦可与银钱并行不悖，诚能于此时户部筹款在京师设立总银行，外省提用库银于省垣各设分银行，各处口岸则由关道筹款设立通商银行，仍由部印造钞票，妥定章程，凡纳完赋租税厘及一切报效上输之款，准其银钞兼收，文武官员廉俸、旗绿各营、防营兵饷及一切薪工役食，俱以银钞发放，务使民间视钞票与银并重，而又精造制以防诈伪，行汇兑以资流通，预定额数，毋令拥挤，更易新旧，毋令废弃，仍仿照西洋，于银行慎选经理之人，兼行放息之法，如是则钞票行矣。钞票既行，不特练兵有费，及造船购械不难立办，而开矿、火车、邮政之利无不次第扩充。"等语。

臣等窃维钞法兴于前代，其利害不具论。我朝顺治初年，岁造钞十二万贯，不久停罢。嘉庆十九年蔡之定学士奏请用楮钞，奉谕旨："此奏泥古，断不可行；小民趋利作伪，必至讼狱繁兴，罹法者众，殊非利用便民之道。该学士著交部议处，以为莠言乱政者戒。"又咸丰三年，户部奏请推行官票，奉谕旨："依议速行。通饬各省将军、督抚，不可稍存畏难之心，朕已洞烛其微，久久行之，利国利民，无穷尽也。"又是年户部复奏推广钞法，奉谕旨："朕酌古准今，定为官票、宝钞，以济银钱之不足，务使天下通行，以期便民裕国。"各等因。臣等恭绎两朝谕旨，谓楮钞之不可行者，乃百年经久之规，谓官票、宝钞之可行者，亦一时权宜之计，祖宗成训，义各有当，在后人自审缓急酌剂盈虚而已。方今时局孔艰，财源告乏，将军依克唐阿请印造钞票、设立银行，自属救时之一法。惟是欲行钞票，必先宽筹成本，刻值洋债困于外，饷需耗于内，出入根柢不敷，何从筹大宗的款为钞票成本之用。若成本少而钞票多，则强轻为重，强虚为实，无论智愚皆知其不可。如该将军盛称俄罗斯皆藉行钞以致富强，然日本西乡之乱，纸银一元不敌铜钱二百，俄国岁计亦载银俄罗般①一易纸俄罗般六，可为成本不足不能流通之明证，此行钞之难也。至银行仿自泰西，通商惠工，皆以是为枢纽，非徒为取息而设，亦非仅造票一端，中国风气未开，京师票号、钱庄，皆由商人自出资本，自为营运，并未承领官款，是以力量甚微，而汇丰、华俄各洋行遂先后开设都城，得以擅我大利。若国家于万方辐辏之区，先开官银行为各省提倡，内可通华商之气脉，外可杜洋商之挟持，利国利民，裨益良非浅鲜。第官款既未易筹措，商股亦未易招徕，更恐经理不得其人，利未兴而弊先见，此又设银行之难也。光绪二十二年京卿盛宣怀奏请先在京都、上海设立中国银行，其馀各省会、各口岸以次添设分行，照泰西商例，由商董自行经理，并以精纸用机器印造银票，与现银相辅而行，核与该将军此次所议各节大致相同。第查上海银行，自奉旨责成盛宣怀选择殷商，设立总董，招集股本，合力兴办，并赏给官款一百万两以为之创，以后是否确有成效，臣部未能遥度。应请旨饬下盛宣怀查明，上海银行自开设以来，果与原奏所拟，足以挽回利权、信孚商民，即行切实复奏。届时再由臣部酌度情形，预筹官本，奏请简派贤员，在于京都创设银行，精制银票，妥议收放，以扩利源。其未复奏以前，该将军所奏行钞法设银行之处，应请

① 即卢布。

暂缓置议。

《光绪朝东华录》第四册，总字第4084—4086页

遗摺*

光绪三十年五月十四日(1904年6月27日)

已革协办大学士户部尚书臣翁同龢跪奏，为天恩未报，臣病垂危，伏枕哀鸣，仰祈圣鉴事。

窃臣早年通籍，荐蒙先朝优遇，屡司文柄，兼侍讲帷，忝陟班联，叠膺简任。只以奉职无状，负罪当诛，犹蒙恩予保全，放归田里，交地方官管束，俾尽天年。臣自知咎戾，深悔难追，夙夜彷徨，浸成老病。兹已气息绵惙，无望偷生。伏念负疚如臣，固已言无足取，不敢复有所陈述。第思隆恩未答，盛世长辞，感悚之馀，难可瞑目。所愿励精图治，驯致富强，四海苍生，咏歌圣德，臣虽死之日，犹生之年。谨口授遗疏，不胜呜咽依恋之至。伏乞皇太后、皇上圣鉴。谨奏。

《逸经》第二十七期(1937年4月5日出版)

* 此摺由翁同龢口授，委托张謇代书递呈。

中国近代人物文集丛书

翁同龢集

（增订本）

二

谢俊美 编

中华书局

函　　稿

编者按：三十年前，作者在中华书局陈铮、陈东林先生和侯明女士的帮助和引荐下，通过国家图书馆王玉良先生，得见该馆馆藏《翁氏家书》。由于当时时间紧，抄写时漏误不免。在时间确定上，虽参考了当时中华书局的标点本，但也有不少游移之处，一时难以确定。此次修订，参看了国家图书馆李红英女士的《翁同龢书札系年考》，因《翁氏家书》原件就在国家图书馆，相信她的有关翁氏父兄子侄往来书札的考辨是有所本，在时间考订上有一定参考价值。在此，表示感谢。

禀父母亲*

道光二十五年八月初三日(1845 年 9 月 4 日)

男同龢谨禀父母亲大人膝下:

日前五兄回常,抵家尚早,新阡工作未知已有就绪否?殊为悬念。昨日一等案发,府学中男名幸列第三,第一则梅生,第二则顾济乾也,两两皆屡考前茅,拔贡自当必得。况男平日策论、经解俱未用功,考拔一说,自可置之不论,须待复试案发再行斟酌耳。录置赋稿一篇,系场中原本,多稚嫩处,乞大人削定寄来,以便□□竹卷也。两侄俱在寓静坐,并未出外,可无挂念。专此。□□□□肃请福安不一。

存番帙两元,零用一切恐尚不敷,乞酌寄数番为要。单夹袍褂二身□□□□便可也。八月初三日。

《翁氏家书》第十五册

禀父母

道光二十八年九月十七日(1848 年 10 月 13 日)

男同龢谨禀父母亲大人膝下:昨日选拔案发,府学中,男名滥邀首列,非赖先灵之默佑,暨两大人之福荫,何以致此?内抚寸衷,且愧且励。现在诸务丛集,尚无头绪。昨向梅生及诸友人云,今科杂费颇夥,二门内一切诸项须要四十番。(此亦其索价耳,万不能

---

* 编者按:据翁同书等纂辑《先文端公年谱》(稿本)记载,道光二十五年八月(1845 年 9 月)翁同龢前往苏州应府试,考中秀才。这是翁同龢考试后写给父亲翁心存和母亲许氏的信。

如数也。)头门外吹炮手及文武巡捕,辕门听差、投谒等项,亦不下二十番。至于谒见贽□□无定数,然亦不可过少。男拟送十二金,(梅生拟送八金,如俞莲士、汪克昌等必须数十金。)门包二金,似尚丰俭适□□□季思先生在此地时,先有牌示,一切陋规,概从革绝□□□竟无些子费。此次既无明文,又未传谕,似万不能援照前式。须与诸友人斟酌尽善,先定一例,然后增减可以随意耳。昨俞新竹来,寄到洋钱十六元,恐断不敷用。荔峰处尚可挪借,亦无庸再寄,寄来亦太迟矣。现在定于十八日谒见,十九日簪花,二十日起马。如必送宗师,动身则回家已赶不上,拟予奖赏后,求学师代为禀明,谅亦无不允许,则十九日即可回棹矣。专此谨禀。肃请父母亲大人福安,并贺大喜。馀俟续禀。

顷杜达吉来,据云□□□□□□,本宅报喜,皆一归府学。今具学中必欲挨分,亦只要另给喜本。至写报单讲喜银□□□□□□混。盖此时固未书学。明年乡试须由本学送册。况副值路本属挂名。如此□□□□□□□□□纠缠矣。此语前已向五兄道及,因恐其不书,一时蒙混,故又附阅。九月十七日卯刻。

李红英《翁同龢书札系年考》第4—5页,黄山书社2014年(下同,简称《书札系年考》)

禀父母亲*

咸丰六年四月二十六日(1856年5月29日)

前日传胪,男名幸第一,此皆仰赖天恩祖德及两大人福荫得以致此。喜极滋惭,感恩图报。昨读谕函,备言旧德之艰难,远溯深

---

* 咸丰六年四月,翁同龢参加顺天会试,殿试一甲一名,考中状元。这是考中后的当天,他致父母的信。

仁之积累。敬聆之下,兢惕益深。惟有保啬精神为守身之本,敦崇品学为报国之原,不特侈志不敢萌,并喜念亦不敢有也。男同龢谨禀。男同龢百拜恭贺大喜。

《翁氏家书》第十五册

致陆铁云函

咸丰十一年十二月二十五日(1862 年 2 月 4 日)

铁云[1]表兄大人阁下:每省手笺,拳拳不能释。衣不足御寒,薪水不足营饱,趋蹡阁前不得休,眷恋乡关不得置,客况之艰有如是耶!中秋寇入国门,龢奉大人出次近郊,仍往还于桑干之濒。目击烽烟,身冲锋刃,事定得安集,嘻,甚惫矣。自吾邑陷,而兄子皆漂流江北,仅免乞食。樵兄[2]则无消息。南望钦钦,比知尊府均渡江依郝姊丈,独大侄尚未得出,忧悬不可言。尽室北来,计之上也,荆棘塞途,当复奈何!兄甄叙得县令,欣贺欣贺,既非越级,当不至裁抑。龢意绪茫茫,岁暮牢落滋甚,非面不能喻此中曲。草草布意,余详舍侄函中。十二月二十五日漏三下。龢顿首。献岁发春,诸事吉祥为颂。

《上海图书馆藏翁同龢未刊手稿》第 313—315 页

致彭祖贤函

同治二年五月(1863 年 6 月)

其一:尊恙复发,伏惟调卫。承谕之件当商之于辛白[3],迟日奉

---

① 陆铁云,江苏常熟人,诸生。翁同龢表兄。官至直隶文安知县、署易州州牧。

② 樵兄指翁云樵,江苏常熟人。翁同龢堂兄。

③ 辛白即钱辛白。信封书“尊四少大人”。

复。敬上芍亭四兄大人执事。弟制龢叩头。

其二：所事已问辛白，据云未必能就，且其尊人甫从南来，云云，仍允代为一询，现在尚未见复也。溽暑台候胜常为慰。弟病暑，殊委顿，遂未奉访。复上芍亭四兄大人左右。制龢叩头。

上海图书馆编《上海图书馆藏翁同龢未刊手稿》第29—30页，上海科学技术文献出版社2010年版

致潘东园函

同治三年二月十七日（1864年3月24日）

东园[1]仁兄世大人阁下：赐书奖借，悚息难言。一昨画舸来临，适卧病未起，无缘一奉教言，至今歉想。龢在艰疚中，百事屏弃，兼呕血后两臂颓然，委书绢砉，潦草应命，即付败纸簏中可耳。秧田待雨，如何如何。复颂日安不次。世愚弟制翁同龢顿首。二月十七日。

《上海图书馆藏翁同龢未刊手稿》第274—275页

致穉香函

同治四年十一月二十五日（1866年1月11日）

穉香[2]仁兄同年大人阁下：别来惘惘，相思甚深。比从家函中得悉尊况并承垂念，交谊厚意，殷拳感激，难以言喻。昨蒙急递，以家兄凶问至，适都（兴阿）帅奏报亦到。闻信摧剥，痛不自持。家兄十年来皆在水火之中，此信誓死报国，不图遘疾奄忽以殁。朝廷德泽至深至渥，所憾逋臣不能灭此丑虏耳！承示河西道路多阻，今拟

① 潘东园，江苏苏州人。医生。其事迹不详。

② 穉香事迹不详，疑为都兴阿军营佐幕人员。

遣舍侄曾桂星奔迎柩，倘前途有阻，还望指示形势，令勿冒昧前进，切恳之。阁下精神满腹，政治之美，流誉无穷，倾企之私，不言而喻。敬先奉函叩谢，哽塞不尽褫缕，祗请勋安，惟鉴之。年愚弟期翁同龢顿首。十一月二十五日。

翁之廉手录《先文勤公手札》，未刊，翁万戈藏供

致穉香函

同治四年十二月初四日（1866年1月20日）

穉香仁兄同年大阁下：日昨奉函想早得达。迩来伏惟兴居增胜，政治之美，巷舞衢歌，此岂足尽大才，即见特膺雄郡，宏此远猷耳。蒙报西闻，感涕万分，因即急遣弟三侄曾桂先往，惟河西冰雪塞途，弱忽恐不任此役，见星而行，惶遽尤甚。弟已令其到贵治后，小作停顿，探明道路，再行前进。如来谕所云者：此侄到彼，计在本月望后，尚乞遣人谕及此意，万一资斧不给，亦望有以借给，明年由弟措还，断断不敢迟误也。阁下关照至深，故敢以此相属，阁下亦知其言之悲也。仓猝奉布，不尽褫缕，敬颂台妥，诸惟垂鉴不次。年愚弟期翁同龢顿首。十二月四日。家信一函，乞饬交舍侄曾桂。致俞信卿一函，祈即转达。

翁之廉手录《先文勤公手札》，未刊，翁万戈藏供

致林伯恬函

同治五年五月二十六日（1866年7月8日）

伯恬[①]世兄大人阁下：辱手书，伏承厚意殷殷，感慰兼至。截臬

① 林伯恬，福建侯官（今福州市）人，翁心存门生。举人。

雄关，山川在目，侧想凝香清暇，骀骑登临，北望渺然，朗吟长啸，复闻簿书判决，事事躬亲，伟绩循声，著于三辅，钦仰钦仰。来书所论切中情事，官途杂而天下无人才，非细故也。弟日侍经帷，不遑昕夕。老母尚健，以书史自娱，退值稍迟，则依闾而望。家五兄再权臬事，清况萧然，虽书札频通，终恨道途多阻。尊公大人侍奉家居，伏想起居康胜，阃中少便，未尝奉函，至今耿耿。行人迫促，草草申谢。敬颂升安，不尽百一。世愚弟期翁同龢顿首。五月十七日。

《上海图书馆藏翁同龢未刊手稿》第271—273页

致延煦函

同治五年六月初四日（1866年7月15日）

树南吾兄大人阁下：别已半年，想望无极。伯母安舆就道，方将祖饯送行，比至日已暮，未获望见后车。所以然者，仆人传语舛误，然亦足见龢处事之粗疏矣，至今歉然，不能自解。即日伏审侍奉万福。两读来教，书札翩翩，不特手翰斐然，久已置之怀里，即幕中琳瑀，亦一时之选也。驿传未易整顿，闻驿丁富者或迁匿，而贫者两输赋钱，果有之乎？其不得入仕籍则固着在令甲不可易矣。辽沈安恬，禁军凯撤。此辈聚散如风雨，正恐尚烦措置。彼都人士念先德之遗泽，颂使君之神明，何隐弗陈，何政弗举，五方所辏，风气日偷，必稍稍振厉之，冀还敦厚之俗，且武备又胡可缓乎！龢日侍经帷之侧，仰见圣度渊冲仁厚悱恻，读《尚书》毕，次及《毛诗》。趋朝之路太远，而老母不可暂离，今已习惯，不以为顿。家母入夏颇健，诸子侄不至逾尺度，仲兄在楚再权臬事，近未能刻苦。玉门西去，春光不能度陇右，驿骚主帅无策，宛雒江淮北及燕赵之际，在在设防，楚师坐镇，可忧也。京师昨始得雨，西北一带已告无麦。墓次安隐，萧老已化。春秋时日过尊垅松楸，未尝不下马展拜，此后当益周览审度，此弟子之职。龢感暑小恙，适得休沐三日，近事邸钞详之。草草奉布，敬颂侍安，不尽百一。弟翁同龢顿首上。六月四日。家母命候安道谢。子侄辈随叩。问贤郎世兄近好。外致都将军[①]一函乞饬交，吉林富将军函并烦转递。

《上海图书馆藏翁同龢未刊手稿》第147—153页

致翁同爵函*

同治七年二月初一日（1868年2月23日）

先茔乙山辛向，今年方向甚利，按宪书。惟核桃园乃癸丁向，然起攒似可不拘。弟意夏秋间由潞河归旐最为稳便。所虑者，得请之后，或给短假，或令事竣来京，则进退维谷耳。居乡之难有数端：风气浇薄，一也；以公事相溷，二也；亲朋贫苦，助之无力，坐视不可，三也。居家之难亦有数端：房屋逼窄，一也；薄田所入，还债不暇，不能自给，二也；一切食用均改旧规，五角六张，近于乖僻，调和元气，最难为功，三也。此数者，皆不能不虑者也。然但得放归田里，健户养亲，此数者亦自有处法，不能因噎废食。约计路费、葬费在二千金左右，望速为筹出，先期寄京，庶不至临时拮据耳。环秀之屋，未知荣侄如何措置，果能得之，略加修葺，亦足娱奉。此处虽未数数到，亦尝登堂，仿佛在目，厅事后即水阁子，颇萧散也。

先集未刊，亦一大事。曩三兄[②]筹有刻资，今亦付东流矣。还

---

① 都将军指都兴阿，富将军指富明阿。

* 《书札系年考》一书疑此函写于同治七年二月初一日（1868年2月23日）。查翁同龢日记同治七年二月初一日有“发四川信”一语。

② 三兄指翁同书。

家后首当料理,并潜虚公集①亦拟翻刻。入城一层,潘文恭②行之,而彭氏③以为无益,亦为节费起见。应办与否,酌定详示。

山向以祖茔为主,昭穆穴是否同出一向,鸽峰之地,穆穴尚未筑沙,其出向应如何办法,固须访地师择定,亦乞示其梗概。鸽峰之西,越一冈,有田数亩,弟欲得斯丘久矣,荣侄来信,百千左右便可置,何如?

京邸居近二十年,粗重什器无论,即书籍捡点,亦颇不易。得请之后,尚须数月束装,书籍拟付轮船。

仲侄病体如此,积累如此,再住京中必无好处,若挈之归,则增我之累,若嫂氏同归,尤多难处。

箨儿④若得中式,正可还家,否则与松侄且在此当差。若全家尽归,则住屋交还龙氏⑤乎?否乎?龙氏新中举者两人,正需此屋也。

《翁氏家书》第十五册

致翁同爵函*

同治七年三月十四日(1868 年 4 月 6 日)

五兄大人尊前:

正月十三沙市一函至,甚慰远望。从此达宜昌,溯三峡牵船而

① 指翁咸封,翁心存父亲。

② 指潘世恩,江苏吴县人。

③ 指大学士彭蕴章。

④ 指翁曾翰,翁同爵之子。

⑤ 指广东举人龙湛新、龙湛臣兄弟。其父为翁心存门生,曾将京寓让翁心存居住。

* 翁同爵,字侠君,号玉甫,翁心存第三子,在翁咸封世系中,排行第五。故翁同龢称他五兄。

行,想极安稳,抵任约须三月初旬矣。湘省攀辕,蜀中竹马,政声所布,实意所孚,此岂可强致者！昨四川世兄谢观察晓庄来,盛称兄为政廉静,士民交感,属吏翕然。谢君在湘似不甚得意者而持论如此,可知非私誉。其人老于戎幕,高语性理而略气矜,赠百金为堂上寿,意良厚也。湘中摺差来,得刘师函并汇票一一收讫。前次摺差因道阻不敢携带,故略迟数日,无他也。畿南征兵十万兜剿,卒以计得脱,越滹沱而南。伐济源之竹以为兵,悉力西突。今山西复有警报至,恐泽潞有事矣。雪多地润,农事不能举,饥馑流亡,畿民大困。弟入值如常,平平自守。自二月二十一日起,上于召见枢廷时一体入座,前此所无。醇邸偕吾等封事力请,遂蒙俞允,所谓喜见云章第一篇也。

慈亲康健,近来肝气作疼,请顾肯堂,服润剂,今已全愈。筹儿场作平正,无出色处,亦无疵类,有五分可望。体子亦好。昨二场出场甚早,同邑应试者十有四人,曾印若其尤也。源侄[1]出房门,面目甚瘦,侄妇将于此月十八从海舶寻其兄。语言却清。松侄[2]起复当差,依然在南城办团练。家中上下皆安好。荣侄不来最妙,来则回避矣。环秀之屋已置,云稍修即可,伊新纳一妾。弟拟俟兰孙[3]起复,即请假葬亲。但兰孙须十月中旬方出,则弟之行至早亦须此时。如准开缺,尚可俟春水生时,由潞河南下。脱或不然,则竟须龙杠,龙杠之费,到王营即须千八百金也。先人窀穸一日未安,则龢等之中怀一日不释,真天壤间之罪人,清夜自艾,至于失声。今冬之归,决无再计,一切惟兄详思而筹划之。摺差即发,筹儿入场,草草作此,并前日写就

① 翁曾源,字仲渊,翁同书之子。

② 翁曾荣,字鹿卿,一写菉卿,翁同爵之子。

③ 兰孙,即李鸿藻。其时李鸿藻因嗣母去世,正在家丁忧。

四纸同寄去。三月十四日戌刻,弟同龢谨启。

《翁氏家书》第十五册

致杨沂孙函

同治七年八月初一日(1868 年 9 月 16 日)

积古斋款识四册奉览,苦暑未获诣谈。濒翁[①]足疾已愈否?
敬上咏春大兄大人。弟龢顿首。八月朔。
送北半截子杨大人。

未刊稿,原件藏常熟市文管会

致童华函

同治八年正月初三日(1869 年 2 月 13 日)

薇研[②]老前辈世大人尊右:

去岁还乡,瞻望节华,近在百里,既未敢以疏布奉于严重,又锁院沉沉,避嫌不欲自达,企想无涯。江南兵后,山川改观,学校稍兴,士多游食。缅惟大宗师以敦朴为众士率先,奖贤育才,黜华崇实,士风丕变,正在此时,此非仅感颂之浮辞也。家慈颐健,胜于平时。伏承雅意申祝,敬拜受转呈。又辱馈岁之资,惭恧尤难言喻。京师无雪,农事未兴,晚内直如常,百不足道。专此申谢崇安,惟鉴不次。世晚生翁同龢顿首谨状。正月三日。

---

① 濒翁,指杨沂孙之弟杨泗孙。

② 童华,字惟究、薇研,浙江鄞县人。进士出身。

家慈命道谢候安。

《清代名人手札甲集》

致翁同祜函*

同治八年二月十一日(1869年3月23日)

君表①来,得手书,快若晤语,深慰。怀想馆况清佳,子姓安吉,闲居之福,胜彼簪缨。龢发半白,精力大减于前,鼓努奔驰,有以火销膏之喻。老亲颐健,差足为慰。西事无涯,五兄②在彼支持不过,非言语所能尽。一入宦海,正如百斛之舟,随波上下耳。秋试伊迩,吾宗必有获隽者。闻江以南雨水甚调,此间却旱甚。

《瓶庐文钞》卷六

致延煦函

同治八年二月二十七日(1869年4月8日)

尊体如何?夑兄云患处宜早合也。眠食安否?若须补剂,竟用参蓍耳。晨起专此不一。龢顿首。树兄左右。二十七日。

《上海图书馆藏翁同龢未刊手稿》第162页

---

* 翁同祜,翁同龢的堂兄。

① 君表,即曾之撰。

② 指翁同爵,时任陕西布政使。

致翁同爵函*

同治八年八月初四日(1869年9月9日)

东华酒肆即吾直庐,明窗净几,殊无所苦,计一月中不过五六度宿此耳。成均百事废弛,有老助教把持而满祭酒庇之,近为同官发其侵挪公项至六百金,弟犹迟迟不遽参劾,示意弥补,实周旋寮谊耳。至考政因经费减半,遂同儿嬉,近乃删汰庸劣,稍露眉目,广文先生亦不易耳。

《翁氏家书》第十五册

致翁同爵函**

同治九年三月十四日(1870年4月14日)

五兄大人尊前:

月之初七日欣闻恩命,嗣后甚盼家(言)〔信〕,盖未审贼退后如何光景也。昨接摺弁带来信,得悉縗缕。储峙保障之劳不自恤,而歉然于横草之忠,焚巢之酷,使总师干者尽如此,则贼不足平矣。刘军失势,雷、金[①]退舍皆未经入告,廷议但知饷道不通而已。临淮

---

* 原件无时间、收件人姓名。现据翁同龢同治八年八月初四日日记记载确定。标题为编者所加。同治四年十一月,翁同龢奉旨在弘德殿上行走。为入值和休息方便,于同治六年二月,"借东安门外关帝庙屋三椽为小寓,既而移于栅栏外东厂旁酒肆中,题其门曰:'门多长者辙,臣是酒中仙'。"四月,"复移寓于东厂胡同,屋稍多,与艮峰相国(倭仁)同居"。又《松禅自订年谱》同治七年,"复移寓于关帝庙,既而卜居静默寺"。是年十二月,翁同爵擢陕西布政使。八年八月初四日日记有"草秦中家书句"。

** 查翁同龢同治九年三月二十六日日记,有"为慈亲称祝,宾客来者二百馀人"。推断此信写于九年三月十四日,但函中说"月之初七日欣闻恩命"一语。查翁同爵年谱是年并无新的恩命。又,翁同龢是日日记并无致五兄函的记载。疑此信有伪,且存疑。

① 指刘蓉、雷正绾、金顺。

移节，可资镇抚，而供张之烦，必不暇给。半年中西师无起色，恐有更动也。京邸平安，老亲颐健，今定三月二十六日奉觞称祝。值安徽会馆初成，又在万寿节花衣期内，邦家之光，庭闱之乐，兼而有之。馆中闳敞，女座在平地，无登陟之劳，极为合宜。不发帖请分，一则避收分之名，一则恐王公贵人皆来，诸多浮费也。

弟入直如恒，一切稳妥，唯奔走稍觉不任，须新留而多白，一齿又复欲落，俨然五十许人矣。

兄此时断不可萌退志，且告养似未合例，且俟明春再看。颂臣①未必出山，韫斋师②将引退，未知代者何人？此月两见雪，奇寒，今又骤热，春麦悉种矣。敬贺大喜，问合署好。弟龢谨启。三月十四日。

侍妾陆氏随叩。

《翁氏家书》第十五册

致翁同爵函

同治九年五月初五日（1870 年 6 月 3 日）

五兄大人尊前：

天中令节，正思远人，而家函适至，欣慰之至。麦秋减色，河朔同之，惟供顿殷繁，而征收延宕，此则极难措置者耳。伯文来言北山游匪不下十六七万，固是危言悚论，然亦约略之词，何从得此确数？其人粗鄙，枢曹颇以为言，实有以致之也。时政具于邸钞，望雨极切，三农吁嗟，粮食长价矣。

寓中安善，书房局面稍有变更，责成更重，惟兢兢业业日慎一日而已。

---

① 指卞宝第，字颂臣，官至福建巡抚、闽浙总督。

② 刘昆，字韫斋，云南景东厅人，官至湖南巡抚。

老人气体健适，挑油绵以自娱。弟之精力全用在差使上，定省之节疏失实[下缺][①]

荣郎北上之计未果，旧习未必能改，却绝不与外事。仲侄痴骙不愈，所作试帖仅仅成句。安孙[②]虽钝，似可造就。寿官[③]五经将毕，胸中了了，馀不足道也。奎孙[④]闻极开展，知识将开，性情未定，学与不学全在此时，但愿得一严师教督之，思之不能释也。

[上缺]多即在内城觅屋，岂能全家移住，不如安之。半月来，自处一方，用党参、于术，加以生地，每夕饮一盏，稍可支撑。须发半白，乃旧病所致。成均稍事整顿，名实未能相副，束修羊日瘦，不复计较也。敬请近安，问合署好。弟龢顿首谨启。端午日。

《翁氏家书》第十五册

复张光藻函*

同治九年十二月初一日(1871 年 1 月 21 日)

翰泉仁兄同年左右：绝塞寓书，珍如球璧，三年不灭，岂虚语哉！前从子松处得手书，具悉近况。退而忾叹，以为士君子以一肩担道义之重，劳苦患难，穷愁困辱，皆天之玉成眷佑，此境最不可草

---

① 此札共三纸，从"五兄大人尊前"到"定省之节疏失实"为第一纸；从"荣郎北上之计未果"到"思之不能释也"为第二纸；从"多即在内城觅屋"到"端午日"为第三纸。从第一、第二纸的结尾来看，内容似乎中断，尚缺二纸，即"定省之节疏失实"后还应有一纸，"思之不能释也"之后到"多即在内城觅屋"之前还应有一纸。原档无法查找，故用"下缺"、"上缺"表示。

② 安孙，字寿臣，翁曾翰之子。

③ 寿官即德孙，翁曾翰之子。

④ 奎孙，字鼎臣，翁曾纯之子。

* 张光藻，字翰泉，安徽广德人，翁同龢同年。咸丰进士，官至天津知府。因天津教案革职充军黑龙江。

草虚过，窃愿努力自爱，无为戚戚也。昔吴汉槎[①]之在柳边也，其友顾君寄以《金缕曲》二阕，见者以为山阳思旧，都尉河梁，不足喻其凄怆，然所言者不过呢呢儿女子语耳，不足为贤者道。故以古义相勖，幸深鉴焉。龢以母病，请假一月，如天之福，幸渐即安。自惟庸下，无涓埃以答知遇，犹得躬耕十亩以养以教，庶几寡过而已。冬暖雪稀，龙沙以北，别有天地。体中何如？珍重千万。津门大水，数十年所未有，想执事闻之为之于邑也。敬候道安不一。年愚弟翁同龢顿首。十二月朔。

戊辰之秋，龢扶护南归。道出津门，承刘侯[②]亲至河干，慰问备至，感不能忘。今在辰韩[③]，起居何如？乞道相念。弟龢再行。

《上海图书馆藏翁同龢未刊手稿》第2—5页。

致汤修函

同治十年四月初二日(1871年5月20日)

外舅[④]大人尊前：

久未得南音，驰仰特甚。王孝廉来，闻过吴门伏谒左右，得此稍慰，然私衷尚未释然也。尊体稍不如前，宜亲药物，眼前俗事浮

---

① 吴汉槎，即吴兆骞，号汉槎，江苏吴县(今苏州)人。顺治十四年，吴氏参加江南乡试，中式举人。不久，给事中阴应节奏参江南乡试存在弊窦，要求查处。次年二月，顺治帝亲自过问，将江南是科中式举人调到北京，进行重新考试。吴氏因不满护军弹压，竟以交白卷以示抗议。结果被责四十大板，家产籍没入官，父母妻子流徙宁古塔。在流放期间，他写了不少凄凉悲愤的诗歌，后来编入《归来草堂尺牍》和《秋笳集》。直到康熙二十年，才在好友顾贞观(字华峰，号梁汾，江苏无锡人)、大学士徐乾学(字原一，号健庵，江苏昆山人)等人的帮助下，奉诏赐回，在塞外度过了二十三年。后在北京去世。

② 刘侯，即刘康侯，刘麒祥，曾纪泽妹夫，时在津海关任职。

③ 辰韩，代指朝鲜，朝鲜古代称“三韩”，“辰韩”即其一。

④ 苏常地区的习俗，女婿往往称自己的岳丈为外舅。此函中的外舅指翁同龢的岳丈汤修。

云置之而已。龢于三月中颇动归思而事有不可，此中委曲，非一语所能尽。艮老[①]悬瘿，已成笃疾，其进退乃朝局所系。前此所传疏稿，乃妄人伪造耳！五云每月三金，古如[②]总未付给，其子虽穷悴，有一段清气，已送义学读书，月助膏火矣。龢自内直后，终日切切，惟恐惭负亲友已非一端。若五云者，尤所关切，然竟无可奈何！古如极窘，赵伯远英挺不凡，仅一晤语，仆人顾明在此候荐，甚难位置。钟侍讲[③]一函，语亦肫切，今寄呈，敬请福安暨外姑大人安，两弟近好。子婿翁同龢百拜上。

《翁松禅相国家书》未刊稿，苏州市博物馆藏

致翁同爵函

同治十年十月十一日(1871 年 11 月 23 日)

五兄大人尊前：

科场办竣，民间安堵，欣慰之至。前者颇有谣言，谓西安不甚安静，甚悬悬也。题系上好礼两节，闱墨可观否？两文衡人皆平易，一切想妥当。刘公[④]退志不特此间知之，即枢廷亦有所闻，总以为不合于左帅[⑤]致然。曩尝有人上书于罗司农[⑥]，深诋陕抚不善措置。罗公去职，故未上闻，其劾左帅，大略上从此处得来耳。左气

---

① 倭仁，字艮峰。
② 指汤古如。
③ 指翰林院侍讲钟佩贤。
④ 指陕西巡抚刘蓉。
⑤ 指左宗棠。
⑥ 指户部尚书罗惇衍。

太盈，京朝官无一称之者。然窃观其动静，较穆帅[1]远胜，时论右穆而左左，何也？除规礼，杜钻营，和平中正，示以至公，何事不举。深服其识见之远。平馀裁尽，断难办事，即如蒋芗泉[2]在粤，裁韶关陋规，究竟裁尽否？委员与胥吏何贤何愚?！弟尝妄论不裁粤海奸利，而剔及他处，吾知其无能为耳。纯阳尝以巨金谋荐举，其人可知。又有道学著名之太守与都人信札极频，前月闻同□一府派八千科场费，窃疑此人为之说，然不敢断也。植三到省，归志已决，大约小有张罗。古之回任否？

楚皖大水，下游同之。苏属被水较轻，然米价每石四千，近来所无。明年海运必至大绌。部库日见匮乏，一则宫廷之用，二则神机营每年不下百万，三则宗室钱粮日多，生齿日繁。兵饷仍折放，八旗生计艰难。若洋税日抽，南粮再少，明年亦大累坠矣。弟入值如常，谨慎自持，不敢失坠，惟自揣此差支两三年尚可，以后则精力不继，发白太多，饮食甚少，健忘懒散，皆其征也。

慈体康强，一切如旧。今年八十寿辰，理宜称祝，慈意俟明春举行，寓中演剧，种种不便，且再议之。子侄辈皆安好。久未得南中信，想见荣侄之懒。三日来因万寿圣节，得稍休沐。西宫起居康复，昨已御慈宁受贺，计十馀日未见枢臣也。京师少雨，秋麦种者甚稀，粮价二十五六千。捐铜局收捐拟加库平，因钱法堂亏累，藉此津贴，所恐来者益稀耳。奎孙读书要紧，先生不必太好，只须严重有年纪者。全姨病体如何？为时太久，甚难奏效，适增客中一段愁闷，故堂上亦以为念也。徐、李两仆先后赴陕，可询一切。刘升求荐，已荐与鲍子年太守，仍属其严驭之而已。草草敬请近安，问

---

① 指穆图善。时任荆州将军，与刘蓉会办陕甘军务。

② 指广东巡抚蒋益澧。

合署好。十月十一日灯下，龢顿首谨启。

《翁氏家书》第十五册

致翁同爵函*

同治十年十一月十二日(1871年12月23日)

西师告捷，徒以失一骁将稍可致疑，金积投诚，或是狡计，未足凭矣。北路探报皆言灵州再陷，而左帅无一语及之，何也①？张曜悬军深入，深见倚重，所陈军事大约如火如荼，最足眩人耳目。穆②颇不利于众口，迟迟不交印，固缘催饷，然当日谓但到泾州必当交卸，何其前后矛盾乃尔耶？摩兜之戒，守之素矣。森严清切之地，言动皆有法程，岂可纵谈快口？况经涉波涛，千回百折，乌得不虑耶？指陈古今，讲明道理，则侃侃谔谔，无所忌讳，此职所应为也。裆事虽快，病根伏于隐处，当轴措置益艰，高阳有智深勇沉之概，八咏附和③所持尚正耳！新除头衔④，授诗者最吃重，黄螺未得此，意颇惆怅。

《翁氏家书》第十五册

致翁同祜函

同治十年十一月(1871年12月)

为别一年，无日不思。家信至，知起居安吉，甚慰。伏见吾兄

---

* 原件无时间和收件人姓名，现据翁同龢同治十年十一月十二日日记记载所加。是日日记有"作信寄陕西，交火牌捎去"。

① 指金积堡回民起义军投诚事。"失一骁将"指刘松山被起义军击毙。

② 指穆图善。

③ "高阳"指李鸿藻。"八咏"疑指李鸿章。

④ "新除头衔"指翁同龢是年七月授内阁学士。"黄螺未得此"疑指黄卓。

齿发少衰,每日奔驰,虽以习勤,然不免稍伤筋力,愿重自爱护。两侄笃实好学,自是可喜。况患难流离,复得完聚,足慰暮景,何乐如之。龢还京,入直如常。母亲气体康健,子侄粗能循分自立。圣学方新,龢职侍从,未敢萌退归之志,大约两年后再作计较。五兄在陕甚累,只是身体平安。宗祠未葺之愍,然秦坡、湖桥两处先茔未知修理否?鼎侄获隽深喜,但望诸子侄皆读正书、作好人,无坠门户而已。曾荣近来作事亦望时加诲勉,勿以踪迹为计。龢日在尘事中,殊少宽闲气象,总缘学力浅薄,捉摸不稳,不敢不痛自策励。南中水灾,征收能减成否?

《瓶庐文钞》卷六

致魏纶先函*

同治十一年六月十一日(1872年7月16日)

温云大兄大人阁下:

自泊淮扬,伏承慰恤,既蒙馈奠,复以果脯珍惠饷行,辱在挚交,未敢深却,然感愧多矣。敝邑蕞尔,草木山川皆被君家之赐,岂一人之私言哉!即日起居何如?治河之策想劳擘画。弟等奉别后于瓜步小泊待风,越日遂济,布帆安稳,皆出馀庇。今抵毗陵,距舍仅两日程耳。吴语江鱼触处凄断,暑途幸尚支持,瞻奉侍日,不尽依驰。手此奉谢,即颂台安不次。世愚弟制翁同爵、翁同龢稽首。

《咸同名贤手札》

---

* 同治十一年六月十一日,翁同爵、翁同龢护送母亲灵柩回籍安葬,途经扬州时,受魏纶先接待,此函为答谢魏纶先而作。魏纶先,字温云,时为候选道,二品衔,督办浚河事宜。

致应宝时函

同治十一年九月十九日(1872 年 10 月 20 日)

敏斋[①]大公祖世大人阁下:

久缺音信,伏惟侍奉万福。数日前闻尊体偶有违和,旋即康复,甚慰。驰仰书局校雠之役,屡为亲友祈请,恃眷之深,不禁烦渎重承位置,感愧深矣。山中萧寂,时与农夫较量晴雨。秋水甚多,而春麦已需一溉。今岁三农倍苦,有卖犊而无所得钱者,可悯也。

脩伯[②]久未通问,闻其喘疾时作,而对客有倦容,深以为念。尊处得其书札否?

孱躯多病,明年春初当一谒戟下。人便草草,不尽欲言。敬请勋安,恕不庄启。治世愚弟制翁同龢叩首。

家兄附笔请安。

《昭代名人尺牍小传续集》卷二十一

致杨沂孙函*

同治十二年五月十七日(1873 年 6 月 11 日)

有邓石如字在此,能来一看否?咏春大兄阁下。同龢顿首。十七日。

未刊稿,原件藏常熟市文管会

---

① 指应宝时,时为江苏布政使。

② 指朱智。

* 时翁同龢在籍丁忧,杨氏因眼疾告退在家。

致俞钟燮、俞钟銮函

同治十二年六月十八日(1873年7月12日)

调卿、金门两甥左右:得手函,情意切到,感慰兼集。吾平生无儿女之恋,只是伤痛未平,又加摧剥,气体不支耳!在官无纤芬之报,而积欠如丘山,奈何!两甥安善,堂上万福,清苦刻励,读书养亲,尘中人望之如神仙,此境勿虚过也。归田不复计,安坐逍遥,抑岂夙昔之志,何日相见,言之愧然。挥汗奉报,如晤谈,勿悬念。不一。此候堂上近安,合宅眷属均吉。舅氏龢顿首。六月十八日。

《上海图书馆藏翁同龢未刊手稿》第462—464页

致汤修函*

同治十二年七月二十七日(1873年9月11日)

外舅大人尊前:

新正两得谕函,伏审上下安和欣慰。待五云回信久不至,故迟作启。恽孝廉往张家湾未得晤,晤钟荏山,属其偕恽君同往看屋,应修应售,听其裁酌。荏山云卖屋非计,且段升久已告退归家云屋架虽在檩,若梁皆截去,外方卸下,转不直钱。莫若提会馆闲款,稍加修葺,或租或典,似为合算。龢亦深是其言,但五云归计未定,尚未腾出,无从接管。致五云手谕已面致,未审每月三两从何处支取,古如处恐难启口也。

---

* 此函为未刊稿,函后收藏者注“此信失后页”五字。

近体康胜，似宜加意颐养，琐屑事姑置之。斐叔代筹出处，亦是一段苦心。侨寓之难，虽百里不啻燕粤，兼之吴门积习华靡轻扬，近则污人，贤者不免。伯述弟覃思绩学，志趣不群，正宜于人海中求友，以博其旨趣。二弟质性稍钝，曷若就一郎官，俾先练习乎！此至切至深之论，非迂图也。仆人顾明又从福建空回，在此候荐，欲求手札与吴仲宣[①]，俾得啖饭处。轮船信到时，龢适有门人赴蜀，当可携往。[下缺]

未刊稿，苏州市博物馆藏

致汤修函

同治十二年十月十八日(1873 年 12 月 7 日)

外舅大人尊前：

伯述[②]大弟来，得审尊体康复，极慰驰仰。南方暑湿，入秋又燥，甚难调卫，乞因时珍重。伯述秋试被放，乃有司失此瑰珍，于伯述断不以是轻重。赀郎无味，未可以此劝驾，且又无处张罗，何必作迂曲之计。即为家事起见，内外官候补，例须赔累十年，故龢以为闭户里居，读书奉亲，以其馀闲，稍稍措置田园之事，较为著实，乞鉴此意。龢旧病虽未大作，而战汗之症屡作，气体甚颓。伯述来，快慰远念。明年若至浙江，必当进谒左右。专复，敬请福安。子婿制翁同龢百拜上。十月十八日。

未刊稿，苏州市博物馆藏

① 指吴棠。

② 汤伯述，字纪尚，汤修之子。

致俞钟銮函

同治十二年十一月二十日（1874 年 1 月 8 日）

八关斋卷已留，番饼十二元即转付，风雨不复过谈。第五卷刻样并底本送呈，烦细校不汲汲也。惟珍重努力不一。金门贤甥。叔平。

未刊稿，见国家图书馆藏《翁文恭公手札》

致俞钟燮函

同治十二年十二月初七日（1874 年 1 月 24 日）

送去第四卷刻样并底本，即烦校勘。对一副，并缴。顷所询甘凉诸将姓名，距陕差远，无从悉也。调卿贤甥足下。制龢顿首。

《松禅老人遗墨》卷下

致俞钟燮函

同治十二年十二月初八日（1874 年 1 月 25 日）

第八、九两卷刻样烦细校，今将底本一厚一薄两册并送，即捡入。墓铭拓本两份并致。调卿贤甥。制龢顿首。初五日。

《松禅老人遗墨》卷下

致杨沂孙函

同治十二年十二月(1874 年 1 月)

昨归不适,今晨勉强出门,盖腹呕泄,高会不能赴,怅望之至。敬此奉谢,惟鉴之。弟同龢顿首上。咏春大兄大人。

未刊稿,原件藏常熟市文管会

致俞钟燮函

同治十二年十二月十六日(1874 年 2 月 2 日)

墓表漫写去,其一须剜补两三处。望择用,拙腕不能再作矣,如何?志铭尚未写,日来百事丛杂也。篆额当请能者任之,愚既不通篆法,隶又非所习,无暇再写,乞谅之。扇面并还。调卿贤甥足下。龢顿首。十六日。

《松禅老人遗墨》卷下

致俞钟燮函

同治十二年十二月二十日(1874 年 2 月 6 日)

墓志前所书极不惬意,今捡一纸去,断未可入石,缘日来心中如剜割,遂难落笔,倘得舟中稍定,必写寄也。仲宾先生乞致谢,外二元聊当润笔,并烦转致。调卿贤甥。龢顿首。

《松禅老人遗墨》卷下

致汤伯述函

同治十三年正月二十八日(1874 年 3 月 16 日)

游邓尉而返。再奉书,果以不得报书为诘责,甚愧,甚愧。尊作雄健典核,果能破桐城之范围,然妄拟节去数字,故尚未写去,亦不出二月中旬也。侍奉安和,窃所欣慰。龢祥除后便当北行,游浙恐遂不果,家事不易措置,又非一言所能尽也。来日无穷,愿各努力。归评《史记》,三月中必寄呈。右上伯述大弟左右。兄制龢顿首。正月二十八日。

未刊稿,苏州市博物馆藏

致朱根仁函

同治十三年三月二十八日(1874 年 5 月 13 日)

体斋仁兄大人阁下:

相见无日,跂望甚殷。比闻政教日孚,德业日著,极慰驰仰。濠叟[①]归后,稍知皖中近事,益得悉为政之仁明。弟伏处山中,忽即祥缟,攀慕未毕,行将首途,此人子最不堪之境,无可言者。敝世交周吉甫,祥原云侪先生之文孙,少鹤大令之侄也,清寒彻骨,授经自给,今橐笔游皖,嘱为一言于左右,伏望垂念同里旧家,推荐一席,或教读,或征比,或笔墨,俾得稍润客囊,是为切感。周君能任辛苦

① 即杨沂孙。

之役，弟实亲睹之也。卓林[①]、晓岚晤时道念。迫行百务丛集，草草奉布不尽，敬颂台安不一。

家兄同此请安。弟翁同龢顿首肃。三月二十八日。

未刊稿，原件藏常熟市文管会

致冯焌光函*

同治十三年四月初五日（1874 年 5 月 20 日）

竹如吾兄同年大人阁下：泊舟吴淞，竟未瞻奉左右，客子畏人，此意可想，惟知己鉴此委曲。即日伏维钩校精勤，著作宏富，钦企不尽。龢取次北行，辞墓之悲，甚于刿割。孱躯多病，近益不支矣。里居无事，惟亲友祈请，甚厌甚苦，又不忍坐视其饿，往往为书于人。今有同里姻戚张雨生者，名溥泉，鹿樵观察之孙，好学能画，无少年子弟之过，气局坦然。龢以三世旧交怜其贫困，欲在上海为谋一席，敬告阁下能权宜位置之否？其人惟笔墨文案可以练习，他未敢知也。迫行意绪万端，杏生观察归，草草致此意，乞裁夺。敬颂大安，不尽百一。治年愚弟翁同龢顿首。四月五日灯下。

再启者：舍亲张雨生承留机器局差委，感激甚深，此子豪宕天真，颇多艺事。仆人赵恩相随有年，在仲复处颇得力，知仲复已转荐尊处，并祈留用为感。再请日安。弟名正肃。

《上海图书馆藏翁同龢未刊手稿》第 72—75 页

---

① 指言酉山，常熟人。

* 冯焌光，字竹如，广东南海人，翁同龢同年，曾任江南制造局会办、上海道。

致应宝时函*

同治十三年四月初五日(1874 年 5 日 20 日)

敏斋老公祖世大人阁下:屡得手书,未遑奉答,企望风采,驰仰何穷。敬惟茀禄并臻,勋猷卓著,靖波涛于鳀壑,粟转云帆;敷教泽于龙门,士钦道范。已见三吴被德,即看两府荣跻,翘首裔晖,莫名忭祝。弟昕宵僶直,无善可陈,深惭驽马之资,谬玷鹓鸾之列。纪玉堂之岁序,曾无寡过之能;听江国之歌谣,益仰始和之令。专泐奉复,敬颂勋安,即贺春祺,统惟诸詧不宣。治世愚弟翁同龢顿首。

《上海图书馆藏翁同龢未刊手稿》第 43—45 页

致翁同祜函

同治十三年四月初八日(1874 年 5 月 23 日)

轻舟遄发,目极家山,矧吾宗郚,能勿依依。龢顷已达袁浦,凡百安稳,天寒路长,惟有自调护耳。欲得手篆常熟翁氏藏书图章一方,阴文小篆,异日当以图章寄呈。两侄读书力学,必可远到,可喜,可喜。

《瓶庐文钞》卷六

* 应宝时,字敏斋,浙江永康人,举人,官至江苏按察使,署江苏布政使。

致翁曾荣函

同治十三年五月十三日(1874年6月26日)

鹿卿览:

京口、清江两函皆达否?三闸水急,上水甚难。过此日日南风,入山东界,谓之八闸。一船十馀人章之。亦不甚难,惟三日中两遇风雨,只得停桡。今次赤山镇,尚未渡湖也。济宁以上闸河则浅,而黄流又虑其太旺。若不换船,岂非甚便,然人口尚思从安山起旱,鱼山对渡,以避其险,且到济宁再定。途中得三炮艇护行,极得力,若百里湖滩,非此不可。汝父近体甚佳,痔疾全愈。风雨后有凉无热,于舟行为宜,馀皆平安。寿官日服一药,似尚高兴。家中诸事,前已备言,不复琐琐。晏湖诗人所刺,况士庶乎?此不可不强自振励者。自江以北,雨旸尚调,吾乡若何?窃以为念。诸亲友晤时必一一致意。行述多刷多送,冀流传稍广。志局曾开节略去,便中询曾士常照此钞入否?抑另有笔削也。雨窗草此,俟到济宁再寄。五月十三日。叔字。

《翁松禅家书》第二集

致翁曾荣函

同治十三年五月二十五日(1874年7月8日)

五月二十二日始达济宁,迟回三日,今定易船由水路北上,盖汶上一带积水不能行也。此去须渡黄河,又须等开坝,开坝则与米船衔尾入北运河,迟速皆难自主,极速须六月杪到通矣。此间到通二十三站。上下平安,极为顺适。川资将罄,现在从孙莱山[①]告贷数百金,尚未到手也。专此,慰汝远念。五月二十五日。叔字。

《翁松禅家书》第二集

致翁曾荣函

同治十三年六月十五日(1874 年 7 月 28 日)

付鹿卿:

济宁一函想得达。安稳渡黄,东昌闸河亦甚畅旺,今抵津门矣。炎暑长途,不无辛苦,然无出陆之劳,又无守候黄流之滞搁,亦幸甚矣。汝父眠食均佳,吉卿[②]全愈,余则略感暑气,发热数次,今亦渐瘳。再入都门,此怀可知,惟行者居者均宜努力。譬如此行,上水船一篙不退转也。万事自重,不琐琐。问合宅好。六月十五日独流舟中。叔字。

《翁松禅家书》第二集

致翁曾荣函

同治十三年六月十六日(1874 年 7 月 29 日)

昨日独流遇雨,今午始达津门。龙神示现于济宁乃实事,亦平生一奇也。京中无人来,吾拟从此起旱先行赴京,惟感暑初愈,气犹绵惙耳!上下平安,一切可喜。家人似少得力者,头船水手尤钝,在德州

---

① 孙莱山,即孙毓汶。

② 即翁曾纯,翁同爵之子。

一炮勇助摇橹，坠水无踪。故须俟放过三岔河，我再登程也。恐家中悬望，先寄此函，馀到京详述。六月十六日。天津舟中。叔字。

《翁松禅家书》第二集

致翁士章翁士敏函*

同治十三年八月十九日（1874 年 9 月 29 日）

不意变故，吾兄遽至不起，闻信摧痛，如何可言。盖前数日南信只言感暑，未及其他也。茶厅握手，如在眉睫。吾百病之躯、百罹之境尚在天壤，而老健萧散者竟不相待为耦耕之地耶！苦痛，苦痛。两侄醇谨，守住书本，善事偏亲，足慰先志，惟望勉益加勉。葬期定在何时？远宦不克临哭，届时当有信慰汝也。握管悲哽，如何可言。

《瓶庐文钞》卷六

致吴鸿纶函

同治十三年十月初十日（1874 年 11 月 18 日）

儒卿三兄阁下：

奉别忽已数月，体中何如？苏州虽好，来往终不便，悬悬也。一入国门，尘事如海，自问诚敬不足，遂亦无所裨益。家兄莅楚，百事补苴。别期渐近，愁来无端，如何？如何？[下缺]

《瓶庐丛稿》卷五

---

* 翁士章、翁士敏为翁同祜之子。

致翁曾荣函*

光绪元年十二月十四日(1875年1月10日)

鹿卿览:

久别思深,闻近体稍佳,甚慰。吾方次第作归田想,今乃维执至此,计此身无复至鸽庐之日矣。万事皆幻,惟义庄一举,耿耿胸臆,从容图之。

宗伯书来云:兴福汤夫人墓秋雨冲坏云云,未得详细。寿官不得不归,吾亦担不起,惟其足尚发板,明春随张词甫南行,极是妥伴也。东华寓一切开张收不拢,住不起,累事,累事。即如叫早,竟无专责,此吾法度未善之一端矣。两日未得睡,意思丛杂,然亦不为所动,汝识之,老叔新得静字工夫也。不一。腊月十四日。叔字。

《翁松禅家书》第二集

致冯焌光函

光绪元年正月二十八日(1875年3月5日)

竹儒仁兄大公祖年大人阁下:简命初膺,中外踊跃,而弟正在煎忧迫切之中,未及奉函,想鉴此意。天惊地岌,所赖人事维持。海疆处天下之至难,沪渎尤海疆之至要,得廉平严整如阁下者,吾

---

* 光绪元年十二月翁同龢日记,初八日有收到宗伯信"翁厚斋函,言汤夫人墓秋雨冲塌"。据此推,此函当写于是年十二月十四日,但这天翁同龢日记并无寄信的记载。

民安枕矣。舍侄曾源以疾告归，授书自给，沈仲复[1]同年悯其辋饥，为筹选订课文一席，数年来颇赖以济。仲复迁擢，阁下继之，所望推爱屋乌，俾得蝉联而下，则弟之戴德深矣。弟衰髻日增，百事懒散。知己之前不敢有饰辞，乞食之文幸邀原宥耳。适归自遵化，即日将赴易州。草草奉布，切恳切恳，敬请勋安不次。治年愚弟翁同龢顿首。正月二十八日。

再启者：刘永诗大令传祁，叔涛同年之令子，学行粹然，有平舆二龙之目，久在寒斋课孙，今年以教习期满，呈请分发，必得加花样，方能有济。寒士集赀大非易事，顷因南旋应试，道出中江，趋谒台端，尚祈优加照拂，感同身受。再请勋安不一。弟名正肃。

《上海图书馆藏翁同龢未刊手稿》第 77—79 页

致翁同爵函

光绪元年六月二十三日（1875 年 7 月 25 日）

五兄尊前：

火牌赍到数行。昨日闻摺弁至，得家言，上下平安，甚慰。政务殷繁，辖境甚远，伏惟静镇之中加以变通，期于兴利除弊，信赏必罚，以大慰士民之望耳！江堤无恙否？今年蜀及吴越皆苦雨，惟北方旱甚，六月后则移南天之漏施于燕赵，云阴如梦，雷电无时也。此间寓中皆佳，两孙于二十六日录科，期于完卷而已。安孙另捐一监。深居不出，窈如深山，回想去年来阙之日，已如隔世。以推挤不去之身，强颜班里，甚无谓也。赵林派充陵工监修，近为人交银，颇

① 沈仲复即沈秉成，翁同龢同年，官至安徽巡抚。

滋物议,欲撤去而邸[1]不欲,即此知用人之难。从来阳鱎不是人才。他事皆平平,同人水乳,金吾[2]翩翩,多所称荐,谨谢之,虚与委蛇而已。醇邸屡有封事,自五月起,初二,十六递牌。不外练兵讲武,调取各省将军入对,弟引嫌远避,不敢造门也。滇事恐非大李[3]所了,若准通商,万事皆了,后患不可问;若议抵,则彼中更非折津可比,楼使君亦再造洱苍者,未可以一言弃之。三代以下御蛮貊之法,不尚忠信而尚气概,气定而雄,辞直而简,思过半矣。雨势如注,候如凉秋。草草,敬请福安,问合署好。弟龢谨启。六月二十三日午。

尚未见来信,因阻雨,送信极不便,且恐遗失也。

《翁松禅家书》第一集

致翁同爵函

光绪元年六月二十八日(1875 年 7 月 30 日)

五兄尊前:

前日甫发一函,今晨闻贺摺摺差至,并有六月十三日一缄,得审近体安和,能耐繁剧,致以为慰。幕需琳瑀,僚鲜龚黄,兼圻两篆[4],任在一身,知其非易。然以兄贞固之力,深沉之思,定克有济。况事在安静,不在更张,履道坦坦而已。楚中暑湿,弟意总以运动四肢、习劳健步为第一义,饭后徐行二百步,然后见客,办事,无不可者,盖二百步只消七八分工夫也。迩来京寓极安,弟体亦善。工

① 邸,指醇亲王奕譞,时正奉旨承办同治帝惠陵大差。

② 指荣禄,时也参加承办惠陵大差。

③ 大李,指李瀚章。此时任湖广总督,正奉旨赴云南查办马嘉理事件。

④ 时翁同爵以湖北巡抚,兼署湖广总督。

程处素所不愿，而求请者无虚日，益厌其烦。七月二十六七便当赴陵开工，积潦未收，难于跋涉耳！两孙前日录科，尚未见名次，秋试只图完场。

南中久无信，闻五月连雨，将至成歉。邑有酷吏，苛政如虎，而均则一事，尚有再奏之说，果尔，当再令部议，必不能准也。吴中大姓哗然矣。今日万寿节，于乾清门外随班行礼，俯仰身世，不知此身在何所，亦旧侍之恒情也。草草，敬请福安，问合署安好。弟龢谨启。六月二十八日早。

《翁松禅家书》第一集

致翁同爵函

光绪元年七月初八日（1875 年 8 月 8 日）

五兄人人尊前：

得六月二十日函，承起居安胜，极慰意。公务虽冗，以镇静处之，无弗就理。伏日接见僚属，汗透葛衣，不如东华门客解衣弄笔多矣。江涨堤完，即是奇福，李公何行之迟，此事费措置，中外权贵皆以允其通商为办法，果合理耶？且办案与通商果能划分为二耶？案又果易办耶？

朝政具邸钞中，海防及奉使两事，似皆从缓，每日叫起，事下均不过卯正。召对廷臣，咨询切至，诸臣亦奉公守法，粥粥无它长也。京寓平安，弟体中增健，惟酷暑从来所无，倒冠落珮，百事懒散。工程处事甚简，近与魁君[①]各添监修十二人，连前共二十三人，向来所无。邸

① 指魁龄，字华峰，时亦参加承办惠陵工程大差。

及荣处有办事官名目,大略亦二十馀人也。真滥极矣。赵林干预解款,意欲撤之,此次不得不加慎,然其中仍有未识面及碍于情面不能推者,可笑也。

浑河决口,通州东久被水淹,摺差云,水过马腹,其难可知。弟等赴工,计在月杪,恐水未归槽,尚烦跋涉。

两孙平平,无甚进益,届时当租小寓,俾得休息。刘永诗亦系官卷,略有照应,授德官读之。王先生场期近欲辞馆,此后接手者殊难其人,稍凉,灯下草草不次。敬请日安,问合署好。七月八日弟龢谨启。

《翁松禅家书》第一集

致翁同爵函

光绪元年七月二十四日(1875 年 8 月 24 日)

分发湖北道潘其钤,濒石①之内侄,随李中堂②多年,李待之极厚,其人数其功绩如背熟书也。

解饷委员李征棠,一见未得其底蕴,其伯在镇远府任殉难,胡文忠③待之至厚者也。

金黼臣来言,吾门卯金不甚谨饬,嘱为道达,此曾得之于恭振夔④、徐颂阁⑤,于此而三矣,乞密之。若子昭⑥,则无间言也,千万

① 即杨泗孙。
② 指李鸿章。
③ 指胡林翼。
④ 夔即恭镗。
⑤ 指徐郙。
⑥ 指潘欲仁。

留意。

日内当有摺差来，盼甚。弟即日赴陵开工，往返约十日，多不过半月耳！妃衙门本拟方城明楼，备极崇饰，顷又概行撤去。今年止刨开大槽，明年方能筑打灰土也。大暑已退，秋热未清。车二辆一太平，一蓬车，马五匹，敷用矣。弟龢。七月二十四日灯下。

《翁松禅家书》第二集

致翁曾荣函

光绪元年八月初九日(1875年9月8日)

鹿卿览：

武闱在即，汝父气体初平，辛苦特甚，极为悬系。日行事汝可分任，第一劝多活动，药宜温而不宜燥。程君方似稳，格外调护为嘱。昨闻斌孙[①]获中，悲喜惧三者并集，遂一夜不眠，惧字甚深征也。今春送之归颇不乐，今乃见其北来耶！书房功课日起有功，今读《论语》矣，二圣不姑息，左右不导谀，则小臣必能扶日月而出重霄之上，此区区之私愿也。安孙尚未全愈，来函所论亦是，但窃谓衙门中不宜住，书卷不可荒，凡人子弟总当以大者远者陶镕之而已。此问近好不一。叔字。八月初九日灯下。

《翁松禅家书》第二集

---

① 即翁斌孙，字弢夫，一写韬夫，号笏斋，翁同书之孙、翁曾源之子。光绪丙戌科进士，历任翰林院编修、侍讲等职，官至直隶提法使。

致景其濬函

光绪二年二月初九(1876 年 3 月 4 日)

雏凤本墨光照眼,龢所藏真不足论矣,摩挲一过,敬即奉缴,当于晡时送呈也。剑泉吾师左右。同龢顿首上。初九。

未刊稿,原件藏常熟市文管会

致翁斌孙函

光绪二年三月六日(1876 年 3 月 31 日)

斌孙览:自汝□□,吾意常在舟车,□□□,得抵家信,乃大慰。□□□服温□□□,却看□□,除根为要,教□□□,汝自能□,但汝不喜看理学书,此是一病。要做第一等人,必读宋五子书,汝其识之。从师先慎择,既定则诚服,不可自以为是。汝母见汝归,定可喜慰,可劝省用心力,谨持大体,其琐碎事则置之。自来学佛人,不肖琐碎费工夫也。墨卷可学,而不可多学。字则须大用功。若汝来函,则尤拙俗,须将笔尖直立,知之。汝伯伯疾犹未减。上海人倘用攻剂,万勿再进,须守住体虚病实一语。汝娘娘想已大愈。两弟须严督。其学如何,下次信来详及。吾体尚好,但思乡耳。不多及。三月六日。

《翁同龢函札系年考》第 43 页

致汤修函

光绪二年四月二十日(1876 年 5 月 13 日)

外舅大人尊前:

谕函至,稍慰积忱。尊体已安,缘何又小反复,且数月未得握管,元气未复可知,伏惟加意调卫。房屋事详前函。赵梓芳散馆失意,误押一韵,置三等。恐无意思料量,古如[①]又无主意。钟侍讲[②]之言疑若可从,若以五百金弃之,真可惜矣。日内龢拟令工匠看过,毕竟可值多少,再与赵、恽诸公议之。午云每月得六金,足供晨夕,从房租内扣二十四千,由古如致送,无须龢处代付矣。重鹿病殊可虑,能静摄,数月当愈,要须断弃一切耳!伯述[③]未应岁考,极是。龢近况前书略言之,发白不可耘,窃亦自讶。舍下皆平安,王省之南旋,草草敬达,一切乞面询之不具,恭请日安。子婿翁同龢百拜。四月二十日。

未刊稿,苏州市博物馆藏

致翁同爵函

光绪二年五月初六日(1876 年 5 月 28 日)

文冢宰[④]疾大类先公,言之伤痛。其所服药大半清利,虽危笃,尚有转机,然不食不眠者二十馀日矣。此公视国如家,忠诚可敬,

---

① 指汤古如。

② 钟佩贤。

③ 汤纪尚,字伯述。

④ 即文祥。

其致病之由，亦缘异族凌侮太甚，而同僚有主之者，故发愤气结，可叹也。

英已换约，法则因仇斗事欲置以黔疆帅于理，慢侮不伦矣。

《翁氏家书》第十五册

致景寿函

光绪二年五月十一日（1876年6月2日）

日来感风，未能趋造。十六应真墨，未识是真曹素功否。恐非老曹素功墨。奉去一锭，乞鉴别，应试者将用以入墨合也。敬上剑泉仁兄老前辈大人。同龢谨启。十一。

未刊稿，原件藏常熟市文管会

致翁曾纯函*

光绪二年闰五月初八日（1876年6月29日）

士吉侄：昨寄一纸，谅得彻蕴。隆崇之圭璧既卒，天意若此，人谋奈何！苦热百事皆废，深恐致疾。侄归当在何日？冀得慰我寂寞。族谱稿已毕，而写手尚艰，必秋中方能镂板。两宅皆平安。咏春却不见面，专意会课也。仲渊疾不减。扇是代书，条对且缓寄。另条四、对一、扇一，皆寄去松江。倘有朋旧索字者，婉谢之可也。闰月八日。叔平。

《上海图书馆藏翁同龢未刊手稿》第364—365页

---

* 翁曾纯，字子祥，号吉卿，翁同爵长子，官至衢州知府。

致翁同爵函

光绪二年闰五月初十日(1876 年 7 月 1 日)

五兄大人尊前:

得手谕并摺差张得胜来面见,敬审一切。弟大意蹉跌,致三千里外梦寐为之不安,此后断不骑马,贻兄以忧也。此马景秋坪[①]所赠,亦西边之良而不免小失,事固有出其不意者,不可不慎。况近来车骡皆可,何必冒此险哉!

每日退直必在巳正,□□炎热,隔日入署,散时不能定,大略多不过十馀刻,稍有头绪,尚不为同僚所厌。然窃自量所著意者皆簿书期会之事,于国计民生之大,毫无所补。三辅已成饥岁,而闽中又报大水,江浙粤中亦复多雨,计今岁下忙不过得半之数,而赈恤等事方在初办,未能逆料,万一饥民生事,旗兵不能度日,亦易生事,将如之何?洋务益秘,盈廷泄泄,令人浩叹。楚中公事顺手,举劾得当,一祈得雨,岂独民生之幸!

尊体感暑已平,惟以多运动为保养第一义。荣侄暂归,置妾自是正办,且家乡诸事正当查考一番,所恐两月中料理不及,然来楚又不可迟。京属均安,筹儿[②]趋公甚勤,安孙诗文有进境。馀不屡屡。敬请日安,问合署好。弟龢谨启。闰月十日。

《翁松禅家书》第一集

① 景秋坪即景廉。

② 即翁曾翰。

致翁同爵函

光绪二年闰五月十四日(1876年7月5日)

淮盐复引地疏,看其语气必久于楚中分局者所为,否则批牍何其如此之详也。部议必准,尚未拟底也。

河北从九叶培恭系弟之戚,即叶香谷之次子也,初到省试用,惟留意。

蒋铭勋是太仓人否?若是,则曾识之于清江转运局,戊辰回籍时伊雇船极出力,可感。其父为蒋丹林,在荔峰[1]家处馆,我等皆熟识,想能忆之。

彼族要求无异口岸三处,宜昌,温州,又一处忘之。各码头附近租界,此二事总署已应承;又长江厘捐金全免,京中大臣往来,此二事未应;尚有数事,因此龃龉,则请将全案提京另问,正在迟疑,彼即借词葛惟纳将到上海有事商量,不辞而去。昨日李报,留之不住,已登舟矣。朝论谓此去兵船必来,与其兵船来而后应承,莫若先允其请,较为得体。然则一允无不允,不知所届矣。连日枢廷起必五六刻,正为此也。

潘君一疏去官,其迹虽愚,其情却无他也。求言,而言者获咎,后当谁言!

今年亢旱,山东为甚,饥民连结数十百人,道旁求乞,近于软抢,行旅视为畏途。烟台等处闻以均粮,或抢案者有之。若再不雨,秋间如何过得,可虑哉!言者请赈近畿,部议拨十万予直,而豫

---

① 即俞大文。

东不能顾也。此事董公[1]持之,固只发此数。

筱翁[2]此次鞫案不免脱滑,廷议纷然,尤为总署所不喜。其欲退,亦非无因也。马到上洋,当必逗留,意者南洋作一转圜耶!何公迟迟我行,不知何人当居此席,意者丁未尝有人手,郭公非真去也,假满当出。居此郁郁,殊无所闻。

周疏全是淮南口气,部中承上文而矣,遂力主其说并定章程五条。封川中盐井、疏滇黔边引、议于年善填巡缉、定期限、整顿淮盐成色。吴君疏内计算以厘称二百万,今以近年所报核之,不过百万,部议摺稿已定,此件遂以计数未的议驳矣。其实此事断断办不动,若川厘停而淮课未裕,此中绝续之交,如何措置?况始则借川盐以裕楚饷,今乃斥川为私而欲强民食价贵味淡之淮盐,有是理乎?将来与两江会议,必当彻底力陈,惟于楚北五府一州、楚南沣州之外,设卡巡私,亦属官事所当然,不必裁撤,致有祖川之疑耳!

君山茶极妙,惜无好水,其馀诸物,享用不尽。弟近日不但不刻苦,且自俸颇丰,勿过虑。欲买董画一幅寄去,而议价未果。

《翁松禅家书》第一集

致翁斌孙函

光绪二年闰五月十六日(1876年7月7日)

谕寿官〈斌孙〉:

不得汝信,为之眠食不安。信至始慰。腿疾如何?自觉稍轻

① 指户部尚书董恂。

② 指李瀚章。

否？文字要平稳，切莫入晦涩一路。有人云裕之稍荒，未审改笔若何？汝其养身养德，善承亲欢，勉为善士。吾体日羸而所处日难，不复细述，惟汝喻吾意耳！平老。闰月十六日。

《翁氏家书》第十六册

致翁同爵函

光绪二年六月十六日(1876年8月5日)

五兄大人尊前：

昨信甫发，又得家函，甚慰驰念。署中稍寂寞，计七月中荣侄必到，可慰目前。兼篆经年，百事具举，近日甄别之奏，极惬人望。此时舍吏治，更无第二义也。

滇案千波万澜，令人愁绝。朝廷力持和局，委曲听从，奈当轴者以游移之辞酿成决裂之势。又据其恫喝之语，转成要挟之端。昨闻津民通帖黄榜，攀留节相，未审底里也。大局糜烂，吾辈居官，真无足道。嗣后德国换约，俄有责言，不堪设想矣。吾兄弟忝荷厚恩，捐糜顶踵，亦不足报，日后不知税驾之所。弟日来抑郁，肝气作痛。一昨召对，亦尝论及时事，畅所欲言，正是脉按并无方法耳！川淮盐事，诚如所论，部议直是梦呓，弟争之不得，将来与江督会议时，当有一篇大文字，不可草草。即川中封井事，亦当痛陈之。西饷亦当分晰辩论，不妨将一年出入款和盘托出，春间鲍抚①曾有此奏也。南水北旱，滇又告警，部库下半年万支不去，弟本不通钩稽，近尤厌苦之。日来未及缕缕。六月十六日弟龢谨启。

《翁松禅家书》第一集

---

① 指山西巡抚鲍源深。

致翁同爵函

光绪二年六月二十九日(1876年8月18日)

监利一事讹传该令被伤,未几即殒,今乃知不然,既已解散,又已获犯,分别撤办,则大致已妥,极慰,极慰。闻传令蜀人,平日办事本刻薄也。

轮船船价驳减数千,乃极平允公正之举,主其事者必不乐,此等浮薄少年,它日必偾事,幸善驭之而已。

大李[①]翩然,无人过问,亦一奇也。姑勿论鞫事[②],即此自去自来,置两川重镇于不顾,可乎?李子和[③]来都,有引退之意,与文、丁皆成冰炭。此人粗疏刚愎则有之,却不诡谲,操守亦好。

烟台事,合肥[④]力任其难,濒行有章,请分别孰者当许,孰者当拒。次日枢廷与总署封事,盖枢臣中有鲠之者,故先持此左券耳!平心而论,合肥弭兵之论确不可易,但八条皆许,此后何以为国?合肥平日谓抚驭之术宜落落大方,不宜琐碎饶舌,今日正虑太大方不计较矣。许道,憸人也,此行实左右之。噫。闻二十八日启行,许道及随员四五十人一船,另船二只,以兵二三百人往,又闻现有护货夷艇二只泊津沽口外。

景剑泉[⑤]身后萧条,其子不甚安静,但全家飘泊,亦属可怜,今各处为伊写信吹嘘,兄可从厚助之,且湖北己酉拔贡、壬子进士数

---

① 指李瀚章。

② 指李瀚章奉旨办理马嘉理事件。

③ 指李鹤年。

④ 指李鸿章。

⑤ 指景寿。

人似亦可为之一言也。

文秋山丈见时必谆托其胞侄□明者，此公以失守去官，捐复在省。治贝勒所托何人，弟亦忘却，见时必问，含糊应之而已。

前寄董画听松，叹为奇笔，弟意亦谓非四王所及，若麓台[①]犹可仿佛，已近迹象矣。京师妙迹，日出不穷，价则奇昂，故不敢过问。昨见麓台画册十二帧，索四百金，其馀略可品次者，即无价之宝。石谷[②]有所谓《访道图》者，纸本数丈，老年奇迹。

《翁松禅家书》第一集

致翁同爵函

光绪二年七月初二日（1876 年 8 月 20 日）

五兄大人尊前：

此次面见摺弁，询悉一切，远怀甚慰。衙斋寂寞，计此月内荣侄必到也。荣侄来函，措置家事，皆有条理，其天性本厚，即识见亦甚靠实可取也。义庄事大，须缓缓兴办。祠宇兴工，春秋致祭，得复旧制，吾先人庶几安之。此两事弟所日夕属望，一旦得慰，以为吾生遂无事矣。

自问受国重恩，无可补报，书斋巨任，力所难肩。数年之后，若精力不能支持，便可退林藏拙。不能则止，犹胜危示持颠不扶也。近状一例浑浑，朝房所谈大都不著窾要。推而言之，亦莫不然，而一二贵人非私则讦，何以维此危局，浩叹而已。明日恭上两宫徽号，典礼极崇，龢蒙派捧册宝，敢不祗肃将事。今日浓阴，必有大雨，丑

① 指王原祁。

② 指王翚。

刻即到班也。此次有非常礼所能该者,盖一份系先帝御名,故有宣读不宣读之别,执事者不得不倍于寻常耳。大学士须用十六人,不足则尚书,承乏不足,乃及侍郎。

《穆宗诗文集》闻颁及各省督抚,若奉到,自当具摺陈谢。

京寓平安。二嫂屡屡感冒,大是老境。浙江一案[①]松侄主其事,甚难收束。安孙近已复元,其所作大段去得,为人驯谨无过。汤伯述住此,吾却虑其染彼傲气。管近仁[②]先生则太客气,且时文外,无所有也。南信来,寿官已愈,馀详筹儿禀,不赘。敬请福安,问合署安好。七月初二辰刻。弟龢谨启。今明皆不入直。

《翁松禅家书》第一集

致翁同爵函

光绪二年七月初五日(1876年8月23日)

前所寄奶饼乃广君[③]所赠,送两匣,带一匣去。今得三匣,乃真喀拉沁物矣。虎胫当觅呈。岁务不少,独居怏然看《长江图》,此身当在黄鹤楼下矣。《长江图》真是神物。近又得宋槧邵子[④]《观物论》,聊以送日月耳!初三日典礼幸无贻误,亦未被雨,今照常入直矣。烟台尚无确信,威夷[⑤]于牛庄游历,于二十九到彼也。欧阳道台来此,尚未一晤,闻其老于行阵,欲观其才识若何。沈福投老得所依,

---

① 指浙江杨乃武与毕秀姑一案。

② 即管廷献。

③ 即广寿。

④ 宋代学者邵雍。

⑤ 英国驻华公使威妥玛。

甚善。此人无才而平稳，胆小决不累人，声名亦若辈中之老辈矣。连日多雨，往往闷坐。不次。七月五日黎明。龢。

《翁松禅家书》第一集

致翁同爵函

光绪二年七月十三日（1876年8月31日）

五兄大人尊前：

信至，得闻近体安和，四境安谧，晚稻芃茂，两堤巩固，极慰意也。监利一案，尚未见奏，外间人言傅令[①]现在荆州养伤，然乎？否乎？涡阳、鱼台等处教匪闻已扑灭，而宁国烧教堂事言者藉藉，总署已得信，秘不宣示。它日芜湖、宜昌、通市能保无此波澜乎？节相[②]已抵芝罘，二十九日。威使业已晤面，初三日。而此后寂然，但闻初见语不及时事，又闻专重提案入京，八条再议。总之，一误再误，恐到底误矣。总署不能担，节相肯担而不知担法，嘻，殆矣！皖豫之交，因旱多匪，鄂为唇齿，必先为之所即厘卡等处亦宜严饬也。

弟体尚好，内直事极顺，惟目击时艰，实形愤懑。部事自卧雪去后，少一喜事之人，然亦少一任事之人。有司大率以旧例绳外省，惯作空语搪塞。大农[③]拱手受成，暗中掣肘不少；如拨饷、厘务、盐务、关税等。弟深嫉之，而无可如何，现在定隔日一入署。近来风气，内廷人员以趋衙为勤，每入对亦殷殷以为言也。

近京一带，可得七成年景。连日极热，最宜谷实。

---

① 监利知县傅维祜。

② 指李鸿章。

③ 指董恂

寓中安好。荣侄来一信，祥侄亦有信，皆好。安孙文章清楚，恐不尽己出，其身子渐愈，饮食渐复初矣。敬请福安。弟龢谨启。七月十三日灯下。

《翁松禅家书》第一集

致翁同爵函

光绪二年七月三十日(1876年9月17日)

五兄大人尊前：

摺弁张某来，得手函，欣悉一切。荣侄挈眷同来，未免迟滞，然此月必达。楚中秋稼，早收果得七八成足矣，恐他省皆不及也。监利案备悉源委，不发兵是深识。荆堤稍有漫决而江防屹然，即讲求建筑之实效。愚意度之，楚中难办之事有二：一曰洋务，宜昌设码头，轮船既不能到，不过用华商之船装洋货卸载，第一恐民情不顺，其次则于厘局大不便也。一曰盐务，淮南章程咨商未协，而江督遂从部议，据为铁案，其实中外皆一手所成。谕旨中既有极是之褒，部中本无举正之意，不过将川厘不止九十万申说明白，又将淮厘每年约六十万，川省自抽之数又不下三十万，统计约二百万，不得以九十万包课，遂足相抵，用咨文询两淮而已。此议江楚相连，则诸务掣肘，若竟迁就，则鄂中巨款授权于淮，且为数又不足两项抽厘之款，意必有绝大文字，彻底议论，或可转圜乎？然未敢遥度也。边地扫地，泸渎精华，拱手送去。滇中既开捐，又催新饷。鄂中每月六千，亦不支之势。潘琴轩[1]此等举动，不仅饷源难继，窃恐边患方兴耳！

---

[1] 指潘鼎新。

弟身体支持，隔日入署，尚嫌太疏。今三日内间一日，不知所办何事，然亦推不开，其中缘故，非笔所能罄也。上性聪敏，古事记至百条，《中庸》半本，字号二千，诗句数首，背诵者不遗一字。古事历举朝代人地若指诸掌，岂独诸臣之福哉！内直兢兢，尚无失坠。子松①仁而寡断，终是良友，终是善人，极相得也。

寓中无事，安孙全愈，方料理入场，馀具筹儿禀中，不赘。敬请福安，问合署安好。七月三十日灯下。弟龢谨启。

《翁松禅家书》第一集

致赓廷函*

光绪二年八月初四日（1876年9月21日）

辱教未即复，昨归又为俗务所干，惶悚，惶悚！令侄得同研席，下情所深愿。昨告莱山②乃云分在涞水前辈处，已属更派矣。赓廷吾兄大人执事。弟同龢顿首上。八月初四灯下。

未刊稿，原件藏常熟市文管会

致翁同爵函

光绪二年八月十二日（1876年9月29日）

五兄大人尊前：

七月二十七日函至，敬悉一一。苦热多汗，冠带案牍，两者兼

① 指夏同善。

* 许赓廷，事迹不详。

② 即孙毓汶。

劳,至以为念。入闱百务丛集,又当讹言繁兴之时,一切以安静驭之,而仍不疏于备御,实已周妥。

长江数千里,濒江之处皆有教匪,意必散勇等所为。前年赣州,近日温州,其显著者矣。监利以轻笔扫之,遂成案牍,消此无形甲兵。至淮盐一事,部议与江督互相表里,鄂实受其削,蜀实受其扰,当有大文字撑拄,非轻笔所了,如何,如何。

烟台之会,合肥不可谓无劳,疏中将总署已应各节尽情掀露,不免拂当轴之意。新定条约已有刊本,今先寄去,不日即知照各省也。京官往来,已成铁铸,要做此官,即行此事,司空见惯,不必惊疑,亦惟以豁达慎密为之。

弟日直无他长,但能事事应手。现在一人承值,亦无所苦。两署隔日一行,渐渐堆在身上。惟滇铜创办大费唇舌,不啻以龙象之力,扫除积习。局中尚听指麾,部中动至乖逆。幸体中尚好,每日亥初必睡,食亦稍增,俗务一概不问,用度日阔,后难为继,常切儆省耳。

安孙头场出场尚早,文字粗望肤廓,不得虚神曲折,难以望中,身体却好。今年早寒,竟须皮衣,且适大风。南皿一千一百馀,共到一万二千六百馀号,已占满矣。

闽督与丁公①交讧,督竟左迁,然无众著之过而隐挤之于散地,恐不足言人意,此缺又悬殊,未喻亦新样也。

家乡久无信,闻教匪甚多。祥侄尝再通音信,荣侄未挈家眷同行,具有斟酌,一鹤高飞,不愧学道人气概,真下视人间,吾与行者一笑。连日公事稍冗,肝气微不调,入时过早,书房须卯正以后而叫起却在寅正,内廷者不得不听起。归而倦息,不尽一一。敬请近安并祝寿

---

① 闽督指李鹤年,丁公指丁日昌。

祺，问合署好。八月十二日。弟龢谨启。

杨彀者，茹香之子，闻尚老苍，无所求，但请知其人耳！景剑泉家意在告帮，请酌量送份。文相[①]份极合极合，其友经纪其事者颇著意计较也。赵恩已吸芙蓉，博才傲物，不及沈多矣。刘玉随湘学使过鄂当叩见，盖其疏懒已一年，此行不知讨好否。

《翁松禅家书》第一集

致翁同爵函

光绪二年九月初五日（1876年10月21日）

五兄大人尊前：

秋闱安谧，士林称诵。鹿侄信来，知右足微觉麻木，必是湿气袭寒，亦缘气血不调所致，当以补药入黄酒渍之。每日少饮而多步，使和于身。虽事繁，幸拨冗行之，此老年第一段工夫也。

弟两署奔驰，特是馀事，全力用在书房，口讲指画，心德交孚，不敢言劳，亦无所谓劳。钱局以滇铜初到，稍费口舌。部务有主之者，半年来微得其概，向不为人所厌而已。两楚之事曰盐曰洋，盐则笔舌互用，洋则刚柔兼施；卸货之口岸愈添，居民之交涉愈重，防不胜防也。伤官一案，想不日即当入奏，似以速为妙。幕府文书山积，曾得英妙之材佐理一二否？此难于物色者也。

京属尚安，南中无信。安孙稍不适，服宋医药见效。现令静养。季士周[②]之子年十六，诗文字皆佳，欲与祝官议姻，弟意以为甚好。户曹饭银优厚，复蒙赐以多金，亦太康矣，敬谢。敬请时安，并问合署好。九月五日弟龢谨启。妾陆氏随叩。

---

① 指文祥。

② 即季邦桢。

白让卿求督销淮盐帮办,或川盐帮办。又其子白桔生系安徽差委参将,求调派管带炮船或帮带轮船差使。来信数千言,其词至不勘读,且不止一次,喧聒不已,故特开呈。

马绳武请将其兄马骥派署缺,又求将其侄马国瑞接充巡捕差使,此甚奢望,以铜事屡通来往,且有交情也。

《翁松禅家书》第一集

致翁同爵函

光绪二年九月初八日(1876年10月24日)

五兄大人尊前:

昨信甫发,今读闱中紫笔函,快若亲面。左足想平复,此时想发榜,佳士名篇,窃向往之。弟体中如常,子松入闱,一人承乏,幸无过失,此后稍得息肩。重九听榜,谁是仙才,不免怦怦。安孙大愈。南中却无消息。数日不得卧,临睡饮一杯,辄颓然就枕,通体皆适。此颓然之时,提笔不知左右,梦在黄鹤楼前也。白年丈所求极琐屑,前函详之。至盐务则断未可委。昨新选宜昌府贾守来见,恐未足当此繁剧。草草,敬请日安。龢谨启。九月八日二鼓。

《翁松禅家书》第二集

致翁同爵函

光绪二年九月十三日(1876年10月29日)

五兄大人尊前:

摺弁来,奉到八月二十八日手函,敬审科场事毕,一切平安,极慰极慰。左足麻木，系积受风热，药用暖剂，已见奇功，似宜常服，盖丽参素投，即此可征寒体耳。鄂帅还辕[①]，盖曲徇乃弟之请，滇固措置未宜，蜀又非所愿也。淮盐一事乃鄂饷关键，即使改拨九十万，而鄂失此二三十万来源，何以为国？况平善一坝，安能截流而渔。南则施南，北则酉阳，陆路丛杂，又乌能遮尽夔巫之背？是无穷之患矣。此事此时似可稍缓，斟酌万全而出之，何如？

都中讹传湘省有教民互哄之事，数日寂然，想非的耗。豫章新募之勇滋事伤官，亦办理不善所致。仲良[②]裁水师过骤，且水师亦何必裁？实所未喻。皖中汰勇五千而开两关，将来亦必受累。

弟体中极好。安孙不中，且令勤学。伊干咳少食，近来请宋伯欣诊，颇得药力。寓中皆佳，南音时至。寿孙场作侪匀，尚望可中。洋务已过，举朝熙然。书房无事，子松出闱，稍释仔肩。部务则大农在前，有司在后，小侍郎不置可否也。摺弁即行，草此，敬请福安，并问合署安好。九月十三日。弟龢谨启。

《翁松禅家书》第一集

致翁同爵函

光绪二年九月二十三日（1876 年 11 月 8 日）

五兄大人尊前：

信至，敬悉种种。体气虽充，而足疾犹未脱然，暖药得力，即当常进，勿以为疑。看字迹无手颤痕。荣侄来函却云手颤，总之是肝血不足，必须大补也。临淮回节，自是当轴一番作用，东阁诗

① 指李瀚章回湖广总督任。

② 指刘秉璋。

人亦不愿与令威共事,极悒快。而令威来函则云决意引疾,真短长家言哉!青莲此来极诋令威,至逢人便说果得宣房而去。惟蜀帅尚称得人,馀皆不解何意。淮盐一疏,中一段未能一览即了,馀极透切,此事定费口舌,即蜀中岂能失此巨款、增彼大患耶?弟极平平,部务无可著力,自问亦无此材力;内直则专任之,一切敬事而和衷,自审尚无大过。近来进见日稀,则同委任不疑,无可诰诫耳!

安孙渐愈,场后久住城外,便于调理。德孙请俞幼兰课读,尚未开馆,馀均平安。汤伯述落第未行,管近仁在此,不至寂寞。弟本欲住头条胡同汤屋,以稍远不复措意矣。南榜尚无消息,惟寿官有几分希望。宗兄卧病,老态可虑。江乡讹言多,又稍旱,亦恐不靖。弟退耕之志,一日不忘。南望楚云,怀思尤甚。终日碌碌,独居少欢。醉中握笔,不尽缕缕。敬请福安,并问合署均好。弟龢谨启。九月二十三日戌正。

《翁松禅家书》第一集

致朱庆元函*

光绪二年九月二十四日(1876年11月9日)

升庵仁兄年大人阁下:手教至,快乐觌面。主客皆贤,江山双美,粗足自慰,承动定清和,食贫耕研,又甚奉怀也。弟老境日增,俯仰随班,既不足比数。时事孔棘,忧心殷殷,而家事有非一端所罄者。承委之件,聊与江藩通片纸,馀且缓阁。贤郎枉顾未晤,晤时详达。桂

* 据翁同龢日记,依内容推定大致在是年九月二十四日。朱庆元,字升庵,疑即朱叔彝,官至知府,生平事迹不详。

卿名士，岂敢以桃李相待，喜得他山之助矣。灯下涉笔，眼花字欹，即此可知衰状。敬颂近安，不尽缕缕。弟同龢顿首。九月二十四日。

《上海图书馆藏翁同龢未刊手稿》第223—225页

致翁斌孙函

光绪二年九月二十六日（1876年11月11日）

付斌孙：

汝以弱龄即获科第，此皆先世积德。吾文勤兄[①]赍志边徼，汝嗣父[②]早年谢世，其惨痛为何如？汝承祖母教训极严，汝嗣母苦节深慈，待汝至厚，而汝本生二亲虽有福慧之称，究不免贫病之苦，汝何人哉，而飞腾如是之速？此后第一去一矜字，其次守一静字，□□力行之方，是吾家好子弟，敬之哉！或今年，或明春，得妥伴同行为要，刘师是也。姻事且勿办，万不可徇乡里之见，以为双双喜事，并集一时。两县送钱，万不可收，无论是何名目，总是陋规，甚至送几十担包漕以为贺敬者，稍一沾染，则人且曰："彼家尚如此，我等何妨闹之。"果无沾染，虽有谣言，不足与（辨）〔辩〕。此两端皆切近之事，特为晰言之。吾闻厚斋伯谢世，摧咽难堪，老成凋零，后来者无此质直气概，吾宗衰矣。灯下拉杂写此，汝惟励志自爱，盼汝到此过年也。九月二十六日，平老手函。

《翁氏家书》第十六册

① 翁同书死后赐谥"文勤"。

② 斌孙出嗣，承继翁曾文（觳卿）。

致翁同爵函

光绪二年九月二十九日(1876 年 11 月 14 日)

顷又得函,备悉体中向安,犹服煎剂,武闱辛苦,极悬系也。斌孙获隽,为之解颜,此兄与吾一段苦衷也。今年甚盼其来,可以静息。昨已专谕饬其刊落矜气,以冀有成。专贺大喜。弟龢顿首。九月二十九日。

《翁松禅家书》第一集

致翁曾荣函

光绪二年九月二十九日(1876 年 11 月 14 日)

监利王子兰先生柏心诗古文已有刊本,能觅寄一部否?先生尚健,未审曾一到省否?岳州吴敏树,忘其号。古文闻已刻,有之否?此致鹿卿。九月二十九日醉后。

《翁松禅家书》第二集

致俞钟銮函

光绪二年九月三十日(1876 年 11 月 15 日)

先集重承校勘,感戢何穷。将来刷印时,当须以第一次样本阅定多刷也。濒石毕竟超然,其得为羡。咏翁、宝卿数相见否?南中秋□极慰,此意常在湖山间。草草,敬问日安不次。同龢顿首上。九月晦。

《翁松禅(同龢)手札》第八册

致翁斌孙函

光绪二年十月初四日(1876 年 11 月 19 日)

付斌孙:

闻汝中式喜音,即作函寄汝,想不日可到。顷从信局几二十日,何其迟也。递到九月十七函,略悉近况。凡事要镇定从容,方有厚福。童年获隽,羡者固多,忌者亦复不少。要之皆是俗人,不足与论,有志之士当邈然深思矣。

国恩何以报? 祖德何以承? 立身为学,何以日进而不坠? 轻何以矫? 矜何以除? 病何以去? 此皆切近之事,勉之哉! 所最悬系者,每次来函皆云身体已愈,究竟两脚毫无夙病,抑或稍觉牵强! 项间块垒曾发否? 饮食能多否? 刘永师言偕汝北行,有信商酌,恐汝断难即行。转瞬隆冬,冲寒倍苦,于汝体亦未相宜。然复试定期向系二月十五日,过此则二十后尚有殿上一试。新例奏定不得再行补复,若迟至二月底到京,则不能会试,不复试即不准会试,须知之。汝字迹太劣,总缘下笔处未能顿足,不顿则全字结构皆散且飘走站不起,此后要留意落墨时圆湛有力,小楷及时下字皆一贯也。报条少写少送,照近年陕西抚送报略略多些已足。开贺俗例,竟可不必。凡事省一分好□□,□自斟酌。同年只须一拜,吾尝论同年非朋友可比,记七举人闹漕书之事中,其中虽有词林,究竟不满人言。朋友则性情相合,同年则平素有不相识者矣。朱卷来京再刻,房师在安徽,不必往见。仓上万不可沾染,尤嘱之。家用吾当代筹一二。九月初钱漱青去,曾托带五十金寄汝母,有便当再寄五十金,不能多也。京寓均安。汝安兄尚未大愈,事繁不多嘱,此问汝好,并贺汝母喜。十月初四日未刻。平老手函。

《翁氏家书》第十六册

致谭钟麟函

光绪二年十月初七日(1876年11月22日)

洋款南洋[①]深非之,左军改需四百万,并不欲借,而廷谕却仍予千数内仍借五段,提部中四成,税二段,严催协饷三段,如此措置,真不可解。且洋人有不欲借之语,何必负此不能了之款,填彼无底之壑乎?

南洋所陈江防经费,滇黔协饷,悉借西用,部议驳之,以既筹此整款,何须枝节也。闽抚[②]力言洋债之弊是矣,而先挪六十万之数速供西饷,其词甚鄙,有破臣一人一家不足道云云,故此次谕中亦有褒词,以为急公能顾大局也。卧雪有才,所持过刻,弟断不效其多事,君子当以礼处人也。

《春及草庐翁帖墨迹》

致翁同爵函

光绪二年十月十三日(1876年11月28日)

五兄大人尊前:

手函周匝,知所患渐减,惟病根未拔,而案牍劳形,人事纷集。温补药虽效,终须气血调和,思之彻夜不寐。病□□小愈,不可不

① 指两江总督兼南洋大臣沈葆桢。

② 指丁日昌。

慎,此肝肾之病,心气亦亏,六十以外人,非少年可比也。参枝以家中旧有者寄一两,当向吉林人一觅,然真者难购。鹿茸则不难得。然祛风之药亦宜蓄,如蕲蛇酒,似亦可服也。

斌孙得隽,为数年中第一快事。特虑其身体又弱,得名太早,曾两次谕以去矜自克,与兄所谕略同。吾乡陋习,令其一概谢绝。今得寄赐之件,当不致渐染太仓一粒,弟亦前后筹数十金矣。安孙服邵辛卿方甚效,干咳已稀,饮食亦可,现住城外调理。万万不督责其用功,惟教以静养之法,当从方寸观起,不特去痰,兼可进德,此少年一大关键,不得不谨持之。弟近无病,新于城寓作暖室,起早不致受寒。书房日日有进,即如前日圣寿节,三日无书房,而上仍自读书不辍,且颖悟非常,意者圣人出矣。曹事不能著力,自问亦不长于此。寓中一切平善。

淮盐摺极透切,且待蜀奏再议。江都沉深,未测其意。汴生[①]销假,欲改京秩而杳然无信。闽抚固引疾,恐承其缺。西师得乌垣后,顿兵于噶逊,吐番未易攻取,而元老方气吞全虏,不知于何取给。洋务已无人谈,星使联翩,好事者扼腕而言电线、铁路矣。

方辍笔而广司马[②]来,比去则亥初,欲睡,匆匆作此。敬请近安。此意已在武昌柳树边。惟珍重千万,问合署好。十一月十三日弟龢谨启。

李相再晤,威事赖其转圜,申明条约一节,则其硕画。滇李[③]虽就絷,然彦公[④]若去,何以告万世,曾与李相切言之。

---

① 指邵亨豫。

② 指广寿。

③ 指李瀚章。

④ 指岑毓英。

远村[①]交卸,闻诸何地山[②],云兄许为之设法,并嘱于家言中提及。弟思无法可设,漫应之。琴西[③]吏事非所长,文章则盖一世,其人谔谔,必相与有成。

《翁松禅家书》第一集

致翁同爵函

光绪二年十月二十日(1876 年 12 月 5 日)

卧雪事事出一主意,如近日议归部库四成洋税二百万,同人皆谓宜稍从缓,而彼必欲协饷扣还,原奏想未抄寄,大略已尽于寄谕中。且从今年协饷尽数提解。削稿数四,本如其议,赖朝廷宽大,令无庸急扣协饷,且从南北洋防款先提一半,庶可少舒各省各关之气耳。此次提催之款,湖北提至三十八万,不知藩库何以应之,八成之说。新令如束湿,属该司勿撄其锋也。捐输无益于国而大利于官,农曹堂司倚如命根,其可遽停乎?然此是公论,遑可论者也。

各省练军固当节省,然如楚中不能归并,此是实情。农曹专讲拨饷,不问征调。乃近日议复晋抚摺内极论练军之糜费。且谓晋中距贼踪七十馀里,练军当撤,亦何待言,似乎越俎,且词亦激烈,盖卧雪笔也。千里草[④]老于事,不欲异同,真棉花也。铜局积弊久矣,最荒谬者以铅易铜一事,姑不深问其人承认煎炼十万,今则仅认五万,此同官去年奏准之件,直是无可奈何。弟却派员会同监

① 指林之望。
② 指何廷谦。
③ 指孙衣言。
④ 指董恂。

视,且定章程六条,以杜将来。

二月之雪,本不过二寸,所报乃颂语也。一春无雨,云起则风随之;二春已干,倘十日无雨不能播种,其忧心如惔,奈何!

湖督迟迟未喻其故,东阁诗人闻尚高卧也。琴西一见潇然,其言语皆从心肺中出,似亦稍有吏才,其识可采而行之。名士气在所不免,名士而和平即好官矣。其论淮勇宜裁设关非计,皆皖中形势可取也。刘永诗四月南归,现已订定李玉舟授安孙书。玉舟是好先生,但不知有坐性否?士吉已归,其加捐恐未易。奎孙能敛戢,即是好处。寿孙抵家,去疾未平,于家事信来未及,想见其难。祥侄顷有信,一切皆好。

钱辛伯已归与否?虽咫尺未得其详,其人可怜,其迟迟不归真可气。同邑公车来者廿人,连翁郁为二十二人。已各送元卷,场后弟与汴生备席接场,在余庆堂,令侄辈作陪。

《翁松禅家书》第二集

致翁同爵函

光绪二年十月二十九日(1876 年 12 月 14 日)

五兄大人尊前:

武闱校阅,手不停披,侧想辛勤,益深驰系。左足虽愈而根株尚未净除,讯询通医,类皆谓补剂中当投祛风之品。邵辛卿悬拟之方,周荇农[①]自验其说,似宜采择也。

① 即周寿昌。

两署公事巨细无遗，吏安民悦，可对朝廷。李公履任当在子月，得以稍息仔肩，未始非益。疆吏将有更易者，曰闽曰豫，闽犹未定，豫则恐及康节矣。昨日新疆易将，大抵金、左[①]不协。金有抵任字，则帮办当已暗撤，西林高自位置，果能与盲史合乎？乌桓虽复，马纳未下。马纳即下，天山达阪即噶逊城仍未通道，然则吐鲁番易言克耶！元老气吞全虏，当轴意在耀威。竭我脂膏，填彼雪窖，岂长策哉！枢府各各主持，青莲等赋夜郎之诗，大非所愿。事势如此，情形可知。弟愈起愈早，十月鸡半夜啼，其斯之谓欤？农曹打杂，颇有能名，至国计民生，未尝参预末议，为政如束湿，又如吹毛索瘢，俗吏当局，书生敛手而已。

每年入冬子月便觉气象凄恻，南望墓田，归志如水，未知浮生当著几两屐也。京寓均安，弟体亦健，惟望善自调护，慎重药物，不尽缕缕。弟龢谨启。十月二十九日灯下。

周荇农屡次来言大防风散必当服，虽防风等近于散，而灵妙处正在此。伊曾自医，且手治数症，皆奇效。又言以蕲艾十分、川芎二分，言每十分加二分也。做小袄贴身著之。又做围腰，又做护膝，每月一换，则去风去湿，大有效验。伊又求寄真蕲艾数斤，情不可却，酌之。

冬间应酬，如全师[②]、如桂莲舫[③]皆当推爱及之，何如？莲舫虽已外转，然拟添入。

《翁松禅家书》第一集

---

① 指金顺、左宗棠。

② 指全庆。

③ 即桂清。

致恽祖翼函*

光绪二年(1876 年)

[前缺]各种志书皆已觅得,钦向不已。事繁,遂未能相助,歉之歉之。俞少卿屡有信来,拟向竹处①一托,来件当与老松②一阅耳。尊恙渐轻,还宜珍重。知无主人。笙谱。

《上海图书馆藏翁同龢未刊手稿》第 90 页

致翁曾荣函

光绪二年十一月十七日(1877 年 1 月 1 日)

鹿卿览:

得函甚悉,侍奉安和,药饵饮食一切在视,知汝诚敬。近来汝体如何?颇进补药否?汝父足疾良已,去风与补气血两者宜兼顾,峻补无当也。吾体甚健,大雪中步履如飞,足称奔走小臣之职。现定十一月二十四日皆邸相往各国公馆贺春,分三日,自二十四至二十六。凡六部九卿皆往,必下车款曲,将来各国回拜,亦须登堂。迟日则扫榻以待高轩之至。时局如此,他事可知。鹾事蜀帅③已复,俟湘中④奏到,著部

---

* 恽祖翼,一写祖诒,字叔谋,号崧耘,别号知无,江苏阴湖人,同治举人。历官内阁中书、侍读等,官至浙江巡抚。恽家与翁家系儿女亲家。

① “竹处”指上海江南机器制造局会办冯焌光,字竹儒。

② “老松”指毓庆宫行走、光绪帝师夏同善。

③ 指丁宝桢。

④ 指湖南巡抚王文韶。

妥议，若部中仍执前说，吾则断不列衔也。汤伯述不日南归，其头条胡同屋竟以赠余，计二千金方了。若不移住，置产何用？温饱非夙志，又用度无节，非长策也。南望拳拳，写此问近好不一。叔字。十一月十七日。

《翁松禅家书》第二集

致翁曾荣函*

光绪二年十一月二十二日（1877 年 1 月 6 日）

吾体甚健，大雪中步履如飞，足称奔走。汤伯述不日南归，其头条胡同屋竟以赠余，计二千金方了。温饱非夙志，又用度无节，非长策也。

未刊稿，原件藏常熟市文管会

致翁斌孙函**

光绪二年十一月二十六日（1877 年 1 月 10 日）

示斌孙：

戒饮酒，勿预地方公事，勿骄矜，勿闲游；研经史，习词赋，写大卷，督诸弟力学，勿出外应酬。

《翁氏家书》第十六册

---

* 光绪二年翁同龢日记载，是年十一月二十二日，汤伯述南归，“夜招伯述小饮”，次日，知“伯尚未行也，午正送之登车”。

** 《翁同龢函札系年考》疑此函为九月二十六日函附件。

致翁同爵函

光绪二年十二月初三日(1877 年 1 月 16 日)

五兄大人尊前：

迩来盼信甚于曩时，搢弁来，得函始释远念。手颤足麻，尚未脱然，手乃旧疾，足则风湿，皆有药，宜灵动。邵辛卿言可采也，验字迹略无颤笔。询楚中来者，皆云起跪照常，并无人扶掖，闻之良慰，要须慎摄耳！稚璜[①]今始到都，其抵蜀当在春半。筱全[②]回楚须春夏间。鹾事蜀中一再陈之，正如笙磬之相应，现待湘奏，未知江都之意如何？宜昌市舶初立必有要求，厘金必更大减，彼族惟赫德一人主持，至则无人可与辩论，盖总署诸公皆唯唯，未尝敢置一词也。德国有议十七条，有奉天小孤山通市一条，馀未悉。贺年之举，逐队过去，同僚中颇有携其果饵以归者，不胜诧叹。此月初尚有俄国拜年之礼、高阳被扯龃龉数事，近却寂然，秋君则颇得意也。

弟职事如常，铜局极难措置。滇铜二起，第一起乃一吏员押运，竟以请卖馀铜为广西司所挟，恐不得了；第二起运官极老实，然成色太低，斤数太短，定有一番累坠。不知者以为局中勒索，其实旧弊已汰六七，炉头等已重足而立，无奈彼此交诿，论者皆右滇而左局耳。部事大者不能问，日行皆琐屑事，徒费精神，甚属无谓，惟书房则责无旁贷。明年退食益迟，不复趋衙矣。

寿官明春仍同刘师来，云正月初动身。士吉曾来告帮，弟拟以

---

① 指丁宝桢。

② 李瀚章。

百金予之。方太守一见,人极静细。有孙传溶者寿州孙氏之子,与汤伯述同行以解饷来见。近日有旗员锡璋屡谒,未见。其人系神机营出身,捐省湖北道,未识面也。荆州守何如?监利案似可先结。广济开煤,未见大旺,可否停止?江汉关拨款甚多,湖北各处协款似将次完竣,来年内务府多拨五万,则江都之意也。江浙外来流民颇难安插,家信来亦称两邑有五六百人。台湾则生番蠢动。西师规取吐鲁番,尚无消息也。草草,敬请福安,问合署安好如意。弟龢顿首谨启。十二月初三日。

貂裘绣蟒绸料之赐,捧领珍重,早朝增燠矣。今年天气不甚寒,以久闲之躯处之,终觉难于将息。现又与御前三公恭代阅看实录,每日又需早入数刻,则寅初必起矣。职事平平,前月稍难,今已照旧,勿念。

《翁松禅家书》第一集

致翁曾荣函

光绪二年十二月初三日(1877年1月16日)

鹿卿览:

得上月十五日函,备悉一是。冬暖正望腊雪,衙中上下安和,最慰。汝父足疾虽愈,而麻木刺痛犹未全除。麻木是气血不通,刺痛则专主风邪,补中带疏,春气一到,定能脱体。至手颤则肝风之明验也。此时手握两篆,诚难休息,惟日行事件照例者,汝可检点一过,不必请阅;见客则拜跪者,须一概辞之;出入必令人扶掖,至要,至要。吾内直照常,退直后不免趋衙,亦觉劳顿。倘明春夏间请假一行,最所乐也。京中得雪,次日大风,未能沾渥。三九后严寒二日,今日和煦矣。此问汝近好,并新年如意。叔字。十二月三日。

《翁松禅家书》第二集

致翁曾纯函

光绪二年十二月初三日(1877 年 1 月 16 日)

士吉二侄:别后倏已岁暮,长安如海,不觉音讯之稀,知我者当旋我若焦若赘之隐衷耳!适钱侄女本甚清羸,近于瘵疾,今竟夭折。而稚庵又远游,言之伤痛,其八岁儿似薄弱,益烦看觑矣。吾兄弟远官天末,于故乡亲戚未尝去怀,而数月来两闻噩耗(谓云亭叔),何以为怀。先集刻成,尚须雠校,至刷印当用好竹纸,吾此时竟无从筹此款,且待来年。时事大难,他日归田,恐不免笔耕自给,又苦精力日疲,万事有命,坦然处之。草草,不尽。幸诸侄及侄孙辈努力自爱。十二月三日五更。叔平字。

《上海图书馆藏翁同龢未刊手稿》第 368—370 页

致汤伯述函

光绪二年十二月初八日(1877 年 1 月 21 日)

伯述大弟阁下:

顷得十一月十七日函,责我良是。老境颓唐,贤人远去,日日在愁苦中,何暇问笔研耶!省书承近状,贫乏道员过班须巨资,即过班亦岂足疗饥?以弟盖世清才而进退无据,知吾前言不妄耳!霜台清迥,不能远拯,当竭凑二百奉寄,然旦暮尚茫然也。长安街屋无人肯住,徒费守者口食。伯远时晤。兄体胜于秋中,安孙又病,不堪缕缕,即日寄此数字,幸无谯责不一。敬颂侍安。愚兄同龢顿首。腊八日。

未刊稿,苏州市博物馆藏

致翁同爵函

光绪二年十二月十一日(1877 年 1 月 24 日)

南洋旗昌一稿当已咨行,照军饷例居然自拨巨款,不由部拨,真创格也。姑以商贾之法讫华商二百万成本,是虚是实?若是虚数,将来获息则亦虚本占实息,官受其病;若是实款,能报姓名册籍否?此一端也。买卖有赢有折,若果亏折,谁算此帐?此二端也。十六船者必尽包海运米石,然后市准水脚可靠,而沙船数千人,一旦歇业可虑,此三端也。轮船五年一修,四修之后,便不能用,今十六船中岂无一再修过者,转瞬二十年有日减矣,此四端也。

《常熟翁相国手札》第二集

致翁曾荣函

光绪二年十二月十四日(1877 年 1 月 27 日)

鹿卿览:

信至,知合署均平安。武昌百里内外已得薄雪,民气安恬。河南大旱,其民有流移入楚者,止求乞而未获抚恤,可念也。侍奉之馀,能安禅悦,浮云轩冕,夙志可嘉。汝父足疾犹未轻安,手颤较甚。春气将至,以静镇迎之必大愈,第一戒怒也。两府事以一手握之,暂时尚难,矧二年乎?少年人犹竭蹶,矧高年乎?此劳顿之由,然药物总以补中带利气祛风之品为主,识之。

旗昌一事,创此官商合局,它不具论,万一折阅,孰执其咎?此事农曹当究论之耳!洋务不熟不可,太熟亦不可,况不尽因公乎?

寓中皆好。吾偶发病,已愈。职事颇累,盖精力自不济,非为难也。岁行尽矣,百感伊郁,相见何日?悠悠我思。此问近好,并愿新春如意,内外多福。叔字。十二月十四日灯下。

《翁松禅家书》第二集

致翁同爵函

光绪二年十二月十六日(1877年1月29日)

五兄大人尊前:

杨得胜来,面询起居,据云丰腴照常,坐作不须扶掖,饮食谈笑殊矍铄。读函示则知手颤,气体犹未和,春气一来,加以补血去痰之药,当康复矣。节钺之重,并握两符,即坐啸画诺,已不暇他及,矧每事躬亲深思而善断之乎?新岁宾客太多,码头次第当立,案牍如山,惟勤加颐养,悬系非一端也。馈岁与上届正同,损益悉如来指,长安以此为重,自当斟酌。

弟每日寅初三刻起,有奔走之事,有口讲指画之事,最后则手不停笔、目不停瞬,以迨于暮,而客犹在座。嘻,亦苦矣。

圣学日新,部事日废,□□极忝窃而居,恒邑邑者,盖有非言可喻者。已屡见六花,麦秋当稔,银价日腾,百物昂贵,独吾拥厚禄而仁不足及一夫,能无愧乎?家中音日稀,扬州久未通信。此中皆安好。肃此,敬贺新喜万福,合署如意。十二月十六日,弟同龢顿首。

《翁松禅家书》第一集

致翁斌孙函

光绪二年十二月十六日(1877年1月29日)

夜来不寐,思余遗行甚多,看汝天性好,当从五伦上著实做起,勿效吾悠忽半生,著不得半分虚假,此第一等事,科名不足道也。俗例开贺竟可不必,一则汝年轻学浅,不敢当宾客来贺;一则西乡旱,亲友皆拮据,何苦抽索人,此亦取与之义也。敝衣粗食,惜福养身,断不许改。苏州拜客不必去。学台、监临当称老师,填亲供时要见,且本是太世叔也。汝字太劣,急讲逆锋法,且搦管要虚和。

《翁氏家书》第十六册

致翁曾荣函

光绪二年十二月二十三日(1877年2月5日)

鹿卿览:

叠次函来,具悉一是。岁已向尽,百务丛杂。京国与外台彼此相仿,独内直者尤不获少休耳。涉春三月,密雪不止,大都五寸许,来岁麦秋定丰稔矣。天运循环,不如此,安得苏我羸瘠也。

摺弁来,知楚中少雪,馀皆安恬。汝父左足渐瘥,得力于补剂;便秘多汗,较之足疾轻矣。良医治风不专于补而妙在截风,此意现请之医,当悉之。春气煦和,肢体必畅,惟肝目乘时而动,宜静镇,切勿郁怒。汝左右侍奉,先意承志,知无虑此也。

宾客酬接之烦,一不满意,播为浮言,古人已是如此,此不足怪,汝能分任其事否?藤溪偏僻,寄信往往不达,询诸彼中人,无异说。南中音信亦寥落也。

吾于月初,偶发旧疾,适辛卿来,投以清品,霍然而愈。职事繁苦,非言所达,起早冒风雪亦惯事,腰脚作楚,乃近来老境也。安孙大愈,两颊顿丰,吾爱其浑厚而虑其学之无成。管师圆融,于师道非所宜。同乡在都者殊疏阔,陆云生[①]已蒙圈出,当来京引见。寿官行期尚未悉也。叔字。腊月二十三日灯下。

《翁松禅家书》第二集

致翁同爵函

光绪二年十二月二十四日(1877 年 2 月 6 日)

五兄大人尊前:

摺弁来,得腊月九日函,知近体有瘳,风秘乃寿征,得苁蓉之润必奏效,补药中可否加祛风之品,获益尤多也。武昌四达之国,过客如云,士多于鲫,虽陶公远甓亦搬数不尽,只好付之不见。起跪断勿劳,可属人先告客,客或不从,付之不答而已。

宜昌开办伊始,要在约束严明,宜昌以东直至黄州厘卡几何?彼人欲普免厘税,殊费口舌。广济之煤果否获利?可停即停。淮盐则专待湘抚复奏,大略部议不复执前说矣。

旗昌一举,南洋受诳不少,并北洋官息而减之,孰为此谋耶?德国十七款闻于二十一日就商,连日未见当轴,未得其详。当轴止有推法,一推再推,彼之气焰日张,则惟命是听。近日袁侍郎[②]建言

① 即陆懋宗。

② 指袁保恒。

谓宜辑古今和局之失，汇为一编，伤时之语，久惭置之矣。

立春三日内大雪凝寒，今日晴和无风，滴滴入地。书房须二十八以后方少休，明春正月六日入学，旧例如此。弟体全愈，安孙已照常，不加督责，亦绝无过失。寿孙来，仍令朝夕同学。浙案平反，左验明白，问官尚能持平，自县官以上皆谓之误。西师自玛城复后，严寒不复进取，达阪土番重重坚垒，未易攻克，况小城哉！西林[①]再起，非复豪气，即日将行。蜀帅晤聚，尚有识力，晋则汴生不免耳！岁月如流，今日午奠，搏膺难及，他日得以无咎之身归依丘垄，幸矣，幸矣。天道十年而小变，长安风气又非往年，朋友寥落，又为职事所迫，欲匹马一游而不得，大似樊笼。岁务一切不问，筹儿持家谨慎。辽参不易得，近得两枝，内一枝似佳，筹所新购；一枝意态迥出，或非常草耳！九衢泥淖，即刻入城，草草致此，敬请颐安，并贺新春大喜，问合署安吉。十二月二十四日。弟龢顿首谨启。

《翁松禅家书》第一集

致翁曾荣函

光绪三年正月初八日（1877 年 2 月 20 日）

鹿卿览：

得函甚慰。汝父体中渐佳，自是得力于暖药，邵方未试，姑备一说；惟荆竹沥须自煎藏之；左右扶掖，断勿大意；食物肥腻者要减去；蕲蛇须五月五日所得乃真，以之入酒，祛风圣药也。能请假一月最妙，至筋力则仍宜活动，不可久坐。汝侍奉周详，人间真乐；净

---

① 指英翰。

土工夫，且勿间断，吾为尘海客，无可告语矣。武昌诸山，何缘一到！看汝来函，雪后光景便欲携屐往游。昨日独诣龙树寺小楼看西山落日，此怀邈然也。

俗事碌碌如旧，职事钩稽非性所近，画诺而已。譬如店中掌柜，但知算盘上拨入数字，不顾伙计为难，更不知门前之客为难，今日之农曹是也。安孙已愈。斌孙未来。奎保信来，称奉谕早入都考荫生，问有之否？吾体尚佳，近来却不耐辛苦，馀详汝弟函。春寒好将息，不一。叔字。正月初八日。

湖南士民与彼族群哗，已将檄文传自京矣。此事终恐激成事端，即长沙设机器局，亦恐不惬意也。

台湾开铁路、设电线，其摺数千言，不开害十，开之利十。旗昌为我有，终是吃亏。北洋洋防兵勇如此，皆可诧之事。

《翁松禅家书》第二集

致翁斌孙函

光绪三年正月十八日（1877 年 3 月 2 日）

弢览：

昔寿阳祁相国[①]十三应有司试，名列第一，退而有自得之色，其太夫人涕泣，予杖曰："汝固止于是耶？"相国自是不敢自矜，与人言无一语炫襮，尝亲与文端公[②]述此事，汝其识之。余拟字汝曰"韬夫"，万物以敛藏而始大，且祖训有"武总六韬"之语也。是否如此，记不真。

《翁氏家书》第十六册

① 即祁寯藻。

② 翁心存死后谥"文端"。

致翁曾荣函

光绪三年二月初六日(1877年3月20日)

鹿卿览:

来函洒洒,甚快甚慰。江上三尺雪,何啻数十万黄金,其馀事乃装点山川成瑶峰银海耳!吾昨夜忽发热,呻吟万状,欲请假而有旨敦促,只两日不入,已如是耶!初意五月中恳两月假省墓,兼为武昌之行,道出维扬,留住数日,恐此愿不果矣。疾痛则呼父母,但终身在鸽峰下,吾愿已足。

职事衮衮,不惬意者多。今日谈国计者皆舍却民生,其端始于军务;迨洋务起,而士大夫之警敏者皆欲合地球以计利权之盈缩,病入膏肓,不可救药。奉使各国者筹款至六十万。台湾开山,拟拨南洋一半,试办三年,亦二百四五十万也。

春雨最稀,昨五更达晓,潺潺不已,已而风起,晴矣。盼寿官尚未到。安官驯谨,在我左右。两寓皆平安。秀姑娘[①]亦甚亏他也。今日热止,头犹重,两日未食,气甚绵惙,不尽缕缕。叔字。二月初六日。

广绍彭信外寄干尖,褂甬一件,已辞,以摺差难带,且家信来每言友朋投赠,概不敢领,故谨奉却,然伊犹殷殷必欲寄也。

浙案平反,浙人曰是,而楚未然也。总之,上半截未妥,若下截固知其装点而成,百口莫辩矣。小山[②]亦亏他,真能入细,由罪证而

① 秀姑娘是翁心存小妾。

② 即翁曾桂。

仵作，由仵作而本官，现已无说，一律具结，总之是误，不是故耳！

德国十七条内有四条最大：曰大孤山通口；曰仿造内地河船，各处运货；曰由津达通，用轮船；曰由黄浦至吴淞，货皆抽厘税，意在铁路也。其言不驯，要之以兵，又费口舌。

近来文字虽是平妥，然前后上下总有隔膜之处，起比提不起，中比承接无力，后路则更散漫矣。吾本不喜作文，近更无题可作，惟每日功课尚交得过耳！随题敷衍，一世无出息，不如不作也。京寓尚安，不作他想，登临之乐无其暇，兼无其兴，一味困乏，惟早睡差好。

《翁松禅家书》第二集

致赵伯远父亲函*

光绪三年二月三十日（1877 年 4 月 13 日）

［前缺］今春得手教，职事繁冗，久未奉答，歉悚万分。龢与伯远僚婿之亲，纵极僭妄，必不能以师道自居，况伯远清才重器，其识量过龢远甚，将何以相资乎！今遵谕呼之为弟，以答尊意。抝东万不敢当，谨缴上。再请勋安不次。龢顿首。

《上海图书馆藏翁同龢未刊手稿》第 466 页

致翁同爵函

光绪三年三月初八日（1877 年 4 月 21 日）

□□友朋投赠，概不敢领，故谨奉却。□□德国十七条，内有

* 赵伯远，字曾重，安徽人。

四条最大,大孤山通口,□□其言不驯,要之以兵,又费口舌。今之新法,大略以要人兼领典属国之职,又萃天下稍有材智者竞趋是途,又总握利权不使练兵增饷,而风气靡然矣。天门一案能不发兵为妙,肤受之诉,还当深察。南辕辣手,恐民不堪。内直难处不在寻常功课上,至画墨稿乃份内事耳!

未刊稿,原件藏常熟市文管会

致翁曾荣函

光绪三年三月初八日(1877 年 4 月 21 日)

鹿卿览:

得二月二十四函,读汝父手札,中怀大慰,从此调理,日起有功。续假必蒙允,不必遽请告也。汝朝夕在旁,能得亲欢,而全姑娘[①]料理药物,勤劳特甚,皆可欣慰。程、恽皆言温剂不可撤,以时节宜之可耳! 黄鹤之游,吾意如是,看来未必能践言。好春如海,花事正秾,半日偷闲,尚未可得,况其他耶!

来函所论,不意优闲公子能作是语。今之新法,大略以要人兼领典属国之职,又萃天下稍有材智者,令竞趋是途,又总握利权,不使练兵增饷,而风气靡然矣。贺年一事,直是胸臆中一病,所以引起莼鲈之思也。天门一案,能不发兵为妙,肤受之诉,还当深察,南辕辣手,恐民不堪。

吾近体甚佳,内值难处,不在寻常功课上,至画墨稿及份内事耳! 寿官入场甚早,少年意气,令老夫为之掀髯。同邑共二十七

① 全姑娘为翁同爵小妾。

人，宗月锄以病未预，今年当胜旧年尔！汝旧疾加慎，萃仙丸近亦少验，吾服邵辛卿方，体加适而疾不来，奇妙之至，鹿茸则不投。许诚夫[1]得子可喜，其款觅便即寄。此问汝近好不一。三月初八日。叔字。

《翁松禅家书》第二集

致翁曾荣函

光绪三年四月初十日(1877 年 5 月 22 日)

鹿卿览：

寒疾已瘳，顿慰驰系，一月中盼信，夜不成寐也。汝父近体渐和，手颤似未减，表虚易感，如玉屏风等方可用否？续假一月，尽可多息，届时必康复矣。二堤为鄂中大政，民命所系；口岸等事，只要无甚拂戾而已。监利案似尚未结，鄂中循吏曾得数人否？盐务岂容更改，江督气矜，即此可见，徒饶舌耳！

京寓皆安，各修职事。寿孙初次春官，文亦平平，断无奢望，若能读书立志，亦不必早得科名。同邑试作，见两三篇，君彪许其必中，管师未甚出色，叶尚(支)〔稚〕嫩也。闻吾乡风气日陋，孝廉船皆满载而太史公并马步之不如，嘻，异哉！县南街劫钱店，赵次侯亦被抢，其果然耶？管师将辞馆，吾意安孙必得严师督责，方可成就，此子浑浑无圭角，而懒散不著力，抛荒时多，甚可虑。吾勉强当差，百念灰冷，静中默看自身病痛极多，焉能教人。退直后入署尚可，见客最苦，客来多有干求尤苦，总是此中按捺不定，肝气却久未

---

① 许诚夫系翁同龢表兄。

发矣。汝病初愈,好将息,极念极念。叔字。浴佛日。

家乡事虽无园林宾从之乐,毕竟胜于做官,但使时日稍宽,秋风归去,于情事为合,此意当深体也。吾数月未一见,拟面陈请假之意,且看何如。至多不五十日。盛杏生一晤,自是彼中能手,《货殖传》中人,往往能尽人之材力,其静深不可及也。

《翁松禅家书》第二集

致翁曾荣函

光绪三年四月十二日(1877 年 5 月 24 日)

示鹿卿:

日昨一缄交摺弁,计必达。汝父体气日健,一月后如能销假,则大慰也。

斌孙连捷,皆是馀荫,科名太易,尤当敬慎,但吾见此飞腾,不觉屐齿之折尔! 东华一庐,两人登第,门巷喧然,藉以磨厉。安孙辈亦善,俗务坌集,姑令肄字,即迟数年廷对,何不可哉! 吾体佳胜,昨夜却未寐。汝疾初起,百惟自重不一。四月十二日午。叔字。

《翁松禅家书》第二集

致翁奎孙函

光绪三年四月(1877 年 5 月)

诗集写样仍寄去,缘笔画应改处尚多,可令逐一改好寄来,此外向王光昭催取可也。鼎丞侄孙。叔平字。

士吉侄处亦有函致。

未刊稿，苏州市博物馆藏

致翁同爵函

光绪三年四月二十三日（1877 年 6 月 4 日）

五兄大人尊前：

得三月二十八日函，来弁称起身时禀见，面貌甚好。函中谓手颤可持匕箸，积慰积想。前此请假，朝廷屡次垂问枢臣，假满能支持，自以销假为是，幸深思之。

弟近来进见时稀，前日入对，语多论西师及台事。未之及，无足怪也。内直平顺，体中支持。鼻下肿块，未见消减，终成一患。斌孙两试已过，亦甚亏他，字虽不佳，亦尚去得，今督其作朝考工夫。万事有命，弟已看得雪淡，但不入词林，负此年纪矣。

麦秋丰收，微嫌雨多粒不足，山右得雨稍慰鸿敖。新疆吐鲁番已克，当局者尚欲进图，圣意亦主恢复。昨论此事，力陈中原财竭，未谓然也。明日奏名，未知谁得。灯下草草，敬请福安，问合署安好。四月二十三日。弟龢谨启。

《翁松禅家书》第一集

致翁曾荣函

光绪三年四月二十三日（1877 年 6 月 4 日）

鹿卿览：

近体平复，深慰远意。堂上调理轻安，天暖筋脉舒和，要须助气耳！斌孙获隽，累我甚忙。两寓均安。同邑管、潘皆可馆选。南中久无信来。四月二十三日。叔字。

《翁松禅家书》第二集

致翁同爵函

光绪三年五月十三日（1877 年 6 月 23 日）

五兄大人尊前：

久未接家信，想望殊切，盖自杨弁一函之后已一月矣。侧闻体中渐和，销假有日，此恽松云来函云然，想确凿可据，下情稍慰。杨弁携来上林铜壶、麓台画轴，摩挲展对，如侍左右，不独二物之可珍，况此器此图亦不易得者乎！欣喜无量。湖目瓜多且好，弟常煮食，今源源不穷，尤济所需。弟自服部方，旧疾渐愈，惟齿断肿处结硬不化，他无所苦。

会议尚无就绪，诸邸皆持增室之议，其实恐非神道清静之义，前日集议或主世室，或主别殿，或于后殿再添一后殿；或主增室，所增之数或一楹二楹，或四楹，礼部主两楹，具稿尚未商酌停当也。西师连捷，达阪已通，白酋及哈萨克皆未获，现尚进图喀喇沙尔一城，左公请部款二百万，拟拨一百二十万应之，此真无底之壑矣。

寓中平安，斌孙朝考腾跃，其诗实足冠场，江苏馆选九人。称誉者多，忌者亦复不少，已严督其收敛用功。安孙将考荫生，并不会令其当差，以期稍有成就。管师馆选，潘幼南分部曹，蕴生即用，惟管少溪向隅，竟归班矣。汴生颇牢落。云生还馆职，颇费龙象之力，而彼却萧然。稍旱闻雷，极盼雨也。敬请福安。适欲寄函，闻轮船甚便，因寄此数行，不一。五月十三日。弟龢谨启。

《翁松禅家书》第一集

致翁曾荣函

光绪三年五月十三日（1877年6月23日）

鹿卿览：

杨巡捕来得函后，至今渺然。且四月十二此间发一函，计一二日必达，复信当在端午节左右到，却而亦竟渺然，深以为诧。昨恽松云通问，是四月二十日发，言及署中安好。汝父步履精神日健，即当销假视事，此怀顿慰。想摺差在途，故家信亦在彼处也。汝体中何如？鄂中湿热，不异吾乡，而抚署尤潮湿。入夏调理复元否？极以为念，甚至夜不能寐。中年多思虑，梦中半在江上也。

一月忙碌，且喜斌孙得入词林，又痛吾亲之不见，且虑斌孙少年得意或少失吾家忠厚勤俭之意。夙夜悚惧，将百馀年之事盘旋胸中，此味不可说。安孙于十五日考荫生，其字迹尚可观，但愿奋志精进，不令其弟独擅凤池之誉耳。吾体虽少疾，而意兴颓然，未喻其故。迩来益觉衾影可畏，其看人亦全在本原上着眼，世缘渐轻，才力益减，如是而已。农曹禄厚，而挥霍亦多，车马应酬，下至仆隶，无一不扩充，将来必大受累。内直平平，昨集议于政事堂，同人默然，独我喋喋，既乃悔其躁直，然既往矣。

家乡有信来，两宅皆安。吉卿未尝到家。奎保来京之说，似亦未确。后生濡染最易，若住城外，德官性本跳荡，恐未相宜；若在城中，亦不愿暗室有此一灯也。麦秋甚稔，近来欠雨，大田尚未卜，吾与农夫日怀隐忧。写不尽怀，聊示一二，此问近好。愿勤寄信为嘱。五月十三日定更。叔字。

《翁松禅家书》第二集

致翁曾荣函

光绪三年五月十五日（1877 年 6 月 25 日）

鹿卿览：

得长笺，词意并厚。审汝侍奉贤劳，体中复元，未多吃补药，以固本根。炎天蒸湿，案牍纷纭，何者足以承欢。字画花木，或可稍破岑寂。吾居此亦殊未适，其深处不能言，浅处又不足言也。课孙最乐，于吾言能领略亦最乐。安、斌皆可喜，岂以一第为重轻。管师辞去，继席甚难，或荐印若[①]，吾未惬意，吾亦不自专也。近见宋刻《文中子》，尚未购得。又购得阁帖十卷尚旧。不一。叔字。五月望。

燕园已为顾氏所得，价值甚廉。而吴门留园归盛氏久矣。归田以后，固不必觅好园林，似宜有疏野之趣。柏古轩太庳隘也。山塘[②]戴家屋基托次侯[③]谋之，已成画饼。若得五亩种竹，杂莳花药，亦足乐也。

太庙已定照道光元年奉先殿并龛成案，吾意本拟别建，今观此说尚通，遂即画稿，不欲纷纭也。俗事日不暇接，内直亦有难处，笔不能述，急欲抽身而系牵不得去。旱蝗恐为灾，江以南罕觏此物。

① 即翁印若。
② 常熟山泾塘。
③ 即赵宗建。

晋荒几靡孑遗，苦疏缓拨，仅许二十万，其何以济乎？

《翁松禅家书》第二集

致翁同爵函

光绪三年五月十五日（1877 年 6 月 25 日）

五兄大人尊前：

正在盼信极切之时，手函适至，喜可知也。伏审销假视事如常，大约休沐时多则气体易弱，数日运动则精神必健，但勿过劳耳。感冒由于肺气不足，暖药断不可间断矣。来谕字小而笔头著力，迥非前函之颤笔可比，即此足征向愈。汗体怕热，却慎风寒，难于将息，千万珍重。荣侄调理复元否？亦甚念之。京寓均好，昨从轮船寄一函，亦缘盼信不来之故，以后愿频寄函也。连夕雷雨，环京门者已足。闻江北旱且蝗，仪、扬间皆有之，吾乡亦微伤旱，未知楚境如何？天门案结，监利想亦早结，此间却无闻见。枫江形迹太热，惜乎并局撤去，何不留此一二千金之款，毕竟于经籍有传布之功也。宜昌无事即好，广济果有效否？郭公纪程，言之娓娓，为台公所劾，原摺业已淹矣。

德国巴使拂衣径去，总署致书节相，俨然葫芦旧样，尚无眉目，所争者十七条中一两条耳。招商之利云多荇少，不过抛此数十万国帑，何利之可言。台事如火如荼，亦只开鸡笼一处。西师进图喀喇沙尔，借部帑二百万，不敢不许，连拨一百万洋税、二十万漕折以应之八成协饷，羽檄飞催，如何是了？庙议未定，听闻贵邸主八楹之说，果尔，又将筹巨款矣！

内直如常，体中支持，大略亦有为难处，非言可罄。安孙今日考荫生，其验放约在月底，验放后再具摺陈谢。斌孙拜客稍多便觉劳倦，安孙则大胜于去年，其志趣亦颇不俗。退直后，乐与两孙闲话，销此永日。斌孙报到费用，得此接济，成全者大矣。敬请日安，问全姑娘近好。五月十五日。弟龢顿首。妾陆随叩。

《翁松禅家书》第一集

致翁曾荣函

光绪三年六月二十一日（1877 年 7 月 31 日）

鹿卿函：

得此月初八日函，得悉堂上气体渐和，茸附诸品竟一日不可离，左右侍奉，汝倍加谨慎。任吁门者楚人称誉之，颇闻其名，然按摩伤气，湖海中人未足凭也。莼鲈之计良是，且待秋风起时，吾拟于七月中乞假两月，由海道还乡省墓，淹留一月，溯江到楚，可以商定一切，但未知阅兵一节究竟举行否？倘到时正值出巡，吾又不能久待，甚属无谓，汝须速寄吾知，免致相左。乞假准否难卜，然吾志已决，欲借五月二十三日吾吴大风为言，当亦可许也。

内直极难，孱体实支不住。鼻肿终成大患，凡附骨者皆疽类，吾尝涉猎方书，知之审矣。孟河马医云是国工，或一访之，万事有命，吾岂以是为它聊一游耳！山右阻饥，京师望雨，近畿禾黍多如干柴，此非细故。而西师方腾捷音，为扫穴犁庭计，空中原而营石田，备负度支，能无愧畏。

汝体已安，亦得暖药力，所冀暖药中有补阴之功，润阳敛气则于汝父气体为宜便。旋眩晕，直是虚惙，左右须人扶掖，千万保重。全姑娘勤劳可敬。料理归装，可分心力，断勿以琐屑渎庭闱也。草草，问近好不一。六月二十一日。叔字。

《翁松禅家书》第二集

致翁曾荣函

光绪三年七月初四日（1877 年 8 月 12 日）

鹿卿览：

信至，得近状极慰。潘君以理脾为主，黄耆用之二两，不为不重，但热药腻药均减，较灵动耳！吾拟乞暂假扁舟溯江，此愿得果，当以葛巾野服，翩然而来，不令一人知，亦一段佳话。

天下水旱，楚方安然，此守土者廉静之效。北方得雨过迟，禾稼稍苏，而西风极凉，恐妨籽粒。六月杪得三日闲，两日观荷甚乐，此外则公私填委，乌所得登临览观之暇耶？今日偕子松游秦园，秦园者乃西涯旧址。归来日落，倦不可支。鼻肿非鼻病，其病在牙断；心气惝恍，乃思虑所致。此外尚好。斌孙俗忙，安孙闲旷，吾虚负课孙之名，间亦顾之而喜。两宅平安。南中大风可骇，馀详汝弟函中。叔字。七月初四日灯下。

《翁松禅家书》第二集

致翁曾荣函

光绪三年七月十六日（1877 年 8 月 24 日）

鹿卿览：

得函慰意。潘方有验较妥。黄花时节，旌旆出巡，汝既从行，一切宜慎，此事从前屡见官书也。吾得请假暂归，计八月杪可以至楚一行。圣恩如海，吾事有成，要期公私兼尽而已。顷方趋朝，如蒙允许,明日便发也。七月十六日寅初刻。叔字。

今日起多未见,醇邸传懿旨尽可从容,不必由海道往来。然恩重如此,尤不敢耽延,重阳前必到京销假。

张次功者,官德,己酉同年。英西林所托,前信详之,能为位置一席,书局或教读。最妙。近见所著书,大概杂出不伦。精六壬或训蒙好手耳!

豹琴[①]来,薄有赠,受之,盖数十年知交,不能却也。堤事颇有声,荐剡宜也。方君老到,果文忠幕客耶!前十五六年已署州牧矣。六一公来,都颇应酬,似不得谓廉静。

《翁松禅家书》第二集

致翁奎孙函

光绪三年八月(1877年9月)

昨出北郭,晤次公[②]剧谈忘倦,意欲买田舍傍畦而为圃,遍植花木,时相灌溉,避嚣绝尘,以终馀年。之缮随汝适楚,宜慎之。鼎臣览。叔平。

未刊稿,苏州市博物馆藏

致翁斌孙函

光绪三年九月十七日(1877年10月23日)

示弢夫:

武昌放舟,历十有三日而抵京口,明日遂入丹徒,从此南行,虽有风无虞矣。红船较大,能按站与否未可知,到家必二十三四矣。

---

① 即倪文蔚。

② 指赵宗建。

若由无锡径行走常熟，可省一日行程，到时再酌也。

家中一切想次第料理，上下安否？京中来信否？此时不能顾。吾体尚可，舟中一概平稳，龙槓罩号衣此间皆有，大厅布帘要紧，如未合式，不妨改好。码头要结实。书楼想扫除。巡捕戈什甚夥，须安顿数日，亦切要之事。想汝能料理妥协，无烦多嘱耳！十七日金山下，老平字。

《翁氏家书》第十六册

致翁斌孙函*

光绪三年十月初四日（1877年11月8日）

弢览：

□□□□摺中三叶，学□□□然经书有益于人如此，凡史事词章及一切闲书断□□□。杂记，止当消闲可也。十月初四日夜。

《翁氏家书》第十六册

致翁斌孙函**

光绪三年十一月初六日（1877年12月10日）

付斌孙：

到家安好，惟亟用诗赋功，勿学官体，勿问外事，勿以科第自

---

* 翁同龢光绪三年十月初四日日记载，是日离家回京。此函当为临行前叮嘱翁斌孙之类的话语。因为中进士后，还要经历诸多考试，所以劝其读经书，认为词章史事之类的只好视为消闲类的书去看。

** 翁斌孙中进士后，于光绪三年四月参加散馆考试。“殿试三甲七名。……出城与嫂氏语。拟先令写字补考矣”。翁斌孙中一等第十六名。七月，庶常馆开馆，斌孙前往。八月，翁同龢回南，斌孙随行。十月，翁同龢回京，翁斌孙留常。此函系叮嘱斌孙用功之意。

矜，勿谈时事，尽孝友，博经史，至嘱，至嘱。大笔试做几支，乃续命丝，否则竟不能挥洒，亦一大闷事。吾此皆好，不一。冬子月六日。

《翁氏家书》第十六册

致周原祁函

光绪三年十二月十六日(1878 年 1 月 18 日)

子京先生尊兄大人阁下：

前奉一缄，计得彻。人来辱手教，以甫通问，故不即复。顷摺弁至，首询尊况，始知馆席竟未就，为之耿耿莫释。复得汴老函云，实携二客同往，难再奉屈，必与制府谋一至妥之席，不知所位置果何等也。支离东北，漂泊西南，我两人之谓矣。此后望时赐音问，将旅况具陈，幸勿作四六话头。倘有可以为力者，必为切实推毂，不食言也。

弟近体羸甚，岁暮益牢落，情味略如在鄂渚时，退食仍复赴衙，藉以自愿。西师未罢，晋豫奇荒，仰屋窥天，百忧交集，寒夜秉烛，倦睫如云。敬候起居，欲言不尽。弟期同龢顿首。腊月十六日二鼓。

《翁松禅墨迹》第三册

致周原祁函

光绪四年三月初九日(1878 年 4 月 11 日)

子京先生阁下：

手教至，适事繁未答，深歉之。江上相从，已成陈迹，回顾慨然，长安寄身，真如梦寐。况以不材而窃高位，力小任重，非小人之福也。阁下鸾凤之翮，久当飞腾，今年秋赋快睹一举。芍翁相得甚欢，伊臣兄又乐数晨夕，客中清暇，不废读书，健羡之。适卧疾初起，草草奉复，敬颂道安不次。小弟翁同龢顿首。三月九日。

《翁松禅墨迹》第三册

致翁安孙翁德孙函

光绪四年四月十八日（1878 年 5 月 19 日）

赴及启对妥否，送去单一分，圈者皆去之，尖者同。请俞先生徐徐写封套签赴启皆不写全，然后一一装入封内，按省束好，每省必托一人代分，俟吾酌定加信，此事可禀汝伯料理。谕安、德两孙。十八日。

《翁松禅家书》第二集

致翁斌孙函*

光绪四年七月二十七日（1878 年 8 月 25 日）

华亭沈氏卷，昆山张氏卷皆缴。直收得□，见石谷画卷乃钩而未填者，苏斋[①]有跋，九段尚未买得，路老览物。《小麻姑仙坛记》松下清斋藏，曩所见者。今在宝珍[②]，只押不卖。又石谷为牧仲作八景，止留

---

* 《翁同龢书札系年考》一书说此函写于光绪八年十二月十一日，查翁同龢日记，所云购买书画并非“按”中所指书画内容，因此时间尚待进一步考证。

① 指翁方纲。

② 北京书铺宝珍斋。

二景,有竹垞[①]、渔洋〈阳〉[②]□□奇物也。

《翁氏家书》第十六册

致周原祁函

光绪四年八月初九日(1878 年 9 月 5 日)

子京先生阁下:

久闻命驾还山,顷得六月中旬函,备悉客途安稳,下怀欣慰。阁下去就之义,权衡至当,实所钦佩。一昨彭芍庭[③]京兆拜西江藩司之命,弟即为阁下推毂,并云以道义相许,决非泛泛,伊亦极愿延请,惟束修羊甚瘦,又未审台驾现在何处,故托其婿钱意城专函奉致,不知此信果达否也。倘惠然肯来,则请函复意城,由南中敬送关聘。芍庭于八月廿一出京,航海还吴,计抵任当在九月杪,统祈的酌度。弟别后须鬓益皤,小儿回京道病,抵京四日,不幸殂谢,门祚衰薄,亦不德所致。以后南北诸事并集一肩,老境不堪设想。水旱告灾,民力告匮,忝系朝列,夙夜忧惶,如何?如何?草草奉布,即颂近安不一。弟同龢顿首。八月初九日。

楚幕旧宾一时星散,此亦常事,不足致慨。新帅真除,当有一番措置,合肥相待之意自是可感,彼中事略无所闻。襄堤漫决有妨穑事,传闻未确也。又及。

《翁松禅墨迹》第三册

① 即朱彝尊。
② 指王士祯。
③ 即彭祖贤。

复汤伯述函

光绪四年十月十七日(1878 年 11 月 11 日)

伯述大弟:

昨得书,悒郁可想。愚谓亲串告帮事所常有,小题不必大作,极是,极是。节署出入[①]彼言知之,但婉言劝阻可已,亦不值张目疾呼也。兄前书讦直,亦爱弟重弟,幸勿见怪。弟性急,善拟还当日,先兄略告伯远,令驰函止之,未审当。不复。日安。十月十七日写,次日发。

《瓶庐丛稿》卷五

致翁斌孙函

光绪四年十月二十七日(1878 年 11 月 21 日)

大少太太同有小恙,未知是寒是热,不必吃药,但须慎重调理耳! 十月二十七日晨。

《翁氏家书》第十六册

复汤伯述函

光绪四年十一月初九日(1878 年 12 月 2 日)

伯述大弟左右:

手书三至,甚慰,而吾未一答者,衰疾日不暇给,非有它也。

---

① 时汤伯述在北洋大臣李鸿章幕中任职。

即日伏惟堂上万福。保案直无从问津,安排嘱咐尤非朝官所应为。金君又随蜀轺以去,兄与金君又未谋面,无从报命。伯远近在同巷,累月不相过,懒散可知。此时退直在未申间,宾客案牍,口手不停,家务亦堆砌在身,八面受敌,嘻,其殆矣!长安街屋与孙君有成说[①],缘有仙人,遂罢议。住者既以全力逐去,而接手无人,看守数月极无谓。至头条胡同,子松[②]居之,不欲迁移也。拟将长安街屋售与浙杭会馆,尚未定。寓中平平,琐事不复陈,恐劳远念。又闻轮船已停。草草,敬请侍安不一。愚兄同龢顿首。十一月九日。

未刊稿,苏州市博物馆藏

致翁斌孙函

光绪五年正月十七日(1879 年 2 月 7 日)

示弢夫:

数月未得问,固系海舶停轮,然何疏简如是,极驰系也。新岁想合宅安好,前信汝重闹,盼汝来京已甚急切,近来寝食俱废,恨不即日侍左右,老年人情性总是如此,想汝接信后当已检点行装作北行计,途次饮食寒暖,诸宜保重。此间均安。二月初拟遣德官送柩南归,亦万不能迟之事也。均斋[③]。正月十七日。

《翁氏家书》第十六册

---

① 指汤金钊京寓临时租给孙家鼐事。

② 即夏同善。

③ 均斋,翁同龢字。

致李鸿藻函*

光绪五年正月二十一日(1879 年 2 月 11 日)

迩来退直必在未正,遵使来,未及奉复为歉。莲舫之疾殆难挽回,润剂补剂皆不得谓误,昨用大黄,乃真不可解耳!前夜午桥来寓,适尊札在案,伊竟持去,方告以不可执论,非故示之也。同龢昔侍先人之疾无状致误,沉痛终天,故于此证誓不参一议论,而其家屡屡来质药方,既已固谢,并未敢往看也。绍彭尚未到。贱恙犹未脱体,春气方生,肝发尤剧,委顿不堪也。敬上兰孙老前辈大人左右。同龢顿首。

《常熟翁相国手札》第一集

致汤伯述函

光绪五年三月二十日(1879 年 4 月 11 日)

伯述大弟阁下:

屡得书,未获以时奉复。新正由阜康寄一函,计得彻,尚未得回信,甚悬悬也。外姑父大人尊体何如?昨问伯远,云:手札至,尚未平复,而近况益窘。由此与伯远彷徨嗟诧,以为儒冠真足误身矣!

兄自莅秋曹,日在火宅中,无一刻清凉。伯远同巷,数十日才

* 原件无时间,此据翁同龢光绪五年正月二十一日日记记载:"夜端午桥(端方)来,以玉、唐两方并潘方来决,答以此事关系太重,不敢知,以兰孙来字付看。"

一面，病体加瘦，不复再陈。勒公处专函去矣。迫欲东行，倚马寄此，敬请侍安，不尽百一。兄同龢顿首。三月二十日午。

未刊稿，苏州市博物馆藏

致俞钟燮函*

光绪五年闰三月初五日（1879 年 4 月 25 日）

调卿贤甥足下：

斌孙来，得手函。即欲报而因循累月。顷复从徐雯卿孝廉处得悉种种。愚职事所累，一切皆从滞搁，书碑竟不敢。倘得归田，此愿必果，可笑也。金门姻事最惬意。扬州久未通消息。此月必寄书达尊府之意也。文郎勤学，章甫食贫力学，甚念之。此间均平平。愚多病，支持而已。此问近安并合宅好，不一。愚舅龢顿首。三月五日。

陈憩亭传亦未敢遽许落笔，且捡行状未得也。

《松禅老人遗墨》卷下

致翁斌孙函**

光绪五年六月二十五日（1879 年 8 月 12 日）

风势如此，海中可虑。明日住班，后日万勿来，是何意境也，知

* 依信内容看，此函当是翁同龢丁忧回京所书。翁斌孙光绪五年闰三月到京，所以有"斌孙来，得手函"。"愚职事所累"，说明其已回京履任，已不在常熟。"金门姻事最惬意"应是指在乡所见。"此间平平"更是指在京。三月五日应为"闰三月五日"。

** 是月初三日日记载：士吉侄携翁曾翰灵柩回南。于"初一日'丰顺'轮到津，于是日上船"，此后他一直关注此事。二十五日，始得"荣侄信，知筹儿柩于初八日到家，径赴西山矣"。

之。徐对二付送去,即交礼□□□兢兢恐病耳! 二十五日夜。

《翁氏家书》第十六册

谕翁德孙

光绪五年六月二十七日(1879 年 8 月 14 日)

谕德孙:

看汝由京抵通尚尽心尽礼,老李归,闻汝沿途俱未登岸,甚喜。汝能守教训,欲自己要好,果能常常如此,尚可慰汝父早亡赍志一番苦情,亦足慰汝父母两次刲臂茕茕无告苦况,汝其勉哉! 汝其勉哉! 万事自立,汝才调好,处处正用,事事从厚,语语著实,尚可磨炼成器,否则自误矣。切切,切切。

《翁氏家书》第十五册

致翁曾桂函*

光绪五年七月十三日(1879 年 8 月 30 日)

安孙昨夜何如? 今晨有无带红? 甚念,来信详之。今日午刻请客,信到即刻遣人李顺、广元皆可。持我名片到兴胜寺孙大人翼谋、烂面胡同朱大人智两处催请,速速。洞天膏贴寒湿有效,从浙人处觅得,可令斌试贴之。

《翁氏家书》第十五册

---

* 光绪五年七月十三日翁同龢日记载有:"邀孙谷庭前辈(即孙翼谋)、志春圃(志和)、豫锡之(豫禄)、梁檀圃、朱敏生(朱智)饮。"

致翁曾荣函

光绪五年九月二十五日(1879 年 11 月 8 日)

顷接斌函,知牙疼渐愈,现住双桂轩中,居然团聚,令我怅然,我若归老,即一椽容膝不它求矣。此处新居闳敞,静思若十年得此,何等好,今日孤儿只自悲耳！箧中惟书籍最多,自笑其痴,于灵明何与？他日被人卖,不如一概送人。从前有人质汉《娄寿碑》一册在此,近时帖卖计共费四百五十金,将今年春闱得士贽礼购得,海内孤本。它日归时,能卖即卖,否则择好古君子赠之而已。灯下写此两纸,较早间笔润矣。二十五戌初。

《翁松禅家书》第二集

致翁曾荣函*

光绪五年十一月十八日(1879 年 12 月 30 日)

[前缺]崇使[①]轻许十八条,总署之有天良者,亦窃恶之而未发也。黄体芳迎头一疏,于是有交议之命,尚未集议,张之洞上万言策,比集议时,又得数疏,大略杀崇、毁约、筹边等事。廷臣议上,力驳条约,而请总署转圜。同日又十四疏,于召见群臣,宣言此事不可忍,仍命亲郡王等会六部、都察院再议。此月十六日议于总署,

---

* 光绪五年翁同龢日记,翁于八月二十六日知崇厚"出事":"闻伊犁事为使臣所误,盖无所不允也。"十月十八日,发南信第三十一号,二十一日便有旨,将崇(厚)所允十八条并总理衙门前后章奏发大学士、六部九卿、翰、詹、科道公议。

① 指崇厚出使俄国交涉收回伊犁事。

尚未定稿，总署欲就原条约议准驳，我等则谓一笔扫去也。诸翰林既岳岳力争，廷臣一二持正者咸指以为中原不利之事，馀子碌碌，随风而靡耳！然战事极难，筹饷难，选兵难，东西万里地势扼守难，蒙古积弱尤难，况此时岂用武之时哉？说得太易，亦恐是败机。吾意弃伊犁而与讲，讲成，则保境息民，莫大之福；讲不成，俟彼来我御，兵端不可自我而开，此余初见，百折不回者也。西域事，曩尝一一论说，崇之无状，在未使时，已陈之，未见用耳！二十六日再议，且看何如？十八日夜。

《翁松禅家书》第二集

致翁奎孙函

约光绪五年(1879 年)

海州公集[①]他时尚拟重刻，已有函致士吉，此间尚有七八部。之善痫疾颇念之。鼎臣。瓶生。

未刊稿，苏州市博物馆藏

致翁曾荣函

光绪六年正月十六日(1880 年 2 月 25 日)

今遣一大车一打杂诣曾先生处取零件，明日适与夏、孙[②]在嵩云草堂[③]请客，曾师入馆未能陪，汝若能前来周旋最好。

① 指翁咸封《潜虚诗文集》。

② 指夏同善、孙家鼐。

③ 即松筠草堂。

再,要请俞师写欧阳运台信,崇如大兄大人五弟(愚弟)即日交来大妙,何老三求也。

《翁松禅家书》第二集

致翁曾荣函*

光绪六年二月初七日发(1880年3月17日)

天官坊事,可气,可气。海运撤,绅更无活路矣。德孙近日又不在家,恽①信来,请予明年八九月择吉期也。查万公②事极难措置,恩义不能两尽。虎官前列可嘉。漕事要见几。补药常服。菉卿。二月初七。叔字。

《翁松禅家书》第二集

致翁曾荣函

光绪六年二月十二日(1880年3月22日)

劬庵到京,得前函,具悉。新科尚未到,岂海口阻滞耶?连日无事。

西圣偶尔违和,自初二日起未出视事。近日已大愈,内廷诸臣日日诣阁(门)〔问〕起居也。《申报》亦得遍观,朔方无动静,筹饷则

---

* 是年正月二十八日翁同龢日记有"会奏查办尚书万青藜参案",二月初六日得荣侄庚子三号信。初七日写南信。"万案"查办已告结束,故说:"事极难措置,恩义不能两尽。"万氏系翁心存门生。

① 指翁安孙与阳湖恽杏耘女儿结婚事。

② 指查办吏部尚书万青藜被参劾一事。

尽于户部三条，征兵则当事者不愿令劲兵调往三省，如是而已。钱漱青目疾加甚，伊曾托代谋一席，此时实无可位置，便中告之，非不尽也。稚庵可闵，其家亦凋零。余三日牙龈忽肿，上下牙或垂或立，不能啖饭，并不能说话，却照旧当差办事，看来要化作癯仙矣。灯下尽此两纸，明日令弢夫发。二月十三日。叔字。

《翁松禅家书》第二集

致彭祖贤函

光绪六年四月初五日（1880 年 5 月 13 日）

芍庭四兄世大人阁下：自入璪闱，音信久缺。侧闻八驺已达鄂渚，鸣笳种柳，新政厘然，甚钦企也。即日伏惟动定纳福。弟以不才忽与春官之役，譬如拙棋，眼光在方罫以内。吾吴名士既多被黜，颂田亦复珠遗，仰愧师门，俯惭乡论。孱体且复不支。茀村一瞑可叹，其家事未得其详。前函所及皆至言，钦佩。镌刻迩事不复赘，私衷殊无涯也。灯前草草不尽，敬请勋安。弟同龢顿首。初五日。

《上海图书馆藏翁同龢未刊手稿》第 35—37 页

复汤伯述函

光绪六年七月二十日（1880 年 8 月 25 日）

伯述大弟足下：

三得手书，味腴来兼闻家事之详，区怀想益不能已。以伯述之贤，岂不知服官之不足疗饥，而决然求之者，度其中非言语所可喻矣。作事谋始，要须审慎。龢之疏拙偃蹇，百事放废，入其门而知其鸡豚之不理，遑敢为人谋。自遭国恤，志气益颓。进无所补，退则惛然，终日终夜尚未决去，为可愧叹，其状味腴能言之，不悉述也。平阶久病，其孤侄不能恤，已遣来京，上下六七口，支持不过。宪臣亟欲就微官，其弟年十六者跳荡，恐不可问。子澄一来即去，亦尝言及家事。古之人处宗族乡党皆有恒轨，亦吾辈所当自力也。湘湖地势平衍而深，得稍高处立穴为宜，卜有日，幸示告。京师酷热苦雨，秋气稍清，如释重负。味腴倜傥博物，惜知之者浅耳。因其行，略布近状。适有遵化之役，不尽觇缕。秋闱专望好音，切祝，切祝。附呈丽参、鹿角少许，海客所贻，未尝试也。七月二十日，兄翁同龢顿首。

未刊稿，苏州市博物馆藏

致翁曾荣函

光绪六年八月初四日（1880 年 9 月 8 日）

菉卿览：信稀，致熙电问，此平安无事也。邑子徐、丁今日行，次潇已发，俞眷初八行。吾下血止，肝略动。邸病又剧，驾数往而顷渐瘳矣。海棠、木瓜十四枚，漫寄。寄到分四枝章家角[1]。晨起，草草。八月四日。叔字。

《上海图书馆藏翁同龢未刊手稿》第 349—350 页

致翁安孙函

光绪六年九月初一日（1880 年 10 月 4 日）

范臬云一函即日交去，王信须查，来函填河南某县，昨一阅忘

① “章家角”代指翁同龢二姐旋华。

却也。家信一纸即封入。此谕德孙。

足趾麻木，时刺痛，是风象，手战不能作字，亦何闷，待其自漫。署中有凉篷否？南窗不开较好，纱窗徒收热气。推拿一次后究竟如何？若轻推似不至伤气。枫江热闹，过由自取，其留别诗盛称勋阀，何其陋也。松云才大，要当虚心。

《翁松禅家书》第二集

致吴鸿纶函

光绪六年九月二十八日（1880 年 10 月 31 日）

知无先生左右：

读近事，有一月之息，私怀悬悬。昨晤颂兄，知调卫向安，至为欣慰。江汉泠涟，武夫闲闲，绶带轻裘，顾瞻啸歌，况威惠久洽者乎！弟与参校之役，一月与郑盦[①]相周旋，正如三十年前情景。夜光按剑，吴下名流，遗漏不少，惭甚憾甚。海东一角，龙蛇所涎，推波助澜，陆沉后已，此吾腹背之疾也。齐民昏垫三策无功，抑亦可忧者已。

江南试录，竟无周子之名，令人慨叹。吾两家亦寂寂乃尔。吾与先生皆欲归而不得者也。青山红树，梦寐见之。灯下不尽百一，幸珍重不次。弟瓶生顿首。九月二十八日。

未刊稿，苏州市博物馆藏

① 指潘祖荫。

致翁曾荣函

光绪六年十月二十五日（1880 年 11 月 27 日）

鹿卿览：

南问久不至，仅从同乡问讯，知均平安。吾入此月来以移居为事，馀不足论，惟书帖必须亲捡。一日中趋公见客外，只有数刻之闲，而搬移拂拭，尘土满衣，其不寄书乃实无暇，非无意也。本月二十日移居新屋，新屋颇敞，客座宽而上房不多，因无两厢，一切零碎物件难堆也。若两房家眷尽可住东院。有湖石，有树木，待汝来下榻，以快吾意。汝头风尚未脱体，小青龙奏效，然不可常服，极悬念。汝妇黄瘦，趁冬令，当峻补。蒋君读书多，或胜它手耶？安孙仅写两纸来，欲速回常，吾作谕止之，且致书恽杏云，恳令留住养伊，既失学善病，能在衙斋静养，尚可挽回，一到家百病发矣。此议若不行，以后一切听之，吾亦不管矣。

杭州假官事，见于《申报》，腾于京师人之口，吾无颜对人，可叹，可叹。外事略有头绪，要紧各条，尚可商量，所难者，偿款增多耳！电报往返须二十日以数，书生谋九万里外之事，果能中乎？内直照常，昨大风沍寒，幸孱躯尚如去岁。马培之病风，卧不能起，亟思归，其术亦平平，不如程丽芬远甚，然丽芬不合而去矣。偷闲在直庐寒窗拈破笔冻墨，写此数语。珍重，珍重。十月二十五日午初。叔平。

《翁松禅家书》第二集

致翁斌孙函

光绪六年十月二十五日(1880 年 11 月 27 日)

退直接到十四日函,知安抵之,甚慰。此次由上海到家,船行五日,何其迟也。汝好娘臂痛渐止否?第一要寻快活,可将我语转致,馀均为我道念不一。二十五日灯下。

《翁氏家书》第十六册

致翁安孙函

光绪六年十一月初六日(1880 年 12 月 7 日)

曾师得十一月十九日家信,未提我家报无事也。汝心跳未止,念念。穷冬凄紧,汝年已长,当攀慕何如?示安孙。瓶老。

未刊稿,原件藏常熟市文管会

致翁斌孙函

光绪六年十一月十八日(1880 年 12 月 19 日)

付弢夫:

轮船已停,寄信益远,迩来何如?甚望之。我移居后尘事多,竟未知树石何状,以大厅东间作诵读处,退值闷坐而已。两宅皆好。留官渐欲语,我久不出城,汝叔间一来也。汝弟能向学否?汝率先教督,不患不从。昨梦见小於菟,因而南望慨然。

边事可戢,争得西汉一款。东南海中波涛未已,看天意何如。《申报》于此事全未理会耳。不一。均老。十一月十八日。

《翁氏家书》第十六册

致全泰盛轮船局函*

光绪六年十二月初二日(1881 年 1 月 1 日)

庚子二十二号内安要信,烦贵局寄至苏州常熟南门内板桥本宅,工部正堂翁平安信,菉卿四老爷收启。信资例给。瓶居士缄。光绪六年十二月初二日京师寄。

(由陆路发)

《翁文恭公手札》

致俞钟燮俞钟銮函

光绪六年十二月初四日(1881 年 1 月 3 日)

调卿、金门贤甥左右:

舟中一别,尘事万端,平生豪气消磨殆尽,无可言者。调卿诗笔有神,更研经史,以昌其气,万勿萌做官之想,长安不易居也。金门失偶,是大不得意事,切须调护,毋增堂上忧。吾辈读书大约置身事于度外,以为不屑,学子细思之,亦是一病,试问孰主张是乎?顽躯尚健,入此月来,徒觉摧绝,惟两甥喻此意。草草不及百一。敬颂堂上近安,并合宅安好。愚舅同龢手泐。

* 原件上盖有朱色“京都全泰盛轮船局”、“常熟全泰盛轮船局”印记。

十二月四日。

《松禅老人遗墨》卷下

致翁曾荣函

光绪六年十二月十四日(1881 年 1 月 13 日)

鹿卿侄：

连发各纤，计必达，惟愿病者遄喜，长者幼者皆得其序，庶吾族可兴乎！

岁晚百端交集，入直仍无少休，外事渐戢，六花渺然，至新年应酬之繁，预为惙惙，岁务更不必说矣。昨拜牛酥之赐，因交信局寄去。南望乡国，何日得在鸽峰云树之下。写此问合宅好，并新年吉庆。十二月十四日。叔字。

《翁松禅家书》第二集

致翁斌孙函*

光绪七年正月初七日(1881 年 2 月 5 日)

人日得腊四日函，此信在菉信前发，而到在后，何也？体中佳，甚慰。柴门不通人最妙。马医平常，不访亦得。鱼油久闻之，当问䌹堂。崇公之子久病，服仙鹤草一剂而愈也。吾此平平，精神非有馀，惯向难处走耳！拜□仆仆可厌。今日阴寒，明日辛祈，当敬奔

* “人日得腊四日函”……至“石梅”一段系据《翁同龢书札系年考》一书(第 101 页)内容增补。

走也。炳孙冒籍被攻，彼甚戚戚，吾以为福，今在城外散闷，白师初十开馆。宅中均安，勿系念。石梅祠门脱架，吾引以己过，数夕未安枕，中一层不如卸下，移置它处，否则气象逼塞，终非所宜，即揭瓦与卸下不悬殊也。汝意何如？湖桥田细思嫌其近河地薄，惟是净土可取，顶山等处恐无生地，曩尝□茧于此。浙信前已寄，想收到。南况我极知之，总须格外省俭，至嘱，至嘱。棻体大不如在京，可劝早出。义庄不成，此大干神怒者也，可与言及，不一。人日晚。

《翁氏家书》第十七册

致翁安孙函

光绪七年正月十一日（1881 年 2 月 9 日）

安孙览：

日昨得斌孙函，方以不得汝信为念，次日接汝禀，甚慰。冬至未发而嗽未止，不知薛[①]方果有效否？薛曾一晤，似甚于马培之等。若熟地当慎，汝固熟闻之矣。吾体平平，而意致颓然，过年毫无生趣。

铁〈路〉事了而日事棘手[②]，连日正在咨议，故前致汝伯笺写而未发。日使宍户玑已回国。

昨日汝妹归，甚健，其婿勤学端正，病亦全愈矣。汝能品评古籍尤好。若写六朝，则必须悬臂，笔势要长，否则局促，转嫌其俗，知之。汝母函亦览悉。汝其善养身体，尽孝道，馀不多及。正月十一日灯下。瓶老。

未刊稿，原件藏常熟市文管会

---

① 指薛福辰。

② 指中日有关琉球问题交涉。

复谭钟麟函

光绪七年正月十七日(1881 年 2 月 15 日)

文卿吾兄年世大人阁下:

手教叠至,而前函尚未复,非相知之深,必责其疏慢矣。然亦自懒散不敢辞也。自旌节莅浙,湖山晏然,一变其浮脆嚣凌之气,不独海防屹若长城也。北边之议稍收桑榆,费尽龙象之力,想亦有闻。倭事前议难改,大疏极透彻,今待湘阴(旦晚可到)决之。弟自客岁九月尝参末议也。孙辈豚犬不若,尚蒙赐馀闲一见,令人惭恧,它不足言。兼金之赠,谨拜受感谢之,孙、张[1]当分致。去岁除夕,念我子松[2],为之摧绝,其长郎善病可念也。同乡官浙者多,不免干请,置之而已。匆遽不尽百一。敬颂春禧并达谢悃。弟翁同龢顿首。正月十七日申初。

《翁松禅相国尺牍真迹》第五册

致翁曾桂函

光绪七年正月(1881 年 2 月)

闻昨日发热头疼,必受热触秽气所致,连日到此,能无劳顿乎?极念。服何药?现在何如?此问松侄。吾今日大愈,居然吃羊肉烧卖矣。

《上海图书馆藏翁同龢未刊手稿》第 591 页。

---

① 指孙毓汶、张丙炎。孙、张与翁同龢、谭钟麟均是会试同年。

② 指夏同善病逝江苏学政任上。

侄妇总未见愈[1]，忧悬万忡。王之医理，平昔未闻，此人孙小漪之婿，小漪夫人鼓病未痊。云条达肝木近有理，所虑本原过弱，清酒之药不是见功耳！许济川可请否？近闻有人服伊方见效。薛、马[2]二人中若要请，我能致之。

《上海图书馆藏翁同龢未刊手稿》，第604页

谕翁斌孙*

光绪七年二月初三日（1881年3月2日）

谕斌孙：

汝何日回家？恐皖行到处逗留，前令汝及早来京，乃要紧语。汝婶病已弥留，本月初二日午时溘然长逝，伤哉！贤孝之资，勤俭之行，汝叔失此内助，吾家少此贤媛，真不幸矣。丧事从俭，棺用十三圆，三七后出殡，在观音院约吊，附身之具，早经齐备。汝祖母老年睹此拂逆，本又多病，劝慰无从。汝叔一身内外，（遨）〔熬〕夜日久皆可虑，专望汝来帮助耳。五房现尚无子，今承重闱之命，以汝弟康孙为后，于情于礼皆合，信到即令成服。虽未能尽合麻绖之制，布素不许稍离。大家有礼制，乡里有公论，勿为旁人所不齿也。

吾方感冒发热，驰哭□，仍入城。此数月一切应酬皆不到，汝

---

① 翁曾桂妻于是年三月去世。

② 指薛福辰、马植轩。

* 光绪七年二月初三日翁同龢日记，是日翁氏并未写信。但函中标明写于二月初三日。此函可能写于此前，初四日翁同龢收到翁斌孙上月二十九日来函，“知（斌孙）已于十八日由皖回家”。初六日日记又有“写南信，明日发。六号”。据此推断此函虽写于“二月初三日”，但发出当在二月初六日。

亦然,馀再寄知。二月三日未正,瓶老。

《翁氏家书》第十六册

复翁曾荣函

光绪七年二月初八日(1881 年 3 月 7 日)

鹿卿览:

得正月二十六日函,知两宅皆安,甚慰。惟庚子一号信至今未到,来信云交庞劬庵,昨信又云电局发,想误记。汝体渐和,天晴日暖,或可出游,以摅怀抱。恩、虎试事不敢作妄想,但能逐队便算佳子弟矣。

南中近事略得其概,苛细为政之大戒,古人所以重安静之吏也,厉在州民不非大夫,慎言哉！巡粮履新,正值改章之始,一切掣肘,次侯不足道,即士吉一席亦难蝉联。闻吉之家事亦颇颠倒,乐志一房竟不能自立耶？可叹[1]。

《申报》亦常看,所论未尝无中肯者。朔方尚未露爪牙,海东所传,此间却无其说,顷问诸枢垣,然可意度,江乡人焉得安枕而卧。

当轴大半如来书所言,高阳虽出,亦狂人耳。户部筹饷八条多琐屑。至论将来,则主持者自有人在。荐举一节不深知,亦不敢保,不破格亦不得真材也。京寓均好。吾肝疾剧而能支持。安孙咳如旧,昨日出城视之,已出门去。德则故态又露,归期拟三月二十九启行。浦氏屋既定,余亦无说,未知汝能同居否？二孺子若无人朝夕看觑,其流极不可问,此门户大计,汝熟思之。恽信须敦促,

① 常熟周氏藏《翁松禅(同龢)家书》也刊有此函,在"可叹"之后尚有"南中近事,略得其概,苛细为政之大戒,古人所以重安静之吏也,厉在州民,不非大夫,慎言哉。"七句。

将其重闱年庚开来,即杏耘已起程,不妨致其郎君也。吉期本拟九月,适奎保嘉礼又在此月,只得另择。德官喜事明春办何如?吾日暮病多,欲令妾陆南去,或觅一侍者来此,此有深意,看命宫何如也。春寒,今日尚雪,馀未能详。此问合宅安好。二月八日。叔字。灯下眼花,须细看。

《翁松禅家书》第二集

致翁曾桂函

光绪七年二月初九日(1881 年 3 月 8 日)

[前缺]以脉证论,王君语非无因也。异功散内似有人参,其馀皆不记忆,能受补为妙,能进暖剂否?不敢遥度,亦不可依违也。切嘱切嘱,悬念之。[下缺]

《上海图书馆藏翁同龢未刊手稿》第 595 页

致翁曾桂函

光绪七年二月十一日(1881 年 3 月 10 日)

王君未来,极悬悬,此数日断不可停药。若须附桂、人参,急投之时不可失,即川椒亦可用,此吾之偏见,不敢信,务与王君酌,或将桂附为丸下。春分节近,可虑也。隔城信息稍滞,吾又匆忙,每闻信来即欲得病状。便泻最可怕,出汗亦然,每日皆请王君来一次,竟与约定不必去请。[下缺]

《上海图书馆藏翁同龢未刊手稿》第 593 页

致翁斌孙函

光绪七年二月十八日(1881 年 3 月 17 日)

示韬甫[①]:

得吴门舟次函,知皖行已果,成事不说,何日归里耶! 极念。京寓平平,汝五叔总不外转而复带已有期,汝叔母病体日重,始而感冒发烧,渐渐咳嗽不能起,近来饭食几于不进,投补剂则闷满,清凉则泻不止,吾欲劝服参附,汝叔不愿,百种耽误至此。药物固难,汝叔又不肯求医,汝祖母日日愁闷,目赤旧疾亦发,朝朝盼汝早来,不知汝行期已定否? 汝母能同来否? 恐春分节汝叔母不支,奈何,奈何? 去年年底,汝祖母即懊恨,以为汝不当远离,今情形如此,汝宜即部署起程,若再迟宕,便是忘亲。留儿屡屡发烧,曾再三请小儿科来诊,今稍愈矣。二月十八日灯下。瓶叟。

《翁氏家书》第十六册

致翁斌孙函

光绪七年二月二十七日(1881 年 3 月 26 日)

付斌孙:

前一函计达。轮船初通,各处皆得南信,而吾家独无,料皆忙碌所致。汝何时归里? 何日北行? 极盼切矣。

汝五婶病势日增,汝叔执定不用阳药,所延之医不过刑曹旧识,

① “韬甫”即弢夫,翁斌孙。

稍通显者不欲请，即名医应召者，渠皆不屑请也。连日进粥数匙，今则并水不进，顷有信来云神与躯离，恐有脱象，看来旦夕不得过，命也夫。汝祖母本已愁烦，若遭此逆境，极可虑，入春头眩多汗，欲请到城寓暂住而不能来，此境可想。汝接前信定已布置起程，惟期速，益加速，奉母北来，庶几慰高堂悬盼，尽长孙职份，切嘱，切嘱。

吾因病榻不安，日日出城看视，然退食已在未正，适有官事，乌能分身？且身非铁，不亦受不起如此奔驰也。一切事粗已布置，汝叔[①]竟不外放，亦是运气为之。京师亢旱，外事已定，日亦不致起波，《申报》所说十得四五。连夜作此函，令汝知之。馀俟续寄。此问合宅安好。三月二十七日初上灯时。瓶老。

未刊稿，原件藏常熟市文管会

致翁斌孙函

光绪七年二月二十八日（1881 年 3 月 27 日）

斌孙览：

今日汝五叔蒙恩放湖南衡州府知府，潇湘之地吾家从此发迹倘继耶！明日谢恩。衡州距省四程，由汉口抵省，风便不过六日耳！以轮船由家到彼约二十日，不为远，但汝祖母年高，能否跋涉未可定。汝婶毫无转机，姑以清润投之，闻此喜音，或者可起，然已难哉！顷退直须出城，草之付汝知之。即问合家好，尤盼汝即来，以便汝叔登程也。二月二十八日未正。瓶老。

未刊稿，原件藏常熟市文管会

① 指翁曾桂。

致翁斌孙函

光绪七年三月初二日(1881 年 3 月 31 日)

安孙愈否？王君若无奇药即不服之,否则静养,不须服药矣。今日雨凉,吾乍觉凉,已鼻塞矣。一切谨慎,明日出城看汝。初二日。

未刊稿,原件藏常熟市文管会

致翁曾桂二函

光绪七年二月(1881 年 3 月)

[前缺]徐季和处似需马,拟以老青马赠之,便中函询。从前腰刀一柄,记在堆房,可寻出。否则恐遗失。此物虽无用,然传家佩刀勿失,我拟一看,亦不带出门也。[下缺]

[前缺]昨晚得眠否？稍进食饮否？凉药至黄莲,可谓重矣。若再不效,奈何？腹泻究宜防。颂阁云解人参须用生栗子壳煎汤饮之,不伤胃也。汝宜抽空将息。[下缺]

《上海图书馆藏翁同龢未刊手稿》第 605 页、611 页

致翁曾荣函

光绪七年三月初五日(1881 年 4 月 3 日)

潘处寿礼立即送还。以后有如此者,不必送城,概行缴回,切切。会亲一事,前已面求印若师代辞,务再申说此意,君子当以礼

处人也。

《翁松禅家书》第二集

致翁曾荣函

光绪七年三月初六日(1881 年 4 月 4 日)

京师人计轮船来为南鸿准信,吾独杳然,何也?汝体如何?安孙如何?合家如何?一一烦悬挂。斌孙归未?前信趣之北行,实出无奈,今病者旦夕不保,医药又偏执,此皆命也,详与斌信中。

数十年来,忧患时多,安乐时少,默观家运,如秋深木叶,行即凋疏。吾以薄德,忝窃高位,究非福基。欲竭力培养而力有几何?欲痛自修省而志气日惰,此意惟汝知之耳!城寓屋多人多,局面渐宽,增累日重,必无了结。欲退则势所不能,故常默默思索,又恐思索无益,则以书画自溷而已。

日事馀波未平,料无大动,太冲粗豪,其锋芒足以振起颓懦。西圣日安而不免进退,此两日又腹泄气弱。职事平平,吾体渐不耐劳,吾更必呻吟数四乃起,此向来所无也。此间合宅安好,并愿屡发信,一二纸即足,不必累牍。

《瓶庐文钞》卷六

致翁曾荣函

光绪七年三月初七日(1881 年 4 月 5 日)

余尝见世人学佛者皆愿生极乐世界,极乐世界安在哉?如侄清心寡欲,澹然无求,一出火宅即是清凉山,一离苦海便是极乐国,何苦效禅门诵经求之于形迹间也。菉侄览。叔字。

《翁松禅相国家书》

致恽祖翼函

光绪七年三月初九日(1881年4月7日)

知无先生左右:南行后日盼音书,嗣从夔老[①]处得见手翰,始悉陆行阻滞,未归吴门,即溯江而上。今复奉来教,伏审起居清安,修筑堤圩是第一切要事,其保全实多。荒政大段已举,仁人在位,必无莩饥,窃为斯民幸。弟以不才忝窃至此,恒里竭股肱之力以答圣明,内值劝讲日有进益。而秋曹事则棼如散丝,虽每日到署,徒劳无补,自揣精力已衰,数年后倘得乞身归田,相从于天平、邓尉间,岂非幸耶!子松畏友,今在天末,令人惆怅。子京入莲幕,相得甚欢。仆辈得蒙豢养,极感。春雨何如?麦苗何如?专复,敬请勋安不一。弟笙谐顿首。三月九日。舍亲许倅既获长差,伏望随时陶铸幸甚。子京[②]函乞转致。

《上海图书馆藏翁同龢未刊手稿》第91—93页

致翁曾桂函

光绪七年三月初九日(1881年4月7日)

昨函语皆切当,门对应刮。造办处屋乃贴近慈宁宫,可以休

① 指王文韶。

② 指周子京。

息,奉移后须另觅左近住处,劳费为难也。仆人不得力,姑不添。若有人,留意可耳! 日睡稍好,勿念[①]。

《上海图书馆藏翁同龢未刊手稿》第 598 页

致翁斌孙函*

光绪七年四月初三日(1881 年 4 月 30 日)

喉疼稍愈,极慰,好调息,昨日我不知也。我今日已愈,勿念。雨后时症当减,一切总宜慎重。

《翁氏家书》第十六册

致翁斌孙函**

光绪七年四月初四日(1881 年 5 月 1 日)

与国子〈监〉诸公不能见面何也? 盖本监值日之期皆遇亲诣观德殿之期,间七日一次。同人亦绝不到朝房,我则是日早晨必在观德执事也。与同人商而不见面,奈何?

《翁氏家书》第十六册

---

① 此事指慈安太后去世后,翁同龢奉旨办理丧仪,需觅一处作休息之所。

* 光绪七年四月初三日日记有:"昨日斌孙喉痛发热,延庞姓用吹药,今日稍愈。"但函中又说"昨日我不知也"。互相矛盾。存疑。

** 此函缺首尾,从内容推断似寄翁斌孙的。

致李玉舟等函*

光绪七年四月十一日(1881 年 5 月 8 日)

印若竟死,奈何,奈何,惨哉！身后一切,友朋之责,乞诸兄作速料理,敛以时服,棺用十三圆。城外较好,但须由海岱门入。尤难者,伊寓无人,必须有人细细检点,将其遗箧收好,敛后即遣为要。弟实无暇,有负死生,敬与诸公商之。玉舟、又兰、絅堂三兄大人左右。同龢顿首。十一日寅刻。

《翁常熟手札》第三集

致翁斌孙函

光绪七年四月十七日(1881 年 5 月 14 日)

南信阅过即交去,各处可如此办理,不过到字而执计其数耶！顷始出班,上屋小,热极,著单衣也。

知单拟写十二,平生未识,不能再多。明日当问明伯寅再写,此单是叔涛亲送否？今日汪子常①当为一提,我服公方不甚投,连日亦未见效。

《翁氏家书》第十六册

---

* 这是致李玉舟、俞佑莱、庞絅堂三人的信。

① 汪子常,即汪守正,山西阳曲人,奉旨来京为慈禧治病。"知单拟写十二"指"苏州壬子同年吴祝三赓熙身后帮份写十二金。"

致翁斌孙函*

光绪七年四月二十三日(1881 年 5 月 20 日)

汝祖母昨归不乏,甚慰,甚慰。《通考》此间无之,归家再寻。对联恐今日不能写,昨夜肝气发作也。明日初次入直,极兢兢。二十三日午正。沙滩寓。

《翁氏家书》第十六册

致周原祁函**

光绪七年五月二十日(1881 年 6 月 16 日)

子京先生仁兄大人阁下:

手教粲然,如亲玉屑,欣慰,欣慰!黄鹤再来,山川不改,侧想高致,感叹深之。同龢日夕阏殿旁,麻衣攀伏而职事衮衮不得闲。赁屋有奇石沉薶于蒙丛落薜之中,无人拂拭。舍侄曾纯辈久卧乡间,大侄孙考荫,签分水曹,旋即告归,而安孙剧病恐不起,衰族如此,阁下知之,亦为余长叹也。同龢薄祐奇穷,世人所不信,独阁下信之耳!雨人匆匆一面,孤贫自立之士,昨与彭中丞函及之,它日

---

* 光绪七年四月二十二日日记有“夜发肝气”、“三嫂来城,斌孙从,傍晚始登车”记载。

** 此函后有郑孝胥跋尾:“赣榆周子京先生维都有学行,其乡人私谥曰‘端简先生’,常熟翁相国与之雅,故往来书札甚多。二子为邑诸生,皆先卒。先生殁,孙幼,书籍颇散失。许久香同年之子亦飞世兄借得翁函数十通将以付印,为余述端简之略如此。常熟为余己丑考中书之座主,然生平才一面耳。孝胥丙辰六月。”

当申言之。承索戴公所书墓铭，一时未能寻检。拙书何足道，然无暇落笔，且俟再寄。词甫、松云及勉斋诸君，晤时乞道意。迫夜草草，聊当晤谈，即颂起居万福不一。弟同龢顿首。五月廿日。

先祖母张太夫人墓铭拓本捡得一份，谨寄呈。

《翁松禅墨迹》第三册

致翁斌孙函*

光绪七年五月二十一日(1881年6月17日)

留官全愈否？极念。乍热格外慎重。我此支持，亦颇畏暑也。晚祭后实在无暇出城，如何？

《翁氏家书》第十六册

致奕譞函

光绪七年六月初六日(1881年7月1日)

[前缺]再呈，今将下函附上。此间尚有别本可查也。河议真不急之务，左相出都时尝与论及，不以为然。馀面陈不次。敬请崇安。翁同龢谨启。初六日。

《上海图书馆藏翁同龢未刊手稿》第488页。

[前缺]顷与同官论事，曛黑始归，使者久候矣。西法所测自当精确，若指勾陈，则入紫微垣矣。星图重排一过，上册仅两叶失次，

* 翁同龢光绪七年五月二十一日日记载有观德殿致祭慈安太后事。言“直庐不堪烦热，拟迁于后院矣。”

下册颠倒，已拆开书次第于叶角矣。上册乃北极，下册乃南极，就南北之中划分两图，故丰貌芸异耳！《开元占经》二册仍呈上。水星如伏不见，即系所化，旧说如此，似闻占验家言七月恐有大水，果尔，犹无害。连日忧悬，忝窃厚禄，无以自解也。专复。敬请夕安。星图二册，原测一纸并缴上。翁同龢谨启。六日戌正。

《上海图书馆藏翁同龢未刊手稿》第488—491页

呈奕譞文

光绪七年六月十三日(1881年7月8日)

呈醇亲王奕譞有关同文馆所测彗星情形文字：同文馆所测十二日子正坐六甲，光过四辅，尾指勾陈二、三星之间，光芒比前较减。十三日仍坐六甲，尾正指勾陈第三星，长阔较初旬减三分之一。又云十七日此星当隐。司天之图画：初一所见光芒以下逐日就芒指处升高。十一日坐于六甲，引《观象玩占》曰：除旧布新，有德者昌，无德者亡。引《宋史·天文志》曰：女主出政令。又引《观象玩占》曰：天子废图史。

《上海图书馆藏翁同龢未刊手稿》第492页

致翁斌孙函*

光绪七年六月十四日(1881年7月9日)

生女亦可喜，天暑产母宜慎。昨日竟未出城，数日亦恐无暇

* 光绪七年六月十二日，翁同龢日记载："是日寅时斌孙举一女，均平安。""长星未隐"是指是月出现彗星，十六日日记有"星象未警"语。

也。长星未隐，主者纷纭，覃处宜一候。十四日。

《翁氏家书》第十六册

致陆润庠函

光绪七年七月初一日（1881 年 7 月 26 日）

一昨失迎，甚歉。任君[1]堂额，劣腕难胜，只益丑拙耳。其两集拜领。前托购许学丛书[2]系友人所觅，当奉价也。复上凤石吾兄大人。弟同龢顿首。

《上海图书馆藏翁同龢未刊手稿》第 113—114 页

致孙家鼐函

光绪七年七月初三日（1881 年 7 月 28 日）

昨大热，热已汗，汗收热却未止，起坐畏风声也。一日不入，铜笔套六枚、格子一卷，乞携入。一切偏劳，感谢，感谢。同龢顿首。燮翁[3]五兄。初三寅正。腾翁[4]均此。

《上海图书馆藏翁同龢未刊手稿》第 63 页

---

① 指任道镕。

② 指许慎丛书。

③ 指孙家鼐。

④ 指张子腾。

致翁斌孙函*

光绪七年七月初五日(1881 年 7 月 30 日)

先龛拟供奉佛堂,因小有修葺,须初九十也。遗书柜,慎之又慎;目录一册,度难寻觅,置之可也。炎暑如何?今日住班甚苦。初七仍有书房,恐难出城。初五。

《翁氏家书》第十六册

致刘秉璋函

光绪七年七月十四日(1881 年 8 月 16 日)

仲良仁兄世大人阁下:

人来奉手教,伏闻起居胜常,至以为慰。大疏虽未得遍读,其一二可见,固已洞澈本计,举此后数十年时局隐括于尺幅之中,渊乎懿哉!博大深远之谋也。交代积欠,厘剔至数十万,如此精力,四海能有几人?公其自力荆楚三川相需久矣,滇边无食,几于无可腾挪,不得不于浙敦趣浙之,告匮亦众所稔知,然舍此别无可改,踌躇仰屋,中外同之,当深谅也。燮兄安健,颂老亦数相聚,百诗学力冠绝一时,其钦服于公者甚至。冗中不尽百一,敬颂时安。世小弟翁同龢顿首。三月十八日。

敬璧。

---

* 此函似应书于光绪七年七月初五日。七月十三日日记有:"将遗书八箧位置大厅西间,始奉先人神龛于东阁,叩头凄怆,盖此身飘泊未知所届也。"

尊称[①]。

《翁松禅墨迹》第四集

致俞钟颖函

光绪七年七月二十八日(1881 年 8 月 22 日)

奉恳者:

江苏海运保举之案(近数年)闻已更正到部,乞查舍侄士吉教官尽先一层有无不合例之处,千万,千万。敬颂佑澜仁兄老夫子大人日安。茂如小恙愈否?同仁堂有如意金发散可敷痄腮。弟同龢。二十八日寅初。

《翁常熟手札》第三册

致翁斌孙函

光绪七年闰七月初三日(1881 年 8 月 27 日)

知斌归,甚慰,固疑雨后河决,连日到童兼尹[②]家问,云不知也。今日万勿来,切须将息数日。初六日当约杨受华、叶茂如、俞调卿饭,汝可来陪之。告切切便衣,若衣冠则我为失礼。饬李顺即来此。初三[③]。

《翁氏家书》第十六册

① 函后附有谭泽闿所书小记:"右常熟致庐江刘文壮手札,有文壮题签曰'锦鳞集',殆尔时手自编弃者,集中所存皆文壮督川时,常熟所寄书,意其全帙,犹不止此也。癸丑在沪上收得之,今将影印,因记其后。丁巳小雪日,泽闿。"

② 指童华,时以左都御史兼顺天府尹。

③ 光绪七年六月初五日日记载:是日翁同龢并未宴请杨受华,只是拜访。只有"饬俞调卿,由翁斌孙作陪"记载。

致俞钟燮函

光绪七年闰七月初五日(1881 年 8 月 29 日)

昨日灯下写李诗,气郁不舒,支懒可笑。今并两纸送去。归途珍重,此别惘然。调卿吾甥。龢顿首。己酉拔贡齿录谅已收到。

《翁文恭公手札》

致俞钟銮函

光绪七年闰七月初六日(1881 年 8 月 30 日)

金门贤甥足下:

与调卿相聚数月,稍慰远怀。得子最可喜,庶几高堂一笑也。每展来函,尝勉我所不逮。老舅中年失[①],既无成,尝欲委蛇闵默,待数年后可言可行,□时为之,羸病恐不及待。调卿归,忽忽作此,意中事非笔端所达,敬请堂上福安,问合宅好。舅氏同龢顿首。闰月初六日。

《翁松禅手札》第八册

---

① 据《翁同龢书札系年考》一书第 233 页说,以下应为"失父兄之教,则求之于师友,则又求之于英俊诸贤豪。甥能如此,此吾所以尤喜也。近体如何?勿过刻苦。明年若来下榻吾斋,岂非乐事。苏子早逝孤寡,赖甥看觑。吾欲致薄少,而迟不能,岂非忘之也。潘君虽未识面,颇重其人,奈何亦遽(雕)〔凋〕丧,叹,可叹。愚舅学。"

致翁斌孙函*

光绪七年闰七月十七日(1881 年 9 月 10 日)

孙五兄来看,可开门,惟云就壁橱最好。我拟令两打更住小楼下,仍令以米,惟西院南房不如此,恐于大局不可也。

《翁氏家书》第十六册

致翁斌孙函

光绪七年闰七月二十四日(1881 年 9 月 17 日)

福山塘事,庞氏兄弟可来一商,我二十六日四点钟二刻候其来也。杨件可交去,要信三件,裕、姚、仉乞俞师写出,实在限期太促。并致意,百忙中挥毫,不得不坏,且灯下只作二行,已疲乏欲死条幅,幸谅之。官事凡行文知照,例须径到官所,岂能悬空行文,又将箱只拉到私寓之理!此等事真琐屑为难也。明日当商,令将祭器径送太学,说明箱系借用,腾空后当交还,未之何如耳!价则为王益吾①尽数发商,现在太学尚无一钱也。

《翁氏家书》第十六册

---

* 光绪七年闰七月初二日翁同龢日记,记黄恕皆堂侄孙黄在申来京,翁同龢与之商量购买黄屋一事、黄恕皆自外任浙江学政后再也未回京,最后将京师住房售于翁同龢。孙家鼐也因居室狭窄,也借此机会一同察看黄屋,故函中有"赵伯远来,约孙五兄(指孙家鼐)来看西屋"之事。

① 即王先谦。是日日记有"杨受华来辞行,夜为受华写字,俗事如山,又不能支"句。

致朱逌然函

光绪七年九月二十日(1881 年 11 月 11 日)

肯甫贤弟同年阁下：

别后怀想甚深。蜀人来，备闻政教之美，陋规一裁再裁，公门桃李洒然，有苏息之庆，钦仰匪言可喻。隆馈出于至交，不敢却，感愧感愧。轺车留驻，必如是而后成绩可睹，私衷尤欣慰也。大令郎足疾未尽除，未审堪此远涉否？若暂留南中，为计亦得。入冬江行安稳，眷聚到时庶可释两地悬悬耳。同龢多病早衰，壮志销尽。窃观鹓行中，如右樵、漱兰、伯潜确有实际，孝达在晋数年，无此好官。阁下风力与诸君相颉颃，然则所望于阁下者，岂有昵耶？都下言语纷纭，长星屡见，深可儆虑。子腾近体甚健，冗中不多谈，敬颂日安，惟以时珍重不一。兄同龢顿首，九月二十日。

《上海图书馆藏翁同龢未刊手稿》第 277—282 页

致俞钟颖函

光绪七年九月二十四日(1881 年 11 月 15 日)

葆史如此，令人惊惋。吾苦不得暇，汝与友兰并宝商诸君，妥为料理，棺须四十两，不必头号，要做得轻灵。石灰、炭屑、棉被褥要装得紧，其费吾当代筹也。其室中人问明去留，再为料理。

秋风毰毸，无计攀留，□肩庭闱，胜于做官，惟愿及早入都门耳。贱躯孱病，惮于奔走。戋戋将意，幸勿却。佑莱仁兄老夫子大人。弟同龢顿首。廿四日。

《翁常熟手札》第三册

致赵曾重函

光绪七年十月初七日（1881 年 11 月 28 日）

久未晤，想著作精勤。兄近来事繁，意思殊劣。欲寄萧山汤府[1]三十金，乞转寄，感甚感甚。伯远大弟大人。兄同龢顿首。初七日。

《上海图书馆藏翁同龢未刊手稿》第 319 页

致奕谖函

光绪七年十月十二日（1881 年 12 月 3 日）

［前缺］晨起读手谕，敬悉一切。星次高，光色不定，前两日喧传昼见于北方，同人中亦有见之者。垂象如此，可不惧哉！同龢为职事所苦，日欲趋前而不得，今日又系值宿，巳午间诣彼接班也。然十五日前必当晋谒，有所陈说，请以幅巾见可乎？《开元占经》刊本不难致，似不必付钞胥，俟觅得再呈，今将下函附上，此间尚有刻本可查也。河议真不急之务，左相出都时尝与论及，不以为然，馀面陈不次。敬请崇安。翁同龢谨启。十二日。

《上海图书馆藏翁同龢未刊手稿》第 486—488 页

---

① 指同龢岳父汤修家。

致翁曾荣函

光绪七年十月二十五日(1881 年 12 月 16 日)

十月望五更送七保登车,日昨大风寒凝,窃谓此十日内可无风,则归航抵沪矣。老年看人归则艳羡,我于子姓每悬情于舟车寒暖间,不知彼亦悬悬我否也。日照西厢,菊花多干。适得麓台画,展玩数四,忘羁客之况,渺然如在湖山间也。

《瓶庐文钞》卷六

致周原祁函

光绪七年十一月十八日(1882 年 1 月 7 日)

子京仁兄大人阁下:

手教至,得闻动止之详,极慰驰想。府事清暇,时复下帷,老骥蹑云,令人钦企,明年当扫榻以待也。弟霜鬓日增,可怀俱尽,词甫老苍可敬,菘云遂有鹡令之戚,可叹也。幕府主宾相得,最是乐事。灯下数字,草草不次。即颂时安!弟翁同龢顿首。十一月十八日。

《翁松禅墨迹》第三册

致翁斌孙函

光绪七年十一月二十六日(1882 年 1 月 15 日)

弢夫览:

一月未得汝函,盼望不可言。昨接菉卿冬至后二日函,平安为慰。苏州之行果否？马医阅历多，学问亦好，汝应知之。吾此平安，宅中无事，打更添人尚勤，仆辈懒，尚安静。吕升来此，看其人耽酒好事，若明年遣令接汝可用否？来信告知。衡州十月杪信，皆好。许事须数日内当先付大半。黄介夫荒唐，衡信详言之。屋议且罢，吾借得广宅票三千，认息每月十两，无谓可笑，且虑恒利或有动摇也，至无聊赖。忙中买得石田游宜兴石洞诗画卷，把玩数日，为之破颜，可见衡山家报卷亦清妙。宋拓玉枕兰亭□□上堂夏□新得。又王园照画册十八叶价昂，看看而已。南厨于见清蒸鸭，鸭黑；煨翅，翅焦；大约煤火不惯用之耶！云有处□，连声诺诺，可笑也。连日阴而不雪，□□□五分，其旱可知。白师连日出城，未喻其故，二稚尚怕我。（景官昨夜言房□服大襟为火烧焦，幸先生用□水覆灭。）七保考翰试未出案，另与同考者租小寓，亦有得我照料也。（费二十四两，杂费在外）伯述亦去，费我周旋。直庐拥炉写此数行，不尽能〈所〉言。腊月初十日巳刻。老瓶[①]。

《翁氏家书》第十六册

致翁曾荣函

光绪七年十二月初八日（1882 年 1 月 27 日）

鹿卿览省：

来函知近体佳，各宅安，甚慰。汝妇病湿渐瘥否？若服暖药见效当速，鱼肚得力则竟常吃。吾吃粥两月似亦佳，今却间断。

---

① 见《翁同龢书札系年考》第 92 页。

京中无冬雪而过暖，春气发动，当慎防之。凡百如常。内直极顺手，公事不甚多，较刑、户两曹大简，京察过堂，工部一等缺一人也。言官纷纷，稍近期击，万公事①牵及季子，其实未确，万当退不退，致有此诬耳。

合寓平安，岁晚多感触，幸斌来助我不少，要当扩充培养成就此材。衡州已到任，盼其为好官。士吉何如？吾欲寄三十而未果，迟早必践言。金门必吾意致劝，且少用功，千钧之体外，此皆鸿毛也。此问合宅好。腊八日灯下。叔字。

《翁松禅墨迹》第二册

致赵宗镇函*

光绪七年十二月二十五日（1882 年 2 月 13 日）

星邮遥隔，笺候久疏，逖听新猷，时怀旧雨。辰维芝庭仁兄世大人：夙怀风节，久播循声。当讼庭花落之时，正琐院槐黄之际。甘棠惠泽，生彼福人；桃李新阴，定多佳士。龙门誉着，莺谷诗赓。翘企裔晖，益深洄溯。弟谬依温室，常凛冰渊，抚兹牧马之司，益切悬貆之惧，所幸公私平顺，尚堪告慰绮怀。承惠廉泉，不敢拜赐，官斋清况，乃所稔知。对使敬缴，即祈捡入。专泐奉谢，即颂升安，诸惟融照不次。世愚弟翁同龢顿首。

《上海图书馆藏翁同龢未刊手稿》第 173—174 页

---

① 指吏部尚书万青藜被参一事。万氏为翁心存门生。

* 赵宗镇，字芝庭，曾为刑部都司。疑是同龢当年在刑部江西司供职时的旧雨，具体事迹不详。

致兴廉函

光绪八年二月初十日（1882 年 3 月 28 日）

尊体如何？闻须稍憩，甚善，甚善。宝、延已安者未便再看，未安者须饬作速检点妥协，不日当派司员会同查验。东华门匾是铜是木，言者不一，亦当见一分晓。午门匾则犹未上，宜查验也。两浑。

《清代名人墨迹》

致潘祖荫函

光绪八年三月初十日（1882 年 4 月 27 日）

数见子禾[①]丈，知尊公左臂屈伸如常矣，惟腿尚未得力，极欲驰晤而退直甚迟，春分后孱体颓然，益不支矣。原方更动否？要宜会通，未可墨守。近思饮酒否？乞示。伯寅大兄世讲足下。同龢顿首。初十日。

《昭代名人尺牍小传续集》卷二十一

致翁曾桂函*

光绪八年六月十七日（1882 年 7 月 31 日）

酷暑如此，老人岂可登程，七月初可也。产妇想安，可放冰块

---

① 即祁世长。

* 老人指翁同书夫人钱氏，翁曾桂之母。寿官即翁斌孙。“行百日礼则须十八日到此一宿”，指慈安太后去世百天，翁同龢是月十八日日记有“斌孙来城，拟明日同诣观德殿行礼”。可知行礼在十九日。十九日日记：“寅正上至，二刻行百日礼。”

于室，寿官如要行百日礼，则须十八到此一宿。昨夜屡起，小屋无处可纳凉也。十七日清晨直庐。

《翁氏家书》第十六册

致翁曾荣函

光绪八年九月十一日（1882 年 10 月 22 日）

长星见柳张之次，光焰可怕。八月二十五午未间喧传坠一星有声。

报销事参劾不已，恭邸以疾在告，皆近事也。报销案[①]派问，且俟崔[②]等到再说。太原岌岌，盖汉口一店本滋物议哉！余等居官只图干净，穷死不怕，即如三库差事最赔垫、最辛苦之事，每月须到三次，每次坐三个时辰，夏臭而冬严凝，且担忧库中弊不能查，六堂不能会齐，最难，最难！尚有不知者曰得此差当稍过得。噫，若此处得分文，讲甚操守耶？一笑而已。

《瓶庐文钞》卷六

致翁斌孙函

光绪八年九月十九日（1882 年 10 月 30 日）

汉三保案必招物议，与其说后撤销，何如翠羽之稳乎？原单具

---

① 指翁同龢奉旨与惇亲王一起查办云南军费报销舞弊案。

② 云南督粮道、后路粮台总办崔允彝。

在可按也。勿谓今日未说,他日后悔。斌览。

《翁氏家书》第十六册

致童华函

光绪八年九月(1882 年 10 月)

名画清词定是传作,捧诵增感,但不知贱子何以克承耳!经策拟刻南元,俸米稍迟同领,晚间拟走谒。老前辈大人尊右。晚同龢谨上。

《清代名人手札甲集》

致恽祖翼函

光绪八年九月二十四日(1882 年 11 月 4 日)

知无先生阁下:

手教缺然,久未报,歉何可言。即日伏惟起居曼福。文场甫毕,接办武闱,贤劳可想。汉堤小决,秋成尚得中中,米价仍贱,民气安闲,皆极慰意。新关彻底,川鹾照常,目前当无复喧聒。此间言语纷纭,不佞迂生亦在闹局中,殊无谓,况水衡亦有牵连乎!长星爚爚,当主河祥,东事粗了,后来尚难措置。左藏暂充未可恃,水患若此,赋将安出?尊府应北闱,试者皆落,而南闱得两俊,粗可慰,敝族则寂然矣。子京小叙四十日,匆匆别去,今复失意,奈何?奈何?不佞近状,问子京可悉,亦复抑郁如驽马伏枥也。馀详他幅不一。敬颂日安。瓶居士顿首谨上。九月二十四日灯下。

再启者:吾两人交谊众所夙知,故求书者委积数十件,今择最急者陈之。舍舅汤伯述,江苏候补同知,其为人倜傥,能古文,尤能为奇洒语,如皇甫持正一流。如湖北志局正可任分纂之役,但示以体例,即不至以藻绩见长,试问之王黻卿,可知其为人也。如允则寄书甚易,轮船通时,一月可往还。伊得此一份薪水,当不至抱壁而枯矣。萧山与君家数世旧好,乞一拯之。其馀持函而往者,记不清是何人,一笑置之而已。瓶生再行。

未刊稿,苏州市博物馆藏

致周原祁函

光绪八年十月初六日(1882年11月16日)

子京先生仁兄阁下:

九秋之别,悠悠我思,侧想舟东,亦云劳顿矣。贤者处世如龙骧凤游,岂恋此区区鸡肋微名哉?此不足道。溯江抵鄂,当在此月初,睢睢盱盱,度已歊释张弛之宜,随地易等,轻裘缓带中少纡筹策而已。弟同龢碌碌如曩时,入冬脚力粗胜,其他可不谈。士吉南归,甚憔悴也。知无翁不及奉书,轂轂籍籍乞告之。专颂道安不一。弟龢顿首。十月六日二鼓。

《翁松禅墨迹》第三册

致陆润庠函

光绪八年十月初九日(1882年11月19日)

检书皆诸兄偏劳,愧悚无量。承示乾甫代作两函,拟用泽生[①],

① 疑指裕泽生,即裕宽。

若远翁[①]则未曾通信也。不一。凤石吾兄大人。弟龢顿首。初九日。

《上海图书馆藏翁同龢未刊手稿》第112页

致翁斌孙函

光绪九年正月初四日(1883年2月11日)

弢夫览:

日昨数行谅达。夜来不寐,思万事以立志为先,志既立,三军不能夺,于国则悃款朴忠不可作息肩想,于家则勤俭公溥不可有畛域见。第一戒逸,逸则万事隳矣。其它空谈妙谛,涉猎辞章,皆是自欺而已。此意与汝共勉,与恩、虎共勉。继起有人,皇天眷佑也。正月四日。瓶叟。

《翁氏家书》第十七册

致阎敬铭函

光绪九年正月十一日(1883年2月18日)

孙燮臣[②]送来尊集四经,嘱承缴。伏见政事之暇,覃思经训,后学小生,对之流汗矣。《易》、《书》二刻凡例极佳,当出公手。蒋刻《诗经》,首行似当,云许氏名物钞罗氏音释。韩文一得似沿茅储馀派,然可熹者多,拟别写一本,迟日再缴也。敝藏缺六卷者,仅于此选中补六篇而已。集字连珠,辞意古秀,已装册。敬谢不次。中堂

① 疑指赵伯远。

② 即孙家鼐。

钧席。同龢顿首上记。正月十一日。

《翁松禅相国尺牍真迹》第三册

致吴鸿纶函

光绪九年二月二十一日(1883 年 3 月 29 日)

儒钦三兄阁下：

诵手教并新诗快慰。弟不学无术,坐致高位,常恐陨越,贻羞先人。兄平生畏友,奈何不直攻吾短而反而揄扬之乎！金门苦志进德,少年中罕见,时时从长者游,甚慰。孱体支持,幸勿悬系,一切努力珍重不已。弟同龢顿首。二月二十一日晡时。

《翁松禅(同龢)手札》第八册

致阎敬铭函

光绪九年二月二十一日(1883 年 3 月 29 日)

今日所论已由夔兄面谈。愚意省份以东、直为重,鄂、皖次之,江左右尚轻,款项至多每省四万,或由四成洋税,或由川淮盐厘。德音沛然,当竭力赞成,尤不可不慎重也。二十一。

《翁松禅相国尺牍真迹》第三册

致阎敬铭函

光绪九年三月十一日(1883 年 4 月 17 日)

匆匆奉教,未尽所怀。顷所画三件,欲得草稿一阅,即刻奉还。

新凉,千万珍重。名另具。

《翁松禅相国尺牍真迹》第三册

致阎敬铭函

光绪九年三月十二日(1883 年 4 月 18 日)

今日游公①一疏为山东河工筹长策,已有旨交户、工二部速议。游公意在徒骇、马颊两河分减,且谓筑长堤不如修缕堤之为得计。侍于河事一无所知。前此两议大抵谓分减宜慎重,而未尝为决断之辞。今溃决频闻,亦甚虑长堤之难恃,民命至重,帑项至重,夙夜忧迫,将何以谈此灾乎?黑晚走谒面商。先此奉致丹初老前辈大人尊前。侍同龢谨上。十二日。

《翁松禅相国尺牍真迹》第一集

致阎敬铭函

光绪九年三月十七日(1883 年 4 月 23 日)

前示潘议与陈疏大不同。潘主束水,陈主分水,惟堵十四户正同耳。九十万恐难筹,冬官亦未敢主其说,尚求老前辈切实指示,拨款纷来,想见仰屋之苦。侧闻轮台之师遣归者旋复还集,而协饷十不至五,哗溃可虑,奈何,奈何!丹初老前辈大人尊右。侍同龢上。十七日。

《翁松禅相国尺牍真迹》第四册

---

① 指游百川。

致阎敬铭函

光绪九年三月二十一日(1883 年 4 月 27 日)

前有议复东抚黄河事宜摺,工部主稿,会吏、兵两部。吏已议毕,兵部屡催未来,希求饬令即速送稿为感。前日尚行催片,或今日已送来,未可知也。俟散值到署查明。十二日未初,直庐。

《翁松禅相国尺牍真迹》第一册

致阎敬铭函

光绪九年五月初五日(1883 年 6 月 9 日)

两日未获一语,前削阅改否?律载冒支官粮条,承委放支者以监守盗论,监守盗百两以上始拟流。今全案皆以轻比,不得于此曹独重也。福公两条亦迟迟,若能于月初了此乃佳。河议云何?甚悬悬也。中堂钧席。同龢顿首上。

《翁松禅相国尺牍真迹》第四册

致阎敬铭函

光绪九年五月十二日(1883 年 6 月 16 日)

详阅拟底,上司分赔格外从严,于旧例两歧者,业经画一,然所引皆盘查条语。至完欠条内亏空人员凡罢职及身故者,查无资产即准题豁凡两见。更有一条,本部所常用者曰:凡应追一切赔项,总以有力无力为断,其无力完缴而又无官职者,查明无财产隐寄准予题豁云云。于上司则分赔，于本员则豁免，此牴牾之甚者，似宜再酌。原稿暂留，容面罄。专上中堂钧席。晚名谨启。

《翁松禅相国尺牍真迹》第二册

致阎敬铭函

光绪九年五月十七日（1883 年 6 月 21 日）

示悉。秋气已清，馀暑犹在，尊体益健，臂疼愈未？不甚驰仰。丹初老前辈大人阁下。侍名顿首。十七日。

《翁松禅相国尺牍真迹》第三册

致阎敬铭函

光绪九年五月十八日（1883 年 6 月 22 日）

手教至承。左臂麻木，苦酒曾一试否？粤饷已托孙五兄[①]查得。惟楚军饷章并前年鲍超等报销之款便中查示。丹初老前辈大人尊右。侍名谨上。十八日。

《翁松禅相国尺牍真迹》第四册

致阎敬铭函

光绪九年五月二十五日（1883 年 6 月 29 日）

所件自无可动，惟潘[②]似多一波折，崔[③]似少一罪名，仅革未科罪。

---

① 指孙家鼐。

② 指云南永昌知府潘英章。

③ 指崔尊彝。

已致云翁[1]细商,然皆不著要者也。签处须的当,望留神细检。名顿首。二十五。

《翁松禅相国尺牍真迹》第三册

致阎敬铭函

光绪九年五月二十六日(1883 年 6 月 30 日)

昨失迎,歉悚何极。伏愿于百务丛杂时,稍节劳勚,天下之福也。谭信有关西陲兵事饷事,谨呈一阅,即还为幸。丹初老前辈大人。侍同龢顿首。二十六。

《翁松禅相国尺牍真迹》第一册

致翁曾荣函

光绪九年八月初八日(1883 年 9 月 8 日)

付菉卿:

连日碌碌,过五日之约,故知南中来信亦然也。吴淞且幸无事,镪水坏炮,恐是谣言,此间无所闻也。椰帆寂寂,而香港正在修船,昨又有窥福之梅花港、广之边境者,虚实难测;美国欲调停,而法所要者万不能允,如开铁路到滇、赁基隆数年等事,日本亦欲插手,大率皆有意无意间,恐终成画饼。战备不过尔尔,兵饷难筹,大农搜剔者纤细非体,言者请加盐厘,已准,每斤三文。加厘捐,尚在议。三成。盐或可,厘则病民尤甚。直隶开捐,花翎每支三千,分发省分。恽

---

① 指刑部侍郎薛允升。时亦参加对云南军费报销舞弊案的审理。

庶子劾其滥冒，今议移至京，此即开事例之先声。至团练止能靖小寇，不能临大敌，即使能之，亦必巨饷，兼须利器，今纷纷者直儿戏耳。蛙鸣蝉噪，牛溲马勃，一时并集，殊不耐此烦秽，焚香静坐，尚可消遣。此间合宅好。寓中安和无事。八月八日。瓶生。

吴景行伟卿先生之孙。曾授奎孙书，以县令分发江西，来京数月，今日约伊一饭，闻要回常熟，汝辈当与晋接，乃叔则不知在乡里否？其弟在皖者，亦妄人也。佑澜甚忙，二庞[①]醇静，专俟大考；杨[②]则肆应有馀。季姑爷[③]全家皆于中秋后随任，好在路近，在京亦不过一年一见也。

未刊稿，原件藏常熟市文管会

致童华函

光绪九年十月（1883 年 11 月）

手教悉种种。昨在朝房晤荫轩前辈云：上次请客并内收掌皆遗却，然则外帘可知，明日间当再奉复。敬颂夕安不一。晚同龢顿首。

《清代名人手札》

致阎敬铭函

光绪九年十一月十六日（1883 年 12 月 15 日）

河议续有交件，汇齐具稿。前所论官房已画行，难改。可饬司

① 指庞鸿文、庞鸿书。

② 指杨崇伊。

③ 指季子固。

坊以时值估报也。银库弊深如海,汇兑者往往分数起,借口镕化未齐,拟令所司责成委员备齐后再行付库,则腾挪之弊可少。今日已具牍,幸鉴及勿驳也。名另具。十六日。

皁康因分起,遂亏巨款,然初四日若驳,今□□□收,则并此五万亦无著矣。

《翁松禅相国尺牍真迹》第一册

致阎敬铭函

光绪九年十一月十九日(1883年12月18日)

平台一项删除过半,公能饬发甚善,当令所司具牍矣。一切工程必应暂停,颜缎两库不免浮滥,已将上年折价钞送,所谓以莫大之名益无穷之费,此类是也。

迩来眠食何如?一日得息数刻乃佳,秋凉更宜加摄,纷纷者无足道,久自定耳。草草敬颂日安。名另肃。十九日早。

《翁松禅相国尺牍真迹》第一册

致阎敬铭函

光绪九年十一月二十二日(1883年12月21日)

缴款已饬于二十三日验收,所司呈一纸乃拘泥例文,置勿论矣。但大部知有此京平松江银款随时拨用可耳。丹初老前辈大人。侍同龢谨上。二十二日。

《翁松禅相国尺牍真迹》第一册

致阎敬铭函

光绪九年十一月二十八日(1883 年 12 月 27 日)

惠远、拱宸二城工程一百馀万,何从筹此巨款?俟户部具稿会工部具奏何如?丹初老前辈大人尊右。侍同龢顿首。二十八日。

《翁松禅相国尺牍真迹》第一册

致阎敬铭函

光绪九年十二月初五日(1884 年 1 月 2 日)

隔巷未得造门,知蒙深鉴。尊体如何?燥药太多,亦恐伤阴,平地日数百步当有效。公宜自力以慰人望也。区区之意,笔所难罄,敬候起居不次。丹初中堂尊右。晚同龢顿首。初五日。

《翁松禅相国尺牍真迹》第一册

致阎敬铭函

光绪九年十二月初八日(1884 年 1 月 5 日)

昨晤芝[①]翁,有面商之件,已约张、薛[②]二公于初九未正同至潋斋,届时乞惠临。侍名另肃。初八日。

《翁松禅相国尺牍真迹》第一册

---

① 指麟书。

② 指张之万、薛允升。

致阎敬铭函

光绪九年十二月十二日(1884 年 1 月 9 日)

昨登城收工,又赴火药局,归已抵暮,遂失祗迎,极歉怀也。如有见教,乞赐数字。眠食定已如常。若蒙枉顾,乞先期示及。谨上,丹初中堂阁下。晚龢顿首。十二日旦。

《翁松禅相国尺牍真迹》第一册

致阎敬铭函

光绪九年十二月十八日(1884 年 1 月 15 日)

日昨赴香山查工,留滞两日。前呈一笺计入览,河事极难,钱粮较巨,乞指示大略为幸。复晋抚停解绢纸旧欠摺应由工部会议、不复会稿否？丹初老前辈大人尊右。侍龢顿首。廿日。

《翁松禅相国尺牍真迹》第一册

复谭钟麟函

光绪十年三月二十三日(1884 年 4 月 18 日)

文卿仁兄年世大人阁下:

手教稠叠,快若晤谈,以韩范之远猷兼阮陈之书札,何其才之富也。惟闻尊体稍逊于前,腰脚畏寒,所谓溶溶如坐水中者何也？边琐重寄,此岂乞身之时,惟望节啬精力,少近药里,如鹿茸虎骨辈亦能助气血之不足，企切，企切。

另笺所示，殆如燃犀之烛。安西置将，本已椎破铜山，近又各拥节旄，几成九节度之势，后患方长。农曹一疏，字字见血，若阁下主持之，毅斋[①]左右之，勿为有力所扰，勿为丛说所蔀，则朝廷灼知西师利弊，即幕府可撤，兵符可并，吏民之观听可一，中原之喘息可舒，在此举矣。户疏三百馀万之饷，四万之兵，较来教尚有所赢，此则宜稍宽，以备不虞者也。尊意何如？

弟奉职无状，咎重罚轻，揽镜自观，何施眉目，然不敢谓感恩省过之外遂无馀事，中夜起舞，忧来无端。自古立国，不患贫弱，今乃因弱而贫，因贫而愈弱。蛮方之事癣疥也；海疆则支末矣。府库竭而盗贼充斥，抑营卫也，况过此以往乎。春雨既多，二麦奋张，目前可喜之事。适子腾[②]携致惠书，急促将还，即在直庐草草，奉复不尽百一。敬颂台安，诸惟爱护。弟同龢顿首上。三月。

《翁松禅相国尺牍真迹》第五册

致奕譞函

光绪十年三月二十九日（1884年4月24日）

［前缺］曾电刚策较胜，亦不致决裂，好在伊毁贡华之议，曲在彼也。此即先议商界之意，惟各国所画地图须当斟酌，恐将我土司归缅界中。赫说不允，要在派办得人得法耳。云、粤界有前约，岂口舌所能争，周、邓[③]徒添波折，但如约必不开衅也。庸陋无当万

---

① 刘锦棠，字毅斋。

② 张家骧，字子腾，时为毓庆宫书房行走。

③ 指周德润、邓承修。

一,原件承缴。敬请钧安。翁同龢谨启。

《上海图书馆藏翁同龢未刊手稿》第494页

致奕谖函

光绪十年三月(1884年4月)

[前缺]昨直庐伏承珍馈,海燕因奇品,即瓜瓠亦何减八珍,饱饫增感。溽暑甚于往年,虽快风急雨稍压炎歊,而郁蒸未解。起居伏惟益加调卫。专肃致谢。敬请日安。翁同龢谨启。

《上海图书馆藏翁同龢未刊手稿》第495—496页

致翁曾荣函

光绪十年四月十六日(1884年5月10日)

前函当达。叶叔谦来,带到酱菜两瓶,甚喜,尚未开尝也。吾数月来,夜眠多醒,近日试饮木瓜酒一杯,却得酣睡,酒以养老以却疾,信哉!体中甚佳,左腿微酸楚,请人推之,仍未见效,此则老境,馀如常也。蒙恩赏匾,得"诚明纳诲"字,惶悚内省,果能诚乎?迩来温习《近思录》等书,略开昏翳,若再沦溺,不知流入何处矣。

外事经英国为我转圜,彼来四条:不索费、照津约、议商税、各退兵;我去八条:照津约、划谅山、保胜归我、照中国文字、撤兵、不索台湾等处战费,馀无关系。尚在相持,大约可望戢兵。今日又闻刘帅[①]获住孤酋[②]，果尔，真大喜事也。彼上议院请用兵，下议院不肯出费，以此气沮，岂非天哉！余于交议后，曾与御前诸公入一文字，言援台之难，弃台之不可；与其不胜而和，不如乘胜而和，云云，明知不入彀，然“和”字却从此逗出也。

日来以庆典恩赐边藩，同值孙、张[③]皆赐马，前日有由贝勒绍封王爵者[④]，恐数十年来所未有。今年赏听戏至四日，闻须初更始散。笙簧酒醴，荣幸已极。惟有敬慎自持，竭力当差，即此四日，颇费精神也。新宫落成，闻甚典丽。京饷奇绌，库项多被截留，而外省募勇如鲍照、如杨岳斌，动辄三十营，每月十馀万，安能继耶？二十日花衣，朝内有十日不上书房，而四日颇听戏，此外同邑诸君邀饮去一日，到库一日，所馀只四日，尚须答席，则仅有三日可竭力还笔墨债，又安能偷闲耶？冬日晖晖，南望有茅檐曝背之想，看明年如何。灯下草草，不尽所怀，臂力颇减，写不成字，可笑。

《瓶庐文钞》卷六

致谭钟麟函

光绪十年五月十九日（1884 年 6 月 12 日）

文卿仁兄年世大人阁下：

得四月杪手书，伏审起居轻安，观字迹精紧轶宕，不知右目缘何昏花也。

---

① 指刘铭传，时任台湾巡抚。

② 指法国海军司令孤拔。

③ 孙家鼐、张家骧。

④ 指贝勒奕劻封为庆郡王一事。

西陲饷议，鄙意当以关内营制裁损边兵，不宜以中原官制控绳边吏。关内营制何制也，公数年来竭精擘画者是也。简将校，汰空粮，择厄塞，速驲传，则二万五千之众屹然而有馀威矣。曩者行省之议，乾嘉通人固尝而言之，大抵欲以屯丁易屯兵，意在移八旗子弟稍稍耕牧于天山瀚海之间耳。今则强邻压境，非此辈柔胞所能当，且移居巨费，又安所出乎？无民则无令长，无令长则无监司，无监司则无督抚。汉唐之制，戊己校尉，乌桓都护，皆以宿将典重兵。我朝参用其法而版图益廓，设官益繁，真有椎破铜山之虑。凡各城大臣一概宜罢，旗兵则统归一将军，绿营则统归一提督，而督抚且缓设焉，此所谓予其实而遗其名者也。尊议卓卓，何啻聚米画沙。行粮一节，暂予何害？刘公，君子也，许史之俦彼栽之。

贱体支持尚能映日作细字，而点画狼藉乃甚于三尺之童，读书掩卷即不省忆，亦常梦到湖山间。海上事已作云烟之散矣。乍热惟眠食益健，务自珍重不次。弟同龢顿首上。五月十九日。

《翁松禅相国尺牍真迹》第五册

□□□致翁同龢函*

光绪十年闰五月十九日(1884年7月11日)

昨日沪信云：陆续到兵船九只，火雷船三只，意欲夺福州、台湾。今日合肥信云：法外部茹①与议院共商，均以中为背约，巴②已将

---

* 原件无署名。

① 指茹费理。

② 法国驻华公使巴德诺。

战书之意函知谢公使[①],俟有可讲之机,巴始北来;福亦欲中撤兵,以便详议条目;赫去亦无益;云云。现在赫尚无复音,丹崖[②]回信当在明后日。今日嘉州有疏,言保胜一带瘴气甚大,员弁死者四十八人,现为请恤。兵丁死者七百馀人,俟汇册请恤。闰月十九日。

《朴园越议》第二

□□□复翁同龢函*

光绪十年闰五月二十三日(1884 年 7 月 15 日)

手谕并示各件始知近事之详,殿下所持大体也,当事所见俗情也。看此形势,断不因宣示稍迟即致决裂,何当事者之并为一谈耶！照会理足,彼族惬意,则人心之同,可知德使[③]须深结。布告一节,即不用普鲁法亦宜引而近之,使相猜忌,此战国纵横之术也。尊体感暑万分驰仰,伏惟静观珍摄,以济时局。闰五月二十三早。

《朴园越议》第二

□□□致翁同龢函**

光绪十年闰五月二十三日(1884 年 7 月 15 日)

今日闽信云:福州有两只兵船进口。沪信云:孤拔铁舰放行,

---

① 法国代理公使谢满禄。

② 指李凤苞,清朝驻法公使。

* 原件无署名。

③ 德国驻华公使巴兰德。

** 原件无署名。

有启衅之意，不知何往。赫信云：撤兵偿费二者缺一不可，如未允许，准二十七日自取押抵。查谢使竟无复照，则用兵似在意中。防备一层，迫不容缓矣。赔费何如易作兵饷，翘野[①]欲献酌赔之说，众心鄙之，何不学无术耶！王意不欲宣示，托疾不出。明日丹星[②]切请并商防御之策，不止宣示也。闰月二十三日。

《朴园越议》第二

□□□致翁同龢函*

光绪十年闰五月二十四日（1884年7月16日）

宣示贴业已发出，沿海均传，知严防并申明赏罚。肥云孤舰陆续尽发，北尚可支，恐闽不可恃。刘昨日下午由沪往闽，仓卒御敌，尤无把握。崖云：巴不愿赫居间，如宣示后或告谢或告崖，均可约巴详议。赫云：如有宣示，须与江督全权，令其于二十七日以前到沪集议，否则自取押抵。查后二说似有转机，然于偿费一节终觉含糊，似欲于会议时要挟耳。恭请钧安。名顿首。闰五月二十四日酉刻。

《朴园越议》第二

□□□致翁同龢函**

光绪十年闰五月二十六日（1884年7月18日）

顷读手谕，如然犀之照，此等事外间寂无所闻也。现在须俟

① 翘野即樵野，指张荫桓。

② 指李凤苞。

* 原件无署名。

** 原件无署名。

邵、赫[1]回音，愿否未可知，而窥台之意已决，必以数舰入鸡笼，使我失两台之险为挟制地。刘行濡滞，台又无电，若有战事，败多胜少，来谕所谓不封港即不能决战，正此之谓。译署别有见解，闻布告一节，亦尚在踌躇也。钧体渐安，幸静摄，勿过焦劳，切祷之。闰五月二十六日早。

《朴园越议》第二

□□□致翁同龢函*

光绪十年闰五月二十七日（1884年7月19日）

顷奉谒未遇，归寓知蒙枉顾，何相左也。所事见证，恐在明日。范志药炉，窃虞嗔闹，救急之法，须填补而后发，散雅非卢扁所愿。晨起订方，诸未中肯，徒增一脉案耳！机局至此，同深焦灼，率布致承晚安。名心叩。闰五月二十七日。

《朴园越议》第二

□□□致翁同龢函**

光绪十年闰五月二十八日（1884年7月20日）

今日南北来笺共十馀纸，催促款项甚急，有邵、赫再三缓颊，今日虽期满允暂缓听信，南丰、元龙[2]均借故力辞不肯往议。福州四

① 指邵友濂、赫德。

* 原件无署名。

** 原件无署名。

② 代指曾国荃、陈宝琛。

轮入口，茶市停止，沪上商船亦无出入者，宣城[①]行李已运回上海，如失和即下旗驰归。主持者外面仍不放松，而内气实馁，俟待旁面迎其意旨勉强转关，一切布置皆留讲解地步，遂令外人气焰日张，此后情形不堪设想矣。谨上。闰五月二十八日夜。

《朴园越议》第二

□□□致翁同龢函[*]

光绪十年闰五月二十九日（1884 年 7 月 21 日）

丹来笺云：不必巨款，第允留兵及恤费即北往津议亦可。赫云：费可减而不可免。赫其人奸滑，处处为人出力，南丰、元龙今早饬催去，午后仍力辞，想是未接二次之命。主持者仍持正论，不与一介，而于防御之说仍然松懈，婉劝者均以抚恤为词，似与赔有间，不过改立名目，于国体亦大伤矣。谨上。闰五月二十九日。

《朴园越议》第二

□□□致翁同龢函[**]

光绪十年六月初二日（1884 年 7 月 23 日）

今日无恶耗，亦无变证，只吾宗叫嚣而已。鸡笼为卯金[②]所封禁，自系正办，但愿能力持耳。招商局船津沪往来如故，怡和、太古益自若

① 代指法国代理公使谢满禄。

* 原件无署名。

** 原件无署名。

② 代指刘铭传。

矣,初十以前可保帆康无恙。手肃敬承晚安。名正肃。六月初二日。

《朴园越议》第二

□□□致翁同龢函*

光绪十年六月初二日(1884年7月23日)

诸君拟将与费之意极力一碰,及至其时上预禁偿项,即减亦不可,字字严切,诸君均不敢自呈其说。贱亦不露锋棱,所对皆讲解细事。然诸君巧计设施,终出于给费之一途,恐拂上情而滋下议也。闽中敌船退出二只,恐是运煤。初三,南丰、元龙赴沪,添派竹筼①。五条以外之事,南丰亦有商议之权,此中暗含妙义,南丰来请,未必不碰。谨上。六月初二日。

《朴园越议》第二

□□□致翁同龢函**

光绪十年六月初六日(1884年7月27日)

上意坚定不移,中间有略露转圜之意,以示外间者,未知上意将来许可否?明日南丰与前途②论及此事,离合皆在此一日。明日当趋叩崇阶,有要言面述。谨上。六月初六日。

《朴园越议》第二

* 原件无署名。

① 许景澄,字竹筼。时为总理衙门大臣。

** 原件无署名。

② 代指法使。

□□□致翁同龢函*

光绪十年六月初七日(1884 年 7 月 28 日)

失迎道范,罪甚。南丰尚无回音,或在傍晚及明早可得的信,恐渠愿太奢,则名既不正,力量亦办不到。闽口聚船十一只,幼[①]求援甚急。美欲从中调停,由彼判断曲直,其意实厚,但一经评断,不能改易,此亦难有把握,且恐上意不以为然也。如沪议有端倪,可以容展限,以俄约为底本。谨上。六月初七日。

《朴园越议》第二

□□□复翁同龢函**

光绪十年六月初十日(1884 年 7 月 31 日)

南丰以五十步之文徒供客嗤,塾师已夏野矣。脯时得续集,此作仍达吐谷床头或不遽曳白,凡鸟新音亦有纡徐三宿之信。南丰无恙,大可释怀。敬承晚安不一。名正肃。六月初十日。

《朴园越议》第二

* 原件无署名。

① 指张佩纶。

** 原件无署名。

□□□致翁同龢函*

光绪十年六月初十日(1884年7月31日)

美意文件已发,明日或有答复。昨南丰允以方卓大衍之数,前途拒之甚决。三人均因擅许申饬。丹函云:不议费则必不能延宕,议数未定可从容两三日。闽之外舟将聚二十只,催援甚急,然内里专俟美音以为居间调停,纵有小耗,较南丰自说为稍得体。谨上。六月初十夜。

《朴园越议》第二

□□□复翁同龢函**

光绪十年六月十二日(1884年8月2日)

旬日以来,既无从仰测圣谟,又无烦探问外议,正深焦急,今见各报,备悉近状。第一策恐作不到,第二策是好转笔,第三则直无策矣。合群奸为此局骗,情事毕露,南中轻许恤款,大是诧事。闻译署函致邵道,曾示此意,然欤?否欤?此时所虑者:美断不公,或致掣肘,要须深结杨、何①之心,必先有办法,然后宣布。世无苏、张②,谁任其难乎!朝廷旰食,当轴忧劳,迂腐书生,诚无一报,敬请钧安。

---

* 原件无署名。

** 原件无署名。

① 指美、意驻华公使杨越翰、何天爵。

② 指中国古代谋士苏秦、张仪。

去年法在越南有占我买米局一事，经唐廷枢理论，法允赔我局费，此虽商人之事，将来议时可否作一小小抵制。再，工部火药铅丸已定十四日开放，账房布幅太狭，然库中所储只有此一号。攒竹枪制造需时，已备文申复矣。库中有口檀木枪，约长六、七尺，可否抵用，乞裁酌。此项枪杆体性甚脆。六月十二日戌刻。

《朴园越议》第二

□□□复翁同龢函*

光绪十年六月十四日(1884年8月4日)

今晨腹泻未入对，闻训示皆待米①之意，南北来笺皆言前途不愿米说项，而米则效力甚殷，但六日无复音，似未必妥协。巴客有文与南丰，催其议款，语气忽紧忽松，志在请益，外面故作恫喝。二十艘仍无举动，清河求援甚迫。谨复。六月十四夜。

《朴园越议》第二

□□□致翁同龢函**

光绪十年六月十六日(1884年8月6日)

巴客嘱宣城②直达，不愿米老居间，并云已复米处及丹凤③矣。

* 原件无署名。

① 指美国驻华公使调停中法争端。

** 原件无署名。

② 代指安徽，指李鸿章。

③ 指李凤苞。

南丰请命甚迫，而米老犹谓未获前途的音，未足为据，云云。以鄙见揣之，前途意在不允，有意压搁不复米耳！如守株待兔，必致为人所误。谨上，六月十六夜。

《朴园越议》第二

□□□复翁同龢函*

光绪十年六月十七日（1884 年 8 月 7 日）

申刻米老书来，前途不允，明晨当有决定，并无延宕之处矣。今早命四友往竹林贤人处相商，未闻有无妙解，其时米帖犹未至也。连日南北诸君，无论局内局外，寄语纷如，迹近张皇，皆注定增减一层。高处语气亦渐摇动，未直露耳！窃念旬月以来，内外布置虚应故事，目盼神凝，专待调停，安能重新振作，势必仍走入疲软一路，况环而相劝者，哓哓不已耶！录请钧安。谨复。六月十七夜。

《朴园越议》第二

□□□复翁同龢函**

光绪十年六月二十日（1884 年 8 月 10 日）

见后语亦镇定而意实游移，有郁滞不宣之态，秉钧者无以辞其咎也。刻下办法仍是中立，毫无决断。朝邑倡收束之议，后日下群

---

* 原件无署名。

** 原件无署名。

僚会商。戌刻接梦得书，望日小挫，次日大捷，真快事也。谨复。六月二十日夜。

《朴园越议》第二

□□□致翁同龢函*

光绪十年六月二十一日（1884年8月11日）

秘故已成画饼，钓鱼尚无后文，闻各处飞鹞全萃于建，大有报复之心。明日雅集，专注在收束一边，吮毫者竟亦易其稿而不敢定，上恐天怒，下畏人言，良可慨也。其借口之处，欲用一贫字发挥。谨复。六月二十一夜。

《朴园越议》第二

□□□致翁同龢函**

光绪十年六月二十三日（1884年8月13日）

昨论之症本系伤寒复感，医家方药杂投，愈难奏效。今日消息尤恶，卢扁乃不肯出而会商，若汗吐下三者兼之，恐元气弥损。曾越境请医评量，旧方亦多为口实，甚或借此恐吓，奈何？此承晚安不次。名心叩。二十三日。

《朴园越议》第二

---

* 原件无署名。

** 原件无署名。

复奕谖函

光绪十年六月二十八日(1884 年 8 月 18 日)

手谕一一聆悉。志定气专,胜之机也;彷徨不决,败之机也。圣意既坚,国家之福,诚望小胜不喜,小败不摇,不出三月,百事俱定,彼必照退。近来《申报》所刻亦有是处,但密件何以一字不遗,似宜审慎,译署中有邪蒿,其言不可用也。

《朴园越议》第二

致俞钟燮俞钟銮函*

光绪十年六月三十日(1884 年 8 月 20 日)

调卿、金门贤甥左右:

家信来,述堂上病状,意甚忧悬,昨日遽承凶问,俯仰摧痛,无异四十年前哭吾长姐也。前年两甥嘱作寿文,竟未落笔,以为当俟七十岁为之,不意悔负,遂至于此,尚何言哉!丧礼哀为主,佛事可少作,门户火烛要格外留意。金门病体未复,爱身为孝,过毁则危身矣。平昔爱护之勤、付嘱之重,此时尤当深思慎守。地湿当厚铺草荐蓑麻,不必再袭布裳,恐伤热也。西山茔地,今年方向似利,秋冬可卜吉否?愚舅远在天末,无由一申奠醊,敬撰挽联先寄去,外有薄敬四十两由银号再汇。时事多艰,意思杂乱,愿两甥自保身体

* 是日翁同龢日记有:“写致两甥书,并先寄挽联,(由全盛泰去)再寄赙四十金。”与函中内容一致。

而已。临纸哽塞。六月晦。舅氏同龢慰言。

《松禅老人遗墨》卷下

□□□致翁同龢函*

光绪十年七月初一日(1884 年 8 月 21 日)

昨日丹凤函云:前途以为张大其词,我必应其所求,只召边人六百,如我用刚,草如[①]亦不能作主,必俟众议,或有后援,冬月始到,观此则技竭力穷可见。大概宣城今日长行,英豪明言欲作居间,南丰返棹,顺道踏看。各处布置周密,基、彭[②]无事。谨上。七月朔。

录目《朴园越议》第二

□□□致翁同龢函**

光绪十年七月初四日(1884 年 8 月 24 日)

渠诈云四日相角,昨日即先发,樵[③]为所愚。渠船毁其三,我船毁其七,厂亦灰烬,惟撅酋伏诛,差快意耳!高处屡训斥,切勿落人后著,此又一落后著也。谨上。七月初四夜。

《朴园越议》第二

* 原件无署名。

① 代指茹费理。

② 基隆、澎湖。

** 原件无署名。

③ 指张佩纶。

□□□复翁同龢函*

光绪十年七月初八日(1884年8月28日)

宋[①]云长门杀伤相当,而穆[②]音未至,似与摧三艘不符。马江沉一舰,斩数十人,此樵自言,当是确信。闽安之垒俱碎,因口门向外,敌已入内,无所用矣。可人等素无胆略,建垣告警甚急,责成曲江,由□城驰救,语极严切。孤毙一节,连日均有传说,似尚有因。谨复。初八日夜。

《朴园越议》第二

致翁曾荣函

光绪十年七月初九日(1884年8月29日)

付菉卿:

隔日无事。广绍彭,平生故人,今病已笃,不能不张罗,其家事可叹也。前日阴寒,今晴霁可喜。外事仍寂然。初九灯下。

未刊稿,原件藏常熟市文管会

□□□致翁同龢函**

光绪十年七月初十日(1884年8月30日)

今早见勖公,尚无异闻,惟闽省警信,长门一路炮台多被轰损。

---

* 原件无署名。

① 指何璟,字伯玉,号小宋,广东香山人,时为闽浙总督。

② 指穆图善。

** 原件无署名。

顷在署，闻长门已开网一面，逆船驶出，意在为省垣釜底抽薪也。信虽未确，理则有之，此局棋走此着，亦意中事耳！

前半月杏荪曾有信，乃其身事，他无所及。

《朴园越议》第二

□□□致翁同龢函*

光绪十年七月初十日（1884 年 8 月 30 日）

樵云：马江自四、五日击退后，厂未失，机器亦未损。又代述穆函云：七日长门毁寇艘一只，旋退去。八日，内外十艘并集，轰碎台垒，亦以口门向外不能还攻之故。现督陆军严防南北路。据梅云：昨夕寇艘出闽口，将扰吴淞，并屡云事急，请速了以息民等语。此皆巴授梅意，真伪不可测，但弃瑕攻坚，建垣亦得少息。谨上。七月初十日晚。

《朴园越议》第二

□□□致翁同龢函**

光绪十年七月十一日（1884 年 8 月 31 日）

今日有何消息，乞批数字于纸尾。南望渺然。知名。

梅告吴淞云有三艘送信，勿误会轰击，此诈也。

沅云：今日孤舟必到吴淞，要务吃紧而宋、樵[①]均无来笺，未知

---

* 原件无署名。

** 原件无署名。

① 指何璟、张佩纶。

其果出否也。沅布置周密,似非樵比。七月十一日。

《朴园越议》第二

□□□致翁同龢函*

光绪十年七月十八日(1884 年 9 月 7 日)

顷见丹老备述前事,据云:可请工部再行顶回,前次应许阁下,一时忘之,致有此番驳回,嘱向阁下道歉。云左相为福省钦差,杨石泉、穆春岩帮办,幼桥船政,子峨回京,沅翁实授两江,皆今日明发也。台湾近有小战,去船三只,窥伺登岸,为我军击退,我军伤一人,彼伤十馀人。延陵季子封事挑剔赔偿治罪一语,谓枢中以此尝试,幸此件非枢中所拟,已无庸议矣。七月十八日。

《朴园越议》第二

致奕譞函

光绪十年八月初三日(1884 年 9 月 21 日)

一月未奉状,涣汗大号,中外周知,事出一原,志专气定,无可陈于左右者。外事了无所闻。今日晤劻公,略闻请和之说,兹奉手谕,备得其详。此举为通篇结束所在,乘此时□□化尽,便是壁垒一新。三条字字斟酌,所谓忠信可行于蛮貊者矣。孤拔定已伤亡,云、粤各军进一步是一步,能到红江边,则收束更得力耳!适腹痛不堪,未尽所言。昨闻尊体稍有违和,想已康复,不胜驰念。八月

---

* 原件无署名。

初三日。

《朴园越议》第二

致曾国荃函

光绪十年八月十九日(1884年10月7日)

沅圃世文大公祖大人阁下:

数辱书,久缺音,敬想深喻,此中委曲,无烦解说。公之心,贱子知之;公之德,则大江南北士民身被之矣。战事终当筹一归宿,左公南行亦尝与谈,两库之匮乏,一款抵一款,且抵数款奈何取盈也。新谷登场,能稍筹北漕否?公旧疾已平,眠食何如?犹所驰仰。先师文正公全集便中赐寄一部。涉夜草草,不尽所怀,诸惟谅察不次。世愚侄翁同龢顿首谨上。八月十九日灯下。

再启者:郑比部籛,号肖彭,闽人也,其始以文字相知,既而都下喧阗,有国医之目,侄亦深赖其力,今橐笔南行,将谋饘粥以补薪米,用专谒于门下,尚望拂拭裁成之,此生亦尝以快船保案受知门下者也。冒昧渎陈,惟鉴谅不次。侄同龢顿首再启。

《翁松禅(同龢)手札》第九册

致奕譞函

光绪十年九月初六日(1884年10月24日)

久未晋谒,伏想起居安和。电线中断,台信渺然,辗转思惟,正深焦灼,适得乡人盛宣怀信并说帖一件,所虑亦有是处,但未审所谓四款者是何等语耳!调停之说,固万不可凭,又万不可断,庶几留此活著。议院消息进退所系，必当令出使诸臣探一的实详悉之信为要。专此，敬请钧安。

《朴园越议》第二

致奕谖函

光绪十年九月初六日（1884 年 10 月 24 日）

其机不宜杜绝，盛件[①]如已入览，即乞发还，敬请钧安，伏惟深鉴。翁同龢谨启。九月初六日。宁波人信摘录并呈[②]。

《朴园越议》第二

致奕谖函

光绪十年九月（1884 年 10 月）

日日内直，于外事无闻。昨始讯台事，得见省三幕客汪姓函云：省三基隆撤兵，宜兰退扎，大不理于众口，而义勇因此建旗。省三迫不得已，乃劝义勇改为土勇，约七千馀人，分隶各统领，而省三威望损矣。昨又接刘浤来信，其言亦同。刘浤者，刘璈之子，妄人也。去年来谒，麾诣门外。近始以台事告云：省三退扎宜兰之竹灿地方，不肯出战，绅民欲将刘捆送与法人。又云：所带裕庚，一切招摇，不堪名言，云云。虽一偏之词，然证以赫德所云，申报所述，恐未

① 指盛宣怀九月初四日致翁氏函。

② 指张家襄得陈受灏函，此略。

为无因也。扎营图一纸并上,不一。

《朴园越议》第二

致俞钟燮俞钟銮函

光绪十年九月二十七日(1884年11月14日)

调卿、金门两贤甥左右:

前奉唁函,知已达。嗣得家信,言金门疾虽未平,不至加剧。居丧之礼,六十、七十与有疾者皆为之节焉,盖恐其危身而贻亲以无穷之忧也。愿金门体此意,于闵默中立根柢,毋徒以死孝为也。

愚舅学不进而志日衰,筋力日疲,乃其馀事。海疆不靖,民生益蹙,大可忧也。舍下平平,前呈薄赙,无便可带。兹从佑澜兄处汇寄,即鉴入。顺候近佳,不尽悬系。愚舅翁同龢顿首。九月二十七日。

《翁松禅手札》第八册

致谭钟麟函

光绪十年十月二十二日(1884年12月9日)

李邵久不读天官书,星占未审何详,庶民流移见于《甘石经》矣。方丈瀛洲,云霞增丽也,紫藤遽萎,遗雏藐然,敬将所寄别登诸册,将来南归时与赙襚并交其家何如?其叔竹农多病,深厌塞北之寒,然岂能为力耶!辛伯未归,馀件分致讫。尊目以常用漱口盐水(须浓)勤洗为要,此非旦夕之功也。不一。弟再启。

《翁松禅相国尺牍真迹》第五册

致奕谖函

光绪十年十月二十五日(1884 年 12 月 12 日)

昨在内闻朝鲜之信,窃以为此必旧党不难酿成乱萌,果尔则送其大院君归国,人心自顺,惟倭必拼死来争耳!吴查续付①,济以二舰,甚周密,宋庆在旅顺可调否?巴黎当可就范,其作态是通同一气,正其活动处想在洞鉴。昨忽泄泻,一夕数十起,身热气缩,不得不(得)〔请〕假。五日外事如有所闻当续陈。手颤不成字,悚息。敬请钧安。十月二十五日。

《朴园越议》第二

致翁曾荣函

光绪十年十一月十一日(1884 年 12 月 27 日)

鹿卿览:

海冻南雁遂稀,颇益怅望。发前信忽已半月。吾体已平,未尝一日休息,幸尚支持。胃气久困,偶闻老米香,因改吃紫米,日可进三碗,自觉饭量大长矣。今冬未冷,此两日起早时,冰在须端,始有凛冽之意,然不用耳套并不戴风帽也。

内直尚顺,衙门隔日一往,同事须职繁,不能尽顾,故琐事并集于一人。库务尤难,《申报》所传未免过甚,然打库兵事亦常有,我到库日却寂然,岂教化所感耶!一笑。

① 吴大澂为正使,续昌为副使,赴朝鲜办理交涉。

斌腿疾颇发，今始见愈。寓中平安，秀姑脉虚腹泻，感寒卧床，日瘦一日，可虑也。倘作朝霞，则东坡益潇洒矣。

法事无成说，台在相持。赵得胜仗，至朝鲜内讧，日从而肆并吞之，计我已著著落后，倘再措置失当，则东南多事矣。

家乡秋收可得几成？户部将开捐，照台例皆减，并欲使各省欠交钱粮者先交三成，免七成，然何济于事哉！灯下草草，问汝夫妇好。不一。叔字。十一月十一日。

《翁松禅墨迹》第二册

复谭钟麟函

光绪十年十二月二十二日（1885年2月6日）

文卿吾兄大人阁下：

两读手书，勤勉不已。六舟[①]来，备述兄精力强健，惟左目昏花。昨展惠笺，字势较前散缓，并闻再请归回，此诚万不得已之举。然疆寄之殷，边琐之重，数十族之椎结，数万里之长城，代之者谁耶？此则下走所中夜忧愁，耿耿不寐者也。目疾最宜者曰静，曰闲，而居官所不能免者曰气，曰急，两事恒相左。若得半年休息，必当复元。凉药无益，真空青有拨翳奇效，然岂易得哉！

弟自到农曹，无片刻安闲，公事多不应手，窃欲效二疏遗轨，所以迟迟者，国恩未报耳！撑一日是一日，尽一分是一分，此平生之志，亦与兄所共期者也。珍重努力，欲言不尽。适归寓，闻使者即发，涉笔潦草，恨不奋飞，一吐衷曲也。敬请大安。年世愚弟同龢

① 指陈彝。

顿首。十二月二十二日申初。

《翁松禅相国尺牍真迹》第五册

致谭钟麟函

光绪十年十二月二十四日(1885年2月8日)

文卿仁兄年大人阁下:

岁暮百感杂遝,官事益繁。手教至。得闻目光渐消,稍慰驰系。此间再得雪,宿麦滋培。惟银价低,正在多发局钱以剂之耳。洋药加征,梶者中辍,明春当议开办,开发则以香港为总汇,期得廉能大员管其事,庶几有济乎?毅斋到,伊众志一定必有它山之益也。

子腾四子,大者才十四,尚有襁褓者,其弟季良(行五)十月杪来,其家事皆龢等为措置。明年二月全眷南归,其胞叔一教官、一绅董、一即榆林君也。榆林在远居乡者,好侈大,少实际,幸渔笙肺附必为出力,言之忾然。

龢白发盈颠,不能无离索之叹。寒夜涉笔,不能详尽。敬颂春禧。年世愚弟同龢顿首。腊月二十四日。

《翁松禅相国尺牍真迹》第五册

复奕谓函

光绪十一年二月初五日(1885年3月21日)

尊体大安,手书茂美,捧读庆慰,尚宜珍卫,第一慎避风之寒兼灯下看书也。

越事小作收束，商务正长，倭意叵测，只宜易将，不可撤防。法定则倭不能独张，且朝鲜非交州[①]比也。英俄开衅，微有所闻，彼殆为形势计耳！朝廷一震之威，已足化中原积弱之习，此后扩充培养正赖随时弛张也。容伏谒面罄。赐馔珍感不次。二月初五日。

《朴园越议》第二

致奕譞函

光绪十一年二月二十日（1885 年 4 月 5 日）

北郊之行，不免劳顿，极驰仰。同龢即日于役遵化，未遽伏谒。想尊体益复康健。谅山大捷，而讲事尚在一迎一拒之间，深机难测。澎湖之信，深虑台北牵动，淮、湘不和，必误事机，拨饷渐渐有搪塞之意，尤可虑耳！迫行匆促，敬请钧安不次。二月二十日。

《朴园越议》第二

复奕譞函

光绪十一年三月二十一日（1885 年 5 月 5 日）

十条始得寓目，著重在五、六两条。详其语意，谅山、保胜以内择地通商系彼自愿，稍一驳诘，当可转圜，得瓯脱数十里。然此为第一要义，不得不力持者也。三分税二前拟约中曾已言之，彼目光专注在此，我却示以大方，今既添洋货数语，则海岸之货不得混入，亦极周密矣。懿旨规画宏远，体制一节特予申明，正是抱定津约。赫

① 指越南。

以为难，盖故作波澜耳！度彼亦不甚措意也。统观添改处所，字字切实，但得彼无鬼域，我不动摇，则月杪可定局矣。敬复祗请钧安。原件均呈缴。三月二十一日。

《朴园越议》第二

致翁曾荣函

光绪十一年五月二十日(1885 年 7 月 2 日)

恩信北门贞裕堂地基，叶耆云出六百馀，眷要买，问我留否？我意地基太贵，惟贞裕之牌坊不准卖，若盗卖我不饶，买者不论何人，我不恕也。地基听其后人一支卖去，已信致恩并告汝知之。二十日。

《翁松禅家书》第二集

致周原祁函

光绪十一年六月初五日(1885 年 7 月 16 日)

子京仁兄大人阁下：

一昨奉手教，伏审起居清胜，大江南北人才甲天下，其文章亦关系天下风气，宿学首选，舍阁下奚属哉，钦企钦企。老凤名驹，一时腾翥，为可喜也。弟旧疾渐除，犹能步行十馀里，家信时至，吉卿病后委顿，菉亦颓然，如七八十者。家业日落，若遇歉岁，便难自给矣。贫乏不足道，其如气象萧瑟何？弟之出处皆如孤云独鹤，飘然而已。人行，敬颂秋闱得意。不次。弟同龢顿首。六月初五。

《翁松禅墨迹》第三册

致谭钟麟函

光绪十一年六月十六日(1885 年 7 月 27 日)

文卿吾兄年世大人阁下:

前奉手教,未及作复,清恙未平,悬悬无已。昨专人至,闻有引疾之疏,益辗转不能释。鼎轴之躬,锁钥之寄,两者皆关系不小,若仅是目疾尚无碍。坐照安西万馀里,规模初立,公与刘公张弛而权衡之,可致数十年之利,它人即有此精力,断无此气魄也。朝廷必不允准,此事还当审思。秾侯事,公能透底一陈否?其兆见矣。

弟汗证又发,衰庸可鄙,只是不可退,即亦不退,南既失而东可忧,自强当从自克始,吁!未易言矣。陇西迢递,万事努力,不为公一身计也。使者将发,情殷望切,不尽拳拳。敬颂起居。惟鉴之。弟同龢顿首。六月十六日。

《翁松禅相国尺牍真迹》第五册

致孙家鼐函

光绪十一年十一月初三日(1885 年 12 月 8 日)

明晚请过寒斋一谈,榕全[①]亦来,无肴有鹿尾也。蛰生吾兄。瓶生顿首。三日。

《翁松禅(同龢)手札》第九册

---

① 指徐郙。

复汤伯述函

光绪十一年十一月十三日(1885 年 12 月 18 日)

昨晚手教至,适赴署未归。来件收到,日内回信当与致陈函一并送呈。暇再奉谈不次。伯述大弟。瓶。

未刊稿,苏州市博物馆藏

致周原祁函

光绪十一年十一月十五日(1885 年 12 月 20 日)

子京吾兄大人阁下:

两奉手教,伏审旅次平安,江南题名记读竟无尊名,嗟诧而已。芍兄沦谢,触我旧憾,江山凄恻,如在眼前,况桑下浮屠耶!新帅来当推毂,恐其旧友多耳!受翁处漫致一函,未审可否?新选盐道,江君与之久故,倘此席可就,乞飞函来,或为一谋。弟近体粗可,舍下如何?索米东方,登楼王粲,同一萧瑟也。三吴重时节,今夕冬至,夜被酒,落笔不知点画,聊当面谈。词甫[①]可念。即颂道安不一。弟同龢顿首。十一月十五日。

《翁松禅墨迹》第三册

① 即张芝圃,时与周原祁同在湖北洋务局任事。

致阎敬铭函

光绪十一年十二月初二日(1886 年 1 月 6 日)

前日辱手教,温经书、寻义理之趣,退而循省,诲我深矣。示方数服似得力。

八日来只一两刻进讲,每出入禁闼,意嘿嘿也。黄河拨款稿删定极切实,二参尚在徘徊。福建司拟画一各省地丁奏销未完一分稿,乞斟酌也。秋气方深,风雨如晦,伏惟珍重,容再面罄不次。晚同龢顿首谨上。中堂我师尊右。初二。

《翁松禅相国尺牍真迹》第一册

致阎敬铭函

光绪十一年十二月十四日(1886 年 1 月 18 日)

曩者侍坐似谈及此,而鄙性健忘,是以令所司请示。陈庆桂、陈宗妫似皆可,仍望酌拟也。雪后风寒,尊体安健为祝。晚同龢顿首。恭请中堂夫子台安。十四日。

《翁松禅相国尺牍真迹》第一册

致阎敬铭函

光绪十一年十二月十六日(1886 年 1 月 20 日)

台驾辱临,未迓为歉,又未获躬谢为歉。进讲摺已用竣,乞饬再钞一二十件，切恳，切恳。中堂钧席。晚同龢谨上。

《翁松禅相国尺牍真迹》第一册

致阎敬铭函

光绪十一年十二月十七日（1886 年 1 月 21 日）

久缺聆教，伏惟起居万福，周荇翁所著《汉书补注》，其家新集行，昨送一本来，未知尊处何以酬之，乞示及。中堂钧席。晚同龢顿首。

《翁松禅相国尺牍真迹》第一册

致张謇函

光绪十一年十二月十八日（1886 年 1 月 22 日）

日来俗务纷集，胸次不清，吴壮武①行状久置架上，今奉还，题签未可用也。代作试录叙峭洁，极感，已付刊。季直吾兄足下。同龢顿首。

《翁松禅致张啬庵手书》

致翁曾荣函

光绪十一年十二月二十八日（1886 年 2 月 1 日）

士吉第七子来京，看其眉宇似尚有清气，或能读书，若能用功，我当竭力扶持之。会试只到十二人，曾往会馆一晤，尚未请也，张

① 指吴长庆。

祖仁品行何如？醇卿来信，意似欲捐训导也。

子馀服曹公方见好两日，又觉胃口不开，吾窃谓难治，虑之深，故言之切也。曾否与二房言之。同邑尚有求作文叙者，真不解事，劳人草草，笔墨久抛矣。留京五人内提督不值宿，今日醇邸断弦，值宿者又少一人矣。廿八日灯下。

《翁松禅墨迹》第三册

致谭钟麟函

光绪十二年二月初四日（1886年3月9日）

毅斋屡有归志，此时固万万不能离，其幕府有罗孟威、周铁真，两君者皆豪杰之士，可分其任否？两君楚材也。兄知之必审，便中示及。

《翁松禅相国尺牍真迹》第六册

致阎敬铭

光绪十二年二月初十日（1886年3月15日）

扈从贤劳。伏闻尊体向安，甚慰。驰仰十日中，晚曾一至署画诺。昨因骑马，腰脚酸楚，今日稍止矣。俸饷事，箴亭仍未商定，亦缘贵邸在座，不便谗言耳。敬候起居不次。晚名另肃。初十日。

《翁松禅相国尺牍真迹》第一册

致阎敬铭函

光绪十二年三月初十日(1886 年 4 月 13 日)

羽檄储胥,百端交集,况益以九日之劳耶!尊候如何,不胜钦向。进讲摺件批阅再周,须另钞数十件,乞属南屋诸君择事理稍新者,一切照例者,可删也。钞胥应略给津贴否?从前徐小云曾商及此而未办也。丹初中堂阁下。晚同龢谨上。

《翁松禅相国尺牍真迹》第一册

致阎敬铭函

光绪十二年三月十一日(1886 年 4 月 14 日)

所件(稿内另奏者几人?)允钞示,然勿在内廷送交,望携出就录,并以公意告所司,切勿言某所嘱也。乞喻此意不一。

昨得下颂臣函,奉览。鄂厘似已停,无可议矣。北档房所呈之件,昨已签出二三处交旭之。会典馆拟送何人?乞裁酌。中堂钧席。晚龢谨上。

《翁松禅相国尺牍真迹》第一册

复谭钟麟函

光绪十二年三月二十三日(1886 年 4 月 26 日)

文卿吾兄大人阁下:

手教至,欣慰无量。前者欲附一函而差弁已去,谨数日辄复付将，鄙性健忘，不省书中作何语，大抵复除夕惠函也。

陶公来畅谈西事，以龢之不敏，尚粗识事机轻重，矧番番黄发耶！事有大难，京饷、海军、东边、洋息一时并集，加以瀛台液池之兴作，神皋跸路之修治，其縻费实无纪极。内府不足，取之各府，各府不足，取之各路，于是行省扫地尽矣。江南之不能供老湘营，其一端也。昨毅帅已入文字，痛陈积欠非可抵捐。嗣后当相机经营，决不令安西槁饿也。

尊目以盐水试洗否？一日中默坐片刻为宜。贱体尚耐劳而精力已衰，策马则腰脚作楚。昨过畏吾村拜李文正[①]祠下，海棠落尽，野风凄然。今以公像一轴奉寄，苏斋旧藏，亦一段墨缘也。《西涯种竹图》则不可寻矣。灯下草草，敬颂勋安不一。世愚弟翁同龢顿首上。三月二十三日。

《翁松禅相国尺牍真迹》第六册

致阎敬铭函

光绪十二年四月初五日(1886 年 5 月 8 日)

谭[②]函奉览。金[③]争此二十五万，倘能划分一半则两济矣。中堂钧席。晚名别具。

《翁松禅相国尺牍真迹》第一册

---

① 指明代学者李东阳，李氏卒后谥文正。

② 指谭钟麟。

③ 指金顺，时驻防新疆、甘肃一带。

致阎敬铭函

光绪十二年四月初六日(1886 年 5 月 9 日)

昨晚归,承手教,未得复,悚息。退谷[①]书册奉览,愿得数字以为光荣。中堂钧席。同龢顿首谨上。初六日。

《翁松禅相国尺牍真迹》第一册

致阎敬铭函

光绪十二年四月初七日(1886 年 5 月 10 日)

今晨阁门起居毕,未晤庆邸。顷入署向黔司索邵函一阅,其意亦在税司,特未明言耳!已将此函交旭之(此件似由档房译较密)令拟两奏:一催去年四月后所办情形,江海已有成数,拟先提。一将八十六两统交税司代征,特须“二赤”[②]到后,译署罢前说乃可移□议于各海口耳!尊意以为如何?摺稿检未得,专复上。中堂钧席。晚生同龢谨状。初七日。

《翁松禅相国尺牍真迹》第一册

致阎敬铭函

光绪十二年四月初八日(1886 年 5 月 11 日)

顷与箴公谈河工款项,因有已报起程六十万未算入清单,北档

① 孙退谷,清代学者。

② 指海关总税务司赫德。

房请夹片声叙，晚意可听之，箴公亦以为然。归奉手示，敬悉。明日卯正二刻当专谒，数语即入也。中堂钧席。名顿首。

《翁松禅相国尺牍真迹》第一册

致翁曾荣函

光绪十二年四月十一日（1886 年 5 月 14 日）

菉卿览：

汇去赈款由源丰润寄，是三月十九日发，（今日已收讫）未知汇到否？此铺为摇动之意，急取为要。汝臂疾当愈，此不过寒湿凝滞，无大妨碍，杨艺芳[①]云见汝甚好，即应酬亦甚周到，伊见汝时汝送昭文县行颇早起，即此知汝不废事也。又云汝述及万里楼前送我不觉流涕，子弟中能如此者亦稀，吾闻之亦怅然者良久，因此颇欲汝勉强北行，期握手欢笑耳！艺芳明日行，十三日挈其如夫人、少子。其长子留京师，当内阁差也。此间事笔所难罄，春夏之间多雨少风，为近年所稀，麦秋可卜。此间近好，并合宅安吉。四月十一日。直庐叔字。

《翁松禅家书》第二集

致翁斌孙函

光绪十二年四月十七日（1886 年 5 月 20 日）

汝姐病不轻[②]，许君方恐亦未投，奈何奈何！今日当出城，归恐

① 即杨崇濂，江苏无锡人。

② 是年四月去世。

过午，故草语汝。画帖可即送还。

《上海图书馆藏翁同龢未刊手稿》第588页

致阎敬铭函

光绪十二年四月十八日（1886年5月21日）

户部来文，却未声明何项平色，当饬于回文内详悉开明，是日侍在库收发也。草草不次。

《翁松禅相国尺牍真迹》第一册

致阎敬铭函

光绪十二年四月十九日（1886年5月22日）

城南归甚晚，遂未入署，明日事必以满徒为准。愿公留意，南园[1]册借看数日，再缴不一。晚名另肃。

《翁松禅相国尺牍真迹》第三册

致阎敬铭函

光绪十二年四月二十日（1886年5月23日）

山西罂粟弛禁，若特旨准行，自难执奏，既下部议，则大体宜惜，公意何如？明后日薄暮，当奉诣一谈，不识可否？

《翁松禅相国尺牍真迹》第一册

① 指钱沣，清代学者。

致季士周函*

光绪十二年四月二十六日(1886 年 5 月 29 日)

士周世姻仁兄大人足下:

惠书久未报,俗事碌碌,想鉴谅也。即日伏惟起居安和。南中来函,知堂上纳福,极以为慰。鹾务积弊,裕如请之于前,足下厘定于后,商民感颂,政声洋洋,为诸路之冠,尤所倾羡。

弟于钩稽,素所不习,值此空匮,其何以堪,艰窘情形,正非一端所可罄;而蒲柳之姿,即奔走亦渐不支矣。兹有恳者:刘中鲁孝廉若曾去岁秋闱榜首,其人渊雅沉笃,有纯孝之称,弟颇爱敬之,欲求足下于津郡州县中荐一书院山长,否则教读之席之馆榖优隆者,俾不忧朝夕,成此大材,则幸甚矣。推奖情殷,故以奉嘱。子固近体想佳,面加丰而气加静,所学之精进可知。灯下搁笔,不尽所怀,即颂勋祺。姻世愚弟翁同龢顿首。二十六日。

《翁常熟手札》第三册

致阎敬铭函

光绪十二年四月二十九日(1886 年 6 月 1 日)

昨散衙早,与台驾相左,今闻尊候稍违和,实太劳勚宜少休。复谢君稿为箴相携去。晚亦未惬意,俟再商也。明当奉谒不次。

---

* 原件无年月,此处据文中"刘中鲁孝廉若曾(即刘可毅)去岁秋闱榜首"一语,知其为光绪十二年四月。刘可毅于光绪十一年九月顺天秋闱中元,翁同龢光绪十一年九月十一日日记亦有这方面记载。

牍书不敢任，容拟呈中堂钧席。晚同龢顿首。二十九日。尊谦非所施于后进，若蒙不弃，后勿尔，切祷，切祷。

《翁松禅相国尺牍真迹》第一册

致阎敬铭函

光绪十二年五月初二日（1886 年 6 月 3 日）

曹司说帖尚未细看，细看亦茫然，惟公断行之而已。馀晤罄。中堂左右。晚同龢顿首。初五。

《翁松禅相国尺牍真迹》第一册

致阎敬铭函

光绪十二年五月初四日（1886 年 6 月 5 日）

昨承赐《稽古录》四册，可资进讲，可惠士林，堪盛举也。侍有旧本可与新集订正数十字，容校讫奉览。世兄已来否？甚念。丹初老前辈大人左右。侍同龢顿首上记。初四日。

《翁松禅相国尺牍真迹》第一册

致谭钟麟函

光绪十二年五月二十四日（1886 年 6 月 25 日）

顷见明发，知倚畀之重，惟祝早痊，以副中外喁喁之望。弟再顿首。二十四日。

《春及草庐翁帖墨迹》

致翁曾荣函

光绪十二年五月(1886 年 6 月)

筐箧之物,士夫不道,然委而弃之则不可也。闻汝上房各件手自扃锁,自己周匝,果有帐目否?果无遗失否?试一检点当知之。金福得力之仆,其病正在得力,吾意黄喜在家可,寄信呼来何如?

《翁松禅家书》第二集

致阎敬铭函

光绪十二年六月初九日(1886 年 7 月 10 日)

彭公[①]函并卫信[②]并缴。数日来胸臆如有物也。筹边筹海非巨款、的款不能信,公其任之哉!侍同龢顿首。丹初老前辈大人尊右。

《翁松禅相国尺牍真迹》第一册

致阎敬铭函

光绪十二年六月十六日(1886 年 7 月 17 日)

阁拟仍用"训"字,某等则重"缓"字也[③]。公别入文字否?乞

① 指彭玉麟。
② 指卫荣光。
③ 指内阁会议西太后请归政光绪帝一事。

略示。此请或明日走谈何如？钧安。雨凉珍重。

《翁松禅相国尺牍真迹》第一册

致阎敬铭函

光绪十二年六月十九日(1886 年 7 月 20 日)

欲奉谒,风雨适至,伏想尊体未平,亦宜保啬,多谈伤气,故不敢造次。御医所用何药？第一须静摄也。曹司丛脞,事非一端,江苏洋药提划各款语甚含糊,非驳不可。琐屑不以奉读,谭文卿有论伊犁兵饷书,迟日再呈阅。专此,敬候起居不次。中堂钧席。同龢谨上。

《翁松禅相国尺牍真迹》第一册

致阎敬铭函

光绪十二年六月二十一日(1886 年 7 月 22 日)

雨滑微伤,三黄丸固佳,核桃酒可频进也。此后似宜用一苏拉出入扶将,至要,至要！未及奉候。专此,敬问中堂动定。晚同龢顿首。

《翁松禅相国尺牍真迹》第一册

致阎敬铭函

光绪十二年六月二十八日(1886 年 7 月 29 日)

数日疏于造请。旭之来,知尊体新感多汗,顷渐康复,驰企之极。伏祈屏思虑,慎风寒,一切簿书且勿省览,至祷之馀,非面莫罄,专请日安不次。中堂钧席。晚名另肃。二十八日早。

《翁松禅相国尺牍真迹》第二册

致阎敬铭函

光绪十二年七月初四日(1886年8月3日)

人事纷纭,汲汲顾景,致疏音敬迩,惟起居增健为祝。倭铜跌价,拟再定百五十[1],未审可否?昨示邵函,甚切实,但恐阻挠者众耳。日晚奉谒,面谈不次。中堂钧席。晚同龢敬上。初四日卯。

《翁松禅相国尺牍真迹》第二册

致阎敬铭函

光绪十二年七月十七日(1886年8月16日)

两承使命,伏审尊体未和,胃火上攻,唇颊疑挟风温,当须凉散耳。辣菜想亦助热。极驰企。前日城北之行,最勉强,必须请假珍卫。昨夕黄雾甚奇,稍暇奉谒不次。中堂尊右。晚龢谨上。十七日早。

《上海图书馆藏翁同龢未刊手稿》第13—14页

致阎敬铭函

光绪十二年八月初五日(1886年9月2日)

赐寿致送内府官礼物及苏拉赏犒似有帐,当寻捡奉呈。顷读

① 指户部奉懿旨,为赶办制钱,订购日铜一百五十万斤一事。

《柽华馆集》,真如太华峰头见秋隼也。中堂钧席。晚同龢敬上。

《翁松禅相国尺牍真迹》第二册

致阎敬铭函

光绪十二年八月初七日(1886 年 9 月 4 日)

允假休沐,甚慰下怀。秋暑惟以时节宣,所欲陈者非一端,晚再谒。贱恙初平,幸勿垂注。晚名谨上。

《翁松禅相国尺牍真迹》第二册

致阎敬铭函

光绪十二年八月初九日(1886 年 9 月 6 日)

中堂阁下:

手教至,备闻尊恙曲折,既慰且仰。公之身所系者重,窃望勤加颐养,克日康复也。闽粤饷事具如指挥,粤捐几何,恐未敌所停之三。今蜀又见告,将来当以各省情形痛切一陈耳。郁热,千万珍卫,不尽拳拳。晚名别具。

《翁松禅相国尺牍真迹》第二册

致阎敬铭函

光绪十二年八月初十日(1886 年 9 月 7 日)

购铜电信今日在署画行。归晤闽客,所谈殊不然,并开一单甚悉。贱子不长钩稽,乞一阅,阅后仍乞发下。单日运脚一项,未甚明晰,所谓中歧,想尚未出倭境。如核计较现在所购大省,则拟将前电追回,未识可否?钱样两枚八分五厘准并呈。昨见津局说帖,大约机器局厂即须百万上下,断断不能行者。鄙意闽如能任,则定一式交办为宜也。中堂钧席。晚同龢谨状。初十日。

《翁松禅相国尺牍真迹》第二册

致阎敬铭函

光绪十二年八月十二日(1886年9月9日)

筹铜摺知已呈画,若并筹滇铜,实未不及。科城两件已蒙特准,恐难更正。但已准者遵行,未准者仍驳。兵食加增或予年限。至倒毙牛只虽曰天灾,岂云年例,如明年不报,则今年尚可准销。所司断断,晚实无以处之也。粤东藩库出入未能算准,拟驳令查复再办,笔倦恕不谨。

尊体日来健胜,眠食何如?日扶行数百顿否?极悬悬。伏惟中堂名德尊宿,走等所宜师事,乃用流俗通家之例,以师见呼,惶悚非所敢承,后勿再施也。

《玉壶新咏》龢家藏二本:一影宋写本,一冯氏校宋本,纪河间①序,所谓常熟本者,疑即是本也。所示纪评有家法,其校勘亦甚审慎,但传钞不无一二讹失耳。暇时当一对看,稍迟奉缴何如?同龢顿首上。

《翁松禅相国尺牍真迹》第三册

① 指纪昀。

致阎敬铭函

光绪十二年八月十八日(1886年9月15日)

尊体健胜,久未奉谒,极钦企也。津海一事[1],果遭彼怒。鄙意综括数语曰:臣部未参以前,半年之久该关册报收数均系税多于厘;臣部既参之后,数日之内该关赶报收数却已厘多于税。其巧为斡旋之处,难逃圣鉴,云云。未知中肯否?馀俟面谈,迫夜不次。晚名另肃。

《翁松禅相国尺牍真迹》第三册

致阎敬铭函

光绪十二年八月二十日(1886年9月17日)

疏稿添数语极惬,日内即可具稿画奏矣。承示敬悉。贱恙得凉解已愈,惟头犹涔涔,蒙问深感。中堂钧席。同龢谨上。

《翁松禅相国尺牍真迹》第三册

致阎敬铭函

光绪十二年八月三十日(1886年9月27日)

徐电当与劼侯商酌,不审前日呈样铜者即自古河来否也?浙款如何电催,乞钧示。太常款原摺未见,今将季和函奉览不一。中

① 指户部奏参津海关道周馥短收洋药厘金一事。

堂阁下。晚同龢谨上。三十日。

《翁松禅相国尺牍真迹》第二册

致阎敬铭函

光绪十二年九月初一日(1886年9月28日)

早间草一稿,与福、嵩[①]二公面商,皆以为然。后幅经福公点定,兹呈钧览,伏望删削付下,当与所司斟酌也。官钱票局一节,福公以为说明为妥,尊意如何?敬上中堂钧坐。晚名顿首上。初一日。

《翁松禅相国尺牍真迹》第三册

致阎敬铭函

光绪十二年九月初二日(1886年9月29日)

昨由署归,触暑呕泄,今犹委顿。承钧示未获敬复。施稿似多泛语。明日如贱体得平,当面谈也。中堂钧席。晚生同龢谨上。初二日。

《翁松禅相国尺牍真迹》第三册

致阎敬铭函

光绪十二年九月初三日(1886年9月30日)

溥君[②]来,传示稿本,大笔添处极密。但长官前此有旨免处矣,

---

① 指福锟、嵩申。

② 指溥颋。

不请可乎？下文添改数字（指出算档上库庶有主名可按）还乞酌夺，明日即交燮兄处写官也。名另肃。初三日。

《翁松禅相国尺牍真迹》第二册

致阎敬铭函

光绪十二年八月（1886 年 9 月）

名次五人，公商龙川，毕竟最佳，馀皆平平而已。谢君[①]备取，稍未允耳，尊候向安，伏惟日胜不一。晚名别具。

《翁松禅相国尺牍真迹》第二册

致阎敬铭函

光绪十二年八月（1886 年 9 月）

手教一一聆悉。晨与庆邸谈，亦以全局所系，断难更动。惟将盐税一节删除，并云百货所抽照数还粤，粤庶几默尔乎？拨巡船价一件，箴翁意欲分两截作，未知初六能上否？孱体无病，适腹痛遽还，承问感切。中堂钧席。同龢顿首复上。

《翁松禅相国尺牍真迹》第二册

致阎敬铭函

光绪十二年九月初四日（1886 年 10 月 1 日）

适往西山，初八日乃得归。感寒身软，极勉强。归后奉教不

① 指户部司员谢启华。

次。中堂钧席。晚龢顿首。

《翁松禅相国尺牍真迹》第二册

致阎敬铭函

光绪十二年九月初八日(1886年10月5日)

徐君[1]回电,铜可得三百万,价较前增三钱五,请定数订购,若定则九月须付十二万,馀分两起续交,并候裁夺不次。

感寒偃卧,手教未答,歉悚,歉悚。赫议精密,粤海一处恐难仿行,一处梗则全局坏矣,如公所虑也。六个月补厘或尚可行,至罚款三百恐纷纷生事,章程果定,当开一面,往者难追耳。原件奉缴,乞携入署中饬发,申刻当追陪聆教不次。中堂钧席。晚同龢顿首谨复。初八日寅。

《翁松禅相国尺牍真迹》第二册

致阎敬铭函

光绪十二年九月初十日(1886年10月7日)

《留京日记》捡呈,《续通考》无处可借。专请钧安。晚名另肃。

《翁松禅相国尺牍真迹》第三册

致阎敬铭函

光绪十二年九月十一日(1886年10月8日)

河事乃东方数百万人之命,焉敢不供?内库之款悉索能给此

① 指清朝驻日公使徐承祖。

乎？当与同僚议之。张疏[1]顷一寓目，大抵筑堤、分流、疏浚三省并举，铜瓦之议罢矣。皖以垦荒与征信牵连，当驳之。厘金事与赵充国、主父偃议皆不侔，此藩服彼羌虏也，由典属国议何如？中堂钧席。孙函暂留。晚同龢叩头。十一日。

《翁松禅相国尺牍真迹》第二册

致阎敬铭

光绪十二年九月十六日(1886 年 10 月 13 日)

昨呈一笺想鉴入。顷闻全黄改道，正河断流，淮甸其鱼乎？沅翁[2]已折回矣。同治七年荥工虽小，尚用一百四十馀万。中堂左右。名顿首。

《翁松禅相国尺牍真迹》第二册

致阎敬铭函

光绪十二年九月十九日(1886 年 10 月 16 日)

议复海军经费摺稿呈阅，乞删定（明早当诣西馆面谈一切）。台湾拨款速议摺已署奏，并发电询九江、浙海现有若干矣。中堂钧席。晚龢谨上。十九日酉。

《翁松禅相国尺牍真迹》第三册

---

① 指山东巡抚张曜奏请拨款治理山东境内黄河事。

② 指两江总督曾国荃。

致阎敬铭函

光绪十二年九月二十日(1886年10月17日)

昨议如何,散时想已晚矣。汤文端公[①]联奉纳。晚牙痛殊甚。复奏摺稿略一寓目,尚简当也。中堂台席。晚同龢谨上。

《翁松禅相国尺牍真迹》第三册

致阎敬铭函

光绪十二年九月二十四日(1886年10月21日)

昨与子授[②]草一奏并黔司所拟并呈阅,想已达。晚家有病人,日事医药极琐细。今日早退,未获奉谒,驰仰之至。中堂钧座。晚同龢谨状。廿四日。

《翁松禅相国尺牍真迹》第二册

致阎敬铭函

光绪十二年九月二十四日(1886年10月21日)

曩得忠端墨迹,止此一诗,常雒诵,以为真刳肝语也。今检集,始知在戊寅出都时作。引据失伦,愧悚,愧悚。龢积忧成痗,对案不食,入门脱冠遂懒,更著迟未造请,驰仰极深,明晚定当进聆雅

① 指汤金钊。
② 指孙诒经。

诲。肃复,敬请尊安。晚生同龢叩头。二十四日。

《翁松禅相国尺牍真迹》第三册

致阎敬铭函

光绪十二年九月二十五日(1886 年 10 月 22 日)

晋司二件,未完一分,奏报迟延,二参逾限,并未奏报。劾则近苛,不劾废法,且恐各省类此者不免,未知所出,并请卓裁。

黔司具稿,辩则辩矣,犹未简切也。点定数字,仍未惬。倭铜前电拟购百五,今减价而不购,疑于食言,似应照前数订定,其馀且辽缓之,何如?中堂阁下。同龢谨状。

《翁松禅相国尺牍真迹》第二册

致阎敬铭函

光绪十二年九月二十八日(1886 年 10 月 25 日)

公手临纪氏批《玉台新咏》,珍重奉到,钱通政书苏公和陶一册,并缴上。三数日即缴。其踳驳处,宋刻已然,恐难是正矣。《韩文考异》方先生评不过数十字,然有味也。中堂钧席。晚同龢谨上。

《翁松禅相国尺牍真迹》第三册

致阎敬铭函

光绪十二年十月初五日(1886 年 10 月 31 日)

顷蒙颁赏慈宁宝翰,明日具摺陈谢否?伏望斟酌示复。同龢谨状。

《翁松禅相国尺牍真迹》第二册

致阎敬铭函

光绪十二年十月初八日(1886年11月3日)

三件奉缴,讦谟远猷,钦叹不已。龚定庵《西域置行省议》一移民,一改官制,未有三十六将军而能安辑者也。屯田新垦若干,有可稽否？馀晤时奉谈不次。名另肃。初八日酉正。解州支清地粮图说尚未展卷,先谢。

《翁松禅相国尺牍真迹》第二册

致阎敬铭函

光绪十二年十月初九日(1886年11月4日)

涣汗大号,钦服之极,明日公当入署,提卯册择算档上库者,饬所司责革数人即肃然矣。晚等亦必于未正前往也。敬颂钧安不一。晚名谨上。初九日。

《翁松禅相国尺牍真迹》第二册

致季士周函

光绪十二年十月二十日(1886年11月15日)

同龢慰言:前三日忽传尊公噩耗,方在疑信,而足下开缺之信遽至,虽未得尊公病状日期,然已确实矣。呜呼,以尊公之渊懿,潇洒强健，真切宜享大年，为吾党之矜式而止于是耶？回溯京国追随，里门谈宴，渺不可得，其能无悲耶？足下至孝性成，擗踊摧绝，自不待言；然当念毁不危身之义，且慈闱年高，尤须朝夕宽慰。又航海星奔，风霜凄紧，切宜节哀，万分自重也。全眷回京否？子固南旋否？皆极系念。粗布此怀，早晚再寄函。临颍哽塞不次。士周姻世兄至孝，同龢慰言。十月二十日灯下。

《翁松禅（同龢）手札》第七册

致阎敬铭函

光绪十二年十月二十五日（1886 年 11 月 20 日）

樵[①]信奉缴，并敝处函送阅，难得此疏畅之笔也。杨文未展看，屯旗置产一议，似有流弊，勿率准。昨南司断断者何事？不值一笑。士大夫所见如是，是可忧也。粤固倔强，其洋息亦当安排，午后赴署。大热惟保练。中堂钧席。晚同龢顿首顿首。廿五。

《翁松禅相国尺牍真迹》第三册

致刘秉璋函

光绪十二年十一月初五日（1886 年 11 月 30 日）

仲良仁兄世大人阁下：

自雄舸溯江，詹望之怀，与波上下。比闻弭节珂乡，停桡鱼腹，小有留滞，今达成都，朝野欣欣，知使星之照益都矣。韩公驱疟之

① 指张荫桓。

诗,杜老住夔之作,均不足为阁下诵也。

尊体多患风湿,似宜疏通,不宜峻补。蜀盐无弊,大惬舆望;藏饷暂添三万,亦情势使然。绾藏符者,慷慨喜大言,果足办此否?弟碌碌如故,坐啸画诺之外,毫无所能。左藏告匮,而消耗者正如万壑之东趋也。适往西山查工,恐使者即发,草草,敬候起居,不尽百一。弟同龢顿首。十一月初五日直庐。

《翁松禅墨迹》第四册

致阎敬铭函

光绪十二年十月(1886 年 11 月)

来教聆悉,九卿房恐未可谈,若径诣内务府板房奉候,亦恐旁观致疑,愿公深鉴此意。如有示谕,乞不惜数行见教何如?晚名谨上。

《翁松禅相国尺牍真迹》第二册

致周原祁函

光绪十二年十二月十五日(1887 年 1 月 8 日)

子京先生仁兄执事:

岁暮人有凉风鸿雁之感,忽枉手书,语长意重,侧想临江亭畔鹤去楼空,同此凄结也。弟发齿已衰,壮怀未戢,正如楼鹘闻铃,每欲制绦而起耳!执事以老学之放翁,作登楼之王粲,此怀可知,尚乞健饭劬书,慰斯寂寞。蒉侄来省亦第一晌之乐,斌孙日侍灯下,抽闲数语而已。民生日艰,吏事日蹙,汲汲顾景,殊鲜好怀。前惠茶炉屡试,佳甚。专复,敬贺年喜不一。弟同龢顿首。腊月望。

词甫乞道念,并谢羊颖,子和出京,途中迍邅也。

《翁松禅墨迹》第三册

致阎敬铭函

光绪十三年正月十八日(1887年2月10日)

摺稿以为有司所拟,遽尔涂节,仰承采纳,甚钦悚也。明日携至直庐,未刻即奉缴上。中堂钧席。同龢谨复。十八日。

《翁松禅相国尺牍真迹》第二册

致阎敬铭函

光绪七年正月十五日(1887年2月13日)

本欲奉谒,适燮臣来,知进书事[①]已蒙鉴及。其书简切,有补讲事,知公必深许也。明日呈递。谨此,奉闻不次。晚生翁同龢顿首。正月晦日。

《翁松禅相国尺牍真迹》第二册

致阎敬铭函

光绪十三年正月三十日(1887年2月22日)

薄暮归,始得读手示,适曹司又来白事,客去日落矣。明日当

① 指翁同龢等进呈陈奂《诗毛氏传疏》一书。

入署，面聆一是。复上中堂尊右。同龢谨状。卅日。

《翁松禅相国尺牍真迹》第二册

致阎敬铭函

光绪十三年二月初五日(1887 年 2 月 27 日)

广西请拨的饷，复奏细阅未惬，查其十二年三月原奏，缘边三路实系二十四营，其所称边军二十营云云，难保非抄手脱去“四”字，且上年本部会奏摺内，令将欠解协饷省分详晰声明，再为指拨的款，今该省查明报部，而本部所拨者仍是三省协饷积欠，恐于的款二字未符。愚意欲于三省中指实数款，或三省外另拨协款，方足以给。目前亟整顿两厂税务，裁减内地兵勇，固应另片陈明耳。此事关系边局，伏候卓裁。拟底一件并原奏等四件呈上。中堂钧席。晚同龢顿首谨启。二月五日。

《翁松禅相国尺牍真迹》第二册

致阎敬铭函

光绪十三年二月十四日(1887 年 3 月 8 日)

闽议所司来言，鄙意应筹者筹，应驳者驳，应劾者劾。海外严疆，朝廷所重，亦部臣所重，故遵旨勉力筹拨，至入款始称百万，今称百四十万，海防捐并未算入乌得谓之确实，声明清单俟核明再奏此必应驳；洋债擅借，此必应劾。刍荛之言，统候裁度。适检行李，草草不次。中堂钧席。晚同龢叩头叩头。十四日。

《翁松禅相国尺牍真迹》第二册

致阎敬铭函

光绪十三年二月十七日(1887 年 3 月 11 日)

拟底奉还,今日乞公于正午到署,龢亦以此往,会齐再商行止,较之车中坐候为胜,且署门本路过也。二孙兄未必前往,姑与一言。中堂钧席。同龢叩头。十七日卯正。

《翁松禅相国尺牍真迹》第二册

致翁曾荣函

光绪十三年二月二十八日(1887 年 3 月 22 日)

菉卿览:

久未得函,顷周维之、浦玉圃先后至。维之述相见时语,而两君所携带物件陆续交至,何其多也。绫罗价重,吾又不甚措意,食物则亲自检点,每种索尝,否则径饱虫鱼耳。常熟志虽好,究是旧志,以后如得分昭文后所修者乃佳耳!

昨日送驾毕,在内竟日,计十日中无片闲,又遇酒客,危坐终日,谈无可谈也。农田盼雨而当道祝晴,若遇雨则劳苦万倍,此役已费二百万矣。退直仍须入署。晨起,草草此数语不一一。二月二十八日。长瓶。

未刊稿,原件藏常熟市文管会

致阎敬铭函

光绪十三年三月初一日(1887 年 3 月 25 日)

新疆工程交议之件,如由户部具稿,会工部出语似无不可,乞酌度。连日俗务坌集,乞勿惠临。廿日所谈,便中函示。名另肃。朔日。

《翁松禅相国尺牍真迹》第二册

致阎敬铭函

光绪十三年三月初二日(1887 年 3 月 26 日)

二李今日之贤者,公颂言于廷是也。但未审圣意何如?东藩劾语嫌其过重,明日站班,归当奉谒面陈之。盖蠲免之恩,奏销之限,部中并未举正,亦疏漏之一端也。尊体过劳,伏惟珍重。顷成叔[①]来,未晤,又有客在坐矣。中堂钧席。同龢谨上。初二日。

《翁松禅相国尺牍真迹》第二册

致阎敬铭函

光绪十三年三月初四日(1887 年 3 月 28 日)

手示伏审,尊体未和,下怀焦虑,莫可言宣。日来牵于署事,故未奉谒,俟面陈也。张、季信当与档房商酌,药厘八十万似断无不拨还

① 指阎成叔,阎敬铭之子。

之理,公牍函胡,或难免宜季之断断也。夺其款而责其偿,虽桑孔不办,至理,至理。中堂台席。原信钞出奉缴。晚名谨上。初四日。

《翁松禅相国尺牍真迹》第二册

致阎敬铭函

光绪十三年二月(1887 年 3 月)

改本系与劼侯商定,似较空灵,敬以闻摺已阅妥矣。专请晚安不次。晚名另肃。

《翁松禅相国尺牍真迹》第二册

致阎敬铭函

光绪十三年三月十八日(1887 年 4 月 11 日)

海军、台省拨款并集,令人卧不安席。此后当入一文字,声明的款之不的也。晚策马疲苶,兼有俗务,未得伏谒。数日来尊体复元否? 廿日可销假否? 极驰仰。中堂阁下。晚同龢顿首谨上。十八日。

《翁松禅相国尺牍真迹》第三册

致阎敬铭函

光绪十三年四月初二日(1887 年 4 月 24 日)

粤函虽实情,亦愧辞也,今奉还。尊体过劳,宜静息,至祷,至祷。谭有差来,已交去矣。中堂钧席。晚名顿首谨上。

《翁松禅相国尺牍真迹》第三册

致阎敬铭函

光绪十三年四月初三日(1887 年 4 月 25 日)

昨向夕,闻玉门外有兵勇哗溃事,恐不虚,刘毅斋有六百里报也。安西郡县如浮沤,真可虑,奈何?新饷摺底乞饬催速上。晚日内恐不能到署也。名另具。初三。

《翁松禅相国尺牍真迹》第三册

致翁曾荣函

光绪十三年四月十二日(1887 年 5 月 4 日)

昨来条桌是楠木精制,已置北房,另木面已令带回,可饬捡收。风雨无聊,并字不写,体却佳。菉侄。同龢。十二。

书九本,字画等一卷四件,白摺三开,殊缺不全,问价若干。

《翁松禅墨迹》第二册

致阎敬铭函

光绪十三年四月十八日(1887 年 5 月 10 日)

同龢暑疾委顿,兼发旧疾,遂气恭不可当。此两日自揣不能赴署,再不愈,必请假也。谭函呈阅,看来雷[①]营所省不过五七万,而乌孙又觊此以填旧壑,奈何?天暑长者独劳义不可,惟有愧负,幸

① 指雷正绾。

自珍卫,闵雨之意燋然也。中堂钧席。晚生同龢顿首上。十八日。

《翁松禅相国尺牍真迹》第二册

致谭钟麟函

光绪十三年四月二十三日(1887 年 5 月 15 日)

文卿世兄大人阁下:

前函草草,未尽所怀。嗣闻有驿报,而信使未至。直庐深寂,如在山中。但闻公疾起治事,足纾朝廷西顾耳。欠饷得百万,未审何日可到,能断葛藤否?乌孙措置如此,索伦锡伯辈漏刃孑遗,劳来安集之不暇而顾浚我以生乎?雷伟堂再识面,静退不嚣张,其部曲遣散多矣。泾原间不可不宿重兵,留其半以断陇,似亦当务之急,惟公裁之。朝邑[①]与弟共致此意也。

裁官之议,枢部拳拳,当如尊见,尚未具删,菲材虱剧地,略如瘦马陟坡,民生日蹙,隐患尚多,岂敢作自闲计!其如孱病何?尊目渐明否?鄂僧善治眼翳,能延致之,当有奇功,悬系之。灯下略布一一,敬颂勋安不一。弟同龢顿首。四月二十三日。

《翁松禅相国尺牍真迹》第六册

致刘秉璋函

光绪十三年四月二十四日(1887 年 5 月 16 日)

前巴县令国君璋久承青睐,需次不能给家累,幸鉴及。此亦祈请之一,但其人老练,非虚滑者比耳!

---

① 即阎敬铭。

再启者,敝同年梁守炳汉前由部署出守桂林,中历块而邅回,遂请缨而奋起,今者来游蜀栈,近隶仁帡以同谱之知交,因玳笺于左右,梁君卿举亦系辛未年也。切冀裁成,诸惟垂鉴不次。弟名正肃。

《翁松禅墨迹》第四集。

致谭钟麟函

光绪十三年四月二十九日(1887 年 5 月 21 日)

文卿吾兄大人:

执事手教稠叠,并审起护诸将甚慰。拨饷百万倘未到而有急,只得申部垫之议耳,如何？毅帅有旨慰留,当力任此艰巨。锡笃疾而代者杳然,有长君者习西事而气度褊浅,今方赴都护任耳,恐未可以边琐付也。

前函雷部云云,乃丹老意,弟亦颇闻。秦望一带,当我孔道,窃虑陇上空虚,故有留兵之请,与雷公只杯酒一谈也。弟每晨起跪数四而旧疾悉除,足告慰。适趋朝,匆匆不一。敬候大安。年世愚弟翁同龢顿首。四月二十九日。

《翁松禅相国尺牍真迹》第六册

致阎敬铭函

光绪十三年闰四月十一日(1887 年 6 月 2 日)

一昨正欲诣谢而腹疾适作,贱躯实未羸敝矣。南园帖〔金璧〕〈精辟〉可爱,敬拜嘉贶。谭文卿书来,致钦仰之意,属为转达。塔营兵哗,现已就抚;澳门事,闻甚难,香涛[①]力言其弊。尊体得一月静息必康复,切望切祷。中堂台席。晚同龢谨上。十一日。

《翁松禅相国尺牍真迹》第三册

致阎敬铭函

光绪十三年闰四月十六日(1887 年 6 月 7 日)

手教敬承。刘函二事似应由公复奏。邮政改作甚难,转漕则必有攘袂而起者矣,然请下南北洋议,极是。中堂台席。同龢谨上。

《翁松禅相国尺牍真迹》第三册

致刘秉璋函

光绪十三年五月二十七日(1887 年 7 月 17 日)

仲良吾兄世大人阁下:

蜀云迢遰,时时以尊体为念。昨读手书,洒然如面谈也。三川雄博,非阁下之气概不足以举,亦非阁下之精密不足以持,前政于选吏任将或百中一失也。卫藏黄冠,愚不可疗,然如与可之措置,恐转多事端,自大驭夷,未有诚信未孚而可以气矜从事者也。盐筴积疑,今乃大剖,南沾六诏,西被流沙,繄此是赖。

弟待罪农曹,金谷非所习,有司握算,类多课虚,责有意甚非之,而结习难破,世人每诋桑孔,不知桑孔尚是聪明人也。若许事而我数措大厕其间,果有哤韈之势,孙兄移官乃真是福。秋风起

① 指张之洞。

时,此意常在五湖三泖间也。上元日暄和清朗,万众滮滮,巷祝衢讴,天下之福。专泐,敬贺春喜,不尽百一。世愚弟翁同龢顿首。

《翁松禅墨迹》第四集

复谭钟麟函

光绪十三年六月二十一日(1887年8月10日)

文卿吾兄年世大人阁下:

尊札来,即与朝邑同看,虽点画烂漫而真气流衍,且询诸西人,知台候于目疾外,眠食均安适,数月后定当痊复耳。鄂僧能延致否?寻医勿惜费,闻需辽参入药,此物卖者恐未真,真者又未易识,弟托人于吉林觅数枝,若寄到,当驰上也。

弟此平平,署事随人俯仰,顷筹备大婚典礼四百万,半由部库,半指外省,外省有何的款?所指拨者,除截留京饷,更无他法也。京朝官风气大率以按部就班为晓事,积而久之遂成一种麻木不仁之症。弟亦其一也。立秋前后大雨三日,低区潦而河防尤可虑。弟亦病暑,不能食,殊委顿。人还,草草布复,朝邑寄声奉候,惟鉴不宣。年世愚弟同龢顿首上。六月二十一日灯下。

再,雷营七个月饷,以愚意揣之,自可由本年二十五万尾数内截留拨给。惟金营前已专指此款,再抵发欠饷之需,部中虽未允,然亦谓此二十五万者已照常年添拨矣。未知金要争此否也。来年新饷当仍以四百八十指拨,安西万里,岂可无宿储哉!此本计也。总之,边局非公不支,边饷亦非公不了。窃望尊疾胥蠲,中外之福,再颂勋安不一。弟名正肃。

《翁松禅相国尺牍真迹》第六册

致曾国荃函

光绪十三年七月初五日(1887 年 8 月 23 日)

沅圃九世丈制军阁下：

疏懒久未奉状，侧闻兴居绥和，深慰驰仰。赐墨稠叠，厚意殷然，瞻望节麾，无以为报。劼侯晨夕晤聚，深获他山之助，重伯[①]英英轶才，必有非常勋业，德门后起，洵多贤也。同龢庸碌自惭，方拟乞假修墓，若果，或可一拜铃辕耳！专泐，敬颂勋安，诸惟垂鉴。治世愚侄翁同龢顿首。七月五日。

再启者：关都司仙保[②]奉差来津兼为广公[③]治疾，其时广公病已剧矣。意徘徊不自持，留之萧寺，诊脉数次，亦未服其药也。今广公已殁，其家乃廑以二百金助其资斧，此行辛苦，朋侪中无不叹息。伏望深鉴此意，恤其勤劳，幸甚，感甚。侄名正肃。

《翁松禅(同龢)手札》第九册

致阎敬铭函

光绪十三年七月初七日(1887 年 8 月 25 日)

闻公续假，驰仰甚深。足软是病后常事，似宜少佐补剂。贱体感阴暑，泄两昼夜，极思晋谒又极懒也。客退，胸次不舒，草草敬问

---

① 曾广铨，字重伯，曾国藩之孙。

② 关仙保，前广东水师提督关天培之后。

③ 指广寿。

起居不一。晚名别具。七夕。

《翁松禅相国尺牍真迹》第四册

致阎敬铭函

光绪十三年七月十二日(1887 年 8 月 30 日)

中堂钧座:

予假二月,实副中外之望,愿勤加颐养也。盐商淮南稍有馀利,当商五百则蠹吏为之耳。汇号若捐巨万,其亦可矣。但分号统捐系金吾之论,当就商之。际此时艰,口头会箕,敛研桑之术,流弊孔多,惟有嗟叹不一。晚同龢谨复。

《翁松禅相国尺牍真迹》第四册

复谭钟麟函

光绪十三年七月十六日(1887 年 9 月 3 日)

文卿吾兄制军阁下:

弁来奉手教,陇头之信才及兼旬,极快意,何减面谈。敢尊体康胜,惟右目云翳,鄙意只用新象牙磨人乳点之,此屡效之方也。

来教笔势遒紧,绝不见眼花错莫之迹,知内养深矣。西饷懈散,所系匪细,当与同人斟酌办法。楚南、粤东皆有停减新饷之请,部驳虽严,究无一条出路,此必误事也。

来教官车局似有应接不暇之势,似宜奏明暂增,而常年不在此例,以符前论。弟于此等事从未措意,坐啸画诺,几同偶人。朝邑在告,尤滋丛脞,京师多雨,近来累日如倾天瓢,低区已成泽国,如何之?朝论亟复制钱,部议以三年为请,先购倭铜,再筹滇产,用机器成造而附于津沪局试办,九城钱肆如云,票钱如海,不可骤动摇也。灯下草草奉复,即颂勋安。贱体怔忡频发,他无所苦。承念并及不一。弟同龢顿首上。七月十六日。

安西藩师自是定论,一篇烂帐,从何说起,鄙意最不喜翻驳已往之事,况驳不胜驳者哉!传云纷纷,敬闻命矣。弟再行。

《翁松禅相国尺牍真迹》第六册

致阎敬铭函

光绪十三年七月十九日(1887年9月6日)

昨日侍谈,归而自失,知纤草不足御长风也。原件奉缴。公其为国自重。中堂钧座。同龢谨上。十九日。

《翁松禅相国尺牍真迹》第四册

致谭钟麟函

光绪十三年七月二十三日(1887年9月11日)

朝邑钦仰阁下,以为鄂渚一见,即识伟人,嘱道诚悃。毅军欠饷,此间亦未审的数,照例转催,空论何益?至粮运事,不免驳诘,恐糈台亦有失词耳!塔台事已了(电信由俄来),彼处案堵。令郎何日来应试?切盼之。

《翁松禅相国尺牍真迹》第七册

致阎敬铭函

光绪十三年七月二十九日(1887 年 9 月 16 日)

赫呈,黔司抄得,兹将原件奉缴。顷晤劼侯,备闻银行颠末,真诧事也[①]。盛件如教复之。徐君说帖,曾与劼侯一观,亦以为善,他处未遍及。昨赐联,寻绎有味,当置座右。尊体珍卫不次。中堂左右。同龢顿首。

《翁松禅相国尺牍真迹》第三册

致谭钟麟函

光绪十三年八月初九日(1887 年 9 月 25 日)

文卿仁兄世年大人阁下:

世观察行,曾附一缄,计得彻左右。顷尊使来,复得惠书,具审动定曼福。尊日如何?窃所深念,事烦岂得养?若得养则事将谁属?塔城三营之事未得要领,大率欠饷在所不免,讹言一煽,远近可虑。去岁伊犁遣撤,吉江马队糜饷七十馀万,而一兵止得二十两。五月中双全所部过都,兵丁逗留不肯行,讦其统领克扣,而统领呈出印文,有发三成的据,现在尚未办结也。乌孙绿营仅月一两,尊疏亦尝及之,不知继之者肯发其复否?此风不变,轮台以西非我有也。

---

① 指直隶总督兼北洋大臣李鸿章派周馥、盛宣怀、马建忠等在天津与美国商人米建威(Mitkiwing)谈判中美合股开办华美银行一事。

另单所示,深服稽核之精,但未知四百二十万之数已入奏否?十四年部拨,昨已奉旨照数饬解。弟等之意以为姑留有馀,用备缓急,想硕画早经洞澈也。朝邑屡屡乞假,大有引退之意。弟樗然散材,焉能堪此兼之。舍侄仲渊在籍殂逝,家门凌替,此怀可知,进既无补,退复安归?贱体得力于劳顿,食虽少犹支持也。西风萧然,凉气入户,剪灯草复,不尽依驰,敬颂大安。年世愚弟同龢顿首上。八月初九日。

《翁松禅相国尺牍真迹》第七册

致阎敬铭函

光绪十三年八月十四日(1887 年 9 月 30 日)

草账奉上,当时太侈矣。摺稿不知处所,容寻捡也。中堂台席。晚同龢上。

《翁松禅相国尺牍真迹》第四册

致阎敬铭函

光绪十三年八月二十日(1887 年 10 月 6 日)

公尊体何如?夜来得眠否?服药否?欲谒又恐费将接,不胜驰仰。专上。中堂钧席。晚同龢谨启。

《翁松禅相国尺牍真迹》第三册

致翁斌孙函

光绪十三年八月二十日(1887年10月6日)

冯方于温中带散,且柏叶、桑叶皆凉,似极妥,即可照服,须将分两秤准。细辛、干姜煎有效,勿疑也。服后细细体验何如,再行告知冯处。二十六日能往否?须下半日在家中。伊原未约定,不过云须过此两三日耳,一切自重。此方"生羌"想是"生姜"之讹,葱姜发散肺中积气,非热药也。积雨路难,吾不能出。

《翁氏家书》第十五册

致阎敬铭函

光绪十三年八月二十二日(1887年10月8日)

手教并唐公书读悉,当付曹司。河决郑州,淮甸震动,宜备巨款如何?圜法疑可缓而以为急务,吾辈著力不得,若入对,必入陈,否则无路上达。公一身所系者重,惟祝早愈强起,慰斯饥渴。专上中堂钧右。晚同龢叩头。二十二日。

《翁松禅相国尺牍真迹》第二册

致阎敬铭函

光绪十三年八月二十三日(1887年10月9日)

尊体想有瘳,甚悬悬,以得眠为要。昨箴相始以龙议交还,不以为然,固早知其必不谓然也。劼侯云实无办此之人。银行条款闻多不妥，译署拟以闻，此仲复[1]语，诸公不知何如也？徐议后一段极佳，执能以商于当轴，激发其志气者耶？悠悠十年不可为矣。张君拟陪，鄙意亦合，其人勤细，察无他过。黔稿恐无以易除矣。专请大安不一。名另肃。

《翁松禅相国尺牍真迹》第三册

致阎敬铭函

光绪十三年八月二十四日(1887年10月10日)

城南归，承手教论河事，知公饥溺之怀。汴西一道，宋时旋决旋塞，隋之板渚，宋之闵河实引河历汴入淮，倘所谓汴东道者耶？然今之淮非昔之淮矣。自道光初，清口塞，而云梯之路绝，全淮渚于洪泽，洪泽涨则溢，高宝湖之涨则并集邗沟，于是江水受淮横截，而濒江数省水患亟矣。今闻郑州决口三百馀丈，大溜掣动，舍长淮无生路，小则淤洪泽，大则破高堰、荡豫楚州，东南财赋沦胥。矧四渎并一，自古未闻耶！私衷惴惴，若坠渊谷。豫抚仅奏报，他处无闻，江督亦未闻折回之信也。中堂近体如何？不胜仰望。晚同龢顿首再行。二十四日酉正。

《翁松禅相国尺牍真迹》第三册

致阎敬铭函

光绪十三年八月二十六日(1887年10月12日)

温旨宽给假期，下怀欢忭，道体与春气俱融也。俗务填委，未

① 指沈秉成，浙江归安人，官至安徽巡抚。

遑敬诣。专上中堂钧右。晚龢顿首。

《翁松禅相国尺牍真迹》第四册

致阎敬铭函

光绪十三年九月初二日(1887年10月18日)

世兄疾犹未平,极驰系。洋水未宜轻试,胆连只能治标,此必热痰凝于脾胃耳!尊体尤望慎重,寒夜不眠,勿再劳神也,切祷,切祷。名谨上。

《翁松禅相国尺牍真迹》第四册

致阎敬铭函

光绪十三年九月初七日(1887年10月23日)

手教至,知九日当续假,益驰系。时事极难,我公在告,此下走所愁绝者也。用絜说帖,雄发可喜,明日携以入内。午后再与北档房商酌停海军、裁长夫、改捐例,此日来所筹议而未定,减漕借债,容再审度耳。另篇二策,疏海口尤扼要。总之,此士不凡。晚怔忡大发,稍愈再伏谒以罄所怀。尊体千万珍卫。敬复上。中堂我师台右。晚同龢顿首。初七日。

《翁松禅相国尺牍真迹》第三册

致阎敬铭函

光绪十三年九月初十日(1887年10月26日)

一昨河议闻需二百万,尚未见阁钞也。三册复奏摺稿已入览否?员外一缺,刘、田皆曾拟陪,刘一,田二,似应予刘,乞示。及厘金、开屯非不佳，若先借界移军，则蒙古疑虑矣。敬上中堂钧席。晚同龢谨状。初十日。

《翁松禅相国尺牍真迹》第二册

致阎敬铭函

光绪十三年九月十二日晚（1887 年 10 月 28 日）

数语未足尽所怀，然蒙教深矣。《稽古录》校本三册并新录出四册（前两册稍是正，后二册未看）送阅。秋暑伏惟珍重，以副喁喁之望。晚名谨上。十二日晚。

《翁松禅相国尺牍真迹》第四册

致翁斌孙函

光绪十三年九月十三日（1887 年 10 月 29 日）

斌览：

自汝回南，□□□随□□，不知何日抵里，□□□□□□□□久矣，古礼且勿论，惟御内饮酒必不可犯，方氏所谓屏不齿者也，可告汝弟辈。吾乡掩灵后，客不入中门，□□然客恐□□，即库楼下□□□所谓□□□也。

吾体支持，官事焦头烂额。宅中安好。白师气宇开展，教法亦稳，两稚不至嬉戏，吾力防其逃学也。百□□□捐输，吾□□庐借一千，尚未当言捐，交。刘二案屡次传人，可厌可恨。菖蒲交张，一切尚安静，无过虑。九月十三灯下。瓶老。

海防捐将改河工捐，减二成上兑，班次如何，尚未议定。

《翁氏家书》第十八册

致童华函

光绪十三年八月（1887年10月）

粹甫[①]疾亟，往看未入，闻李先生者主医药，可诧也。朱桂卿云已难治，老前辈必日日往。晚明日有近郊之行。归再奉谈不次。晚同龢顿首。

《清代名人手札甲集》

致翁斌孙函

光绪十三年九月二十日（1887年11月5日）

付弢夫：

得沪电，洒然如释重负，好在六日无风，计二十可抵家。休中何如？仍悬悬。天佑吾门，当有瘳也，敬之，敬之，一刻无怠。哀慕中节以礼，发舒时亦节以礼，两言而已。鸽峰方向未宜，安厝当在明春，勿汲汲。四叔到家尚无信来，亦甚念之。各房想俱安，信未详述。昨衡信至，高堂已知，尚能排遣，有信予汝，今寄去。

吾公私兼顾，自吃重，然犹支持。河工需六百万，计罗掘未足填此，中外皆主速塞，姑尽人力，以待天意；江南主导淮，亦当

① 朱其诏，字粹甫，上海宝山人，翁同龢会试同年。与其兄朱其昂（云甫）同经办轮船招商局事务。

务之急;山东趁此时疏大清河,自是要著;倘今冬决口不塞,春汛至,淮扬里下河危矣。丹老、燮翁[1]皆在告,吾任益重,惟静惟默,处此繁剧,就直庐小窗写数行,不尽欲言。九月二十日。瓶叟。

《翁氏家书》第十七册

致阎敬铭函

光绪十三年九月二十一日(1887 年 11 月 6 日)

迩来尊体想渐向安,不胜驰仰。河南清查一篇花账,该司驳议,语意亦复重沓。现在如何清厘?将来如何归宿?龢等所能任,伏望钧裁。梧、浔前亏之项,龢意拟驳,福公[2]意拟准,亦望折衷。中堂钧席。晚龢顿首上。廿一日。

《翁松禅相国尺牍真迹》第二册

致阎敬铭函

光绪十三年九月二十二日(1887 年 11 月 7 日)

由署归,读手教,各关税厘互校,似无成说。惟宁、温二处洋土各行皆有劳金,故洋行售时,许局员查。如土行取药,必以局员票照为凭。有税即有厘,办法最好。九江傍关设局,其意亦在比校,馀无闻焉。今日已饬黔司速具稿,所示当商办。若档房施君肯帮

---

① 指阎敬铭、孙家鼐。

② 福锟。

忙,故应远胜耳！中堂钧右。晚同龢谨复。二十二日灯下。

《翁松禅相国尺牍真迹》第四册

致翁斌孙函

光绪十三年九月二十三日(1887 年 11 月 8 日)

自初七大风后至今半月温暖无风,今日愁云凝结,朔风萧然,始有岁暮之思。官事日难,至废寝食,昨夜辗转数四,为黄河筹款也,六百万巨款朝廷以指顾出之,焉能给乎？本请停购外洋物件,暂停兵丁米折,仍给一成五实米。调附近防营佐工,而皆驳去,路益窄矣。窃恐土药加征,众人眼光所射必不能免,既独劳又所处极难,金石亦糜。写此知吾近怀。立冬日午初直庐。今日接衡州信并寄去托许事,且听之,我不便讲此。

《翁氏家书》第十七册

复谭钟麟函

光绪十三年九月二十七日(1887 年 11 月 12 日)

文卿仁兄年大人阁下:

人来得惠书,慰问殷拳,不胜感戢。中年以来,乐事极稀,而凋谢者乃如冬叶也。安西万里转馈不敢缺,故新饷仍前,而乌孙则欲复满营,新疆则疲于工作,恐此区区不足供布置耳。伊塔之事,渐渐图穷,朝廷尚且优容,主计安能诘问？即如双统领一队,至今尚滞都门,近且渺无消息。郑州河决,估需六百万,不定能塞否。即塞亦恐未稳。论大计则此时当复云梯故道,论经费则中外搜括已尽，更何从筹此巨资？中夜浩叹，一筹莫展。现议改捐例（另开郑工捐，比海防再减二成，惟花样则仍八成）、集捐输（盐商、号商、当商）、裁长夫，骎骎议及加征土药矣。而工作不能停，俸饷不能减，部库之积，明春扫地，将如何哉？朝邑心力交瘁，足弱舌强殊憔悴。弟勉强支撑，百病皆集。尊体安胜，目疾且听之，会当复光。……近人王西庄先生即是也。灯下草草，复请大安。贤郎文孙均吉。弟同龢顿首。九月二十七日。

《翁松禅相国尺牍真迹》第七册

致翁斌孙函*

光绪十三年九月二十九日（1887 年 11 月 14 日）

弢夫览：

得上海函始释然，抵家后惨戚中加以应接，好自将息，吾梦寐在汝身〈边〉也。海行安稳，蒙天之佑，念我门祚衰落，惟遇事三省，养身进德，拂逆忧思，正是进境，勿悠忽，勿任运，撑起脊梁为之。

吾尚支持，内直只一人，署中须日至，又值至难至窘之时，转欲珍重此身，应斯烦冗。河务估六百万皆出部库，发二百万，截三百馀万，馀筹足。明春发款无着。河工捐已奏准，尚未开，各省皆收，照海防减二成，花样不减。朝邑在告，孙兄臂疾几一月也。寓中无事，皆安好。白师馆课较松，大致平稳，七保尚安顿。曹君改笔清楚，余不过略绰一观耳。灯下写此，寒威侵人。九月二十九日。瓶叟。

《翁氏家书》第十七册

* “吾梦寐在汝身也”不通，应为“身边”，漏“边”字。

致阎敬铭函

光绪十三年十月初二日(1887 年 11 月 16 日)

昨晤莱山,知尊恙尚未平复。日来患热,木火交乘,宜静剂不宜燥药,切望加意珍卫,不胜驰仰。部事且置之,未敢以琐屑烦清听也。退直即有新贵来谒,不胜将接,故未奉诣。中堂钧席。晚名另具。

《翁松禅相国尺牍真迹》第四册

致翁斌孙函

光绪十三年十月初二日(1887 年 11 月 16 日)

滋斋吾岂不知,但仰面南丰,吾所不欲,彼来函,吾不答。闻南丰病,极委顿,许君亦不□□□事懈弛,言者非一。□□□□信至今沉阁也。海上外销,南丰为力,恳于译署,吾拟酌中,朝邑未肯,箴尤迟疑。即一事必商量半年不定,徒为科房作计,它事可知。张敬堂子未到,季佐赓来未见,云有疯病,果否?送笔十枝,只得受之。

《翁氏家书》第十六册

致阎敬铭函

光绪十三年十月初四日(1887 年 11 月 18 日)

中堂尊体今日安胜?咯血已止否?左边麻木及眩晕稍减否?静坐不看文字,数日即平复,未敢伏谒。敬致区区。晚生同龢顿首。

《翁松禅相国尺牍真迹》第三册

致阎敬铭函

光绪十三年十月初五日(1887 年 11 月 19 日)

尊恙渐平,服何药,夜得眠否?川豉冬菜少许奉尝。粤停捐、闽请拨,殊纷纷也。中堂钧席。晚名别具。

《翁松禅相国尺牍真迹》第四册

致翁斌孙函

光绪十三年十月初五日(1887 年 11 月 19 日)

斌览:

正盼信,顷得九月二十三号缄,知抵家如礼,稍慰。第未审旧病脱体否?饮食如何?面发热否?心气虚否?何言之略也。四叔小恙愈否?皆极悬悬者,馀具悉矣。汝母劳悴忧伤不待言,见汝当慰意,汝两弟能依我语,他日定不拓落,君子于此观人,千不失一,彼不知礼者天厌之矣。巨族拔亲或出于不得已,且勿轻议,盖不忍议也。容貌居处,慎之,慎之。衡州有信来,此间亦有信去,不止一月三函,许信不解,且寄衡矣。白师大段笃实,吾亦略与周旋,此可与谈者也。朝邑决退,燮兄在告,一肩挑担弗能胜也。宅中平安,邑子皆佳。劬庵子化去,莘伯[①]函论河务,谓断不可复故道,又以大

① 指杨崇伊。

义责我，陷井之蛙，不足道也。十月五日灯下。

《翁氏家书》第十七册

致翁斌孙函

光绪十三年十月初六日（1887 年 11 月 20 日）

［前缺］正缄，函间得无□否？□□上下平安。□□南归，甚悬念，若尚□□决计引退，首府至今未定，函□□还如前说，若必欲则寄款亦可，介夫终不能信云云，似尚未知，彼推托且缓之说也。

接汝母及诸弟赴湘，为计亦是，但盘川不易，汝能送往否？汝往益增吾虑，不往亦不放心，两难也。付弢览。十月初六日灯下。

近日发信较汝为勤，衡信已发三函，日内又当寄一函。

《翁氏家书》第十六册

致阎敬铭函

光绪十三年十月初九日（1887 年 11 月 23 日）

昨晨奉函，未知请假。承手教，眩晕不寐，当缘肝气郁塞，伏望善摄。

路难，贱体初平，昨未至署。海军复稿尚未见也。薛帖收到，顷拟装治，装讫尚求题数字增重。敬此起居不宣。中堂钧席。晚同龢再拜上。初九日。

《翁松禅相国尺牍真迹》第三册

致阎敬铭函

光绪十三年十月初十日(1887年11月24日)

俗务烦见,兼以懒性,久未造请,公体何如?甚思一谒也。昨有投书者[①],一论河务,一论屯务,其文字似通不通,其人则从未识面,亦未悉其平生也。其所谓"岱海振古未闻",意即朱子谓"云中正高脊,处水分东西"者耶!此论颇新,至边城开田,实是要务。世有赵充国、刘世让者,所当经营也。呈公览观,旦晚趋侍不次。晚名谨上。初十日。

《翁松禅相国尺牍真迹》第三册

致翁曾荣函

光绪十三年十月初十日(1887年11月24日)

菉卿览:

以吾悬悬于汝,知两地共之,得第二函甚悉,并知近体粗可,亦足慰怀。斌于霜降曾发病,秘不使吾知,今日始睹其与伯双[②]信,乃爽然。伊到家一函及此次汝函均(函胡)〔含糊〕,疑立冬又发矣。他且勿道,第一告我实话,愈(函胡)〔含糊〕愈牵挂也。稍消停或令赴苏,邀马培之一诊,马学虽浅,临证却多,可与酌之,告汝嫂切勿使伊劳神,过冬至立春再说。

---

① 查翁同龢是日日记,函中投书者是指山西候补知府李廷兰。

② 陈侃,字梦陶,号伯双。事迹不详。

吾体尚健，心阴亏非药能补，因汝函劝，今饮牛乳以泽之。公事万分为难，姑且支撑，河不塞固病，塞亦未即安，患正长耳！宅中无事，打更尚勤。昨老刘、老梁在上房旁小屋，煤熏几死，吾亲以酸菜冷水灌之，纷纭半夜，次日大酺以劳之，伊等极知感也。仆人苦少，长喜又将归娶，长庆稍逊，馀未得力，夜间安静。圉人案已结矣。族中文兄士章凋陨，为之摧剥，昔耕梅公于老祠堂祭毕合食，见我乐志堂人有三桌则欣然而笑，今如此耶，可叹，可叹。士敏子入学，极可喜。调卿有信来，甚得意，一衿虽微，书香所系，吾拟致贺，且待汝寄也。此间造屋三间，经木厂大做须三百金，又并长安街屋欠项二百，一律付清，遂尔大空。架子大而门户大，将来必成笑柄，惟汝知我耳。白师教德平妥，不能久居此，明岁斌来，彼即辞去，觅外省馆地。两稚不至放荡。七保尚用功，进境少，惟字稍好。今日出城晤二庞，同邑皆佳。连日天暖，恐大风冷河冻，赶紧寄。此问汝夫妇均好。十月十日灯下。瓶生。

未刊稿，原件藏常熟市文管会

致翁斌孙函

光绪十三年十月初十日（1887 年 11 月 24 日）

弢览：

今日在伯双处见津函，始知途次曾发〈病〉，昨阅九月二十三函，语意含糊，颇疑疾未脱然也。陈方守定勿动，另与若峰、君表[①]斟酌，腻补勿进也。马培之，时医也，或一访，勿轻时医，究竟临证

① 曾君表，曾朴父亲。

多，陈□须万事看空，一念勿动始好，谨记。语多向来亦宜戒，太静又恐不开展，随时消息。吾体极健，寓中皆安。师课勤，二稚守规矩，馀详与菉卿函。十月初十日灯下。

《翁氏家书》第十六册

致阎敬铭函

光绪十三年十月十三日（1887 年 11 月 27 日）

手教至，知贤郎稍瘥，得渐定即无虑。伏惟尊体加摄。有启续者来论河务，具说帖。其人才胜于德，辞胜于文，箴公令之来，意有在耳。中堂钧席。晚龢谨上。十三日。

《翁松禅相国尺牍真迹》第三册

致翁斌孙函*

光绪十三年十月十四日（1887 年 11 月 28 日）

部事日难一日，二相不和①，箴颇自恣，□□谋多未审。今日奏六条：减长夫、集捐输、改捐例，此三单在允准，停米折、停购买、调防营，此三者皆驳。□□白以三条，置毋庸议。估需六百万，除部发二百万，其馀一无著也。河工捐花样不减成，其馀减二成。今日又有台官条奏加成者，正与吏部会议也。制钱事必不妥，我办一去耳！

《翁氏家书》第十八册

---

* 原件只一页，似乎缺首尾。页角有一“斌”字，当系收藏者所加，据此确定此函是致翁斌孙的。

① 指阎敬铭与福锟二人不和。

致翁安孙翁德孙函

光绪十三年十月十四日(1887 年 11 月 28 日)

安、德两侄孙:汝兄抵家,知汝等循礼而敏于事,极慰,极慰。并得汝函,语皆切实,勉之,勉之。文端公即少年孤露者也。

吾此支持,早晚当退。汝父厝事明春可行,汝曹经营,勿以烦汝兄。吾念汝兄身体,汝等可每月寄三函,慰吾望眼。专此,不多嘱。十月十四日。瓶叟。

《翁氏家书》第十六册

致翁斌孙函

光绪十三年十月十四日(1887 年 11 月 28 日)

弢夫览:自得九月二十三函后,又已两日,盼信极切,未知近体如何?阅陈伯双函,节近冬至,尤宜慎重,须静坐凝神,或徐行便坐,总以不动心为第一义。顷见内府匠役,有专服阿胶一味即全愈者。药独用则灵,杂用则见效远。伯双云:方勿墨守,须随时参活法。惟以时消息之。家中诸务不必问。权厝一事,令汝两弟经营。亲友来书者,一概谢绝。库楼在外边,客可径入,不如上房之静也。此间皆好。吾近来愈健,惟百虑牵萦,夜不能寐。朝邑请开缺。恐须两个月。孙兄满假将出,衙门一日不空。七保大数可教。日与讲先世旧事,颇领略。两稚子守规矩。此问近好,不一耳。十月十四日。直庐。始闻北风声。

《翁同龢书札系年考》第 79 页

致阎敬铭函

光绪十三年十月十六日(1887 年 11 月 30 日)

醇邸病闻渐愈,服凌初平方。初平,湖州人,今住沈仲复处。脉理甚精。中堂盖一访之。

郑工事,意外亦意中,此后益难收拾矣。署中百事延搁。晚又病暑,即不病,亦废人耳,奈何?谢君定继尹君后也。中堂钧席。晚同龢谨上。廿九日。

《翁松禅相国尺牍真迹》第四册

致翁斌孙函

光绪十三年十月十六日(1887 年 11 月 30 日)

斌览:

早发函而暮得函,大慰。所望惟到家后究竟曾发病否,并未晰言,犹悬悬也。王医云六脉和缓,稍带弦象,自是肝气。陈方勿改,随时消息,则与王君酌之。乡人不循礼,子弟不率教,闻见杂糅,可想而知。恩、虎质地厚,当导使亲书史,明义理。自己位置高则恶俗必不染。奎、德不足道,汝若能劝化之,汝学力不浅矣。

河工虽有巨款,今冬必不合龙,若大事,无人关切也。库款到年不过剩五百万,一无可捐,捐例会吏、兵部延搁不复,而直隶已减价出售,捷足者争趋之。朝邑给假两月。邸病四肢俱痿,恐难治,然视疾之典杳然,举朝结舌,可叹,可叹!吾体甚好。伯双常晤。白师寒甚,明年当质外馆,待汝来再商。衡信平安,调省无信,邮事吾未问也。屋事大段必归比邻,新屋三间用银三百,添此新累,留作拆料，拙谋如此，乌能治国哉！七保看事太易，吾尚欲栽培之，毕竟无大错也。咏春得海运，雨峰缺望，必又哓哓，一碗水济不得十方世界，吾家子弟欠体面，卑陋无识，焉得不衰。沪关经费并未驳去，彼藉口裁减者亦鄙夫耳。吾归志甚迫，天时人事，处此极难，惟汝知之。骤寒恐已封轮，草草寄此。十月十六日老瓶。

《翁氏家书》第十六册

致翁斌孙函①

光绪十三年十月十六日（1887 年 11 月 30 日）

今日进讲，天颜异于平时，语次垂涕，盖为邸疾也。圣性如此，我国家庶有豸乎！大略二十一日往省视，馀却无闻。邸四支皆木，转动需人，精神短而饮食粥，可虑，可虑。礼制有《濮议辩》在，然则大纲称谓而已，条目尚须斟酌，此时无人提及，不知仓猝如何耳！十六日夜。

《翁氏家书》第十七册

致阎敬铭函

光绪十三年十月十七日（1887 年 12 月 1 日）

龙议极韪，粤东试办，即深服其远猷也。此事以机器局为主，以十成足色为第一义，若轻重内好不一，而令市人厕之，坏乃事矣。公体何如？宴坐高眠，定即康复，甚盼早出也。明日值日，当持所

---

① 翁同龢光绪十三年十月十六日日记有："入时巳正，甫坐，上忽垂泪，谕云醇亲王病重，今日世铎奏闻。又云醇亲王手足发颤，语甚急切，泪益多……退至毓庆宫，检得《文颖续编》、《濮议辩》，用以进上，盖上尝讽诵者也。"

示转呈诸公。专复,即颂中堂钧安。晚同龢顿首上。

《翁松禅相国尺牍真迹》第三册

致翁斌孙函

光绪十三年十月十九日(1887 年 12 月 3 日)

弢览:

日来又盼南音,我怀如结,连日无可谈,衡信一月五函矣,可见笔头不懒,亦见独坐多愁耳。邸疾必不振,二十五日驾往省视,翰林诸公或责余何不请早往,不知我已竭尽区区矣。天时人事,日相催逼,令人闷闷。十月朔五更大星一坠地,光如匹练。郑工新例二十三日始上,六百万已筹足,部库如洗,尚需四百万,方能过年也。

七保考金台书院,尚欲寄籍应试,当托许君,许君致汝函,我不甚晓也。常熟钱锡之自津来,先住叶宅,今移际会堂。七保之母舅,其人诞妄,故殷处不能容,如竟饥寒,我当助之。又有沈姓者阁老坊来京,却未来,想今在陈聘臣家处馆也。明日卯刻会典馆开馆,当早起,闻尚有轮船要南,姑寄此纸。厨子想初六未动身,否则当到矣。李禄一身是病,行李皆无,今住马号,馀平平,打更尚勤,外间安静。此问近好,珍重不一。瓶老。十月十九夜。

《翁氏家书》第十七册

复谭钟麟函

光绪十三年十月二十日(1887 年 12 月 4 日)

文卿吾兄年世丈大人阁下:

使至辱惠书,深慰驰仰。鄂僧眼医,号为天下第一,迟速不必较,但期收效耳,切望之。车马来朝,尤慰饥渴。自来水攻沙之法行,河不分流,几成铁案。微论禹迹即汉宋遗轨,无人能道。尊论眼光在数十年后,弟不驳云梯之意,意亦在此,否则堵亦害,不堵亦害耳!昨部中议复大疏,于关外饷数特发其凡若四百八十万外,再欲请益,真是无策。快目前而不为久计,西事可忧矣。开捐三条,愈趋愈下,言之愧叹,人旁睆睆,谓不借洋债不已,此吾辈隐闵自喻,仰屋而吁也。

弟体顽健,数月来内直只一人,趋衙画诺,责无旁贷,以蒿作柱,将奈何哉?抽闲草草奉复,敬请勋安,不尽所言。弟同龢顿首。十月二十日。

《翁松禅相国尺牍真迹》第七册

致阎敬铭函

光绪十三年十月二十二日(1887年12月6日)

杨底由箴翁交来,兹奉上。尊体何如?欲造请而未得。晚适得家乡信,有兄子之戚也。冗迫不缕。晚龢顿首。廿二日。

《翁松禅相国尺牍真迹》第四册

致翁斌孙函*

光绪十三年十月二十五日(1887年12月9日)

弢览:

前月二十□□□好到,甚慰。苏州谢客切勿拒,其言尚可也。各处信

* 翁同龢光绪十三年十月二十五日日记载:“写南信。”翁斌孙回常熟后,边看病边谋浙江书局事,请翁同龢致函浙抚卫荣光(静澜)。直到十一月十五日,翁同龢才“写卫静澜中丞函,为斌谋浙书局也”。后来,此事未果。

札,信发必忙,静养为主。湘中函平安,无调省消息,似数月拘泥未定局,中峰在告也。□□□□□我实在无暇周旋,现在迥非夏秋间光景,每日散署必日落也。姑婆处筹寄松江一百两,已交汝妇,汝可陆续划付。河工捐现无人倡,吾亦无力且缓。浙局能连固好,吾当作札切恳,两日无暇,且迟二日即寄。卫公、季翰林汝岂未知耶?吴儒老[①]已愈,可喜,家乡博学好古之士,谅维其人。至濒石、云生虽不免人讥评,然濒石吾友,云生亦汝先进,不可因浮议而以轻薄对之也,切切。

《翁氏家书》第十六册

致阎敬铭函

光绪十三年十月二十七日(1887 年 12 月 11 日)

数日来未尝不趋公,而未办一事。龙议劼侯许可而以为难使无弊,且粤铸已罢矣。云有廷寄银钱缓办,以语箴相,则携归,杳无复音也。圣恩允解枢务,于颐养则宜,于坐论则歉,于寮采则欣欣也。承惠《罗山遗集》,曩尝得读,今当寻绎。顷在署,见吉林放荒稿驳语似未尽,乞详之。双城凉水,前人规划远矣。中堂钧席。晚龢顿首。廿七日。

《翁松禅相国尺牍真迹》第四册

① 指吴鸿纶。

致翁斌孙函*

光绪十三年十月二十七日（1887 年 12 月 11 日）

弢览：

□信昨寄去，闻二十四日封轮，故且寄此。日盼南音，□宅中好，打更勤，二稚尚照旧读。国子达来此未晤，怕与谈也。张竹晨有慰信赙分，今留此可知之。倦极，不缕缕。二月二十一〈十月二十七〉日夜。

《翁氏家书》第十六册

致阎敬铭函

光绪十三年十月二十九日（1887 年 12 月 13 日）

日来事冗，未获一奉谈笑。铜务已属渔溪口陈，惟宣布一节，尚须斟酌。洋药税新章，津海所收转纭于昔，似应将委员参劾，公意以为何如？稍暇趋侍不一。中堂钧席。晚名另肃。廿九日。

《翁松禅相国尺牍真迹》第三册

---

* 翁同龢光绪十三年日记，国子达于是年十月二十七日登门造访："申正国子达璋来，一见潸然，念我子馀，悲不能胜，留点心，长谈去。"但此函中却写二月二十一日，显系误写。日记十二月初二日有"遣人送国子达行"。

致翁斌孙函*

光绪十三年十月二十九日（1887 年 12 月 13 日）

菉卿小恙得愈否？湘中曾有一函，前已寄汝，黄屋疑有波澜，从前电信恐非为我，乃致意洋人已购后屋耳。劼侯屡问我也。后屋乃比国公署，非米师丽住宅也，故欲扩充。昨致汝五叔，令其早商定，一顿挫便成藁邸矣。刘二群殴事①，麟公②尚有谓我仆殴人，俞生甚谬，调司后姚生甚敏，吾亦托庆邸，始结。笞杖，黄带子不问。是非颠倒，吾但自责而已。西院平台三间，木料极好，太阔，此厂子习气，以后断不寻此等工人。我挥三百金算清，缘宝源局工程商人请加成，吾面许加一成五，福相承修宝泉局加三成，约同日入奏。将入奏矣。陈生宗妫具说帖，力争不可，言极峭直，吾传商人告以帑藏空虚，义不能徇汝辈之请，遂罢前议，福公单奏。此等直谅之友，吾敬之，佩之，否则吾滋愧矣。内直极顺适，兼有进境，数年前即如此，何事不办！高阳启行③初二日极速，起李鹤年子和于废籍，而办法则毫无把握，不复故道，河患无已；欲复故道，必筹千万；专堵郑口，明年恐决；不堵郑口，东南其鱼；极难，极难。二十九夜。

《翁氏家书》第十七册

---

* 翁同龢光绪十三年十月二十九日“得斌函，十月二十日发。语甚多，云旧恙未见”。此函当是接斌孙信后的回复。言及修屋、刘二破殴、米师丽住宅等事。九月二十九日日记只记“发湘信”，并未“发南信”，故函中问及“湘中有函否”。

① 指黄带子文八殴打翁同龢轿夫刘二事。根据清代法律皇室系统的黄带子、红带子犯法，京师步军统领衙门无权查问，故刘二被殴事的解决，极费周折。

② 指麟书。

③ 指李鸿藻奉旨前往河南，督办郑州黄河决口要工。

致翁斌孙函

光绪十三年十月三十日（1887 年 12 月 14 日）

宗处华山碑顷有照本未售，已得一分，甚可观。朱谕股票可定一分。库楼重修费事，且勿动，动则全卸，难办矣。经书常看。汝旧恙未发极好，面热亦当除，陈方人乳，守定服之，参以乡间诸君议论，便不一矣。士敏子有志向上，大是可嘉。兴保无状，必败其门。咏春明年来京，即留此乡试。恩、虎恂恂，可喜也。

穆帅[①]出缺，今起定将军安，其人老矣。捻窜直隶时，伊在运河边站墙股栗。士民腾笑者也。萧葵生久在幕。徐世祥何人？所言河务重在道而轻于厅，恐未平厅道，皆误事也。曹升往镇海，已收用，有信来，终恐未稳。李伯渔子信已见，其荒唐已久，孙处函已交去，白师函交之。粥厂已开，尚照旧。灯下腕乏眼花，欲睡不一。十月晦。老瓶。

《翁氏家书》第十七册

致翁斌孙函

光绪十三年十一月初一日（1887 年 12 月 15 日）

弢览：

此次信乃详悉，大慰。吾意勿看闲书，勿多闲话，勿动闲气，勿理闲事。两弟驯谨，一家辑睦，犹足告慰汝父也。二姑婆亦劝勿动

① 指穆图善。

气，明年来京一游，四叔亦然。人生如白驹过隙，何苦钻入烦恼窠里耶！

此间安稳。明日二次临邸[①]看视，邸病不可知，于理稍顺，迂儒横议，种种责我，可怪也。阎、孙皆未销假，衙事极难，六百万扫数筹足，此而不了则有数矣。国子达来，甫一见，略及前事，予以数语推开，盖轩爽能员也。玉方乞列保，镜湖求开复，纷纷何时已！昨直督奏皖中协赈有钱禄曾加二品衔，然助其家不贫矣。此间近好不一。瓶老。十一月朔。

《翁氏家书》第十七册

致阎敬铭函

光绪十三年十一月初三日（1887年12月17日）

昨示手复，而未见邸钞，今晨读悉，乃大嗟讶，非为公也。晡时再谒不次。敬请道安。晚同龢顿首谨上。初三日卯初。

《翁松禅相国尺牍真迹》第三册

致翁斌孙函*

光绪十三年十一月初六日（1887年12月20日）

朱批股票当于何处寄，托何人承办，下信详之。黄屋定有变

① 指醇亲王奕譞，时患病在家。

* 光绪十三年十一月初五日日记有“发南信，以郑工捐例两本寄去”。同日，又有“夜访白先生谈”记载。初七日又有“得伯述函”记载。十月初六日日记无“发南信”，只有“发衡信”记载。

卦，前函已述。我新造灰棚三间，若搬家可移动，惟地脚工程虚掷耳。季宅竟未送分，深歉，可补否？打听葬期，可致绋敬，切切。儒钦[①]老病，可详询近状告我。文公公既卒，而城中一支我为长矣，五十年来人物眇然，能无浩叹，有子不教不如无也。七保总是口头滑脱，小有才，现欲考誊录，而咏春监照未寄到，伊极盼。白师小楷用功，七保得其益，其他却未见过，不肯读经书，所谓帖括，吾实不解其优劣。

河务兴而计臣曾未一见，此丹老所以决引也。湘中寂然。昨见钞，彼都士论亦太过，汹汹未平，此席甚难，不如避喧。送仲复行，因得观菽花吟舫华山，世间第一矣，较四明远胜，梁刻后跋，所刻十之一耳，即题跋亦稀有之宝也。长垣本在宗湘文家，此俗吏，然颇学问，于金石尤精。明春汝可一谒，专请此物，此帖若出卖，屋买之亦所愿，笑笑。得寓目亦奇缘，虽近好事，究非俗事也，或商诸次公亦可。赵惠甫[②]未知其底蕴，笔墨尽好，若遇之当加礼。吾邑后起真能读书、好古博闻多才者谁耶？当留意。敦品讲学者尤可敬，益当加礼，不以行辈年齿论。最忌者群居终日言不及义，远之，绝之，一染便失德，切戒之。绍嵩来往来朱伊致湘函，只说文□书耳，并云选司另一人当另致始妥。同邑惟叶、许频来，馀则不复过从矣。闱案已完竣，患当虑，仆辈昏昏如梦也。刘二归，明年来。王诒善因电信未索值，求荐馆地，真操豚蹄盂酒也。燮臣与其父有旧，转托函致沪上。黄花农[③]可感，尚未函谢。伯述两次函嘱欲赴豫工觅保举，一答，一未答，想必大恨，其躁妄可知。陆纯甫函欲来京，可厌之。初六直

---

① 指吴鸿纶。

② 即赵烈文。

③ 即黄建筦。

庐，晴窗。瓶老。

《翁氏家书》第十七册

致谭钟麟函

光绪十三年十一月十二日（1887年12月26日）

西饷宝银短至四千馀两，库中不得辞其责，而断不肯任其咎，行且入告，只能杜将来耳！此款着落何处？实难悬断。若于平馀中分年弥补，似可行，但须奏准，统俟裁酌。弟交卸筦库一年矣。弟名顿首。

《翁松禅相国尺牍真迹》第五册

致翁斌孙函

光绪十三年十一月十四日（1887年12月28日）

弢览：

轮船停而音信稀，遂梦寐不自适，至节体中如何？曾赴苏州寻医否？封闭完固，阳气一转，发生畅遂也。浙抚信因循未写，其信稿已觅不得。卫公①壬子翰林，先公门下士，宜称老前辈世大人者也。馆选录在，奈何忽略也。湘久无信，亦极切盼。

吾近来子丑间必醒，醒则思虑丛杂，固是学道工夫浅弱，亦处境使然。孙兄续假，至腊月初当可出。山东又请百九十万，驳去一半，尚近百万，筹无可筹。制钱具稿为福公携去，迟疑累月，吾听之谴诃所不辞。朝邑进退非所知，吾惟日日到署办公事，画日行耳。

① 指卫荣光，字静澜。

平生之志从艰苦处措置，饮食居处衣服皆非所志，近稍稍染习气，颇自湔洗。至于公事，当任者任之，彼谓“莫非王事，我独贤劳”者褊且鄙也。宅中安好。白师与炳孙考誊录，大寒入场可念，因送皮张并张罗食具，炳恐难入彀耳，借他人名，小考已托郑师，以大兴籍，县考在腊月。邸病似转，建中用桂枝，徐方也。而腿渐动，手则犹木，徐为太医所挤，今遂去。十九日临邸，第三次矣。覃叔于此月十二化去，其子遵遗言，不赴告，仅告我一人也。吾邑尊事发者寿门，主者仲文也，此两君皆未醇，君子不非邦之大夫，况州将哉！乡里只嚜嚜，俗人不知道，随它嗤点可也。直庐冻墨，信笔写此，以为身在深山中也，不一。十一月十四日。瓶叟。

《翁氏家书》第十六册

致翁斌孙函

光绪十三年十一月十五日（1887 年 12 月 29 日）

今日叶茂如来，云得上月二十六信，知汝安好，且面色渐转，甚慰。白师、七保入场，适大风凝寒，不知今宵如何支撑？拼命应考，究胜畏葸偷安，故不能深责也。卫信写寄，签书不佳，或加一大封。若见面则称呼太世伯也。此信只须寄去，不必亲往。十五日晚。

《翁氏家书》第十五册

致翁斌孙函

光绪十三年十一月二十四日（1888 年 1 月 7 日）

斌览：

盼切南音，得函甚喜。初四日发，今日到，不为迟也。并得雨峰冬至函。鼻红由躁热所致,二方总宜慎投,丹皮等偏于寒凉,尤须加慎,不服药尽可耳!一阳甲木已动,牡蛎龙骨潜肝镇气,饮食中如淡海参等未知嫌腻否?恩虎恂恂,极慰吾望。卫信已去,想收到。卫虽无赫赫之望,然廉静可敬,胡文忠①所特保者也。白师可留,前月托其起信稿,今日交来,乃复人贺年者也,大笑。近来忙极,较汝所见加一倍矣。临卧草草。十一月二十四日。瓶叟。

《翁氏家书》第十六册

致阎敬铭函

光绪十三年十一月二十五日(1888年1月8日)

刘中度说帖一件,前日所呈,昨庋案头忘却,今特呈中堂阁下。晚龢顿首。廿五日。

《翁松禅相国尺牍真迹》第三册

致翁斌孙函*

光绪十三年十一月二十七日(1888年1月10日)

清梦乍回,北窗有声,呼人来,云无它,起视则穴纸破棂矣。夷邻击柝甚疏,盖取道于彼,循楼柱而下也。今加板重密。饬更夫勤走,并移两人于小屋接班,亡羊补牢未为迟,况羊固无恙耶!二十七日五更。

《翁氏家书》第十六册

---

① 指胡林翼。

* 翁同龢光绪十三年十一月二十六日日记有:“清楚乍回,北窗有声,呼人来,云无它,起视则穴纸破棂矣。”

致阎敬铭函

光绪十三年十一月二十七日(1888 年 1 月 10 日)

蒙教诲,退辄遗忘,惟乞择要笔示。松南两迹奉上。石赋是中年作,贾人索重价。中堂钧席。同龢谨上。

《翁松禅相国尺牍真迹》第四册

致翁斌孙函*

光绪十三年十一月二十八日(1888 年 1 月 11 日)

衡信来云:部费约二百,关邮寄衡函则二百八十也,当筹给。今日极倦,灯下犹钞公事千馀言。忽得石田张公洞画卷诗跋千馀言,苦中一乐也。二十八日二鼓。

《翁氏家书》第十六册

致翁曾荣函

光绪十三年十二月初四日(1888 年 1 月 16 日)

苏州取得否?上海印札二件收好否?石谷大画能再来否?迩来精神甚惫,莫解其因。病人淹缠,对之增闷,且药物、医生均须亲自周旋料理。

---

* 光绪十三年十一月二十八日翁同龢日记载:“见沈石田(即沈周)游张公洞画卷,题诗并序,凡千馀言,奇迹也。索十八金,便拟买之矣,为之破颜。”

官事则铜日少，制钱仍不见一文，又因铁路责成户部每年筹二百万，皆不了之局，益怏怏无聊，其它说不尽也。汝之难处，吾深知之，所以劝汝提起精神者，盖愈难则愈懒，愈懒则愈不办，将来必至一事不能办。此吾之病，用以规汝，汝其思之。怕气则气必大，怕事则事转多，不如挺身料理，或有清闲之一日。

寒甚，著汝所送皮阿仑袋，不知汝亦寒否？初四日未正。瓶生。此致棻卿。

今日阅御史卷甫退，同邑杨振甫第三，庞劬庵第四，俞佑澜第十七，望必记名。

未刊稿，原件藏常熟市文管会

致阎敬铭函

光绪十三年十二月初五日（1888 年 1 月 17 日）

昨日地震，吁，可惧哉！承赐新集《通鉴》胡注，津逮后学不浅，可胜叹仰。况字画端劲，俨如元集尤可爱，当逐卷点读，庶无负先生殷勤之意。起居安否？近药物否？曩读黄漳浦“长安如海独无医”诗，为之三叹，其卒章云：“拼得一身成药树，解支落节与人看。”有味哉！《船山遗书》一匣，衡州寄到，奉纳不次。中堂钧席。晚同龢谨上。五日。

《翁松禅相国尺牍真迹》第四册

致翁斌孙函*

光绪十三年十二月初五日(1888 年 1 月 17 日)

石印化身固妙,然当斟酌,否则与明珠抵鹊何异?玉枕并衡山家报已收得,馀则仅得南园小件耳!老莲[①]八幅,颂阁得之,亦不精彩。岁杪见廉州十八叶册,价昂难收,亦不甚欲之。南厨竟未见佳,曾令作鱼翅,翅焦鸭又黑,是日客不下箸,今姑与周旋,俟上元后且遣北厨,专任两人,看来终必告归也。家乡得雪否?[下缺]

《翁氏家书》第十七册

致翁斌孙函**

光绪十三年十二月初十日(1888 年 1 月 22 日)

书房功夫确有进益,孙公尚未逾,添人无此说。破山寺诵经化库,不去甚是。白师虽宽不废弛,二稚不到门首,七保字甚进,文亦稍清,未知有所本否?已谕不准倩白师抄字。两厨已到,费大盘川,尚未试,缘此间李厨老厨子已化去尚未交代也。老李告假,适吕升来,暂留用,长喜亦将回家娶亲也。夜间安静。屋事湘中无复音,只得静候。圉事实无闻,汝言必范升所说,何范升在京略未一提也。此辈总宜约束。高三赶车甚好,却靠不住。朝邑意不

---

* 翁同龢光绪十三年十二月初五日日记中有二事与函中内容相近:“夜招(汤)伯述饮,白师在座,肴核不敢下箸”,“得见王园照临古十八页册”。

① 即陈洪绶。

** 翁同龢光绪十三年十二月初十日日记载有:“发衡信,写南信。”次日“发南信”。

可知，似无病。宝源加一成。高阳于河务不习，今报到□稽料只够十成之一，郑工例在部具呈者约可二十万，弩末不足恃。邸病日亟，一二日微有转机。莘伯所论東高阁，七保借名考誊录，有志观光，不阻之，费一番张罗，恐隆冬受寒，伊定见寄籍小试，亦托人去办矣。陆纯甫来此，道伊奠分三十，伊求南中一席，婉言告弗能。车马甚都，人尚去得，自云白昼不吸烟，晚间数口，当戒绝，痛哭流涕，似尚可教。

《翁氏家书》第十七册

致阎敬铭函

光绪十三年十二月十一日（1888 年 1 月 23 日）

昨闻续假，极驰仰，适私事萦扰，未获敬谒。夜来得眠否？食饮如何？早晚再奉候不次。中堂钧坐。晚龢谨上。十一日

《翁松禅相国尺牍真迹》第四册

致翁斌孙函[①]

光绪十三年十二月十一日（1888 年 1 月 23 日）

邸病稍愈，精神略好，三次临邸矣。福十一之疏，不应加饬，其实亦无谓，此事城中百种谣言，听不得也。《濮议辩》吾早进讲，近日钞与枢廷阅看，枢廷意茫然，大礼仪用不着也。黄屋且罢议，衡

① 翁同龢光绪十三年十一月二十四日记载，收到翁斌孙来函。是日无“发南信”。二十八日收到二姊函，直到十二月十一日才有“发南信”记载。

信如此。许处事,衡信令与我商办,不知款可付而事不可商,岂有长官而与隔部官人谈文字者乎?雨峰告帮六七十两,只好不答。龙婆婆已逝,其孙可怜。七保取誊录在一百名外,白师两本,一取一落,皆假名,七保务外诚然。

《翁氏家书》第十六册

致阎敬铭函

光绪十三年十二月十二日(1888 年 1 月 24 日)

某自冬至后百病交攻,荒忽若有所失,窃闻中堂欲坚前请,此亦某疑惧之一端也。不敢多谈,敬为天下苍生匹夫匹妇九顿告公强起而已。不次。

《翁同龢日记》第 2206 页

致阎敬铭函

光绪十三年十二月十二日(1888 年 1 月 24 日)

今日孙五兄入对,以各铺票存一节详悉剖陈。上意亦许,俟数年后也。议复龙撂,拟底似妥。山西司驳议,箴意亦回,令所司再易稿,措辞加婉耳。(前日所谕尚未与商。)昨件乃方外人代来干请,当时拒不见,留此而去。承教乃颇忆其人,导河固禹绩所无,垦荒亦恐有所觊,不留稿矣。长庚、刘抚[1]二议皆理藩查议,至今杳

---

① 指刘锦棠。

然。尊体未平，当专谒申候。中堂钧席。晚名谨肃。

《翁松禅相国尺牍真迹》第二册

致翁斌孙函

光绪十三年十二月十八日（1888 年 1 月 30 日）

廉州画册十八番，重价不能得。玉枕兰亭恐未易得，酌是宋拓，拟收之。无意中得明初人沈氏《世德记》，须十六金，亦还之。松江沈度，永乐时翰林供奉，内有吾邑吴文恪[①]序一篇极好，又陈老莲父子画合册已得，皆不过十馀金，可玩也。南园行书小横幅亦极佳，价五六金。

《翁氏家书》第十六册

致阎敬铭函

光绪十三年十二月十八日（1888 年 1 月 30 日）

手教切至，感诵不已。内直只二人，孙兄亦屡感冒，不敢不自力。退后昏然偃卧。至今粤税九万何所藉口而不解，可怪，岂别有龃龉耶？暵干如此，瞻仰兴叹，公亦宜保啬。晚卧一室殊安闲，既愧贤劳，亦无以谢曹司流汗奔走也。中堂左右。晚同龢谨启。十八日。

《翁松禅相国尺牍真迹》第三册

① 指吴讷。

致翁斌孙函

光绪十三年十二月十九日(1888 年 1 月 31 日)

弢夫览:

盼信几于寝食几废,何以迟滞至此,真未喻也。欲发电信,又恐骇听。此间均安,岁底不免忙碌,今年似倍忙耳!天涯迢递,彼此不能相顾,各自努力而已。

昨偶得文衡山[①]家报一卷,乃议价不合,□□。初授待诏时作,谓家小不来,即不能过。苏州人恋乡里,如此可笑。处分蒙特旨开复[②],然钱法究未通行。明春搭放,亦毫无把握,私衷尝引为憾。况郑工未塞,度支告空,来日大难,殊难报称,如何?

体中大健,正习洪君坐也。非面传不可。白师尚好,惟偏于柔,已留待明年,汝来时再定行止。邮款著人面交,二百八十,此人俗极。却未得其回信。直庐草草,问近好不一。腊月十九日。老瓶。此昨日写,今并寄去。二十日。

《翁氏家书》第十六册

致翁斌孙函*

光绪十三年十二月二十日(1888 年 2 月 1 日)

今年未买一物,老莲画□甚趣,即《玉枕》亦蛀损矣。无意得明

---

① 即文徵明。

② 翁同龢及其他户部堂官奉令赶办制钱,因未能如期办好,被慈禧太后下令革职留任,此时方开复处分。

* 翁同龢光绪十三年十二月二十日日记载:“过厂肆小勾留,见何丹秋画竹石甚好,陈老莲人物、南园信札、何子贞诗稿,皆余所喜者也。……得斌孙十一月十九函,……即刻作函寄南,胸怀顿快。”

初沈氏则家事记，吾虞吴讷题。皆洪武、永乐中人题跋。十一金。今日又见昆山张公父子告归事迹，亦嘉隆人吾虞邓韨记。题跋，索□□金，然不值。似可收耳。王廉州画亦非极□，未知卖去否？三百尚不售，恐无人问津矣。

《翁氏家书》第十八册

致翁斌孙函*

光绪十三年十二月二十一日（1888年2月2日）

斌孙览：

连日盼信，夜不得卧，□□矣，虽汝四叔有缄，冬至后发，而冬至前二日由是中怀悬悬，积虑生疑，积疑生惧，顷朝回得汝十一月十九日函，平安且增健，老人喜欲颠也。此意若推之民物，便是仁者，既自责□□□，亦颇以先务为解耳！岁晚百事并集，今日封篆仍不得闲，速议尚有。处分蒙恩开复。制钱穷无办法，明岁二月恐市肆喧阗。吾体尚好。二十日。

起请五日假耳，景①处碑□□则不难于写，而难于做也。郑工□□始开工，若拘旧法，春汛前决口能合，江淮之忧未告。高阳清正，此事却非所长，如何之？宅中平安，亦日盼南信。白师当留之，此人恂恂可爱也。保考第八，临场有攻讦者，旋平复，我因考□□好事，故不阻，其实总欠斟酌。此子此时不过热于进取，无它也。季处出分极好，蔡信恐是，玉方未到河工而欲赀厕保案，不能为力。我当付汝妇收

---

* 《翁同龢书札系年考》一书讲此函与下函为一函。因原件藏在国家图书馆，此处依此书为准，将原先两函，合为一函，内容文字均无更动。

① 指景廉。

收款。姑婆家庭闷闷，何不来京一看，四叔能怂恿北游否？我为大局、为其身体起见，不尽添累，何苦殷殷耶！邸病似转，近日能起，但□□不能举。今日又临邸。湖海工作如旧，惟花□冰□皆罢。郑工捐约百万，四路需饷，八面受敌，我小卒居然持大旗，知不胜。朝邑犹不起。馀详邸钞。不一。腊月二十日巳正。瓶生。

《翁氏家书》第十八册

致翁曾荣函

光绪十三年十二月二十四日(1888年2月5日)

菉卿览：

俗务累人，一疏懒，遂旬日不发信。岁晚务闲，农家之语，非京朝官景况也。昨得信，知汝胃纳不旺，侄妇体亦未和，极悬系。良医难得，要在已试得力之方慎守之，尤须参以导引之法，非谓导引果能除疾也。心在导引，则饮食起居、语言、动作不敢稍过，宿疾乌有不去哉！且导引必劳，又必须静，劳则筋力充，静则神气聚，亦却病之要诀也。吾二姊感冒，何久未痊？昨见其手迹似稍健。所需之件，此间已于十一月十日汇寄百金，度早到矣。西乡大荒，上官剔荒征熟乃正办，不得谓之刻，至租户藉荒赖熟，业户以熟报荒，乃绅民之病，特官长亦当设法厘剔，不可变针瞎灸耳。吾亦大愈，宅中皆安。斌孙尚有精神，面目较好。叶姑奶奶产后剧病，幸转危为安。湘中时有信至，亦安适。

近来时事，以由津至通设铁路为一大端，坏庐舍，平坟墓，民间哗然，朝廷哗然。此事北洋酝酿已久，难予挽回，外间藉藉，乃责备我，是我之过耶？本月十六日贞度门失火，已落架将熄，忽延及太和门，顷刻灰尽,已而后延及昭德门,自丑至未,烈焰熊熊,余终日在彼奔驰,目击此灾,心胆震动。夫太和门者,当阳布政之所也。天变示儆,噫,可惧哉!自古及今,通儒达识皆以火灾之兴多由土木过繁、凋伤民力所致,岂无故哉?日来愦愦若失,而岁事迫之,略无好怀。在直庐草草,报平安不尽百一。问合宅好,新年如意。腊月二十四。瓶叟。

未刊稿,原件藏常熟市文管会

致翁斌孙函*

光绪十三年十二月三十日(1888 年 2 月 11 日)

沈福禀批答数字,即付之,实甚念此老人也。陈伯双决计回南,若暇可作唁函,称仲耦神仙中人,或□解去耶!无病卒于商丘旅次,倪豹岑由湖北调赴河工也。伊坚信道书,以为仲耦得道也。

《翁氏家书》第十六册

致阎敬铭函

光绪十四年正月初二日(1888 年 2 月 13 日)

昨侍谈为快,归得盛君信,谓当商缴钱亏折,请免一年之息,云云。与前信所称由典商缴银至燕台①,就宝东局铸钱解部,请开箱费、运费者情事不侔。南中钱贵,若再搜括,有妨市廛,一也;免息

---

* 翁同龢光绪十三年十二月三十日日记载:"唁陈伯双。其弟仲耦于商丘旅次,一夕遽卒,此人通《易》理。有志于世者也"语。

① 即山东烟台。

而仍加水脚，殊不合算，二也；所缴之钱，倘大小不伦，难于驳换，三也。此事不敢专，辄望裁示。赫呈未见，洋行合同，劼侯亦未送看也。中堂钧右。晚同龢谨启。初二日。

《翁松禅相国尺牍真迹》第四册

致阎敬铭函

光绪十四年正月初三日（1888 年 2 月 14 日）

新岁伏惟钧体向安，百僚之福。昨劼侯来字，以农曹出语未洽，已改数行，即日入稿，不复以公牍来商矣。今奉阅见弹而求鸮炙，本是寓言，诸公不谓然，则亦听之矣。何如？中堂钧席。晚生同龢顿首上。初三日。

《翁松禅相国尺牍真迹》第四册

致翁斌孙函*

光绪十四年正月初三日（1888 年 2 月 14 日）

斌览：

独坐斗室，渺然有千古之思。顷得腊七日菉函，知平安，极慰。风坏祠门，并闻陇树亦拔，恐惧修省，对案不食，所虑负国负民，琐琐祸福不以动念也。忠孝大原，根本至计，默自检点，不使一日闲放而已。春来好将息，陈伯双将归教子侄，吾愧其言，馀具致菉函中。

---

* 光绪十四年正月初三日翁同龢日记有“得鹿卿腊月七日函，寿官体中佳，鹿则多病。最奇者，石梅祠堂门为风坏两架，……余家衰象早形……”与函中内容较吻合。故定此函时日为光绪十四年正月初三日。

正月三日午。瓶生。

《翁氏家书》第十七册

致翁曾荣函

光绪十四年正月初五日(1888年2月16日)

蓂卿览:

献岁发春,凡百安适,此间芸芸,大率在车尘马足中耳! 租务如何剔荒征熟,荒者全免,有司办法不谬。至佃户藉口不还谷,此情亦当体(帖)〔贴〕,不知长官晓此否? 郑工合龙,东南少苏。津通铁路,民间哗然,六曹有连名入告者,余亦稍有论列,与孙兄[1]连衔,大拂邸意。而事竟难回也。郁攸之警,至今忡忡。内府搭彩匠绝能,不半月而皇城焕然矣。今日辛祈天气晴和,纤尘不起。余夜半登车,骏奔数千步,归而写此,殊平安,馀续示。正月初五。平生叔字。

未刊稿,原件藏常熟市文管会

致翁斌孙函

光绪十四年正月初六日(1888年2月17日)

顷接湘信,腊月朔发,皆安。调事尚无消息,须放遗缺,旨到乃调也。邮件已交清,其回信则仅一件,谅无误。湘汇《毛诗》亦到矣,断炭之信却未来,我亦实不能料理也。

《翁氏家书》第十六册

---

① 指孙家鼐。

致谭钟麟函

光绪十四年正月初八日(1888 年 2 月 19 日)

文卿吾兄年世丈大人阁下:

频年未道音敬,其中数蒙手教并书币之赐,受而不报,何以为怀,惟自愧恨,即此可知吾之衰矣。

自旌节度陇以来,民气大和,年谷丰熟,一洗浮夸之习,事事与属吏相见以诚,西人来言,众口一辙。来教谓协饷仅到百六十万,此事系关外全局,似宜累疏痛陈,商贾借银仅支目前,必不堪持久也。甘勇裁去八千,可谓竭力,曩于尊疏中知之,刘营[①]同一撙节,至金、张[②]则不敢知,不审阁下可稍数而陈之否?大农[③]当代清流,惟于西事尚未洞澈,闲中谈论,每每以此事相诘难,今当如来指与商也。人才销乏,物力告匮,昨岁天下大水而海防又兴,当此之时,左顾右眄,无处着手。不才随群公后,自知鼎之不可拉车,居常默默,若有所失。阁下以鸿才膺边锁,利害所在,以一肩任之,幸勿生退沮之念也。岁暮承朱提远赐,物意兼重,敬拜受增愧。塞上馀寒,伏惟道体善摄,繁冗中不尽百一。敬颂春祺。年世愚弟翁同龢顿首。正月初八日。

《翁松禅相国尺牍真迹》第七册

① 指刘锦棠。
② 指金顺、张曜。
③ 指阎敬铭。

致翁斌孙函

光绪十四年正月初八日(1888 年 2 月 19 日)

弢览:

早发信,而午得函,快慰。春气动当益安胜。今日诣斋宫站班,退而食于市楼,策骑往来尚不苦,连日经营景师碑,当时舜臣①算字不准,今开看,有必须重排者,且有必须添字者,极费手劳神,计上元后当交出耳!郑工捐例吾亦不了了,然畸零之数断不能删,须与筹饷例合看方明白。茶捐已停,然彼有总称已收者请奖,它如截角者未销,贱售者报毁,情弊百出,故此次不许外省请发空白也。钱式开后再寄,京师得雪七八寸,新正微雪而已。南中制钱短少,大是为难。金门全愈可喜。二姑婆请常常运动,越难动越须勉力。菉胃气由肝而来,能散淡,能以道义自养乃可愈。江苏蠲缓恩旨一道寄去,不一。谷日灯下倦笔。老瓶。

《翁氏家书》第十七册

致翁斌孙函

光绪十四年正月初九日(1888 年 2 月 20 日)

昨晴。今日微雪,自晨抵暮未已。邀邑子饮并许师、曹师也,一年中止此杯酒一叙,实不可省,邑子亦拳拳于我。玉舟、劬庵、右澜尤殷勤耳!劬庵云冯申甫确是服鱼油获全,每服用

① 即治麟。

筷子探取滴二滴于开水中，一酒杯。不可多也。绸堂、茂如意亦同。茂如云曾面询是白鱼油，非黑者也。茂如昨延凌初平诊脉，用黄连、龙胆草，今试服无它，大约积湿成热疾耳！吾以景碑竟成累事，落笔刻刻变样，宣纸如水笔，茫无把握。且如今日而不能练习，看来须请假五日或能了却。噫，轻诺之患如是。去秋起即谢绝对条，然对条仍堆积满几案，索题之件从未落笔，止题过徐小云藏汤雨生[①]画卷一件。今日出衡山家报与许师[②]看，许师坚欲赋诗，只得漫应，若要和，又须搜索枯肠。九日灯下。雪绥绥不已。

《翁氏家书》第十七册

致翁斌孙函

光绪十四年正月初十日(1888 年 2 月 21 日)

人日得腊四日函，此信在葉信前发，而到在后，何也？体中佳，极慰。柴门不通人最妙。马医平常，不访亦得。鱼油久闻之，当问绸堂。崇公之了久病，服仙鹤草一剂而愈也。吾此平平，精神非有馀，惯向难处走耳！拜客仆仆可厌。今日阴寒，明日辛祈雪，当敬奔走也。炳孙冒籍被攻，彼甚戚戚，吾以为福，今在城外散闷。白师初十开馆。宅中均安，勿系念。石梅[下缺]

《翁氏家书》第十七册

---

① 即汤贻芬。

② 许乃普，字季鸿，号慎生，浙江钱塘(今杭州市)人。官至吏部尚书。

致谭钟麟函

光绪十四年正月十二日(1888 年 2 月 23 日)

文卿吾兄年世大人阁下：

得腊月二十五日手教，伏审近体安和，语重心长，非寻常尺牍可比，出入怀袖，钦味无穷。调勇挑河，部中尝以为言，事竟中格，星使参商，工员症结，东南之忧，抑岂独东南之忧哉！西事诚难究诘，马丞何人？编虎头而一决。既付诸路，必有谠言。前书所云，关外分饷之奏已到，乃是误记，至今渺然也。欠饷百万，报部起解者似已过半，平馀不动，有司龂龂，边事岂能墨守，裁酌可也。弟入春颇病，数日仍在车尘马足间。自嗟选儒不获，宣房付土，私忧窃叹，终夜不寐。尊目如何？鄂僧凉剂真庸工矣。灯下潦草，付来使，不尽依驰。敬颂春祺，阖署大吉。弟同龢顿首。正月十二日。

《翁松禅相国尺牍真迹》第七册

致翁斌孙函

光绪十四年正月十四日(1888 年 2 月 25 日)

弢览：

此次菉函二十日即达，甚快意。交春体中安适，不必多疑。菉卿赴苏同往一散甚妙，邓尉香雪烂然矣，言之神往。二姑婆腰腿病，艰于步履，又不肯药，吾极忧悬，若须药酒，开轮即寄。昨一昼夜雪，今日时晴，从百忙中作城南看雪之游，将登车，草草不次。正月十四日。老瓶。

《翁氏家书》第十八册

致翁曾荣函

光绪十四年正月十六日(1888年2月27日)

菉卿:

前笺迟久未发,匆匆过元霄,六街爆竹,万户春灯,景象颇好。书斋入直不过三四日,此后当更有数日之闲也。昨接腊月函,具悉,甚悬悬。吾日夕思归,不惟筋力已衰且难处,无从缕述,汝必默喻之。吾无担石计而居处崇饰,手笔开展,以之居家必大受累,自累尤可,累人奈何?然倔强之性,必不能俯首向人。秋风未起,莼鲈之兴必浓,告汝知之。房价借广宅三千,欠湘中一千,去此则所得无几,并孙赁之屋去之,至多不过二千馀耳!盘费外作何料理耶?前函荫生一节,定有问汝之语,尚未复到何也?种种汝可为我细思量一番,切实告之,勿空议论为要。昨日宣麻,天气晴朗,喜符人望。今日廷臣宴。归草草,此问合家安好不一。正月十六日。叔字。

未刊稿,原件藏常熟市文管会

致阎敬铭函

光绪十四年正月(1888年2月)

今日在内与箴相一面,团拜事未谈及,明当询之。山东交代一件,细读一过,早付所司速行。晚体中已平,适冒风又颇头痛耳。

游龙杖乃萧山相国[1]故事，惜公不与同时也。中堂钧坐。晚同龢顿首谨上。

《翁松禅相国尺牍真迹》第一册

致翁斌孙函

光绪十四年正月二十一日（1888 年 3 月 3 日）

弢览：

盼信不至，想缘岁杪行脚稍迟，然夜不安枕矣。春气发舒，能静敛否？切勿胆怯，亦勿更方，鱼油之说前信详之，谅可试服。三四月间定计北来，吕升当令往接，此人酒糟，行路尚健。此间平安。白师开馆后屡旷课，未喻其故，闻家贫费张罗也。去冬送小皮褂、小皮褥，另送十二两。吾写碑碣两日力甚坏，因而肝气大作。昨骂常熟两厨，虽旋悔，犹未平也。两厨百端刁难，我百方抚慰，竟不肯一日留，盖甫到时与语，即洋洋不答，迨请客一次，则主客颦蹙，不能下箸，尚欲以此下劣之技索归资耶？化外之顽民也。家用局面有放无收，现居朊仕尚不能过，安望食贫处贱萧然无求，用是自怼，恨不脱此尘垢耳。官事为难，两相水火，牵率老夫为之调剂。书帷一月旷功，明日开篆，再审动静。湘信渺然。连日雪，今又薄阴，殊无趣，馀不罄。此间合宅安好。正月二十一日直庐。老瓶。

《翁氏家书》第十六册。

---

① 指汤金钊。

致刘秉璋函

光绪十四年正月二十一日(1888 年 3 月 3 日)

年年蒙此大惠,不知何以堪之,惟有感纫,譬诸鸱夷盛酒而已。专此鸣谢,不尽偻偻。弟龢顿首。

《翁松禅墨迹》第四集

致翁曾荣函*

光绪十四年正月二十五日(1888 年 3 月 7 日)

弢夫南问迟,悬情,春来当健,湘行可,已盼北来也。吾肝疾发,委顿,今渐愈。馀平安。正月二十五日。瓶叟。

《翁氏家书》第十六册

致翁斌孙函

光绪十四年二月初二日(1888 年 3 月 14 日)

弢夫览:

望信至于发电,此意可知,今日尚未见复信,而人日与初十日两函一时并到,信局以旱班付轮,而轮又阻滞,故迟迟,虽意早及

* 是年翁斌孙生病,翁同龢悬念不已,“盼北来”。八月初二日,斌孙致翁同龢函,说月初动身。果于八月十九日到京,九月十四日翁同龢出闱。日记有“抵家知斌孙于八月十九日到京,一见欣然”。函中“湘行可”,因翁曾桂调任长沙知府时间一直未定,因未成行。

此,然不免疑虑者,汝体犹未强健也。立春两星断不足虑,冯声甫服白鱼油,用小酒盅半盅充焦米汤饮之,味极腥而能健人,昨问杜云蕃始得其详,似少试无妨。武林之行恐劳顿无益,卫中丞[①]当呼太世伯,前信已详,渠是留馆翰林,当用白帖,知之。访医极是要务,马乃无学问者也。海参得力,则鱼肚必投,因思鱼油亦投,此须自身体会。一粒金不可试,近已知其失事,切切。吾肝气大旺,自是学问不到,非关节,今读理学书,近益友,旧恙若失。一昨因南问不来,三夕少寐,今日精神不佳,退后径归。

制钱自初一日起搭放,每人五百文,此信一出,市中挑大钱,必三钱以上方用,赖京兆请旨以二钱以上皆准折制钱二文,两日来稍稍通利,看来不至罢市,已属万幸,而同官尚云京兆多事,则何说也!东朝鲜,西卫藏,皆岌岌,藏人筑垒不许英人入卡,英云是彼地,交争未下,英将用兵,藏已易帅矣。二月二日申刻。瓶老。

《翁氏家书》第十七册

致翁斌孙函*

光绪十四年二月初二日(1888 年 3 月 14 日)

福幼农[②]上书请临邸,斥为揣摩,故前信云云。邸日瘳,足动而手未灵,稍能谋议,即如西苑之旨二月初一日定四月初十日移跸,此时工程并

---

① 指卫荣光。

* 翁同龢光绪十四年二月初二日日记载:“写南信,即日发讫。”又有“得衡州腊月二十日函,皆安,尚无调动之信”。

② 即福楙。

未完也。枢臣赴邸属稿矣。去岁冬月在书房滑跌并无伤损,砖如镜,靴如铁,安得不滑耶!沈卷游洞〈庭〉山。玉枕卷、衡山家报皆收,圆照不能得,今年厂肆未买一物,亦自无物也,萧索极矣。七保誊录小有获,亦听之,别无可考,小试则已被讦中止,现为伊纳粟矣,一百八两者。伊听叶姑爷之谓赈捐止须七十馀,不知临考须加足五成,更费矣。茂如思二月杪南旋,又欲走旱路,伊病尚未大愈,此行无谓。陈伯双处或作一唁函,但闻仲丈仙逝矣,南中传为异事云云即可矣。所定方原当消息,不必墨守,人乳最好,静摄尤好,重耳不见,当可霸矣。恩、虎规矩,足慰吾意,能孝友便是祥瑞。二姑婆脚气恐亦是虚,若需药物当寄知,再造丸滋腻不如药酒灵通,不知医者喜填补,不知病者喜安佚,此窍吾参透久矣。若寄些白面去当喜,不知能寄否?真容仍悬东厅,七保略能帮助。新屋太潮湿,只堆花,不堆书。开印后只一到耳。黄屋置之,吾并不欲居此。南厨暂留耳。吕升酒性坏,不用亦是。衡信腊月二十日发,顷到适来,尚无调首的信,伪捐可憎,自贻戚耳!吾家有此等事否?勿讳饰。调甫只是官癖,不足论。陆纯甫只是烟客,无缠绕即得。衡件汇到,即交许讫,似尚馀二十金也。

《翁氏家书》第十七册

致翁斌孙函

光绪十四年二月初三日(1888 年 3 月 15 日)

斌览:

南音久滞,故发电,初三早得复电,此怀始释。天佑吾门,贤者益健,秀者益循循于规矩,庶可保世滋大乎!吾惟侧身修行,夙夜不敢怠，冀少咎戾。武林之行细思无谓，长沙未到乃浙游耶！朱家角医可一访，能与四叔同去为妙。四叔必当服药，腻补无益也。鱼肝油可一问医，吾意竟可试何如？此间事烦，遗忘者常十六七，去函不周到，只可默喻。湘中调信杳然。庄子例通问，无他言，縠无信也。电信太费，以后不复发，住址多于正文，彼赖此为生活，若此间但称北京东单牌二巷翁宅，似亦可。王君魁梧，真一市人耳！乍暖，春物熙熙。制钱放三日，二路钱稍通，目前尚无事，馀不赘。二月三日申正。老瓶。

《翁氏家书》第十七册

致翁斌孙函

光绪十四年二月初七日(1888 年 3 月 19 日)

祠门落成，稍慰。中层梁柱拔缝，铁搭安能交，若卸坐移建最好，不知菉意如何？可告我。登山相地，地师为谁？二姑婆疾足可忧。湘中调首〈府〉之信杳然。同邑围炉之资亦未寄到，叶、俞处断难□。再造丸不可服，如意丸当寄也。吾渐复元。社稷、日坛均敬陪祀，昨狂风极寒，尚耐劳，惟不耐冷耳，汗疾未发，馀则常发。四更往，今夜亦四更出朝阳也。四十年京官，于典礼极疏，故欲观礼。西苑驻跸非其时，不能止矣。大钱不主废弃，当待其定，而朝邑遽欲收之，与透底讲始止。馀无他，不一。二月初七晚。瓶老。

《翁氏家书》第十八册

致翁斌孙函

光绪十四年二月初八日(1888 年 3 月 20 日)

两掌院先后赏寿,麟[①]在服中,荫[②]回不设剧,极是。若乌[③]、若奎[④]、若廖[⑤]皆自寿宴客,窃所未喻。此间应酬愈烦,不胜其费,吾又介介,少所取而多予,必穷之术也。字画竟不看,廉州十八幅已去天津。朝房老鲁往往携杂物,不免买一二字。久不写,然索者尚多,腕力日颓,脚力亦日乏,写字四刻,腰遂不支。同邑竟无往来。茂如已愈,其弟尚未见,士梅烟气太重,一面而已。考差诸公磨厉以须,余回避,赵君不阅卷,题则与闻。韩文钧放道,此君曾与庚辰同事,委琐,眼力亦不高也,放缺如萍梗,随其所致,然亦不尽然,则非所知耳!

《翁氏家书》第十七册

致翁斌孙函*

光绪十四年二月初八日(1888 年 3 月 20 日)

弢览:

省告平安为慰,浙行当在花朝前后,前云可不去斟酌,朱家角

① 指麟书。

② 指徐桐。

③ 指乌拉布喜崇阿。

④ 指奎俊。

⑤ 指廖寿恒。

* 查光绪十四年二月初八日翁同龢日记,有"发斌信"记载。

则须一访。菉往梁溪真闲事。鱼油买些试试,陈伯双或考差后再说,□馀人言如此。

途次第一以慎风寒为主,十日内可无风,到家好养息调理。抵沪发电,馀不多嘱。

《翁氏家书》第十六册

致翁斌孙函*

光绪十四年二月十四日(1888年3月26日)

翁道鸿来京,起病引见,请伊一饭,承伊甚亲近。因论矿务,忽以长篇示我,意欲代奏,并保伊督办加京堂衔,一派胡说。篇中极陈土司五矿皆备,只须有人肯办,自是今日动听之论。伊云铜本不取之官,不取之民,四川则劝富绅,云南则把持前粮台,侵蚀者议数倍罚之。此何说耶?闻伊在滇站不住,告病,有思茅厅一缺,怂恿打干颇招声,此生霖[①]确知者也。汝四舅信来,寄我二十金,寄汝亦如之,自不得不受,其居官却要好,求信已允之矣。曾士庭闻告病或不确,顾香初真告病矣。吕升云因藩台过境,伊责其悍仆,藩台回护,一怒而去也。此间亲友皆好,茂如知其弟将到,不复南归。七保为伊捐监,具呈时不知山东在此揽捐,已具呈不便撤,多费数十金也。二厨接手甚好。开账每日几三十千,太费亦缘钱坏,百物腾贵耳!广东凉蒲鞋双梁者能去皮底而头深者乃妙。可买两双来。今日

---

* 查翁同龢光绪十四年二月十四日日记有:"发南信,并寄柿霜一匣于二姊。"又,是月十一日日记有:"本家仪丞(即翁道鸿)候于座,以《矿务说略》见示,意欲在四川土司大开,虽曾阅历,然不敢凭也,且仪丞举动欠沉着,恐大言无实。"与函中所言内容相近,故是函当写于十四日。

① 周德润,字生霖,官至总理衙门大臣,翁同龢门生。

午先退不入署，晚间请颂阁、燮臣便饭。十四日未正。

《翁氏家书》第十七册

致谭钟麟函

光绪十四年二月二十三日（1888 年 4 月 4 日）

文卿吾兄同年阁下：

正月烦冗中，使还未附状，再辱手教，感责善之深，三复兴叹。行藏时也，出处义也，古人陈车服于廷及上东门祖饯之盛，窃尝鄙之矣。陈力就列，不能者，止推贤让能，庶官乃和，朝夕勉勉而已。尊目如何？此次是否再请开缺，批答如何，均未能悉。

伊犁拨款，计赢二十五万，当可补苴。雷营既裁，记尚有填扎之勇，要之陇事全仗老兄收束耳。陕西粮道顾肇熙公能任事，敢以闻。李宾之先生字卷并寄去。敬颂大安不一。年世愚弟同龢顿首。二月二十三日。

《翁松禅相国尺牍真迹》第七册

致翁斌孙函

光绪十四年二月二十三日（1888 年 4 月 4 日）

官牍如山，都人似海，岂能堪此哉！应酬□□□最苦，如山如海，不能支矣。有送惠泉十坛求书者，不能却，而腕为之痛。信札不知搁起一概不复。多少，官牍亦未收拾，每事遗忘，成均办考之员拘泥，近颇有事也。程锡如因在南中录科即不准考，我托礼部，始通融收考，成均驳在先，礼部亦驳。咏春已愈，苍莽朴实，□荒，考到录科皆第四十六也。□□□持节不寂寞矣，况后来尚长案少会，辞馆住馆，吾数馈问，助以三十金。乙酉闱友欲仰陈迹，伯双憔悴，此行稍慰意。太乙丸当问明寄去。

《翁氏家书》第十八册

致谭钟麟函

光绪十四年二月二十五日(1888年4月6日)

文卿仁兄年世大人阁下：

顷闻兄引疾得谕旨，既钦羡以为近世所希，又未审疏中情事，此心悬悬与陇云俱驰也。西事一团乱丝，兄费尽神力而后兵民各安其职。朝廷屡次慰留，盖为销萌弭患计，不第边锁难得其人也。今兄浩然归隐，其如苍生何？石翁[①]到任，度须六七月，行李难迈，当已初秋。衙斋默坐，必有奇效。篛林、西庄两先生俱以逍遥乡里。目光重开，敬以为兄祝。弟以疏慵当烦剧，如以老马试常途，终必一蹶，稍间亦拟乞身。弟有兄子在湘中，便当一看，兼为南岳之游，得晤教，此生之幸也。趁使者即发，率笔，敬请大安，惟鉴不一。弟同龢顿首。二月二十五日。

《春及草庐翁帖墨迹》

致翁斌孙函

光绪十四年三月初六日(1888年4月16日)

斌览：

顷寄到茶叶、黄连头一包，茶极香好，连头烂矣。此件初五寄，

---

① 指杨昌浚，字石众，时新任陕甘总督。

匝月始到，然则寄去柿霜、如意酒，亦必三旬方达，好在不要紧也。十二日未接南音，又悬悬，或亦浙行，然动身时当有函。长沙到任，考语"年强才裕"而已。后尚无信，湘抚易人，和平而熟悉，当有济，但内眷不多来往，我已函及矣。此间三日得雨极透，二麦当有秋漕，明日风俗云当四十五日风，一旬来，萧萧不已。吾体支持，旧疾未断，两腿酸楚，如远行登山。

署中事为难，若专任尚可策励驽钝，今则随人牵鼻，而动笔者悉委一人，到处寻相公不见，奈何？郑工借洋债一百万，续估尚在外，桃汛已届，水涨旋落，工程计得十分之四，若顺手，端节可合龙，天佑东南数百万生灵，或能底绩，日夕祷祝也。部库将竭，正项待支只剩四万零，从来未有，一切杂项统共不及五百万，皆捐款，按期必须放出者。我辈沥陈库储摺稿，正月中交相公，至今未出，今日飘瞥一见，约至署发，而抵暮不来。制钱发两月，市上不见分文，虽此时硬头皮顶过，若数月如此，将辛苦所聚之制钱借奸商一贩，大钱不能废，制钱接不上，物价不平，小民受累，一旦朝廷克期变法，咎将谁归？计将安出耶？且昨奉交谕，意在废置也。今封事。复徐摺树铭，拟封典、虚衔、花翎三项各有，俱准钱捐，一千五百抵京银一两。较现例再减一成，尚未奏。复文郁摺，则京捐准搭大钱一成也，十二吊为一两。楚北屠龙乃西台鸣凤，前后三疏，忠爱油然，虽不得读，其文意则远矣。朝邑定告，其郎君已来。邸疾渐好，尚未能作字，一味将顺而已。同邑屈、马、叶皆未见。七保捐监，今与人联课，吾亦未寓目。伯双且不归，仲弢已愈，邑子皆佳。邸钞湖南抚以曾庆溥收厘数多升□□□。茂如健矣。三月六日将睡时握笔涂抹不尽意。老瓶。

《翁氏家书》第十七册

致翁斌孙函*

光绪十四年三月初九日(1888 年 4 月 19 日)

我钱到手即尽，最歉然者外省□□□一寄，愈积愈多，□□□□寄矣，如彭讷生、庄、李两同年□□帖者陆渔笙曾受其炭，尤著者，□□□年竟卒，可怜其□□□亦缕苦。同事中，□□□迟大受累，且亦听复，因此怏怏。□己决□，我愈累矣，黄屋事，(已养之屋□□□□□□能抽还。)□□□欲成借款在囊，利息空费，然长沙初到，岂宜速办此等事耶？只好迟迟。昨日大风，将西北之桥吹著，房檐幸未坏，屋瓦则脱矣。许君未晤，此次长沙信件已由汝妇办妥分送，九分。他处皆有收条，许则止一片耳！翁仪丞[①]尚在此，磨我保荐开矿，殊谬，已峻拒之。改四川，因云南站不住也。曾怀清[②]、华尧峰[③]、廖榖似[④]先后来，不得不请一饭，其赠别则还之，犹前志也。

《翁氏家书》第十六册

致翁斌孙函

光绪十四年三月十一日(1888 年 4 月 21 日)

弢览：

得申江函并何君方，所言有理。药甘凉不苦寒，今日商之孙爕

---

* 查翁同龢光绪十四年三月初九日日记，有“发长沙信，发南信”。又，是月初七日有“是日邀华尧峰、廖榖似饮，孙爕臣、徐颂阁作陪”。

① 即翁道鸿。

② 即曾钰。

③ 即华祝三。

④ 即廖寿丰。

臣,云古有试药法,此可试,若服后精神爽,胸鬲清,即投;若食少疲倦,则再斟酌也。发信时正在立夏,而信中未言发〈病〉否,且何方有偶发语,因此颇疑来信不实。证以程士梅所言,或在疑似,故未叙及耶。本定四月北行,而来信又未及言,亦甚悬悬。朱家角医曾访晤否?可参酌,来方又有骨蒸字,再看方知是属上读,此疑顿释矣。此从前所无,情形如何,亦极悬悬也。吾昨因骑马劳顿,遍身发热,却非寒热。舌干口苦痰黏,呵气如火,因思我是暂时作苦所致,汝好思虑,且劳累数月,厥阴相火,同时上(炎)〔炙〕,又偏是上热下寒,上实下虚之体,故有升无降,论治标则非凉润不投,论治本则温暖又不可缺,必良医细心推究,盘桓数日,方立一方常服,或定数方,分时分早晚服之,岂匆匆数语遂能中肯哉!南中固稳重者也。

此间平安,禊日大雨可喜,花事烂漫,不得一游。东院丰草不茀,更无可览。而公事若煎若赘,不必言矣,肢体软,肝气旺,吾勉强自力。近喜看《黄庭内景》,并买得明季畦公墨迹,《内景》一本为大欢,华尧峰[①]前辈年七十八而强健,如四五十人,其得力在子午不动心而晚饭不饱,清晨以燕窝三钱入粥,徐啜之,(燕窝佳者太贵,有一种名"燕窝碎",南方五六元一斤,极好。)其言大似有理。华又言亲见百岁老人告以每饭须六刻,细嚼成水咽下,久之甜如蜜浆,视肥浓皆腥秽矣,其言亦妙,但恐吾辈无此吃饭工夫耳。朝邑[②]決去,每见谈时事,语出肺腑,近世所稀,吾敬之,畏之,特不效其琐屑耳,然吾之病正坐不能琐屑也。三月十一日。直庐老瓶。

《翁氏家书》第十七册

① 指华祝三。
② 指阎敬铭。

致翁斌孙函*

光绪十四年三月十二日(1888 年 4 月 22 日)

前笺写而未发,初十日卯初移跸西苑,递如意,花衣跪迎,戏一日,入夜始散。□□□书房,次日照常入直,惟补桐书屋在瀛台东畔,自德昌门起尚有半里,门外之船或有或无。今日退直,则柳下一舟,悄无人也。公事冗,而应酬忙,加以奔走,恐难为继。七保考到一等第八。咏春端五前可到。三月十二日灯下倦笔。

《翁氏家书》第十八册

致翁斌孙函**

光绪十四年三月十三日发(1888 年 4 月 23 日)

健步最好,若不能,勿勉强,然不可因懒而多坐。浙行已止,甚是。静帅①无一字复,其人廉静亦最落莫也。鱼油试服何如?吾意必热性,若胃口不腻便佳,人乳性寒,故易腻。陈方微近甘凉,停服亦得。地师朱君十年前从未闻名,嘉定廖君究是老手,且有家传,盍请之。此间钱法无所谓法,始虑市肆喧哗,今则大钱虽发,而市面绝不见,一年之后,制钱放尽,大钱仍不能废,而朝廷坚持废大钱,特未明谕耳。朝邑退。邸腕仍未能动。七保文理稍好,曹师改

---

* 光绪十四年四月《翁松禅自订年谱》有"书房初在补桐,旋移长春书屋"。又是年四月十三日日记有"发南信"。

** 光绪十四年三月十二日翁同龢日记有"写南信"。十三日有"发南信"。

① 指卫荣光,字静澜。

笔灵，我则懒看也。两厨皆留，开帐极大。本家宜臣改捐川省，尚未上兑，屡来磨我，我已谢之。汝四舅通信，吾已嘱刚君，无回信也。蒲鞋样剪去，须头略深而宽者，能去皮底尤妙。顾子山自收自卖，并非门户凋零。雨峰贫病，奈何？我亦欲略帮，俟复信。江湖冒姓者为谁？若是同姓，则祠堂当容其一拜。程士梅未到，其事吾亦略闻，沈荫鹤年底曾送十金，老墙门事，当续寄。此时四叔不知归否？故未作札。三月十二日。瓶。

《翁氏家书》第十七册

致翁斌孙函

光绪十四年三月十六日（1888年4月26日）

弢览：

手笺并芝麻糖远烦□□，甚慰。□□□□抑□有此二子未除耶？此间事多，不缕缕。吾乡长官连连去信何也？所谓某某氏者，又何人耶？少见人，多默息，至日近宜淡尚之，正嘱之。瓶生。

《翁氏家书》第十六册

复谭钟麟函

光绪十四年三月十八日（1888年4月28日）

文卿吾兄年世大人阁下：

读来教，知目疾如前，忽险忽夷语，令人愁结。朝廷惜公之去，无术以留，代者迟迟，殆借冠一年之意，卧护诸将固亦优闲，况眠食如昔，得稍息，可冀速平也。伏惟怡神葆和，强饭自爱为祷。郑工日进三占，较前为速，桃汛已过，仲夏当塞，此河官之言，外论殊不尔。来教所虑，真老成之识也。弟之非材，当为时弃，而值此八面受敌之时，偏膺金谷之任，私忧窃叹者，岂独度支不继而已哉。顷鼎臣[1]约赴近郊别业看海棠，退直后策马冒雨归而腰脚酸楚，所谓销愁之更愁也。行人称遽，书此缘当面谈不尽者，且俟续布，敬请大安不次。弟同龢顿首。三月十八日灯下。

《翁松禅相国尺牍真迹》第八册

致翁曾荣函

光绪十四年三月二十日（1888 年 4 月 30 日）

菉卿览：

杭州何日归，想平安。昨程士梅来，寄到鱼松、米酥、黄连头、茶叶，皆佳，惟燕笋已黑，菖蒲憔悴耳。何多品耶！甚喜，甚喜。又得南信，虎官举丈夫子，添丁上瑞，欣忭无似。吾此安近好。出郊不能骑马，大是奇事。署中益为难。后邻横甚，今日劼侯来言不能阻其加墙耳，并有责言，一笑置之。河工闻端节后或可合，朝邑尚健，邸则淹缠。近来应酬份子极多。临睡不一。三月二十日二鼓。瓶生。

再，秀姑娘之母，据信来多病常卧，若家用拮据，务为接济，若有事则送具已备，但须著人照料并助其费，该用若干，由京汇划不误。又其弟将娶无资，亦须帮助。此两事不能并举，酌行可也。切切。

未刊稿，原件藏常熟市文管会

① 即铭安。

致阎敬铭函

光绪十四年三月二十日(1888年4月30日)

河工的款,档房所拟似妥,昨令旭之口陈,想鉴及。二参逾限,安徽、湖南、江西皆有,宽严两难,还祈酌夺。报销之案初核与复核稍有异同者,径下断语可乎?尊候轻安,下怀差慰。晚连发旧恙(怔忡),今日从郊外归乃洒然也。中堂钧席。晚同龢叩头上。二十日。

《翁松禅相国尺牍真迹》第四册

致翁斌孙函*

光绪十四年三月二十一日(1888年5月1日)

寄上海酱园弄翁公馆收启,□□□,二十一日发。

笏览:

今日晴和,未审遄归否?殊盼切也。养病有二端:一曰用温补,诸药皆试,尚无近功,张医之法似止于此,吾谓宜以参附扶阳助气,俾血脉流通,此病虽由时温起,不能因以禁暖剂也。一曰多活动,凡四肢之病必须屈伸往来,以达其气,举步既觉酸楚,自不可勉强劳筋,然惟畏劳尤不可不劳,或扶行,或垂足,左右摇撼,或令人

* 翁同龢光绪十四年三月日记记载:是月十日,翁同龢"得南信,二月二十六日发"。"十七日,得虎官信,知三月三日伊举一男,喜甚。斌附数字,服鱼油,精神稍旺"。复函当于二十一日。

摇搦,譬如伤科以动为主,亦此意也。此二者到家后可徐徐试行并可随时斟酌,故切望汝归也。黄春圃曾延请否?其论可参,其药勿轻试,匆匆写此不一。昨所云藤椅带脚踏可买也。二十一日未正。瓶老。

《翁氏家书》第十七册

致翁斌孙函

光绪十四年三月二十二日(1888 年 5 月 2 日)

许照恐不能交,昨与子腾商酌,云断不可也。饮人以狂药,而责人以礼义,可乎?倘其人在此,虽一钱可不出,否则已先有瑕矣,况堂官岂宜出此?

又,今年所发信,或寄鹿卿,或寄汝,为:正月初七,正月十一,正月十七,正月二十一,正月二十六;二月初三,二月初八,二月十四,二月二十五,此□□□也。三月初九,三月十三,三月二十一。二十二日。瓶生。

《翁氏家书》第十六册

致翁斌孙函

光绪十四年三月二十七日(1888 年 5 月 7 日)

弢夫览:

十日未得问,已悬盼,顷见阊门舟中函,乃大慰。鱼油无弊,但未言效,又未言北行之期,何也?昨晤程士梅,据云汝春分时亦小小发病,在疑似间,而来信不提,吾因此更悬盼耳!苏州谢客必多应酬。朱家角名医所诊云何？乡里人恐墨守古方，如鱼油，此辈必力驳，须自斟酌，勿随人言下转也。吾前云当服暖药，亦是臆说，不足凭。顷闻西医云体肥人贫血，病人不可磕头，磕头则开膜窍且上溢，然则磕头亦有流弊矣。今年发信不少，而来函云盼京信不到，恐信局有遗失，兹开一单去，可复按之。

此间无事，制钱虽发，市上不见，终成画饼。福君以为非我之责，一切皆置勿论；若单衔，又恐失和，由是怏怏；朝邑欲退不得，昨封事颇有谠言，已高阁矣。诸务阑珊，署中止我日到，到亦画诺而已。内直如常，较去岁为进，每言必用也。河工本可盼端节合龙，近闻风雨停工，又料垛被烧十馀座，恐尚无把握，事关大局，令人坐卧不安。后邻加墉，今未动手，且听之。伯述要卖长安屋，亦实情。我今年甚窘，有数人留别，悉却之。二厨口味尚可，而开账极大，每日三十千，请客则十五金，可诧也。三月二十七日薄暮。瓶老。

《翁氏家书》第十七册

致翁曾荣函

光绪十四年三月二十七日（1888 年 5 月 7 日）

菉卿览：

西湖之游乐极，何时返棹？前寄来各物皆收到。昨函谈老墙门事速办，恐卖后难理论。吾体稍不如前，然无病。汝服暖药好，亦勿太峻。临睡不一。三月二十七二鼓。瓶生。

《翁氏家书》第十八册

致周原祁函

光绪十四年三月二十九日(1888 年 5 月 9 日)

子京先生阁下:

别久不胜愿言之诚,职事剌促,了无好怀,故人书札一爽我目,况翩翩淋漓之文乎！欣慰,欣慰。去岁大雪,江淮间诧为罕事,宜有数钟三穗之获。贱体习劳,顷扈从西行,日骑马五六十里,虽顿犹支持。惟斌孙体弱,颇致愁思。菉侄平平,较健实也。拙书丑恶,不意流播荆楚,承品藻惭怀。钱君尚未晤。草草,敬颂近安,诸惟珍重。弟同龢顿首。三月二十九日灯下。

未刊稿,原件藏常熟市文管会

致周原祁函

光绪十四年四月初四日(1888 年 5 月 14 日)

子京先生仁兄大人阁下:

前上两函,抑何迟滞,人来复奉手教,感慰兼集,支离东北,飘泊西南,同此况味耳！同龢受厚恩蒙重寄,岂苟为尚志者,直以处非所据,愧兹于中。古者荒政十有二隶于司徒,今纵不能先事筹度,何至屯膏若此？又窃见东渐西被,内外罄竭,谋之不成,谁执其咎？前书云云,盖谓此也。孱体两月来差胜,春初南信时至,马鬣之筑正在此,中怀摧剥,莫可言喻。即请近安,灯下涉笔,不尽所怀。弟同龢顿首。词甫一函,望饬送。四月初四日。

《翁松禅墨迹》第三册

致翁斌孙函*

光绪十四年四月初七日发(1888 年 5 月 17 日)

后邻加墉,曾侯婉劝不理,曾侯浼巴兰德斥之,乃罢,并云要在吾东院开一门南出,虽曾侯亦不能不怒也。申江之行,想为饥驱,今龚君纤啬,且农曹屡与驳难,未必洽惬,此行何争耶?本家仪丞尚在京,绝不一来,行踪诡秘。长沙到任,公务繁冗,中峰似不甚满意,两司已详请调补,尚未出奏也。中处亦尝寓函,只谈家务,不及官事,未得复音,其郎君新来,屡晤之。此事恐亦须料理,邮既未能见,如城北颂君正可托,而去岁寄红桥之数未免亵矣,吾实不愿问,并不欲谈,然又不能不问不谈也。白师今年假馆时多,其家真赤贫,此间修脯不能给,拟俟到京,伊即辞馆,吾允为推荐天津近处一席面也。

书房课程如昨,诸事顺手,非从前之比,自去岁孙公告假始也,几于言听计从矣。初十推班一日,次日即照常。一昨时享常雩皆天日晴朗,纤尘不动,前后数刻,或半日,即大风矣。河工尚无合龙的信,此间所闻亦云可望告竣,惟七厅处处皆险,铜瓦以下节节浅涩耳!长夫裁否未可知,若并此不敢动,只得借洋债矣,库项发截六百万,开春即无著,谁过问耶?六条驳去三条,开捐在三条之外,其条目尚未奏准,大要六成上兑,惟花样仍八成,河工先。丝茶捐已停。洪湖长至八尺

---

* 翁同龢光绪十四年四月初五日日记载:此函当是接斌孙函的复函。但时间有误。光绪十三年十一月二十五日,"闻李兰生、李子和连衔请缓堵郑州,规复南河。寄谕不准行。"故函中有"二李赴工有济耶?"十四年二月,"湖南抚卞(宝弟)奏,以翁曾桂调署长沙府,喜甚。……"三月八日,得曾桂長沙函,十五日接印。又得斌孙上海来信。故于四月初七日"发南信于斌孙"。此函应发于四月初七日,写于初五日。

馀,颍寿水围乃意中事。二李[①]赴工有济耶?

库楼倾圮不必住,动工亦非数日能耳!齿痛不见客,甚是。朱批谕旨新刊本、股票收到,如何用却未知。茶膏收到,恭养泉暴戾出名,行事可憎,刘二案已结,看来高之竟是一棍,文隆明日尚约伊等见面,我却以好语安慰,在不阿不离间。打更尚勤。新来之李姓自问一次不理后亦寂然矣。西院木料足值二百,砖瓦、油漆人工非百金不办,吾决计付三百偿此价,缘宝源局商人赔累,我驳斥不加成,此事尚在纷纭,俞师君邀我说,此事恐人议,我不要节省,却要报效也。二姑婆为我请安,接济一时竟不能,且少缓,近来穷甚,日来了无生趣,求出城野望不可得。初五日临卧。(初七日发)

《翁氏家书》第十七册

致翁斌孙函*

光绪十四年四月初七日(1888 年 5 月 17 日)

两食鲥鱼,一后邻,一贵人所赠,鲜好不下江乡,奇矣。有人赠松鼠两头,极熟;又一为赶车姚二携来,畏人伏不动也。

《翁氏家书》第十六册

---

① 指李鸿藻、李鹤年。

* 翁同龢光绪十四年四月初七日日记有,"发南信与斌孙"。函中"松鼠系三月十一日高绍良传循所送。鲥鱼则为四月初三日。"麟芝庵(即麟书)所赠,及初四日,奕谟所赠。翁同龢曾请孙家鼐、徐郙一起品尝。

致翁斌孙函*

光绪十四年四月初七日发(1888 年 5 月 17 日)

弢览:

甫发信而南信来,盖往往如是。武林之行既止,益可静养,又未省吴门何日归也。腰脚酸楚固是湿,亦是寒,阴,两发间亦然,吾谓汝寒体耳,上热乃假象,汝颇看医方岂未之省,而畏热药者殆上焦不受,亦惩前车,以为躁药无益,不知桂附入润药,以丸纳之,食前服,可以助丹田之气,补命门之火,试与名医一商之。朱家角相距不远,访医是要事,勿惮跋涉也。湘中二月二十日函平安,汝叔又得一女,虽慰,意究觖望。此月望,□履新,比见中丞奏调考语云“年强才裕”四字而已,而首县考语则八字,其意可知矣。衡永道有缺,昨已放隆文。隆文者,阁长也,曩尝当留京随员,今会典馆提调,故识之,在旗人中尚明白。

有不问证而下指能诺者,若先有人通信则不足道矣。日来官事累人。此间上下平安,夜间亦安静。朝邑以私憾欲劾去东藩,吾正告之,犹不听,此稿同官无一人肯画,余犹驳之。司官晏安澜,吾所赏拔,此事颇为朝邑爪牙□□,至朝邑两疏,皆谠言而不用,且加驳斥焉,奈何?福[①]极见厚,但性太缓,而无识量,终恐偾事,徐子碌碌无可商。出游二次,西巴沟,东二闸,花已落,蒲柳正生。顷将移跸西苑,是日花衣,递如意,闻赏戏,幸未及吾侪也。余在西苑门外,借南苑档房三间,

---

* 从函中“甫发信而南信来”,知此函当写于初六日,发于初七日。

① 指福锟。

人家厢房，与孙兄同。正在裱糊。若六部公所，每部三间，湫隘如瓮中，将来若遇大雨，百僚皆鹅鸭耳！连日劳顿，夜卧不安，意亦懊恼，写此不一。四月初六日。瓶居士。

《翁氏家书》第十七册

致周原祁函

光绪十四年四月初七日（1888 年 5 月 17 日）

子京先生仁兄阁下：

人来辄问近况，手书斐然，欣慰兼至。去岁似尝奉书，尘见并忘时日矣。武汉饥民塞村溢野，闻之肠转，所望今岁有秋耳！

郑工近颇顺手，庶几合龙，否则淮扬岌岌，有无数隐忧。弟之迂谬疏简，偏值此至烦至难之地，常仰屋作妄想扁舟溯江于黄鹤楼，看风帆沙鸟，买白酒炒豆与君纵谈而无人相识，岂非快事耶！蓀侄、斌孙皆南归，斌又多病，弟乃与士吉之幼子落然相对，此怀可知。木犀香里先生能一来否？校官新捐极多，有积薪之叹，奈何哉？即问起居，拨冗不一。弟同龢顿首。四月初七日灯下。

茶市不至，词甫何如？松云晤否？如晤乞道谢。陈君名流，乃索拙书，可怪也。弟坐市中，持秤开发票者也。弟再行。

《翁松禅墨迹》第三册

致翁斌孙函*

光绪十四年四月初七日(1888 年 5 月 17 日)

弢览:

得朔日函,极慰,以四十日未得问,故发电,却无讹言也。柴门绝宾客,尚有干求,吾悬想若得归,何处著此身耶?汝字丰穰,亦精神渐长之证。东涧①批李杜集可珍,来函拳拳于佳画,结习深矣。此间所见稀少,只小箫□苏于顾子山家购些来,索重价。顷见宋人画女孝经九段,萧穆幽深,艺亦见道,然不能收也。衡信接正月十二调信未的,或又中改,署中皆安好。姑婆左体麻木,念之甚。柿霜寄一匣,京局钱样,手头无之,今寄云南、直隶数文去。新铸钱保定第一,天津次之,福建、浙江又次之,湖北、山东为下,此月来幸未罢市,人言纷纷,责户部不发银收买,岂知一收即废耶!不一。二月十四日。瓶叟。

《翁氏家书》第十七册

致翁曾荣函

光绪十四年四月初十日(1888 年 5 月 20 日)

菉卿:

得三月二十五日函并新茶甚妙,兼知舟泊吴门,体中安胜,弢

---

* 光绪十四年四月初八日,翁同龢祝徐桐七十赐寿,此前四月初四日,翁同龢"写徐桐寿诗"。初七日日记有"发南信与斌孙"。当函时间当是此日。

① 钱谦益,自号东涧老人。

亦健适。彧在沪二十六日寄一函先到,亦先复之矣。重固镇老医用甘凉药,戒勿用心、勿御肥腻,言甚有理,不问病而得之于脉,诚哉名医!但钱芝剑先往彼,恐已谈及,则亦未为神妙耳!汝得湿药力正可频进,然温药亦有流弊,总以培固静守为要,譬之炉炭非灰不养,通红则乏矣。

吾体不如前,无所苦,第午后必倦不耐劳,然午倦乃日日在西馆少休所致,当矫正之。今日卯初,上奉慈舆驻跸西苑,百僚进如意,服花衣,跪迎,余亦在列,幸未赏戏,得早退。西苑门外有六部公所,余别借南苑档房厢房两间,小而热。且俟后图书房则在补桐书屋,趋直不近。荷花如海,鱼鸟亲人,岂非乐事?然尤惧愧悚之意与云水俱长,非复赏荷钓鱼故事,则亦惘然而已。近畿得雨,虽终风不至旱,山左则旱矣。郑工合否关天下大局,日夕祷盼。部库空虚,索逋四至,阎公刻而愎,馀则慢事,实逼处此,如何?如何?长沙调补尚未奏到,公事亏他支持,家事亦赖此一柱也。余叠次致汝各事,次第办去,勿急勿惰,若能抽身北来,乃吾愿也。余衰矣,日事仅办七八,必留二三,积久乃不可纪。又好弄笔墨,好游览,皆非居官所宜也。四月初十卯正西苑临睡写此。瓶生。

未刊稿,原件藏常熟市文管会

致翁斌孙函

光绪十四年四月初十日(1888 年 5 月 20 日)

斌览:

沪函先到,苏函续来,在苏应酬不倦,走路不乏,皆可喜。沪留几日,当返棹矣。十六两之说正在核复,安得云已行?即行尤不可援以为证,此意当知之。闻北行当在秋间,此语得之蔡处,究竟确否?邮函要紧。屋事待汝再办。后邻开门之说,今已不提,造楼则不能禁,所谓高明之家也。咏春来必住此。七保考到之文不佳,不识取否?此子外面去得,志气尚有,馀非所知。今日西苑奉迎归,天气阴阴欲雨。倦甚,写此不一。四月十日卯正。

《翁氏家书》第十七册

致翁斌孙函*

光绪十四年四月十三日(1888 年 5 月 23 日)

郑工捐内本有武职,并非新例。藏、丽事[①]皆无头绪。藏则□□者,被英人一炮散尽,英使云,但使藏不守此□道,伊必不越一步。丽则送款于俄。设局收钱做不到,必须大钱废后始能办,否则户部一收,讹言立起,必须大钱立废,由户部缴成也。二厨语具前,城中用费无度,早晚遣之。

《翁氏家书》第十六册

致翁斌孙函

光绪十四年四月十七日(1888 年 5 月 27 日)

弢览:

浴佛日函,洒洒可喜。□□访医,乃得高人,渺然有江湖之想,

---

* 翁同龢光绪十四年四月十三日日记,有“发南信”。又,二月十八日,翁同龢“拟大钱收捐摺稿”。三月初二日,户部广西司启、顾、张三君来,与翁同龢论钱法,“以为必废大钱,而以制钱可见”。

① 指英国侵略西藏、朝鲜通款沙俄。

按脉而知病,世难其人,吴方亦和平,长夏可服。杭人谚云:“朝饭饱,中饭早,晚饭少,不吃更好。”华公传楚老人言,一饭至少六刻,细嚼而漫咽之,此恐不能;又云夜饭莫吃。皆至言也。

此间静无所事。驻跸西苑,未曾见过外起。郑工不能合,两次电请停工,二次不许,第二次乃今日事。更筹款一二百万,然虚掷耳!英藏构兵,藏败,而英将进。昨日电。高已外属,俄铁路直瞰伊犁。此间漫无布置,所搜剔者交代笔事,阎公严劾东藩,我改其稿,颇见龃龉,然我终敬之也。四月十七晚。

《翁氏家书》第十八册

致翁斌孙函

光绪十四年四月十八日(1888年5月28日)

弢览:

昨以数语附函,今来欲复前函,而懒于检阅,率意以言而已。西苑趋直劳顿,倍于曩时,绕道步行者六百武,直庐东向新朱漆炎蒸,漆气恼人,退行烈日中不得张盖,尚未遇大雨,已殊苦矣。

河工请停未许,续估三百万,先有旨备一二百万,顷以一数交卷,来日大难。边事方棘,而蓬莱方丈且为汗漫之游,修月之斧丁丁然也。立本正人,吾终敬之。

汝体渐佳,蒙天之佑。北行迂缓,吾喻汝意,海上事当恳思邈,若有行期,遣人候津耳!长沙无补信。此中平安,二稚似胜前,七保用功,馀不悉。瓶生。四月十八日晚。

《翁氏家书》第十八册

致翁斌孙函*

光绪十四年四月十九日(1888 年 5 月 29 日)

斌览：

十馀日未得南问,遂如数十日,此怀可知。雷雨中送本月十一函来,欣慰,欣慰。蚊雷蒸热,北人不惯,汝之苦之耶！遗泄乃大漏,多起跪可治此病,呼吸入丹田亦可治也。京师酷热,入伏后时得阵雨,渐有润意,否则焦烂矣。吾数受暑,初似受凉,得瓜乃解。西苑荷花如海,奈无清兴何。署中隔日一到,到必汗沾衣,笔墨绕扰人可憎。郑工不合,却无的报。藏事终为所得,盖申竹衫①到彼,藏番不令到界上,西人藉此称兵,藏必不支矣。高事亦岌岌百端也。十九日。

《翁氏家书》第十七册

致翁斌孙函**

光绪十四年四月十九日(1888 年 5 月 29 日)

顷陈伯双来谈,易以何方与商,曰秦艽祛风不必用,知母苦寒不可用,恐伤胃气。此二味宜去。丹皮生地则随时消息,火盛照服,火降则减。竹叶只须五六十叶。鱼油但不妨食,即可常服,此补气

* 查翁同龢光绪十四年四月十九日日记,有"发南信"记载。

① 指驻藏大臣升泰。

** 翁同龢光绪十四年四月十九日日记有"晚饭后陈伯双来谈《易》,以斌方与斟酌,曰可服,但秦艽、知母二味可去"。"是日发南信"。

血上篡。十九日早。

《翁氏家书》第十六册

致翁奎孙函*

光绪十四年四月十九日(1888 年 5 月 29 日)

乡风奢靡可恨,四叔服吴方投,勿改,伊本寒体。园照画恐不真,汝目光定否?勿上当。藏事无办法,缅即前车也。丽使①已至,德绝未告我。宜臣数月杳然,□江湖冒姓,究竟何人?何由知其冒?冒则不敢来矣。屋事俟汝再说,近日弢亦寂寂。外省白分一概庋搁如何?既惜钱又懒写信。福②之迂缓殆性成,库事昨已上矣。制钱终不见,可危。楚北铸钱工料最省,然如莘耘说则大吃亏,停之为是。此时部铸,尚未能复原额,尚思添屋如何之?部铜已截数十万令津代铸,它处断不能分,松③不过谓稍宽其厘局经费耳!徐则吹毛不已也。廖季仙既不佳,罢议可也。孙公④允即日致书与龚⑤,不由我寄,此公决不食言。十九日。

《翁氏家书》第十六册

---

* 此函收到后不久,又收到翁曾荣、翁斌孙函,言"家乡风气日坏,不孝不弟,令人骇叹"。十九日日记即有"发南信"。

① 指朝鲜使臣。

② 指福锟。

③ 指松溎。

④ 指孙家鼐。

⑤ 指龚易图。

致阎敬铭函

光绪十四年四月二十一日(1888 年 5 月 31 日)

尘杂中亦一静观,矧公独居,深念稍愈,敬诣聆诲。九卿团拜。闻箴公面恳徐师,(昨日事,龢却未去)重以公言,更好不卜夜,极是。龢感寒兼以春至发病,今日偃卧足重也。中堂吾师钧席。晚同龢谨上。

白花百合,拟即煮吃,分惠珍感。

《翁松禅相国尺牍真迹》第三册

致翁斌孙函

光绪十四年四月二十七日(1888 年 6 月 6 日)

斌览:

得十五函,具悉。余体已平,入直路远,不免劳顿。今日生朝,在国子朝房偃卧竟日,借邻屋破书观之,归而客散。汝北行何日?月底恐虚谈,再迟,炎暑非宜。何方太凉,前信略及治标则可。长沙奏到,部议正有波折,顷颂信①谓钱保衡已驳,而长沙件未见,其不关切可知矣。四月二十七日灯下。

《翁氏家书》第十六册

---

① “顷颂信”,指在南书房行走的徐颂阁来信。《翁同龢书札系年考》一书第 129 页写“顷则信”。

致翁斌孙函

光绪十四年四月二十八日(1888 年 6 月 7 日)

一昨寄菉函,为曲阜事。得寓目,久当取回音也。长沙奏到准驳渺然,吾岂不切要,只从旁闲谈耳!汝二舅赋闲可怜,吾何从援手,泥塑佛无用,况懒极,尺牍废矣。直庐东向,旭日炙,无窗棂,朱漆气浓,入门如入瓮,苦事,苦事。退时赫曦当空,筋力顿衰,加以愁思郁结,常嚜嚜自诧也。徂暑泛海,令人转增悬系,不如且已,俟秋凉,并起复文同到部。今年亢旱,热至八十三度,竟如三伏。宅内平安,勿悬念。见二姑婆请安。次箫尚未到。四月二十八日。付弢夫。

《翁氏家书》第十七册

致阎敬铭函

光绪十四年五月初三日(1888 年 6 月 12 日)

中堂钧席,久久未造请,此中蹙蹙。朝有正人,天下蒙福不小,虽遇事维持,正如寸莛叩洪钟耳。中堂若出,非独吾侪小人之幸。同龢自趋直西苑,觉筋力顿衰,昨为水风所袭,方发热未汗也。黄河并铁路为一说,簧鼓百端,不才亦日夕惴恐,尝纳数说于译署首座,知有转机,当卒图之。公书秘置箧,镌之肝肺耳!旦晚奉谈不次。翁同龢顿首上记。五月三日。

《翁松禅相国尺牍真迹》第四册

致翁斌孙函*

光绪十四年五月初五日(1888 年 6 月 14 日)

三妙膏广夫人贴□□□欲自合而不得法,□□□□要三十帖,速寄,伊需此甚殷也。咏春住此,约须出月方入城。七保录科,取极得,不知如何抄撮耳!

《翁氏家书》第十六册

致翁斌孙函

光绪十四年五月初五日(1888 年 6 月 14 日)

弢览:

四月二十七函,端午日到,极快慰。登山劳苦,致发肝气,慎之哉!鱼油既不觉,勿增勿减。北行触暑何医节饮食之论甚精。非宜,吾虽盼汝来,又不欲即来也。四叔不来亦好,劝其来者为伊计耳!寓中皆佳,此节竭蹶,亦无为难,投赠仍不受,省事免累,非鸣高也。字画零星欠下百馀金。未喻其故。初四日申正二刻地动,东西震撼,承尘飒然,起立目眴,以后微动二次,或云前门动甚,人言喧然,可惧哉!雨生事只得听之,指缺说情,我决不为,况阎公耶!俗吏但知钻营,不知自立,不能为之牵鼻。程士梅,烟客也,地横街客厅成烟海矣,不能入。毛龟并未送来,石谷画更未见,即送亦断不受,吾岂货取

---

* 翁同龢光绪十四年五月初四日日记有"咏春倒孙……下榻于此"。初五日"复(斌孙)信交寄"。

者哉！蛔堂[①]滇行甚可喜，寅臣[②]差运胜词曹，二君不送诗可敬，劬庵卷闻亦好。（考差卷枢廷复看，换去四本，皆有疵者也。诗题错。）灯下，不一。五日。长瓶。

《翁氏家书》第十七册

致翁斌孙函

光绪十四年五月初九日（1888 年 6 月 18 日）

弢览：

前纸当达，顷得来函，知旧恙稍发，悬系不可言，触热陟山，以后切戒。何方入暑可服，鱼油亦勿停。天气酷热，舟行非宜，秋凉再来，前信详之矣。此间安好，勿念。昨长沙函各安。部议尚未具稿，我迫切而彼迟迟，至好如楚金，亦漠不在意。屋事介夫[③]早晚来都面定，麓泉作中，吾兼拟请孙兄与闻之，修费不能扣，竟践六竿之约。自我居城，与诸同邑隔绝，呼应不灵，终非长策，慨念二十年前，同乡是何等光景，今疏阔如此，如二庞者，不应尔也。咏春质直如前，幼申亦尚循循，久不闻读书声，欣然而喜。吾体平安。以吉来，住会馆，乂臣处，懒未通信，季和病热已瘳，馀皆好。小考差卷撤换四本，徐、潘、昆、福所阅，不得其详。京堂似桂林，亚夫首列也。闻两江多病，吏治可议，闻之否？五月九日二鼓。长瓶。

命名拟"铨"字何如？

《翁氏家书》第十七册

---

① 蛔堂即庞鸿书。

② 即赵亮熙。

③ 即黄倬。

致翁曾荣函

光绪十四年五月十三日（1888 年 6 月 22 日）

钱甥连官喜事现在不能办，明春可办否？豫先生我今年起屋前后三千馀金，海内知交日稀，苟非故旧不与交际，此后难支持。吴、赵两函即日交，切勿忘。价人见时道念。

未刊稿，原件藏常熟市文管会

致翁斌孙函

光绪十四年五月十三日（1888 年 6 月 22 日）

弢览：

端四函来，知上月微发，然疑似，不足为病。不疑，斯病退耳！怯即病根，志为气帅，要时时参究，触暑北行万万不可，前信详之。论制钱事甚当，但邸无从见，伊亦不与闻，海军捐愈出愈奇，昆明工尚短百万，郑工盼合，可合，然终不能必合，款则六百万矣。大婚有期，尚未宣布。长沙议准，十六日奏上，许君未见，今云索甚巨。已专函告山[①]勿惑也。今日热至八十八度，菉云南中一百十馀度，恐不确也。五月十三夜。瓶。

《翁氏家书》第十七册

① 指翁曾桂。

致阎敬铭函

光绪十四年五月(1888 年 6 月)

每侍坐,辄意开退常寻绎,钦味其言也。李公可敬。札稿读悉,口语皆鄙琐不足述,鼠辈奚恤耶!巨款先筹一半,已具稿入览否?草草,恕不谨。名另肃。

《翁松禅相国尺牍真迹》第四册

致翁斌孙函

光绪十四年五月二十五日(1888 年 7 月 4 日)

斌览:

盼雨,盼河合龙,盼南信。今得十三、□□两函,不啻饮我甘露,来信畅适足快目,夏至安稳,极好。遗泄亦根柢病,当慎之。药方自为,消息极是,有人告我呼吸须达丹田,用其法似气少吐,夜得眠,一日不过三十馀息耳。我昨感暑,呕泄偃卧一日,今晨值日,欲入即归,午后始健,初疑阴暑,多吃香散无益,得瓜乃愈。焦旱,直庐如甑,退时徒步,烈日中安得不病耶!海上无回信,当是十六未定之故。长府已复准[1],俗事如海,说不尽也。汝秋间再来,须暑退乃行,万勿造次,此间尽可放心,吾体已愈,明即入直矣。五月二十五日灯下。

《翁氏家书》第十七册

---

① 指翁曾桂调任长沙知府。

致翁斌孙函

光绪十四年五月二十七日发(1888 年 7 月 6 日)

[前缺]杂答,补桐淡然,铁柱治河未闻,因不阅《申报》也。西人献计用囊盛沙在劼处见之,引黄入金沙,奇而谬。汝舅事,敬谢不敏,呼出佛可,呼木牛亦不辞也。雨事尤荒唐,朝邑岂为人营干志哉!武公晤却不怨,君子人也。季士周未到。汝疾由于肝肺,以吐纳导引可调,胜于饮药。秋凉动身,极是,极是。沪信,问孙云未复,且俟之。在乡不可居罗不张,总由不读书之故,厌理学为迂拘,天理灭矣。四叔上海之行,徒多劳费。姑婆步履不便,极念。赵大瘦怯,晤时候之,并告次公、吴聋①,甚相念。今日得长沙初十函,平安。两日来公事粗停当,伊致邮信尚为调事,□拟不送□邮,妄人不值,屡干也。二十六日二鼓。瓶生。

《翁氏家书》第十七册

致翁斌孙函*

光绪十四年五月二十七日(1888 年 7 月 6 日)

扫东厅悬麓台画,看之渺然□□□人,今日孙、徐两兄见过,孙渊默,□□屺怀②居间买渔山③画,鄙俗污此□□。祁公重装慈仁寺

① 指赵宗建、吴鸿纶。

* 翁同龢光绪十四年五月二十四日日记载:“扫东厅悬麓台大画。”“得郑工电,云二十一日西坝沉船,二十四东坝垫,……”二十五日,“得斌十四、十七两函。”二十七日,便“发南信”。

② 即费念慈。

③ 指吴历。

《妙因胜果图》，强余助三十金，余代募百馀，正在裱褙也。廉州[①]十八叶贩至津门卖去，馀无所见，事益繁，意绪益坏，无复胜赏。

大热，针至九十馀度，尚是厅□□，庭中过百矣。秋禾不能种，种者皆焦。大风一阵，入夜闻雷，犹未见雨。黄厅今报五十丈，今闻将办金门大占，庶几可合，此两事真刻刻系怀。考差题参乎吾道一句，□□□实世芑二句，"绿畦春溜引连筒"，□□忘之矣。皆我所拟。䌹堂差运好，然太远，馀子寂寂，庚辰三君复亦寂寂，伯双却极好，吾力劝□□□，安小峰[②]未完卷，顷始知搬城外病未愈，□□助屡矣。李大先生曾一见，王夔帅[③]明日入城，酷暑未能请酒，只好迟迟。黄介夫[④]未来，来则再谈，恐稍纵即落洋手。湘中既不办，只好听之。□□□甚难，内直如常。大婚吉期，司天择正月二十四□请定内务府人云。大意在二十五也。款项外省尚少一百二十万，部库亦欠四十万未进。

《翁氏家书》第十八册

致翁斌孙函

光绪十四年六月初二日（1888 年 7 月 10 日）

弢览：

昨甫发信，今日黄麓□□□称介夫在福即日到京，前弢夫信云："以市足平银六竿易屋，专待此为捐官费，先以奉闻。"云云。我意介夫一到即办，请曾侯、颂阁为中，以麓□□券仍写原契逐件细看，是否失

① 王廉州，清代画家。

② 指安维峻。

③ 指王文韶。

④ 即黄恕皆。

接。能此商诸汝叔即日复我。汝叔□信似市平松江，现在专论足色与否？六月二日。老瓶。

《翁氏家书》第十八册

致翁斌孙函*

光绪十四年六月初二日（1888年7月10日）

郑工二十六日电，西坝垫二十一日亥一扫，将捆箱以压□水中，正碍进占之路，二十四日东坝亦垫一埽，二十五日□□外坝竟漂去一埽，口门水深六丈馀，若再抬高，只得开引河，伏汛将届，恐功败垂成，云云。电旨仍催令速进，窃恐人力已穷，大患未弭，如何？如何？恽星耘[①]解海运来京，三万石尚未交来。以松耘信送祝，敬还之。星耘极能。微有市气，盖今日好官也。夔帅昨晤，老矣，而精神好。常熟到三人、邹二人，张育平、殷献臣皆到，钱以吉[②]早到。二十七日。

《翁氏家书》第十八册

致翁斌孙函

光绪十四年六月初四日（1888年7月12日）

弢览：

前两函当达，后一函惠□□□单，谅即复也。介夫尚未到，到

---

* 翁同龢光绪十四年五月二十七日日记载：同日“发南信”，六月初二日，常熟有来人乡试，“得荣侄函，斌亦有函”。

① 即恽杏耘。

② 即钱仪吉，浙江归安人。清代著名学者。

之后须□□□周旋，吾岂任此者，直勉强为之耳！□□□班不可久点，行当退休。昨闻菉信，知乡里风气如此，此邦之人可与居哉！然舍而他适，守家之谓□，吾□所谓无地著穷猿者矣。黄河事久不合龙。愁闷欲绝。小雨不快，隐忧极多，如何？如何？初四日灯下。

《翁氏家书》第十八册

致翁斌孙函

光绪十四年六月初五日（1888年7月13日）

郑工二十七一电后东西坝□□占东□□。杳然无续音，为之坐卧不安。沪事姑照办，我甚不愿"干薪"二字挟制也。外销之款报部一年，吾已阅定拟拨十万，今为福相滞阁，五月两江函牍交催，□□踌躇，一事不办，如何？顷黄仲弢来，云伊未吃药，但吃藕汤，已愈。连冲叔传一方极效，□□□全当归一枝，过一两重者，京中极难得，不过九钱亦可用。用黄酒煮之，至酒味全去，用碗盛。若痰中偶有，即将所□□入酒中。连酒饮之，不问何经自然归原处也。六月初五日晚。

《翁氏家书》第十八册

致翁斌孙函

光绪十四年六月初五日（1888年7月13日）

今钞去龚致孙[①]函。六月初五日。瓶老。

附：龚致孙函原文：

翁仲渊[②]修撰干薪向系每月□□金□，即遵雅嘱，由弢甫太史

---

① 据翁同龢日记载系龚易图致孙家鼐函。

② 即翁曾源。

领支,惟沪上经费为难情形,想在洞鉴,一俟有定局,自当酌量加增云云。六月初五日□□。

《翁氏家书》第十八册

致阎敬铭函

光绪十四年六月初六日(1888 年 7 月 14 日)

早间闻郑工电:东西坝续有塌陷,口门深八丈许,引河未放云云。大福不可徼,巨患不可弭。轸结匪言所喻,伏惟尊体渐即轻安,不胜驰企。中堂钧席。晚同龢谨上。初六日。

《翁松禅相国尺牍真迹》第二册

致翁斌孙函

光绪十四年六月初六日(1888 年 7 月 14 日)

昨函甫发,湘信忘□□,今补去。家乡各有事□□,肯来者留意,此极闲事,因此受气不少,故欲一破恶习,明者再说□也。

《翁氏家书》第十八册

致翁斌孙函

光绪十四年六月初十日(1888 年 7 月 18 日)

斌览:

得二十七函,知健适,两膝酸楚,虽潮湿所致,亦是气血虚,鱼油若好勿断也,寒暖不时要调摄。稻田水足可喜。姑婆肯吃贡邦郎冰,大奇,此水吾不知也。此间上下平安。同邑来者未见,季佐耕数来,拒之。与咏春谈,意有所求,吾对不能。程士梅以对条数请,今分农部,一揖外,未尝款曲。□□泉昨函,称介夫来将践前约,此时未到,余着人道谢,问介夫到京未,则尚无信。湘中有信皆安,惟炎热。四叔往沪何事?不畏暑耶?今日与孙、徐两君[①]公请王夔石于庆和堂,熏黑始登车,乏极。六月十日三更。瓶老。

《翁氏家书》第十七册

致翁斌孙函*

光绪十四年六月十一日(1888 年 7 月 19 日)

初六祷而夜得雨,初八再雨,今早亥初仍又雷雨,屡溉有益,晚麦可种,□□然则焦热。昨日起潮热,汗出如油,极难受。

今早郑工有电,初六申刻河忽北趋,抬高二三丈,将拦黄堰自行冲开,由引河下泛盛涨已夺溜二四分,而口门之溜尚未掣动,云云。天意佑助,若全河循铜瓦而北,不难合龙矣。初十。

《翁氏家书》第十八册

致翁曾荣函

光绪十四年六月十二日(1888 年 7 月 20 日)

讲复册缴去,放下即是菩提,特须真放下耳。

---

① 查翁同龢日记,指与孙家鼐、徐用仪宴请王文韶一事。

* 翁同龢光绪十四年六月初十日日记载:是日得郑工电,如函中所云情形,但是日未写信,而是于十一日“发南信”。

士良为吾族最安分之人，一生穷病，可悯也。孙小川在苏否？秧水差足，农夫少休，一切要珍重。菉卿览。十二。

未刊稿，苏州市博物馆藏

致周原祁函

光绪十四年六月十五日（1888年7月23日）

子京先生仁兄阁下：

手教勤恳，感荷不尽。江汉平流，雨足麦熟，极慰意。或传江水春涨，盖讹言矣。郑工垂合而伏汛大至，引河冲开决口，仍有垫塌，若遂成两股河，犹足稍纾东南之患，否则殆矣。

久不看《申报》，铁柱之议未闻，斌孙函来曾及之。不变法，不大举，吾知无成耳！笔花未老，檠藿久虚，弟非漫为劝驾者，幸先生深思之。弟懒散更甚，意在白云黄鹤间，揽镜三叹。士吉之子长曰宜孙，海运来此；次炳孙，年十八，皆赴北闱，功夫皆浅，惟南墙闻诵读声则喜，盖寒斋久不闻此矣。敬颂日安不具。弟同龢顿首。六月十三月下。

海防捐为郑工所压，校官更无到班之期，若欲改图，须先为计，如何？月下点笔，不复笼烛，可笑也。龢。十五。

《翁松禅墨迹》第三册

致谭钟麟函

光绪十四年六月十八日（1888年7月26日）

文卿吾兄年世大人阁下：

盼信使不至，昨读赐函，乃闻恕翁倾逝，不觉悲叹。同龢不幸罹兄弟之戚者屡矣,至此遂成断雁。秋风起则凄然,顾影往往独夜陨涕,以是知兄之不能堪也。然悲亦何益?当为诸孤门户计也。中年以后忧乐皆能伤人,况老年又病躯,切恳照破生死聚散之常理,强自排遣而已。同龢积忧成痗,不独职掌多负,郑工固不得合,东海、西卫处处虚怯,坐一室以指画肚如何?西师不落臼窠否?前政屡仆,一团乱丝,机绪断矣。夔翁七月中旬到湘,杨公[①]履任当在明春。灯下走笔,不尽怀想。专复。敬颂日安不次。年世愚弟翁同龢顿首上。六月十八日。

《春及草庐翁帖墨迹》

致阎敬铭函

光绪十四年六月二十一日(1888 年 7 月 29 日)

复刘件极妥,陈君请开乌布,未可批准,正拟(明日面商)奉商。嵩武款不得不拨,卜魁仍袭前轨耳。坞工暂准,以郑工捐划抵,惟严杜将来。晚感寒,本欲请假,福公力阻,今且通融两日不至署矣。启续所呈,拟代奏何如?中堂钧席。晚同龢谨复上。廿一日。

《翁松禅相国尺牍真迹》第二册

① 指杨昌浚。

致翁斌孙函*

光绪十四年六月二十三日(1888年7月31日)

[前缺]福音明年二月归政,同日上谕饬中外臣工协力匡拂,似不敢再辨者,小臣读此,申旦不寐。今日仪鸾殿落成,前此虽成,油饰未停,今日搭天篷,一日要毕,篷竿约费一二万金。慈驾即日移居,明日还宫,七月朔再诣西苑。顷申正二刻起,大风大雹,回旋一时许,大雨大雷电,现戌正担溜正喧也。介夫已到,契据携来,鹿泉一晤,先写契底来看,大致妥协,言市平足纹,颂阁云市平常例,是纹则不必。明日请二黄君、颂君集君斋,若无它说,即立契矣。介夫改外须五千金。前长沙信云留二千在彼中付,今则不然,只好由介夫自算账耳!雨中点灯写此,不尽百一。瓶叟。六月二十三日。

《翁氏家书》第十七册

致翁斌孙函

光绪十四年六月二十八日(1888年8月5日)

二十四日黄麓泉、介孚同来,余请颂阁、燮臣作中,设饮,是日未写契,今日始将契交来,介孚当面画押,余亦写欠字一千两面交,麓亦画中人押。此次惟市平足色为京中交易通例所无,余不复与

---

* 《翁同龢书札系年考》一书编者认为此函为四月十九日函的下半截。但从二函所言各有侧重。是日(六月二十三日),慈禧太后移居仪鸾殿新室,即西卷殿;二十四日,黄麓泉、黄介夫在福同来,"出旧契一包,余知以京城通例皆市平松江,而彼必欲足色,念系世好,余岂沾沾,于是哉,允之。"此处依所载内容,仍列为单独一函。

说,盖累世交情,不免废兴之感也。房金尚欠二百八十两,又欠票一千,皆由小山①代付,即日驰函予之矣。逆旅中之逆旅,多此一举。汇去百金,可作川资,馀不一。

此二纸六月二十八日申刻。瓶老。

《翁氏家书》第十六册

致翁斌孙函*

光绪十四年六月二十八日(1888年8月5日)

雨峰可怜,或稍周济之,我必寄去。三妙膏广处得极效。愚□□寄,同邑皆未免,不论其人何如,我忝□位,不宜一概拒绝。奉贤本家肯来谒祠,当(进)〔允〕之,至通谱有何不可,若欲刻入吾谱则不能也。《妙因胜果图》傅雯插画,宽三丈馀,高丈馀,伟观也,在报国寺中。即慈仁寺,在彰仪门大街。屋事平色亦细事耳,修理一层恶于启口也,市平既足,常例若足色不过多添□□□。明日写券,当是介夫亲笔,鹿泉□□□不知如何谢法。曾侯不欲请也。连得透雨,晚禾勃兴,犹可补救。湘信时通,邮妄我早看出,伊□不敢登我门,我亦不问也。记未复奏时我问颂,颂回信万不可听旁人言,我即日寄去。伊来信只云所索甚巨,似尚未接我信也,或竟遗失,或被邮截去,亦未可知,不编号为蠢。十五日。

《翁氏家书》第十八册

---

① 即翁曾桂。

* 翁同龢光绪十四年六月二十八日日记有"致曾侯(即曾纪泽)函。黄介夫写契来,麓泉来,阅后画押成交,……交介孚回湘与松侄面算"。又是日"得斌孙函"。

致阎敬铭函

光绪十四年七月初三日（1888 年 8 月 10 日）

旬日来公私丛杂，若焦若熬，知公独居之念深矣。尊体有瘳否？悬系仰望，非笔墨所能罄。北档房所筹，尚未与同人集议，窃恐无实际耳。早晚奉谒不次。中堂钧席。晚同龢叩头上。初三日。

《翁松禅相国尺牍真迹》第三册

致阎敬铭函

光绪十四年七月十八日（1888 年 8 月 25 日）

入直益远，未能奉谒。伏惟眠食向安。劾东藩稿知未当意，然鄙见只如此，不敢匿于先生之前。郑州再请停工，再不许，如天时何？续佐三百万，先由北洋借洋款一百万，不知中旨若何？藏番再败，高丽不臣，俄之铁路直瞰伊犁，犹是远患，如何？如何？敬颂道安。晚同龢谨上。十八日卯初。

《翁松禅相国尺牍真迹》第四册

致翁斌孙函*

光绪十四年七月二十日（1888 年 8 月 27 日）

陆屋遭焚，所幸人无恙，能照料接济之，极是。□□□似较前

---

* 翁同龢光绪十四年六月日记，初五日，"颂阁荐一厨，姓罗，淮安人，拟留之。而遣二厨去。"初九日，"得斌孙五月二十六日函，平安。……鱼家桥火，妾陆之家焚一楼，人无恙"。十一日，"发南信"。原聘二厨于六月十四日回南。

为胜。二厨交替，即日思回南，暂留数日，每人给十五两遣归也。徐处厨姑用之，须驾驭，我却不会。成均朝房，日日到彼小憩，船人无误。近日上命将直庐西户启而尽除秽恶，可坐矣。德昌门内无人张盖。

《翁氏家书》第十八册

致翁斌孙函

光绪十四年七月二十一日(1888 年 8 月 28 日)

鹿信收览，仍交回。迎养一节，倘能就彼，力劝亦好，当再寄去管信，即请俞师写好。抚固可，藩何人耶？只求宽限明日入署，后日写对。便好，若初五则断断来不及。杨鹤峰两函并求写扁对，杨简侯题跋，杨宅题主。现在正忙不开也。轮船若泊大沽，须用小轮驳运。第一上船时须十分谨慎，行李不要紧，不必张罗。告假一节，要斟酌，此事亦关器识，即无人问，恐非所安。

饬成衣速将珠毛袍交来，并令三点钟到横街，有话面交代也。二十一日。

《翁氏家书》第十八册

致阎敬铭函

光绪十四年七月二十五日(1888 年 9 月 1 日)

同龢以百忧铸成一懒，因懒而病，因病愈懒。蒙手谕，呼[①]世

---

① 即呼延振。

兄事照办极妥。同龢惭负师门,言之腹痛也。陈、谢两生,夙所深知,大抵楚金必占一席,馀徐议耳!蜀司大难,其人若有知者,乞即示。同龢前日退直呕泄伤气,今日以未注写,勉强一行。辰初即归,时偃卧。毒热伏惟珍卫,庭际万不可坐,不能追凉,徒受暑也。河流、雨候两系怀,如何?中堂钧席。同龢顿首复上。廿五日。

《翁松禅相国尺牍真迹》第四册

致翁斌孙函

光绪十四年八月初十日(1888年9月15日)

昨归得南信,已晚,今送去。此行安稳,如天之福,然惫矣。文信即刻送去,否则恐登车。调卿嘱好珍重,秋风将起也。汝须速料理,奉母入城,方是道理。初十。

《翁氏家书》第十六册

致阎敬铭函

光绪十四年八月二十二日(1888年9月27日)

划拨摺,箴公以为与其续筹,不如全拨,其说亦是。至署削稿,秉烛方散。尊体想日有瘳,未获面商,不胜悚息。敬上中堂钧右。晚同龢顿首上。廿二日酉正。

《翁松禅相国尺牍真迹》第四册

致翁斌孙函*

光绪十四年八月二十五日（1888年9月30日）

省母遄行，天必佑助，汝其敬思吾言，务自敛束，每事三思。徐雨之①可托，并附一函。王观察函则为两人谋，亦为汝卸责也。珍重努力。瓶老手字。初五。

未刊稿，原件藏常熟市文管会

致阎敬铭函

光绪十四年九月初八日（1888年10月12日）

尊处给佣书，每千字直几许？便中示下。至《玉壶》②两册，俟略对过即缴，顷写得一本也。晚今日赴北城，不能入署，此事迂谨者以为失政体，通达者以为失利权，其实皆非也。筑室道谋，三年不成。愿公坚任，而力持之。明日入署，聆教不次。晚名叩头。初八日。

《翁松禅相国尺牍真迹》第四册

---

* 光绪六年十月二十一日翁同龢日记有："得斌孙初十日函，知初九日安抵上海。海波不兴，极慰意也。"同月二十五日日记有："得斌孙十四日函，知是日抵家，菉卿亦愈，皆可喜。作南信。明日发。二十号。"之记载。由此断定此函写于二十五日。

① 徐润，字雨之，号愚斋，广东香山人，时为上海轮船招商局总董。

② 指《玉壶新咏》一书。

致翁斌孙函*

光绪十四年十月初一日(1888 年 11 月 4 日)

今日坤宁宫吃肉,啖四两,从未有也。吾以拜跪为乐,观学为粮,直友为鉴,循而行之,终吾身矣。叶、俞两君常来看我,意可感。白师太宽,我亦一二,尤未深谈,当嘱之。

《翁氏家书》第十六册

致孙家鼐函

光绪十四年十月十八日(1888 年 11 月 21 日)

昨梦寐呻吟,晨起拈笔尚支持,出城入署,臂殊酸楚耳,承注甚感。鲁帖姑置之矣。弟瓶生顿首。十八日。

《翁松禅(同龢)手札》第九册

致阎敬铭函

光绪十四年十一月十二日(1888 年 12 月 14 日)

同龢冬至后,百疾交攻,荒忽若未失。窃闻中堂欲坚前请,此亦同龢疑惧之一端也。不敢多谈,敬为天下苍生匹夫亡妇九顿,告

---

* 查翁同龢是日日记,载有:"卯正二刻,坤宁宫吃肉,余在第五列。怀肉一脔,以饷家人。"又,是日"邀叶茂如便饭"。均与函中所述内容相近。白师,即白源曾,号松泉,翁家庭教师。前年应乡试,斌孙任房考官,曾"荐卷"。十三年九月,因原聘家庭教师王稚樵(弼光)不满伙食,"餐馆恶劣"辞馆以去。翁家遂聘白氏,教"两从子",白师"太宽",翁说"当嘱之"。

公强起而已。不一。同龢谨上中堂阁下。腊月十二日。

《翁松禅相国尺牍真迹》第四册

致谭钟麟函

光绪十四年十一月二十三日(1888年12月25日)

文卿吾兄年世大人阁下:

数月未通问,驰仰甚深,惠书至,欣欣读之。伏审尊体安和,惟目疾未愈,又后任未到,滞留边城,不免望南鸿而惆怅耳。六十万协赈,有识钦叹,非独救灾恤怜也。部查库储,望文生义,隔壁听声,置之不足道。边琐封桩,外销间款,二者皆今日必应有之举,亦历来皆有之事,弟辈决不搜括到此也。郑工此月当塞,日夕以冀,口门宽八丈而占可成功,未知天意若何耳!

弟文字之役亦多未称,经术荒而见闻陋,八股直是门外汉,竭蹶惭惶。冬暖无雪,自荆襄达吴会多伤旱处,极悬悬也。行人索书,灯下草草涉笔,敬贺年禧并阖署安吉。弟同龢顿首上。十一月二十三夜。

越樽之赠,未尝敢辞。弟今年酿秫未空而阁下归田正需,是为松菊之助,谨即奉缴,仓卒不获取调水符。不日另函细述,专谢。再颂年安不一。名正具。

《翁松禅相国尺牍真迹》第八册

致孙家鼐函

光绪十四年十一月二十三日(1888年12月25日)

昨在锡之处谈及桐城方君寿衡,今得其书极剀切,非謇浅浮华之士,可敬,可敬。兄知其人[①]否?潘件晨交凤石[②],的实可靠,回信送尊处也。票二十千给从者。摺稿草草拟呈,乞酌夺,摺子仍用白面否?费神嘱厚轩一书。寿泉[③]处驰书往问连衔与否,俟复到再填何如?蛰兄左右。弟瓶生顿首。二十三日午。

《翁松禅(同龢)手札》第九册

复谭钟麟函

光绪十四年十二月初六日(1889 年 1 月 7 日)

文卿吾兄年世大人阁下:

得十一月十二日函,伏审起居安健,惟银海未清,出入倚杖,极驰想也。朝廷重西事,缓入觐之期,正可静养,居以待清光之复琐事自置之矣。伊塔军事不纲已久,新帅长者能整齐否?昨于乌孙文书中有类匿名(县丞马端麟)告讦者一件,历诋奢侈浮冒诸弊而指缠商借款为虚捏,即日将请饬查矣。十四年新饷照案指拨。汴、皖两处恐成画饼。前者议复尊疏,止系空语,俟关外奏到再核,今关外之疏已到,适有匿名之件所指与部驳大半吻合,拟再申明前说与彼诘难耳!汉之两校尉原非与郡国并置,今乃于沿边项背之地留此便便之腹,几何而不败乃事乎?

弟本不才,处非所据,日夕悬悬者,郑工不塞,数千里饥民必聚为乱,即塞而山左之民亦恐生事,且它处再突如何?贱体粗安不一。敬颂年禧,合署安胜,弟同龢顿首,腊月初六日。

---

① 即豫禄。
② 即陆润庠。
③ 即松溎。

兼金之馈，年年拜德，亦不复客气，惟有愧汗而已。复颂春祺不次。弟名正肃。贤郎文孙并候。

《春及草庐翁帖墨迹》

致谭钟麟函

光绪十四年十二月初八日(1889 年 1 月 9 日)

文卿仁兄年世大人阁下：

前摺弁去附函必达。兹奉赐简，伏审起居安和，目翳不增，便是退机，静息必复。大婚典礼未闻有贡缎之例，甲戌进细缎乃慈宁圣寿节，百官献祝，甲申即停止，或兄误记耶！六翁[①]，高僧也，苦行崭绝，其性迂缓，措置毒龙猛虎，一二事或失之滞，然其视王侯舆台皆平等不可及之[②]。郑州早晚奏绩，与腊雪同一盼切。岁晚意绪百端，又俗务催迫。行人匆遽，走笔奉复。敬颂台安并贺新喜。贤郎文孙均此。弟同龢顿首上。腊月八日灯下。

越樽郑重，酒佣不欲持回，谨留，俟便有送呈也。瓶生顿首。

《翁松禅相国尺牍真迹》第八册

---

① 指陈彝。

② 冯煦在《蒿叟随笔》一书中对此函有一段文字说明，原文如下："案所云六翁者，殆陈六舟(即陈彝)丈也。此书在郑口将塞时，方丈抚皖，有李合肥之侄某殴毙佃户一案，孙佩南宰合肥，持之坚，合肥屡讽人缓颊，丈不为动，亦濡忍不竟其狱。会李勤恪自粤督入觐，奏对时，于丈多微辞，遂有府尹之调，师所云当指此事也。"(该书第 195 页)按：李勤恪即李瀚章。

复谭钟麟函

光绪十四年十二月初九日(1889 年 1 月 10 日)

文卿吾兄大人阁下:

手教至,得闻动履之详,清恙已平,任事如旧,此非特西陲之福,亦朝廷北门之重也,快慰,快慰。西饷不至遗言否?豫章报解濡滞,顷已劾奏,若裁款而仍悬额,哗溃可虞。郡县初设,清其政而不易其俗乃可,变革太骤,亦恐贻忧。弟宽闲已久,于麋鹿之性为宜,忽居繁剧,不禁汗骇。内府既竭,不得不取盈于外府,而束湿之令行矣:曰海军,曰洋息,曰俸饷,曰河工,计明岁实需六百万以外,将奈何哉!兄谨慎如湘阴,精密如益阳[①],然天下乌得尽如公哉!厚赠谨受,感与愧皆非言可罄。使者迫发,草草复谢,敬贺新禧。年世愚弟同龢顿首。十二月初九日。

《翁松禅相国尺牍真迹》第八册

致谭钟麟函

光绪十四年十二月十八日(1889 年 1 月 19 日)

文卿吾兄年世大人阁下:

时事艰难,喁喁之私,辄冀中外贤者相与翊赞,而一鹤远引,遂归耕于春及之庐,虽叹羡,然悒快也。来函眷眷,以职事为勖,弟岂草木无知者,当此民穷财尽、内忧外侮之时,尚尔雍容坐论,非废事

① 湘阴指左宗棠,益阳指胡林翼。

即缓不及事耳！劝讲乃弟职分第一事，夙夜积思，或有涓壤之助，馀则渺然。郑州塞亦患，不塞亦患，此事牵曳不小。近日趋直西苑，置身于瀛台紫宫间，亦遂有江湖浩荡之思，真泛泛浮浮如水中之凫也。委书联扁，下次寄呈。尊体千万静宽，壬戌秋弟典山右试事，抚军阅兵，小山郑公①以藩司代办监临，此其例矣。灯下草草奉复，敬候起居，不尽驰仰。弟同龢顿首。

《翁松禅相国尺牍真迹》第八册

致翁斌孙函*

光绪十四年十二月二十日（1889 年 1 月 21 日）

弢夫览：

昨发函。今日偶触寒。坐新屋，花香袭裾，既□□无乃益愀然，□□寄汝诗，今云湘中件已交割，复信称两款而彼人者称一款，未喻其意。黄流未塞，时势艰难，窃位素餐，惭焉如捣。直庐与澹老谈，吾辈致身当维持调护，勿徇一日之名，非沉静迴□□□□执能与此斯□□□□□勤。凡百珍重，若需健仆，吕升何如？宅中均安，具前信不赘。腊月二十灯下。瓶生。

《翁氏家书》第十七册

---

① 即郑谨敦。

* 查翁同龢光绪十四年十二月日记，其时郑工尚未完全完工，故函中有"黄流未塞"语，"时势艰难"是说"五月地震、七月西山发蛟、十二月太和门火"等，故忧心忡忡。当时有不少臣僚上折"言请停工作（指颐和园工程）、惜经费、开言路、杜幸门"。翁与孙家鼐联衔上折，请缓修津通铁路。当时心情恶劣。

致孙家鼐函

光绪十五年正月十八日（1889 年 2 月 17 日）

《经训堂》帖两册奉还，《神龙》《兰亭》欲求借看，敝处有旧拓印证也。此石得自镇洋，今在何家，并乞详示。蛰生先生。瓶生顿首。十八日。

《翁松禅（同龢）手札》第九册

致恽祖翼函

光绪十五年二月二十九日（1889 年 3 月 30 日）

叔谋先生阁下：

屡奉手教，备闻眷注之殷。弟虽粟六，何尝一日忘左右哉！时务如发，欲言不能毕其辞。其大者曰边兵，曰海疆，曰军食，曰河工，曰饥民，曰会匪；其细者殆不得而纪也。鄂人来，皆言先生精神强固，纤悉必亲，惠爱所孚，化枭为夙，幸甚，幸甚。设防不增兵，办赈不集捐，具见深识定力，使星照江汉不过为贯索中积气而已。

下走六时冠带，蒿目时艰，进退跼蹐中之所知不敢附和。岁暮伏拜厚馈，举家食粥得以鼓腹，感可知矣。左君绍佐[①]由馆职改西曹，与颂田同官，今因母老乞归，欲于安陆府（京山人）附近谋一小书院，能成全之，极感！极感！入夜倦极，写不成字，敬候起居，不

① 左宗棠后人。

尽百一。弟瓶生顿首。二月二十九灯下。

未刊稿，苏州市博物馆藏

致翁斌孙函*

光绪十五年三月初二日(1889 年 4 月 1 日)

昨信谅已收悉，日来盼南音极切，未审安否？真日日回肠也。门户日衰，浮生虚脆，吾拟请假回南耳！馀详别纸。三月初二日。

《翁氏家书》第十六册

致翁奎孙函**

光绪十五年三月十五日(1889 年 4 月 14 日)

鼎丞侄孙览：

前月得函，事繁未答，然未尝忘也。余远宦未得顾及族事，上溯先业，环顾后昆，负愧正多矣。吾体气日羸，言行动多尤悔。忆之善前年犹童嬉，今乃露头角耶，切宜醇谨向学。亲族中近事眇然未悉，信来须略及之。三月望日。叔平字。

未刊稿，苏州市博物馆藏

---

* 是年二月光绪亲政，大婚礼成。四月，翁同龢六十寿辰；七月，经旨准假二月回常熟，与函中“吾拟请假回南耳”相合。

** 原件系木板封面，上有“丙子春暮枕亚署签”八字。

致童玉庭函

光绪十五年三月二十九日(1889 年 4 月 28 日)

□□有时,舟旄将发,凄怆奈何!渔洋[①]三十六种,检阅者批改字,疑是家藏旧物,未敢辄留,早晚当送缴。行李由海舶甚是,眷口皆由潞河否?到德州定计出荡可耳!玉庭[②]四兄至孝。同龢顿首。二十九日。

《清代名人手札甲集》

致阎敬铭函

光绪十五年三月三十日(1889 年 4 月 29 日)

昨归,夜不得寐。公疾进退系时局之安危,愿静养深思,任此隆栋,幸甚!幸甚!《问梅堂》帖一再见惠,睹其笔迹,益想其为人。贱子眇然一弱茎耳,随风东西,视公真苍松古柏也。施君捐纳房差当如捐,仍商之箴公。复上中堂尊席。晚生同龢顿首。谨启。

《翁松禅相国尺牍真迹》第四册

致阎敬铭函

光绪十五年四月初六日(1889 年 5 月 5 日)

引退得谕旨,窃为四海忧,即亦不敢为公喜也。公近药物省思

① 即王士祯。

② 童玉庭,童华之子。

虑，明春再出，以副喁喁。晚苦腹疾，未获奉谒，极驰想不一。中堂钧席。晚同龢顿首。

《翁松禅相国尺牍真迹》第四册

致童玉庭函

光绪十五年四月十一日（1889 年 5 月 10 日）

明日风必止，但晓寒衣裘须厚，而轻皮靴曾试否？谟贝子寿辰系四月十一日。此颂玉庭仁兄大人侍安。龢顿首。

《清代名人手札甲集》

致谭钟麟函

光绪十五年六月十三日（1889 年 7 月 10 日）

文卿年世仁兄大人阁下：

初闻阁下过西安遇一僧，一针而愈，为之狂喜。时正在闱中也。出闱后遇豫锡之，始得其详，犹未尽信。昨手书烂然，照我几案，乃益信天之佑助贤人君子为不爽，非吾侪私庆也已。左目光复稍迟，或受病有浅深久暂之不同耳。大暑正可静息，长安人家多高槐大柳，且勿作行役计。秋初必湛湛矣，大慰之。

弟近来颇有文字之役，所云入闱，盖阅中书卷也。职事久废，愧极。隆赐本拟奉却，来人难之，又随手挥去，念平生拜德，奚翅倍蓰，竟厚颜祗受，犹胜于鲁公乞米也。

近事具邸报，亦实无事，津通轨路闻可暂罢，夏旱今得雨，桑谷尚奋。孱体支持，舍侄在湘无治绩而获屡迁，忝冒增怍。文孙试事南北,何如人还。敬颂大喜不次。六月十三日,弟同龢顿首。

《翁松禅相国尺牍真迹》第九册

致翁曾荣函

光绪十五年七月十三日(1889年8月9日)

示菉卿:

此次假期仅予二月,默计实无馀暇湘行,既不能如愿,即在家亦不能多耽搁,盖轮船日迟一日,津沽长沙不能到,紫竹林须用炮船运行李,甚费事,且多日也。即如"海晏",上月三十日开去,此月十一日抵沽,来往已十二日矣,况进口又须半日,上货又须半日,则俟开行已十三四日,吾若十九到津,总须守候四五日方开行也。吾拟在汝处住半月,每日饭菜只用两小荤一素菜,馀一概从省。轿用布幔,船用极小者,惟祭祠须知会,集子姓行李,上坟用暖锅可也。尚未具摺奉旨,不能说定,先寄此。七月十三日辰刻直庐。瓶生。

未刊稿,原件藏常熟市文管会

致刘秉璋函

光绪十五年七月十八日(1889年8月14日)

仲良仁兄年世大人阁下:

承贶未答,而前后奉书皆出于朋侪所祈请,非意所欲出,置之无足道矣。即日伏惟起居万福。蜀中财力之雄,何异岭海,所幸贤人在位,持大体、循成法,以与民休息。尊体益健,贤郎辈回皖应举否？甚念。弟请假省墓并往还之期，仅得两月，今日入舟，丞相[1]以白舫来迎，捷如飞鸟，但觉西山背人远去耳！抵津必遇献夫[2]，预书数行奉寄，敬请勋安不次。弟同龢顿首。

舟中作书，稍觉几案之颤，幸恕。七月十八日潞河途中。

《翁松禅墨迹》第四集

致翁曾荣函

光绪十五年八月初六日(1889年8月31日)

十日厌饫，今来百事适体。汝夫妇劳神安排，费用更无论矣。小窗静坐，还是十六年前光景。噫，梦耶！真耶！八月六日。瓶叔。

未刊稿，原件藏常熟市文管会

致翁曾荣函

光绪十五年八月初八日(1889年9月2日)

六少太太自是旧病，可不药。惠官可加一二升提之品否？与医斟酌，方附还。闱信杳然，不得亦好。蚊雷稍戢，然入夜更多，帐已支，何其周到乃尔，此间略有凿石处，当细访再办。顶山已令大二陶福贵办，令俟择期指示。顷传官来诉其一亩之地与缪姓涉讼而学前为之主，务饬学前不许管此事。顷杨艺芳、介卿来，杨嘱俞

① 指李鸿章。

② 指天津道刘献夫。

杨侯求致信李督，长谈而去，野人不具衣冠，并无盘飧，对客忸怩也。正在看义庄规条，辍业半日，如此只好应酬虚过此月矣，奈何？奈何？杨侯似须送菜，或延一饭，汝陪之。我欲清晨投一谒，不愿周旋，可知此意。来件收到。微雨蚊雷渐却矣。初八日。

未刊稿，原件藏常熟市文管会

致翁曾荣函

光绪十五年八月初九日（1889年9月3日）

昨午起看各处义庄规条，誓须遍读乃已。静中默省，始觉平生过失，痛自提策，此志原与祖宗之心相通也。此间无所需，亦不出门。十一日赴赵氏约，散后归家。鹿卿览。

即市中所卖，但须淡色①，要白纸小信封二十个。瓶生。初九日。

未刊稿，原件藏常熟市文管会

致翁斌孙函*

光绪十五年八月十二日（1889年9月6日）

［前缺］石盆架盖坚致，而文石尤可爱，老夫得此，以为奇珍，他

---

① 语意不详，原文如此。

* 原件为残叶，无时间和收件人姓名，此处据函稿内容，并结合光绪十五年八月十二日日记“常令吴公赠白龟一，文石卅枚”记载，并结合《翁同龢书札系年考》一书第144页考征，确定为致翁斌孙函。

日桃源石为我致一斗也。石无一不佳，我龟[1]得石如得山矣。

《翁氏家书》第十六册

致周原祁函

光绪十五年九月十二日(1889 年 10 月 6 日)

子京先生阁下：

八月中得手教，知今岁未赴南闱，贤郎定入彀，雏凤之鸣，何异老鹤之舞耶！弟墓庐攀慕倏又北行，今在沪候风十日阴雨西风不起，行旅不足道，禾稼伤矣，奈何，奈何？词甫差事将交卸，近况若何？有书一函乞转交，未知其住处也。荛侄送弟到此，一切如旧。专颂道安不一。弟同龢顿首，舍侄随叩。九月十二日。

《翁松禅墨迹》第三册

致恽祖翼函

光绪十五年九月十八日(1889 年 10 月 12 日)

再启者：

旌旆荣莅首台，毂下士民同深钦止。弟有表侄张哲卿秀才，久在畿疆橐笔，人颇迂谨，侧闻莲幕需材，伏乞推爱延致，感激无量。敬颂台安不次。弟同龢顿首。

未刊稿，原件藏常熟市文管会

① 常熟产绿毛龟，翁同龢家人将此种龟带到北京饲养观赏。

致翁曾荣函

光绪十五年十月十三日(1889 年 11 月 5 日)

十月望五更送七保登车,昨大风寒凝,窃谓此十日内可无风则归航抵沪矣。老年人看人归则艳羡,我于子姓每悬情于舟车寒暖间,不知彼亦悬悬我否也。日照西厢,菊花多干。适得麓台画,展玩数四,忘羁客之况,渺然如在湖山间也。是日卯正,叔字。

两日清晨吃西洋牛汁,精神似好。

未刊稿,原件藏常熟市文管会

致翁曾荣函*

光绪十五年十一月初十日(1889 年 12 月 2 日)

鹿卿览:

顷始递到十月十四日申江函,德官早抵京矣,不知信局何以迟滞若此,信面全泰盛,而戳记乃天成,故迟。此后寄函非一月不达矣。来函于佛书有妙悟,从何处参透,尘海扰扰,惟此一点性灵,不容没却,亦不独里居无事之人为然。德官似少有阅历,且看久久何如。安孙却未发病,今日至节,微阳来复,过此一节,便是转机,此非人力,乃有天意在,吾茕独之命不敢自憗也。乡里事虽不厌闻,然闻之辄多感喟。明年转海来省,岂不甚愿,然不欲汝涉海作此无益事,万勿造次。京寓用度聊可支持,过年不必为我筹划。前信欲刻图章

* 德孙于十月十八日在常熟去世,此函时间应为上年十一月初十日。

数方，今知张小舟乃妄人，不可交刻。致新疆道为士吉说海运事，并荐沈福，此信或交沈福赍投，与彼素日非密交，恐徒费航船钱耳！周兴拟荐荆州府倪豹岑处。十一月十日晚。叔字。

《翁松禅家书》第二集

致刘秉璋函

光绪十六年正月十一日(1890 年 1 月 31 日)

仲良仁兄世大人阁下：

读蜀墨程作郁然石台风格，钦向不尽。手教至，伏审起居康复。旸雨应节，四境乂安，甚慰，甚慰。藏印息兵，先议界事，再及商事。至夔巫舟楫，闻已暂停，目前亦晏然矣。弟南归两月，百务丛集，俨若群山；抵京后，室有病榻，因之劳悴风咳，今幸大愈，而衰发益皤矣。彩胜春旂，物华绮丽，遥想雄节，辄复拳拳。专颂勋安。敬颂春喜不次。世愚弟翁同龢顿首。

摹缴，尊谦。

《翁松禅墨迹》第四集

致刘秉璋函

光绪十六年闰二月初二日(1890 年 3 月 22 日)

仲良吾兄世大人阁下：

前奉一函，计达览，迩惟尊体康胜。旸淤小患，有以白蜜和白木耳烂蒸食之，尽一斤即愈，盍试之。蜺节任隆，蚕丛地广，公之进退，匪直边琐，实系时局，其深念哉！

弟腐儒也，去岁还乡，眷然丘垄之恋，犹自黾勉，复点班联，衰残无颜，若雁鹜耳。蜀库支绌，亦所饫闻，不添新款，觊得暂腾；此间焦敖之状，问旭之当悉，日甚一日，恐旭之犹未尽悉也。草草敬候起居。贤郎均吉不次。世愚弟同龢顿首上。闰月二日。

《翁松禅墨迹》第四集

致张謇函

光绪十六年四月十二日（1890年5月30日）

云阁[1]获隽，而足下及苏盦[2]、仲容[3]、松甫[4]皆被放，窃为国家惜，非为诸君惜也。忙甚，何苦委书，书何足道耶？何日出都？示及。季直吾友。同龢顿首。十二。

《翁松禅致张啬庵手书》

致张謇函

光绪十六年四月二十日（1890年6月7日）

国博之试诚鸡肋，觊得少留可乎？拟为郑盦及足下谋一都讲，不知成否？薄少聊助脂车，珍重再见。季直贤友。同龢顿首。二十日寅初。

《翁松禅致张啬庵手书》

---

① 指文廷式。
② 指郑孝胥。
③ 指黄季度。
④ 指蔡松甫。

致张謇函

光绪十六年四月二十五日(1890年6月12日)

方饭得手翰，甚悒怏，吾期君于辽廓，琐琐者不足措意。石室书院，唐陶山[①]先生与先祖所创得，足下主讲极好，早间已告寿州[②]致书杨君矣。季述先生足下。同龢顿首。

张氏扶海垞藏《翁松禅致张啬庵手书》

致阎敬铭函

光绪十六年五月(1890年6月)

门人翁　　再拜奉书。

老夫子大人阁下：

达侍日久，仰望日深，而书札日疏，踪迹日远，非言语所可罄述者也。同龢自内直以来，必以其讲为业而部事不能谢也。则分其日一半精力注之，而性不耐案牍，一寻检则汗沾衣，又不能商榷推究，坐足常愦愦终日，数年以来，□□□□愧独之身，加以朱监碎杂，五十年中未闻之事一肩任之，此所以尤烦尤以为书无足乐也。

庚辰春闱出场后，即欲修敬，而怱怱疏懒，遂至于今。今新出矣，尚何敢靦颜以旧墨奉献，且题名笔记又不知置何处，所以告师一笑而已。不材之身，重受恩寄，枢垣事大，时事极殷，夙夙钦钦，

① 即唐仲冕。

② 指孙家鼐。

盖不称职，须发久白，精气衰然。

《翁松禅相国尺牍真迹》第四册

致翁曾荣函

光绪十六年五月二十三日（1890年7月9日）

毛龟可爱，落吾手者十馀枚，不归然□不□□放之家山也。白鹤非丹顶，恐是鸬鹚之属，西苑中片片如雪，皆此曹也，不购亦得。

以上四纸二十三日写。

《翁氏家书》第十八册

致刘秉璋函

光绪十六年六月二十一日（1890年8月6日）

仲良吾兄世大人阁下：

前闻请假兼旬，悬悬莫释。兹奉手教，稍慰远怀。进退在一身，治忽在旁，竟读张益州画像记，不得不为人虑，且岂独为西人虑哉！藏界定约，暂纾目前；渝城行船，必多枝节；华商之事，我得操之；华托于夷，夷庇及华，则我不得而厘剔之矣。滇黔一角，惟蜀是资，它省之饷，不以时至，可虑，可虑。蜀力既匮，部岂不知？窭贫之子不得不向大户哓哓耳！

治所雨多，京师则大雨二十日，坏庐舍，破村落。诸水皆涨，浑河北决，环九门者悉瞀鸿也，此百岁老人所未见而时适丁之，弟居农曹官，忧可知矣。弟去岁还家而病，回京又病，今无病而病根益深，气不敌暑，力不胜劳，默默无短长也。国令[①]承培植，其人殆通敏老练之材。尊疾用白木耳、冰糖蒸之，日服一盂；或猪肠套莲子，皆可愈。敬候大安不一。世愚弟翁同龢顿首。六月二十一日。

《翁松禅墨迹》第四集

致刘秉璋函

光绪十六年六月二十一日（1890年8月6日）

仲良吾兄世大人阁下：

手教至，伏审请假休沐，甚驰仰。蜀天下第一富庶有为之地也，公归将何以寄此，不得不为蜀人虑。若出处进退，则士大夫之常耳，昔有宋全盛而乖崖，有失脚渔矶之叹，公果遂初，亦吾侪之喜也。弟羸老无能，志在畎畈，不敢留公而切恐公之去，此意千百转不能罄，惟深思之。冒雨趋直，摩眼作此，不尽缕缕。敬候大安。弟同龢顿首。六月二十一日寅初。

《翁松禅墨迹》第五集

致翁曾荣函

光绪十六年九月十二日（1890年10月25日）

昨寄再造丸内无人参，但此系进风之剂，进于攻伐，老年恐不宜，须详问医家，可进则进。治中风不外进风养阴两法，进风太峻，养血太滞，《医林改错》医书名中地龙丸曾屡奏效亦是攻剂，请医斟

① 指国子达，翁同龢侄孙女婿国之馀之兄。

酌为要。次潇[①]赴津张罗所事，尚少千金，先中后捐，究恐为人指摘也。十二灯下。

《翁松禅家书》第二集

致潘祖荫函

光绪十六年九月十二日（1890年10月25日）

夜来甘寝否？王氏外科一册可备查。广绍彭来言祁老可靠，以车接来，不要马钱，开住址属转呈。并云勿以龙钟而轻之也。薛医得力，可不换。然药物宜慎。郑盦左右。同龢顿首十二日。

《上海图书馆藏翁同龢未刊手稿》第70页

致刘秉璋函

光绪十六年十月十四日（1890年11月25日）

仲良制军吾兄阁下：

弁至，奉手教，伏审台候向安，甚慰。结想寓言十九，还一笑也。万里江山，十州将吏，奔走低昂于使君之庭，年谷稔而盗贼除，讼狱衰而文风振，以此为乐，乐何如哉？若下走归，熙甫所谓仰面数至屋椽者，大类今日读经，则无贯弗史，则开阖一篇，失其首尾，徒讲说于广厦细旃之下，强颜而已。东方飞轨贷三百亿，建章甘泉，中天揆日，以是兢兢，常恐匮乏，亦缘才力过薄，致此瘝旷，如

① 吴次潇，翁旋华的内侄。

何？如何？江南九帅[1]电传星殒，继此者更难卧护，亦大可忧。孱躯少病，而志衰乃真是病，馀无足论。孙、徐两兄皆安，想别有函。草草，敬候勋安不一。弟同龢顿首。十月十四日。

贤郎辈均吉。

《翁松禅墨迹》第五册

致汪鸣銮函

光绪十六年十月二十二日（1890 年 12 月 3 日）

今明两日皆系家讳，惨戚中断弃一切，遂致失迎，此情可知，然明日正恐晚退耳！迩惟尊体安和，数日后必走谈也。冬春之际，阴阳相争，殊难调摄。郎翁左右。名顿首。二十二。

《翁松禅（同龢）手札》第十册

致翁曾荣函

光绪十六年十月二十四日（1890 年 12 月 5 日）

菉卿览：

厨子来，得函知近体未平，颇以为念。腹泻当收涩并补中以升提之，思寒则非用吾导引肢体法，不能使元气布护也，至宝在目前勿意置。二厨且令休息，盘缠费大矣，□路不熟，即有手段亦难展，如何？昨日黄雾暴风，极可怕，今日仍不甚冷，或封轮可迟一两日耶！邸疾亟矣，驾临系明日，忧喜交并也。讹言繁兴，劝吾上疏者不一而

① 指曾国荃。

足。措大之见，希奇，希奇。时势正如扁舟入江海，吾惟翁然一篙耳！艰难不敢辞，成败利钝非敢料矣。斌未发病，果然耶？谈锋好，宜敛抑，灯下草草不一。合宅安吉。十月二十四日。长瓶生。

未刊稿，原件藏常熟市文管会

致周原祁函

光绪十六年十一月十九日（1890 年 12 月 30 日）

子京先生阁下：

得手教，知有仲子之戚，俶装东归，仓猝惨怛，概可想见。浮江三数日，溯淮必十日乃达，途次若何？尊体无恙，极悬悬也。圆颅方趾者遍天下，独贤孝者不长，可为浩叹。弟孤僧也，有子孙之累，今次孙又夭，则弟一房又无嗣矣，贤不肖不伦，然为门户计，则将奈何哉！闻阁下有一孙足慰目前，若仍橐笔则东诸侯或有可就者，弟必推毂，幸先亦及，道远又未知尊府住址，聊此代面，须觅便寄去。弟职业旷瘝，进退竭蹶，不尽缕缕。即候道安珍重。弟同龢顿首。十一月十九日。

《翁松禅墨迹》第三册

致孙家鼐函

光绪十六年十一月二十日（1890 年 12 月 31 日）

昨问西邸，恐疾不可振矣，明日户部加班，当至苑门，书房本递推，然无明文，须一问也，何如？瓶弟顿首。二十日。

《翁松禅（同龢）手札》第九册

致孙家鼐函

光绪十六年十一月二十二日(1891年1月2日)

明日辰刻有会议之件。来谕所云散朝想指议毕□□,二十六日锡之处斋食可到,若明日,乃龢家讳日,故辞之。蛰生五兄阁下。同龢上。二十二夜。匠役取衣包是否二十吊,似又加十吊矣。

《翁松禅(同龢)手札》第九册

致孙家鼐函

光绪十六年十一月二十九日(1891年1月9日)

晨霜寒,冰床冒风易感,弟昨亦四肢酸楚,薄𩐁[1]即适,用此法何如?今日仍未诣邸,一切照常矣。二十九。

《翁松禅(同龢)手札》第九册

致孙家鼐函

光绪十六年十二月十六日(1891年1月25日)

明日户部奏事,弟到朝房甚早,兄可于卯正二刻到彼也。弟拟将里边节钱于明晨开发,恐二十四五仍无书房也。何如?招饮本不欲却,惟明日须到西南一角谢客,计数十家,又须到署,度散时不

① 江南地区治感冒用少许醋涂于棉花球上塞在鼻孔中。𩐁疑系“醋”字。

能早,故敢奉辞,幸鉴之。同龢顿首,十六日。

《翁松禅(同龢)手札》第九册

致刘秉璋函

光绪十七年正月二十二日(1891 年 3 月 2 日)

仲良仁兄世大人阁下:

辱惠书,并承兼金隆馈,以数十年之旧雨,饫德既深且久,求之义类,宜无可辞,然感与愧并也。读手笺,知去岁十月有帷帐之戚,虽德曜长健而朝云渺然,内顾不无增感,幸善遣也。三川天下雄镇,自古难治,吏偷而民嚣,将骄而卒惰,渟渟汰之,百尺风潭,渐见其底,彼悠悠者真蠛蠓过眼耳,不足置论。

卫藏事,刚柔两难,通蔽皆病,况徒手而遍虎须哉!新帅通者流也,能见金刚身而为说法否?殊不敢知。川中南顾滇,北顾陇,饷力实疲;关外旧欠,知烦擘画;又有所谓冒顶者,无处不省,即驻防中亦有之,宜以时芟薙,想公深察也。便中望赐数字,仍与燮、颂两兄同观,以慰远念。弟入春体中多病,曹司事极为难,不复覼缕。敬颂起居万福不一。弟同龢顿首。正月二十二日。

《翁松禅墨迹》第四集。

致谭钟麟函

光绪十七年二月二十五日(1891 年 4 月 3 日)

廿八日为六舟饯行,在城南陶然亭小集,乞便衣一谈何如?文卿吾兄大人。弟同龢顿首。廿五。

《翁松禅相国尺牍真迹》第九册

致谭钟麟函

光绪十七年二月二十六日(1891 年 4 月 4 日)

熊掌拜赐,恐庖人不善治耳。江亭之集,午未间拱候。文卿吾兄大人阁下。弟同龢顿首。廿六日。

《翁松禅相国尺牍真迹》第九册

致谭钟麟函

光绪十七年三月初四日(1891 年 4 月 12 日)

顷归读手教,黄签无定式,或作"拟取",或"无取"字,其长短不一。兹将弟处旧式送呈,近来似又加长矣。馀晤不一。弟龢顿首。衣包交苏拉送入。

《翁松禅相国尺牍真迹》第九册

致谭钟麟函

光绪十七年三月初五日(1891 年 4 月 13 日)

文卿吾兄大人阁下:

适又捡得近时军机处所备之签,可以为式,特呈阅。明日听宣,卯初须到朝房。右二笺壬辰四月。

《春及草庐翁帖墨迹》

致刘秉璋函

光绪十七年四月初四日(1891 年 5 月 11 日)

仲良吾兄制军阁下:

来书陈损益,卦义循诵,感服不能自已。吾方兢兢于衣袽,而操楫者乃谈笑而入雷渊耶!《太宝碑》模糊一片,而谈者亟赏之,字画纤细,终非刘熊之比,不足道也。《鹤年集》曾校正一二,急于刊行,终未惬意。吾侪小人安所得谈碑校书之暇,不过偶一及之。下走得南信失孙,门户遂断,天之所废,不敢自悲,顽健无恙,馀俟续陈,惟起居万福。弟名另笺。

《翁松禅墨迹》第五集

致谭钟麟函

光绪十七年六月二十三日(1891 年 7 月 28 日)

手教以茯苓丸治臂,感纫之至。卫医亦云湿痰也。茯苓丸想同仁堂可买,二十四日得愈当趋陪耳。文翁先生尊右。同龢顿首。

《翁松禅相国尺牍真迹》第九册

致谭钟麟函

光绪十七年六月二十五日(1891 年 7 月 30 日)

令郎下痢渐止否?极驰系。明日寅正入,蟒袍补褂,罗胎帽,想知之，即颂晚安。弟龢顿首。廿五。

《翁松禅相国尺牍真迹》第九册

致谭钟麟函

光绪十七年六月二十六日（1891 年 7 月 31 日）

西涯[①]轴奉赠。好雨嫌未足耳。文卿吾兄大人。同龢顿首。廿六。

《翁松禅相国尺牍真迹》第九册

致季士周函

光绪十七年七月（1891 年 8 月）

大喜尚未趋贺，仆人卢升系莱山旧仆，久在敝处，老成稳重，可否录用？乞酌。士周仁兄亲家世大人。同龢顿首。

《翁松禅（同龢）手札》第三册

致孙楫函

光绪十七年八月二十四日（1891 年 9 月 26 日）

事繁未得奉晤，伏惟起居安胜。仪曹陈生本有霸州书院一席，其贫彻骨，赖此自给，所望蝉联，名策附呈，惟鉴不一。驾航八兄大

① 即汤右曾。

人阁下。弟同龢顿首。二十四日。

《上海图书馆藏翁同龢未刊手稿》第 222 页

致吴锡荣函

光绪十七年九月初五日(1891 年 10 月 7 日)

尊体向安,甚慰。但得饮食稍甘,便须兼进补中之剂。老年以扶土为亟,惟加意调卫。馆课平平安娴,而寿犹未健,无从督切之。连日俗冗,行人正在束装,意绪不定。前奉手教,久未裁答,歉甚歉甚。草草,敬问起居。楹帖并呈,不一。雅庭尊兄大人阁下。弟制龢顿首上。九月五日。

《上海图书馆藏翁同龢未刊手稿》第 177—178 页

致刘秉璋函

光绪十七年九月二十四日(1891 年 10 月 26 日)

仲良吾兄世年大人阁下:

久未奉状,惟起居安和,巴子无尘,夔城案堵,西南边徼,亦已晏然。筹笔勤劳,轻裘整暇,两者均深钦佩。公牍文字,或琐或巨,或舭或同,不复叙述。贤郎回署否?极念,极念。

弟衰病如恒,耳聋累月,深秋始愈。官事只知画诺,并无坐啸之暇,幸北地年谷顺成,民气稍苏。孙、徐两兄不时晤聚。馀不赘述,专请勋安。世愚弟翁同龢顿首。

再启者:景剑泉前辈胞弟其沅久在蜀中,素承培植,得司禺荚,未绾铜符,其长君旭林编修捷户读书,尘中一鹤,今入蜀定省,特附一言，伏望推屋乌之爱，俾刺史得摄方州，则升斗可邀，全家攸赖。专恳，再颂勋祺，诸惟鉴察不一。弟名顿首。

《翁松禅墨迹》第四册

致翁曾荣函

光绪十七年十月初九日（1891 年 11 月 10 日）

明年开河必晚，虎官兄弟可由旱路来京，十八站辛苦，究与风涛不同，就其安者可也。李木斋[①]到京，彼来未见，金公须腊月到，届时须一请也。

数年中风气大变，应酬十倍于昔，我廉于取而丰于予，实不能支。至于一幛一联，皆须由肝肠抽出，苦哉！衰迈如此，想汝知之。十月初九日灯下。叔字。

未刊稿，原件藏常熟市文管会

致俞钟颖函

光绪十七年十二月十六日（1892 年 1 月 15 日）

摺稿凤石所拟[②]，今送呈，复函并呈，出差者均不列。敬烦大笔一写。此摺改于十九日呈递，缘浙江须同日上，彼赶办不及也。摺后请填十九日。佑澜仁兄大人。同龢顿首。十六日申正。

《翁常熟手札》第三册

---

① 即李盛铎。

② 指江苏籍在京官员联衔谢蠲免本年苏省灾歉钱粮摺，陆润庠（凤石）拟稿。

致阎敬铭函

光绪十七年十二月二十二日(1892 年 1 月 21 日)

约盦中堂台座：

去年奉手教,踌躇不即复,正以内愧于怀,举笔辄止,既而愧日积,病日深,数年遂无一字起居,亦已慢矣,惶恐,惶恐。海臣[①]曾到山中亲奉谈笑,为之欣慰。顷见与梅卿札,乃云扶杖四五十步,何其衰也。饭一碗不为少,眼花亦老年常事。细审笔迹,知公未衰耳。贱子之心,天下士夫之心也。文孙委化,为之一叹。成叔侍左右,以道娱亲,可敬,可敬。同龢颓然,百病皆集,右臂忽麻,此乃藏疾,药不可治矣。无雪遗蝗可忧,滦事将了,尚恐蔓延。冬暖,伏惟珍重。辛卯冬月二十日。晚同龢顿首。

《翁松禅相国尺牍真迹》第四册

致翁斌孙函

光绪十八年二月二十二日(1892 年 3 月 20 日)

阎相遗表至恤典照故相例,余盖阙如,蒋袭职事即日办妥,但必须行查本籍,《续东华录》已载□□□谕旨,而吏部必欲行查军机处。敕书可领,部费我当代出。数年因循,实我之过,可告知来人。

《翁松禅家书》第二集

---

① 晏海臣,字安澜,户部司员。

致祁世长函

光绪十八年四月初八日(1892 年 5 月 4 日)

数日尊体安胜,腴疾似不必药,清润轻解如枇杷叶一味尽佳。快雨蜚类剪洗当尽。稍闲敬诣,面罄一切。子禾仁兄大人阁下。同龢谨上。初八日。

《上海图书馆藏翁同龢未刊手稿》第 55—56 页

致张謇函

光绪十八年四月十四日(1892 年 5 月 10 日)

昨数客在坐,复函仓猝。今适有事,勿见过。季直先生。同龢顿首。十四日。

《翁松禅致张啬庵手书》

致翁奎孙函

光绪十八年四月十五日(1892 年 5 月 11 日)

鼎丞侄孙如晤:

昨接赵次公来信,述及顾若波画士[①]近将入都,相与士大夫周旋,然艺愈工而身益困矣。上年为吾画仿董文敏小卷极精,拟付装池,此卷在南经堂四叔处,裱资约以三四元为限,一月内当装成矣。

① 苏州画家顾若波。

四月十五日叔平字。

未刊稿,苏州市博物馆藏

致谭钟麟函

光绪十八年四月二十一日(1892 年 5 月 17 日)

适得鲥鱼,因治薄具(竟无他肴),未知兄今日得暇否? 如暇即乞便衣过舍一谈。孙、徐两兄同坐。文卿吾兄大人。弟同龢顿首。二十一申正。

《翁松禅相国尺牍真迹》第九册

致张謇函

光绪十八年四月二十四日(1892 年 5 月 20 日)

先集奉呈,碑铭领到,尚未展观。季直贤友足下。同龢顿首。

《翁松禅致张啬庵手书》

致谭钟麟函

光绪十八年四月二十五日(1892 年 5 月 21 日)

飞蝗塞空,浑流漫决,而鄙人不幸有同气之戚,公私劬劬,自觉生意都尽,稍苏息,拟一谈也。

珍馈感切,手写舆夫口分单当遵。文卿吾兄大人阁下。同龢顿首再拜。

《翁松禅相国尺牍真迹》第九册

致翁斌孙函*

光绪十八年五月初八日(1892 年 6 月 3 日)

恬淡无为,真气从之精神相守,病安从生,此《内经》语,亦道家常谈也。孟子曰"养心莫善于寡欲",不特营营于俗务也,即书画亦添病,戒之。日坛□……□赫然□……□。此□好色也[①]。今日无书房,出城徜徉。茂如云初九动身,又云不定,或饭后出城。缪小山须往看,祁子禾、程宅可不必再送分。之孙媳谢世,亦当应酬。初八日卯正。

《翁氏家书》第十八册

致谭钟麟函

光绪十八年六月(1892 年 7 月)

一雨稍解炎歊。伏惟起居增适。前谈盐务官孙星华讼冤之牍乃李越缦[②]所交,其中曲直,弟皆未悉,徒以有涉闽盐加课事,特奉览。孙君之父名廷璋,己酉同年,名士也。此君笔墨亦不俗,其辨牍则殊辞费耳。文卿吾兄同年大人。弟龢顿首。

《翁松禅相国尺牍真迹》第九册

---

* 光绪十八年五月初八日翁同龢日记有"上诣颐和园,无书房。晨出东便门,泛舟二闸……"与函中"今日无书房,出城徜徉"吻合。又是日"秀庄侄孙随叶茂如来见,似有阅历矣"记载,与函中"茂如云……"相一致。

① 此段据《翁同龢书札系年考》一书第 114 页添加。

② 指李慈铭。

致汪鸣銮函

光绪十八年六月(1892 年 7 月)

戴卷五卷,疏语非失体,诗多弗解;诗出韵一字。戴未散馆,伍已改官,皆弗论。原阅卷官察议。

卓写作尚妥,拔二等一百。

曹字迹模糊,列二等殊失当,改三等五十。

原阅卷官亦察议。

馀照原列等第。

《翁松禅(同龢)手札》第十册

致刘秉璋函

光绪十八年闰六月初九日(1892 年 8 月 1 日)

仲良吾兄世大人阁下:

顷见邸钞,赏假两月,不审尊体如何?驰仰莫释,得此静息,自当康复,若可支持,即起视事也,钦祝,钦祝。川北肃清,秋穰可卜,两川广漠,非韦张威惠不能辑而柔之矣。

弟终日无聊,往往昼寝。飞蝗幸未伤稼,浑河又复决口,洋镑日高,丝茶日绌,皆大可忧者。昨因雨修屋,一动而梁栋欀角无一不动,修成则迥不如旧。地方易一大吏亦如是而已,吾辈当深思之。草草,敬请勋安,不尽欲言。弟同龢顿首。闰月九日。

《翁松禅墨迹》第五集

致谭钟麟函

光绪十八年闰六月二十九日(1892 年 8 月 21 日)

琴舫身后萧条,其门人施太史言之甚详。今其子遇隆以都司欲投效节下,且云奉遗令求弟先容。弟与徐遇吉曾未一面,徒以故人之子不得不为一言,可否乞裁酌。专此,再颂近安不具。弟龢顿首上。闰月二十九日。

《翁松禅相国尺牍真迹》第九册

致祁世长函

光绪十八年七月二十四日(1892 年 9 月 14 日)

尊体平复未生,胍散当有效也。泥涂未克奉诣,数晤高阳知近状。子禾世长大人。同龢谨上。二十四日。

《上海图书馆藏翁同龢未刊手稿》第 57 页

致祁世长函

光绪十八年八月初二日(1892 年 9 月 22 日)

承示敬审。尊体渐和,气弱吐未净,极驰仰。盛暑药宜停,续假极是。稍暇伏谒不次复上。子禾世叔大人阁下。侄同龢顿首。

《上海图书馆藏翁同龢未刊手稿》第 58—59 页

致刘秉璋函

光绪十八年八月十三日(1892 年 10 月 3 日)

仲良仁兄世大人阁下:

新岁奉函申谢,度已鉴入。手教至,伏审起居绥和,旧恙已减,极慰。蔡倅,经生也,弟意可胜分校之役,而溯江到迟,南学自蔡去而博士倚席不讲矣,可惜,可惜。景君未识面,特取重于其子,且其兄同馆也,兹承拔擢,甚感愧也。鹾或稍有馀利,土则无利有累。嗟,坡叔于真鸩人哉!帚喻绝倒,沅兰将隐,盖有由也。弟右臂或麻或痛,诸事疏懒,惟峨眉汶岭,耿耿胸臆,此生殆难到矣。近有刻寿序者,聊寄一通。孙兄朝夕,颂则隔日相寻耳。人行急,草草谨复,即请勋安,诸惟保卫不次。弟同龢顿首。

程墨高简,出储作之右,佩服。尊谦勿再施,切祷,切祷。

《翁松禅墨迹》第五册

致刘秉璋函

光绪十八年九月初六日(1892 年 10 月 26 日)

仲良吾兄世大人阁下:

省手教,切至委曲。前书所陈,盖深念蜀民之无赖继此之难,其人非为图阁下一身计也。君子之立身,近不希荣,退不谋食,无疚于志,而审几于微。弟等方敬之爱之慕之,而敢揽子之袪,以不入耳之言,极劝勉乎?大疏旦晚当至,如其谕允,则旗纛舒舒,浮江东迈;若再慰留,则朋友之义,当援古训相责,尽瘁事国,出入鞅掌,岂曰无将大车耶？弟颓然翁，无复远虑，志正当尔归，所以濡滞者，义固有在。直庐灯右草草不宣，敬候起居万福。弟同龢顿首。九月初六日卯正。

《翁松禅墨迹》第五册

致谭钟麟函

光绪十八年九月十三日（1892 年 11 月 2 日）

文卿吾兄年世大人阁下：

手教至，快慰。知目力如旧。八闽积习如小儿逃学，非严师不可，规矩立而教易施，德望尊而心自折。此旋至而立效也。其赋入，曰粮，曰盐，曰厘，曰茶。茶授权于外人者也，盐困吾民者也，厘日绌而弊入髓，难尽剔，即剔亦弩末也。然则所裁成变革者，其惟出款乎？饷章弟不甚了了。总之，湘胜于淮，船厂则嘬此其肥者多矣，亦惟逐渐核实耳。台省飓风可怕，治所安然，秋收如何？今年四方水旱频告，而洋息期迫，度支告匮，秋冬仅可支持。

弟臂疾如前，尤苦精神短乏，兄能饮酒胜吾多矣。三令郎伟器也。其笔力殆将扛鼎，入泮可喜，行即腾骧。徐君语当转告。施君此盲不识路者也。霜寒日短，草草奉答，不尽百一。孙、徐两函已送去。敬请勋安。弟同龢顿首上。九月十三日。

再启者：长沙族侄傅煦，其尊人兰畦先生观察闽中，甚有政绩。今傅煦筮仕此邦，伏望教读提携，俾继厥家声，而得习于吏事。幸甚！感甚！又福建即用知县翁天祜，粤东籍人，朴实肯用功，曩尝为兄言及，差事仅仅糊口，亦望有以裁之。琐琐奉渎，乞恕。弟名正肃。

《翁松禅相国尺牍真迹》第九册

致谭钟麟函

光绪十八年九月二十日(1892 年 11 月 9 日)

文卿仁兄年世大人执事:

一昨奉函期已达,盐匪就擒,此最快事,激浊扬清,兴利去弊,甚盛举也。弟近多病而神思倦废,有类怔忡。昨复审案犯,极猥杂可憎。洋债急迫,买磅知不成,买即涨价耳。

新选汀州府同知陈雪楞,浙江丁卯副贡,乙酉举人,弟之通家,亦兄之门人也。在徽省久,明习吏事,朴质勤俭,幸识其为人无所祈请也。因其行,草草附数语不次。弟同龢顿首。九月二十日。

孙、徐两兄致意道念。

《翁松禅相国尺牍真迹》第九册

致谭钟麟函

光绪十八年十一月二十六日(1893 年 1 月 13 日)

云觐吾兄年世大人阁下:

别后无人能拓我胸襟者,故相念尤切。得手教,遂如围炉夜话时。承以贱体病臂为念,而推本于火里水滥,此理甚精,宋制半夏亦曾服,但不常耳。五峤以南,海风无时,尊体善调摄为祝。闽民穷迫至骨,终岁食地瓜,闻之慨叹!莆田积案遂如此耶,可怪!可怪!洋款今年为最过半或稍纾,而明冬须筹甲岁之款,安得息肩?京师应祷得雪,须天下同云乃佳,以遗蝻太多也。敬颂大安。潭眷均吉。弟同龢顿首上。十一月二十六日夜。

苏满有碑，如燕然故事，一撤再撤，遂成大错，其左右袒者皆枝辞也。论新约则乌支别里山口直南我境，偏西俄境，是已坐弃此数百里矣。论兵事则阿山部尚可却，若两虎斗而我居其间，至则糜耳！曩见方函，惴惴以兵端为虑，气先慑矣。祁、周[1]两公奄忽可叹，同谱中关西夫子[2]亦为人所龁，行将去矣。八咏兄久未通问。蜀帅去否久未决。寒夜拉杂不成字，阅后火之。

续购之炮并未报过而况立合同，恐难中变。镑价竟是诳局。谈洋务者曰金镑系各国公法，毫无欺弊，不知在外洋无欺，在中国则欺；在上海或不甚欺，在各口则欺。曩有同日同款而京师与上海不符者，亦有福州与上海迥异者，稍驳诘则称洋例如此，如是不能改而已。盐务减厘，承示大略，谨铭之。然若交议，则有司必曰："倘各处援引，则淮川当何如？"

《翁松禅相国尺牍真迹》第九册

致孙家鼐函

光绪十八年十二月二十日（1893 年 2 月 6 日）

正月二日吃肉，枢廷与王公及蒙古年班来者得与，此外皆不与。晨寒，惟起居纳福。瓶生顿首。二十日。

《翁松禅（同龢）手札》第九册

① 指祁世长、周德润。

② 指阎敬铭。

致孙家鼐函

光绪十八年十二月二十七日(1893 年 2 月 13 日)

昨卷草草题就,残年事冗,写作均谬,塞责而已,兹呈并事迹一本。蛰生先生。弟瓶生顿首。二十七日晚。

《翁松禅(同龢)手札》第九册

致翁曾荣函

光绪十八年十二月三十日(1893 年 2 月 16 日)

蓂卿览:昨得冬至及嘉平四日两函,甚慰。悬悬山上工程何日毕,想此时已办妥矣。吾既念汝辛芳,又枨触往事,亦甚不安,数夜辗转。入春惟身体健意兴佳为望。吴方阅之极妥,鹿茸价高难致,此间有茸片一种,须看其切开价可减半,若现成者恐有假也,当徐商之,馀药亦珍,鹿胎虎胫亦须斟酌耳。寓中皆好。祠堂严邃,昨日敬悬真容,三十年来始得奉俎豆之地,然长安岂久居者,默想慨然。鼎臣日落赶城来团坐,饭罢匆匆出城矣。大保孩气未除,然颇识字画,胡师仍旧,挂名而已。留官《十三经》都诵遍,景官敦厚,笃好金石。今日谢荷包赏,后慈圣还宫拈香,诸臣谢御笔"福寿"字,又"益寿"两大字,须在苑门行礼,因在成钧朝房小坐。旭日照窗,爆竹喧豗,辄书此纸,客来搁笔,客去再写,问汝平安如意。除夕叔字。

《上海图书馆藏翁同龢未刊手稿》第 351—352 页

致刘秉璋函

光绪十九年正月十三日(1893 年 3 月 1 日)

仲良仁兄世大人阁下:

递中屡奉手教,亦颇有竿牍上呈蜀辖,归得审风采如旧,惟咳疾偶作,谅已平复。岁首复得惠函,并蒙厚馈,正如随阳之雁,年年饱稻粱而不知所报也,愧极,感极。自椰帆溯流而岷峨色改,此有识所皆知。一年之计,絜长较短,果已告匮,岂能另筹?所以断断者,实缘八面受敌,不得不暂且塞白耳!文字抑扬,无足深责,幸公鉴之。

弟耳聋臂木,衰状日增,百无一补,此意惟孙兄知之。岁朝得雪,遗蝗可免,种麦则难,滦阳伏莽已尽,而善后甚不易治。所幸万县已平,东乡石泉想已绥靖,"民寒伤国"一语,真至言哉!孙兄、颂臣[①]老时悟,彼中情事遇便示数行,可互观也。冗中希谢,草草不尽百一,敬贺春喜。弟同龢顿首。正月十三日。

世兄文祉。

《翁松禅墨迹》第五册

复谭钟麟函

光绪十九年正月二十四日(1893 年 3 月 12 日)

文卿吾兄年世大人左右:

读手札,知目力增胜,并悉眠食照旧,欣慰,欣慰。禯觓使粤诗

① 指孙家鼐、卞宝第。

云"山僧能说汉时雪",阅之辄笑,今闽粤大雪,真上瑞矣。尊体能历西北奇寒,此不足道。

弟去年夏秋软倦遇凌兢而爽健,惟无衣号寒者可怜耳。公私平平,一切如曩时。弟之骙兴亦未减于昔,空斋默坐,兄之衣缁謦欬如接于耳目,即膝前小儿女皆历历可念。外官事繁,惟加摄,天下望公者多也。草草不次。弟龢顿首上。正月二十四日灯下。

《翁松禅相国尺牍真迹》第九册

致谭钟麟函

光绪十九年二月初三日(1893 年 3 月 20 日)

云觐吾兄年世大人阁下:

昨差弁行,奉一书,达缕缕之意,想达尊览。春寒起居万福。购炮事,厦捐能抵否?船坞果坚实否也?新授标下左营参将廉君凯,由羽林出依幕府,其人勤奋,曩尝识之,海鹘南飞,绝无伴侣,惟垂天之翼是赖,幸教诲栽成之。行人匆遽,草草。敬请勋安。惟鉴不次。年世愚弟翁同龢顿首。二月三日。

红茶尚未开尝,鼻烟尤济所需,此品兼金难购也。俸钱远寄,正是良友通财,然有施无报,数十年来此情何如,感愧无量。弟又启。

再启者:新选漳平令张茂贵,华亭诗舲[①]先生之季子也。曩令观城获盗有能声,调汶上,奉讳还。其人性豪宕,不务利,驱策可用。兄与华亭有旧,而弟系姻亲,故及之。此人尚未出京,贫甚。

---

① 华亭即松江府,今上海市松江县。张祥河,字诗舲,江苏娄县人,娄县属华亭,官至工部尚书。

计到省须三四月矣。弟再行。

《春及草庐翁帖墨迹》

致俞钟颖函

光绪十九年三月初七日(1893 年 4 月 22 日)

铭斋奄忽可伤,周亲谊厚,想见足下累欷恻怆之诚,然窃谓宜速移之萧寺,所谓恩义兼尽也。君实先生足下。名别具。初七日。

《翁常熟手札》第三册

致谭钟麟函

光绪十九年三月十九日(1893 年 5 月 4 日)

云觐先生阁下:

手教重叠,足征精神周密,喜慰之至。榕城[①]庳湿多雨少晴,南人到彼往往怕听芭蕉点滴声,不知署中有高楼可登否?叔眉想受代即归,其人修谨,儒者也。弟信之深,颇念之。潘公[②]宦况乃如此耶!新藩[③]乃丙辰世谊,亦矫矫不群。浙臬赵君[④],伟人也。

弟佚则病,而劳则已,簿书委积,宾客酬接事烦,退得安寝,若焚香弄笔,便思卧矣。敬典崇隆,懿旨申戒,踵事增华之习,臣工进奉已饬罢,外吏以无备办。兹将内务府查出旧案集本奉寄,聊备翻阅耳。

---

① 指福州。

② 指福建布政使潘骏文。

③ 指黄毓恩,由浙江按察使擢任。

④ 赵舒翘由温处道迁浙江按察使。

张世兄[①]早晚赴任，当有书去。此人曾任冠县，获巨盗，有能声，然貌寝，语言(呐呐)〔讷讷〕也。来教谓陈中书赴任，弟已忘其名，近来衰状如此可笑。梓谋赍志，令人惋叹，此信当确。惠宣威、花猪肉，一举箸辄不忘也。谢谢。敬颂日安，并阖署均吉。弟同龢顿首。三月十九日。

《翁松禅相国尺牍真迹》第十册

致谭钟麟函

光绪十九年三月二十八日(1893年5月13日)

云觐先生阁下：

摺弁持一函去，想达。治所织布局已开否？此事上海颇获利，纺纱尤胜于织布，不知闽地产绵否也？炮捐若何？茶捐暂停否？部中殊竭蹶，今年洋款稍纾，已指作别用，借北洋二百万聊顾前耳。张子和大令茂贵语皆近里，前在山东冒险获巨盗，比来京，典质以为食，其居官可知。幸教督之。春雨应时，顷浓荫霡霂，风萧萧然。南信来，敝乡蝻孽荡尽矣。草草，敬颂日安，并阖署均吉。弟同龢顿首。三月二十八日。

《翁松禅相国尺牍真迹》第十册

致翁曾荣函*

光绪十九年六月初五日(1893年7月17日)

[前缺]甫阁笔而信至。此信五月十四日发，今日到，则二十日

① 指张茂贵，见前函。

* 翁同龢是日日记有："得荣侄五月十四日函，平安，迟到二十日始到。何也？"

矣。何去信之速而来信之迟耶！万昌局似不如全泰盛也。天津到京水陆皆难耳，信之滞或因此。汝臂痛未已，酷热更不宜行役，不来为是。吾之念汝一如汝之念我，耿耿相望而已。彼应酬多，看来心志亦不定。韬位杳然，取不取何从问耶！士大大当有天下之志，目前得失安命为要，动辄歆羡，损志气，添过失，究竟何益？里中少年互相诋毁，甚至殴打，总之，不读书之故。鲍子不足道，蒋家教好亦乃尔耶？考试之弊久矣，丁生被责如是，然则府尊考政尚严，盗风却须整顿，土偶未足胜此。杨氏事已如此，辛伯闻信即行，适吾病未往看，吾拟寄一联早晚由信局往也。洋纱闻大销，夺寒女之利，乃一定之事。挑剔之说恐未确，盖经步用洋纬，纱用土看不出也。虎子习字可嘉，亦须作文，作文须发皇沉着，不沉着则不能制胜，此阅历有得之言。应酬可省即省，在乎自己作主，否则无穷。缉夫勤劳可念。花会虽无，花饮可乎？大坏风气。轮船尤是要事，各海口董事是何物，可恶之，决不令准也。志书早晚寄来，虽不敏，当尽力。菜油贵亦居家所不便，米价得中，飞煌能断乃佳，极可虑。以上皆答汝来书者。初五日雨过日出写。叔字。

《上海图书馆藏翁同龢未刊手稿》第559—564页

致谭钟麟函

光绪十九年六月二十四日（1893年8月5日）

云觐吾兄年世大人阁下：

前奉各函，计先后入览，即日伏惟履署清胜。海澨虽下湿，尚有榕风蕉月，凉爽之时。此间五六月蒸溽，无异南中，而气郁不畅。月之十三四日，大雨如悬河。于是潮白、永定俱涨，决堤漂屋，东则通州，西及良、涿，南冲固安一带，环京门数十百里有全村荡尽者，嘻，可惧也。朝廷发粟设厂鬻赈，士大夫亦或集资为饼馍，以食饿者。灾区既广，事尚无涯，弟积痗独居，咄咄无聊。人便略布近状，惟深鉴。即候起居不一。弟同龢顿首。六月廿四日夕。

冯夷击鼓，玉女投壶，此常事也。福蕊金樽，非五百万不能举，登高四望，洪流渺然，此怀可知矣。榕城逼仄，不能展步，如何？

《翁松禅相国尺牍真迹》第十一册

复谭钟麟函

光绪十九年七月十二日（1893年8月23日）

云觐先生年世大人阁下：

弁来，得六月二十四日惠书。伏审尊体偶感暑湿，开函即知目力少逊，以书字大也。再读则词藻联翩，苊思周匝，又喜旧疾已平，不特阳气见于大宅，良慰，良慰。

京师五六月霪雨为灾，环国门数百里渺然巨浸，永定无堤，卢沟没柱，溃决至二千馀丈，上下游村落扫去甚多，潮白、滍水同时并涨，彼嗷嗷者皆鱼鳖之馀也。各地电致，闻拨巨款，以应急需，公忠可敬。至两批京饷，亦出罗掘，知每饭不忘朝廷也。盲风怪雨，阳开阴阖，疑有蛟龙之属，鼓荡往来。北人谓之立水，水真立矣。奈之何哉？侪辈汲汲办赈，弟亦挂名募捐，邀人四路发米、赏米二万，集银二万，所济百分之一耳。书帙琴樽不复过问。公犹未老，弟则甚衰，相见何时。伏惟眠食珍卫不次。弟同龢顿首。七月十二日灯下。

再启者：署漳浦令张茂贵殇于任所，其家衰微极矣。所最急者借藩库缉捕经费七百赴任，今可抵者才有二百耳。张令之行，饍粮衣装皆亲友所集，不足则贷于银肆，到省后再贷于商，一贷于官，而奄忽至此。遗孤年十五，旅柩无归，若责以五百金借款，几何不为饿莩哉？公笃于义，且深鉴其借款而非侵挪，幸设法弥缝之，俾生殁有赖，乃大德大惠也。弟名顿首。

《翁松禅相国尺牍真迹》第十册

致周原祁函

光绪十九年九月二十二日（1893 年 10 月 31 日）

子京先生吾兄大人阁下：

得书承客中安胜，极慰下怀。惠寄烛台，便于衰眊，深感雅意。弟从事秋闱，涂抹可鄙，黄花白雁，触物增怀。舍下粗安，戣侍侧，鼎①携其子南归，其子之善粗能读书也。不一。敬候起居。弟同龢顿首。九月廿二日。

《翁松禅墨迹》第三册

致琴道人函*

光绪十九年九月（1893 年 10 月）

曩见译署与北洋来往信札，其纸色微赪而分行，宽窄合度，可

① 指翁奎孙。

* 琴道人似指俞钟颖。

否惠一纸以为函封之式。琴道人左右。长瓶顿首。

《翁常熟手札》第三册

致刘秉璋函

光绪十九年十月二十一日(1893 年 11 月 28 日)

癸巳秋闱,戏效诸举子作赋,得秋鹰整翮当云霄:试整凌霄翮,秋鹰亦壮哉!欣携颜氏子,同上景升台。豪气霞千尺,寒声酒一杯。霜毛呀鹘老,风翼大鹏培。江汉羁栖客,乾坤傒济材。楚公图骨相,鲁国字胚胎。尚有雄心在,相期倦眼开。朝班多骏品,达尔杜陵才。第五联对句用杜诗"整顿乾坤济时了",以切整字,未免稚气。

出闱十日得子京先生书,渺然有木落雁南之意,捡箧得此稿,即以奉寄,其中江汉数语与先生情事恰合,以博一笑何如?弟同龢顿首。

《翁松禅墨迹》第三册

致谭钟麟函

光绪十九年十月二十五日(1893 年 12 月 2 日)

云觐吾兄年世大人阁下:

久未奉教,目疾平否?尊体何如?极驰仰。远猷点画非一端,其可见者,船政营务汰尽烦冗,而为民请命之章疏披沥血诚,读之感涕。南天一柱,非公其孰能当之。

弟衰病久矣,文字之役尚未克副,何论其他。入此月凡三病,忽蹇于步而又旋平。湘省题名记似无君家子弟，为之怏怏。专泐，即请勋安不次。弟翁同龢顿首。十月二十五日。

《翁松禅相国尺牍真迹》第十册

复谭钟麟函

光绪十九年十一月初三日（1893 年 12 月 10 日）

云觐吾兄同年世大人阁下：

使至，得手教，点画间有一种腴阔之气，固知目力复元，亦以见精神充固，甚欣慰。八闽地疏而水寒，榕风蕉雨，盘桓郁结，湿疾为多，桂附等宜可进也。

弟秋闱竭蹶从事，而外帘弊窦甚多。总之，读书人玩法，有司者包荒耳。贱体入冬颇软，近则强勉而得健。

闽中赈款，统归直隶请奖，京兆断不以四成苛核，各处皆然，不独闽也。惟合肥于此颇费斡旋，孙兄之言如此。张令事昨方专函奉托，而已蒙矜恤曲至，令人感涕。法华山人之后今止楚中为令者，粗能自食耳。灯下草草，不尽欲言，复请勋安。弟同龢顿首上。十一月初三日。

《翁松禅相国尺牍真迹》第十册

致谭钟麟函

光绪十九年十二月初九日（1894 年 1 月 15 日）

云觐仁兄年世大人阁下：

芝生归，匆匆一语，尚未闻彼中民事之详，惟欣审起居安和，精神康固,至以为慰。

手书至,乃下游校阅归后所作。稍有感冒,谅即康复矣。弟十月初左腿受风,忽不良于行,数日便愈,然病根终伏。弟病在肝气不舒,心气耗竭,门簿不看,应酬不到,人方责我疏慢而兄乃谓为周匝耶！每日点史数叶,近读《东汉纪》,掩卷面思老矣,即读书亦何益耶！来书谓一到即阅,校毕即行,不惜仆仆为地方省供亿,令人钦仰。前者璧厘一事,部议皆筐箧语。不得已,加一硬转笔,至今思之有馀愧也。敬老西行,未审曲折。报效款知费指麾,若遣一二僚吏来,不过随班,不能涉手。大约留二十馀段,届时指分之,曰此某省此某商耳。然僚吏不能不来者,此枢曹意,非下走所知也。漳浦一事,缠绵悱恻,感涕不已。昔龢六世祖为上杭令,没而庙祀,尚以盐款亏累,遗孤奔诉三年乃归,今漳浦何所遭之幸也。灯下倦笔,诸惟鉴恕,敬颂勋安,不尽百一。弟同龢顿首上。腊月初九日二鼓。

《翁松禅相国尺牍真迹》第十册

致谭钟麟函

光绪十九年十二月十九日(1894 年 1 月 25 日)

云觐吾兄先生阁下:

甫答上一缄,谅达。手书继至,隆馈无已,谢不胜谢。唐代鞭靴,明时书帕,原未足律吾党,然大惠不报,有来无往,愧何可言。芝生归述尊体极健,目疾已平,龙文之鼎,只手承之,劳勚可想。闽水最寒,高年桂附暖药,当得力。桂难得佳者,市肆所售皆姜渣耳。

明年奏请祝嘏及摺辞是否骈体,均所未悉,俟后续呈。镑价受累无穷，彼族尽量收金，未始非为放债抬价起见。

弟今秋病脚，昨又发汗症，此数年来未发者，委顿殊甚。岁阑百务冗集。草草布谢。敬颂新春万福。弟同龢顿首上。腊月十九日。

《翁松禅相国尺牍真迹》第十册

复福锟函*

光绪十九年十二月二十日（1894 年 1 月 26 日）

来示诵悉。贵恙寒热间作，或者渐退之势，未必是疟；服行医之药，万勿求速效而杂投也。西路总巡既因病销差，时值年底，缉查最要，即速由尊处拣耐劳认真之员接办。弟急切，想不出妥人也。此复。名心叩。二十日。

未刊稿，苏州市博物馆藏

致翁曾纯函**

光绪十九年十二月二十八日（1894 年 2 月 3 日）

七保文略看一二篇，有无蓝本不可知。咏春到津后无信来，甚悬悬。昨喧传奎保已动身来京，吾甚讶□□□知非□□，奎之妇病何如？菉已回家否？许星叔[①]幼年患剧病，于夜间静坐暗室，线香一炷，看其火从上而下，心气亦随之下，半年霍然。我近年极乏，早起磕头勉强，晚间将此段工夫撤去，卧仍不甜，现吃淡海参。秀姨

* 原件无收信人姓名，根据内容及翁同龢光绪十九年十二月日记，知系致福锟函。

** 《翁同龢书札系年考》一书说，此函系致翁曾纯，理由是此时翁斌孙在北京。从函中所问事及语气，亦可成理。故改为致翁曾纯。

① 即许庚身。

嘱问其母近状何如？下次来信可提及并接济之。

《翁氏家书》第十六册

致陆润庠函

光绪十九年十二月三十日（1894 年 2 月 5 日）

许学丛书贵友托销，敝友托购，故仍缴价，否则断不客气也。凤石吾兄大人。弟龢顿首。除夕。

《上海图书馆藏翁同龢未刊手稿》第 115 页

致谭钟麟函

光绪二十年二月三十日（1894 年 4 月 5 日）

云觐先生同年世大人阁下：

尹兄尚未晤面，先送手书，展读欣畅。各省进奉一节，颇有以是来询者。弟意土贡则可，珍奇则不可，既非政体且失朝廷明诏之意。点景由内府承办，由颐和园至西直门则贵近及各疆臣分段，此等事无从插手，不派员来，极是，极是。

弟入春颇健，惟疏简不耐案牍。六舟[1]重来，畿民之福也。得一人则一方治，二十行省尽得人则天下治。南瞻粤峤，西眺岷峨，尝慨然矣。君子处世，渊然雷声，得时虎变，此上不在天，下不在田之说也。刚而不中，仆九三，君九四也，进德修业，老而相勉也。沮格闽盐减课，至今抱愧。张子和事，死生终始皆赖大德，其弟殆不足恃，知

① 即陈彝。

之。敬颂日安,俟见佩之时,续布不一。弟同龢顿首上。二月晦。

《翁松禅相国尺牍真迹》第十册

致刘秉璋函

光绪二十年三月十一日(1894 年 4 月 16 日)

仲良吾兄大人阁下:

手教至,大慰饥渴,尊体安稳,下血是旧证耶?前肗笺数四,大抵为边锁为舆论为朝纲,非区区朋辈之私,嗫嗫儿女之语也。进退有礼,相时可也,魏晋数字,谈助一书,皆极恶劣之本,正可拉杂摧烧,无足辨者,弟好收古董,此等却不收也。一冬病足,今全愈而不耐辛苦。榕全主文,蛰生、京尹皆清健,向闻峨眉圣灯,今我佛西顾,断不使蟣蠓撼动,祇椅园此意当知之。扶病草草奉复,字迹丑劣,恐在不列等矣,笑笑。敬颂日安,惟鉴不次。弟龢顿首。三月十一日①。

《翁松禅墨迹》第五册

致谭钟麟函

光绪二十年四月十四日(1894 年 5 月 18 日)

云觐先生阁下:

频上书,必次第达。最可喜者,佩之②登第,其应举文字及当世

---

① 函后有"泽闿后记",全文如下:"翁叔平尚书《锦鳞集》卷第二。松禅老人简札,余收集颇多,曾付影印,近又得其致刘文壮书十数通,亦《锦鳞集》中物也,因续印行,以公诸世。戊午清明,泽闿记。"

② 指伊秉绶。

所重楷法墨法皆清圆合度。盖传研之教,高选无疑,绕庭珠树,更得此玉兰清标,可胜快贺。

弟入夏甚健,惟苦齿病,杈枒妨食,终朝软饱而已。公事平平,大约攒眉画诺。闽镑与沪价同日而互异,乞加察核。章令文绶解饷来京,知其老母年八十二,贫无以养,其人固书生,恂谨自好者也,愿加培植。弟上科所得士,故知之详。蜀酱极烂想知,兹呈肉桂二支,亦未佳。草草布臆。敬请勋安不一。弟同龢顿首上。四月十四日。

再启者:有落第诸君,大率求信,闽习为甚。避之无地,拂之生嫌,倘持八行来,束之高阁可也。贡物无明文,惟闻皖有玉佛、名画,贡土〈仪〉乃经义,鄙意极以为然。弟再行。

《翁松禅相国尺牍真迹》第十一册

致谭钟麟函

光绪二十年四月十九日(1894 年 5 月 23 日)

云觐先生阁下:

执事所陈郑监门之图也,有司所守王荆公之法也,其是非殆无可驳。弟知之真,信之笃,而终不能夺者,暗也,弱也。悚息,悚息。

日来方汲汲于文字之役,其所评校,大略与案牍谬戾等,贱体不支矣。敬颂日安,冗中不次。弟同龢顿首上。四月十九寅初。

《春及草庐翁帖墨迹》

致翁斌孙函*

光绪二十年六月初三日(1894 年 7 月 5 日)

昨得六月二日南信,附去,看后仍还,今日已发一签矣。时事艰难,家事已置度外,汝辈各努力。

《翁氏家书》第十六册

致张謇函

光绪二十年六月十九日(1894 年 7 月 21 日)

所示磊磊大策,人谓虱其间者,可赞一二,不知非也,最后两条极是。明晚得暇,能来一谈耶。名顿首。十九。

《翁松禅致张啬庵手书》

致翁斌孙函

光绪二十年六月二十四日(1894 年 7 月 26 日)

《读礼通考》一本,捡出送去。迩来肝气发而梦不安,恐不甚佳,姑敛吾神,专一趋公耳。二十四日。

《翁氏家书》第十六册

---

* 光绪二十年五月,朝鲜东学党起义。日本借口保护使馆和侨民,大肆增兵朝鲜。五月二十二日,翁同龢日记有"高丽有叛民,占泉州,国王来乞师,我千五百人往,而日本以七百人入其境。方议同时撤兵,而日本添其兵五千人入其国都,欲变易其政事,而不认为中华属国。朝旨屡饬李相添兵,仅以三千勇屯仁川、牙山一带,迟回不进,嘻,败矣"。故函中称时势大难。

附一:盛宣怀致翁同龢密电

光绪二十年七月初二日(1894年8月2日)天津

京仲良译送翁宫保:以后密电均寄菉卿,如有可采,请作为出自钧意,勿言宣禀。冬。二号。

《甲午中日战争》(上)

附二:盛宣怀致翁曾荣密电*

光绪二十年七月初二日(1894年8月2日)天津

京仲良密交翁菉卿兄:

叶①军虽小胜,倭兵又从釜山、元山入,牙必重困,商船无法接济。卫、马、左②各军行甚滞,倭已踞黄州,大同江南岸尽失,若非牙胜,倭已早过江北,目前必救牙军,方能得势。一则应严催卫、马、左,选精队星夜驰抵平壤,乘其续添兵未到,力攻北路,牙势或可稍松;一则应严饬海军全队由威海送子药,并带先锋千人,择牙山之南,觅口上岸,但责其接济,不责其进攻,然非全队齐进,亦难尝试。若不如此,牙军难全,可否摘要降电旨,乞转禀钧裁。以后密电万勿示人。冬。一号。

《甲午中日战争》(上)

---

* 这封密电实际上是盛宣怀给翁同龢的。同一天,盛宣怀还打电报给北京电报局委员王仲良(即王继善),说明密电打给翁曾荣的原因,并要王将此密电直接送给翁同龢,其密电全文详见盛宣怀冬字二号电。以后,所有盛宣怀与翁曾荣的往来密电实际上是盛宣怀与翁同龢往来电函,所有翁曾荣致(复)盛宣怀电报均是翁同龢致盛的,曾荣是翁同龢的代表。

① 叶志超,字曙青,安徽庐州(合肥)人,时任直隶提督。

② 指卫汝贵、左宝贵、马玉昆。

附三：翁曾荣复盛宣怀电函

光绪二十年七月初三日（1894年8月3日）

京。盛大人：密。翁复云护牙法必当用，但恐力薄不及。菉。江。继。

《甲午中日战争》（上）

附四：盛宣怀致翁曾荣电函

光绪二十年七月初四日（1894年8月4日）天津

京翁菉卿兄：倭兵早到大同江，宣饬平壤电局会同平安道将民船悉数收至北岸，倭在南岸无可援，正在击船，危急。马镇、卫镇头队今日赶到即可扎驻，平壤居然不失，诚国家之福。惟叶军消息不通，子药无法接济，闻倭兵三面围困，深虑全军覆没。海军胆怯，似只可催北路进攻，分其兵力，叶军或可稍松。支。三号。

《甲午中日战争》（上）

附五：翁曾荣复盛宣怀电函

光绪二十年七月初五日（1894年8月5日）

京来电。海关道盛：密急。公州信能确为幸。今议添兵援平壤后路，并力拒大同江口。黑龙江帅依[①]带八营由珲入韩，已准办。吉林报俄三舰赴元山。菉。鱼。未。

《甲午中日战争》（上）

① 吉林将军依克唐阿，字尧山，扎拉里氏，满洲镶黄旗人。

附六：盛宣怀致翁曾荣电函

光绪二十年七月初五日(1894年8月5日)天津

京翁菉卿兄："高升"英船打沉，西人亦莫敢去。闻牙军覆没，叶存亡未卜。敌将并力北拒，彼众我寡，倭船已到大同江，全韩海口均为倭占，恐至鸭绿江游弋，水路又难接济。微。四号。

《甲午中日战争》(上)

附七：盛宣怀致翁曾荣电函

光绪二十年七月初五日(1894年8月5日)天津

菉卿仁兄大人阁下：

前由京电局王仲良亲呈密电，想邀台察。近日北路各军虽进扎平壤，与倭人隔江驻守。然传闻牙山失利，全队沉没。此处孤军无援，其不能持久，早在意中。但当足牵制倭夷，使不得专力北据。今此信一确，恐平壤一路又必吃紧，于剿办益形棘手。且后路空虚。若倭人由大同江挠我转运，各军将更夺气。北洋调拨已空，难图后继。海军仅能自守，难禁敌船横行。大局殊堪隐忧。前呈密电请于趋庭时转呈，未知宫保钧意如何？尚乞随时密示。兹附上行军密码一本，祈察收备用。此后如有电达，皆用此本，尊处赐电亦可照译饬发也。

《甲午中日战争》(下)

附八：盛宣怀致翁曾荣电函

光绪二十年七月初六日(1894年8月6日)天津

京翁菉卿兄：顷烟台有人自牙山回，云：叶军二十三得胜仗，二十八被倭侵袭，失一营，现退驻公州，倭兵往围等语。昨电得之洋人,似不确。鱼。五号。

《甲午中日战争》(上)

附九:盛宣怀致翁同龢电函

光绪二十年七月初十日(1894年8月10日)

京译送翁宅:昨夜成山局员报倭船北行,即电威、旅预备。今早二十一船到威海,炮台击中四炮,未得要害,幸台无损。巳、午分起东驶。其二十一船内或有商船装载陆兵。倭窥北洋兵调空,或犯山海关、洋河口坏我铁道,或犯鸭绿江截我平壤后路,均似可虑。卦。六号。

《甲午中日战争》(上)

附十:翁曾荣复盛宣怀电函

光绪二十年七月十一日(1894年8月11日)

京。海关道盛:八船计回威,调嵩明早商,此间迂缓,官电似宜加警。菉。真。酉。

《甲午中日战争》(上)

附十一:盛宣怀致翁同龢电函

光绪二十年七月十一日(1894年8月11日)

京翁宅:倭船已到旅顺开炮。顷据威电,二十一船内似无商轮,如旅顺不能拦阻,一日可达榆关。自榆至津无一兵船,陆军亦只数千新勇,均远募,未到。山东、河南嵩武军除扎烟台四营、胶州两营外,内地约计尚有马步八、九营,可否电旨饬令星夜来津。真。七号。

《甲午中日战争》(上)

附十二:盛宣怀致翁同龢电函

光绪二十年七月十一日(1894 年 8 月 11 日)

京翁宅:旅顺倭船不知何往。成山报有三船北驶,海军或可相遇。山西大同镇有树字营为张振帅[①]旧部,可否并调。真。八号。

《甲午中日战争》(上)

附十三:盛宣怀致翁同龢电函

光绪二十年七月十三日(1894 年 8 月 13 日)

京翁宅:成山电,丁军门[②]已统海军向威海。元。十一号。

《甲午中日战争》(上)

附十四:翁曾荣复盛宣怀电函

光绪二十年七月十四日(1894 年 8 月 14 日)

京　津海关道盛:密。密本到。大连何如?叶、聂同抵金州,想确。嵩、正、宣、大,均已调,指人则难。菉。元。

《甲午中日战争》(上)

附十五:盛宣怀致翁同龢电函

光绪二十年七月十四日(1894 年 8 月 14 日)

京翁宅:丁全军游弋东面,未遇敌船,现回威海。敌船亦不知何往。元。十二号。

《甲午中日战争》(上)

---

① 指张树声。

② 指丁汝昌。

附十六:翁曾荣复盛宣怀电函

光绪二十年七月二十日(1894 年 8 月 20 日)

京 津海关道盛:密。门户既坚,关南有备,极慰。济叶即济平也,尤要,取道何处?乞示。通兵已止。荣。号。

《甲午中日战争》(下)

附十七:翁曾荣致盛宣怀电函

光绪二十年七月二十四日(1894 年 8 月 24 日)

京 津海关道盛:密。傅相[①]廑劳起居如何?乞示。兵船运兵可虑,平宜稳细,急筹粮运,以顾后路。荣。敬。

《甲午中日战争》(下)

附十八:翁曾荣复盛宣怀电函

光绪二十年七月二十五日(1894 年 8 月 25 日)

京 津海关道盛:密。筹运艰苦,乞力任。再,尊衔告示贴至此间前三门,闻有人欲奏,速查撤。荣。径,申。

《甲午中日战争》(下)

致张謇函

光绪二十年七月初四日(1894 年 8 月 4 日)

前后七函均铭泐,不佞止懂得百分一二耳。乐浪以东,步步荆棘,势难长驱,牙军殆哉,忧心如捣,元山检地图不得,极闷。论津

① 即李鸿章。

语皆透骨,知此意者培、衡[①]两君也。客在座,草草奉复,馀勿吝教,惟鉴。名顿首。初四晚。

《翁松禅致张啬庵手书》

致张謇函

光绪二十年七月十一日(1894 年 8 月 11 日)

观君下策,不胜累欷,今且勿为收字计,其为应著计。昨日卯,彼以二十一舰扑威远,无所得,转而成山,又试而东南,今早扑旅顺,此传闻却确。入我堂奥,远则断鸭绿,窥渝关,近则逼津沽,而我陆军则单薄,疲极,如何?如何?日内必有一突,泄泄梦梦,又将如何也?名顿首。十一申。

《翁松禅致张啬庵手书》

致张謇函

光绪二十年七月十二日(1894 年 8 月 12 日)

闻牙山二十八日一军皆歼,彼以数舰袭,我以甲仗唱凯而归,此友人书言之,官电无一字也。平壤后路亦殊可虑。只一营两旗分置定宣,岂非儿戏。渝关空虚,处处便于登陆,倭此来不仅虚声也。湘陈安能即来,根本之计,日夕筹此至熟也。旅顺一见尚无续耗。名顿首。十二日申正。

《翁松禅致张啬庵手书》

---

① 指沈曾植、丁立钧。

致额勒和布函*

光绪二十年七月十三日(1894年8月13日)

刘文清[①]两联澹泊可爱,乞为弟留一副,不拘纸绢也。藻鉴何如?不一。筱翁吾兄大人。弟同龢顿首。十三日。

《上海图书馆藏翁同龢未刊手稿》第164页

致汪鸣銮函

光绪二十年七月十四日(1894年8月14日)

晚来有警电否?中怀正如悬旌耳!守关当守锦,锦固渤碣要冲也。置百济符于此亦得,否则瓦注且碎之矣,何如?南电宜频发,来信何其简也。洨长思归乃情至语,今议购舰,恐非斯人莫属也。连日仆仆倦极。郎亭先生。兄名顿首。十四日晚。

《翁松禅(同龢)手札》第十册

致张謇函

光绪二十年七月十四日(1894年8月14日)

米北开南禁,且欲开南禁,南未之许也。封豕诚可易长庚,但恐此星照别处。范公堤一时办不到,两函奉缴,叟昏可憎,不一。

---

* 额勒和布,字筱山,满洲镶蓝旗人,咸丰翻译进士,官至武英殿大学士。

① 刘文清即刘墉,字石庵,号文清,山东诸城人,进士,官至尚书,著名书法家。

通为谁,未详。名顿首。十四日。

《翁松禅致张啬庵手书》

致张謇函

光绪二十年七月十五日(1894 年 8 月 15 日)

童再任不佳,隔江亦闻之,大堤未知能办否?江防极要,闻布置尚从容。津不戮奸①,大奇,想南不至此,丁②安能拔?前日报归威。抄件迟日再缴,仆日来肝疾作,夜不寐,甚顿。名顿首。十五日。

《翁松禅致张啬庵手书》

复张謇

光绪二十年七月二十二日(1894 年 8 月 22 日)

叶等既集牙、平,当少休,进图黄州以南。前此不入大同,今成畏途,虽指麾,庸我听乎?许来者不能让,亦不足忧,"坚持"二字敬铭之,其他谢不敏矣。名顿首。

《翁松禅致张啬庵手书》

致汪鸣銮函

光绪二十年七月二十四日(1894 年 8 月 24 日)

本欲奉笺,得手教,适如鄙怀所欲吐,早间文字已删去数十字,

---

① 指俘获日本军事间谍一事。

② 指北洋水师提督丁汝昌。

尚后尔尔,盖不仅谯诃而已。群沸俟稍定当图之,馀面谈不一。名顿首。

《翁松禅(同龢)手札》第十册

复谭钟麟函

光绪二十年七月二十四日(1894年8月24日)

云觐先生阁下:

手书至,大慰下怀。防务孔棘,集艇游弋之议,最是活著,往而不可追,能鼓忠义出奇兵以申前说否?今新增三快舰,八月杪到华,若再付庸奴,徒一掷耳!息借德华款能大加扩充否?除去镑字,即八厘何害?台湾得唐、刘[①]当佳,长门天险,筹笔已周,可无忧矣。弟碌碌随人,如触藩羝羊,一语难尽。敬颂道安,祈惠续音。弟同龢顿首。七月二十四晚。

《翁松禅相国尺牍真迹》第十一册

致张謇函

光绪二十年八月十二日(1894年9月11日)

日昨承惠墨拓等,甚感。朝鲜两图并信件奉缴不一。季直先生。名顿首。十二。

《翁松禅致张啬庵手书》

① 指唐景崧、刘永福。

致张謇函

光绪二十年八月二十一日(1894 年 9 月 20 日)

将不易,帅不易,何论其它,此天也,意中之事已如此,即意外而意中之事亦如此。所示铭渤厘金一条,实非庸人所能办,即不能胥天下之庸者而去之。仆日来热病,头痛欲死,三昼夜粒米不入口,今甫起坐,握笔摇摇。惟努力珍重不次。两浑。二十一日。

《翁松禅致张啬庵手书》

致季士周函

光绪二十年八月二十九日(1894 年 9 月 28 日)

士周姻世仁兄大人阁下:

前日得函未及复,是日申刻慈圣召见,命弟即日赴津与傅相[1]商量饷事而不令外人知。谕辞严切,万不可传播。乃于二十九早出京,值过兵觅一小舟,两日而达,今泊岸下矣。既未便修谒,又未可以幅巾叩铃阁下,乞示其宜,为感。只可通信,切不可过访,或令子固来则可,至多不过留一日,归时必须借小轮拖带,并乞先办妥尤感。即颂勋祺,舟行遥兀,殊草草。弟名另具。

致傅相函或请转呈,走与阁下非他客可比,此外则遵旨不见一客也。弟又启。

《翁常熟手札》第三册

① 指李鸿章。

致季士周函

光绪二十年九月初四日(1894 年 10 月 2 日)

士周世仁兄亲家大人阁下:

飞轮长龙迴胜轻车快马,今将抵岸矣。昨在官斋,树石幽秀,颇惬野性,况又见玉立之瑜环之婴耶!

别后甚相忆,客座未得竟谈,将士之贤否,军报之虚实,器械之良窳,中枢所凭者一纸官书耳!虽百喙不能与争,前事已如覆水,设后仍蹈此奈何?阁下寓侃直于蕴藉,持论最平,乞不吝寄语,愿得其详。走与魏绛断不阿附,然亦欲略知情状,否则皆隔墙歌呼,十揣九谬也。啸溪沉毅,乐壤虚捷,曾发其覆,走以告人,人目笑之,然此士何可多得,至今惭负。舟行草草布谢,饱德燕息并负此腹,即候日安不次。晤悫斋[①]中丞一并致谢。世姻愚弟同龢顿首。初四早。

《翁常熟手札》第三册

致季士周函

光绪二十年九月初四日(1894 年 10 月 2 日)

香河一带,节节阻浅,今距码头十馀里,度不得,前回遣轮船先归,牵缆明日必抵通矣。刘康侯[②]函乞转寄。初四申初。

《翁常熟手札》第三册

---

① 指吴大澂。

② 指刘祺祥。

致季士周函

光绪二十年九月初五日(1894年10月3日)

由张家湾换舟牵缆甚速,未刻抵岸。而长龙哨弁胡德明送至通州,极得其力,可喜也。连日瓮底无所闻。此后要语乞速示。槁笔草草,书奉士周仁兄亲家大人阁下。弟同龢顿首。初五日潞河舟中。

《翁常熟手札》第三册

致刘秉璋函

光绪二十年九月初九日(1894年10月7日)

仲良吾兄世大人阁下:

久未奉书,伏想尊体安和,政教所敷,风行草偃,蜀人士有大手笔者,当作画像记也。伤逝之赋,当已渐平。曩闻峡舟已发,遂不及事,中怀歉悚。贤郎亦南归否?极驰系也。

弟自去岁迄今,恒有小疾,以菲材司会,何异野鹤衔筹。大水之后,闻雨声而警,幸时旸应节,可卜有秋。若舒庐淮扬,则湖潴尽涸,六月尚未得雨,焦劳何如?龂厘伟论,而有司龂龂,所谓知而故蹈者,此类事矣。草草布臆,敬颂勋安不一。世愚弟翁同龢顿首。

《翁松禅墨迹》第五册

致张謇函

光绪二十年九月十六日(1894 年 10 月 14 日)

尊公外证,法宜温补,慎重,慎重。贱疾何足道,芥卤当一试。来件奉缴,此语吾辈未见,或有所避耳!嘤鸣岂不念,但力薄无济,沙中相对何益。昨译署夜分始散,想知之,昏聩抑塞,不尽百一。名顿首。十六日。

《翁松禅致张啬庵手书》

致季士周函

光绪二十年九月二十四日(1894 年 10 月 22 日)

行旌将发,尚未趋诣,极歉。同直孙君荐一书启,不过泛泛交到而已。各条奉览。专此,士周仁兄姻世大人。同龢顿首。二十四日。

《翁常熟手札》第三册

致张謇函

光绪二十年十月初九日(1894 年 11 月 6 日)

北舰尚可用,南船殆虚设,俟细考。旅顺分营,顷亦建此议。湘刘[①]之起,众未谓然,当再陈也。昨失迎,甚歉。季直先生。名顿首。

《翁松禅致张啬庵手书》

① 指刘坤一。

致汪鸣銮函

光绪二十年十一月初十日(1894年12月6日)

昨奉手示再三,因发热咳呛,遂未及复。阅来件,愤虑交并,总之沈方乞援,唐难催进,仁所论固多,是亦未易行也,何如?

晨建议询田[①],今乃得其消息,如是如是,直不接待矣,田亦何从补救耶?悫有诗见寄,慨以当慷,吾意飞腾于营、平[②]间也。复颂夕安不一。名顿首。初十。

《翁松禅(同龢)手札》第十册

致谭钟麟函

光绪二十年十一月二十五日(1894年12月21日)

云觐吾兄世年大人阁下:

大鹏图南,浩荡北溟,遂不可诘,弟辈直飞枪数尺之间耳。尊臂平复否?此行不复赴阙,然交替必在春中。治蜀尚严之说,古人有为而言。论严则何地不当严,意必从清字始,清未有不严者也。

弟才识驽下,近来肝益枯,脾益衰,一病则百病并发,如残叶之缀枝。哲嗣来,尚未晤面,盖自丑抵戌始归寓偃息也。征兵不至,至则不行,行则无械,在前敌者惊麇走鹿,真儿戏哉!噫!草草,敬

① 指美国驻华公使田贝。
② 营口、盖平。

候起居不次。世年愚弟同龢顿首。十一月二十五日。

《翁松禅相国尺牍真迹》第十一册

致翁曾荣函

光绪二十年十一月二十六日（1894 年 12 月 22 日）

牙痛稍平，热郁血滞，不病倒不请假也。汝出城小住自佳，但昨事须速办，眉君①可代看也。若再因循，恐仍如不看矣，午前亟图之。菉卿侄览。二十六日丑。

《翁松禅家书》第二册

致翁曾荣函*

光绪二十年十一月三十日（1894 年 12 月 26 日）

夜眠困顿，恶寒已愈。衣换薄棉。今日午初约李新甫来诊，如我未归，可与接。菉侄。叔字。三十日。

《翁氏家书》第十九册

致汪鸣銮函

光绪二十年十二月二十二日（1895 年 1 月 17 日）

简笺精严，回斡有力，倾向，倾向。刘语已摘其似字、尚字，以为无把握。许书进退，却无确实。瓦解冰泮，为之浩叹，不可救药，

① 眉君指沈曾桐，托其代阅南学课卷。

* 是日翁同龢患病，日记有"腹疾未已"，故约李医登门诊治。

如何？如何？郎翁左右。名顿首。二十二日。

《翁松禅(同龢)手札》第十册

致那桐函*

光绪二十一年二月初三日(1895 年 2 月 27 日)

收讫未知总税务司有何议论,祈示及。专颂日安。名另具。二月初三日未正。

《常熟翁相国手札》第二册

致俞钟颖函

光绪二十一年二月初三日(1895 年 2 月 27 日)

收讫未知总税务司有所议论,祈示及,专颂日安。名另具。二月初三日未。

《翁常熟手札》第三册

致盛宣怀电函

光绪二十一年四月十二日(1895 年 5 月 6 日)

借款大难,设撇开另揽,能准集此巨款否①?

《甲午中日战争》(下)

---

* 原件无收件人姓名,查翁同龢光绪二十一年二月日记,知为致那桐函。那桐时为户部北档房主稿。

① 指清政府向英德商借支付对日赔款一事。

致张謇函

光绪二十一年四月二十五日(1895 年 5 月 19 日)

雄论钦服,法刑必变,有可变者,有竭天下贤智之力而不能变者矣。瀚海以北瓯脱也,天山虚邑也,卫藏羁縻也,如何?

《翁松禅致张啬庵手书》

致汪鸣銮函

光绪二十一年五月初十日(1895 年 6 月 2 日)

顷自成均呕泄而归,见床即卧,仆人不知也。台从见过,如何回复,弟亦不知也,可笑,可愧。日内当奉访一谈。专上,柳门吾兄大人。弟同龢顿首上。十。

《翁松禅相国尺牍真迹》第十二册

致汪鸣銮函

光绪二十一年五月二十日(1895 年 6 月 12 日)

前函甫缄题而手书适到,霜钟之应如是如是,尊体轻安为慰。新诗耐寻味,因念吾悫斋不置,悫斋有鹡原之戚,而兄未通慰书,甚愧,甚愧。盗贼横行,当事不敢裁虚滥之额,而自拥戎帅之权,事何由济?

贱体新感去而数年之伏邪毕见,方欲治之,亦遇良工始知,否则日就枯槁，或一发不治而已。草草不次。名顿首。二十日。

《翁松禅(同龢)手札》第十册

复谭钟麟函

光绪二十一年闰五月初八日(1895 年 6 月 30 日)

文卿吾兄世年大人阁下：

手书至，频蒙大惠，缺然未一报。泊舟沪江，移节度岭，尊候安吉，思何如也？天下事败坏决裂，一至于此。此如弈棋，满盘皆错，而吾亦在隅坐之列焉，得不忧伤憔悴耶！

粤治冗卑，公至当见风采。以粤财供粤用，何事不办。退直草草。佩之行，聊慰远想不次。弟同龢顿首。闰五月八日灯下。

《翁松禅相国尺牍真迹》第十一册

致季士周函

光绪二十一年六月初九日(1895 年 7 月 30 日)

士周姻世仁兄大人左右：

疏懒久未奉函，手教至，欣审。竹报时通，庭闱颇健。昨与子固谈，知簿书之暇，手不释卷，极钦慕也。析津今成都会，鹾使无异藩条，承上起下，修内安外，筹措不易，亦惟大才始足当之耳。龢此平平，仗马鸥夸，俯仰惭怍，惟体气略胜于前，两年无病。承惠多珍，徽徽溢目，鄂刻极佳，桂氏《说文义证》尤所爱，建茶精妙，羊毫用之不竭矣，珍感，珍感。子固面貌加腴，甚盼棣华同秀。成郎化去，为之于邑，盖不独童乌之感也。快雨秋成可望，感暑惟起居加摄。尊东万勿再施，切祷，切祷。即颂近祺。冗中不一。弟同龢顿首。六月九日。

《翁常熟手札》第三册

致俞钟颖函

光绪二十一年七月初一日（1895 年 8 月 20 日）

顷归，得悉总署知会，以致闽督电来商，大致妥洽，谨遣铃下送呈，俟阁定发回，即日排发。恭请钧安。翁同龢谨启。初一申初。

《翁常熟手札》第三册

致俞钟颖等函

光绪二十一年八月初一日（1895 年 9 月 19 日）

顷翻四年成案，规平九二二加五两合库平一百两，是否如此？乞摘出数语，以待辩论何如？闰生、君实两兄大人。名顿首。朔日。

《常熟翁相国尺牍真迹》第十二册

致总理各国事务衙门王大臣函

光绪二十一年八月十三日（1895 年 10 月 1 日）

林董[①]问答，乞捡出交来，即日当交还，归公事不误。此致诸位总办仁兄大人。同龢顿首。十三日。

---

① 日本驻华公使。

顷电稿每华里应作每一华里,乞即添入排发。

《翁常熟手札》第三册

致翁曾荣函*

光绪二十一年八月十五日(1895年10月3日)

阅来函,似昨日布篷收到,小小暑热,何足恤哉。上供未能赶回,家内竟无一人主者,则予之罪戾深矣。以后汝亦宜常在家,若酒食事暂置之可也。鹿侄。瓶生。十五午正。

《翁氏家书》第十九册

致张謇函

光绪二十一年八月二十八日(1895年10月16日)

此别未知何日相见,仲鲁①同行否?早晚有信,托季鹾使②也。日来意思甚劣,无由走送,聊致此意。季直吾友足下。同龢顿首。

《翁松禅致张啬庵手书》

致许应骙函

光绪二十一年八月二十九日(1895年10月17日)

车骑辱过,有失晋接,歉悚兼集。侍才短职冗,终日汲汲,大抵

---

* 八月十五日是中秋节,循例提前祭祀。但据翁同龢是日日记,翁同龢须照常入值,而翁曾荣也未能赶上,以致"家中竟无一人主者"。翁同龢函中希望翁曾荣"亦宜常在家,"外出"酒食事暂置之"。

① 指志钧,字仲鲁。

② 指季士周,时为长芦盐运使。

劳辱之事为多,每用自叹。今日同文馆月课,拟一到即散,四点钟或可归寓耳。南信略闻一二,深盼九公早来。此颂日安不一。筠庵老前辈大人。侍名顿首。二十九日丑正[①]。

《上海图书馆藏翁同龢未刊手稿》第166—167页

致徐用仪函[*]

光绪二十一年八月二十九日(1895年10月17日)

今日已刻传考译署章京,弟与两相国准十刻到,专候台从至乃散卷发题,鹄企之。小云仁兄大人阁下。弟同龢顿首。二十九日。

《上海图书馆藏翁同龢未刊手稿》第62页

致俞钟颖函

光绪二十一年九月初一日(1895年10月18日)

昨谱老[②]交来之件,嘱代呈,乞捡入,原信并呈。即颂日安不

① 按:宣统三年辛亥革命爆发后,李经迈避居上海,见到此函,写有以下一段旁注:"同文馆月课乃总理衙门大臣事,常熟乙未夏入译署,此函当在是年秋冬间。九公者,刘岘庄(即刘坤一)也。时和议成,各路援军遣撤,刘卧病天津。鄂督张香涛(即张之洞)方权江督。李兰荪(即李鸿藻)欲其即真。故刘有留京以侍郎候补说。刘遣道员丁葆元求荣仲华(即荣禄)斡旋,荣以执金吾(时任军机大臣、宫内大臣和京师步军统领衙门大臣)尝诣园请安,蒙东朝(指慈禧太后)召对。十一月刘来京入觐,上命刘、张各回本任,军机大臣愕然,上(指光绪帝)曰:'皇太后懿旨也。'此时常熟书房未撤,军机散值后可至毓庆宫独对,乃其一生权力最大时,岂许为刘作说客耶?许与荣亦密也。迈。"

* 按:此件有收藏者口馨和旁注:"此札与前札同时,小云谓徐小云尚书,时与瓶师同值枢垣,庚子殉难焉。"徐用仪,字吉甫,别字筱云,或小云,室名水竹居,浙江海盐人,咸丰举人,官至兵部尚书、军机大臣。义和团运动期间,因主和反对对外开战被杀,事后平反昭雪。

② 指殷兆镛。

次。知名。

《翁松禅(同龢)手札》第九册

致俞钟颖函

光绪二十一年九月(1895 年 10 月)

奉恳饬查代领监照需费若干,并在监肄业如何办理。“南莽以南”四字疑衍。

《翁松禅(同龢)手札》第九册

致俞钟颖函

光绪二十一年九月二十四日(1895 年 11 月 10 日)

手教敬聆,如有续件,幸见示,不胜感激。君实先生阁下。名顿首。二十四申。

《翁松禅(同龢)手札》第九册

致俞钟颖函

光绪二十一年十月(1895 年 11 月)

堂上日臻康复,甚慰。惟补气之剂必须进,膏药亦宜斟酌。俗尘未获奉旨,敬此起居,专上佑澜仁兄大人。弟同龢顿首。

《翁松禅(同龢)手札》第八册

致俞钟颖函

光绪二十一年十月二十日(1895年12月6日)

昨谈未畅。园直归时再奉教也。隆馈璧上,幸鉴。君实吾兄。龢顿首。二十日。

《翁松禅(同龢)手札》第九册

致总理各国事务衙门王大臣函

光绪二十一年十一月十六日(1895年12月31日)

龚使①电即日排发,前日绅珂②来商借岛泊船,问答捡齐送内一阅。总办大人阁下。同龢顿首。十六日晚。

《翁常熟手札》第三册

致俞钟颖函

光绪二十一年十二月初八日(1896年1月22日)

昨晚手教至,适赴署未归。来件收到,日内回信当与致陈函一并送呈。暇再奉谈不次。佑莱左右。同龢顿首。初八。

未刊稿,苏州市博物馆藏

① 指驻英公使龚照瑗。

② 德国驻华公使。

致俞钟颖函

光绪二十一年十二月(1896 年 1 月)

借款比较,烦交王、小徐迅速算准,即日见复为要。名顿首。

《常熟翁相国尺牍真迹》第三册

致俞钟颖函

光绪二十二年正月(1896 年 2 月)

珍馈出自太夫人手调,敬尝饱饫,至今未尽器也。事繁未获躬诣,即颂侍安,并谢不次。弟龢顿首。

《翁松禅(同龢)手札》第九册

致俞钟颖函

光绪二十二年正月十九日(1896 年 3 月 2 日)

昨得宝斋夫人函奉览,公信想具稿,即缮发,无烦见示也。屋据乃嘉庆中事,极难料理,纸尾皆古人,又经兵燹,恐未可赎回,已辞之矣。杨、钱旧家决不使茕茕者无,纸一件,乞由尊处付还,并达鄙意何如?佑莱老夫子大人阁下。弟同龢顿首。十九日。

所谓函致任方伯,恐亦未合事理,任公岂肯理此事耶?

《翁常熟手札》第三册

致俞钟颖函

光绪二十二年二月初八日(1896年3月21日)

荣擢大喜[①],是雄镇也。且吴楚甚便,惟同僚少一通才耳。谢摺后日上何如?名顿首。八日。

《翁常熟手札》第三册

致季士周函

光绪二十二年三月十一日(1896年4月23日)

士周世仁兄亲家阁下:

去岁一见,良慰渴饥,然中怀未获尽罄,至今惘惘。裁兵节饷之议,首举畿疆,非不知缓急,实欲去积弱朽蠹之军耳。大府必迟回,将士必力争,局员必坚护,愿诸君子箴膏肓起废疾也。

筹款之难,中外一致,而又中外相持一盂之水,此盈彼绌,徒费笔舌而已。弟之庸鄙,久欲引退,而苦无其间,同僚卧病,外患未平,岂敢养闲自适,然在位一日,则多误一日,未尝不痛自刻责也。

数承分俸,以亲谊不敢辞,惟有愧恧。丁君善士,然充校雠则难,弟尝悬一格示属吏,而破此格者非弟也,若因仍则反唇相讥矣。有一事相恳:吴桥县丞陆松孙,常熟人,长州籍,弟之中表戚,今物故,无子,全眷在保定谋归葬,弟既重恤之,不知僚幕中尚可稍稍资助否?乞裁之。弟年来家事不顺,往往南望而唏嫠纬之不恤而为人谋哉!春气渐和,春苗奋张,数往来近郊而无游眺之乐。涉笔草草,敬颂

① 指俞钟颖授任湖北荆宜施道。

多福，贤郎并合署安好。姻世愚弟同龢顿首。三月十一日。

《翁常熟手札》第三册

致翁曾荣函

光绪二十二年四月二十二日（1896年6月3日）

颊重，好将息。我尚支持。冒雨沾濡乃惯事，不一。菉侄览。叔字。二十二早。

《翁氏家书》第十九册

复谭钟麟函

光绪二十二年五月十五日（1896年6月25日）

云觐吾兄年大人阁下：

手教至，知目光无碍，而腕力甚雄，私窃欣慰。南天一柱，贤者任之。转瞬西江通，龙州入，可恼之事未渠央也。弟肝血淤伤，前月连吐，恨吐之不尽，今犹无恙。数承隆馈，并致庖厨之珍，对之感怍。使还。敬颂日安，并贤郎文祉。弟同龢顿首。五月望。

《翁松禅相国尺牍真迹》第十一册

致俞钟颖函

光绪二十二年六月初四日（1896年7月14日）

税约两册，数日奉缴，榑桑[①]断断逼于我，故争尤力耳。龚志侯

① 即扶桑，指日本。

检得即送呈，正移书簏，颇丛杂也。复请侍安。名顿首。初四日。

《翁常熟手札》第三册

致恽祖翼函

光绪二十二年六月二十二日(1896年8月1日)

知无先生阁下：累得教墨，久未报，想鉴察也。桂管以南、岱宗以东，皆在运量中，极钦佩。朝廷付公以十万贫羸，公能康济之，福德无量。鄂库如洗，最可忧悬。江防不添营，极是正办。教首可踪迹否？荆襄天下上流，公以静镇器，不独此邦之幸也。湘阴暂假，其精力尚未全衰，气魄终能包举。复淮事亦东南民命所系，望其早归。子固冲和，谅能曹随。南交成一相持之局，彼此骑虎，度其力未必能突海南耳。红椒诗拜读感戢。馀帖由原人分致不误。京翁安胜甚慰。乞道相念。专候道安不一。瓶生顿首上。正月二十二日①。

《上海图书馆藏翁同龢未刊手稿》第105—108页

致翁曾荣函

光绪二十二年九月十六日(1896年10月22日)

顷将赴园，一切事汝照拂。我昨饮午时茶加鲜姜，中夜透汗，今已霍然。新凉砭肌，当慎耳！无事明日巳午抵家。沈子培早间

---

① 遍查翁同龢日记，每年正月二十二日均无致恽氏信。从函中内容“江防不添营”，“复淮事”推定，此函当在光绪二十二年六月二十二日。此日有“得江西信兼沪信”。其时恽氏正在沪办理盐务。

送信可送园,迟则不必矣。菉侄览。瓶字。汝体善摄,腰带宜用。十六。

《翁氏家书》第十九册

致沈曾植函*

光绪二十二年九月(1896年10月)

昨拜谟卿,闻其已到城外,诊后云何,甚悬悬也。欲止血先止咳,此第一义。天津马医,赵伯远云尚佳,九月中或往一游,此开拓心胸,当无不可。伯远于月底往津也。余足稍愈矣。俗事碌碌,新诗未暇奉和,上元后当与佳纸册叶同缴也。息盦诗读竟先呈。城南先生。井眉居士。

未刊稿,原件藏常熟市文管会

致翁曾荣函

光绪二十二年十月十八日(1896年11月22日)

晤杏生,道相〈想〉念;集股事[①],深系念;信电皆未复,谅我颓唐。上海膏药系恭王因臂弱面索,可摊数帖寄来。到沪切不可应酬酒食。此番风不得为风信,要等风后顿寒乃上船。菉侄。瓶。十八。

《翁氏家书》第十八册

---

* 原件无署名和时间,此处系据翁同龢光绪二十二年九月日记推断。

① "集股事",指盛宣怀为芦汉铁路集股一事。《翁同龢自订年谱》光绪二十二年九月,有"盛杏生观察以王(文韶)、张(之洞)两公荐,承办芦汉铁路来京"。"命询盛宣怀借洋债、集股事有无把握。命盛宣怀以四品京堂候补,督办铁路总公司"。

致俞钟颖函

光绪二十二年十月(1896 年 11 月)

曾君事[①]略为一提,将夹单奉去,乞函封寄去。斌孙目疾纠缠殊困顿。复上佑莱仁兄大人。同龢顿首。

《翁常熟手札》第三册

致翁曾荣函

光绪二十二年十二月十八日(1897 年 1 月 20 日)

菉览:寿、炯来,迭得函,并种种食物及笺纸、火漆、药味等。又得照像,丰腴可喜。闻饮食颇多,又虑太多为累,慎之,慎之。吾病已愈,日来为东事辄夜不寐。海上谣传,虽云过实,然大毒必发,势已骎骎。吾拼此躯,不惮劳辱,终恐无补。悠悠天壤,无相见期矣。银行空虚,不成(事)〔市〕面,岁来必有一挤,所言者申江、津,亦不独申江也。

此间大风严凝,重裘如叶,河亦封矣。此后更宜勤发信。薄纸数字,冀通两地消息。余不尽。冬月十八夜。长瓶。

《上海图书馆馆藏翁同龢未刊函稿》

① 指曾朴报考总理衙门章京一事。

致张荫桓函

光绪二十二年十二月二十一日(1897 年 1 月 23 日)

手教并大稿读悉。一篇《平准书》粗阅,尚未了澈,俟明早再读也。贱体恶寒,拥炉尚洒淅。顷将同文卷卧看讫,如未发案,则英文拟提三卷,幸鉴及。明午初,走商一切。弟龢顿首。二十一日。

《清代名人翰墨续集》

致盛宣怀电函

光绪二十二年十二月二十二日(1897 年 1 月 24 日)

来电久未复,铸钱机器请借银款二百万,现无款可拨。日来纷纷请办各路,意在摇动卢汉,谓尊处并无集股,尊处现办情形及将来请款似宜即与王、张合陈之。

《愚斋存稿》卷二十五

附一:盛宣怀致翁同龢电函

光绪二十二年十二月十九日(1897 年 1 月 21 日)

接樵翁[①]复电,已商钧处。官本不难设措,惟须将银行[②]集股实在办法电达始能商定云。现举商董先开京、沪两处,华洋总管[③]已聘定,悉照汇丰章法。各省埠俟得人,陆续添设,集商股五百万,先收现银二百五十万,定于三月内开张,数月后续收二百五十万,汇

① 指张荫桓。

② 指中国通商银行。

③ 洋大班为上海仁记洋行大班、英国人美德伦,华大班为上海钱庄董事陈淦(笙郊)。

丰从前股份亦系分次收入。昨又会议，官股利害相兼，不如请领公款二百万，亦分两次拨，包缴年息五厘，馀利照原奏另行报效，似此公中有利无害，外人知有官本，足以取信，两全之策，无逾于此。顷已电复樵翁，乞先商，可否示知，再备公电请奏。

《愚斋存稿》卷二十五

附二：盛宣怀复翁同龢电函

光绪二十二年十二月二十三日（1897 年 1 月 25 日）

卢汉事大原，知受任后必有浮言，故力辞于先，不获请而定。请官款一千三百万，请先开银行，而后集股，请政府主持，勿为群言淆乱。今惟恪守原议办理，不旷时日，不再请添借官款，期于必成，但总须由内主持，开正赴鄂，当与王、张会同上陈。

又，津榆元旦派员[①]接管，已与夔帅商定。松沪已购地插标，一年可成。卢保料已购定，汉口须俟洋工师勘测，开工再定。日来美商包办奢望渐落，拟先用其工师勘测全路，徐议借款。比国密电愿借四百万镑，如部款领出，洋债易就，银行开成，华股易招。总之，并力先办卢汉，断不可淆惑。他人请分办各路，或怀私利，或忌成功也。

《愚斋存稿》卷二十五

致盛宣怀密函*

光绪二十三年三月十七日（1897 年 4 月 18 日）

密启者：三月十一日接到商字第三号来函，并同日接读大咨暨

---

① 指津海关道黄建筦、铁路总公司总董张振勋。

* 此函与总理衙门全体大臣联名密致盛宣怀。署名计有奕䜣、奕劻、李鸿章、李鸿藻、荣禄、敬信、翁同龢、崇礼、许应骙、吴廷芬、张荫桓等十一人。

钞摺等件,具征荩筹精密。查设立银行一事,本处日前咨询各节,系为顾全大局起见,并无益上损下之意,诚以事当创始,不厌详求,章程苟有未妥,正不妨悉心商榷,务令有利无弊,以期折衷至当,实无抑勒苛绳商人之见存也。兹既经阁下转饬各总董详筹妥议,逐款核复,及早开办。如有未尽事宜,仍随时饬令绅董妥议,慎始图终,务望坚守一“信”字,使中外咸孚,远近皆服,庶要举勿隳半途,是所至盼!专此布复,即颂勋祺!

《五十年来之中国经济》第4页,中国通商银行1947年编印

致盛宣怀电函

光绪二十三年三月十九日(1897年4月20日)

“代保”[①]一节,上下疑虑,走不敢知,望妥酌代复。比[②]款由尊处发端,若不借,恐饶舌。

《愚斋存稿》卷二十四

致翁曾荣函

光绪二十三年三月二十二日(1897年4月23日)

俗物溷人,不得不早为之所,过此一动,定即远引矣。昨睡已亥正,未见汝信,不知大保何时晤汝耳!慕侄。

若昨夜招呼尚从容,今已卯正而顾厨杳然,赶紧备办,须未正

① 指盛宣怀为兴筑卢汉铁路决定向英国借款,英国提出须由中国“国家担保”,清政府对此心存疑虑,故翁同龢有此电复。

② 指比利时。

或可到也。二十二早。

《翁氏家书》第十九册

附：冯志先致盛宣怀电函

光绪二十三年三月二十四日（1897年4月25日）

昨往翁宅候复，得见宫保[①]谕云："银行章程惟荣[②]有后言，好在众皆不以为然，可速即开办，必竭力扶持，决不掣肘。"

《愚斋存稿》第九十一卷

致翁曾荣函

光绪二十三年四月十九日（1897年5月20日）

吾欲以鲥一条馈二沈。二沈者，曾植、曾桐，为我看南学课卷者也，住老墙根，仆辈知之。菉侄览。叔字。十九早

《翁松禅家书》第二册

致盛宣怀电函

光绪二十三年四月二十日（1897年5月21日）

昨德、美[③]来争首座，峻拒，彼皆遁词，摺到当无不谐。致张、李[④]件已阅，悉议催摺，想鉴及。

《愚斋存稿》卷二十七

---

① "宫保"指翁同龢。

② 指荣禄对盛宣怀所呈《中国通商银行章程二十二条》颇为不满和对盛氏开办银行有意刁难一事，后经翁同龢、李鸿藻、李鸿章、王文韶等人从中疏通，最后荣禄同意开办银行。

③ 指德、美两国争抢卢汉铁路借款一事。

④ 指张荫桓、李鸿章。

致张荫桓函

光绪二十三年四月二十一日(1897 年 5 月 22 日)

所欲面谈者甚多,敢乞纡驾见待,西域之行可缓耶?宝、绅[①]颇烦晋接,非走所能胜,若车骑西来,恐未能如约也。樵翁先生。弟龢顿首。二十一日。

《清代名人翰墨续集》

致总理衙门王大臣函

光绪二十三年五月十八日(1897 年 6 月 17 日)

顷吾张堂[②],云发下瓷铜等器,必须由署另行装垫,始不损坏,然则明日未可送贤良寺矣[③]。隆福寺有瑞兴隆者善装嵌,并云可随后交塔君携去,望诸兄商之张堂如何办妥。复法使照会明日请恭邸阅画后再复。总办诸兄大人。弟名顿首。十八日。

《翁常熟手札》第三册

致张荫桓函

光绪二十三年五月三十日(1897 年 6 月 29 日)

克萨[④]确是上海交息,汇丰则宜论费用耳!黄事[⑤]所系非止一

① 指英国驻华公使馆参赞宝克乐、德国驻华公使绅珂。

② 指张荫桓。

③ 指清政府向俄国专使乌斯穆托克赠送瓷器等礼物一事。

④ 俄国凯萨洋行。

⑤ 指德国拒绝黄遵宪任清朝驻德公使一事。

身，宜筹善法，极恼人。成均南学欲得数种西法书，有单交总办，乞饬捡齐，备文选之。樵翁先生。弟名顿首。三十日早。

《清代名人翰墨续集》

致张荫桓函

光绪二十三年六月二十一日（1897 年 7 月 20 日）

遍地鸿嗸，非龙象之力不能振拔。知启奉上，乞即携至受翁[①]处，晚间稍暇，亦拟往彼。复上樵野仁兄大人。弟龢顿首。二十一日。

《清代名人翰墨续集》

致吴廷芬函

光绪二十三年六月二十四日（1897 年 7 月 23 日）

［前缺］淝公晤否？实未敢与通。连日赴译署与犬羊晤对，情状不堪，蛰生尚未大愈，盖今我奔走不遑耳。

《上海图书馆藏翁同龢未刊手稿》第 521 页

致徐用仪函

光绪二十三年六月二十九日（1897 年 7 月 28 日）

今日已刻传考译署章京，弟与两相国准十初到，专候台从至，

---

① 指崇礼。

乃散卷发题。鹄企之。小云仁兄大人阁下。弟同龢顿首。二十九日寅初。

《上海图书馆藏翁同龢未刊手稿》第 62 页

致俞钟銮函*

光绪二十三年六月(1897 年 7 月)

父兄之教则求之于师友,则又求之于英俊诸贤豪,甥能如此,此吾所以尤喜也。近体如何?勿过刻苦,明年若来京,下榻吾斋,岂非乐事。苏子早逝,孤寡赖甥看觑,吾欲致薄少而迟不能寄,非忘之也。潘君虽未识面,颇重其人,奈何亦遽凋丧,可叹,可叹。愚舅学古人气节,掀天地而文字实道其平,日所得无一毫矜张,昨日展读,盖栗然于身世之际也。钞写不及,尚须足下助我,[下缺]

《翁松禅(同龢)手札》第八册

复盛宣怀电函

光绪二十三年八月十五日(1897 年 9 月 11 日)

邸[①]意允苏宁,不允宁汉,已有公电去。弟深虑者彼藉口铁路分半,至所借款到期交不足数,误我大局,此层乞卓见识透。

《愚斋存稿》卷二十八

---

* 原件无收信人姓名和时间,从内容可知是致外甥俞钟銮,光绪二十四年三月俞钟銮到京,查光绪二十三年六月翁同龢日记,确知系致俞钟銮。

① 指恭亲王奕䜣。

附：盛宣怀致翁同龢电函

光绪二十三年八月十三日（1897 年 9 月 9 日）

呼[①]议成，毁苏宁，决之南皮原奏，水路之利，华洋共之；陆路之利，华商专之，新宁[②]亦谓然。长江轮船每年水脚数百万，分其半可还路债，故造此路较易招股，但必须与邸商定，未可游移，馀详复傅相。

《愚斋存稿》卷二十八

致盛宣怀电函*

光绪二十三年八月十七日（1897 年 9 月 13 日）

顷接罗使[③]电，借款以约为凭，呼、詹述及行用，业经两次指驳，断无先露允意之理。据雷德银行称：呼利实系殷商，惟九百万镑系呼利自说。有无确据？另电云：商之两邸，以福[④]已定款约乃又生枝节，恐其交款不能如期，彼既电呼利，俟复电如何再告知。

《愚斋存稿》卷二十八

附：盛宣怀致翁同龢李鸿章等电函

光绪二十三年八月十五日（1897 年 9 月 11 日）

呼备九百万，冬月付一半，馀可凑，罗电亦云，然泰晤士言呼可靠，如付到一半，馀勿虑，彼允先借款，后办路，更直捷，厘半似难。

《愚斋存稿》卷二十八

---

① 指英商呼利。

② 指刘坤一。

* 此函与李鸿章联名。

③ 指清朝驻英公使罗丰禄。

④ 指英商福禄寿。

复盛宣怀电函*

光绪二十三年八月二十日(1897年9月16日)

效电持商两邸,以九四扣照原议已加,自无另外行用,九百万镑之据可靠否?应令速此据并押款十万镑票带京,其票系何银行?应确询该行,不致落空。西十一月二十日头期交镑当不致误,二期系十二月二十日倘不交清,应另议加罚,希与议定。即派朱守①同伊②北上。

《愚斋存稿》卷二十八

附:盛宣怀致翁同龢李鸿章电函

光绪二十三年八月十九日(1897年9月15日)

福禄寿允九四扣,立带押款十万镑来京并呈出已备九百万镑之据。付款日期,遵照原议。福有全权画押,但须请从速俯允。□□乞转陈枢、译③各堂,迅赐电示。

《愚斋存稿》卷二十八

致徐郙函

光绪二十三年九月二十二日(1897年10月17日)

挥汗写差,勤劳可想,惟珍重不一。榕全先生。瓶顿首。

《清代名人墨迹》

---

* 此件与李鸿章联名。

① 指盛宣怀私人代表朱子文。

② 指福禄寿。

③ 指军机处、总理各国事务衙门。

致翁曾荣函

光绪二十三年九月二十三日(1897 年 10 月 18 日)

手函欣慰。余昨服参,转致洞泄,疑人(衔)〔参〕产于阴山,能令人(张)〔胀〕耳。汝之虚气或亦此药所致,然未敢决[①]。曩看徐灵胎书,故有此疑耳。善养为要。鹿卿览。瓶生。二十三。

《翁氏家书》第十九册

复谭钟麟函

光绪二十三年十月初一日(1897 年 10 月 26 日)

云觐先生尊右:

手教敦勉,三复流涕,知交遍宇内,独先生以道义相勖耳,别纸敬聆。南海公[②]来,具言先生精神强固,政事恢张,为南天一柱。佩之晤面想述鄙况也。弟顷忽发十馀年前汗证,连日疲曳,熙熙春台,方在蹈咏之列,不敢请假。使者在门待发,不尽所言,惟深鉴。敬颂起居万福。弟龢顿首。十月朔。

以后赐函请删俗套,感切,感切。

《翁松禅相国尺牍真迹》第十一册

---

① 此函写于光绪二十三年九月二十三日,是日翁同龢日记有:"误服人参,夜不眠而火上炙,腹中汩汩作声,此物能助气而作胀,凡所谓虚气者皆参为之也,记之。"昨日即指二十二日。

② 指张荫桓。

致翁曾荣函

光绪二十三年十二月初八日(1897 年 12 月 31 日)

菉卿览:

胶议翻覆,愁愤交集,然奈何哉? 昼夜百刻,得息者十之三耳! 譬如拘囚,负墙欠伸,天地旷然,今日一刻闲,正吾欠伸时也。日来饮牛汁,胃气稍佳,惟其佳,益不敢多食。洋纸柔滑,写此。腊八日。瓶居士。

《翁氏家书》第十九册

致俞钟颖函

光绪二十三年(1897 年)

承校文集,感荷不尽。闻金纪物故,为之慨叹。客中瘥旅,此怀可知。幸善摄不一。顿名。

《翁松禅(同龢)手札》第九册

致季士周函

光绪二十三年十二月十一日(1898 年 1 月 3 日)

士周大兄姻世大人阁下:

咫尺未得通问,惟起居清胜,檠舆移节,吏畏民怀,欣仰之至。

弟俯仰班行,一无建白,徒有愧悚。兹有承园端揆一函,并为其戚春煦说项,云朝夕不食久矣,属弟转达,弟再三谢之不得,乃并原笺奉阅,苏公所谓唤作木居士者也。埃中殊无谓,南望慨然,冬暖盼雪极切。即颂台安。阖署均吉不次。弟名另肃。冬月十一日。

《翁常熟手札》第三册

朴科第代表微特向翁同龢呈递《节略》

光绪二十三年十二月十五日(1898 年 1 月 7 日)

是日,俄国朴科第代表俄国户部大臣微特向翁同龢等面递《节略》,表示"俄愿代中国办理一万万之新债","惟彼此均须得有利益","索利益五条":一、中国应指定的实担保,以便酌核将来归付本利是否足用;二、中国东三省及蒙古地方除俄人外,不许他国人在彼建筑铁路、开挖各矿及作各项生意;三、东三省铁路所经之地方官于俄人在彼开路置地及采买选路所需各项材料,嗣后永不得阻拦且有异议;四、东省建造铁路应用官地及官产材料,凡专为造路之需者均应平白让用,此事业已载入合同内,惟该处官员无端阻挠,是以再行申明;五、东省铁路公司船只往来松花江并入该江各河,均宜任便驶行,毋得拦阻。除此之外,将来立借款合同时,中国国家应与东省铁路公司合约,许该公司于吉林、黑龙江干路外,向南作一支路,且达黄海之牛庄以东公司所择之海口止,其海口择定后,中国应将该口沿岸之地略让一段筑造马头,以为由海参崴开欧迭撒(即敖德萨)之俄公司船所用,而他俄船亦准同用。

《翁同龢文献丛编》之六《外交 · 借款》第 288—289 页

致盛宣怀电函

光绪二十四年正月初七日(1898 年 1 月 28 日)

容[①]干胶枝[②],用容所以抑胶,胶早定不能回。粤汉果成,借款当不掣肘,惟宏才善措置。

又,参成见,乞钧裁速示。

《愚斋存稿》卷三十

附一:赫德呈翁同龢《节略》

光绪二十三年十二月(1898 年 1 月)

查山东传教牧师被害一事原有两端下手:系中国之人犯事在中国之地,原应由中国地方官照中国律章自行查明治罪,此一端也。被害系德国之民,按条约所载中国应有保护之责,即至出有此之项祸端,中国即应将如何查明、如何结案,照会德国大臣知悉,且应于文内略叙悼惜吊唁之语,以符条约修好之本意,此又一端也。中国果均如此办理,则本分情谊两无遗憾。不料此案德国不待中国自行查办,亦未照请中国会商,遽行兴兵占地要挟焚掠,令人不胜诧异。换约之国应否如此施为,自可不言而喻,该国明系恃强欺压,何用与之以理相较,只可以力相敌,惟以力相敌,虽有胜负难定之语,然以中国现时多难而论,则人皆知,终致中国多受亏损,是以万不可轻动干戈也。至请某国保护一法,若某国不允,则原案更难了结。若其允许,而胜否尚未可定,即使能胜,有无实济,亦难预

① 指容闳奏请兴筑津镇铁路,督办军务处已核准章程一事。

② 指德国强筑烟台至济南之间的胶济铁路。

定。若当其时，无补救之善法，则日后恃友谊之情多方求取，较之恃兵戈之力忽尔劫夺为更难堪也。只有自立之道，自办己事，自视己力，是为妥胁之善法，是为久远之良策。今日允为受亏，明日急兴自强之业也可。至该国所索各款有较难较易之分，其最难者自系请将东抚革职永不叙用一层。查牧师被华民戕害，其当时动手之人自非地方小官之指使，尤非该省大员之饬令，虽有事先未能预防之咎，而一经犯事，立即饬员查拿。此事虽十分可悯，而通省官员应得处分，何至如所请之甚也。向闻东抚仁爱清廉，名誉夙着，实堪钦佩，然沿海各督抚另有交涉修睦之责成，而各督抚内惟东抚素日厌弃西人，鄙薄西学，亦经声名早着，虽无饬令部民戕害牧师之事，而此次德人请为严谴之语，亦可谓该抚自有以致之也。其较易之款，似可无庸辩论，即为允从；而较难之款虽应设法辩驳，然即概允从，亦较格外受亏之为愈也。有人云，德国之意并不在保护教(师)〔士〕，系欲乘此机会图谋他事，未知确否？若然似能以他款易其难办之款也。亦有人云，其意系在南洋某处欲得一海岛为水师停船之所，亦未知确否？惟众人如此纷纭，似属不诬。若允此事，另有数国亦必效尤；若不允，则恐该国日后另寻别故以图仍遂其心。又有人云，德国久占胶州，系俄国必不允许之事，此语亦未知确否？更有人云，德国此次派兵占踞，以前必先与俄国商定，此亦未知确否？然此事容或有之。总之，中国时事如此之难，无款可筹，无兵可用，又无暇可以筹备，则了结此案各办法之内，若确论其得失，则莫若允从所请之为易为速名不受亏也。光绪二十三年十一月初草具。

《翁同龢文献丛编》之六《外交·借款》第251—254页

附二：盛宣怀致张之洞王文韶电函

光绪二十四年正月十一日（1898 年 2 月 1 日）

又，有人传虞山[①]口信："容事因德起见，合肥保，邸意决，势在必成。"明知与汉路有碍，但众皆不顾大局，独立亦难挽回。

《愚斋存稿》卷三十

致张荫桓函

光绪二十四年二月十九日（1898 年 3 月 21 日）

观许电[②]气结，真虎狼秦矣。盛电呈阅，可就彼以通银元，似是一法[③]，至京师设铸元局当及时经营，前所商略未识有当否？乞卓裁。弟名顿首。二十九早。

《清代名人翰墨续集》

致俞钟銮函

光绪二十四年闰三月初六日（1898 年 4 月 26 日）

金门贤甥足下：

与调卿相聚数月，稍慰远怀，得子最可喜，庶几高堂一笑也。每展来函，常勉我所不逮。老舅中年失脱无成，尝欲委蛇闵默，待数年后可言可行时为之，羸病恐不及待。调卿归，匆匆作此，意中事非笔

---

① "虞山"指翁同龢。

② 指驻俄公使许景澄。

③ 指盛宣怀电请以通商银行钞票通用全国一事。

端所达。敬请堂上福安,问合宅好。舅氏同龢顿首。闰月初六日[①]。

《翁松禅(同龢)手札》第八册

致张荫桓函

光绪二十四年四月初六日(1898年5月25日)

本日入对,蒙谕:"昨德亲王[②]既面谕国电,拟致送黑鹰宝星,我亦应先以国电致彼申谢,并送德君一等第一宝星,以示酬答之意。明日可拟电稿呈阅,此电著张荫桓妥拟,又总署所办一等第一宝星金色太淡,可令吕海寰[③]在欧洲制造较为合式,并著总署斟酌办理。"等因。谨此奉闻。翁同龢、廖寿恒同启。初六日辰刻。

《清代名人翰墨续集》

致廖寿恒密函*

光绪二十四年四月(1898年5月)

今日太后临朝,问康、梁甚急,略有怒容。弟之举康、梁也,衷心无一毫不能告人处,足下所知,而世人所共见也。康、梁有其经

---

① 《翁同龢书札系年考》第233页认为此函与光绪七年闰七月初六日为同一函。

② 指德皇威廉二世之弟亨利亲王。

③ 指驻德公使吕海寰。

* 原件未署收信人姓名。翁同龢开缺前后,与军机大臣中往还较深密的为廖寿恒和钱应溥。廖、钱均是翁同龢举荐入军机的。但当时,钱应溥卧疾在家,未与政事,故此函当是致廖寿恒的。且廖也多次参与有关变法的事宜。再从同年五月初八日(6月26日)御史胡孚宸参劾翁同龢与张荫桓得贿平分,西太后力主对翁严办,也是经廖寿恒一再叩首始免一事来看,也可证明这一推定。

世之才，救国之方，此弟之所以冒万死而不辞，必欲其才能得所用而后已也。今遭时忌，必欲抑之，使不得行其素，究何为哉？是何心耶？太后且有不得康、梁，翁某亦有罪咎之语。呜呼，翁某岂畏罪之人哉！徒以有梗在喉，不吐不快耳！足下知我最深，将何以救之耶？方寸已乱，书不成句，惟知我者谅之耳。敬颂尊安。弟同龢上言。阅后乞付丙丁。

张子扬：《关于翁同龢与康梁关系的一件史料》，载《光明日报》一九五五年七月二十一日《史学》第61号

致俞钟銮函

光绪二十四年五月初二日（1898年6月20日）

银二千两希代为收储，愚到家衣食所需仰给予此也。宿疾已瘳，数日中即乘轮南迈。先此道意不次。愚舅龢顿首。五月初二日辰刻。

屈士明住何处，是否在家？

《翁松禅（同龢）手札》第八册

致俞钟銮函*

光绪二十四年五月初三日（1898年6月21日）

金门贤甥：

袁浦电至，稍慰，不知何日抵里。愚蒙圣恩得返乡，意欲在舍

* 原件残缺，这里所标的时间及收信人姓名系据翁同龢光绪二十四年五月初三日日记记载而定。

侄鹿卿处住，而鹿正北来未到，间颇烦擘画，今由号汇去[下缺]

未刊稿，苏州市博物馆藏

致俞钟颖函

光绪二十四年五月十二日（1898年6月30日）

君实吾友阁下：

屡承厚意，江水俱深，沙市波澜，为之驰系，今既次第就理，尤喜办理迅速，此后换防营设丞倅，皆切要之事也。十万之议一再减，当可了矣。

下走奉职无状，恩命放归，即日束装南返，丘陇之思，枫棱之恋，一时并集，正难为怀。拟暂借僧庐栖泊耳。草草奉复，敬颂侍奉万福不一。愚兄同龢顿首。五月十二日。

《翁常熟手札》第三册

致俞钟銮函*

光绪二十四年五月二十日（1898年7月8日）

惠泉、石菖蒲条笺，珍重奉领。曼生□两日留用仍当缴也，谢谢。金门吾甥。松隐顿首。二十日。

《翁松禅（同龢）手札》第四册

---

* 光绪二十四年五月二十日翁同龢日记载："金门送菖蒲两盆、条笺两匣，惠泉一坛，阳羡壶一柄。"

致俞钟銮函

光绪二十四年五月二十四日(1898年7月12日)

明日若晴,当诣临海,雨则请俟异日,幸转达此语。金门贤甥。松禅顿首。二十四。

《翁松禅(同龢)手札》第四册

致俞钟銮函*

光绪二十四年五月二十五日(1898年7月13日)

瓜十六枚,涤烦消暑,甚荷雅意,然太奢矣,谢谢。金门贤甥。松禅顿首。二十四日。

《翁松禅(同龢)手札》第四册

致俞钟銮函

光绪二十四年六月初三日(1898年7月21日)

起龙请雨,有司之事,民则随官骏奔耳!未便函告,希谅之。倾跌无大伤,闵雨成痗。金门贤甥。松禅顿首。

《翁松禅(同龢)手札》第四册

---

* 查翁同龢日记,金门送瓜为光绪二十四年五月二十五日。

致俞钟銮函

光绪二十四年六月初七日（1898 年 7 月 25 日）

《金石萃编》三册奉还。西乡绅士迟迟不查户口，以未奉官牍也，希告荫翁[①]从长商酌。金门贤甥。松禅顿首。初七。

《翁松禅（同龢）手札》第四册

致谭钟麟函

光绪二十四年六月初八日（1898 年 7 月 26 日）

云觐先生阁下：

手教勤至，伏审体气安和，子敬数行何啻吴门匹练，知旧疾之顿瘳矣。岭海炎蒸，阁下以道胜躁，以静镇浮，定日有喜。敬候起居不一。弟某顿首。初八日。

沈文肃[②]之幼子琬庆，以直牧分发粤东吏事，明敏乃其家风，食贫茹苦亦其家学，然为菽水谋，不得不营一差。名臣之后，窃望有以位置之。松隐再顿首。（松禅印记）

《翁松禅相国尺牍真迹》第十一册

致俞钟銮函

光绪二十四年六月初八日（1898 年 7 月 26 日）

晨谈为快，原信奉还。昨一纸并缴。奎函附览，三千谅不至中

---

① 屈荫堂，常熟人，举人出身。

② 指沈葆桢。

止。前者中峰有将积谷[1]尽数碾放之语，果尔可多得五百石，可行否？留子回常竟下榻佑澜处，其云在沪屡得北信，想此间邮局遗失延搁耳！承示甚感，今将原信奉缴。金门贤甥。松禅顿首。初八。

《翁松禅（同龢）手札》第八册

致俞钟銮函

光绪二十四年六月初九日（1898年7月27日）

前日次公[2]来，留饮。客去而寒热交作，今始起也。吴墓志大段平正，特送还。连雨恐收成又减。金门左右。松禅白。初九。

《翁松禅（同龢）手札》第一册

致俞钟銮函

光绪二十四年六月十一日（1898年7月29日）

丛兰秋发，庭阶之瑞也，谨留挹其芬。苏公墨迹卷展观一过，奉缴。金门贤甥。瓶隐顿首。十一。

《翁松禅（同龢）手札》第一册

致俞钟銮函

光绪二十四年六月十七日（1898年8月4日）

鹤年[3]以沙图见示，极感。《吴文恪集》未在架上，今以《思庵

---

① 《翁同龢书札系年考》一书第236页说此函前半应加本段，当系《翁松禅（同龢）手札》一书编辑所误。

② 赵宗建，字次侯，又称次公，江苏常熟人。官至太常博士。

③ 指胡松林。

文粹》残本奉阅,饭后走谈不次。金门贤甥。松禅。十七日。

《翁松禅(同龢)手札》第一册

致俞钟銮函

光绪二十四年七月初十日(1898年8月26日)

西乡查户不实,宜令自核,不可由局减成。苏米到否?各乡缴价领米是西二东一否?此等事须官长主持。承惠盘香,甚济所缺。荷露现不吃,奉还,恐糟踏也。西江之行未定,俗事常迫,非言所罄。金门贤甥。松禅顿首。

《翁松禅(同龢)手札》第四册

致赵宗建函

光绪二十四年七月十一日(1898年8月27日)

[前缺]来函聆悉,感戢何涯。顷发章门信,已缕及冲克之说矣。夕佳。名顿首。十一。

《上海图书馆藏翁同龢未刊手稿》第508页

致翁寅臣函

光绪二十四年七月十一日(1898年8月27日)

缉览:风雨如晦,笏既二十一夜入舟,则今日可达,或北路无风,且今日之风亦不甚劲疾也。黄匠至今未到,所携帖件当不浮沉。湘渔似不能常到彩衣也。两寓皆安甚慰,菉叔小恙已愈,咳嗽未止。景子肝胃不和,亦黄瘦。吾觅屋未得,起造无资,合并无地,殊可叹,至胸中无一点尘俗可告慰也。京函附去。或加函,或径寄,此间转折需时,即江信亦须汝发,庶可早到。不能不以汝为寄书邮也。明日吾赴墓次,叩头祭扫,须俟晴天。禅。

《上海图书馆藏翁同龢未刊手稿》第 403—404 页

致翁寅臣函

光绪二十四年七月十二日(1898 年 8 月 28 日)

缉夫览:初十函到,知两寓安好。我十八日可抵沪。闻招商船二十日方开,不知怡和、太沽船可坐否? 可先问明。此行以速为是,我行路喜速不喜迟也。汝四叔小瘰正痒,搔破,坐卧不适,医云湿,然不可遏抑,吾亦疑热药流弊也。蔡维藩未来。粤信已收到,清老无恙,甚慰。兹有寄江西信一函,加数语递为要。我寄京信,由邮政去,而京中来信谓久未南音。总之,邮政难考究也。十二日。松老。

《上海图书馆藏翁同龢未刊手稿》第 401—402 页

致吴鸿纶函

光绪二十四年七月十三日(1898 年 8 月 29 日)

了山中之忙,胜于在官,不虚也。题卷、书画皆妙,来城面致。无竞吾兄。名顿首。

未刊稿,苏州市博物馆藏

致张謇函

光绪二十四年七月十五日(1898 年 8 月 31 日)

季直贤友足下：

人来得手书,并海错花露,珍感不尽。仆依舍侄以居山寺,炎熇不可耐,乡民闹米,幸雨足,稍安辑,而积谷竟成弊薮,拟稍稍整齐之。闻足下以经济科荐,固知未必待试,何归期之速耶？苏堪、子培[①]在何处？仆顷将赴章门[②],来笺当携以往,好诗无暇奉和,《荷锄图》归后题寄。足下初冬旋里,仆亦此时归也。草草不尽百一。友人松禅顿首。

《翁松禅致张啬庵手书》

复谭钟麟函

光绪二十四年八月十一日(1898 年 9 月 26 日)

手教如觌面,并审未至期即销假,体国之忠,忧时之志,钦颂无已。惠潮械斗,其帮斗者为羽翼,若虎依然,先翦为是。又闻此辈多教民,教民巨患,岂特海濒哉！弟颓病日甚,五脏无一安帖,方奔驰近郊不一。七十二峰樵者。长瓶生顿首。八月十一日。

另纸读悉。公有不可去者三:九重不使去,朝论不容去,即公自处亦不宜去,欲深思之。楚勇不如粤勇得力,老吏不如书生得力,左右防

① 指郑孝胥、沈曾植。

② 南昌。

欺,牌饬防匿,此走之狂谈也。时事如此,人情如此,撑一日是一日而已。师鲁曾致数语,达否?九月中必晤悉,有要件电何如?某顿首。

《翁松禅相国尺牍真迹》第十一册

致俞钟銮函

光绪二十四年九月初八日(1898 年 10 月 22 日)

[前缺]红粳米酥,珍重拜领。对纸托买,不缴价则后不敢请矣,务示及。顷在南泾塘与绢夫谈,甫归不一。名顿首。

《上海图书馆藏翁同龢未刊手稿》第 507 页

致翁曾荣函

光绪二十四年九月初九日(1898 年 10 月 23 日)

[前缺]浮图嵯峨皆不欲住此,此屋竟可退租矣。本欲奉闻,因琐琐不欲屡渎也。杨屋昨来问,已辞之。或云何妨予一价,尚在踌躇,塔下层为人凿垣,闻已勘过,必须补砌。吾辈分飞,此间益寂寞矣。

《上海图书馆藏翁同龢未刊手稿》第 553 页

致俞钟銮函

光绪二十四年九月初十日(1898 年 10 月 24 日)

阴翳贱舌无恙,只往来山中耳。药公[1]老健可喜,此亦自有福分。

① 指常熟三峰寺僧药龛。

扬州人回皆安稳，镉孙寄我蜜糖也。金门贤甥。松禅顿首。十日。

《翁常熟手札》第一册

致赵宗建函

光绪二十四年九月十一日（1898 年 10 月 25 日）

见惠菖蒲，青葱可爱，谢谢。对一、扇一带上。疲茶之态见于笔端，不称雅怀也。非昔先生左右。龢顿首。

《上海图书馆藏翁同龢未刊手稿》第 66 页

致谭钟麟函

光绪二十四年九月十三日（1898 年 10 月 27 日）

云觐先生阁下：

翰音登天，知者所鄙，尚烦琢饰耶！惭悚惭悚。桂生铭球，星垣师之文孙，低头治经，一洗南海浮夸之气，欲得端溪监院而格于例。其叔桂埒乃训导，可得此席，乞斟酌派充。盖其一家所系，不分南北阮也。琐琐，惟鉴。弟长瓶顿首，九月十三日。

《翁松禅相国尺牍真迹》第十一册

致翁曾荣函

光绪二十四年九月三十日（1898 年 11 月 13 日）

糖果精美，黄糕亦松，《孔羡》索价若干？昨赵亦来饭，比去将申初矣。剧谈不倦，体中亦佳，留此一日，明日当归也。荛侄。三十日。

《翁松禅家书》第二册

致翁奎孙函

光绪二十四年十月初一日(1898 年 11 月 14 日)

墓庐兴筑之后，可免戹处隘陋。云岩松壑，左右照映，卧北窗之好风，望西山之佳气，人生亦有一适如此间乎！缅想前尘，难堪束缚，悠悠岁月，过药石之功远矣。此致鼎臣侄孙览。瓶隐。十月朔日。

未刊稿，苏州市博物馆藏

致俞钟颖函

光绪二十四年十月初六日(1898 年 11 月 19 日)

君实仁弟观察足下：

八月杪遇江上同舟之客，述汉皋大火，执事亲往扑救情形，何啻焦头烂额，闻之极为悬系。讹言繁兴，草窃斯起，惟子产能镇靖耳。太夫人起居曼福，至以为祝。鄙人端居多病，温习经史，大半遗忘。沈颂棠[1]昨归见过，风骨嶷然，婿乡既不可居，其家并无四壁，今闻溯江奉访，能为寻一馆地，月得四五十金者，庶安此无家一房客耳。惟鉴及。敬颂侍安不次。兄弟别具。十月六日。

《翁常熟手札》第三册

---

① 指沈鹏。

致吴鸿纶函

光绪二十四年十月初八日(1898 年 11 月 21 日)

还城得示,大惬鄙怀。山居未能免热。湖桥左右飞蝗已绝迹,鸥笺并缴。知稼先生。松禅顿首。八日。

未刊稿,苏州市博物馆藏

致俞钟颖函

光绪二十四年十月(1898 年 11 月)

昨失迎甚歉。调卿子入泮可喜。斌孙途次曾发病,抵家尚好。承示幼南语,实慰悬望,感切,感切。委书各件,涂就再缴。佑澜仁兄老夫子阁下。弟同龢顿首。

《翁常熟手札》第三册

致汪鸣銮函

光绪二十四年十一月初七日(1898 年 12 月 19 日)

郎亭吾弟阁下:

穷巷杜门,百无闻见。初五始闻郁攸之事,是晚《申报》即及之,报言只厅房三间似不误,然中夜惊起,举室震荡,情形可想,因是忧悬不已。且记厅中有数柜藏书,未必取出矣①。

① 指汪鸣銮所居苏州葑门内西小桥宅失火一事。

尊体正患痔疾，经此劳顿增剧否？兄眠食照常，在西山时为多。昨瞻庐见过，以书帖见示，稍解郁结。前日大风骤寒，敝居四面受风，几如露宿，今晴暖如蛰虫暂苏。相望咫尺，不胜区区。惟合府安吉为祝。愚兄名顿首。初七日。

《翁松禅（同龢）手札》第十册

致翁斌孙函

光绪二十四年十一月初十日（1898 年 12 月 22 日）

笏览：

大保归，知汝初三到浔，吾怀顿释，但得身体安健便佳，二十七起程，计十日可到沪，至多加两三日耳。家中事湘渔①能办，吾不过略参一二。缉夫二十日外当归。乌樟叶十担，屺怀②所送，顷已到，尚未过目，拟在彩衣堂暂放也。归期日近，音问不多矣。冬至。禅。

京信二十八发，平安。此间均好。

《翁氏家书》第十八册

致彭季良函

光绪二十四年十一月初十日（1898 年 12 月 22 日）

承示并酱鸭酥饺之馈，惭甚惭甚。喉肿宜用清解，无须表散。

① 指翁家管家姚湘渔。
② 指费念慈。

贵友携示拓本,敝处皆有,兹送还。瞿祠匾当敬书,联俟少暇再呈。叔才[①]三兄先生。翁同龢顿首。初十。

《翁松禅墨迹》第二册

致俞钟銮函*

光绪二十四年十一月初十日(1898 年 12 月 22 日)

《乙瑛》是元明旧拓,珍重奉还。虚舟两册末有缺字,并奉贻不一。金门贤甥。松禅顿首。冬至。

《翁松禅(同龢)手札》第四册

致翁斌孙函

光绪二十四年十一月十一日(1898 年 12 月 23 日)

笏览:

连日惟盼到省消息,一切语连函详之矣。过湖无风,在浔不留,则归程必速,期腊八左右,一切从容。昨者徐君所定十七退,而告宽斋谓是日,与吾正冲。吾亦置之,而景子固诤,谓宜告汝,故前函略述。顷宽斋亦操是说,故今又及之。昔颜鲁公之兄不避姊丧临穴,何等见识,吾窃韪之。吾专以读《易》为是,老荒无所得。屺怀来谈碑,颇扩闻见。吾体如常。景子抑郁,当以史事广之,此时宜静不宜动,亦《易》理也。汝叔及惠夫[②]均此。夜坐寂寂,此怀可

---

① 彭季良,字叔才,常熟人。诸生。

* 是年十月二十八日翁同龢向俞民借阅《乙瑛》碑帖,故有十一月初十日议论此事。

② 翁康孙,字惠夫,翁曾桂之子。

知。十一月十一日。禅。

《翁氏家书》第十八册

致俞钟颖函

光绪二十四年十一月十三日(1898 年 12 月 25 日)

孱体病暑,尚未全平,承惠食品感甚。平粜事鼎力肩承,斌特追随耳!乡里办事最难也。复颂侍安。名另具。十三日。

《翁常熟手札》第三册

致赵宗建函

光绪二十四年十一月二十四日(1899 年 1 月 5 日)

承惠天池佳茗,有虑同之癖者不待啖也,七碗两腋辄习习生风矣。《采茶歌》录之笺头,以伸谢悃。次公先生足下。同龢顿首。

《昭代名人尺牍小传续集》卷二十一

致吴鸿纶函

光绪二十四年十一月二十四日(1899 年 1 月 5 日)

大武之饷等于鼎烹,谨拜赐矣。薄游数日,迟答悚息。知稼翁兄。松禅顿首。二十四。

《翁松禅(同龢)手札》第八册

致吴鸿纶函

光绪二十四年十一月二十六日(1899年1月7日)

寒风远涉,感泐不安。正拟遣人问候,得简为慰。山中事已毕,一切顺平。此复无竞先生。名顿首。

未刊稿,苏州市博物馆藏

致谭钟麟函

光绪二十四年十二月二十四日(1899年2月4日)

春及老人座右:

翁归,归来数过未一见,近始由孙辈传言,敬闻起居近状,夏间病暑,入秋气爽,目光炯然,甚慰,甚慰。

老人前后所示皆真实语,亦身心切要语,未之敢忘。但贱子已坠修罗中,难可解脱,破衲补不起,乌能担荷三宝哉！昨夜狼入我室,群号者四集,白棓已析,念咒不灵,只索以身委之,可叹,可叹！迫夜草草不次。松禅顿首。腊月二十四日。

《春及草庐翁帖墨迹》

致翁康孙函

光绪二十五年正月初三日(1899年2月12日)

[前缺]花园弄屋,汝四叔云当问鹤九,顷驰函催之,俟回信即往看也。无锡人高君卧能相地,不日来此,茂如荐之,当于一行,船厅总拟加油。此屋置之甚是,前数日事。初三日晚。松禅。

《上海图书馆藏翁同龢未刊手稿》第522页

致翁斌孙函

光绪二十五年正月十八日(1899 年 2 月 27 日)

缮去否?景方疑有麻黄也。苏友好以饮食游戏为交情,毕竟与病体不宜,切嘱勿往。若浴堂尤不可,取口冒风,天气回暖,第二次风信度亦不远,早归为宜。吾昨日回城,今日仍住城。瓶生。十八日。

《上海图书馆藏翁同龢未刊手稿》第 557—558 页

致翁曾荣函

光绪二十五年正月十九日(1899 年 2 月 28 日)

菉侄览:昨顺风到山早,新绿复庭,幽居可喜。今日且不入城,头眩亦轻浅也。须买芦帘十二块方敷用。可饬锁儿买之,并饬下人遇沿街揹过者即留之可也。菉卿。瓶字。十九。

《上海图书馆藏翁同龢未刊手稿》第 332 页

复俞钟銮函*

光绪二十五年正月二十五日(1899 年 3 月 6 日)

手笺具悉,顷将走,墓庐数归当看屋,想荫翁不嫌我唐突也。

* 翁同龢光绪二十五年正月日记,俞景臣伤足在是月二十四日,此函当在闻讯后所写,翁氏书"二十二日"系误。

景臣伤足，昨致黎峒一丸，可外敷，不可服。此间伤科曹姓者良，未知请否？老彩得意，体中当佳。金门贤甥。松禅顿首。二十二。

《翁松禅(同龢)手札》第四册

致俞钟銮函

光绪二十五年正月二十八日(1899 年 3 月 9 日)

董先生者，邑先辈相传如此，证以纶延宠光图叙评语，十年前随先师退翁和尚浮相云云，则出董公手无疑也。尊府旧藏古铫有拓本否？暇再面谈。金门吾甥。松禅白。二十八。

《翁松禅(同龢)手札》第四册

致翁曾荣函

光绪二十五年二月初一日(1899 年 3 月 12 日)

[前缺]昨夜已谕地保并周根和(此人最坏)、周根桃，现在买地之蔡姓做穴场拜台，我不问。李墓无后，归入善堂。李墓面前之地，一草一木不准动。拨碑是此事关键，碑既拨，坟即毁，从此根究情状毕露矣。今日地保及看山均赴城，向蔡姓告之，看蔡姓如何答复？特未知蔡姓肯从此完结否？若仍持蛮，不得不经官。我之居乡虽匹夫不敢侮，因伊辈目无法纪，故触怒耳。朔日。

《上海图书馆藏翁同龢未刊手稿》第 468—469 页

致翁曾荣函

光绪二十五年二月初四日(1899 年 3 月 15 日)

[前缺]酱已尝,退食浓睡,不仅小憩也。肝疼已平,方应定不得过两粒,余服一粒有效。蒃侄。瓶生。初四日。

《上海图书馆藏翁同龢未刊手稿》第 340 页

致翁寅臣函

光绪二十五年二月初八日(1899 年 3 月 19 日)

缉夫览:顷见塔前送到初六信,知各症皆轻减,甚慰。缓缓清理,勿求速效。至所云方已另抄,则吾处尚未接到,想信局耽搁,可怪也。留子计昨日可到矣,不一。顷为张季直来(自巳未至酉正)长谈,竟不支矣。初八夕。

《上海图书馆藏翁同龢未刊手稿》第 426 页

致费念慈函

光绪二十五年二月十四日(1899 年 3 月 25 日)

西蠡吾友足下:

一谈快慰,归帆想安,告借《石田集》乞封题交航人付来,非久即还。如晤申甫观察,切致不敢与当路通书之意,谅深鉴也。生病后气弱乍寒,不能出户,鼻渊服洋参少愈矣。草草不次,即候起居增胜。生龢顿首。十四日。

丁观察在吴门,并希道达歉怀。

《翁松禅(同龢)手札》第六册

致俞钟燮函

光绪二十五年二月十五日(1899 年 3 月 26 日)

十八日午刻为荫堂樽酒话别,吾甥到舍一陪。调卿贤甥。松禅顿首。十五日。

金门何日回里。

《翁文恭公手札》

致俞钟銮函

光绪二十五年二月十五日(1899 年 3 月 26 日)

三十年未呷莼羹,携至极喜。应北[①]目疾当全愈。天平之游,亭林有知,必见许也。顷赴西山,归时再谈。金门吾甥。松禅顿首。望日。

《翁松禅(同龢)手札》第四册

致吴鸿纶函

光绪二十五年二月十六日(1899 年 3 月 27 日)

奉借园沙先生批归集一阅,数日即还。顷因远客来虞,须略与

---

① 俞钟銮之子。

将接也。即候无竞先生。松禅顿首。十六日。

未刊稿,苏州市博物馆藏

致翁奎孙函

光绪二十五年正月三十日(1899 年 3 月 31 日)

大保感冒新愈,今日不必勉强出门,切切。新人稍稍发热,可请人一诊。今日何时出北门,我在孙祠相候也。雨止地湿,轿能行否?付鼎臣。瓶老。三十日早。

《上海图书馆藏翁同龢未刊手稿》第 386 页

致俞钟銮函

光绪二十五年三月二十三日(1899 年 5 月 2 日)

正悬念,得书甚慰。应北目疾已平,此行为不虚矣。食物深谢,暇当畅谈。金门吾甥。松禅顿首。二十三。

《翁松禅(同龢)手札》第四册

致翁曾荣函

光绪二十五年三月三十日(1899 年 5 月 9 日)

春眠困顿,恶寒已愈,衣换薄棉。今日午初约李新甫来诊,如我未归,可与接。菉侄。松禅。三十日。

《翁松禅(同龢)家书》第二册

致翁斌孙函

光绪二十五年四月十一日(1899年5月20日)

观音堂未之前闻,匡吉公无后,且乱后历四十年,乌能执旧据责还耶?许谱未捡,且置之矣。十一。

《翁氏家书》第十八册

致吴鸿纶函

光绪二十五年四月十二日(1899年5月21日)

承惠《本草从新》,拜领增感,当置案头。无竞先生吾兄。弟松禅顿首。

《翁松禅(同龢)手札》第八册

致俞钟銮函

光绪二十五年四月十四日(1899年5月23日)

山中归,得手笔,幼楞妇病渐愈。图南之计暂息,惟羁孤可念。陈惕庵[①]洵佳士哉!其名似是玉树,便中示知。瞿屋亟修,募撂并还,黄烟承惠。昨日归舟幸未遇雨,然郁热,想均安。愚明后日赴西山,体中颇适,不一。金门吾甥。松禅顿首。十四。

《翁松禅(同龢)手札》第四册

① 指陈玉树,江苏盐城人,举人出身。

致吴鸿纶函

光绪二十五年四月十五日(1899 年 5 月 24 日)

顷由西山补种松楸归,得手示,甚慰。学使按部单并悉。愚体尚耐劳,肝阳亦不上越。尊府安好。春风骤暖,起居加摄不次。无竞先生吾兄。松禅顿首。

未刊稿,苏州市博物馆藏

致汪鸣銮函

光绪二十五年四月十八日(1899 年 5 月 27 日)

郎亭吾弟阁下:

数月不见,岂伊不思。侧闻日内泛舟来虞,正可畅叙,而鄙人适以七十初度,乡里俗情或且称祝,不得已,乃避之江濒,朝帆暮楫,或东或西,延缘苇间,粗足自适。吾弟幸勿见过,盖敝庐虚无一人也。悫斋每食辄呕,恐不可为矣,惋叹不已。专此敬候起居,诸惟深鉴。兄名顿首。十八晚。

《翁松禅(同龢)手札》第十册

致谢家福函*

光绪二十五年四月二十一日(1899 年 5 月 30 日)

日昨频辱致贺,得无烦扰,且羊酒之费亦泰甚矣,感愧兼集,尚

* 原件无年月,此处时间系据内容推定。绥之指谢家福。

未走谢。郡中之行当在何日？试寓当豫定也。愚近又发腰膂之疾，今日须入山静摄，俗事推拨不去也。绥之先生。名顿首。

未刊稿，苏州市博物馆藏

致吴鸿纶函

光绪二十五年五月十一日(1899 年 6 月 18 日)

参须少许备用，吴方见效，嘱勿轻更。松禅顿首。丁巳。

《翁松禅(同龢)手札》第八册

致费念慈函

光绪二十五年五月十三日(1899 年 6 月 20 日)

碑五种六册收到。恒斋在此，申酉间迟过谈。名顿首。十三日。

《翁松禅(同龢)手札》第六册

致吴鸿纶函

光绪二十五年五月十六日(1899 年 6 月 23 日)

惠示黄芪粥方，深秋当试。日来头晕，胸次结轖，家有病者不能顾，即入山矣。无竞吾兄万福。松禅顿首。十六。

《翁松禅(同龢)手札》第九册

致翁曾荣函

光绪二十五年五月十七日(1899 年 6 月 24 日)

字画四轴皆佳,耕烟[①]真迹惜洗过耳! 送呈即捡收。十七日。

《翁松禅墨迹》第二册

致吴鸿纶函

光绪二十五年五月二十日(1899 年 6 月 27 日)

摩兜之说有所指耶? 抑泛论也? 多难畏人,请示其略。松禅。二十日。

《翁松禅(同龢)手札》第九册

致俞钟銮函*

光绪二十五年五月二十三日(1899 年 6 月 30 日)

金门足下:

闻幼楞[②]之室乏甚,叹诧。幼楞病尚未愈尤可念。兹欲寄五十元去,想甥处必能转交也。三姑奶奶往苏料理极是,但须早归勿留也。松禅。二十三日午。

《翁松禅(同龢)手札》第七册

---

① 指王翚。

* 翁同龢光绪二十五年五月二十三日日记载:"钱甥之室归氏殇于苏州,甥亦病,亟以五十元赙之,作函。"

② 指钱幼楞。

致翁奎孙函

光绪二十五年五月(1899 年 6 月)

蒙垢自屏,不交宾客,不谈世事,一纸之书不至于旧交新贵之门,山中养疴而已。鼎臣览。松禅白。

《昭代名人尺牍小传续集》卷二十一

致俞钟銮函

光绪二十五年五月二十七日(1899 年 7 月 4 日)

织函未发,得示幼楞疾未平,肝脉经张,非细心调量不能愈,迎令来常第一妙法,此事宜速行。雇轮不易,有可托否? 名顿首。二十七日晚。

《翁松禅(同龢)手札》第四册

致俞钟銮函*

光绪二十五年五月二十九日(1899 年 7 月 6 日)

幼楞来大慰,得贤夫妇调护尤慰。证属阳明,青蒿鳖甲似尚得力,早晚当入城看之。山居有凉棚闭窗,默坐殊适。金门贤甥。松

* 翁同龢日记,光绪二十五年五月二十九日"金门来函,钱甥已到,病系湿温,可治。"次日(三十日),翁同龢亲诣金门处看望钱甥。此函当写于二十九日。翁同龢写"三十日"当系误记。

禅顿首。三十日。

《翁松禅(同龢)手札》第四册

致俞钟銮函

光绪二十五年六月初二日(1899 年 7 月 9 日)

幼楞脉渐和缓,大佳。寒热净否?得大解否?此时以治标为急耶,退则缓缓调理耳!孱躯无恙。颇念贤甥将护之劳,不一。金门左右。松禅顿首。初二。

《翁松禅(同龢)手札》第四册

致俞钟銮函

光绪二十五年六月初四日(1899 年 7 月 11 日)

暑病,寒热往来,大便不下,有服人参白虎一(齐)〔剂〕而愈者,此固不可轻试,然参宜备用。如需则告知南泾塘舍间可也。吴、蒋所论若何?下后当慎重。金门左右。松禅顿首。初四早。

《翁松禅(同龢)手札》第四册

致俞钟銮函

光绪二十五年六月初五日(1899 年 7 月 12 日)

幼疾未可以疟诊,能纳粥便佳,液乏自下,洵要言也。暑蒸惟上下安吉。金门贤甥。松禅顿首。初五。

《翁松禅(同龢)手札》第四册

致俞钟銮函

光绪二十五年六月初六日(1899 年 7 月 13 日)

吴病转机,急投参苓,间不容发矣。调卿、幼楞各安胜甚慰。金门左右。松禅顿首。初六日。

《翁松禅(同龢)手札》第四册

致俞钟銮函

光绪二十五年六月初六日(1899 年 7 月 13 日)

幼楞安全,调卫之力。所云曹医疑是鲍字之伪。八妙桥香瓜真妙,谢谢。燕菜少许,幼楞可吃。顷还山不一。松禅顿首。六日。

《翁松禅(同龢)手札》第四册

致药龛和尚函*

光绪二十五年六月初八日(1899 年 7 月 15 日)

适有事入城,计初十日始还山庐,十一日午前奉缴,到山蔬饭,秋色苍然,野空湖净,可骋耳目。松禅居士和南。药龛大和尚侍者。初八日。

未刊稿,原件藏常熟市文管会

* 药龛,常熟三峰禅院主持。

致俞钟銮函

光绪二十五年六月初十日(1899 年 7 月 17 日)

新作茅亭,馀霞落日,颇足观览。月季花俟过我商略种法。三卷收到,新诗却未见也。喉方在京屡验,所忌表药耳!送诗来,想见之。养浩贤甥。瓶生顿首。初十。

《翁松禅(同龢)手札》第二册

致俞敬臣函

光绪二十五年六月十九日(1899 年 7 月 26 日)

手问至,备悉一一。令尊渐复,思弄笔便佳,固不必勉强作书也。荫堂类中,为病不轻,当至何处寻医,甚念之。愚因病回城,回城病虽退而暑湿蕴结。名片字不敢写,且最不长于此也。敬臣茂才。松禅顿首。十九。

《翁文恭公手札》

致翁曾荣函

光绪二十五年六月二十日(1899 年 7 月 27 日)

衰老久安懒散,不复饰固陋之词于旧交新贵之门矣,汝亦深悉余意也。大暑如燔,不免湍汗,幸夜得安睡,晓起能挹西山爽气也,勿念。菉侄览。叔字。六月二十日。

未刊稿,苏州市博物馆藏

致翁曾荣函

光绪二十五年六月二十一日(1899 年 7 月 28 日)

长庆虚疟,正不敌邪,又延大东门外医看,升儿所荐。未知何如?吾今入山须数日归,长萝已责成琐儿①照料,若升儿能往来其间最好,其同居马姓已搬去矣。此事恐不可。菉卿。叔字。二十一。

《翁松禅(同龢)家书》第二册

致俞钟銮函*

光绪二十五年六月二十六日(1899 年 8 月 2 日)

金门贤甥:调卿能进米饮得下必安,吴方极妥。幼楞虽愈,犹绵惙,当好调理。而吴姑太太又徒患泄厥,厥乃旧病,泄则新感,似宜先祛暑后镇肝也。风雨凉燠不定,贤伉俪调护病者琐碎而纡郁,须节劳,勿近瓜果。适头疼不一。松禅顿首。

许表侄②自南昌来,与相见,即日还墓庐,未能奉访。

《翁松禅(同龢)手札》第四册

---

① 长庆、升儿、琐儿,均为翁同龢的仆人。

* 翁同龢光绪二十五年六月二十六日日记有:"金门来邀,赴之,以吴姑太太病危也。"其时调卿、钱甥均病,故金门来函。

② 指许成夫(一写成甫),翁同龢的表侄。

致三甥女函

光绪二十五年六月二十七日(1899 年 8 月 3 日)

得函知幼楞近状,外感在表里,病源在心经,鲍方得力,恳其加重,冀得速解耳！暂留调护,理势宜然,因此更增悬系,医药须主持,仆人须添雇也。三甥女[①]惠览。愚舅氏名顿首。二十七。

《翁松禅(同龢)手札》第四册

致吴鸿纶函

光绪二十五年六月二十八日(1899 年 8 月 4 日)

比邻击柝,夜不安枕,已数夕矣。鹿门归来,或张吾军耶？草窃公行,略无巡徼,可叹,可叹。隔宿起居定胜。弟出郭两次,只益倦苶耳！无竞吾兄。弟名顿首。二十八日。

《翁松禅(同龢)手札》第八册

致俞钟銮函

光绪二十五年七月初二日(1899 年 8 月 7 日)

昨邹巷航船未来,无从寄信。吴夫人向愈,大慰。天气炎溽而大风,有凄其之凉,于禾棉皆不宜,不特人受命也。适患腰痛,已渐

① 三甥女为翁同龢二姐旋华的女儿,俞钟銮之妻。

平,不缕缕。金门贤甥。松禅顿首。二日。

《翁松禅(同龢)手札》第四册

致药龛和尚函

光绪二十五年七月初四日(1899 年 8 月 9 日)

溽暑惟法体安稳,承惠甘瓜,剖尝旬月。香炉尤妙品,珍感不尽。走畏热避蚊,山中较城市略净,然旧病时发,未遑晤谢,先此布意,并谢德明师远涉。瓶居士龢上。药公大和尚丈室。七月四日。

未刊稿,藏常熟市文管会

致俞钟銮函

光绪二十五年七月初九日(1899 年 8 月 14 日)

金门贤甥左右:

今日令室病已大愈,兹将昨日王方寄奉,顷内眷往候尚未归也。即候日佳。名顿首。初九晚。

眷属归云:晤语甚好。湘保亦愈。

《翁松禅(同龢)手札》第四册

致俞钟燮函

光绪二十五年七月十三日(1899 年 8 月 18 日)

闻体中不和,已愈否?暑热如此,中元之行可已则已,乞酌示。若来须十四日傍晚也。名印拟数字,若古拙则劣腕不胜,若工整则玉堂名手极夥,安用老夫也。调卿贤甥。松禅顿首。十二日。

《上海图书馆藏翁同龢未刊手稿》第 439 页

致赵宗建函

光绪二十五年七月十四日(1899 年 8 月 19 日)

山居闭门自适,千息蒙蒙,自谓可脱三昧关,不意魔君见姑,秋来病疟两旬,静而致疾,殊为达摩所笑矣。金君[①]始来尊处,嘱其到舍带看,次侯二兄尊右。弟龢顿首。七月十四日。

《上海图书馆藏翁同龢未刊手稿》第 68—69 页

致俞钟銮函

光绪二十五年七月十五日(1899 年 8 月 20 日)

二病皆一诚所转,人云天幸,我谓人谋也。方附还,胡瓜清暑可频进。匆匆不次。名顿首。

《翁松禅(同龢)手札》第四册

致俞钟銮函*

光绪二十五年七月十五日(1899 年 8 月 20 日)

有人云脾虚久痢非参附不为功,附用他药和成小丸,庶获温肾

---

① 金君指医生金兰升。

* 翁同龢光绪二十五年七月十五日日记,翁知吴姑太太"胃纳渐多,惟下痢脓",又于二十日,亲自去金门处看望。此函当写于十五日。

之效而于上焦无碍,姑备一说可也。膏药致镭孙。金门足下。名顿首。二十日。

《翁松禅(同龢)手札》第四册

致翁奎孙函

光绪二十五年七月十七日(1899 年 8 月 22 日)

入秋阴湿,故甚系念。静中亦有高朗虚明之境,勿为境困可也。仲瑜对,湘渔寄来已写,为吾仍交湘渔。鼎臣。瓶叟。

《翁松禅相国家书》

致俞钟銮函

光绪二十五年七月二十日(1899 年 8 月 25 日)

明揭帖一册将断烂,宜连缀。今并石斋墨刻、迂伯公[①]字册奉还,希检入。《默庵遗稿》一本、《海虞画苑》一本并还。采生[②]日来腰脚健否?如要(吴)〔胡〕庆馀膏药,敝处有之。顷将入山,明日即归。金门贤甥。松禅顿首。二十日。

《翁松禅(同龢)手札》第二册

致汪鸣銮函

光绪二十五年七月二十一日(1899 年 8 月 26 日)

郎亭老弟至契阁下:

别已数月,欲一至郡城不可得,此怀可知。昨由太仆送手简,欣审

---

① 即翁振翼。

② 俞钟銮之子。

起居清胜。筑堂藏书，应聘都讲，皆栽培后进乐事。惟悆斋又病，令我悬情。兄山居病暑，入城而病益困，湿气填满胸鬲，非药所能廓除。委书楼扁，稍凉必奉去。濠叟[①]《在昔篇》庋置山斋，当并捡奉也。另纸感甚，一笑而已。敬候道安。潭府均吉。兄名顿首。廿一日。

《翁松禅(同龢)手札》第十册

致俞钟銮函

光绪二十五年七月二十三日(1899 年 8 月 28 日)

告借《乙瑛》残碑一观，明日即还。《麓山寺碑》，希交下。瓶生。二十三日。

《翁松禅(同龢)手札》第七册

致俞钟銮函

光绪二十五年七月二十四日(1899 年 8 月 29 日)

告借《麓山寺碑》一观，晚间奉还。松禅。七月二十四日。

《翁松禅(同龢)手札》第七册

致俞钟銮函*

光绪二十五年七月二十四日(1899 年 8 月 29 日)

《麓山》古拓，翠墨照人，珍重奉缴。惟上计一行上尚有“别乘

---

① 指杨沂孙。

* 翁同龢是日日记有“俞本缺末□□乐公名光”六字，与函中内容一致。此函当写于七月二十四日。

乐公名光”六字，此轶之耳！湖州扇并到，顷遗忘也。金门贤甥。松禅顿首。二十四日午。

《翁松禅（同龢）手札》第四册

致俞钟銮函

光绪二十五年七月二十六日（1899 年 8 月 31 日）

吴方急投，真背城之举矣。所事次第筹办。得闲静息，并告尊阃。金门贤甥。松禅顿首。二十六。

《翁松禅（同龢）手札》第四册

致俞钟銮函*

光绪二十五年七月二十六日（1899 年 8 月 31 日）

凉雨，次公之约能赴否？径到孙祠[①]亦可。顷捡林屋山人治休息痢方，云系平素爱食冷茶水酒所致，用活鳝鱼去肠杂切段，放瓦上炙炭研粉，每服三钱，黄糖拌热陈黄酒送下，不拘老幼，滑肠痢脓血者神效。漫书奉正。金门贤甥左右。松禅顿首。二十六早。

《翁松禅（同龢）手札》第四册

致俞钟銮函

光绪二十五年七月二十七日（1899 年 9 月 1 日）

溽暑山居，西向颇热。得三甥女函，幼楞病只采鲍方平稳，冀转疟

---

* 查翁同龢日记，是日翁同龢与赵价人、陈馨山、陆云生等人在孙七祠堂吃茶。

① 即孙七祠堂，位于常熟旱北门，今已拆除。

耳！论天理病者必无妨，论时势则吴门不得不暂留，能再遣一得力仆人去否？家事猥并，甥宜自摄。医书并奉去。松禅顿首。二十七晚。

《翁松禅（同龢）手札》第四册

致翁奎孙函

光绪二十五年七月二十八日（1899 年 9 月 2 日）

鼎丞览：

余欲营一舟，容三四人，但时作此想而不果行。然偶欲到城，仍要至西门唤船，返往殊形周折。乡人或有旧船，或租或买，代为留意，俾得于月白风清之夕，乘兴亦堪棹往西湖也。七月二十八日。瓶庐。

未刊稿，苏州市博物馆藏

致俞钟颖函

光绪二十五年七月二十八日（1899 年 9 月 2 日）

伏诵手示，慈舆安稳，揽胜湖山，钦向不尽。种种嘉惠，不敢不承，惟有感愧。专复。即颂侍安，馀俟面罄。名顿首。

《翁常熟手札》第三册

致俞钟銮函

光绪二十五年七月二十九日（1899 年 9 月 3 日）

潜阳有效，苏胃为先，惟学翁斟酌进退之。余事已妥，备预不虞，极是。山前禾菽芃芃，甚盼晴霁。调卿渐愈，切勿食瓜。吴方并缴。金门贤甥。松禅顿首。二十九。

《翁松禅(同龢)手札》第四册

致翁奎孙函

光绪二十五年八月初五日(1899 年 9 月 9 日)

大暑不复近笔砚,执意索书者纷至叠来,可怕,可怕。兹以朱保之扇二页挥汗率成,为我交去。夜间尚堪安睡。汝体如何?珍重,勿贪夜凉。鼎丞览。瓶叟。

未刊稿,苏州市博物馆藏

致吴鸿纶函

光绪二十五年八月初九日(1899 年 9 月 13 日)

承示悉种种,朱子语未喻。足气渐舒,头犹重耳!秋气至,起居安胜不一。无竞吾兄。松禅顿首。九日。

未刊稿,苏州市博物馆藏

致俞钟銮函

光绪二十五年八月十二日(1899 年 9 月 16 日)

《麓山》古刻珍重,奉还不次,并袱。金门足下。龢顿首。十二。

《翁松禅(同龢)手札》第七册

致俞钟銮函

光绪二十五年八月十三日(1899 年 9 月 17 日)

金门吾甥足下：

吴宅之事，吾为之凄怆徘徊，则织孙之伤感可知，而吾甥之奔走经纪一切受累又可知也，此时惟以早早送归为第一义。另女仆四人随镕孙扶护亦已足用。船户要切实，船行尤须可靠，要船票。想石升必周到也。贤郎辈且住西泾岸。幼楞初愈，切须善摄，门户火烛，随时留意。此问贤伉俪安好。松禅。八月十三日山中。

《翁松禅(同龢)手札》第四册

致翁斌孙函

光绪二十五年八月十六日(1899 年 9 月 20 日)

连日为客所苦，阻我入山，今日无风即入船矣。闻甚乏，切须养息。吾臂乏，馀无它。偶吃鲢鱼头，觉甚热，上行入脑，朵颐当慎也。今夜月食。惟十月日食，阳月宜儆。佑莱关款不致受累否？十六。

《翁氏家书》第十八册

致俞钟銮函

光绪二十五年八月十九日(1899 年 9 月 23 日)

吴舟已发，计二十二安稳渡江矣。告织孙须得一月好将息，甥亦宜游览，以疏其气也。愚腰疾频作，馀无他。山中差静，若不风雨,秋禾尚佳。金门贤甥。松禅白。十九早。

《翁松禅(同龢)手札》第四册

致俞钟燮函

光绪二十五年八月二十日(1899 年 9 月 24 日)

侯氏书塾匾涂漫缴,原签云匾额,则横列可知,故就纸式书之。尊塾题署,裁纸付来可耳! 前和两诗,幸勿示人。调卿吾甥。松禅白。二十日。

《松禅老人遗墨》卷下

致俞钟銮函

光绪二十五年八月三十日(1899 年 10 月 4 日)

两汉碑前年郑经南携示,价重不能致。竹坨[①]隶则未见也,暂留一观可乎? 稼翁诗五言最佳,其骨韵在离合断续处,若选一半可刻也。松禅复。三十日。

《翁松禅(同龢)手札》第二册

致俞钟銮函

光绪二十五年九月初一日(1899 年 10 月 5 日)

吴门蒋氏书籍流落沪上,在贾人手,价甚高。顷驰函斌孙,嘱

① 朱彝尊,字锡鬯,号竹坨,浙江秀水人。清代著名学者。

览《鲍参军集》，今竟托人携来，但言明借校数日即寄还，今奉去。希分手细勘，老夫病眩，亦拟任斯役。此本不过明刻，好在周季贶以各本校，适恐再旧之本未易得矣。示朴先生咐嘱之重，吾甥笃古之怀，庶稍慰耶！金门吾甥。九月朔。松禅。

《翁松禅(同龢)手札》第四册

致俞钟銮函

光绪二十五年九月初三日(1899 年 10 月 7 日)

《郙阁颂》、《史晨后碑》、朱竹垞隶书各一册奉还。余家旧物散落者多，力不能收也。风起，未知郡城归舟行否？养浩贤甥。松禅顿首。

《翁松禅(同龢)手札》第二册

致费念慈函

光绪二十五年九月十七日(1899 年 10 月 21 日)

屺怀贤友太史足下：

茶话匆匆颇迟，罟里之棹何竟寂然，岂脾胃疾未平耶？抑尊室感冒未复耶？殊悬悬也。剑门之游，秋气燥烈，或稍触热耶？走山居粗适。专此奉候兴居不次。友生名顿首。十七日灯下。

《翁松禅(同龢)手札》第六册

致吴鸿纶函

光绪二十五年九月二十一日(1899 年 10 月 25 日)

昨示,翛然在尘表,而用意深远,敬佩,敬佩。花猪肉初出釜,聊备早餐。即颂日安。弟名顿首。

未刊稿,苏州市博物馆藏

致俞钟銮函

光绪二十五年九月二十三日(1899 年 10 月 27 日)

随风东西,便思骑鹤,鄙疾已去太半矣。三峰[①]一宿,颇忆三十年前事,感慨不已。顷入舟不一。养浩左右。井眉[②]顿首。

《翁松禅(同龢)手札》第一册

致俞钟銮函

光绪二十五年九月二十六日(1899 年 10 月 30 日)

重游泮水,呈稿另拟数言,正动笔而邵君[③]来长谈,草草完篇,希采择。本欲走谈,倦甚中止。金门贤甥。松禅白。二十六夕。

《翁松禅(同龢)手札》第二册

---

① 常熟三峰禅院。
② 翁同龢的别号。
③ 指邵松年。

致俞钟銮函

光绪二十五年九月二十九日(1899年11月2日)

有风稍爽,然胸次不舒,昨与彩保谈甚惬。《柳南先生集》、《海虞诗话》收到,敬读再缴。书面实不敢写,若集赀则必附名耳!日日赴局,格外慎重千万。金门吾甥。松禅顿首。二十九日。

《翁松禅(同龢)手札》第四册

致俞钟銮函

光绪二十五年十月初一日(1899年11月3日)

示文质朴,有两汉意,极惬。十三沙隶常熟县,北连通州,南毗江阴,似宜著之,且有新有旧,图经所未详也。加数语何如?孱体病去而气未复,一味倦懒,稍健当走谢不一。家礼五本奉还。松禅顿首。十月朔。

《翁松禅(同龢)手札》第一册

致翁奎孙函

光绪二十五年十月初七日(1899年11月9日)

秋高气爽,出门闲眺,觉山翠迎人,湖光接天,以目力之尽为界,濒年以浮名而深受拘系,未尝有此一日之适。炯孙约其同往扫墓,顷来字云天阴欲雨。恐其迁延,余扁舟独往矣。鼎臣侄孙。瓶庐。初七日。

未刊稿，苏州市博物馆藏

致翁顺孙函

光绪二十五年十月十三日（1899年11月15日）

寅丞览：

别后想次日可到必平安也。闽海归舟，何日抵沪？毗陵武林，分途而往，或尚有数日勾留。宽斋与颂棠同来否？今日风起骤寒，吾扁舟至福山墩。竹帘若购，可遇便寄。此无谓之事，发于留子，谓思慕所致耳！价若干，开来即寄去。欲买《名医类案续集》，此间书铺应承，向上海去寄，至今杳然。吾借金门处本要须还，大约不过两三元也。或先问价再定购否？十三日。

未刊稿，苏州市博物馆藏

致翁奎孙函

光绪二十五年十月十七日（1899年11月19日）

墓庐筑成之后，松风竹雨，终日翛然。惟深秋受凉，寒热顿作，日轻日重，类似疟疾。为余寄信士翘，同彼来山一诊如何？山林清福难得也。鼎丞。松禅。十七日晨。

未刊稿，苏州市博物馆藏

致汪鸣銮函

光绪二十五年十月二十七日(1899 年 11 月 29 日)

郎亭老弟阁下:

适往梅李,归读手函,尊候问安,而戚友家并有事,老病多忘。不审令妹所适何氏,而贤甥又何人也?垂老之年,大抵戚多忻少,惟坚定静遣而已。文通长夜,鄙人亦为黯伤,而蠡遽归,亦朋友之谊,况在阁下,此怀可知。且悫病亦大可虑也。同室而无闻见,支离困顿,不言而喻,后此奈何?木落山空,风物凄紧。贱躯病后,足力益孱,数百步即喘喘矣。惟山中窈然,差自喜耳!灯下涉笔,不尽依驰,惟以时保练不次。兄名顿首。二十七日山居。

《翁松禅(同龢)手札》第十册

致费念慈函

光绪二十五年十月二十八日(1899 年 11 月 30 日)

西蠡先生足下:

好诗装册,读之开襟。欧集适足旧藏之缺,而旧藏因移居又失两册,然易于抄补矣。多谢,多谢。归棹匆匆,乃赴朋友之急,古谊可感。江君上有老亲,家无长物,后事如何?下走因病数日,病起近游,即日还山,山中寂寂,并松声、水声俱无,粗足适耳。兴居万福不次。兄名顿首。二十八日灯下。

《翁松禅(同龢)手札》第六册

致汪鸣銮函

光绪二十五年十月二十八日(1899 年 11 月 30 日)

顷入城,尊纪来,复得手笺,并赵鸭肥美适口,感谢,感谢。体气已平,还宜珍卫。刘学使①远寄炭金于无烟之灶,尤感切也。名再行。二十八日午。

《翁松禅(同龢)手札》第十册

致张謇函

光绪二十五年十一月初八日(1899 年 12 月 10 日)

季直贤友足下:

柴门扫轨,与鱼鸟相亲。昨以祀事入城,适专使至,辱书并海错山蔬多品,不特餍饫,兼可疗疾,知足下犹以老病为念也,感激,感激。厂事有成,具见坚定之力,由是推之各海疆、各行省,为儒者经理商务之第一实事,其要领全在左右得人,出入有纪,钦佩之至。

仆夏秋有腰肾之疾,入冬顿瘥,近又牵动。委书各件久未应命,知足下不我责且我闵也。惟静惟默,亦甚自喜,来往者只老友两人,通书问者郎亭、西蠡外,沈子蔼沧,许子豫生也。子培、苏龛皆无恙耶?叔衡病废奈何?!玉照题数字,由尊纪捧呈。馀件月内寄沪。弢庵奇士,竟未通讯,紫琅之约,殆成虚愿,无事尚腾口语,矧扁舟出游耶?乍寒,千万珍重。贵溪近状如何?尤念切,使者因

① 指广西学政刘元亮。

大风留一日，兹行，附谢不次。名顿首。十一月初八日山中。

《翁松禅致张啬庵手书》

致汪鸣銮函

光绪二十五年十一月初十日（1899年12月12日）

两承手教，快若晤谈。新塘芡盘，其实离离，节物已如斯耶！断碑残碣，使人嗟叹。碑林余等旧游，何足观。况宝贤丛帖，益自郐矣。海内谈碑之客，阁下外，惟愙与蠡[①]，今愙未愈而蠡患痁，念之不置也。秋气渐清，伏惟起居万福。名顿首。初十日。

《翁松禅墨迹》第一册

致翁奎孙函

光绪二十五年十一月初十日（1899年12月12日）

逋务速完，彼方集矢于我也。清单一出，必被罗织，颇有所闻矣。付鼎臣。初十早。付乙丙。

《翁文恭公手札》

致谢家福函

光绪二十五年十一月十一日（1899年12月13日）

山中归，得手笔，幼楞妇病渐愈，图南之计暂息，惟羁孤可念。

① 指吴大澂与费念慈。

陈惕庵洵佳士哉。其名似是玉树，便中示知。张墓亟修，募摺并还。黄烟承惠。昨日归舟，幸未遇雨，然郁热。想均安。明后日赴西山。体中颇适，不一。绥之吾兄。名顿首。十一日。

未刊稿，苏州市博物馆藏

致叶寿松函

光绪二十五年十二月初三日（1900 年 1 月 3 日）

眉士足下：腊杪归期渐近，甚钦迟也。山后安隐，惟喧聒亦所时有，大抵鸟雀之声。孱体日敝，蒲鞋山事粗毕。西麓无水，两日无雪，新茔无石，可称天幸。此事全赖鼎力，廉辈当没齿不忘，即老夫嬴博之愿，亦惟挚爱成之，故以奉告。景儒令弟事事垂恤，俾小子得所遵循，感戢无既。李帅星陨，不仅为斯人惜，书件当于此月写寄，不敢再迟延矣。寒夜手僵，即颂俪佳，不尽拳拳。腊月三日灯下。名顿首。

《上海图书馆藏翁同龢未刊手稿》第 239—242 页

致翁寅臣函

光绪二十五年十二月初三日（1900 年 1 月 3 日）

缉夫览：前月发信后，入城病血痢，辗转累日得瘥。今议将亡室迁于鸽峰，尚未定期也。冬不藏阳，汝痰体宜其泛滥补阳，不若敛阴。又申尚在沪耶？宿张想赴浙海运米半折，米价当贱，公事办去否？鼻烟佳者不欲售，次者恐无人要，姑置之矣。欲购二十七年《七政经纬》书，此书苏州无之，或上海尚有，可切实一寻。若有，即日加给酒资，由航船速寄。现在选择，正需用也。切切，度以初九、十寄到为要。各宅皆安，诸子姓或住远，或起晚，不能助我，我亦不须助也。此问合寓好。一切谨慎。十二月初三日午。

《上海图书馆藏翁同龢未刊手稿》第417—419页

致汪鸣銮函

光绪二十五年十二月十三日（1900年1月13日）

郎亭老弟大人阁下：

数月未通问，思深。正缘思深，故艰于落笔，此意惟深鉴。斌孙晋谒，知尊体感冒。西蠡至，闻已大愈。顷见手函，乃大慰矣。

兄入冬患风咳，已而血痢三昼夜，虽不支而伏热转得消泄，眩冒之疾渐止。大寒节后修葺先茔，适值风雪，山中奔走不易。子静先生[①]寄示古墨，极感其意。孔宙缺碑额及最后数字，想原来如此。漫题拙语当割去耳！得雪遗蝗可免。敝邑今年惟南乡无荒，馀则轻重不等，农不交租，官征有程，未知如何办法。碑五册并借尺牍两册付航送呈，幸捡入。悫公安胜，甚念之。敬颂时安不次。兄名顿首。腊月十三日。

《翁松禅墨迹》第一册

致俞钟銮函

光绪二十五年十二月十三日（1900年1月13日）

卧游笺颇详尽，甚感其意，望转达。名顿首。十三。

《翁松禅（同龢）手札》第七册

---

① 苏州古董商人徐子静。

致翁曾荣函

光绪二十五年十二月十四日(1900年1月14日)

昨归皆好,今欲雪,遣船去,午后无风,能行即行,未知明日风雪否也。若午后阴寒,可不必矣。屋事面谕景[①],伊颇会意。松禅白。十四日。

《翁松禅(同龢)家书》第二册

致吴鸿纶函

光绪二十五年十二月十六日(1900年1月16日)

琴砖来自古汴,奉赠一枚,以佐《梅花三弄》,但须□机耳。两孙应试得意,体中想佳。附扇对题件三种检收。无竞吾兄。松禅顿首。十六日。

未刊稿,苏州市博物馆藏

致叶寿松函

光绪二十五年十二月二十一日(1900年1月21日)

惠南珍并花木,物意双重。杨厄兰摧,对之有菀枯之感。此谢茂如中翰。瓶生顿首。

《上海图书馆藏翁同龢未刊手稿》第243页

---

① 指翁之廉。

致俞钟銮函

光绪二十五年十二月二十三日(1900年1月23日)

太华夜碧,新诗似之,愚近勘邑志,目倦手疲,可笑。霜叶渐丹矣。荆门足下。瓶居士顿首。二十三。

《翁松禅(同龢)手札》第一册

致翁曾荣函

光绪二十五年十二月二十七日(1900年1月27日)

立春晴和,岁丰之兆,乡间无事。昨过西四面厅,见木排横过栈,从他处始登岸也。今日陈鱼菽之祀,明日回城。菉侄。瓶生。二十七。

《翁松禅家书》第二集

致汪鸣銮函

光绪二十六年正月初六日(1900年2月5日)

郎亭老弟阁下:

腊尾得手教,航船已停,遂未奉复。入春百事罄宜为颂。山中闻见甚稀,回城则喧阗盈耳。太仆入郡,可悉近事。闻窓斋日健,最为可喜。尊体得良医调理,必能培护元气。

兄向不服药,昨以畏寒,稍投刚剂,流弊不浅矣。承惠食物,一一拜领，感谢，感谢。江城市井萧然，土物率多粗劣，无以奉报，惟有愧叹。草草敬贺新年纳福不次。潭弟均吉。兄名顿首。

《翁松禅（同龢）手札》第十册

致汪鸣銮函

光绪二十六年正月初七日（1900 年 2 月 6 日）

郋亭老弟足下：

山中度岁，万象萧闲。伏惟潜隐著书，勷履多福。屡蒙垂注，兼辱嘉贶，至今餍饫，感不能忘也。

舍侄奉谒，以俗事相商。去郡咫尺，然自兄视之，则以为远矣。一雨快意，菜麦皆苏，怅望天平、邓尉间，欲相从而不得也。匆匆敬颂新喜，并合府安吉。兄名顿首。人日。汪大人台启。

《翁松禅（同龢）手札》第十册

致翁顺孙函

光绪二十六年正月十二日（1900 年 2 月 11 日）

又申览：汝之辛苦艰难，我具知之，家乡事之离奇光怪。汝或不知，他不具论，即如沈鹏者归后仍不安顿，痴话可骇，彼不敢来见，然传闻非一端也。今复欲赴京上折，折中何语，固不可知，然必是妄谈，必闯奇祸，里人虽尽力劝阻，恐一旦潜逃，复蹈前辙，可告玉舟于江苏结局，出一公启，遍告同乡，切勿误出小结。倘经误出，则他日连坐，于印结局无涉云云。馀不具。正月十三日。松禅。

《上海图书馆藏翁同龢未刊手稿》第 394 页

致俞钟銮函

光绪二十六年正月十九日(1900 年 2 月 18 日)

归途不至触寒,无竞先生尚能步行入市,真仙人矣。吴兴暂得栖泊当佳。今日畅晴,山容郁葱。顷回城,草复不一。手炉收到。金门吾甥。名顿首。十九。

《翁松禅(同龢)手札》第一册

致翁寅丞函

光绪二十六年正月二十日(1900 年 2 月 19 日)

缉夫览:连函想达,前报纸有酱园弄左近语,为之怦怦,兹悉邻居失慎,不免震惊,此间果乐土耶! 汝妇疾退否? 发热冒风,外感重叠,医须次第清解,至要,至要。休文事有眉目否? 三影必拉扯,汝可将所件对众交出,或可脱白,君子处困自有法,若仍懵然,悍然为害非细。汝常谓我总持正可对天地,果信之于中耶? 吾山居尚好,素位而行谦抑,乃我生性,故不至为人所厌。笏行未? 官场可不往来。此间近好。辰官闻二十一行,亦不甚放心。十九日午。次日发。松禅。

《上海图书馆藏翁同龢未刊手稿》第 427—429 页

致俞钟銮函

光绪二十六年正月二十二日(1900 年 2 月 21 日)

《虞乡续记》一册奉还,《琴川志》如须阅,当捡送。前日访稼翁,其卧室暗而多风,劝其作明窗以纳南荣之日,未得复信,殊念之。幼楞何时来虞？闻扬州吴家事，为之累唏也。金门贤甥。松禅白。二十二日。

《翁松禅(同龢)手札》第四册

致翁奎孙函

光绪二十六年二月初二日(1900 年 3 月 2 日)

衰老归田，追怀故旧，藐然如在万里之外，亦未尝以一书通问。伯寅故后，不通音问已多年矣。汝夫妇近欲至潘氏贺寿，伯寅处有杨利叔《烬馀稿手编》，乞求一本，切勿忘怀。贺仪一函并为带上，属勿客气。鼎丞侄孙。瓶叟。

未刊稿，苏州市博物馆藏

致俞钟銮函

光绪二十六年二月初十日(1900 年 3 月 10 日)

契兰帖未惬鄙意，明当送还。批本《鲒埼亭集》希借阅。金门贤甥。龢顿首。初十日。

《翁松禅(同龢)手札》第四册

致俞钟銮函

光绪二十六年二月十八日(1900 年 3 月 18 日)

稼翁何如？甚念。《伊江笔录》等为斌携去，未能付钞，此间日甚不次。金门吾甥。松禅顿首。

《翁松禅(同龢)手札》第四册

致翁曾荣函

光绪二十六年二月二十一日(1900年3月21日)

阴晦凄凛,惟伏案钞书耳!姨太[1]且留不归,汝体见愈否?乍寒调摄更殷,药须阴阳平补,虎骨可参入滋阴之品否?酌之。菉侄。瓶字。二十一早。

《翁氏家书》第十九册

致俞钟銮函

光绪二十六年二月二十一日(1900年3月21日)

乍暖想佳,织孙平复否?昨来山,见百卉敷荣,胸次一畅。无事暂不入城,惟下月初二、四、六日定期祭扫,其馀皆在瓶庐也。稼翁何如?甚念。《伊江笔录》等为斌孙携去,未能付钞。此问日佳不次。金门吾甥。松禅顿首。

《翁松禅(同龢)手札》第二册

致俞钟燮函

光绪二十六年二月二十四日(1900年3月24日)

金门赠壶,愚欲还之,以其常用之物也。今吾甥复以佳壶来,拟亦暂留小啜,俟觅得,仍奉还。虾子油极妙,谢谢。调卿贤甥。

---

① 姨太指妾陆氏。

松禅顿首。二十四日[①]。

《松禅老人遗墨》卷下

致翁曾荣函

光绪二十六年二月二十九日(1900 年 3 月 29 日)

昨金君乘航来,适已睡,起见之。云感寒挟滞,意与筱[②]同,而药则重。豆卷四钱,槟榔、枳实各三钱。所最窘者,厨已铄釜,瓶无宿储,吃粥两碗而去,甚愧其意也。以干惠一包送之,匆匆乘航去。此方未服,余服筱山方,热泄两次,胸痞顿开,头目亦清,惟四支倦怠,乃馀波矣。

侄病在胃,是以气机不灵,服金方能稍愈否?甚念。知汝寂寞,无烦解忧,吾须出月初入城也。菉侄。二十九。

《翁松禅墨迹》第二册

致俞钟颖函

光绪二十六年三月初一日(1900 年 3 月 31 日)

银鳞可佐兰膳,谨驰纳不次。佑澜先生。名顿首。朔日。

《翁常熟手札》第三册

① 函后有注:“邹王宾,字慕飞,号凤威,汉阳夏口(今武汉市)人,癖好书画,视翁墨迹为墨宝。”

② 指与翁曾桂病情相同。

致俞钟銮函

光绪二十六年三月初二日(1900 年 4 月 1 日)

手翰知热已退净,但须避风,连日奔走,想劳倦也。舍侄稍愈,之廉亦病,惟老夫粗支持。酴醾开尽,岑寂而已。金门吾甥。松禅顿首。二日。

《翁松禅(同龢)手札》第五册

致俞钟銮函

光绪二十六年三月初三日(1900 年 4 月 2 日)

卧游语悉,甚劳从者。快雨沾足矣。初三夕。

《翁松禅(同龢)手札》第一册

致俞钟銮函*

光绪二十六年三月十四日(1900 年 4 月 13 日)

吴方甚妥,惟羚羊稍寒,肝阳上升即厥气也,须慎重。晚间趋谈不一。金门吾甥左右。松禅顿首。十四。

《翁松禅(同龢)手札》第五册

* 翁同龢光绪二十六年三月日记,翁曾荣三月初一日即生病。次日,同龢入城看望。初八日,知"蒉甚好,进前方,未延医"。

致俞钟銮函

光绪二十六年三月十五日(1900 年 4 月 14 日)

菉卿哮势已平,昨士翘用五仁汤加减服之,极妥。示朴手钞联并养浩诗册迟日送还,适有俗事不一。金门吾甥。松禅顿首。望日。

《翁松禅(同龢)手札》第九册

致俞钟銮函

光绪二十六年三月二十六日(1900 年 4 月 25 日)

儒珍母病,诊视何如? 荫函奉还,此事大难,冀得正诊发蒙耳! 书画皆妙迹,八件两包附还。金门贤甥。松禅。二十六日。

《翁松禅(同龢)手札》第四册

致翁奎孙函

光绪二十六年三月(1900 年 4 月)

瓶庐后新辟竹园今年象笋,极副所需,带上一束,比之鬻于市者鲜嫩,另有一筐送牌楼里各房分啖之。如喜炙干,再来采取,迟则长成竹林矣。鼎丞。瓶叟。

未刊稿,苏州市博物馆藏

致费念慈函

光绪二十六年四月初十日(1900年5月8日)

西蠡先生阁下:

穷居无一瓻之借,猥承以秘册见示,感切之至。时于幽处展观,观毕不复省忆矣。宋文贞碑有苏斋题记者,岂不欲观,但航船寄恐遗失,又尘杂中不耐摩挲,请俟异日。《毗陵集》洵是孤本,里人自彼携来得一寓目。然此集向所不喜,不足置论。《钱塘初集》似如来指,此间书画多半伪造,龙眠西庐及俟斋三件似真迹,西庐破损益可惜,世俗纷纷,识真难得,又移头换面,割伪续真,令人无从辨别,惟经鉴家品题较有把握耳!卷荐搜罗最富,且肯通假,里门惟此一二家。雨足秧插齐□可喜。市上钱刀不通,若乘此时以龙洋碎角发商承领,则下邑实受其赐。江湖间如无鬼者,尚多以术笼之,可消隐患,当事局面窄且有将去者,故更散漫也。即颂著安不一。弟名另具。初十日。

《翁松禅(同龢)手札》第六册

致俞钟夔俞钟銮函

光绪二十六年四月十一日(1900年5月9日)

春阴连雨,菜麦欣欣。十三日午约荫堂、心田、茂如[1]一谈,并望两甥到舍同叙也。调卿、金门吾甥左右。松禅顿首。十一日。

《松禅老人遗墨》卷下

① 指屈荫堂、严心田、叶茂如。

致费念慈函

光绪二十六年四月十二日(1900 年 5 月 10 日)

屺怀太史吾友阁下：

别后尝至釜山[1]观潮，又漂泊芦庄间，归而大顿，偃卧不能起。手教叠至，匆匆置之，但记以僧服照相见贻及分惠首乌丹一裹。首乌前此未服，今每日二钱甚效。西蠡小像当与陶苏俯仰一室耳！

贱体舌强已愈，得尊方之力，前后十馀剂，今乃新感，解后一意静养，山居亦不能出门也。忽忆此时春闱放榜，尊处泥金先至，老夫亦一解颜。草此奉报不一。生同龢顿首。四月十二日。

《翁松禅(同龢)手札》第三册

致翁斌孙函

光绪二十六年四月十三日(1900 年 5 月 11 日)

香远回信求季迪带去，即面致之，并谢过访未及晋接也。

《翁氏家书》第十八册

致翁奎孙函

光绪二十六年四月十八日(1900 年 5 月 16 日)

昨还山庐尚早，牡丹开足矣。欲买蚕豆备客，至仅野蔬。汝病

① 即福山。

甫愈,恐未能来,一则劳乏,一则风寒也。吾服生牡蛎一两似佳,西蠡云较决明为胜。伊处西席近亦患此,得此则肝火顿平,但不宜常服耳!鼎臣侄孙。瓶叟。十八日。

未刊稿,苏州市博物馆藏

致翁顺孙函

光绪二十六年四月十八日(1900 年 5 月 16 日)

日日得函,良慰。三日未延王医,意在静养,不欲以润药通腑也。饮食增(所虑不节),语言健,惟大解未下耳!有柳冠群者从周庄来为吴学如诊视,闻尚未到,(子备方云已弃去,升儿茫然不知。)欲邀一看。恽老太太何时回常?松云欲退,果否?汝局事家事并集,无庸前来,此时情形非前日之比,勿悬悬也。四月十八日。松禅。

《上海图书馆藏翁同龢未刊手稿》第 392—393 页

致俞钟銮函

光绪二十六年四月二十三日(1900 年 5 月 21 日)

藤花糕荐而后尝,可胜感泐。稼老未通问,何以慰之。南门产科闻屡邀诊,曩在京师多用修园法有验,今捡本附阅。金门吾甥。名顿首。二十三。

《翁松禅(同龢)手札》第一册

致吴鸿纶函

光绪二十六年五月十一日(1900年6月7日)

尊体渐和,能进食否?此蒸溽所至。弟昨日只早起食一顿耳。婴儿食少,勿吃瓜果为要。天气郁闷,疑尚蓄雨,水退甚迟,惟西乡较速,已落去尺许矣。慧日之议,闻彼此争截米捐以为办公,其推重先生尚是敬老之义,然亦所谓言未及之两言也。稍爽走谈,诸惟珍卫不一。弟松禅顿首。十一日。

《翁松禅(同龢)手札》第八册

致翁曾荣函

光绪二十六年五月十二日(1900年6月8日)

入山之后,块处闲寂,以至自娱。昨患腹疾,今已稍平,金君如未下乡,拟候一看,侄亦不必陪来。鹿卿眷及。瓶字。十二。

《昭代名人尺牍小传续集》卷二十一

致俞钟銮函

光绪二十六年五月十六日(1900年6月12日)

不意荫棠遽止于此,其治皖实为政绩可纪,贤甥当为作一传也。秋凉入山,已携棉衣。承注并及。松禅。十六日。

《翁松禅(同龢)手札》第一册

致翁奎孙函

光绪二十六年五月十七日(1900 年 6 月 13 日)

连夕不寐,终日愦愦,况山中梅雨过多,闷坐无聊。忽得蹇斋来书,旬日内欲来虞,往桃园观瀑,彼之清兴,正复不浅。汝届时先遣人至南泾塘一问来否?并问有同伴否?勿懒勿忘。鼎丞览。瓶庐。五月十七日。

未刊稿,苏州市博物馆藏

致俞钟銮函

光绪二十六年五月二十三日(1900 年 6 月 19 日)

鄙疾渐起,昨眠未稳。今日得回电,知大小皆愈,甚慰。意药中稍和洋参,以助气,与士翘商定用之。金门吾甥左右。瓶生顿首。二十三。

《翁松禅(同龢)手札》第五册

致俞钟銮函

光绪二十六年五月二十四日(1900 年 6 月 20 日)

水不涵木,乘春而上行,旋复代赭,自是治标,还当补肾何如?王方附上,稍暇走谈。金门吾甥。名顿首。二十四。

《翁松禅(同龢)手札》第五册

致俞钟銮函

光绪二十六年五月二十五日（1900 年 6 月 21 日）

顷闻次公疾不可为，惋叹不已，老友尽矣。寒暖无时，真难调摄也。松禅顿首。二十五。

《翁松禅（同龢）手札》第四册

致俞钟颖函

光绪二十六年五月二十七日（1900 年 6 月 23 日）

郎亭今晨解维，连日稍事酬对，兰亭册拟略缴数语，晚间可奉上也。醒梅叔殆难起矣。草草复上不次。佑莱贤友。龢顿首。即日。

《翁常熟手札》第三册

致吴鸿纶函

光绪二十六年五月二十八日（1900 年 6 月 24 日）

赵联有所感触，故云云。名满江南，下至走卒儿童，太息竟传高士死；病馀法喜，更有图书花木，护持全赖后人贤。

法喜不切侧室，然坡诗我室惟法喜，盖谓朝云也。

《翁松禅（同龢）手札》第九册

致吴鸿纶函

光绪二十六年六月初一日（1900 年 6 月 27 日）

老年人肝阳上冲乃常事，似非虚也。闻昨访金门，则足力尚支，但须防跌，出门须带一粗人为妙。弟所患正与尊疾同，肘有仆从扶将也。昨吃甘蔗浆，徐徐咽之，头目为之一清。承示云云，知传者之妄，然情形可想矣。名另具。六月朔。

未刊稿，苏州市博物馆藏

致俞钟銮函

光绪二十六年六月初一日（1900 年 6 月 27 日）

北事渺然无闻。《名医类案》二十部奉还。架上有示朴先生注《义山集》，付来一观。金门吾甥。松禅顿首。六月朔。

《翁松禅（同龢）手札》第二册

致费念慈函

光绪二十六年六月初三日（1900 年 6 月 29 日）

西蠡贤友足下：

画扇及种种墨拓拜谢不尽，乡居如入瓮，北事无所闻，若焦若赘，若涉大水而坠深谷，郡中见闻稍广，乞示大略。

舍下病者稍起，贱躯长愁丛疾，次公则竟去矣。宋碑潘画欲交航船寄呈,未知可否?即颂日安不一。兄名顿首。六月三日。西蠡先生阁下。

《翁松禅(同龢)手札》第六册

致汪鸣銮函

光绪二十六年六月初三日(1900 年 6 月 29 日)

郎亭吾弟大人左右:

别后时事百变,如睡梦中闻(辟)〔霹〕雳,初不解何以至斯极也。报纸皆讹言耳!乡僻尤不足道,郡城繁会,官场较确,若内中文字则无一不确,祈示大概,慰此焦忧。走头眩时欲倾跌,家中病人皆起,非昔[①]竟去,仙乎!仙乎!宋椠两种屡欲交航船寄,又恐未妥,故迟迟。西蠡函,祈转交。敬颂日安不一。兄名顿首。六月三日。如赐答,乞草书。

《翁松禅(同龢)手札》第九册

致俞钟銮函

光绪二十六年六月初四日(1900 年 6 月 30 日)

鸥笺奉还。孟朴[②]来,了无所闻也。愚顷臂病,畏热甚。松禅。

《翁松禅(同龢)手札》第一册

---

① 指赵宗建。

② 指曾朴。

致费念慈函

光绪二十六年六月初五日晚(1900 年 7 月 1 日)

两君子过我,致手书备问深意。两君口述新事在然疑间,最后一语,日内必分晓,盼续示也。帖画当由鸥波寄还,草草奉答不次。名顿首。初五夕。

《翁常熟手札》第一册,影印本

致费念慈函

光绪二十六年六月初七日(1900 年 7 月 3 日)

顷得鲟信[①],知禁方不传耳。无肘腋一语也。宋碑四册一匣、潘画一册带套,遣仆孙意赍呈。

《翁松禅(同龢)手札》第六册

致汪鸣銮函

光绪二十六年六月初七日(1900 年 7 月 3 日)

《吴郡图经续》三册,一函匣;《参寥集》四册,一函匣,并外匣,遣仆赍呈。

《翁松禅墨迹》第一册

---

① 指汪鸣銮致翁同龢信。

致汪鸣銮函

光绪二十六年六月十二日(1900 年 7 月 8 日)

山庐奉手教,困顿蒸郁,如饮琼浆。酷热数年所无,实不支矣。近事所闻多骇,窃冀妄传。二矛逍遥盖不得已,当须复令耳。承习隶销暑,斯、冰笔力,俯视钟、梁。腹泻谅平,瓜耳宜避。北墅不欲再过,其门户颇难支持。《鲁峻碑》夙所企慕,藏碑者风雅之士,倘不吝见示,或交航船如何?徐君盛惠,阙然久不报,极惭悚也。经士、又申甚颠沛可悯,吾家子姓尚有漂泊未归者,嘻,殆矣!顷入城迫夜,力疾不一。敬颂暑安。兄名顿首。十二夕。

《翁松禅(同龢)手札》第九册

致俞钟銮函

光绪二十六年六月十二日(1900 年 7 月 8 日)

医书一本奉还,奴子吐血已止,仍求士翘诊之。扇二叶并去。顷入山不一。松禅白。十二。

《翁松禅(同龢)手札》第七册

致叶寿松函

光绪二十六年六月十二日(1900 年 7 月 8 日)

旭翁住址未详,今有一函,伏望代寄。查本年十二月大寒后十日,除子、丑、未三日皆有冲克不可用外,止有四、五日可用,而十七日又与贱命冲,二十三则立春前一日矣,是以缕陈,请决释先示也。

宽斋左右。松禅顿首。十二日。

《上海图书馆藏翁同龢未刊手稿》第244页

致俞钟銮函*

光绪二十六年六月十二日(1900年7月8日)

来件辄留,感佩,乞转致。昨李玉舟家书,二十一发。前门外焚十馀家,同乡人皆逃避,此确信也。孝章此行必有事,须后问。十二日。

《翁松禅(同龢)手札》第七册

致俞钟燮函

光绪二十六年六月十四日(1900年7月10日)

大暑不复近笔砚,送来属书之件,秋后报命。此复调甥左右。瓶庐白。六月十四日。

《昭代名人尺牍小传续集》卷二十一

致汪鸣銮函

光绪二十六年六月二十一日(1900年7月17日)

精钞秘笈,得读为幸。感事怀人,百端交集也。又申①闻南来,

---

* 查翁同龢日记,是年六月十一日有曾孟朴自郡城回,告知八国联军进攻北京事。又,"李王舟家书,二十一日发,云城内外焚烧千馀家,同乡人均已迁避"。

① 又申,又作幼申,即翁炯孙。

或云赴延庆州，羁旅无归，令人怅望。走自十一起，头眩牙痛，其中卧床两日，不食者五日，今乃渐起。草木之躯，独支吾于严风烈日中，甚无谓也。岳岳数公，止持目下，尊论极是。仪叟①进止不可知，近事则渺然无所闻。严批苏诗早晚寄缴，即请日安不一。兄名顿首。二十一日晚。

《翁松禅（同龢）手札》第九册

致费念慈函

光绪二十六年六月二十二日（1900年7月18日）

来示备论古书正伪，可谓特识，钦向之至。下走十日病暑，病起而前语茫然，顷见杭人钞《李翰林集》是真本，然尚开元时止，其馀皆伪刻。《北烬纪闻》一书疑信参半，不得谓尽语也，此间无人可读，少文松雪要是快，东雅查刻几毁，是吴中坏风气之始，大可怪叹。至《渝关战纪》、《滦河防略》谅鉴家早及之，此不过零星小种耳，其大端尚不在此也。力乏不一，有闻乞示。二十二日晚。名顿首。

《翁常熟手札》第一册

致翁曾荣函

光绪二十六年六月二十三日（1900年7月19日）

乘风回城，与猛省谈□□，欲婆娑于市，又嫌休其蚕织耳。脑

① 指李鸿章。

后结核,敷药期三日出脓,今第几日耶?若未愈,定医□,隔壁天老疾不退,将看之,来函告诀可叹,乡间颇有虚症,周耕安甚重。予药予方,彼疑信参半也。二十三日。

《翁氏家书》第十八册

致俞钟銮函

光绪二十六年六月二十七日(1900年7月23日)

山中草得次公墓志,今送览,烦订正而绳削之,幸甚,勿急还也。诸书收悉,两图得应北细绘,甚感。欲借所藏《苏州新志》前十册,一捡毕再换。邑志稿尚有十馀本,容续送。令媳全愈否?农田既苦潦,今复苦旱,奈何?鹤年耐苦,足立事,可敬也。荆门吾甥。瓶隐顿首。二十七日。

《翁松禅(同龢)手札》第一册

致俞钟銮函

光绪二十六年六月二十八日(1900年7月24日)

子范函奉还,李信南从子姓索回奉去。本科乡试改明年三月,会试八月,此六月十六日明发,昨郡中始接到也。无竞佳健可喜,避暑养气为要。又申已往延庆州。两浑。

《翁松禅(同龢)手札》第二册

致俞钟銮函

光绪二十六年七月初三日(1900 年 7 月 28 日)

示及,咏春滞留通州,不知何以不去。另示苏信,不知何人手笔,阅之增悸。知名。初三。原信奉还。

《翁松禅(同龢)手札》第七册

致汪鸣銮函

光绪二十六年七月初四日(1900 年 7 月 29 日)

手教至,眠食胜常为慰。尊府稚弱想已安,则又甚念也。毒热孱病不支,飞蝗蔽天,吁,可怕!吴君殷殷,深感其意。三衢速了乃佳,具区亦政可□耳。瓜果不可多食,诸惟珍卫不次。兄名顿首。初四日。

苏诗夹板前竟遗忘,今寄。洞庭甘桃极妙,谢谢。楹联汇刻收到。

《翁松禅墨迹》第一册

致汪鸣銮函

光绪二十六年七月初八日(1900 年 8 月 2 日)

日来病暑不可支,山居西向,城内蜗庐蒸湿也。承示感切,由此得远人消息,一家饿隶将若之何?使星过吴会,当可一谈,但得大段平稳，徐思补救耳！

严批苏诗已请人临一本，兹由航人寄还，乞捡入。徐翰卿有张则之画卷，次公在日已交还，（赵坡生之室近又化去）未知收到否？徐来适未晤也。专请暑安不一。名顿首。七月八日。

顷北山有蝗趯趯欲起，奈何。

《翁松禅墨迹》第一册

致俞钟颖函

光绪二十六年七月十一日（1900 年 8 月 5 日）

龚志精钞十二册，容读竟奉缴。佑莱贤友观察。名谨复。十一日。

《翁常熟手札》第三册

致俞钟銮函

光绪二十六年七月十四日（1900 年 8 月 8 日）

日昨频辱致贺，得无烦扰，且羊酒之费亦泰甚矣。感愧兼集，尚未走谢。郡中之行，当在何日，试寓当预定也。愚近又发腰膂之疾，今日须入山静摄，俗事推拨不去也。金门贤甥。松禅顿首。十四。

《翁松禅（同龢）手札》第五册

致俞钟銮函

光绪二十六年七月二十日（1900 年 8 月 14 日）

迩日体气想佳，贤郎安善。愚疲乏畏寒，尚未诣谢，甚歉。趁韵赋诗，聊尔破闷。京信接到，此月十日所闻，与此同。金门贤甥。

松禅顿首。二十日。

《翁松禅(同龢)手札》第四册

致俞钟銮函

光绪二十六年七月二十一日(1900 年 8 月 15 日)

来件奉缴,顷得郎函,略如所述,惟无明老一语耳!时事如此,奈何?二十一日。

《翁松禅(同龢)手札》第七册

致翁奎孙函

光绪二十六年七月二十六日(1900 年 8 月 20 日)

桑榆晼晚,百病交攻,生意索然,不知左腕何以忽然酸痛,旬日未痊。今服士翘药得少瘥,晴暖后不知复原否?此致鼎丞侄孙。瓶庐。二十六日。

未刊稿,苏州市博物馆藏

致俞钟銮函

光绪二十六年七月三十日(1900 年 8 月 24 日)

承示悉种种,朱三语未喻。愚气渐舒,头犹重耳!秋气至,起居安胜不一。三十日。

《翁松禅(同龢)手札》第五册

致汪鸣銮函

光绪二十六年八月初一日(1900年8月25日)

承手教,知鲁峻碑收到,尊处所见留者何字?今断烂处若何?是否系华山本?抑太原本也?此间无谈碑之客,孤陋无闻,祈频示,以开茅塞。敬颂秋安。名顿首。朔日。

《翁松禅(同龢)手札》第十册

致汪鸣銮函

光绪二十六年八月初七日(1900年8月31日)

朵云忽至,读之,始知客所传非妄也。禁方不传,然乌能终秘,果尔即秦越人亦敛手矣。痈疽之病既溃,而快者一发则不可疗此溃痈也。观汤头歌诀,似亦有人在。走怔忡大作,食多于平时。两宋刊拟专人送缴,敬颂起居万福。名顿首。初七。

《翁松禅墨迹》第一册

致翁曾荣函

光绪二十六年七月(1900年8月)

顷闻隔河草屋三间火,想惊骇,此事真可怕也。前日南门各船厂事,城内以为奇光,咫尺如此,若暮夜有戒,亦懵然矣。

《翁氏家书》第十八册

致翁曾荣函

光绪二十六年七月(1900年8月)

上海两件不必去问,伊欲寄京也。此时正裁人,何苦渎之。大保傲甚,所喜者无猥琐世俗之好,与我相合,然如住三峰寺亦太高矣。伊曾有策题五道留我处,其意欲送与出差人,可得数十金。却未明言。昨信云寒士生涯云云,妄甚,可告伊我不会卖此等物事也。吴儒卿家事,我已备悉,如何救得?所谓天教梼杌降家门也。看来此老必气杀,若光景过不得,我当略助老友,只此君也。

《上海图书馆藏翁同龢未刊手稿》第567页

致吴鸿纶函

光绪二十六年八月二十二日(1900年9月15日)

赵方化湿扶脾最稳,今日泻止否?骤凉尤宜慎重。弟今早入城,明日又须到山,有生客在此也。敬候健安。云孙外症,极念,须忌口。弟名顿首。

未刊稿,苏州市博物馆藏

致吴鸿纶函

光绪二十六年八月二十三日(1900年9月16日)

夜来如何?祛湿扶脾当见效也。弟安闲而不免奔走,俟入城,当奉访。如有手札,可交舍间。二十二晚。

王君方祈付一观。

未刊稿，苏州市博物馆藏

致俞钟銮函

光绪二十六年八月二十五日（1900 年 9 月 18 日）

欧象等拜领，朱拓亦收到，其价迟刻送缴。拓工留数日，甚费延接也。稼翁病稍愈，西门之行似可稍缓，缘主者起迟又畏寒不出耳！金门吾甥。松禅顿首。二十五。

《翁松禅（同龢）手札》第二册

致俞承莱函

光绪二十六年闰八月二十七日（1900 年 9 月 20 日）

隶课日精，楷书亦平正无俗笔，更望将五经细细讲肄也。苏州出案当在日内，甚盼。《常昭合志》十二本、《琴川志补注》四本、《钱志》十本奉还。秋暑未阑，体中何如？渭阳心宗阙里语必遵行。弟一病七十日，弱不能支，肝木徐降，杖于寝室，竟未克即来，惭负已极。菲啬希俯纳，馀俟晤悉。名心叩。

《翁松禅（同龢）手札》第九册

致吴鸿纶函

光绪二十六年八月二十八日（1900 年 9 月 21 日）

手札承示，尊候未和，泄泻定是暑湿。今送种参二枝，略蛀；丽参二枝，尚好；祁术四枝，乞备用。午时茶两块并呈。馀面谈。弟名顿首。二十八日。

未刊稿，苏州市博物馆藏

致俞钟銮函

光绪二十六年八月二十九日（1900 年 9 月 22 日）

稼翁能进食饮大佳，明日午后可嘱连城叔侄到西门晒麦场一观也。金门贤甥。松禅顿首。

《翁松禅（同龢）手札》第五册

致吴鸿纶函

光绪二十六年闰八月初一日（1900 年 9 月 24 日）

尊见极是。金门之言亦允。来方并缴上。初一。

未刊稿，苏州市博物馆藏

致吴鸿纶函

光绪二十六年闰八月初四日（1900 年 9 月 27 日）

王君系新交，所用各药，乞斟酌。稼翁尊右。名顿首。初四。

未刊稿，苏州市博物馆藏

致吴鸿纶函

光绪二十六年闰八月初六日（1900 年 9 月 29 日）

风燥乃旱征，为之焦虑。得示承尊体未平，不出房户，静养固妙，然水泛作欧。尊体稍和，还宜调卫，大约宜暖不宜燥耳！米饭怕吃,面食何如? 久不雨,秧未插,棉亦伤,可虑,可虑! 佛手仍送上。知稼先生。弟松禅顿首,初六。

未刊稿,苏州市博物馆藏

致俞钟銮函

光绪二十六年闰八月初六日(1900 年 9 月 29 日)

缪公朱卷摹取福本,三百年后发此光怪。亦吾邑故事也。公先居常熟。台山君子何至有西谿杀我语,拟为辨之。

日昨见顾失候,今又往山中,仆亦殊闲闲也。

尊府安善,无竞先生已愈,惟其家药罐不断。愚头眩渐轻,饭食益少。昨游山寺,归甚疲苶。清风戒寒,西向怅望。诸郎想皆用功。幼楞通问不一。金门左右。松禅白。闰月六日。

《翁松禅(同龢)手札》第五册

致药龛和尚函

光绪二十六年闰八月初九日(1900 年 10 月 2 日)

退谷《消夏记》二册奉还,惟鉴。药公座下。松禅顿首。初九日。

未刊稿,原件藏常熟市文管会

致翁寅丞函

光绪二十六年闰八月初十日(1900 年 10 月 3 日)

缉览:得初八函,甚慰。笏、惠聚首,大是佳事。闻要照一小像，亦大好也。残暑尚炽，中怀如焚，西望长安，神驰目极。吾头眩稍平，医云肝阳，试问此肝何药可疗哉？笏等归所闻不过尔耳。菉卿往苏，吾不谓然。信来夜不得寐，馀无他。病后劳顿，实非所宜，是否往萧家巷，来信亦未之及也。顷得初九函，已移舟城内，想登岸矣。此间昨又阵雨，稻秀将齐，各宅皆安。笏微咳嗽。邵宅全眷得归。咏春憔悴而无病。至吾仆锁儿则德州一往后竟杳然矣。顷闻儒珍故于寿州，为之惊诧，前月回常，尚来一晤也。时事如此，大家努力。山居稍静，城市喧卑殆难处。馀不赘。闰八月十日。松禅。

《上海图书馆藏翁同龢未刊手稿》第410—412页

致药龛和尚函

光绪二十六年闰八月十一日（1900年10月4日）

篮舆过访，归途想佳。属书之件，草草塞责，今送还。单款五付，僧款三付，横扁一，卞画一，杨画一。白雀额如要刻，须重写也。铜章拜领。西亭画漫题奉还，以博一笑。药龛长老。松禅居士顿首。十一日。

未刊稿，原件藏常熟市文管会

致俞钟銮函

光绪二十六年闰八月十三日（1900年10月6日）

尉梅先生《虞乡志》六册收到，读竟即还。济之前日归途得无劳顿？不一。名顿首。十三日。

《翁松禅（同龢）手札》第四册

致俞钟銮函

光绪二十六年闰八月十四日(1900 年 10 月 7 日)

邓先生《虞乡志略》乃翊廷,非尉梅翁也。读竟奉缴。娄敬说行,事难预度。不一。顿首。名。十四。

《翁松禅(同龢)手札》第四册

致俞钟銮函

光绪二十六年闰八月十五日(1900 年 10 月 8 日)

久未看沪报,今有人传示,则初一日明发二道具在,未知入览否?可觅观也。顷见幼楞函,甚慰。其姻事定何日?似十月为宜。顽体已复,并闻。望日。

《翁松禅(同龢)手札》第五册

致俞钟颖函

光绪二十六年闰八月十六日(1900 年 10 月 9 日)

孱躯病暑,尚未全平,承惠食品,感甚。平粜事鼎力肩承,斌特追随耳。乡里办事最难也。复颂侍安。名另具。十六日。

《翁常熟手札》第三册

致吴鸿纶函

光绪二十六年闰八月二十一日(1900年10月14日)

香稻一斗已吃不尽,况五斗耶?饱德深矣。弟还城当奉告,请过我一谈。知稼先生。弟松禅顿首。二十一日。

《翁松禅(同龢)手札》第八册

致俞钟銮函

光绪二十六年闰八月二十三日(1900年10月16日)

香橼佳品,承惠可喜。吾此才大如弹丸也。石香[①]未获继见,送诗郁律感慨,阅之三叹。调卿二首曾和韵,因不好,不欲写出耳!金门吾甥。松禅复。二十三早。

《翁松禅(同龢)手札》第五册

致张謇函

光绪二十六年九月初三日(1900年10月25日)

季直贤弟足下:

数月来日在嗟诧,沉瘔中以我之悬悬于足下,知足下思我无已时也。病状无足谈,寒战愈剧。时事奈何,纱厂、土税两事在足下为小试,而以贞固成之,民赖以福,馀事愿尽力推行。百岁酒正思

① 刘继增,号石香,无锡人,俞钟銮好友。

配制，承惠适如所欲。椒鸡异味，平生未尝。山药、百合，此间所产，迥不如江北，得之可以卒岁，珍感不尽。适归自山中，孔纪[①]来，面询起居，想必讶余憔悴也。灯下目昏不一。即候日祉。友生名顿首。九月三日。

《翁松禅致张啬庵手书》

致费念慈函

光绪二十六年九月初六日（1900 年 10 月 28 日）

西蠡吾友足下：

尊体有瘳，祥琴已鼓，正深钦迟。昨郎翁来，闻又患腹疾，今已止否？驰系之至。昨报传有榕全语，固知其妄，然天涯断雁，闻声辄惊，颠涉如此，亦正可虑。足下曾得其消息否？走寒战偶发，头眩则剧矣。即颂日佳不一。兄名顿首。初六。

《翁松禅（同龢）手札》第六册

致费念慈函

光绪二十六年九月初十日（1900 年 11 月 1 日）

闻《鲁峻》已购得，可以见让，此第一快事，韩敕得双矣。何日来虞，延企之至。再颂日安。名顿首。初十日。

《翁松禅（同龢）手札》第六册

---

① 张謇南通大生纱厂驻沪办事员。

致药龛和尚函

光绪二十六年九月十三日(1900 年 11 月 4 日)

佳菊二十盎,新茗一封,清贶稠叠,感愧无似。霜寒惟道体安胜。人还不一。松禅顿首。药公大和尚侍者。十三日。

未刊稿,原件藏常熟市文管会

致翁奎孙函

光绪二十六年九月十六日(1900 年 11 月 7 日)

寒食日大雨纷然,红一扫几尽,殊可惜也。明日放晴,当先至北山扫墓。午前须待我在城外,乘山轿可也。鼎丞侄孙览。瓶隐。十六日。

未刊稿,苏州市博物馆藏

致俞钟銮函

光绪二十六年九月二十六日(1900 年 11 月 17 日)

归尚早,步履平,甚慰。山气寒,不特早晚披裘也。入城当奉诣,借归文一观。金门贤甥。名顿首。二十六日。

《翁松禅(同龢)手札》第五册

致俞钟銮函

光绪二十六年九月二十七日(1900 年 11 月 18 日)

奉借园沙先生《批归集》一阅,数日即还。顷因远客来虞,须略与将接也。即候日佳。松禅白。二十七日。

《翁松禅(同龢)手札》第四册

致俞钟燮函

光绪二十六年九月二十八日(1900 年 11 月 19 日)

《守虞日记》欲留抄副本,此何人所作?能详其名否?馀晤谈。渔隐词人。名顿首。

《上海图书馆藏翁同龢未刊手稿》第 443 页

致俞钟銮函

光绪二十六年九月二十九日(1900 年 11 月 20 日)

归集两部,一奉还,一奉阅。宝云批粗校,略同。若有漏略谬讹处,烦随手签记也。适客远来,殊琐碎。金门贤甥。松禅白。二十九。

《翁松禅(同龢)手札》第一册

致翁寅丞函

光绪二十六年九月三十日(1900 年 11 月 21 日)

缉览:惠归,得悉近状,食稍增,貌加丰,可喜,可喜。寅鄂行何日首途?天寒风起,亦可念也。吾此平平。昨汤美士来此,美士者,伯述之子,承继二房者,缠扰甚多不必论,伊出赵伯远踪迹,我则茫然。上海皖人多,如龚心铭兄弟必知其详,须开一现在住处。

向在南京,今闻归里,王少谷似谈及。汤此来磨我不过,此一节尚易了,馀尚多。故托汝代询明白也。切切。时事如海,莫测深浅,总之,看残冬举动。家事亦五角六张。吾近体不佳,先秘结,今泄泻,大致支持耳!迫夜作此。问合寓安好,诸事谨慎,立定主意为要。九月晦。松禅。

《上海图书馆藏翁同龢未刊手稿》第413—414页

致翁奎孙函

光绪二十六年十月初六日(1900年11月27日)

衰病日侵,愦愦然,非故我也。与亲朋交接,所谈辄忘,惟有安坐山庐,还得偃仰自适耳。之缮有回信否?甚盼。鼎臣览。瓶庐字。六日。

未刊稿,苏州市博物馆藏

致俞钟銮函

光绪二十六年十月初八日(1900年11月29日)

龢启:菊花虽残,霜枝无恙,能来一赏否?李诗乞转赠毅庵,以旌其刻保闲集也。暇再诣谈不一。金门吾甥。八日。

未刊稿,常熟市文管会藏

复俞钟燮函*

光绪二十六年十月初八日(1900 年 11 月 29 日)

昨自山归,适炯孙转海旋里,与谈,遂未省他事。今读刘君诗,极深惋惜,不能属和耳!《寄沤图》裁纸交来,不知石翁何取此颓唐之笔也。住山患腹疾,甚困,幸已平。调卿吾甥。松禅复。初九日。

《松禅老人遗墨》卷下

复俞钟銮函

光绪二十六年十月初九日(1900 年 11 月 30 日)

昨书未复,兹又得函并耿公水利十五册,甚惬鄙怀,其〈直〉值须午后奉去也。昨方润适,若能过诊,固所愿也。馀面谈。金门左右。松禅顿首。初九。

《翁松禅(同龢)手札》第四册

致俞钟銮函

光绪二十六年十月初九日(1900 年 11 月 30 日)

炯孙得归与谈,遂至秉烛。愚腹疾已止,而气体殊弱,风寒不

---

* 查翁同龢光绪二十六年十月初八日日记,有:“炯孙来见,话京师事,悲诧不已。谈至黄昏,真相对如梦寐矣。”与函中“适炯孙转海旋里”相吻合。“寄沤图”系无锡人刘石香所绘。

知秦陇何如也。金门吾甥。松禅顿首。初九日。

《上海图书馆藏翁同龢未刊手稿》第457页

致翁斌孙函

光绪二十六年十月十六日(1900年12月7日)

顷季迪来云,疮系风湿,避风为要。纸卷当明早写之。今午必须入山,否则笔墨不便也。诸惟慎护,免余悬念。天晴思十八往散墩看花。十六。

《翁氏家书》第十八册

致俞钟銮函

光绪二十六年十月二十二日(1900年12月13日)

木瓜、皮糖,苏扬佳物,感谢,感谢。旧抄耿公水利极欲观,难于购置矣。金门吾甥。松禅白。二十二。

《翁松禅(同龢)手札》第四册

致俞钟銮函

光绪二十六年十月二十三日(1900年12月14日)

赵君刻印,一古雅,一精密,珍感之至,祈先为致谢。耿侯《水利书》草草读过,叹仰古人勤民之意。此书必应收,而价重不能收,如三十元可得,或勉力收之。入城百事并集,县试改期,有诸两贤郎工夫必纯熟,住船则寒暖一切均须留意也。金门左右。松禅白。

《翁松禅(同龢)手札》第一册

致俞钟銮函

光绪二十六年十月二十四日(1900 年 12 月 15 日)

耿书略读,渊哉言乎!价重难得。欲闻其卷第若干?今装几册?区图最细,似有七八册,其一册据《苏州府志》钞入,则非原书矣。又未审曾刻过否?金门足下。名顿首。二十四日。

《翁松禅(同龢)手札》第四册

致俞钟銮函

光绪二十六年十一月初四日(1900 年 12 月 25 日)

秋气在微茫间,孱躯与为消息,腰渐愈而腹不调,眷聚想安善。金门左右。松禅顿首。初四早。

《翁松禅(同龢)手札》第四册

致俞钟銮函

光绪二十六年十一月初九日(1900 年 12 月 30 日)

书摊断烂,如有钞本,可收一二,馀无所需。两郎论策想佳。医水慎饮。尊府平安。鄙况如常。初九。

《翁松禅(同龢)手札》第一册

致俞钟銮函

光绪二十六年十一月初十日(1900 年 12 月 31 日)

晨倦卧,失晋接。贱恙已解,惟中气甚弱,医用沙参,当渐愈矣。承念奉白不一。金门贤甥。松禅。初十日。

《翁松禅(同龢)手札》第一册

致翁奎孙函

光绪二十六年十一月十三日(1901 年 1 月 3 日)

粉白黛绿,致病之源,之缮到沪就医,甚不安也。今午拟买舟入城,兰升约其明日来诊。鼎臣览。瓶叟字。十三日。

未刊稿,苏州市博物馆藏

致汪鸣銮函

光绪二十六年十一月十五日(1901 年 1 月 5 日)

郎亭老弟阁下:

日来奉读手教,猥以之廉授室,吉语远颁,并蒙珍赐。兄在山中如游五岳,顾兹豚犬何足辱,长者隆意而殷殷,如此感愧,非言可喻,即日起居增胜。

兄自冬至后,屡发腰膂旧疾,举笔辄作,山庐虽僻,犹时闻叩门声。时事大难,每阅报则耿耿不寐,不寐何如?廙轩中丞[①]黄鹤暂息,尚念江乡故人,贻书致珍食,其郎君曾否来吴?其字亦未悉,此信由尊处转寄,敢乞详示。望雪已久,今睹彤云,或得六花之瑞。畏寒又不敢近炉火,衣重举动瑟缩,夜梦则时在左右也。筱翁安健,西蠡萧闲,晤时道念,谢函另具,先此中意,不尽欲言,即请日安。潭弟均吉。兄龢顿首。十一月望灯下。

《翁松禅相国尺牍真迹》第十二册

致俞钟銮函

光绪二十六年十一月二十四日(1901 年 1 月 14 日)

前日山行劳顿否?东南风深盼雨,明日可泊吴塔,仍恐寒暖不时,皮衣亦须备带也。前者自苏回,珍馈多品,此行约勿以苏物见贻,惟饫芹香一味耳!金门贤甥。松禅顿首。二十四。

《翁松禅(同龢)手札》第一册

致姚湘渔函

光绪二十六年十一月二十四日(1901 年 1 月 14 日)

黄匠师到否,所带帖包即交来送彩衣堂。湘渔先生。二十四日。松禅。

《翁文恭公手札》

① 俞廉三,字廙轩,浙江山阴(今绍兴市)人。时任山西巡抚。

致翁斌孙函

光绪二十六年十一月二十四日(1901 年 1 月 14 日)

昨归,看来函,尤详尽,要之不求速效,仍责有效否?阴雨变为雪,恐伤麦。闻东乡请赈,议动积谷,南乡议修圩,方募资也。昨谈乏否?惠在途遇之。二十四未初。

《翁氏家书》第十八册

致俞钟銮函

光绪二十六年十一月二十五日(1901 年 1 月 15 日)

《会稽山斋集》欲一翻,希交来。管志价若干,并开示。金门贤甥。松禅顿首。二十五。

《翁松禅(同龢)手札》第四册

致俞钟銮函

光绪二十六年十一月二十六日(1901 年 1 月 16 日)

适有三客同舟来访,须款接,午后或傍晚当笔谈耳!次辂贤甥。松禅。二十六。

《翁松禅(同龢)手札》第二册

致俞钟銮函

光绪二十六年十一月二十七日(1901 年 1 月 17 日)

雪晴风未止,若考寓已定,可迟一日也。早间客在座,遂未晤谈。愚腹疾馀波,胃气渐可。管志[①]价若干,示意。诸惟珍重。次辂贤甥。松禅。二十七日。

《翁松禅(同龢)手札》第二册

致俞钟銮函

光绪二十六年十二日初四日(1901 年 1 月 23 日)

新年戬谷为颂。闻知稼先生亦被签提,有诸友声之谊,用是悬悬,希示。金门吾甥。松禅顿首。初四日。

《翁松禅(同龢)手札》第七册

致姚湘渔函

光绪二十六年十二月初五日(1901 年 1 月 24 日)

今日树碑后,即请留此,万勿再往北山。烘糕如携在船,可令粗人挑送兴福可耳!一切费神,感之。今日饭后,烦雇熟船到西山丙舍,并携行李来,敝处可以下榻也。专此奉候。湘渔先生左右。

---

① 即明代管一德所著《常熟文献志》。

松禅顿首。初五日。

《翁文恭公手札》

致俞钟銮函

光绪二十六年十二月初五日(1901 年 1 月 24 日)

志书十八本,借观数日,欲乞代购言志一部,不汲汲也。微雪菜麦少苏,冀得连雨耳。金门贤甥。松禅顿首。五日。

《翁松禅(同龢)手札》第一册

致俞钟銮函

光绪二十六年十二月初七日(1901 年 1 月 26 日)

金门足下:

连雨,想寓次清吉,童试诗古已发案否?愚往来山城,尚称健胜。府上皆安,织孙昨发旧疾,服士翘方已平。湘官亦渐愈,惟下人皆新者,呼应不甚便耳。顷自山中归,远客来访,意绪烦(琐)〔燥〕。此问近佳不一。松禅顿首。初七日。

《翁松禅(同龢)手札》第一册

致姚湘渔函

光绪二十六年十二月初九日(1901 年 1 月 28 日)

今有要事,务望即日移舟见顾,以便面商。地形北面较窄,似须靠住主穴,且须铲平二尺,方合式也。馀晤谈不次。名顿首。湘渔先生左右。初九日卯。

《翁文恭公手札》

致姚湘渔函

光绪二十六年十二月初十日(1901 年 1 月 29 日)

雨甚,颇闷。承择吉时,想经择定。明日尚须将亲丁生肖看有无宜避也。今日酉正方能回城面谈。湘渔大兄执事。名顿首。初十。

《翁文恭公手札》

致汪鸣銮函

光绪二十六年十二月十二日(1901 年 1 月 31 日)

手书慰怀,南塘芡实,可鬻可屑,忆在高斋频啜之,得此倾筐,足御冬矣,感谢,感谢。西笑已确,日远奈何?走自秋分后,腹疾未平,惟昏然嗜卧。空山风雨,辄思良朋,足下与悆、蠡是也。蔚来未晤,诸友遄归,亦幸矣。草草不次。名顿首。十二日。

《翁松禅(同龢)手札》第十册

致费念慈函

光绪二十六年十二月十三日(1901 年 2 月 1 日)

西蠡吾友阁下:

晤谈为快。别后忽患下痢,辗转三昼夜,平生未尝如此,然伏热因而尽去。三君来访，草草一叙，喜闻足音，烟碟铭语，敏妙斗庐，老眼细刻，物意双重，极感泐也。白石神君碑漫题数字，鼻陋可笑，即拟交航寄呈，阴雨恐浥损，故迟迟。贞元之人论回斡之机也，钦诵不尽，敬候时安。晤斗庐致谢。兄名顿首。

《翁常熟手札》第一册

致姚湘渔函

光绪二十六年十二月十三日（1901 年 2 月 1 日）

顷到山周视，金门以乙辛为妥，主碑亦乙辛向，则四面合式。明日仍请来山下盘，乞午前来此。拉线，画定灰样，以免纷歧也。湘渔先生青览。名顿首。十三日。

《翁文恭公手札》

致翁曾荣函

光绪二十六年十二月十四日（1901 年 2 月 2 日）

大致已定，惟零碎有想不起者，已定筑灰内宜巽乾，金门乙辛，今日午刻兴福动工，已令姚升代往。吾侄当代布置，如兴福山须去，粗人听呼唤否？十八日到山时，须茶担否？并拟请湘渔在此照料，如开发轿钱等，非熟手不办也。谚云麻雀虽小，五脏俱全，信哉！菉侄览。瓶庐。十四日。

《翁氏家书》第十九册

致俞钟銮函

光绪二十六年十二月十六日(1901年2月4日)

数日在城,春寒惟珍重。无竞老人以数亩馆粥受累不浅,其复书所云立复一事,岂即签提耶?又所云常已清,昭何如耶?俟面谈也。名顿首。立春日。

云苓片似尚佳,少酌,用人芝,如入药,随时捡奉也。

《翁松禅(同龢)手札》第七册

致翁斌孙函

光绪二十六年十二月十八日(1901年2月6日)

昨知菉吐红时已薄暮,今晨归看神气无碍,昨夜犹有馀波,蒋方甚妥,余尚未到,大约不出此范围。沙洲请赈,仓谷难应,十七处说却未闻,去年抚恤有册也。汝疖渐愈,仍须避风。吾体平平,寒暖不时,甚费调摄。十八。

《翁氏家书》第十八册

致翁康孙函

光绪二十六年十二月二十日(1901年2月8日)

昨示阅悉。笏辈遄回吴门,今日始达毗陵,而景又肝病虽愈,亦甚累矣。走以避客,故即日泛舟,随风东西,亦颇厌苦,流俗之迫人如此。令弟屏幅迟日再呈。严装待发,疢疾除日有意,欣贺欣贺。二十日。松禅顿首。

《上海图书馆藏翁同龢未刊手稿》第 515 页

致俞钟燮函

光绪二十六年十二月二十五日(1901 年 2 月 13 日)

手书甚慰,调摄数日即可康复。《玉海》是江藩库本,京中不甚贵。前日尊室嘱写寿对,希开示子孙官阀,以便撰句也。是否称侯母杨太夫人?调卿贤甥左右。松禅顿首。二十五日。

《上海图书馆藏翁同龢未刊手稿》第 449 页

致翁奎孙函

光绪二十六年十二月二十五日(1901 年 2 月 13 日)

嘱升儿买羊肉为岁时问馈之用,今嫌其多,顾厨制为羊脯,味尚可口,带上一盆,勿多食也。鼎丞侄孙。瓶庐,腊月二十五日。

未刊稿,苏州市博物馆藏

致俞钟銮函

光绪二十六年十二月二十五日(1901 年 2 月 13 日)

来件读悉,容录毕即还。集蓼徙薪,此其时乎?催科甚迫,小民奈何?不一。知名。

《翁松禅(同龢)手札》第七册

致俞钟銮函

光绪二十六年十二月二十八日(1901年2月16日)

数日小恙,肝疾也。承走价殷问,今渐愈,无它。阖宅平安为慰。金门吾甥。松禅白。二十八。

《翁松禅(同龢)手札》第二册

致俞钟銮函

光绪二十六年十二月二十九日(1901年2月17日)

信笺印得极精,皆彩孙为我筹画也,甚感。鹤年[①]病状如何?希示甚念。金门贤甥。瓶庐。二十九日。

《上海图书馆藏翁同龢未刊手稿》第456页

致费念慈函

光绪二十七年正月初七日(1901年2月25日)

西蠡先生足下:

航船不通,隔岁之书,至今未报,歉悚,歉悚。春序方新,鸿钧已转。伏惟著书谈道,庆舆泉流。来教之语,蒙所深服,足下岂山中之人哉?下走山庐养痾,不通宾客,不入城市。腊杪略有俗务,今已安闲。航来粗识近事,独寐永叹,亭林所谓拨乱涤污,法古用夏者,师其

① “鹤年”即胡鹤年,江苏盐城人,俞钟銮家账房。

意而不墨守其法,其此时乎?承惠新橘、盐鸭,餍饫不尽。乡居简陋,无可寄将,既感且愧也。敬颂新喜,阖府纳福。名正具。人日。

《翁松禅(同龢)手札》第三册

致俞钟銮函

光绪二十七年正月十一日(1901 年 3 月 1 日)

手函并松雪真迹,略窥南北书势,幸甚,幸甚。愚感寒小极,顷已瘳矣。即颂日佳。名顿首。十一。

《翁松禅(同龢)手札》第五册

致翁曾荣函

光绪二十七年正月十二日(1901 年 3 月 2 日)

[前缺]恽亲家虽降服已除,称祝实非礼,且不知其三代名讳,落笔甚难。昭庙对,思得两语似切:"康乐安平东渐于□,聪明正直上通乎天。"写字动称不必汲汲,实则皆有限期,且愈写愈多,昨去五大卷,尚山积也。如何如何。闻汝常偃卧,恐有难处,甚悬悬,可告我。十二。

《上海图书馆藏翁同龢未刊手稿》第 480 页

致俞钟銮函

光绪二十七年正月十七日(1901 年 3 月 7 日)

昨酣睡,今晨稍静,惟语仍蹇。似邀士翘用祛风去痰请正。金门吾甥。松禅顿首。

《翁松禅(同龢)手札》第五册

致俞钟銮函

光绪二十七年正月二十三日(1901年3月13日)

读《鲒埼亭集》,与蜃园、天多诸先生相周旋。睡起,得所惠珍果、张餭二物,皆宜于肝鬲,意欣然也。吴生想已行,不一一。松禅顿首。

《翁松禅(同龢)手札》第四册

致俞钟銮函

光绪二十七年正月二十四日(1901年3月14日)

欲约王先生到舍看晓方碑石,料量粘合之法,恐铁箍未易成也。适拟入舟不一。金门左右。承惠食物,感谢。松禅顿首。二十四。

《翁松禅(同龢)手札》第四册

致翁斌孙函

光绪二十七年二月初一日(1901年3月20日)

笏览:

疾有瘳,盖留意。水龙成,须择结实人任之,旧者尤须加意修。令坚致。张令欲来,已辞之,见客是居乡第一戒,况吾在罪籍哉!东乡平粜是要事,但闻荒者有一百图,谁查之而谁计之耶?又有议开白茆者,殆梦呓,此时公私竭蹶,能七州县摊征乎?官急催科,绅耽烟赌，噫，难矣！吾因看祠人家病，故不欲到山，然早晚亦须住。“虎”字三张漫将去。二月朔。

《翁氏家书》第十八册

致吴鸿纶函

光绪二十七年二月初五日（1901 年 3 月 24 日）

迩来尊体想清胜，咳已止否？健饭否？弟有三十年前小像，欲求老兄数字题后，但纪归田后情事，不必作韵语也。此卷仅留案头可耳！知稼老兄左右。弟同龢叩头。二月五日。

《翁松禅（同龢）手札》第八册

致俞钟銮函*

光绪二十七年二月初七日（1901 年 3 月 26 日）

赵卷奉还，乞转致，深愧拙劣。日昨诣山，归而疲苶。郊外景物殊胜。养浩贤甥。瓶生白。七日。

《翁松禅（同龢）手札》第一册

致俞钟燮函

光绪二十七年二月十二日（1901 年 3 月 31 日）

闻体中不和，已逾否？暑热如此，中原之行可已则已，乞酌示。

---

* 翁同龢是年二月初八日日记有“为赵坡生题十三行”，先知俞金门赵卷已写好，并请转致。时间当在初八日。

若来,须十四日傍晚也。名印拟数字,若古拙,则劣腕不胜;若工整,则至堂名手极多,安用老夫也。调卿贤甥。龢顿首。十二日。

《松禅老人遗墨》卷下

致赵坡生函*

光绪二十七年二月十六日(1901 年 4 月 4 日)

昨谈为慰,徐君扇面二,玉佛引首一,铁研扁一,小对一,并葵生款对一,漫涂缴,乞分致。馀晤叙不一。坡生二兄左右。名顿首。十六日。

《翁同龢手札手迹》,上海图书馆藏

致吴鸿纶函

光绪二十七年二月十九日(1901 年 4 月 7 日)

昨见王喻梅小幅,雄篇精楷,不胜叹服,然老年不必以笔墨费神也。喻梅弟仅识面,其家义庄是其手创否?抑有它事可纪否?乞略示。先生健步如常,欣慰之至,路滑宜慎也。弟清晨出游,午则否,病在阳气不敛耳!无竞吾兄先生。弟瓶隐顿首。十九。

《翁松禅(同龢)手札》第八册

---

* 赵坡生,赵宗德(价人)之子。

致俞钟銮函

光绪二十七年二月二十一日(1901 年 4 月 9 日)

山前桃花烂漫,明日已约知稼先生同游,吾甥能拨冗一行否?至盼,至盼。山庐亦略有卉木可观,在彼蔬饭何如?金门贤甥。名顿首。二十一。

《翁松禅(同龢)手札》第五册

致翁寅丞函

光绪二十七年三月初六日(1901 年 4 月 24 日)

缉览:得初四戌函并方稍慰,病已见退,惟馀邪见于面部者,确是温毒,张医妥慎,必可次第奏效,汗不宜多,便不必数,方中润下之药已撤,即发散亦减轻,甚是甚是。留昨晚想抵吴塔,中夜风作,为之悬悬。今晚搭轮,明早可到矣。热净胃气必大开,粥淡无味,只可就新赘饮之,较有味,茶慈湿少饮为宜,一切饮食得汝辈料理,无烦多嘱也。此间连阴微雨,吾亦筋骨倦懒,耳鸣如沸,连日笔墨皆废。山居牡丹已开,拟往一看,即日回舟,各宅无事。陈先生今日往塔前。昨之园派仓厅人蒋姓往,惠夫在此带汝信到塔前矣。日日有信最好,电信本可无庸,留到嘱发一电。福山之局琐琐,需索真可笑。和约种种要挟,令人发指。海运有成议否?沙船久候,栈房不空,两者皆难处之事耳!不一。汝叔以谷花粉蝉退可用,前胡荆芥可撤,试与张君酌之。初六日酉初。

《上海图书馆藏翁同龢未刊手稿》第 432—434 页

致俞钟銮函

光绪二十七年三月初七日(1901年4月25日)

桴益之说甚是,少辽缓之可耳!远客在坐,草草奉答。松禅。

《翁松禅(同龢)手札》第七册

致吴鸿纶函

光绪二十七年三月初九日(1901年4月27日)

从桂已开,明日拟篮舆奉迎,至北门外一游,期辰正行,午前归,何如?无竞先生。瓶隐顿首。初九。

《翁松禅(同龢)手札》第九册

致费念慈函

光绪二十七年三月十二日(1901年4月30日)

手教敬悉,得见莫之德《说文木部》,真眼福矣,馀件均收到。顷闻叔衡来,尚未见。昨偶发旧疾,困顿,不一。松禅顿首。十二。

《翁松禅(同龢)手札》第六册

致俞钟銮函

光绪二十七年三月十九日(1901年5月7日)

晨过君门,恐太早,未入。今拟入山,期早晚来访。苏公两册题字奉缴。零篇仍夹在内。薄荷糕诚洁香适口,谢谢。金门吾甥。

松禅白。十九。

《翁松禅(同龢)手札》第七册

致吴鸿纶函

光绪二十七年三月二十一日(1901 年 5 月 9 日)

山前有陈家浜,与烧香浜相连,绯桃盛开。顷过之,徘徊其侧,先生能携杖一观否?上岸即是,不烦步履。西距山庐极近,当烹茶煮烂饭以饷,并鸡黍亦不具,何如?迟恐花落,明日不雨,具舟奉迎,并约金门也。时局如此,非吾侪行乐之时,然流连芳草,古人不废,窃愿先生见许耳!无竞先生吾兄。弟松禅上。廿一日。

《翁松禅墨迹》第二册

致俞钟銮函

光绪二十七年三月二十四日(1901 年 5 月 12 日)

北郭之游相左,在茶亭小酌甚乐也。轻篁奉还,参两种、鹿茸小瓶一,乃前年用剩,仅此矣。入药宜酌。金门吾甥。松禅。二十四日。

《翁松禅(同龢)手札》第四册

致费念慈函

光绪二十七年三月二十六日(1901 年 5 月 14 日)

西蠡贤弟足下:

手书至,闻令弟之变,不胜悲诧,不料病后,馀波竟至于此,同气摧伤,此痛何极,然尊体益宜自摄。胃气胸结虽夙疾,然每发必剧,眠食若何?当思担荷愈重,幸自宽喻,至祷,至祷。

兄咯血未作,而气体日衰,鲜生地竟以当茶,数旬未到山庐。韩君来,先将子静三件托其携呈,尚有一件随后奉寄。病中百事都废,只题观款,幸鉴谅。斗庐所赠佳章名纸,晤时奉谢。叔衡已赴南菁[①],子培尚留嘉兴耶?珍重千万,不次。兄同龢顿首。三月二十六日。

说文木部卷匣,万岁通天帖卷匣,荐季直表册三件先缴。

《翁常熟手札》第一册

致翁奎孙函

光绪二十七年三月二十七日(1901 年 5 月 15 日)

余自春尽,痰咳,暴作鼻嚏,出涕不已;夜卧则熟寝,至明旦兴则涕唾如初。及是方小间,犹未尽除,终日偃卧而已。鼎丞。瓶庐。二十七日。

未刊稿,苏州市博物馆藏

致吴鸿纶函

光绪二十七年三月二十八日(1901 年 5 月 16 日)

昨归,想安适。查件涂奉缴。稼翁左右。弟瓶顿首。

《翁松禅(同龢)手札》第九册

---

① 指丁立钧赴江阴南菁书院任教。

致俞钟銮函

光绪二十七年四月初三日(1901 年 5 月 20 日)

久不见事长之礼,前日甥与稼翁同宿山斋,出入扶将,可敬,可敬。闻镕孙遣人来,想安好。幼楞通信否?荆门贤甥。瓶生顿首。三日。

《翁松禅(同龢)手札》第一册

致俞钟銮函

光绪二十七年四月初八日(1901 年 5 月 25 日)

归时正值风雨,深虑颠簸,得信安稳为慰。顽躯甚适,盼晴朗,肃将祀事耳!唐墅张份由航寄想妥。金门贤甥。松禅顿首。八日。

《翁松禅(同龢)手札》第四册

致翁奎孙函

光绪二十七年四月初九日(1901 年 5 月 26 日)

牙痛数日未平,以热郁血滞所致。汝须出城至山庐小住,自得渐愈,屋后新竹已成阴矣。日暮来山,当唤肩舆。鼎臣。松禅白。四月初九日。

未刊稿,苏州市博物馆藏

致费念慈函

光绪二十七年四月初十日(1901 年 5 月 27 日)

西蠡贤友足下:

韩君来,得手示,知携去卷册并到。恒斋[①]赴南菁,顷有书阻其浙行,乙盦[②]栖栖想溯江矣。

承惠广平碑侧,初意是单片,今乃精装展玩,若过奉还。大府下索拙书,谊当驰奉,实以老病废事非敢玩也,乞达下忱。所赐佳毫,谨先拜受。昨出北门,归又头眩。钟鼓鞀铎,竟夕喧然。生地、沙参等药未尝离口,而痼疾如是。新论它日请读,穿钱妙喻,鼎来解颐,此候起居安胜不一。瓶隐顿首。四月十日晨。

《翁松禅(同龢)手札》第六册

致吴鸿纶函

光绪二十七年四月十三日(1901 年 5 月 30 日)

远僧送物,留术,馀悉还,报以藏香、虎笋矣。舟泊南门外,想必当与晤,以了塔事。隔壁石老归洞庭山,寿字不知落谁手矣。知稼吾兄。弟瓶生顿首。十三日。

《翁松禅相国家书》

---

① 指丁立钧。

② 指沈曾植。

致俞钟銮函

光绪二十七年四月二十日(1901年6月6日)

明日之集以一人就众客,于是良便。书斋高敞,较胜敝庐。吾当舆至,不笠屐也。次辂贤甥。松禅顿首。二十日。

《翁松禅(同龢)手札》第二册

致俞钟銮函

光绪二十七年四月二十四日(1901年6月10日)

邑志中后附一本,如在手边,借来一捡。此诗气焰足令毅魄出地,伟哉诗也。督师句微近讦直,元臣非所敢承,请斟酌之。顷晤调卿,又族子在座,有所请,故迟答。金门左右。松禅顿首。二十四。

《翁松禅(同龢)手札》第二册

致吴鸿纶函

光绪二十七年五月初二日(1901年6月17日)

手钞一册,并赐字,均读悉,迟日再缴。《司寇公集》尚未寻得也。白木耳煮调白蜜可治肠红,今奉少许,祈试之。弟百事都废,终日昏昏。各处水灾,闻之惊悸。看《三陶集》,渺然有亭林骢御之思也。无竞吾兄。弟松禅顿首。初二日。

《翁松禅(同龢)手札》第九册

致翁曾荣函

光绪二十七年五月初四日(1901 年 6 月 19 日)

昨午后赵坡生来索次公墓铭,尚未交去。宝岩石虎间烧茅屋数间。闻城南又小火,何其多也。此间无事,周病渐愈,玉兰已开,牡丹两棵价甚浮也。菜花稀而瘦,雨少之故。农夫盼雨殊甚。吾体佳。不一。菉侄览。初四。

《上海图书馆藏翁同龢未刊手稿》第 338 页

致俞钟銮函

光绪二十七年五月初六日(1901 年 6 月 21 日)

风雨如晦,体气想佳。缪文贞朱卷欲照式誊写一过,未知可否?金门吾甥。松禅顿首。初六。

《翁松禅(同龢)手札》第五册

致俞钟燮函

光绪二十七年五月初七日(1901 年 6 月 22 日)

力疾陪远客相度兴福山陇,顷归甚惫。久旱盼雨急切。前承送瓜,甘美之至,今又惠卤鸭粉糕,感谢感谢。调卿贤甥。寒症方可用。痧药是解历散,非灵宝膏也。松禅白。

《上海图书馆藏翁同龢未刊手稿》第 450 页

致彭季良函

光绪二十七年五月初八日(1901 年 6 月 23 日)

水鸟当蓄园池,谢谢。昨承画扇极精到,感刻拓箑,涂缴。不一。叔才[①]先生。名顿首。初八日。

《翁松禅墨迹》第二册

致药龛和尚函

光绪二十七年五月十四日(1901 年 6 月 29 日)

昨夜济度,惟法履安胜,拙走"虎"字检一纸奉去,另一张乞转致法灯方丈。药公左右。松禅居士。十四日[②]。

未刊稿,原件藏常熟市文管会

致俞钟銮函

光绪二十七年五月十五日(1901 年 6 月 30 日)

虹乔先生诗,重是翦雨楼物,谨留读。西谿稿中钞出事迹亦领到。方正学字疑是伪迹,今带回志稿十四册并去。金门吾甥。松禅顿首。十五日。

《翁松禅(同龢)手札》第一册

---

① 即彭季良

② 该信封面写:"外'虎'字两张,一大一小,送三峰下院药公大和尚。"

致俞钟銮函*

光绪二十七年五月十五日(1901 年 6 月 30 日)

李画师邑志亦采入,能表章之尤好。邓君明日肯来,当于午后待之,但勿冠带耳!荆门左右。名顿首。望日。

《翁松禅(同龢)手札》第二册

致翁曾荣函**

光绪二十七年五月十六日(1901 年 7 月 1 日)

积雨不热而凉,窗纸不可缺,山中早晚须棉衣也。家中无事。带去油酥饼二十个,系净菜素油者烤透,甚适口,不可多吃。蓂侄。鼎臣父子切勿少穿衣,并可嘱同人。叔字。十六。

《翁氏家书》第十九册

致俞钟銮函

光绪二十七年五月十七日(1901 年 7 月 2 日)

缪公卷式已摹得,题诗奉正。桐生诗跋,希为订正。石农①刻

---

* 翁同龢光绪二十七年五月十六日日记,有"戊戌庶常邓君执贽未见。"邓君即邓邦杰。但在同月十六日,将此告知俞钟銮则说在十五日。显然翁同龢将时间记错了。

** 翁同龢光绪二十七年五月十四日日记载:"蓂卿至维摩拜大悲忏。"十六日,"蓂在维摩与同人修醮。信云山中寒,鼎臣著寒,今愈。"此函当写于十六日。

① 指赵古泥,常熟人,精书法、篆刻。

石不取笔资,令人抱歉。砚俟捡出再呈。松窗一本暂留。荆门贤甥。松禅顿首。十七日。

《翁松禅(同龢)手札》第二册

致翁奎孙函*

光绪二十七年五月十九日(1901 年 7 月 4 日)

连日大风雨,木拔禾偃,屋瓦飞发,乡人所谓风潮。分秧未久,农田可忧也,如何,如何。鼎丞侄孙览。长瓶。五月十九日。

《翁松禅相国家书》

致赵坡生函

光绪二十七年五月二十二日(1901 年 7 月 7 日)

尊公墓铭稿,今始录出。不佞岂足以表扬盛德,惟有愧负耳。仍俟财择。雅宜字册、拙书虎字并呈。叠承珍馈,感谢感谢。坡生二兄世长龢顿首。二十二日。

《上海图书馆藏翁同龢未刊手稿》第 219—220 页

附:翁同龢所撰赵宗建墓志铭内容如下:

庚子五月,余在山中,闻赵次公病,走视之,数留余坐而无言。越二日竟卒。呜呼,此吾邑魁奇磊落之士,亦余东阡北陌往来朋从之故人也,而今死矣。君讳宗建,字次侯,晚自号次公。其先为宋室玉

---

* 翁同龢光绪二十七年五月日记,初九日,小雨。十二日,小雨抵晚。十三日,黄昏雷电,大雨一寸。十四日,晚雨。十九日,亦洒小雨数点。半月有雨,天阴伤农。

牒，明时由江阴迁常熟北廓，是为宝慈赵氏。曾祖同汇创族义田。祖元恺，按察司经历。父奎昌，詹事府主簿，皆以义侠闻乡里。君少孤，读书务其大者，自小时辄与诸老辈辨论，上下无所回屈。尝一至京师，以太常博士应京兆试，罢归不出。而粤贼之难作，方是时，贼据金陵已八年。庚申三月突陷常州、苏州，旁略近地，太仓以东悉陷。吾邑以孤城揞其间，君将数百人驻邑东支塘。支塘，太仓之冲也。贼不得过，居数月，邑城陷。君闻警折而西，遇贼城外鏖战，部卒周金龙、虎子刚歼焉。君独身北渡江至海门，自奋曰：誓杀此贼，乃籍馀财募沙勇再渡江乘夜毁沿江卡垒，进至王市。天未明，大雾，贼倾巢出战，失利，遂还海门，而旅资则既罄矣，然犹思图再举。走上海乞师，得刘公铭传与偕，会常熟贼将以城降，君与刘公大破贼于阳舍，江以南事粗定。于是侍郎宋公荐君于朝，有旨赐孔雀翎，发两江总督曾国藩差遣。人且谓君将大用矣，而君以邑新复，善后事亟，乃谢不赴，辑流亡，掩战骨，补城浚河，从此不复问兵事。君所居宝慈里三百年旧宅也，有池台竹石之观，君葺而完之，四方名流毕凑，饮酒赋诗。君修髯丰干，顾眄烂然，诏声殷四壁。善鉴别金石图书，又喜谈禅，见者疑为顾玉山、倪云林一流，而不知其平生所蕴固不止于是也。昔我先公与君之祖叔才公友善，君之尊人亲受业焉。而君兄宗德久任户曹，余特厘其风义，故君尤昵就余，惟余亦知君最深。其卒以光绪二十六年五月丙寅，越明年十二月庚戌葬于常熟北丰三场九龙丘。恭人浦氏祔矣。子仲乐，前卒。仲举，庠生。孙士权，早夭。士策，幼学。曾孙不骞。今来请铭者，仲举也。

铭曰：世涂冥冥同一坌，见利竞骞甚则抎。爰有伟人倾厥辉，进不求荣退非隐，我铭昭之式忠愤。

《上海图书馆藏翁同龢未刊手稿》第634页

致翁曾荣函

光绪二十七年五月二十五日(1901 年 7 月 10 日)

大旱之后,村农方以得雨为喜,数日来秋稼皆烂死水中,议者谓久旱之禾得雨正如饥人得食,一饱过度遂至僵仆,来岁饥疫恐不免也。

姚升来取眼镜,属其至寺前去一修,脚不必换,换恐迟也。鹿卿览。松禅白。二十五日。

《昭代名人尺牍小传续集》卷二十一

致汪鸣銮函

光绪二十七年五月二十八日(1901 年 7 月 13 日)

郎亭先生老弟阁下:

别后靡日不思,贱体时病。病间辄登陟,归而复病,今幸瘳矣。连雨,山中屋漏,尤虑伤稼,北则长江,南则具区,已有涨漫之势,况能禁此天瓢耶如倾!

承借卢志,病中懒未展卷,必一读乃可奉还。邑中正议修志,庞、邵[1]两君主之,此事大难,非衰庸所能参与矣。宼斋饮食稍增否?西蠡想时晤,甚想念。顷友人寄瓷三星来,兹托航船带呈,以发一笑。敬颂颐安不次。愚兄名顿首。廿八日。

《翁松禅墨迹》第一册

---

① 指庞鸿文、邵松年。

复徐元绶函

光绪二十七年五月二十八日(1901 年 7 月 13 日)

印士贤友足下:初夏之廉自杭归,知在公贤劳。顷得手翰,益稔起居安胜,修内辑外,德威兼济,以身率先,何事不理,欣慰,欣慰。杭城水漫,灾赈已闻,觊早复尚可补秧。而城中景象可想,绥靖尤不易。吾乡即不雨而长江具区已将波及,矧连雨郁蒸,雨势未已,极忧悬也。顽躯时病,不可云健,两耳已聋,湖上纳凉,付诸梦寐。承远寄建兰四盎,山居得此,何啻香林。敝处陈根,止有叶耳。眉士想数见,两浙士民真赖数君子维持调剂之力。人还奉谢,即颂近祉不次。友生同龢顿首。五月二十八日。

《上海图书馆藏翁同龢未刊手稿》第 184—187 页

致药龛和尚函

光绪二十七年六月初七日(1901 年 7 月 22 日)

顷有敝友来,明日须与晋接,蔬笋之约改于后日何如?药公方丈。松禅和南。初七日晚。

未刊稿,原件藏常熟市文管会

致赵坡生函

光绪二十七年六月初八日(1901 年 7 月 23 日)

对二副、屏四条、扁四字似无后款、扇面一,并十三行,均送呈。草率颓唐，幸谅之。坡生二兄世讲。名顿首。初八日。

《翁同龢手札手迹》

致俞钟銮函

光绪二十七年六月初十日（1901 年 7 月 25 日）

忠愍手迹不轻求人题识，今得三君诗，邑有人矣，钦荷，钦荷。晨偕稼翁至破山〈寺〉归，而客继至，故迟复。馀件并收到。养浩吾甥。瓶生白。初十。

《翁松禅（同龢）手札》第一册

致翁曾荣函

光绪二十七年六月十一日（1901 年 7 月 26 日）

奉还李元秀碑一册、薛涅槃残字一册，赵书《雪赋》一册，又钞画史一册，并匣袱及红布袱，乞一一捡入。两碑略缀数语。菉卿侄览。瓶庐白。十一。

《翁氏家书》第十九册

致翁斌孙函

光绪二十七年六月十一日（1901 年 7 月 26 日）

昨归逆风，遥橹甚迟，欲访知稼而惮此一行，吾暂留即返，山中花正秾也。所患脓净否？不滋否？金生集一本似送看，如有者交来。十一。

舟人之子生疔。

《翁氏家书》第十八册

致俞钟銮函

光绪二十七年六月十五日(1901 年 7 月 30 日)

吊古诸诗淋漓沉郁,题画乃复洒然,百泉终非希夷一流耳!石友诗人也,所藏不敢落墨,尚未展观。瞿忠宣①家书并呈,荆门左右。松禅顿首。

《翁松禅(同龢)手札》第一册

致任道镕函*

光绪二十七年六月二十日(1901 年 8 月 4 日)

筱沅伯兄年大人阁下:

病中获手教并兼金五百,即欲力疾奉答,而起坐甚艰。今日起矣,敢布区区。弟服官数十年,故旧门生几半天下,至今而拳拳垂恤者惟阁下一人。宏济时艰,能以一身担天下之重者,亦惟阁下一人。国事勿论,即如两浙先困于养兵,继困于洋务,今复困于赔款,困于水灾,非阁下谁能任之?弟在山中(放废之人),所呼吁天者,多出贤人揩此危局耳!

---

① 瞿式耜,字起田,常熟人。明亡,护持朱由榔政权,任军机大臣。殉难桂林。死后谥忠宣。其尸骨由其孙检背回常。

* 任道镕,字筱沅,江苏宜兴人,拔贡生。历任府、道,山东巡抚和东河河道总督。光绪二十六年(1900)调任浙江巡抚,次年病免,居家养疴。

朝夕之资，匝益促促，得阁下如此厚贶，不能随手挥霍，期成一事，或修鹙墓，或刻书，以永识盛德。力乏不能多写。更有一语，吾邑官浙者多，弟从不代人干请，此后约不通问，以绝嫌疑。幸深鉴。八十老人披览晋接，精力自重不一。年愚弟翁。顿首。

《瓶庐丛稿》卷五

致俞钟颖函

光绪二十七年六月二十四日（1901 年 8 月 8 日）

良士[①]见赠藏书目，甚感。曩尝得钞本，今失之矣。龚志正在浏览，稍迟再缴。对条纸皆收到，拙书不足为报耳。复颂佑莱贤友侍安。名顿首。二十四日。

《翁松禅（同龢）手札》第八册

致俞钟銮函

光绪二十七年六月二十四日（1901 年 8 月 8 日）

西风晴佳，有顾瞻河洛之想。《遗山诗集》奉览。陈志残叶乃第五卷，恐不合用。适许舍亲从江右来，送其行即返棹也。僧晓方志拓本一叶致石农。金门贤甥。瓶隐顿首。二十四。

《翁松禅（同龢）手札》第五册

---

① 瞿良士，铁琴铜剑楼藏书楼主人。

致彭季良函

光绪二十七年六月二十五日(1901 年 8 月 9 日)

承惠韩瓶,拜登感切。瓷炉奉缴,敝斋无处供奉也。书画四轴暂留一观也。有旧拓汉隶乞示一二。复颂日佳不一。叔才三兄左右。

《翁松禅墨迹》第二册

致俞钟銮函

光绪二十七年六月二十八日(1901 年 8 月 12 日)

山中静佳,粗足避嚣。陈志竟成孤本耶!其沙洲一图最有关系。聘三先生乡居何处?《海虞事迹》愿观其略。荆门贤甥。松禅居士。二十八。

《翁松禅(同龢)手札》第一册

致彭季良函

光绪二十七年六月二十九日(1901 年 8 月 13 日)

《西狭颂》四元,乞转致,倘得旧拓汉唐碑,更烦寻致一二,以破岑寂耳!敝箧储藏零落散佚,十不过三四矣。此颂晨安不次。同龢顿首。廿九日。

《翁松禅墨迹》第二册

致俞钟銮函

光绪二十七年六月二十九日(1901 年 8 月 13 日)

感冒发热,谅已平复,然甚悬系。前日劳步,愧谢之至。金门吾甥。松禅顿首。二十九。

十五册收到,迟日再还。蒋、王分析尤妙。

《翁松禅(同龢)手札》第七册

致俞钟銮函

光绪二十七年七月初一日(1901 年 8 月 14 日)

十五册者先奉还。另一纸留此。蒋笔虽儁,犹夫王也。末三册留阅。风雨伤棉禾,奈何,奈何。广陵先生文乃韩退之、李习之之文,非北宋之文也,诗则专宗韩,近体似逊。其气势与欧、苏颉颃也,当卒读之。金门贤甥。松禅拜复。朔日。

《翁松禅(同龢)手札》第七册

致俞钟銮函

光绪二十七年七月初二日(1901 年 8 月 15 日)

织孙小恙当愈,甚念。春寒尤须避,饮食如何?书一匣,十一本。又五册,均收到。昨归自山,感热腹不调,早晚走谈。家中上下多病者,甚烦燥也。次辂足下。松禅白。初二。

《翁松禅(同龢)手札》第一册

致叶寿松函

光绪二十七年七月初四日(1901 年 8 月 17 日)

菰黍杂沓,老夫甚倦而晕,足下傲装,恐亦惮于远涉,明日晚刻到南泾一谈何如?候示。宽斋左右。名顿首。

《上海图书馆藏翁同龢未刊手稿》第 257 页

致俞钟銮函

光绪二十七年七月初五日(1901 年 8 月 18 日)

题图稚弱可笑,实亦病暑不支也。希嘱聘翁勿装入册。顷借得耿公《书院记》,尚未展读。荆门左右。松禅白。初五日。

《翁松禅(同龢)手札》第一册

致俞钟銮函

光绪二十七年七月初七日(1901 年 8 月 20 日)

望亭回信,闻之大慰。愚病状渐退。瓜萃蔻仁当以代茶何如?徂暑惟加意慎卫。日日盼雨,如坐甑中。养浩吾甥。松禅复。初七。

《翁松禅(同龢)手札》第七册

致吴鸿纶函

光绪二十七年七月初七日(1901 年 8 月 20 日)

手示云近来瘠弱,此最系下怀,且问弱是何等气象?筋骨耶?神志耶?弟患弱,今晨身体发重,起后又卧,此是筋骨病,尚非神志衰颓也。雨凉,珍重不次。松禅顿首。初七。

外事似暂定,其实情不可知。

王君在此,如尊处延请,即付名片来,当面订也。

未刊稿,苏州市博物馆藏

致俞钟銮函

光绪二十七年七月初十日(1901 年 8 月 23 日)

知稼翁一足转筋,卧床未起,意颇忧之。《昭文志》四册奉还,又新购一册以备补钞。金门贤甥。松禅。初十日晚。

《翁松禅(同龢)手札》第一册

致吴鸿纶函

光绪二十七年七月初十日(1901 年 8 月 23 日)

秋暑未敢诣谈,参须少许,聊佐茗饮。知稼先生左右。松禅顿首。初十日。

《翁松禅(同龢)手札》第八册

致俞钟銮函

光绪二十七年七月十三日(1901年8月26日)

山中得简,并挽退斋诗,极佳,极佳。退斋一生被君说书矣。志稿俟入城续缴不一。金门贤甥。松禅白。十三。

《翁松禅(同龢)手札》第五册

致吴鸿纶函

光绪二十七年七月十三日(1901年8月26日)

两日体气何如?闻伤风已愈,想幼辈俱安也。兹令童子往,若赐见,即无须回示也。弟名顿首。十三。

《翁松禅(同龢)手札》第九册

致俞钟燮函

光绪二十七年七月十五日(1901年8月28日)

十八日午刻为荫堂樽酒话别,吾甥到舍一陪。调卿贤甥。松禅顿首。十五日。

金门何日归里。

《松禅老人遗墨》卷下

致俞钟銮函

光绪二十七年七月十五日(1901 年 8 月 28 日)

两志拓本奉还,王志见危受命及先夫人云云,语不可晓,岂老病荒忽,致误句读耶?井眉。

《翁松禅(同龢)手札》第一册

致翁曾荣函

光绪二十七年七月十七日(1901 年 8 月 30 日)

夜雨月出,雨吾知,月不知也。眠食均适,惟眩仍未除。鸡冠浓艳,稻已秀齐,风景绝佳。不一。菉卿侄。瓶叟。十七早。

《翁氏家书》第十八册

致俞钟銮函

光绪二十七年七月十八日(1901 年 8 月 31 日)

清恙已平,甚慰。石田翁所撰墓志奉还。梅里新出宋石并奉一纸,《海虞别乘》三本一函,希料量摆板,又陈志三册,疑有脱页,并烦应北[1]一捡也。金门贤甥。瓶隐白。十八。

《翁松禅(同龢)手札》第二册

① 应北,即俞承莱,俞钟銮长子。

致俞钟銮函

光绪二十七年七月二十二日(1901年9月4日)

李函较详,奉览,仍发。适毒热,起居加摄。知名。二十二。

《翁松禅(同龢)手札》第七册

致俞钟颖函

光绪二十七年七月二十三日(1901年9月5日)

日昨未获奉迎,闻太夫人起居极健,惟偶患外证,似当查王氏《全身集》(潘伯寅有新刻本),以为标准,勿轻用针剪也。独角莲膏少许能消无名肿痛,乞与医者酌用。顷闻一方,云蒸锅铺中此法西人所传,闻已治好两人矣。寻常发新面馒头真面尤好用冷水泡之,连水敷上,扎定消毒极有效,乞并问明再试何如?早寒不次。和顿首。二十三日寅初。

《翁常熟手札》第三册

致吴鸿纶函

光绪二十七年七月二十四日(1901年9月6日)

数日未通候,惟道履安胜。顷归自山,有远客也。山中桂正花。松禅顿首。二十四。

《翁松禅(同龢)手札》第九册

致汪鸣銮函

光绪二十七年七月二十七日(1901 年 9 月 9 日)

郎亭老弟阁下:

山中无所闻见,亦懒散,无一事,惟松风鸟语而已。迩来道体安胜,悫公、西蠡想俱佳。卢志日看数卷。航便,寄顶山栗一包。敬候起居不次。兄松禅顿首。廿七日。

《翁松禅墨迹》第一册

致俞钟銮函

光绪二十七年七月二十七日(1901 年 9 月 9 日)

西风凉爽,稍得苏息。迩惟佳胜为颂。李竹懒笔记一册,奉还不次。金门吾甥。瓶庐顿首。二十七晚。

《翁松禅(同龢)手札》第七册

致俞钟銮函

光绪二十七年七月二十八日(1901 年 9 月 10 日)

《虞乡杂记》一册、《矫亭记》照本均还。仆人呕血不止,未知有何治法?服士翘方未效,吴玉纯可延诊否?请封多少,希示。金门贤甥。松禅顿首。二十八。

《翁松禅(同龢)手札》第四册

致吴鸿纶函

光绪二十七年八月初一日(1901 年 9 月 13 日)

连日过从,得毋劳顿。南塘之芡,白花之藕,苏人贻,可一尝也。适昼寝,起稍可,惟谷食不宜耳!无竞先生。松禅顿首。

未刊稿,苏州市博物馆藏

致翁斌孙函

光绪二十七年八月初七日(1901 年 9 月 19 日)

笏览:

日昨知到郡尚早,阴雨行路不便,体中何如?新凉尤慎摄,计归期当在十一二也。缉致汝函,谈京寓屋事,余窭贫久矣,去此亦甚得计,然以置价修价论,似所谈之数尚可稍增,彼损毫毛,我资糊口矣。冯君殷殷,此诚可感,必先得价而后可言赎,果赎,度汝南必不龃龉耳。此事专待汝归议定再复。两日小雨,禾稼稍苏,人亦健爽,山中寂寂,正如世外。袁册交留转寄,连珠且缓别有说。钞去。留患处痛已止,尚酸楚,大约凉剂不投,古方于疝气不轻视也。八月七日山中。

《翁氏家书》第十八册

致吴鸿纶函

光绪二十七年八月初七日(1901 年 9 月 19 日)

九日之约,幸驱车早临,倘得乘兴挥洒高咏,“把酒向秋风”读之,顿使声振林木,浮云不流,岂不大愉快哉! 调卿昆仲已昨日来山矣,专候无竞三兄大人清福。弟同龢顿首。初七。

《昭代名人尺牍小传续集》卷二十一

致翁斌孙函

光绪二十七年八月初七日(1901 年 9 月 19 日)

缉原函二纸寄去,吾意紫仙①未即离沪也。各宅均好。余在山,未知米捐事,此间航人不便,船起岸。非专人送城不可。印若②在苏否? 玉行可为道念,官场烦冗,不应酬为是。初七日。

此信必明日晚间始可交苏航。

《翁氏家书》第十八册

致翁斌孙函*

光绪二十七年八月初七日(1901 年 9 月 19 日)

冯紫仙谈及二条胡同屋,渠意典与袁氏,而袁氏租予电局,若待典

---

① 指北京电报局委员冯紫仙。

② 翁寿祺,字印若。

* 光绪二十七年八月初七日翁同龢日记,有“知缉晤冯紫仙,欲为我商量卖屋事。夜函告笏(即斌孙)于苏。”冯氏,吴县洞庭西山人,时任北京电报局委员。经冯氏帮助,翁氏二条胡同屋典于城东邮局。民国初年转租于蒙古实业公司,后仍归城东邮局。

期十年后再赎，则房屋失修，甚不合算，不如商之袁氏，不必拘满年之例即行赎回，将此屋售于电局，彼此均宜，口气之间似子昭亦以为然。渠自西安来，以道员分湖北，渠云本是原中，趁渠在此似当易办，袁处渠任说客，渠又云从前曾有售价万五千金之说，大约其意中之价如此。

《翁氏家书》第十八册

致翁斌孙函*

光绪二十七年八月初八日(1901 年 9 月 20 日)

昨写信未发，今归城见初五函。风利扬帆，闲中一乐。连日阴湿，步武如常否？袁济川未行，诗册由留交去，其寿言后六章规切时事，恐其家不知妄刻，故未钞去，俟缓商。雨后桔槔无声矣。馀详前信。留渐愈。初八辰正，城中。

《翁氏家书》第十八册

致俞钟銮函

光绪二十七年八月初九日(1901 年 9 月 21 日)

登高眺远，目极千里。画册四，奉览。荆门贤甥。瓶生顿首。九日。

《翁松禅(同龢)手札》第一册

---

* 查翁同龢光绪二十七年八月初五日日记，有“写袁诗，交留子寄”。袁氏即袁昶侄袁德绍(济川)。

中国近代人物文集丛书

翁同龢集

（增订本）

三

谢俊美 编

中华书局

致汪鸣銮函

光绪二十七年八月初十日(1901年9月22日)

郎亭先生老弟阁下:

过从甚乐,惟以贱辰辄蒙称祝,此何异牺尊之青黄踞蹐,难可言喻。一年两度之约,请移之春秋佳日,岂非韵事。卢府志一月当还,夏承钩本精妙,潘词杭扇并拜嘉贶,景君铭当附数字寄上也。潘公嗣子[①]竟尔殂谢,令人哽塞,今议以何房承嗣耶?适陆吾山[②]过访,剧谈两日,甚倦。头眩耳鸣,近俱轻减,差可告慰。草草不尽百一。敬候日安。兄名顿首。初十日晚。

《翁松禅(同龢)手札》第十册

致俞钟銮函

光绪二十七年八月初十日(1901年9月22日)

静对盆兰,颇厌黄花之艳。日来为一远僧所扰,亦今之参寥耶!松窗一本、何氏钞五本先奉还。次辂足下。瓶隐白。

《翁松禅(同龢)手札》第一册

---

① 指潘祖荫嗣子石头夭折。

② 指陆襄钺。

致汪鸣銮函

光绪二十七年八月十一日(1901 年 9 月 23 日)

郎亭老弟大人左右:

万宜楼畔秋景澄鲜,可胜企想。南塘芡实一再承寄,并佳制月饼,属餍不尽,感荷,感荷。

贱体暑疾平而气颇弱,目力、脚力迥非往时,惟夜卧差安耳。山中谢绝一切,惟闻四野桔槔声,闵农颇切。卢志检阅将毕,节后即可奉还。《常熟县志》有明初张洪治、桑瑜两本,皆经刊刻,而此间遍觅不得,未审郡中旧家尚有藏者否?愿乞博雅一咨询焉,奉谢。敬颂秋安不一。兄名另肃。十一日。

《翁松禅墨迹》第一册

致俞钟颖函

光绪二十七年八月十一日(1901 年 9 月 23 日)

龚志精钞十二册,容读竟奉缴。佑莱贤友观察。名谨复。十一日。

《翁松禅(同龢)手札》第八册

致俞钟銮函

光绪二十七年八月十二日(1901 年 9 月 24 日)

龚志三册奉览,尚有两本在此,入山始遍读耳!薄寒惟调卫。

日月交食，诗人所敬。荆门左右。瓶庐。

《翁松禅（同龢）手札》第七册

致翁斌孙函

光绪二十七年八月十四日（1901年9月26日）

卷一，细看嫌滞。册四，颖升自佳，可将考证录出。均还，总计价不少，付航须面交，招二舟子尚不荒唐也。阴寒，足疾时时加慎，秋半矣，暖药及时进，眼光宜内注。中秋前一日。

《翁氏家书》第十八册

致翁斌孙函*

光绪二十七年八月十四日（1901年9月26日）

义庄而邀官祭，非礼也。果尔，则主人当盛服迎于门外，肃恭将事，今何如哉？子孙不贤，不知礼，直豚犬之不若，一叹而已。

《翁氏家书》第十八册

致翁斌孙函**

光绪二十七年八月十四日（1901年9月26日）

能与袁函最好，似二数不能少。已足，无须求益也。缉函摘语钞

* 查翁同龢光绪二十四年八月十四日日记，有“里中各义庄闻请县官莅祭，未知此礼何所本也”。此一言论与函中议论相近。

** 查翁同龢光绪二十七年八月日记，十一日有“俞佑莱借得瞿氏藏龚立本县志”。

去。须先得卖价再赎。雨未足，要可润泽。五件交来人老徐持回，即检收，包袱遇便带来。日来正看龚志，毕竟通人之作。昨得胡祥鍱讣，拟不应酬也。邵小村处或写一慰信耳！不知其子之号。十四。

《翁氏家书》第十八册

致翁斌孙函

光绪二十七年八月十五日（1901年9月27日）

中秋无月，西望伊洛，惟有崤函，一路晴燥耳！来信办法极妥，看冯回信如何？信局不知祥符寺巷，可笑。原信既回，置之可也。今日筱送一品锅，若伊不来，明日或邀汝一饮。老夫以伏案为乐，晨翻龚志，转多缪辐矣。雨滑不出门最好。留想佳，核全消否？中秋。

《翁氏家书》第十八册

致俞钟銮函

光绪二十七年八月二十四日（1901年10月6日）

手笺到山，书留城中。图必佳，俟归看也。残暑未清，惟慎摄。鹤年发赈？抑查户口耶？青草沙在何处？鹤年归必悉。金门贤甥。瓶隐复。二十四日山中。

《翁松禅（同龢）手札》第一册

致翁斌孙函

光绪二十七年八月二十六日(1901 年 10 月 8 日)

前日到山略晚,一切皆好。昨游小石洞,静坐良久。岩桂正花,门前一片黄云,农夫云:"此间十分年景,难得此。"知足之言也。冯信已回,良慰。李处诗极妥佳,惟子舍句未知逮事舅姑否耳!丹廷[1]昨午步行而来,叩墓毕留饭而去。报传刘樾仲调牙厘总办,当得力耶?二十六。

《翁氏家书》第十八册

致吴鸿纶函

光绪二十七年九月初二日(1901 年 10 月 13 日)

尘事刺促,侧闻道体清胜,为慰。魏仲雪先生略见邑志,今捡呈。秦刻《三希帖》曾蓄一本,此盖全帙也。秦氏之先诸帖皆附入。阅竟奉缴。昨得西亭画册,谨以纳上,不次。知稼吾兄。弟松禅顿首。初二日。

未刊稿,苏州市博物馆藏

致俞钟銮函

光绪二十七年九月初三日(1901 年 10 月 14 日)

叔远钞示之件暂留,兹将桑志八册奉览,此邵伯英借自李镜渔者也,非久来索。金村唐砖,未知有拓本否?馀晤谈。荆门贤甥左

① 许联桂,字丹廷,翁同龢表侄。

右。松禅顿首。初三日。

《翁松禅(同龢)手札》第一册

致吴鸿纶函

光绪二十七年九月初五日(1901 年 10 月 16 日)

秋气在微茫间,孱体与为消息,腰渐愈而腹不调。眷聚想安善。附对纸检收。儒卿吾兄。名顿首。

未刊稿,原件藏苏州市博物馆

致俞钟銮函

光绪二十七年九月初五日(1901 年 10 月 16 日)

桑志八册收到,此薄籍耳,非志体也,且多漏略,惟张志后叙及朱夫人墓志是原文,以它处未见。阴雨不独穑事可虑。龚志先送七册,其馀尚思一阅。《松窗快笔》仍希借观。书衣并还不次。荆门贤甥左右。瓶隐顿首。初五日。

《翁松禅(同龢)手札》第二册

复俞钟銮函

光绪二十七年九月初六日(1901 年 10 月 17 日)

龢不幸有籧篨之疾,昨今遂成废人,顷与医论药也。大篇闵时,读罢而舞,世有呻吟憔悴中尚念苏民瘳国者乎?感佩,感佩。

阳明[①]先生像刻成可喜。复候金门吾甥。龢顿首。初六日。

《翁松禅(同龢)手札》第一册

致翁斌孙函

光绪二十七年九月初八日(1901年10月19日)

怀德堂两分,讲堂一分并款字。均送去。怀德大者为胜。前携去宫词等恐是三本,此间仅有八本,原十一本也。写字腕乏,念汝等连日忙碌,当稍息,捡书极不要紧,不过偶及之耳。嘉礼成,天气好,最欣悦。吾欲到山,为俗事所羁,日内未必能去也。

《翁氏家书》第十八册

致俞钟銮函

光绪二十七年九月初九日(1901年10月20日)

月季花顷购两朵,不知其有香也,得分送始悟,谢谢。舍侄并纫嘉惠。金门贤甥。松禅顿首。初九日。

《翁松禅(同龢)手札》第一册

致俞钟銮函

光绪二十七年九月十八日(1901年10月29日)

河阳山有古柏,遂失晋接,喜体中安复,又虑受风热耳!石农

① 指明代学者王守仁。

归来,何不同舟再来?河阳小楼有其笔迹也。平生惯看晓月,鸡再鸣,披衣登楼,湖山清穆,得少佳趣。荆门左右。十八日。瓶庐白。

《翁松禅(同龢)手札》第二册

致吴鸿纶函

光绪二十七年九月(1901年10月)

大乌红肉尚烂,可佐午餐。稼兄左右。名顿首。

《翁松禅(同龢)手札》第九册

致俞钟銮函

光绪二十七年九月二十一日(1901年11月1日)

龚志两图得妙笔润色精极,其辋川之遗耶!近又借得桑志,稍迟奉览。瓶生顿复。

《翁松禅(同龢)手札》第二册

致俞钟銮函

光绪二十七年九月二十二日(1901年11月2日)

昨示诗,适有事未答。一欢两语抵数千言矣。桂林公其孙负骨归①。顷入山不一。金门贤甥。松禅顿首。

《翁松禅(同龢)手札》第一册

---

① 指瞿式耜后人从桂林将其尸骨检背回常一事。

致翁斌孙函*

光绪二十七年九月二十二日(1901 年 11 月 2 日)

连雨,想未能谢客,脖项平否?上下俱安否?吾沉酣于龚志,手疲目涩,两日可毕矣。府尊勘荒,田禾已获,此来何为?若来顾,可告卧病山居已久。

《翁氏家书》第十八册

致俞钟颖函

光绪二十七年九月二十三日(1901 年 11 月 3 日)

贤郎获隽,欣贺之至。令息久咳,诸药屡投,或用牛汁及鱼肝油,阴阳并补何如?令孙想即平复?承惠食物,一一拜领。浙西疏稿①见之流涕,足下笃于风义,不惮远涉,而下走踡伏山中,可慨也。君实先生。名顿首。二十三日。

庞洁公辑:《翁常熟手札》第三册

致翁曾荣函**

光绪二十七年九月二十三日(1901 年 11 月 3 日)

曾园觞客,得毋劳顿,幸未到山。吾钞书将毕,亦拟入城也。

---

* 查是日翁同龢日记,有"菉侄信,闻府君向公来勘荒,邑人觞之曾园",可知此函时间。

① 指袁昶、徐用仪、许景澄等在光绪二十六年谏阻西太后向各国开战一摺。

** 查翁同龢光绪二十七年九月二十三日日记,有"菉侄信",翁同龢本人"手不任抄书,甚苦"句。此记载与函中内容颇为一致,故断定此函写于九月二十三日。

乍寒最宜防,以蕲艾絮袜加桂皮末亦佳,吾亦棉袜矣。津贴照旧折价定否?米捐想议定。浙江停分发已确。菉侄览。叔字。二十三。

《翁氏家书》第十九册

致俞钟銮函

光绪二十七年九月二十五日(1901 年 11 月 5 日)

昨病归,旧病也。今愈,然犹困顿。沙壶刻奇古,可作座铭,珍感之。龚志两册并前为十二册留看,寻校不易。月内拟邀稼翁与足下山庐看菊,未知暇否?金门吾甥左右。阳明先生像并呈。瓶居士顿首。二十五。

《翁松禅(同龢)手札》第一册

致俞钟銮函

光绪二十七年九月二十六日(1901 年 11 月 6 日)

稼翁面定明日巳初入舟,到山午饭。十六日明发并钞件奉阅。炎威甚炽,格外保练不次。吴宅来邀饭必有足下,往否即示。金门左右。松禅顿首。二十六。

《翁松禅(同龢)手札》第九册

致俞钟銮函

光绪二十七年九月二十八日(1901年11月8日)

顷谈甚慰。子准[①]先生《琴川志补》七本奉览,海角等编尚未一观。此候侍福。名顿首。二十八。

《翁松禅(同龢)手札》第八册

致俞钟銮函

光绪二十七年九月二十九日(1901年11月9日)

明日之行,稼翁与我同舟,甥另舟可以偃卧自适。顷欲访稼翁,面订一切也。金门贤甥左右。瓶生顿首。二十九。

《翁松禅(同龢)手札》第一册

致俞钟銮函

光绪二十七年十月初六日(1901年11月16日)

稼老夜行倾跌,其家可谓无人。昨驰送伤药,未知若何？为之耿耿。何小山校《四书》,稽瑞有之,闻邑中传钞甚多,架阁有之否？愚连日有祀事,今在山庐。昨蓦一涧,右足疲曳也。金门左右。瓶庐顿首。

《翁松禅(同龢)手札》第七册

① 陈揆,字子准,嵇瑞楼藏书楼主人。

致翁斌孙函*

光绪二十七年十月十四日(1901 年 11 月 24 日)

留归甚慰,意许事亦佳,馒头等饱吃矣。吾此安适,寒暖以时剂之。昨菉来,晚仍去。吾在此欲了笔墨而竟未了。汝善摄不一。十四日。

《翁氏家书》第十八册

致俞钟颖函

光绪二十七年十月十五日(1901 年 11 月 25 日)

日昨承顾,感谢之至。顽躯渐平矣。银鳞出水,拜嘉甚喜。复呈君实贤友左右。龢顿首。望日。

《翁常熟手札》第三册

致药龛和尚函

光绪二十七年十月十五日(1901 年 11 月 25 日)

《毛诗》图册十二页,翁小海册八页,沈朗倩册八页,顾钝伯卷一,彻尘对一,拂水主人对一,扁一,均查收。药龛长老。松禅顿首。望日。

未刊稿,原件藏常熟市文管会

---

* 翁同龢光绪二十七年十月十四日日记,有“昨菉来,晚乃去”,与函中所说一致。

致俞钟銮函

光绪二十七年十月十八日(1901 年 11 月 28 日)

石农镌欧[①]像拟走观,然又甚懒,或明早再诣耳！口糜亦须滋阴,不用发散。题欧公像雄篇妙在得纲领,倾向,倾向。石农刻章疏秀可喜,未审还金村否？杨卷尽留看,前诗写于卷后,不可推诿。奉借《苏州府志》中金石门,望一捡。松禅白。十八日。

《翁松禅(同龢)手札》第五册

致俞钟銮函

光绪二十七年十月二十一日(1901 年 12 月 1 日)

承惠宜兴壶,留城中未带来,遥知其佳,归时瀹茗耳！谢谢。石农载石归,计有旬日之留,再当诣谈。风雨惟安和为颂。金门贤甥。瓶庐顿首。二十一早。

《翁松禅(同龢)手札》第二册

致赵坡生函

光绪二十七年十月二十五日(1901 年 12 月 5 日)

迩日起居增胜,贤郎体中复元,欣慰,欣慰。前借邺架《亭林集》六本摘钞始毕,今奉还。又欲告借《石田集》一阅,阅后竟即还,

① 指欧阳修。

不至如前濡滞也。惟鉴不一。坡生二兄世讲，龢顿首。二十五日。

《翁同龢手札手迹》

致俞钟銮函

光绪二十七年十月二十六日(1901 年 12 月 6 日)

稼翁病中气大虚，浊阴泛滥，似宜先固其下焦，赤石脂温汤之属，再补其中焦，甘草汤之属。桂虑其泄，附虑其悍也，何如？此妄论也，姑备一解。

昨谈一刻多，精神尚好。

《翁松禅(同龢)手札》第五册

致俞钟銮函

光绪二十七年十月二十七日(1901 年 12 月 7 日)

荣观超然，知无俗韵，甚盛，甚盛！各书收到。顷见瞿忠宣[①]砚，不意三百年后后生得摩挲而点黵也。金门吾甥。瓶庐顿首。二十七日。

《翁松禅(同龢)手札》第二册

致翁斌孙函

光绪二十七年十一月初二日(1901 年 12 月 12 日)

昨议何如？总以两县担当为定，度庞、邵决不于闹里发言也。吾

---

① 即瞿式耜。

侍先公居乡，熟闻旧事，大约必官长父老及□乃出，出则人皆服从也。孔羡一本连匣，吾意值二十四元，兹从菉处得原信并送去。初二日。

《翁氏家书》第十八册

致翁斌孙函

光绪二十七年十一月初九日（1901 年 12 月 19 日）

聂[①]字勉强挥就，共两份，一隶一楷，即由汝寄去，须声明西蠡所代嘱，今西蠡赴鄂，故径送云云。至要，至要。缘西蠡催函叠叠也。《中外月报》后面有诋木易语，定是崽所为，然则隐足信耶？初九。

《翁氏家书》第十八册

致俞钟銮函

光绪二十七年十一月初九日（1901 年 12 月 19 日）

炯孙得归，与谈，遂至秉烛。愚腹疾已止，而气体殊弱，风寒不知秦雍何如也。金门吾甥。松禅。初九。

《翁松禅（同龢）手札》第五册

致汪鸣銮函

光绪二十七年十一月二十三日（1902 年 1 月 2 日）

郎亭老弟台阁下：

新芡秋莼，络绎见惠，并承手翰，欣畅之至。乡居航船不甚便，

① 聂缉椝，字仲芒，湖南衡山人，官至浙江巡抚。

莼菜昨乃得尝,李竹懒云季鹰秋思正在此二尺间,今所得盈筐又不思而致,快何如也。贱体初平,眼花手颤,顷复堕一齿,老景可笑。平畴绿满,可冀秋成。此间时疫亦尚未净,山中清淑,较胜城中。承令郎饩食可喜,秋闱报捷,门斗等定多乞喜钱,此辈何足责耶!又申侄孙久未得消息,为之悬悬。灯下写字不成,幸恕。专谢并颂起居增胜。兄龢顿首。二十三夕。

《翁松禅墨迹》第一册

致汪鸣銮函

光绪二十七年十一月二十九日(1902 年 1 月 8 日)

郎亭先生老弟阁下:

秋色苍然,山居静适。伏想高斋登临揽观之胜。炯孙归,知蒙进教,甚感且慰也。府志久已读竟,本拟月初面缴。嗣闻月杪来虞,遂致迟迟。兹将十二册检齐并景君铭一册由航寄呈,惟鉴入。郕侯之藏不无手触,颜君久假竟乏瓻还,歉何如耶!兄左臂稍舒,灯下则眼花如织。西蠡译书,窓斋卧疾,南望吴门,悠悠我思也。草草敬候道安不次。兄名顿首。二十九日。

豆粉佳制出自新裁,宜于软嚼。茶肘赵鸭非乡曲所有,珍感不尽。今年奇冷,狐裘不能支。空斋兀坐,情绪万端,彼此同之,如何,如何。

《翁松禅墨迹》第一册

致俞钟夔函

光绪二十七年十一月二十九日(1902 年 1 月 8 日)

石香归棹,何其匆遽,或宿疾未平耶? 艺老亦可念。新诗有棒喝语,山中人久忘却拄杖矣,一笑。渔隐[①]贤甥。名顿首。二十九。

《松禅老人遗墨》卷下

致俞钟銮函

光绪二十七年十一月二十九日(1902 年 1 月 8 日)

走访稼翁,长谈不倦。自□药甚投,奈疾不退。何诗稿二册,有杂文数篇,畀余观览,意在付嘱,殊黯然也。周文奉还,所上万言书宗跋既称录得,当访之。苏州信来,光景如何? 金门贤甥。松禅顿首。二十九。

赵古泥不知其住处,砖瓶一、“虎”字一,乞转致之。

《翁松禅(同龢)手札》第五册

致费念慈函

光绪二十七年十二月初二日(1902 年 1 月 11 日)

西蠡贤友足下:

重阳以后,绝迹城市,早晚白饭一盂,脾胃粗适。来教述海上

① 俞钟夔自称渔隐人。

友朋之乐，读之渺然。寄示诸碑当妄缀数语。闻有楚游，无缘奉还。今闻归里，由航船寄去五册四种，希捡入。何时晤谈，钦企之至。腊月二日。瓶庐居士顿首。

《翁松禅相国尺牍真迹》第三册

致翁斌孙函*

光绪二十七年十二月初五日（1902年1月14日）

归时风不大，到东门，轮开，末夜大风矣。体想佳，宜时刻留意，切勿大意也。严老恐滞留，其家似应发电告春生。我且不入城，偶来指挥，桥栏做成半栏矣。初五日。

《翁氏家书》第十八册

致翁斌孙函**

光绪二十七年十二月初十日（1902年1月19日）

入城如点水蜻蜓，还山甚乐，茆亭有孤云落日之观。蔡墓动工，亦甚草草。严病非健脾利湿可愈，然峻补却非宜，催其子归为是。新市不知在何处，想是白茆新市或新徐市。散勇甚多，知不安耳！汝体想佳，此时甲木已动，发荣与上僭，两者宜自消息。吾偶作画，看说部，聊尔送日月。胃口似佳。初十。

《翁氏家书》第十八册

---

* 查翁同龢光绪二十七年十二月初五日日记，是日有大风，又有“复料量桥路，颇忙”语，与函中所述内容一致，故知此函写于十二月初五日。

** 翁同龢光绪二十七年十二月初十日日记有：“仍作画，馀无事”，与函中所述有关内容一致，故知此函所写时间。

致俞钟銮函

光绪二十七年十二月十一日(1902 年 1 月 20 日)

风咳十去六七,真妙药也。知稼服查方送看何如?霜红诗如未还,望借一观。金门左右。松禅顿首。十一。

《翁松禅(同龢)手札》第一册

致汪鸣銮函

光绪二十七年十二月十三日(1902 年 1 月 22 日)

郎亭老弟台阁下:

山居与城隔绝,何况郡城?比闻尊候虽安,气体尚未全复。雪寒较甚,或因以不出门耶?本拟遣仆敬问,小轮适停,祈示数语,俾慰想望。兄为子孙兆域,来往山陲,今毕工矣。雪后菜麦兹液,野色颇秀。来春命驾当以脱粟奉饷。此候起居不次。潭弟均吉。兄名顿首。十三日。

寄苏州葑门内西小桥汪大人台启,塔前翁寄。

《翁松禅(同龢)手札》第十册

致俞钟銮函

光绪二十七年十二月十五日(1902 年 1 月 24 日)

庾信小园,杜陵破屋,斧之藻之,成胜观矣,不敢当,不敢当。风寒未可舟行,且俟晴暖。仆亦早晚入城也。养浩贤甥。瓶庐顿首。望日。

《翁松禅(同龢)手札》第二册

致俞钟燮函

光绪二十七年十二月十七日(1902年1月26日)

乍热而早晚仍寒,盖积雨所致。体中已平,仍宜调护。艺老精神大非昔比,恐系痰疾,甚念之。石香安胜为慰。此候日佳。松禅顿首。十七日。

《松禅老人遗墨》卷下

致俞钟銮函

光绪二十七年十二月十七日(1902年1月26日)

雨雪伤麦,路滑不宜远涉,俟晴当奉候耳!筠篮收到,使者辛苦。金门贤甥。松禅顿首。十七午。

《翁松禅(同龢)手札》第一册

致翁斌孙函

光绪二十七年十二月十八日(1902年1月27日)

茂如求写,捆载而来,不应酬矣。莲舫四条当写,俟过年再说,亦未免太渺余矣。弢览。十八。

《翁氏家书》第十八册

致俞钟銮函

光绪二十七年十二月十九日(1902年1月28日)

大风海濒可虑。沈卷题缴,只图省事耳！荆门左右。松禅。十九早。

《翁松禅(同龢)手札》第二册

致翁斌孙函

光绪二十七年十二月二十日(1902年1月29日)

李三纸、叶两纸均交去。细看李函,知长安及头条二十八间,又二条小胡同七间皆已领价,又云孙寿州①回京,可以保全,未解所谓。此从劫馀拾得,已非始愿所及,玉舟②、敏卿可感也。鼎用三百八十,此时无从归款,此子行事大率类此,事前吾亦渺不知也。

《翁氏家书》第十八册

致吴鸿纶函

光绪二十七年十二月二十一日(1902年1月30日)

灯用洋油,虽明而险,正须刻刻留意,太旺则玻璃爆裂也。顷未谈,故及之。

---

① 指孙家鼐。

② 李士瓒,字玉舟。

高丽参三钱,附片一钱五分,肉桂冲三分,三味随时服。

未刊稿,苏州市博物馆藏

致俞钟燮函

光绪二十七年十二月二十一日(1902年1月30日)

锡山杨贺份二元,欲由尊处汇寄,不识可否?艺老闻尚未愈,日坐绳床为念也。调卿吾甥。松禅顿首。二十一日。

《松禅老人遗墨》卷下

致吴鸿纶函

光绪二十七年十二月二十三日(1902年2月1日)

积雪沍寒,尊体脾肾大虚,宜先进参术桂附。今送丽参、川附及桂少许,皆舍侄处者,似皆道地。吴方缴上,白芍宜去。二十三。

未刊稿,苏州市博物馆藏

致俞钟銮函

光绪二十七年十二月二十三日(1902年2月1日)

载雪归,问稼翁疾,得复书并吴方,似甚困顿,而吴犹用附四分、桂三分,不太轻耶?拟劝令浓煎,丽参二钱,附一钱四分,桂三分频进。今钞吴方往,希阅。予所拟是否一可进,并酌加鹿茸二分,何如?金门吾甥。松禅顿首。二十三。

《翁松禅(同龢)手札》第二册

致翁斌孙函*

光绪二十七年十二月二十三日(1902年2月1日)

复陆函阅后,可发加函。昨日风雨,吾专人止菉、筱来,四叔、留子未来最好,否则吾不放心矣。而巳刻筱挈惠已至,申初归,幸到家不迟。黄水疮最可厌,汝五叔云伊治法用药闷去,疮痂以搜风去虫药截之,不可徒作风湿观,此语可参否?蒋之外科不精,景能言之。雪后寒凝,益宜慎。避风止酒,不待言矣,尤须不动肝火,吾耳熟闻嘉庆丙子全家患此也。二十三日申。

《翁氏家书》第十八册

致俞钟銮函

光绪二十七年十二月二十四日(1902年2月2日)

庞公顷送天生磺来,未敢径送吴处。入剂耶,抑杂浓米汁?希酌。金门左右。松禅顿首。二十四。

《翁松禅(同龢)手札》第二册

---

* 翁同龢光绪二十七年十二月二十三日日记有"患黄永疮",与函中所说内容相同,故知此函日期。

致汪鸣銮函*

光绪二十七年十二月二十四日(1902年2月2日)

郎亭老弟大人阁下：

前函未复，又蒙珍馈，叹与愧并。兄一月住山房，有畚掮封书之事，未遑偃息，风咳继以下痢，今皆愈矣。城市不欲居，山中寂寞无可谈者，循吾庐而西便有虫荒处。乡农觊免租，业户亟输课，两相持也。阁下与曲园先生赋诗往复，真可叹羡。曲园固地行仙，阁下亦云中之鹤，然七叠中度多激楚之音矣。悫公嚜，前函所云口虽不言，中却了然者，初读未晓，既而日甚哉，万石之风之难也。岁米盐凌杂逼人，平生未尝此境，幸中怀廓然耳！复谢，敬颂新春如意，阖第均吉。愚兄同龢顿首。廿四日。

《翁松禅墨迹》第一册

---

* 此函后有叶昌炽和江原渠的说明。叶昌炽说明原文："文恭师不轻与人翰牍，昌炽著录门墙十季，未尝被一笺之赐。又闻师每作一札，再三易稿，其子弟辄从字簏中拾而装池之。翁文恭师与郎亭师手札四通，今为伯轩姻世兄所藏，装池见示，敬题三绝于后：

"林下师生甫及申，龙门天半望嶙峋。尚湖山色鲟谿水，不染昆湖劫后尘。　前有平原后道州，槊筋郁律走蛟虬。未知海内谈碑客，犹有当年悫鼇不？　好搜废簏拨寒灰，五色云迷故纸堆。有元长亭沦落客，问奇空盼赫虢回。

"俯仰师门，不胜梁木之感云。丙辰仲春，缘督叶昌炽。"

江原渠的说明："先伯父柳门公受知于松禅傅相极深。丙申罢官南归后卜居吴门，未几相国亦被放归田，林泉颐养，遭际颇相同，性情益复契合。先伯父好藏书，晚年收藏益富，名所居曰'万宜楼'，相国为书行隶楼额各一。原渠与诸昆季行侍读斯楼近十年，犹忆相国与先伯父事，月常数至，所言多关碑版之学，字体真草悉备，长简短牍，皆足珍贵。丁未秋，先伯父捐馆舍，原渠旋即出外就食，忽忽至今，又十年矣。楼居无恙，而故物已渐散佚。回首前尘，不胜怅惘。行箧中旧存相国函四通，益以近顷搜集所得付石印，以广流传，并跋数语以志感仰云尔。江原渠谨识。民国六年一月，时客瞻园。"

致翁曾荣函

光绪二十七年十二月二十五日(1902年2月3日)

菱壳灰得力甚好,从此当渐收功矣,良慰。吾微觉喉痛,蔗浆润之即平。寒气不支,炉火不能离也。闻吴学博与吏人之弟收粪灰捐,吏家被殴,可笑也。吴老恐难痊,金门用轻剂调理。水龙集资,吾亦当捐。昨所谓讹言者,是否纵火匪徒耶?二十五。

《翁氏家书》第十八册

致翁斌孙函

光绪二十七年十二月二十五日(1902年2月3日)

前两日愦愦如梦,今稍振矣。汝疖未瘳,念人悬念。黄水最可厌,到处蔓延,闻身上亦有尤□累。五叔云总须去湿,方既配就,亟试之。□信摺想已收,余懒未问也。昨问大宝,云电询其父是何款,多此一问。大约断不能清楚,俟鼎归再问耳!吾为儒老病忙数日,闻稍愈,总之委顿已极。严春生昨来,其老翁殊未佳。适汝五叔在此,不一。新拓朱字两纸带去。二十五日。

明日入山,后日归。船中甚冷,前日受寒。

《翁氏家书》第十八册

复俞钟銮函

光绪二十七年十二月二十五日(1902 年 2 月 3 日)

稼翁脉象如是,可虑,可虑,不知能敛摄否? 敝簏干桂拟送之,呈已递甚好。介然先生论漕务书钞竟当缴。金门吾甥。松禅复。

《翁松禅(同龢)手札》第二册

致俞钟銮函

光绪二十七年十二月二十六日(1902 年 2 月 4 日)

知稼痢止,能饭,想无它。闻与赵医商量,未知足下曾看过否? 迩来体气常佳,愚山居尚安,暂归即返棹也。此候近祉。名顿首。二十六午。

《翁松禅(同龢)手札》第二册

致翁斌孙函*

光绪二十七年十二月二十七日(1902 年 2 月 5 日)

医不论生熟,效者为良,熟者若效,原不必别寻也。发际耳轮渐消否? 腹臂汤熨蚌减是效也,念甚,念甚。我肩风疹如旧,得微汗似快无所苦也。允之子何号? 今日当以现成对撰句写之,不能

---

* 翁同龢光绪二十七年十二月二十七日日记有“杨杏南同元送梅花两盎至山”。所以,函中说:“杨总未通问也。”

新颖耳！

欣闻人日双窠燕，会见天孙八茧蚕。

未知有现成对子否？细思亦正无谓，杨总未通问也。二十七夕。

《翁氏家书》第十八册

致翁斌孙函

光绪二十七年十二月二十八日（1902年2月6日）

顷归始闻严事，为之嗟叹。隔壁吴老亦复可虑。闻昭令送礼，已留之。吾尚耐劳，臂亦稍愈。二十八日。

《翁氏家书》第十八册

致俞钟銮函

光绪二十七年十二月二十八日（1902年2月6日）

承示知稼翁近状，然蒙窃虑其中气不支，欲往访则徘徊不进，此意难以言喻。少选尚拟一谈也。金门贤甥。瓶生顿首。小除夕。

《翁松禅（同龢）手札》第一册

致翁斌孙函

光绪二十八年正月初一日（1902年2月8日）

元日晴和，气象甚好，吾读《诗经》，兼为人题图，亦萧散也。汝疾虽是皮毛，然极烦闷，右目尤要紧，闻严海屏有药极效，其方得自黄医。而四叔、大宝亦尝患此，黄所治好，故吾信黄医也。又闻徐菊轩有好药，其子在此，或可一问。老人关切，不觉絮絮，欲者汝又懒行。今日须拟到山，明后或仍入城，初五夜必须行礼。山楼既奉真容，不应辄离也。诸子侄皆见过，惟留、景一来即行，却因卧未见，想拜年甚忙耳！夜间二子均已见。笏览。初一。

《翁氏家书》第十八册

致翁斌孙函

光绪二十八年正月初六日（1902 年 2 月 13 日）

闻疮渐平，大慰。但不蔓生而好调理，因此避喧甚得，不免闷闷耳！吾在山中日瞻遗容，湖天漠漠，万家都静。顷归，明当返棹，以八篮令七保饭，留子能来与否皆可，前日留回想尚早也。明午前或到汝处一话。

《翁氏家书》第十八册

致俞钟銮函

光绪二十八年正月初八日（1902 年 2 月 15 日）

昨来山有祀事，春气融融矣。惟稼翁病时系梦寐。其家云专人请吴医，不知到否也。金门吾甥。松禅顿首。八日。

《翁松禅（同龢）手札》第五册

致俞钟銮函

光绪二十八年正月初九日(1902 年 2 月 16 日)

前送拙稿堪用与否,希示。稼翁病状,来函谓症脉能耐四字最的,此时阴阳相争,阳气上达则生,否则翳焉而已。吾于死生早看透,早晚当思一诣彼耳！天阴盼雨甚切。名顿首。九日。

幼莱属余写堂扁并令拟字,余不敢也。愿得其门卷读之,俾知应避之字。

华笙　颐寿　愉和　履顺,漫拟此字,希择之。

《翁松禅(同龢)手札》第五册

致俞钟銮函

光绪二十八年正月十二日(1902 年 2 月 19 日)

细雨,麦蔬稍润。稼翁病不进退,期可渐转。愚体颇佳,上元前一日入城。梅花开过半矣。养浩贤甥。松禅顿首。十二日。

《翁松禅(同龢)手札》第一册

致俞钟銮函

光绪二十八年正月十四日(1902 年 2 月 21 日)

顷调卿来,兼有他客,不觉抵暮。春气蒸腾,稼翁当日健。若局方逍遥散可用否？元日佳篇已快读矣。子戴[①]诗极恳挚，伊有礼器碑，题记未交。金门吾甥。松禅顿首。十四。

《翁松禅(同龢)手札》第一册

致翁斌孙函

光绪二十八年正月十五日(1902 年 2 月 22 日)

今日放定，喜气盈门，天时甚好。季迪来常，得无跋涉。汝得白药力极好，西人治外症每得效也。停药最好。《麓山寺碑》收到。十五日。

《翁氏家书》第十八册

致俞钟銮函

光绪二十八年正月十五日(1902 年 2 月 22 日)

好诗快读，奉缴。并调卿诗交去，刻将出北门也。外一函乞致叔封。昨谈甚畅，谢谢。金门贤甥。同龢。

《翁松禅(同龢)手札》第八册

致俞钟銮函

光绪二十八年正月十八日(1902 年 2 月 25 日)

适与客登山，甚顿。金图蒋述足起人思，俟细读也。两君邑中孝秀，可敬。金门左右。松禅白。十八。

《翁松禅(同龢)手札》第一册

---

① 宗舜年，字子戴。举人，常熟人。

致俞钟銮函

光绪二十八年正月二十日(1902 年 2 月 27 日)

知稼先生病可忧,吾欲投以辽参,脱肛非此不可于术何如? 其手简并奉阅。养浩贤甥。瓶生顿首。二十日。

《翁松禅(同龢)手札》第五册

致费念慈函

光绪二十八年正月二十一日(1902 年 2 月 28 日)

西蠡吾友足下:

山居默坐,忧乐两忘,鱼鸟之性,绝非雕饰。韩君来,曾以画帖奉还,想鉴入。去年读《周礼政要》,以为亟当写进,今来书云云,则归牧堂①中大胜元都观里,亦至论也,钦向,钦向。委题各件出月寄。呈芙蓉一株,由航船去。即候时安不一。友生名顿首。正月二十一日。

《翁松禅相国尺牍真迹》第三集

致俞钟銮函

光绪二十八年正月二十一日(1902 年 2 月 28 日)

顷问稼翁,据其家云仍未轻减,今拟将参术二煎送去,仍嘱延

① 归牧堂为费念慈苏州桃花坞的寓第。

医商酌,老年不得不慎重也。养浩吾甥。松禅。二十一。

《翁松禅(同龢)手札》第一册

致翁斌孙函

光绪二十八年正月二十二日(1902 年 3 月 1 日)

寒梅已落,惟繁枝者尚开。吾暂入城,又因周家病人,不欲住山庐。风大未出游,散墩太远,金村亦无谓。兰治病有效,石玩世不恭皆所取,论人则石为胜,然城中人必不喜也。

《翁氏家书》第十八册

致俞钟銮函

光绪二十八年正月二十四日(1902 年 3 月 3 日)

稼老疾不退,肿将至腹,极委顿矣。奈何?此非药力所及,恐旦暮有事,为之怅结。二十四午。

《翁松禅(同龢)手札》第五册

致翁斌孙函

光绪二十八年正月二十六日(1902 年 3 月 5 日)

讹言繁兴,只可镇静。鸡犬之异,吾少时亲见之,然卒无它。昨夜登屋而望,见塔影在后,走仆往看,始闻在锁澜桥,桥外有程氏墓舍,余尝一至,未知即此处否?南门外亦有两间被焚,正在初更也。易弁在茭田获怀火煤者,一縶一逸,审实当严办。水龙创办待资甚巨,塔前后当易集,吾捐十元何如?甲疮未化,切望不破。灰粪必酿他事,吴愈其□也。稼老饰巾,待尽而已,吴畏寒特甚,懒散可怪耳!二十六。

《翁氏家书》第十八册

致翁斌孙函

光绪二十八年正月三十日(1902年3月9日)

火肉卷子、鱼元已尝,甚佳,非庖人所能也。蕉二奉□分种,此间草树多于人矣。严对尚未构思,今挥去为我斟酌。

《翁氏家书》第十八册

致翁斌孙函

光绪二十八年二月初一日(1902年3月10日)

玉舟函阅悉,头条胡同孙住之屋[①]割剩上房五间,绣衣作住。其马号亦有人出入,未知是电局人否?吾路南之屋为轿夫高姓占住。尚完全,此长憙所云也。李函虽不了了,自系指头条之屋,可复以现不出售,以省葛藤。至二条之屋,电局为政,仍当与盛[②]商办。二月初一。

《翁氏家书》第十八册

---

① 孙家鼐借住。

② 指盛宣怀,时为中国电报局总办。

致俞钟銮函

光绪二十八年二月初一日(1902年3月10日)

织孙来往平安甚慰。幼楞命运如此可怜,亦可念也。东乡民半菽不饱,平粜无章程,若不开蚕桑之源,殆无生路。画虎三纸〈聊〉发一笑。松禅。二月朔。

山东红稻少许,哈什马四枚,聊发一笑。

《翁松禅(同龢)手札》第七册

致翁斌孙函

光绪二十八年二月初二日(1902年3月11日)

严文靖为学士,以青词蒙赐一品服,此必纪恩之作,白面修髯□甚少也。金门以《蒋忠烈公[1]早朝图》属题,像笏朱衣而鹤补,末署丁酉龚显画。按:忠烈弘治丙辰登第,正德丁卯授命,此十二年中无丁酉也,且御史服章安得有鹤补哉?今有秀才泷者藏此,自称九世孙,正德距今三百九十六年,其世次亦不伦。初喜蒋公有后,细考乃知其谬妄,不便订正,但注公于弘治丙辰登朝,正德丁卯授命,此图署丁酉,记以俟考而已,所论婉而讽也。

《翁氏家书》第十八册

---

① 蒋钦,常熟人,明代御史。

致俞钟銮函

光绪二十八年二月初二日(1902年3月11日)

蒋忠烈公画像敬奉还。宋《潜虚集》五本(后五本尚欲借观),望堂金石六本并还。二日。

《翁松禅(同龢)手札》第二册

复俞钟銮函

光绪二十八年二月初三日(1902年3月12日)

昨稿有复字,有类句,希随笔点窜。《早朝图》题字改处甚好。早晚晤谈不一。金门左右。松禅复。

《翁松禅(同龢)手札》第二册

致翁斌孙函

光绪二十八年二月初四日(1902年3月13日)

连日何如?医果收效否?似闻外科以好药为主,抑黄水疮别有治法耶?吾来山中,适其本性,眠食俱好。昨赵坡生来,看儒老诗,不敢云操选政也。初四。

《翁氏家书》第十八册

致俞钟銮函

光绪二十八年二月初四日(1902 年 3 月 13 日)

稼翁诗略读一过,妄以朱规识之,仍烦推敲,期精不期多也。撰序一篇,亦希订正。稼翁病状如何?神观清否?甚悬系也。金门吾甥。松禅顿首。二月四日。

《翁松禅(同龢)手札》第二册

致俞钟銮函

光绪二十八年二月初五日(1902 年 3 月 14 日)

适泛舟西迈,承示未复,腰楚殊剧,良方明日当试。盐济花猪烂煮大嚼,风味必佳,谢谢。清恙已平,甚慰,甚慰。金门吾甥。龢顿首。初五晚。

《翁松禅(同龢)手札》第一册

致翁斌孙函

光绪二十八年二月初六日(1902 年 3 月 15 日)

吾所虑者,旁生侧出,连延不已,而汝盛称三宝之妙,盖谓缓功胜速效耳!吾不能驳而意不能释。黄医已悉其谬,故久不提,闻周屺堂尚佳,或请其一诊,不服其药何如?茶博士必受累,其实哗者非博士也。此间平安,杂花尽开矣,且住为佳。农田盼雨,菜花甚稀。初六。

《翁氏家书》第十八册

致翁斌孙函

光绪二十八年二月初七日(1902年3月16日)

所患体验日退,自较易医为是,珍珠散不得不多,即多方求之,亦不惜,眠食想如常?惠到杭有信,此后风讯须嘱二十日外始可首途。此间均好,惟盼雨甚切。城中事隔壁听钗钏耳,以意揣之,官亦不能干休也。枕石游谈,一群鹅鸭,何足置论。日内或入城,城中繁扰,亦甚劳乏,故欲避之。初七日。

《翁氏家书》第十八册

致翁顺孙函

光绪二十八年二月初七日(1902年3月16日)

吾静验知饮水从左膀胱而下,临睡凉饮,下为热阻,故凝结。凝核当分别是疝是气,若疝则当用暖药,他病则不敢知矣。闻曾请小吴用凉药宜慎,果系肝气则加味消遥,人参、柴胡亦可试,与医斟酌。汝体太虚,当自知也。连珠后六六章有伤时语,不可传播,俟汝父归,再商复之。门户一切加谨毋忽。汝父行时,吾告以日内有雨,老人之言,大约不谬。初七。同龢。

《翁松禅墨迹》第二册

致俞钟銮函

光绪二十八年二月初七日(1902年3月16日)

顷由西山补种松楸,归得手示,甚慰。学使按部单并悉。愚体尚耐劳,肝阳亦不上越。尊府安好,春风骤暖,起居加摄不次。金门贤甥左右。龢顿首。二月七日晚。

《翁松禅(同龢)手札》第五册

致翁斌孙函

光绪二十八年二月初八日(1902年3月17日)

督力灌花,携筇巡野。切望张大帝下天,苏此枯槁。昨姨太来,应酬半日,甚厌其烦矣。珍珠散收口用之,若提脓当用三宝耳。茶务一笑,只合矮脚,出场加赋,以浙为最,吴必仿行,奈何?笏览。二月八日。

《翁氏家书》第十八册

致俞钟銮函

光绪二十八年二月初八日(1902年3月17日)

顷伴以时日计之,或未确,然语简而促,极可怕。咏之行否,不足道。续有闻,幸示。名顿首。

《翁松禅(同龢)手札》第五册

致翁斌孙函

光绪二十八年二月初九日(1902 年 3 月 18 日)

得函略慰,但不滋即愈矣。桃花开,风雨来,方约湘渔看湖桥茔门也。仅编篱。慧日一谕哗然,官民交困亦交相戏,将来茶博士必有论系者,嘱曹辈少插咀可也。天旱督力浇花,其如菜麦何?笏览。

《翁氏家书》第十八册

致费念慈函

光绪二十八年二月初九日(1902 年 3 月 18 日)

《周礼政要》一本,二卷;新增一本,原签在内;奏稿一篇;缪说帖一件;丁章程一件;外莲心画谱册十叶一件,均乞带交。

今送芙蓉条二十枝,即日遍插可得花。适感凉,息山庐,不一。归牧堂主人。二月九日。

《翁松禅(同龢)手札》第六册

致翁曾荣函

光绪二十八年二月十一日(1902 年 3 月 20 日)

吾昨受热,至解衣凉饮,今晨乏极若病,然非病也。笔墨事不了。汝疡渐愈,可喜。兴福捐地单阅过仍还,恐寺僧亦难料理。

《金生集》收到。写经两卷带去。稼老不食而下行不止,殆矣。十一日。

《翁氏家书》第十八册

致翁斌孙函

光绪二十八年二月十一日(1902年3月20日)

脑后眉梢愈而未愈,总以净荩为主,弥悬悬耳!昨斗级弄又火,讹言惊疑有以也。闻范公桥龙多退缩,盖轿夫多游惰也,然悍者又临事打架,当择为首之人。林丙章有讣,然不能应酬。

《翁氏家书》第十八册

致俞钟銮函

光绪二十八年二月十一日(1902年3月20日)

昨稼翁函并方送览,调养可复,所虑在床饮食不化耳!松禅。十一早。

《翁松禅(同龢)手札》第一册

致翁斌孙函

光绪二十八年二月十四日(1902年3月23日)

阴寒想甚,护甚,欲致汝处而饭醉欲卧,且俟起看,余服白果有效。吴处昨往一看,了此友谊。开河之议未闻,茶事将合龙最妙。

两处后出之疖是否滋生？抑甲乙外所添者耶？十四日。

《翁氏家书》第十八册

致翁斌孙函

光绪二十八年二月十五日（1902年3月24日）

龙已成，甚慰。捐项明当送，即写入摺可耳！顷闻周神庙严氏火，阴雨而不解，毕方之厄何耶？余待晴入山。吴公饬巾待尽矣。望。

《翁氏家书》第十八册

致翁奎孙函

光绪二十八年二月十七日（1902年3月26日）

投吉多病，文思衰落。赵次公行述接到，略拟数行，思欲乞纲堂润色之，为吾转告坡生，非吝也，实精神不济耳！鼎丞侄孙。瓶生手字。十七日早。

《翁松禅相国家书》

致翁曾荣函

光绪二十八年二月十九日（1902年3月28日）

西药敷过三日，正悬念，信来知其详，黄水去尽自佳，但须结痂早耳。鼻血是胃热，口气素重即胃热之征。细思汝既忌口，一切淡泊，何缘有此热耶？癣疥已足累人，渐暖可扫书室一坐。赵方如何？亦可不服。吾十七中夜起，天明而毕，可谓刻舟求剑，连日倦怠，腰臂不酸，风阴出游不果，杂花落矣，抑未舒也。四叔在此尚适意，终日数珠，如老僧送生。四虎未用图章，不知新刻木印须用否？木印颇蠢也，或裱就再用，否则我入城时可用也。十九日晚。禅。

严对可写。

《翁氏家书》第十八册

致翁斌孙函

光绪二十八年二月十九日（1902 年 3 月 28 日）

晨起披裘，午间又热。菉昨丑寅间又吐四五口，金君适自患病不能来，悬拟一方亦凉滋，菉定恳之。沙洲事不置辞最好，徐声名不佳，吾亦闻之。王信留看，明后再还。吾喉疼总未平，茅根、蔗浆不住进也。江南教案恐蔓延。吴老垂尽。十九早。禅。

《翁氏家书》第十八册

致翁斌孙函

光绪二十八年二月二十日（1902 年 3 月 29 日）

畅雨可喜。菉昨夕未吐，今金医来，云系热所逼，既止，只须调理，并嘱勿再服热药也。吾喉疼未平，以蔗根、桑叶代茶。汝疮口出水，尚非全愈，慎之。赵墓志止此一稿，汝可细酌，录一清稿，不汲汲也。二十日。

《翁氏家书》第十八册

致俞钟颖函

光绪二十八年二月二十日(1902年3月29日)

贤郎高列可喜,尚忆垂髫入塾时也。承惠珍食,甚感。山中较寒,委书扁额,稍暖奉呈。手翰但作行草,勿用官牍式,祷切祷切。敬候侍安。名另肃。二十日。

《翁常熟手札》第三册

复俞钟銮函

光绪二十八年二月二十日(1902年3月29日)

适敬书祠位,故辞客,晚间走谈。稼老脉气既脱,是中虚,参茸当可用。参术手煎送去,茸正作丸,每服至多三分,须饭前服何如?金门左右。松禅复。二十日。

《翁松禅(同龢)手札》第二册

致俞钟銮函

光绪二十八年二月二十一日(1902年3月30日)

昨稿乃商略之件,非定本也。所望签记谬处并增损辞句,不可客气。愚不耐思索,故以奉烦耳!金门吾甥。松禅顿首。二十一。

《翁松禅(同龢)手札》第二册

致翁曾荣函

光绪二十八年二月二十二日(1902年3月31日)

日日出门否?想适。吾祠事尚不劳顿,体亦渐平,以牡砺一两、鲜生地三钱,镇肝平肺。忽发兴临范书评本,此非数月不了,但日数叶,自不任矣。吴对送看,悫亦欲送对,尚未撰也。

《翁氏家书》第十八册

致翁斌孙函

光绪二十八年二月二十二日(1902年3月31日)

访僧略坐不劳。四叔昨夕不吐,似渐愈。玉舟来件。来信留着,容徐写。任君未来,来即见也。适赵坡生、钱幼楞在此,不一。二十二日。

《翁氏家书》第十八册

致赵坡生函

光绪二十八年二月二十二日(1902年3月31日)

尊公墓铭稿今始录出,不佞岂足以表扬盛德,惟有愧负耳。仍俟裁择雅宜字册,拙书"虎"字并呈。叠承珍馈,感谢,感谢。坡生二兄世长。龢顿首。二十二日。

《翁同龢手札手迹》

致翁曾荣函

光绪二十八年二月二十三日(1902 年 4 月 1 日)

儒翁对可用之至,先公年谱一本。城内止此一本,山中尚有当畀汝,此册则在家录箧内,仍当归入。汝所患处出水是馀波未平,蒋云无妨,吾却不信。今日曾出门否? 二十三日。

《翁氏家书》第十八册

致翁曾荣函

光绪二十八年二月二十四日(1902 年 4 月 2 日)

正欲遣问,得函慰甚。年谱收到,韩君笔记曾刊否? 但得水止目舒不再旁及幸矣。山中稍有琐事,不过工程不甚结实,又对面茔松欲动等事。明日须到山料理。清明节近,仍须入城,不知祭扫当定何日也。吾得解,耳鸣等疾渐轻。剃头人云曾到塔前剃,因欲出门,真谣言也。二十四。

《翁氏家书》第十八册

致俞钟銮函

光绪二十八年二月二十四日(1902 年 4 月 2 日)

顷遣人问,云殊惫。连城所云必较确,春寒或懒于语言耳! 天生磺入剂始效，明日事已饬典者知之。

《翁松禅（同龢）手札》第五册

致翁斌孙函

光绪二十八年二月二十九日（1902 年 4 月 7 日）

吾归三日矣，明日扫西山墓，若不雨，必成行。嗣是北山，必须次第举也。汝朔日出门大好，但吾处及之园均入山，可不来。

顷得佑莱信，伊从上海归，云英使持三端：免厘、洋盐入口、弛米禁，甚坚。此米、盐乃吾命脉，不知当事如何措置。吴江令宗能述送其尊人《涤楼先生全集》三，四十本，诗文甚正。著人持信去，适徐老来，因并前信去。二十九。

《翁氏家书》第十八册

致翁斌孙函

光绪二十八年二月二十九日（1902 年 4 月 7 日）

数日缺音问，不知所患脱然否？任逢年似寓上海，当知之，伊去年寄物，至今未复也。前日在山有长笺为唐根，忘却在山中也。今晨谒祠堂，退时太早。天气似可望晴，晴则明日扫墓，须住山数日矣。前日因周根之孩忽尔殒绝，六岁者。意甚恶之，即乘舟回城，今长喜来云其他妇孺无事矣。祀事日颓，祭毕而燕，几于一哄之集，令我慨叹。吾老而病，此事虽汝振兴而主持之，然须数十年后归老乡园时也。

前日在山庐读《后汉书》及文勤公与吾及汝父临写义门[①]批之本，灯下感触，不觉失声，此固至情亦衰征也。此本拟装作蝴蝶裱，庶可久。

《翁氏家书》第十八册

致翁斌孙函

光绪二十八年三月初三日（1902 年 4 月 10 日）

虽寒而气已煦，山居先知，因疾得闲，万勿嫌闷。严、徐药得之否？《金生集》检还。其疖所谓脓窠欤？徐寿辉《明史》无传记，江西铜印有“治平”字，其为寿辉僭号所给无疑矣。初五入城再通问。初三日。

《翁氏家书》第十八册

致俞钟銮函

光绪二十八年三月初三日（1902 年 4 月 10 日）

肴蒸之馈，兼及老夫，欣喜无量。告应北睢麟精意不外匡鼎，原情性正基兆数，语可深味也。天时盛暑，新人冠带，华堂灯烛，未免蒸热，礼举大纲，无须繁缛，此贺大喜。名顿首。初三日。

《翁松禅（同龢）手札》第二册

---

① 何焯，字义门。清代学者。

致俞钟銮函

光绪二十八年三月初四日(1902 年 4 月 11 日)

县案阅悉,忆老夫初试时,名次与彩相等也。六十年旧梦聊发一笑。天晴馀寒尚峭,试者珍重。荆门贤甥。松禅顿首。初四。

《翁松禅(同龢)手札》第五册

致俞钟銮函

光绪二十八年三月初六日(1902 年 4 月 13 日)

剑外忽闻收蓟北,来函所谓疑喜兼集者矣。两纸即缴不一。名顿首。初六。

《翁松禅(同龢)手札》第七册

致翁斌孙函

光绪二十八年三月初八日(1902 年 4 月 15 日)

悫题最难,唱欲不得,叙交情不得,故就所得言之,似包括也。悫能读宋五子书,不仅古文奇字为绝学也。文武兼资,南海北海;汉宋一贯,经师人师。幛四字,曰"一卧沧江",亦空处著笔也。一雨花事已阑,空谷悄然,庄子云见似人者而喜矣。初八日。

《翁氏家书》第十八册

致俞钟銮函

光绪二十八年三月十二日(1902年4月19日)

新妇遽陨,必伤舅姑之怀,深以为虑,馀事直置之耳!彩生赴苏,嘱其誊卷勿错落,少饮茶。金门贤甥。松禅顿首。十二。

《翁松禅(同龢)手札》第七册

致翁斌孙函

光绪二十八年三月十四日(1902年4月21日)

汝所患,蒋君能任之,必早愈,闻外科药线最要好药也。昨菉与两稚来山中,喧然疑客至矣。今日阴,或可望雨。茶事群蛆嘬腐肉耳!具结之说,掩耳盗铃,看将来何如。董事月十二千,俞、曹、钱、归。小董八千,宗等四人。剔此巨蠹,养勇有馀矣。

《翁氏家书》第十八册

致俞钟銮函

光绪二十八年三月十四日(1902年4月21日)

有陶耀曾者,住水北门,是否静涵先生曾孙?希示悉。后日知稼翁复土,拟往一奠也。昨示济之病状,殆成废人,为之永叹。阴寒,觊再得雨。金门吾甥。松禅顿首。十四日。

《翁松禅(同龢)手札》第七册

复俞钟銮函

光绪二十八年三月十九日(1902年4月26日)

得书良慰,试事如桔槔。二十日外当归。麦秋减色,民生蹙而士气浮,可叹,可叹。山居安隐不一。金门贤甥。松禅顿首。十九早。

《翁松禅(同龢)手札》第二册

致翁斌孙函*

光绪二十八年三月二十日(1902年4月27日)

颈疖渐愈而眼肿未平,避风乃要也。陆信尚未写出,日内必寄。太常公《福山塘记》检未得,俟徐查之。我日内赴山,二十三早必归城。二十日。

《翁氏家书》第十八册

致俞钟銮函

光绪二十八年三月二十四日(1902年5月1日)

归舟摇兀,得无劳顿,宜少息以和之。钱新甫[①]信云幼楞事可成,能到沪一商否?希转致。惠珍多感。名顿首。二十四日。

《翁松禅(同龢)手札》第一册

---

* 翁同龢光绪二十八年三月二十日日记,有"前数日福山有讹言",故要检"太常公《福山塘记》",但函中说"未检得"。

① 即钱骏祥,钱应溥后人。

致翁曾荣函

光绪二十八年三月二十四日(1902 年 5 月 1 日)

大风花渐落,然犹有未开者,侄何日来邪? 明日东皋之集,度不得辞也。吾甚安适,屺怀若到,可专人来告知。塔前信着姚三送去。二十五早。

《上海图书馆藏翁同龢未刊手稿》第 475 页

致俞钟燮函

光绪二十八年三月二十八日(1902 年 5 月 5 日)

昨适有事,吾甥来,未得一谈。送去归批《史记》一函,又新集四册,乞仲宾先生照黄圈点临之,可否即示及。若来不及,则将每段两头各圈二圈,惟一圈者断勿遗却。匆匆不尽。调卿贤甥。龢顿首。

《松禅老人遗墨》卷下

致翁斌孙函

光绪二十八年三月二十九日(1902 年 5 月 6 日)

明日汝当至义庄,若黎明来南泾,抑何早也。初出门,第一避风兼避秽气,可带香珠或闻鼻烟也。顷留子在此,任信已发交缉送矣。宗号似是加弥,在《申报》中见之,躬耻斋系曩经涤翁手赠,其诗集、制义前此未见,诗亦不群也。道咸间涤翁有书圣之目,其字中锋而笨搦。二十九。

《翁氏家书》第十八册

致俞钟銮函

光绪二十八年四月初三日(1902 年 5 月 10 日)

疢疾除,日有喜,不独吾侪之幸也。山中晚凉可夹衣。此后信札止行草,无须庄楷,函封并勿题署。金门贤甥。松禅顿首。初三日。

《翁松禅(同龢)手札》第四册

致汪鸣銮函

光绪二十八年四月初四日(1902 年 5 月 11 日)

郎亭老弟阁下:

沪报以为阁下甫到西泠,展手教,始审上已归鲟溪之濒,欣慰,欣慰。兄因肝疾,在山时多,入城时少,虽亦策杖听田水,而意在云栖灵隐间。今读来教,如饮湖渌,况嫩莼胞笋雪藕新茶阗骈筐篚,何异亲履其地耶!感谢无以为喻。

昨西蠡一晤,谈碑竟日,而又未能剧谈者,病为之也。窓公既去,而老友聋叟继之,用是情怀甚恶,眼益花矣。专谢不一。敬颂日安。兄龢顿首。初四日。

《翁松禅(同龢)手札》第十册

致俞钟銮函

光绪二十八年四月初六日(1902 年 5 月 13 日)

体中何如？明日能至山庐一坐否？若犹觉倦,不可勉强,船中宜多衣。金门贤甥。松禅顿首。初六日。

如来当以小轿奉迎,但须带风帽。洋元一枚笺纸价,烦莨生转交。此等纸虽不佳,然略厚,受墨有由拳遗注,若得双料厚者制笺为宜。

《翁松禅(同龢)手札》第二册

致俞钟燮函

光绪二十八年四月十三日(1902 年 5 月 20 日)

石某题字,石香为我遍征顾氏之牒,可感也。愚乡居粗,适试舟,何日行,颂祝之至。调卿贤甥。松禅顿首。十三日。

《松禅老人遗墨》卷下

致俞钟銮函

光绪二十八年四月二十日(1902 年 5 月 27 日)

明日午后欲邀镕孙便饭,吾甥及应北兄弟同坐。今雨势未已,请携具至高斋一谈何如？次辂贤甥。松禅顿首。二十日。

《翁松禅(同龢)手札》第二册

致俞钟銮函

光绪二十八年四月二十一日(1902年5月28日)

久未晤,渴想。《知退斋》续集跋,简洁得要,知经洗伐矣,甚惬惬,馀面罄不一。养浩贤甥。瓶生。二十一日。

《翁松禅(同龢)手札》第一册

致俞钟銮函

光绪二十八年四月(1902年5月)

《经训堂帖》四册奉缴,后再有若干册,俱发一观。开晴融暖,必有佳作见示。尊体谅愈健,念念。金门兄台览。借书翁顿首。

《翁松禅(同龢)手札》第一册

致翁曾荣函

光绪二十八年四月二十七日(1902年6月3日)

寿食二送去。连日徜徉花下,甚乐。一片香雪,光景奇绝。大义桥并无吃大户事。客去亦不倦,拟留一二日归。外价却着人分致,杨信系灵宝殿前,饬老田勿误。墓工尚须修饰针嵌。现铺石子,度须三四十工也。石岩树种盆内,吾意当种于罗城,此非动土盖卦树,本一事相连,可勿拘耳,何如?

昨以两肴送赵君默，被老田误送宝慈桥，可笑也。二十七。

《翁松禅墨迹》第二册

致俞钟銮函

光绪二十八年五月十四日（1902 年 6 月 19 日）

闻数日红疹，又闻系痰病，不知干系何病也。郎女等皆患病，惟织孙无恙，然惫甚矣。书房不□到，第一避风。愚病四日，热未退，不思食，且静以消息耳！因疾不成字。即候痊安，不尽驰系。五月十四日。松禅顿首。

《翁松禅（同龢）手札》第九册

致翁曾荣函

光绪二十八年五月十五日（1902 年 6 月 20 日）

方三帖甚奇，云有验。

灵符拜神贶，学人尤当时赉邀也。薄衣不足，已饬捡厚棉送去，钵盂化醴，何异疏勒飞泉。昨灶下患痧送归，今已愈，力作者喜饮冷水，切诰诫之。虚其腹，温其足，窒其欲，此三语辟恶法也。缮未见，已见，云拟二十一起身。笏以十七行。闻兰升来议平粜，又闻城中六月朔开办平粜，馀未详。菉卿览。望日。

《翁松禅墨迹》第二册

致俞钟銮函

光绪二十八年五月二十一日(1902 年 6 月 26 日)

报罢乃寻常事,君子进德修业,此不足为重轻也。沈君属题册二、条四、横幅一之件今送去,即转交。此致金门贤甥左右。制龢顿首。

并还归云林,此致榴甥。松禅。二十一日。

《翁松禅(同龢)手札》第八册

致俞钟銮函

光绪二十八年五月二十二日(1902 年 6 月 27 日)

诸郎皆北,并府试次对亦黜,可怪也。鸡肋安足计,期进德修业耳!惟上下安和为慰。金门吾甥。瓶庐顿首。二十二。

《翁松禅(同龢)手札》第二册

致俞钟銮函

光绪二十八年五月二十五日(1902 年 6 月 30 日)

尊作读过,无疵可指,负齿字未知所出“言既不行,义无可辱”八字尽之矣。钦向,钦向。顷将入舟,草草不次。金门左右。二十五日。

《翁松禅(同龢)手札》第九册

致俞钟颖函

光绪二十八年五月二十七日(1902 年 7 月 2 日)

此事可不列名,想庞、邵必有斟酌也。[①] 二十七日。

《翁常熟手札》第三册

致俞钟銮函

光绪二十八年五月二十九日(1902 年 7 月 4 日)

诗卷印模均收到,李印笔较灵动。闻曾匪[②]在茗苑相近处被获,未审的也。金门左右。龢顿首。

《翁松禅(同龢)手札》第七册

致俞钟銮函

光绪二十八年六月初二日(1902 年 7 月 6 日)

疾退,承问感切。《东华录》未购,不汲汲也。言侣白先生仆未尝奉询,何缘复及,平粜事,略闻大概。涉暑惟慎摄。名顿首。初二。

《翁松禅(同龢)手札》第五册

---

① 指庞鸿书、邵松年等人联名奏请减免常昭是年岁漕一事,翁以其在籍编管,认为不宜列名。

② 指活跃在江阴、常熟、崇明一带的哥老会头目曾国章。

致费念慈函

光绪二十八年六月初七日(1902年7月11日)

西蠡先生阁下:

录示妙方,感切,感切。客来言者三事:曰疖生于肘,此急证也;又曰极欲决去外毒,此极危之候也,何两者皆寂寂;又曰杂钩吻参甘并煮之,别为部署,此方何无传刻耶!治病以元气为主,小小进退,不系忧喜,走欲得兄者禁方耳。先生闻见博,果得之,不恪搜示也。愦愦积旬,怔忡大发,惟鉴之。名顿首。六月七日。

《翁常熟手札》第一册

致俞钟銮函

光绪二十八年六月初八日(1902年7月12日)

疾退七八,惟气弱,似阳伏也。竹沥峻削,口舌为干。彝器拓本四幅,昨忘送,今奉还。印谱即赠石农,并有一印烦篆刻也。两甥勿邑邑,当务大者远者。金门左右。松禅。初八日。

《翁松禅(同龢)手札》第二册

致俞钟銮函

光绪二十八年六月初十日(1902年7月14日)

赈粜杯水,经理无人,坐见生事,嗟叹而已。学博祭文无一泛语,后幅尤挚。稿奉还。愚牙颊胀痛,馀平平。金门贤甥。松禅顿首。十日。

《翁松禅(同龢)手札》第五册

致俞钟銮函

光绪二十八年六月十二日(1902年7月16日)

药投病退,可释仅注,王方并送。金门吾甥。松禅顿首。十二。

《翁松禅(同龢)手札》第二册

致俞钟颖函

光绪二十八年六月十六日(1902年7月20日)

挚谊感切,来教读悉矣。贱恙尚未全平,昨到山又感风。复颂侍安。同龢顿首。十六日。

《常熟翁相国尺牍真迹》第十二册

致俞钟銮函

光绪二十八年六月二十二日(1902年7月26日)

春阴倦甚,适延医未得,奉诣水龙捐摺旦晚再缴。金门贤甥。名顿首。

《翁松禅(同龢)手札》第七册

致俞钟銮函

光绪二十八年六月二十三日(1902 年 7 月 27 日)

今日照前方进一剂,气稍已矣。昨惠精食并谢。金门左右。织孙均此。松禅顿首。二十三。

《翁松禅(同龢)手札》第七册

致俞钟銮函

光绪二十八年六月二十四日(1902 年 7 月 28 日)

娄元考碑遣力奉去。缪文贞朱卷新装就并去,希捡入。金门贤甥。松禅。六月二十四日。

《翁松禅手札》第五册

致俞钟銮函

光绪二十八年六月二十七日(1902 年 7 月 31 日)

学翁方得效,则桂附可并进,附仍宜酌,于肝未宜。桂须佳者。《淮南》批校极精,希问价。许先生当是乾嘉时人,可敬也。金门左右。松禅顿首。二十七早。

《翁松禅(同龢)手札》第四册

致俞钟銮函

光绪二十八年六月二十七日（1902 年 7 月 31 日）

嘉肴骆驿，谢不甚谢。高葱白菜，来自山左，极感切，惜腕弱不能作杨风子韭花帖耳。昨小感寒发热，一夕即止。惟气犹绵惙，无他也。承念附闻。名顿首。二十七。

《上海图书馆藏翁同龢未刊手稿》第 517 页

致俞钟銮函

光绪二十八年六月（1902 年 7 月）

拨款大难，即志书款亦不能拨。愚意先集明岁之资以撍散局，徐俟徐图何如？此事非面谈不能罄，数日后当走晤也。

《翁松禅（同龢）手札》第八册

致俞钟銮函

光绪二十八年六月三十日（1902 年 8 月 3 日）

梦回闻雨声，喜找菜甲长，岂特菜甲哉！诸公之诚，长官之惠，农夫之庆，亦以见谠论之不可无耳！对纸收到，价务开来，以便再续。不一。松禅顿首。三十日。

《上海图书馆藏翁同龢未刊手稿》第 518 页

致翁曾荣函[①]

光绪二十八年七月初八日(1902 年 8 月 11 日)

真□蘑烧豆腐,半晌当不变味。快晴禾畅,惠来谈,此间真无可吃。兹顾厨做火腿松,颇可口,送一碟去,但咀其味勿嚼其质也。顷赵仲抃父子来,即上许氏墓者。漫与周旋,饭而去。菉侄。叔字。初八日。

《翁氏家书》第十九册

致俞钟銮函

光绪二十八年七月初十日(1902 年 8 月 13 日)

菉病似轻减,之廉时时发蒙,彼甚于此。承示陈君当备延诊。菉信金,廉信马,金犹聪敏,马疏略也。馀面谈不次。知名。初十日。

《翁松禅(同龢)手札》第七册

致俞钟銮函

光绪二十八年七月十五日(1902 年 8 月 18 日)

昨湖边看月,颇思一月前光景。迩日动定想佳。石友图昨始

---

① 是日翁同龢日记有“塔前赵仲忭(号献清,庠生,卅六,其父宗镇,号芝亭,都司署户科,七十一。)同来。许朗公之曾外甥也,年年上许氏坟。……”以此推断此函所写时间。

忆及，当题字再送呈。荆门左右。瓶庐顿首。望日。

《翁松禅(同龢)手札》第二册

致俞钟銮函

光绪二十八年七月二十三日(1902年8月26日)

连日过从，得毋劳顿。南塘之芡，白花之藕，苏人所贻，可一尝也。适昼寝起稍可，惟谷食不宜耳！知名。

《翁松禅(同龢)手札》第五册

致俞钟銮函

光绪二十八年七月二十四日(1902年8月27日)

洞庭新茗，香味俱绝，承惠甚喜。顽体粗适。此复金门贤甥。龢顿首。二十四。

三朵花俱领。

《翁松禅(同龢)手札》第二册

致翁寅丞函

光绪二十八年七月二十五日(1902年8月28日)

沪寓大安为慰。雨后秋暑当退，山中秋色颇多，惜丈许鹰来红太突兀耳。红衣不成片段，只两三，顾厨告金先生未必来，况又大雨，恐盖阻滞。西方殿之役，不免受热劳顿。以后出门，须择阴天凉

爽乃宜。恽处余亦办一细幛联,尚未写也。其舫带去[下缺]

《上海图书馆藏翁同龢未刊手稿》第482页

致俞钟銮函

光绪二十八年七月二十七日(1902年8月30日)

黄花无数,到眼烂然。新诗当属和,惜不称耳!珍感,珍感。金门贤甥。松禅顿首。二十七。

《翁松禅(同龢)手札》第七册

致俞钟銮函

光绪二十八年七月二十八日(1902年8月31日)

奉借《名医类案》及续编全部一阅,俟觅得即还。二十八日。松禅。

《翁松禅(同龢)手札》第二册

致俞钟銮函

光绪二十八年八月初八日(1902年9月9日)

大稿并示朴先生手钞、楹联,共三册奉还。四舍侄疾又加剧,恐不可为,烦灼无似。即颂日佳。松禅。初八日。

《翁松禅(同龢)手札》第七册

致费念慈函

光绪二十八年八月初九日(1902 年 9 月 10 日)

西蠡吾友左右:

久未通问悬情,今得手书,始悉近况,乃与鄙人相类。仆五月末病暑,投药不当,屡已屡作,七月乃起,离山入城与子姓情话。不意四舍侄久虚之体微感而竟长瞑。老怀于此尽矣。尊患癖痏行即平复。去冬不寒,今复暑湿,故多缠绵。

承寄临万年少画卷,直是瑰宝,因复叹息。不知抱布者复有此人否?唐市有亭林书院,行且转摹付藏也。三月中委跋各件,久置山庐,今悬隔数十日,亟当检齐奉缴。诸惟珍卫,不尽区区。胡君新著一本收到,并谢。友生龢顿首。九日。

《翁松禅(同龢)手札》第三册

致俞钟銮函

光绪二十八年八月初十日(1902 年 9 月 11 日)

求赤先生名孙保,似与赵清常友善,然不能忆也。残本欧集有其名印。昨卧安,今日拟服昨方。金门左右。名顿首。初十。

《翁松禅(同龢)手札》第五册

致俞钟銮函

光绪二十八年八月十五日(1902 年 9 月 16 日)

评点韩文希借一观。瓶庐顿首。中秋。

《翁松禅(同龢)手札》第七册

致俞钟銮函

光绪二十八年八月十六日(1902 年 9 月 17 日)

昨对月慨然,顷即入山矣。药捐二十元希转付。馀晤谈不一。金门贤甥。松禅。中秋后一日。

《翁松禅(同龢)手札》第五册

致俞钟颖函

光绪二十八年八月十八日(1902 年 9 月 19 日)

适昼寝未复,仲山尚书委书"塘南旧圃",当约略书之,原纸难寻,尺寸亦无一定也。敬颂侍安。龢顿首。十八日。

《翁常熟手札》第三册

致俞承莱函

光绪二十八年八月二十三日(1902 年 9 月 24 日)

《草堂雅集》八本收到,其中有关系邑事者录出甚善,签乃随手误入耳。《圭斋集》尚未觅得,俟续奉。笺纸料须得稍黄者为佳,早晚再将样〈送〉去。愚腰膂作楚,服党参相宜。堂上均安健?令弟辈想均平复矣。一切面谢不一。彩生左右。松禅顿首。秋分。

《翁松禅(同龢)手札》第八册

致俞钟銮函

光绪二十八年八月二十六日(1902 年 9 月 27 日)

病退神间,良方之效。所云生地茯蓉,希录示也。山有鲜茯蓉,可用否?蒋方未服,现以服食调理何如?金门吾甥。松禅白。二十六。

《翁松禅(同龢)手札》第一册

致俞钟銮函

光绪二十八年八月二十九日(1902 年 9 月 30 日)

姜汁能旋转脾胃,未知堪用否?饭后思走谈。金门贤甥。名顿首。

《翁松禅(同龢)手札》第二册

致俞钟銮函

光绪二十八年九月初三日(1902 年 10 月 4 日)

赐方用意渐妙,今日试服必奇验,感荷,感荷。《骨董十三说》将玩物极力掀腾,可笑,阅讫奉还,即捡入。次辂足下。松禅白。三日。

《翁松禅(同龢)手札》第一册

致汪鸣銮函

光绪二十八年九月初六日(1902 年 10 月 7 日)

郎亭老弟吾师阁下:

手教至,适鄙人有祀事,往来西北山,遂未奉答,歉悚无量。木落秋清,气体益胜。顽躯亦稍健矣。《张迁碑》复刻曩时亦拓数十本,今捡箧无之,盖屡经迁徙,虫穿鼠窃,不独此也。兹呈一本,恶俗可憎。秋稼登场,山庐眼前一隅可八九分,馀则丰歉不一。草草幸鉴。兄名顿首。初六日山中。

《翁松禅墨迹》第一册

致药龛和尚函

光绪二十八年九月初九日(1902 年 10 月 10 日)

岑寂山居,忽承清贶菊花松菌,实惬鄙怀,适匆匆入城,晤谢不尽。药龛大和尚。松禅和南。

未刊稿,原件藏常熟市文管会

致俞钟銮函

光绪二十八年九月十四日(1902 年 10 月 15 日)

适来山,得书,悬念。虚阳戢,胃气醒,数日即安,切勿过虑。恬淡虚无,真气从之,养生要诀也。调卿吾甥。松禅。十四日晚。

《松禅老人遗墨》卷下

致叶寿松函

光绪二十八年九月十四日(1902 年 10 月 15 日)

眉士足下:话别后六日,即诣山庐。中夜风雨,遥想旅泊湖壖。今得斌函,吴门小住,而吾侄孙女旧疾微发,纵极轻,而客居医药诸多不便,用是系念,殊切计,当先访陈莲舫诊脉,在沪量药耳!好雨梅炎,宜避暑气。仆此平平不一,珍重千万。松禅顿首。十四日。

《上海图书馆藏翁同龢未刊手稿》第 341 页

致俞钟銮函

光绪二十八年九月二十七日(1902 年 10 月 28 日)

晨在北门饮茶,归知见过,未获面谈,歉之。山中草得次公墓志,今送览,烦订正而绳削之,幸甚,勿急还也。诸书收悉,两图得应北细绘,甚感。欲借所藏苏州新志前十册一捡,捡毕再换。邑志稿尚有十馀本,容续送。令媳全愈否? 农田既苦潦,今复苦旱,奈何! 鹤年耐苦足立事,可敬也。荆门吾甥。瓶隐顿首。二十七日。

《翁松禅(同龢)手札》第二册

致俞敬臣函*

光绪二十八年九月二十八日(1902 年 10 月 29 日)

手字甚慰,暑气已清,中气未足,徐徐旋转之。参须似可用,希

* 俞敬臣为俞钟燮之子。

与学翁斟酌。此颂侍祺。敬臣茂才。松禅顿首。

《松禅老人遗墨》卷下

致张謇函

光绪二十八年九月二十九日(1902 年 10 月 30 日)

季直贤友足下:

老懒多忘,前惠薏苡、山药等物,日日服之而绝不忆报书与否,兹因舍四侄之事承赐挽章,枨触昨梦,辄复惘惘。

垦荒事想益劳勚,然变斥卤为膏腴,足与范公[①]争烈矣。生垂老遘骨肉之戚,生意顿尽。夏秋本多病,此月复患下痢,兼之战汗,幸而获全。江南无黍米,欲吾友致二三斗以为粥饮,幸留意焉。专此申谢,不及覙缕,即候近祉。生同龢顿首。九月晦。

叔俨兄[②]均此道谢。

《翁松禅致张啬庵手书》

致费念慈函

光绪二十八年十月初六日(1902 年 11 月 5 日)

西蠡贤弟太史足下:

贤郎高捷,即欲致贺,其时走适病痢,嗣得手函并承惠仇卷,珍感之至,而竟未奉复,极歉愧也。走病痢十四日,牵动战汗旧疾,幸

① 指宋代政治家范仲淹。

② 指张謇之兄张詧。

医药尚顺，虽困得安，至今眼花力弱，扶杖始能出户。贵体谅已复元。前日未知舟驭所在，无由问候。谨此申贺，并致谢忱，惟鉴不次。兄同龢顿首。初六日。

《翁松禅（同龢）手札》第三册

致翁斌孙函

光绪二十八年十月初九日（1902年11月8日）

昨日之图，中伏机械，在李氏二家，若李氏所卖，则真不容人过问矣，看来必已捏写，李氏子孙或另书契据也。今拟告以山上棍徒，挖坟偷树，拔碑即挖坟之渐也。乃其常技，故欲惩之，今不深究者，为买主也。奉劝买者：无后之冢不可迁，成荫之松勿再伐。只此两语而已。若必欲如图所说，则我送办山棍，伊亦不必问可也。

《翁氏家书》第十八册

致蒯光典函

光绪二十八年十月十九日（1902年11月18日）

礼卿[①]吾友观察足下：

山中伏处，不与人通，而足下惠然分俸见赠，是足下闵其贫而恤之也，抑亦知其贫且困而不以流俗以待我也。且足下何尝不贫而又惜我之贫也。感激，感激。

朝廷设学堂以收天下士，而江南尤人物渊薮，足下褒然总其

---

① 蒯光典，字礼卿，安徽合肥人，进士出身。

成,学徒之秀而文者不难致,第恐儇巧傲悖,貌华而志夸耳!余大病几死,兄子曾荣相依,忽而殂谢,老怀伤矣,无可言者。草草布近状以达谢,惟鉴不次。龢顿首。

《瓶庐丛稿》卷五

致翁奎孙函

光绪二十八年十月二十一日(1902 年 11 月 20 日)

十年无病,今忽得浮肿于面目手足之间,而疏率少思,不计后患,辄进瞑眩,以取一快,病去体而气索然如凭虚履,真不知身世之所在。调护两月,犹未复其故。入城畏炎,希来山一谈,琐事笔不能罄。早晨乘舆到山,中午饭,日夕言归,不致受热也。鼎丞览。瓶叟。二十一。

《翁松禅相国家书》

致俞钟銮函

光绪二十八年十月二十三日(1902 年 11 月 22 日)

两稿皆未点改,余何懒焉,怅怅。吴节略留读,感旧集亦收到。金门吾甥。龢顿首。二十三。

《翁松禅(同龢)手札》第七册

致俞钟銮函

光绪二十八年十月二十四日(1902 年 11 月 23 日)

三段碑一册并内夹纸片连套,十三行整本,拓法极精,但未能指为何本？兹奉缴即转致。沙壶砖研并纳。金门吾甥。松禅白。二十四日。

《翁松禅(同龢)手札》第七册

致俞钟銮函

光绪二十八年十月二十七日(1902 年 11 月 26 日)

药后头晕少止,亦服鲜莲汤,惟委顿耳！原件附之。不一。二十七。

《翁松禅(同龢)手札》第七册

复盛宣怀函*

光绪二十八年十月三十日(1902 年 11 月 29 日)

衰朽无状,见弃于时久矣。曩辱两次传语,欲稍补救而不得,私自沉恧。今得长笺,敬审一一。阁下之功以筹办电线为最伟,而忌者即以此中之。往事不足论,其如来者何？承示云云,当为一语,然通行矣。况仆固无足轻重之人哉！来书所论中外大局作聋聱,仆亦尚猛省,急援台不如早下台,万万骑墙不得,矧事机所系,止此一发乎？然不敢以此责望于阁下者,知阁下之无权也,阁下即以此谅仆可也。危坐观望,涉笔艰涩,敬候起居不一。

《瓶庐丛稿》卷五

---

* 此件关于袁世凯谋夺轮船招商局一事。盛氏曾致函翁同龢,希望帮忙疏通制止。但此时翁以带罪之身,实无力相助了。

致翁奎孙函

光绪二十八年十一月初一日（1902 年 11 月 30 日）

老病相乘，比苦疮痏，痴坐兀然，如被囚絷，厎残恶寒，尚未挟纩，而书债盈几，不得不次第酬之，勿谓山林可得闲适也。午后士翘来，为我一陪。鼎臣侄孙览。瓶叟字。

《翁松禅相国家书》

致俞钟銮函

光绪二十八年十一月初九日（1902 年 12 月 8 日）

本欲诣谈，事多而体倦，因中止。今又入山，三数日乃归。古泥刻石毕否？荆门吾甥。瓶庐顿首。九日。

《翁松禅（同龢）手札》第二册

致俞钟銮函

光绪二十八年十一月十四日（1902 年 12 月 13 日）

唐碑经鹤年粘合，较旧时无甚残剥，可喜。告拓工多加遍数可耳！过初六方能回城不一。十四日。

《翁松禅（同龢）手札》第四册

致俞钟銮函

光绪二十八年十一月二十二日(1902 年 12 月 21 日)

入城俗冗,欲诣未果。赵古泥补镌石印,希付观。金门贤甥。松禅顿首。

《翁松禅(同龢)手札》第四册

致俞钟銮函

光绪二十八年十一月二十五日(1902 年 12 月 24 日)

《东游日记》一册,通州张生所著,异于寻常谈瀛者流,此事自关学识也。张生方事垦牧、创学校,冀他日江淮间成一都会。此册可供浏览,不必付还。金门吾甥。松禅顿首。二十五日。

《翁松禅(同龢)手札》第五册

致俞钟銮函

光绪二十八年十二月初九日(1903 年 1 月 7 日)

承惠四书论,当转予族子,感谢,感谢。儒孤塾若竟废,可为永叹。公款无可拨,或乞仁粟哀此茕独何如?雪意尚远,徒深瞻仰。金门贤甥。松禅顿首。初九。

《翁松禅(同龢)手札》第五册

致徐元绶函

光绪二十八年十二月十七日(1903 年 1 月 15 日)

颖士年兄足下:冬初旋里,吾时山居,未获一见。似闻剡溪交篆在即矣,今得惠函,始知源委。窃谓山邑难治,正宜借“寇”耳。桐江一水,波澜轩然,今虽渐平,馀声激荡,兵事贵速,岂不信哉! 生在空山,食贫居贱,旷然自足。近日斌孙辈营北湖桥,奉其二亲伏土,俯仰前车,为之凄哽。生亦扶杖往来其间也。海内故人书问久绝,今廉泉二百之赠,益之花猪、竹笋、交梨、火枣,足下情至矣,鄙人何以堪耶! 敝屋正拟略葺,当颜之曰“萧斋议识”。隆馈口食,需累数月不能尽,感荷何如! 适将督视匠作,草草复谢,即诵年禧,馀容续布不一。友生同龢顿首。腊月十七日午。

《上海图书馆藏翁同龢未刊手稿》第 190—195 页

致俞钟銮函

光绪二十八年十二月二十三日(1903 年 1 月 21 日)

寒风远沙,感泐不安,正拟遣人问候,得简为慰。山中事已毕,一切顺平。此复荆门吾甥。松禅顿首。二十三。

《翁松禅(同龢)手札》第五册

致俞钟銮函

光绪二十八年十二月二十九日(1903 年 1 月 27 日)

米两石收到,袋两个先还,佑信并缴。金门贤甥。龢顿首。小除夕。

《翁松禅(同龢)手札》第七册

致俞钟銮函

光绪二十九年正月初四日(1903 年 2 月 1 日)

比于闾井,得两士:一古泥,一迂道人也。种菊歌及石友作,庶几张之耶? 两诗一留一还,幸捡入。养浩吾甥。松禅顿首。四日。

《翁松禅(同龢)手札》第七册

致俞钟燮函

光绪二十九年正月十一日(1903 年 2 月 8 日)

石香所寄《松禅图》,不特笔意高隽,且位置宛然,似曾过我山庐者,欣感之至,希函致谢意。徂暑惟珍卫。渔隐左右。松禅白。十一日。

《松禅老人遗墨》卷下

致俞钟燮函

光绪二十九年正月十一日(1903 年 2 月 8 日)

玉壶装烟送去,又鼻烟一瓶,所谓金银上品,即以奉赠。清恙宜调摄,勿再受热。调卿贤甥。松禅。

《上海图书馆藏翁同龢未刊手稿》第 441 页

致俞钟銮函

光绪二十九年正月十二日(1903 年 2 月 9 日)

连日观诸作皆正气所激越,当尽发所藏忠孝之迹题之耳!来诗每至终篇皆沉挚。荆门左右。名顿首。十二。

《翁松禅(同龢)手札》第五册

致俞钟銮函

光绪二十九年正月十五日(1903 年 2 月 12 日)

偶见汪钝翁集,有许虬竹隐印。汪同时人。捡许谱未得,甥知其人否?新诗有推奖语,非所敢承,漫和二首送阅,又二首并送,有未妥希于旁加点。如无疵当,誊写奉去。金门吾甥。松禅顿首。上元。

《翁松禅(同龢)手札》第五册

致翁曾桂函

光绪二十九年正月十六日（1903 年 2 月 13 日）

［前缺］自腊杪接信直至今日始复，愦愦可知。厘务比较有盈无绌，以各省章程论，尚可留办，不审彼中何如？说帖十条惟落地税一条亟须办，为他日截厘改税张本，馀则剔弊归公皆非虚谈。涪翁系吾旧友，今闻已别调，然来者亦必一气，须和协勿牴牾。辽事已成，不解之局，论者皆以联东为上策。然耽耽者方挟前约为责言，而朔漠数千里，处处毗连，亦虑难以横截，后患正无穷耳！宿已到闽，缮漂泊析津，宪总湖墅，此优差也。近则不优，杭事平平，笏信不着痛蛘，寅外强中干，缉病懒，馀小子皆吊屐辈也。吾垂暮处此境，惟气概不肯屈，意兴则索然矣。上元后一日，晨起。

《上海图书馆藏翁同龢未刊手稿》第 552 页

致俞钟銮函

光绪二十九年正月十九日（1903 年 2 月 16 日）

观《自得斋集印》十六册，请赵君一鉴别，迟日见还可也。石一方欲赵君作“均斋秘箧”四字，大抵与养浩藏印相等为妙。四鳃鲈从何处得来，不欲付庖，蓄之何如？幼楞到苏，甚慰。十九。

《翁松禅（同龢）手札》第五册

致翁奎孙函

光绪二十九年正月二十一日(1903年2月18日)

今日至蒋桥,未见土匠一,小五亦未见。看后面分水,似须五六月也,肩舆行由山路已五六刻。朱少珍晤否?或未归,少谷想已定商一切。二十一。

《上海图书馆藏翁同龢未刊手稿》第470页

致俞钟銮函

光绪二十九年二月初九日(1903年3月7日)

汉碑六种,以《乙瑛》为最。惟辞对故下辟字,谈者以辛旁两点全者为明初拓,此则失矣。然拓法极精,定为明中叶拓本。《曹全》[1]亦佳,然数见。明早还山,今送缴捡收为要。若得黄小松精拓,更愿一观,即此祥瑞图亦可爱也。养浩贤甥。松禅顿首。初九。

《翁松禅(同龢)手札》第一册

致赵坡生函

光绪二十九年二月二十五日(1903年3月23日)

迩日起居增胜,贤郎体中复元,欣慰欣慰。前假郘架亭林集六

---

① 指汉《曹全碑》,亦称《曹景完碑》。

本，摘抄始毕，今奉还。又欲告借《石田集》[1]一阅，阅竟即还，不至如前濡滞也。惟鉴不一。坡生二兄世讲。龢顿首。二十五日。

《上海图书馆藏翁同龢未刊手稿》第215—216页

致俞钟銮函

光绪二十九年二月二十六日（1903年3月24日）

缪氏义庄记甚有关系，不得疑之。愤激三复增慨。馀沫二字未知出处。山庐默处，念吴先生之殁已经年，辄书墓碣一首并传略送看，务为删削，否则不敢出也。又孔千秋刻石书后系赵石农所托，并乞转致。金门吾甥。松禅顿首。

《翁松禅（同龢）手札》第五册

致俞钟銮函

光绪二十九年三月初四日（1903年4月1日）

《山左诗钞》六本奉还。在山小病，顷始入山。吴铻孙闻月杪行，稍迟再叙。金门贤甥。松禅顿首。四日。

《翁松禅（同龢）手札》第五册

致俞钟銮函

光绪二十九年三月初七日（1903年4月4日）

清明节近，雨露既濡，方走松楸，未能奉诣。《山左诗》六本先

---

① "石田集"即沈石田集。石田即沈周，字石田，常熟人，明代书画家。

还,奉捡入。金门左右。松禅顿首。七日。

幼楞想已归。

《翁松禅(同龢)手札》第五册

致俞钟銮函

光绪二十九年三月初十日(1903年4月7日)

终日愦愦,视物皆歧出,殆热蕴耶。来诗老当,甚惬鄙意。石香寄《松禅图》,渔隐欲装为长卷也。画像题字交去,太极滞,不能刻也。次辂吾甥。松禅复。初十。

《翁松禅(同龢)手札》第一册

致俞钟銮函

光绪二十九年三月十一日(1903年4月8日)

甜瓜井屋雨塌灶觚,厮养夷伤如何?西蠡来,三日淹滞,甚苦酬对。淡疾已愈,惟倦耳!铻孙如何称之,希示。金门吾甥。松禅顿首。十一。

《翁松禅(同龢)手札》第一册

致俞钟銮函

光绪二十九年三月十二日(1903年4月9日)

《乐饥堂诗》疑出傅先生,然未能定也,今送阅。霜红二册并缴还。客狎至，殊厌苦之。金门左右。名顿首。十二日。

《翁松禅(同龢)手札》第五册

致俞钟銮函

光绪二十九年三月十四日(1903 年 4 月 11 日)

昨归体倦否？适访僧，摹帖价二十四元奉上，希捡入。馀晤叙不次。一舟足下。松禅顿首。

《翁松禅(同龢)手札》第一册

致俞钟銮函

光绪二十九年三月二十日(1903 年 4 月 17 日)

幼楞度已解维。《山左诗》六本奉还。若颜修来，李渔村真不为新城低首耳！一舟左右。名顿首。二十日。

《翁松禅(同龢)手札》第五册

致俞钟燮函

光绪二十九年三月二十一日(1903 年 4 月 18 日)

好诗留玩，清泉携入山，馀再谈。石香先生并候。调卿吾甥。松禅白。

《松禅老人遗墨》卷下

致费念慈函

光绪二十九年三月二十四日(1903 年 4 月 21 日)

西蠡吾友足下:

题名未见梓怡,为之怊怅。任世兄又欣然也。《鹤逸松禅图》竟是名迹,珍重拜惠,晤时道谢。许君来,适卧疾未见。鼻鼽腹胀,近始获瘳。程、李两册先寄缴,馀件稍迟奉上。榕全健胜可喜。病中草草不次,即候近安。友人龢顿首。二十四。

蝯字岂拙书可易,容再捡呈。

《翁松禅(同龢)手札》第三册

致汪鸣銮函

光绪二十九年三月二十五日(1903 年 4 月 22 日)

郎亭老弟先生阁下:

釜港坐羊头车,触热鼻塞声重,数日乃平。承惠哈什马,此北方珍味,今与吴莼会合,何异楚腰舞白题,不仅盐豉之配矣。吾乡无蚕事,大麦受风伤,高区菜籽小麦犹可。黄海北望悬情,云孙都司何如?孝弟就金陵师席否?山中灯下,承意布谢,惟恕不恭。兄龢顿首上。廿五日。

《翁松禅相国尺牍真迹》第十二册

致沈瑜庆函

光绪二十九年四月初四日(1903 年 4 月 30 日)

爱苍吾友足下:

仆交游遍海内,求始终不渝者,不过三数人,而足下其一也。孙辈述足下厚意,惋叹累日。仆则欲言而不能言者矣。山中默处,樵山汲水之外,亦或展卷。旧疾频作,遂至中辍。朝夕之需,端赖惠济。咏史诗不特风格高妙,兼得古人之心。已粘一册,藏诸名山。草草奉候起居不一。

沈瑜庆《涛园集》,《沈敬裕公年谱》

附:沈瑜庆原函及《咏史寄虞山师》诗

夫子大人左右:敬禀者,去岁秋初,顺叩师门,闻函丈有西江之行,中途折归,值亲朋变故,公劳私戚,得病几殆。岁暮奉饬交卸淮北差事,春半摒挡回省,仆仆奔走,所规之事,均不足以尘清听。兹又奉差驻沪,晤弢甫兄弟,敬悉眠食如常,私怀藉释。昔欧阳公居颍,门生故人,千里过从,虽厌谈时事,诗酒因缘,未尝摒绝。贤者之善于自遣,以系人往,大略相似。谨写呈咏史诗七章,以博莞尔。非有讥讽文字也。束修之敬,京纹百两,尚乞哂纳。敬叩节安。

一

留侯诚天人,商山友四皓。强卧傅天子,辟谷苦不早。处人骨肉间,忧虞能自保。君王共患难,勇退要有道。海上安期生,授我如瓜枣。洛阳之少年,夙负天下望。欲笞中行说,立谈取卿相。绛灌既不怡，遂有长沙放。宣室问鬼神，前席重凄怆。展转就梁王，忽忽意不广。左右以谕教，为傅乃无状。

二

萧生亦可传，儒术益高致。辅政领尚书，前朝与政事。中间以毁废，旧制病更置。尊师而重傅，恩礼会有异。门下士朱云，底用多风议。不见安昌侯，已请肥牛地。

三

东南有遗宝，李唐留旧臣。周旋两姓间，终不失其身。衰年多念虑，荐士殊悲辛。好汉张柬之，梦语如有神。朕复子明辟，具礼归天亲。古称天民者，梁公如其仁。

四

卧内有山人，来自嵩颍间。早樱杨李忌，托疾归衡山。弥缝父子中，神仙时往还。岂真由诡道，抑以匡时艰。物议或未惬，萧然有馀闲。夷简非相才，一长终可许。调停两宫间，进退非首鼠。母子恩如初，庙社晏钟虡。女中有尧舜，后来司马吕。中伤忽流言，旧事从毛举。社饭念老身，临分闻苦语。

五

堂堂张太岳，威重真空前。倨坐引朝列，尺书行九边。选将镇辽蓟，陈义高经筵。慈圣降保傅，官家方少年。手敕备恩礼，锦衣籍土田。往事类如此，后来独谁怜。抚筝望桓伊，慷慨声回天。

《涛园集》

致俞钟銮函

光绪二十九年四月初七日（1903年5月3日）

南宋文范四本，钱诗一本，奉还。吴门官书局所此刻凡几种？

均乞开示。昨服药极适,并以闻。金门贤甥。松禅顿首。初七。

《翁松禅(同龢)手札》第五册

致俞钟銮函

光绪二十九年四月十五日(1903 年 5 月 11 日)

三十年未呷莼羹,携至极喜。应北目疾当全愈。天平之游,亭林有知,必见许也。顷赴西山,归时再谈。金门贤甥。松禅顿首。望日。

未刊稿,苏州市博物馆藏

致药龛和尚函

光绪二十九年四月十五日(1903 年 5 月 11 日)

和尚以宏力副大愿,胜流俗远矣。仆卧病匝月,几不相见,今稍可,犹绵惙也。屡承嘉问,谨此奉谢不次。药龛大和尚。松禅居士上。四月望日。

未刊稿,原件藏常熟市文管会

致俞钟銮函

光绪二十九年四月十八日(1903 年 5 月 14 日)

顷捡得棣乡书屋墨二挺奉贻,毛燕少许并到。金门左右。瓶庐。十八日。

《翁松禅(同龢)手札》第二册

致翁奎孙函

光绪二十九年四月二十八日(1903年5月24日)

昨日携来吴冠英画册十二帧,就余所见者,此为杰作,与寻常所见者迥殊。清矫绝俗,超乎象外,写出一种霜中之姿,月中之香,水中之影,疏疏密密,得梅花之高格。兹于副叶上题七绝二首,固知冠英之画足堪传世,希望此诗亦堪附骥相传也,一笑。鼎丞侄孙。瓶庐。四月二十八日。

《翁松禅相国家书》

致徐元绶函

光绪二十九年五月初一日(1903年5月27日)

印士贤友足下:专使来,得书并燕窝、白木耳两篚,生平于精食不甚措意,今病后羸敝,又承厚意,谆属当即试尝,前惠于术,固入剂矣。履新计在初秋,彼中望岁颇切,缉匪是今日要务,然捕者往往舍魁而捕胁从为功,此须深辨。又盐船左近村落颇有为之囊橐者,不可轻骑单入。老生常谈非示怯也。顽体日就平顺,而瘦如鹭股。顷与眉士握手,想深悉矣。使者行,草草不次。即请侍安,并贺节喜,友生名顿首。舍侄孙家珍已在途,嘱其勤课。五月朔。

《上海图书馆藏翁同龢未刊手稿》第213—214页

致药龛和尚函

光绪二十九年五月初二日(1903年5月28日)

前日过谈,归途劳顿否?委题之件潦草塞责,愧甚,希笑正。药公长老。松禅白。初二。

未刊稿,原件藏常熟市文管会

致翁康孙函

光绪二十九年五月初六日(1903年6月1日)

惠夫览:黍节已过,之园之力。今晨雨晴,便当西迈,山庐啸歌,大胜城市。闻大保回南,今滞沪上,将挈眷来。寅臣初三乘轮行矣。南乡李舍朱姓被劫,闻获数人。由常至苏小轮今添两只,系吾邑屈家开办。苏新抚旦晚可到。吾体日健,亦不服药。仆赴申者尚未得要领也。闲居写信甚便,汝忙迫不必常常作函。此问合署安吉。此信由邮寄,是否按期可到,便中告我。五月六日晨。

《上海图书馆藏翁同龢未刊手稿》第379—380页

致俞钟銮函

光绪二十九年五月初七日(1903年6月2日)

《赖古尺牍初集》便中捡出,借观数日。二集俟换取也。养浩贤甥。松禅顿首。初七日。

《翁松禅(同龢)手札》第七册

致俞钟銮函

光绪二十九年五月初九日(1903年6月4日)

尺牍册敬观一过,奉缴不一。金门吾甥。松禅顿首。

《翁同龢手札手迹》

致俞钟銮函

光绪二十九年五月十三日(1903年6月8日)

苦雨麦伤,寒燠无时。体中何如?《赖古尺牍》六本奉还。二编如在案头,希捡付。松禅顿首。十三。

《翁松禅(同龢)手札》第七册

致俞钟銮函

光绪二十九年五月二十一日(1903年6月16日)

《赖古尺牍二集》八本,快读一过,奉还。龚野夫当是乾嘉时人。南塘在何处?日来想安胜。次辂贤甥。松禅顿首。二十一日。

《翁松禅(同龢)手札》第七册

致俞钟銮函

光绪二十九年五月二十七日(1903 年 6 月 22 日)

数日不晤,想上下安胜。即日入舟,不得奉诣。龙井、红茶、白莲藕粉、麦秆团扇来自西泠,希入。金门左右。松禅顿首。二十七。

《翁松禅(同龢)手札》第一册

致徐鄂函*

光绪二十九年五月二十九日(1903 年 6 月 24 日)

山庐静息,不知台从近游。承手翰,闻米盐事,此民生国计大本原、大命脉也。三复感叹。珍馈拜领。得两麦芃芃。然米价日长,禁虚悬耳,况无禁哉!复谢,即颂侍奉万福。同龢顿首。二十九日。

《瓶庐丛稿》卷五

致俞钟颖函

光绪二十九年闰五月初一日(1903 年 6 月 25 日)

郎亭今晨解维,连日稍事酬对。《兰亭》册拟略缀数语,晚间可奉上也。醒梅叔殆难起矣。草草复上不次。佑莱贤友。龢顿首。

---

* 徐鄂,字午阁,江苏常熟人。举人出身。

即日。

《翁常熟手札》第三册

致汪鸣銮函

光绪二十九年闰五月初五日(1903年6月29日)

郋亭老弟阁下:

惠过畅谈,今年乐事,索居岑寂,久不闻亲戚真语,尤感,尤感。三日城居,百务猥杂。今晨阴寒,薄绵犹未胜,江潮甚涨,知上游发水矣。王锴写经曩得一卷,白藤笈子不记出何书,老懒无从寻捡,今此卷已北去矣,矧复图新耶!陋巷无物可购,今交航船带呈数物,朴野可笑。复颂时安并合府安胜。兄龢顿首。闰端五。

《翁松禅墨迹》第一册

致翁康孙函

光绪二十九年闰五月初五日(1903年6月29日)

惠夫:频得函如晤语,衙斋杂务想甚忙。吾自塊然,对月影为三耳。笔样带去,先试做一枝。吴门所做,大抵外面丰满,中心实空,一用数日,毫即脱落,去此数病即佳品矣。阴寒恐发水,农事所系大矣。馀不赘。闰月五日灯下。

《上海图书馆藏翁同龢未刊手稿》第385页

致翁顺孙函

光绪二十九年闰五月初八日(1903 年 7 月 2 日)

[前缺]西泠不常通信,我不为木居士也,宿张改省有关系,已专函告知。闻宿张与茂如不协,大约两任其过。西泠正在整顿,未知有效否?笏候缺须第三乃得,牢骚抑郁,留子荒唐,不可救药。缉无事仍在上海,寅亦然,营营者不知所届。鼎在鄂办屯田事,大略可想。之善飘泊于京津间,家中惟景一人,近日连来看我也。南丰家事,殆不可问。老人尚健,太仆于其从母,直同路人,久在沪不归。吴氏于泰水情文并至,戚□称之。泳春如旧,不常见。子衡将桑园卖去,挈家回城尚安静。醒梅于月初逝矣。其店伙以行戳挪钱四千馀,恐难了。其馀族〈人〉尚苦度,惟周神衖玉成欺凌其嫂,现调停分居,赀助之。石梅祠堂墙颓屋破,我稍葺治油饰,憾力不逮耳。其祭田拟划出归我经管,现尚未划,在寅处。此番修理决不取之祭产也。在岩畔寻出"石某"二字,无年月。

《上海图书馆藏翁同龢未刊手稿》第 504—505 页

致汪鸣銮函

光绪二十九年闰五月初十日(1903 年 7 月 4 日)

郎亭老弟大人阁下:

承手教,询琴泉写经,敝箧所收与沈册相类,决非赝鼎。敝本经先兄题记,已付斌孙藏之,无从对勘也。自东瀛本流入中土,佛藏诸经,殆不足重。所取者名流题咏耳!兄欲买苏局数种书,航船摇橹者不能买。兹开一单,乞饬尊纪一行,其价大约十馀元,并求代付,即寄还也。

夏至后,贱体大顿,昨步行近处,中途折回,此向来所无也。敬颂道安,潭第均吉。愚兄龢顿首。初十日。

《翁松禅墨迹》第一册

致俞钟銮函

光绪二十九年闰五月十二日(1903 年 7 月 6 日)

还城得示,大惬鄙怀。山居未能免热,湖桥左右飞蝗已绝迹。鸥笺并缴。金门足下。名顿首。十二。

《翁松禅(同龢)手札》第五册

致俞钟銮函

光绪二十九年闰五月二十八日(1903 年 7 月 22 日)

《苏州府志》系十册奉还,更欲得以下十册一捡,又志稿十四册并奉览,有可商者另册记之。拙撰《赵志》,书阳舍一役于邑城降附之前实误,须改。金门贤甥左右。松禅。二十八日早。

《翁松禅(同龢)手札》第二册

致俞敬臣俞弥甥函

光绪二十九年六月十七日(1903 年 8 月 9 日)

归舍始闻见访,适斌亦出门,彼阍不知,竟谢不请。体中何如?冒雨入城,不免劳顿。本云隔数日来,故亦未措意,今约十九日午间过我，期可一谈。明日及二十日皆竟日无暇也。敬臣、弥甥左右。南泉兄并谢。龢顿首。十七。

《松禅老人遗墨》卷下

致俞钟銮函

光绪二十九年六月十八日（1903 年 8 月 10 日）

闻榴郎淡疾，想愈。前寓报本，屈屋可赁，盍一问，但价高。金门左右。名顿首。十八。

《翁松禅（同龢）手札》第一册

致俞钟銮函

光绪二十九年六月二十四日（1903 年 8 月 16 日）

新修《苏州府志》九本奉还。周先生万言书并论修城书顷亦捡得，惟照《郙阁颂》暂假数日。金门吾甥。松禅顿首。二十四日。

《翁松禅（同龢）手札》第二册

致俞钟銮函

光绪二十九年六月三十日（1903 年 8 月 22 日）

闷坐，欲借《定慧禅师碑》一阅，乞付去人。松禅顿首。晦日。

《翁松禅（同龢）手札》第九册

致俞钟颖函

光绪二十九年七月十二日(1903 年 9 月 3 日)

离鸾别鹄,俯仰内外。一肩承之,尊体如何?极念。又未能奉诣,更悬悬也。堂上万福,尤须随宜慰解,贤郎辈想均安,《锡金志》[1]两函奉缴。市上钱荒可虑。佑莱贤友左右。龢顿首。

《翁常熟手札》第三册

致汪鸣銮函

光绪二十九年七月十五日(1903 年 9 月 6 日)

郎亭老弟左右:

久住山中,百事隔绝。昨城中送米,得手教快慰。三县秋收不匀,敝邑亦如是,东南各区歉薄殊甚。曩跋景君铭不记作何语。尝见苏斋题则以袁逢当华山,《华山碑》袁逢所立也。臆见如此。手指皴裂当平复,黄酒其洴(僻)〔澼〕方耶!山庐缺纸,惟鉴不次,兄龢顿首。十五日。

《翁松禅墨迹》第一册

致俞钟銮函

光绪二十九年七月十七日(1903 年 9 月 8 日)

自郡归甚慰,但未知试事之详。承惠肝露等佳品,必又多费,

---

① 指无锡、金匮两县县志。

感谢,感谢。属布畚搨之事,虽子姓亦不来前,想贤者喻此意。荆门吾甥。松禅顿首。十七早。

《翁松禅(同龢)手札》第二册

致俞钟銮函

光绪二十九年七月十八日(1903 年 9 月 9 日)

缇骑揭帖郑重,借读忠端墨刻及迂伯公①书,一一领到。夜卧腰痛,似感新凉。顷士翘在此,劝吃猪腰、杜仲也。顾山近游何足道,岂堪团扇家家耶!一笑。金门贤甥。松禅顿首。十八。

《翁松禅(同龢)手札》第五册

致俞承莱函

光绪二十九年八月初二日(1903 年 9 月 22 日)

昨谈甚快。腰疼殊剧,不能伏案。新制笺纸拜领。钞本《玉山草堂集》诗八册奉捡入,阅后付还,不汲汲也。彩生足下。松禅顿首。初二。

《翁松禅(同龢)手札》第九册

致俞钟銮函

光绪二十九年八月初七日(1903 年 9 月 27 日)

蕴隆虫,羸体日惫。蝗生翅股大可忧也。古人以蝗为贪吏所致,然耶否耶?盛暑嘉礼当删俗套,至要至要。金门足下。名顿

---

① 指翁振翼。

首。七日朝。

李函收到，十六日明发，祈捡还。

《翁松禅（同龢）手札》第七册

致俞钟銮函

光绪二十九年八月十三日（1903 年 10 月 3 日）

明日申正奉约，贤甥与幼楞在敝斋便饭，肴核简陋，聊尔情话。金门贤甥。松禅顿首。十三晚。

《翁松禅（同龢）手札》第五册

致翁斌孙函*

光绪二十九年八月二十四日（1903 年 10 月 14 日）

三函亦夥矣，申，武夫也，亦能进言耶？吾今日未携衣被，晚即还山。瞿送书目，求写大条，只得破例写之。事繁须节力，山中木樨极王①，今日无雨，遥祝輂云。八月二十四日。

《翁氏家书》第十八册

致俞钟銮函

光绪二十九年八月二十四日（1903 年 10 月 14 日）

昨入山得甘寝，麋鹿之姿于山为宜。药公寿叙清无点尘，极

---

* 此处初版原为一函，但据李红英女士在《翁同龢书札系年考》中认为是两函。编者考察函中内容，似有道理。前半段中有“嘉礼成，天气好，最欣悦。”嘉礼指斌孙长女衡姑出嫁俞佑莱长子。嘉礼在光绪二十七年九月初八日。下半截讲山居诸事。讲瞿良士赠刊本书目系是年八月二十四日。故根据她的意见，分为两函。

① “木樨”即桂花树，“极王”即极旺之意。

佳,惟世寿字拟节去世字,以其类志铭也。一笑。松禅顿首。

《翁松禅(同龢)手札》第五册

致翁奎孙函*

光绪二十九年八月二十四日(1903 年 10 月 14 日)

天际乌云笺,刻手尚佳,试印一二刀,用爵禄纸堪受墨,价为代付,十日内当可取用。金门对扇昨日已写,便中来取。鼎丞侄孙。瓶庐。二十四日。

《翁松禅相国家书》

致张謇函

光绪二十九年八月二十五日(1903 年 10 月 15 日)

季直贤友足下:

南北辽隔,相思不见。使者来,得手书并《东游日记》,凡所咨度步步踏实,所纪皆综其大端而切要,可仿者其凿井、牧牛二事乎?近人细字书每不欲观,观足下所著则娓娓不倦,何也?

生夏初多小病,七月中旬染时症,卧浃旬稍已,而腰膂大痛,虽扶掖不能起,中秋始起,瘦骨柴立矣。承惠银元二百,靦颜拜受。悠悠四海,惟真相知者知我空贫耳!新稻及粟、鱼干、百合,一一捧领,尊纪、孔驯从历东瀛亦有骨气,略询近况,未能详也。令兄叔俨

---

* 是年八月二十四日翁同龢日记有:“俞莒孙为余刻信笺版,并以川贡纸五色笺,甚妙。”与函中内容一致。故知此函时间。

处不及复函，甚歉。每叹君家昆弟并异才能立身，俾江淮间成一都会，视俗吏以亲属佐簿书筦钥者不值一唾也。病后尤懒废荒忽，复语未尽，稍迟有函并对由沪转寄也。即颂合第安胜。叔俨先生致意候安。友生同龢顿首。八月二十五日。

《翁松禅致张啬庵手书》

致药龛和尚函

光绪二十九年九月初七日（1903 年 10 月 26 日）

昨至山庐，知遣力担菊满庭，并承德明师亲送，感愧兼集。比来孱体病（利）〔痢〕初愈，稍迟当诣谈。药公大和尚。松禅和南。初七日。

未刊稿，原件藏常熟市文管会

致翁奎孙函

光绪二十九年九月初十日（1903 年 10 月 29 日）

祭扫向系常服，是否如此？昨看墓道旁搭旱船处甚偪仄，只好占之中山路上，此事亦须斟酌，省得临事为难。付鼎臣。瓶老。

《上海图书馆藏翁同龢未刊手稿》第 391 页

致俞钟銮函

光绪二十九年九月（1903 年 10 月）

钞案拟留，筹备当先集款，迁缓如此将若何？

松雪件收到，介在两大，难与调停，可虑，可虑。名顿首。

《翁松禅(同龢)手札》第七册

致俞承莱函

光绪二十九年九月十四日(1903年11月2日)

所集方格甚好，希择好纸印一二百张，其值令印工开一单来可耳。荫北贤弥甥。瓶庐顿首。十四。

《翁松禅(同龢)手札》第八册

致俞钟銮函

光绪二十九年九月十九日(1903年11月7日)

日来陪史君登陟，便觉腰脚疲曳。春气动，头目时时晕也。外事孔棘，交相持，亦交相敝。彩生试作畅达可喜，漫为评点奉正。金门吾甥。松禅顿首。十九日。

《翁松禅(同龢)手札》第七册

致俞钟銮函

光绪二十九年九月二十三日(1903年11月11日)

阴晦无雪，不独农事可忧。金册汤题荒率殊甚，蒋述并还，此可云虞两生矣。郡行何日？以早为是。金门足下。松禅白。二十三日。

近苦秘结，馀无他。

《翁松禅(同龢)手札》第二册

致俞钟銮函

光绪二十九年九月二十四日(1903 年 11 月 12 日)

士翘晨来,方用耆芎,服之甚适,原方奉览。二十四。

青橘可颂矣。

《翁松禅(同龢)手札》第七册

致俞承莱函

光绪二十九年九月二十四日(1903 年 11 月 12 日)

自归田后所写笺,未有如此纸之适意者,非雅人何缘得此。昔张永自造纸墨为时所讥,吾辈山林漫士固无嫌耳!明日入山致意。子范兄且勿过从,月内必当一晤也。莔孙弥甥。松禅顿首。二十四日。

《翁松禅(同龢)手札》第八册

致汪鸣銮函

光绪二十九年九月三十日(1903 年 11 月 18 日)

郋亭老弟阁下:

黄花时节,未得一晤,想望为劳,尊体健复否?右腕作字如常否?兄所患略同,顷已全愈,得力在按摩,自腰膂以达胸腹,令中气鼓荡如橐籥,尤注意于丹田命门,视服食为胜也。

辽事令人愤绝，数旬中不得安睡，正如庚子夏秋景况，因此饮食又减。

山庐僻处，徒积痗耳！仲山于五月初一见，不意遽至于此，其《路史》注尚未集毕，可叹，可叹。此间秋成，虽有虫伤，不过十分之二三，四境无事，盐徒绝迹。今日大风，夜坐觉寒，遥望吴门，溯洄殊切。敬候起居并潭府安吉。兄龢顿首。九月三十日灯下。

《翁松禅相国尺牍真迹》第十二册

致俞钟颖函

光绪二十九年十月初一日（1903 年 11 月 19 日）

比来山庐养疾，看山观稼，粗适野性，惟腰脚竟颓耳。日内郎亭来虞，欲邀台从至舍一谈，不审暇否？闻嘉定信，不觉哽塞。佑莱贤友。同龢顿首。朔日。

《翁常熟手札》第三册

致俞钟銮函

光绪二十九年十月初一日（1903 年 11 月 19 日）

昨四册收到，误记有万年少画，实则仅姜题及之耳。兴到欲临摹，仍奉览也。二董画文敏、文恪并送鉴定。金门左右。松禅顿首。朔日。

《翁松禅（同龢）手札》第七册

致翁顺孙函

光绪二十九年十月初二日(1903 年 11 月 19 日)

幼申览:二十一日函,历十二日始到,邮政之慢如此。此时计笏将次登程,家眷度不出京,留子赶回,一切帮同照料,南北宅并集汝肩矣。我室无寓者,家乡卜屋之计,因之中辍,不特京寓瓦解,此间亦瓦解也。江西归期未定,今年鸽峰方向尚有窒碍,阴阳家言,聚讼不了。吾发寒噤旋愈,心烦体倦,不及夏秋之健。馀俟续函。十月初二日。松禅。

《上海图书馆藏翁同龢未刊手稿》第 397—399 页

致费念慈函

光绪二十九年十月初八日(1903 年 11 月 26 日)

西蠡先生足下:

帖画想收到,中秘不可悉读,窃疑一家之言,安能使天下向风,此中委曲必有故,此说经者所常探讨,三君觥觥,洵可折角。新刊《三礼图》亦佳本,须勤购之。长江散帙所指系传是本耶?孝章所收至精至博,得其赐本,一抵千百,有所获,不吝颁示。走寡陋不学,近见毗陵钞本,粗慰眼。顷得一书曰《平津记》,首尾不具,殊草草也。阴晦,起居安胜不次。无净顿首。初八日。

《翁松禅(同龢)手札》第六册

致徐元绶函

光绪二十九年十月初九日(1903 年 11 月 27 日)

颖士贤友足下：一别忽已九秋，换邑之说果何如耶？极念极念。此行导桐江、登严陵钓台，江山萧条，风物凄紧，想见揽观豪兴。治所蕞尔，不足展骥步，而惩奸摘伏、条理精密，胥役弊去，民以无冤，甚盛事也。今日未尝无好州县，而赔累之州县至典衣负债，亦大不平事。调剂非善法，帮贴可乎？生七月中患疹旋愈，而馀波连延百馀日。方将安息山庐，又闻东事孔棘，感愤兼集，难可罄言。足下进省常有处囊之鉴。即颂升祉不次。生同龢顿首。

《上海图书馆藏翁同龢未刊手稿》第 200—201 页

复徐元绶函

光绪二十九年十月十五日(1903 年 12 月 3 日)

颖士贤友足下：信至，承动定安胜，会算交代，挑剔细碎，世态如斯，深驰系耳！钱市尚丰，未足深恃，游徼之举，费重而事新，不审若何措置？此间连雨，今复滂沱，麦将生耳，不特三农咨嗟，即在野小草，亦忧心如捣，三吴一气如何如何生！头旋正发，新凉蕴热，相搏不解也！惠珍种种，拜荷雅意，笋枣枇杷，鲜好滋补，开笼发篋，溢于几案，感愧并集。细席非所需，长锋笔拙腕不能运，藉使奉缴，非客气也。冗中不一，即候时祉。生龢顿首。望日。

《上海图书馆藏翁同龢未刊手稿》第 196—199 页

致俞钟颖函

光绪二十九年十月十七日(1903 年 12 月 5 日)

见嘉定信,廖公遽猝,为之陨涕,旧雨尽矣。因病将所属之件延阁至今,无由交付矣,可叹,可叹。原函缴上。名顿首。

《翁常熟手札》第三册

致俞钟銮函

光绪二十九年十月十七日(1903 年 12 月 5 日)

乍寒,惟近体佳胜。《青阳碣记》希点定,《亭林先生渡江图》,不自揣量题后首奉正,或请沈石友及萧氏昆仲赋之何如?迩来笔墨事辏集大不了,山中之忙胜于在官,不虚也。金门贤甥。松禅顿首。十七日。

《翁松禅(同龢)手札》第四册

致翁康孙函

光绪二十九年十月二十四日(1903 年 12 月 12 日)

惠览:沈二来,得信并腰蜂、冬笋、瓦楞等物,记不清、吃不尽也。兹寄新米一石,实九斗二升,为罗汉黄米,一舂再舂,可称精凿米,可尝之。吾邑之米,以此为最,所产之地,即湖桥左右也。今日欲雪,待泽孔殷，四境安堵，各宅平善，即问合署安好。十月二十四晚。

《上海图书馆藏翁同龢未刊手稿》第 381 页

致俞承莱函

光绪二十九年十月二十六日（1903 年 12 月 14 日）

涂鸦草稿乃承收录，不觉汗颜。粉餈细白，谢谢。彩生付史。松禅。

《翁松禅（同龢）手札》第八册

致俞钟銮函

光绪二十九年十月二十七日（1903 年 12 月 15 日）

书值五元奉还，通考详节乐饥斋诗，奉赠不一。荆门贤甥。松禅顿首。二十七。

《翁松禅（同龢）手札》第七册

致叶寿松函

光绪二十九年十一月初一日（1903 年 12 月 19 日）

检箧得发电报账底未知付过否？希查示。前日航船带对纸十副，并示其值。眉士左右。名顿首。朔日。

《上海图书馆藏翁同龢未刊手稿》第 229 页

致俞承莱函

光绪二十九年十一月初五日（1903 年 12 月 23 日）

印格甚好，收到，价照付。天阴将雪，想尊府安善。山居鲜暇，可笑也。彩生左右。瓶庐。初五。

《翁松禅（同龢）手札》第八册

致俞钟銮函

光绪二十九年十一月初七日（1903 年 12 月 25 日）

代笔真力弥满，感谢之至。湘保想全愈。闻昭令归，县案何如？愚疾轻减，未服蒋方也。古鑼拓本并汉器等共四种，珍重奉还。金门贤甥。松禅。初七。

《翁松禅（同龢）手札》第七册

致俞钟銮函

光绪二十九年十一月十四日（1904 年 1 月 1 日）

五凤后人一夔可喜。山庐有客，适正酬对。嘉定分须后日托带。金门吾甥。松禅白。十四。

《翁松禅（同龢）手札》第七册

致翁奎孙函*

光绪二十九年十一月十四日(1904年1月1日)

鼎臣览:

累月未通问,近况何如?津信曾一至,姚仆归,询悉寂寂株守,甚困顿也。此间均安。景子佳礼已成,缉归应酬宾客,吾一过彩衣堂,见礼即归。家乡礼数繁缛,概不与闻。冬旱,深虑来年小熟有妨,馀无事。屯垦本不易办,各省各州情形不同,急则生事,缓又不能交卷,惟勤慎办去,切不可推诿暇逸而已。吾秋间发疹,气体大不如前。祠墓诸事努力承办。鸽峰杨夫人墓罗城择于十二月十六日修理,计十馀工,即整树根将石鼓出尺馀,不得不修也。近好不一。十一月十四日。禅。

又,松雪语并寄,密之。

《翁文恭公手札》

致俞钟銮函

光绪二十九年十一月十八日(1904年1月5日)

顷承枉顾,感谢之至。兰升来诊,大旨与士翘相同,原方呈览,拟即煎服也。养浩贤甥。龢顿首。

《翁松禅(同龢)手札》第七册

---

* 翁同龢光绪二十九年十一月十日日记有"是日之廉授室吉期,……礼成,余即归"。与函中所述内容一致,当是数日后,即十四日告知翁奎孙。

致俞钟銮函

光绪二十九年十一月二十一日(1904年1月8日)

毅庵送书甚感。琴六先生有《北郭观枫》诗一篇,今赠毅庵,亦总宜山房一段故事也。养浩贤甥。松禅白。二十一。

《翁松禅(同龢)手札》第七册

致俞钟銮函

光绪二十九年十一月二十二日(1904年1月9日)

药我慰我,感荷之至。今眠食粗适,停药一日,阴雨当有西风矣。金门贤甥。松禅白。二十二日。

《翁松禅(同龢)手札》第七册

致俞钟銮函

光绪二十九年十一月二十六日(1904年1月13日)

小雨适意,今日午前能过我一谈否?莒孙想肯蹑屐也。金门贤甥。松禅顿首。二十六。

《翁松禅(同龢)手札》第七册

致俞钟銮函

光绪二十九年十一月二十七日(1904年1月14日)

孱体渐和,而俗务纷集,近作奉正,不值一哂也。金门贤甥。

松禅顿首。二十七。

《翁松禅(同龢)手札》第七册

致琴道人[①]函

光绪二十九年十二月初九日(1904年1月25日)

雪晴寒威较甚。伏惟侍奉万福。承惠多珍,红糯尤难得,感谢,感谢。赐函㧑抑山中人,只以便牍往还何如?琴道人左右。名顿首。九日。

《翁常熟手札》第三册

致俞钟銮函

光绪二十九年十二月十三日(1904年1月29日)

《鲒埼亭集》八本粗校一过,奉还。庄生所谓挟荚而亡羊者也。虽无题记,实系硕甫陈先生[②]手迹,可重,可重。《契兰堂帖》,乾隆时刻,并还。金门贤甥。松禅顿首。十三日。

《翁松禅(同龢)手札》第四册

致俞承莱函

光绪二十九年十二月十九日(1904年2月4日)

日本书两本奉还,东瀛多唐宋人墨迹而不列入,何也?

① 指俞佑莱。

② 指陈奂。

余家断石已恳鹤年粘合,晚间当送去。

莶生青览。松禅白。十九日。

《翁松禅(同龢)手札》第八册

致汪鸣銮函

光绪二十九年十二月二十四日(1904 年 2 月 9 日)

郎亭老弟大人阁下:

前承手翰并赐挽联,辞句清新,感泐无既。是日适陪史竹孙至北山相地,添植松楸,留彼两日。归而俗务并集,此从来未有之苦境,勉强摒档,甚矣惫也。晤蒋子范,知月初曾得侍坐,道体安健,惟稍觉清瘦,亦甚悬想,兹复蒙馈岁多仪,饱食滋愧。

东事不可揣摸,若渡鸭绿,以入六边,则辽沈将成战垒,如何之?

承示开正见访,此大不可,彼时正苦迫寒,无从容谈笑之顷,且鄙性朴野,非阁下知之而谁知耶!中春之月,桃李将花,常舣舟湖濒,观山容之澹泊耳,至恳,至恳。穷居无物可将,青果白菜,聊当芹献一笑。温州蚕豆何其早也,想是然火所得。草草奉谢,即颂春祺不次。兄龢顿首。腊月二十四日。

《翁松禅相国尺牍真迹》第三册

致俞承莱函

光绪二十九年十二月二十四日(1904 年 2 月 9 日)

承送笺纸,璀璨动目,刻手既佳,亦指麾之力也。感荷,感荷。仲讷想健饭,甚念。莶孙足下。松禅顿首。二十四日。

刻印资四元希转交。

《翁松禅(同龢)手札》第八册

复赵亮熙函

光绪二十九年十二月二十七日(1904 年 2 月 12 日)

寅臣世兄太守阁下:

辱书甚喜。读不经篇,盡然于今嗣之才贤而止于此也。投书而起,继审诸孙祈祈,竟露头角,而瑶环瑜珥,又发兰芽,彼禾莲之瑞,固由德泽,亦兆家祥,用是粗慰。阁下以血诚待斯民,民亦以至性答长官,虽在海涯,孰非邹鲁!龢伏处山中,学无所得,八月遘兄子之戚,泊然无依,盖兄子分屋居我者也。百病交攻,眩晕足弱,其小小者耳。惠寄花猪、冬菜各甚新,味甚厚,不特御冬,兼以邀客,然无客可邀也。建兰今夏盛开,临风怀想,辄如觌面。专复布谢,即颂近安。潭弟均吉不次。龢顿首。二十七日。

《瓶庐丛稿》卷五

致俞钟銮函

光绪二十九年十二月二十八日(1904 年 2 月 13 日)

每有新事,少文为之通邮,甚感其意。来件录缴,亦颇烦指挥传送,面晤再谢。次辂足下。名顿首。二十八。

《翁松禅(同龢)手札》第八册

致汪鸣銮函

光绪二十九年十二月二十八日(1904 年 2 月 13 日)

郎亭老弟阁下:

岁暮事烦,尚蒙手书问讯,此意何极。兄眠食如常,惟苦俗务耳!渤澥战事,此间略有所闻,得书乃豁然。仰攻不易,切冀陆师。航船停班,此数日难通消息。敬颂岁喜。龢顿首。腊月二十八日。

适有航便,明日必暖,乞将所闻,写一条示下。

《翁松禅相国尺牍真迹》第十二册

致汪鸣銮函

光绪二十九年十二月二十八日(1904 年 2 月 13 日)

空山寂寂,昨归知报传云云,正疑骇,得手书乃信矣。然所传齐斧者,四君子汤,信耶否耶? 依斗瞻云,同此忧愤。走汗疾头晕,作字任手不任眠,默坐为宜。鲁峻先寄逞。玉佛字当续奉也。舍侄童孙皆愈,承注并及。敬候日安不一。名顿首。二十八日晚。

《翁松禅墨迹》第一册

致费念慈函

光绪二十九年十二月二十八日(1904 年 2 月 13 日)

西蠡吾友足下:

承慰书并赠恤,岂所敢承。然尊室夫人平日眷睐,亡者则亦不敢不受，感谢深矣。鄙性不耐琐屑，此最苦事，馀尚平平。高阁新成，名碑狎至，而彝器巨编行将集布，清福何涯。海波沸腾。我无一利，然冀还我许田，意不能无偏向。沿海仰攻非易，或以陆师拊其背耳！

《石田集》钞本最佳，拟将附录一卷钞出，须明岁二三月奉还。冗中不尽百一，敬颂春喜，并潭第多福。友生龢顿首。腊月二十八日。

《翁松禅(同龢)手札》第三册

致徐元绶函

光绪二十九年十二月二十九日(1904 年 2 月 14 日)

印如贤友足下：两月未通问，然此意时在月波金竹间，惟足下深喻之耳！使至，承惠函，并于术、冬笋、海参、金髅等物，虽云馈岁，然珍药大哉！真吃不尽矣，感谢感谢。官舍清贫，明春报销闻赔累数千金，方为足下悬虑，岂敢再分鹤俸？今藉裘纪奉璧，幸鉴入。生羸病久矣，不幸又值室家之事，正如孤云无依，米盐琐碎，集于一肩，最为苦事。至丰台浩浩，仍不为所动也。治所民安谷熟，极慰。意其如不能疗饥，何新令责羡馀提中饱。不知极贫州县有法津贴否？海波方沸，于我无一利，窃冀归我许田则意不能无偏安，或传东方屡捷，航信方停，未得真消息。吾乡雨雪未透，春熟待泽甚殷，此颂侍安春喜。生同龢顿首。小除夕。

《上海图书馆藏翁同龢未刊手稿》第 204—206 页

致俞钟銮函

光绪三十年正月初三日(1904 年 2 月 18 日)

凝寒尚烦亲戚会葬,良用感戢。归时劳顿,甚系念。吾于世已矣,不学佛而解禅理,洎然也。王孟津字卷奉缴。金门吾甥。松禅顿首。初三。

《翁松禅(同龢)手札》第五册

致俞钟燮函

光绪三十年正月初五日(1904 年 2 月 20 日)

今日乘风过湖田,有熙熙之象。归省二诗翛然意足,意谓除瓶庐必推君为第一,盖瓶庐并无年务也。佑莱尤是福人,诗亦俊雅,今附还。凝寒惟加卫。渔隐足下。新正五日。瓶叟顿首。

《松禅老人遗墨》卷下

致俞钟颖函

光绪三十年正月初六日(1904 年 2 月 21 日)

连日劳顿,尚有吟兴耶!新词漫和二首,中有深语,断勿示人,万一播扬,转恐酝酿耳!佑莱贤友。松禅顿首。

《翁文恭公手札》

致俞钟燮函

光绪三十年正月初六日(1904 年 2 月 21 日)

晨起偷闲辄乱道二首,亦政无聊耳,可否送佑翁一观。调卿吾甥。松禅顿首。六日。

《翁松禅(同龢)手札》第八册

致俞钟銮函

光绪三十年正月初十日(1904 年 2 月 25 日)

报三纸奉还,旅顺事尚未确。钱条已交。来件阅悉,即还少文。九门喋血,势恐中变,叩額无策也,仆累夕不寐。馀无它。初十日。

付丙丁。

《翁松禅(同龢)手札》第八册

致翁顺孙函

光绪二十九年正月十五日(1904 年 3 月 1 日)

幼申侄孙览:岁序忽更,春风盎盎,而老人焦虑嗽散,此怀可知。承汝分俸远将,适腊杪屡空之际,洎屠苏酒抑续命汤矣。馀具别纸,不一。上元日。松禅。

《上海图书馆藏翁同龢未刊手稿》第 400 页

致翁顺孙函

光绪三十年正月十五日(1904 年 3 月 1 日)

[前缺]去秋吾屡病顿衰。十一月中旬自山回城,始闻副室亡病,辗转十日,竟致不起,二十五日丑时也。医既无人,药亦少误,此人虽出寒微,而秉性忠孝,识大体,一旦失之,能无悲悼。以在城寓,不得不少徇俗例,营斋数次,备仪卫而殡诸丙舍,此月十三日。今事毕矣。老夫平生不识算子,今乃亲理米盐,殊为苦事。然山居默坐,乃尔旷然。省汝来函,职事甚办。所上条议,似与部檄适符。总局易员,能否水乳?今日搜剔,茧丝牛毛,大是通弊,但得不拂商情,便可迁就,此差若满三,想可抽身。若未满而辞,于去就之义未协,酌之。汝本耐劳苦,近来身体不致软弱否?闻汝妇时有小恙,就医南归,亦殊跋涉,甚悬悬也。京信隔绝,海波方扬,家中诸子姓各有所营,吾则孑然愧然而已。用度不能省,计一两年中必至大困。人寿几何,吾岂能变节耶?所寄朱提二百,初不欲遽动,乃因事殷,亦复瓶罄,前所续命汤非虚语也。泳春平平,子衡直爽无它肠。李子宣(桐桥)县试第一。馀不一,正月十五日山中。

《上海图书馆藏翁同龢未刊手稿》第 500—503 页

致俞钟銮函

光绪三十年正月十六日(1904 年 3 月 2 日)

二子之作,一有豪气,一有清气,皆兰玉也。可喜!可喜!惟学《东莱博议》当去其粗,而安章宅句者又必有峥嵘之概,闲字冗句皆须删削。尊意何如？阴寒船隙多水气，一切慎摄。金门贤甥。松禅顿首。十六。

《翁松禅（同龢）手札》第五册

致俞钟夔函

光绪三十年正月十九日（1904年3月5日）

新诗婉约，惜老懒未能属和。愚近日无病，惟腰甚酸楚。荫堂可念也。调卿贤甥。松禅白。十九日。

《翁文恭公手札》

致俞钟夔函

光绪三十年正月十九日（1904年3月5日）

昨晚震雷，今忽积雪，农事可忧。示诗络绎，漫和二首，聊以破寂，不计工拙，数日中十叠"淮"字，可笑也。

《松禅老人遗墨》卷下

致俞钟夔函

光绪三十年正月二十一日（1904年3月7日）

风雨送春，吟兴如何？景臣须二十二、二十三乃归。愚发旧疾尚轻。孙对收到。不一。调卿贤甥。松禅白。二十日。

《上海图书馆藏翁同龢未刊手稿》第444页

致俞钟銮函

光绪三十年二月初二日(1904年3月18日)

匪风下泉,彼听声者乌知其深,然写忧之术良可用,郁郁奚为。仲讷疾轻,甚慰,药水慎进。金门左右。松禅顿首。二日。

《翁松禅(同龢)手札》第八册

致俞钟銮函

光绪三十年二月初四日(1904年3月20日)

圭峰碑人待易米,兹奉值三十元,希转致。新出两志,一谨严,一杂凑,然杂者亦不伪也。俗务咄咄逼人不可当。金门贤甥左右。井眉生顿首。初四日。

《翁松禅(同龢)手札》第八册

致俞钟銮函

光绪三十年二月初八日(1904年3月24日)

《吾学录》七本先还,奉捡入。碑十一开,签题两开,后跋等十一开。内夹两纸。欲借所撰《胡太恭人诔稿》一观,明日必还。金门足下。松禅顿首。初八早。

《翁松禅(同龢)手札》第八册

致俞钟銮函

光绪三十年二月十六日(1904 年 4 月 1 日)

连日登顿甚苦,腰膂不支。今日将赴西山看篷座也。惠精食知非俗例,当饱尝之。次郎隶法沉著,今以一砚助其临池。即问日佳。金门贤甥。松禅顿首。十六早。

《翁松禅(同龢)手札》第一册

致俞钟燮函

光绪三十年二月十六日(1904 年 4 月 1 日)

墓志前所书极不惬意,今检一纸,知断未可入石。缘日来中如刿割,遂难落笔,倘得舟中稍定,必写寄也。仲宾先生迄致谢。外二元聊当润笔并烦转致。调卿贤甥。龢顿首。

《上海图书馆藏翁同龢未刊手稿》第 445 页

致药龛和尚函

光绪三十年二月十八日(1904 年 4 月 3 日)

前日还城,得无劳顿?属书各件草草涂奉,烟壶并缴不次。药龛长老侍者。松禅顿首。十八日①。

未刊,原件藏常熟市文管会

① 信封上书:"外对条十件,烟壶一个,药龛大和尚启。"

致俞钟銮函

光绪三十年二月二十三日(1904 年 4 月 8 日)

萧谱谨奉缴,敕有讹字不可解,题字容暇再送。郡客至,甚苦尘俗。荆门足下。二十三。

《翁松禅(同龢)手札》第五册

致俞钟銮函

光绪三十年二月二十六日(1904 年 4 月 11 日)

明日希扁舟来山畅谈,以脱粟蔬菜奉饷何如?后日因有事入城也。金门吾甥。松禅顿首。二十六早。

《翁松禅(同龢)手札》第七册

致俞钟燮函

光绪三十年二月二十八日(1904 年 4 月 13 日)

昨揭晓,桂捷,而芹不与,为之悒怏。郡行是否乘轮?早晚风寒宜慎。长官亦徼幸矣。调卿左右。名顿首。二十八。

《松禅老人遗墨》卷下

致徐元绶函

光绪三十年三月初二日(1904 年 4 月 17 日)

印如贤友足下:千里贻书,猥蒙慰藉,极感极感。承太夫人迎养到杭,最是庭闱盛事,开化稍近,须俟换邑乃安便也。令甥随行,于衙斋读书,庶几有益。族子在里授徒,未知到彼得力否?顷眉公暂归,一见甚乐,而鄙疾适作,服药剂始轻减,而舌本蹇涩,可怪也。黄海大搏,绿江相持,迄无真信,此间阴雨几及一旬,菜麦可虑。人还略布区区,倦甚不次,即颂侍安。生同龢顿首。三月二日。

《上海图书馆藏翁同龢未刊手稿》第 200—201 页

致汪鸣銮函

光绪三十年三月初七日(1904 年 4 月 22 日)

郎亭老弟大人阁下:

初五日闻解维,不意复劳尊亲诣西山奠醊,此万不敢承之赐,又辒亵未曾迎候,歉悚无言可喻也。贱恙尚未脱体,晨起或多立,久坐则蹇涩惝恍,此不在形体而在神志,惟萧散静息或可即愈耳。专谢,敬候节安。尊夫人谨此申谢。兄龢顿首。初七日,山中。

《翁松禅相国尺牍真迹》第十二册

致翁顺孙函

光绪三十年三月初十日(1904 年 4 月 25 日)

幼申览:得函以吾副室之悼慰藉勤至。追溯前事,恻恻有馀清,并加赙赠,何以堪此。(寅处尚未到。)吾前月之杪舌蹇涩,欲东而西,病并不在行体,而在神志。自审得大息尚可愈,今减十七八矣。连雨畚筑稍难,吾定亡者祔妻穴,是慰其一生艰难,顷定此月望日。数尺之地,不为僭也。汝卸渝、涪,得夔,勉为之。可由此陟,毋与营营竞气矜。客居赁屋,可不南旋,良慰意。三月初十日。山中坐雨。

《上海图书馆藏翁同龢未刊手稿》第 395—396 页

致俞钟銮函

光绪三十年三月十六日(1904 年 5 月 1 日)

春雪非时,菜麦皆伤,焦虑之至。织孙想渐复元,乍暖乍寒,多衣为要。胃气如何? 金门吾甥。松禅顿首。十六早。

《翁松禅(同龢)手札》第五册

致俞钟銮函

光绪三十年三月二十二日(1904 年 5 月 7 日)

晨起蒸坐,欲敬观萧氏画像,乞付去人捧来。缪柳村之子名镐,忘其号,并示。次辂贤甥。松禅顿首。二十二。

《翁松禅(同龢)手札》第五册

致俞钟銮函

光绪三十年三月二十三日(1904年5月8日)

子羽先生诗题字奉还。日来腰病未减,艰于步履。天际乌云笺样希与刻者商之,若字小难刻则删去“下三字”可耳。别有董公书札一卷,其笺式最雅,并送阅。

《翁松禅(同龢)手札》第九册

致徐元绶函

光绪三十年三月二十五日(1904年5月10日)

印士贤友足下:你来即复一函,此前月事,不知何以未达?顷始得〈第〉十二函,知调署东泖,宏才伟绩,庶几稍施,且安舆迎侍极便,尤所欣慰。勤恤民隐,剔除吏蠹,来书数语,实为切要,至佩至佩。生舌本偃涩,杂病纷陈。眉士一来即归。适在山庐,形神俱顿也。即贺时喜不一。生龢顿首。二十五日午。

《上海图书馆藏翁同龢未刊手稿》第211—212页

致费念慈函

光绪三十年四月十二日(1904年5月26日)

西蠡贤友太史足下:

服所开方药,贱疾良已。旋作近游,归后复病,乃新感也,头晕加甚，鼻洟如注，吴门之游，以之中止。

承示扁舟访友，计日当还。哲嗣孝廉已旋里否？扇三叶勉强涂，奉正。首乌丸日服二钱极得力。专复，即候近安不一。《竹叶庵诗集》四本收到，迟再缴上。友生龢顿首。十二日。

并外信送桃花坞费大人台收。

《翁松禅(同龢)手札》第三册

致翁康孙函

光绪三十年四月二十七日(1904年6月10日)

惠夫览：昨夕抵岸，知连到三函，可知念我之勤至。然则衙署相对，其慰我相思可知矣。团扇、浙篦、藕粉、盐蛋并到，本拟买油单扇，今适如所愿。二十六日，潘氏行纳采礼，今日方知贺喜。我昨酉正到常，今早祠堂叩头，即赴鸽峰墓次，体气尚好，惟觉乏耳！京[①]外感发热，衡官闻渐愈。寅妇陪长官往江阴考学堂，考后数日即回杭。长喜[②]尚未遣往申江，馀无事。顷李聘儒来，深致感意。家珍处拟告。泳春令即速到馆也。此问近好！堂上安吉。各处信件须多，无暇作诗，可告眉[③]知。四月二十七日。

《上海图书馆藏翁同龢未刊手稿》第382—383页

① 京即景官。
② 长喜，翁同龢仆人，河北文安人。
③ 即俞钟銮，俞氏号井眉居士。

致叶寿松函

光绪三十年五月初一日(1904年6月14日)

扁舟随风,惟稍炎热,以是知署行宜慎耳。相见不嫌其数,今夕肯来甚妙,并令斌来此一谈何如?闻昨过彩衣[①],阍者沈二谢客,已斥觉之。宽斋左右。名顿首。朔日。

《上海图书馆藏翁同龢未刊手稿》第256页

致俞钟銮函

光绪三十年五月初五日(1904年6月18日)

"虎"字原系自娱,岂足供摹写?其小字亦随意题之,不必锲舟求剑也。来函并无"虎"字,并及。调卿吾甥。松禅复。

《上海图书馆藏翁同龢未刊手稿》第451页

① 指彩衣堂。明代建筑,系翁心存从仲氏兄弟手中购得。现列为国务院文物保护单位。翁同龢纪念馆所在地。

诗词联对

诗

评柳州文

道光二十四年(1844 年)

桐城不喜柳州文,庭训持平夙所闻。深博无涯韩子语,李翱张籍岂同伦。

朱育礼编《翁同龢诗集》第 369 页

《赋得半帆斜日一江风》等二十首*

道光二十九年前(1849 年前)

赋得半帆斜日一江风得"风"字五言八韵

未落江干日,长流势走东。涛惊千里雪,秋助一帆风。轻桨涵虚碧,危樯锁断红。光遥山翠隔,痕接水天空。霞影低横锦,波光远浸铜。白疑飞匹练,绿不上孤篷。画鹢催云外,归鸦点镜中。晓烟迷两岸,短棹问渔翁。

赋得士先器识得"先"字五言八韵

文艺堪衡士,还推立行先。器惟容乃大,识别正无偏。万顷澄波静,千秋朗月圆。龙章辉抱璞,犀烛智藏渊。天庙宗彝重,虚堂宝镜悬。式符金马贵,神养木鸡全。四杰材难任,三长误并传。圭

* 据朱育礼等校点的《翁同龢诗集》一书说,翁同书的后人、已故翁开庆先生保存有翁同龢二十岁前的试作,这些试作前写有"叔平二十岁前试作"。编者未亲见过这部分资料,但为了便于学者研究参考,此处不妨转录于此。

璋呈圣鉴，砥砺勖群贤。

拟颜延年五君咏

阮步兵　阮公性至慎，玄鉴观先机。越礼自韬晦，繁辞泯刺讥。迍邅太行道，憔悴秋藿飞。但饮方兴酒，何殊首阳薇？

嵇中散　叔夜鸾凤姿，忠义白日贯。才多患识寡，疾恶思拯乱。岩岩玉山颓，寂寂柳下锻。永怀当涂高，竟绝广陵散。

刘参军　伯伦气盖世，衔杯常独醒。形骸类土木，日月为户扃。俯观万物变，扰扰如浮萍。焉知酒德颂，乃胜离骚经。

阮始平　仲容旷世才，清真自寡欲。神解妙审音，唱议恒迕俗。既遭荀监忌，空上山公牍。归晒犊鼻裈，知足庶不辱。

向常侍　子期躬灌园，拔俗含雅量。箕山志已违，秋水观所尚。禾黍闵郊墟，嵇吕鉴疏放。寒日薄虞渊，笛声感寥亮。

拟杜少陵观打鱼歌二首

左绵诚畔环郪江，水清鱼美其名邦。官闲料理到客俎，呼集蜑户来千艘。黄头刺船疾于鸟，挺叉瞥下捎奔泷。翻身手提鱼尾出，绝踸卓立莲花蹼。弓刀小队临盘沱，赏功笑酌金叵罗。行厨纷纷进脍炙，上客举箸尝其皤。维鲂贯柳整归骑，驰送幕府喧铙歌。吁嗟乎！人生适意且大嚼，非鱼安用知鱼乐？

铜盘烧蜡观春涨，重集东津盛供张。渔师手滑不得收，袒臂提纲更神旺。银刀入网无遁逃，赤鲤腾波空屈强。清江百丈绝纤鳞，飒飒沙头飞骇浪。深山大壑蛮烟高，长鲸巨鳄窟穴牢。胡不弯弓径射取，空阅川泽矜雄豪。潜渊往往有神物，赪尾毋乃伤思劳。莫教风雨蹴蹋去，扬鳍奋鬣生波涛。

和苏东坡自金山放船至焦山原韵

博桑倒彗阴眈眈，大江东泻限南北。金焦屹立树天阙，万古双峙无由三。我生苦乏济胜具，登陟懒似三眠蚕。隐君山色常在眼，风利不泊能无惭。却从浮玉纵一苇，扣舷直下凌深潭。北睎瓜步南蒜岭，惊涛倒卷笙钟酣。江山如画想豪杰，岂徒风月供清谈？波澄溟渤已东荡，雪拥组练还西龛。法云慧日永作镇，中冷一滴中边甘。有田无田安足较，差幸未酌贪泉贪。繁花两岸向晴昊，树犹如此人何堪！卜居阳羡吾未暇，行叩石室栖云庵。

闻雁

独依高楼客思长，忽听嘹唳两三行。芦花万顷秋如雪，砧杵千家月似霜。盼到音书回朔漠，唤将魂梦度潇湘。平生自抱随阳志，肯向江湖觅稻粱。

食蟹

入手尖团快老饕，橙香酒冽佐霜螯。莫嫌尔雅书难熟，便有监州兴亦豪。醉喜轮囷堆几案，卧听郭索响波涛。稻花三泖肃〔萧?〕疏甚，未许横行到尔曹。

忆菊

十年作客辞乡国，辜负黄花九日期。把酒又逢残月夜，绕篱长忆傲霜时。香因耐久休嫌冷，澹到无言只自知。不是秋容偏爱惜，从来晚节最堪思。

问梅

翠羽啁啾报好音，岭梅花信尚沉沉。不知东阁春成海，何似西湖月满林。乍放枝头香已动，最高峰上冷难禁。他时消息和羹近，可记寒窗铁石心！

赋得江南江北青山多得“多”字，七言八韵。

天堑划分南北界，江山如此感东坡。翠迷乡国流年换，青向吾曹极望多。澹入四围横远黛，浓皴两岸拥新螺。佛狸祠下烟鬟绕，战鸟圻边雪练过。千叠愁心开画幢,六朝胜地压苍波。塔头铃语催携屐,水面霞纹细织靴。宝觉三乘禅共证,杨蟠七字句频哦。潮生风熟都休问,归梦还寻大小峨。

朱育礼等编《翁同龢诗集》

邳州道中遇雨

道光二十九年三月初四日(1849 年 3 月 27 日)

光堤春草绿离离,正值征夫晓发时。人怕打头添絮帽,马虑偷眼溜鞭丝。行囊书少钱空剩,野渡船稀客过迟。大笔倚装题短句,不堪腕力已先疲

《翁文端公诗钞》附录

小山题壁

道光二十九年三月初九日(1849 年 4 月 1 日)

徐方民俗剽,瘠土物力惫。蕉蒲大泽藏,氛浸动醃霭。搜擒武备荒,滋蔓更议绁。近者申命严,芟夷始一快。古来海岱间,此亦一都会。史公《货殖传》,风土历历绘。拊循得贤能,驯扰致和蔼。所以召公贤,甘棠且勿拜。王制首恤荒,周官重岁会。即今春盎盎,行见禾旆旆。倘幸遇绥丰,犹可起癃瘵。我读地志书,兼访农人话。凫绎鲁南鄙,海邦慎守隘。浮云连芒砀,志士发长喟。愧乏长沙才,年华日以迈。尝闻古圣言,靖内乃驭外。

《翁文端公诗钞》附录

次兖州

道光二十九年三月十二日(1849年4月6日)

少皞遗墟旧,东方此输屏。畴滋春雨绿,城倚岳云青。郅治怀三代,高文在六经。南楼闲眺望,喜得日趋庭。

西南星奕奕,芒角动辰斿。皓月方东上,清漳自北流。梨花明似昼,麦气润于秋。明日登车去,应看行潦收。

《翁文端公诗钞》附录

和严亲入都题壁诗

道光二十九年五月二十二日(1849年7月11日)

徐方民俗剽,瘠土物力惫。萑蒲大泽藏,氛祲动晻霭。搜捡武备荒,滋蔓吏议归。近者申命严,芟夷始一快。古来海岱间,此示一都会。史公货殖传,风土历历绘。推循得贤能,驯扰致和蔼。所以召公贤,甘棠且勿拜。王制重恒荒,周官重岁会。

即今春盎盎,行前所旆旆。倘幸遇绥丰,犹可起瘥瘵。我读地理志,兼访农人话。凫绎鲁南鄙,鲁邦慎守隘。浮云连芒砀,志士发长喟。愧乏长沙才,年华日以迈。怀者古圣言,靖内乃御外。

《翁同龢日记》第6页

小游仙十首*

咸丰元年(1851 年)

昨夜天书下九重,群仙都住蕊珠宫。文昌原属三能职,何事传宣南极翁。

细挹琼浆炼紫霞,殷勤种得碧桃花。天风一夜都吹尽,却落寻常道士家。

仙家例种玉为田,岁岁璚枝贡九天。不道近来鸡犬恶,灵苗踏尽草芊芊。

雾阁云窗事渺冥,蛾眉无计学娉婷。姮娥毕竟人间样,怎比银河织女星。

石室丹炉不计年,冷云枯木尚依然。一双青鸟前生福,窃得残枝竟上天。

托根端要傍瑶台,未必仙姿胜众材。只为玉皇亲手种,大家推作百花魁。

岂有青藜照石渠,谈经刘向竟何如。神仙不喜琅嬛字,错写天官玉叶书。

不系腰缠跨鹤还,扬州无处是家山。桃花开遍青溪路,要遣渔人去叩关。

闻道湘君下洞庭,蜺旌翠盖雾冥冥。数声霹雳天胡舞,斩取毒龙江水腥。

阆风妙圃剧清凉,不愿升天便退藏。留取世间真道德,看人搕

---

* 时间系据《瓶庐诗稿》一书所注时间“咸丰元年”。

腕献奇方。

《瓶庐诗稿》卷一

题魏氏《乐宾堂图》*

咸丰八年六月二十二日(1858 年 8 月 1 日)

咸丰戊午初秋,奉使秦中,将发,葆卿上舍以此属题,倚装漫书一律。

乐宾遗构今何有,片楮流传翰墨功。易代衣冠留子姓,百年乔木几秋风。东南复社文章在,西北高楼想象中。展卷不胜三叹息,东皋红豆翳蒿蓬。

《瓶庐诗稿》卷一

七月七日定兴道中,七夕同潘郑盦作**

咸丰八年七月初七日(1858 年 8 月 15 日)

燕台回首树冥冥,尚见西山未了情。薄醉岂能销积痗,远游终是逐浮名。风帘蝉薄知成梦,渔枕凫灯唤不醒。人事变更谁料得,涿州城下看双星。

张兰思《瓶庐词补》

* 时间系据《瓶庐诗稿》卷一的时间记载。

** 时间系据翁同龢咸丰八年七月初七日日记记载和诗题内容而定。

又及春将暮,兴怀感岁时

咸丰九年四月初一日(1859 年 5 月 3 日)

春暮天晴朗,时和气静幽。群山咸峻拔,口水亦湍流。岂有游观乐,终因禊事修。大文稽述作,怀古感无由。

原稿翁万戈先生藏。《翁同龢诗集》第 372 页

送莫偲老出都*

咸丰十年七月十日(1860 年 8 月 26 日)

庚申七月吉,偲老将南行。岂为感别离,恻恻百虑并。我欲问偲老,胡为事远征?偲老亦何事,飘泊无所营?我从偲老游,怀抱未尽倾。偲老亦念我,独学谁与成?十年牂江边,论交契吾兄。家兄祖庚。黔中数百士,独识莫郑名。郑子尹。予兄尚行役,白发老典兵。偲亦诸侯客,未得归躬耕。江南乱无象,丛丛如沸羹。其气久凋弊,其民杂剽轻。吁嗟赋敛重,矧乃锋镝撄。譬如既颠木,甹枿不自生。灌溉养其性,徐徐待之萌。吾师湘乡公,万事秉一诚。行当与休息,匪独事战争。小雅久不作,四夷日纵横。朝廷重民命,不惜金帑盟。旌旗蔽高馆,烟火开重城。孰能血寸刃,摧此横海鲸。秋风忽凄厉,夜气收嚣声。大星翳屋角,明河案南荣。尹君自宏

---

* “莫偲老”即莫友芝。“祖庚”即翁同书。“郑子尹”即郑珍。“尹杏农”即尹耕耘。“李眉生”即李鸿裔。

时间据《翁同龢日记》咸丰十年七月初十日。日记有:“作诗送莫子偲,子偲将挈其子赴曾公幕府。……夜与莫子偲、李眉生谈杏农处。”

远，杏农。李子敦且清。眉生。聊为今夕饮，当尽三百觥。去去不复顾，悠悠千载情。

《翁同龢日记》第92页

题王蓉洲丈藏宋拓《麻姑仙坛记》*

咸丰十年十一月初四日（1860年12月15日）

颜公真书变小篆，穷极开阖含刚柔。仙坛大字传本少，而此细楷尤难求。子因作诗叹小軼，后先著录陆与欧。春雷轰残吏橐去，纵有妙迹谁能收。西台嗜书得颜髓，获此片楮珍琳璆。较量铢黍妙分布，刻画丝发烦雕锼。纤纤旁舒蚊脚趯，落落外里虿尾钩。横空真气不易到，不独波磔中锋遒。南城图经今寂寞，遗坛半圮杉松稠。元宗好奇感神迹，天宝五载开灵湫。是时东京盛罗绮，云窗雾阁通绸缪。骊龙已睡猿鹤叹，文字虽好江山愁。麻源水深不可涉，丹霞洞壑阻且修。公书此碑亦何意，会知日月如奔流。蓬莱方丈弹指变，惟有忠孝垂千秋。小斋夜寒烛花炧，摩挲翠琬春云浮。容翁周容斋丈。已矣蝯叟去，何子贞前辈。墨缘聚散波中沤。却题此诗三叹息，公乎千载真悠悠。

《瓶庐诗稿》卷一

送人南归**

同治元年四月（1862年5月）

急景何峥嵘，穷阴正凝冱。啾啾鸟失群，瑟瑟叶辞树。君今浩然

* 时间系据《瓶庐诗稿》卷一所载时间。

** 时间系据《瓶庐诗稿》卷一该原注。

去,别绪渺难诉。岂不欲留君,知君不可住。鸾凤重铩翮,骐骥屡纡步。行矣勿复言,儒冠信多误。疾风吹衣裳,旅次多霜露。努力加餐饭,无为嗟日暮。后会自有时,待君金台路。马首西山青,劝君一回顾。

《瓶庐诗稿》卷一

野店题壁

同治元年八月初一日(1862 年 8 月 25 日)

霹雳惊霆左右飞,上山牵力一丝微。泥深马滑泉争道,壑转龙来雨合围。村老未能遮短笠,行人何惜透征衣。山灵作剧非无意,留取秋晴送汝归。

《翁同龢诗集》第 18 页

寿阳道中

同治元年八月初二日(1862 年 8 月 26 日)

一雨动秋潦,客程亦许迟。野花开五色,天气备三时。走卒惯乘险,征夫常苦饥。太行天下脊,未敢辄题诗。

原稿翁万戈先生藏。《翁同龢诗集》第 371 页

送鹿卿侄旋里*

同治元年九月初八日(1862 年 10 月 30 日)

汝来我即驾征骈,我到京师汝又归。此去正当莼菜熟,重来应

* 《瓶庐诗稿》卷一该诗后注明“同治元年”。是年常熟仍在太平军控制之下,时间应为同治元年十月。

见杏花霏。传家诗礼宜遵训,满地干戈慎见几。行矣勉旃须强饭,莫教风露上征衣。

《瓶庐诗稿》卷一

榆发题壁和尹杏农韵*

同治三年二月十二日(1864 年 3 月 29 日)

送尔出门去,秋风生袂衣。好诗留我读,旧梦已全非。世事翻棋局,清谈铸铁围。藁街新置邸,应恤固邦畿。

舜巡终不复,尧德至无名。未忍诛张禹,何曾逐贾生。艰难丁国运,水火轸皇情。莫勒中兴颂,云霄憾未平。

《瓶庐诗稿》卷一

道逢村叟询余家事凄然有作**

同治三年二月二十二日(1864 年 3 月 29 日)

叟,李姓,固安乡人,言曾游余乡,询余家人名历历,盖向充报子,屡至余家也。

温公五亩宅,汝亦屡经过。乔木今何在,吾生可奈何。

雀罗原见惯,葛帔亦人情。白发何村叟,能呼小子名。

《瓶庐诗稿》卷一

---

* 原诗后注明时间"同治三年"。

** 时间和内容系据翁同龢日记同治三年二月二十二日。是日日记录有此诗。

谒明陵*

同治三年七月十七日(1864年8月18日)

万山环抉控边门,玉座荒寒草木尊。种树村民余匠氏,居民曰某陵匠,某陵监。卖茶野老是王孙。圣朝屡下修陵诏,易代谁思践土恩。手挹寒泉荐蘋藻,杜鹃未敢赋招魂。

《瓶庐诗稿》卷一

题四额驸画** 醇邸所藏

同治五年正月二十五日(1866年3月11日)

十年拓戟侍金门,玉锁铜镮旧梦痕。犹见君侯潇洒意,短煤和赭写江村。

纸尾曾无字一行,故乡珍重为收藏。烟江叠嶂依稀是,谁记王诜宝绘堂。①

《瓶庐诗稿》卷一

---

* 时间系据翁同龢同年三年七月十七日记。是日日记载有该诗。

** 时间系据翁同龢同治五年正月二十五日日记,是日日记载有该诗,并注明为“艮峰(倭仁)先生代作”。

① 诗后有注:宋驸马都尉王晋卿善画,筑宝绘堂,苏东坡为之记。

题言卓林藏刘文清[①]楷书百家姓册*

同治五年四月三十日(1866 年 6 月 12 日)

诸城笔势近钟虞[②],六十年来抗手无。参用北朝碑版法,平书精论是安吴。[③]

吴越遗编北宋书,九烟排次复何如。百家姓乃吴越时人撰,见陆游《郊居诗》注,明周九烟有重排本。东南文学先贤启,数典何忘溯厥初。

枞阳榜字化为烟,江左风流已渺然。人物岂因门望重,安危端赖出群贤。

《瓶庐诗稿》卷一

题王蓉洲丈《商彝图》即书先伯兄[④]诗后**

同治六年正月十七日(1867 年 2 月 21 日)

焦麓传烽宝气销,云雷无力压春潮。茗香堂外花阴密,莫使虹光切斗杓。

古文虽质有盉鬳,爰历凡将未足名。我爱晋江陈给谏,陈颂南释

---

① 刘墉,字文清,山东诸城人,官至大学士。书法著名于时。

* 时间系据翁同龢同治五年四月三十日日记。是日日记中载有该诗。

② 指钟繇、虞世南。

③ 包世臣,安徽当涂人。著有《安吴四种》,论书著作有《艺舟双楫》。

④ 即翁同书。

** 时间系据翁同龢同治五年正月十七日日记记载。是日日记录有此诗。但新版(中西书局)《翁同龢日记》中此诗"世人漫著三刘誉"为"世人漫著三刘目"(日记第 543 页)。

首一字曰“举”，引《礼记》谓之杜举以证。自笺自疏为分明。

又到春灯椒酒边，彛斋遗集忍重编。先伯兄著《彛斋杂志》待刊。世人漫著三刘誉，贡父能文未必然。

《瓶庐诗稿》卷一

送王蓉洲丈观察闽中*

同治六年正月十八日(1867年2月22日)

春星纤纤雪花白，如海斋头夜送客。客言庭树尚扶疏，昔比人长今百尺。价人寓舍，艺斋先生曾居之，庭槐其手植也。月椃风幔开长廊，旧巢尚忆纱縠行。画图约略写陈迹，幅巾潇洒重升堂。此堂此树终谁有，且喜吾侪共樽酒。百年乔木见孙曾，三世渊源重师友。乾嘉以来溯邑贤，海州萧县相后先。先祖任海州校官，艺斋先生为萧县训导。夜香沈沈花市屋，君尝与先公同寓。春风泛泛胥江船。又与伯兄祖庚同上计吏。法曹七载连车骑，手检爰书共咨议。一语能推佛海波，万金难抵云天谊。龢为刑官时，尝治狱失平，君救正之。我今入值明光宫，微凉独咏谁与同。回翔仗下不忍去，殿角立尽罘罳风。看君持节还乡里，父老将迎路人喜。慎勿轻为转海游，桐江波软轻舟舣。岭南人物工词翰，可惜溪山馀犷悍。濂洛真传闽学多，本朝闳博安溪冠。宽厚廉平孝且慈，使君真是吏民师。它时遍校元丰稿，定有长笺贡荔枝。

《瓶庐诗稿》卷一

---

* 时间系据翁同龢同治六年正月十八日日记，是日日记载有此诗。最后一句“定有长笺贡荔枝”中“岂”字误，应为“定”字。(新版日记第543页。)

题汤文端公[①]遗墨为童启山[*]

同治六年三月十二日(1867 年 4 月 16 日)

语彻天人自洒然,无言无隐本非禅。念台一去姚江远,此境萧寥二百年。

森森真气逼欧虞,馀事雄奇世已无。犹忆堂阶花似雪,樽前亲写主宾图。己酉之春,公招饮赋诗,图主宾之位以列坐,龢亦与焉。

高文商略意何穷,细楷还推后辈工。谁识醉翁门下士,白头憔悴老墙东。

《瓶庐诗稿》卷一

和醇邸韵[**]

同治六年十一月初二日(1868 年 1 月 14 日)

磐宗钦柱石,环卫裕经纶。郑重先朝诏,留贻夹辅臣。云霄遗志恫,日月圣功新。一昨宸章掞,欣闻大义陈。光辉由学积,福禄自天申。下士惭窥管,传家忝析薪。龢之先人尝授经内殿。披肝期报国,束发志安民。愿纪周宣绩,威稜詟海垠。

《瓶庐诗稿》卷一

---

① 汤金钊卒后谥文端。其孙女汤松为翁同龢夫人。

* 时间系据翁同龢同治六年三月十二日日记记载。日记中有“题汤文端遗墨,应童启山之属也”。

** 时间系据《瓶庐诗稿》卷一原诗所注时间。

再和* 代倭相国

同治六年十一月初二日(1868 年 1 月 14 日)

大哉天语焕,万象尽弥纶。御制《晓日》诗有“光辉万象增”句。尤喜屏藩地,长资社稷臣。忠诚真恳款,诗句最清新。鸿宝何曾秘,豳风取次陈。辞危心转切,论正义重申。绍复思咢蘖,居安懔厝薪。累朝神武业,率土圣人民。何以酬宵旰,皇灵震八垠。

《瓶庐诗稿》卷一

移居静默寺**

同治七年五月二十九日(1868 年 7 月 18 日)

何处卜吾宅,西华旧僧庐。僧庐夙所爱,况是先人居。入门见松柏,再拜肃以趋。先人旧游处,草木皆怡愉。鸣呼恤民穷,失荫柝蘖孤。孤儿亦何事,辛苦一束书。朝吟和粥版,夜讽随钟鱼。儿发日以缟,亲骨日以枯。悠悠覆载内,容此不肖躯。吾皇方向学,中原多艰虞。未忍便决去,抚衷两踌躇。踌躇勿复道,努力还丘墟。惨惨古佛颜,助我长悲吁。

《瓶庐诗稿》卷一

---

* 时间系据《瓶庐诗稿》卷一原诗所注时间。倭相国指倭仁。

** 时间系据翁同龢同治七年五月二十九日日记,是日日记载有本诗。

露坐*

同治七年六月初五日(1868 年 7 月 24 日)

追凉依佛树,静觉此身轻。萤火只一瞥,蚊雷空万声。伏秋争王气,星月殢人情。惟有幽居乐,翛然未易名。

《瓶庐诗稿》卷一

寿潘贯川封翁**

同治七年七月初九日(1868 年 8 月 26 日)

玉署罗群彦,君家著二难。盍簪朋辈喜,衣锦路人看。笄地腾驹足,巢林老凤翰。眉山隐君子,何日到长安。

不数三公贵,封翁尚黑头。五十五岁双寿。揭云绵旧德,其尊人进士公著《揭云斋集》。学海重名流。漫著闲居赋,同移仙侣舟。蓬山多杞菊,更迭献觥筹。

《瓶庐诗稿》卷一

题俞荔峰①征君铭椒仙馆遗诗***

同治七年九月(1868 年 10 月)

日落虞渊际,回车腹痛时。伤心看遗集,犹有白蘋诗。

《瓶庐诗稿》卷一

---

* 时间系据翁同龢同治七年六月初五日日记,是日日记中载有此诗。

** 时间系据翁同龢同治七年七月初九日日记记载。是日记有“写潘封翁寿诗”。潘氏,名泗澜,号贯川,广东南海人,其子衍鋆,乙丑翰林;衍桐,新庶常。

① 俞大文,号荔峰。翁同龢姐夫。

*** 时间系据翁同龢同治七年九月日记。

送许诚夫[①]表兄还豫章[*]

同治七年九月(1868 年 11 月)

久别无书问,相逢有泪吞。白眉犹昔日,兄幼时有白发。寿骨是吾昆。经乱生涯薄,传家德望尊。桐乡祠墓在,谁复恤王孙。

嗟我何为者,傫然此独行。父兄双椁重,天地一舟轻。朝宁蒙恩礼,关津问姓名。长途最悽屑,赖子慰亲情。

好在浔阳水,孤帆奈尔何。江山才士赋,吴楚寓公多。努力持门户,何时返涧阿。赠言吾岂敢,得路莫蹉跎。

《瓶庐诗稿》卷一

题李竹农《半万卷斋图》,用册中顾南崖韵[**]

同治七年十月十一日(1868 年 11 月 24 日)

扶护还丘园,潸焉问家室。岂无誓墓志,王事有日月。遗书三万卷,兵燹百无一。可怜柱下史,乃自灶觚出。江山色凄怆,城市气阒溢。竞尚纨绮饮,谁知壁经漆。峨峨李膺门,表表树双阙。乾嘉诸老辈,朴学鲜俦匹。洪钟发铿訇,圭瓒荐芬苾。文辞丽以则,考订密而质。津逮东南人,研经知务实。仪征与高邮,高弟最超轶。训诂得师承,后生慕儒术。以上谓啬生先生。孝廉守贻训,早岁究

---

① 许诚夫为翁同龢母亲哥哥的儿子,时供差南昌。

* 时间系据翁同龢同治七年九月日记。

** 时间系据翁同龢同治七年十月十一日日记。

理窟。名高志不展，天道固难必；画图寓深意，要使尘编拭。眉山有轼辙，门户愿初毕；奈何仲又弱，嫠纬嗟谁恤。指少农。遗雏好眉眼，玉齿十六七；流涕勖之学，令名矢勿失。江城风雨恶，五噫致愁疾；自叹一腐儒，依然老寒乞。

《瓶庐诗稿》卷一

题许伯缄文重游泮宫遗册*

同治七年十月十八日（1868年12月1日）

二许才名动都下，嘉庆中，先生与外祖秋涛公同在都下，皆以诗鸣。不应憔悴郑台州；砚宽堂集分明在，应向孙子潇先生吴竹桥放一头。白发红带路人扶，鹤骨家家有画图；我作柳州先友记，江湖佚老近来无。先生为先公执友。恻恻西风动客裳，掩篷重炷影前香，黉宫弟子垂垂老，早被人呼白发郎。先生重游泮宫之岁，龢补博士弟子员。

《瓶庐丛稿》卷八

题张椒云文《北山归隐图》，次卷中元韵自题**

同治八年五月二十日（1869年6月29日）

鄜延重见范希文，遮道难留旧使馆。故老尚思祠召父，小生竟欲吏朱云。三千里外家何在？十八盘头日未曛。且买山田作归计，不辞硗确为耕耘。

---

* 时间系据翁同龢同治七年十月十八日日记。

** 时间系据翁同龢同治八年五月二十日日记。是日日记中载有该诗。

宣庙初元侍帝阍，中朝耆宿几人存？柳州碑已题先友，公与先人交最早。洛下居还恋主恩。四海旌旄多仆隶，卌年台阁半儿孙。犹馀白发通家子，来过先生画舫轩。公所居八窗洞然，有类画舫。

《瓶庐诗稿》卷一

题潘椒坡《邓尉读书图》*

同治八年七月十一日（1869 年 8 月 18 日）

文社联吟日，寒厅夜话情。苍凉成往迹，蹭蹬惜才名。江汉征鸿去，云霄仗马鸣。便倾千斛酒，何以赠君行。

此别知谁健，还山奈老何。小诗随手写，真意故人多。邓尉平生约，灵岩夙昔过。买田吾未暇，先拟伐蛟鼍。指湖中近事。

《瓶庐丛稿》卷一

题徐荫轩《梅屋读书图》**

同治八年七月十四日（1869 年 8 月 21 日）

夜气空明万籁沉，掩书不读且长吟。天容月色无从写，略缀幽花意自深。

疏星澹月绕柧棱，玉殿趋班午夜兴。传语诸臣勤讲肄，九重早炷读书灯。

铁骨森然自不孤，几人天眼识清臞。墨池尚有蛟龙气，请咏先

---

* 时间系据翁同龢同治八年七月十一日日记。

** 时间系据翁同龢同治八年七月十四日日记。

生观复图。

《瓶庐诗稿》卷一

题徐荫轩《秋林觅句图》*

同治八年七月十四日(1869 年 8 月 21 日)

长安城头一睥睨,烟树浮天楼阁丽。苍然秋色何处寻,来自空濛有无际。三年禁近华发生,十丈缁尘素衣敝。强将章句解古经,岂有危言效忠计。边陇犹惊鼙鼓声,殊方颇怛冠巾制。虫虫秋旱金失穰,习习融风玉空瘗。愁来长啸只自喟,独咏新诗苦难继。观复道人吾所敬,荫轩自号观复道人。阿兰那行佛之谛。君题斋榜曰"乐阿兰那行"。殷勤净土留一灯,倏忽风轮转千偈。由来忠孝根性情,匪独诗书资献替。秋林无人渺万象,妙句横空入超诣。张君作图意萧瑟,尹子题诗语凄厉。谓杏农。骅骝俯仰属车前,猿鸟徲徥水云裔。一官进退计甚便,万顷苍茫用谁济?水西烟柳绿成海,君所居在运河西。邓尉梅花舟可枻。它时再写觅句图,添个白头老渔弟。

《瓶庐诗稿》卷一

题潘伯寅侍郎《渝关望海图》**

同治八年十月二十三日(1869 年 11 月 26 日)

朝辞天北斗,暮看海东霞。龙辅司空节,鸡栖使者车。君以单车

---

* 时间系据翁同龢同治八年七月十四日日记。

** 时间系据翁同龢同治八年十月二十三日日记。是日日记中载有该诗。

就道。环瀛随地窄，古驿控山斜。奇绝张融赋，应知胜木华。

勃碣关山壮，营平道路难。谁言船算事，又设水衡官。时新改监督为海关道。战伐今藏甲，功名老伏鞍。鸣笳无限意，送客过卢濡。濡，师古音乃官反，当入此韵，即滦水也。

《瓶庐诗稿》卷一

代拟春帖子词

同治八年十二月十一日(1870年1月12日)

万汇由庚辔，重光卓午明。龢龢陈帝业，就日验民情。

怡情上奉两宫欢，萱陛长春寝膳安。亲侍璇闱题禁扁，果然笔势舞龙鸾。每年御书吉祥语进奉两宫。

第一云章赐近臣，恭承吉语物华新。蒙赐御书"永绥吉劭"四字。银花彩胜君恩重，总是天家浩荡春。

臣奕䜣

銮辂迎新日，郊坛致祷时。上辛日立春。今年春信早，百谷定蕃滋。

虞陛同赓复旦歌，小春逢闰识时和。是年闰十月。宫梅不落阶蓂长，始信韶华特地多。

手御雕弧中画熊，上习射中鹄。金铺旭日正曚昽。红旗早报西师捷，春满长杨五柞宫。

臣宝鋆

风转生三律，龙飞上九爻。条风来此阙，淑气肇东郊。

蓬壶日月本舒长，频贴宜春迓吉祥。两度东风穷海遍，正月、十二月两遇立春。黄支乌戈尽梯航。旸雨时调协泰符，诏书宽大屡蠲租。东南玉粒依常额，南漕已报逾百万。黼座犹悬无逸图。

臣沈桂芬

瑞雪承天贶，和风卜岁穰。桃符初献颂，葭琯已调阳。

雅颂和平正始音，典谟述作圣人心。御制诗“论笃行”。讲帷深邃春如海，尚惜铜墀一寸阴。

庚午曾闻吉日词，纪年况复遇尧时。离明乾健无疆业，懋勉吾皇上圣姿。

臣李鸿藻

《翁同龢日记》第766—767页

代续拟春帖子三首*

同治八年十二月十七日(1870年1月18日)

且兰檠瓠路迢遥，文德覃敷格有苗。记取炎方铜鼓曲，凯歌声里协箫韶。

搴茭揵竹亘长堤，永定安流镇石犀。咫尺上林钩盾地，万畦春碧看扶犁。

春旗绛缭杂飞花，巷舞衢歌遍万家。昨天紫坛亲祷后，喜看鸩鹊玉横斜。

《翁同龢日记》第768—769页

* 原注:“第一首指云贵军务，次为永定合龙，三首喜雪。”

题瑛兰坡中丞棨①藏怀仁集书圣教未断本*

同治九年正月十九日(1870年2月18日)

墨花腻带古苔痕,切眼珠光未易论。何事良常矜断本,近来惜抱有名言。姬传谓集书多两字凑成者,证以"正"、"旷"二字,皆右军家讳,而此不避,并论大唐三藏标题之谬。皈依七佛时开卷,寂寞孤云昼闭门。犹喜春灯照颜色,一筇闲过海王村。时兰坡中丞罢陕抚职闲居,而余与之素未识面,中丞好于厂肆搜罗书帖,故及之。

《瓶庐诗稿》卷一

题宋拓汝刻**

同治九年正月十九日(1870年2月18日)

潭绛临江外,岿然此刻真。古香南宋拓,残字北齐人。第八卷"齐樊逊"字此拓尚可辨,乃北齐樊孝谦也。今所行伪绛星凤楼诸帖误作"南齐樊退",乃从泐后汝刻摹出耳。官本藏书髓,衙斋剩石鳞。汝石残碎者,国初在分守河南道署中。辟邪天禄字,琐屑漫重陈。帖内"宗"、"资"、"石"、"兽"四字乃州辅墓前石刻。

我家汤阴本,七世祖蓼野公得古拓汝刻于汤阴,传为世宝。庚申江南乱后失之。销尽劫馀灰。城郭犹全改,签厨忍再开。渔梁久尘土,帖有巴慰祖小印。巴,渔梁人也。蟫藻亦蒿莱。此本旧藏新安汪氏蟫藻阁。谁写逋仙

---

① 英棨,字兰坡,官至陕西、河南巡抚。

* 时间系据翁同龢同治九年正月十九日日记。是日日记载有该诗。

** 题下原注:"十卷一册,英中丞藏。"英中丞即英棨。时间系据翁同龢同治九年正月十九日日记。

像，无端易画来。叶东卿尝以宋人画林逋像，易得汝帖前四卷。

《瓶庐诗稿》卷一

醇邸示近作次韵三首*

同治九年二月初五日(1870年3月6日)

醇邸示近作数首，皆清婉似乐天，次韵三首。

水雷

客路曾经勃碣东，上书无策负深衷。藁街置邸今通款，铁轴摧轮夙著功。谓己未年战事。破敌固应资利器，人谋终可夺天工。画图未敢轻传播，郑重然犀一炷红。

上斋相约不贺年，有诗纪事

凤城春动玉河源，下直归来自闭门。怀刺不妨名士傲，曳裾谁说布衣尊。破除俗例知真契，传写新诗近格言。若使文侯还命驾，故应干木早逾垣。

水仙花

我爱山谷句，寒香发无时。山矾与梅花，逊此天人姿。一笑大江横，妙语偶得之。山谷《水仙诗》语。蓬莱不可到，孤负瑶台期。趨来京国春，花事常苦迟。憔悴盆罂中，根叶纷离披。浮浮日华煦，盎盎水气滋。宛宛擢孤颖，茏茏吐芳蕤。窨花烂似锦，收掇肯见遗。惜哉岁寒心，耿独空自知。阳和敷众卉，大造岂有私。孰云空谷香，只与骚人宜。眷彼炎海植，竟向青琐移。贤王夙悟道，示我寒花诗。淡语写幽致，意恐居高危。出入白苏间，直令读者疑。微生

* 时间系据翁同龢同治九年二月初五日日记。是日日记载有此诗。

等草木,衰鬌已若斯。每于鼎象初,取戒六四颐。一花何足道,靡汇须护持。冬旱麦苗病,一溉倘可医。

《瓶庐诗稿》卷一

题伯寅藏《瘗鹤铭》精拓本*

同治九年二月二十七日(1870 年 3 月 28 日)

多事良常写作图,较量分寸失名姝;江潮洗出碑趺字,自古文人考证疏。

残画封蘒古墓边,萧梁碑录漫重编;莫子偲近辑《梁碑录》。谁能沉石空江底,留与中冷证墨缘。

蜃气连云草树深,此山无地瘗仙禽;裹毡煮墨寻僧话,销尽江南独客心。余于戊辰冬泊舟焦麓,风景殊异,江山凄然。

《瓶庐诗稿》卷一

题亡室汤夫人①画册**

同治九年三月十八日(1870 年 4 月 18 日)

语苦诗难尽,愁长梦转稀。铛残煎过药,箧暗嫁时衣。会合知前定,分张感昔非。临终留一偈,了了岂禅机。临终握余手曰:"为臣当忠,为子当孝。"

---

* 题下原注:华亭"华"字露大半,"裹"字"藏乎"字皆有。时间系据翁同龢同治九年二月二十七日日记。

① 汤松,字孟淑,浙江萧山人。汤修之女,翁同龢妻。

** 时间系据翁同龢同治九年三月十八日日记。是日日记载有此诗。

竟死嗟何益,浮生只自怜。营斋谁是佛,卜墓又无田。孙解瞻遗挂,侄能剪纸钱。老夫归直晚,展画一潸然。

《瓶庐诗稿》卷一

题醇邸小像,和其原韵*

同治九年四月二十七日(1870 年 5 月 27 日)

亮直端严大体持,万民所赖四方维。殊恩久已隆三锡,累疏犹闻儆十思。试展画图知有志,等闲诗句亦无欺。俗工岂识丹青妙,会向麒麟阁上移。

从来德业贵操持,抑抑常严礼义维。学到反求方是学,思如不合且深思。先朝彝训求无忝,入告嘉谟矢勿欺。更愿贤王调玉体,忧时容鬓已潜移。

《瓶庐诗稿》卷一

题桂侍郎①《晓行图》便面**

同治九年八月二十三日(1870 年 9 月 18 日)

十年鞬櫜老征途,手数青钱付酒垆;记得霸州城下路,担夫同宿夜呼卢。尝于役文安,宿霸州逆旅,略如图中景象。

关吏谯诃问姓名,开门何止待鸡鸣;画师惯写承平景,野店山

* 时间系据翁同龢同治九年四月二十七日日记。是日日记中载有此诗。但内容不同,日记所写为:"正色朝端大体持,万民所赖四方维;欲陈周室艰难业,要赖元公日夜思。至道诗书勤有获,平生忠孝矢无欺。麒麟图画寻常事,回斡乾坤运默移。"

① 即桂清,字莲舫。

** 时间系据翁同龢同治九年十月日记。

桥自在行。

早行诗句知无数，唐宋于今几辈传；只有晓风残月曲，教人肠断柳屯田。

驼褐轻鞯逐暗尘，东华门外往来频；红纱笼烛趋朝客，争及村墟趁晓人。

《瓶庐诗稿》卷一

题张子冈印谱[①]

同治九年十一月十四日（1871年1月4日）

寸铜郁龙虎，笔势自苍然。直溯卅五举，挽回三百年。心情哀郢灭，诗集中《鸿嗷》诸作。诗梦过江圆。谁著浯溪颂，踌躇未忍镌。

丁敬身陈曼生黄小松赵次闲邓石如，各擅画书诗。一落印人传，千秋俗子疑。先生古曾闵，馀事学冰斯。漂泊仪征老，沧江寄梦思。谓江南善篆刻者吴让之。

《瓶庐诗稿》卷一

策马独游花之寺看海棠*

同治十年三月初三日（1871年4月22日）

朝回日日西山暮，火急寻春春已残。装点不成泥塑像，短衣飞

① 题下自注：张璲，字子冈，南京人，事母至孝。时间系据翁同龢同治九年十一月十四日日记。但日记中“诗梦过江园，谁著浯溪颂”为“腕法过江园，箧里浯溪颂”。“先生古曾闵”句下有注：“题者盛称其事继母孝。”

* 时间系据翁同龢同治十年三月初三日日记。

鞚太无端。

乾嘉以后词流尽,莫问城南掌故花。“词流百辈花间尽,此是宣南掌故花。”近人龚瑟人[①]《海棠诗》也。剩有老舲诗句在,断缣残字补窗纱。

湛然清绝颖沙弥,眉宇中含一段奇。乞与天龙瓶钵水,要渠洗尽海棠诗。

《瓶庐诗稿》卷一

同友人游一粟园因赠*

同治十年三月(1871年4月)

一粟园中泛王卮,棠梨初放柳眠时。同依舜陛趋朝客,为讲豳风退直迟。青琐已分新旧雨,苍松宜长子孙枝。而今海鹤精神健,说与鹓鸾总不知。

《瓶庐诗稿》卷一

题陆涑文藏汪退谷缩临褚圣教序**

同治十年三月十九日(1871年5月8日)

闲窗一洒三千字,中有吴天风雨声。款署康熙四十四年五月雨窗。愧煞京华尘土面,竟纡青绶老承明。

丰筋多力攫秋鹰,此是先生独擅能。眼角不曾留海岳,故应低看赵吴兴。自跋谓仅到鸥波。

① 龚自珍,字瑟人,号定庵。

* 时间系据《瓶庐诗稿》卷一该诗诗题下注时间。

** 时间系据翁同龢同治十年三月十九日日记记载。

吴聋憔悴老还贫，偈语题辞句法新。谓吾友儒卿①。一事后来资考证，破山寺里读书人。吴跋谓松南曾与汪杜林、家迁伯公、邵味辛读书破山寺中。

《瓶庐诗稿》卷一

题汪杜林先生金书普门品经册②

同治十年三月二十日(1871 年 5 月 9 日)

云何是佛，二亲兄弟。册尾为“二亲百龄之健，兄弟安乐”。妙吉祥花，万种欢喜。云何见佛，心上著力。念念勿疑，处处踏实。海潮发声，虞山出云。璎珞宝珠，回旋氤氲。归哉归哉，佛说如是。六街飞盖，真闲事耳！先生登第纪恩诗有“六街飞盖浑闲事，十里看山好画图”之句。

《瓶庐诗稿》卷一

送庞云槎孝廉南归*

同治十年四月(1871 年 5 月)

久别语音在，相看毛发同。茶瓯吴市月，官烛县庭风。往事犹堪说，新诗岂必工。聊将白团扇，送子过江东。

《瓶庐诗稿》卷一

---

① 吴鸿纶，字儒卿。

② 题下原注：“吾邑邵震亨藏。”时间系据翁同龢同治十年三月二十日日记记载。

* 时间系据翁同龢同治十年四月日记，是月庞云槎来京应试落第，此诗系翁同龢为其送行之作。

再次荫轩韵*

同治十年五月初六日(1871 年 6 月 23 日)

落落吾徒事,风期夙昔同。成书推薛子,朝论惜温公。谓艮峰相国。岁月峥嵘去,湖山想像中。自怜新卜筑,翻近凤城东。

风雨何事已,漂摇未有家。浩歌肠转毂,默坐鬓成华。栈马犹腾软①,江鸥漫狎霞。香罗与细葛,捧出路人夸。

《瓶庐诗稿》卷一

饮桂廉舫侍郎所口占三首之一**

同治十年五月初十日(1871 年 6 月 27 日)

不堪衰鬓已萧萧,手把芙蓉赋大招。侧著接䍦归去晚,疏星斜月玉河桥。

《瓶庐诗稿》卷一

次韵潘伯寅阻雨东华门酒家***

同治十年五月二十九日(1871 年 7 月 16 日)

自笑鸱夷托属车,酒人伍伯漫相于。低颜惯对屠牛案,照眼惊

---

* 时间系据翁同龢同治十年五月初六日日记记载。

① "栈马犹腾软"日记中为"栈马犹腾鼓"。

** 时间系据《瓶庐诗稿》卷一该诗诗题下注时间。

*** 时间系据翁同龢同治十年五月二十九日日记。但翁氏日记所写与此不同:《次韵酬伯寅》:自笑鸱夸托属车,歌呼击筑漫相于。平生惯对屠牛案,有客来编集凤书。(君奉敕重排《星凤楼帖》。)别后云山皆幻景,眼前灯火是吾庐。不妨同醉仁和酒,且换腰间金佩鱼。(《翁同龢日记》第 892 页)

看舞凤书。伯寅奉敕重排《星凤楼帖》。徐孺居然悬一榻，陶公到处爱吾庐。不妨同醉仁和肆，换却腰间金佩鱼。

《瓶庐诗稿》卷一

题张松坪《潇湘梦游图》*

同治十年九月初五日（1871年10月14日）

洞庭浮空大圆镜，九嶷劘天剑芒净。山川灵气在尘寰，鱼鸟幽人同一性。岳州太守贤大夫，吏才诗笔当今无。世人惊叹《石门颂》，君藏宋拓《石门颂》为海内第一本。不知乃有《潇湘图》。潇湘之图纪梦作，二十年前一丘壑。珠幢玉节主恩新，斑竹苕花故人约。江山随君入扁舟，在在处处皆昔游。醉中客为说天姥，前生我亦来杭州。虚堂凉气砭秋骨，倦眼题诗字恍惚。夜来日日尚湖滨，明朝还趁觚棱月。

《瓶庐诗稿》卷一

伯寅赁酒家屋同居次前韵**

同治十年（1871年）

朝回日日阻轻车，喧杂轩窗众所于。小吏漫欺曹相国，邻人解爱毕尚书。偶谈天宝年中事，顿忆澄怀旧直庐。闻道蒿莱侵浴殿，

---

* 时间系据翁同龢日记同治十年九月初五日。

** 时间系据《瓶庐诗稿》卷一所注时间。

更无人问玉泉鱼。

《瓶庐诗稿》卷一

太息*

同治十年(1871年)

太息频占鬼一车,无根白舌故于于。微闻弱水三千界,亦效单于尺二书。象译又开新市舶,贾胡占尽好田庐。韩公①老去雄心戢,只有文章告鳄鱼。

《瓶庐诗稿》卷一

送吴修来丈下第南归

同治十二年六月初五日(1873年6月29日)

延陵先生山泽癯,罗缕道妙谈诗书;醒时狂歌醉温克,世人不识惊为迂。计车四度春风里,不为微名为知已;明珠空照海南天,矫矫骊龙今睡矣。鲰生二十京华尘,口衔石阙肠车轮;沈观遍识天下士,如君质直无其人。春明门外依依柳,不断青山迎马首;江表风涛天地昏,有人独负书囊走。凄绝离筵双玉瓶,醉眼不见辛峰亭,咄嗟老秃将安用,归去勤翻太白经。

《瓶庐诗稿》卷一

---

* 时间系据《瓶庐诗稿》卷一原诗所注时间。

① 指唐代文学家韩愈。

次公属题费廉卿宝康《笠泽渔隐图》*

同治十二年七月初三日(1873 年 8 月 25 日)

我非散人,敢说三泖。矮蓬短棹,避彼鱼鸟。三泖之东,蛟龙所宫。我不能取,我心忡忡。江君之诗,蝯叟之辞。我心我仪,繄其我私。

《瓶庐诗稿》卷一

题《十老图》为陶君成栋①

同治十二年八月二十四日(1873 年 10 月 15 日)

明明上天,赫其鉴临。爰有斗极,分阳育阴。方士术者,用以祈福。君子事之,旦明斋遫。昔我曾祖,孝思格帝。亲呻在床,儿脔厥臂。神之降兮,穆乎沛哉!九枝明灭,八囱阖开。先曾祖赞庵府君以亲疾,祷于北斗,得异梦,刲臂以进。亲疾既起,世世奉祀。费懈益虔,洎余小子。呜呼神明,繄岂我私。惟忠惟孝,上天右之。福山之南,有阁岧峣。穹龟长鱼,百灵翊朝。是曰紫宫,璇玑之府。恍惚有象,冲虚无所。谁实建之,苍溪金翁。管丁陶王,吴何是同。乾隆

---

* 时间系参考翁同龢同治十二年七月日记。

① 本文在《瓶庐丛稿》卷六中题为《斗姥阁赞》,文字略有不同,此处时间系据翁同龢同治十二年八月二十四日日记。陶成栋云:“里中有斗姥阁,乾隆时倾圮。金苍溪先生等十人醵资重建,名曰‘西竺道院’。时集院中修身论道并绘十老图以勉后人。图经兵燹,失而复得。今院中犹年年悬之,以祭。十老者:丁昇级、管尔尊、陶尧吉、尧天、金惠声、赤城汪殿抡、吴东瀛、何甘白、金苍溪也。苍溪名照,字鲁轩,图其所绘。”《翁同龢日记》中,此诗有些字、句与《瓶庐诗稿》所载略有不同,如“用以祈福”,日记为“用以禳福”;“旦明斋遫”日记中为“祈天齐遫”(详见日记第 1031 页)。

初元,海内无事。怡怡十老,讲道论治。惟兹性真,万途一源。虽十其形,不二其言。良工写图,须眉甚古。白鹤青松,若喜若舞。十老之心,充于六虚。下极无竟,上通帝枢。沧江倒流,百族波靡。图失复归,阁亦重峙。敬告邑子,式是前贤。新阁不朽,斯图永传。

《瓶庐诗稿》卷一

徐月槎挽诗* 代五兄作

同治十二年十一月十九日(1874年1月7日)

阴德由来不近名,况兼才气极纵横。力持公论群疑剖,散尽私财善举成。华发人呼乡祭酒,皈心日礼古先生。溘然一逝无多嘱,早有文坛雏凤鸣。

廿年踪迹似萍蓬,投老相逢里巷中。辩口未输当日健,酡颜还较昔时红。烹羊刚赴高斋约,赋鹏俄惊客座空。短景寒冰正凄恻,那堪邻笛倚西风。

《瓶庐诗稿》卷一

昨游灵岩,风雨寻韩蕲王墓碑,归写一图并题其后**

同治十三年正月十九日(1874年3月7日)

山鸟不啼,野花如睡。洒泪扪碑,何人理会。

《瓶庐诗稿》卷一

---

* 时间系据翁同龢同治十二年十一月十九日日记。

** 时间系据翁同龢同治十三年正月日记。韩蕲王即宋代名将韩世忠。韩氏晚年居苏州,死后追封蕲王。灵岩即今苏州灵岩山。

次韵赠吴雅庭先生锡渫*

同治十三年三月十九日(1874 年 5 月 4 日)

蓬藋荒扉日暮投,江村无事系扁舟。人来尽问侯芭子,老去翻持卜式筹。有子声名期幼凤,寓公身世等浮鸥。莫邪城畔烟波冷,犹喜虹光照海陬。

《瓶庐诗稿》卷一

赠吴儒卿鸿纶** 时余将入都

同治十三年三月(1874 年 4 月)

故人惜远别,索我一幅书。我书虽不工,点画颇有馀。重是故人意,抽毫复踌躇。墨池忽放光,照我眉与须。天地久衰飒,傫容亦瞿瞿。嗟我四十五,白发已萧疏。却更三数年,岂不委壑渠。恐伤故人心,对书长欷歔。还君白雪笺,郑重当何如。

我衰不足陈,子老亦可唁。颓然一聋翁,颜色为我变。劝我及秋行,要得数相见。呜呼游子心,一日几回旋。装我箧中书,书断不成卷。捡我箧中衣,衣绽谁与线?日月固有时,哀哉亦慨然。平生轻别离,有泪常默咽。惟有告墓辞,百灵共凄恋。

《瓶庐诗稿》卷一

---

* 时间系参考翁同龢同治十三年四月日记所记活动内容记载。吴氏,江苏太仓人,翁同龢所聘家庭教师。

** 时间系据翁同龢同治十三年四月日记。

为姚湘渔题《白云图》，敬次先公原题韵* 时将北行

同治十三年四月初二日（1874年5月17日）

子出当夕归，亲心一日思。亲今舍子去，思子安有期。呜呼天地恩，乃与岁月驰。诚薄感召浅，梦寐岂见之。伊昔侍御君，邦人夙所仪。作图寄哀慕，实与令名贻。可怜城南居，绿苔凄空闱。惟余白发弟，考槃犹在兹。卅年一弹指，死丧亦孔威。相逢共汍澜，繄岂朋友私。示我白云图，不忍缀一辞。白云在何处，已矣鲜民悲。

墓庐对空山，惨戚何所思。却憾墓下人，苦问行役期。孱躯近多难，焉能任驱驰。庶几守一壑，日夕惟縈之。青松不成影，杂树未有仪。手书三千字，永作先公遗。以墓下事付兄子。思我先君子，弃官奉慈闱，麻鞋积血重，跰始卜宅兹。中更丧乱苦，颇遭兵燹威。风雪护高冢，山神赫无私，野花与啼鸟，怜我别墓辞，别墓无可书，思亲无穷悲。

《瓶庐诗稿》卷一

常州道中用东坡元日宿丹阳韵寄恽畹香**

同治十三年四月十八日（1874年6月2日）

十年结契重朱陈，倾盖河梁觌面新。数语便倾湖海气，一杯且

---

* 时间系据《瓶庐诗稿》卷一原诗所注时间。

** 恽畹香，字兰生，江苏吴江人，官至常镇兵备道。时间系据翁同龢同治十三年四月十八日日记载。日记有“恽畹香以扇索书，题一诗还之，即交丹阳航船去”。

泛洞庭春。君如老鹤犹能舞，我叹枯鱼已不辰。独恨过江风太急，会稽誓墓又何人。

《瓶庐诗稿》卷一

菊影* 奉敕作

同治十三年九月十二日（1874 年 10 月 21 日）

底事繁花锦绣稠，一枝瘦影倍清幽。无言更觉秋容淡，有韵还疑露气浮。细瓣扶疏灯下出，重台秾艳镜中留。孤芳晚节真高逸，端合良金写象求。

《瓶庐诗稿》卷一

送吉卿侄之官浙江**

同治十三年十月初三日（1874 年 11 月 11 日）

送汝江南去，悄然思昔游。夜灯读书馆，秋榻见山楼。仙李[①]根何在，侄与余皆从李师游，师久下世，今无后。青桐花已休。谓绂卿侄，《桐花馆》其集名也。惟馀闲竹石，犹有旧风流。

十载依亲舍，三升珥帝庭。国恩询魏笏，家学重韦经。班马同时发，兄莅楚任，侄独南行。征鸿各自听。莫言违定省，江暖好扬舲。

《瓶庐诗稿》卷一

---

* 时间系据翁同龢同治十三年九月十二日日记记载。

** 时间系据翁同龢同治十三年十月初三日日记记载。吉卿即翁曾纯。

① 李惺园，字元瑛，岁贡生，常熟人，翁同龢的启蒙老师。

杨协卿母夫人寿诗*

同治十三年十月初八日(1874年11月16日)

郧侯里第旧书仓,谓致堂年丈。玉镜珠闱尽弆藏。四海竞称杨氏本,一家不载越中装。即今史笔传家学,行见孙枝播国香。愧我往还频倚棹,未遑亲拜绛纱堂。

织具毡衣用意新,傥纡金印定名臣。深慈久已孚三郧,馀力犹能活万人。鹤发松身千佛颂,帝乡臣里一时春。时恭遇慈宁宫庆节。悬知九秩称觥日,定有恩言下玉宸。

《瓶庐诗稿》卷一

题潘伯寅《万柳堂补柳图》**

同治十三年十月初十日(1874年11月18日)

平桥流水古城隅,廉相园林迹已芜。不信此堂真万柳,且看我辈第三图。朱野云有《访柳》、《补柳》二图。朱陈修禊频来往,翁阮题诗今有无。最忆萧山觞客处,短辕轻杖路人扶。己酉春夏,屡陪汤文端公①游宴于此。

长条斫后换新枝,要插樊篱好护持。万事尽如栽柳法,一官难得看花时。君方左降,再入翰林。琴樽小集人还健,裘帽来游我已迟。

---

* 时间系据翁同龢同治十三年十月初八日日记所记活动内容推定。是日日记有"作杨协卿母夫人寿诗"记载。

** 时间系据《瓶庐诗稿》卷一原诗所注时间。另《翁同龢日记》是日有"题伯寅《万柳堂补柳图》,作诗两首"记载。

① 指汤金钊。

不用张罗先沉醉，问谁能解郑盦①诗。

《瓶庐诗稿》卷一

宁寿宫赐宴恭纪，次潘侍郎韵*

同治十三年十月十一日（1874 年 11 月 19 日）

未央东畔景云台，天子亲扶玉辇来。口敕乍宣丞相入，于阶前召对枢臣。牙签未许舍人催。清歌妙舞同民乐，火树银光遍地开。独有臣门恩最渥，联裾分得御香回。臣兄同爵同时入坐。

《瓶庐诗稿》卷一

题徐荫轩前辈桐松风水月小照**

同治十三年十月（1874 年 11 月）

朝衫只作衲衣看，静里浑忘宇宙宽。贾傅文章长叹息，庞公儿女大团栾。卖田施药真廉吏，退直钞书好长官。敛尽神锋全不用，果然人世有龙鸾。

一笑前言恐未真，朝朝紫陌辗香尘。可怜弄月吟风客，还作拖泥带水人。同异两忘须正觉，君最爱"同不诡俗，异不伤骨"二语。荣枯遍历亦前因。仙书题榜非无意，斋中"清风明月"四大字，仙人所贻也。要使清时早乞身。

《瓶庐诗稿》卷一

---

① 潘祖荫，字郑盦。

* 时间系据翁同龢同治十三年十月十一日日记记载。日记有"和伯寅听戏恭纪诗七律"句。

** 时间系照《瓶庐诗稿》卷一该诗原注时间。

《金城图》广绍彭总宪寿①属题

同治十三年十一月初五日(1874年12月13日)

康熙丙子，高邮被水，州牧金君昼夜御水，城得以完，一时题者皆名人。

南台使星照东井，十日句留侍禁省。总宪方奉使入蜀。临行示我一丈图，中有波涛声万顷。作图者谁金大夫，筑城捍水忘其躯。吏民并命蛟龙避，仪观长留名字无。康熙初元河患始，銮辂巡方亲莅止。微禹畴成万世功，当尧亦有频年水。是时治河推靳公②，中河创论才力雄。惜哉高堰东西决，竟使淮流南北通。淮流本有淘沙力，争奈黄流日相逼。藉使重堤果筑完，谁云清口无淤塞。丙子乃三十六年，靳公之没久矣，此不过推本言之耳。一从倒塘挽运艰，洪湖吞吐荆涂山。并将三十六陂水，蓄入淮扬徐府间。近来群公习河事，曾马张丁③互咨议。三策平生笑腐儒，一言深契钦贤吏。余尝过马端敏公于宝应湖畔，公言治黄必先导淮。嗟余屡蹑过江舟，独客难为借箸筹。闲吟甓社堤边月，冷啸淮阴市上秋。披图不觉惊心魄，况有遗诗珍手泽。西舫凄凉池馆荒，北邙召递云山隔。卷有先公题诗，辛卯作于澄怀直庐。南台直节古名卿，郑重题诗为赠行。风尘才俊知多少，要使輶轩达姓名。

《瓶庐诗稿》卷一

---

① 时间系据翁同龢同治十三年十一月初五日记。广寿，字绍彭，时为弘德殿书房谙达。是日日记有“题绍彭所藏《金城图》”句。

② 即靳辅。

③ 即曾国藩、马新贻、张曜、丁宝桢。

和伯寅旒字韵*

同治十三年(1874年)

玉几惊承被冕旒，千艰万厄一时休。微躯甘作兰亭殉，清血徒凭杜宇流。馈奠已更犹似梦，上书无术敢言愁。麻鞋风雪桥山路，早有神光烛帝丘。时奉命相度山陵。

《瓶庐诗稿》卷一

次韵郑盦**

同治十三年(1874年)

上阳宫里白头人，眼见宫花日日新。野老不知天宝事，错疑宫怨是伤春。

回首觚棱咫尺天，每闻钟鼓一潸然。可怜香案持书吏，已似阊门解缆船。

《瓶庐诗稿》卷一

齐集南书房，见盆梅一枝红白杂花，伯寅曰“向来白花也”，有诗纪之，次韵***

同治十三年十二月十三日(1875年1月20日)

琐窗北望殿帷缁，秉笔词臣痛不支。绝笔俄惊秋影句，今年九月

---

* 时间系据《瓶庐诗稿》卷一中所注时间。

** 时间系据《瓶庐诗稿》卷一原注时间。

*** 时间系据翁同龢同治十三年十二月十三日日记记载。日记有“和伯寅‘盆梅变红’一诗，盖寓言也。”

被召赋《菊影》。残魂忍对岁寒姿。缟衣偶尔来三宿,血泪无端集一枝。怜尔孤根太枯槁,问谁还向玉阶移。

《瓶庐诗稿》卷一

再和伯寅盆梅变红韵*

同治十三年十二月十三日(1875年1月20日)

有何心绪赋梅花,棐几瓷盆一叹嗟。凡卉尚知根有血,浮生敢惜鬓成华。忽惊绣葆参仙袂,已误金丹作玉砂。千古咏花无此例,白衣来过卖浆家。伯寅斋居借东华门酒店。

《瓶庐诗稿》卷一

夏甸早发**

光绪元年正月十三日(1875年2月18日)

烽火频年少府虚,汉廷将作竟何如。南山斮絮寻常语,或者名卿已上书。

黯黯春寒逼短檠,破窗孤坐有馀清。马奚走卒休嘲笑,此是江东老步兵。

雄文敢与韩碑抗,小说犹传杂俎奇。毕竟段家人物盛,我来山居卸牛时。

《瓶庐诗稿》卷二

---

* 时间系据翁同龢同治十三年十二月十三日日记。

** 夏甸又写夏店。此处时间系据翁同龢光绪元年正月十三日日记记载。

邦均野寺*

光绪元年正月十四日（1875年2月19日）

严程方惨戚，小憩得幽闲。牧马古荒垒，寺后有弘治□年碣刻，曰“草场北至……”。盘龙大隐山。卖花供佛笑，凿石悯僧顽。扑尽一襟土，犹馀血泪斑。

《瓶庐诗稿》卷二

野寺盆梅盛开，凄然有作，次伯寅韵**

光绪元年正月十四日（1875年2月19日）

此是江南第一花，相逢野寺漫长嗟。未成六祖菩提树，浪说仙人萼绿华。铁骨已经磨岁月，玉颜终恐涴尘沙。东坡廿首多谐隐，岂忆孤山处士家。

《瓶庐诗稿》卷二

次韵醇邸见简

光绪元年正月十五日（1875年2月20日）

风物已全移，春归信有期。食贫因放鹤，避谤每删诗。至道能容直，深谈为济时。霜毛已萧瑟，何事赏权奇。

《瓶庐诗稿》卷二

---

* 时间系据翁同龢光绪元年正月十四日日记记载。

** 时间系据翁同龢光绪元年正月十四日日记记载。

奉诏相度山陵，至马兰峪，和诒晋斋雪猎旧韵，应醇邸教*

光绪元年正月十八日（1875 年 2 月 23 日）

风雪四山迷，桥陵万木低。神光腾玉顶，名山。天意护金泥。父老馀嗟痛，孤臣自惨凄。麻鞋重趼血，奚恤逐轮蹄。

《瓶庐诗稿》卷二

次韵東魁华峰总宪**

光绪元年正月十八日（1875 年 2 月 23 日）

萧条灯火岁华催，无复心情托酒杯。苦语慰君雏凤去，君去岁失子。好诗迟我续貂来。虚襟自养和平福，真鉴能收干济才。甲戌典春官试。倘欲三茅寻旧约，愿携筇屐强跻陪。东南有茅山，其道士号紫霞者与君习。

《瓶庐诗稿》卷二

次简荣仲华侍郎***

光绪元年正月十八日（1875 年 2 月 23 日）

十指如流羽檄催，将军潇洒自衔杯。独承父祖忠贞石，尽揽东南秀气来。

---

* 时间系据翁同龢光绪元年正月十八日日记记载。

** 时间系据翁同龢光绪元年正月十八日日记。

*** 时间系据翁同龢光绪元年正月十八日日记。

一语见心真国士，六朝天地展奇才。白头藁笔吾衰甚，惆怅行轺得暂陪。

《瓶庐诗稿》卷二

次韵奉题醇邸守默庵*

光绪元年正月十九日（1875 年 2 月 24 日）

松竹影交迷，团焦不厌低。商量栽树法，检点莳花泥。山月窥窗白，霜风入户凄。简园邸自题园名。真太简，久矣弃筌蹄。

《瓶庐诗稿》卷二

次韵醇邸度地双山峪**

光绪元年正月十九日（1875 年 2 月 24 日）

太行勃碣隔千程，中有云峰次第生。王气远从龙背下，苍龙背在昌瑞山后。灵山久锡凤台名。六陵端拱阴阳会，双峪分趋局势平。最是众流交汇处，缨岩带壑一溪明。

《瓶庐诗稿》卷二

由双山峪策骑遍历长梁子侯家山***

光绪元年正月十九日（1875 年 2 月 24 日）

玉骢缓鞚趁归程，但觉衣云冉冉生。碍路低枝如有意，避人啼

---

* 时间系据翁同龢光绪元年正月十九日日记。

** 时间系据翁同龢光绪元年正月十九日日记。

*** 时间系据翁同龢光绪元年正月十九日日记。

鸟不知名。眼光到处山俱活,胸次宽时石亦平。愿得古书相讲析,郭经卜赋未分明。堪舆家言多立同异,惟取象于易者得阴阳之原。

《瓶庐诗稿》卷二

再往成子峪阅视志线丈尺*

光绪元年正月十九日(1875 年 2 月 24 日)

王事驰征信有程,疏慵自愧老儒生。三年久已甘樵牧,再至犹劳问姓名。守吏有询余名字者。醉后短筇殊觉健,病馀诗笔亦嫌平。昨宵凄绝钧天梦,倘有金镳刮目看。梦在讲帷之侧,醒而大恸。

《瓶庐诗稿》卷二

次韵月夜登马兰峪城**

光绪元年正月二十日(1875 年 2 月 25 日)

荒草戍楼迷,山城粉堞低。壮哉万家县,蕞尔一丸泥。古铁经沙蚀,征裘怯露凄。何当筑驰道,直下试轻蹄。城无马路,故云。

《瓶庐诗稿》卷二

正月二十日皇上御极,天象昭融,恭纪一律***

光绪元年正月二十日(1875 年 2 月 25 日)

旭日初腾晓漏催,山呼遥献万年杯。虹光合纪尧门瑞,日角曾

---

* 时间系据翁同龢光绪元年正月十九日日记。

** 时间系据翁同龢光绪元年正月二十日日记。

*** 时间依该诗诗题所标时间。

瞻代邸来。二圣忧勤求上理,一时康济赖群才。周南留滞臣心慰,敢羡鹓鸾接翼陪。

《瓶庐诗稿》卷二

次韵醇邸和作*

光绪元年正月二十日(1875 年 2 月 25 日)

驺骑传呼仆隶催,新篇捧到客停杯。果然大吕黄钟奏,压倒唐贤宋杰来。悱恻动人皆至性,陶熔无迹是诗才。白头旧吏惭何用,一一齐竽许滥陪。

《瓶庐诗稿》卷二

行松林中,凄然有丘垄之感,归述是诗**

光绪元年正月二十日(1875 年 2 月 25 日)

一恸孤儿百病催,忍持阿母手中杯。漆园早悟无何有,彭泽终思归去来。手种松杉皆血泪,老依丘垄本庸才。年年寒食天涯路,麦饭椒浆若个陪。

《瓶庐诗稿》卷二

奉和醇邸简园小坐***

光绪元年正月二十日(1875 年 2 月 25 日)

澜翻浪激百篇催,惭愧坳堂水一杯。满幅烟云题字湿,漫山松

---

* 时间系据翁同龢光绪元年正月二十日日记。

** 时间据翁同龢光绪元年正月二十日日记。

*** 时间系据翁同龢光绪元年正月二十日日记。

栝送诗来。遗弓同抱人天痛，是日殡殿颁遗念。听鼓犹思将帅才。极目渝关青不断，六边形势帝京陪。示诗有“对山能起筹边志”之语。

《瓶庐诗稿》卷二

华峰示诗，次韵奉答*

光绪元年正月二十一日（1875 年 2 月 26 日）

诗律精严味道充，斫轮端让老宗工。伤心屡奉山陵使，定陵工程，君在事最久，今奉命相度吉壤。大度能容宰相风。御史大夫，汉之副相。旧事凄凉悲石马，频年来往类宾鸿。谁知缓带轻裘客，治剧能收第一功。君任热河都统，时盗风顿戢。

《瓶庐诗稿》卷二

华峰将有梦熊之占，诗以颂之**

光绪元年正月二十一日（1875 年 2 月 26 日）

门闾喜气一时充，好语非徒颂祷工。自古晚成多国器，本来清德是家风。雄谈快听辽东鹤，昨谈奉使高丽事。佳讯应传塞上鸿。我与虎儿镌小印，它年翰墨奏奇功。

《瓶庐诗稿》卷二

---

* 时间系据翁同龢光绪元年正月二十一日日记。

** 时间系据翁同龢光绪元年正月二十一日日记。

次韵龙攫树*

光绪元年正月二十一日(1875 年 2 月 26 日)

豫章挺秀中规程,铁干轮囷拔地生。一震遂成孤立势,十围空被散材名。即今蜕骨根犹活,毕竟攀髯憾未平。且与削为高士枕,自吟风雨到天明。雷击木制符,可坠蜚鸟,又以制枕,当遇神仙。

《瓶庐诗稿》卷二

再和

光绪元年正月二十一日(1875 年 2 月 26 日)

日驭才纡顷刻程,风雷顿自四山生。神功一击原无意,古木千年竟成名。震荡馀威崖石裂,护持元气阵云平。小诗赋物应多味,更有朱符照夜明。许斫木为符分赠。

《瓶庐诗稿》卷二

次韵醇邸留别简园**

光绪元年正月二十三日(1875 年 2 月 28 日)

征辖已驾仆夫催,且酌村醪尽一杯。盘谷未容招隐去,简园何日看花来。轻阴酿雪如留客,飞鸟依人解爱才。安得此身成石马,

---

* 时间系据翁同龢光绪元年正月二十一日日记。

** 时间系据翁同龢光绪元年正月二十三日日记。

隧门松槚永相陪。

《瓶庐诗稿》卷二

濒行复次前韵奉答*

光绪元年正月二十三日(1875年2月28日)

薄雪凄风街鼓吹,摩挲神剑引深杯。案有雷木剑。虚衷每溯师承切,俭德亲聆圣训来。述上书房旧事,因敬诵宣庙晚年忧勤恭俭之德,闻者悚然,至于流涕。坐觉清谈皆故实,即论馀事亦雄才。夜分欲和琼瑶什,惆怅真无健笔陪。

贾生憔悴百忧催,董子辛勤著玉杯。人物不居三代下,本原多至六经来。即今流俗空疏学,岂有文章著作才。奖借过情徒悚息,通儒末席未容陪。

《瓶庐诗稿》卷二

积雪发马兰峪**

光绪元年正月二十三日(1875年2月28日)

黄竹歌残八骏催,瑶池忽举夜光杯。滔滔银海排空立,片片仙云下岭来。幻作万花皆妙相,铸成一镜大奇才。赋诗破尽欧苏体,白战犹能赤手陪。

《瓶庐诗稿》卷二

---

* 时间系据翁同龢光绪元年正月二十三日日记。

** 时间系据翁同龢光绪元年正月二十三日日记。

次韵山亭小坐*

光绪元年正月二十四日(1875年3月1日)

严城钟鼓晚频催,落日登临一举杯。独树静依僧舍古,万山浓拱帝丘来。长卿敢说凌云气,梁苑羞称赋雪才。明日早晴还小猎,皂旗青盖共追陪。

《瓶庐诗稿》卷二

午次马仲桥土室,醇邸送诗走笔奉和**

光绪元年正月二十五日(1875年3月2日)

车铃摇梦客程催,御冷聊呼浊酒杯。一骑送诗残雪里,双扉如墨朵云来。古怀悲壮真超俗,细律精严不露才。薄暮蓟州城外路,幅巾芒屩倘追陪。

《瓶庐诗稿》卷二

次韵醇邸兴隆口雪后马上作***

光绪元年正月二十五日(1875年3月2日)

灵山未欲显奇观,一夜飞花路渺漫。原诗语意如此。白战破空千古妙,缟衣洒泪万人看。天留乔木非无意,世有焦桐莫再弹。便拟

---

* 时间系据翁同龢光绪元年正月二十四日日记。

** 时间系据翁同龢光绪元年正月二十五日日记。

*** 时间系据翁同龢光绪元年正月二十五日日记。

乞身湖海去，墓田丙舍久荒寒。

《瓶庐诗稿》卷二

旅舍题壁*

光绪元年正月二十五日（1875 年 3 月 2 日）

百代光阴作是观，浮生只觉路漫漫。未须俗眼笼纱宠，倘遇知心秉烛看。有客不妨杯共举，无家何事铗频弹。燎衣向火吾方适，多少行人正苦寒。

《瓶庐诗稿》卷二

夜次邦均，知醇邸待于蓟州，次韵奉简**

光绪元年正月二十五日（1875 年 3 月 2 日）

莫将一语信旁观，咫尺能教隔渺漫。野老不知龙节贵，路人只觅马蹄看。山程联辔成虚约，世局如棋每误弹。遥想渔阳高馆里，灯花落尽酒杯寒。

《瓶庐诗稿》卷二

盘山行宫为宣庙三十年中所未至，敬纪是诗***

光绪元年正月二十五日（1875 年 3 月 2 日）

先皇俭德屏游观，行殿荒芜跸路漫。夙志愿同天下乐，诒谋留

* 时间系据翁同龢光绪元年正月二十五日日记。

** 时间系据翁同龢光绪元年正月二十五日日记。

*** 时间系据翁同龢光绪元年正月二十五日日记。

与后人看。花迎玉辇何曾笑，松入薰琴总未弹。山庄最多。我似白头老宫监，每谈遗事不胜寒。

《瓶庐诗稿》卷二

登盘山*

光绪元年正月二十五日(1875 年 3 月 2 日)

松是奇踪石大观，松容石气两迷漫。人言云海黄山胜，我作天平邓尉看。天平山万山皆立。蜕甲虬龙随地活，应声琴筑一时弹。狂游不觉衣裘薄，来趁长风雪后寒。

《瓶庐诗稿》卷二

云罩寺**

光绪元年正月二十五日(1875 年 3 月 2 日)

小憩偷闲半日程，骛奇轻险是平生。低颜莫问幽人宅，近人李季云隐居山麓。绝顶聊题漫士名。十八盘中仙骨瘦，三千年后佛牙平。寺有石晋时佛牙。唐碑辽碣寻常有，可惜图经未著明。

《瓶庐诗稿》卷二

---

* 时间系据翁同龢光绪元年正月二十五日日记

** 时间系据翁同龢光绪元年正月二十五日日记。

邦均旅舍和留诗韵*

光绪元年正月二十五日(1875年3月2日)

探幽未免恣奇观,忘却前宵雪淼漫。便道寻山原不禁,好诗留别要重看。歧途一误成参错,高曲频赓互叩弹。领略爱奇言外意,再来游客慎冲寒。

《瓶庐诗稿》卷二

和还字韵四首**

光绪元年正月二十六日(1875年3月3日)

落日少林寺,山僧催客还。送诗军吏喜,洗砚仆夫闲。合眼梦仍续,呕心句已删。回环十年事,枕泪自潺潺。

风驭渺仙山,崦嵫日不还。无巢乌夜泣,失路马长闲。铅椠残年送,柧棱旧事删。空阶雪销后,犹认漏声潺。

南徼何事多,西师尚未还。问天千语壮,许国一身闲。朝报和诗读,官书当例删。《蓟州志》:盘胜、盘刹二门最繁冗。门前呜咽水,底事响潺潺。

西望更无山,平原振策还。倦游知疾减,高卧得诗闲。意得天真惬,情长礼数删。朱门有成例,同听雨潺潺。诒晋斋主人每与文士宴集听雨屋,其藏书处也。

《瓶庐诗稿》卷二

---

* 时间系据翁同龢光绪元年正月二十五日日记。

** 时间系据翁同龢光绪元年正月二十六日日记。

途次口占和韵*

光绪元年正月二十六日(1875年3月3日)

邦均形势路交驰,东瞰渝关旭日曦。有路赴山海关。今日草场成佛地,也鸣钟鼓掣旌旗。邦均镇外小寺后有石碣,盖明时草场。

错河桥下碧连空,都在沟洳荡漾中。莫泥水经旧时注,任他流过泱城东。沟洳旧说不一,近人有以英城证泱城者,未敢信也。

《瓶庐诗稿》卷二

由土道入东便门,送诗者久候于定福庄,次韵奉答**

光绪元年正月二十六日(1875年3月3日)

驿程频驻马,传语托飞禽。野鹿寻无迹,春云复有阴。只宜侪应阮,岂合比高岑。腹痛回车处,谁知念旧心。有吊文忠毅墓诗。

《瓶庐诗稿》卷二

次韵醇邸示诗***

光绪元年正月二十六日(1875年3月3日)

真极汪洋浩渺观,一蠡难测海弥漫。谁知东阁新诗句,尚作西

---

* 时间系据翁同龢光绪元年正月二十六日日记。

** 时间系据翁同龢光绪元年正月二十六日日记。

*** 时间系据翁同龢光绪元年正月二十六日日记。

清旧侣看。彩笔已枯无复梦，孤琴虽和不成弹。愿将吐握殷勤意，搜尽人间白屋寒。

《瓶庐诗稿》卷二

定福庄*

光绪元年正月二十六日(1875年3月3日)

春气已萋迷，春风拂面低。荡开松顶雪，吹活草心泥。天地终来复，河山太怆凄。城西有驰道，闲却玉花蹄。

《瓶庐诗稿》卷二

窦店题壁，用己未使还韵**

光绪元年二月初一日(1875年3月8日)

十七年来事，回环思若何。几番营兆域，一恸别銮坡。身世吾无恋，君亲念尚多。馀生宿孤馆，血泪已成河。

《瓶庐诗稿》卷二

次韵度卢沟***

光绪元年二月初一日(1875年3月8日)

再入都门百病侵，眼明又到水云浔。流澌未解分清浊，晓月无

* 时间系据翁同龢光绪元年正月二十六日日记。

** 时间系据翁同龢光绪元年二月初一日日记。

*** 时间系据翁同龢光绪元年二月初一日日记。

端别古今。翠盖云旓浑似梦，诗篇酒盏亦何心。垂杨自有千行泪，漫作飞花点客襟。

《瓶庐诗稿》卷二

次韵望大房山*

光绪元年二月初一日（1875 年 3 月 8 日）

云台峰下菊花天，往事凄凉十七年。琴破已成三世梦，鹤飞难结再来缘。尝访云鹤道人于云台峰。法华洞古遗经秘，小西天有隋人写经。宰木封高秩祀延，金代园陵皆在山麓。最是好山忘不得，道人勤护伏龙泉。

《瓶庐诗稿》卷二

次韵涿鹿怀古**

光绪元年二月初四日（1875 年 3 月 11 日）

阪泉一役帝功成，千古传疑鲜定评。战且学仙书有闲，弱而能语圣兼明。未闻东极摧铜柱，或者南车肇玉衡。且向灵皋一长啸，搢绅久已莫能名。

《瓶庐诗稿》卷二

* 时间系据翁同龢光绪元年二月初一日日记。

** 时间系据翁同龢光绪元年二月初四日日记。

次韵保清寺

光绪元年二月初四日（1875 年 3 月 11 日）

禅门欲叩竟无因，举世滔滔孰问津。寺在涿州南门外。安得慈悲智慧佛，化为百万亿千身。敦煌未息长征卒，淮海犹多荡析人。试向药师来问讯，可能世界等微尘。

《瓶庐诗稿》卷二

次韵桓侯故里*

光绪元年二月初四日（1875 年 3 月 11 日）

古木森梢碧殿倾，行人尚避故侯名。神旗入户群鸦噪，铁槊当年万马惊。井里漫传屠坦迹，山川不受锦衣荣。楼桑一例皆芜没，涿水东流空复情。

《瓶庐诗稿》卷二

次韵易州道中**

光绪元年二月初四日（1875 年 3 月 11 日）

五回山色似相招，二易回环去路遥。地近神皋春气早，人多奇杰酒杯骄。试看来往诗千首，谁写荒寒水一条。七字果然推绝唱，

* 时间系据翁同龢光绪元年二月初四日日记。

** 时间系据翁同龢光绪元年二月初四日日记。

至今风力尚萧萧。原诗中语。

《瓶庐诗稿》卷二

次韵荆轲山*

光绪元年二月初四日(1875年3月11日)

燕都南北三千里,况有屏藩赵在前。既得客卿精剑术,故应上将属兵权。一时决策皆成错,数语登车绝可怜。衍水竟诛辽蓟拔,诸臣何以塞前衍。

一语应为客解嘲,酒人燕市本无聊。白衣祖道谋先泄,翠袖当歌气已消。骏马不留千里骨,虎狼终辍九宾朝。博浪狙击终何用,底事无人议圯桥。

《瓶庐诗稿》卷二

次韵醇邸梁格庄行宫志哀诗二首**

光绪元年二月初四日(1875年3月11日)

下马重瞻宝相楼,长号难释古今愁。频呼宫监除蒿蔚,亲与祠官补椟楸。日月不居成永慕,君亲无忝即嘉谋。独怜馈奠循常式,未抵田家麦饭俦。

依然王粲赋登楼,不独张衡咏四愁。哑哑啼乌辞故树,垂垂病马踏长楸。叫天空有重霄恋,誓墓曾无一壑谋。默数鬓丝长叹息,

* 时间系据翁同龢光绪元年二月初四日日记

** 时间系据翁同龢光绪元年二月初四日日记。

鸡鸣风雨若为俦。

《瓶庐诗稿》卷二

次韵醇邸登华盖山志感*

光绪元年二月初四日(1875 年 3 月 11 日)

新诗弥和亦弥高,况有心情陟岵劳。列圣陵前初伏谒,万山顶上一号咷。草经宿露方含泪,松入悲风强作涛。昨岁巡行曾夹辇,弱龄娱侍忆斟醪。诗注言七岁即随驾西谒。韶华往矣真如梦,山色依然静不嚣。妙语每从超旷得,登临终是性情豪。奇花佳果频频赐,险韵长篇字字牢。顾我九能无一可,自磨残墨点枯毫。

《瓶庐诗稿》卷二

次韵醇邸登山纪事**

光绪元年二月初四日(1875 年 3 月 11 日)

一声清响鹤鸣皋,再驾还同策六鳌。华盖本非凡境拟,雄篇始显此山高。每当绝险攀萝葛,不觉悲吟感蔚蒿。野老猜疑樵子笑,前驱奔走从官劳。忍饥挥手宽还恕,小坐科头健更豪。渺矣坡仙诗兴远,陋哉庄叟足音逃。胜游未免贪奇奥,深意原知戒怠敖。更愿贤王珍玉体,我诗岂等郁轮袍。

《瓶庐诗稿》卷二

---

* 时间系据翁同龢光绪元年二月初四日日记。

** 时间系据翁同龢光绪元年二月初四日日记。

和诗肫挚次韵再答*

光绪元年二月初四日(1875 年 3 月 11 日)

风马云车下九皋,恍疑剑佩侍金鳌。孤忠莫罄臣心苦,清梦还依帝座高。危坐观空闻梵呗,端居深念掩蓬蒿。偶然发兴来乘险,亦使登临藉习劳。岂谓溯将韦佩意,来诗述朱文端相国①书斋规切之语。顿教敛尽笔锋豪。古来贤杰无成见,不似拘墟有托逃。举足必严宗乐正,竦身高步笑卢敖。和诗蹇涩知荒落,立马门前愧白袍。

《瓶庐诗稿》卷二

述旧事再叠前韵**

光绪元年二月初四日(1875 年 3 月 11 日)

九龙山下旧神皋,曾见连车引石鳌。伐鼓晓催村舍起,种松春傍隧门高。乙卯、丙辰间,先公督役山中,龢尝侍矣。天家岁月更蓂荚,臣里风霜感薤蒿。一恸残魂嗟已断,重来王事敢言劳。观河自觉容颜改,闭户休矜膂力豪。耿耿旦明期不负,纷纷杨墨岂容逃。幸陪末席频赓续,得以诗篇成戏敖。同话承平廿年事,那禁血泪洒青袍。

《瓶庐诗稿》卷二

---

* 时间系据翁同龢光绪元年二月初四日日记。

① 朱凤标,字建霞,号桐轩。浙江钱塘(今杭州市)人。官至大学士。

** 时间系据翁同龢光绪元年二月初四日日记。

次韵僧房对雨*

光绪元年二月初四日(1875 年 3 月 11 日)

梦闻淅沥起来看,土锉绳床未觉寒。元气要培春梦足,尖风莫作雪花团。野含润色山逾秀,诗入愁肠语带酸。明日李家沟畔路,不辞泥滑马蹄难。

《瓶庐诗稿》卷二

度地过大红门前敬赋**

光绪元年二月初五日(1875 年 3 月 12 日)

昆仑西来开岳莲,千枝万叶相络缠。恒山实据太行背,铁色铸出上古天。遂从八陉向东走,泰宁一岭当其前。烟云秀空白日丽,化作削碧芙蓉妍。天开地阖孕奇实,一花一萼皆神仙。圣清有道越前古,景运肇造亿万年。东西两陵夹畿辅,俨列昭穆别后先。唐园汉寝不足道,即论周毕亦已偏。呜呼宪皇御寰宇,纲纪画一法令专。珠丘始卜于此奠,至今松栝风森然。重熙累洽逮三叶,慕陵之慕万世传。卑宫菲食数十载,规制贬损隧与埏。伟哉遗谕四条在,匪惜内府千金钱。山川静深天地闷,小臣有泪空而涟。抠衣下马不敢拜,但闻万木号春鹃。圣人诒谋远且大,薄海士庶心骨镌。春阴漠漠正横野,百泉吐溜鸣涓涓。白衣联骑满山谷,溯量皇涧卜洛

* 时间系据翁同龢光绪元年二月初四日日记。

** 时间系据翁同龢光绪元年二月初五日日记。

瀍。阴阳和会古有训，杨曾俗学吾疑焉。归来烧烛与客语，胸次有物如咽噴。夜分起坐自长叹，遂洒残墨竟一笺。草堂初暖山气静，耿耿星斗南天悬。

《瓶庐诗稿》卷二

次韵红崖山度地*

光绪元年二月初九日（1875 年 3 月 16 日）

一笺写出碧宠炊，诗意还如画意工。论事真无人我见，谈山妙在抑扬中。郊原朊朊龙鳞叠，城郭重重马首雄。西北一峰曰“马头”，殊突兀。毕竟前贤有深识，五公秀色远浮空。

《瓶庐诗稿》卷二

归自九龙峪叠皋字韵**

光绪元年二月初十日（1875 年 3 月 17 日）

重峦复涧得平皋，形势真同冠巨鳌。九曲远穿奇岭狭，一峰秀起寿星高。奇岭、寿星皆后山。前开驰道金椎树，深养灵源玉节蒿。左右有泉，隆冬不涸，而多碧藻。策马上山原不习，寻龙得路敢辞劳。直登峭壁神先悚，坐揽青云语亦豪。台上凤皇疑可即，一峰四方，曰凤皇台。草间狐兔已先逃。马足所至，骇兽突出。要知职事求毋忝，岂类般游赋以

* 时间系据翁同龢光绪元年二月初九日日记。

** 时间系据翁同龢光绪元年二月初十日日记。

敖。差喜归途雨萧瑟,更无尘土污征袍。

《瓶庐诗稿》卷二

大龙华村在群山中,村北一阜草木独秀,其巅有小庙,俯视官道,车马累累然,仍叠皋字韵*

光绪元年二月初十日(1875 年 3 月 17 日)

蹀躞连翩下玉皋,又来山背踏金鳌。连天但觉千峰秀,拔地休矜一阜高。逼仄悬巢飞蝙蝠,凄凉坏壁翳蓬蒿。两三行字题名古,八十年前卜筑劳。墨书屋壁曰:"乾隆五十六年三月建。"叠石无梁工太拙,班荆列坐兴偏豪。人言香象金鸩力,能使山精木魅逃。博虎我方笑冯妇,埋蛇世或羡孙敖。或言山有怪物。携鞭一啸登车去,叹息村民竞献袍。

《瓶庐诗稿》卷二

五公山在西陵青桩内,雍正年中尝立碣,今居民垦辟尽矣,次醇邸韵**

光绪元年二月初十日(1875 年 3 月 17 日)

山来万马腾,水会众龙止。一动一静间,生气嬗不已。峨峨五公山,下有贤德里。村民读若宪代。土膏蕴万宝,谷硕草亦美。嗟彼蚩蚩民,垦辟何所恃。樵苏既不禁,书碣竟空峙。碣书:"雍正三年六月十三

* 时间系据翁同龢光绪元年二月初十日日记。

** 时间系据翁同龢光绪元年二月初十日日记。

日立。”大哉天地仁，岂惜一山水。我疆不言我，尔田还畀尔。各安耕凿性，永占崖谷里。慎勿听讹言，讹言莠民起。示谕：“不准再开，不复深论。”恐居民生疑也。

《瓶庐诗稿》卷二

次韵保清寺*

光绪元年二月十三日（1875年3月20日）

下马得幽憩，听人谈上方。山名。募松新碣短，尝草古贤忘。旧为药王庙。重阁佛头现，一龛僧骨香。有高僧空月肉身。老师未相识，茶话意何长。

《瓶庐诗稿》卷二

次韵保清寺散步**

光绪元年二月十三日（1875年3月20日）

此是浮屠三宿桑，偶然闲话到斜阳。行人争睹天章焕，方丈室恭悬乾隆五十六年御制诗墨迹。世界无如佛阁凉。已改红墙成塔院，别开碧井灌农场。百年兴废真弹指，底事车轮转客肠。

《瓶庐诗稿》卷二

---

* 时间系据翁同龢光绪元年二月十三日日记。

** 时间系据翁同龢光绪元年二月十三日日记。

次韵清远斋*

光绪元年二月十三日(1875 年 3 月 20 日)

殿角一门启,高斋野色侵。银花初引蔓,翠竹未成荫。马认再来路,燕知孤客心。犹馀旧题墨,青李与来禽。

《瓶庐诗稿》卷二

散步洲渚间,归而得诗**

光绪元年二月十四日(1875 年 3 月 21 日)

我读鹧鸪词,恻恻涕不止。山川浩无穷,我行殊未已。壮夫志四方,岂忍眷乡里。欲求肝鬲吐,不屑声绩美。行年四十六,腰脚安足恃。惟馀倔强性,此骨尚坚持。登高邀明月,鉴影弄沙水。微生付造物,流浪聊复尔。鹧鸪复鹧鸪,终日空山里。莫作凤皇鸣,恐惊世人起。

《瓶庐诗稿》卷二

卢沟旅次,醇邸示诗,次韵奉答***

光绪元年二月十四日(1875 年 3 月 21 日)

悲歌殊未已,默坐念何深。老树将军影,长川逝者心。并示挽都

---

* 时间系据翁同龢光绪元年二月十三日日记。

** 时间系据翁同龢光绪元年二月十四日日记。

*** 时间系据翁同龢光绪元年二月十四日日记。

质夫①诗。馈鱼劳问讯,走马许相寻。亦有鼓鼙感,踌躇梁父吟。

《瓶庐诗稿》卷二

偕荣侍郎步月桥上,次醇邸韵*

光绪元年二月十四日(1875年3月21日)

忆从髫龄到如今,山自岧嶤水自深。可怜卢沟桥上月,一番照我一番心。

芒鞋竹杖两人俱,画着卢沟看月图。数遍栏杆三百柱,不知世上有仙无。

《瓶庐诗稿》卷二

次韵醇邸招游西山别业**

光绪元年二月十七日(1875年3月24日)

别筑幽栖置小窗,入门豪气已全降。百围树色古时碧,十里樵歌新制腔。客路相将陪研席,诗坛何敢敌麾幢。近天咫尺城西路,准拟看花到曲江。

《瓶庐诗稿》卷二

---

① 都兴阿,字质夫,郭贝尔氏,满洲正白旗人,官至西安将军。

* 时间系据翁同龢光绪元年二月十四日日记。

** 时间系据翁同龢光绪元年二月十七日日记。

题白云观刘老人像*

光绪元年三月初二日(1875 年 4 月 7 日)

秋林古观夕阳黄,偶遇仙辎问禁方。举世但知君子馆,故应遗却老人堂。

齯齿梨颜百卌翁,掉头万事付虚空。要知揭地掀天业,都在寻常言语中。

蓬莱日月故迟迟,昨岁奇寒鹤亦疑。留得人间凡草木,伤心几换凤凰枝。

《瓶庐诗稿》卷二

题高丽金秋史画**

光绪元年三月初二日(1875 年 4 月 7 日)

四十年前奉贡差,解衣脱帽摘牙牌。题榜别有伤心赠,海内何人识巽斋。先兄药房得秋史巽斋字,因以为号。

辎迹茫茫廿一州,似闻流落海西头。秋史以罪远谪。啼鹃声里空山雨,亦有湘累感未休。

《瓶庐诗稿》卷二

---

* 时间系据《瓶庐诗稿》卷二所注时间。又,翁同龢光绪元年三月初二日有“题画诗数行”。

** 时间系据《瓶庐诗稿》卷二所注时间。又,翁同龢日记光绪元年三月初二日记载。

题蒋文肃得甲图卷*

光绪元年三月初二日(1875 年 4 月 7 日)

偃仰纵横各自奇,披图索索晚风吹。近来铁甲翻新样,此甲无名空尔为。

姜橙已老菊花黄,日日街头唤卖忙。忽忆潭塘金爪味,不知何处是江乡。吾乡金爪蟹最美。

青桐底事仿青藤,稻熟芦荒见未曾。我是湖田老渔父,惯移短棹看疏灯。

《瓶庐诗稿》卷二

题张天瓶金书普门品经册,用册中杨幼云诗韵**

光绪元年三月初二日(1875 年 4 月 7 日)

积雨门庭静雀罗,病馀犹自恋金坡。人间尽有唐捐福,安用闻声解睡魔。

珍珠密密字盈千,拟奉天瓶作画禅。回首墓庐凄绝景,移松换柳已三年。余曾书《法华经》一部于西山丙舍①。

《瓶庐诗稿》卷二

---

* 时间系据《瓶庐诗稿》卷二所注时间。又翁同龢光绪元年三月初二日日记。蒋廷锡,字扬孙,号西谷、南沙、青桐居士,江苏常熟人。康熙年间官至文华殿大学士,卒谥文肃。

** 时间系据《瓶庐诗稿》卷二所注时间。翁同龢光绪元年三月初二日日记。

① 即常熟虞山勃鸽峰下翁氏丙舍。

上巳出都，醇邸有诗，谨次其韵*

光绪元年三月初三日(1875 年 4 月 8 日)

礼乐惭非职，吾师点浴沂。重三春畹晚，五六客因依。败笔聊书字，轻装未减衣。可怜杨柳色，犹认是青旂。

《瓶庐诗稿》卷二

次韵八里桥感赋**

光绪元年三月初三日(1875 年 4 月 8 日)

此身何事潞河滨，嫩柳新槐亦可人。七十二沽谈不得，漫言客子是知津。

八里桥边沟水流，问渠饮马可知羞。海东馆伴频年过，谁识题诗在上头。

《瓶庐诗稿》卷二

次韵蓟州遇雨***

光绪元年三月初四日(1875 年 4 月 9 日)

冷风寒雨镇相催，小灶薰炉暖酒杯。且学漆园歌止止，似闻洛邑纪来来。谈经难补冬官记，将作惭非匠石才。只有一端差自慰，

---

* 时间依据诗题所标时间。

** 时间系据翁同龢光绪元年三月初三日日记。

*** 时间系据翁同龢光绪元年三月初四日日记。

客途馥轸得重陪。

《瓶庐诗稿》卷二

蓟州旅舍次韵再答*

光绪元年三月初四日(1875 年 4 月 9 日)

大佛阁前寒雨催,三家店里索残杯。杏花映屋月初白,芦席打门风又来。偶检箧书矜僻字,敢量椽笔斗清才。狂生真个狂无那,禁得兼程策马陪。来诗有“冒雨追陪”语。

《瓶庐诗稿》卷二

次韵壕门书感**

光绪元年三月初五日(1875 年 4 月 10 日)

租户石门一水萦,人民犹是物华更。好春三月日交食,飞雪万山天亦惊。是日山有积雪。苦李作花香黯黯,病松扶架影平平。坐思人事太飘忽,不及无知树有情。

《瓶庐诗稿》卷二

惠陵吉祥花次醇邸韵二首***

光绪元年三月初七日(1875 年 4 月 12 日)

苍龙双角挂嶷嶷,谓双石峪。佳气葱茏节物移。连理木成天惨

* 时间系据翁同龢光绪元年三月初四日日记。

** 时间系据翁同龢光绪元年三月初五日日记。

*** 时间系据翁同龢光绪元年三月初七日日记。

淡,吉祥花好地蕃滋。灵蓍端为神人出,斑竹应留帝女思。一样菤葹何足道,纷纷开落竟如斯。

竟欲相从到九嶷,托根虽浅未全移。两番奇艳孤芳在,春秋两花。一寸灵苗数世滋。家果不妨随俗道,野花犹足系人思。白头翁是微臣愿,此花一名白头翁。岁岁年年某在斯。

《瓶庐诗稿》卷二

吉祥花和华峰韵*

光绪元年三月初八日(1875 年 4 月 13 日)

浅紫轻红数寸根,得依福地沐新恩。独怜未老头先白,惆怅仙人玉女盆。

麟趾诗应答茁葭,春风特与送名葩。吉祥好语君知否,此是宜男第一花。

《瓶庐诗稿》卷二

次韵华峰上巳出都有作**

光绪元年三月初八日(1875 年 4 月 13 日)

春风吹影度亭皋,绕过榆河路便高。世事变更新驿柳,诗辞悱恻古园桃。问谁客舍歌三叠,忍忆瑶池奏八璈。差幸征途未岑寂,白头词伯我同袍。

《瓶庐诗稿》卷二

---

* 时间系据翁同龢光绪元年三月初八日日记。

** 时间系据翁同龢光绪元年三月初八日日记。

次韵华峰中途遇雨*

光绪元年三月初八日（1875 年 4 月 13 日）

小憩意犹倦，催行语最真。薄寒梨水冻，疏雨葛山春。泥滑篌舆重，途平桥柱新。暮愁已无奈，何况是行人。

《瓶庐诗稿》卷二

次韵华峰寓斋即事**

光绪元年三月初八日（1875 年 4 月 13 日）

候雁征鸿往复回，长歌谁识楚骚哀。乱山深处程书读，流水声中画诺来。茅屋自将新榜署，瓦盆喜得好花培。不才诗律粗疏甚，凭仗先生为剪裁。

《瓶庐诗稿》卷二

奉贺华峰得子次醇邸韵***

光绪元年三月初八日（1875 年 4 月 13 日）

一纸家书五色云，客中得子倍欣欣。人言老蚌生奇采，我卜名驹轶众群。因物命名征古训，君以乙亥生，今年又值乙亥。异闻传世绍先

---

* 时间系据翁同龢光绪元年三月初八日日记。

** 时间系据翁同龢光绪元年三月初八日日记。

*** 时间系据翁同龢光绪元年三月初八日日记。

芬。从知阴德无涯量，岂独区区债券焚。

名花果是吉祥云，入手能占所遇欣。余和吉祥花诗，有“宜男第一花”之语，令子即以是日生，遂成嘉兆。燕语莺啼皆送喜，凤毛麟角自超群。过门未试呱呱泣，担酒先腾郁郁芬。莫怪弄獐书易错，君苗笔砚近都焚。数日来，余适患旧疾，醇邸贺诗先成，工丽双至，故末句及之。

《瓶庐诗稿》卷二

次韵上醇邸*

光绪元年三月初九日（1875 年 4 月 14 日）

小蘧庐下墨花催，一幅吟笺酒一杯。笔力纵横馀地破，襟怀超旷自天来。国朝首数王文简，近日无如袁子才。倘欲诗家图主客，故应未许两人陪。

《瓶庐诗稿》卷二

次韵简园杂咏**

光绪元年三月初九日（1875 年 4 月 14 日）

兀坐意还远，论诗语渐长。莺雏初弄舌，蜂老欲分房。短竹犹须补，双松已作凉。小园幽事惬，茶墨费料平声量。

俯视碧烟空，虚亭四面风。花名签甲乙，楸荫坐西东。挟荚寻僧话，开樽与客同。平生忠孝志，都在啸歌中。

《瓶庐诗稿》卷二

---

* 时间系据翁同龢光绪元年三月初九日日记。

** 时间系据翁同龢光绪元年三月初九日日记。

三月十日瞻仰定陵规制，于殿前伏谒，微雨泫然，泣赋一首，次醇邸韵

光绪元年三月初十日(1875年4月15日)

九死惊魂堕渺茫，趋朝犹认旧山庄。白衣屡对明光殿，丹笔亲题选佛场。龢以拔贡生及礼部贡士，两与廷试，均蒙擢列第一。大德再生山岳重，报恩无路地天荒。风号雨晦知何意，略比门人墓泣防。

《瓶庐诗稿》卷二

山中感怀用守默庵偶成韵*

光绪元年三月十三日(1875年4月18日)

又逢草长与莺飞，顿忆江南白板扉。尚父湖边春盎盎，仲雍墓下碧巍巍。卖文不屑千端绢，学易惟期三绝韦。惆怅欲归归未得，九原何以答春晖。

《瓶庐诗稿》卷二

福泉寺温泉行恭和圣祖御制诗韵**

光绪元年三月十四日(1875年4月19日)

骊山山麓唐华清，金砂赤箭涌地生。惜哉一落倾国手，千古香

* 时间系据翁同龢光绪元年三月十三日日记。

** 时间系据翁同龢光绪元年三月十四日日记。内有“赋温泉行一首”。

玉流琮琤。临邛火井应炎运，胜国敢与兴朝争。福泉寺额孰所赐，正德四载传前明。将军后至益锤凿，千黄金尽得一泓。戚继光作镇时，大施甃浚。洪惟仁皇缵初服，日月重秀山川荣。槛泉觱沸应时出，匪独甘露浮金茎。阴阳为炭俨自铸，水火既济不易名。涓涓出窦喷珠溜，炎炎腾气蒸霞城。凉秋九月霜叶赤，六龙珥节慈舆迎。临流祓濯喜清泚，亲到旸谷凌沧瀛。圣人观水斐有作，中寓执热探汤情。流光弹指二百载，黄瓦剥落碧甃平。惟馀盈盈一衣带，九折尚向空亭横。苍梧西望在何处，云旓翠盖朝玉京。井寒不食我心恻，再拜敬赋温泉行。

《瓶庐诗稿》卷二

悲歌行，次醇邸纸鸢诗韵*

光绪元年三月十四日(1875 年 4 月 19 日)

东华盖山插天峭，病骨支离倦登眺。夜深月落烛花摧，枥马长鸣山鬼啸。役车将发故迟迟，送客无情画角吹。七步陈思惊绝唱，九歌宋玉有馀悲。悲来闵默思遗事，十载愚诚数行泪。玉案初陈孙奭图，绣裳正纪周成岁。阁门西畔读书堂，帷幄深严宫漏长。授几执经常抵暮，负墙列坐俨分行。当时帘前被慈命，蒙养工夫重心性。进讲惟闻谟训辞，退朝还主程朱敬。左经右史日陈前，天藻偏工握椠铅。翻水万言文警敏，长城五字调清坚。中锋运腕挥毫捷，不数唐宗脊令帖。舞凤回鸾幅幅工，跳龙卧虎人人惬。每岁终赏“龙”“虎”字。微臣近在玉旒旁，衣袖终朝染御香。为拟词头常脱帽，因濡讲舌屡传

* 时间系据翁同龢光绪元年三月十四日日记。

觞。聪明岂屑构章句，圣敬尤能慎跬步。躬揽乾符日月明，自怜衔索江湖去。重来九陛候传宣，口敕还教直讲筵。牛磨团团陈迹改，蟾光落落几回圆。豳风无逸古有训，末学无由答清问。臣甫真惭谏诤姿，帝尧自敕功庸奋。天惊地岌景忽忽，里药占筵百计穷。黄竹歌残嘶骏马，苍梧云暗叫哀鸿。馀生如梦兼如愦，霜鬓俄惊衰老态。心恋轩弓眼已枯，手持赵璧头应碎。蒙赐遗念龙袍褂、玉器。凄绝天涯二月时，春光又到凤皇池。榻前呜咽弥留诏，一恸空山只自知。

《瓶庐丛稿》卷二

濒行二首*

光绪元年三月十五日(1875年4月20日)

巢燕迹频移，重来未有期。路长怜病马，箧重得新诗。细雨空濛里，深山感慨时。心情销已尽，无语斗新奇。

磊落使情移，深心惬素期。两陵来往记，一月唱酬诗。客路停车处，空堂挥尘时。苦心与香叶，怜尔太清奇。庭有古柏。

《瓶庐诗稿》卷二

山居养疴用简园即事韵**

光绪元年三月十七日(1875年4月22日)

斗室聊为安乐窝，衰丝日饮亦亡何。天涯感慨夏畦鬼，世事粗

* 时间系据翁同龢光绪元年三月十五日日记。

** 时间系据翁同龢光绪元年三月十七日日记。

疏春梦婆。花似新诗浑觉懒,山如名士未能多。束书搁笔嗟何益,墨不磨人人自磨。

《瓶庐诗稿》卷二

次韵醇邸见示之作*

光绪元年四月初十日(1875 年 5 月 14 日)

独客中年惜景光,好春无奈太匆忙。似闻鶗鴂惊迟暮,忍见蘅芜委众芳。燕若有情营旧垒,鹿应无梦恋空场。东华门巷清如水,稚柳新槐渐送凉。

醉里题诗醒已无,风尘倦眼暂时舒。岂知少伯旗亭句,识是君谟小阁书。颓腕只宜施垩帚,高歌漫许附蘧庐。烟郊题壁未著款,一见即识之,小蘧庐,简园亭名也。青丝伏枥增惆怅,一顾盐车信有诸。

《瓶庐诗稿》卷二

次韵醇邸蕉花图**

光绪元年四月二十四日(1875 年 5 月 28 日)

绿天庵里香云引,南海城边黄雪开。从古诗人知爱叶,问谁能赋此花来。

碧玉轻房糁细金,胜他青李与来禽。谁知一点波罗蜜,展尽书窗数寸心。

---

* 时间系据翁同龢光绪元年四月初十日日记。

** 时间系据翁同龢光绪元年四月二十四日日记。

九思堂下好风吹，种竹栽松事事宜。不独蕉花天下少，等闲草木总清奇。

《瓶庐诗稿》卷二

题石谷《长江万里图》卷匣端*

光绪元年五月初五日（1875 年 6 月 8 日）

长江之图如有神，翁子得之忘其贫。卖屋易画今几人，约不出门客莫嗔。

《瓶庐诗稿》卷二

《文炳骏图》为醇邸赋**

光绪元年六月初九日（1875 年 7 月 11 日）

文炳骏者，新疆贡马，其文似虎。宣庙所赐名也。同治初犹在南海子，醇邸闵而图之。越十年，乃赋是诗。

成皇武功洵无竞，抚定边萌剪顽倞。乐歌不侈天马来，翼翼朝堂日咨儆。渥洼生龙亦产虎，力刷幽燕有馀劲。天颜一笑仆臣惊，豹尾旌头互辉映。秋风南苑悲长道，苜蓿如山不疗病。路人尚避玉花骢，何况贤王更哀敬。吁嗟神物不可留，貌取斓斑入行幐。古来相马惟认骨，纵极权奇失性情。诗人画史强解事，漫与描摹妄称评。岂知德骥本无心，銮辂盐车两安命。此马曾在新疆曳碾。今观斯图兀不动，

* 时间系见翁同龢光绪元年五月初五日日记。王翚，字石谷。

** 时间系据翁同龢光绪元年六月初九日日记。

收敛雄姿静以工。区区一马安足纪,钦叹臣良由主圣。回环三十年前事,白发郎潜亦伶俜。眼看静扫天山尘,重睹訾黄颂新政。

《瓶庐诗稿》卷二

棕扇为醇邸赋*

光绪元年六月初九日(1875 年 7 月 11 日)

种竹栽花坐啸歌,端居无事得天和。清风一握真无价,底用蒲葵五万多。炎风不入九思堂,乍雨新晴草木香。忘却壁间松尘尾,本来心地十分凉。密织棕榈新制奇,拂蝇驱暑两俱宜。若教送与涪州客,定写巴中十首诗。

《瓶庐诗稿》卷二

次韵题潘星斋丈庚戌闱中画兰**

光绪元年六月十六日(1875 年 7 月 18 日)

东华门巷坐焚香,无复新词贡玉堂。一簇幽丛清到骨,只愁无路寄沅湘。官烛风帘众艳夸,眼光若个透红纱。白头词伯宣南客,典尽朝衣画此花。

《瓶庐诗稿》卷二

* 时间系据翁同龢光绪元年六月初九日日记。

** 时间系据《瓶庐诗稿》卷二所注时间。翁同龢光绪元年六月十六日日记,有"题潘星斋画册并横幅"。潘曾莹,字申甫,号星斋,潘世恩次子。

题星斋丈山水册，敬书先公辛酉题诗后*

光绪元年六月十六日（1875 年 7 月 18 日）

昔年读画兵马街，小窗新绿媚古槐。今年读书东华屋，日日愁霖亘相续。十五年来世事新，惟公真似千岁人。告公索诗幸勿遽，我有苦语难具陈。藤花之歌屡酬唱，公与陶凫芗张称直谅。先公论画如论诗，清气乾坤最钦向。鹿床之画世所师，先公得之未第时。池南矩室迭宾主，惜未编入澄怀诗。呜呼鹿床今已矣，庙貌森严照湖水。平生推重是何人，竟使埋头尘土里。呜呼鲜民亦既孤，京师先友今则无。一题一记皆可敬，何况识公霜鬓须。愿公载酒且行乐，遍写山川入縢橐。我虽粗解画中禅，苦欲题诗无处著。

《瓶庐诗稿》卷二

为荣侍郎题焦山僧芥航画竹**

光绪元年八月初四日（1875 年 9 月 3 日）

风梢月影是清才，自劚琅玕自剪裁。却笑东坡风雨笔，一枝掀舞为谁来。谈诗说剑暂句留，看月无因更倚楼。一角青山浓似墨，让渠占断马兰秋。祇树林中有所思，莲畦画笔芥航诗。焦山楼观风涛响，记我横江独往时。

《瓶庐诗稿》卷二

---

* 时间系据《瓶庐诗稿》卷二所注时间。翁同龢光绪元年六月十六日日记，有“题潘星斋画册并横幅”。

** 时间系据翁同龢光绪元年八月初四日日记。

七月二十八日，烟郊旅次苦热，露坐马骡旁，越八日复宿此，凉雨泫然矣

光绪元年八月初五日(1875 年 9 月 4 日)

露坐众嚣息，不知行役劳。坐怜虮虱饿，静觉马牛高。秋浅星芒活，风低土气豪。侧闻西徼外，犹未解弓刀。

一雨转萧瑟，凄然秋可怜。怯槽多病马，噤树有枯蝉。倚枕便成梦，抛书亦是仙。贱儒真贱矣，计较买山钱。

《瓶庐诗稿》卷二

有感*

光绪元年八月初六日(1875 年 9 月 5 日)

霜痕著叶自萧疏，似浅还浓好画图。老树偏工斗颜色，不知秋柳为谁枯。

秋晴几日四郊空，免使行人怨雨风。我独伤心油幕底，有人十载风雨中。谓芜城往事。

龟寒鹤雪费平量，一饭无端泪数行。不是世人欢喜惯，却嫌阮籍太清狂。

《瓶庐诗稿》卷二

---

* 时间系据《瓶庐诗稿》卷二所注时间。又，翁同龢光绪元年八月初六日日记有“题二诗于壁”。

十一月八日承命偕魁尚书、荣侍郎伐石于房山之大石峒，醇邸由易州来会。是日大雪，联辔山谷中，霁色既吐，玉龙璀然，周视毕，邸留饮。材官金如鉴图之，而余题诗其侧*

光绪元年十一月初八日（1875年12月5日）

燃题山北碧倚天，燃题山南玉作田。东西二峪俨门户，我行却在阑楯前。雪花团团大如掌，银海翻空波动荡。我骑白凤不能飞，两脚乌靴作奇蛘。平林萧条野径迷，前骑局蹐后骑嘶。一龛小语四山答，百里俯眺双塔低。殷雷凿山山石沸，石岂能言暗嘘唏。大用终非砥柱材，奇光错认金银气。我闻此山帝所都，仙人玉堂今有无。兴云洒润遍天下，何惜尺寸青苔肤。归来崖谷明残景，山风弄寒上衣领。银灯照座兽炭红，人马声中酒樽静。六间房石塘名近东山口，明日冲寒欲东走。此图此客未易有，香树花时一回首。

《瓶庐诗稿》卷二

房山大石峒五首，次同人韵**

光绪元年十一月初九日（1875年12月6日）

山村团众皱，雪路净纤埃。四海国公集，一时宾从来。崖枯富媪泣，峡擘巨灵开。慎莫搜岩尽，当留柱石材。雪后发八郎庙。

---

* 时间系据诗题所标时间。

** 时间系据翁同龢光绪元年十一月初九日日记。

陈根委平楚，落木逗晴晖。雪与石同色，云随人共归。潭寒龙昼伏，径仄骑斜飞。独羡山中客，团焦已掩扉。由枣林西行，历六塘至上水塘。

突兀一椽屋，嵯峨积石乡。扪碑聊下马，窥佛未升堂。小坐得超悟，清谈坠渺茫。莫云弹指顷，历劫百年长。药王堂小憩饮茶。

何处访隋碣，刻经西峪多。树香花吐焰，山吼石成河。古德旧栖隐，是邦足啸歌。再游吾未必，怅望竟如何。望西峪寺不得往。

一幅好图画，涤场农事阑。长沟分水活，园屋跨溪寒。椎凿千声合，推敲一字难。奚奴独何事，飘瞥堕征鞍。塔坡以南，稻田弥望，所谓“玉河米”是也。

《瓶庐诗稿》卷二

燕郊和壁间韵*

光绪元年十二月初一日(1875 年 12 月 28 日)

白雁黄花倏已过，西风其奈乱愁何。清能醉客诗如酒，健可擎天墨有波。一鹗固应常偃蹇，六龙何事忽蹉跎。杜诗“六龙忽蹉跎”。书生亦洒承平泪，自悔忧时语太多。

《瓶庐诗稿》卷二

通州和壁间韵**

光绪元年十二月初一日(1875 年 12 月 28 日)

少壮才名第一流，老来皮里有阳秋。缘何唤作瓶居士，不贮膏

* 时间系据翁同龢光绪元年十二月初一日日记。

** 时间系据翁同龢光绪元年十二月初一日日记。

油只贮愁。

纵未书名世已知，几人有此性情诗。一言还讯瓶居士，长颈粗腰岂入时。题壁瓶居士。

《瓶庐诗稿》卷二

题新罗崔孤云残碑，集碑字三首为伯寅*

光绪二年二月初九日（1876 年 3 月 4 日）

一洲悬火谷，三道隔灵江。隽句馀天宝，风流岂异乡。

灭烛从枯坐，壶中别有天。致函劳印契，拟结道人缘。时伯寅寓酒肆，榜曰“壶天”。

法言既不惑，惧志岂终移。邂逅赤颇将，天乎未可知。指东国近事。

《瓶庐诗稿》卷三

二月十五日被命阅直省举人卷，伯寅侍郎有诗，次韵奉答

光绪二年二月十五日（1876 年 3 月 10 日）

齐礼堂头客话深，斯堂何事又重临。翻云复雨一场梦，判月批风两翰林。官烛吐花光黯黯，春星罥树夜沉沉。谁知活国书生手，各有筹边夙将心。

《瓶庐诗稿》卷三

---

* 时间系据《瓶庐诗稿》卷三所注时间。又，翁同龢光绪二年二月初九日日记。孤云，名致远，唐时人，相传入山仙去。

再和闱中煮茶

光绪二年二月十五日(1876年3月10日)

锁院朱门百丈深,谁携野饷肯来临。鷇能养性先生馔,淡到无言君子林。棱甲半生风力在,炭薪全伏露华沉。小诗亦有萧疏趣,闲却平生老圃心。

《瓶庐诗稿》卷三

题郭廉夫同年长清诗稿*

光绪二年七月初九日(1876年8月27日)

秋堂愔愔夜何其,点灯起看廉夫诗。天风海涛互摩戛,幽花瘦竹纷离披。箪瓢自足天下乐,筹策未吐胸中奇。郎潜吏隐独何事,北学商量及此时。

《瓶庐诗稿》卷三

除夕得耕烟画卷**

光绪二年十二月三十日(1877年2月12日)

扫地关门一事无,早朝还破睡工夫。呕心已谢新诗本,慰眼聊寻旧画图。万户饥寒甘独饱,半生宦达坐成愚。明年风雪荒江上,

---

* 时间系据《瓶庐诗稿》卷三所注时间。

** 是日日记有"题诗于新收耕烟卷"。

添我烟波一钓徒。

《瓶庐诗稿》卷三

雨中看焦花酬醇邸*

光绪三年正月二十一日(1877 年 3 月 5 日)

此是花中优钵昙,看花还许客停骖。未须河朔连宵饮,且作平原十日谈。三疏似闻天意近,庙议礼臣已三易稿矣。万家同喜雨声甘。会看草木皆生色,绿遍平桥曲径南。

客如黄面老瞿昙,入世聊停过路骖。不解誉人犹直道,未能成佛只空谈。频参柏叶心多苦,亲见蕉花梦亦甘。一笑下堂行脚子,休论山北与山南。

《瓶庐诗稿》卷三

次前韵简子松**

光绪三年六月十一日(1877 年 7 月 21 日)

一刹那中现佛昙,十年前梦侍龙骖。薄云只酿霏微雨,下士难闻要眇谈。新政共扶乾德健,旧游还恋井泉甘。一言定静终身诵,合使先生叹道南。君诗有“学问大原期定静,国家元气酿和甘”之句。

《瓶庐诗稿》卷三

---

* 时间系据《瓶庐诗稿》卷三所注。又,翁同龢光绪三年正月二十一日日记有“醇邸以笔墨见示”。

** 时间系据《瓶庐诗稿》卷三所注。

书扇*

光绪三年六月(1877 年 7 月)

别时酒盏照灯花,知我归期渐有涯。去岁渡江萍似斗,今年并海枣如瓜。多情明月邀君共,无价青山为我赊。千首新诗一竿竹,不应空钓汉江槎。苏公与徐大正同舟至山阳①,约卜邻江淮间,故赠诗云尔。翁同龢。丁丑夏。

《翁常熟书扇第一集》

六月二十六日乾清宫恭祝万寿,退从邵汴生前辈祁子禾世长丈、夏子松同年赴彰仪门外南淀观荷,快雨既足,禾黍蔚然,次韵四首**

光绪三年六月二十六日(1877 年 8 月 5 日)

一溉欣然万汇青,化工回斡妙无形。泰坛露祷天能格,阊阖嵩呼雨亦灵。遗种蝗蝻应尽洗,嗸鸣鸿雁可堪听。会教扶寸崇朝遍,不独禝瓴山下亭。山右奇旱,而东南亦有飞蝗。

韦杜城南水一湾,名区岂别远尘寰。来从丹泮东西汇,流向金谯左右环。钩盾有田容万户,画檐无障纳群山。种花野老犹能说,

---

* 时间系据作者扇面题款所标时间。

① 今江苏淮安。

** 时间系据作者诗题所标时间。邵汴生即邵亨豫,祁子禾即祁世长,时二人均供职翰林院。

銮辂当年数往还。南淀俗呼为南泡子,有亭,乾隆三年建,其东为赴南苑跸路经行之地。

溽暑初收雨过天,朋辈小集亦良缘。鞭鸾笞凤从吾辈,水珮风裳有众仙。老去诗篇多感旧,醉中心事苦筹边。不知天马徕何意,朝秣昆仑夕刷燕。

寂寞空山久索居,三年长闭鸽峰庐。买田拟种千竿竹,引水才分一寸鱼。誓墓不成常恻恻,挂冠未忍故徐徐。浮生只合江湖老,惆怅扁舟白发馀。

《瓶庐诗稿》卷三

临吴渔山画*

光绪三年七月初二日(1877年8月10日)

渔山卷为兴福①默容和尚作,丁丑七月见之,惊喜曰此救虎阁中物也。价昂不能得,剪灯临之。

齐女峰头劫火红,殿门零落讲堂空。渔山三绝诗书画,犹使人间说默公。

二百年来有后生,庙堂拜疏乞归耕。尖风凉雨秋如此,谁识挑灯作画情。

《瓶庐诗稿》卷三

---

* 时间系据《瓶庐诗稿》卷三原注。又,翁同龢光绪三年七月初二日日记有"发兴临渔山画,虽未得方寸,形模颇具"。

① 常熟兴福寺。

次韵曾君表之撰南泡观荷*

光绪三年七月初三日(1877年8月11日)

今年殢晴雨苦少,雨后看花花倍好。老夫日日看花行,独到城南惬幽抱。液池水碧风回旋,红云明镜烂欲然。路人指点青雀舫,揖我谓我花中仙。不如南城一亭敞,菰蒲作声蘋末爽。瓜皮才受两三人,却踏鱼矶不轻上。谁欤主者李玉舟,殷庞杨邵①□行游。俞君宾敬李子客,紫郎豪气横有秋。

《瓶庐诗稿》卷三

七月四日与子松招汴生、子禾,至后湖观荷,汴生有诗,次韵奉答,时将南归**

光绪三年七月初四日(1877年8月12日)

词源三峡涌波涛,走送频烦侍史劳。书与诗人俱不老,花如名士自然高。寻芳最喜同携屐,弄水还应浅著篙。默数鬓丝常叹息,近来退尽笔锋豪。

轻衫团扇午风凉,可惜乌篷漏日光。万事尽如秋在水,几人能识静中香。对拈险韵真诗将,解纳清流亦谷王。此地旧名“西海子”。纵使化身千万亿,可容湖海恣徜徉。

---

* 时间系据翁同龢光绪三年七月初三日记。是日日记有“题所作画,成二诗”。曾之撰,字君表,常熟人,举人。

① 指李士瓒、殷厚培、庞钟璐、杨泗孙、邵亨豫,皆为常熟人。

** 年代系参考翁同龢光绪三年七月日记。

西涯种竹忆名流，虾菜亭边烟雨收。小幅诗龛诸老笔，梧门学士卜筑西涯，写诗龛图寄意，一时名流题咏殆遍。高牙画舫古时秋。元时此地舟楫最盛。好花依旧开千顷，归客无因卜再游。一笑去来浑不定，平生踪迹等沙鸥。

回首秦关揽辔徐，三峰秀出碧芙蕖。力扶元气凋疏后，静敛神功战伐馀。投绂君轻八州督，收竿我访五湖渔。箧中亦有凌云赋，未敢空言托子虚。

《瓶庐诗稿》卷三

游秦氏林塘次汴生子禾韵*

光绪三年七月初四日（1877年8月12日）

居然青雀系蓬门，旋觉轻桡雪浪喷。暗水过湖偏作态，好云罥树太无根。入秋花似将归客，和韵诗难不著痕。便拟放舟东海去，胸中云梦已全吞。

《瓶庐诗稿》卷三

次韵简祁子禾阁学**

光绪三年七月初四日（1877年8月12日）

紫殿齐班侍禁鞭，退朝车骑共联翩。偶携碧玉筒中酒，来看红云镜里天。杜曲桑麻开异境，澄怀风雨话当年。倒冠落珮萧闲甚，

---

* 据日记时间查为光绪三年七月初四日。

** 据日记时间查为光绪三年七月初四日。

错被人呼作散仙。

邻园老树自槎枒，昔我先人与寿阳相国①有邻园老树酬唱之作。屹立风霜阅岁华。天意不留将食果，路人犹看未开花。酬恩生死心难尽，涉世荣枯日易斜。各保令名须努力，长途何处是津涯。

《瓶庐诗稿》卷三

偕叔彝古酝登之罘岛，古酝有诗次韵求正*

光绪三年七月二十二日(1877年8月30日)

方丈蓬莱渺十洲，一台犹占古时秋。谁开勃碣三门险，遂泊瀛环百国舟。天意竟无填海力，吾侪且作访碑游。仙人已去神鱼隐，闲煞空山老槚楸。

《瓶庐丛稿》卷九

海舶南行遇杨古酝秀才，以诗见投，次韵答之**

光绪三年七月二十二日(1877年8月30日)

平生意气傲沧州，来看东南万里秋。温诏许持山国节，壮怀自试海天舟。早谙世路风波险，喜与诗人汗漫游。自叹迂疏老无用，此身端合守松楸。

《瓶庐诗稿》卷三

---

① 指祁寯藻。

* 时间系据翁同龢光绪三年七月二十二日日记。

** 时间系据翁同龢光绪三年七月二十二日日记。原注："杨名葆光，松江人。"

次韵酬朱叔彝太守其懿*

光绪三年七月二十二日(1877 年 8 月 30 日)

才名早岁动江洲,吏事精能阅十秋。当代贾荀推接席,一时李郭喜同舟。能谈海国真奇士,暂驭天风亦壮游。叹我无能须鬓改,久随病马踏长楸。

《瓶庐诗稿》卷三

大风小泊偕古酝叔彝陟之罘之巅**

光绪三年七月二十二日(1877 年 8 月 30 日)

方丈蓬莱渺十洲,此台犹占古时秋。谁开勃碣三门崄,竟泊瀛环万国舟。天意已无填海力,我侪且作访碑游。仙人已去神鱼隐,闲煞空山老桧楸。

《瓶庐诗稿》卷三

出宿一舍回首黯然***

光绪三年七月二十七日(1877 年 9 月 4 日)

风流汝高宅,谈笑畅文筵。临别情还澹,贻书意更怜。聊将题

---

* 时间系据翁同龢光绪三年七月二十二日日记。

** 时间系据翁同龢光绪三年七月二十二日日记。

*** 据日记,时间查系光绪三年七月二十七日。

扇笔,归载贯虹船。茅店步半月,苍苍虚树天。

《瓶庐诗钞》卷一

题吴竹桥先生《湖田书屋图》和卷中苏园公先生韵*

光绪三年八月初六日(1877年9月12日)

无田真细事,大义忍归耕。负土一襟血,呼天十日晴。亲朋犹惜别,车马自遄行。不尽首丘感,披图眼一明。

渺矣城南社,贤哉陋巷颜。留贻旧家泽,珍重故乡山。读画亦奇事,清谈得暂闲。因书数行字,好待旅人还。

《瓶庐诗稿》卷三

题陈司业祖范①诗册

光绪三年十二月十三日(1878年1月15日)

同龢年十四,得此册于笔客王雨皋,其静女吟一章,先公最喜诵之,即同龢亦窃仰止,以为先生非常人也。岁月不居,已成老拙,重睹此册,为之怃然。丁丑十二月十三日灯下呵冻记。

知止斋中听讲时,儿能执笔父哦诗。白头侍直今何用,惭负寒机千丈丝。

《瓶庐诗稿》卷三

---

* 时间系据翁同龢光绪三年八月初六日日记。原题下注:“图为奚铁生笔。”吴竹桥即吴蔚光。

① 陈祖范,字亦韩,江苏常熟人,清代著名学者。

题梅花道人竹石卷为同邑孙君*

光绪四年三月初四日(1878 年 4 月 6 日)

古来诗人例悯雨,日日朝回作苦雨。桃僵柳蹇过清明,修竹流泉无处所。梅花庵主仙人哉,生绡一丈清风来。眼明忽到青玉峡,海气酿出金银台。识真好事者谁子,分宜官印模糊紫。石田石师两勍敌,六百年来数人耳。题诗倦倚灯烛红,星河入户天又风。书生何事苦觅句,咒尔箨龙噀雨去。

《瓶庐诗稿》卷三

闻雨生兄得请开缺喜而作诗奉寄**

光绪四年四月初七日(1878 年 5 月 8 日)

儒林文苑今有几,丁公崛起南海滨。世人皆欲杀李白,一第竟未污元稹。① 藏书鉴画妙无匹,锄豪芟伏疑有神。可怜百万沟中瘠,尚待闭门卧病人。

南海北海风马牛,吁嗟吾与丁潮州。白头倦听青琐语,瘦骨遍走黄茅秋。筑亭写像苦相忆,烧烛赋诗聊寄愁。安知会合不可再,

---

* 时间系据《瓶庐诗稿》卷三所注时间并参见翁同龢光绪四年三月初四日日记。日记有“题吴仲圭竹卷,为同邑孙君作”。

** 时间系据翁同龢光绪四年四月初七日日记。该诗《瓶庐诗稿》卷三标题为《寄丁雨生,时雨生得请开缺》。丁日昌,字雨生。

① 原稿下尚有二句:“世人欲杀李太白,何事不了张乖崖。”

沧溟来往同扁舟。

《瓶庐丛稿》卷十

寿徐荫轩六十*

光绪四年四月初七日(1878年5月8日)

耿耿君亲结念诚,识君忠孝是平生。世家阀阅同寒畯,绮岁文章已老成。百炼刚柔真性足,一官进退俗缘轻。典衣沽酒寻常事,肯道臣心似水清。

斋阁深严迥绝尘,玉虚笙鹤往来频。清风明月原无尽,绛阙云台信有因。心为苍生中夜起,手调元化一家春。箧中别录长生诀,何止区区活万人。

当代韩欧是史才,汉廷副相是三台。神羊不触威棱在,一鹗高骞气象开。谏草安危关大计,荐书匡济揽群才。召公平格中兴佐,泂酌卷阿作颂来。

《瓶庐诗补》

临董思白画**

光绪四年七月初八日(1878年8月6日)

尘海消磨鬓已霜,无端来学董香光。点灯弄墨真无俚,忘却明朝櫜笔忙。

《瓶庐诗稿》卷三

---

* 时间系据翁同龢光绪四年四月初七日日记。日记有“写荫轩寿诗于金笺”。

** 时间参见翁同龢光绪四年七月初八日日记。日记有“得见董香光宋元画十二帧,虽皆鳞爪,然神光逼人,褱悴中为之眼明”。董其昌,字思白。

题史晨碑*

光绪四年七月(1878年8月)

史君不愧鲁诸生,俎豆升堂享献成。可惜碑阴无一字,未书九百七人名。

丑拙还应胜巧工,评书我最服霜红。一般跃骏弯强骨,销尽轻煤断纸中。

卅年空自误儒冠,衰病悬知不任官。古墨似怜人欲去,华山娄寿送将看。

《瓶庐诗稿》卷三

题赵粹甫同年醇邸赠诗卷子**

光绪四年八月二十三日(1878年9月19日)

我爱京江好官廨,万叠青山展图画。又爱五茸古县城,野梅修竹门巷清。君从两地作太守,不负玉堂著书子。九年袍笏强低颜,万户衣襦笑开口。长安八月天未秋,轻雷急雨滞客辀。忽然见君泥土里,特索新诗为破愁。新诗频年有诸责,珠玉当前重名迹。已除三馆旧巢痕,漫说诸侯老宾客。吁嗟尘寰凤与麟,贤王亦是澹荡人。凿池引流天下雨,种花畦菜江南春。闻道长篇更矜炼,忆君重君不敢

---

* 时间系据《瓶庐诗稿》卷三所注。

** 时间系据《瓶庐诗稿》卷三所注。又,翁同龢光绪四年八月二十三日日记。赵粹甫即赵佑宸。

见。要知书吏费评量，不是山林奉游晏。津沽行人西北风，纤萝不动旭景红。飞轮之舟古未有，况有宝气腾长虹。焦山老僧与君约，一指机锋已输却。他时旌节遍东南，此卷应留枕江阁。焦山有枕江楼。

《瓶庐诗稿》卷三

题临倪文正公画*

光绪四年十二月十一日(1879年1月3日)

倪文正公横幅，末署“壬午冬写”。案：壬午为崇祯十五年，是时公年四十九。公既以言事为乌程相国所忌，落职闲居。至十五年九月起兵部侍郎，明年抵都，拜户部尚书。作此画时正在拜命之后，启行之先也。最后书四十初度诗四首，盖补录十年前作。今余年四十有九，悲公之志，临其画，并系以诗。戊寅十二月十日。

要典焚残士路清，一篇党论太分明。相国煞费推挤力，破墨骑驴了此生。

逐客偏蒙诏语温，论兵筹饷已无门。萧寥数笔云林画，中有忧时血泪痕。

《瓶庐诗稿》卷三

雩祭前一日斋宫述怀①

光绪四年十二月二十九日(1879年1月21日)

纪候苍龙见，分循夏扈飞。吁嗟通帝谓，稼穑重民依。河洛初

---

* 时间系据翁同龢光绪四年十二月十一日日记。日记有“归仿倪鸿室画卷子，题识于后，颇自矜许，无谓无谓”。倪文正，即倪云林，明末著名书画家。

① 是日日记有“独坐书斋，题一诗于所藏石谷画卷。”

成绩，青齐尚告饥。所期屡丰兆，用以答慈闱。

一雨郊原绿，城南夙驾过。云低山翠活，风定鸟声和。霡霂沾初遍，醍醐灌更多。斋居念天贶，殷企意如何。

《瓶庐诗补》

题文式岩师先公所画《烟雨江村图》*

光绪五年八月十七日（1879年10月2日）

凤城西畔月轮孤，水调歌残一事无。躬历八州仍独客，手笺三略是通儒。江湖去国灵均旧，烟雨传家海岳图。白发儿啼缘底事，夜来还梦过庭趋。

卅年门下老门生，颇忆城西载酒行。撰杖未陪黄绮坐，题诗幸附晁借作去声张名。风流尚有清芬在，馀事还教俗眼惊。留得棠阴遍南国，绿蓑青笠暂归耕。

《瓶庐诗稿》卷三

春闱用壁间韵呈许筠庵前辈**

光绪六年四月初六日（1880年4月14日）

珊网曾探岭峤深，锋车旋向玉关临。久推学海文章伯，公为粤中学海堂名宿。上继翁山著作林。匠石运斤神智定，九方相马眼光沈。

---

* 时间系据《瓶庐诗稿》卷三原注。又，光绪五年八月十七日日记有“题文式岩师以尊公所画横幅山水”。文式岩即文格。

** 时间系据翁同龢光绪六年四月初六日至四月十四日日记。翁同龢光绪六年四月初六日日记有“派会试副考官，许筠庵同为副考官”。

归愚箨石风流在，一样虚公爱士心。

齐礼堂头夜已深，隔窗先喜履声临。高谈击节风生座，细意论文月在林。不事参禅真洒脱，无言解易最渊沈。公精于禅而深于易。独怜白尽忧时鬓，尚有中宵起舞心。

《瓶庐诗稿》卷三

题刘馨山照叠前韵*

光绪六年四月二十日（1880 年 5 月 28 日）

官烛风帘夜气深，叩门还喜客来临。画图已具新诗本，醉墨真惭老翰林。同人题诗已遍。家学青箱勤护惜，郎潜白发久浮沈。为君豫卜登科记，领取虚堂校士心。

《瓶庐诗稿》卷三

再用壁间韵呈麟芝庵**

光绪六年四月（1880 年 5 月）

璇源高处五云深，天遣文星两度临。早擅才名夸凤诺，新传诗句遍鸡林。君典各国事务。料量纤屑精神密，收敛锋芒意气沈。一事教人修不到，出闱先慰倚闾心。君之太夫人年高康健。

师友渊源结契深，一时冠盖共来临。齐年何幸叨同谱，君与秋坪师、筠庵前辈皆己酉乡榜，余忝是科拔贡。佳话真堪入语林。团坐引杯春

---

* 时间系据翁同龢光绪六年四月二十日日记。日记有"访落第通人刘叔甫先生，恭冕，楚桢先生子。于客店长谈。此君通达时事，不仅经生也"。刘，号馨山。

** 时间系据翁同龢光绪六年四月初六日至四月十五日日记。麟芝庵即麟书。

盎盎，分灯摊卷夜沈沈。毡车席帽寻常有，难得青云证素心。唐崔沅语。

《瓶庐诗稿》卷三

再用壁间韵呈景秋坪师*

光绪六年四月（1880 年 5 月）

玉节珠钤智略深，天山瀚海旧经临。久闻制诏推边锁，岂独文章重士林。四海人才归进退，一言题品判升沈。区区衡校真馀事，尚识更阑剪烛心。

回首沧江岁月深，燕台何事又登临。驽骀久合辞华毂，病鹤犹知恋禁林。鬓雪婆娑新学改，眼花错莫夜光沈。海棠落尽清明过，怅触天涯万里心。

《瓶庐诗稿》卷三

敬和高庙赐徐文穆本诗墨刻为徐吉士琪**

光绪六年四月（1880 年 5 月）

高庙乘乾日，元臣翊圣躬。慰留天语重，赓和庶僚同。贻泽残编里，清芬累叶中。牛行三易宅，葛岭再兴戎。湖海潜鳞沸，云霄弱羽冲。藏衣心独苦，宝扇意何穷。有子承家学，他年继道风。庭

---

* 时间系据翁同龢光绪五年四月初六日至四月十四日日记。景秋坪即景寿。

** 时间系据翁同龢光绪六年五月十四日日记有“夜题徐桂琉骈体文”。徐氏即徐扬本，徐琪祖辈。

槐俨成列，忠孝盛名崇。

《瓶庐诗稿》卷三

筠庵赠诗有卜邻之约依韵奉答*

光绪六年五月初九日（1880 年 6 月 16 日）

坡公领贡举，妙得伯时画。沈沈会经堂，岂乏能画者。欲求题凤手，写我麋鹿野。君恩天地重，大义安可舍。聊储耦耕志，终负结邻雅。夜来梦高堂，凄恋鸽峰下。耿耿家国心，何由一倾泻。

《瓶庐诗稿》卷三

昨为南泡之游，今又得西泡者荷花极盛，感而赋此，次汴生韵**

光绪六年七月十二日（1880 年 8 月 17 日）

薄云微雨酿轻寒，已作萧条岁暮观。香国别成花世界，风潭暗起海波澜。愁多斗觉诗怀减，气定方知酒盏宽。忽忆西溪幽绝处，青灯孤棹过临安。

此是仙人碧玉壶，问君何事割云腴。应官粗入菰蒲税，好客时开樱笋厨。地主何姓，种菜得名。白芡乌菱休论直，短篷轻棹合成图。

---

* 时间系据翁同龢光绪五年三月初九日日记。

** 时间系据翁同龢光绪六年七月初七日日记。日记有："昨为南泡之游，今又得西泡者荷花极盛……"日记中有"今又得……"，"今"即七月十二日。

独怜尘海驰驱客，未到昏钟已戒途。

《瓶庐诗稿》卷三

题苏州某公殉节事卷*

光绪六年（1880年）

菉葭巷口旧祠荒，犹有衣冠子姓藏。大节两篇忠孝传，高门九叶遂仪堂。哦松事迹推循吏，横草功名等国殇。昨日新题瞿氏集，剑门宰木已苍凉。吾邑瞿忠宣①死难，其孙负骨归葬，与公家乘相类。

《瓶庐诗稿》卷三

再题天瓶金书普门品册次前韵**

光绪七年正月初七日（1881年2月5日）

老来情景坠修罗，骏马难登千丈坡。无事独吟还独啸，旁人错认著诗魔。

贺春车马动盈千，小阁无人且坐禅。独有一端差免俗，黄韮白饭作新年。

《瓶庐诗稿》卷三

---

* 时间系据《瓶庐诗稿》卷三原注。题下原注“明季事”。

① 瞿式耜谥忠宣。

** 时间系据《瓶庐诗稿》卷三原注。光绪七年正月初七日日记有“题两诗于天瓶写经册”。

被酒走笔简任澹斋*

光绪七年二月初四日(1881 年 3 月 3 日)

范公吾乡里,朱子吾服膺。伟哉鹤山翁,字字中有棱。三贤手迹同一刻,抱罍寄我湖田塍。不同均斋几席玩,浩气往往浮缄縢。东风峭寒雪融汁,纸窗深屋明春灯。海东嘉客忽过我,摩挲再拜喜弗胜。谓当珍藏入箧笥,世世爱护贻孙曾。我官于朝如虱蝇,旧学荒落霜鬓增。长笺郑重索题句,客官听矣吾何能。范公尹公两书生,军谋边计道得明。葫芦水路同一议,竟与飞将争骞腾。考亭居敬常兢兢,鹤山守正道力凝。试观转对数札子,却虑疆圉多凭陵。长安邸舍清于冰,我往叩门客不应。岂无新诗发一笑,恐非急务安足吟。营平勃碣转辽海,东西一气博鲲鹏。观书季札今老矣,呜呼吾道其终兴。

《瓶庐诗稿》卷三

过澹斋邸舍承赠诗扇依韵奉酬**

光绪七年二月十五日(1881 年 3 月 14 日)

春星如月雪风凉,客话无多别意长。暖阁短屏传烛早,官厨行灶煮茶香。小诗漫试凌云手,浅酒聊宽吸海肠。极目榑桑青未了,

---

* 时间系据翁同龢光绪七年二月初四日日记。原注:“庆准,高丽使臣。”日记有“灯下和高丽人两诗”。

** 时间系据翁同龢光绪七年二月十五日日记。日记有:“澹斋诗来,即和之,诗不佳也。”

万波声里百灵藏。'万万波波',笛中语也。

廿五年前首重回,天涯踪迹各惊咍。何期彭泽先生柳,尚寄江南驿使梅。令弟莲斋,吾故人也,为县尹,告归久矣。寿骨君家生有种,笑颜尘世若为开。蓬蒿门巷清如水,莫讶鸡林旧雨来。

《瓶庐诗稿》卷三

和任澹斋*

光绪七年二月十六日(1881年3月15日)

银烛同趋紫陌尘,班心喜见鹤精神。谁知东海来朝客,竟是中州朴学人。

前贤立志事终成,风俗先从礼教明。我是嵩阳老居士,送人万里不胜情。

旅雁何须说稻粱,敝庐乔木久荒凉。露莲别有神仙宅,输与高人自在香。

《瓶庐诗稿》卷三

观德殿夜直出而周巡**

光绪七年四月十六日(1881年5月13日)

闳室黯星斗,鱼钥夜沈沈。明灯导我行,列戟肃以森。却从西北门,步绕景山岑。前驺何喧嚣,聚欃杂讴吟。解放汝弓刀,坐卧

---

* 时间系据翁同龢光绪七年二月十六日日记。日记有:"诣四驿馆送行。郑君必欲得余题画诗,乃携归就灯下细书一律送之。"此诗为送任澹斋随行郑氏所作。

** 时间系据翁同龢光绪七年四月十六日日记有此诗。

松栝阴。曲跽者为谁，吾官非羽林。

《瓶庐诗稿》卷三

同友人看海棠作*

光绪七年四月二十二日（1881年5月30日）

海棠庭院酒樽开，各赋新诗趣补栽。壬戌春闱分校，余与王少鹤、赵元青、钱辛伯各有劝林颖叔①京兆补海棠诗。十九年中春梦过，两人白发看花来。

欧九归田道路赊，料应回首望京华。不知南国相思豆，可抵东风及第花。谓颖叔。

《瓶庐诗稿》卷三

题法源寺方丈静涵和尚小照**

光绪七年八月初八日（1881年9月30日）

吕梁山下路漫漫，戏马台前白月寒。和尚徐州人，与协揆李公善。佛印旧称苏子客，苼溪偶袭玉琳官。搬砖弄瓦谈何易，秉拂开堂事大难。我不识师师识我，任他翻转倒来看。

城南大刹今无几，每遇芳时到一回。腊粥斋厨寻画去，傅雯三十二相。春灯廊庑摸碑来。二唐碑。尘中亦有江湖趣，世上原无岛可

---

* 时间系据《瓶庐诗稿》卷三原注。

① 林之望，字小颖，号远村，安徽怀远人，进士。时供职翰林院，官至湖北布政使。

** 时间参见翁同龢光绪七年八月初八日日记。日记有“题法源寺镜涵和尚照七律二首”。

才。留得青松红杏句，画图长为智公开。青松红杏卷，智朴所留，今在崇效寺，余为之重装。

《瓶庐诗稿》卷三

出朝阳门次通州宿燕郊*

光绪七年八月二十日(1881 年 10 月 12 日)

出郭便轻快，轻车熟往还。微黄秋半叶，淡墨雨中山。千锸深泥里，双桥落涨间。我行得高卧，毋乃太安闲。

苇壁添新薄，茅檐缀晚瓜。寻常小村落，珍重古田家。谷贱非农病，钱荒有众哗。从来富强术，毕竟是桑麻。

老矣真无用，归欤敢遂初。家风为政拙，举业读书疏。文质从三变，荣枯集一虚。君看揭揭者，岂是古之车。

多病偏憎热，今朝又怯凉。秋阴含雨重，野树划沙长。马矢煨茶苦，骡纲载果香。一餐吾愧汝，底事宿舂粮。

《瓶庐诗稿》卷三

闭户**

光绪七年八月二十一日(1881 年 10 月 13 日)

闭户竟高卧，不知有送迎。粗疏容傲态，洒脱见真情。快若雨风过，悄无人马声。从知古名将，万骑可横行。

《瓶庐诗稿》卷三

---

* 时间系据翁同龢光绪七年八月二十日日记。

** 时间系据翁同龢光绪七年八月二十一日日记。

蓟州和壁间韵*

光绪七年八月二十一日(1881 年 10 月 13 日)

李氏茶烟语太迂,逍遥空谷有名驹。上盘别有仙灵气,辛苦看松到半途。

八分题字亦狂迂,想见昂昂千里驹。商女琵琶豪客剑,误人物色是征途。

《瓶庐诗稿》卷三

过蓟州登独乐寺阁观太白题匾字**

光绪七年八月二十四日(1881 年 10 月 16 日)

翠柏高槐古意多,眼明飞阁极嵯峨。观碑过客今无几,题扁仙人可奈何。岩句有时编杜集,雪堂何必定东坡。逍遥楼字殊平钝,俗手钩摹恐易讹。

《瓶庐诗稿》卷三

辛巳九月九日恭奉慈安皇太后灵舆由观德殿出东直门,遂登车入麦田,邅迴久之,叱驭者毋损人麦

光绪七年九月初九日(1881 年 10 月 31 日)

小车真个是鸡栖,旋入平原路转迷。诏语每怜秋后麦,臣心分

---

* 时间系据翁同龢光绪七年八月二十一日日记。

** 时间系据翁同龢光绪七年八月二十四日日记。

别道旁梨。涨天尘起千车辙，殷地雷声万马蹄。二十年中恩似海，耕氓蚕妇尽含凄。

《瓶庐诗稿》卷三

夏店题壁*

光绪七年九月初十日（1881年11月1日）

解鞍容暂憩，隐几且高眠。何事门前客，偏争卖草钱。
黄花与白雁，其奈客愁何。一样宣仁诔，苏公涕泪多。

《瓶庐诗稿》卷三

蓟州**

光绪七年九月十一日（1881年11月2日）

欲访城南塔，登临意转伤。燕歌悲似哭，蓟树老先黄。二水旧题遏，三关古榷场。由来豪侠地，慎勿斗身强。

《瓶庐诗稿》卷三

醇邸惠果食清泉赋谢***

光绪七年九月十二日（1881年11月3日）

旅中得一饱，薄物亦清标。里古陶彭泽，栗。轩新郑板桥。橄

---

* 时间系据翁同龢光绪七年九月初十日日记。日记有"绕道夏店关，题诗于壁"。

** 时间系据翁同龢光绪七年九月十一日日记。

*** 时间系据翁同龢光绪七年九月十二日日记。

榄。题糕尤喜软，花糕。说饼妙能焦。蛋饼。知是天厨味，诗情未敢骄。

人天同此味，今昔感难休。一勺涤襟水，卅年花萼楼。松盘环跸路，龙喜护灵湫。何意青油幕，闲调红玉瓯。

《瓶庐诗稿》卷三

带匠进榆木床，归已曛黑，醇邸赠诗次韵*

光绪七年九月十五日(1881 年 11 月 6 日)

切切馀哀尚未忘，老来泪眦怯灯光。方中穿土衣裳简，龙首谈经辩论长。是日风水官李唐定宝床方向。玉顶峰头曾并辔，温泉亭上忆流觞。七年一瞥空怊怅，羞插茱萸满鬓霜。

有约青山意岂忘，冷云晴日好秋光。万家村落人烟聚，匝地松阴阁道长。野宿貔貅常减灶，帐房渐稀。岩栖猿鹤亦传觞。山中人有来馈酒食者。西风吹雨萧条甚，一夜千林尽变霜。

《瓶庐诗稿》卷三

慈安显皇后奉安礼成恭纪**

光绪七年九月十七日(1881 年 11 月 8 日)

没世民心感不忘，月重轮复日重光。名贤宗室推元祐，本纪班书仿子长。宫禁十年绨弋服，园陵一动菊花觞。天心默识皇情轸，

---

* 时间系据翁同龢光绪七年九月十五日日记。

** 时间系据翁同龢光绪七年九月十七日日记。

极目郊原尽雪霜。

《瓶庐诗稿》卷三

醇邸以与左侯并坐照像见示，敬题应教*

光绪七年十月十三日(1881年12月4日)

风凰麒麟世所珍，辽哉不与斯民亲。云霄想象一鳞羽，纵极摹绘知非伦。泰西奇器妙圆相，一匊亭育太古春。山河大地尽倒影，馀事貌遍贤豪人。盘宗龙种不可画，俗手未试先逡巡。云舒霞卷神骨秀，萧然自放天池滨。湘阴相公最奇特，当路老罴兀不驯。经行万里历百战，却来天府垂朝绅。王侯将相等闲耳，古来销歇皆灰尘。惟此一腔忠孝性，震骇耳目生精神。吾闻周公辅相日，召公往卜洛邑新。推原天命勖敬德，恩深义重辞周谆。洎乎召公告老去，周公留之君奭陈。曰我二人共笃棐，如洒涕泪沾裳巾。丈夫气类各有合，焉能随俗为笑颦。图中端尾屹嵩华，世上肝胆讴越秦。印将万本传万国，东尽日出西无垠。青云骥尾良会合，白发江湖多逸民。

《瓶庐诗稿》卷三

题程雒庵水部所藏石谷画卷**

光绪七年十二月二十五日(1882年2月13日)

图为在慈先生作，其郎君梓材嘱《耕烟画》，不三日而化

* 时间系据翁同龢光绪七年十月十三日日记。左侯指左宗棠。

** 时间系据翁同龢光绪七年十二月二十五日日记。

去，故图以归其尊人，寄挂剑之意，云云。

我本东南人，知解囿一方。谈诗与论画，不出吴越疆。国初推画宗，娄东有三王。吾虞耕烟翁，秀起称雁行。耕烟与麓台，同时相回翔。麓台简而古，耕烟密而苍。我重麓台画，笔势中锋藏。亦颇爱耕烟，精思入微茫。一登来青阁，再上清晖堂。遍识其云仍，得倾缣素囊。长安红尘中，觏此水曹郎。炯然一瘦鹤，眸子清而光。我忝为长官，性不耐羁缰。金鱼换破纸，相遇陈思坊。示我一幅图，烹茶为评量。飞泉岂无根，杂树俨生香。图中数行字，感叹人琴亡。触我失子痛，清泪流淋浪。君看耕烟翁，脱身富贵场。吴阊[①]暂栖泊，一诺千金偿。男儿重气节，浅语毋相忘。我岂知画者，诗又非所长。特与耕烟翁，旧庐郁相望。对君长叹息，荒我湖田庄。

《瓶庐诗稿》卷三

和任澹斋山海关见怀*

光绪八年二月十一日（1882 年 3 月 29 日）

渝关见月远怀人，行札封题意倍亲。隔海论交今有几，频年入梦是何因。来诗语意。官因懒散常思退，书为遗忘不喜新。欲识瓶生近来状，鸥夷犹点属车尘。

《瓶庐诗稿》卷三

---

① 指今苏州阊门。

* 时间系据翁同龢光绪八年二月十一日日记。

题苏园清话图*

光绪八年二月十四日(1882年4月1日)

图为吴慎生舍人作,以赠朝鲜使臣金益容。苏园,徐颂阁所居也。

白发苍颜老秘书,苏园何幸集簪裾。似闻海国称三绝,未必吴趋尽六如。是日坐皆吴人。六如居士,吴中明贤唐寅也。题扇大书风格古,送诗小札角筒粗。往来侍史喧腾甚,应怪吾侪习气迂。

近来邹衍喜谈天,环海瀛洲路渺然。不见异书终缺事,偶论丹诀亦前缘。要知骑鹤方成道,欲学屠龙岂计年。此是吾侪真实意,未应藉醉爱逃禅。

《瓶庐诗稿》卷三

壬午上巳枯坐无聊点灯作画

光绪八年三月初三日(1882年4月20日)

乔木荫丛篁,幽兰亦吐芳。虽然无法度,毕竟胜茶坊。

《瓶庐诗补》

次韵殷谱经前辈适园饮饯**

光绪八年三月二十日(1882年5月7日)

疾风三日黄埃飞,海棠落尽春已归。登高极目怆我臆,何况送

---

* 时间系据翁同龢光绪八年二月十四日日记。苏园为徐郙住处。

** 时间系据翁同龢光绪八年三月十三日日记。殷兆镛,字谱经,江苏吴江人,进士。曾任南书房行走,官至礼部左侍郎。日记有“夜写和殷诗”。

客增凄其。白驹已驾不可维,只有妙语相追贻。玉堂金马一场梦,归来荒径皆茅茨。公之新居亦复佳,有琴有书朝夕廝。隔墙醉呼潘太师,潘公作相三十载。牛行宅第长乖离,公亦出入凤凰池。三度京兆玉尺持,其间荡节东西驰。风霆独立屹不惧,霁颜却荷先皇慈。至今疏稿播海外,侏儒鞮象犹然疑。适园春物何芳菲,有酒湑我斟酌之。柳条淡宕东风吹,我已自叹白发稀。况公梨颜胡不衰,三天旧事不忍说。贱子安敢赞一辞,澄怀巢痕先人栖。亲见道光中叶时,神龙在潜气冲穆。天语简默精覃思,国家景运开重熙。螽斯诜诜行可期,书斋椠矱家法在。如公坐讲多所裨,惜哉此愿今已违,徒令后进生吁嚱,此则庄语非谐嬉,公今引年岂病痱,汉阴灌园且息机。祝公明年当再来,即不再来亦甚乐,四海识公霜鬓丝,严生事君志勿欺。进无所希退奚悲,长安一笑独向西。瘵饥不厌衡门低,得闲还补金銮诗。诗成寄我江南枝,适园一夕德星聚。吴门千里城郭非,何时更侍欧阳卮。

《瓶庐诗稿》卷三

题张勇烈公树珊遗像*

光绪八年六月三十日(1882 年 8 月 13 日)

烈士世共悲,州民我所独。呜呼飞将军,遗此图一幅。咸丰庚申秋,蛾贼遍南服。我虞蕞尔邑,蛇豕久窟族。是时金陵围,贼势日已蹙。谓当从上游,次第扫狼福①。岂知兵家谋,棋局有反复。

* 时间系据《瓶庐诗稿》卷三原注。张树声、张树珊,安徽合肥人,均为淮军将领。是日日记有:“题张提督勇烈公像。树珊,张振轩之胞弟,同治五年在德安阵亡。”

① 指南通狼山、常熟福山。

桓桓合肥军，万辐辏一毂。扬我江上旌，乘我下濑舳。径登长沙尾，直捣三吴腹。我师固顺动，妖焰亦反扑。沈陷在须臾，危哉一城哭。张公从天来，赴击一何速。雨声杂鼓声，雷电纷奔逐。游魂荡馀腥，白骨起再肉。从此苏与常，乘势若破竹。公乎真健者，百战无一衄。何意西征师，大星堕安陆。燕台六月雨，苦雾正黪黩。空堂展遗像，铁色森在目。犹馀飒爽气，懔懔压三伏。君家好昆季，分任古岳牧。筹边重良策，不事鲸鲵戮。庶从根本地，培养元气复。时危思鼓鼙，世靖敛弓韣。嗟尔江乡人，神祠永尸祝。

《瓶庐诗稿》卷三

题冯尹平幽窖雪鸿画卷*

光绪八年八月十六日（1882年9月27日）

尹平名玉衡，广东人，尝从军广西，为叛奴所讦，以为通贼，下刑部狱。命王大臣会鞫，无证，从轻戍伊犁。其子焌光出关。已而焌光佐曾文正幕，旋授上海道，而尹平已前卒。焌光辞官，访父骨得归，比归至上海，焌光亦卒。疆臣以闻，有旨宣付史馆为立传。

寂寂圜扉老画禅，郎官窃笑吏人怜。台乌知赦浑难信，笼鸟惊秋耿不眠。挥洒默伤天壤大，弆藏分付子孙贤。皋陶祠下东头屋，记我连床读易年。壬戌、癸亥之际，先兄在请室①，余日往来其间。

亭林奚事怒沈河，吴季徒闻出塞歌。万里寻亲今有几，只身负骨痛如何？完巢生死恩难报，题墓荣哀事已多。两卷丹青皆血泪，

---

* 时间系据翁同龢光绪八年八月三十日日记。日记有："为冯殿卿建侯题其祖尹平先生狱中画卷，七律二首。"

① 指翁同书因寿州失守事件被逮系于刑部狱中。

勉承苦志莫蹉跎。

《瓶庐诗稿》卷三

题冯吉云观察《艺兰图》*

光绪八年八月十六日(1882年9月27日)

野人艺兰一室芳,士人艺兰天下香。一花已落一花起,看取君家兄弟行。

君家昂昂两名驹,一谈虽浅意有馀。兰兮兰兮生有种,早晚撷取升天衢。

陈公兰甫[①]已矣古经师,灌翁老病画亦稀。君之二友亦吾友,荒江落月空愁思。

《瓶庐诗稿》卷三

送周子京原祁南归**

光绪八年八月三十日(1882年10月11日)

白雁黄花次第新,开樽为送暂归人。半生已老诸侯客,明岁来看上苑春。腹有诗书须鬓古,语多菽粟性情真。张王乔许通家旧,海州著姓,皆先祖门下士也。消息因君到海濒。

《瓶庐诗稿》卷三

---

* 时间系据翁同龢光绪八年八月十六日日记。原注:"冯为竹如同年之弟。"

① 陈兰甫,广东人,清代著名学者。

** 时间系据翁同龢光绪八年八月三十日日记。日记有:"夜邀子京饮,明日行矣,作诗一首赠之。"

题黄雪轩光燮画册为徐颂阁郙* 时颂阁将赴皖视学

光绪八年八月三十日(1882年10月11日)

从来高易诗人意,不数纵横画史家。幸有九峰老居士,能开五色笔头花。

识画真如论将难,万人若个是登坛。闭门深巷无车马,冷写秋光独自看。

秋鸿社燕两参差,寒雨西风送客时。谁续城南新画社,野云水屋共谈诗。朱野云有宣南画社。

《瓶庐诗稿》卷三

为徐小云侍郎题袁通甫先生诗卷,用卷中苏斋诗韵**

光绪八年(1882年)

冬官大夫殊碌碌,日夕程书计版筑。不知古有谪仙人,蛟泽藏名万菰绿。静春堂集今再刻,卷首题辞即龚璛。此卷题者十二人,鲜于黄柳善识真。后来一王二吴字,耿耿芒角星照晨。辽哉大德迄正统,呵护疑藉龙威神。苏斋论诗重骨节,少陵涪州本无别。黏云白雁渺秋天,第四楼高语凄咽。当时嗤点岂无人,只与鱼门瘦同说。五研文孙今几传,西塘遗构犹岿然。研亡人去书散尽,转眼风

---

* 时间系据翁同龢光绪八年八月三十日日记。

** 时间系据《瓶庐诗稿》卷三原注。

灯又百年。五研楼主人袁又恺，乾嘉时吴中藏书家也，即先生之后裔。

枫桥虎阜到者少，谁向赭墩来叩舷。鲰生窃禄不知止，愧尝筑室荒山里。嘉禾侍郎潇洒人，家有鸳鸯万区水。同依魏阙说江湖，侧想高风一兴起。

《瓶庐诗稿》卷三

招友人小饮有感*

光绪九年正月十七日(1883 年 2 月 24 日)

朝食千钟暮一盂，荣枯丰啬有殊涂。困来瞌睡饥来饭，为问庞公著意无。

孤军誓死阖城知，啖尽鞋材与鼓皮。幸有昌黎青史笔，尚怜南八乞师时。先兄文勤守寿州事。

近局招邀得比邻，廿年重聚更相亲。灯前各讶须眉白，怊怅应怜地下人。是日朱粹甫、孙燮臣、张子腾在座，谈及林锡三、夏子松。①

《瓶庐诗稿》卷三

今年以河流卫藏发策蕲得熟于地形之士**

光绪九年三月二十七日(1883 年 5 月 30 日)

白纻青袍十八州，岂无鹰隼出高秋。书生能侈谈天口，太息当年张石洲。

《瓶庐诗抄》卷三

---

* 时间系据《瓶庐诗稿》卷三原注。

① 指朱其昂、孙家鼐、张家襄、林天龄、夏同善。

** 时间系据《瓶庐诗抄》卷三原注。是日翁同龢日记有："入署议黄何事。"

题朱保之《枫江感旧图》*

光绪九年七月二十六日(1883 年 8 月 28 日)

道光庚子六月,同龢侍大母避地于灵岩山馆,盖蒋氏墓庐也。穷途栖屑,全家获庇。其地在木渎,去枫江不远。同治癸酉再往,但见断桥败壁而已,因题此图,不胜感慨。

胥江南去接横塘,乔木虽留草已荒。一样大观楼畔月,暂时分筑读书堂。

万事乘除岂可期,君看双相蒋家祠。慈乌别有辛勤意,不论新巢与故枝。

风雨全家寄一舟,灵岩山馆我曾游。儿嬉奉母前生事,秉烛秋堂涕泪流。

《瓶庐诗稿》卷三

用东坡中秋月诗韵送士吉侄南归**

光绪九年八月十五日(1883 年 9 月 15 日)

士吉洵吉士,颜臞胸镜清。三度来谒我,不惮转海行。去年棘闱里,细雨双门扃。今年城南居,挑灯赋秋声。子老倦行役,我衰玷承明。征鸿与病鹤,安得常合并。相逢尘海中,一笑真蓬萍。寄身西北

---

* 时间系据《瓶庐诗稿》卷三原注。是日翁同龢日记有:"为朱保之题《枫江感旧图》,士吉嘱题也。"

** 时间系据翁同龢光绪九年八月十五日日记。日记有"赋诗,和东坡中秋月韵,送士吉侄,慨焉而叹,意谓士吉犹能转海来访也"。

风,为扫万里晴。吾怀无宠辱,世论有重轻。且尽一壶酒,眷然丘陇情。

《瓶庐诗稿》卷三

孙燮臣新得日本唐写经欲以见贻,次韵却之*

光绪九年十月十一日(1883 年 11 月 10 日)

天平书迹永徽人,天平年当唐永徽年。若较欧虞隔一尘。佞佛夷风犹近古,钞经僧派屡翻新。壁中郑注知非伪,火后秦书倍足征。日本近用泰西法,易衣冠焚书籍。闻道剖肝有奇士,海东文献未全沦。自改法后彼国有一士剖肝抱经而死。

凄绝趋庭问字人,儿嬉制笔已前尘。云泉遗笑诗难和,渤海真书墨尚新。法华、随喜、灵飞、六甲经,皆余家旧藏。颇愧凤麟称国士,敢夸鸡鹜作家珍。孙郎帐下才如海,漫道珠光易隐沦。

《瓶庐诗稿》卷三

燮臣再送,次韵再答

光绪九年十月十二日(1883 年 11 月 11 日)

落叶敲窗夜坐深,挑灯展卷重推寻。等闲龙藏犹神护,一样虬浮竟陆沉。琉球为日本所吞。解剑君真豪士气,据舷我岂少年心。锦鲸还客非无意,可使焦桐得赏音。卷经火。

况复君书致力深,唐碑晋楷日研寻。略参松雪神锋活,兼仿天瓶腕法沈。可是书生馀结习,故知笔谏有精心。凭将一卷临池诀,

* 翁同龢日记光绪九年十月十一日有“和燮臣诗四首”,此为第一、二首。

付与官奴好嗣音。令子能书。

《瓶庐诗稿》卷三

燮臣三以诗来，次韵奉答*

光绪九年十月十三日（1883 年 11 月 12 日）

海外弓刀未解严，东嵎虽远若堂廉。百家文字华夷杂，四裔衣冠寄僰兼。日本所刊书皆以日文旁注，近更冠服如西人矣。宋本幸留公穀传，余仁仲《穀梁注》宋本在日本。唐音谁补丙丁签。日本佚唐诗，余有钞本。区区翰墨浑闲事，其奈忧时白发添。

自笑酸寒戒律严，木名交让水称廉。评量书画风流在，爱敬朋侪道义兼。投赠真同吴札带，庋藏还付邺侯签。公馀客退无多暇，翻觉新诗日课添。

《瓶庐诗稿》卷三

题十三行五本为李兰孙相国**

光绪十年正月二十四日（1884 年 2 月 20 日）

脱尽町畦气转遒，越州真影到常州。荆州本从石氏本，出孙摹，纤屑毕合。莫教错认元和脚，如此风神学不得。右荆州孙文介二本。

白玉能追碧玉魂，赵肥燕瘦不须论。杭本有二白玉，即碧玉复本也。渔

---

* 时间系据翁同龢光绪九年十月十三日日记。日记有："和燮臣诗四首。"此为第三第四首。

** 时间系据翁同龢光绪十年正月二十四日日记。是日日记有："题兰孙所藏《十三行》"。

人网得之说，余尝辨之。西湖自古篙无铁，西湖船篙不用铁尖。安得蜂窝叠叠痕。右杭州本。

十九文钱字数行，鲁青裘手拓若林王藏。人间合有淘沟本，怪底淤泥佛放光。京师有淤泥寺幢。

山阴笔阵是门风，气味酸咸迥不同。谁翦高家一海字，竟羼汝帖五行中。汝帖中刻十三行止五行八十九字，右淘沟本。

客退空斋静自娱，又循霜鬓起长吁。闲将识画看碑眼，默数中州士大夫。

《瓶庐诗稿》卷四

题罗忠节公小像用左相国韵*

光绪十年二月初十日（1884年3月7日）

书生杀贼自公开，学道方知将帅才。完成平生忠孝事，漫疑失脚钓鱼台。

《瓶庐诗稿》卷四

题陈鸿文先生《蓑笠图》**

光绪十年五月二十二日（1884年6月15日）

先生讳鸿，字鸿文，北山后裔、鲁山侍御之玄孙也。尝为

---

* 时间系据翁同龢光绪十年二月十日日记。日记有："题罗忠节遗像卷子七绝一首，和左韵。"罗泽南，字仲岳，号罗山，湖南湘乡人。1856年（咸丰六年）率湘军在武昌与太平军作战，被太平军打死；左相国指左宗棠。

** 时间系据翁同龢光绪十年五月二十二日日记。日记有："题陈鸿文先生画像册，先生与蓼野公为挚友，册有蓼野公题句。为其族孙陈同沅湘渔题。"

翰林典籍。明亡不仕，有《六十自寿集唐诗》一百十首，七十如之，弇雅倜傥，有东林风气。图中题咏，皆国初名流。而吾七世祖蓼野公[①]截句一首在焉。展拜凄怆，敬题三诗。

落木空山独往时，陶公遁迹已无诗。试看百首唐人句，岂是先生自寿辞。

麻鞋遍踏北山村，桃涧东头古墓门。络纬乱啼荆棘满，不知何处葬诗魂。

汝南清德媲前贤，卖到城西屋数椽。再拜敬题先友记，伤情二百八年前。蓼野公自分守河南道，裁缺后，拂衣径归。康熙丁巳、戊午间，正贫窭卖宅时也。敬按年谱，有老友陈鸿文为余孙作传之语。系于丁巳年下，此诗亦作于是年。

《瓶庐诗稿》卷四

题张樵野荫桓所收恽南田山水册*

光绪十年闰五月初六日（1884 年 6 月 28 日）

慧眼参将最上乘，吾虞衣钵有名僧。恽为谛晖和尚弟子。高云阁上萧寥笔，回首湖山感不胜。

若林评画似论书，苦道耕烟韵不如。二老过江同一笑，风帆如鸟落潮初。曾见耕烟海门图，与恽公同舟论画，恽诗有风帆之句。

丁藏古籍雨生李藏碑若农[②]，君又能兼画癖奇。樵野喜聚书帖并能画，盖兼二公而三之。一篋云烟九万里，归来龙气尚淋漓。樵野以芜湖道留译

---

① 翁长庸，字玉宇，号山愚，顺治进士，曾任长芦盐运使、河南道，有诗文集《蓼野集》。

* 时间系据翁同龢光绪十年闰五月初六日日记。日记有："题恽画册，为张樵野。"

② 指丁日昌、李文田。

署,加三品卿将出使外洋。

《瓶庐诗稿》卷四

彰仪门外南泡子荷花最繁,子密作图乃名宝泉河,题奉一笑*

光绪十年闰五月(1884年6月)

巴沟荷花比隐士,走马来寻泥没趾。南泡荷花如酒狂,唐突游人倚窗几。巴沟不及南泡幽,但有荷花皆可喜。彰仪门西古城角,杰阁无名就倾圮。袁公小午侍郎作堂我题榻,爱此清冷半湾月。后来裙屐日喧哄,我亦罢游经一纪。钱公觥觥吾辈人,不乐纷华乐贫仕。乍晴急雨偶然耳,偏有长歌诧新美。新图题作宝泉河,令我推寻肚画指。譬如熟客换生名,对面相看尚疑似。今年闰月热颇早,已有青钱点溪涘。公今不惜酒杯勤,我亦重游续前轨。蓬莱方丈五云间,白舫乌篷照金紫。西江千顷未足谈,何况区区南泡子。

《瓶庐诗稿》卷四

竹瓶歌为徐生琪作**

光绪十年六月初二日(1884年7月23日)

传衣讵为荣,遗笏匪示夸。乌乎孝子心,百世长咨嗟。徐生东

---

* 时间系据《瓶庐诗稿》卷四原注。钱应溥,字子密,浙江嘉兴人。官至军机大臣。

** 时间系据翁同龢光绪十年六月初二日日记。原注:“瓶为徐生六世祖文敬公潮所制,兹以拓本征诗。”

南彦，牛行旧人家。当时清风堂，照耀浙海涯。长淮万丈堤，驱走龙与蛇。至今浮山祠，社鼓惊神鸦。偶然留竹瓶，篆刻细字斜。清名重宇宙，妙制翳尘沙。徐生得之泣，谓是神贶加。不敢屡摹拓，恐失匏樽洼。嗟余久废学，题诗目昏花。感生述祖德，新茁发旧槎。要从根节起，养到枝杈桠。立身惟劲直，守口避嚣哗。钟鼎君家物，岂徒绍清华。

《瓶庐诗稿》卷四

题《吴礼耕游迹图》为心穀世兄*

光绪十年六月二十四日（1884 年 8 月 14 日）

俗儒读书仕进机，通儒读书知者稀。深山陡壑人迹绝，中有松枥大十围。东家骏驹堕地肥，西家鹤雏刺天飞。萧然一翁独何事，二十五年穷不归。论文校艺古云乐，奈此南国多旌旗。当时士气贵沈静，岂肯挟策干彤闱。卢沟西行具骖骓，太行山色沾人衣。衙斋菽水足淡泊，酝酿花国开芳菲。先生作图止于是，令子抱画长歔欷。冷官仓曹不疗饥，但见空室垂伊蝛。白头郎潜君莫叹，心穀由部司务为仓监督。君有后起来颀颀。秋堂如水暑气微，蓬蒿作花昼掩扉。我官禁闼二十载，孤云独鸟无因依。却有一事生悲晞，亦如先生志愿违。倚空长剑星斗活，渺彼螟蛉与虱虮。从军之图我所喜，酸寒一洗儒冠讥。

《瓶庐诗稿》卷四

---

* 时间系据《瓶庐诗稿》卷四原注。原注：“图凡十二幅。”翁同龢光绪十年六月二十四日日记有：“题吴礼耕《游迹图》。其子心穀，癸丑教习，太仓人”。

题钱警石先生《冷斋勘书图》*

光绪十年六月二十七日(1884年8月17日)

我本海角人,少游浙海涯。稍窥振绮堂,亦过别下斋。独我丈人行,缘疏一面乖。海昌故学舍,修篁杂高槐。不足容轩车,颇容百签排。晚年遭寇乱,扁舟落江淮。船头置图书,柁尾载米柴。云山浩无穷,寄我万古怀。寂寥风雨晨,鸡鸣声喈喈。

家世事诗书,父兄有遗言。慎守冷官风,毋改雀罗门。近者通宾客,颇闻车马喧。典衣买破书,欲读席不温。老眼艰识字,况乃性道尊。莫言客不来,客至我逾垣。俗客我所畏,嘉客苦我烦。千章杞梓林,何处著穷蝯。永愧乡邦人,著书老丘园。

钱君归奉亲,糠秕视通显。少年逐文字,知君盖非浅。谓子密同年。贻我甘泉稿,再拜泪涕泫。侑以衎石集,苦矣读者鲜。二书信宏博,所得在实践。儒林与文苑,史笔强分辨。先生与衎石翁①事迹著述并付史馆。要知忠孝性,一行贯百善。世无颐性老,斯义孰与阐。卓哉冷斋题,足配征慎扁。衎石翁有征慎斋扁。

《瓶庐诗稿》卷四

---

* 时间系据翁同龢光绪十年六月二十七日日记。日记有:"题钱警石先生《冷斋勘书图》。"钱警石指钱泰吉。

① 钱仪吉。

题陆方山《润州论诗图》为其孙凤石洗马*

光绪十年十月十八日(1884年12月5日)

冷官诗人如瘦鹤,咀嚼冰霜睨寥郭。可怜风火满江红,犹抱危巢牢著脚。意苕之集我未见,方山先生有《意苕集》。敢以庸虚漫忖度。要知画里本无诗,纵欲谈诗何处著。遗诗刊木画藏橐,两世龙门得付托。当年海岳米家庵①,今日青藜天禄阁。幅中逍遥一笑乐,亦有新篇互商略。青丝络马退朝人,丽句虽多笔锋弱。是日霜寒风陨箨,纸窗竹屋深帷幕。酒醒忽忆好江山,鹤去城空人寂寞。

《瓶庐诗稿》卷四

克勤郡王属题张子青画**

光绪十年十一月初六日(1884年12月22日)

直庐灯火夜沈沈,走檄飞符计划深;谁道东华门外路,退朝有个老云林。

朱邸清贫莫与俦,买书往往典貂裘;寻常鉴画谈诗诀,已较时贤胜一筹。

《瓶庐诗稿》卷四

---

* 时间系据翁同龢光绪十年十月十八日日记。日记有"题陆凤石曾祖少游先生与顾南雅、李子仙往还诗卷。又乃祖方山先生《润州论诗图》,作一诗"。陆润庠,字凤石。

① 指宋代书法家米芾。

** 时间系据《瓶庐诗稿》卷四原注。张子青指张之万。是日日记有"题张子青画二首,应克邸嘱伯康"。

咏菜糊涂*

光绪十年十一月十八日(1885年1月3日)

江淮间,屑麦和菜入釜调之曰菜糊涂。先祖在海州时,举家所常食者,同龢熟其名而未知其味。一日,燮臣以此见饷,既荐于寝,追忆八十年旧事,感叹不已。

再拜惊呼麦一盂,老来才识菜糊涂。海州学舍斋厨味,柔滑香甘似此无。

一饭艰难世岂知,当年豆屑杂麸皮。道光三年吾邑大水,母执爨以米奉大母,而全家食糠核。孤儿有泪无从咽,不见耶娘吃粥时。

隔巷孙兄德有邻,炊藜饷我倍情亲。夜长月落尖风紧,多少穷榈忍饿人。

《瓶庐诗稿》卷四

题恭声云镇《芜湖送别图》**

光绪十一年二月初二日(1885年3月18日)

投绂缘何事,扁舟今已归。旌旗空杳杳,草木尚依依。江水无情碧,闲云自在飞。寄声诸父老,苦泪莫沾衣。

闻道霜台使,锋车号令宣。频裁洛阳贾,颇治颍川田。摹帖量

---

* 时间系据《瓶庐诗稿》卷四原注。翁同龢光绪十年十一月十八日日记有:"孙五兄送菜糊涂,慨念八十年前海州旧事,赋三诗。"

** 时间系据《瓶庐诗稿》卷四原注。又,翁同龢光绪十一年二月初二日日记有:"题恭声云《鸠江送别图》。"

官烛，刊书捐俸钱。平生豪宕气，肯泛五湖船。

斗绝鸠兹县，双矶我所经。趸船高过屋，灯塔乱于星。此二事西人新立。关卡人声杂，鱼盐市气腥。可怜江渚月，高咏竟谁听。

属尔一樽酒，衡门且息纷。岑参好兄弟，李广旧将军。君兄振夔①将军方以疾在告。并辔寻春晚，连床话夜分。行藏吾道在，此事总浮云。

《瓶庐诗稿》卷四

题画鹰*

光绪十一年二月（1885 年 3 月）

不羡雕笼与锦绦，迥然独立似人豪。莫矜画壁森头角，会见云霄奋羽毛。铁干自撑知劲骨，玉轮无翳鉴秋色。画有松月。炉烟不动槐阴静，闲看风前燕雀高。

《瓶庐诗稿》卷四

放生池僧以秋花子三种见赠**

光绪十一年三月十五日（1885 年 4 月 29 日）

傲他青李与来禽，分得禅房数粒金。一种娇黄好颜色，不知可有向阳心。秋葵。

弱比凌霄轻比霞，圆于金弹薄于纱。莫教错认灯笼锦，臣里原无进御花。灯笼花。

---

① 即恭镗。

* 时间参见翁同龢光绪十一年二月初五、初八日日记有“临画”。

** 时间系据翁同龢光绪十一年正月十五日日记。

簌簌清阴数寸长，居然七月弄清香。人间多少南柯客，才见黄花便著忙。江南槐亦草花也。

《瓶庐诗稿》卷四

四月直西苑长春书屋，与松寿泉少宰话卫藏形胜，少宰索诗，因题其扇*

光绪十一年四月二十二日（1885年6月4日）

西掖通青琐，南台倚紫微。鸥分经士席，花拂侍臣衣。朝散驺铃卧，时平羽檄稀。侧闻闵雨诏，犹恐一民饥。时正祈雨。万里西南使，归来鬓未霜。眼空蜀山碧，身带佛云香。旧迹曾联步，曾同充起居注官。新班又缀行。隔桥人指点，三鹤立长廊。

《瓶庐诗稿》卷四

次韵赠寿泉**

光绪十一年四月二十二日（1885年6月4日）

橐笔朝朝讲幄亲，臣居只隔凤城闉。炉烟不动槐阴转，静里工夫有日新。

经术商量大义明，吾侪求友重嘤鸣。赏花垂钓寻常事，漫说儒生稽古荣。

威棱端在抚绥中，清到无尘气自雄。无数羌戎争控马，愿留玉

---

* 时间系据翁同龢光绪十一年四月二十二日日记。日记有：“步行至长春书屋办事。”

** 时间系据翁同龢光绪十一年四月二十二日日记。日记有：“为松寿泉作诗，写于扇。”

节梵王宫。

却俗轩临莱圃前，抄书读画小神仙。何时同泛昆明棹，一看西山雨后天。

《瓶庐诗稿》卷四

四月二十三日西苑和燮臣韵

光绪十一年四月二十三日（1885 年 6 月 5 日）

玉辇躬扶洒扫亲，六飞迢遰度重闉。儒臣退食浑无事，只有诗篇日日新。

蓬壶楼观湛虚明，中有仙禽相和鸣。一草一花皆可敬，九朝雨露为滋荣。

回首西清一梦中，漫将衰笔斗清雄。子云久薄长杨赋，敢草新铭篆绛宫。

十载横经玉案前，清班犹得列群仙。传柑赐葛年光迅，更看荷花六月天。

《瓶庐诗稿》卷四

奉敕题克勤郡王画兰扇恭和御诗韵

光绪十一年五月初五日（1885 年 6 月 17 日）

大智无偏好，天心自右文。偶然论画理，随意写幽芬。书斋馀暇写兰。口敕亲藩奉，心花妙笔纷。一挥烦暑退，奚事咏南薰。

本是江皋种，孤芳托主知。素心常独抱，介节敢轻移。风露滋培处，庭阶秀发时。有言金可断，愿绎圣人辞。

《瓶庐诗稿》卷四

又题二首*

光绪十一年五月初五日(1885 年 6 月 17 日)

画史征遗献,三吴有沈周文征明。写生能得趣,泼墨并流芬。真本臣能识,浮谈世自芬。近来王恽辈,亦颇藉陶薰。曲艺犹如此,论经更可知。义名当细剖,师说未容移。虞郑分笺处,诗骚并引时。谨案:兰即蕑,又通作莲,凡经传兰字,虞郑皆训香草,即药品中泽兰,非今所谓建兰、蕙兰也。圣功超训诂,漫补白华辞。

《瓶庐诗稿》卷四

去年庆邸为子腾画扇,今日展视乃极似南海直庐,次韵题扇背**

光绪十一年五月初五日(1885 年 6 月 17 日)

曲径通瑶圃,高斋坐翠微。石森松拥笏,苔绣壁生衣。池上逍遥惯,花间来往稀。朝朝分玉馔,为念侍臣饥。

谁写蓬壶景,居然叶带霜。好诗先有兆,宿墨尚馀香。邸题诗似为今日发。本具烟霞兴,应陪剑履行。敬承天语重,且莫走风廊。子腾在告,屡蒙垂询,命勿入直也。

《瓶庐诗稿》卷四

---

* 时间系据翁同龢光绪十一年五月初五日日记。日记有:“弄笔墨,和诗,写扇,送伯、克、庆三邸。”

** 时间系据翁同龢光绪十一年五月初五日日记。

次韵赠克勤郡王*

光绪十一年五月初五日(1885年6月17日)

一身通六艺,力学得渊微。馀事能穿札,新恩重赐衣。得大卷赏。金门从昔贵,珠履近来稀。应有蓬蒿士,栖迟叹疗饥。妙绝论诗画,甘如啖蜜霜。签分南北派,帙有宋元香。欲乞图三丈,兼题墨数行。他时虹月影,照我小筠廊。

《瓶庐诗稿》卷四

次韵赠庆郡王**

光绪十一年五月二十日(1885年7月2日)

朱邸新开府,今年晋封。聪明妙洞微。家家画团扇,字字绣弓衣。词翰之妙海东知重,王时总理各国事务也。体国谟猷重,忧时笑语稀。云帆齐转海,差喜慰輖饥。海运放洋,赖王筹策。

一挥三十幅,写遍洞庭霜。笔势万钧重,墨花五色香。琼瑶应接席,紫琼瑶华道人。王石谷恽寿平俪分行。更乞摹云手,来图绿意廊。北海直庐在绿意廊。

《瓶庐诗稿》卷四

---

* 时间系据翁同龢光绪十一年五月初五日日记。

** 时间系据翁同龢光绪十一年五月二十日日记。

题张子青为松寿泉画扇*

光绪十一年五月二十三日(1885年7月5日)

白发江南旧使君,诗篇酒盏意殷勤。故将筐里丝纶笔,闲写江天锦绣云。

南宗零落北宗多,其奈当时赝本何。无数鹊华秋色卷,几人能识赵鸥波。

三年持节走锋车,看遍蓬婆塞外花。寿泉尝为驻藏大臣。一角蜀山黄似赫,不知何处是金沙。

《瓶庐诗稿》卷四

次韵赠孙燮臣**

光绪十一年五月二十三日(1885年7月5日)

吾爱孙夫子,清谈动入微。昼眠时隐几,风生屡添衣。海国兵初罢,畿疆雨又稀。司农慎金谷,第一恤民饥。

白首论昆季,相期耐雪霜。山姜馀辣性,圃菊抱寒香。讲职叨联袂,经师敢抗行。吾衰多阙失,何以立朝廊。

《瓶庐诗稿》卷四

* 时间系据翁同龢光绪十一年五月二十三日日记。

** 时间系据翁同龢光绪十一年五月二十三日日记。

次韵赠博多罗噶台亲王*

光绪十一年五月二十四日(1885 年 7 月 6 日)

朔部隆藩翰,中枢翊太微。镳联骖乘马,汗湿退朝衣。遮迾彤扉静,传宣玉漏稀。十围称腰腹,应笑腐儒饥。

回首先朝事,相从已廿霜。艰难同血泪,宛转有心香。何意龙鸾侣,还联鹓鹭行。茵凭联坐处,忍忆殿西廊。同治年间与王同在弘德殿。

《瓶庐诗稿》卷四

秘魔崖观宝竹坡题石而作**

光绪十一年六月二十七日(1885 年 8 月 7 日)

衮衮中朝彦,何人第一流?苍凉万言疏,悱恻五湖舟。直谏吾终敬,长贫尔岂愁?何时霜叶下,同醉万山秋。

汪荣宝《思玄堂诗集》《秘魔崖观宝竹坡、翁叔平题石因遂登山》一诗附录

见沈石田《八椿图》戏摹一帧题诗次原韵***

光绪十一年七月二十四日(1885 年 9 月 2 日)

卌年住京师,归老无一庄。喜此蜗牛庐,安我折脚床。平生嗜

---

* 时间系据翁同龢光绪十一年五月二十四日日记。

** 时间系据翁同龢光绪十一年六月二十七日日记。日记有:“题诗于宝竹坡题名后。”《瓶庐诗稿》卷五中“苍凉万言疏”刻成“苍凉万古疏”。此处所录系据石刻手迹。题目为编者所加。宝廷,字竹坡,官至翰林院编修。

*** 时间系据翁同龢光绪十一年七月二十四日日记。

沈画，拟筑耕石堂。瞿忠宣有耕石堂。不愁四壁空，但愁鹅绢长。萧条八椿图，禅房艳秋霜。上题一篇诗，出入苏与黄。月涧尔何人？沈为月涧和尚作。茗碗得共尝。惜落俗子手，摹本多寻常。我画作矮幅，兰亭缩灯光。幽处自展看，不付人评量。

《瓶庐诗稿》卷四

题徐花农琪《琐闱玩月图》*

光绪十一年八月初十日（1885 年 9 月 18 日）

名流远想万松堂，近代惟闻戴鹿床①。两公皆有蓝笔画。难得风帘官烛下，一时二秒说徐黄。分校黄枚岑编修彝年，亦工画。

清秘槐厅溯旧闻，几人携幼陟青云。十洲同看今宵月，独许臣家有二分。侄孙斌孙亦充分校，奉特旨毋庸回避，异数也。

老来已觉笔头干，惭负参详文字官。毕竟爱君是苏轼，解吟高处不胜寒。

《瓶庐诗稿》卷四

题画花果二首**

光绪十一年八月（1885 年 9 月）

便应化作菩提树，删尽纤纤十指奇。曾见天题鼻功德，乾隆御画佛手，上题“鼻功德”三字。人间岂合再题诗。佛手柑。

---

* 时间系据《瓶庐诗稿》卷四原注。

① 指戴熙。

** 时间系据《瓶庐诗稿》卷四原注。

南方草木皆奇特，独有枸橼近合欢。幸有天生味酸涩，不随梨橘荐春盘。香圆。

孤干单花瘦叶柔，春风开后又开秋。蘼芜本是江南种，不傍温州与建州。秋兰。

《瓶庐诗稿》卷四

题蒋戟门先生遗像为其曾孙汝济*

光绪十二年四月十三日（1886 年 5 月 16 日）

公子承华日，熙朝最盛时。国恩勋爵禄，家学书画诗。玉尘常萧散，金鱼互委垂。等闲一幅绢，亦足系人思。

闻道长安邸，西临净业湖。红云盖明镜，碧玉浸方壶。画舫家家有，珠帘面面俱。即今郑公宅，无路赐臣谟。

百卌年中事，荣枯岂足论。题诗多老辈，赎画有贤孙。清节衣冠古，高门草木尊。治家如养气，息息要归根。

《瓶庐瓶稿》卷四

题赵次公《学佛图》**

光绪十二年七月十五日（1886 年 8 月 14 日）

丙戌夏，犹子鹿卿携次公《学佛图》来。中元日大雨，独游城南招提，衣袂尽湿，归而书此，以寄次公知余此情也。

须鬓昌丰眼有棱，岂应危坐学山僧。鱼肥稻熟花猪美，如此参

---

* 时间系据翁同龢光绪十二年四月十三日日记。

** 时间系据翁同龢光绪十二年七月十五日日记。

禅我亦能。

闻道腰围减已频，黄金挥尽不言贫。世间佛子多于草，愧尔权奇倜傥人。

次公不见苦相思，笑我尘劳远索诗。我却偷闲看花去，放生池上雨来迟。

《瓶庐诗稿》卷四

丙戌七月二十九日小疾昼寝，梦至一村落，有人示一诗，醒而记之

光绪十二年七月二十九日(1886 年 8 月 28 日)

具区深处石湖东，自有清凉十种风。省识梁庄门巷好，绿簑青笠卖莲蓬。

《瓶庐诗补》

题宋拓汉经残片二首[①]

其一

光绪十二年冬(1886 年 12 月)

石经残文宝汉氏，古香□郁都九纸；足骄退谷矜秋庵，孙黄所得俭于此。梅花溪上钱立群，冥心日日笺其文；天公郑重落吾手，瓶庐寂对忘云云。

① 本资料录自王国维先生 1915 年 10 月 16 日的《古漫录》。光绪十二年冬(1886 年 11 月)翁同龢从钱泳后人那里购得钱泳(钱立群，字梅溪)生前所藏宋拓汉经残片九纸，兴喜无比，遂写了第一首诗。诗后又跋："世传宋拓汉石经残字有三本：一为孙北海(退谷)藏，一为黄小松(秋庵)藏，一为蔡松原藏。(转下页注)

其二

光绪十五年七月二十五日(1889 年 8 月 21 日)

茫茫人海怕回头，尚父湖滨旧白鸥；输于梅花老亭长，一灯风雨写经楼。

癸卯秋松禅老人书。

王国维:《古漫录》

题张雨生《北墅主客图》*

光绪十二年十二月二十二日(1887 年 1 月 5 日)

此卷庋余箧中三年矣，丙戌，雨生解黄丝来京师，相见甚欢，然未尝索及此也。岁暮检书，忽得之，既念良友合并之难，

(接上页注)“此本有十三纸巨观，而世少称述，意梅溪居士得经后，秘不示人，故卷首藏经小景有覃谿(翁方纲)题眉，而后无一字，知亦未曾寓目也。覃谿且不使之见，宜同时金石家都无题记耳。然天道忌盈，红羊之厄，由居士后人出诸劫火中，已佚去四纸，大璞不完，弥足珍贵。光绪丙戌之冬始归于余，欢喜记之。瓶庐翁同龢。”光绪丙戌冬为1886 年 11 月(十月十二日立冬)，但后署“瓶庐”△△△，瓶庐建造于 1899 年冬，据此可知，此跋当在光绪二十五年(1899 年)后重抄。

在此跋之后，翁同龢于光绪十五年七月二十五日(1899 年 8 月 21 日)写有第二跋：“初不知阮元本在何许(处)，孙、黄本在川沙沈韵初处，南北相睽隔，又不能对勘，殊闷损也。昨吴清卿(即吴大澂)中丞自粤东来书，告余新得石经残字，即有‘凶德绥绩’之本〈字〉，孙退谷之本。名物无恙，为之一慰。来书中颇作自矜语，盖不知余有钱本也。己丑七月二十五日灯下翁同龢。”跋后又题七绝一首(即其二)。诗后书署“癸卯秋松禅老人书”。癸卯年为光绪二十九年，即 1903 年，即翁同龢去世前一年。

以上可知，第二跋和两次题诗都是在居住瓶庐时所书。

* 时间系据翁同龢光绪十二年十二月二十二日日记。二十一日日记有：“写二诗于雨生所收黄秋庵石铫图轴，懒拈笔。”二十二日日记有：“题张雨生《北墅主客图》，此三诗极得意。”

复感雨生不索之意，因尽和卷中三诗，一怀忘友，一寄次公，最后一首乃与雨生相酬答耳。

今岁忽已过，来岁又逢闰。呜呼三闰中，人事太飘迅。悠悠我之思，耿耿如疾疢。此语当告谁？何苦相问讯。墓铭三千字，一挥吾弗吝。譬如笼中鹤，悲吭有时振。惜乎尘埃中，得此时亦仅。世人不识我，疑我笔头慎。嗟嗟杨夫子，夙昔我交亲。白头早汗青，短晷敢闲趁。谓濠叟①墓铭久而未就。昨得山中书，次公苦肺疾。戒酒与学佛，两事并萧瑟。我今习跪拜，真气入腰膝。转轮朝三三，绕塔夜七七。虽然骨髓枯，健步固无匹。平生故人心，苦语要规切。养身如养儿，一事莫轻率。凌霄亦已花，娑罗亦已实。勤沽北市酒，此景不可失。慎汝医与药，饷我枣与栗。期我三年归，今年岁丙戌。寄次公。

张君淡荡人，于俗百无适。城南暂握手，今夕是何夕。藏君诗与画，三载负诺责。对面不索还，此意真莫逆。我生如寄耳，风断雁行只。缅思十年事，时日叹虚掷。匡衡不抗疏，贾生未前席。矻矻老蠹鱼，依依守故籍。君看北墅游，俯仰已陈迹。能来守岁否？就我东华宅。赠雨生。

《瓶庐诗稿》卷四

题赵次公藏北宋拓定武兰亭*

光绪十二年(1886年)

平生不信桑俞考，绝学今推苏米斋。寻得定州真嫡裔，一波一

---

① 即杨沂孙。

* 时间系据《瓶庐诗补》原注。

拂费安排。

次公六十未称翁，至宝还应性命同。红叶漫山秋鞠艳，却题此字付归鸿。

《瓶庐诗补》

题□园*

光绪十二年(1886 年)

烟雨城南地，萧萧草莫芟。百年留守泽，三字剩头衔。画趣原无限，诗心渺不凡。精庐营遁窟，迟我理归帆。

《瓶庐诗补》

乙酉三月，当涂人于龙山麓得古墓有灯檠瓦缶数物，残碑孟字可辨，一时傅会为孟嘉墓物。既散失，碑无拓本。颂阁侍郎得残甓有文曰：凤凰三是为孙吴时墓，安得云孟嘉哉。侍郎以拓本见贻，题三诗于后。侍郎赠余一瓦豕，白质无釉古拙可爱**

光绪十三年闰四月初五日(1887 年 5 月 27 日)

江东王气已成烟，石印银符总可怜。或者兰台东观令，低颜竟刻凤皇砖。

---

* 时间系据《瓶庐诗补》原注。

** 时间系据诗题所标时间。

试院重门日日扃，隔城愁见远山青。何缘觅得孙吴凤，压倒南朝瘗鹤铭。

纷纷傅会不须论，冷笑西风落帽痕。姑熟龙山有孟万年落帽石。一字残碑何处访，乱云黄叶孟家村。

《瓶庐诗稿》卷四

题白阳山人画册*

光绪十三年闰四月（1887 年 6 月）

空中无色色原空，妙具清凉十种风。去年梦中句。领略白阳真意思，千秋只有马寒中。马思赞，字寒中，一字南楼，海宁人，善画虫鸟，亦能山水，精篆刻。其弟翼赞，字寒将，画笔秀润，有《宝颖堂诗集》，雍正中名流也。此册中有寒中印，漫记之。

《瓶庐诗稿》卷四

端日朱书虎字于扇漫题一绝**

光绪十三年五月初五日（1887 年 6 月 25 日）

幼具食牛量，壮怀飞兔奇。养身当养气，慎勿学狐疑。

《瓶庐诗稿》卷四

---

* 时间系据《瓶庐诗稿》卷四原注。

** 时间系据翁同龢光绪十三年五月初五日日记。

罗烈妇诗*

光绪十三年六月初八日(1887年7月28日)

湖北宜昌总兵罗缙绅,号笏臣,本姓贺,复姓罗,以其子妇殉夫请旌,寄书征诗,遂书一首于册。

昨得江上书,凄风飒盈纸。哀哉乘鸾仙,竟殉凤雏死。成仁亦何憾,一昔千古矣。惟有重闱心,过时悲不已。桓桓罗总戎,忠孝固无比。上书乞复姓,吏议柅中止。吾尝与之言,清泪泻如水。终邀帝天鉴,感激杂悲喜。白头奉阿母,富贵真糠秕。有兰生庭阶,芳华蔚然起。不随时俗好,翩翩事书吏。谓当成伟器,唾手拾青紫。奈何初发轫,摧此骥千里。苍苍夷陵山,中有木连理。长条既萎折,柔枝失因倚。从容闭闺阁,瞑默弄刀匕。肝裂九回肠,万古瞑不视。褒扬朝有典,惊叹野有纪。宜从秭归峡,往配孙妃祀。罗君至性人,式穀固应似。我作烈妇词,用以代铭诔。

《瓶庐诗稿》卷四

临金吉金画《僧敲月下门图》**

光绪十三年六月初十日(1887年7月30日)

精庐一角占山村,时有幽人来叩门。莫泥阆仙旧公案,老夫诗

* 时间系据翁同龢光绪十三年六月初八日日记。罗烈妇即陆襄钺女儿。

** 时间系据翁同龢光绪十三年六月初十日日记。日记有:“画兴勃发,以大笔学板桥画,如野人冠带,局蹐不堪。”

画本无痕。

《瓶庐诗稿》卷四

题自画《草堂图》*

光绪十三年六月二十三日(1887年8月12日)

梦里新添竹数行,城西闻有小茅堂。他年炒豆呼村酒,莫忘官厨腊粥香。

《瓶庐诗稿》卷四

题黄孝子《寻亲图》**

光绪十三年六月(1887年7月)

此寻亲图真迹,盖自沅靖粤西之界,特入苗地以达大姚者也。余见此图多矣,皆伪本。此独笔力苍坚,真气填塞,展阅起敬。卷后十五龄童子所书《寻亲图记》,与知不足斋所刊,小有异同。

湿尽行縢踝血痕,蛮天龙虎亦销魂。叩头无语匆匆去,漫戴吾头过棘门。

《瓶庐诗稿》卷四

---

* 时间系据翁同龢光绪十三年六月二十三日日记。日记有:"忽画山水于扇,六十老翁作此,狡狯耶。"

** 时间系据《瓶庐诗稿》卷四原注。

题王麓台画《富春山图》卷次张鹿樵丈韵*

光绪十三年七月十九日(1887年9月6日)

张鹿樵先生,先公挚友也。嘉庆丁丑、庚辰间,先公在京师过先生邸舍无虚日。道光戊戌,先公归养而先生病已不起,其后书画散落。此卷为怡悦轩记中所不载,盖记成于道光十二年,此卷得于十六年也。今年六月,见于厂肆,遂以工部饭银三百收得之。

呜呼先友久凋陨,洛社荒芜少微隐。北门半隐野山庄,修竹高槐今已尽。扫花庵主古仙伯,丞相家风溯忠荩。画禅参透董华亭,子畏衡山太苦窘。我生爱书兼爱画,不惜倾囊与倒困。亦曾随俗说三王,终以司农作标准。一朝睹此富春图,重是瞿大夫以赠鹿丈张旧藏本。炯如尘海遇仙真,快若晴空下秋隼。市儿岂识伐檀意,酬以兼金苦不允。忍饥且买好云山,安用缄题密且缜。赋诗敬告鹿樵翁,并为后生作嘡引。

《瓶庐诗稿》卷四

由二闸泛舟至花儿闸登陆,骑马抵通州东门送菉卿侄南归

光绪十三年八月十三日(1887年9月29日)

晓来何事出城闉,别意苍茫感慨频;秋水黯如远行客,晚禾屹似老成人。衰宗摇落天应悔,苦语提撕我自新;策马一驰三十里,

* 时间系据《瓶庐诗稿》卷四原注。

知余头白未逡巡。

《翁同龢日記》第 2176 页

题赵四体千文拓本*

光绪十三年十一月初八日(1887 年 12 月 22 日)

丁亥十月,与白松泉夜话,松泉出其大父兰岩先生旧藏此拓,相与赞叹,前后经先生手跋,复有寿阳相国题识,洵可珍矣。不佞尝追随先生于书摊画肆,忽忽三十年,今乃独与松泉翦灯对坐,嘻,可慨哉!然他日兴先生之宗者松泉也,书此以为左券。

三体石经后,谁欤笔势雄。人知铁门限,我羡水晶宫。名集留长庆,遗书付小同。青云无限路,拭目望飞鸿。

《瓶庐诗稿》卷四

徐小云侍郎属题汤贞愍《三桧图》**

光绪十三年十二月十二日(1888 年 1 月 24 日)

图为千波征君作,盖祝其七十寿者。

道人胸境已超然,何事图传海屋仙。吴仲圭有此图,寿九十二翁陈海屋。多少世间闲草木,自荣自落自忘年。

橥橥真气压乾坤,三桧长留铁石痕。我有乘鸾白团扇,风流还

---

* 时间系据《瓶庐诗稿》卷四原注。翁同龢光绪十三年十一月初八日日记有:"题白松泉所藏赵四体千文。"指赵孟頫所书真、草、隶、篆四种字体千字文拓本。

** 时间系据翁同龢光绪十三年十二月十二日日记。日记有:"为徐小云题汤雨生为千波作《三桧图》,闲弄笔墨,我思悠悠。"汤贞愍指汤贻芬,浙江萧山人,战死于第一次鸦片战争,谥"贞愍"。

忆旧王孙。余藏贞愍画插花小影。

姓名未肯挂朝绅，第一清才是隐沦。翻遍江湖高士集，千波渺渺尔何人。千波征君竟未详姓氏。

琴隐园空水竹荒，行人系马一彷徨。数行小简千秋笔，只说杭州戴鹿床。小云来札，谓贞愍画品与戴文节并重，此史论也。

《瓶庐诗稿》卷四

三题天瓶金书普门品经册仍次前韵*

光绪十三年十二月十三日（1888 年 1 月 25 日）

士夫开口说欧罗，藁邸还成相见坡。龙象已荒菩萨睡，笔头无杵可降魔。

左藏金钱费亿千，缙绅无事且谈禅。浊河波浪掀天恶，此是东南再厄年。

《瓶庐诗稿》卷四

题山水画诗

光绪十四年正月初十日（1888 年 2 月 21 日）

不铸黄金不塞河，问渠何事失吟哦；剡藤一幅归田券，太息江湖鸿雁多。

上海人民美术出版社《艺苑掇英》第三十四期，第 55 页

---

* 时间系据《瓶庐诗稿》卷四原注。翁同龢光绪十三年十二月十三日日记有：“又赋二诗，题余藏张得天《普门品（经）册》。”

题陈章侯画博古牌刻本*

光绪十四年正月(1888年2月)

册为黄小松故物,戊子正月收得之。

长啸江潭有饿夫,低颜来对牧猪奴。不知十万腰缠客,可抵三酸博士图。

桑孔区区言利臣,陶朱依顿善谋身。可怜寒乞书生腹,公辈能容数百人。

《瓶庐诗稿》卷四

题铭鼎臣同年安《养年别墅图》**

光绪十四年三月二十三日(1888年5月3日)

戊子三月十七日雨中过鼎臣同年养年别墅,海棠正开,饮于花下,抵暮乃归。明日为题此图,次鼎臣韵。

与君相从何所似,骏马联镳鸿雁起。伤心莫赋渼陂行,投老聊寻铁沟水。珠茵绣妩驰华辀,洛阳名园公与侯。宫花寂寂无人问,禾黍离离知我忧。别墅距南淀二里。一丘一壑君能有,且斫白鱼买村酒。箨冠籐杖试行吟,落日孤云重回首。六年边锁志匡时,世上纷纷那得知。金城三对皆长策,上阵孤军是健儿。白头我亦嗟憔悴,

---

* 时间系据《瓶庐诗稿》卷四原注。

** 时间系据翁同龢光绪十四年三月二十三日日记。日记有:“作诗一首,题铭鼎臣《养年别墅图》,用东坡《铁沟行》韵,甚好。”

堆案文书无处避。偷闲饱看海棠花，不惜归途逢醉尉。

《瓶庐诗稿》卷四

题铭鼎臣扇三绝句*

光绪十四年五月十四日（1888 年 6 月 23 日）

万绿丛中点一螺，此亭真是小盘陀。名园多少看山阁，其奈青山偃寒何。此园无墙。

苍莽群山接大同，龙沙雁碛渺难穷。莫嫌一角溪堂浅，容得人间万里风。

日日朝衫倚画船，鬓丝惭对镜中天。偕君缚竹三间屋，著我看花两散仙。

《瓶庐诗稿》卷四

题徐铁孙年丈荣《诗县令图》为其孙石甫农部**

光绪十四年五月二十二日（1888 年 7 月 1 日）

落落斜行墨未干，相公真不厌酸寒。阮太傅书札呼丈为诗县令，因以作图。礼堂弟子擘经手，却费千言释县官。卷内有作县令解义者。

乱鸦灌木拥祠门，丈于渔亭战殁，建祠于此。过客来寻碧血痕。自古诗人本忠孝，九歌第一国殇魂。

后生未及拜词豪，喜见孙枝百尺高。海内尽知诗县令，更无人

---

* 时间系据翁同龢光绪十四年五月十四日日记。

** 时间系据翁同龢光绪十一年十一月初十日日记。

识冷仓曹。石甫名麟光，户部郎中，曾摄坐粮厅监督。

《瓶庐诗稿》卷四

题吴县韩烈妇费氏绝命词卷*

光绪十四年六月（1888 年 7 月）

邶柏舟诗，刘子政谓寡夫人所作，鄘之柏舟，则共姜自誓之诗也。彼盖不得于父母兄弟，故其辞云尔。若烈妇者，岂有是哉，从容闵默，践其志于既葬之后？呜呼仁矣，乃辞以哀之。

河之水，流洋洋，胡不死，父在堂。河之水，浩无极，胡不南，姑在北。徘徊复徘徊，天地知我哀。广柳裁一棺，麻衣渍黄埃。马鬣封，高嵯峨，夫已矣，可奈何，一卷书，当付儿，一尺砚，并寄之。六亲在远万事毕，时乎时乎不可失。

《瓶庐诗补》

戊子秋闱钦命题目恭纪**

光绪十四年八月初八日（1888 年 9 月 13 日）

理穷格致本先贤，此是天章第一篇。扫尽竖儒新学陋，圣心默契道心传。

《瓶庐诗补》

---

* 时间系据《瓶庐诗补》原注。

** 时间系据翁同龢光绪十四年八月初八日日记。

重九前一日用壁间韵酬星叔大司马*

光绪十四年九月初八日(1888 年 10 月 12 日)

莫因文字缔交深,天语森严重鉴临。通识岂无朱竹垞,微言况有顾亭林①。乘车戴笠前盟在,官烛风帘旧梦沈。记取白头老兄弟,酬知各勉济时心。君为先公所识拔,龢亦辱文恪公②之知。垞字古读作入声,故借用,可笑可笑。

《瓶庐诗稿》卷四

次韵再酬星叔**

光绪十四年九月初九日(1888 年 10 月 13 日)

君能继武真王巩,我坐论兵似顾临。岂意白头同典校,敢言倦羽早投林。脱巾走诣晨餐废,挟卷商量夜漏沈。太息醉翁门下士,要知叔弼久倾心。

官辙联裾结契深,琐闱何幸获同临。雄篇端合称诗伯,真鉴还宜式艺林。辽海旧游怀悱恻,河湟坐定勇深沈。明朝放榜萧闲甚,谁识吾侪仰屋心。

《瓶庐诗稿》卷四

---

* 时间系据翁同龢光绪十四年九月初八日日记。是日日记有"夜作诗"。许庚身,字星叔。

① 指朱彝尊、顾炎武。

② 许乃普,卒谥文恪。

** 时间系据翁同龢光绪十四年九月初九日日记。日记有"写字作诗"。

秋闱忆斌孙南中*

光绪十四年九月十一日(1888 年 10 月 15 日)

一笑秋堂再到时,酒樽画卷懒重持。夜阑雨过寒蛩歇,谁和先生玩月诗。

《瓶庐诗稿》卷四

题钱箨石闱中画兰**

光绪十四年九月十一日(1888 年 10 月 15 日)

翼轸前头指使星,秀州太傅旧频经。乾隆庚午,钱文端①再典江西试,寄箨石诗有"悔不重游庐阜边"之句。廿年重续金哥梦,钱文敏主试江西,人梦今年金哥哥来。金哥者,金戈也。老桂高梧覆锁厅。

风帘三度燕还家,箧里常携澹墨花。墙粉尚新钉眼在,不须频试玉鸦叉。余三次入闱,皆住聚奎堂之西屋,此画亦三悬壁矣。

《瓶庐诗稿》卷四

画木笔花,次陈白阳韵,即题咏春侄孙扇头***

光绪十四年九月十一日(1888 年 10 月 15 日)

老夫彩笔今憔悴,喜见家庭兰玉姿。赠汝一花还默祝,明年为

---

* 时间系据翁同龢光绪十四年九月十一日日记。日记有"作诗"。

** 时间系据翁同龢光绪十四年九月十一日日记。日记有"作诗"。

① 即钱陈群。

*** 时间系据翁同龢光绪十四年九月十一日日记。

汝倒金卮。

《瓶庐诗稿》卷四

九月十二日填草榜毕口占

光绪十四年九月十二日(1888年10月16日)

蜡烛烧残夜已深,海棠梢上月来临。唱名错认登科录,程墨真惭著作林。比似飞花争上下,居然剖竹听浮沈。酒醒梦断知何处,销尽青衫独客心。

《瓶庐诗稿》卷四

题王椒畦画册*

光绪十四年十二月二十九日(1889年1月30日)

光绪十四年除夕,于景运门外朝房得此,因纪二诗。

灯火黄尘九陌阗,峭风薄冷逼残年。消寒韵事犹堪纪,尚负朝房买画钱。

易画轩中老画师,先人气谊最相知。湖山中有渊源在,想见金陵寄扇时。椒畦先生与先祖①为乾隆癸卯同年,交谊最笃。甲子秋,先生在金陵写梅花一枝,寄先祖于海州,至今珍弆。此册亦甲子年作。

《瓶庐诗稿》卷四

---

* 时间系据翁同龢光绪十四年十二月二十九日日记。日记有“饭后题诗于新买椒畦画册”。

① 指翁咸封。

题徐亚陶《青阳盦雨香室图》*

光绪十五年正月初九日(1889 年 2 月 8 日)

图作于道光乙巳,乱后失去,后重得之,亚陶有诗纪事,图凡六人,亚陶其一也。

我昔乘月过秀州,叩门一访烟雨楼。不知青阳在何许,大桥夜市灯火稠。十馀年来尘土窟,清梦不到鸳湖头。亚陶诗翁忽过我,旧图一卷君新收。图中之人我所识,张老八十清而修。叔未先生。道光咸丰历同治,逮今光绪卌四秋。当时君年最英妙,松风一弄声飕飕。白头感旧语凄惋,幸有老辈腾蛟虬。惟徐一字费考订,蘧义于古等献酬。冷谦文璧有成例,后来邑乘恐谬悠。君初名荐谦,此图既入邑乘,则此字当订正。京华新岁百禄揪,贺春车马纷如流。雪花掌大塞荒屋,我独挟策频咿嚘。侧闻士夫重新学,欲以飞轨通神州。青牛入梦废僧阁,仁心义问今有不。叔未记云明僧因梓树入梦,遂废斧斤。慧公古井亦奇绝,我虽不食心烦忧。斯图珠还等闲耳,要复民气嗟何繇。我为高官百无补,短句敢附诗人俦。喜君未老我亦健,归时重作青阳游。

《瓶庐诗稿》卷五

* 时间系据翁同龢光绪十五年五月初九日日记。日记有:“作长篇诗题徐亚陶《青阳庵游卷》。”

己丑正月得汪文端碎锦书册因题短句*

光绪十五年正月初十日(1889年2月9日)

三十年中侍紫宸,雍容无愧五词臣。要知走檄飞书手,半是鸣鸾珮玉人。

诗片南斋纪事多,当年旧式重摩挲。无多官拓时晴帖,时晴斋帖系官刻。未抵家藏碎锦窝。

静以修身俭养廉,知公家训本精严。影堂像设终无益,积德传经任要兼。

《瓶庐诗稿》卷五

题康熙旧绣像册**

光绪十五年正月十八日(1889年2月17日)

册有国初人题字,己丑正月收得,因缺题字二叶,补题二诗。

圣世原无献瑞书,玉芝随意长庭除。敬从光绪当阳日,追溯康熙郅治时。今年二月三日,上亲政事,海内称庆。

错认猩红染画屏,幽花瘦石太伶俜。自怜紫凤天无手,闲看牵

---

* 翁同龢光绪十五年正月初十日日记有:"携数件归,阮之。……汪文端残字册。八两。"

** 时间系据翁同龢光绪十五年正月十八日日记。

牛织女星。

《瓶庐诗稿》卷五

重题章侯画博古牌刻本次前韵*

光绪十五年二月初九日(1889年3月10日)

己丑二月九日,得章侯为豫和尚画八叶,喜而赋此。

突兀萧疏有此夫,琅华二水总书奴。云寒雪薄春风厉,忽忆吾家三友图。章侯岁寒三友卷,先公所赏,今在南中。

吴山道观有遗臣,白发黄冠画里身。忘事已多翻阅懒,不知老豫是何人。

《瓶庐诗稿》卷五

摹文文水《龙舟图》**

光绪十五年二月十三日(1889年3月14日)

己丑二月,偶见文文水《龙舟图》,发兴摹之,既录原诗于上,并和一诗。文作于沿江旅次,吾意仍在东西洞庭。

具区三万六千顷,容我山椒著一村。小拓轩窗临绝壁,更栽桑竹满平原。琼縻讵起湘累魄,玉磬难寻学博孙。文氏今式微。从此入林甘寂寞,尚嫌箫鼓隔江喧。

《瓶庐诗稿》卷五

---

* 时间系据翁同龢光绪十五年二月初九日日记。

** 时间系据翁同龢光绪十五年二月十三日日记。文文水,即文嘉,文征明后人。

为钱子密应溥题吴仲圭竹谱，敬次其尊甫韵*

光绪十五年二月二十二日（1889 年 3 月 23 日）

董源半幅久不闻，大痴秋山野火焚。近见烧坏秋山图。梅花庵主独无恙，巨卷吾识潇湘君。潇湘婉婉静多态，欲吐槎牙转茫昧。试看卅幅文洋川，除却东坡有谁配。世间那有东坡翁，凤修龙啸莫与同。橡林杨花乱如雪，远公迹远嗟难逢。海上惊烽得朋盍，苦语新篇互酬答。可怜漂泊杜陵居，不及嵯峨大蓬塔。梅沙弥画世绝伦，甘泉乡人书等身。斯图未忍频开看，凄绝儿啼撰稿人。

《瓶庐诗稿》卷五

五月二十五日聚奎堂刻题口占用前韵**

光绪十五年五月二十五日（1889 年 6 月 23 日）

灯火萧条夜已深，此堂强说旧登临。似闻沧海无遗璞，或者禅枝有别林。世上鸡虫争得失，眼前朱碧眩升沈。凤池会有夔龙业，看尔扶摇万里心。

《瓶庐诗稿》卷五

---

* 时间系据翁同龢光绪十六年十月十一日日记。

** 时间系据诗题所标时间。

己丑五月阅考试中书卷，呈徐、李两相国，用聚奎堂壁间韵*

光绪十五年五月二十九日(1889 年 6 月 27 日)

回首西清岁月深，琐闱何幸又同临。倦飞却接鹓鸾翼，衰朽还依杞梓林。醉罢评文书字大，夜阑选卷篆烟沈。林花落尽朋游少，惆怅杨园话旧心。

《瓶庐诗稿》卷五

酬柳门侍郎论书，仍前韵**

光绪十五年五月二十九日(1889 年 6 月 27 日)

近时隶法道州①深，越骑公方锐意临。每恨世人矜笔阵，更嗤帖贾炫碑林。奴书愧我毫端弱，能事输君臂力沈。同展黄封题目以黄纸封下。瞻圣藻，敬从羲画见尧心。

《瓶庐诗稿》卷五

己丑五月考试汉内阁中书，闱中次壁间韵赠汪郎亭侍郎***

光绪十五年五月二十九日(1889 年 6 月 27 日)

侍郎才望海天深，东国南溟使节临。一品集名家作式，十年树

---

* 时间系据翁同龢光绪十五年五月二十九日日记。徐、李两相国指徐桐、李鸿藻。

** 时间系据翁同龢光绪十五年五月二十九日日记。

① 指何绍基。

*** 时间系据翁同龢光绪十五年五月二十九日日记。

好士成林。茶瓜小集雄谈剧，灯火虚堂夜漏沈。拜疏独陈洨长学，知君能扶五经心。许君从祀两庑①，君所陈奏也。

《瓶庐诗补》

己丑七月麟芝庵得品字莲一苞三萼，亭亭秀绝赋此贻之*

光绪十五年七月初九日（1889年8月5日）

一花三萼兆三台，叠作三三九品台。从此化身千百亿，是三是一总如来。

吴人好事说方莲，吴中近有方莲，花彖瓣而正之。密蕊重台面面全。我道不如虚一面，好花何必十分圆。

豆棚茅屋野人家，读画谈诗到日斜。天上红云看遍了，今年西苑荷花极盛。不知世有妙莲花。

《瓶庐诗稿》卷五

题汉石经小像七古一章**

光绪十五年七月二十五日（1889年8月21日）

石经残文宝汉氏，古香□郁都九纸。足骄退谷矜秋庵，孙黄所

---

① 指奏请将许慎从祀京师文庙。

* 时间系据翁同龢光绪十五年七月初九日日记。是日日记有“（麟）芝庵来”。从七月初一日—初七日，麟书只来翁家一次。十八日，翁氏回籍扫墓。此诗当写于初九日。

** 原诗后有二跋：一跋为“世传宋拓汉石经残字有三本，一为孙北平藏，一为黄小松藏，一为蔡松原藏。此本有十三纸之巨观，而世少称述。意梅溪居士得经后，秘不示人，故卷首藏经小景，有覃溪题眉，而后无一字，知亦未曾寓目也。覃溪且不使之见，宜同时金石家都无题记耳。惟天道忌盈，红羊之厄，由居士后人出诸劫火中，已（转下页注）

得俭于此。梅花溪上钱立群，冥心日日笺其文。天公郑重落吾手，瓶庐寂对忘云云。

王国维《阅古漫录》

滨石杨先生，余执友也，己酉七月余假归省墓，比至里而先生殁已七日，拜瞻遗像，诗以哭之*

光绪十五年八月初十日（1889年9月4日）

天风送我归，七日飙轮驰。奈何故人面，靳此须臾期。入门一长号，瓦灯映练帷。更读别友诗，令我摧肝脾。呜呼我与君，交情同漆黐。我气盛如云，君虑密于丝。持此两相济，亦用相箴规。君为文章伯，出入凤凰池。至今禁扁字，照耀三殿楣。我忝讲读官，谬领金穀司。耽耽千柱宫，缚蒿岂能支？昨来西山庐，倦鸟一脱羁。小窗对好山，栟榈绿差差。君兮翩然来，照见须与眉。十年不见君，玉色何丰欣。我有望溪文，亦有东洲诗①。更有千万端，就君决然疑。君胡不一言，慰我无穷思。大化自旦暮，乾坤尚疮痍。呜呼我与君，生死从此辞。

《瓶庐诗稿》卷五

（接上页注）佚去四纸，大璞不完，弥足珍重”。二跋为“初不知阮氏本在何许，孙、黄二本在川沙沈韵初家，南北相睽隔，又不能对勘，殊闷损也。昨吴清卿中丞自粤东来书，告余新得石经残字，即有‘凶德绥绩’之本（孙退谷本）。名物无恙，为之一慰。来书中颇作自矜语，盖不知余有钱本也。己丑七月二十五灯下同龢”。题为编者所加。孙北平即孙承泽，字北海，退谷。黄小松即黄易。覃溪指翁方纲，梅溪即钱泳。

* 时间系据翁同龢光绪十五年八月初十日日记。日记有“题濒石遗照”。

① 望溪指方苞，东洲指何绍基。

题吴清卿临石田《张公洞图》，和石田韵*

光绪十五年八月十三日（1889年9月7日）

余得石田张公洞画卷以为奇迹，不知真本乃在清卿处。己丑八月暂假还，小饮次公所，徐翰卿以清卿临本见示并索题句，因和石田韵，以发一笑。

吴山不能飞，凿公自成茾。萧寥善卷洞，奇险无所牖。炯从九幽底，照徹八表昼。我得石田卷，盖在丁亥后。好诗并奇画，巧与山灵斗。不谓天地间，妙手真善覆。哀哉郑州水，万溜不及救。蛟龙杂人鬼，混混并一溜。吴公从南来，玉色为民瘦。岂如五羊城，亭馆蔚深秀。晚衙散弓刀，书几出岩窦。想见落墨时，乡心笔端逗。清卿作画时尚未奉河督之命。我来北墅游，偶与徐君遘。径将罨画溪，侑我醽醁酎。却望古汴城，一杯为公寿。

《瓶庐诗稿》卷五

吴又乐名父，以先世橙斋公《种菜图》册见示，敬和册中原韵六首**

光绪十五年八月十五日（1889年9月9日）

沧江一卧布衣尊，历历参旗近可扪。手把犁锄长叹息，江南芳

* 时间系据翁同龢光绪十五年八月十三日日记。

** 时间系据翁同龢光绪十五年八月十五日日记。吴又乐时为常熟县令。是日日记有“题《种菜图》，作六绝句”。

草已无根。公终隐不仕。

人世繁华日易斜，苦心为发善萌芽。自开翼翼千仓粟，岂有绵绵累叶瓜。公振饥、育婴见县志者，皆馀事也。

东南学派四明尊，古鼎龙文未敢扪。有梨洲先生诗。谁补渔洋疏隽句，春潮艇子到篱根。"系艇当门江燕飞"，渔洋与荔裳饯公于梁园水楼诗也。此册却无渔洋题字。

补衲庵荒曲径斜，年年丛桂发新芽。楹书读遍三千卷，别有农经教艺瓜。

第一君家治谱尊，甘棠碑字我亲扪。随车好雨东风软，已见秋禾绿到根。名父新，抵吾邑，甘雨既霈，四境霑足。

秋夜题诗字半斜，故应敛手学姜芽。近臣辙迹孤儿泪，默数归期已及瓜。同龢蒙恩给省墓假两月，将以九月还京。

《瓶庐诗稿》卷五

题《补篱种菊图》*

光绪十五年八月十六日(1889年9月10日)

己丑九月，龢假满将还朝，二姊以是卷属题。诗岂复有诗意，乃作谣谚之辞以献。

上堂别阿姊，阿姊泪如雨。问姊尔何为？行役苦不已。久留固无名，简书况有程。姊看随阳雁，汲汲南北征。商声满天地，如羹亦如沸。阿姊襟袂间，斑斑家国泪。我泪岂妄挥，人生重乖违。敬告世

---

* 时间系据翁同龢光绪十五年八月十六日日记。是日日记有"与二姊谈"。该诗当写于二姊在常与同龢相处之日。

上人，弟兄莫分飞。示朴吾姊夫①，古之狂狷徒。开编见题字，令我长嗟吁。种菊复种菊，今年高过屋。更待三五年，金英绚秋谷。

《瓶庐诗稿》卷五

题许皃舟《菊花图》*

光绪十五年八月十九日（1889年9月13日）

刻画西风有画图，行间细楷密如珠。洛花闽荔皆无画，却憾欧曾用意厥。六十年前已肇端，莫将洋种溷园官。是书不独花中正，我作春秋史例看。洋种别为一卷。都下十年常搁笔，鹤巢先生②屡以《东篱中正》属题，未敢落笔。山中一夕忽催诗。桂花未放白鱼瘦，记我秋堂待月时。

己丑八月访桂邓尉，宿还元阁，受之九兄以尊甫皃舟翁《东篱中正图》付诺公，属书数字，既感其意，又待月默坐，因成三绝句应命。八月十八日夜，翁同龢谨题。

《瓶庐丛稿》卷十

己丑八月宿次公北墅，重观《乐宾堂图》，因题截句

光绪十五年八月二十七日（1889年9月21日）

旧山楼③下萧萧雨，七十年前古桂香。相与披图溯遗迹，更无

① 钱振伦，号楞仙，进士，浙江归安人，官至国子监司业。翁同龢二姊璇华丈夫。

* 时间系据翁同龢光绪十五年八月十九日日记。

② 许玉琢，字鹤巢，常熟人，举人。

③ 旧山楼为赵宗建藏书楼，系明代建筑。

人识乐宾堂。

《瓶庐诗稿》卷五

华篴秋画*

光绪十五年八月二十八日(1889年9月22日)

册有杨濒石题,适缺一叶,价人属题一诗。

篴秋濒石今安在?令我题诗一惘然。幸有碧芙蓉馆主,价人。同舟为说画中禅。

《瓶庐诗稿》卷五

赵次公藏蒋山堂书肇公非不空论、宝藏论卷,属题"天真野逸"四字于其端,而已有六舟隶题,乃书于后,并系一诗**

光绪十五年八月二十八日(1889年9月22日)

世尊甚奇突,离法不离真。我读肇公论,如亲柱下人。盖仿《道德经》。良书成自性,妙腕健于身。亦有空山志,谁欤拟卜邻。

《瓶庐诗稿》卷五

* 时间系据翁同龢光绪十五年八月二十八日日记。是日日记有:"题卷册观款,皆了债也。"华翼纶,号篴秋,江苏金匮(今属无锡市)人。举人。清代画家,数学家华蘅芳之父。

** 时间系据翁同龢光绪十五年八月二十八日日记。是日日记有"题卷册观款,皆了债也"。

题胡息存临争坐位遗迹*

光绪十五年八月二十八日（1889年9月22日）

虞山东麓石梅旁，一角邻初旧草堂。祠宇已新门径改，更无人说木樨香。

近来蝯叟继清臣，收敛神锋健绝伦。我服松窗老居士，冲和平淡得天真。

《瓶庐诗稿》卷五

题赵价人扇**

光绪十五年八月三十日（1889年9月24日）

衮衮中朝彦，谁欤肝胆倾。东皋好风节，北海是平生。指宣城李孤事。老学心逾壮，阴功耳辄鸣。楼台甚无谓，重叠累人情。

喜君腰脚健，吾亦强追陪。铜佛淡无语，山花懒未开。啜茶元妙观，选石万峰台。傲我长征客，逢僧说再来。君约明年探梅。

《瓶庐诗稿》卷五

---

* 时间系据翁同龢光绪十五年八月二十八日日记。

** 时间系据翁同龢光绪十五年八月二十八日日记。是日日记有“口占二绝，题价人扇头”。

题杨濠叟诗册*

光绪十五年九月初二日(1889年9月26日)

册为其侄妇赵书,赵之夫荫眉,秀才,今年秋试卒于舟中,甚可嗟悼。乃和濠诗首篇,以题于后。

我爱濠叟诗,又喜濠书迹。濠书固不磨,炳炳见心画。篇终附短札,其意盖有择。东坡志林语,似昔百年宅。秋风吹归航,琼华陨一夕。鹳鹆复鹳鹆,人事那能必。老成洵先见,英俊当痛惜。我作巫阳词,庶返故居魄。

《瓶庐诗稿》卷五

小楼默坐风雨萧然示菉卿侄**

光绪十五年九月初五日(1889年9月29日)

黄浦江头东北风,三羊泾畔雨濛濛。所住曰三羊泾桥。佣书聊对屠牛案,载酒兼谋养鹤笼。携鹤一只。别意已如秋气莽,诗怀预拟海天空。木棉已损田禾烂,都尽先生感慨中。棉花因风雨减三成,早稻已刈未收需晴乃佳,否则浥烂,乡人谓之烂稻铺。

《瓶庐诗稿》卷五

---

* 时间系据翁同龢光绪十五年九月初二日日记。日记有“吊扬濒石”。

** 时间系据翁同龢光绪十五年九月初五日日记。日记有“赴三洋泾桥德庆里源恒隆布栈,住小楼,与叶(茂如)婿、(翁)之缮同住”。

赠吴秋农画师縠祥*

光绪十五年九月初六日（1889 年 9 月 30 日）

秋农四十鬓先丝，自署吴门老画师。君似鹔鹴避钟鼓，我如驽马恋旌旗。海天万里何从写，风雨重阳有所思。自起推窗看云脚，还朝拟趁菊花时。

《瓶庐诗稿》卷五

有人赠桂花一枝龙眼廿枚**

光绪十五年九月初六日（1889 年 9 月 30 日）

折赠天香用意深，土盆瓦注费搜寻。洗酱瓿插之。剧怜邓尉千株雪，未抵君家一捻金。八月访桂邓尉绝无花也。

荔枝龙眼原殊祖，可笑东坡并一谈。忽忆尚方珍果味，闽贡到时频蒙宣赐。有人听雨卧江南。

《瓶庐诗稿》卷五

次韵赵次侯宗建送行之作***

光绪十五年九月初七日（1889 年 10 月 1 日）

吾生辞墓不辞家，未敢忘情且避哗。畏此简书行有日，溷人笔

---

* 时间系据翁同龢光绪十五年九月初六日日记。日记有“作诗谢吴秋农画，买其画扇七八个”。

** 时间系据翁同龢光绪十五年九月初六日日记。

*** 时间系据翁同龢光绪十五年九月初七日日记。

札浩无涯。君亲担荷微躯弱，身世艰难去路赊。正合迟迟偏汲汲，辛峰凄断白云遮。时以小轮船带行。

三百年来第一家，次公报慈桥宅已三百年矣。修篁古木静无哗。先生东郭兼南郭，处士山涯又水涯。好事每愁花易落，留宾不厌酒频赊。梅颠君新构此宅绰有元龙气，尚恨窗棂面面遮。

先公昔主隐君家，灯火秋堂弦诵哗。三万七千到今日，距今七十六年。东西南北总天涯。孤儿白发音容渺，老树孙枝岁月赊。庭前菩提老树皆曾识先公者也。此榻若因徐孺设，莫教去后网尘遮。

偶游汗漫即浮家，来听尘中市语哗。小阁滞人天又雨，片帆迟尔水之涯。鲥鱼香稻常年足，破铁枯铜到处赊。昨日八龙来鼓瑟，应知高会是无遮。冒雨至天文台，主人鼓琴娱客。

《瓶庐诗稿》卷五

重九遣兴用前韵*

光绪十五年九月初九日（1889 年 10 月 3 日）

送酒谁过陶令家，题糕聊趁市儿哗。望洋河伯愁无那，行雨臧孙知有涯。仆病方知医最少，囊空不厌画频赊。随身纱帽休吹去，如雪头颅仗汝遮。

《瓶庐诗稿》卷五

---

* 时间系据翁同龢光绪十五年九月初九日日记。

为顾皞民题王蓬心《潇湘图》*

光绪十五年九月初九日(1889 年 10 月 3 日)

三羊泾头作重九,自煮白鱼沽市酒。小楼一角有明窗,彭蠡桐庐森左右。麓台两画。叩门者谁铜井客,知我羁愁倦奔走。蓬心一卷送将看,潇湘扁舟落吾手。北风酿寒金菊瘦,苦雨连旬木棉朽。微波落叶渺难即,钧天广乐知何有。径思一访洞庭君,岂意重逢永州守。此画余有,京师屡见之。永州辞官居鄂渚,黄鹤楼前看星斗。古怀浩荡空自怡,老笔矜严殊不苟。董源斯图本奇作,千仿百摹杂妍丑。最难平淡得雄深,前有米颠后董叟。永州临古不泥古,落笔浑忘谁与某。灵岩馆敞压签厨,快雨堂深惊户牖。当时诸老共嗟赏,况复流传百年后。我今赴阙意飞动,尚恋衡云屡回首。千言炳炳圣恩重,龢本拟赴湘入辞,时面谕以浮海慎重。一雨迟迟天意厚。羡君翩然随玉节,直溯九疑上岣嵝。江山文字感前因,意气平生徇交友。夜来题诗语荒率,满纸蛟蛇互蟠蟉。灯花吐焰屐声稀,明日新晴肯顾否。

《瓶庐诗稿》卷五

三题章侯画博古牌刻本次前韵**

光绪十五年九月初九日(1889 年 10 月 3 日)

文章何须笑大夫,上林古有牧羊奴。要知商战今宜讲,能得斯

---

* 时间系据翁同龢光绪十五年九月初九日日记。是日日记有“顾缉庭以王莲心《潇湘图卷》属题”。顾皞民即上海轮船招商局委员顾缉庭。

** 时间系据翁同龢光绪十五年九月初九日日记。

才亦本图。

愧我硁硁作计臣，曾无膏泽及民身。楚荼折阅吴绵贱，愁煞东南数郡人。

《瓶庐诗稿》卷五

庚寅元日为徐筱云题石谷松竹长卷

光绪十六年正月初一日(1890 年 1 月 21 日)

百八年来墨尚新，题诗艳说四庚寅。不知白发沧江客，可识趋朝读画人。图作于康熙庚寅，卷中题者多吾虞老辈。

群松和竹绕山村，村里人家绿到门。仿佛碧溪罗隐宅，短篱破屋傍梅根。图为黄山罗君作，余尝梦至一处，榜曰“梅根”。

爆竹声中画虎符，今年正月壬寅朔，余于寅时写虎字数十，余庚寅人也。残笺绛蜡眼模糊。岁朝韵事吾能说，磨墨新题水竹图。

侍郎掞藻立彤除，胸有春秋百国书。参透画禅关捩子，试教卷去又何如？筱云深于禅而癖于画，故戏之。

《瓶庐诗稿》卷五

金寿门《秋林月话图》，师六朝人笔意，钱叔美称其古雅简厚，今从钱本摹一纸*

光绪十六年正月初三日(1890 年 1 月 23 日)

柴门敲破不曾开，一日访君几十回。暂向秋林发狂论，西风寒

---

* 时间系据翁同龢光绪十六年正月初一日日记。金寿门、钱叔美指清代画家金农、钱杜。是日日记有“发兴临(钱)叔美画两幅，亥初始睡”。

上幞头来。

寿门先生古谪仙，鸿博系衔亦可怜。咄哉真虎不得见，纤毫劣腕来钩填。

《瓶庐诗稿》卷五

题自临钱叔美《五柳先生图》，和陶岁暮与张常侍诗韵*

光绪十六年正月初五日（1890 年 1 月 25 日）

坡年六十一，始得白鹤泉。读其和陶作，感叹形于言。我年等坡公，职事一何繁。俯仰愧素餐，内省多咎衍。门巷颇寂寥，登车见西山。晨随独鹤兴，暮逐群鸦还。明灯照我堂，暂脱尘事缠。酒樽杂画卷，用以酬新年。陶公早归来，苏公晚南迁。我非陶与苏，一醉亦陶然。

《瓶庐诗稿》卷五

己丑秋暂假归里，同人觞之于虚霩园，盖曾氏之园也。明年春，君表奉其曾祖勉耘公归耕图遗像求题，敬次先公原韵二首** 君表将归，即以送之

光绪十六年三月十六日（1890 年 5 月 4 日）

古人守一官，患泽不及民。今人爱官职，惟思富仓囷。苟无匡时志，朝野理亦均。辛峰有大云，酝酿无边春。追踪陶子师公与翁，

---

* 时间系据翁同龢光绪十六年正月初五日日记。是日日记有“题余所临钱叔美《枇杷林图》，填词一首，颇自喜，甚无谓”。

** 时间系据翁同龢光绪十六年三月十六日日记。虚霩园在今常熟曾园内，曾之撰，字勉耘，曾君表之父。

吾七世祖上杭公。施教洛及闽。融融化枭风，荡荡平畦畛。君看秋水公，伊墨卿先生。题诗墨犹新。上言操守洁，下言吏职勤。部民所身受，谅非谀颂文。经术久凌替，仕途多荆榛。杂流骛新学，贤否何由甄。要当表清官，庶几公道伸。孰不说归耕，此诣未易臻。从来进退际，悉本道德纯。渊哉名贤泽，奕叶尚未湮。不羡好园池，羡汝棫朴薪。文章为世出，忠厚及物仁。用以启后昆，亦以答先人。

十载不归田，戚戚轸梦想。归来三十日，此愿亦虚枉。故人知我归，鸡黍集亲党。侧闻二老阁，尚有旧题榜。湖天固无恙，管钥今谁掌。二老阁为二曾先生读书处，今为曾氏别支居之。同侪兄弟行，无复吾师丈。近闻多漏略，况乃话畴曩。霏园秋荷花，零落独矜赏。却思百年事，敬叹杂怊怏。吾祖潜虚公，一官堕苍莽。同时二曾子，牧庭公、勉耘公。笙馨答幽响。宦辙分海角，古谊在天壤。惜呼南丰图，未写叔茂像。还朝得展拜，余齿亦已长。便拟速归耕，湖田数来往。

《瓶庐诗稿》卷五

题钱子密甲申年极乐寺看海棠图*

光绪十六年三月三十日（1890年5月18日）

顷因文字识名驹，谓哲嗣新甫①。仍世交情与众殊。醉里索诗期火速，老来涉笔愧平铺。对花起草真仙吏，罢政谈经有腐儒。甲申年事。若以无香论品次，名茶终恐逊牛酥。

已嗟嫩蕊斗新妆，差喜名流为举觞。一语便称天下艳，几丛能

---

* 时间系据翁同龢光绪十六年三月三十日日记。日记有“题子密看花二图”。

① 新甫，钱应溥（子密）之子。

带古时香。绿草夜告缘何事,银烛高烧有底忙。颇忆承明卌年景,青旗锦节映朝阳。寺当淀园辟路之西。

《瓶庐诗稿》卷五

庚寅五月阅国子监学正学录卷,用壁间韵呈荫轩协揆*

光绪十六年五月三十日(1890 年 7 月 16 日)

斗室萧然道气深,斋居常若帝天临。力扶文派回沧海,手种名材作邓林。愧我十年频典校,竟随一世与浮沈。卮言日出奇觚眩,太息胶庠养士心。

伐鼓秋堂夜漏深,当年二老忆同临。癸丑六月,先子与尊公太常护月同坐阶下,谈禅甚契。问禅一笑虾蟆窟,证梦三生薝蔔林。先子常梦前身为僧曰"了观"。宝盖已飞遗偈断,楹书虽在旧徽沈。白头幸得从公后,各勉忧时报国心。

《瓶庐诗稿》卷五

谢崇受之赠苏斋写明人诗**

光绪十六年六月十二日(1890 年 7 月 28 日)

谁写明贤塞下词,九边月落雁飞时。论诗不及嘉隆后,风格矜严世未知。

---

* 时间系据翁同龢光绪十六年五月三十日日记。日记有"作诗二首,和壁间韵赠荫翁,书于扇"。

** 时间系据翁同龢光绪十六年六月十二日日记。日记有"崇受之送潭溪字,伪迹也,题诗还之,七绝二首"。崇礼,字寿之。

推证偏旁字偃戈，不应真帖反传讹。吾斋考古图摹本，已怪当年赝鼎多。旧藏《续考古图》四册，公手钞古文亦多讹舛。

淋雨兼旬万户穷，杜陵无屋破秋风。曝书未了落生簏，忍亵君家贯月虹。

《瓶庐诗稿》卷五

小诗代柬呈铭鼎臣同年*

光绪十六年六月（1890 年 7 月）

五月书来约看花，岂知六月雨如麻。巴沟一曲泥三尺，何况城南十万家。

闲官饱粟未全贫，饥鹤无端夜韶频。送与养年精舍主，云山西北渺无垠。仆有病鹤，拟送养年别墅。

《瓶庐诗稿》卷五

摹黄小松载书图即用原韵送侄孙炯孙南归**

光绪十六年六月（1890 年 7 月）

行矣从兹别，归欤不可留。艰难思旧德，沈著励潜修。体弱须珍护，途长莫浪游。殷勤载书去，置我最高楼。谓救虎阁。

《瓶庐诗稿》卷五

---

* 时间系据《瓶庐诗稿》卷五原注。

** 时间系据《瓶庐诗稿》卷五原注。黄小松指黄易。

题欧阳文忠公像*

光绪十六年七月二十一日(1890 年 9 月 5 日)

庚寅七月,户曹孙君以欧公画像见示,云是新郑守墓子孙所藏。谛审纸墨乃南宋时物,又谱图一卷,略与刊本欧集同,其中名系足订刊本之失者非一,末附华云先生事迹数纸,则元季遗老入明不仕者也。既赋一诗题于纸尾,并摹画像以志景行。

布衣帛冠致骍牝,地员海王富组练。古来谋国重君榇,今日名言务商战。欧公生当宋极盛,位业文章世所见。伟哉三策策关西,欲为茶盐散馀羡。平生服膺居士集,自恨迂庸儒术浅。滔滔江海漏难收,屑屑锥刀计空擅。京师雨狂水浸屋,颇似东都溢清汴。螺陂一图忽携示,昔读公书今识面。渥丹桃李发酡颜,烂电龙鸾动英眄。忆昔来往澄怀园,六月荷花大于扇。词流几辈拜遗像,惨淡丹青宋时绢。霜纨两柱燕间服,上有天题金碧绚。林颖叔得公滁州画像,乾隆中裘鲁青携归,有御题。当时惊叹画龙飞,无怪环滁山色变。三十年来一弹指,绝少朋戠文字宴。幸逢新郑子孙贤,犹奉遗真走京甸。秋堂夜凉百虫语,旧学荒芜新说眩。惟持金石一千卷,侑以琴樽杂芳荐。千秋定论文在兹,一代通儒动遭谴。利权在上慎持筹,兵法攻心静传箭。休夸飞白善经褒,切望边材尽邦彦。

《瓶庐诗稿》卷五

---

* 时间系据翁同龢光绪十六年七月二十一日日记。欧阳文忠即欧阳修。

为董子珊太守毓琦题董思白陈眉公小像卷*

光绪十六年八月二十二日(1890 年 10 月 5 日)

白头相对角巾宽,我作松陵一集看。可惜悲歌董公子,不留柱下注天官。

《瓶庐诗稿》卷五

题台州宁海县宋徐贞定温节父子墓图,为杨定甫侍御并呈其尊人友声先生**

光绪十六年九月十九日(1890 年 11 月 1 日)

丘垄非吾道,江山自炳灵。洗碑三版见,判牒万人听。台学从兹启,时贤未敢铭。侧闻横舍辟,非独菉奇亭。

考亭题墓后,继轨者谁兴。独有杨夫子,萧然卜此居。宏编赤诚志,先生碧泉书。五百年遗泽,高风足启予。

有宋真儒出,东南质行多。从来高隐士,无忝直言科。士处关朝局,坚贞挽世波。传家有忠孝,默省意如何?

《瓶庐丛稿》卷八

---

* 时间系据翁同龢光绪十六年八月二十二日日记。原注:“并为题‘华亭二鹤’四字于卷首。”董毓琦,字子珊,董思白之孙,浙江临海人,尝造气轮船,擅长算法,并通绘画。

** 时间系据《瓶庐丛稿》卷八原注。翁同龢光绪十六年九月十九日日记有“题定甫台谏《临海三徐先生墓图》”。

题林锡三阁学天龄遗照*

光绪十六年十月初五日(1890年11月16日)

生前阙宾敬,死别翻追随。林君吾故人,开卷见须眉。颇欲作文字,纪我合与离。凄然家国感,把笔落涕洟。忆当辛未冬,吾母病阽危。上书乞侍养,沥血肝肠披。圣慈未听许,令举替厥司。觥觥林夫子,直节好风仪。行在通介间,文笔双葳蕤。英英南皮彦,编修张君之洞。秀特余所师。遂以两君荐,并堪侍经帷。君独入承明,我旋复茅茨。执手三唁我,我默无一词。洎我免丧还,君又秉节驰。泊舟隔一江,见子桅上旗。大哉毅皇德,微陋罔或遗。楸梧间棫棘,藦芜逮藁葹。侧闻君在朝,谠直无所私。又观经进文,举笔不忘规。谓当佐太平,出入侔皋夔。奈何遽沦逝,戢恨沧江湄。人事既代谢,天行有参差。惟馀白发郎,终老凤凰池。坐此自嗟诧,久废题图诗。三年置高阁,旁人多然疑。或云羸老甚,有笔不能持。又云付朽蠹,野鼠衔其髭。岂知笋脯筵,年年荐金卮。苏黄两诗翁,宥坐惟君宜。君有好儿子,珠树连琼枝。文章珊瑚钩,馀事国手棋。终当继遗志,岭海腾光曦。我无蔡邕笔,为君勒丰碑。寒夜题此诗,写我无穷悲。

《瓶庐诗稿》卷五

---

* 时间系据翁同龢光绪十六年十月初五日日记。林天龄,字受恒,号锡三,福建长乐人,进士。官至江苏学政。日记有"起题林锡三天龄遗照五古一篇,极悲壮"。

敬题纯庙御画《石芝图》*

光绪十六年十月十三日(1890 年 11 月 24 日)

此《石芝图》卷,纯庙御画,赐钱文端公,同龢所敬藏。一日过宗丞钱应溥,出其高祖母南楼老人画册,每幅皆有御题,并文端父子三世手迹,相与赞叹。宗丞因曰:吾家尚有石芝图,失之久矣。同龢归检箧笥得是卷,敬奉宗丞,并纪一诗以赓盛美,亦以志钱氏子孙能世其业焉。

天上图书聚大罗,臣家缉颂首猗那。欲知圣藻超唐宋,不屑长笺斗颍坡。一骑送诗烦唱和,十年佚老自婆娑。从来忠孝流贻远,多少丰碑字已磨。

《瓶庐诗稿》卷五

矩门丈招饮西城圆通观,出示先德禹民公临怀仁圣教序敬赋**

光绪十六年十二月二十七日(1891 年 2 月 5 日)

城西一庵小似螺,破壁乃见万古歌。岂惟诗句发深省,腕力山岳争嵯峨。矩门书律本家学,一编手泽勤摩挲。焚香捧示临古帖,中锋努趯森虞戈。敬从八十二载后,上溯嘉庆己巳科。朝堂穆穆

---

* 时间系据翁同龢光绪十六年十月十三日日记。日记有“写诗于《石芝图》卷”。

** 时间系据翁同龢光绪十六年十二月二十七日日记。日记所记与诗标题有异。日记写“归后作长歌题豫锡之尊人禹民先生铭惪字卷,交孙兄题”。

气纯一,人物寿考民风和。是科有八十五岁进士,赐检讨。公于其时登上第,出入芸馆翔銮坡。十年橐笔事纂述,一麾竟落庐山阿。手除巨憝若振槁,平反冤狱惩婞嫛。其间育士功最巨,培植薪槱烝菁莪。鹅湖鹿洞久销歇,独以正学相磋劘。先公昔持校士节,馀干太末频经过。一杯亭下品茶罢,亦有赠答诗吟哦。先公为江西学政时,公守广信。归来七十鬓未皤,长安城中有椠莛。参禅讲学静有得,馀事研究篆与蝌。寒鸡三号更五点,明星耿耿侵银河。斯时清气入泓颖,一点一拂无偏颇。公作书必于天未明时。流传此幅已奇绝,后治公刻帖名全帖当如何。矩门先生门可罗,残年觞我安乐窝。微阴酿雪花萼活,对坐已觉春风多。是日立春。睦亲收族我所敬,尽敬茕独兼癃疴。扫除异说尊鲁叟,如抉毒雾瞻羲娥。直从忠孝发根柢,丈之先世有忠孝赐额。匪止艺事恢馀波。我诗述德兼志感,毋以韵语相谯诃。座间力言六朝绮靡之习不足学。

《瓶庐诗稿》卷五

元夕题陈章侯画博古牌刻本次前韵

光绪十七年正月初一日(1891年2月9日)

刘毅输钱亦壮夫,朱三睆视岂狂奴。应知杜老无憀甚,为守咸阳守岁图。

郁郁南天柱石臣,只图利国不谋身。剧怜措大登科记,多少欧洲待榜人。

《瓶庐诗稿》卷五

题罗两峰《梅兆育麟图》*

光绪十七年正月初九日(1891 年 2 月 17 日)

侄孙斌孙初生时,其嗣母在南,梦老媪遗桂一枝,已而北信至,即其日也。斌孙为余言,因以此卷付之。

绝妙曲江笔,真传香叶斋。两峰为寿门高弟,所居曰"香叶堂"。禅机熟梅子,吉梦旧桃核。两峰诗中语。祝尔添丁喜,慎哉将母怀。传家有笏记,先兄文勤公葬唐魏文贞①笏,余以付斌孙。张雨生为作《传笏图》,余题一诗,斌孙因自号笏斋。漫说兆三槐。

《瓶庐诗稿》卷五

临仇十洲画《重游赤壁图》**

光绪十七年三月初一日(1891 年 4 月 9 日)

草草黄州梦一场,偶然游戏饮江光。十洲仇叟缘何事,刻画髯仙著羽裳。

《瓶庐诗稿》卷五

---

* 时间系据翁同龢光绪十七年正月初九日日记。

① 唐代政治家魏征。

** 时间系据翁同龢光绪十七年三月初一日日记。

题蔡松甫右年《勘书图》* 时松甫将之官蜀中

光绪十七年四月初七日(1891 年 5 月 14 日)

太息曾无荐士书,四门学博近何如。元宗明复前型在,恐有人遮使者车。

手校群经溯道根,波澜汉魏泻词源。惭余白发成均长,问字无由屡叩门。

屹屹东关控蜀疆,一州吏卒付低昂。文章能发山川气,不为踆鸱换瘦羊。

《瓶庐诗稿》卷五

以素笺乞得南斋诸公诗画因题短句**

光绪十七年四月二十七日(1891 年 6 月 3 日)

一山一水苔岑气,他日澄怀十友看。我作湖田垂钓客,可能曝背话金銮。

《瓶庐诗稿》卷五

* 时间系据翁同龢光绪十七年四月初七日日记。

** 时间系据翁同龢光绪十七年四月二十七日日记。

题陆小石《灵峰探梅图》*

光绪十七年六月(1891年7月)

萧萧寥寥咸丰春,寂寂寞寞灵峰人。探梅再游常事耳,伤哉浩劫沧江濒。作图者谁杨蕉隐,笔力倪黄标格近。题诗者谁雪隐翁,一十八人气味同。吾生出入明光殿,惜与群公未识面。幸从卷尾见丁公,谓松生先生。十万牙签富经传。山僧请经航海来,携卷索诗火急催。时平岁美湖波渌,梅花开时山鬼哭。

《瓶庐诗稿》卷五

题沈小梅《诵芬咏烈图》为梅孙方伯**

光绪十七年八月十四日(1891年9月16日)

虎节熊幡岁月深,归来尘海暂抽簪。一家著述吴兴派,万口歌思陇上行。岂屑虫鱼寻活计,早知雏凤继清音。江南好手探微笔,能写趋庭孺慕心。

交际君家父子间,蹉跎我亦愧衰颜。驰书灞岸潇潇雨,戊午余典试陕甘,丈为外帘监试,明年余以学政移疾归,丈遣骑送行,此意特厚。飞舶燕台点点山。己丑与梅孙同舟南还。旧梦已随池草换,谓似竹同年。新诗聊趁井梧闲。文孙又报循良绩,期仲权昭文县,士民感颂。屈指当年尚珥环。

《瓶庐诗稿》卷五

* 时间系据《瓶庐诗稿》卷五原注。

** 时间系据翁同龢光绪十七年八月十四日日记。沈晋祥,字梅孙,时任甘肃布政使。

为孙驾航楫题《昆仑关题壁图》*

即送其之湘臬任

光绪十七年八月二十四日(1891 年 9 月 26 日)

邕州山水天下灵,桂胜所纪我熟聆。眼光射过古林邑,嗟五铜柱谁为铭。横山西来压郡庭,势如奔马鞚不停。昆仑突起屹相向,栈木削铁天门扃。彼侬者氏蟠隩陉,狄宣徽始通车軨。蛮花自红月自白,峒溪常碧山常青。绣衣使君饱六经,廿年懒泛珠江舲。登高望远斐有作,欲令文字湔馀腥。节华翩翩朝帝廷,画图入箧留真形。征诗到我谓我健,岂知词笔今凋零。我欲贻君双玉瓶,夜凉共话囊底厅。莱山新居。平生气谊竹林彦,万里踪迹秋江萍。沅湘无波杜若馨,神女鼓瑟鱼龙听。三关回首在何许,斗南早释天弧星。

《瓶庐诗稿》卷五

用前韵呈驾航京尹**

光绪十七年九月十四日(1891 年 10 月 16 日)

九苞不弃一羽灵,九奏不废一器聆。矧吾胶漆三益友,敢以吏职勤箴铭。京兆之选重汉庭,前张后赵史不停。廉公有威择民望,北门锁钥称严扃。太行北走起井陉,飞狐倒马才容軨。回翔绵亘一千里,东西秀起桥山青。吾尝闲游按图经,鲇鱼关口如覆舲。渺

* 时间系据翁同龢光绪十七年八月二十四日日记。

** 时间系据翁同龢光绪十七年九月十四日日记。

然极目但平楚，不见毳幕罗膻腥。我朝中外共一廷，何尝疆域分区形。只缘众建力已弱，控弦户口多畸零。古来守险如守瓶，边墙尚有都军厅。即今伏莽已烧薙，馀蘖聚散如漂萍。去年秋成黍稷馨，今年丰兆舆讴听。移君昆仑大椽笔，一扫直北天狼星。

《瓶庐诗稿》卷五

迟盦见和题《昆仑关图》韵述先世旧德，循览泫然，次韵奉酬*

光绪十七年十月初五日(1891 年 11 月 6 日)

君诗宛转骨节灵，我诗朴直君其聆。白头每说少年事，况有师训常镌铭。庚戌余受知文定公①。我昔分曹莅讼庭，澜翻诵律口不停。师言此事非汝急，勉旃归试秋闱扃。澄怀池馆隔一陉，杂花芳草通斑軨。叶亭虽小最幽胜，二老同看西山青。先公与文定师同寓淀园。君时下帷擘众经，我亦未暇扬吴舲。玉泉山前殿门下，泥首微带蜗延腥。壬秋榜后，余与君在玉泉山前谢恩，是日微雨。丙科联翩对大廷，我车西迈嗟劳形。临分唁君悯君病，麻衣血泪吞声零。沛州②访君乞一瓶，杀鸡炊黍山庄厅。潦深桥窄马又蹶，淋漓衫袖黏浮萍。甲戌五月事。两家先芬播德馨，宜蒙天鉴邀神听。艰难会合不复道，吾侪努力今晨星。

《瓶庐诗稿》卷五

---

* 时间系据翁同龢光绪十七年十月初五日日记。

① 指孙瑞珍。

② 今山东济宁。

迟盦和诗再来，而驾航以京尹内召，闻尚在天津也，喜而有作*

光绪十七年十月初十日（1891 年 11 月 11 日）

郜亭行矣朝湘灵，钧天广乐疑可聆。春风吹船不著岸，胜游竟负峿台铭。峨峨京兆开省庭，宜晴快雨辙屡停。一从沈郎转官后，海棠闲馆门常扃。黄寿臣、林颖叔、卞颂臣、彭芍亭①尹京时，常觞客于后圃宜晴快雨之阁，周小棠、沈仲复②尚修旧迹，今改为海棠院矣。神京浩穰拱八陉，千涂万辙来展軨。使君坐衙日决事，岂暇更画蛾眉青。迟盦手注海外经，欧罗亚墨飞火舲。雷霆满腹暗不吐，往往语带蛟龙腥。瓶生持橐侍禁廷，耳聋手战非昔形。醉中狂谈醒自诧，欲以屯牧收先零。借韵。江流滔滔嗟覆瓶，且持门户严堂厅。神锋静敛莫轻试，与君含笑看青萍。秋荷枯尽瘦菊馨，琵琶哀怨难为听。三人一夕诗百首，明日喧传聚德星。

《瓶庐诗稿》卷五

迟盦三叠韵见示，益进而语益奇，不觉叹服，呼余曰紫芝主人，又不禁失笑也，勉事奉和，谢不敏矣**

光绪十七年十月十三日（1891 年 11 月 14 日）

紫芝三秀卉木灵，白龟千年古语聆。故人取此榜我室，自夸云

---

* 时间系据翁同龢光绪十七年十月初十日日记。

① 指黄宗汉、林寿图、卞宝第、彭祖贤。

② 指周家楣、沈仲复。

** 时间系据翁同龢光绪十七年十月十三日日记。

篆天书铭。杨濠叟书“紫芝白龟之室”赠我。老迟宪宪立紫庭，日草诏书笔未停。犹能馀力发奇藻，尽破唐宋诗人扃。我如老妪倚灶陉，敢邀织女回轩軨。清词三叠发一笑，粲然重睹长眉青。城南顾祠我夙经，凫翁蝯叟偕诗舲①。拈新斗俊日不倦，时或野饮罗芳醽。今我与君并侍廷，同搔白发劳神形。自惭金谷非所习，东南民力嗟凋零。朝来大风欲冻瓶，纸窗尚敞司农厅。散衙轻车坐摇兀，真同尘海漂秋萍。小斋静闻药火馨，右臂乍槁耳重听。愿君且收画日笔，我亦匣研藏涵星。

《瓶庐诗稿》卷五

题陈章侯《三友图》*

光绪十六年十一月十二日（1891 年 12 月 23 日）

此《三友图》，道光己酉先公得之于吾邑沈氏，喜诵其诗，常以自随。先公既卒，吾五兄携之入湘入鄂。去年吾省墓归又携以北，每一展卷，不觉涕泗之横集也。庚寅冬至前一日斋宫侍班归，检视此卷，因题一诗，后人能谨护之否。

元冬动琯灰，云物蔼皇州。侍辇入斋宫，散我鹓鹭俦。归来弄图史，逼仄无远谋。既鲜磊落人，懒与屠沽游。游子思故乡，狐死必首丘。东华数间屋，焉用重檐庮。时方拟筑屋数间。不如破龙洞，卧我救虎楼。我于近人画，最爱陈章侯。衣缗带劲气，士女多长头。铁色眼有棱，俨似河朔酋。次者写花鸟，不以院体求。愈拙愈简古，逸气真旁流。呜呼此三友，先公所绸缪。后入吾兄箧，南走鹦鹉洲。我顷携以

① 指陶凫香、何绍基、张祥河。

* 时间系据翁同龢光绪十六年十一月十二日日记。日记有“晨起题一诗于陈老莲《三处士图》卷，此图先公所赏者也”。

来，复阅京华秋。一画何足道，三世虹月舟。我无章侯笔，仕隐两不侔。翳岂不怀归，怀归增百忧。勖哉毋太康，圣主勤咨诹。

《瓶庐诗稿》卷五

题成哲亲王手书五十生辰赐物单*

光绪十七年十二月十三日(1892 年 1 月 12 日)

盘石宗支重，家人礼数殊。敬观大诏令，每述旧讦谟。嘉庆六年谕大挑举人事。纯嘏从天锡，多仪与物俱。隆恩无以报，七百颗骊珠。

闻道梁园册，遗诗未尽编。只传脊令颂，竟缺白华篇。《诒晋斋集》自己未至丁卯九年缺。经义高逾淡，欧书老更园。皆王五十以后事。听钟旧题句，定忆卌年前。见集注。

城阙苍凉甚，山池寂寞时。箧亡苦笋帖，塔识落花诗。园寝在花塔山，集有落花诗若干首。龙种生应异，鹅经换最奇。天人承夙德，岂独楚弓遗。

《瓶庐诗稿》卷五

辛卯腊月十九日，荫轩协揆邀同人作坡公生日，文卿同年捧茶陵相国像至，未暇展拜也，敬赋二诗，和苏斋老人韵**

光绪十七年十二月十九日(1892 年 1 月 18 日)

此幅苏斋所藏，丁亥春予得之，以寄文卿者也，予又得西

---

* 时间系据翁同龢光绪十七年十二月十三日日记。成哲亲王即永惺，著名书法家，有《诒晋斋集》。

** 时间系据翁同龢光绪十七年十二月十九日日记。同人指张之万、李鸿藻、谭钟麟、祁世长、翁同龢。坡公即苏东坡。谭钟麟，字文卿。

涯小像，上有苏斋老人一诗，今不知所在。

觥觥怀鹿集，岂点弇州文。退谷有公论，残编得琐闻。近得孙北海①《畿辅人物略》手稿，文正一传与史颇异，首曰"戎籍金吾"，非戍籍也。祠荒太仆树，墓冷畏吾云。史笔争时局，何人恕相君。

太息孤危迹，踌躇尚论中。赋诗吾辈事，补竹昔贤风。谭子尔何意，苏斋客岂同。平津一樽酒，难遣百忧空。

《瓶庐诗稿》卷五

驾航次《昆仑关图》韵见示，走笔奉和，兼呈老迟*

光绪十八年正月十二日（1892年2月10日）

梅花送喜鹊舌灵，六街好语欣见聆。百年得睹元日雪，宜晴快雪当镌铭。使者拜章告紫庭，退朝将吏谒不停。雄篇忽和去年韵，谓当封篆衙斋扃。饴山使节出赵陉，渔洋亦纪入蜀軨。今君二难并为一，奇气直掩纶霞青。何不径仿离骚经，惜哉未上湘江舲。九嶷冥冥子规叫，二妃泪竹苔花腥。留君雄台侍帝廷，一挥千牍忘劳形。赋诗饮酒例有禁，无怪词笔多飘零。瓶生枵腹长颈瓶，皋比坐拥惭辰厅。耳聋臂枯百无用，静观万物同浮萍。春盘脆牙笋蕨馨，雏莺学语宜可听。作诗兼想老迟叔，毋为深闷匏瓜星。老迟新纳姬人，故及之。

《瓶庐诗稿》卷五

① 指孙承泽。

* 时间系据翁同龢光绪十八年正月十二日日记。老迟指孙毓汶。

题旧藏杭大宗诗画册*

光绪十八年正月十九日(1892年2月17日)

此册为先生雍正十年壬子入闽分校乡试时作,其详见《榕城诗话》中。

闳才不世出,轶事有传讹。人讶杨风子,吾呼苏大哥。先生谓吾诗兄事东坡,故每呼为苏大哥。筑亭新补史,上殿古词科。寂寞南屏社,荒坟可奈何。

闽行诗数叶,犹喜画图传。园荔红成巾,村榕绿到天。山川越王殿,羔雁孝廉传。省识怜才意,频将断句编。

《瓶庐诗稿》卷五

秋鹰赋**

光绪十八年四月初十日(1892年5月6日)

欣携颜氏子,同上景升台。豪气霞千尺,寒声酒一杯。霜毛呀鹘老,风翼大鹏培。江汉羁栖客,乾坤干济才。楚公图骨相,鲁国字胚胎。尚有雄心在,相期倦眼开。朝班多骏品,达尔杜陵才。

《翁松禅墨迹》第三集《致俞佑莱函》附录

---

* 时间据《瓶庐诗稿》卷五原注。杭大宗,指清代画家杭世骏。再据翁氏是日日记有"摹杭大宗画一小页"。

** 时间系据翁同龢光绪十八年四月初十日日记。日记有"写对、扇、作诗"。

闱中望雨呈祁子禾用壁间韵*

光绪十八年四月初十日(1892年5月6日)

屯云衔雨过春深,日日瞻天切鉴临。我辈岂能分菽麦,圣人久已祷桑林。近闻畿辅频伤潦,大筑堤防为漉沈。忧水甫过还虑旱,一时并集长官心。

《瓶庐诗稿》卷五

遣兴**

光绪十八年四月初十日(1892年5月6日)

默默端居春已深,琐闱何地可登临。嘤鸣且喜莺迁谷,潇洒终输鹤在林。柳子囚山甘寂寞,苏公浴室久浮沈。海棠落尽东风恶,触我江湖万里心。

《瓶庐诗稿》卷五

禾丈示诗奉和一首***

光绪十八年四月初十日(1892年5月6日)

辱公知爱抑何深,险韵新诗取次临。天子意方崇学校,丈人端

* 时间系据翁同龢光绪十八年四月初十日日记。日记有"写对、扇、作诗"。

** 时间系据翁同龢光绪十八年四月初十日日记。

*** 时间系据翁同龢光绪十八年四月初十日日记。

不愧儒林。丈押林字,用“学校如林”,今年复试□□钦命题也。试看一字长城固,肯使群才大壑沉。别有衷怀言不尽,溯风来往感予心。

《瓶庐丛稿》卷八

赠霍慎斋同年*

光绪十八年四月初十日(1892年5月6日)

粉署才名岁月深,春官秋赋一时临。祥禽未许辞阿阁,君任阁学最久。朱草还钦出上林。宗臣中君年最长。病起谈诗神愈健,老来对酒气先沈。君少年时豪饮。夜堂灯火浑如梦,怅触当年立鹄心。余与君为丙辰同年。

《瓶庐诗稿》卷五

赠李苾园阁部**

光绪十八年四月初十日(1892年5月6日)

苔岑一气墨缘深,差喜联镳琐院临。四省频年持使节,君历典晋、粤、蜀试,又督学滇南。几人两度入词林。君任台谏,以回避再入翰林。高文竞说传衣重,昔梦空嗟折戟沈。君为先兄文勤所取士。闻道且兰旧桃李,至今犹识爱才心。先兄任贵州学政时及门士今在者无几。

《瓶庐诗稿》卷五

---

* 时间系据翁同龢光绪十八年四月初十日日记。霍穆欢,字慎斋。

** 时间系据翁同龢光绪十八年四月初十日日记。李端棻,字信臣,号苾园,贵州贵筑(今贵阳市)人,官至礼部尚书。

再简慎斋*

光绪十八年四月初十日(1892年5月6日)

独坐虚堂念虑深,隔墙遥喜履声临。微闻子政多封事,不独君和重艺林。直道自邀天眷顾,孤踪漫与世浮沉。自惭早识同年面,今日方能识子心。

《瓶庐诗稿》卷五

鲥鱼和子禾文**

光绪十八年四月初十日(1892年5月6日)

沧江春暖暮潮深,覆釜山边蜡屐临。一箸残腥樱笋节,数家小市柳花林。诵君驱鳄新诗健,愧我烹鲜旧梦沈。漫举当鲼笺尔雅,虫鱼琐琐又何心。

《瓶庐诗稿》卷五

青来为我作《琐闱玩月图》,爽秋题诗渺然有湖山之思,时方校阅未暇奉答,放榜前一日次韵以发一笑***

光绪十八年四月十一日(1892年5月7日)

鹿床文孙擅家学,为我写出江南山。汝南高贤古诗伯,间出妙

---

* 时间系据翁同龢光绪十八年四月初十日日记。

** 时间系据翁同龢光绪十八年四月初十日日记。

*** 时间系据翁同龢光绪十八年四月十一日日记。袁昶,字重黎,一字爽秋,浙江桐庐人,官至太常寺卿。

语深渊渊。嗟余老懒厕其列，一堂二妙难追攀。风帘官烛坐兀兀，臂枯不复亲手翰。明珠沙砾溷不辨，自憾目力今先殚。琐厅韵事差可纪，意在晁李苏黄间。沧江连天碧玉环，彷佛梦睹金仙颜。牟尼一串亲授记，信我此语非欺谩。纪梦。夜堂萧然灯火间，明日放榜开重关。却嫌官事太迫促，诗情画意纷难园。清和节过尚薄寒，瞻天日日愁占年。海棠花落榆叶坠，并恐摧我青琅玕。余斋新种竹。昨宵一雨苏地脉，佳谷奋起删茅菅。市声喧阗乌鹊喜，西山想见明烟峦。继今布濩更优渥，至尊方宿郊宫坛。今日常雩。吾侪此日足可乐，且放衣带欹巾冠。谈诗读画了无事，一尊相属同加餐。明朝鹓鹭各分列，旌旗拂拂青云端。

《瓶庐诗稿》卷五

题吴愙斋等五人画《东坡事迹图》，用东坡送周正孺帅东川韵*

光绪十八年七月十三日(1892年9月3日)

坡公送周正孺诗曰：“得郡书生荣，还家昔人重。”盖有歆羡之意焉。今愙斋还朝一月，即衔命镇湘中，岂直东川而已。仆衰病，侵寻不复有歆羡意，故作二诗，次韵题所绘《东坡事迹图》后。

卌年溷京尘，末疾苦腿肿。可怜屈原赋，怅望姊归家。时余有姊丧。新图忽见示，令我意惊耸。当年东坡翁，亦拜迩英宠。方其进对日，莲炬归途拥。洎乎行贬词，中寿尔木拱。丈夫出处际，岂必

---

* 时间系据翁同龢光绪十八年七月十三日日记。五人指倪宝田(墨耕)、金彰(心兰)、顾沄(若波)、陆恢(廉夫)、吴大澂(清卿)，均为苏州地区书画家。

恋丘垄。委蛇未足贤，急退亦非勇。荒庭莳秋花，闲卧养衰冗。此即桄榔庵，吾将息归踵。

坡公旧游处，草木皆增重。独于衡湘间，未谒九疑冢。君今持节去，紫盖看森耸。南方付坐镇，天语特矜宠。想见此邦人，竹马花枝拥。楚才洵多美，合抱杂把拱。文人或惰游，壮士辄登垄。陶镕归大顺，所赖仁者勇。坡公论高丽，文字最繁冗。要使密海州，毋曳雕题踵。

《瓶庐诗稿》卷五

题郎亭玉照*

光绪十八年十月初六日（1892 年 11 月 24 日）

壬辰九月二十九日，与郎亭侍郎奉派武殿试读卷官，同宿内阁直庐，郎亭以玉照属题，率赋此诗奉正。

鲰生戊午年廿九，曾发轺车陟陇首。郎亭辛未三十三，正持玉节巡终南。后来悫斋亦奉使，甲乙之年遂分试。陕甘分闱，甘肃亦设学政。书生惯说游官辙，一笑陈迹如飘风。秦川对酒向我醉，太华送碧为君容。长安坊南数椽屋，巷隔鸡飞来往熟。郎亭每为悫斋留，余亦深谈夜秉烛。悫斋今年来京，与余寓居最近。郎亭写真见真吾，弇斋倚装补斯图。商山紫芝渺何许，橘中之乐有是夫。今朝微雪点锁厅，上堂对案校武经。默写《孙子》九十六字。白头尚有论兵口，不减当年衫鬓青。

《瓶庐丛稿》卷九

---

* 时间系据诗题所标时间。但翁同龢光绪十八年十月初六日日记有“写诗于柳门小像轴”。

题孙莱山《散花图》轴*

光绪十八年十一月十二日(1892年12月30日)

聪明不说云门捧,洒脱能传雪窦风。不是迟禽有慧眼,如何来闻鹿皮翁。

纤纤初月映窗时,短短鸦叉手懒时。只见一张好东绢,不知何处可题诗。

《瓶庐丛稿》卷八

壬辰十一月廿日与族人朗生剪灯话旧兼及厘卡各事慨然而叹,因赋一诗

光绪十八年十一月二十日(1893年1月7日)

快雪初晴已见星,相将温酒话寒厅。长才笔底生花艳,薄宦衫痕似叶青。一命岂无民社寄,重门肯使客舟停。朗生自芜湖关卡来。惭余投老司金谷,欲析秋毫未忍听。

《瓶庐诗稿》卷五

题樵野《运甓斋图》**

光绪十八年十一月二十二日(1893年1月9日)

长庚仙才役百灵,谓莼客。碧池魁纪妙语聆。爽秋、云门。① 今君

---

* 时间系据《瓶庐丛稿》卷八所标时间。翁同龢是日日记有"题孙莱山《散花图》轴"。

** 时间系据《瓶庐丛稿》卷十所标时间。但翁同龢日记中记载为十一月二十二日,现依日记记载。

① 樊增祥,字云门,又字樊山,湖北恩施人。官至江苏布政使。

又辱冰雪句，催我为续桄榔铭。古来节使临边庭，车辙马迹不暂停。岂若九万里海国，天诛荡荡门无扃。欧亚横度东西陉，墨洲南北飞火轮。一言竟破逐客令，安我万灶炊烟青。君争美国雇工事，立约未行。盟辞不载春秋经，行人返归扬归舲。归来一笑解诗橐，笔头尚带蛮花腥。伟君宪宪立紫廷，刻画九鼎魑魅形。西南诸岛各相杖；我所虑者羌先零。倪迂已矣水复瓶，老榕绿暗五羊厅。开函忽睹凤樵字，恍忆荆渚踪漂萍。余至鄂渚，豹岑在荆。国香不与众卉馨，古奏不共今乐听。祝君早晚开莫府，忧时霜鬓已星星。

去年题壶巢昆仑题壁图，以灵字韵往复七叠，今樵野吾兄以《运甓斋图》属题，置案已久，承用前韵，催索漫题请教。常熟弟翁。

《瓶庐丛稿》卷十

题祝枝山书樊毅碑华山碑*

光绪十八年十一月二十五日(1893 年 1 月 12 日)

世间狂草舆台耳，冲淡方知骨格清。却笑箬林工论断，漫将闲素拟先生。虚舟论书不满于祝京兆，谓为骨气未清。

延熹尚有流传本，樊氏三碑一字无。中国西南有谢水，莫教错认射阳湖。此樊毅碑云谢阳之孙，足订范书樊丹封射阳侯之误。

佛图一卷无从问，幸有夷坚两志留。悟得书家篆分意，纵横排比总庸流。余家藏有京兆小楷佛图澄传，精妙无匹，今失之矣，复收得小楷《夷坚志》

* 时间系据《瓶庐诗稿》卷五原注。翁同龢光绪十八年十一月二十五日日记有“作诗题祝枝山楷书樊毅《华山碑》册”。

一卷，成邸旧物。

《瓶庐诗稿》卷五

摹苏书石恪画维摩赞鱼枕冠颂两种*

光绪十八年十一月二十九日（1893年1月16日）

褚薛仙人我导师，中锋未抵偃锋奇。要知巨石枯藤笔，尽是旁生侧出枝。

悟彻迷津不仗师，休将神骏逞权奇。丈人自有承蜩臂，修到成时枯木枝。

《瓶庐诗补》

题所藏汉史晨碑**

光绪十九年正月（1893年2月）

此碑为许伯缄丈故物，光绪癸巳正月，借得旧拓，摹补首四行，漫记一诗。

剪雨楼荒子姓无，许丈所居名剪雨楼。每怀遗事一长吁。桃花纸薄双钩苦，二十年来老眼枯。

《瓶庐诗稿》卷六

* 时间系据《瓶庐诗补》原注。另，是日翁同龢日记亦有关于摹帖记载。

** 时间系照《瓶庐诗稿》卷六原注。

题精拓褚《雁塔圣教序记》为徐筱云少宰*

光绪十九年三月十一日(1893年4月26日)

韩敕分书细入丝,褚公书势远相师。谁将飞鸟依人语,错拟棱棱谏诤姿。

薛书信行禅师记,源自龙门雁塔来。余藏宋拓薛稷书《信行禅师碑》,人间孤本,与《龙门三龛记》及此碑绝相似。不过君家蝉翼拓,尚令买褚费疑猜。买褚得薛,唐人句也。

书生泥古太无端,细字频将牍背看。是帖签乃明时官册帖。省识签题为公兆,藤花厅底注千官。

《瓶庐诗稿》卷六

为赵梓芳题王文成书扇**

光绪十九年三月二十三日(1893年5月7日)

平生不废姚江学,尤喜庐山大字书。世有思田残疏在,不知持校定何如。

华亭已渺廉州谢,昭代开宗有逊之。一百馀年重点染,祖庭手泽想留遗。

簿书丛里岁华流,漫付缄縢倏几秋。倘使奎垣得欣遇,一堂琴

---

* 时间系据《瓶庐诗稿》卷六原注。翁同龢光绪十九年三月十一日有:“题徐小云《雁塔圣教》三截句。”

** 时间系据《瓶庐诗稿》卷六原注。原题注“烟客画”。翁同龢日记光绪十九年三月二十二日日记有“作诗题赵梓芳藏阳明书扇、烟客画”。

瑟协鸣球。去年与哲嗣伯远①同在春闱，题奎垣欣遇卷，而此卷在余箧未携入。

数行纸尾只寻常，根架深微出二王。错认米家群玉帖，江南新刻静观堂。

《瓶庐诗稿》卷六

廷劭民观察雍画江南春横幅见寄，意在耕烟西亭间，口占漫答*

光绪十九年三月二十七日（1893 年 5 月 12 日）

又到颠风落絮时，轻舟小桨尚迟迟。谁知塞北诗人笔，偏写江南倦客思。

小队弓刀已解严，绿荫无恙上层檐。剧怜画稿诗篇里，尚有官书杂米盐。时议官兵米折。

溪山亭子章侯有，今尔溪山空复情。开卷独吟还独笑，研笺朱印太分明。君新镌一印甚奇。

《瓶庐诗稿》卷六

题南楼老人画水仙卷**

光绪十九年五月二十七日（1893 年 7 月 10 日）

癸巳五月，子密同年七十寿辰，同人方议称祝，子密愀然曰：

---

① 指赵曾重。

* 时间系据翁同龢光绪十九年三月二十七日日记。耕烟即王翚，西亭指杨晋。

** 时间系据翁同龢光绪十九年五月二十七日日记。日记有“题钱子密藏其曾祖母太夫人画水仙花长卷，作五古一首。”南楼老人本名陈素，即钱氏曾祖母，擅长画山水，水仙、兰花等。

"某子生也,与吾母先太夫人同日,非所敢承。"乃出一卷示客曰:"题此即寿我矣。"卷为南楼老人画水仙花九十二茎,文端太傅[①]奉以进御,两朝御览之玺在矣。再拜展视,敬次太傅公韵题于卷末。

吾生与钱君,譬若兰与芷。同邀拔萃科,亦同肄经史。虽然溷郎曹,颇不染泥滓。惟君早归养,暗修含内美。吾尝请南丰[②],孰可继贤轨。南丰首推君,忠孝世莫似。湘乡曾文正之言如此。吁嗟流俗徒,冒进不知止。欲求升斗养,漫以功名市。君于揽揆辰,闵默怀母氏。壶觞谢宾朋,感泣动邻里。苟非至性深,垂老乃如此。容台五月寒,官书烂盈几。抑扬系风教,岂等判纸尾。归来展画图,仙露珠百琲。此图在天壤,万众所敬礼。当时太傅公,圣哲深毗倚。讲论无朝夕,契合若鱼水。天意鉴公深,题语杂悲喜。谓当明良际,股肱吾任使。尚想汝母贤,辛苦宅三徙。陈太夫人画册,赐题者数十叶,肫然教孝之义焉。今看此图中,双玺灿玉㔾。愿君诵蓼莪,兼以植嘉卉。缠绵一寸心,务使庶政理。不才久荒落,亦窃附博依。白发两秋蓬,飘萧棘槐里。

《瓶庐诗稿》卷六

癸巳八月六日奉命入闱,匆遽中次调卿甥韵却寄

光绪十九年八月初六日(1893 年 9 月 15 日)

骅骝蹀躞待孙阳,兰芷同升君子堂。耿耿寸忠天可鉴,英英群彦海难量。嗟余老懒多忘事,剩有新诗作报章。回首迎春桥畔路,蜡梅如雪比人长。

《瓶庐诗稿》卷六

---

① 指钱陈群,见前注。

② 南丰指曾国藩,钱应溥为曾氏门人。

癸巳秋闱和李越缦慈铭韵*

光绪十九年九月初八日(1893 年 10 月 17 日)

夜堂漫缀五星缠,又到西风放榜天。病马光阴赟豆里,归鸿消息菊花前。余家回避者,度已南归矣。

好诗触拨如寻梦,苦语商量为荐贤。分校诸君,惟内监试得以达之。休道试官添蜡烛,眼昏无奈是衰年。

《瓶庐诗稿》卷六

题张南皮画册**

光绪十九年十一月十四日(1893 年 12 月 21 日)

凌晨入紫微,跨马晚言归。炎景赤穿伞,暗尘缁染衣。掉头巢父路,失脚钓人矶。忽睹空明镜,飘然一鹤飞。

畏炎成小疾,喜雨得新题。原题云:病暑初起,喜雨作此。民望崇朝慰,天心万物齐。墨痕沾纸滑,花气入帘低。却怪云林景,晴光罨画溪。

南皮老词客,画笔最清苍。远法董思白,今师戴鹿床。室因藏帖窄,官为作诗忙。一角西山碧,澄怀意未忘。

《瓶庐诗稿》卷五

---

* 时间系据翁同龢光绪十九年九月初八日日记。日记有"和莼客诗"。

** 时间系据翁同龢光绪十九年十一月十四日日记。日记有"为孙莱山题张子青画册,凡十二开,各赋数诗"。张之万,字子青,直隶南皮人。孙即孙毓汶。

以牛酥寄菉卿侄，问酥中有味否，又问味根安在*

光绪二十年二月初二日（1894 年 3 月 8 日）

扫地焚香兴不孤，两边俱断是真吾。白头阿叔频频问，手自缄题寄腊酥。

《瓶庐诗稿》卷六

题杨西亭画册，和册中韵**

光绪二十年二月（1894 年 3 月）

西亭先生落笔坚厚，其画师耕烟而欲轶耕烟，画牛尤为难得也。

老来画笔更芳鲜，生计栽桑并种莲。愧我后生无此福，强纡紫绶不归田。

《瓶庐诗稿》卷六

袁子寿《祭砚图》为伯羲祭酒赋***

光绪二十年三月十二日（1894 年 4 月 17 日）

日日巾车汗漫游，屠沽溷迹剧风流。一尘千里搜罗遍，可有残

---

* 时间系据《瓶庐诗稿》卷六原注。是日，翁同龢日记有“发第四号南信，并奶饼一小匣”。

** 时间系据《瓶庐诗稿》卷六原注。杨晋，字子和，号西亭，清代画家。

*** 时间系据翁同龢光绪二十年三月十二日日记。是日日记有“伯熙来，……伯熙谈一时许”。盛昱，字伯羲。

编五砚楼。伯羲聚书极精。

六俊翩翩亦甚都，文章气节重三吴。看花四卷归吾箧，又见袁家祭砚图。余得袁重其负母看花图，即霜哺图中之一也，子寿先生尝刻之。

《瓶庐诗稿》卷六

题何润夫水部乃莹《草堂情话图》，图为乔勤恪公作*

光绪二十年三月十四日（1894 年 4 月 19 日）

泰州池台天下奇，乔公风节世所师。名贤胜地不两遘，何生甥馆兼得之。何生之妇乔氏子，妇翁有叔秉节麾。是时东南乱初定，暂专一壑荒江湄。奇书古画渐完聚，高松矮竹交纷披。东山别墅客不到，坦腹独许王郎随。亲情喜气盎春酒，谈笑往往无穷期。写图纪事亦何意，俯仰陈迹伤别离。一官岂敌秀才好，万事不如年少时。何生携图索我诗，我懒成病旁人欸。擘窠题署嗟力薄，洒墨补空徒尔为。乔公已入循吏传，生乎渐老郎曹司。三峰草堂渺何处，孤云落日天南陲。东风划地海棠落，短句聊慰长相思。

《瓶庐诗稿》卷六

余既题润夫《草堂情话图》，意有未尽，复缀三诗，后二首一怀勤恪，一则思泰州风土之美也**

光绪二十年三月二十四日（1894 年 4 月 25 日）

曾闻何水部，居近古扬州。烟水一区宅，峰峦数点秋。高贤亲

* 时间系据翁同龢光绪二十年三月十四日日记。何乃莹，字润夫。乔松年，谥勤恪。

** 时间系据翁同龢光绪二十年三月二十四日记。

撰杖，仙侣晚移舟。无限北楼感，临风怀旧游。

试问长安客，谁知纱縠行。卜邻吾对宇，拜石旧名堂。勤恪尊人居延旺庙街南，罗奇礓数十于廊庑，颜其斋曰拜石。曾见封轺发，犹闻判牍忙。皆勤恪在工部时事。回环四十载，把卷意沧茫。

一水限南北，邮程止数签。帆通里河米，市换过江盐。久羡三峰胜，真能四美兼。邻翁来往熟，吾欲托茅檐。己未、庚申间，余子姓避地泰州。

《瓶庐诗稿》卷六

杨村道中*

光绪二十年九月初五日（1894年10月3日）

一里得一曲，流沙浅复深。风帆对湾亚，岸柳过河阴。若使建瓴势，将毋高屋沈。津沽蓄众水，虑此一沈吟。有建议将潞河取直者，恐津郡水患益急。

《瓶庐诗稿》卷六

送陆凤石祭酒润庠归养**

光绪二十一年五月二十一日（1895年6月12日）

多难思致身，时平请归养。贤哉陆夫子，志意安可量。从来功名际，壮往速官谤。读书数十年，失路一惆怅。夫子人中龙，锦衣侍乌舫。独居渺深念，勇退惬夙尚。三公不可易，一饭未尝忘。悠

* 时间系据翁同龢光绪二十年九月初五日日记。

** 时间系据《瓶庐诗稿》卷六原注。是日翁同龢日记有“送陆凤石归养，作诗一首”。

悠捧土怀,何日塞溟涨。嗟我与诸生,东门黯祖帐。

《瓶庐诗稿》卷六

题所收杨幼云旧藏东阳兰亭,次幼云韵*

光绪二十一年六月十五日(1895年8月5日)

我作尚书已过优,何缘更作会稽求。野梅短竹山阴道,尚记骑驴过越州。同治癸酉,与汤伯述游兰亭。

辟雍禊叙已重开,国学兰亭近已细如丝发。石背黄庭付草莱。稍喜之罘王祭酒①,护持古碣等樽罍。莲生祭酒下令禁拓石鼓,恐其伤石肤也。

书画论斤载破车,诗人生计太萧疏。吾斋剩有娄元考,往往愁时一卷舒。余所收宋拓娄寿碑,幼云物也。幼云晚年贫甚,余竟未与之识面。

《瓶庐诗稿》卷六

题喀喇沁王《并蒂牡丹图》**

光绪二十一年十二月二十七日(1896年2月10日)

雕戈彤矢黄金勒,车马翩翩来述职。年年腊日粥香时,双凤案前承颜色。松亭以北春风迟,天工刻画生新奇。洛阳有花八百种,此花一洗皆空之。珊瑚连蜷珠琲密,衔萼承跗若胶漆。世人莫作

---

* 时间系据《瓶庐诗稿》卷六原注。翁同龢光绪二十一年六月十五日曾看杨又云所藏《石鼓》淡拓本,据此分析,为其题旧藏东阳兰亭当在此日。

① 指王懿荣。之罘即今烟台市。

** 时间系据《瓶庐诗稿》卷六原注。又,光绪二十一年十二月二十七日翁同龢日记有:"题喀喇沁王《并蒂牡丹图》,王号衡斋,名旺都特那木吉勒。"

两般看，左右中边并为一。衡斋主人命世贤，经纶馀事工诗篇。平生冷笑钱惟演，竞进姚黄千朵妍。官书丛中眼昏雾，醉后涂鸦不知处。明年好献归禾篇，都荔灵芝愿同赋。

《瓶庐诗稿》卷六

题沈仲复女白凤寿慈画《皖江文宴图》*

光绪二十二年三月十一日（1896 年 4 月 23 日）

图为仲复①抚皖时，与同年员梧冈、李篁仙、王子范②宴集而作，余亦丙辰登第者，追题此诗。

老泪洒南天，仙兄章早仙。循良应有传，余忝史笔。会合太无缘。十年中合并时少。赐宴联镳日，含辛御柩年。同治初年，唁君于白云观，相持而哭。回头四十载，深谊画难得。

吴门旧栖隐，池馆一何深。谋国有长策，归田非夙心。蜃来开幻市，指苏州近事。鹤去剩空林。奇绝观生笔，白凤具仙才，故以观生阁为比。斯楼高万寻。

《瓶庐诗稿》卷六

又题白凤女史画册**

光绪二十二年三月十一日（1896 年 4 月 23 日）

老人心事杂悲欢，册尾题词字字酸。谓仲复题语。记得耦园仲复园

---

* 时间系据《瓶庐诗稿》卷六原注。翁同龢光绪二十二年三月十一日日记有“归后题沈仲复之女寿慈号吟侣画册三本”。

① 指沈秉成，浙江归安人，官至安徽巡抚。

② 员凤林，字梧冈。李、王事迹不详。

** 时间系据《瓶庐诗稿》卷六原注。同前一首，为三月十一日同一天作。

名秋雨里，瑶环瑜珥抱来看。

三百篇中女士多，若论书画渺山河。要知白凤仙才笔，下视人间燕雀窠。

《瓶庐诗稿》卷六

独游乐氏园遇李公，登眺良久，后游遗光寺，循西路而归*

光绪二十二年三月十五日（1896 年 4 月 27 日）

玉泉如带走沄沄，策马寻山日未曛。转过一丘还一壑，桃花红遍董司坟①。独凭小阁看山色，谁识雍容车骑来。一笑欲为终老计，问公何地有楼台？公欲寓此园。西山山下遗光寺②，残碣荒凉四百年。偶与山僧谈笔法，中锋回腕意超然③。

《瓶庐诗稿》卷六

题徐颂阁尚书郙收旧拓乙瑛碑奚林和尚藏本**

光绪二十二年三月二十一日（1896 年 5 月 3 日）

释成榑，字奚林，诸城人，能书，工隶，见《山左诗钞》、《池北偶谈》载荆庵赠奚林一诗，盖国初名僧也。此本鲁珍跋中，

---

* 时间系据翁同龢光绪二十二年三月十五日日记。此诗作于光绪二十二年三月十五日，时正值颐和园军机公所。乐氏园为北京同仁堂主人的墓庐，在今北京西郊青龙桥附近山中。李公即军机大臣李鸿藻。

① 董司坟在乐氏园附近。

② 遗光寺在乐氏园西，约一里许，元时名龙泉庵。

③ 遗光寺僧秀山擅书，能中锋回腕。

** 时间系据翁同龢光绪二十二年三月二十一日日记。

"奚"下缺字，细审是"林"字，因拈出之。

奚公石墨填禅窟，蝯叟重将真面开。何子贞得石门颂、张黑女志，皆奚林旧物。会见汤阴君表颂，走归竹影研斋来。据跋，奚公尚有张迁碑，竹影研颂阁斋名。

点金磨铁百无成，一字何劳考核精？谓碑中"辟"字。礼器后碑吾未信，曝书亭集本分明。竹垞跋乙瑛与韩敕前后两碑并列，且详见前后碑之所纪，乌得谓此碑即礼器后碑耶？伯羲祭酒之言，吾不谓然。

《瓶庐诗稿》卷六

过福庆寺*

光绪二十二年三月二十一日(1896 年 5 月 3 日)

来游吾无暇，意外得卷阿。隔水市嚣近，压墙山翠多。驭风人卷箨，障日室藏螺。老卒烹茶待，无烦执戟诃。

《瓶庐诗稿》卷六

福庆寺坐雨书感**

光绪二十二年三月二十七日(1896 年 5 月 9 日)

风劲忽微雨，一陂绿似油。应时天意重，行迈我心忧。左海无边浪，西凉几许州。将才与边略，孰副庙堂求。

下马矜飞鞚，敲门仗瘦筇。雨昏三字榜，藓剥百年钟。犬熟牵

---

* 时间系据翁同龢光绪二十二年三月二十一日日记。

** 时间系据翁同龢光绪二十二年三月二十一日日记。

衣导，僧贫乞食慵。颇疑何等客，日日此哦松。寺有二松。

《瓶庐诗稿》卷六

题洪琴西都转《冰天雪霁图》用卷中原韵*

光绪二十二年五月十三日（1896年6月23日）

琴西先生，古循吏也，生平所心折。今哲嗣翰香观察属题斯图，感叹矣。

江南父老泪痕班，幸睹君侯早入关。百弊扫空心血尽，三堂清极簿书环。治民喜续传家谱，藏箧惊看缩本山。图乃陈君缩临。我欲表扬循吏绩，那堪倦羽久知还。

《瓶庐诗稿》卷六

为汪柳门侍郎题韩桂舲司寇《泛湘图》**

光绪二十二年七月初九日（1896年8月17日）

君家宅相出韩门，司寇高名物望尊。骏议已编刑法志，鸿泥偶印宦游痕。重来台阁无侪辈，老去江湖有弟昆。一笑问公坐何事，他年史笔费评论。韩公扬历中外，屡谪屡起，卒为名臣。

《瓶庐诗稿》卷六

---

* 时间系据翁同龢光绪二十二年五月十三日日记。

** 原题注："柳门，韩公外孙也。"汪柳门即汪鸣銮。韩葑，字桂舲。是日日记有"为汪柳门题桂舲先生像卷"。

题柳门扇* 扇为南皮相国甲午殿试读卷时画

光绪二十二年七月初九日(1896 年 8 月 17 日)

重茵列坐矮几横,大官宴罢时飞觥。醉中诗画互唱赓,玉堂萧条闳铃索。君归我留谁与乐,孤负阶前红芍药。

《瓶庐诗稿》卷六

迁伯公别茶小像题付侄曾孙之善**

光绪二十二年十月二十二日(1896 年 11 月 26 日)

别茶亭荒渺断垣,别茶人去失后昆。咄哉百八十八载,题者行辈云仍孙。孙年十五识公字,甲辰年余始得公千文册。郑重藏弆同瑶琨。后三十年拜公像,兼金赎取义弗论。此卷癸酉年得于里门陈氏。是时寒风冻三泖,仲兄舟滞梅李村。归来洗眼观此卷,便陈俎豆开芳樽。眷怀乔木感家世,愿贻德泽培兰荪。今朝忽又展此画,惝恍身在柏古轩。欲呼之善喻我意,善乎知我中烦冤。溯当康熙中叶盛,尚书清望人门尊。公为铁庵公之侄,常在铁庵公邸。别茶翩翩佳公子,四海名士缟纻敦。尚书告归揽秀圮,作此卷时铁庵公卒已七年。公亦浩荡东南坤。后来事迹不可纪,惟传书法高吴门。与汪退谷、何义门称吴门三

---

* 时间系据翁同龢光绪二十二年七月初九日日记。原题注:"时丙申七月,柳门将归。"是日日记有"又题柳门纨扇,皆一诗"。

** 时间系据翁同龢光绪二十二年十月二十二日日记。是日日记有"作一诗,题迁伯公小像,为之善作,诗颇沉痛可颂。"翁之善,字兰茁,翁曾纯之子,翁同爵之孙。

书家。① 我今尸素窃高位，亦以文学蒙天恩。汝为吾兄世冢嫡，岂不思庇葛藟根。胡为一行就外职，径思离壳高腾骞。少年试吏非易事，先定血气立脚根。试观前贤志何等，白发犹逐公车辕。此卷为公四十八岁小像，卷中辛卯年诗、尚有送公赴试之作。呜呼吾意不可说，中有吾兄涕泪痕。

《瓶庐诗稿》卷六

题徐榕全郙藏钱南园画老马*

光绪二十二年十二月(1897 年 1 月)

杜陵数遍唐画马，曹韩而下服者寡。本朝名手多如云，金吉金奇钱秀雅。钱公立朝气谔谔，南庐夜直衣裘薄。圣明岂有斥谏臣，当轴难辞下流恶。钱公书体迥出尘，落笔欲与平原亲。横平竖直立根桀，中有浩气盘轮囷。江山澄鲜势清雄，以书入画画益工。尤工铁锁写骏骨，十幅百幅无一同。榕全宝此瘦马图，旁人颇笑君怪迂。我知君意故有在，龙麟自爱千金骓。君尝许我弗我予，张君未请辄先许。樵野赠我病马一幅，与此相仿。两君一谨一豪逸，我居其间孰齐楚。今我老懒久废诗，喜见初雪点墨池。摩挲绢素漫嗟赏，多少骅骝今立仗。

《瓶庐诗稿》卷六

---

① 汪铎士，号鋐，字退谷，何焯；字义门，与翁振翼(迂伯)同为清代中叶吴中三书法家。

* 时间系照《瓶庐诗稿》卷六原注。

画五毒符*

光绪二十三年五月初五日(1897 年 6 月 4 日)

平生不信赤灵符,琐琐雕虫愧壮夫。日暮酒阑灯火沸,归来醉眼已模糊。

《瓶庐诗稿》卷六

偶见陈章侯画水浒叶子,叠前题博古牌册韵**

光绪二十三年十月初三日(1897 年 10 月 28 日)

丁酉十月三日,园居卧疾,有携书画来者,章侯画水浒小册甚妙,即此册跋语,所谓水浒叶子也。开阖数次,不能释手。是日仁寿殿演礼,臣龢在赐酒之列,退而赋此。

一笑探囊慰老夫,那堪庸史与书奴。陈生妙具屠龙手,却写江湖伏莽图。

亲酌天浆赐近臣,自惊衰鬓久忘身。陈生饿死臣温饱,一样疏狂淡荡人。

《瓶庐诗稿》卷六

* 时间系据翁同龢光绪二十三年五月初五日日记。

** 时间系据翁同龢光绪二十三年十月初三日日记。日记有“题二诗于旧藏刊本陈老莲《博古牌》册后”。

张南皮曾为余作数寸小画精妙无匹,时在殿庐拟题未下,闲坐清谈,就题纸为之,弹指十年,不免今昔之感。偶见扇头手迹,漫系小诗*

光绪二十三年(1897 年)

鹿床不可见,遗韵有南皮。谈笑云山出,情怀花鸟知。匆匆批敕际,缓缓退朝时。尺幅重开看,苍凉系梦思。

《瓶庐诗稿》卷六

题自藏石谷仿董巨画卷**

光绪二十三年十二月十六日(1898 年 1 月 18 日)

鹓行人杰未全无,文学居然胜大夫。互市忽来回纥马,割城谁献督亢图。

封疆事大疑难决,帷幄谋深智若愚。记取伏蒲三数语,首将刍藁责司徒。

《瓶庐诗稿》卷六

---

* 时间系照《瓶庐诗稿》卷六原注。

** 时间系据《瓶庐诗稿》卷六原注。翁同龢光绪二十三年十二月十六日日记有“以百六十金购得前所看石谷画卷”。

题潘文恭花之寺看海棠图卷次原韵*

光绪二十四年正月十五日(1898年2月5日)

西南郊外寺,不到十三年。老干久埋雪,瘦花难补天。幽人发长喟,仙子得高眠。画幨犹频看,知余夙好偏。丁酉春,同李兰孙、潘郑盦①一游,从此未再来,今两公逝矣。

潘彭师弟②契,同集此禅房。未必花之寺,犹留古海棠。琴樽吾欲继,衣钵定遗芳。倘侍先生侧,应诃底事忙。潘文恭、彭文敬③为龢兄弟坐主。

《瓶庐诗稿》卷六

题汤贞愍为汪小珊作琴舫吟秋图卷**

光绪二十四年正月二十八日(1898年2月18日)

丁酉图成丙午诗,十年京国数归期。谁知五纪星霜后,重溯胥江送别时。

龙山琴隐久成神,虎阜寻诗记夙因。重过君家旧门巷,娑罗馆

---

* 时间系据翁同龢光绪二十四年正月十五日日记。日记所载此诗诗题为《次韵题芝轩相国花之寺看海棠》。潘文恭即潘世恩。

① 指李鸿藻、潘祖荫。

② 潘彭师弟,指潘祖荫、彭祖贤。

③ 彭蕴章,字咏莪,彭祖贤之父。

** 时间系据翁同龢光绪二十四年正月二十八日日记。日记有"题戴文节(非汤贞愍汤雨生——引者)为汪小珊画《琴舫吟秋图》,卷有二姊题诗,因赋一词于后"。

椾墨犹新。丙午、丁未间,与炳斋、小珊①兄弟往来最稔,小珊在工部,清无点尘。丙午归后不复出山。

《瓶庐诗稿》卷六

再题自画草堂图次前韵*

光绪二十四年二月二十二日(1898 年 3 月 14 日)

十三年尚逐鹓行,孤负城西旧草堂。元日退朝惟默坐,敢夸身染御炉香。

掣电飞驰墨数行,电信多于笔。居然批敕立朝堂。桑榆难补东南失,尚有人争海舶香。顷因胶事呕尽心血,卒被人数语割弃,愤惋欲绝。

《松禅老人遗画》题跋

碧云寺看花**

光绪二十四年三月二十四日(1898 年 4 月 14 日)

突兀看花发,苍凉奈老何。旧游题榜在,新事诏书多。海沸龙先隐,山空佛见诃。肩舆代骑马,吾意亦蹉跎。

《瓶庐诗稿》卷六

---

① 汪藻,字小珊。

* 时间系据翁同龢原稿手迹所标时间。翁同龢光绪二十四年二月中唯一一次欣赏字画为二十二日,翁印若携来字画,他说“然足快目,苦中一乐也。”当推此日题诗。

** 时间据翁同龢光绪二十四年三月二十四日日记。

寿徐荫轩相国八秩*

光绪二十四年三月二十九日(1898 年 4 月 19 日)

玉堂□□舞联翩,宦海相从四十年。抵几奋髯犹健甚,闭门敛膝自萧然。能扶正气调元手,不堕顽空担道肩。四海未清公未老,天教眉寿似增川。

《瓶庐诗稿》卷六

为许星叔题其先德玉年丈画《寒林平远图》**

光绪二十四年五月初一日(1898 年 6 月 19 日)

沧沧凉凉有如此,真气盘空秋在纸。李檀园耶奚铁生,俗眼纷纭徒举似。先生作画笔势豪,后人捧图涕沾袍。酒泉玉门渺万里,子孙鼎贵前贤劳。新堂初成雨脚响,杂花离披竹偃仰。同时在座李兰荪与祁子禾,读画谈诗发遐想。三人宿草留一人,我亦漫浪乘飞轮。乾嘉诸老风流尽,太息汪几山彭甘亭高爽泉郭频伽陈曼山。皆诗卷中题诗者。

《瓶庐诗稿》卷六

题廖仲山《嵩云揽辔图》***

光绪二十四年五月初一日(1898 年 6 月 19 日)

四岳皆峥嵘,惟嵩独逶迤。俨如古德士,一静天人师。周代降

---

* 时间系据翁同龢光绪二十四年三月二十九日日记。

** 时间系据翁同龢光绪二十四年五月一日日记。

*** 时间系据翁同龢光绪二十四年五月初一日日记。

神颂,汉室祷雨辞。山灵应大笑,纷纷徒尔为。洛阳冠盖地,车骑争交驰。独我廖夫子,清游却旌麾。平生不骑马,兹行鞍镫随。马与人一心,跽拜肃厥仪。公马蹶而不坠。遂登春雨门,敬展万寿祠。天中测姬圣,一画参皇羲。和气所包孕,天下皆熙熙。乃知峻极处,不在险与巇。贱子嗜奇癖,泰华曾访碑。雪花满襟袖,猛进犹忘疲。未窥太少室,浪走终非宜。今将浮海去,颇思良友规。渺观大河滨,黄流日涨涨。早搴茭竹防,毋使东南趋。离情有万端,乘安不忘危。愿告嵩山云,洒润遍海陲。

《瓶庐诗稿》卷六

题何润夫乃莹《秋夜检诗图》*

光绪二十四年五月初一日(1898年6月19日)

诸题颇勇报章迟,草稿难教觅旧诗。菰节忽逢辞阙日,棘围尚忆锁厅时。深沈苦语真无底,傲兀奇怀各有思。从此怕登西爽阁,一倾浊酒泪盈卮。

恻恻秋风作冷天,荧荧灯火检残笺。要知韩孟云龙契,不仅朱陈儿女缘。文献百年耆旧在,山川一气性情连。箧中无愧丝纶掌,岂独诗名重日边。

《瓶庐诗稿》卷六

* 时间系据翁同龢光绪二十四年五月初一日日记。原题下有注:“选祁文恪诗也。”

题志伯愚锐、仲鲁钧兄弟《同听秋声第二图》*

光绪二十四年五月初一日(1898年6月19日)

和林①秋风起何处,不入江南万行树。江南亦自有秋声,槭槭萧萧苦征戍。廿年离合亦常事,万钟悲欢难共喻。时伯愚在北,仲鲁在南。大圜洪钧复万物,独以金天妙陶铸。或愉或戚或萧散,或托歌词或骚赋。老夫平生无不可,到处安闲欣所遇。曾从华顶作重九,又向秋江问官渡。今年忽扫旧巢痕,径往乡关守祠墓。计惟仲子当一见,车马江干劳小驻。伯兮开府渺天北,瀚海黄沙隔烟雾。渥窪名马已分赠,阙特勒碑书莫附。古来志士重坚节,莫为浮名感迟暮。君看独鹤与大鹏,岂愿啁啾一方聚。不然坡颍好连床,何事梧桐秋雨句。题诗相勖兼自励,明日飞轮指归路。

《瓶庐诗稿》卷六

题所藏宋本《鉴诫录》后**

光绪二十四年五月十八日(1898年7月6日)

标题签字真成陋,计叶论钱亦太酸。传与后生增一笑,海涛声里几回看。

《瓶庐诗稿》卷六

---

* 时间系据翁同龢光绪二十四年五月初一日日记。志锐、志钧为光绪帝妃珍妃的兄长。

① 和林,在今蒙古,这里指志锐任乌里雅苏台大臣。

** 时间据翁同龢光绪二十四年五月十八日日记。原题下注:“戊戌五月,时在成山洋。”但日记中写“题旧拓《礼器碑》影照本,次樊榭、苏斋韵”。

戊戌五月十八日泊舟沪渎，见沈韵初家藏宋拓韩敕碑，录其跋尾并附一诗，次樊榭韵*

光绪二十四年五月十九日（1898 年 7 月 7 日）

刻石已失秦琅琊，诸城刻石今年二月坠海。韩敕古拓虚愿奓。咄哉山东邹鲁地，蹄远遍野难罗置。一从割胶新议起，开堂筑路争纷拏。圣人如天道如地，弥纶六合无津涯。群经诸子虽破碎，侏僪亦解相矜夸。如何突出无道国，大类贪愱嬴秦家。摧残横舍毁像设，剪伐嘉树滋蓬麻。去冬胶州事。皇朝柔远示天外，彼来王者礼有加。楚气纵恶元气定，妖焰化作扶桑霞。却思韩敕腐儒耳，乃似硕果秋孤花。殷勤尊孔造礼器，独见天意堪吁嗟。海风郁蒸酒未醒，任余碎墨挥横斜。琅琊刻石至今无恙，盖传者之妄，壬寅五月记。

《瓶庐丛稿》卷九

题明拓乙瑛碑残本①

光绪二十四年六月二十七日（1898 年 8 月 14 日）

戊戌六月廿有七日，苦热小极，子恒侄孙以残本乙瑛碑见饷，漫题二诗。

尚书珍秘奚林本，徐颂阁得奚林和尚宋拓乙瑛。贾客徒夸鲽研藏。鲽

---

* 翁同龢光绪二十四年五月十九日日记有“携沈均初家新照印碑三种看之”。

① 翁同龢光绪二十四年六月二十七日日记有：“子恒侄孙来，以字帖数种见示，留其《乙瑛碑》残本，明中叶拓本也，喜而赋诗。二元。……”

研，沈仲复斋名也，今年见所收旧本。自笑寒酸老居士，摩挲残墨抱馀香。圣道榛芜异学鸣，通经犹有鲁诸生。如何屡著司空戒，转使臣龢佚姓名。碑佚数叶，遂使孔龢名不见，赵戒阿附梁冀者也。

《瓶庐诗稿》卷六

赵次公与汪郎亭往复唱和，依韵奉酬*

光绪二十四年七月初九日（1898 年 8 月 25 日）

次公过我问江程，名画奇书慰别情。承借浔阳十四景及匡庐游记。第一莫弹迁客泪，琵琶亭上听秋声。

新菌鸡婆饷老饕，蜜姜芽嫩胜松醪。二味皆承手制见饷。可怜饱吃元修菜，销尽平生意气豪。

四海惟馀赵次公，弥天还有老瓶翁。余自号。眼前突兀鲟溪客，郎亭先生。三子论诗各不同。

《瓶庐诗续补》

次公耳聋而谈碑甚健，劝余游庐山，意飞动也，作诗调之**

光绪二十四年七月初十日（1898 年 8 月 26 日）

拜佛浇花日有程，先世与世未忘情。近来左耳偏聋甚，似厌纷纷蚁斗声。

虫鱼食字尽贪饕，娓娓深谈似饮醪。一样米颠书画癖，绝无欺

* 时间系据翁同龢光绪二十四年七月初九日日记。

** 时间系据翁同龢光绪二十四年七月初十日日记。

隐是贤豪。君买金石书画价必平，从无据舷之事。

劝我庐山访远公，又寻钟石叩坡翁。长江浩浩流无极，游踪东西岂必同。

《瓶庐诗续补》

次公赠早桂三枝、羊毫五管兼致吴沧石寄余佳石，欲以书奉谢，而北人无可使者，乃付北门外舆夫携呈*

光绪二十四年七月十三日（1898 年 8 月 29 日）

咫尺山堂似隔程，往还短札最关情。闲居懒到奚奴脚，多谢归樵替寄声。

麞兔毛鹰未敢饕，宝慈桥野味有此二种。且尝坞栗濮家坞栗最佳。煮村醪。故人恐我贫无俚，点染宫黄映白豪。

黄小松陈曼生而后数吴公，不愧沧江白石翁。沧石善篆刻。非昔①松禅两居士，何嫌小印亦雷同。余倩沧石刻松禅小印，一依次公印式。

《瓶庐诗续补》

将游西江，次公招饮未能赴，次韵奉谢**

光绪二十四年七月十三日（1898 年 8 月 29 日）

海程行过复江程，不尽苍凉北望情。传语蛟龙莫作剧，老夫惯听怒涛声。

---

* 时间系据翁同龢光绪二十四年七月十一日日记。吴沧石即吴昌硕。

① 赵宗建号非昔居士。

** 时间系据翁同龢光绪二十四年七月十三日日记。另，《戊戌年将之江右视筱珊侄》一诗，即此篇第一首，惟“不尽”作“无限”。

险韵艰酬一字饕，不如袖手饮醇醪。题糕亦是诗人累，琐琐雕虫岂足豪。

未暇敲门别次公，隔墙折简报吴翁。知稼先生。木犀开后黄花近，九日清樽定许同。归期不过一月。

《瓶庐诗补》

归自山中，舆中口占，首章悯农，末篇则言志也*

光绪二十四年七月十六日(1898 年 9 月 1 日)

稻秀棉开有定程，天公应鉴老农情。秋堂昨夜风兼雨，愁听梧桐叶叶声。棉花结铃怕大风，稻扬花时亦然。

卌年历遍雪风饕，久饫官厨拜赐醪。今日扁舟湖海去，能专一壑亦称豪。

华表摧残有巨公，野人只说大痴翁。大痴墓至今无恙。一樽来酹湖桥月，知我襟期与古同。

《瓶庐诗续补》

戊戌八月十九日阻风彭蠡，重题东阳兰亭，仍次幼云韵

光绪二十四年八月十九日(1898 年 10 月 4 日)

墨痕灯影忽三秋，陈迹何须刻剑求。臣里帝京原一致，又携残梦到洪州。

---

* 时间系据《瓶庐诗续补》原注。又，翁同龢光绪二十四年七月十六日日记“(在苏州阊门船上)作七绝三首”。

生面重将定武开，一家一石总蒿莱。如何执著飞仙影，二百签题有抱罍。吴平斋自号抱罍，有二百兰亭斋。

契合真如引线车，墨缘偏重世缘疏。家书新购千金帖，江上愁怀暂一舒。项氏阁帖，幼云旧物，余在沪上一见而无力购致，余侄筱珊①乃割俸成之。

《瓶庐诗稿》卷六

陆道士以所藏石谷画十叶乞题*

光绪二十四年九月十七日（1898 年 10 月 31 日）

老夫扶病懒梳头，画本诗囊散不收。却喜元都晨过访，手携巨册夜光投。

兵火连江避劫难，卅年民气尚凋残。护持倘仗神仙力，不独缣缃待补完。此册于粤寇乱时，衣带中携出。

曾收樵客中年画，运笔精微与此同。不透宋元真法乳，纵横缜密两无功。

《瓶庐诗稿》卷六

题王石谷画潇湘八景小册**

光绪二十四年九月十七日（1898 年 10 月 31 日）

昨秋空作潇湘梦，尘海归来又过年。岂若奚童孙喜好，破书摊上识耕烟。此册为童子孙喜所得。

① 翁曾桂。

* 时间系据翁同龢光绪二十四年九月十七日日记。陆道士即陆仙源。

** 时间系据翁同龢光绪二十四年九月十七日日记。

耕烟妙迹渺难求,万里长江一箧收。却忆鸽峰新雨后,兼金论价买芳洲。《芳洲图》,石谷为高阳先生作,真本已佚去,去年南归收得一摹本。

《瓶庐诗续补》

费屺怀太史以苏斋旧藏张公方碑见示,次册中苏斋观碑等图诗三首韵*

光绪二十四年九月三十日(1898 年 11 月 13 日)

米市东偏菜市前,青堂门巷一凄然。覃溪先生居京师宣南坊保安寺街,所谓青棠书屋者也,今遗址不可考。却从江国枫棱梦,证到兰阳塔影边。先生在马兰峪扁所居曰塔影轩,今余赁屋里中方塔下,仿佛似之。

肆意著书称墨者,乾嘉而后诩通人。谈碑琐琐浑闲事,辨学断断见性真。先生与汪容甫辨张迁碑非重刻,并箴其学术之失厥,后汪著《墨子表微》,先生力斥其谬。

故人过我蓬蒿径,手捧元珠送与看。屺怀以碑并王稚子右阙及刘熊碑见示,皆人间孤本也。一笑江湖萧散客,同心同暇又何难。苏斋原题有"同心同暇得来难"句。

《瓶庐诗稿》卷六

春申舟次偶成**

光绪二十四年十月二十日(1898 年 12 月 3 日)

春申浦畔子胥祠,正是山寒木落时。四裔竟将魑魅御,寸心惟

---

* 时间系据翁同龢光绪二十四年九月三十日日记。

** 时间系据翁同龢光绪二十四年十月二十日日记。日记有"口占三绝,舟中闷甚"。时在上海苏州河叉袋角处船上等待从北京回来的翁斌孙。文中说,三绝此处只一绝。

有鬼神知。老韩合传谁能辨，刘李同官莫漫疑。此去闭门空谷里，会须读易复言诗。

《瓶庐诗稿》卷六

题自画《携碑访旧图》*

光绪二十四年十一月初四日（1898 年 12 月 16 日）

戊戌十一月，屺怀太史过我塔下山房，以古拓数种见示。张公方碑苏斋旧藏也，前后三图精妙无比，因补此图于余钩刊本后，以志墨缘。

塔铃报我有良朋，客未敲门我已膺。看遍米家虹月舫，不知老眼怯寒灯。

石墨楼储只字无，每逢题识手重摹。江乡一段酸寒景，谁补携碑第四图。

《瓶庐诗稿》卷六

属彭君再写《携碑访旧图》因题**

光绪二十四年十一月十四日（1898 年 12 月 26 日）

昔岁曾摹蟫藻本，今来谁过雀罗门。天寒木落雁声断，西蠡重将旧梦温。

西蠡本来天下士，藏书亦观大江南。携碑访我坐长叹，未谷苏

---

* 时间系据翁同龢光绪二十四年十一月初四日日记。

** 时间系据翁同龢光绪二十四年十一月十四日日记。日记有“彭季良来”。前后未见有彭氏来。

斋一夜谭。

《瓶庐诗稿》卷六

敬观先公嘉庆庚辰春题画诗,次韵二首*

光绪二十四年十一月十七日(1898年12月29日)

煦妪春风细草扶,不教飘泊趁城乌。编篱树栅寻常事,解体天慈护众雏。鸡雏。

孤花亦可怜,弹指历四序。虽非岁寒姿,不作冰霜虑。渺矣优钵昙,一见即超悟。

《瓶庐诗稿》卷六

隐庐偶书**

光绪二十四年十二月初三日(1899年1月14日)

秋来吟事剧纵横,细雨斜风送满城。昨夜月明霜信紧,高空野鹤一声声。

山中日日有诗筒,奔走耕奴与牧童。老健吟声声若雨,湘西顷刻过湘东。

安排江路载书过,移置山巢木板楼。传语儿孙勤讲贯,丹铅何敢问千秋。

《瓶庐诗补》

---

* 时间系据翁同龢光绪二十四年十一月十七日日记。翁同龢光绪二十四年十二月初三日移居虞山“瓶隐庐”,日记有“移居西山新屋,乘舟襆被而往,谒墓敬告,默念罪戾之身犹得长依丘垄,真大造之仁,感激无已”。

** 时间系据《瓶庐诗补》原注。

戊戌腊月调甥以城东晚归诗见寄，漫次原韵*

光绪二十四年十二月初四日（1899 年 1 月 15 日）

十年长搁笔，一笑忽涂鸦。米老腕无鬼，苏公眼有花。只应吞白鹿，岂敢画丹沙。余不能写红纸。君欲观云篆，还寻蔡少霞。

《瓶庐诗稿》卷六

明日调甥诗来，次韵再答二首**

光绪二十四年十二月初五日（1899 年 1 月 16 日）

平生湖海气，郁律动青霞。久矣欲投笔，何曾讲画沙。大书愁殿榜，细字怯灯花。惟有白团扇，时时误点鸦。

侧闻渔隐子，天半自朱霞。堪笑长瓶客，需云亦在沙。洞庭惊木叶，秋圃愧黄花。不见西飞鹤，愁来数暮鸦。

《瓶庐诗稿》卷六

客有持画来者略似湖桥蹊径，因留之并题***

光绪二十五年正月十三日（1899 年 2 月 22 日）

青山一角出墙隈，行过湖桥路却回。啼鸟落花浑寂寂，不知已

---

* 时间系据翁同龢光绪二十四年十二月初四日日记。日记有“调甥送诗，和之”。俞钟夔，字调卿。

** 时间系据翁同龢光绪二十四年十二月二十八日日记。

*** 时间系据《瓶庐诗稿》卷六。查翁同龢日记，是年正月，翁同龢曾与翁曾桂坐舟至湖桥，一游。“是月屈荫堂携沈周画长卷……来”，依此推测此诗写于是月十三日。

过北山来。

《瓶庐诗稿》卷六

题赵次公藏礼器碑*

光绪二十五年正月十八日（1899年2月27日）

茧纸罗纹宋蜕精，次公谦退说初明。苏斋渎井谈碑口，不觉前贤畏后生。

高田龟坼下田干，太息吾民得粟难。礼器升堂天降澍，韩明府是好农官。时久旱方祷雨。

《瓶庐诗补》

仿石田送行图，画一扇付筱珊侄**

光绪二十五年二月初三日（1899年3月14日）

别君千万里，郑重此一揖。不画浔阳江，琵琶太呜咽。

《瓶庐诗稿》卷六

题赵次公藏文衡山列仙事实卷***

光绪二十五年二月初四日（1899年3月15日）

黄庭乐毅论开阖，笔到行空别有天。参透山阴真法乳，故应褊

---

* 时间系据《瓶庐诗补》原注。翁同龢光绪二十五年正月十八日有"看《礼器碑》，悟古拓之瘦润，即日还却"。

** 时间系据翁同龢光绪二十五年二月初三日日记。日记有"筱侄即日赴沪，由沪赴漳，来辞行"。

*** 时间系据《瓶庐诗补》原注。日记二月初四日有"题赵次公藏衡山小楷《列仙传》"。文衡山指文征明。

处亦成圆。

梅颠茶话兴何长，眼福全亏甲乙藏。大字签题吾未敢，细书又复怯灯光。

髯翁潇洒似髯苏，日日登楼不用扶。闲与古仙相揖让，杖头清玩世人无。

《瓶庐诗补》

书杨柳桃花漫题*

光绪二十五年二月二十五日（1899 年 4 月 5 日）

绯衣与绿衣，只解竞芳菲。独有郊原客，东风燕子飞。

《瓶庐诗稿》卷六

山居偶成**

光绪二十五年三月（1899 年 4 月）

小小茅亭短短篱，摊书行饭总相宜。厌看细字《新闻报》，怕作连篇和韵诗。野老颇知晴雨候，山禽亦识后先时。西湖柳色津门树，日暮江乡有所思。

《瓶庐丛稿》卷十

* 时间系据翁同龢光绪二十五年二月二十五日日记。日记有"巡圃萌达桃花、丁香可观"。

** 时间系据《瓶庐丛稿》卷七原稿手迹自注时间。但翁同龢光绪二十五年三月日记，皆为将生活用品书籍运至"瓶隐庐"，当知"山居偶成"一诗写于光绪二十五年三月。

题陈老莲橅古册*

光绪二十五年四月初二日(1899年5月11日)

二册共二十页,为林仲青作,先五兄所收,以畀余者也。己亥三月,墓庐展玩,因忆所见悔迟诸迹,辄题四诗。

最好金陵《剪雨图》,夜堂捧砚有吴姝。蘼芜亦解骚人意,未到深秋已半枯。《剪雨图》轴自题长歌。

突兀俄惊丈六身,婵娟不耐作天神。丁生①憔悴江南客,错认寻常卖画人。《神女图》最奇丽,丁叔衡物,因贫卖去。

竹平安馆旧装池,仿佛西园李伯时。更有十行完白篆,一时并落汉江湄。叶云素藏《阅古图》及邓布衣篆巨幅,今在楚中某氏。

眉僲轩中孰雁行,仲青仲豫两诗狂。瓶翁漫作追随想,朝夕来焚并几香。余收得一册,为豫和尚作,约略类此。

《瓶庐诗稿》卷六

门人王仲蕃锡晋以寄长葛士民诗见示,次韵奉答**

光绪二十五年四月二十一日(1899年5月30日)

古人重守令,所职在牧民。岂惟司民牧,贵与民相亲。子之于

---

* 时间系据《瓶庐诗稿》卷六原注。陈老莲即陈鸿绶。翁同龢光绪二十五年四月初二日日记有“晨检书画两箧,皆平生所爱好者”。此后数日一直检京中携回书画碑帖。据此而论,题画当在此前后。

① 即丁立钧。

** 时间系据翁同龢光绪二十五年四月二十七日日记。是日翁同龢日记有“七十之年依松楸以老,真天幸,亦天恩也”。柏园侄孙待考。

父母,疾痛靡弗陈。父母之于子,孩提逮成人。抚摩噢咻之,动息察微尘。居官三字箴,扼要在一勤。王君宰长葛,廿载民气驯。威惠两俱忘,教养常相因。莫作官长看,尔我关天伦。莫云师道严,善诱惟循循。春雨被原野,木荣草亦欣。清风入万家,不遗贱与贫。一朝换邑去,提封喜比邻。两境争好官,千言寄深仁。我老伏田里,守默见道根。未能泽一方,但蕲善一身。王君附书至,稠叠分俸缗。缺然久不报,逡巡历冬春。古谊永勿谖,新政日有闻。河洛天地中,舜禹所亲巡。其俗本纤啬,其贾多苦辛。黄流虽顺轨,周道行开轮。安得百王君,坐使本业敦。小诗非颂祷,望治意殷殷。

《瓶庐诗稿》卷六

柏园侄孙以诗祝老人七十初度,依韵答之*

光绪二十五年四月二十七日(1899 年 6 月 5 日)

自信平生铁石肠,寒花虽老尚凌霜。夏畦鬼自怀丘陇,春梦婆偏话戏场。冻砚晚增书势健,湖灯夜引棹歌长。今年雪比前年好,且与三农细校量。

休言柏历与黄肠,二百年来阅几霜。太息斗龙桥赐墓,久成老鹿苑荒场。本支自有贻谋在,俭德方留世泽长。韦氏传经魏家笏,后来青史费评量。来诗有"仙人镜"语,此吾祖司寇公①赐额也。感叹旧事,因推论之。斗龙桥尚书公葬处。

老来无泪触柔肠,真似枯柯耐雪霜。地下团栾儿女国,山中灯

---

* 时间系据翁同龢光绪二十五年四月二十一日日记。

① 即翁叔元。

火佛仙场。帽檐迎日犹嫌暖，屐齿登山未觉长。酹罢一杯复长啸，世途如海故难量。

《瓶庐诗稿》卷六

叠前韵，题陈章侯博古牌刻本*

光绪二十五年五月初五日（1899 年 6 月 12 日）

被发行吟楚大夫，不堪羸病恕狂奴。箧中图画都捐尽，卖到长江万里图。石谷此图，余所珍重，近亦付常卖家。

持筹无术愧庸臣，只恤民艰不恤身。赤手能增无量数，桑羊孔仅尔何人。

《瓶庐诗稿》卷六

酷热小斋如炙，拈笔自嘲**

光绪二十五年五月二十四日（1899 年 7 月 1 日）

懒袭江村《渔乐图》，只应写我小西湖。绿簑青笠扁舟去，投老遗忘一字无。

《瓶庐诗稿》卷六

---

* 时间系据翁同龢光绪二十五年五月初五日日记。文中说“卖到《长江万里图》，实际并未卖。此图至今还藏在翁万戈家中”。

** 时间系据翁同龢光绪二十五年五月二十四日日记。是日日记有“晴，尤热，表93 度”。

吴儒卿、释玉峰、姚湘渔、赵次公同过山斋，次公有诗，依韵奉答*

光绪二十五年六月初十日(1899 年 7 月 17 日)

悠悠魂梦依先垄，草草生涯筑此堂。何意残年得栖隐，尚随诸老共徜徉。长愁敢说江湖乐，暂聚应分星宿光。溇港渐淤纱布贱，自港汊湮而高区无水利，洋纱行而织妇苦矣。吾侪何以济穷乡。

《瓶庐诗稿》卷六

题齐天保百佛铜牌**

光绪二十五年六月(1899 年 7 月)

寂寂空林响水车，湖坡深处是吾家。草堂正拟安瓶钵，先乞西邻薝葡花。

破铜断壁尽分携，手拓铭文请我题。我有一龛唐造像，不曾搜剔到萧齐。

《瓶庐丛稿》卷七

题旧拓大观真本残叶***

光绪二十五年八月初一日(1899 年 9 月 5 日)

此本末有“陈怀玉镌”四字，张叔未先生定为大观原刻。

---

* 时间据翁同龢光绪二十五年六月初十日日记。

** 时间据《瓶庐丛稿》卷七翁同龢手迹自注。

*** 时间据《瓶庐诗稿》卷六原注。又翁同龢光绪二十五年八月初一日日记有：“阅《筠廊偶笔》，知余藏《大观》三叶是商丘之石，因啜三绝句。”

余谓此商丘残石旧拓也。宋牧仲《筠廊偶笔》云:"宋城有幸山堂,宋高宗南渡时尝驻跸。崇祯中沈氏浚池得片石如黑玉,乃《淳化帖》九卷第一段,王献之书也。董文敏欲以百金购之,主人益珍惜,别刻一石以应求者。明末寇变乃瘗蔬圃中,后觅不得。"云云。按:淳化与大观,明代往往不辨。此刻瘦劲有神,纸墨古雅,仅有大令书第一段,与牧仲所说适合,当是宋元时未入土所拓也。漫缀三绝,用苏斋题大观诗韵。

仓皇南渡宋君臣,岂暇评书共鉴真。凄绝幸山堂下路,筑池瘗石又何人。

大观刻手每称臣,仅勒工名恐未真。碎事辄纠张叟笔,清仪阁后有传人。

憔悴江潭老逐臣,摩挲古墨寓天真。却因秘阁千金帖,追忆观斋独乐人。寿阳所藏大观残本,余屡得见。

《瓶庐诗稿》卷六

己亥中秋见王敬哉为树老作送行图,诗画后有姜学在山水,因戏摹之,并缀一诗,余不解画,秋雨困人,遣兴而已*

光绪二十五年八月十五日(1899 年 9 月 19 日)

策蹇何人向日边,归来满箧载云烟。谁知瓶隐庐中客,别有江湖浩荡天。

《瓶庐诗稿》卷六

* 时间系据翁同龢光绪二十五年八月十五日日记。

调卿甥以《壶天风月图》见示，感慨题之*

光绪二十五年八月十五日（1899 年 9 月 19 日）

少壮婴利禄，晚年获幽居。忧时浩无涯，自适乃有馀。解带问农夫，今年谷何如？月出秋蛩鸣，眷言息吾庐。扁舟入城来，亲戚为欢娱。吾甥信才俊，抱素潜里闾。家有数顷田，兼有千束书。筑楼虽不高，青山渺萦纡。凭阑一樽酒，肝胆满八区。粲粲集群彦，雕词艳琼琚。胜赏自足传，画图亦萧疏。图成二十年，乃今以视余。题者久成尘，谓余孙安孙。余其彭祖欤。触事一感喟，身世两踌躇。不敢与物忘，亦不随俗趋。明发还山中，瓜豆行可菹。

《瓶庐诗稿》卷六

余既得宋拓礼器碑珍弆箧中，忽失所在，穷搜始得，因题此诗，仍用前韵**

光绪二十五年八月二十二日（1899 年 9 月 26 日）

皇纲一弛群论邪，书律既破众口奓。差之铢黍谬千里，往往雉兔同罗罝。汉桓失御党锢起，权臣宦竖交腾拏。厉公作诗叹时政，若涉大水无津涯。苏斋只论隶势古，匪仅八角无芒夸。上追古币下鼎爵，包括程蔡钟梁家。书生考证亦何益，徒令聚讼纷如麻。我昨获此重拂拭，函以文木绨锦加。无端蕉鹿付一梦，虹月几化天边

---

* 时间系据翁同龢光绪二十五年八月十五日日记。

** 时间系据翁同龢光绪二十五年八月二十二日日记。

霞。世缘聚散尽如是,澄观早悟浮沤花。要知一艺有根榘,莫与运会同吁嗟。展碑忽睹叔节字,潼亭谁访残阳斜。杨秉字叔节,与韩敕同,故及之。按:《太尉杨震碑》“秉陪陵京师”,则末句“潼亭”为失考矣。龢又注。

《瓶庐诗稿》卷六

读宋史*

光绪二十五年八月(1899 年 9 月)

商英邪说攻元祐,郑相中宫有奥援。千古文忠与文正,易名一事竟谁论。

《瓶庐诗稿》卷六

题许豫生贞幹《青灯有味是儿时图》**

光绪二十五年八月(1899 年 9 月)

横海园颀民,孰无羁角时。斯时一弹指,肝鬲刻镂之。恒虑嗜欲深,念念屡迁移。不见乌钞窠,一飞谢故枝。许君秉至性,示我青灯诗。中有血泪痕,依恋母氏慈。忆通金闺籍,方以青云期。青云不可致,还走南海陲。一笑博欢颜,万古伤别离。何以慰子心,近事有可师。南楼《夜纺图》①,仰邀九重知。富贵何足道,坚贞永自持。山庐黑无月,萧萧松槚悲。残灯翳复明,含酸题此诗。

《瓶庐诗稿》卷六

---

* 时间据翁同龢《瓶庐诗稿》卷六原注。

** 时间系据《瓶庐诗稿》卷六原注。

① 指钱陈群绘图追念少年时母亲灯下纺织督课情景,此图为乾隆帝所赏识。

题顾若波画*

光绪二十五年九月初二日(1899 年 10 月 6 日)

曩在京师,识若波于沈仲复①处,数共谈宴,嗣若波游东瀛,不复知其踪迹。己亥九秋,次公示我此画,感叹不已。

老作诸侯客,狂来海外游。长贫甘寂寞,短咏妙清遒。画史亦无数,斯人不可求。犹馀故人箧,高压旧山楼。

《瓶庐诗稿》卷六

三题东阳兰亭**

光绪二十五年十月初五日(1899 年 11 月 7 日)

乙未诗忆与汤伯述同游兰亭事。今年十月,伯述之次子邦彦由萧山来访,而是日适有持东阳旧本来者,客去展所藏幼云本,因次前韵。

山阴游迹真如梦,越岘湘湖不可求。茧纸荒凉危发露,过车老泪洒西州。外舅敏斋②先生久殡未葬,前数年几被发凿,今乃合葬于富家池,邦彦云。

定都何妨一再开,姗姗仙骨渺蓬莱。隔麻精拓香浮几,细篆回文俨古罍。昨费屺怀以宋隔麻姑拓本见示,是定武而无界线,洵奇物也。

家家石墨可兼车,莫怪偏旁校勘疏。拈出重行还一笑,幼云倦

---

* 时间系据翁同龢光绪二十五年九月初二日日记。初一日日记有“次公送……顾若波画二本嘱余题跋”。

① 指顾若波,江苏吴县(今苏州市)人。仲复即沈秉成。

** 时间系据翁同龢光绪二十五年十月初二日日记。日记有“作小诗题何氏《兰亭》”。

② 指汤修。

眼未全舒。顷见之本,欣俯一行实复出,较此为胜。

《瓶庐诗稿》卷六

十月望泛湖看月*

光绪二十五年十月十五日(1899年11月17日)

山容本肃然,入夜气逾静。微波有时平,风力不得骋。骊龙忽已睡,明珠自弄影。炯然照见底,天水相与永。何年无此月,何地无斯景。可惜宵渔人,汲汲理笭箵。

《瓶庐诗稿》卷六

题新拓鹤铭残字二诗**

光绪二十五年十月十八日(1899年11月20日)

己亥十月九日,小病初起,侄孙斌孙携钱叔美《焦山揽胜图》来看,案头适有新拓鹤铭残字,戏集二诗。

此山真得江流势,尉史爰留不朽铭。黄石下藏爽垲土,丹旌上掩帀征亭。

瘗石真铭得表藏,余手拓鹤铭,后以赠高丽使臣金益容。浮江吾亦事朱方。玄词不爽仙重集,余两过此山,一日入佛殿,甫启扉,大声发空际,莲华座堕一瓣焉。导游之山僧曰:客其主吾山乎? 曩时盖尝有是某长老即其人也。余笑颔之。此丁丑年事,今老矣,未知此缘何如。留此丹禽上下翔。

《瓶庐诗稿》卷六

---

* 时间系据翁同龢光绪二十五年十月十五日日记。

** 时间系据翁同龢光绪二十五年十月十八日日记。日记有“题景子所得《鹤铭》”。

再题大观真本残叶*

光绪二十五年十月二十二日(1899年11月24日)

偶阅牧仲《西陂类稿》,更得此石原委,并得"陈怀玉镌"四字确据。其云沈石两面刻字,乃阁帖第九卷第一、二两版,旁有"陈怀玉镌"四楷字,兵乱失去。康熙丁丑,余侄琇掘地复得,精采奕奕,为北宋刻无疑。又自正《筠廊偶笔》中误语,而于阁帖、大观之辨,仍隔一重云雾也。叔未解元精于金石,知是大观本矣,而未见西陂所记,遂执石边小字为原石之证,不知彼皆有臣字,此无之也。己亥十月二十二日夜,偶阅此帖,嗟叹崇宁大观间政事,因缀绝句。

温公一代古贤臣,端礼门碑恐失真。镌罢不名仍涕泣,石工安氏尔何人?

《瓶庐诗稿》卷六

简张季直**

光绪二十五年十一月初八日(1899年12月10日)

平生张季子,忠孝本诗书。每饭常忧国,无言亦起予。雄才能敛抑,至计岂迂疏。一水分南北,恰君独荷锄。余与有耦耕之约,今不能践。

《瓶庐诗稿》卷八

---

* 时间系据翁同龢光绪二十五年十月二十二日日记。

** 时间系据翁同龢光绪二十九年八月二十五日日记。

短歌付之润即书画扇上，时润往吴阊*

光绪二十五年十一月十八日（1899 年 12 月 20 日）

山空多风木叶稀，寒花已绽药草肥。阳气厥析验化机，欲敛不敛节候违。老夫南荣弄朝晖，归根踵息微乎微。扁舟念尔胥江矶，夜寒无酒应添衣。男儿意气凌九畿，慎莫骛外失所归。养生真诀知者稀，金丹不伏焉能飞？惟以一静敌百非，后生秀硕来欣欣；润乎润乎其庶几①。

《瓶庐诗稿》卷六

题归访斋丈《静听坐鸣泉图》遗照**

光绪二十五年十一月（1899 年 12 月）

青柯坪头夜敞扉，秘魔崖下弄珠玑。我生爱泉如渴骥，迂怪未免旁人欷。归来解带默无事，时与田水相因依。今观斯图若前契，开函不觉长吁嚱。访斋丈人已千载，松石间意谁能知。脊令原上一滴泪，涨起溪谷流浵浵。嗣贤继武信才杰，子瑾先生。遍征京雒诗人诗。九十四年一弹指，诵芬积善云仍贻。我展斯图再三拜，先人题墨犹淋漓。白头恍侍父兄侧，先公及先兄均有诗。映窗弄笔同儿嬉。燕园主人好古士，树石书画兼鼎彝。捧图索句乃到我，得毋布鼓雷门讥。吁嗟王谢旧阀

---

* 时间系据翁同龢光绪二十五年十一月十八日日记。之润即翁之润，字泽芝，翁斌孙之子。吴阊指苏州阊门。

① 后数句疑有脱句。

** 时间系据《瓶庐诗稿》卷六原注。

阅,诗人屡被催租欺。清泠之渊好洗耳,薄寒制我山中衣。

《瓶庐诗稿》卷六

知稼属题李君楞庄临蒋公百花卷,次知稼韵*

光绪二十五年十二月二十二日(1900年1月22日)

何妨水墨变丹沙,浓艳萧疏总一家。闻原本乃墨花。羡煞太平闲草木,不羼海外曼陀花。

笔端郁郁复亭亭,一卷携归满袖馨。题画小诗还和韵,隔墙腊鼓喜同听。

《瓶庐诗稿》卷六

画扇自题**

光绪二十五年十二月(1900年1月)

朔风一号,万木斯肃。扫我庭除,敞我茅屋。彼荏苒者,乃蜷而伏。

《瓶庐诗稿》卷六

题赵次公藏宋隔小字麻姑山仙坛记***

光绪二十五年(1899年)

掷米丹砂事渺茫,隔麻翠墨费评量。人间何处非游戏,沧海蓬

---

* 时间系照翁同龢光绪二十五年十二月二十二日日记。

** 时间系照《瓶庐诗稿》卷六原注。题为编者所加。光绪二十五年十二月,翁同龢日记,是月翁同龢连日作画。故时间定于此月。

*** 时间系照《瓶庐诗补》原注。

莱梦一场。

洒洒千言重剖疑，兰陵静叟是吾师。谁云错引丹霞记，洞底珠还景祐时。《丹霞洞天记》，宋景祐时樵竖锄得，断一角，与罗汝芳跋谓正德中出土者不同。

昔跡追寻一惘然，白头话旧亦前缘。奚童贪觅重开本，又费山中买米钱。仆人以三百钱买得翻本《仙坛记》。

《瓶庐诗补》

题赵次公灌园漫笔*

光绪二十六年二月二十三日（1900 年 3 月 23 日）

花农真合住花田，借得奇书手自编。不数世间凡草木，知君心事在梅颠。君重修梅颠阁。

冷笑庐陵作记人，洛花名号几番新。荷锄抱瓮非吾事，付与东风浩荡春。

《瓶庐诗稿》卷七

庚子二月，得观祝少英藏宋拓张迁碑，乃宝山印氏沤天阁故物，双钩一通，并题二诗

光绪二十六年二月（1900 年 3 月）

东京摹刻俗工多，双下城旁校若何。既且从畋犹不问，况论点划小沿讹。未谷于“双城”二字，谓缪篆填空之法。

问讯金昌祝少英，从来货殖有亏盈。四门不闭兴蚕务，几见公

* 时间系照翁同龢光绪二十六年二月二十三日日记。

方治谷城。藏碑之祝少英建纱厂于苏州,旋为官款所困。

《瓶庐诗稿》卷七

客以河东君画见示,伪迹也,题尤不伦,戏临四叶漫题*

光绪二十六年三月初八日(1900 年 4 月 7 日)

纤腕拓银钩,曾将妙迹收。在京师曾见河东君狂草楹帖,奇气满纸。丁怜花外路,不是绛云楼①。

《瓶庐诗稿》卷七

庚子三月二十六日,偕陆云孙、庞絅堂集赵次公古春野屋看画,次公致翰卿徐君意,以序伯画册属题**

光绪二十六年三月二十六日(1900 年 4 月 25 日)

我年髻龀交老苍,鹤槎画扇久庋藏。斯图知为谁氏作,三十六公楼已荒。杜鹃花开艳如火,次公觞客兼及我。萧疏亭馆古春多,左右图书无不可。徐子寄图索我题,我诗懒散风格低。惟馀一事颇倔强,腰脚虽病犹扶携。写图藏图皆有意,感事怀人重古谊。风灯转眼六十年,一册流传秘巾笥。次公话旧更凄然,此榻曾因伯玉悬。序伯曾住次公家两月。我亦重寻京国梦,屡呼雏凤饮中仙。序伯之子

---

* 时间系据翁同龢光绪二十六年三月初八日日记。河东君即柳如是,原名杨爱,明末清初著名女诗人。江苏吴江人,后与钱谦益结婚。

① 绛云楼为钱谦益藏书楼,今已不存。

** 光绪二十六年二月二十三日翁同龢日记有:“又题赵价人摹浙江画册,七古一首。”

稚衡亦工画,终日酣醉。

《瓶庐诗补》

山居杜门,郎亭自郡过访,以扇索书己丑闱中用壁间韵诗,则一字不能记矣,赋此奉赠*

光绪二十六年四月二十四日(1900 年 5 月 24 日)

一笑公何避客深,江干车马竟遥临。抛残吴郡新诗本,漫说苏州旧翰林。影事久随春梦断,爪痕还付雪泥沈。蚕丝正熟新秧绿,聊话量晴课雨心。

《瓶庐诗稿》卷七

题唐人书十一面观自在念诵仪轨经**

光绪二十六年五月二十三日(1900 年 6 月 19 日)

光绪庚子五月望,松禅居于墓庐,超然有得于万物之表。时曾孙之廉患寒热病痫者,展此经治寒热病癫痫,且以种种药治种种病,松禅曰:"药即是病,病可已,而药无已也。"因缀二诗示之。

世运滔滔感不禁,偶然失脚便浮沉。儒门自有长生法,第一真传是养心。

养心无药亦无方,动辄随缘静退藏。任尔邪风吹不去,蠲除芥

* 时间系据翁同龢光绪二十六年四月二十四日日记。是日日记有汪鸣銮来常过访。

** 时间系据翁同龢光绪二十六年五月二十三日日记。日记有"题写经卷,付之廉,十一面观自在"。

子白檀香。经以此二物治癫。

《瓶庐诗稿》卷七

重题明拓乙瑛碑残本*

光绪二十六年五月(1900年6月)

庚子四月,汪郎亭携示一本与此对勘,拓手较胜,客退题此。

成榑已入榕全匣,成榑,奚林和尚也。犹喜鲟溪有墨缘。得见参寥真面目,谈碑未了又谈禅。是日郎亭又以宋刻参寥子集见示。

三字三横三折笔,三年始去笔头尖。怆怀太华双碑客,零落邺侯三万签。李若农尝言此碑三字入锋雄浑,用三年苦功始得其仿佛,其新居建太华双碑图,有海天浩渺之观。

《瓶庐诗稿》卷七

题家藏灵飞经真迹**

光绪二十六年七月初五日(1900年7月30日)

庚子五月,京师拳匪事起,七月洋兵入城,圣驾奉慈舆西狩,而都中图书金石扫地尽矣。此经以携还江南,免于劫火,岂非厚幸,然士大夫立身不能济天下之变,徒以苟免为幸,亦可耻矣。漫赋一诗,次吴槎客韵。

狐鸣篝火眩妖符,巨石风刀事有无。敢道过江衣褶在,烽烟澒洞满皇都。

《瓶庐诗稿》卷七

---

* 时间系据诗题引文所标时间。翁同龢光绪二十六年五月日记说,是月连连看"阁帖",故时间以此推断。

** 时间系据翁同龢光绪二十六年七月初五日日记。日记载,连日看"阁帖"。

又题庚子中秋*

光绪二十六年闰八月十五日(1900 年 9 月 8 日)

余不能画,所画直俗工之下乘耳。儒卿吾兄属录欧公《秋声赋》于纸背,以臂痛未获应命,乃赋一诗请正。

明月呼不来,残暑推不去,可怜世俗人,悠悠孰与语?前年中秋节,昆明万枝灯,次年彭蠡舟,风涛夜掀腾。去年山中住,寂寞如孤僧,亦自引浊酒,散策循田塍。今年复何有,北望空搔首,耿耿蝼蚁忱,六龙问安否?我友道德士,浮沉闾里间,同洒君国泪,不恤身世艰。相距一鸡飞,蹇步懒往还。偶然舐画笔,聊以破愁颜。不期亟见许,属予秋声赋。呜乎庐陵翁,岂识左徒苦,臂痛或可疗,腹痛将奈何?忧端塞天地,千古今宵多。作诗谂我友,躁气忽一平。且待月出时,静听哦诗声。

《瓶庐诗补》

数年前有僧持书画售于京师,或告余曰:“此吾乡三峰寺药龛长老所藏也。”何缘至此,迹之,逸去矣。余收得杨西亭画一册,今还药龛,因缀小诗**

光绪二十六年闰八月初五日(1900 年 9 月 28 日)

是身本虚空,万事等戏剧。如何堕世网,染此书画癖。山僧从

---

* 时间系据翁同龢光绪二十六年八月十五日日记。

** 时间系据《瓶庐诗补》原注。翁同龢光绪二十六年闰八月初五日日记有“以杨西亭画册赠药龛和尚,题一诗于册”。

南来，卷轴纷堆积。匆随黄鹤去，云水渺无迹。窃书亦细事，佛祖不呵责。此僧一何愚，恩怨强分别。药公吾所重，担道有骨脊。了不恋旧观，亦岂矜所获。山堂木樨香，秋气浮几席。惜无非昔翁①，相将展书册。余与药龛怆念次公不已。

《瓶庐诗补》

无锡刘石香继增，调卿甥之好友也，冒雨见访，调甥有诗，因次其韵*

光绪二十六年闰八月十八日(1900年10月11日)

九龙岭下我曾游，第二泉边屡滞留。自叹累臣同屈贾，敢将馀子比曹刘。空山风雨三椽屋，满地江湖一叶舟。莫续转蓬攀桂句，天涯何处闰中秋。

今雨还同旧雨来，愁颜应逐笑颜开。三间后裔空怀楚，屈荫堂。司户参军尚忆台。陈幼庚，两君皆调甥至戚。自有性情敦古谊，岂因诗画掩奇才。石香，江南名士，通达古今，兼工诗画。挹青楼小才容席，却作元龙百尺猜。石香下榻俞氏挹青楼。

《瓶庐诗稿》卷七

题沈石天画**

光绪二十六年闰八月二十四日(1900年10月17日)

画派兼收南北宗，别开境界清空浓。诗人各有千秋想，岂必衡

---

① 指赵宗建。

* 时间系据翁同龢光绪二十六年闰八月十八日日记。是日日记有“和调卿甥诗二首”。

** 时间系据翁同龢光绪二十六年闰八月二十四日日记。沈氏，即沈灏。

量白石翁。尝见石天画跋，推尊石田甚至，或谓欲争胜石田者，妄也。劫火回风佛护持，时时开看慰輖饥。如何一掬酸寒泪，竟似河梁古别离。谓售画之人。徐公铁笔写梅花，遗迹多留浙水涯。此画曾陪诗县令，故应供养梵王家。册有铁孙丈诗跋，丈画梅奇绝，阮文达①称为诗县令，后殉粤寇之难。

《瓶庐诗稿》卷七

药公得乾隆庚午邑先辈顾钝伯画兰，以为三峰故实，余题此诗*

光绪二十六年闰八月二十四日（1900 年 10 月 17 日）

佛说三千大千界，我怀百五十年前。山堂当日一挥洒，添得纷纷书画禅。

万兰竹中一竿竹，劲挺森梢不能曲。焦仙古洞独出奇，蹙缩虬龙在空谷。此卷丛兰中有竹一枝瘦而劲秀，今日药公以焦山曲竹杖见赠，故戏及之。

《瓶庐诗稿》卷七

答调卿甥见怀**

光绪二十六年九月二十一日（1900 年 11 月 12 日）

六十年中事，何从证雪泥。余年十四府试未毕，闻姊病亟，归已不及矣。吾甥已头白，羸老更颜低。吊影天涯雁，长鸣风雨鸡。泾南无可说，且与说泾西。甥住西泾岸，余住南泾塘。

《瓶庐诗稿》卷七

---

① 指阮元。

* 时间系据翁同龢光绪二十六年闰八月二十四日日记。顾氏，即顾晟。

** 时间系据翁同龢光绪二十六年九月二十一日日记。

调甥过我山居*

光绪二十六年九月二十一日(1900年11月12日)

吾衰方苦雨,客至亦冲泥。蹑屐篮舆滑,叩门风帽低。茶经泉有蟹,野饷树无鸡。不尽谈诗话,匆匆日又西。

《瓶庐诗稿》卷七

画兰**

光绪二十六年十月(1900年11月)

陇水无端西复东,南枝憔悴北枝空。莫言草木无情物,亦自徘徊冰雪中。

《瓶庐诗稿》卷七

次韵刘石香寄怀二首***

光绪二十六年十月十六日(1900年12月7日)

刘有《寄沤书巢图》,取楞严"空生大觉中如海一沤发"之义。

平生六凿涸天游,文囿名场亦暂留。江上偶然馀一秃,世人犹

* 时间系据翁同龢光绪二十六年九月二十一日日记。

** 时间系据《瓶庐诗稿》卷七原注。

*** 时间系据翁同龢光绪二十六年十月十六日日记。日记有:"写条幅和石香诗二首,题其《寄沤书巢图》。"

自说三刘。薄寒正蜡寻山屐，夜雨偏回泛剡舟。万众天涯同怅望，岂容宋玉独悲秋。

一沤一发一如来，处处园明性地开。难得甘黄挛下泽，莫因寒拾钝天台。尖风冷月无边相，瘦竹孤花未易才。山鸟不知吟啸事，看人开卷辄疑猜。

《瓶庐诗稿》卷七

次调甥韵赠刘石香*

光绪二十六年十月十六日（1900 年 12 月 7 日）

萧然琴剑一吟身，曾佐熊幡次第巡。禹荚本关天下计，沧桑忽起海中尘。同搔白发纡筹笔，散尽黄金为睦姻。草草出门归亦早，应知梅信待斯人。

扁舟又载尚湖春，看月登楼迹未陈。锦绣诗篇常在口，琉璃砚匣本随身。送迎鸥鹭如相识，点染云山倍觉新。更乞松禅图一幅，空山聊慰白头人。前承赠《松禅图》极经意。

《瓶庐诗稿》卷八

为奎孙题廉州画卷，即用卷中韵**

光绪二十六年十月二十六日（1900 年 12 月 17 日）

缥缃传子复传孙，剩我孤舟泊水村。昔跡重寻成一梦，夕阳虽

* 时间系据翁同龢光绪二十六年十月十六日日记。

** 时间系据翁同龢光绪二十六年十月二十六日日记。日记有“题小诗于园照画卷，先五兄所藏”。王兄即翁同爵，奎孙为翁同爵曾孙。

好近黄昏。染香庵里萧闲笔，柏古轩中子细论。兄所居轩名。箧里画禅摹本在，不辞刻画断冰痕。余有香光小卷，粗相似，并几较量之。

《瓶庐诗稿》卷七

题汤贞愍山水卷*

光绪二十六年十月二十八日(1900 年 12 月 19 日)

金陵城北大江东，琴隐高名想像中。十八画人留一个，天教汤戴作双忠。公与戴文节，世称二忠臣画。

汤公妙迹开厨走，箧里惟馀群玉堂。余所藏米帖乃公旧物，题识极多。诗画淋漓遍江国，故应配食米襄阳①。

《瓶庐诗稿》卷七

姚古愚狎鸥馆校书图，为张景韩题**

光绪二十六年十月二十九日(1900 年 12 月 20 日)

后生仰前贤，仪观森在目。譬如适旧都，下马敬乔木。狎鸥图好在，题识已成束。远者大父行，近亦邑耆宿。姚翁不及见，一水支塘绿。侧闻临水轩，经史塞破屋。俯仰百二年，光阴如转烛。张君雅好事，收庋秘函椟。介我知稼兄，征诗下及仆。乌乎帝王都，

---

* 时间系据翁同龢光绪二十六年十月二十八日日记。日记有“题季幼梅藏书画，王惕甫尺牍、汤雨生画”。汤贞愍即汤贻汾。

① 即米芾。

** 时间系据翁同龢光绪二十六年十月二十九日日记。日记有“题姚古愚《狎鸥轩校书图》……”

烽火莽驰逐。图书一大厄,扫地鬼夜哭。多难足兴邦,悔祸必获福。伊予性狂简,田野甘踡伏。时时询古老,遇事多感触。新学肆颓波,铅椠废簿录。谁肯敛才华,低颜事卷轴。吾乡虽蕞尔,文学有遗躅。即论诗字派,元气有涵育。礼乐倘再兴,世运行当复。敬告诸先生,吾其齿乡塾。

《瓶庐诗稿》卷七

画寒鸦枯树*

光绪二十六年十一月(1900 年 12 月)

昏鸦亦可怜,日暮尚翻然。切勿争枝坠,风霜损汝眠。

《瓶庐诗钞》卷二

题玉版十三行**

光绪二十六年十一月(1900 年 12 月)

是册奚奴自都下携来,劫馀物也。儒卿、金门先有题。儒卿年八十四犹作小楷,金门字既精紧,诗亦超然,寒夜展观,因缀二绝。

芙蓉阁上珠光艳,机密房中酒兴长。一片江山已残缺,有人镌刻十三行①。

回首东华迹已陈,前记题诗乃廿年前东华门外酒肆事。江乡吟社一番

---

* 时间系据《瓶庐诗钞》卷二原注。

** 时间系据《瓶庐诗稿》卷七原注。

① 一作:“酣嬉歌舞平章业,积压文书机速房;一寸山河人不让,南朝犹说十三行。”

新。颇怜俞子诗成史，犹喜吴翁笔有神①。

《瓶庐诗稿》卷七

《秋声图》为儒卿三兄画扇*

光绪二十六年(1900年)

纨扇生衣捐已无，掩书不读闭精庐。故人笑比中庭树，一日秋风一日疏。

《瓶庐诗补》

赵白民先生画册，为其贤女周夫人赋**

光绪二十六年(1900年)

昨日读君画，凿楹出囊缣。今日见君图，郑重赠嫁奁。庞公参禅草头露，谢庭赓韵柳絮盐，人间多少好儿女，孝慈福慧惟君兼。我叩北墅门，每至辄滞淹。东风吹急雨，忽讶巾缘沾。座中不见故人面，犹喜起揽次老髯，此册在次公处，雨中携示。数番残墨轶画史，廿年旧事悲郎潜。郎官趋衙职事严，席不得暖突不黔。纷纷尘土逐双毂，却怪彩笔何时拈。江山清空入梦寐，世味洗尽胸中甜。画成未暇自题记，惜少小印朱泥钤。呜呼此图中，点点血泪粘。既废蓼莪诗，复失比翼鹣。寒松阁上瓣香奉，应与古佛同拜瞻。德门庆钟宅

① 一作："金塸感慨诗成史，稼老冲夷笔有神。"

* 时间系据《瓶庐诗补》原注。

** 时间系据《瓶庐诗补》原注。

相肇，凤凰雏长桐孙添。题诗赞叹真细事，大哉易象家人占。

《瓶庐诗补》

为侄曾孙之善题西庐画册*

光绪二十六年十一月十一日(1901 年 1 月 1 日)

此吾先五兄旧藏，宋漫堂张晴岚、方葆严诸公流传有绪者也，画之神妙何待赞扬，题诗志感，且以勖之。

有明当季叶，家国阽危余。世重奉常画，吾藏与子书。奉常家书数十番，述其时流言谤帖千危万险，又以役事破家贫不能给。洁身因党祸，破产为官租。天与传忠孝，清名在建储。谓藻儒相国。

昔日重孙庆，芝乎尔最先。之善生时有芝生庭，先兄特喜，命名曰之。大椿犹健在，古柏亦欣然。兄所居曰柏古轩。即此墨林宝，真同祖砚传。立身要强勉，不独守遗编。

《瓶庐诗稿》卷七

为金酉叔茂才鹤翀题《慈乌村图》**

光绪二十六年十一月二十三日(1901 年 1 月 13 日)

马队文人集，牛行旧德多。客寻朱庵渡，我敬老鸦巢。余束发即知吾邑诗书旧族，曰“老鸦巢里金家”，故质言之，以记里语。笘毕家家墨，机丝处

---

* 时间系据翁同龢光绪二十六年十一月十一日日记。日记有“题之善所藏西庐画册，先五兄旧物也。”

** 是日翁同龢日记有“题金酉叔《慈乌村图》鹤翀。”

处梭。侧闻苦旱潦，生计近如何。金村左近水道不修，颇失水利。

《瓶庐诗稿》卷七

辛丑正月初五日，访药龛长老于三峰下院，药公出王东庄雪图索题，次卷中诗韵*

光绪二十七年正月初五日(1901年2月23日)

春城万户喧，兰若自幽绝。老僧喜我至，迎笑屐齿折。饤盘得甘鲜，图书亦罗列。东庄有妙画，水墨互联缀。空明淡荡意，即此是禅悦。辋川与洪谷，未暇量优劣。承平风雅事，俯仰一飘瞥。西望万云山，烦忧忽炎热。

《瓶庐诗稿》卷七

陈道复《桃春图》，为药龛赋**

光绪二十七年正月初六日(1901年2月24日)

竟比停云出一头，五湖老懒早归休。白阳自称五湖老懒。折枝破墨寻常有，如此溪山未易求。

长桥流水自成村，灵府何曾隔洞门。寄语南阳刘子骥，人间到处有桃源。

莫子说经宗马郑，赵君好古媲欧阳。故人渺矣不可见，却到药

---

* 时间系据翁同龢光绪二十七年正月初五日日记。

** 时间系据翁同龢光绪二十七年正月初六日日记。陈道复江苏长洲(今苏州市)人，初名淳，以字行，号白阳山人。明代书画家。

龛禅榻旁。此卷莫郎亭以赠赵能静者，两君皆余旧识也。

《瓶庐诗稿》卷七

蓉洲王丈所藏宋拓小字《仙坛记》，庚申之冬曾为题句，蓉丈既卒，其家请濒石杨公墓铭，因以此拓赠之，今藏其嗣吉南献叔处。辛丑正月，持以见示，开卷怆然，用前题诗韵*

光绪二十七年正月十二日(1901 年 3 月 2 日)

蓉丈书律守晋法，濒兄笔妙兼刚柔。二公一质一通敏，我获师友同时求。道光以来台阁体，峻拔竞尚柳与欧。元和脚硬瘦金峭，更有北派浩莫收。颜公此书信奇绝，蹙缩寻丈归寸璆。不知巧工谁著手，黄仙鹤辈烦雕锼。忆当春明庙市盛，金鱼换此珊瑚钩。道州嘉善两题记，皆敛老腕锋芒遒。余年四十亦赓续，芜词类句黄茅稠。略如少陵拜杜宇，颇疑天宝开龙湫。呜呼定陵北守日，神京门户勤绸缪。吾侪未暇论文史，时时北望云山愁。前诗题于庚申岁抄，正滦阳驻跸之时。中兴大政焕一变，干戈渐戢礼乐修。如何客星犯帝座，又见华盖西南流。乾坤苍莽倏卅载，故人零落俱千秋。草堂人日客携示，墨痕依旧春云浮。抚时怀旧百虑集，安能竟学忘机沤。老夫浪语客莫笑，世论于今多谬悠。

《瓶庐诗稿》卷七

---

* 时间系据翁同龢光绪二十七年正月十二日日记。

为杨吉南题小蓬海外史画册*

光绪二十七年正月二十六日(1901年3月16日)

吾宗小蓬海外史,洞庭东山支也,居吴江之平望,所画花鸟虫鱼皆入妙品,余幼时尚及见之。

寄村讳是平雪舫讳乘济吾家画,两公系叔侄,吾家司寇公之后也。名与栖霞老鹤俱。二公皆工花卉,雍乾时与马、杨相后先。数幅丹青传者少,百年文献近来无。却看笠泽小蓬海,足继诗人莺脰湖。小海尊人海村公书画称名家,蓄金石极富,自称莺脰湖长。读罢剪灯重回首,苏斋丘墓已荒芜。吾翁氏在北平,覃溪先生父子最著,余访得其墓表扬之,今不可问矣。

《瓶庐诗稿》卷七

白玉本十三行为杨献叔题**

光绪二十七年正月二十六日(1901年3月16日)

杂遝群仙事有无,神光离合太模糊。陈思亦喜幽并客,未肯低头受玉符。

湖上平章亦可怜,建储送款巧周旋。至今一片西泠石,赚尽书生十万钱。

碧玉清刚白玉肥,较量波拂到纤微。近人别具谈碑口,顿觉承

* 时间系据翁同龢光绪二十七年正月二十六日日记。日记有“题杨吉南所携画册、翁小海花卉、玉版十三行、蝯叟诗”。

** 时间系据翁同龢光绪二十七年正月二十六日日记。

平老辈稀。

《瓶庐诗稿》卷七

题张雨生画*

光绪二十七年正月二十六日(1901年3月16日)

雨生精于六法,骎骎与国初名家争席,不幸早卒,遗墨渐湮。其子耽伯以所藏摹古人八叶属题,展视数过,感慨系之。

笔力能通万树梢,平生精诣在山樵。吴渔山黄尊古而后风谁继①,文董兼参字亦超。君书仿停云,加以淡远。豪兴不因官况减,酒痕已逐墨香消。东华一宿浑如梦,烧烛围炉待早朝。十年前君来京师,除夕宿吾斋,明日别去,遂不复相见。

赭山东望郁苍凉,百尺楼高旧迹荒。君曾任海宁知州。父老尚呼诗县令,郎君又见小欧阳。黄齑白粥书生味,画箧书囊傲吏装。他日敷文题字处,先臣真迹待平量。耽伯亦善书。

《瓶庐诗稿》卷七

题王石谷《留耕图》照**

光绪二十七年二月初四日(1901年3月23日)

龢谨按:此非《留耕图》也,图无农家景物,而渔山诗曰"仍

---

* 时间系据翁同龢光绪二十七年正月二十六日日记。日记有"题……及张雨生画册,其子耽伯求题"。

① 黄鼎,字尊古,江苏常熟人。吴历,字渔山,两人同为清代著名画家。

** 时间据翁同龢光绪二十七年二月初四日日记。

韵”,则前有阙佚可知。详诗中语气,亦非施于侪辈耆长者也。先生二子,长字留耕,而王氏谱有寿田公者,证以金诗,所称寿老,意寿田别号留耕欤?图中旁侍者其留耕欤?图貌石谷先生,则不得以《留耕》名之矣。或《留耕》别有一图,先生题其端,而吴、宋、金三君和之,后经散佚,附缀于此欤?龢既得展拜先生遗像,略为辨证,敬缀小诗,用渔山韵。

不用王侯倒屣迎,不烦奉几事先生。桃花流水空山里,自有书田自笔耕。

心到欧罗西海边,渔山幻迹等云烟。题诗岂解留耕意,抛却桃源数亩田。渔山既奉景教,浪游不归,其志与先生殊途,其借画事乃后人傅会耳。

二老相期订耦耕,捧归祖砚见深情。谓杨研畬丈还图事。骑牛图已传天壤,此卷还应别署名。

《瓶庐诗稿》卷七

题王喻梅公遗像*

光绪二十七年二月初五日(1901 年 3 月 24 日)

辛丑春分后三日,瑞峰姻世讲奉世尊甫喻梅公遗像命题。是日得拜耕烟先生留耕图像,既次墨井诗韵,书于卷尾。复移其韵,以题此卷,用以纪君家世泽之长也。

门外千帆日送迎,萧然阛阓一书生。君居大东门外,其旁米市,其外则旷然平畴矣。好山青到东皋路,悔不当年共课耕。

古木新祠大道边,行人瞻拜识耕烟。最难七叶云礽后,大启三

---

* 时间系据翁同龢光绪二十七年二月初五日日记。

槐润族田。君善举多矣，尤以克承先志、经营义庄为大。

斯图端合继留耕，二百年来忾慕情。会与君家传盛事，老夫惭愧说科名。君续刊《虞阳科名记》褒集益勤，后起益光矣。

《瓶庐诗钞》卷三

戏仿青藤道人《纸鸢图》，是日大风雪*

光绪二十七年二月初十日(1901年3月29日)

寄语小孩儿，寒温总不知。春风如此大，吹破汝红衣。

读书岂不好，为恁放风筝。线断犹能续，书生到底生。

《瓶庐诗稿》卷七

题季文敏师旧藏颍井兰亭**

光绪二十七年二月十二日(1901年3月31日)

丹魁堂下老门生，不尽临文感慨情。却忆山阴修禊日，螽台何事竟渝盟。永和九年姚襄请降，殷浩激使叛去。右军帖所谓反善之诚者，指此也。

神物蟠泥孔壁藏，岂因补字损珠光。宋牧仲谓颍上兰亭，初拓类字残缺，次拓则凿坏矣。长官贤否关风教，志传应难合二张。跋碑者张登云，毁石者张俊英也。

一事差堪补轶闻，神龙本又落淮渍。咸丰中有颍川李君为镇洋县令，得

---

* 时间系据翁同龢光绪二十七年二月初十日日记。青藤道人即徐渭，浙江绍兴人，初字文清，后改文长，号天池山人，青藤道人，明代文学家。

** 时间系据翁同龢光绪二十七年二月十二日日记。季芝昌，字云书，号仙九，江苏江阴人。官至军机大臣。谥文敏。

褚书兰亭石携归，余见其拓本即神龙本也。卜家片石今霾失，颍川石尚有一片在州民卜氏家。谁具毡椎访李君。镇洋令李君不知其名。

《瓶庐诗稿》卷七

题元僧世殊写《首楞严经》*

光绪二十七年二月二十三日(1901年4月11日)

曩在京师，得唐僧晓方墓石，及元僧世殊银字《楞严》六卷，后有清珙题跋。清珙，吾邑人，世称石屋禅师者也。晓方，唐时名僧，亦吾邑人。余既得之，欲分置三峰、兴福两寺，先以经寄赵次公，属送兴福。会兴福主僧化去。是经遂留次公家。比余戊戌还山，谋诸次公，以为药龛长老山中耆宿，又吾两人之旧游也，盍以经归之，而次公不幸遽卒，其嗣坡生捧以还余，乃于辛丑三月三日以经六册补书四册，都两函，致之三峰寺药公丈室，与所藏元刻《首楞严经》并庋一龛，遮藉龙象之力，永镇山门乎。晓方石，余出京时，未得携归，屋既易主，又遭拳匪之变，闻毁去一半矣。因题四诗简药公。

幻术阴魔世岂无，阿难底事谤文殊。黑风吹海祇林火，撼动摩尼髻上珠。

山僧笔势妙翩翩，定与鸥波证墨禅。洗尽经生纤仄态，永兴庵里绿蕉天。

册尾偏留字数行，清公耆宿重诸方。宋元遗迹无人问，吾邑周神庙宋牒，今已失去。我自矜夸佛放光。

---

* 时间系据翁同龢光绪二十七年二月二十三日日记。日记有“写诗于册，册为元僧世殊银字《楞严经》”。

棠梨花落杜鹃啼，北墅凄凉日又西。兼忆次公。手捧白藤还一笑，要公迎我过前溪。

《瓶庐诗稿》卷七

李缄盦七十一岁小像*

光绪二十七年二月二十四日(1901年4月12日)

古之君子仕于朝，以民物为己任；退居于野，则教其乡子弟为职，其道一也。然其中必有超然万物之表者，以余所见，则缄盦先生其人也。先生长于余十馀岁，自少至老，无一日去书，而冲夷澹远，意甚闲暇。诗酒之会，山泽之游，余常与焉。今余归，而先生墓已宿草，其嗣镜宇秀才奉遗像命题。展卷欲出，诗以悲之。

志士局辇毂，幽人甘盘茳。岂无珪组怀，涉世恐婞娿。之子少笃学，丹黄日纷罗。上窥轩颉文，下逮工艺科。大道会群碎，支港通洪河。充然一硕儒，后生赖镌磨。忆昔湖江沸，白日舞蛟鼍。百宝既荡尽，一家命则那。庚申年事。归来睨空堂，旅禽得旧窠。世路甚逼仄，我怀自委蛇。十年前见君，白发垂瑳瑳。老病日以侵，谆复语无讹。犹云恤嫠纬，在事毋蹉跎。己丑见时，谆谆及恤嫠局事。一别不见君，见此朱颜酡。春山雨冥冥，杂花委庭柯。大雅不复作，吾衰将如何！辛丑二月廿五日松禅居士翁同龢，时在西山墓庐。

《瓶庐丛稿》卷九

---

* 时间系据翁同龢光绪二十七年二月二十四日日记。日记有“题李升兰遗照”。

上巳有感

光绪二十七年三月初三日(1901 年 4 月 21 日)

今日修禊辰,祓除应更新。欣欣菜麦秀,浩浩江南春。江南虽云乐,奈此燕晋秦。辗转尺一书,迍邅属车尘。皇天覆万物,煦妪无不仁。会当敷大泽,苏彼孑遗民。世运有回斡,时政毋逡巡。颓然一钓叟,饮泣西湖滨。

《瓶庐诗稿》卷七

写经册,有祖观题字,祖观号觉阿,吴中诗僧也,道光辛丑,余曾见之*

光绪二十七年三月初三日(1901 年 4 月 21 日)

觉阿真妙觉,绝口不谈禅。五百梅花树,觉阿善诙谐,住庵日有五百株梅花。匆匆六十年。

《瓶庐诗稿》卷七

上巳书所见

光绪二十七年三月初三日(1901 年 4 月 21 日)

春社半临流,饧香豆粥稠。鸣笳人赞佛,偃帜客呼舟。恻恻情

---

* 时间系据翁同龢光绪二十七年三月初三日日记。

何极，穰穰福自求。亲恩无可报，忠厚即贻谋。

《瓶庐诗稿》卷七

题钱少甫《秋江洒泪图》*

光绪二十七年三月初三日（1901年4月21日）

庚申之乱，钱君少甫之母李烈妇避地五渠。明年贼至，烈妇麾全家以免，而独身投水死。少甫是年十一耳。数十年来攀恸无已，画图以纪。余题之曰："秋江洒泪。"从其志也，并赋此诗，缀于卷尾。

孤儿牵衣慈母叱，四十一年如昨日。钱君头白哭江村，欲写此图无此笔。呜呼此景安能图，图成似有还疑无。沄沄一水荒塍在，莽莽荒蒋落木疏。忆昔虞乡贼锋横，细弱茕嫠并一命。数语仓皇义类精，死生决绝心神定。我昨言寻东涧坟，在西山界河沿。残碑叹仰河东君。河东一瞑门风替，岂若此图传子孙。

《瓶庐诗稿》卷七

题云间陆氏画山水**

光绪二十七年三月（1901年4月）

此画余弱冠时得于京师，旧有签题"云间陆氏山水"，未之

---

* 时间系据翁同龢光绪二十七年三月初三日日记。日记有"题钱宗泰少甫之母李烈妇图，图写五渠景，其投水处也"。

** 时间系据《瓶庐诗稿》卷七原注。云间，今松江华亭一带。

考也。吴梅村①有《题云间山人陆天乙虞山图》诗曰:“云是探微后代孙,飘残兵火遗名姓。”则其画无款识,与此正同矣。天乙名灏,字平远,华亭人,其人当在明时嘉隆之际。

漫说机云几叶孙,华亭处处有高门。偶然署款称天乙,未欲留题印雪痕。老去遍搜图绘录,童嬉忽忆海王村。当时竞赏名人笔,可识无名道益尊。

《瓶庐诗稿》卷七

谢家桥古银杏*

光绪二十七年三月二十四日(1901年5月12日)

潮塘神宇静,突兀两苍官。对立若相语,孤撑君独难。雷惊枝辟火,秋老果登盘。却怪维摩树,频经匠石看。

《瓶庐诗稿》卷七

大慈寺**

光绪二十七年三月二十四日(1901年5月12日)

不见招真治,何缘访大慈。我寻一木殿,宋时有大木浮至。僧误六朝碑。僧指断碑为梁碑,实宋时钟楼记。历劫龛无恙,建文造像前年于此掘得。重荣树有时。鲸呿尔何物,岂必系安危。明时毁钟御倭寇。

《瓶庐诗稿》卷七

---

① 吴伟业,号梅村,江苏太仓人,明末清初学者。

* 时间系据翁同龢光绪二十七年三月二十四日日记。

** 时间系据翁同龢光绪二十七年三月二十四日日记。

宋拓荐季直表，为徐子静题*

光绪二十七年三月二十六日(1901年5月14日)

平生仅见东沙刻，老眼今逢宋蜕精。敛尽神锋入铢黍，成侯心画本和平。

满口娑婆不识佛，天台山鸟劝君归。何如一切都捐弃，黑老虎来为解围。韩逢禧尝学佛再髡而再发，后入天台，遇樵者，诃之曰："满口娑婆哄度日"云云。此册有韩印，故戏及之。黑老虎乃前跋中语也。

《瓶庐诗稿》卷七

题苏书赵清献碑**

光绪二十七年四月初三日(1901年5月20日)

元祐四年，苏公①以翰林学士出知杭州，史称为当轴所不容。其实公之得罪，在迩英进讲时也。公三月被旨。此碑之刻在四月，则将出国门时矣。其时台章纷然，积不付下，公欲陈辨而不得。碑言仁宗朝重谏官之选，盖隐有所指。此碑墨本，著录家皆未见。西蠡吾友得此天一阁物，海内无二，珍重赞叹，辄缀短章。

---

* 时间系据翁同龢光绪二十七年三月二十六日日记。日记有"徐子静观自斋物(士垲)"。

** 时间系据翁同龢光绪二十七年四月初三日日记。日记有："宋拓，从来著录家未见，天一阁旧物，题一跋三诗。"又有"题苏书赵清献神道碑"。

① 即苏轼。

天一阁本世莫见，丁君费君次第收。英灵文字有契合，杭州流转归常州。丁松生，杭人，西蠡籍常州。

元丰元祐朝局换，两公宦辙先后同。赵公惟与执政忤，苏公乃致台谏攻。

力争青苗常事耳，一琴一龟未足奇。蠹鱼食此数行墨，高斋心迹微虫知。碑缺一千馀字。

《瓶庐诗稿》卷七

题费屺怀夫妇秋窗论画卷*

光绪二十七年四月初三日（1901 年 5 月 20 日）

画师世斗量，几人识画理。惟有贤豪流，酝酿本书史。蓬莱不欲住，归去弄云水。仙人在何许，并几笑相视。摩挲苏米迹，抉剔倪黄髓。槃槃千古心，并入数番纸。秋风昨夜来，关山渺千里。孰云江南好，雁讯杂悲喜。以兹论画法，平量天下士。宗派各分张，真伪多疑似。世人无可语，良友深闺里。彼哉比翼图，富贵良可鄙。

《瓶庐诗稿》卷七

题丁生画兼及彭君**

光绪二十七年四月初七日（1901 年 5 月 24 日）

少日挥毫气吐虹，晚来憔悴卧江东。谁将学舍官湖地，借与坡

---

* 时间系据翁同龢光绪二十七年四月初三日日记。日记有："两蠡与其室秋窗论画卷，题五古一首。"

** 时间系据翁同龢光绪二十七年四月初七日日记。日记有"和丁叔衡词，交航船"。

仙作寓公。

剧怜左手高南阜，颇似长洲沈石田。我有长江图一卷，精心摹拟笑耕烟。

《瓶庐诗稿》卷七

缪柳村遗像*

光绪二十七年四月二十日(1901 年 6 月 6 日)

辛丑四月，余在山中，一日缪少村广文叩门请谒，以家藏名画见示，并奉其尊人柳村翁遗像属题。三十年前，余与柳翁相识，仅知为名医，而未知其收藏之富也。今乃于其哲嗣得之，感叹不已。缪氏所居曰柳陌西桥，距河阳山三里而近河流，纡曲凡七折而环其庐，古之诗人所谓溯洄从之，宛在水中耶。翁之志事具见杨张记传中。兹缀三诗，次濠叟韵。

徐墅东偏柳陌西，小桥流水得幽栖。只知《本草》经传缪，明缪仲醇著《本草经疏》。谁知云林阁仿倪。

君家图画记林塘，更溯高名述古堂。元时缪仲素有述古堂，其子叔明有《林塘图》。怪底飞来黄鹤迹，墨痕犹带古时香。所收画本皆精，尤以黄鹤山樵为最。

流俗颓波感慨深，济时须具孝慈心。故人已有千秋笔，剩我空山酒独斟。杨、张皆吾故人，今并逝矣。

《瓶庐丛稿》卷九

---

* 时间系据翁同龢光绪二十七年四月二十日日记。原题下注："缪柳村，名岐，字凤山，名医也。"

题张公方碑为汪柳门侍郎*

光绪二十七年四月二十五日(1901年6月11日)

张公方碑,宋拓本,以苏斋之博,仅见汪容甫一本耳。然容甫尚疑为复刻。余往来南北,乃见东里润色全者凡三本,何其多也。窃谓谈碑当以神韵论,不仅以点划论。往见海丰吴氏本,乃真古拓,其次则苏斋藏本,缺划已不全矣。苏斋曾写三图,叠叠题咏。今年四月,晤柳门老弟于三峰僧舍,出此共赏,虽较前两本为少逊,然神韵固已远矣。因题三诗,和苏斋韵。

昔跰重寻廿载前,墨花灯影已茫然。余曾钩刻吴氏本。要知蟫藻签厨本,未到秦淮驿馆边。吴本出于巴氏,汪容甫先生未见,故有复刻之疑。

驺骑雍容驰传客,京华风雪叩门人。苏斋本得之罗雨峰,故画赠碑图,又以东平观碑及与米谷诸公品碑为第三图。明珠岂是轻投赠,四海悠悠孰识真。

白藤翠墨都翻遍,更出公方洗眼看。僧舍相逢还一笑,同心同暇本无难。原诗有“同心同暇得来难”之句。

《瓶庐诗稿》卷七

* 时间系据翁同龢光绪二十七年四月二十五日日记。日记有“为柳门写题件,忙不可当”。

散步听田水*

光绪二十七年四月二十六日(1901 年 6 月 12 日)

我恋江春景,扁舟来往频。农忙牛转水,路熟犬迎人。堤柳如藏雾,篱花尚带春。点头不相识,左右是乡邻。

《瓶庐诗稿》卷七

衡门**

光绪二十七年五月初二日(1901 年 6 月 17 日)

衡门之下可栖迟,真觉江村事事宜。巢燕居然分主客,井蛙自解辨官私。借堤晒网渔家傲,分灶烧松稚子饥。信口独吟还独笑,近来诗句已无奇。

《瓶庐诗稿》卷七

画枇杷***

光绪二十七年五月初三日(1901 年 6 月 18 日)

昔石田翁作此,不知若何风趣,辛丑五月三日雨后题。

梅雨初过暑未深,家家庭院有黄金。谁知翻作琵琶曲,近日吴门语变音。

《瓶庐诗补》

---

* 时间系据翁同龢光绪二十七年四月二十六日日记。

** 时间系据翁同龢光绪二十七年五月初二日日记。

*** 时间系据翁同龢光绪二十七年五月初三日日记。

门人陆吾山襄钺观察浙江，便道见访，赋诗为赠，次韵答之*

光绪二十七年五月初八日（1901 年 6 月 23 日）

主国民为本，匡时政在人。大才当出世，直道岂谋生。我相三千士，惟君一个臣。区区稻粱事，夙志未云伸。

卧疾江湖大，长贫天地知。上楼嗤脚软，照井觉颜衰。诗好愁来处，书酣墨缺时。老夫多倔强，肯与世人期。

《瓶庐诗稿》卷七

题缪文贞公朱卷**

光绪二十七年五月十七日（1901 年 7 月 2 日）

文贞公事业，磊落塞天地，奚待赞扬，此当日会试朱卷，叶台山所赏拔者也。故略举其师友离合异同之迹，以见君子所处各有所难也。

万历癸丑岁，福清典春官。炯然红纱眼，鉴此铁石肝。后来进退际，各各翔龙鸾。岂伊议不合，遽开恩怨端。逆珰肆虺毒，首尾深宫蟠。弗击必为妖，击之善类残。呜呼元臣心，独任万古难。欲将绸缪计，静镇朝堂喧。西豁杀我语，定知传者谩。即使出公口，

* 时间系据翁同龢光绪二十七年五月初八日日记。初八、九、十三日，陆氏在瓶庐与翁交谈，回忆往事，“剧谈四十年事，真如梦寐矣”。

** 时间系据翁同龢光绪二十七年五月十七日日记。日记有“摹缪文贞朱卷一页”，“写诗于缪卷后即还金门”。

奚间平生欢。吾子与小人，区别去萧兰。既云吾气类，忍作差池观。光绪辛丑夏，积雨五月寒。端午日己巳，吊古增悲酸。烂烂三百年，纸敝印未刓。谁言制义浅，中有浩气盘。师友何足道，所贵大节完。怅望东林庵，弱植惭南冠。

《瓶庐诗稿》卷七

维摩寺*

光绪二十七年五月二十一日(1901 年 7 月 6 日)

鼎臣侄孙信宿维摩归，言山中胜景，信笔书之。

维摩亦名刹，少小我频经。一树隔江见，古银杏。数峰当户青。诗僧携钵去，道光时主僧吉崖略能诗，一夕遁去。妙相散花灵。散花殿像设奇妙。当日桃源涧，原无李尹亭。李公亭在维摩路上，是时犹未建也。

祇林重建竖，綦迹倏凄凉。尚待凌云笔，来题望海棠。寺僧一虚重建，比落成而僧化去。圣灯杂磷火，烟泊点江光。菩萨应微笑，何心揽八荒。旧有望海观音像，今无之矣。

《瓶庐诗稿》卷七

题何子贞篆册为赵生仲举**

光绪二十七年五月二十二日(1901 年 7 月 7 日)

蝯叟篆势天下奇，如藤如铁如蛟螭。直将古意变斯凝仄，结绳

* 时间系据翁同龢光绪二十七年五月二十一日日记。原题下注："一旧事，一新建。"日记有"作游维摩寺诗二首。"

** 时间系据翁同龢光绪二十七年五月二十二日日记。赵仲举，字坡生，赵宗建之子。

而上追皇羲。非昔先生振奇士，图书碑版兼鼎彝。收藏此册来诧我，意我俗眼骇且嗤。岂知我亦有奇癖，先得一本无参差。呼樽并几发幽赏，相视莫逆穷谐嬉。吁嗟非昔今何在，旧山楼下绝履綦。有时篮舆过君舍，路人怪我垂涕洟。寻常草木尚敬止，何况秘笈长留贻。遗孤抱册忽致赠，谓于日记中得之。苦言恻恻不忍听，展视惘惘若有思。平生交游遍天下，名流韵士如风驰。叶润臣景剑秋沈仲复潘伯寅凋谢尽，我箧不受一物遗。森然此例在朋友，九原可鉴千夫知。西风吹雨水洊至，遑恤已病愁民饥。锦鲸卷还坐悲啸，空堂且咏东洲诗。

《瓶庐诗稿》卷七

题何蝯叟书洞庭春色赋*

光绪二十七年五月二十二日(1901 年 7 月 7 日)

东洲居士好写此赋，余见数本而讹字不免，此赵坡生以赠之廉者也。

竟致黄甘三百颗，岂同乌有一先生。东坡醉后忽长啸，欲把西湖变洞庭。谓颍州西湖。

坡书守骏还如跛，蝯臂腾空更出奇。同是一般矜慎意，此中真际问谁知。

《瓶庐诗稿》卷七

---

* 时间系据翁同龢光绪二十七年五月二十二日日记。

吾友吴儒卿，竹桥先生之曾孙也，一日得范公东叔赠先生叙，装卷命题，敬赋二首*

光绪二十七年五月二十三日（1901年7月8日）

一序寻常耳，流传百卅年；魂归大江水，东叔先生后自沉于江。梦断小湖田。款款真交谊，忽忽况别筵；从知性情厚，自不落言铨。

三世楹书在，曾孙九十翁；谓儒卿。携筇来市上，挟荚过墙东。属我题诗句，因之识古风；碑阴先友记，敢说柳州穷。两先生皆先祖潜虚公所严事者也，小子其何敢辞。

光绪辛丑五月二十二日，后学翁同龢观并诗。

《瓶庐丛稿》卷九

送苏菊圃表兄宝成还湖南任所**

光绪二十七年五月二十四日（1901年7月9日）

流俗嗟庳隘，高怀独渺绵。青衫百寮底，白发十年前。君长余一岁。乡国春三月，辰阳路几千。随行无健仆，早晚慎餐眠。

吾邑人才盛，君家德业尊。廉公古循吏，文采旧王孙。薄俸身常足，遗书口尚温。逸峰姑丈藏书甚多。何时归兴动，期尔款柴门。

《瓶庐丛稿》卷九

---

* 时间系据翁同龢光绪二十七年五月二十三日日记。竹桥，指清初学者吴蔚光。

** 时间系据翁同龢光绪二十七年五月二十四日日记。

自嘲*

光绪二十七年六月初四日(1901 年 7 月 19 日)

辛丑六月四日,竟夕为蚊所苦,晨起作。

松禅先生真贱儒,半生出入承明庐。黄金横带紫绶纡,谓非干禄谁欺乎?忽然被放归里闾,所在编管如囚拘。家无薄田输官租,又无一椽安厥居。鸡栖斗室常沮洳,草履滑汏衣被濡。蚊虻虮虱蝇蚁蛆,扑缘竟夕肱不舒。今年大水起西湖,豫章宣歙连杭衢。浸淫漾衍来吾虞,吾虞北江南具区。形势污下釜底如,况挟盲风怪雨俱。田荒屋破民其鱼,先生虽贫乐有馀。案有笔研架有书,奈何只知谋一躯。皇天鉴物无私储,汝箧名碑好画图。兼有古籍施注苏,胡不以之易贝珠。亦足数辈尪羸扶,坐视戚戚何其愚。嗟哉!先生真贱儒。

《瓶庐诗稿》卷七

题薛慕淮葆樵母郭夫人《萱闱课读图》**

光绪二十七年六月初七日(1901 年 7 月 22 日)

郭为淮生侍御夫人,袁爽秋之外姑也。

苗夫人墓昌黎文,敻千载后见袁君。袁君一传忠孝笔,世人赞颂徒纷纷。伟哉贤母有贤子,手抱遗图沮盈纸。过江风雨黑如磐,

* 时间系据翁同龢光绪二十七年六月初四日日记。

** 时间系据翁同龢光绪二十七年六月初七日日记。

访我山中我病矣。夫人教子兼教女，女实浙西袁氏妇。袁君拜疏天地惊，举室苍黄无处所。梿乎奉教勿敢骄，曰勤曰俭曰择交。龢也终身负母训，痛念先皇两字褒。同治十年，吾母恤典有“贤母”之褒谕。

《瓶庐诗稿》卷七

题太平有象砚拓本*

光绪二十七年六月（1901 年 7 月）

砚背刻文有“正德”字，疑明内府物也，坐雨山庐，漫为咏之。

师林鹿苑事微茫，远物何烦贡越裳。无象太平还有象，要知人乐即天祥。

大将军檄四方驰，岂有蛟龙起墨池。却怪姚江勋业盛，一篇程作刻奚为。王文成砚刻山东程墨一首，亦正德年作。

《瓶庐诗稿》卷七

题邹芷汀文沅遗照**

光绪二十七年六月十七日（1901 年 8 月 1 日）

璇洲旧德启高门，还向东庄溯本源。吾七世祖参政公以邹氏继翁后。岂特通家称孔李，故应同出自丁桓。扁舟乡国过从数，樽酒春明笑语温。闻道剑光乔木在，风流真不愧离孙。君为荡口华氏外孙。篴秋其母寡也。

---

* 时间系据《瓶庐诗稿》卷七原注。

** 时间系据《瓶庐诗稿》卷七原注。光绪二十七年六月十七日日记有：“以邹芷汀遗照托其本家鲁望，号士希，带分，华荡壞。”

珍重元章书画船，分贻远寄意缠绵。名碑敬一收藏外，青桐轩所藏《怀仁圣教》。小札榕台问答前。黄忠端寄乔柘田札二物皆君所赠。叹我悲秋人已老，问谁销夏录重编。云东姚芝生句曲张雨生俱凋谢，回首平生一惘然。

浮世风波宦海深，惜君未得早抽簪。卅年不改书生面，凡三图自二十岁至四十。九死难销壮士心。旅馆繐帷空寂寂，墓门宰木已森森。杜陵别有伤时意，人日题诗泪满襟。

《瓶庐诗稿》卷七

题槜李计寿乔《梅花西舍图》册*

光绪二十七年六月十八日（1901 年 8 月 2 日）

画龙已飞去，诗句为谁题。惆怅高人屋，闻湖西更西。

清仪有佳句，诗画郑虔官。一锸寓言耳，先生真达官。

索居村市远，归老墓田芜。亦有寒花阁，凄凉不忍图。

《瓶庐诗稿》卷七

为王聘三题琅琊王氏《九老图》**

光绪二十七年七月初四日（1901 年 8 月 17 日）

果然海鹏出东溟，奕叶朱颜照汗青。孝义里兼通德里，少微星是老人星。清芬我自悲传笏，古说犹能证与铃。更喜柳南文笔在，

---

* 时间系据《瓶庐诗稿》卷七原注。原题下注“十二叶甚精”。日记有“题《梅花西舍图》”。计寿乔，清浙江秀水人。

** 时间系据翁同龢光绪二十七年七月初四日日记。日记有“题王聘山《八世九老图》”。

后生几辈识仪型。

《瓶庐诗稿》卷七

为吴儒卿题旧本东阳何氏兰亭*

光绪二十七年八月初二日(1901年9月14日)

此东阳何氏初拓本,裂痕尚浅,明季所拓,则笔意纯减而墨花亦多矣。儒卿三兄于庚申避贼时珍重祖泽,携以自随,尝置之荒江露苇中,此一段故事岂升山落水所可拟哉。四十年后,白头兄弟复得展览,不胜欣幸。

欣字中间复一行,维扬流转到东阳。平生不信姜俞辈,却取偏旁细校量。东阳本向之所欣,欣字一行,往往重出,装潢时多割弃之。

一帖无端性命轻,彝斋毕竟是书生。过江衣褶勤收拾,中有承先启后情。

《瓶庐诗稿》卷七

为知稼翁题颍井碎石**

光绪二十七年八月初二日(1901年9月14日)

明嘉靖中叶,颍上人发古井得兰亭黄庭石刻,甫拓数纸而兰亭类字已残,为一俗令妄补,大可憎。崇祯间,县令张俊英者恶上官索取,椎碎之。县民卜氏得一片,极难拓,即此

* 时间系据翁同龢光绪二十七年八月初二日日记。日记有“儒卿以旧藏《王圣教》、《兰亭》见示,《兰亭》乃何氏本也”。

** 时间系据翁同龢光绪二十七年八月初二日日记。

本也。

神龙遗迹久销沉,颖井翩翩笔势寻。天与俗工除类笔,明珠原不受尘侵。此碎石类字已毁其半,适当俗令所改处,右题兰字。

照误为昭皃误完,纷纷摹刻太无端。越州秘阁浑难辨,且作停云海字观。石虽一角,可比乐毅海字不全本,唐以前照字读平声,照照即昭昭也。复本作昭谬。甚至皃坚之皃竟刻作完,更不足论矣。此残石适有此两处,故附记之。右题黄庭经。

《瓶庐诗稿》卷七

辛丑八月旧庖丁雍姓携南皮相国小画四帧索题,口占应之*

光绪二十七年八月初五日(1901年9月17日)

北风吹酒醒,不见花开处。寒香与清气,并入幽人句。携杖欲相寻,翠禽忽飞去。右雪后园林诗意。

鹤峰南畔小茅庐,湖水微茫晓霭初。我有五洲烟雨卷,不知持较复何如。右仿米雨山。

画树须能转,香光语最精。盘坳中有节,枯菀两忘情。大壑龙蛇起,荒原风雨惊。人间凡草木,有福老承平。右竹石老槎。

鹿床归卧好湖山,忽蹑长虹去不还。看取弱毫挥涩纸,淋漓生气满尘寰。

相君垂老意侵寻,见猎依然喜不禁。犹忆殿廊同夜直,竟裁疏

---

* 时间系据翁同龢光绪二十七年八月初五日日记。南皮相国,即张之万。雍氏乃翁家厨师。

藁写寒林。右仿戴文节①树法。

《瓶庐诗稿》卷七

题户口册笺*

光绪二十七年八月初五日(1901年9月17日)

光绪辛丑八月为儒卿吾友三兄题。此册与何氏兰亭皆庚申仓皇兵火中携出者也。谛审纸墨,竟是宋拓。瓶居士翁同龢谨记

户口册笺真古厚,积书岩本最清雄。香光自是飞仙语,未抵虚舟下学功。余曾见良常所取宋户口册拓本,未知即马半槎所见否?稼翁九十犹强健,谈道论文我所尊。此是君家真祖砚,怀仁不愧右军孙。

《翁松禅墨迹》第二集

偕知稼翁破山寺访桂未开**

光绪二十七年八月初十日(1901年9月22日)

轻舆经北陌,散策入香林。此寺古来古,唐时已称古寺。一山深复深。攀时吾有憾,斫却尔何心。诗石空依壁,寥寥千载音。

吾闻破山侧,有寺榜高林。高林寺在兴福左近,絅堂告余:寺有高林,魏浣初记石尚在,而人莫知矣。钟鼓空山答,松篁别院深。摸碑前代迹,礼塔

① 即戴熙。

* 时间系据翁同龢光绪二十七年八月初五日日记。

** 时间系据翁同龢光绪二十七年八月初十日日记。

老人心。兴废寻常事，惟闻涧水音。

《瓶庐诗稿》卷七

中秋月出复翳，夜坐悄然，见荆门[①]画漫题

光绪二十七年八月十五日（1901 年 9 月 27 日）

木叶萧萧柳已黄，回汀曲渚路茫茫。不知懒瓒何情绪，只说江南未下霜。

一轮才吐晕微黄，又见浮云白渺茫。我不胜寒何足道，琼楼玉宇有风霜。

《瓶庐诗稿》卷七

从梅里至浒浦口号[*]

光绪二十七年八月十九日（1901 年 10 月 1 日）

北去溪流曲似之，长桥活板最相宜。潮来潮去浑无定，客与舟人两不知。

鱼盐小市路难行，行过长桥上海城。斜倚独轮且长啸，路人齐说老先生。

怪我何缘两鬓皤，却来东海看涛波。眼前指点狼山好，差胜当年春梦婆。海壖茅屋老妇人指狼山曰："客胡不往游。"

潮头冲突挟泥沙，旋向中泓逼两涯。我道平滩是船步，不知船

---

① 即金门，指俞钟銮。

* 时间系据翁同龢光绪二十七年八月十九日日记。

底有人家。人言岸日坍日逼,数年前屋俱在水中。

《瓶庐诗稿》卷七

送许丹廷表侄联桂还江右*

光绪二十七年八月二十四日(1901年10月6日)

海上观涛日,山中访桂时。居然来远客,慰我久相思。世事惊棋局,衰容感鬓丝。石钟旧游处,题句问谁知。

竿牍非吾事,论才有大公。青毡廉吏后,玉斧旧家风。且秘怀中刺,应收爨下桐。朴诚天鉴在,慎勿叹途穷。

《瓶庐诗稿》卷七

题张稚珊仁勋七十生子述怀诗**

光绪二十七年九月初五日(1901年10月16日)

吾闻八闽有陈氏,九棘三槐蔚杞梓。当年麦饼过田家,七十一翁举二子。侯官陈氏之祖因食麦饼,纳农家女生二子。厥后累累印绶,分支派别,几及万人。又闻苏州太守李,厥父勤劳绩治水。八旬解组乐林栖,喜听蹄声雏凤起。河南李薇生为吴郡守,其尊人生太守时年已八十矣。张侯矫矫人中龙,青油幕下常从戎。辞官养亲历患难,培养元气藏神锋。惟馀一念在民物,欲令斯世无瘝瘵。作堂开局百事理,我虽善颂安能穷。皇天佑民理可测,不重浮名重隐德。果然肇锡石麒麟,头角峥嵘善知识。近

---

* 时间系据翁同龢光绪二十七年八月二十四日日记。日记有"送许丹廷行"。

** 时间系据翁同龢光绪二十七年九月初五日日记。日记有"福山副将刘□□转求"。

来颓风务货殖,往往骄奢鲜隐恻。得君数辈维持之,天亦迟回藉人力。张侯张侯听我歌,我今穷老依岩阿。自炊黄米营一饱,其如沙渚饥黎何?赤嵌回首多波涛,吴门春酿朱颜酡。聊征二事发君笑,闽与吴皆张君所宦游。位育堂中有太和。张君主位育堂举各种善事。

《瓶庐诗稿》卷七

题戴文节画扇*

光绪二十七年九月十四日(1901 年 10 月 25 日)

廿载内廷书画史,湘乡公①语。半生湖海地行仙。曾经食笋斋头见,箬帽青衫意洒然。吾年二十见公于澄怀园,公将归矣。

围城弦诵有馀声,慷慨从容孰重轻。一卷礼经传不得,更无人说邵先生。钱塘邵位西先生与公先后殉节。

愈涩愈生笔愈灵,当年妙语我曾聆。先生论画如此。可怜十月江南景,一角残山分外青。

《瓶庐诗稿》卷七

舟诣河阳山**

光绪二十七年九月十七日(1901 年 10 月 28 日)

襆被经行便,扁舟坐卧俱。买鱼停大墅,淘米过西湖。稽事从

---

* 时间系据翁同龢光绪二十七年九月十四日日记。是日日记有“画扇,甚不惬”。次日日记有为门人陈昭常写寿联及杂件记载。

① 指曾国藩。

** 时间系据翁同龢光绪二十七年九月十七日日记。

头数，桥名信口呼。偶然逢野老，相与话前途。

霜清天宇肃，四望极空明。野树兼红绿，秋原半获耕。鱼虾随地有，鸥鹭傍人行。却念乘槎客，何时达帝京。时奎孙北行。

《瓶庐诗稿》卷七

访河阳永庆寺，寺在山腹*

光绪二十七年九月十七日(1901年10月28日)

一径缭而曲，三峰断复连。微闻龙有角，不道藕如船。形家言如藕节。担竹寻牛迹，炊松塞灶烟。门徒是山乌，且与共参禅。雏僧应门。

《瓶庐诗稿》卷七

六朝柏雪附枝古迹也，余惊叹之，或曰非也**

光绪二十七年九月十七日(1901年10月28日)

突兀苍虬腹，居然雪附枝。图经频著录，父老尚然疑。君问千年物，今无片柹遗。寺有二柏大可蔽牛者，经粤寇〈乱〉伐去。书生空睨古，耳食竟如斯。

《瓶庐诗稿》卷七

---

* 时间系据翁同龢光绪二十七年九月十七日日记。

** 时间系据翁同龢光绪二十七年九月十七日日记。

过蒋文肃公墓*

光绪二十七年九月十七日(1901 年 10 月 28 日)

丞相祠何在?高坟说蒋公。绍封新赤芾,世职已断,今始再袭。馀韵旧青桐。直节委蛇际,讦谟闵默中。后生太狂简,无泪洒秋风。

《瓶庐诗稿》卷七

界泾厘卡书所见**

光绪二十七年九月十七日(1901 年 10 月 28 日)

客从何处至,携杖独徘徊。岂是催租去,将毋漏税来。缝衣新制艳,卧鼓老兵回。昨日盐船过,牙门未敢开。

《瓶庐诗稿》卷七

题杨西亭《东塔图》***

光绪二十七年九月二十六日(1901 年 11 月 6 日)

癸酉间,得此画于京师,亦漫置之耳。戊戌放归,赁张氏屋适当塔下。明年余徙南泾塘而斌孙又赁此屋,盖日夕与窣堵坡相周旋也。辛丑九月,题诗示之。

---

* 时间系据翁同龢光绪二十七年九月十七日日记。蒋文肃公即蒋廷锡。

** 时间系据翁同龢光绪二十七年九月十七日日记。

*** 时间系据翁同龢光绪二十七年九月二十六日日记。

自我归田庐，田庐无可归。赁居方塔下，闭户聊息机。但闻乌乌音，不睹金碧辉。或云当鼎新，众论多从违。阿弢从北来，亦苦无枝依。我迁弢遂留，雁燕相代飞。屋西一亩地，卉木颇芳菲。岂无三宿恋，恐被佛祖讥。忆我数年前，服官居京畿。退朝见此画，中夜发长欷。罡风相轮堕，劫火城郭非。岂知投老年，于此寄荆扉。万事会有定，达者审其几。且吟塔下诗，毋为叹锕饥。

《瓶庐诗稿》卷七

题蒋文肃画花卉卷*

光绪二十七年十月十一日(1901 年 11 月 21 日)

策策西风落木疏，雁迟马疾眷川途。谁持一卷萧寥笔，来慰空山老病夫。

略仿彝斋小折枝，墨痕如水气淋漓。知公不数容台集，此是熙朝极盛时。作此画时，公由司农擢长春官。

矮纸曾题字数行，旁人怪我语苍凉。湖山自是幽人福，漫与前贤并较量。戊戌二月，得公画卷与此适同，余诗有"荣枯开落原无定，才了官书已白头"。迨四月放归，若为之兆云。

《瓶庐诗稿》卷七

---

* 时间系据翁同龢光绪二十七年十月十一日日记。日记有"题宗幼谷之子所藏蒋文肃花卉小卷"。

贾右湄山水卷子，和林吉人韵，为沈石友题*

光绪二十七年十月十七日（1901 年 11 月 27 日）

华亭仙人已长眠，右湄秀出康熙年。当时太平气象古，山川穆穆羲皇前。虽然矮纸亦奇绝，一扫万壑澄风烟。老夫论画如论史，欲观沧海先原泉。时和物遂性情正，元气亭育秋毫颠。苦瓜蝶叟非不好，惜哉凿破鸿濛天。

《瓶庐诗钞》卷四

题沈石友《西泠觅句图》**

光绪二十七年十月十七日（1901 年 11 月 27 日）

呼船松木场，放鱼三潭里。言过退省庵，主人卧未起。山雨忽然来，淋漓透巾履。弹指卅六年，名流去如水。

客从城中来，示我石友诗。石友洵畸士，妙句偶得之。诗人固藏名，不屑流俗知。安得杨铁崖，为编竹枝辞。西湖竹枝词有吾乡缪叔正先生一首。

《瓶庐诗钞》卷四

---

* 时间系据翁同龢光绪二十七年十月十七日日记。次日日记有“题沈石友《西泠觅句图》”。

** 时间系据翁同龢光绪二十七年十月十七日日记。

十一月四日过兴福寺门

光绪二十七年十一月初四日(1901 年 12 月 14 日)

别有萧条景,寒枫拥寺门。泉喧龙有喜,风定佛无言。地葑碑留字,桥矴屐著痕。席家坟近在寺侧,其碑雍正中立,系划清寺界而僧不知,以为席氏墓碑也。可怜八叉手,无处吊诗魂。谓席梅生。此墓或是其家远祖。

《瓶庐诗稿》卷七

临苏书《橘颂》为补小图*

光绪二十七年十一月十五日(1901 年 12 月 25 日)

荆溪安得千头橘,阳羡曾无半亩田。公自飞行太空里,我犹执著小乘禅。荒村灯火题诗处,横野青黄读书年。为补一图见公志,人生何处不随缘。

《瓶庐诗稿》卷七

书扇**

光绪二十七年十一月(1901 年 12 月)

要知西掖承平事,记取刘郎种竹初。旧德终乎名字外,后生谁续笑谈馀。成荫障日行当见,取笋供庐计亦疏。白首林间望天上,

* 时间据翁同龢光绪二十七年十一月十五日日记。日记有“画扇、写条幅”。

** 时间据翁同龢所书扇面题后标出时间。题目为编者所加。

平安时报故人书。《彭城集》有西省种竹，偶书呈同省诸公并寄邓、苏二翰林诗，此即其和韵也。翁同龢。

《翁常熟扇集第一集》

题徐子静藏文衡山石湖图卷*

光绪二十七年(1901 年)

此衡山翁拟沈之作，年八十五矣。余藏沈文合画长卷，衡山记在双娥庵，石田亲授之语，谓画是生平业障，盖相期者远也。此卷诗画有豪逸气，子静寄示属题。

湖上春光画不成，一番风雨一番情。删除诗草襟怀净，落尽林花眼界明。绘水漫夸吴道子，囚山错认柳先生。双娥庵里亲传记，尚想高人济世情。

阖闾城下草萋迷，寂寂荒台鸟自啼。凭仗名贤留翰墨，能将文字照山溪。椰帆来往垂虹畔，桑垄纵横邓尉西。惟有石湖清侣旧，轻簑短棹任羁栖。轻簑短棹，衡山泛石湖词也。

谁点桓家寒具油，庋藏几辈尽名流。题诗送客梅花阁谓孝达，读画怀人杜若洲。三万射阳真独贵，一千集古足销愁。君藏古刻甚富。赤泥印典殷勤意，压倒沧江虹月舟。

《瓶庐诗补》

---

* 时间系据《瓶庐诗补》原注。

题徐子静藏宋拓旧馆坛碑*

光绪二十七年(1901 年)

楼下松风楼上书,当年东涧屡移居。如何敕赐仙人宅,更筑华阳隐士庐。

妙札亲题首一行,果然波发具精芒。鹤铭大字真形在,证取丰筋石骨藏。古拓旁题“此一行隐居手自书”八字,今观首行“上清”二字,均带隶势,与碑文迥异,所谓高爽紧密自然排阖者也,惟鹤铭近之。

漫寻句曲朱阳帖,且拭停云翠墨痕。数遍田公姜已迹,更无人说郭千村。碑称井南大塘乃郭朝遗迹,而停云所刻隐居残字有郭千村云云,下缺字也,特为拈出。

已矣西园与郑盦,此碑旧藏景钊泉①处,潘伯寅题之。江潭摇落我何堪。墨缘差胜苏斋老,白发谈碑八十三。苏斋先生以未见天一阁旧馆坛碑,属赵晋斋、何梦华访之,时嘉庆乙亥岁也。

《瓶庐诗补》

再题苏书赵清献神道碑**

光绪二十七年(1901 年)

光绪辛丑三月,费西蠡携示苏公书赵清献神道碑拓本,为从来著录所未及,世间无第二本矣。肃穆之气,纯用欧法。观

---

* 时间系据《瓶庐诗补》原注。

① 指景其浚。

** 时间系据《瓶庐诗补》原注。光绪二十八年正月初五日翁同龢日记有“是日寅起写虎字大小数十”。

此始知从帖之谬。

赵㧑叔①云："此宋拓可宝。同治丙寅，稼孙从丁松生求得之。"云云。今归西蠡，西蠡云是天一阁所藏单片也。

专取欧阳作本师，更从收敛得雄奇。谁将赵董秾纤态，谬附龙门百尺枝。

《瓶庐诗补》

晓月诗*

光绪二十七年十一月二十七日（1902年1月6日）

雉尾初开扇，鸡人尚报筹；光连天汉迥，彩共御香浮。

观西蠡题万岁通天造像**

光绪二十七年十二月初二日（1902年1月11日）

白发将军老守边，裴岑侯集与周旋。仙人为指唐时石，似识登封万岁年。萨湘林②先生好道，久任伊犁将军，此造像从西域携归京师。

《瓶庐诗稿》卷七

---

① 即赵之谦。

* 《翁同龢日记》第3413页。日记有："昨梦赋晓月诗……醒时了了，自笑仍是试帖语也。"

** 时间系据翁同龢光绪二十七年十二月初二日日记。初二日记记费屺怀带来此造像及礼器碑帖。

② 萨迎阿，字湘林，满洲镶黄旗人，历任热河都统，伊犁、西安将军，陕甘总督。谥恪僖。

题韩敕礼器碑*

光绪二十七年十二月初二日(1902年1月11日)

新学滔滔重猰貐,六经厄运有乘除。已无拭履钟离意,况说修书董仲舒。

《瓶庐诗稿》卷七

小除夕回城

光绪二十七年十二月二十八日(1902年2月6日)

木石从人诮,汙莱待我开。长生鹅鸭福,小试米盐才。画地原无囿,占风亦有台。邻翁欣一醉,昨夜卖柴回。

《瓶庐诗稿》卷七

题张氏潞水条峰二图**

光绪二十八年正月初二日(1902年2月9日)

《潞水记》记息园公,条峰则鹿樵先生也,皆记归养事。

朝廷教忠先教孝,许以庭闱易廊庙。予年丱角侍重慈,亲见先人承色笑。维时前辈鹿樵公,寿萱爱日春融融。辞官养亲乃家法,公之尊甫息园先生于乾隆辛亥以御史告养。三十三年先后同。一图再图纪

---

* 时间系据翁同龢光绪二十七年十二月初二日日记。

** 时间系据翁同龢光绪二十八年正月初二日日记。

恩遇，海内词流悉欣慕。退朝花底每长欷，先公诗中语。惊叹先人旧题句。先人与公气谊敦，谈经诹史兼论文。京华宾从浩如海，一榻惟因徐孺尊。先人在京师，公辟一室署先人别号，每过从辄居之。古人赠言义非浅，志节名实必交勉。当时一语性情真，廿载回翔约终践。山庐昨夜寒花开，展图盛旧空徘徊。张生有母时迎养，浙水吴山好去来。

光绪辛丑除夕，眈伯兄以先世潞水条峰两图属题，卷有先公诗，敬缀数语于末，非敢言诗也。是日夜漏下十刻，后学翁同龢谨记。

《瓶庐丛稿》卷九

壬寅元日、戊寅平旦画虎数十幅，以其一寄筱山

光绪二十八年正月初五日（1902 年 2 月 12 日）

食肉封侯两不知，蜗庐相对鬓如丝。童嬉仿佛三千事，忆否跳空踞地时。

《瓶庐诗稿》卷八

壬寅元旦画虎字

光绪二十八年正月初五日（1902 年 2 月 12 日）

不画桃符画虎符，人皆笑我太迂疏。须知正气森森在，疑有神灵百怪趋。

《瓶庐诗补》

又题虎字

光绪二十八年正月初五日(1902 年 2 月 12 日)

斗转岁华新,空山笔有神。时和知政简,持以慰吾民。

《瓶庐诗补》

送侄孙炯孙之官四川*

光绪二十八年正月初六日(1902 年 2 月 13 日)

少小常怜汝,分飞忽一天。目穷汉阳树,梦系峡江船。形势荆襄控,风云卫藏连。图经勤揽取,馀事慎餐眠。

旧学皆新法,民生即利源。艰难通百产,忠信结诸蕃。事事当从实,言言悉有根。此邦系天下,纤屑待平论。

凄恻吾家事,萧条乐志堂。穷儒嗟薄禄,谓二侄。盛集阏幽光。二兄古文未刊。幸汝能传业,他时好显扬。一钱不妄取,彝训是官常。

《瓶庐诗稿》卷八

题宗子戴舜年藏旧拓礼器碑**

光绪二十八年正月十二日(1902 年 2 月 19 日)

世人谁叩金丝壁,海内犹留礼器碑。难得吾侪三数子,空山相

* 时间据翁同龢光绪二十八年正月初六日日记。

** 时间系据翁同龢光绪二十八年正月初九日日记。日记有"题《礼器碑》三绝,子戴所属"。

对夕阳时。

何须寻究到偏旁，四百年前古墨香。且与皇戏证牟寿，皇字下半牟字无损，皆明拓之据。什言消息卜三阳。

重九登高感昨游，草堂人日岁频周。鱼羡饷客寻常事，安得重沾寒具油。余诗缀西蠡跋后，西蠡记己亥重九于次公处观余宋拓本。

《瓶庐诗稿》卷八

题赵厚子先生《岱顶观云图》*

光绪二十八年正月十二日（1902年2月19日）

道光丙戌，先生登第南归游岱，题者皆名流。

俗儒得第如得珠，劫劫怀缬负以趋。停车揽胜胡为乎，云中君兮仙人徒。径登日观探石间，颇憾古篆青模糊。山川出云为君娱，一云十云千万俱。吞吐二仪绵八区，蒙绎部娄疑有无。秦汉变灭徒须臾，画师神工信手摹。平生宦辙千萦纡，题者比附毋乃迂。我昔登山止半途，南天门下僧蜕枯。冲泥带雪摩其须，畏险不进真懦夫。我居倚山前带湖，亦有白云时可呼。我不见公空见图，独与公孙相喁于。辽哉高躅莫可逾，回观世事常嗟吁。

《瓶庐诗稿》卷八

---

* 时间系据翁同龢光绪二十八年正月十二日日记。日记有："赵厚子，亦号悔庐，……《岱顶观云图》，作记一诗，皆君闳所属。"

张先生皋文《说文谐声谱》，恽子居序而未刻者也，为武进赵氏世藏，今君闳属题*

光绪二十八年正月十三日（1902年2月20日）

古音分廿部，辨析极秋毫。进退顾江段，衡从诗易骚。良书今魏晋，精篆古泉刀。梨枣非余事，流传待俊髦。

《瓶庐诗稿》卷三

题赵坡生新得雅宜山人小楷册**

光绪二十八年二月二十二日（1902年3月31日）

未入髯翁甲乙储，当年叹赏意何如。旧山楼上山依旧，喜有贤郎读旧书。此册尊公欲购未得者。

细书精紧势仍宽，镕炼钟王到笔端。我有荷花诗一卷，会开尘箧与君看。履吉荷花荡诗，奇伟跌宕，亦项墨林藏。

秋风得意停云别，付与王家好弟兄。衡山有春风得意、停云言别二图赠履吉兄弟，惜此册无待诏诗画冠之。想见衡山老居士，叩门来听读书声。册

---

* 时间系据翁同龢光绪二十八年正月十三日日记。日记有“又题张皋文《说文解字谐志谱》五册，亦君闳前年所属也”。《瓶庐诗稿》卷八中亦有此诗，题为《题张皋文说文谐声谱谐声纪韵手稿》，题下有注：“此皋文先生《说文谐声谱》手稿四册，又《谐声纪韵》一册，上起三代，下逮汉魏，恽子居尝为叙而未刻者也。其书分古音为二十部，又精写小篆，细如刀币文，而以今楷书注诸家之说于下，洵宝笈也。赵惠甫得之常州，流传有绪，前后无题识，久恐湮没，惠甫之子君闳宽属余题记，乃题而归之。”赵惠甫即赵烈文。正月十四日日记有“作一诗，为赵君闳作”，即为此诗。

** 时间系据翁同龢光绪二十八年二月二十二日日记。

题"与履吉约读书石湖精舍作"。

《瓶庐诗稿》卷八

药龛大师贻我西亭画幅,无处可挂,题诗奉还*

光绪二十八年三月初十日(1902 年 4 月 17 日)

矮檐小阁才容膝,孤负沧洲四壁图。乞与道人同一笑,壶公隐处并无壶。

《瓶庐诗稿》卷八

题文待诏林亭小景和竹桥先生韵**

光绪二十八年三月初十日(1902 年 4 月 17 日)

镜湖已老贺方回,却喜支公杖策来。新缚茅亭如斗大,溪山深处画图开。

一卷梅花旧梦回,湖田老屋问谁来。传家别有诗书在,不惜签厨为客开。此画旧为竹桥先生所藏。

《瓶庐诗稿》卷八

题锡山浦子山朝钟《石室山庄图》***

光绪二十八年三月初十日(1902 年 4 月 17 日)

石室在金匮界,浦二田旧居。图则诸麓泉慧笔也。

---

* 时间系据翁同龢光绪二十八年三月初十日日记。

** 时间系据翁同龢光绪二十八年三月初十日日记。

*** 时间系据翁同龢光绪二十八年三月初十日日记。

九龙蜿蜿趋一珠，梁溪曲曲好画图。平生读杜未得解，二田仙人疑可呼。

锡山石室咫尺耳，海州石室我世传。先祖有《石室传经图》，先公续绘《端州石室图》。文章经训弗克荷，目瞿心瞿只自怜。

雄篇累幅成巨观，老笔湿翠犹未干。草堂坐雨百事废，灯前摩眼频开看。

《瓶庐诗稿》卷八

题锡山华勖斋《读易图》遗照，次卷中侯叶唐师韵*

光绪二十八年三月初十日(1902 年 4 月 17 日)

高顾不可作，邈哉时代易。东林一瓣香，孰与溯道脉。凤凰高其翔，凡鸟累千百。异学竞喧呶，榛芜浩难辟。夫子生隆平，玩易日有获。静中悟大原，画图乃陈迹。缅彼嵇阮徒，清谈恣标格。斯世已滔滔，胡为泉石癖。

《瓶庐诗稿》卷八

书扇**

光绪二十八年三月二十五日(1902 年 5 月 2 日)

短蒲新燕满汀洲，独自撑船独自游。燕子背飞蒲乱出，只应垂

---

* 时间系据翁同龢光绪二十八年三月初十日日记。

** 时间系据翁同龢光绪二十八年三月二十五日日记。日记有："浦东本家惺斋父子来，……书扇面各一送之。"

柳尚低头。

《瓶庐诗稿》卷八

和倪云林《江南春》词用原韵*

光绪二十八年三月二十七日(1902年5月4日)

壬寅四月望,见衡山小卷补云林词意,后有王雅宜、袁袠之题词,辄和一首。

隔溪人家卖苦笋,鱼市萧条估帆静。何人写此江南春?剪取西山一角影。桃花半开云气冷,莫问仙源与露井。江山如此一沾巾,只欣此地无风尘。燕燕来迟鸠唤急,漠漠平畴千顷湿。较准阴晴趁时及,春江无边春草碧。北望云山是京邑,台阁金银天际立。幽人踪迹等漂萍,诗囊书箧频经营。

《松禅老人遗画》

谒陈塘桥司寇公墓,渐就荒芜,亟图修葺感赋**

光绪二十八年四月初六日(1902年5月13日)

吾宗衰替久,渺矣溯先芬。竟乏庭坚祀,谁寻董相坟。苔碑空卧雨,华表尚凌云。地蒴无从问,何劳说轶闻。野人云有仙童出冢上,荒

---

* 时间系据翁同龢原稿手迹所标时间。《瓶庐诗稿》卷八亦载此诗,题为《临文待诏江南春卷》,题下注:"壬寅之春,有持此画来者,衡山青绿上题一诗,次倪云林韵。和者十馀家,皆艳冶冲和之作,想见当年吴下承平气象。既临一幅,复和此诗,时在西山墓下。"倪瓒,号云林,江苏无锡人,元代画家。

** 时间系据翁同龢光绪二十八年四月初六日日记。日记有是日谒司冠公墓事。

诞可笑。

《瓶庐诗稿》卷八

拜司寇公墓*

光绪二十八年四月初六日(1902年5月13日)

吾宗衰替久,七世溯先芬;竟绝庭坚祀,谁寻董相坟。苔碑空卧雨,华表尚凌云;地荊无从辨,何劳说轶闻。野人云时有仙童出冢上。

《翁同龢日记》第3436页

题沈石田《竹堂僧寮图》卷**

光绪二十八年四月十一日(1902年5月18日)

尝见白石翁《竹堂寺观梅图》,成化己亥与李秋官、杨黄门同游作,题诗绝佳,今见此图,因次其韵。

石田老仙不可作,秋官黄门在何处?眼明照见数尺图,仿佛花魂到今驻。草堂幽幽瓶几净,万象空明无所住。先生亦觉笔头干,似悔当年旧题句。募修之疏字断烂,竹里僧寮果成未?我来山中乐无事,颇与先生有同趣。观鱼寻笋日不足,两脚芒鞋湿草露。仙人出世树重花,小小竹堂移此地。

《瓶庐诗稿》卷八

---

* 司寇公即翁叔元,康熙进士,曾任刑部尚书。

** 时间系据翁同龢光绪二十八年四月十一日日记。三月三十日日记有:"旧仆李元泛海来谒,……携书画十馀卷,沈石田三卷。"该图为其一。

题费屺怀念慈藏丁心斋哭女文*

女即屺怀母也

光绪二十八年四月二十日(1902年5月27日)

丁公哭女示费甥,伤哉失乳一日婴。满纸都是呱呱声,呱不能哭闻咿嘤。瞚三十年起大名,论史岳岳经铿铿。与公后先足抗衡,沧浪亭下水濯缨。莺花三月酒盏清,谒公谈艺兼谈兵。癸酉年事。今睹遗迹飞纵横,墨痕浩挟老泪倾。仿佛霜红十哭情,十哭不如一哭并。谓当刻石用代旌,与泷岗表同峥嵘。

《瓶庐诗稿》卷八

费耕亭先生《寒灯课读第二图》,为其孙屺怀赋**

光绪二十八年四月二十日(1902年5月27日)

立孤多涕泪,垂训转深沉。慈孝一门事,饿寒天下心。科名轻仕宦,循吏重儒林。尤喜灯灯续,声华直到今。

苏黄同秘直,先君子与公先后登第。马郑旧门徒。先兄曾问业于公。未见一题字,今看第二图。开函灯惨淡,书后墨模糊。风雨空林里,慈乌夜夜呼。

《瓶庐诗钞》卷三

---

* 时间系据翁同龢光绪二十八年四月二十日日记。原题下注:"文中所谓呱呱者即屺怀也。"

** 时间系据翁同龢光绪二十八年四月二十日日记。

题赵松雪"曝书"二字，用孙渊如韵为屺怀*

光绪二十八年四月二十日(1902年5月27日)

手注周官有巨编，称量时事问谁先。乞君湖海三年福，穿起中西一串钱。西蠡著《周礼政要》，以古义证新法，其他著述自谓满屋散钱，尚未归串也。

新作茅堂小补萝，湿云蒸雨满岩阿。曝书亦有双松板，未抵君家两字多。

《瓶庐诗稿》卷八

宋左建《归牧图》为费屺怀题**

光绪二十八年四月二十日(1902年5月27日)

门无篱落步无舟，真是江村景物幽。漫与签题成故事，更何人说是浮休。押角有淡墨"浮休"字，昔坡公尝书二字，刻石则张舜民别号也，此不敢知。

竟将归牧扁新堂，彝鼎图书发古香。论事说经皆第一，斯人岂合老江乡。

试问江乡近若何，算缗未了又催科。菩提坊人幽人宅，敢道归牛浮鼻过。南雅先生题诗，深慨催科之急，此推其意。

《瓶庐诗稿》卷八

---

* 时间系据翁同龢光绪二十八年四月二十日日记。

** 时间系据翁同龢光绪二十八年四月二十日日记。

春怀示邻里*

光绪二十八年四月(1902 年 5 月)

断墙著雨蜗成字,老屋无僧燕作家。我欲出门追吾笑,却嫌归鬓逐尘沙。

风翻蛛网开三面,雷动蜂窠趁两衙。屡失南邻村事约,只今空有未开花。

《瓶庐诗补》

题张南皮画扇**

光绪二十八年四月二十六日(1902 年 6 月 2 日)

台省声名重,云山夙志违。风情垂老在,福泽近人稀。豚酒随缘吃,缣藤信手挥。江南春水绿,佳话到蔷薇。有春水绿波一种。

莫道闲无事,茅堂手自开。观云知世态,护笋似人才。山近田锄懒,村荒县牒催。旧游回首尽,溪上独徘徊。

《瓶庐诗稿》卷八

---

* 时间系据《瓶庐诗补》原注。

** 时间系据翁同龢光绪二十八年四月二十六日日记。日记有“题张子青画扇”。

壬寅四月郎亭过我山中，携史晨前后碑属题，次黄再同韵*

光绪二十八年四月二十九日(1902 年 6 月 5 日)

君来舣棹西山下，我忆开函宣武南。此碑在京时屡得观。更补郑斋残字五，后碑缺五字，余以沈均初残本足之。同看孔宙古碑三。郎亭得古拓乙瑛碑，与此而三。荡邪反正群公事，感怀旧人一席谈。谓再同窓斋。寄语当年过岭客，吾侪乐事考槃谙。孝达戊子年题记，谓过岭五年无此闲情。

《瓶庐诗稿》卷八

端五日于扇头朱书虎字

光绪二十八年五月初五日(1902 年 6 月 10 日)

绿豆糕甜角黍香，雄精捣屑入蒲觞。孩提亦识尊亲义，绕膝欣题半额黄。五日以雄黄酒写“王”字于儿童额上，吾乡旧俗也。

《瓶庐诗稿》卷八

为之廉画“虎”并题

光绪二十八年五月初五日(1902 年 6 月 10 日)

策策空林落叶飞，草堂灯火正熹微。野人指点山前客，射石将

---

* 时间系据翁同龢光绪二十八年四月二十九日日记。日记有“跋郎亭《史晨碑》，并作一诗”。

军夜不归。

《瓶庐诗稿》卷八

再题*

光绪二十八年五月初五日(1902年6月10日)

香林耸高阁,救虎有神僧。世俗纷纷者,徒夸拔箭能。

《瓶庐诗稿》卷八

有索余画者,余无以应,乃检所藏张南皮小帧赠之,并题一诗**

光绪二十八年五月初七日(1902年6月12日)

鉴书博士记吾曾,泼墨云山愧未能。移取南皮晚年笔,鹿床一派有传灯。

《瓶庐诗稿》卷八

题沈莲客遗照***

光绪二十八年五月十六日(1902年6月21日)

少年朋试时,连几郡斋屋。春风咏而馈,萧散好题目。郡试点尔

---

* 时间系据《瓶庐诗稿》卷八原注。

** 时间系据《瓶庐诗稿》卷八原注。翁同龢光绪二十八年五月初七日日记有“以张南皮画题诗送金(兰升)医”。

*** 时间系据翁同龢光绪二十八年五月十六日日记。

何如三句。君文翻水成，吾艺苦局促。是岁君高翔，余亦随华躅。遭逢有利钝，踪迹判飞伏。何期京国梦，遽作寝门哭。别君五十年，突兀睹此幅。俨然仪观在，眉宇秀可掬。青衫犹未枯，斑管何曾秃。翻憾白头人，憔悴老莛轴。君才与识量，侪辈所倾服。况有贤子孙，定肇门楣福。吾衰今已甚，眼花手腕蹙。安用赘芜辞，志传行当续。君事实邑志已采用。

《瓶庐诗稿》卷八

长歌付子善*

光绪二十八年五月二十四日（1902 年 6 月 29 日）

我居墓庐中，山川穆余清。汝往官京畿，触热转海行。吾道天南北，所重惟此诚。当为天下念，勿作一身营。我爱庭中花，鲜鲜发菁英。岂伊恋近玩，而忘稼穑情。况彼服官者，事事系民生。譬如司谳狱，执法当持平。取决一言误，怨忿万古并。又如关津吏，税入较重轻。算缗纵报最，敛怨实取盈。又况儒生学，最忌妄谈兵。猛火苟弗戢，杀人不闻声。是皆举其大，自馀难具名。汝本初试职，三事非所更。但当力勤俭，庶免人讥评。勤者事惟何？鸡鸣起栉缨。日入早宴息，抛弃墙隅檠。俭者事惟何？一饭戒凿精。高冠陆离佩，奇服奚足荣。勿趋利名薮，利名众所争。勿恃意气豪，豪气终无成。山塘通一水，远隔十里程。汝今即首涂，吾亦懒入城。去去勿复念，吾方事晨耕。

《瓶庐诗稿》卷八

* 时间系据翁同龢光绪二十八年五月二十四日日记。

再题石谷潇湘八景册次前韵*

光绪二十八年五月(1902年6月)

老来久断潇湘梦,一卧沧江不计年。八景何如千百景,海天无际渺云烟。

更无良友觅羊求,次公久逝,儒老又亡。自检书箱旋自收。昨过耕烟藏蜕处,浮牛放鸭满汀洲。石谷墓在西门外程家桥。

《瓶庐诗稿》卷八

潘星斋庚戌闱中画兰,次前题韵为吴硕卿**

光绪二十八年五月(1902年6月)

挖蓝晕碧俨含香,想见当年齐礼堂。试院聚奎堂旧名齐礼。自是承平好风度,更无一语到潇湘。

地摊买得亦堪夸,珍重绨囊当碧纱。二十八年弹指过,偶然空谷剩孤花。乙亥题诗时,公正空乏,故末句及之。

《瓶庐诗稿》卷八

题王宜《看云图》,赠王少谷念祖***

光绪二十八年六月初十日(1902年7月14日)

壬寅六月,少谷转海来虞为余度地,情意肫挚,非世俗所

---

* 时间系据《瓶庐诗稿》卷八原注。

** 时间系据《瓶庐诗稿》卷八原注。

*** 时间系据翁同龢光绪二十八年六月初十日日记。

能。值余病暑未获晋接,乃以《看云图》并渐江和尚《黄山胜迹图》二册赠之,黄山于鸠兹为近,聊寄看云相忆之意云尔。

陶令归田引,张华博物编。频移上山屐,时泛过江船。湖海一身逸,乾坤双眼穿。至今父老在,竞说使君贤。

炎云蒸赤伞,瘴海翳黄埃。独以此时至,君真信士哉。深谈杂悲慨,蹇步废追陪。未尽青乌秘,先闻作赋才。

《瓶庐诗稿》卷八

画槜李*

光绪二十八年六月十二日(1902 年 7 月 16 日)

画李偏同画荔支,奚童匿笑老夫痴。越王归矣西施去,为问旁人那得知。余未识槜李之状,以意图之。

《瓶庐诗稿》卷八

再画槜李一枝**

光绪二十八年六月十二日(1902 年 7 月 16 日)

平生尝遍金盘果,未识人间此味珍。还与西施供一笑,更无飞骑走红尘。

《瓶庐诗稿》卷八

---

* 时间系据翁同龢光绪二十八年六月十二日日记。槜李类似瓜的一种,是日日记有“食瓜甚美,然不敢多食”。

** 原题下注:“客有饷余槜李百枚者,图之弗类也。”

题张南皮相国画册*

光绪二十八年六月十五日(1902年7月19日)

海山兜率不可见,开编犹识故人面。当时同坐殿西廊,破墨枯毫落余扇。是谁收此八叶图,远从京国来三吴。米家泼墨大痴赭,密者黄鹤疏倪迂。在昔衡山多赝本,每叹明珠鱼目混。香光潇洒真天人,任客临摹名不损。我今畏暑卧北窗,论书品画兴未降。得钱即醉醒辄懒,令我长忆袁春江。袁为公门下客,每代公画。

《瓶庐诗稿》卷八

题杨西亭画册次前韵**

光绪二十八年七月初三日(1902年8月6日)

自戊戌放归,依先人丘陇之下,种松甃石得遂寸衷,而江湖之乐不足道矣,因和前诗纪事。

十种清凉风物鲜,梦中句。卌年前梦证青莲。时危敢说山林福,结感终身守墓田。

《瓶庐诗稿》卷八

---

* 时间系据翁同龢光绪二十八年六月十五日日记。日记有“题雍厨所收张南皮画册、诒晋斋字卷”。雍厨,江苏淮安人,名玉成,字琢之。

** 时间系据翁同龢光绪二十八年七月初三日日记。

壬寅立秋日骤雨乍晴援笔作画

光绪二十八年七月初五日(1902年8月8日)

一雨郊原万汇荣,桔槔辍响柳塘平。劣毫粗纸浑无赖,独喜人间有晚晴。

《瓶庐诗补》

壬寅七月门人薛裴铭以《剑门春眺图》属题,因起谈山之兴,率题一诗*

光绪二十八年七月二十一日(1902年8月24日)

笼鸟不欲飞,絷马安敢驰。借问山中人,尔行将何之。山人喜寂静,性与丘壑宜。登高望八荒,天水浩渺瀰。惜哉不能赋,默默只自贻。我观剑门图,胜友相追随。既妙丹青笔,复缀琼琚辞。我有九节杖,请为君导师。此去西五里,连冈属㕒㕒。有洞曰藏军,有墩曰祃旗。其下有石屋,峭壁若累棋。是曰鹁鸽峰,振翮天云垂。草木恣蒙茸,行人惮险巇。图经或未详,题咏每见遗。譬彼附庸国,僻陋乃在夷。兹山势东趋,一气隆尻脽。融结最深秀,发露多权奇。吾侪足啸傲,司牧宜深维。守国在守险,用备来者咨。

《瓶庐诗稿》卷八

* 时间系据翁同龢光绪二十八年七月二十二日日记。

题画山水一绝*

光绪二十八年七月二十六日(1902年8月29日)

昨天秋风入楚山,晓来烟雨白云间。一声清磬出林际,知是茅庵水石间。

《瓶庐诗稿》卷八

题石谷《送别阎公图》**

光绪二十八年九月二十日(1902年10月21日)

壬寅九月,筱山侄将赴阙展觐,濒行以此为别。余疾初起,拈笔如神,可喜,可喜。

阎公石谷旧诗朋,别袂翩翩画舫升。正是康熙全盛日,江湖廊庙各骞腾。

我借青山寄别情,青山亦解送人行。试携一片江南雨,洒向中原遍八瀛。

图不能传意可传,微臣梦到五云边。黄冠九顿旁人笑,仿佛邮亭启节年。故事:大员入京,送行之吏寄请圣安,臣不敢援此例,而实具此忱。

《瓶庐诗稿》卷八

---

* 时间系据翁同龢光绪二十八年七月二十六日日记。

** 时间系据翁同龢光绪二十八年九月二十日日记。日记有:"筱山侄启行入都,余昨日以石谷送阎公《清溪折柳图》与之,并题三诗。"

金门送菊次韵谢之*

光绪二十八年九月二十七日(1902 年 10 月 28 日)

书生何事切民瘝,怨句频仍未可删。今日聊为我重九,白衣乌帽为看山。

小把斜簪已足珍,千枝万蕊更芳新。是谁错解灵均赋,欧九应非不学人。

《瓶庐诗稿》卷八

病榻不寐**

光绪二十八年九月二十七日(1902 年 10 月 28 日)

中虚暴下气先颓,幽阙昆仑安在哉。骨肉至情垂老尽,江山奇想破空来。寒温迭遭天无意,生死能回世有才。独拨残釭坐长啸,隔墙僮仆漫惊猜。

《瓶庐诗稿》卷八

为药龛长老题仇十洲十《八学士图》***

光绪二十八年十月初三日(1902 年 11 月 2 日)

文皇英武震寰区,策府初开剑佩趋。当日丹青只褒鄂,故应摹

---

* 时间系据翁同龢光绪二十八年九月二十七日日记。

** 时间系照翁同龢光绪二十八年九月二十七日日记。

*** 时间系据翁同龢光绪二十八年十月初三日日记。

写到群儒。

十八人中有孔壬,鸿编千卷诩词林。谁知画史裁量手,偏寓春秋笔削心。图系十七人,殆削去许敬宗矣。敬宗有《文馆词林》一千卷,其他纂辑亦富。

触著登瀛一惘然,柯亭刘井付云烟。翰林院署扁曰"登瀛门",今画入西界。神丹能换钩辀舌,怪底群仙不上天。

《瓶庐诗稿》卷八

题徐翰卿《玉佛龛图》*

光绪二十八年十一月(1902年12月)

上罗女直下要荒,造像何曾入尚方。大内佛像以金元为最古,次则卫藏所贡。玉佛化身吾不信,世人谩认十三行。吴让之谓像入内府,此系复刻者,非。

武定孱王政已移,区区祈福亦奚为。沧州城里铁狮子,一样低眉泪眼垂。

大千世界本微尘,何事长留未了因。莫道四图才一卷,中藏百万亿千身。

《瓶庐诗稿》卷八

仆人得残本旧拓怀仁圣教集册中所有字题之**

光绪二十八年十一月(1902年12月)

力学方能获半珠,莫缘探海鄙区区。要知缺本多神味,比较毫

---

* 时间系据《瓶庐诗稿》卷八原注。题下原注:"东魏武定二年八月造像。"

** 时间系据《瓶庐诗稿》卷八原注。

匣亦太愚。

《瓶庐诗稿》卷八

吴愙斋临戴文节画册，为斗庐题*

光绪二十八年十二月二十六日（1903 年 1 月 24 日）

鹿床墨法妙冲融，十手临摹苦未工。闻道读书灵隐寺，一春键户对王蒙。戴公少时尝得黄鹤山樵画，与郑颉苏各临之数十过，颉苏为余言之。

临摹独数愙斋能，金石缘深得上乘。可惜十年君病矣，颓然云水一孤僧。

铁马金戈绝塞天，古文奇字付云烟。忽逢北墅谈诗客，赵坡生携示。怅触长安读画年。愙斋壬辰秋入都寓长安街与余寓相距数武，数相过从。

《瓶庐诗稿》卷八

画梅**

光绪二十八年十二月（1903 年 1 月）

泽老工夫四十年，点椒须重瓣须圆。先生不管谁家派，破墨枯毫任自然。

《瓶庐诗补》

---

* 时间系据《瓶庐诗稿》卷八原注。光绪二十八年十二月二十六日翁同龢日记有："题吴愙斋仿戴文节画册，为徐翰卿，即斗庐也。"

** 时间系据《瓶庐诗补》原注。查翁同龢日记，应为是年十二月所画。

次韵俞甥调卿除夕元日二首*

光绪二十九年正月初五日(1903 年 2 月 2 日)

投老残年剩此身，屠苏欲酌且逡巡。惊回曼衍鱼龙梦，除夕保和殿筵宴。尚忆鵾夷豹尾尘。当日承明常侍从，即今洽比有昏姻。一庐左公赠余二字。斗大恩如海，臣本烟波浩荡人。

又见江乡万户春，椒花菜甲杂前陈。烧灯聊助观书眼，揖客翻愁拄杖身。元日送诗成故实，去岁亦尝示诗。老渔得句更清新。甥自署老渔。一门乐事君家最，况有城南舞彩人。兼示令弟佑莱除夕之作。

《瓶庐诗稿》卷八

上元前一日次金门甥韵

光绪二十九年正月十四日(1903 年 2 月 11 日)

同是江湖栖隐身，因君诗句感西巡。入关首问闾阎苦，过洛还清辇毂尘。庚辛二年岁暮事。涕泣似闻唐太诏，和亲岂类汉家姻。九门诛荡天无外，容尔鞮鞻僰寄人。谓使臣入觐。

桃李新移洛下春，珧珧多士走梁陈。独虚巨犗投竿手，应惜骑驴破帽身。开卷古贤时吾对，闭门世事日翻新。鸡鸣不已风兼雨，珍重田间唱和人。

《瓶庐诗稿》卷八

---

* 时间系照翁同龢光绪二十九年正月初五日日记。

次韵除夕元日两首*

光绪二十九年正月十五日(1903年2月12日)

梅花犹未现全身,先向檐端一笑巡。饤果祭诗疑有癖,点灯扫地本无尘。借书野寺矜新获,借得《楞严经补》,严太仆钞本。送酒山家得旧姻。邹巷有人送酒一斗。触我无穷风木感,白头拜墓尔何人。书是日山中所见。

今岁欣逢甲子春,绥丰有兆谷陈陈。济时须仗调元手,作颂犹馀健饭身。会见隆平能复古,侧闻学术已更新。吾皇宵旰吾民乐,惭负耕田凿井人。

《瓶庐诗稿》卷八

用前韵纪在朝时除夕元旦故事,亦西京岁华之例也**

光绪二十九年正月十五日(1903年2月12日)

赐貂温厚服章身,扪酒甘芳饮几巡。祀灶黄羊肥似马,堆盘白面细如尘。荷囊预卜丰年谷,鹓序先推帝室姻。每与蒙古王公拜赐推使前列,否则必为所挤。手捧御书春帖子,凤城留钥待归人。除夕有辞岁礼,退时甚迟。

万户千门总是春,银花火树殿前陈。七重凤罽温如玉,乾清宫设花罽。五色鸾笺福满身。元旦亲颁福字,谓之满身都是福。布泽先从畿辅

---

* 是日翁同龢日记有:"和金门诗,并自作二首。"

** 时间系参照翁同龢光绪二十九年正月十五日日记。"自作二诗,即此诗也。"

始，加恩蠲助谓之普锡春祺。献箴每及履端新。臣在书房，岁首敬书格言以进。是谁补撰金銮记，应向钧天梦里人。

《瓶庐诗稿》卷八

再和金门*

光绪二十九年正月十八日（1903年2月15日）

老夫曾见宰官身，校士论才亦数巡。惟有一舟金门别号真淡泊，迥如孤鹤出风尘。或云褚薛原同调，兼说崔卢是旧姻。须信泠交磁石铁，江湖何处觅斯人。

匆匆十日过初春，爆竹桃符迹又陈。灯市繁华常避影，酒场热闹早抽身。誃台负债年年积，邸报传闻日日新。亦有忧时数行泪，谪仙岂是楚狂人。

《瓶庐诗稿》卷八

题殷谱经《朴庵留别图》**

光绪二十九年二月初七日（1903年3月5日）

光绪壬午二月二十八日，醇贤亲王置酒适园，为谱经先生饯别，惠邸、谟贝子与余在坐。酒半先生引春秋赵孟之言，泫然流涕曰："吾不复此矣！"遂罢酒去。王作长歌，余和其韵。

* 时间系据翁同龢光绪二十九年正月十八日日记。日记有"金门再和前韵，再答之"。

** 时间系据翁同龢光绪二十九年二月初七日日记。日记有："题殷谱经前辈《朴庵留别图》。朴庵者，醇贤亲王自署也。作诗四首。"殷兆镛，字谱经，江苏吴江人，进士。朴园为醇亲王奕譞别号。

俯仰二十二年，先生久归道山，王亦云霄顿隔，余诗弃箧中，寻检未得。此图在适园一集之后，诗与纪当时未见也。追步前韵，嘻足悲已，时在癸卯二月二十一日。

昔我登科日，蒙君远大期。君与先兄同科进士，丙辰分校填榜时，闻余名，呼于坐曰："佳士，佳士。"史宬同纂述，宦辙未分离。户部三库皆与君同官。忽动秋风兴，能无落月思。上东门外路，车马送行时。

经术三天重，文章两汉期。君日诵两汉文，杜韩诗有常课。迂儒从笑骂，曲学斥支离。每作忧天想，空怀报国思。万言治安策，长忆伏蒲时。庚申年事。

远别当衰白，重来岂有期。贤王情郑重，好句惜睽离。款款穆生醴，殷殷君奭思。似闻应刘辈，俯仰解随时。王常称余曰先生，而呼君为师傅，盖用上斋旧例而加隆焉。

后起芝兰秀，承明著作期。何图风发发，几致黍离离。辟火知天意，还珠慰孝思。庚子秋此图几毁，事定得于地摊。展图一长喟，风雨落花时。

《瓶庐诗稿》卷八

沈公周藏唐大中年高府君墓砖*

光绪二十九年二月十四日（1903年3月12日）

颜家尉壁两题名，何事书碑有镇卿。不敢□□①轻附会，常山兄弟尽忠贞。

---

* 时间系据翁同龢光绪二十九年二月初七日日记。题下原注："光绪十七年，金村人卞姓耕田得之。"

① 原文如此。

兴福幢经已重镌，此铭真纪大中年。胜他项氏鹅群帖，廛皮王家保母砖。子敬保母砖。

《瓶庐诗稿》卷八

舟中即事*

光绪二十九年二月十四日（1903 年 3 月 12 日）

来往轻帆整复斜，疏篱破屋两三家。微风不动石楠树，积雨遍开油菜花。间学渔歌真漫浪，偶询米价一咨嗟。时米价奇昂。江湖晚饭知多少，底事投林急暮鸦。

《瓶庐诗稿》卷八

南浔张弁群增熙藏乙瑛碑明拓本**

光绪二十九年二月十七日（1903 年 3 月 15 日）

曩见沈仲复藏朱卧庵、徐颂阁藏释奚林本皆宋元精拓，南归后所见皆不逮矣。弁群寄示此本，墨花油然，古香盈纸，洵三百年前旧物，叹玩竟日，漫题短句。

隶势苏斋语最精，要从韩鲁悟纵横。覃溪先生谓当与《韩敕》《鲁峻》碑阴同观，则无法不备。如何一字生疑义，却使断断启后生。先生谓"犬酒""犬"字，近草书"发"字，近人多议之者。

---

* 时间系据翁同龢光绪二十九年二月十四日日记。是日日记有坐舟前往"看山茶之约"。

** 时间系据翁同龢光绪二十九年二月初九日日记。日记有："跋南浔张弁群定甫之子藏《史晨》二碑、《白石卒史》碑。"

三年妙悟三横法，李若农学此碑“三”字，三年始得。两本精研两点痕。王莲生两本辟字右旁两点未损。回首京华谈艺客，江村卧雨独销魂。

滔滔俗学日颓波，礼器明禋近若何。十载未能通一艺，儒官典领愧臣龢。余领成均笾豆十馀年。

《瓶庐诗稿》卷八

题《传笏图》次文勤公韵*

光绪二十九年三月初三日（1903年3月31日）

昔我先兄文勤得魏郑公笏于南中，有诗纪之。今兄之长孙斌孙宝藏此笏，复绘《传笏图》，乞袁公爽秋题诗，而兄之诗犹未录入。余既补写一通，仍次其韵，以记当时聚散之迹，而于袁公亦深有感焉。

藏笏者谁吾伯氏，传笏者谁有后起。中朝世系数高门，落落几家炳国史。臣兄典戎历淮海，臣职簪毫侍轩陀。中间离合难具陈，有百艰危百诋毁。兄兮远戍去不复，相见之时盖无几。当年此笏系安危，今日臣家杂忧喜。忆昔臣充讲殿班，缄默脂韦窃所耻。手钞谏录十万字，一一彤帏献天子。据长沙刻本并续录写进。自从得罪锢深山，梦绕九阊今已矣。有唐太和继贞观，特访后贤升鼎耳。世人艳说甘棠树，岂识菀枯乃常理。若非侧席切畴咨，安肯希荣蒙显仕。一篇笏记森在目，五世正卿良有以。斌也作图珍手泽，袁公题诗清莫比。袁公竟不愧文贞，碎首阶前争国是。吁嗟乎！停昏踣碑公不死，裴矩封伦额有泚。

---

* 时间系据翁同龢光绪二十九年三月初三日日记。是日日记有：“作《传笏图》诗一首，语多感慨。”

附：文勤公魏文贞遗笏歌

有唐世臣推魏氏，臣征臣謩相继起。手泽摩挲馀象笏，祖德留贻照青史。太原真人搢珽坐，文贞秉简侍阶戺。抗辞执奏容有恪，面折诸臣任诋毁。十思十渐书在纸，所不书者知凡几。敷陈慷慨笏画地，主圣臣直相悦喜。是惟鲠辅非具臣，封德彝辈良足耻。惜哉贞观一鉴亡，妩媚真属夸毗子。殿前还笏老遂良，当时时政可知矣。百年旧物重鱼须，两朝殊遇跻鼎耳。谥以甘棠比法物，镌之隶古映觚理。要从忠孝论世泽，莫侈恩荣夸贵仕。偶然宝物入吾手，顽廉懦立知有以。吁嗟乎，皋夔之心即龙比，为忠为良竟谁是。君不见举笏败额死即死，段家司农击朱泚。

《瓶庐诗稿》卷八

三层楼饮茶*

光绪二十九年三月初七日（1903 年 4 月 4 日）

极目见平芜，新晴俨画图。楼高吾邑冠，桅啸古时无。楼后为小轮船泊处。黯淡茶香熟，喧豗市语粗。当年魏公子，折节事屠沽。

《瓶庐诗稿》卷八

清明节墓祭有感**

光绪二十九年三月初九日（1903 年 4 月 6 日）

剪剪风光丽，匆匆节序更。桃花小寒食，麦饭正清明。新葬者以清明

* 时间参考翁同龢光绪二十九年三月初七日日记。

** 时间参考翁同龢光绪二十九年三月初九日日记。

日祭,谓之正清明。春树如含泪,青山尚有情。可怜道旁柳,只解送人行。

《瓶庐诗稿》卷八

山中即事*

光绪二十九年三月十一日(1903 年 4 月 8 日)

不厌粗衣与菜羹,老夫即此足平生。未知世上风波恶,但觉山中草树荣。得句已忘还自喜,逢人无语亦多情。近来笔砚都抛却,添得松风流水声。

《瓶庐诗稿》卷八

口号**

光绪二十九年三月十一日(1903 年 4 月 8 日)

不雕不琢古樽罍,得自菱塘曲水隈。偶插一枝桃李艳,蜜蜂蝴蝶竞飞来。

连阴一月喜新晴,又苦刁调万窍鸣。菜麦最关农本计,长官切莫恃秋成。

《瓶庐诗稿》卷八

东涧老人墓***

光绪二十九年三月十一日(1903 年 4 月 8 日)

秋水堂安在,荒凉有墓田。孤坟我如是,墓与河东君①邻。独树古

---

* 时间参照翁同龢光绪二十九年三月十一日日记。

** 时间系据翁同龢光绪二十九年三月十一日日记。

*** 时间系据翁同龢光绪二十九年三月十一日日记。东涧老人指钱谦益。

① 指柳如是。

君迁。梯一尚是旧物。题碣谁摹宋,碑手集坡书。居人尚姓钱。争来问遗事,欲说转凄然。

《瓶庐诗稿》卷八

山居即事*

光绪二十九年三月十一日(1903年4月8日)

岂是高人宅,居然竹树幽。家贫千卷在,野阔一窗收。山卉秾如锦,湖船静似鸥。莫言腰脚胜,近已怯登楼。

《瓶庐诗稿》卷八

瞿文懿墓**

光绪二十九年三月十一日(1903年4月8日)

细草高原晓露稀,行人犹说袒僧衣。俗呼罗汉肚皮。年深赑屃有时出,村农云。山暖鹧鸪相逐飞。一代文章怀正始,再传忠孝兆先机。髡林颓石皆无禁,三十年前事已非。曩屡过尚禁开山,今则新茔林立。

《瓶庐诗稿》卷八

田家即景***

光绪二十九年三月十一日(1903年4月8日)

春晚催农事,游闲验物情。簸穲登旧谷,推粪趁新晴。竹笑如

---

* 时间系据翁同龢光绪二十九年三月十一日日记。

** 时间系据翁同龢光绪二十九年三月十一日日记。

*** 时间参考翁同龢光绪二十九年三月十一日日记。

迎客,禽言自赞名。吾师丈人意,处处有泉声。

《瓶庐丛稿》卷九

为侄孙斌孙题石谷无款画卷* 时斌孙将之京师供职

光绪二十九年三月十二日(1903 年 4 月 9 日)

谈碑兼品画,其奈别离何?缅想澄怀馆,居然安乐窝。云山供点染,松竹与婆娑。我亦骑牛者,衰年韵事多。

沧海横流日,乾坤浩荡愁。图新非旧舍,报国岂身谋。莫作苏元老,当思马少游。甘棠遗笏在,期汝纂前修。

《瓶庐诗稿》卷八

题徐印士元绶《剡溪别棹图》**

光绪二十九年三月十三日(1903 年 4 月 10 日)

越王峥上频回首,西子村边独往还。只尺剡溪吾未到,更无人识鹿胎山。癸酉之春,余尝一游禹穴。

羡君出宰山水县,妙得可谈风月人。晚放弓刀晨理牍,万家案堵静无尘。

好山图画子规啼,白舫乌篷驻郭西。载得六朝砖一角,梅花如雪未曾携。

《瓶庐诗稿》卷八

* 时间参考翁同龢光绪二十九年三月日记。

** 时间系据《瓶庐诗稿》卷八原注。是日日记有"徐印士从浙来见,初卸嵊县"。

三月望舟中*

光绪二十九年三月十五日(1903 年 4 月 12 日)

拒客因生谤,寻诗且避哗。估帆来往影,村树浅深花。跛鳖思登垄,污邪祝满车。便应从此逝,洗耳水云涯。

《瓶庐诗稿》卷八

山居偶成**

光绪二十九年三月十五日(1903 年 4 月 12 日)

小小茅亭短短篱,摊书行饭总相宜。厌看细字新闻报,怕作连篇和韵诗。野老颇知晴雨候,山禽亦识后先时。西湖柳色津门树,日暮江乡有所思。

《瓶庐诗稿》卷八

山居杂诗三首***

光绪二十九年三月二十四日(1903 年 4 月 21 日)

燕子

燕子来时嗟春暮,去后缠绵恋主恩。新作茅堂无一物,可怜犹

---

* 时间系据翁同龢光绪二十九年三月十五日日记。

** 时间系据翁同龢光绪二十九年三月十五日日记。

*** 时间系据《瓶庐丛稿》卷九原稿所注时间。《瓶庐诗稿》卷八所载《山居杂诗四首》内容与本首差不多,所多一首为:“杜鹃花:南漪杜鹃色太腴,郑家银红天下无;桃花羞落牡丹避,天遣秾纤慰老夫。”又,光绪二十九年四月十三日日记有:“归看红杜鹃花,为咏一诗。”

觅旧巢痕。

初闻布谷声

北人能说饼焦声①,独有三吴解趣耕。一样课晴量雨意,长官总未及编氓。

蝴蝶昌蒲花

胡蝶忽然来万里,去年太常仙蝶忽至山楼,僵于几案,见人飞去,时正月也。昌蒲今又见三花。仙人道士寻常有,偏到长瓶处士家。

《瓶庐丛稿》卷九

散墩*

光绪二十九年三月二十七日(1903年4月24日)

此洞何年辟,幽深似石城。引绳知步武,深三十一步。笼烛得题名。洞外有正德庚午二刻,其一不能辨。同治甲戌曾见都穆题,今不见。枯草年年绿,寒花处处清。一墩表江国,未许后人争。

《瓶庐诗稿》卷八

乞花一枝置篷底**

光绪二十九年三月二十八日(1903年4月24日)

折花还健步,老态路人怜。瘦影对孤客,酸香塞一船。煮茶聊

---

① 此鸟北方呼为糊饽饽。

* 时间系据翁同龢光绪二十九年三月二十七日日记。散墩,即今之周庄。

** 时间系据翁同龢光绪二十九年三月二十八日日记。

当酒,剪烛未成眠。若忆前朝树,枯槎化爨烟。三十年前犹见元时老树,今为薪矣。

《瓶庐诗稿》卷八

临石田《竹堂僧寮图》*

光绪二十九年四月初三日(1903年4月28日)

竹堂无竹但有树,万个檀栾在何处?当年募修本游戏,转眼风灯不容驻。老夫学诗并学画,流水行云两无住。忽然旧梦触前尘,更扫残煤题短句。君看石田年八十,七十四翁齿犹未。若教北面得亲承,董巨黄倪有同趣。嗟哉斯语太著相,万事都如草头露。诗成试诵涅槃经,味幻仙人今入地。此图为童子周喜画,喜曾侍味幻居士①。

《瓶庐诗稿》卷八

韵竹**

光绪二十九年三月(1903年4月)

此卷丛兰中有竹一枝而劲秀,今药公以焦山曲竹杖见赠,故戏及之。

万兰丛中一竿竹,劲挺森梢不能曲。焦仙古洞独出奇,蹙缩虬

---

* 时间系据翁同龢光绪二十九年四月初三日日记。日记有"作画自娱,题诗志慨。竹堂图"。

① 味幻居士指翁曾荣。

** 时间系据《瓶庐丛稿》卷九原稿手迹上所注时间。

龙在空谷。

《瓶庐丛稿》卷九

邹巷古藤花*

光绪二十九年四月十三日(1903 年 5 月 9 日)

璎珞悬空五亩遮,百年前已作龙蛇。路人指点邹家屋,开遍荒园野莱花。前明邹氏花园。

《瓶庐诗稿》卷八

癸卯四月望来往福山杂诗**

光绪二十九年四月十五日(1903 年 5 月 11 日)

晨兴理楫尚迎潮,行到山塘第五桥。过得桥来潮渐落,微闻暗浪啮船梢。纪潮候也。

万竹森梢碧霭齐,被风压倒数丛低。海鱼大上河鱼少,处处悬罾尽露脐。罾底曰脐。

野僧饥走水云乡,真似衔泥燕子忙。新东岳庙僧曰德种,号复根,既去复来。门外铁炉阶下石,重寻字画已微茫。三十年前得铁炉,字有薛本字东面砌石,有曹宅舍财云云,至正十年云云,今尤剥蚀。

绕越行私海禁悬,江干多少卖鱼船。近来米价称平估,一斗还

---

* 时间系据翁同龢光绪二十九年四月十三日日记。日记有“晨到邹巷看古籐”。

** 时间系据《瓶庐丛稿》卷九原注时间。《瓶庐诗稿》卷八,本诗题为《福山纪游杂诗十首》。

须五百钱。纪时候。

一囊衣被半囊书，随意轻便坐鹿车。闻道申公头已白，蒲轮虽稳费踌躇。

海雨江风气淼茫，落花时节白鱼香。残年饱吃生悲感，此味君亲未得尝。

亭宿原应醉尉诃，一樽相属意如何。中宵聚柝惊清梦，似恐渔翁失钓簔。福山中军守备龚光耀送酒，以竹杆掫。

栖苴溃茂总伤农，积雨连阴致蠛蠓。小虫极多。大小毛公今不见，且携诗说过江东。泊舟大小毛家桥之间。

平野苍茫江转高，轮船上下鼓风涛。却思六十年前事，村女惊啼戍卒逃。道光庚子六月二十四日兵轮过福山，合城鼎沸。

五年未敢辄题诗，恍睹双忠飒爽姿。传记不详碑碣失，路人指点到今疑。双忠祠双银杏。

《瓶庐丛稿》卷九

蔷薇*

光绪二十九年四月十五日（1903年5月11日）

原非绝世好丰姿，引蔓牵藤翳竹篱。毕竟是红还是白，满天风露到今疑。

《瓶庐诗稿》卷八

* 时间系据翁同龢光绪二十九年四月十五日日记。是日起，翁同龢坐舟春游，作“途中小诗十首”。

柳花*

光绪二十九年四月十五日(1903年5月11日)

杨花还比雪花肥,乱入轩窗巧著衣。避却严寒供玉戏,却来水面作团飞。

《瓶庐诗稿》卷八

山居偶题**

光绪二十九年四月十九日(1903年5月15日)

落星湾畔寻刘涣,鹰树庵头访远公。余居左曰落星港,右曰老鹰树浜。指点风帆沙鸟外,青山一角是穹窿。

《瓶庐诗稿》卷八

题董文恪山水小卷次原题诗韵***

光绪二十九年四月三十日(1903年5月26日)

隔林窈窕见烟鬟,意在苏诗郭画间。供养才高风度胜,承平事简长官闲。传家彩笔登鸾阁,谓文恭公。赐第丹棱近骆湾。公之赐园在南海淀骆驼湾。可惜十三文渡后,一江春水待公还。公有小印曰"十三文渡江"。

---

* 时间系据翁同龢光绪二十九年四月十五日日记。

** 时间系据《瓶庐诗稿》卷八原注。光绪二十九年四月十九日游山写诗。

*** 时间系据翁同龢光绪二十九年四月三十日日记。日记有:"题董文恪画卷,应公周之嘱,七律二首。"董邦达,字孚存,号东山,浙江富阳人。官至礼部尚书,谥文恪。清初著名书画家。

回首京华浩荡愁，蜃楼海市未全收。侧闻天上云烟散，石渠宝笈收公画最多。只剩江村水石幽。松下清斋留旧迹，卷端有陆谨庭松下清斋印。枣花古寺忆前游。京师枣花寺有公设色山水长卷。天瓶书法东山画，人说熙朝第一流。阮文达论画以公为本朝第一。

《瓶庐诗稿》卷八

谢廖仲山赠篆竹杖*

光绪二十九年五月初二日（1903 年 5 月 28 日）

三尺提携轻若无，琉璃根节翠肌肤。久闻规削烦良匠，独以安闲饷老夫。湖海楼高聊共倚，石头路滑莫频扶。桄榔栗椰皆凡品，拟画江村篆竹图。

《瓶庐诗稿》卷八

还山居**

光绪二十九年五月初二日（1903 年 5 月 28 日）

出城如出谷，幽趣在山家。两迸一林笋，风留三朵花。粉墙纡蚁路，板阁定蜂衙。物化原无尽，吾生岂有涯。

《瓶庐诗稿》卷八

---

* 时间系据翁同龢光绪二十九年五月初二日日记。

** 时间系据翁同龢光绪二十九年五月初二日日记。

山中颇有客至*

光绪二十九年五月初六日(1903 年 6 月 1 日)

欲知天地大,静处著闲身。世有木居士,吾为渔丈人。雀罗门巷冷,豚酒里闾亲。不乞胡奴米,东山未厌贫。

《瓶庐诗稿》卷八

题金寿门画册用蝯叟题寿门花卉诗韵**

光绪二十九年闰五月初七日(1903 年 7 月 1 日)

长风萧条闰端五,袘襶重绵不知暑。昌蒲无花杜鹃落,只有石榴红艳吐。客来饷米日已晡,昨程绍周送海东秔米,胜吾乡湖桥所产。自炊小甑看风炉。松禅老人老无齿,龙梭仙客真仙乎?寿门署款七十五叟,犬马之齿亦七十四矣。

《瓶庐诗稿》卷八

双南贤友假归省亲来山中述近事口占奉赠***

光绪二十九年闰五月十六日(1903 年 7 月 10 日)

山中常寂寂,有客独来迟。细意谈天宝,微吟胜义熙。官轻为

---

* 时间系据翁同龢光绪二十九年五月初六日日记。日记有记赵君闳来访,告之将应端方之邀赴湖北。

** 时间系据翁同龢光绪二十九年闰五月初五日日记。是日日记有与俞佑莱、俞金门“谈碑看画”。

*** 时间系据《瓶庐诗补》原注。张兰思,字贤友,又字南陔,号双南。江苏常熟人,曾任刑部司员。日记有“辰刻张生双南继良自京归,携笏信及子儿布三疋,……”

道重，亲老及时思。我已舌根净，为君进一卮。

《瓶庐诗补》

题旧藏盛伯羲祭酒赠文和州卷用卷中韵*

光绪二十九年六月初一日（1903年7月24日）

萧萧落木下亭皋，意与孤云独鹤高。只感眼前多罣碍，乱山无次涌波涛。

山斋雨坐漫焚香，几净窗明竹树凉。午睡起来无一事，自磨残墨写潇湘。

《瓶庐诗稿》卷八

又题汉石经小像**

光绪二十九年六月（1903年7月）

苍茫人海怕回头，尚父湖滨旧白鸥。输与梅花老亭长，一灯风雨写经楼。

癸卯秋松禅老人书。

王国维《阅古漫录》

---

* 时间系据翁同龢光绪二十九年六月初一日日记。日记有"和石香诗二诗，和其《寄沤书巢图》"。

** 题为编者所加。梅花老亭长指钱泳，字梅溪。在该诗后有罗振玉的一段题跋。内说钱泳得到这些汉经一共"十三纸而但存九纸"。"钱氏当日所得实墨本"，因"惧势家夺之，又力不能久守，乃割其诸家所有之四纸售之"（阮元），而自留其九纸，此皆海内人士所未见之孤本，故但托钩本之说，以示同好"。指出翁同龢并不了解此中内情。是日日记有"以十八元购得新刻《华山碑》，又新拓秦汉大字各种"。

张帆过王庄*

光绪二十九年七月十一日(1903年9月2日)

饱饭闲扪腹,风声聒昼眠。迎潮联木筏,夹岸半桑田。山活随帆转,村浓带树圆。邮程才只尺,来往亦轻便。

长风吹一叶,远趁过江春。却笑摊书客,全凭捩舵人。疾行知退好,暖坐怯寒新。欲问前村路,乡音听未真。

《瓶庐诗稿》卷八

题张子贞张伯冶合璧画册**

光绪二十九年八月十八日(1903年10月8日)

寂寞扬州老画师,老姜风味问谁知。百篇贾勇三蕉怯,韵绝空斋酒换诗。老姜不能饮,以诗代之。

亦有蘼芜山下客,闲将诗画斗清新。乾嘉名辈风流尽,迟尔江湖淡荡人。伯冶能诗工画,别出意境。

《瓶庐诗稿》卷八

---

* 时间系据翁同龢光绪二十九年七月十一日日记。日记有“忽欲为顾山之游,……张帆过王庄小泊”。

** 时间系据《瓶庐诗稿》卷八原注。十八日日记有“看寅所藏画,张老姜画最佳”。次日“题张老姜画”。

题石谷画松南田题诗卷*

光绪二十九年九月初七日(1903 年 10 月 26 日)

山中万籁都收尽,惟有松涛夜夜闻。差喜骊龙不飞去,闭藏雷雨卧烟云。

《瓶庐诗稿》卷八

为徐翰卿题董香光山水小册**

光绪二十九年九月(1903 年 10 月)

破墨柔毫茧纸光,直从两宋溯三唐。世人漫说倪元镇,此是先生善谑方。

数行题字密还疏,轻俊肥秾两不如。证取十三行笔法,画禅识是晚年书。

过云楼主谪仙才,尺幅能将醉锦裁。留得怡园好泉石,轻舟携画渡江来。

《瓶庐诗稿》卷八

---

* 时间系据翁同龢光绪二十九年九月初七日日记。恽寿平,初名格,字南田,江苏武进(今常州市)人,清代著名画家。日记载为药龛所藏石谷画题。

** 时间系据《瓶庐诗稿》卷八原注。

题杨子鹤《栖霞山馆宴集图》*

光绪二十九年九月(1903 年 10 月)

图为汪东山饯别,题者皆同时名辈,栖霞盖马扶霞所居,此非耳目近玩,竟作邑中掌故观可也。己丑南归,曾题数字,今再展对,敬步原韵。

栖霞山馆渺遗文,秋影楼边已驻军。东山旧宅毁于粤寇。侧想承平多乐事,仍因远别怆离群。康雍耆旧风流尽,中外图书学派分。新学行后,别有图籍。犹有后生知向往,遗编常护吉祥云。

《瓶庐诗稿》卷八

隐庐偶书**

光绪二十九年九月(1903 年 10 月)

秋来吟事剧纵横,细雨斜风送满城。昨夜月明霜信紧,高空野鹤一声声。

山中日日有诗筒,奔走畊奴与牧童。老健吟声声若雨,湘西顷刻到湘东。

安排江路载书过,移置山巢木板楼。传与儿孙勤讲贯,丹铅何敢问千秋。

《瓶庐诗钞》卷四

---

* 时间系据《瓶庐诗稿》卷八原注。

** 时间系据《瓶庐诗钞》卷四原注。从“秋事,……”推知此诗写于深秋。

题同里朱兰洲藻《枫岭碧血图》*

光绪二十九年九月二十六日(1903年11月14日)

兰洲于咸丰戊午殉难江山,传志详之,题者盈轴。

昨日喧传警电至,沈阳城头屯敌骑。中原至死岂无人,草野孤臣空涕泪。今朝忽睹《碧血图》,朱君仗剑雄千夫。莫言粗官职任浅,铁石肝肠胆满躯。我谓朱君犹不死,朗朗须眉照剡纸,江郎山碧子规啼,凄调招魂竹枝里。吁嗟乎!男儿大节在致身,不辞白骨飞青磷。世人各抱一腔血,为正为邪要分别。近有妄言流血者,故辨之。

《瓶庐诗稿》卷八

摹万年少赠顾亭林《渡江图》**

光绪二十九年十月十六日(1903年12月4日)

湿西沙门慧寿者,徐州万年少寿祺也。上章摄提格之岁,顾先生年三十八为怨家倾陷,乃变衣冠作商贾,往来吴越间。明年谒明孝陵,因至公路浦,而万君以避邳徐之乱移家于此,遂与定交,有赠万举人诗。此图之作,正其时也。图今在梁节庵①所,费屺怀临一本寄余,余又属俞金门摹之,寘唐墅亭林书

* 时间系据翁同龢光绪二十九年九月二十六日日记。

** 时间系据翁同龢光绪二十九年十月十六日日记。

① 梁鼎芬,字节庵。

院并录先生赠万举人诗于卷而次韵，敬题其后。

古今大炉鞴，宇宙一罝网；吁嗟元黄交，何地可长往。湿西信奇特，万年少自称湿西，非湿西也，湿即漯也。先生尤伉爽；轩轩鸾凤姿，未肯尺寸枉。六谒孝陵树，屡拜灵谷像；举世渺无人，浩然发遐想。南方习舆輂，我志在蹄鞅；草衣跨一骡，载书尚兼两。上穷皇古初，下历九州壤；经学续薪传，遗文剔榛莽。日知三十卷，治国指诸掌；皇天剥硕果，旅馆凄缌幌。斯图赠别时，故乡伺魍魉；鸥夷虽变名，室家方震荡。是时叛奴未得，家屡被劫。我读先生诗，惊叹杂吟赏；魂兮归语濂，祠堂豫题榜。唐墅语廉溪上，先生奉母之处尚在，拟于此建贞孝祠而以先生侍侧。

《瓶庐诗稿》卷八

再题《渡江图》次祁公韵*

光绪二十九年十月十六日(1903年12月4日)

容台檄取遗书读，妄议经师是别传。排觝尊崇两无谓，前贤心事岂其然。余与潘公祖荫疏请以顾氏亭林、黄氏黎洲从祀文庙，礼部尚书徐公桐驳议，谓所学未醇遂罢。

慈仁古寺成焦土，半亩荒祠更莫传。末坐少年今白首，每怀耆旧一凄然。京师顾先生祠，余随诸公后，春秋会祠下，前后凡三十年。

《瓶庐诗稿》卷八

---

* 时间系据翁同龢光绪二十九年十月十六日日记。

赠石西亭*

光绪二十九年十月二十二日(1903 年 12 月 10 日)

绛县疑年老,商山辟地人。古来贤达士,不与世缘亲。袖手能平乱,君昔在长兴为有司筹策以戢土匪。倾身为济贫。更闻安乐法,照澈梦中身。君言自少至老未尝于枕上思事。仁里斯为美,萧然此卜居。隔墙闻击柝,借屋许藏书。余与君比邻,近借屋一椽为余藏书也。频饷箕山果,惠寄枇杷极甘美。因求笠泽鱼。具区三万顷,何处访君庐。余屡至湖濒,欲渡不果。

《翁松禅墨迹》第二册

题逸休先生诗草**

光绪二十九年十月二十七日(1903 年 12 月 15 日)

凡四卷,曰《年年集》、《从军集》、《梦曙集》、《鲛珠集》,盖明季遗老也。姓名不著,惟诗中有河南为氏膺为名,略可考证耳。俞彩生征诗,因纪之。

逸休真削迹,梦曙亦藏名。我读《从军集》,空怀御李情。诗中“河南为氏膺”为名。釜山今重镇,集中“移家诗”注云:“得釜山故土僦居近江”,釜山即今之福山也。褚氏有遗氓。福山褚氏,河南其望族也。好续瞿硎传,千

---

* 时间系参考翁同龢光绪二十九年十月二十二日日记。《瓶庐诗稿》卷八载此诗题为《赠石西亭老人》。石,字时庚,洞庭山人。

** 时间系据翁同龢光绪二十九年十月二十七日日记。

秋仗后生。

《瓶庐诗稿》卷八

题沈石田《送行图》*

光绪二十九年十一月初二日(1903年12月20日)

此图，余玉甫①兄得之蒋氏，先公所赏，蒋公题诗，先公常诵之，同龢侍侧亦耳熟焉。留置家乡，经粤贼之乱以为劫灰矣。荏苒数十年，今于侄孙顺孙处见之，感触旧事，率题一诗，以抒其悲，用蒋公韵。

一篇家书入歌行，迢迢远寄楚雄城；楚雄太守五马荣，胡不羞馐亲经营。点苍镵天湘水横，想见眷恋庭闱情；我披斯图泪眦瞠，十年侍养依神京。朝朝奉舆夕拜迎，寒暑刻漏有恒程；阿兄擐甲性命轻，伯兄在扬州，旋抚皖，带兵剿贼。阿姊辞亲随馆甥。姊婿钱楞仙久在江北主讲。惟余舅弟酌兕觥，余与五兄京邸侍养。中更患难仗圣明；嘘枯起废同再生，肃顺当国，屡遭龉龁。乾坤坦荡朝右清。麻衣扶护趼血盈，归检断编无一精；时正幕燕巢未成。戊辰归葬时事。石田此画旧有名。先公洛诵鸾凤声，竟得无恙今藏籝；展图再拜感涕并，回瞻海宇多旄旌。

《瓶庐诗稿》卷八

---

* 时间参考翁同龢光绪二十九年十一月初三日日记。日记有"题石田《送行图》卷，用蒋文恪韵"。

① 指翁同爵。

山居偶吟*

光绪二十九年十一月初五日（1903年12月23日）

偶因放逐得安闲，总计平生仕隐间。老不废书聊识字，贫犹筑屋为香山。芒鞋藤杖常行乐，社酒村歌一破颜。愿祝太平今日始，近来朝报满人寰。

《瓶庐诗稿》卷十

题沈石田赠尚古先生诗画卷**

光绪二十九年十一月初八日（1903年12月26日）

尚古佚其姓名，此画未题年月，真气具在，又奚事琐琐考证哉。后之人有同我癖者，定韪斯言。

剡藤十丈犹嫌短，蹙缩龙蛇在此中。我道秦碑汉篆法，左行拗笔气横空。

白发江湖老散仙，仙人岂待姓名传。刊书赋药浑闲事，寻遍陈编一惘然。

《瓶庐诗稿》卷八

---

* 时间系据翁同龢光绪二十九年十一月初五日日记。

** 时间系据翁同龢光绪二十九年十一月初八日日记。

题旧藏沈石田苏台纪胜画册*

光绪二十九年十一月初八日(1903年12月26日)

石田此册先藏曾宾谷所,后入华阳卓相国家,流传厂肆,为河南毕某购去,毕武人也。数年后复见之京师,遂收得之。今日展观,渺如再世。是日为先公讳日,侄孙熙孙挈二子良辰自沪渎来,而寅臣二子长富亦在里中,馈奠之馀,共读此画,时则光绪癸卯十一月七日也。

相城有布衣,遁世秉高节。平生忠孝心,耿耿一腔热。如何以画鸣,此冤会当雪。杨君谦曰世人专以山水树石称先生,岂不冤哉!然即论诗画,馀枝已独绝。祝唐难雁行,衡山弟子列。烟云竞奔走,神鬼为施设。君看此画图,落笔可屈铁。复缀墨数行,句法秀而杰。京师浩穰场,赝鼎苦莫别。我收贝多罗,森然十六叶。中被放逐归,未忍捐敝箧。今日是何日,子姓纷远集。颀颀四男儿,头角皆玉立。阿良颇解事,叹赏目不给。独嗟老病叟,方感皋鱼泣。缅想白石翁,八十侍丈耋。石田八十,其母尚在。凄凉墓门屋,湖渌供呼吸。瓣香置高阁,可玩不可亵。莫作一艺观,元气中蟠结。谁筑耕石堂,千秋俟来哲。吾乡瞿忠宣公①有耕石斋藏石田书画。

《瓶庐诗稿》卷八

---

* 时间系据诗题序文标注。日记说此诗写于次日。

① 指瞿式耜。

题自画*

光绪二十九年十一月(1903 年 12 月)

余作画时,年四十九。越二十年,为光绪戊戌,而余年六十九矣。是年落职归田,又五年,检箧得之,感慨前事,再题二诗,用旧韵。

岂有微云点太清,天容海色本虚明。灵均偶尔逢渔父,何事怀沙赋贾生。

卌载瞻依殿陛温,一朝挥手上东门。圣恩特许归田里,莫浣朝衫拜杖痕。

《瓶庐诗稿》卷八

题庚子画扇,扇有曲江雁塔语**

光绪二十九年十一月(1903 年 12 月)

作画时适倾跌伤股,从此聋矣。今有人持来索题,为之三叹。

曲江吾未到,雁塔昔曾游。古寺参差树,郊原浩荡秋。门人惭市石,戊午十月吊呼延师①于慈恩塔下。行客讶鸣驺。闻有亭林迹,苍茫不可求。

---

* 时间系据《瓶庐诗稿》卷八原注。

** 时间系据《瓶庐诗稿》卷八原注。

① 呼延振,字冠三。翁同龢咸丰二年顺天乡试的房考官。

华岳三峰壮，潼关四扇开。谁云娄敬策，终是汉皇才。北斗烽烟靖，东都趆路回。从来神圣业，多自隐忧来。

《瓶庐诗稿》卷八

次韵题章侯博古牌刻本*

光绪二十九年十二月三十日(1904年2月15日)

全谢山[①]蕺山[②]祠堂配享碑称，学行不愧师门者二十三人，而诸暨陈章侯与焉，其言曰：章侯以画名，且以酒色自晦，而其中有卓然者，子刘、子深知之，会稽王元趾与章侯皆不肯帖帖就绳墨，元趾死乙酉之难，而章侯不死，然其大节未尝有愧于元趾也，云云。

一剑雄驱十万夫，莫将三岛玩倭奴。绝秦诅楚吾何与，忍弃龙兴旧版图。时日本与俄罗斯大战，欲侵我东三省主权。

叹息无家老逐臣，只馀两膝拄孤身。黑貂已敝衙香尽，怜尔寒闺藏画人。癸卯除夕得此画于亡妾[③]箧中。

自我江潭有饿夫，不应乞米到胡奴。牛阑西畔三间屋，谁画先生卧雪图。

《瓶庐诗稿》卷八

---

* 时间系据《瓶庐诗稿》卷八原注。

① 全祖望，字绍衣，人称谢山先生，浙江鄞县人。清代著名学者。

② 刘从周，字蕺山，号念台，浙江山阴(今绍兴市)人。明代著名学者。

③ 翁同龢妻子汤松去世后，纳妾陆氏。

和俞甥调卿除夕元日两诗*

光绪三十年正月初一日(1904 年 2 月 16 日)

新诗如弹酒如淮,想见渔翁意兴佳。风信暖占天下福,雨声喜入万民怀。齐眉鹤侣年年健,接翼鹓雏处处偕。书与岁华还一笑,东涂西抹是吾侪。

老夫无意把芳樽,手炷炉香炭尚温。投刺客稀劳驻马,缝衣仆醉懒膺门,一仆守门,乃缝工也。食贫每叹黔娄妇,访道难求洛诵孙。差喜城南有诗伯,频将珠玉答金昆。承示佑莱元日诗,故及之。

《瓶庐诗稿》卷八

次韵写怀**

光绪三十年正月初一日(1904 年 2 月 16 日)

少日驰驱七渡淮,中年涉海兴弥佳。如何子厚因山赋,竟似灵均故土怀。对月三人惟影共,卧云两膝与身偕。闲鸥不是忘机侣,笑尔相呼有匹侪。

恻恻空房举奠樽,搴帷尚觉药炉温。一生所识无多字,九死方知不二门。只办真诚持内外,更无苦语恋儿孙。墓图一角留残墨,地下犹寻陆氏昆。此首悼亡妾也,其家无后,墓在凤尾涧。

《瓶庐诗稿》卷八

---

* 时间系据翁同龢光绪三十年正月初一日日记。

** 时间系据翁同龢光绪三十年正月初一日日记。

调卿好诗又好道，仍依前韵调之*

光绪三十年正月初五日(1904 年 2 月 19 日)

诗坛不见李临淮，解放弓刀亦复佳。我似放翁无定律，君如白傅善言怀。人间好语儿郎伟，世外孤踪木石偕。各有性情各抒写，白头甥舅是同侪。

更向虚皇荐一樽，蕊珠云笈要重温。编排岁月诗成史，探索乾坤易有门。百尺碧梧依翠竹，千年白鹤引雏孙。黄庭写罢泥金至，艳说君家好弟昆。

《瓶庐诗稿》卷八

用前韵答俞佑莱钟颖**

光绪三十年正月初六日(1904 年 2 月 21 日)

千里提封介汉淮，使君才望最清佳。即今舞彩娱亲日，尚切提戈报国怀。诅楚文章高阃在，绝秦盟誓晋侯偕。夜堂笼烛飞符处，回忆京华鹓鹭侪。

可惜铭椒少一樽，慈颜切切复温温。看花舆小儿携杖，换米舟来客叩门。仁粟义浆周旋鄙，瑶环瑜珥弄曾孙。春风著物原无迹，勤俭宽和裕后昆。

《瓶庐诗稿》卷八

---

* 时间系据翁同龢光绪三十年正月初五日日记。日记有“又和调卿诗二首”。

** 时间系据翁同龢光绪三十年正月初六日日记。日记有“和俞佑莱诗二首，聊以破闷而已。”

题顾谔一《鹤庐图》*

光绪三十年正月初七日(1904 年 2 月 22 日)

眉绿风流夐可思,功名换得草窗词。贞元朝士今蓼落,曾共谢安一局棋。与令先祖子山先生京华聚首已三十年矣。

老去襟怀渐近禅,岩扉寂静谢尘缘。苍官别具匡庐面,赖有长康妙笔传。承写赠《松禅图》志感。

旧雨披图耿未忘,客星卿月两茫茫。知君一样伤离别,絮酒空山酹夕阳。清卿、若波先后化去。

幽居不受点尘侵,绢海胶山结习深。名作鹤庐真不负,道成才得舞胎禽。

《瓶庐诗补》

佑莱以苔笺属书近作,愧未能也,次前韵答之**

光绪三十年正月初八日(1904 年 2 月 23 日)

老年讹字别兼淮,况复临池兴未佳。挑菜忽过人日节,看花又触去年怀。长庚晓月空想忆,独鹤孤云孰与偕。右臂渐枯聋更甚,索居何以答朋侪。

拟向东皇属一樽,花应重放酒重温。湖山盎盎如迎客,荞麦青青直到门。闲话老农皆执友,比邻童稚即儿孙。从知鲁卫宜亲睦,

---

* 时间系据翁同龢光绪三十年正月初七日日记

** 时间系据翁同龢光绪三十年正月初八日日记。

四海同胞孰弟昆。时日俄构衅，苦战不已。

《瓶庐诗稿》卷八

次前韵纪时事*

光绪三十年正月初十日（1904 年 2 月 25 日）

一篇柴誓警徐淮，野祭伊川兆岂佳。自古和戎无上策，于今谋国有深怀。牺牲待境畴云济，祃祃兴师孰与偕。一战燕云从此复，冥冥决事是吾侪。

欲将东海泛为樽，手揽扶桑旭日温。新制楼船吞鸭绿，旧传神剑镇蛟门。六经述圣同文字，三岛求仙长子孙。试考象鞮较仁暴，寅宾毕竟胜坚昆。

《瓶庐诗稿》卷八

次前韵再简息盦** 时上元后一日

光绪三十年正月十六日（1904 年 3 月 2 日）

舍人巨笔纪平淮，《松阿先生集》有平定准噶尔雅、平西域雅诸篇。皇雅铙歌字字佳。吾祖获亲函丈训，先祖以古文辞质于先生。后生每切景行怀。一时物望荀陈并，累世通家孔李偕。难得闲居频唱和，依然同社复同侪。

此日彤墀百兽樽，万虫声里殿庐温。上元曲宴，以玉爵进酒，又以草虫

---

* 时间系据翁同龢光绪三十年正月初十日日记。

** 时间系据翁同龢光绪三十年正月十七日日记。诗钞于此日。息盦即邵伯英，邵松年。

置春山宝座下。近闻羽檄传三辅，侧想春灯静九门。承露盘高铸铜狄，支机石巧仿天孙。朝廷别有怀柔略，岂为宸游事筚昆。

《瓶庐诗稿》卷八

邵息盦太史松年和“淮”字韵诗，辄以父执见推，非所敢承也，追溯先德，报以小言*

光绪三十年正月十七日（1904年3月3日）

滔滔清汴注长淮，正则灵均肇锡佳。果见使星梁苑朗，至今化雨士林怀。文章世泽源流远，孝友家风子姓偕。馀事更征书画史，云林金粟是朋侪。

玉琢珪璋木饰樽，人间万事有寒温。承平君早辞鸾掖，勇退吾尤羡鹿门。绸堂银台。辟世偶耕多伴侣，济时筹策付儿孙。老夫懒散全无用，若序年龄合作昆。

《瓶庐诗稿》卷八

调甥叠韵见示，云禅渔联唱已成巨卷，再答之**

光绪三十年正月十八日（1904年3月4日）

金昌西去小秦淮，淡冶湖山处处佳。试剑石边豪气在，还元阁下故人怀。许鹤巢。即今剪翮樊笼闭，安得随身笠屐偕。客劝作邓尉游，愧不能答。闻道渔歌最潇洒，可容禅诵木鱼侪。

---

* 时间系据翁同龢光绪三十年正月十七日日记。十七日日记有“答邵伯英诗四首”。

** 时间系据翁同龢光绪三十年正月十八日日记。十八日日记有：“和调甥淮字韵诗。”

上元已过未开樽，坐觉轻绵特地温。限韵诗成频检字，谈空客去且关门。适药龛见访。愁吟杜老头如雪，喜咏坡公竹有孙。明日正逢燕九节，咬春小集问吾昆。与余昆弟交者惟二人：孙寿州、铭鼎臣①也皆在京师。

《瓶庐诗稿》卷八

次韵春雪酬调甥*

光绪三十年正月十九日（1904 年 3 月 5 日）

朔风吹雨过长淮，千里郊原秀色佳。欻尔疾雷惊众听，旋看飞雪轸予怀。五行寒燠阴阳系，一岁丰凶性命偕。学道未能聊学稼，樊须本是小人侪。

安得庄生五石樽，遍储春酒煦微温。湿薪破灶愁居室，彩胜银灯静掩门。蹑屐送诗烦侍史，呵毫写韵喜诸孙。来诗是令孙所书。范公桥畔闲吟客，可有名章继二昆。

《瓶庐诗稿》卷八

次韵再答调甥**

光绪三十年正月二十日（1904 年 3 月 6 日）

吾诗略似橘逾淮，纵带馀酸却未佳。避俗自携冰雪卷，登高别具海天怀。南冠漫作钟离泣，投袂谁能楚子偕。猿鹤沙虫等闲事，同袍同袢即同侪。连日无东方战事消息。

---

① 指孙家鼐、铭安。

* 时间系据翁同龢光绪三十年正月十七日日记。日记有“调甥送诗，即和之”。

** 时间系据翁同龢光绪三十年正月二十日日记。日记有“又和调甥诗并写纸卷。”

墨花盈砚酒盈樽，昨日严凝今日温。天意似怜贫士赋，春光先到野人门。已蒙甘泽施龙母，更祝丰年长稻孙。喜得时晴佳想帖，为言有句和诸昆。金门小简云农言此雪不害麦，并云已和诸昆诗数首。

《瓶庐诗稿》卷八

息盦和诗述祖庭粟园先生曾任淮宁，政绩炳然，而余前诗未及详也，谨补是篇*

次章谓息盦主讲新建学堂事

光绪三十年正月二十一日（1904年3月7日）

大腹胎簪始导淮，山川绵络土风佳。敬闻召父循良绩，益仰文孙继述怀。历下有亭遗爱在，京华作客旧游偕。先生后任山东知府，每年来京师，宾客如云。许公逸事吾能记，不愧当年鲁宓侪。先外祖许公秋涛先生与先生友善，外祖卒于高安令。

手辟榛芜置石樽，千年雪井水重温。时建学堂于乾元宫后。诏书新立招贤馆，邑士争趋大匠门。渺矣谈天古邹衍，彼哉曲学汉公孙。从来经术通事务，定有良规启后昆。

《瓶庐诗稿》卷八

冒雨送客，遂至山庐，次韵简金门**

光绪三十年正月二十一日（1904年3月7日）

稠叠新诗韵限淮，搜奇斗险那能佳。徒增落木长年感，不尽王孙漂母怀。湖上已看春水足，山中只与白云偕。莫言沤鸟无情物，

---

* 时间系据翁同龢光绪三十年正月二十一日日记。日记有“和邵伯英、俞金门诗”。

** 时间系据翁同龢光绪三十年正月二十一日日记。

相近相亲有匹侪。

奚事茶瓯与酒樽，每来君室气弥温。略栽花竹春生座，静对诗书昼闭门。平世志常忧社稷，丈夫情岂系儿孙。白头老舅真萧瑟，扶杖先寻尔弟昆。

《瓶庐诗稿》卷八

重有感简金门*

光绪三十年正月二十一日（1904 年 3 月 7 日）

湛湛江水上通淮，郁郁虞峰气象佳。一变遂开游士习，几人能具古贤怀。弦歌岂与知方异，文学原同政事偕。手抱遗经发长喟，衡门幸有耦耕侪。

闻道中衢置一樽，任人斟酌各寒温。兵来未必先除道，邻斗何妨独闭门。首务俭勤遵夏后，还期桓拨颂汤孙。天涯寒食松楸隔，行路吁嗟况后昆。

《瓶庐诗稿》卷八

题明宣德仿天游石湖玩月轴**

光绪三十年正月二十四日（1904 年 3 月 10 日）

石湖风景数吴门，无复长桥印月痕。难得天游留画本，竟纡宸翰写江村。冲襟不屑祥龙石，宋徽宗有祥龙石图。艺事空传蟋蟀盆。宣

* 时间系据翁同龢光绪三十年正月二十一日日记。

** 时间系参考翁同龢光绪三十年正月二十四日日记。日记有："看寅处有宗少文画长卷，宣和题字，此必伪迹。"

德铜炉最著，并有戗金蟋蟀盆，亦绝妙一世。玉轴剔残朱印在，墨林遗迹要重论。此轴乃项氏旧装，不可割弃。

《瓶庐诗稿》卷八

有逐余舟呼冤者纪之以诗*

光绪三十年正月二十六日（1904年3月12日）

正月二十六日乘舟过西门，靖江人卜氏兄弟随舟呼冤。询之，家在谢家桥，距靖江城二十五里，哨弁罗、张二人以称贷不应，袒其妇而挞其姑，并杖其兄弟数百，冤莫伸也。解慰之，助以归资。

冤愤塞天地，蹈海亦其常。哀哉有老母，回顾增彷徨。路遇白发叟，柱杖来何方。导我叩公门，令我陈衷肠。嗟余无斧柯，安能戢豪强。赠汝以一言，至柔能克刚。叩头谢老兵，黾勉供酒浆。毋为妄号诉，天意总苍茫。

《瓶庐诗稿》卷八

题赵石农手摹其尊人《卖药图》遗像**

光绪三十年正月二十七日（1904年3月13日）

君家慈乌村，返哺乌亦喜。一朝闻母疾，重茧血芒履。君看乌飞翔，不敢越百里。中夜绕树啼，行人可以止。

周官久阙坠，司市无权衡。既弛奇慝禁，复竞锥刀争。岂如布衣徒，怀抱济世情。闵彼叩门人，一裹祈再生。

---

* 时间系据诗题所标时间。

** 时间系据翁同龢光绪三十年正月二十七日日记。

赵子非画师，伏地写父真。謦咳在魂梦，纸墨皆有神。卖药亦雅事，垂诫犹谆谆。勖哉诗礼学，毋溷屠沽尘。

《瓶庐诗稿》卷八

支溪*

光绪三十年二月初四日（1904 年 3 月 20 日）

橐笔客初去，扁舟吾欲东。岸容三变柳，篷背两来风。欲访萧梁寺，支溪有明因寺，今荒。因怀顾细翁。可怜红豆树，埋没蔚蒿丛。红豆一株不知所在矣。

《瓶庐诗稿》卷八

白茆新市**

光绪三十年二月初四日（1904 年 3 月 20 日）

闻道彭桥水，滔滔已北趋。支流小绵蔓，官牍旧壶卢。徒费三重闸，空征九县租。太湖水北注许浦、徐六泾，此处海口久淤矣。前人有成议，灌溉用诸湖。顾定九先生有溉田用湖不用海议，盖本明耿公水利书。

《瓶庐诗稿》卷八

和俞曲园郎亭同作***

光绪三十年三月初四日（1904 年 4 月 19 日）

春到先生气自暄，寻常下笔已千言。文章自合关时运，人物终

---

* 时间系据翁同龢光绪三十年二月初四日日记。

** 时间系据翁同龢光绪三十年二月初四日日记。

*** 时间系据翁同龢光绪三十年三月初四日日记。先是汪鸣銮于初三日送诗。次日，翁同龢和诗。时汪氏在杭州诂经精舍任教，俞樾为精舍院长。

当属上元。细韵雄篇皆入妙，祥麟威凤各高骞。艺堂中丞及□□。山农不识韶頀奏，独唱真无例可援。

《瓶庐诗稿》卷八

题李吉人《自怡楼课孙图》*

光绪三十年三月二十二日(1904年5月7日)

老翁读书不下楼，诸孙环坐屋两头。俗人笑彼一措大，学人矜此万户侯。君家学派开扬州，后先津逮虞山陬。秀才传世十四叶，乔野怅望金貂羞。惜哉一病不可瘳，伏枕往往闻斗牛。我衰君老不时见，凄清邻笛空山秋。即今秀起孙枝稠，前者珪璋后骅骝。守身事亲天下乐，"自怡"二字勤研求。

《瓶庐诗稿》卷八

题邵僧弥画册并影摹尚书公为卞花龛书吴梅村** 画中九友歌附于册后

光绪三十年四月十一日(1904年5月25日)

花龛端合配瓜畴，非隐非狂只浪游。省识吴门两高士，李长衡程孟阳而外足风流。

《瓶庐诗稿》卷八

---

* 时间系据翁同龢光绪三十年三月二十二日日记。

** 时间系据翁同龢光绪三十年四月十一日日记。吴梅村，即吴伟业，江苏太仓人，明末清初著名诗人、学者。

浙游归过吴门，西蠡出视鹿床居士长卷，因摹一角作卧游计，惟不足当少文之澄怀观道耳*

光绪三十年四月（1904 年 5 月）

鹿床衣钵谁传得，袖底烟霞入化机。摹取一方归去看，过年腰脚恐全非。

《瓶庐诗补》

偶忆吴门血书《华严经》，轻舟往观，舟中漫题旧临石田《竹堂僧寮图》，次前韵**

光绪三十年四月二十日（1904 年 6 月 3 日）

草堂栽花半成树，花落枝空渺无处。残春一瞥太匆匆，剩有流莺花底驻。莺啼花落各漂泊，我亦扁舟随去住。奚童懒散强解事，买酒烹鱼乞题句。岂知老病意逡巡，右臂虽舒力犹未。吴船柔舻百摇兀，幸有飙轮助豪趣。野长泾树倏过眼，北市塔尖青已露。翻愁吾笔亦飞空，收拾怀中置馀地。

《瓶庐诗稿》卷八

舟中为童子程福题去岁画***

光绪三十年四月二十日（1904 年 6 月 3 日）

我昨作画时，绿荫翳轩窗。今我对此画，市声杂喧哝。万事各

* 时间系据《瓶庐诗补》原注。

** 时间系据翁同龢光绪三十年四月二十日日记。

*** 时间系据翁同龢光绪三十年四月二十日日记。

有适,静躁难为双。驾言出我门,轻舟缀飞舣。湖波碧澹演,一水连胥江。缅想古贤人,伐石通渔矼。至今湖濒民,万户安耕墢。惜哉半沦废,仅见卧柳桩。兹行虽快意,亦虑相击撞。瞻前忽顾后,寸衷苦难降。何暇斗险韵,妙语谐琤瑽。严生不学画,拙笔丑且戆。不如姑置之,一醉竹叶缸。明当仿寺僧,同叩华严幢。

《瓶庐诗稿》卷八

题龙寿山房血书《华严经》*

光绪三十年四月二十六日(1904 年 6 月 9 日)

宋文宪三生写经之说,不足深信,独怜其远窜金齿,事君不终为可慨也。

筇笠随缘住,签厨待客开。幸留吾舌在,余病舌僵。端为血书来。一滴今犹热,三生事浪猜。由来金齿地,不著栋梁材。

《瓶庐诗稿》卷八

触目**

光绪三十年四月二十七日(1904 年 6 月 10 日)

触目增凄楚,回头独叹吁。哀蝉声似诉,病稼叶先枯。义烈吾何憾,团栾世岂无。一杯遥酹汝,噩梦落江湖。

昨夜月当户,今朝云湿衣。雨晴天有意,进退我忘机。风笠无

---

* 时间系据翁同龢光绪三十年四月二十六日日记。

** 时间系据翁同龢光绪三十年四月二十七日日记。

端舞，阤轮不易軏。升高试腰脚，已觉逐年非。

《瓶庐诗稿》卷八

题俞佑莱藏旧拓乙瑛碑*

光绪三十年五月初二日（1904年6月15日）

礼殿新文学舍名，执经非复鲁诸生。王家选吏须忠孝，底事区区犬酒争。犬酒犬字苏斋释为友，恐非。

卒史原非胥吏徒，倪宽黄霸是通儒。卒史清华之选，吏卒乃守卫者也，杜佑讹百石卒史为百户吏卒甚谬。臣龢曾与经师席，惭憾空疏一艺无。碑字有贱名者极少，每对孔龢，内省增怍。

一字研求点划旁，书生泥古太微茫。近人谓此碑以辞对，故下辟字右半"辛"完好者为古拓。何当尽扫莓苔迹，重睹穹碑日月光。

《瓶庐诗稿》卷八

题费西蠡《归牧图》便面**

光绪三十年五月十一日（1904年6月24日）

趍斋奇字何人识，归牧新图我尚疑。龠口键精缘底事，十年冷却凤皇池。

碑版图书古鼎樽，一龛斗大隘乾坤。桃花坞里清溪水，可许扁舟直到门。

---

* 时间系参考翁同龢光绪三十年五月初二日日记。

** 时间系参考翁同龢光绪三十年五月十一日日记。

鹤庐小隐画中禅，不独人传画亦传。风雨闭门太萧瑟，会添一鹤两诗仙。

《瓶庐诗稿》卷八

疾亟口占*

光绪三十年五月二十一日（1904 年 7 月 4 日）

六十年中事，伤心到盖棺。不将两行泪，轻向汝曹弹。

《瓶庐诗稿》卷八

初食瓜**

光绪二十九年六月（1904 年 7 月）

此是江乡第一瓜，琼浆初剖艳流霞。道旁多少担肩客，各献先生一朵花。

《瓶庐诗稿》卷八

* 时间系据俞钟銮《翁同龢手札》卷八记载。

** 《瓶庐诗稿》将此诗置于光绪三十年五月。这里时间系据翁同龢光绪二十九年六月推断。查光绪三十年五月翁同龢日记，并未食瓜。江南食瓜当在每年六月以后。五月，翁同龢已去世。另查光绪二十九年六月翁同龢日记却有食瓜文字记载：“十二日，张令送雪瓜四担，诔春送马铃瓜二十馀。”据此推断，此诗当写于光绪二十九年六月。

齐天乐·别迟庵、湛田诸君*

咸丰八年六月二十日前(1858年7月30日前)

离人怎奈西风紧,吹来半襟尘土。愁髓惊寒,断魂惯转,谁省懊侬情绪?歌残金缕,只茸帽冲寒,相思空诉。珍重临歧,忆侬替把落英护。

银缸一花自语,折芦应赠我,偏恋今雨。燕语呢喃,莺魂婉转,是梦也都难据。碧翁还妒,仗一阵罡风,吹云飞去。后会何时,忍将愁寄与。

《翁同龢日记》第30页

霜花腴·别都门诸故人

咸丰八年六月二十日前(1858年7月30日前)

渭城叠唱,整坠鞭,邮亭便是天涯。疏柳摇金,零芙碎碧,西风吹冷霜花。素襟暗遮,是泪痕不是尘沙。怅而今断雁离群,寒宵无寐听凄笳。

回首烟芜千里,更山遥水阻,弥望蒹葭。落叶青枯,惊条红陨,相思惯我征车。旗亭梦赊,记背灯凄弄琵琶。料他时天末凉风,屋梁眉月斜。

《瓶庐杂稿》补

* “迟庵”即孙毓汶,“湛田”即贾致恩。

齐天乐·和伯寅留别词

咸丰八年九月十八日(1858 年 10 月 24 日)

天涯赠惯销魂句,除君几人知我?金缕歌云,银樽饯雨,不道别离真个。西风无那,把一缕闲云,梦边吹破。数尽阑更,带愁起把玉笺和。

无聊自吟楚些,倩哀蛩替诉,幽径空锁。紫荔惊秋,红兰怨夜,怕把旧歌提过。痴魂未妥,恨一叶飘零,去留都在,湿尽青衫,怎医愁病可?

《翁同龢日记》第 40 页

金缕曲·悼亡妻之作*

咸丰八年十二月三十日(1859 年 2 月 2 日)

历历珠玑冷,是何人,清词细楷,者般遒劲。费尽剡藤摹不出,却似薄云横岭。又新月娟娟弄影,玉碎香销千古恨,想泪痕,暗与苔花并。曾照见,夜妆靓。

潘郎伤逝空悲哽,最难禁,烛花如豆,夜寒人静。玉镜台前明月里,博得团圞俄倾。偏客梦,无端又醒。三十年华明日是,剩天涯飘泊,孤鸾影。明镜语,问谁省?

《瓶庐词钞》卷一

* 时间据翁同龢咸丰八年十二月三十日日记。

金缕曲①

咸丰十年四月(1860 年 5 月)

残月看如玦,怪人生团圞能几,那如明月?月尚一年圆几度,偏照人间离别。似月也才圆还缺,尽许相思千里共,怕梦魂,此后难飞越。回首处,山重迭。

好天良夜空凝咽。忆年年轻纨小扇,无端凉热。三载悠悠浑似醉,又是酒醒时节,只落得填膺凄切。但愿樽前重对影,更从头细把而今说。窥素魄,皎如雪。

《瓶庐杂稿》补

满江红·题张寄生夫人顾氏《篝灯课子图》*

同治十二年(1873 年)

梅里张氏,先祖妣母家也。寄生夫人于先祖妣为侄妇,苦

---

① 从词中“三载悠悠”推论,当写于咸丰十年四月。《瓶庐词稿》在“金缕曲”下有以下一段文字:“题白石词后。此余儿童时依傍鲍叔野先生点本,亡妻爱诵唐宋长调,因以畀之,病中犹咿唔不辍也。顷来秦中,携以自随,除夕客去,官斋如水,取案头画行笔点读一过,俯仰旧事,慨然而叹。是日购一铜镜,背铭三十二字,有‘曾双比目,经僻孤鸾’之语,因题一词,以抒余悲。戊午除夕漏三,识于陕西学使署后堂。”(见翁永孙辑《瓶庐词钞》卷一,常熟开文书社 1914 年石印本。)

又,《瓶庐杂稿》中另有“金缕曲”词一首:“残月看如玦,怪人生团圞能几,那如明月?月尚一年圆几度,偏照人间离别。似月也才圆还缺,尽许相思千里共,怕梦魂,此后难飞越。回首处,山重叠。好天良夜空凝咽。忆年年轻纨小扇,无端凉热。三载悠悠浑似醉,又是酒醒时节,只落得填膺凄切。但愿樽前重对影,更从头细把而今说。窥素魄,皎如雪。”(《瓶庐杂稿》,见朱育礼校点《翁同龢诗集》第 409—410 页。)

* 时间系据《瓶庐词》原注。

节抚孤，长于文字，戚鄙矜式，龢儿时及见之。今二十年，夫人既卒，其子缃表兄亦死于贼，今在者惟子缃之次子耳。感赋此词，次册中范君韵。

白发青裙，受累世，成书顾托。算只有，机丝灯影，豚栏牛铎，冰雪天寒儿女泪，湖山地僻诗书乐。记舟人指点，旧门闾，梅花阁。

岁暮矣，蛇归壑，寇深矣，燕巢幕。幸此卷过江，衣褶居然行橐。三世凋零怜子在，八哀于邑愁余作。况归来城郭已全非，华亭鹤。

《瓶庐词》

风入松·戊子除夕用黄小松韵第一首*

光绪十四年十二月二十九日（1889年1月29日）

春声万户浩无边，爆竹破寒烟。儿嬉忍忆当年事，拜年盘，压岁甘鲜。豆秸骑来竹马，蜡珠缀出金莲。

老来画笔剧清园，懒于斗婵娟。银豪不尽春城景，画江南，乌榜红船。却笑门前帖子，鸡鸣束带年年。

《瓶庐词》

摸鱼儿·题吴竹桥先生《湖田书屋图》册**

光绪十五年八月初三日（1889年8月28日）

己丑八月，暂假归里，过儒卿兄舍，出此图命题。云“图凡

---

* 时间系据词题所标时间。又翁同龢光绪十四年十二月二十九日日记。黄小松，即黄易，字大易，号小松、秋庵，浙江仁和（1今杭州市）人，为“西泠八家”之一，清代著名篆刻家，书画家。

** 时间系据《瓶庐词》原注。又查翁同龢日记，此次回乡，翁同龢先看吴氏，后吴氏携孙来看翁氏。前后两人见面共两次。据此，此词当在八月初三日见面后作。吴竹桥，即吴蔚光，清代著名学者，为吴鸿纶（1儒卿）祖辈。

十三,今只留一矣”。同龢置身朝列已四十年,欲归不得,因填此解,敬依册中韵,请正。

问坡翁,较量甚事,不归如此江水。天风吹皱湖波绿,颇厌人间尘腻。虞仲里,有角听骊龙,长卧神渊底。倦游归矣,只读画哦诗,论书訾易,饱吃典衣米。

乾嘉事,缅想承平盛际,题诗炯炯纸尾。湖田书屋何曾有,十九寓言庄子。秋兴起,看红带青衫,换却宫袍紫。高风先志,试再补新图,略修老屋,添我白头弟。

《瓶庐词》

念奴娇·题诺瞿上人万梅花外一蒲团小照*

光绪十五年八月十八日(1889 年 9 月 12 日)

癸酉之春,余随先兄玉甫及庞宝生、杨咏春探梅邓尉,一过还元阁。今己丑八月复偕赵价人兄访桂山中,而桂尚无花也。游石楼石壁,还宿万峰寺,僧诺瞿大和尚以此卷索句,感慨旧事,因和石帚韵漫题。

十年前事,记扁舟,犯雪三五吟侣。太息古梅零落尽,昨夜旧人可数,三偈谁参,庞文恪公。元经莫补,杨濠叟。忍说联床雨。万峰深黑,可怜无处题句。

薄暮唤起金盆,扫开玉宇,便欲乘风去。极目湖天,秋草碧,一样情深南浦。余即日北行。词客抽簪,价人归田已十八年。高僧退院,伴我斯楼住。诺公年三十八而退。虎山一鹤,倩伊指点归路。谓许鹤巢。

《瓶庐词》

---

* 时间系据《瓶庐词》原注。又,光绪十五年八月十八日日记有“为诺公题小影”。

一萼红·次杨古酝十刹海观荷韵*

光绪十五年(1889年)

丁丑之岁,仆与古酝先生同舟海上,渺焉有蓬莱仙人之叹,今复遇于春明,以十刹海观荷词见示,辄次其韵。

这新词,是霜天晓角,索索变秋声。散吏朝回,诗人老去,离怀别酒凄清。又过我,小斋夜话,记海天飞渡月轮明。神雀回翔,穹龟隐见,奇绝平生。

岁岁坡公生日,问谁携笋脯,来荐江亭。老我粗官,不堪作隶,春风词笔凋零。喜孤鹤,翩然而至,与城南,诸老证诗盟。最好花间一集,火速刊成。

《瓶庐词补》

探春慢·为汪小珊题戴文节画《琴舫吟秋图卷》**

光绪二十四年正月二十八日(1898年2月18日)

道光庚子,余年十一,先公奉祖母赁居苏州胥门之吉祥

---

* 这首词录于《瓶庐词补》。光绪三年八月,翁同龢回籍修墓,途中结识松江秀才杨古酝葆光。多年后在京再次相遇。杨氏以观荷词请教,翁后遂和了这首词,时间约在光绪十五年。

** 时间据《翁同龢日记》光绪二十四年正月二十八日。是日日记有:"题戴文节为汪小珊画《琴舫吟秋卷》,卷有二姊题诗,因赋一词于后。小珊者,汪鉴斋藻,余童时最熟(习)〔悉〕者也。"戴文节即戴熙,字醇士,号鹿床、井东居士等,清代著名画家、诗人。浙江钱塘(今杭州市)人。1860年李秀成率太平军攻陷杭州。他投水自杀。谥文节。二姊,即翁璇华,嫁浙江归安(今湖州市)钱振伦(楞仙)。1840年(道光二十年)英军入侵长江,江南震恐。翁心存率其母张太夫人避难苏州汪家。汪鉴斋祖籍浙江,世居苏州,系翁心存门生。官至工部郎中,后弃官回籍。

衖。海警方殷，苏之戚友，唯汪氏是赖。汪君鉴斋，先公乙未浙江所取士也，不以余为幼，数谈论古今，自是山游水嬉，酒樽蜡屐，辄相将焉。人事变迁，余发尽白。戊戌初春，退朝之顷，忽睹此卷，卷有余姊题诗，感慨旧事，用姜白石《从女婴在沔词韵》记之。鉴斋名藻，辛丑进士，官工部郎，浙籍，住苏，小珊其别号也。

纱縠行边，乌衣巷侧，荆棘已化平野。五十年前，吴阊灯火，多少俊游裘马。可惜西园记，竟官职姓名未写。□教余亦沉薶，更无人可同话。

休问此图来历，偏送到凤城，旧卷重把。突兀警看，女婴题句，妙合吴钱陶冶。卷中诗署翁某者，龢之仲姊，适归安钱楞仙司业。忽忆临分语，尚嘱我轻帆南下。己酉一见，姊旋卒。清泪无端，早朝又报残夜。

买陂塘·次奎孙侄孙韵二首*

光绪二十四年十一月二十二日(1899年1月3日)

戊戌长至后，西山墓庐将成，奎孙侄孙督役勤，至呈新词二阕，辞意斐然，漫次其韵，落笔草草，切勿示人也。

蓦开缄，新词数幅，就中甚有佳处。昨宵酒冷灯昏后，念汝矮篷小住。天又暮，正盼雪，俄空盼到纤纤雨。孤怀谁与？欲蜡屐抛残，围棋输却，莫问谢公墅。

---

* 时间系据翁同龢光绪二十四年十一月二十二日日记。日记有："奎二日住鸽峰，甚勤苦，并呈二词，因和答之。"

人世事，漫说浮名相误。忠奸要自披露。此湖多少闲风雨，传有隐居尚父。留汝语，笑三径，无资又迫残年度，俗情无数。看祭灶请邻，谢红待匠，此四字俗语。烦汝屡来去。

更沉吟，几间茅屋，也须健骨撑住。东粘西补绸缪到，鸟鼠岂容同住。离骚赋，纵独往行歌。尚有渔人侣。乱云如许，愿片片闲鸥，时来就我，且莫便飞去。

西山下沉痛，蒿莪风树。斯楼敢有题句。倦飞自是高人致，不比南冠瘁羽。还问汝，看咫尺湖田，可许寻烟雨，旧时鹓鹭。想画日裁云，批风抹月，指我钓游处。

《瓶庐词钞》卷五

台城路·和丁叔衡*

光绪二十七年三月十三日（1901 年 5 月 1 日）

青山不落青天外，何人可容歌啸？渔丈樵夫，村娃稚子，各有云天怀抱。围棋几道，凭旧谱都翻，新图还杳。一笑仙踪，汝柯已烂宜归早。

投林况逢倦鸟，喜鸳鸯左翼，竟自飞了。君左臂独奋，画扇赠余。昨日寻碑，今朝载酒，岂等新亭潦倒？画图虽好，怕团扇家家，被人频扰。且待秋深，迟君来一櫂。

《瓶庐丛稿》

---

* 《翁同龢日记》第 3375 页。日记有："丁叔衡（立钧），又号恒斋，以左手画扇并新词数首见赠，左体支离特甚，午后去。"

减兰·题张约轩遗像*

光绪二十七年三月二十三日(1901年5月11日)

约轩先生年倍于余,然三世旧交,兄弟行也。童时数从游晏,今睹遗貌,怆然有怀,辄题此词,用卷中秦澹如韵。

清才如水,仕隐萧然诗酒里。六博投壶,即论豪情世已无。仙人去早,半野荒庄陈迹扫。惆怅乌衣,为问王孙归不归。君孙耽伯宦游浙中,故末句及之。

《瓶庐词》

浣溪沙·《画双忠寺古银杏》等五首**

光绪二十七年三月二十五日(1901年5月13日)

一扫江乡万木空,眼前突兀势争雄。何年僵立两苍龙?
像设荒凉碑记黯,灵旗来往圣灯红。微闻野老说双忠。

前调·谢桥小泊待潮

错认秦淮夜顶潮,牵船辛苦且停桡,水花风柳谢家桥。　病骨不禁春后冷,愁怀难向酒边销,却怜燕子未归巢。

前调·食鲥鱼

一箸腥风餍腹腴,烂如熊白腻如酥,江南隽味世应无。　作贡

---

* 时间系据《瓶庐词》原注。又,光绪二十七年三月二十三日翁同龢日记有:"题张约轩小照,得诸程颂南,一元八角,拟还其孙耽伯。"

** 时间系据翁同龢光绪二十七年三月二十五日日记。日记有:"途中得词六首。"

远通辽海舶，尝新忝荷大官厨，酒醒忽忆在江湖。

前调·坐独轮车

杭稻云帆系此邦，惊涛骇浪未全降，居然画断一长江。　柳陌低低行易过，鹿车小小力能扛，莫言失却下鱼矼。

前调·田山圣济寺时方重修

寂寂茅堂野鸽飞，山僧乞食未曾归。一龛香火敞双扉。绀宇重新须努力，金容无恙得瞻依。有人怅望泪沾衣。

《瓶庐词》

祝英台·答丁叔衡*

光绪二十七年四月二十一日(1901年6月7日)

辛丑三月杪，丁君访余里中，盘桓于破山之寺，余病未能从也。别后将赴江阴，而有见君于金昌亭者，片帆未卸，若将南指，余虽老病，江山友朋，森然在抱，然独不愿君之往澉浦也。漫次来韵，代柬。

送春归，春未去，春去雨声里。老我荒江，懒访破山寺。似闻古佛前头，牡丹花落，依旧是密笼浓翠。

大堤路，只此百里邮签，愁风又愁水。君独扁舟，我自系离思，劝君莫向横山，横山何处？恐妨了饱飡酣睡。

《瓶庐词补》

---

* 又《翁同龢日记》光绪二十七年四月二十一日有“得丁叔衡词并信”。此词当为和词。但细察用词、语吻不似翁氏风格。存疑。

浣溪沙·题画*

光绪二十七年四月二十七日(1901 年 6 月 13 日)

投老吟怀未肯降,炎风赤日炙西窗,惜无亭子俯空江。时近分秧农事迫,门多游骑足音跫,明朝准拟醉春缸。

前调

晒麦场宽闹午鸡,桔槔声又动前溪,柳条东向屋朝西。

关塞飞云犹渺渺,天涯芳草自萋萋,西方何处美人兮。

前调

观大慈寺出土佛像,像高今尺五寸,宽八寸,函以银椟,古色斑然。

银烂金流活绿缠,残碑未削建文年,津梁疲后且高眠。

出世漫疑真佛现,好奇犹记次公传,人情俱去赤乌砖。此像次公告余,余屡访未得,今始见之。次公藏赤乌砖砚。

《翁同龢日记》第 3498 页

前调·中夜大雷鱼*

光绪二十八年三月二十七日(1902 年 5 月 4 日)

篷背雨生粗,旅泊飘摇冷梦苏,千万雷霆盘左右,嗟吁!疑似

* 《翁同龢日记》第 3382 页。原诗注:"辛丑四月二十七日,山居写此遣兴,明日鹿道人(指菉卿即侄儿翁曾荣)欲载酒过我也。"日记写有:"竟日看志稿,偶画扇兼题词。闻菉侄明日载酒来,恐伊太劳,拟入城就之。""今日余生朝也,仆辈为具素面。"

* 日记有昨日"忽雷雨",今日"买鲥鱼一尾饱啖"。"作小诗四首。"

骊龙失却珠。

估客夜相呼，弱缆全凭一线扶，天自苍茫人自定，今吾，默坐寻诗一事无。

《翁同龢日记》第 3434 页

庆清朝·再步徐午阁韵并题卷后*

光绪二十九年十月初一日（1903 年 11 月 19 日）

癸卯之秋，午阁徐君自汴放里，访我山中，携此卷見还，语详午阁跋中。别后复寄和韵词一首，于壬辰春闱被放，若耿耿不释者。夫一言契合，终身不忘，午阁风义如此，此吾所以爱君敬君而重为君惜也，辄再步韵题卷后。

妙画依然，故人安在？眼前时事翻新，江南纵好，忍谈九陌扬尘。况复虎山桥畔，累累宿草几经春。空回首，南冠憔悴，梦断吴门。

昨日徐陵过访，喜二十年飘泊，无恙吟身。东游何事？欲回大海神鳞。君著《迴澜障》一书，皆治河方略。我道还珠奇遘，珠涡可是旧巢痕，投珠憾，劝君一笑，莫话前因。

---

* 《翁同龢日记》第 2531 页。十三日日记中讲："未刻，徐午阁鄂从嘉定来……"十月初二日日记讲："得徐午阁函，将往山东，又词一首。"此词当时和词。词中讲"壬辰春被放"是指光绪十八年四月，徐劾奏新授山西巡抚阿克达春贪赎，谕旨责问徐身为左副都御史"来往皖中，回京后何不即参奏"？令其"明白回奏"事。徐氏对此一直耿耿于怀。徐鄂即徐致祥，字午阁，与徐郙（颂阁）为叔侄。

庆清朝·题《半偈庵图》*

光绪二十九年十月初二日(1903 年 11 月 20 日)

偶得半偈庵图卷,请吾友许君赋之,君曰:"此先世旧藏物也。"嗟叹不已,因以归之,次韵奉正。

画马安归,研山何在,诗人多事翻新。当年半偈早空,万劫沙尘。太息堂前燕子,夕阳野草不胜春。流传久,题将春木,仿了梧门。时帆先生曾仿是图。　不觉惊呼,凄感是青毡故物,拄杖随身。虎山桥畔种松,都化龙鳞。莫道白头词笔,儿啼尚有旧时痕。聊持赠,风帘官烛,怕话前因。庚辰春闱余梦得君卷狂喜累日,然是科君竟被放。

《瓶庐词》

南乡子·舟至福山

光绪三十年三月二十八日(1904 年 5 月 13 日)

我爱福山塘,修竹连畦翳日光。散步一桥如画里。江乡,十二栏干白板长。

却讶泻流黄,潮去潮来日夜忙。试问书生缘何事?轻航,手把鱼竿节节量。同治癸酉,余议浚福山塘,手量深浅。

《翁同和日记》第 3516 页

---

* 时间系据《瓶庐词》原注。又,光绪二十九年十月初二日日记有:写"词一首,《题半偈庵》卷"。

食鲥

放箸忽悲辛,未识中朝可荐新?昨夜江皋风又雨,侵晨,三百青铜一尺银。

小鼎厝劳薪,姜桂酸咸苦未匀。白白盘飧吾愧汝,逡巡,多少荒郊乞食人。

《瓶庐丛稿》补

武官十言对联

同治二年十月二十日(1863年11月20日)

有马伏波被甲据鞍之志

如荣启期带索鼓琴而歌

《翁同龢日记》第325页

拟扁八分

同治六年十月二十三日(1867年11月18日)

寿寓春晖　普天承福此二份进皇太后。

福禄束崇　用锡尔祉　受兹多福此三份拟赐恭亲王及两公主。

景星庆云　修德保福　备致嘉祥此三份赏内监。

《翁同龢日记》第595页

元旦试笔条六分

同治六年十二月初六日(1867年12月31日)

璇闱介福　九如迪吉

天开泰运　寰海镜清

颂协春台　时和岁丰

《翁同龢日记》第603页

挽曹大俊心穀同年联

同治七年正月十九日(1868 年 2 月 12 日)

官舍我来频,仲举常悬徐稚榻
吏才君第一,商暲应勒景完碑

《翁同龢日记》第 615 页

广东开平劳秋田学博寿联

同治七年四月十五日(1868 年 5 月 7 日)

高文世仰经畬集
耆德名尊学海堂

《翁同龢日记》第 631 页

挽刑部主事王瑞星景卿联

同治八年九月十四日(1869 年 10 月 18 日)

岂是修文,一夕遽惊长吉逝
更谁载酒,九秋来与子云谈

《翁同龢日记》第 748 页

对联*

同治九年四月初十日(1870 年 5 月 10 日)

水清鱼避影
松静鹤留声

瓶生翁同龢

未刊稿,原件藏常熟市文管会

对联**

同治九年四月十四日(1870 年 5 月 14 日)

言炳丹青名标图史
文昭日月庭列钟彝

达铭一兄大人雅属
叔平弟翁同龢

未刊稿,原件藏常熟市文管会

彭讷生六十寿联***

同治九年六月初五日(1870 年 7 月 3 日)

浙水双凫,家传治谱

* 时间系据翁同龢同治九年四月初十日日记。

** 时间系据翁同龢同治九年四月十四日日记。

*** 彭讷生,江苏长洲(今苏州市)人。彭蕴章之子。

海天一鹤，人号诗髯

上句切其官，下句切玉璟同知也。

《翁同龢日记》第809页

蔡宗瀛寿联

同治九年六月初五日（1870年7月3日）

手散千金，人称生佛

躬膺百禄，里有耆儒

《翁同龢日记》第809页

挽张光第云轩联*

同治九年六月二十日（1870年7月18日）

俄顷陨双星，定应仙侣归真，骑鹤同看缑岭月与其妻同日逝。

艰难经百战，尚有遗黎坠泪，买牛来种芍陂田张在皖甚著绩，由庐凤道再擢至方伯。

《翁同龢日记》第813页

挽孙钦昂师竹封翁联

同治九年六月二十日（1870年7月18日）

野鹤自高骞，纵无栗里田园，东道不妨亢亮隐自拔贡为令山东，四十

---

* 自注："光弟，安徽藩司，与伯兄同在寿州。"

告归。

林乌能返哺，难得眉山兄弟，辞官同侍老泉游师竹官翰林，其弟钦□官刑曹，告归侍养。

《翁同龢日记》第813页

对联*

同治十一年九月初十日（1872年10月11日）

子振大公祖大人正

留带金山，超然仙吏

疑香燕寝，福我吴民

叔平弟翁同龢

《瓶庐丛稿》卷十

对联**

同治十一年十月初四日（1872年11月4日）

尊兄学博先生正腕

骥子凤雏门多棨戟

粗缯大布腹有诗书

叔平弟

《瓶庐丛稿》卷十

---

* 时间系据《瓶庐丛稿》卷十原注所标时间。

** 时间系据《瓶庐丛稿》卷十原稿所注。

挽伯衡世大兄联*

同治十一年十一月初六日(1872年12月6日)

诰授资政大夫伯衡世大兄大人灵右

玉树临风,早岁才名空冀北

金鸩擘海,平生伟绩在胶东

世愚弟翁同龢顿首拜挽

《瓶庐丛稿》卷十

常熟兴福寺山门联**

同治十一年(1872年)

山中藏古寺

门外多劳人

录自兴福寺山门

自题一联

同治十一年十二月初三日(1873年1月1日)

现在岂知来世佛

大意还是小人儒

《翁同龢日记》第986页

---

* 时间系据《瓶庐丛稿》卷十原注。

** 时间系据翁同龢十一年日记。

挽汪邑侯尊人联

同治十二年正月二十四日(1873 年 2 月 21 日)

九秩康疆,化鹤竟同仙侣去

万民涕泪,脱骑来助使者悲

《翁同龢日记》第 994 页

挽汪秉斋联

同治十二年二月十二日(1873 年 4 月 8 日)

枫桥送酒,虎阜寻诗,四海交游谁似君家好兄弟谓鉴斋。

耕荫堂成,娑罗馆在,一生潇洒真疑天上谪仙人

《翁同龢日记》第 1005 页

寿联*

同治十二年四月初八日(1873 年 5 月 4 日)

富贵神仙登九十寿

孝友任恤湣千万人

《瓶庐丛稿》卷十

* 时间系据翁同龢同治十二年四月初八日日记。

三峰方丈联

同治十二年五月二十日(1873 年 6 月 14 日)

丈室依然,且莫论有宋元明,见在已更沧海劫
汉公往矣,要记取老师翁赵,今朝同看大江云

《翁同龢日记》第 1015 页

铁琴铜剑楼堂联*

同治十二年七月二十八日(1873 年 9 月 19 日)

入我室皆端人正士
升此堂多古画奇书

《铁琴铜剑楼资料选》

曾君表母夫人寿联

同治十二年八月二十八日(1873 年 10 月 19 日)

菊酒萸囊,欣看舞彩
灯花鹊喜,先兆泥金其两子皆应试也。

《翁同龢日记》第 1031 页

---

* 时间系据翁同龢同治十三年七月二十八日日记。

盛旭人寿联

同治十二年九月初六日(1873 年 10 月 26 日)

江汉敷仁,利泽早成天下雨
林泉颐志,清游新遍浙中山

《翁同龢日记》第 1032 页

王荣义义庄联

同治十二年十月二十二日(1873 年 12 月 11 日)

九叶清芬,卜筑未忌梅会里
一篇新记,买田来傍范公庄王本秀水新塍人,庄名馀新。

《翁同龢日记》第 1040 页

挽叶香谷联

同治十二年十一月初二日(1873 年 12 月 21 日)

蜀道书来,久厌青衫羁一郡
吴门居隘,竟移懒版卧三年

《翁同龢日记》第 1041 页

挽张仲宾室联

同治十二年十一月二十八日(1874 年 1 月 16 日)

德曜佐清贫,最钦分立孙支,剪雨诗人今有后仲宾,许氏子也。今以孙为伯缄先生后,行略称其孺人之意,故著之。伯缄曰剪雨楼。

卫恒悲早逝,犹幸善承慈训,临池草圣已知名孺人通经大义,其子莲甫秀才工书。

《翁同龢日记》第 1045 页

对联*

同治十三年二月初九日(1874 年 3 月 26 日)

谢傅坐围棋命世贤豪君有后
我何堪冯公虚授研累人弱息

《瓶庐丛稿》卷十

对联**

同治十三年二月初九日(1874 年 3 月 26 日)

白傅林塘传尽去

---

* 时间系据《瓶庐丛稿》卷十原注所标时间。

** 时间系据翁同龢同治十三年二月初九日日记。日记有“写楹帖”。

己公茅屋赋诗来

叔平翁同龢

未刊稿,原件藏常熟市文管会

挽彭祖贤芍庭陈夫人联

光绪元年六月二十三日(1875年7月25日)

臂血沾衣,闵默无言真至孝

茔魂入室,扶携有子是深慈上联纪其刲臂奉母,不与人言。下联谓其次子继卒。

《翁同龢日记》第1175页

挽杨铁臣联

光绪四年正月十五日(1878年2月16日)

是刘向荀勖一流,古义微茫开后学

有汲黯朱云之直,京华憔悴老斯人

《翁同龢日记》第1376页

挽文质夫联

光绪六年十一月十二日(1880年12月13日)

千里江淮,建节从容消巨患

残年风雪,满襟涕泪记深谈

《翁同龢日记》第1564页

挽丁日昌联

光绪八年三月十五日(1882年5月2日)

政绩张乖崖,学术陈龙川,在吾辈自有公论
文字百一缠,武功七二社,问何人具此奇才

《翁同龢日记》第1694页

挽李太夫人联

光绪八年三月十六日(1882年5月3日)

八十三年,极人世富贵尊荣,不改勤俭行素志
九重一德,为贤母咨嗟震悼,要全忠孝济时艰

《翁同龢日记》第1694页

挽天津道吴香畹联

光绪八年六月初五日(1882年7月19日)

战绩在东南,试看跃马先登,盾鼻常磨飞将墨
循声遍畿甸,何意骖鸾遽去,案头未报故人书

《翁同龢日记》第1707—1708页

麟書母八十寿联*

光绪九年正月二十日(1883 年 2 月 27 日)

起居八座贵

风雅二亭传谓(铁)冶亭及如亭也。

《翁同龢日记》第 1758—1759 页

甲申春帖子**

光绪九年十二月二十八日(1884 年 1 月 25 日)

协气东风验昌时海水平

从知天地德第一是销兵

圣怀日日系农桑问雨占云语最长

一卷豳风无逸画退朝常置御书旁

纳谏亲承上圣姿持盈端在泰交时

宸衷兢惕臣能说不独天颜有喜知

又代恭邸

风纪旋杓候龙兴定鼎年

宏图绳祖武春到海南天

璇闱慈寿祝无疆两度书春春倍长

---

* 日记有"诣麟芝庵处,祝其太夫人寿,铁冶亭(即铁保)先生之女,年八十矣,聪明健饭。"

** 时间系据翁同龢光绪九年十二月二十四日日记。

却贡蠲珍天子孝圣心原不事铺张
彩胜宫花映上樽年年吉语拜殊恩
吾皇好学吾民乐此是熙朝百福根

又代宝佩蘅师

日月瞻天表风云翊帝廷
微臣何以献窃比老人星
宸翰初传望雪诗果然霏玉点彤墀
圣心默与天心应耕凿愚民岂得知
流澌已动玉河津微雪还销紫陌尘
正是东风人日后柳条梅萼一时新。正月初八日立春。

又代李兰荪协揆

雪晴鸡鹊观水暖凤凰池
藩部朝正日炎方送喜时
绣裳画衮五云高宵旰常钦黼座劳
更喜慈闱亲训政两行银烛授丹毫
蠲租锡帑沐深仁渐见郊原宿麦新
臣里帝城春一气首承雨露是吾民

《瓶庐诗补》

挽广寿联

光绪十年八月二十六日（1884 年 10 月 14 日）

贞节立孤难君今不死
登庸虚左待人之云亡

《翁同龢日记》第 1911 页

挽广绍彭联*

光绪十年八月二十六日(1884 年 10 月 14 日)

贞节立孤叹君今不死
登庸虚左待人之云亡

《翁文恭公日记》

挽左侯联**

光绪十一年十月二十九日(1885 年 12 月 5 日)

盖世丰功犹抱憾
临分苦语敢忘情

《翁文恭公日记》

挽彭芍亭联***

光绪十一年十一月初一日(1885 年 12 月 6 日)

风雨缔交深看君开府新猷到处讴吟称众母
江天归梦杳触我陟冈旧事入门号恸觅予兄

《翁文恭公日记》

---

* 时间系据翁同龢光绪十年八月二十六日日记。广绍彭指广寿,与翁同龢结拜弟兄。

** 时间系据翁同龢光绪十一年十月二十九日日记。左侯指左宗棠。

*** 时间系据翁同龢光绪十一年十一月初一日日记。

代张家襄拟开缺摺中联对*

光绪十一年十一月初十日(1885 年 12 月 15 日)

卧雨相如自嗟病渴
近天韦杜终易寻医

《翁文恭公日记》

贺董恂八十寿联

光绪十二年七月二十六日(1886 年 8 月 25 日)

陈恕真盐铁
韩公今斗山

《翁同龢日记》第 2079 页

挽季君梅联**

光绪十二年十月二十九日(1886 年 11 月 24 日)

跌宕酒人稀,记来把菊花,坐开桑落
行藏吾道在,叹几回青琐,一卧沧江

《翁同龢日记》第 2101 页

---

* 时间系据翁同龢光绪十一年十一月初十日日记。

** 日记中有“以杜对杜,颇新”句。

拟卧佛寿联

光绪十二年十一月初八日(1886年12月3日)

一灯唐殿古,二客雪堂深
三宿佛犹卧,再来山更多
佛心忘坐卧,山气夹冬春
晴窗雨响娑罗叶,古木霜开鬖髿花
荫门老木翠如滴,穿砌流泉寒不冰
且陪学士留金带,要看仙人弄夜珠寺西院有狐吐火球,去年水部诸君见之。

《翁同龢日记》第2104页

奉拟进呈慈禧太后吉祥语*

光绪十四年十二月初一日(1889年1月2日)

额:含和颐性
联:太平有象圣人寿
　　垂拱无为天下春

《翁同龢日记》第2283页

对联**

光绪十五年七月初九日(1889年8月5日)

属文著辞响如振玉

* 日记有:"上命拟进太后吉祥语,三年来均拟。"
** 时间系据翁同龢光绪十五年七月初九日日记。

养志和神深乎重渊

霓仙世二兄大人雅属

叔平翁同龢

未刊稿,原件藏常熟市文管会

对联*

光绪十五年七月初九日(1889年8月5日)

瓣香急试博士火

好句真传雪窦风

保之大兄雅正腕

叔平翁同龢

未刊稿,原件藏常熟市文管会

春联**

光绪十五年十二月二十七日(1890年1月17日)

晓随天仗人

* 时间系据翁同龢光绪十五年七月初九日日记。

** 时间系据翁同龢光绪十五年十二月二十七日日记。《翁松禅墨迹》第一册后附有许晋祁注:"文恭师书法名贵,与覃溪先生有二翁之目,颇自矜重。祁供职京师,依门墙者七年,乞书之绢多充袜料,每至师门,辄瞻仰其春联,久之犹忆其书法之最佳者有二联:一曰'晓随天仗人,暮惹御香归。'一曰:'老骥志千里,鹪鹩巢一枝。'虽悲乐异观,皆雄厚挺重,天骨开张,惜未揭而存之,至今悔焉。师蓄有双鹤,爱之甚,偶逸其一,大书'访鹤'二字,榜诸国门,椽笔淋漓,更臻绝胜。今睹兹遗墨如见当年寸缣瑰宝,伯轩其善藏之。世愚弟许晋祁谨识。"

暮惹御香归

《翁松禅墨迹》第一册

贺李瀚章寿联

光绪十六年七月十三日(1890年8月28日)

天上春酴锦衣携奉
海南秋好铜斗欢呼

《翁同龢日记》第2426页

挽潘祖荫联*

光绪十六年十一月十九日(1890年12月30日)

金石录十卷人家君有此小印叹君精博
松陵集两宗诗派剩我孤吟

《翁文恭公日记》

挽贾湛田联**

光绪十七年六月十九日(1891年7月24日)

知无彭久谢,滂喜潘云亡,君又继之,燕市酒人今有几
嵩洛曾游,杭州未到,魂兮归此,牛行旧宅尚依然

《翁文恭公日记》

* 时间系据翁同龢光绪十六年十一月十九日日记。
** 时间系据翁同龢光绪十七年六月十九日日记。

黄漱兰寿联

光绪十七年八月十八日(1891年9月20日)

杭疏不矜,乞身非隐

传经多寿,命酒长生上言其直谏,下言其爱饮也。

《翁同龢日记》第2510页

贺汪致炳父母七十双寿联

光绪十七年九月初二日(1891年10月4日)

翠柏苍松,双双举案

紫萸黄菊,九九称觥

《翁同龢日记》第2513页

拟长春宫春帖

光绪十七年十一月十八日(1891年12月28日)

额:锡福绥丰

联:藕节益增无量寿

梅花喜报二番春

《翁同龢日记》第2531页

李鸿章寿联

光绪十七年十二月二十四日(1892 年 1 月 23 日)

壮猷为国重

元气得春光立春前一日也

《翁同龢日记》第 2538 页

贺杨宗濂母寿联*

光绪十八年正月十七日(1892 年 2 月 15 日)

桃实欣逢燕九会十九日寿

杏林行见凤双飞其两孙会试也

《翁文恭公日记》

挽马吉樟祖母联

光绪十八年二月二十八日(1892 年 3 月 26 日)

鱼菽亲承,母训廉明原祖训按其哀启云云。

蚕桑广被,家风勤俭化民风亦切。

《翁同龢日记》第 2555 页

---

* 时间系据翁同龢光绪十八年正月十七日日记。

薛福成家祠联*

光绪十八年二月二十八日(1892 年 3 月 26 日)

三凤家声长贻旧泽

九龙山色来映新堂

《翁文恭公日记》

挽祁世长联**

光绪十八年八月三十日(1892 年 10 月 20 日)

遗书尚闻忧国是

传经真不愧家风

《翁文恭公日记》

挽王德榜联***

光绪十九年三月二十八日(1893 年 5 月 13 日)

伟绩媲湘阴葛相祠堂宜配食

---

* 时间系据翁同龢光绪十八年二月二十八日日记。

** 时间系据翁同龢光绪十八年八月三十日日记。

*** 时间系据翁同龢光绪十九年三月二十八日日记。王德榜,字朗青,湖南江华人。官至贵州布政使。

清名闻日下竹王乡里有公言从左相幕上起家，今任贵藩

《翁文恭公日记》

挽潘彬卿联*

光绪十九年三月二十八日（1893 年 5 月 13 日）

胡威匹绢刘宠一钱行李萧然人似鹤

屯民河成宣房堤就使君已矣我其鱼上联谓其贫无以敛，下联称山东、河南治河之功。

《翁文恭公日记》

挽孙介臣联

光绪二十年二月初四日（1894 年 3 月 10 日）

江表看云，远梦空萦青草绿

师门立雪，同游忍忆旧槐黄

介臣，余亚子同榜，行三。

《翁同龢日记》第 2719 页

恭拟进呈慈禧扁联

光绪二十二年十一月二十四日（1896 年 12 月 28 日）

颐性养寿，纪侯豫占年谷熟，迎春喜值岁华新

---

* 时间系据翁同龢光绪十九年三月二十八日日记。潘彬卿即潘骏文。

璇闱春永，丽日迎韶宜爱日，岁朝纪瑞接春潮

《翁同龢日记》第3007页

春联*

光绪二十二年十二月二十七日（1897年1月29日）

老骥志千里

鹪鹩巢一枝

《翁松禅墨迹》第一册

铭鼎臣寿联

光绪二十三年三月十三日（1897年4月14日）

其一　投绂归来将军未老

拥书高隐公子多贤

其二　屯田充国千言策

别墅香山九老图

《翁同龢日记》第3038页

拟进呈慈禧太后扁联

光绪二十三年十二月初四日（1897年12月28日）

寿寓熙和

* 时间系据翁同龢光绪二十二年十二月二十七日日记。

淑景倍长三月闰

和风先报上元春

《翁同龢日记》第 3123 页

恽八夫人挽联*

光绪二十四年九月十三日(1898 年 10 月 27 日)

浙水思亲,香火常瞻三竺佛

周行远念,家书频问万城堤

上谓其太夫人在堂,下谓莘耘正在办唐心堤工也。

《翁同龢日记》第 3217 页

常熟瞿氏祠堂联**

光绪二十五年三月初九日(1899 年 4 月 18 日)

南国孤忠天硕果

东皋旧隐古槃迸

《翁文恭公日记》

为大生纱厂书联***

光绪二十五年四月十二日(1899 年 5 月 21 日)

枢机之发动乎天地

---

* 恽八夫人即恽莘耘夫人。

** 时间系据翁同龢光绪二十五年三月初九日日记。指瞿式耜祠。

*** 时间系据翁同龢光绪二十五年四月十二日日记。

衣被所及遍我东南

《南通张季直先生传记》

赵宗建"半亩园"堂联*

光绪二十五年五月初五日(1899年6月12日)

半亩幽畦种香草
百壶清啸引秋风

瓶庐翁同龢

未刊稿,原件藏常熟市文管会

对联**

光绪二十五年五月初七日(1899年6月14日)

九邑殷阗为天下冠
比间任恤有古人风

常熟翁同龢撰句并书

《瓶庐丛稿》卷十

严忠培祠联***

光绪二十五年六月十九日(1899年7月26日)

其持法似西汉廷尉

---

* 时间系据翁同龢光绪二十五年五月初五日日记。

** 时间系据翁同龢原稿手迹所标时间。

*** 时间系据翁同龢光绪二十五年六月十九日日记。

以传经为东吴大师

《翁文恭公日记》

挽蔡世骏联*

光绪二十五年七月十三日(1899年8月18日)

下马寻碑代我山中亲畚锸
停舟话雨与君江上叹琵琶

《翁文恭公日记》

挽福山镇韩晋昌联**

光绪二十五年七月十六日(1899年8月21日)

沧海无波督子奇切常不伐
将星夜殒文勤①旧部更无人

《翁文恭公日记》

挽徐季和联

光绪二十五年七月十八日(1899年8月23日)

百折不回真气节

---

* 时间系据翁同龢光绪二十五年七月十三日日记。蔡世骏,字乂臣,官至常镇道。翁斌孙岳父。

** 时间系据翁同龢光绪二十五年七月十六日日记。

① 指翁同书。

一清到底好风裁

幛:古之遗直。

《翁同龢日记》第 3270 页

对联*

光绪二十五年七月二十七日(1899 年 9 月 1 日)

松意画犹古

江声远更闻

心梅①四叔大人正隶

侄同龢

未刊稿,原件藏常熟市文管会

挽宗月锄联**

光绪二十五年八月初一日(1899 年 9 月 5 日)

总角交游谁记取七贤故事

等身著述仅刊成一卷新诗

上谓与余及大侄同入泮,下谓今年刊所作《湖田竹枝词》。

《翁同龢日记》第 3272 页

---

* 时间系据翁同龢光绪二十五年七月二十七日日记。

① 翁心梅,又作醒梅,翁同龢堂叔,在常熟城内以开米行为业。

** 时间系据翁同龢光绪二十五年八月初一日日记。

挽杨士瓒联*

光绪二十五年八月初一日(1899 年 9 月 5 日)

郑冲迟奏表

彭泽早归来上句以古文籀世其家,下句曾任南陵县。

《翁文恭公日记》

常熟三峰禅院庙联**

光绪二十五年八月初五日(1899 年 9 月 9 日)

野烟迷古寺

初月上平台

瓶庐翁同龢

未刊稿,原件藏常熟市文管会

适吴甥女挽联

光绪二十五年八月十五日(1899 年 9 月 19 日)

旅殡安然,依妹藉偿依母愿

劳生已矣,一家久仗一人支

《翁同龢日记》第 3276 页

* 时间系据翁同龢光绪二十五年八月初一日日记。

** 时间系据翁同龢光绪二十五年八月初五日日记。

对联*

光绪二十六年二月二十三日(1900 年 3 月 23 日)

情抱纤怀古

地修己观人

松禅翁同龢

未刊稿,原件藏常熟市文管会

挽屈荫堂

光绪二十六年闰八月初五日(1900 年 9 月 28 日)

今夕是何年,仙梦忽随明月去

斯人不可作,政声空与大江流

《翁同龢日记》第 3338 页

题王石谷来青阁联,应其八世孙王庆芝瑞峰之请

光绪二十六年闰八月十四日(1900 年 10 月 7 日)

题榜喜见新堂构

钤画长留小印泥

《翁同龢日记》第 3340 页

---

* 时间系据翁同龢光绪二十六年二月二十三日日记。

对联*

光绪二十六年十月初四日(1900 年 11 月 25 日)

霜柯不易叶
远水自生光

俊卿大兄雅属
松禅翁同龢

未刊稿,原件藏常熟市文管会

挽恽杏耘母联**

光绪二十七年正月十四日(1901 年 3 月 4 日)

有子皆贤,宏济时艰天下士
于家克俭,不言利禄女中师

《翁文恭公日记》

挽常州赵仲固联***

光绪二十七年九月十一日(1901 年 10 月 22 日)

群言淆乱,景教流行,独播仁风驯猛虎

---

* 时间系据翁同龢光绪二十六年十月初四日日记。

** 时间系据翁同龢光绪二十七年正月十四日日记。

*** 时间系据翁同龢光绪二十七年九月十一日日记。

三世渊源，一官憔悴，犹分斗水活穷鱼①

幛：儒林循吏

《翁文恭公日记》

常州天宁寺联

光绪二十七年九月十一日（1901年10月22日）

敷坐默然大千世界

过江到此第一丛林

《翁同龢日记》第3401页

俞钟诒六十寿联*

光绪二十七年十一月二十九日（1902年1月8日）

伯鸾孟光可称渔隐②

东坡叔党更喜诗孙

《翁文恭公日记》

---

① 《日记》原注："常州赵仲固执治，冀州直隶州，竟卒于任，为之惋叹。其父朗甫，余友；其子仪年，戊子门人也，亦卒矣。书挽对、幛。去年教案纠纷，伊尝以百金寄余，不忘旧交者也。"

* 时间系据翁同龢光绪二十七年十一月二十九日日记。日记有"调甥今日六十双寿，作一联补送，句甚新。"

② 俞钟诒，号渔隐。

挽吴大澂联幛*

光绪二十八年三月初十日(1902 年 4 月 17 日)

文武兼资南海北海
汉宋一贯经师人师
幛:一卧沧江

《翁文恭公日记》

挽吴儒卿联**

光绪二十八年三月二十日(1902 年 4 月 27 日)

身世总超然九十年中经百变
朋侪都尽矣两三人外剩孤踪

《翁文恭公日记》

挽钱应溥联***

光绪二十八年三月二十日(1902 年 5 月 4 日)

平生洒尽忧时泪
临绝犹闻访旧言

《翁文恭公日记》

---

* 时间系据翁同龢光绪二十八年三月初十日日记。

** 时间系据翁同龢光绪二十八年三月二十日日记。

*** 时间系据翁同龢光绪二十八年三月二十日日记。

挽丁叔衡联*

光绪二十八年九月二十九日（1902 年 10 月 30 日）

有大礼仪，有朝鲜编，忧国孤忠常耿耿
是好长官，是真名士，过江一别太匆匆

《翁文恭公日记》

杨久之光昌母挽联**

光绪二十八年九月二十九日（1902 年 10 月 30 日）

桀匜奉二姓重亲，信当举室三迁，不仅漂摇风雨叹
帆帜遍五湖两浙，正值观涛八月，忽闻圆觉海潮音

《翁同龢日记》第 3462 页

挽潘祖同联***

光绪二十八年十一月（1902 年 12 月）

百里相望音书遽隔
一庵老学诗卷长留

上海图书馆潘景郑先生提供

---

* 时间系据翁同龢光绪二十八年九月二十九日日记。

** 日记有："杨呼余为内叔祖，盖印若之妹夫，余乡试门人也。"

*** 时间参考翁同龢光绪二十八年十一月日记。潘祖同，字谱琴，江苏吴县人。潘祖荫族弟。

挽钱桂森联*

光绪二十八年十二月二十六日(1903 年 1 月 24 日)

六舟早逝,午桥又亡①,平生江表故人至君而尽

训诂精研,词章妙绝,今日儒林旧学舍此安归

《翁文恭公日记》

杭州唐太守祠联**

光绪二十九年正月二十六日(1903 年 2 月 23 日)

典重睦亲,聪听祖考之彝训

夙传勤俭,先知稼穑之艰难

额:金沙泽远

《翁同龢日记》第 3484 页

挽潘谱琴联

光绪二十九年正月二十八日(1903 年 2 月 25 日)

百里相望,音书未达

一庵老学,诗卷长留

《翁同龢日记》第 3484 页

---

* 时间系据翁同龢光绪二十八年十二月二十六日日记。

① 六舟即陈彝。午桥指张丙炎,官至内阁学士。

** 自注“上句唐尧,下句唐叔”。

彭伯衡挽联*

光绪二十九年四月十八日(1903 年 5 月 14 日)

玉树临风,早岁声华空冀北

金鸡擘海,一生事业在胶东上句谓其十试不第,下句指胶州分界有功。

幛:清风亮节

《翁同龢日记》第 3499 页

赠刘健之联**

光绪二十九年五月十九日(1903 年 6 月 14 日)

守身事亲有其乐

奇童达士为国珍

《娄寿》。上切其有尊人,下切其现正办苏大学堂也。

《翁同龢日记》第 3504 页

赠程绍周联***

光绪二十九年五月十九日(1903 年 6 月 14 日)

克缵家声,决胜千里

广筹民利,不闭四门

上切乃翁程从周,下切现督销浙盐。

《翁同龢日记》第 3504 页

---

* 彭氏为大学士彭蕴章之后,江苏长洲(今苏州市)人。

** 刘健之,四川总督刘秉璋长子。

*** 程绍周,提督程从周之子。

上海平江公所联

光绪二十九年五月二十日(1903 年 6 月 15 日)

九邑殷阗为天下冠
比闾任恤寄古人风

《翁同龢日记》第 3504 页

钱怡甫妻肖氏挽联*

光绪二十九年五月二十五日(1903 年 6 月 20 日)

北郭高风贤内助怡甫在吴无差。
南楼遗范女中师文端之元孙也。

《翁同龢日记》第 3505 页

挽翁醒梅联

光绪二十九年闰五月初一日(1903 年 7 月 2 日)

于乡称善士,于族称老成,两字俭勤真本色
为人谋必忠,为己谋必拙,一生交际是虚名

《翁同龢日记》第 3507 页

---

* 钱怡甫,名志澄,军机大臣钱应溥之侄。

挽曾纪泽母联*

光绪二十九年六月初三日(1903年7月26日)

是绎礼堂经训所遗,允矣人门称第一绎礼堂,刘霞仙(刘蓉)著述处。

与惠敏公海邦遍历,伟哉忠孝勖诸孤

幛:揄翟垂型

《翁同龢日记》第3511页

挽汪李门联**

光绪二十九年七月十一日(1903年9月2日)

当代元长,讲易久嗟居士病

何方兜率,写经只益阿兄悲

李门双瞽,故用张元长事。元长,国初人,瞽而博学,自称病居士。

《翁同龢日记》第3517页

三峰药龛长老寿联

光绪二十九年八月二十四日(1903年10月14日)

太华峰头重九节

---

* 时间系据翁同龢光绪二十九年六月初三日日记。曾母刘氏系刘蓉之女,绎礼堂为刘蓉著书处。

** 汪李门,汪鸣銮之弟,其子伯春(原名恂)为汪鸣銮嗣子。

菩提树下八千秋

《翁同龢日记》3524 页

挽廖寿恒联*

光绪二十九年九月十五日(1903 年 11 月 3 日)

垂白相逢与我同挥家国泪
汗青已就羡君能续父兄书

《翁文恭公日记》

* 时间系据翁同龢光绪二十九年九月十五日日记。

中国近代人物文集丛书

翁同龢集

（增订本）

四

谢俊美 编

中华书局

赋　　稿

按：翁同龢《瓶庐丛稿》第二册载有笙谐室《赋稿》，计赋9篇，诗32首。这些诗、赋基本上都是为了日后应试的习作，大多作于道光末年、咸丰十年前后，少数赋如《首夏犹清和》篇可能作于初入翰林院时，因文中有“兹值彤廷，授简俾赋是题，臣敬绎斯义以献赋”之句。少量的为任乡会试考官时试笔，供他人参考之用。这些诗、赋每篇都用微型草书写成，既无年月，且多涂改，许多地方，尤其是赋稿多数模糊不清，因难辨认而不易断句。编者考虑其文献价值，还是尽力而为之，将它集中保留在这里。对于文中实在无法辨识的字用□来表示，希望学者见谅。兹录如下：

木牛流马赋以长於巧思皆出其意为韵

（三月初六）

诸葛亮雄师虎视，智略龙骧。行军令肃，制器工良。既经营夫斜谷，遂规画乎陈仓。方思子午长驱，敌如靡草；不道癸庚屡告，士鲜馀粮。于是神谋独运，妙算潜藏。略同燕垒，火牛腾踔鼓三军之勇；岂是汉庭，金马权奇铸八尺之长。当夫南阳高隐，邓县闲居，躬耕草泽，息影蓬庐。或长歌而抚剑，或会意而观书。陇畔之行吟自若，中原之战伐何如？方期抗志孤行，凤雏比拟。安得空群一顾，鱼水相於。迨乎任等伊周，遇同管鲍。如服軶之不敢辞劳，如腾槽之不思一饱。遥知江表，未翦豺牙；回顾隆中，竟成鸿爪。由是智以出而愈奇，谋以坚而莫挠。岂仅十人之弩，累发难穷；不惟八阵之图，成功独巧。尔其木牛之为制也，曲横并更，转覆交施。头入颈而旁起，舌著腹而下垂。轴与辕之异状，鞦与鞅之因时。其行则二十里以为率，其任则一岁粮而有奇。错疑弃甲三千，彼军其遁；误认麾肱九十，尔牧来思。若夫流马之为制也，方囊有式，分墨无乖。惟左右前后之细审，斯肋杠头脚之均排。长三尺五寸而挽输特便，更二斛三斗而出入与偕。疾驰孔道，暗转危崖。不烦羁靮之施，行空自在。竟等来牟之锡，降福孔皆。料敌如神，行师以律。乃止乃齐，不徐不急。斜穿鸟道，得得千头；曲绕蚕丛，骁骁万匹。何劳刍秣之供，不待鞭箠之叱。椎牛遍飨，应怀孟获之七擒；汗马同劳，竟助祁山之六出。是盖因心作则，审地制宜。非必裹以犀革，非必蒙以虎皮。曲尽驰驱之妙，不愆饷馈之期喔然神马尻轮，精思独到；翻复囊沙罂渡，谲计何为？调良试付诸圉人，应同服不？

越逐曾问诸费誓，无虑风其。圣天子乾健宣威，离明出智。如化工之不言工，惟大智者不矜智。藉田服□辖之辕，闲卫备花骢之骑。况当寿寓之宏问，尤喜捷书之屡至。梯琛航賮，万国同来，挽粟飞刍，千箱远致。诚卜服牛乘马，识圣人因时育物之仁；行看归马放牛，示天下不复用兵之意。

《瓶庐丛稿》（二）第101—103页

敬事赋以事君敬其事而后其食为韵

（三月初八日）

文儆者，君之心；靖共者，臣之志。学必密于平时，功始见于明试。期细大之无愆，贵始终之一致。小心翼翼，庶几动罔不臧；服膺眷眷，惟期克共厥事。盖儒生之立志，宜主敬之先勤。敬修乃能进德，敬业斯克乐群。毋不敬，征诸《礼》曰；必恭敬，证彼《诗》云。愿得奉以周旋，不负平生所学；苟日置诸左右，必将入告吾君。行之以忠，居之以正。仁义律躬，硇谟定命。发为文章，布诸政令。其事因乎时宜，其敬根乎天性。即一名一物之细，为虑其疏；况大利大害所关，孰敢不敬？即有公孤重望，辅弼之资，腹心之寄，喉舌之司。或谏官之言责，或儒臣之文辞。等非敬也，何以持之？毋畏难而苟安，务所远者；毋见小而欲速，由必观其。下及疏附后先，乘田委吏。奔走末僚，驰驱下位。仕虽为贫，志非计利。事则不同尚，敬原无异致。以作如非度师之，敬而听之，故曰无所事事。其或即于逸乐，习于恬嬉。鲜夙夜在公之度，无艰难与共之思。假使片长之足禄，安能庶事之咸熙。若当一旦安之石，斯民将奚赖？矧有三年黜陟，从政者殆而。又或琐屑靡遗，纤微莫不漏。曲谨近于迂拘,少信邻于固陋。心将顺为尽礼之方,以缄默守读书之旧。岂知勿欺而敬乃克全,有济而事乃克就。进思失而近思过,不敢告劳;公忘家而国忘私,遑恤我后。钦惟皇上至诚不息,大智无私。臣部励翼,岳牧畴夏咨。返尔良知,群懔开诚之训;监于成宪,载瞻听政之诗。盖圣人以敬天者敬民,嘉言允若;而臣子以敬君先敬事,无逸所其。一邑一官,群策群力。共竭其诚,各守厥职。小物亦勤,细行必饬。虽事无一节不修,而敬无一日之或息。上以抒九重宵旰之勤,下以立四方纪纲之则。儒者居敬之实,成己即以成人;群临事之时谋,追何尝谋食?

《瓶庐丛稿》(二)第104—106页

三月春阴正养花赋以题为韵

欧阳修朝簪初隶,绮席频参。身依天上,梦绕江南。值春光之正好,闻花事而同探。果然韦杜城南,言尺尺五;可似会稽山下,清节重三。于是直退鸾坡,朝回凤阙。玉堂之铃索无声,金谷之酒筹屡罚。西江逢处,丽景雍容;上苑归来,天香发越。琼苑珠蕊,纷披散锦之云霞;紫绶乌纱,清暇著书之岁月。喧妍暖日,荏苒芳辰。春深如海,花静于人。意必同飘翠面,竞簇珠鹿;高迎皂盖,低拥朱轮。正当万紫千红,引将秀句;不道轻露细雾,勒住残春。但见潮生石研,润上瑶琴。游丝委地而鞘起,香篆无风而自沉。罨画里楼台寂寂,南徐之巷陌深深。莫是山中寒气,剩数分之雪;遥知江上长风,吹千里之阴。遂使淫翠周遭,嫣红掩映。喜出服之潜注,怯风尖之太劲。欲敛还开,似疏转盛。如鹤骨还丹之候,灵濯滋培;

如蚌胎孕月之时，明珠端正。睹此芳菲，邈然遐想。绣幕无痕，金铃辍响。杏花问隔院之笙，桃叶捎过江之桨。胚胚问鸦，迟迟策杖。纵使催来白雨，羯鼓徒挝；倘然化作轻云，瓷瓶深养。载赓诗句，益仰才华。隆名台辅，官辙天涯。识元元兮在民生，常思培本；极文章之能事，不仅扬花。正如沂园咏梅，早征建树；岂若子京赋杏，有愧名花。皇上惠泽旁流，酞恩布濩。上林开不落之花，寿寓植恒春之树。小臣盏馆趋班，花砖虚步。载仰春荫琼岛，同赓曲水之诗；欣逢花雨金台，愿献华林之赋。

《瓶庐丛稿》(二)第107—109页

首夏犹清和赋以四月清和雨乍晴为韵谨序

臣恭读高宗纯皇帝圣制《首夏犹清和》诗，注引谢灵运、白居易诗，皆以清和属四月，驳正以二月为清和之说，本《尧典》授时之义，采汉儒释训之辞，洵足示艺苑之成规，正卮言之附会矣。兹值彤廷，授简俾赋是题，臣敬绎斯义以献赋。

得系青律之时，更值朱炎之即至。征和气而凝庥，届清时而献瑞。卿云复旦，同钦曼寿之符；宝月恒春，共切赓飏之志。百二韶光特展闰，纪重三亿。万象淑景常新，风占廿四。雨泽频滋，土膏齐发。波澹沱兮龙池，云缤纷兮凤阙。飞花点点而徐飘，芳草依依而阜欤。正是瓜生菜秀，□逢暄暖之辰；行看乳燕鸣鸠，顿异阳和之月。况乎协风潜动，暑气粗生；值参天而晨润，正梅雨以□□。戢戢而蚕初上箔，迟迟而鸠正催耕。将毋来日本皋夏畦辛苦，安得绿波南浦春水清澄？而乃迟迟景丽，盎盎春多，纪候则长赢已届，占时则芒种初过。挍拂轻飏，尚迟纨扇；飘扬叠雪，未赐香罗。合教琴奏来薰，诗传解阜；合比笙歙华黍，道协安和。一睹此清华，俟欣和煦。挹清气于兰池，披和风于蕙圃。清冷如携望杏之锄，和畅若听分秧之鼓。实海清而天气阴；藉舒游览之襟怀；阴阳和而岁功成，还验知时之风雨。天驻芳荪，人欣清暇。莺声犹去故杖，燕语犹依夫曲榭。鸭头新绿，犹是初生；娄尾春江，犹然未谢。犹五行之有中气，镐管调初；犹十月之号阳春，葭灰飞乍。于是静观景物，傍触诗情。悟化工之于转，识众卉之滋荣。试听漱玉之鸣，风泉正活；何惜夜珠之昼，明月还盈。不须消夏园成，槐荫静昼；却忆送春路远，柳色新晴。圣朝协气济流，恩膏布濩。清消金镜之尘，和应珠囊之露。勤扈催而耕猎，清咏泠风；值龙见而斋祈，和占甘澍。岂特扁舟赤石，待吟谢朓之诗；欣瞻御辇青旗，愿奏华林之赋。

《瓶庐丛稿》（二）第109—112页

拟张季友闰赋以题为韵

盈虚者，天之衡；裒益者，帝之纪。既授时而履端，复置闰以明理。积三百六旬，故求则得之，综一十九岁而遥示诸斯矣。故黄钟之起数，铢黍不失毫厘；而大衍之归奇，揲蓍第因之比拟也。惟天不思，运行无疆。寒暑成序，阴阳章然。而日月异其度，迟速守其方。盖气之盈也，周十二月而有赢可纪；而朔之虚也，加大小尽而恒歉乃常。立五行以考星，闰馀则始于黄帝；定四时以成岁，闰月则溯自陶唐。作则惟圣，建极惟皇。法以交而可久，侯以平而相当。置三十三月之间，以盈补缺；调二十四气之内，以柔（剂）〔济〕

刚。不值弭合两辰，星躔斗指；抑且生成万官，天道喻张。曹公拳稠顺宅，素威安次。招摇执权，计光司位。立定气定朔而术乃益精，算星差岁差而法斯大备。琴徽委乐律之程，重幹释明堂之义。言乎不听政也，故诏王居于门之中；察其必归馀也，故古史书于冬之季。理则循环，时惟枢纽。观乎〈天〉而垂象可征，察乎地而物生非偶。黄杨退而堪征，青萱荣而弥久。阶前之叶索本知桐；池上之□还益藕。欲进之一舍乌蝮，则缓缓腾辉；试长翎凤羽，则喈喈求友。足官推步，宜许太史，法之职司必慎。若参新意而稽天，以定时而垂停。彼丑日而日□至，失之过迟；即亥月而火西流，诚其不顺。鲁志有蔀首岁之设，因业之不专。嬴秦有后九月之文，亦道之未进。惟未能先时而奉时，故每至当闰而不闰。□惟圣人能知天度，以政顺时，以理御数。五六为天地之中，高远得星辰之故。切置闰之□，亦笔理之咸具。期逢亨泰之花，云藩恒春之树。调七十二候之灵枢，垂万亿千年宝褚。因将遍益地而为国矣，奏泽天之赋。

《瓶庐丛稿》(二)第113—114页

诸葛菜赋以蜀人呼为诸葛菜为韵

(代庞宝生[①]作，大课第一名)

有菜焉，随地而宜，与时皆足。叶大于葵，子圆似粟。苔挺秀而抽黄，根葳蕤而腻绿。媲旨蓄于御冬，证神功于解毒。椒盘新荐，频听野老之呼；蔬谱流传，错拟名臣之录。昔播种于武侯，今滋

① 庞宝生，即庞钟璐，江苏常熟人，进士。官至刑部尚书。

繁于巴蜀。夫以牂柯之曲，泸水之滨。赤土地坼，黑河浪皴，炎云烧夏，蜑雨迷春。椒花落兮雾结，木牛运而粮贫。武侯乃行筹策，辟荆榛嘉种，布美利新。明诏曾颁，仿种芜菁于东漠；后车可载，倘嫌薏苡于南人。岂知植物虽细，命名则殊。匪辨繁称于《尔雅》，匪夸异味于具区。芹藻遗馨，颂德媲鲁侯之美；黍苗被泽，流膏同郇伯之敷。试看柏黛参天，宗臣象肃。恰听鹃红啼雨，望帝名呼。既兼收于六利，又无害于三时。葵藿之忱如见，菲葑之采何遗。霜影千畦，仿佛隆中之趣；田歌一曲，依稀梁父之辞。略同桑植，成都子弟之治生无虑；转笑姜来，陇蜀神仙之幻术何为？昔之移根草野，擢迹茅庐。勒名铜鼓，纪用储胥。流甘万灶，溥利千闾。水土深其培护，云雷助其发舒。斜谷花明，翠痕烂熳；崆峒麦熟，绿意扶疏。当日使君亦闭门而种矣。爰申军令，且盖瓮而藏诸。今则嫩甲分携，园丁竞掇。采从南国，密叶含滋；借得东风，新芽勃发。将军悲大树之飘，召伯思甘棠之茇。暇蘩荐洁，人寻丞相祠堂；荆棘迷空，路阻洛阳宫阙。已徒见夫蔓草荒苔，而何论乎食薇采葛。是知物有馀芳，人留遗爱。商芸逊其高标，潭柳寓其感慨。深入不毛之地，非种常锄；居然抱膝之风，幽香可佩。相业岂管、萧可匹，应嗤仪子之葵；大名与宇宙常垂，莫问元脩之菜。

《瓶庐丛稿》(二)第 115—118 页

修竹压檐桑四围赋以题为韵

昔翁森鸿才超远，蛾术勤求。人清于鹤，屋小如舟。写读书之真乐，绘夏景之清幽。水涓涓而影净，风拂拂而条柔。正当花落春风，庭空如洗；□犹拟花茨秋水，道阻且修。尔其凤尾初移，猫头客簇。翠粉香合，绵绷痕蹙。刚戟戟而挡谐，于森森而傍屋。便有千云之势，不让栽松；未逢新雨之滋，尚迟成竹。至若短树抽芽，新荑莩甲。叶叶丛生，枝枝密插。翩翩而黄鸟投梭，戢戢而红蚕动画。曾记花开绣陌，微同金剪之轻；试尝桑落新培，尚待槽床之压。进乎时更青律，序启朱炎。玉梢徐放，翠荫新添。惟林於之嘉植，与沃若而相兼。如好靖节高风，柳国深巷。岂是杜陵高饮，花落空檐。因兹盱几展我缥缃，题句而偶然绕径，微吟而或且循墙。枕簟风来，恍疑泻雪；罗纨雨过，坐爱新绿。但教入手一编，陋室何嫌蓬荜；为问折腰五斗，官途可有柴桑？向使万里看山，一行作吏。既轻弃乎田园，遂崇情于禄利。则就荒牖，徒吟陨落之诗；问讯双桥，虚报平安之字。纵使千竿谡谡，欣看风箨之无双；应教十亩闲闲，腾笑鹤堂之数四。惟其志不参，夫俗而已。景常爱夫芳菲，谓羲皇上人，静观物妙；得孔颜乐处，近悟生机。始是廊低妨帽，路窄留衣。居然独鹤号吟，编笼仿佛；或是春蚕顾影，寸茧依稀。所以栽竹未盈乎千个，亦种桑无取乎十围也。然而业重行青志敦儒者，虽征铅椠之精，未见经纶之布。曷若蓬岛雍容，花砖翔步。屡听漏宅，花得依光于禁树。况当寿寓之宏开，欣为恩纶之布濩。愿得会稽竹箭，早罗万汇之英；还看郧白桑麻，竞献千仓之赋。

《瓶庐丛稿》(二)第119—121页

拟潘岳笙赋以题为韵

象凤之身，有《说文》之会旨焉；鸣鹿之奏，有《小雅》之乐只焉。

若夫《礼经》之所详，兴本之所记。或谓东方之生，或推女娲之始。巢和别其大小，簧箕殊其张弛。此固释器者之所称美，难得而备也。徒观其始作也，则陟峭陀攀崐垒。俯潺湲，镜清泚。澹乎淫淫，纷乎瑟瑟。日月之所滋洒，风霜之所劂砥。凤皇巢其颠，鹍鸡宿其趾。嘎孤韵以引高，奋纤末而扬徵，悄焉动心，洋乎盈耳。于是伶伦审音，宋翟奏技。夔襄日营，子壄争扬，审曲而执擘肌分理。若龙之鳞，既积既累。各变之翼，乍翔乍起。若经斯张，若栉斯比。若环之缀鼓端，若象之锦耳弭。熟簧中舍生斡斜，靡抑剸掞喉疏密视指逼，听乃征远闻。斯美固拥嚼郁而抑按，洵专淡而度拟。于是乃有卡筵广席，台宾达官。乐君子既见咏今夕之乐，衎埙篪罢响，琴瑟彻弹。宾无侧弁，立女峨冠。听笙歌之间入，传三爵而弥安。初舒扬而顿挫，中流亮而盘桓。修杂沓以繁会，又嵩萃而赞。既如流风之吹籁，拟幽泉之激湍。翔骀荡阑，缓舒宽惜兵笛；既无感洞箫之无端。或将止复作，或初鸣忽阑。或显而通隐，或散而复完。

《瓶庐丛稿》(二)第123页

先雨芸耨赋以服田力穑乃亦有秋为韵

执业惟勤，乘时在速。谋宜先事而图维，识贵先机与豫卜。昔管子之书成，劝农夫而令□滥，祛稷下之竽，致临淄之毂。时岁惟春，土膏动矣，勉旃民事之修，雨以润之，相彼先畴之服。繄顺时而觇土，每望泽而占年。欲满篝之丰足也，下尺之连绵。苠旱涝□因乎地，而旸雨则视乎天。欣当南亩风和，相率劝兹保介；倘值匪郊云密，虚赓倬彼甫田。然使稍事迟，同往安入息。或以遨而以娱，或不知而不识。则民亦劳止，正思迄可小休；时乎耒耒安也，务所不亟。好待一犁春水，同廑扈趣之期；即过十日甘霖，尚藉牛蹊之力。岂知习惰者无成，服勤者不戚。惟汲汲而营之，斯与之而翼翼。假使杲日停空，协风失职。犹必修我堤防□，导其沟洫。况值占星龙见，定烦田畯之催耕，还听遍野之力穑。几若深思，功无稍怠。谋若拙而虑则失，事惟才而功必济。如妇功之蚕织先篋筐，如商贾之车牛先储贿。此日十千维耦兹基，岂田不如他时；三百为廛之钱，铸应歌寺。乃于是来止，曾孙告身，主伯伟来经营，携锄络绎。毋下隰兮汙莱，毋高原兮甲橛。不稂不莠，非其种者锄而去之；既渥既优，俾滂沱上下条乎不亦。则见泽之争先，皇皇恐后。度阡陌而锸成云，徂隰畛而芳伊纠。芸草者必拔其根，耨苗者必除其莠。惟硕祁祁兴雨之，三日以往谓之霖；今看穰之满家，自今伊奴岁其有。我皇上劝农念切，敷泽恩周。廑稼穑艰难之意，裕仓箱充溢之谋。仰申命之谆详，时求民隐；值辛祈而默祷，敬迓天庥。绥丰而览祝□，当致万寿千禧之颂；锡而田畴衍范，雨旸常顺之秋。

《瓶庐丛稿》(二)第124—125页

赋得烟波致爽得“波”字，热河坐落名

爽气迎瑶岛，祥烟带玉河。天原开胜境，地尽沐恩波。碧月涵双影，银云晕一涡。池堂秋意逗，台树晚风和。南浦痕迷鹭，西山黛映螺。白刚飘舞絮，绿不腻渔簑。镜槛宸襟惬，璇题圣意多。万方霑德泽，雅咏奏养阿。

《瓶庐丛稿》(二)第126—127页

赋得繁林荟翳得“贤”字,《抱朴子·博喻篇》则羽旋云革

多士儒林选,名言抱朴宣。荟兮朝日上,翳波尔阴园。清气千章合,浓荫十亩连。蓁相征凤翩,乔木喜莺迁。域朴周诗著,楩柟楚语传。端由材济济,始致羽翩翩。况读求才诏,原超博喻篇。勉成桢干器,圣世重兴贤。

《瓶庐丛稿》(二)第127页

赋得坠巢乳鹊攀新竹得“巢”字,苏东坡诗

檐鹊新分乳,春风稳结巢。如何风坠叶,却值竹含苞。桑已先阴撤,松偏带雨抛。倒悬相凤影,低亚箨龙梢。炉拟添香护,绷宜倩锦包。迁乔新搆待,送喜好音教。百尺初成荫,重楼再待茅。一枝新得地,簪笔傍螭坳。

《瓶庐丛稿》(二)第128页

赋得云帆月舫得“帆”字,热河三十六景之一

宝月开芝径,卿云傍桂岩。直将轩作坊,不藉锦为帆。叠叠依蒲叶,飘飘动桧杉。风痕催竹箭,水气润蕉衫。悬比朱绳正,倏宜玉谷馋。樯乌千尺转,书鹢一株衔。圣制辉银榜,宸章藻翠函。勉成舟楫用,帝念重民山。

《瓶庐丛稿》(二)第128—129页

赋得双湖夹镜得“双”字，热河坐落

胜境原无二，名湖恰引双。绮楼当曲渚，镜槛夹春江。月有心心印，波宜面面窗。涵虚浮柳岸，对影倚栏双。菱藻齐开匣，葡萄竞泛缸。烟笼珠思耀，溜递玉琤琮。舞凤呈瑶碧，长虹界石矼。砥平寰海协，圣治靖南邦。

《瓶庐丛稿》(二)第129—130页

赋得濠濮间想得“安”字，热河坐落

梁简义入华林园，顾谓左右曰：“翳然临水，便自有濠濮间想。”

胜地山庄启，名湖万顷宽。濠梁怀静逸，濮水想清寒。天藻垂银榜，宸游驻玉銮。直同伊洛悟，且作水云看。地合浮松枳，流宜拂竹竿。颂征灵绍乐，语陋漆园观。莲谷相辉近，华林欲比难。捷音江汉至，仁智四方安。

《瓶庐丛稿》(二)第130—131页

赋得水流云在得“心”字

妙识流行趣，生机自在深。出云天下望，观水圣人心。夹岸花齐放，停空月共临。池塘添暖涨，楼阁蔼轻阴。活泼魚吹浪，箫间鹤入林。有波应到海，此去定为霖。涤雪天章焕；霏烟御藻钦。仙庄清胜地，祓濯仰宸襟。

《瓶庐丛稿》(二)第131—132页

赋得垂峰落照得"亭"字

壶峤仙庄胜，锤华异石灵。落霞明曲渚，斜日敞虚亭。鸦背翻来紫，螺鬟分外青。地应文笔秀，人正晚钟听。鲸吼声何在，乌竣走未停。半规红隐约，一柱碧笼玲。圣制辉银榜，清晖映画屏。恩光欣尽接，奏捷合镌铭。

《瓶庐丛稿》(二)第132—133页

赋得祢衡怀刺得"怀"字

偶得高文举，平生志未谐。上书虽屡荐，一刺竟空怀。落落屠沽事，茫茫尺寸阶。布衣甘司废，夹袋问谁偕。纵使藏身待，难禁众口排。营门羞入谒，祖帐傲同侪。数骂终罹祸，饶言竟坐俳。惟馀鹦鹉赋，不共姓名埋。

《瓶庐丛稿》(二)第135页

赋得萧规曹随得"曹"字

一代鸿规启，群才属汉高。刘兴当废项，萧后亦称曹。溯昔关中绩，端推县吏豪。约三刑律定，画一史词褒。何啻绳从墨，还同笔使刀。黥彭功早著,黄老术同操。名纵超平勃,勋难媲乐皋。何如逢圣世,喜起顺鸿毛。

《瓶庐丛稿》(二)第136页

赋得快雪时晴得"佳"字

瑞雪因时布,新晴远想佳。快哉人额庆,允矣圣心齐。南亩田歌遍,西山霁色皆。鹤翎辉御苑,马迹润天街。品溯名书重,藏曾宝笈偕。三千霏玉阴,廿八夜珠排。挥翰敷宸赏,量分慰众怀。万方同献捷,奚独颂平淮。

《瓶庐丛稿》(二)第136—137页

赋得小风吹水碧畴开得"风"字

浅浪鱼鳞蹙,清淮鹤号通。吹开双桨水,小趁半帆风。月色三分里,春痕五雨中。浪花分澹沱,云叶荡玲珑。同织银刀密,佥涵玉镜空。皱添新涨绿,轻衬晓霞红。旗脚看初转,华纹画未工。龙池赓在藻,茂对畅宸衷。

《瓶庐丛稿》(二)第137页

赋得淅雨从东来得"径"字

策杖东归日,微官旧梦醒。试从新雨过,来向故园听。榴□霑

□□，轩开泾画屏。先教篱菊润，犹忆阁梅馨。瑟瑟吹初起，箫箫响又停。遥知彭泽碧，且接海门青。酒送莺邻近，诗赓鹳垤零。万方钦圣泽，琛赉证山径。

《瓶庐丛稿》(二)第138页

赋得河出荥光得“河”字，
《宋书·祥瑞志》尧为坛治河、洛，伐竹可塞

《宋志》书符瑞，尧功溯治河。荥光浮驶竹，澄景静纤隙。旭日千纹蹙，安澜一镜磨。黄流千里阔，紫气五云多。刻工游于此，悬璟思若何？图先龙马负，辉协凤凰和。献寿星月朗，销兵海不波。沦疏廑圣念，顺轨矢赓歌。

《瓶庐丛稿》(二)第138页

赋得中正仁和得“心”字

帝治中正格，皇猷正位临。仁原推善首，和乃协民心。不倚乾符握，无私鼎命钦。驺虞恩及物，凤管律谐音。每仰齐庄度，常敷恺悌忱。大亨汤作诰，博济舜挥琴。四字璇题布，千秋大宝箴。集成崇圣德，献寿遍南琛。

《瓶庐丛稿》(二)第139页

赋得师克在和得“和”字

克敌天威布，命师庙算多。由来三捷奏，端在六军和。欢已赓凫藻，严非类虎苛。旄须派共挽，盾鼻昙同磨。先至町畦化，相期壁垒摩。鼓鼙征乐律，袍泽协诗歌。申命钦宜释，寅恭勖止戈。凯旋逢泰运，纪颂献銮坡。

《瓶庐丛稿》(二)第139页

赋得镂月开云得“云”字

宝相花开月，璇题叶护云。景曾跻四十，春已占三分。一一排珠朵，重重簇绣纹。至楼光照耀，翠幕影缤纷。璧彩刚磨镜，丝风巧运升。种真天上有，名陋洛阳闻。富贵符嘉瑞，韶华锡大文。恒春逢寿寓，丽藻焕氤氲。

《瓶庐丛稿》(二)第140页

赋得春兼三月闰得“兼”字

寿寓恒春颂，韶光特地添。时逢三月暮，闰又四时兼。荚叶应抽遍，桃花尚映帘。出耕期倍暇，展禊韵重拈。但觉青阳转，浑忘赤日炎。十分金谷雨，百二玉衡沾。天许芳辰驻，人欣圣泽霑。无疆赓亿算，寰海庆安恬。

《瓶庐丛稿》（二）第140页

赋得松花满碗试新茶得“中”字，刘禹锡送蕲州李郎中赴任

茶试银瓶碧，花浮玉碗红。新诗刘禹锡，赠别李郎中。有过头网雨，凭生腋底风。旗应蒙顶胜，瓷想定州工。笙细涛声误，杯圆月影空。龙鳞乘仿佛，蟹眼沸玲珑。何必调华剂，无须入篛笼。纪时初贡萩，献寿庆呼嵩。

《瓶庐丛稿》（二）第140页

赋得政如农功得“如”字

介福赓千亿，绥丰颂九如。政平垂治谱，功亟喻农书。树径苗须长，安良莠早除。道原通畎亩，筹必本留畬。王业艰难始，人情播种馀。陈当时夏懔，力穑有秋储。郑相言原切，齐民术或疏。何如逢圣世，率育仰宸居。

《瓶庐丛稿》（二）第141页

赋得夏雨生众绿得“郎”字，韦应物初除尚书郎，别善福精舍

入夏连番雨，催将众绿生。新诗韦应物，清雅尚书郎。忆其芹芽白，刚过柳线黄。落花犹带湿，劲草未全芳。候恰三春迭，阴宜

四月凉。东郊涵野色，南浦漾波光。掩映青旗外，纷搜翠辇旁。湛恩霑帝泽，献寿共称觥。

《瓶庐丛稿》(二)第 141 页

赋得幽兰扇发得“馨”字，宋高祖与臧焘书幽兰怀馨事资扇发

纪传详臧焘，贻书语可铭。譬诸兰待发，端赖扇流馨。空谷谁能识，和风夙未经。略如沅芷白，终让华松青。试验花幡行，还教蕙带灵。形若明嘉制，两字国畚灵。献瑞偕厨捷，长春比砌冥。龙池清夏氲，光被颂尧龄。

《瓶庐丛稿》(二)第 142 页

赋得抱香归得“丹”字，温庭筠牡丹诗

深幕遮油碧，香巢护牡丹。却看蜂翻重，归共蝶衣单。镂月珠成片，寒云玉作圆。蜜真辛苦酿，衙趁乎晴难。腰弱风多力，须萦露未干。黏应同絮影，飞不过林端。似曳三铢帔，还依七宝阑。雕虫惭末学，蓬岛集鹤鸾。

《瓶庐丛稿》(二)第 142 页

赋得诗书敦风好得“陵”字，陶潜还江陵，夜行塗口作

夙有山林好，朝簪愧未胜。琴书还梁里，诗卷赴江陵。蚀款残编蠹，钻嗤故纸蝇。性情通古籍，况味忆寒灯。风雨高怀写，春秋

旧字增。折腰为吏拙,束发受经能。求解何须急,流观亦呈称。几馀廑正览,文治日蒸蒸。

《瓶庐丛稿》(二)第 142 页

赋得一意同欲得“秋”字,《晏子春秋·内篇问》上三

一德赓熙洽,同风仰大猷。欲征天下聚,意本圣人周。锡福群送路,捐仁速置邮。通大孚信义,保未验诚求。恭已同寅协,情还帑子谋。庞鸿三代媲,是象万方柔。嘉□肺怀胥,达沦肌化优。宸衷宵旰切,语陋晏春秋。

《瓶庐丛稿》(二)第 143 页

赋得柳塘春水漫得“催”字,严维□刘员外见寄

柳色微黄候,平堤水半池。却当春盎盎,还复漫迟迟。云暗藏鸦处,波晴浴鹭时。难将金络索,压住碧涟漪。影讶虹桥亚,阴随画舫移。东西飞絮接,深浅落花知。涨已三篙满,烟还一柳垂。龙池宸赏惬,诗句陋严维。

《瓶庐丛稿》(二)第 143 页

赋得桐生茂豫得“通”字,《汉书·礼乐志》上句朱明盛长,师古注桐读通,言草木皆通蓬而生也

茂矣傲时豫,生哉验化工。汉书歌纪祀,颜注训从通。棣代音

求朔，区敷义取东。达应萌者出，典乃悖然同。自具滋荣理，还求顺劲功。咸亨羲画蕴，解阜舜琴风。献寿尧封祝，胪欢武德丰。上林恩泽渥，对育仰宸衷。

《瓶庐丛稿》(二)第143页

赋得炼云生水得“形”字，淮南子

练气通时训，生机证坠形。云刚瞻盎盎，水已劲泠泠。豕迹占应验，鱼鳞影乍停。九还凝静碧，一气荡空青。细彩同披絮，浮踪竟化萍。果然兴雨慰，不独补天灵。肤寸知神力，心源契圣经。濯磨含帝泽，纠缦颂彤廷。

《瓶庐丛稿》(二)第144页

赋得心清松下风得“门”字，李白宿龙门香山寺

坐爱长松静，禅心寂不言。微风生鹿苑，清梦绕龙门。境合群仙住，神依古佛尊。科头云入席，健骨石蟠根。解带观空色，弹琴悟道源。烟涛寒有韵，水月澹无痕。疑杂瓶笙响，翻嫌粥鼓喧。乔年赓圣寿，茂对仰酿恩。

《瓶庐丛稿》(二)第144页

杨花惹暮春得“州”字，王维送丘为往唐州

一片飞花里，春归未可留。却宜晴絮恙，敢喜绿杨稠。艳雪当

空飘，和风拂地柔。游丝同宛转，别绪故绸缪。梦尾三分逗，诗肠一倒幽。低应萦绮陌，高恰傍朱楼。莺谷韶光驻，龙池霁色浮。上林沾阍泽，□□玉河收。

《瓶庐丛稿》(二)第144页

赋得阖门左扉得"扉"字

万寿恒春颂，重三纪闰稀。居中瞻紫极，阖左验彤扉。天体旋斯协，皇躬纵不违。礼经垂典则，阳气此枢机。玉廪初衔锁，苍龙未建旗。图书东序静，剑佩阼阶依。黄钺军威布，丹除曙色微。纪言勤吏职，圣教仰宵衣。

《瓶庐丛稿》(二)第145页

赋得紫禁朱樱出上阑得"桃"字

蓉禁承恩近，樱厨拜赐叨。上阑瞻紫气，特敕仰丹毫。饼拟红绫艳，盘敬果玉高。莺含时异种，鹨序列分曹。的条排珠绯，玲珑映锦袍。宣日麻纸贵，寒山蔗浆劳。荐寝加笾实，归军偃节旄。九如逢圣寿，记瑞庆绥桃。

《瓶庐丛稿》(二)第145页

试事录存

编者按：咸丰六年三月，翁同龢应会试。殿试一甲第一名状元及第，为我们留下了参加本次会试试卷答题。此外，光绪年间，他屡柄文衡，多次担任乡、会试正副考官，殿试读卷官，国子监录科、南学学生、同文馆以及八旗官学生的各类考试，为我们留下了这方面相关资料，对于研究晚清科举考试、八旗教育等具有参考意义。现将这部分资料单独汇为“试事录存”，收于集中。

道光二十九年乙酉科拔贡同年单

道光二十九年九月(1849 年 10 月)

按:1849 年 10 月,翁同龢参加拔贡考试。此次拔贡复试共取一等 64 名,翁同龢列一等第一名,以七品小京官分发部用。据翁同龢所出《乙酉科拔贡同年单》(这些同年在后来翁氏的从政生涯中关系密切,影响很大,故录于此),各部和顺直地区与翁同龢为拔贡同年的有:

翰林院有:

翁同龢(南横街中间路北)、吴凤藻(椿树二条胡同路北)、黄钰(米市胡同南口路东。黄钰,字孝侯,安徽休宁人)、张锡镖(排子胡同凤阳会馆。张锡镖,字敬堂,安徽灵璧人)、董元醇(太平街北。董元醇,字子厚,号竹坡,河南洛阳人)、陈亮畴(北半截子胡同路东。陈亮畴,号鲁农,字德生,江苏武进人)、赵树吉(永光寺中街路东)、李士芸(永光寺中街路西)、孙钦昂(香炉营头条胡同路北。孙钦昂,字子定,号师竹,河南荥阳人)、任兆监(香炉营头条胡同路西)、王应孚(兵马司后街路西)

国子监有:

志和(安定门铁狮子胡同麒麟胡同。志和,字春圃,号蔼云,满洲正蓝旗人)

都察院有:

尹耕云(张相公庙南口路西。尹耕云,字吉农,号瞻甫,江苏桃源(今泗阳人))

内阁有：

张钟琇（大外廊庙真如州处）、丁寿祺（顺治大街路西后门）、袁开第（永光寺中街路东）、郎佩环（畲家胡同路北）、徐鸣世（南横街嘉兴会馆）、陈泰平（椿树头条胡同东口路北）、吴大廷（草厂八条胡同辰沅会馆））

吏部有：

涂觉纲（北半截子胡同北口路西）、时亮（三里河桥西宅）、田景瀛（骡马市中州会馆）、李光廷（上斜街番禺会馆）、黄大鹳（教场五条胡同路西）、钱应溥（粉房琉璃街中路东。钱应溥，号子密，又号葆慎、闲静老人，浙江嘉兴人）

户部有：

许观身（西四牌楼北石老娘胡同）、陈介璋（西安门酒醋局）、钮承恕（兵马司中街路北）、张翰（醋张胡同路南）、载霖祥（长巷四条胡同上新会馆）、魏鹏轩（教场三条胡同路东）、康为善（永老寺中间财神庙）、元懋庸（东四牌楼本司胡同胡宅）、廖正亨（李铁拐斜街肇庆会馆）、孟华（粉房琉璃街北口路东）

礼部有：

王维珍（麻线胡同南口路西）、谢棨照（七井胡同关帝庙）、胡延夔（东四牌楼本司胡同路北）、苏云辂（南半截子胡同路东）、龚嘉隽（后孙公园路北）、孙家谷（排子胡同凤阳会馆）

兵部有：

管廷滋（潘家河沿南头路西）、王景源（东北园李家后身）、刘开湟（长巷四条胡同上新会馆）、王熙湘（绳匠胡同中间路东）、李鹤龄（李铁拐斜街肇庆会馆）、傅大贞（永光寺西街四川会馆）

刑部有：

董麟（西河沿大耳胡同）、淳庆（东安门东胡同）、王景沂（南半截子胡同张宅）、冯春瀛（臧家桥路北）、蔡赓良（椿树头条胡同龙溪会馆）、陈大诰（棉花下三条胡同路北）、吕世田（虎坊桥五道庙路西）、村钺（顺治门大街歙县会馆）、文庆祥（顺治门大街灵石会馆间壁）、严昉（教场头条胡同云南会馆）、毕应辰（铁门南头路东）、倪文蔚（铁门南头路东）、范泰亨（承恩寺街路北）、张崇（小春树胡同路北）、张德容（小椿树胡同路南）、魏锡纶（校张胡同路西）、刘正品（山西街四川会馆）、王方衡（棉花九条胡同路北）、庄锡绂（贾家胡同南头路东）、刘庭辉（冰窖胡同路西）、赫镇修（前门内西皮市四眼井）、张煦（教子胡同甘肃会馆）

即补道、府有：

齐长庚（海北寺街顺德会馆间壁）、周绍曾（安定前元恩寺庙内）

工部有：

景廉（后门外兴化寺街）、吴鸿恩（官莱园上街四川会馆）、王万龄（虎坊桥东路北张宅）、陈鸿富（兵部洼中街路北）、程鼎芬（保安寺街路南）、曹炽昌（教场五条胡同北口何宅）、蒋斯嶟（东四牌楼钱粮胡同）、王汝讷（东江米巷和春花局内）、刘荪（椿树头条胡同东口）、朱智（教场头条胡同南口路西）、孙念祖（东安门锡蜡胡同潭宅）、张观岳（西砖胡同谢公祠间壁）

大兴县有：

贺臾銮（安定门本县内）

宛平县有：

毛庆麟（皇城西北角本县内）

《翁同龢文献丛编》之二《考试 · 国子监》第1—4页

咸丰六年丙辰科试题答卷

咸丰六年三月(1856 年 4 月)

按:咸丰六年三月(1856 年 4 月),翁同龢应会试,中式六十三名贡士。复试一等第二名。殿试一甲第一名,状元及第。翁同龢这次会试《四书》、诗、策论题答卷收录于《中华状元卷》。兹录存于下:

咸丰六年三月初八日(4 月 12 日),翁同龢由兄长翁同爵陪同,借住内城妙应寺备考。

《翁同龢传》第 40 页

三月初九日(4 月 13 日),翁同龢应会试,"入闱"。前往位于崇文门观星台西北的贡院。是日,首场考《四书》文三道,即"告诸往而知来者";"洋洋乎发育万物,峻极于天";"莫如为仁"。答卷规定须用八股文体,每道字数限定在七百字以内。另作诗一首,题为"赋得游鳞萃灵沼,得'灵'字",五言八韵,十六句"。翁同龢的答卷分别为:

告诸往而知来者

知不囿于所告,贤者之善悟也。盖往者可告,来者不可尽知。因论境而及《诗》,赐之善悟也,夫子故深许之。且名理之日,出以饷人者,惟此往与来之相寻于无尽耳。其上者质由天亶,明无不照,早洞澈夫前古后今之原,故其量足以继往开来,而不以万殊变也。其次者智以学充，积焉既深，自渐臻夫触类旁通之境，故其诣亦足以彰往察来，而不以一端域也。吾以赐为可与言《诗》，诚以赐今者第论境耳。吾之告亦第论境耳，而赐忽有悟于《诗》，赐之知殆进矣乎。

言必资夫告。理有定则，告焉以示其归；理无尽藏，告焉以引其绪。告以启夫言之机，任小叩小鸣，大叩大鸣，而皆有浅深高下之故。言必待夫知。理在言中，知可以穷其奥；理在言外，知可通其凡。知以承夫告之旨，任闻一知一，闻二知二，而各有会悟感触之幾。然而有已告，亦有未告也；有已知，即有未知也。所已告者往也，所未告者皆来者也。所已知者往也，所未知者即来者也。前往则后来，有进境无止境也。彼往则此来，有化机无滞机也。然告之不难，而知之特难。何也？盖天资之所禀，慧足以过人，断不能以易尽之聪明，特神其领悟；又非学力之所几，真积造于有得，更不能以无端之逆臆，遽测夫精微。

两间名物象数之繁，何莫非往者之过而趋，何莫非来者之接而起，善学者贵得其通耳。一事具一理，往与来可分观也；万事共一理，往与来可互证也。往者不一往，来者亦不一来。本此意以论《诗》，则即诗言诗，而一诗可作全《诗》观矣；不即诗言诗，而非诗皆可作是《诗》观矣。吾迸危微精一之统，何莫非往者之立其准，何莫非来者之绍其传，善学者贵提其宗耳。旋往旋来，往与来环而相生也。即往即来，往与来对而相待也。今所谓往即前所谓来，今所谓来后所谓往。本此意以论《诗》，则于赐所已言者，言《诗》而知不知《诗》起矣。于赐所谓言者，言《诗》而知又不自《诗》止矣。赐而无囿于知也，则虽相契于无言可也。

洋洋乎发育万物，峻极于天

圣道无外，物与天皆在道中矣。盖物生于天，惟道有以发育之，则其峻不极于天乎？道之大而无外如此。且盈天下皆物也，顾物之生，天为之；天之所以生物，道为之。物日处于天之中，实日处于道之中。天能出于物之外，不能出于道之外。则无在非物，无在非天，即无在非道。此其义，可于俯察仰观间得之。大哉，圣人之道！

夫圣人者，尽物之性，而与天参者也。道起于最初，两仪四象灿著者，皆后起之端。道本有运于无极之先，而莫可指名者也。道无能名，则凡可以区类求者，皆不足以尽道矣。道行于不息，典漠爻象共见者，多偏举之词。道固有充于太虚之表，而莫能际限者也。道无所际，则凡可以测量得者，举不足以尽道矣。洋洋乎其殆动无方，静无体，而体物不遗者乎？物之蒙也，性保于太和，惟道有以正物之命。其发也，道之为充周也。物之壮也，理期于大顺，惟道有以类物之情。其育也，道为之根极也。极纷纭蕃变之数，圣人悉为之节宣畅茂，而不使一失其所，道之发育万物有如此。其殆迩不遗，远不御，而配天立极者乎？造物者天，而天每不能自达，惟道能先天而以立心，道之峻与天同其用也。极清虚泬穆之境，圣人独与之裁成辅相，而不使或越其围，道之峻极于天又如此。

且夫觉世牖民之责，其开物而成务者，皆天所笃生耳。天生物天有权，天得圣人而天转无权。言天则万物皆同此天也，言道则物与天皆同此道也。闻道以言物，其势涣，有道以宰之，斯无涣之非萃矣；离道以言天，其理虚，有道以弥之，斯无虚之非实矣。天者，物之所以始资;道者,物之所以曲成。道与天,不两化哉!且夫别色被色之伦,其群分而类聚者,亦物中之一耳。天生于物之中,天特生圣人于人之中。物在斯道在,即物即道也;道在斯天在,即道即天也。分言之,则万物各具一天,凡见天之处,皆见道之处矣;合言之,则万物同具一天,有无物之处,必无无道之处矣。物者,天之所以大生;道者,天之所以不已。道与天,不一而神哉!道之大而无外如此。

杨季林等主编:《中华状元卷》第四卷第 343—346 页

是日入场应试不久,即病。“头场病痢,草草交卷出”。“是时闻扬州托(兴阿)营庀次,三兄驻邵伯收兵,意绪甚劣,二场渐愈矣”。房考官通知家人,翁母“捎去止泻药、一支上等高丽人参”。

《翁同龢传》第 40 页

三月初十日(4 月 14 日),写“莫如为仁”卷。翁同龢的答卷为:

人不为仁,因其耻而引之焉。夫人惟不为仁为可耻耳,耻不仁而犹不为仁可乎?孟子引之使进于仁曰:吾人以藐然之身,并三才而贵万物,亦惟仁而已矣!仁也者,圣人安之,贤人复之,下此则舍而失之。必有以愧厉其心,而后可驱之致之。验之为何?曰耻,耻为人役,耻其不仁也。何以知不仁之可耻?以其心之本有仁也。心本有仁,何以不仁?以其不为也。不为则其志日昏,以耻提之,久安之心于以一动,动则思迁,人之情也。不为则其力日弛,以耻迫之,将衰之气有以复振,振则思奋,亦其势也。

如是而不为仁,舍其固有之良而妄欲有为,皆作伪也。滴其所受之中而纷于所为，皆歧趋也。愧其所为之见弃于人，不愧其所为之见绝于天，是再辱也。恶其所为之侪于凡庸，不恶其所为之远于圣贤，是终废也。试问事之切于身者，孰如仁？理之具于心者，孰如仁？足乎内而皆备者，孰如仁？得于天而至贵者，孰如仁？智者知此者也，仁者见之谓之仁，智者见之谓之智。智不本于仁，智流于凿。吾人末路之纷纭，恒以私智滋其扰，则于精明于浑厚，欲为智先为仁。礼者体此者也，长人所以体仁，嘉会足以合礼。礼不本于仁，礼失之伪，天下志行之不端，每以似礼失之谄。则辨品节于德性，欲为礼先为仁。义者宜此者也，仁者天下之表，义者天下之制。义不本于仁，义近于偏。自来贤豪之失足，恒以假义误其趋。则本利用以崇德，欲为义先为仁。

且也仁为天德之全，聊即天心之见。以其见端，复其全体，事之便莫便于此。仁为未发之性，耻即已发之情。由其所发，溯其所存，机之捷莫捷于此。为仁则爵之弃者修，为仁则宅之旷者归。为仁则智生，为仁则礼复，为仁则义行，如是而犹不为仁，必其不知耻者也，必其甘为人役者也。夫君子之道，协吉于悔；庸人之过，复善于迁。终履者祥，克念者圣。人亦何乐而不为仁？人又何惮而不为仁乎？

《中华状元卷》第四卷第348—349页

三月十一日（4月15日）考诗，诗题为“赋得游麟萃灵沼”，得“灵”字。翁同龢所作诗文如下：

凤诏翘林切，龙池咏藻新。贤如鳞并萃，民为沼为灵。共领潜渊趣，先呈纵壑形。三千春浩荡，卅六影珑玲。鲂岂歌南国？鲲非化北溟。同依文囿广，奚羡禹门经！李善笺名绎，潘尼雅什聆。几馀精选理,咸若颂彤廷。

此诗仄起仄收,首句不入韵,八联皆对仗,在次联押出所得"灵"字官韵。房考官贡璜(后拨房金钧)的批语是:"雍容华贵,雅近唐音。"正考官彭蕴章、全庆,以及副考官许乃普、刘琨的总批语是:"制诗缉《颂》,有云霞蒸蔚之观;扢《雅》扬《风》,皆冰雪聪明之语。"

《中华状元卷》第一卷第 29 页

三月十二日(4 月 16 日)考第二场,题为"弧矢之利"三句,"若纲在网"四句,"仓庚喈喈,采蘩祁祁"四句,"夏公会齐侯于夹谷","外事用冈日"二句。试毕出闱归家。

《翁心存日记》第三册第 1105 页

三月十三日(4 月 17 日)放榜。

咸丰六年翁同龢会试同年单

咸丰六年四月(1856 年 5 月)

按:咸丰六年,翁同龢参加丙辰科(咸丰六年)会试。殿试一甲第一名,状元及第。两年后,同年聚会请师,翁同龢制成《丙辰同年单》,共收录同年七十七名,其中后来成名的,除翁同龢外,尚有孙毓汶、延煦、绍祺、孙钦昂、涂觉纲、霍穆欢、孙家穀、黎兆棠、倪文蔚、景廉、孙念祖、朱智、张观岳等人。兹录存如下:

根据翁同龢咸丰八年所制"丙辰科同年单",经此会试而成为同年的有以下人员:

内阁有：

张兴留（香炉营头条路北）

翰林院有：

翁同龢（南横街路北）、孙毓汶（绳匠胡同路北）、延煦（北锣鼓巷郎家胡同）、徐景轼（齐化门堂子胡同）、翁延绪（南锣鼓巷黑芝麻胡同）、绍祺（齐化门南小街新线胡同）、华晋芳（臧家桥锡金会馆）、尹秉绶（东单头条胡同路北）、张其惠（直隶新会馆）、刘昭文（长巷头条胡同路东）、孙钦昂（香炉营头条路东［出京］）、高延栋（醋张胡同路南）、洪昌燕（南横街东路北）

吏部有：

涂觉纲（北半截子胡同路西）、卓景濂（化石桥）、缪冠瀛（棉花头条胡同路北）于宗绶（前门内高碑胡同）、傅庆贻（长巷上四条胡同路西）、于藻（北半截子胡同吴兴会馆）、何枢（金井胡同何宅）、杨兆运（车子营路北）、宋良薰（香炉营五条路北）

户部有：

张文澜（南柳巷建宁会馆）、锡淳（山老胡同路）、陈韨（椿树上头条胡同路北）、胡义质（米市胡同路西）、张敬生（香炉营头条东头）、陶宝森（粉坊琉璃萍乡会馆）、阎汝弼（下斜街路东）、廖正亨（李铁拐斜街肇庆会馆）、傅驯（长巷上三条胡同金溪会馆）、李寿蓉（二庙路南）、刘余庆（果子巷延旺庙街路东）、邵泳（椿树上三条胡同路南）、杨景孟（长巷上二茶胡同路西）

礼部有：

霍穆欢（北锣鼓巷路东）、胡延夔（东四牌楼本司胡同）、黎兆棠（南横街香山会馆）、孙家穀（排子胡同凤阳会馆）

兵部有：

余上华（长巷上头条胡同武会馆）、陈莀章（未染胡同路东）、李文瀛（潘家圩路西）、守正（干石桥临清官路南）、周鹤（潘家河沿兵部肖宅）、员凤林（号梧冈，陕西三原人，教场头条胡同三原会馆）

刑部有：

冯端本（米市胡同中州会馆）、雷榜荣（八角琉璃井路北）、邵占鳌（石驸马大街包宅）、李贻良（前孙公元路北）、严昉（教场胡同云南会馆）、刘子英（上斜街三忠祠）、赵贡玉（教场下头条胡同路东）、刘廷辉（冰窖胡同路北小门）、张树甲（苏州胡同五老胡同）、薛允升（号云陔，陕西长安人，顺治门大街路南）、邓荣衡（草厂二条胡同路东）、庄锡绂（贾家胡同路东）、王方衡（棉花九条胡同路北小门）、刘正品（山西街四川会馆）、赫慎修（前门内四眼井）、孙长绂（椿树头条胡同路南）、张衍熙（太平街巷普济庵）、关国光（上斜街中州会馆）、钟孟鸿（冰窖胡同镇平会馆）、张殿栋（鹞儿胡同般若寺［出京］）

工部有：

张振新（余家胡同襄陵会馆）、龚嘉隽（后孙公园路北）、毕瀚（余家胡同路南小胡同）、文辂（巡捕厅西口内）、蔡同春（下斜街南头路北）

候选县有：

刘履泰（椿树胡同庙内）

《翁同龢文献丛编》之二《考试·国子监》第5—6页

光绪九年会试复试阅卷及庶常散馆考试录用意见

光绪九年四月(1883 年 5 月)

按:翁同龢于光绪九年四月十七日(1883 年 5 月 23 日)奉派为会试复试阅卷大臣。对于进士复试的授职,他曾向慈禧太后面呈不同意见,慈禧太后当即对部分进士授职“加恩”改授。兹录如下:

光绪九年四月十七日(1883 年 5 月 23 日),翁同龢奉旨派为会试复试阅卷大臣。

《翁同龢日记》第 1739 页

四月二十四日(5 月 30 日),进呈前十本试卷。慈禧太后召见读卷大臣。拆弥封毕,太后谕:“此榜眼系宗室,系二百馀年所未有。”翁同龢等敬对曰:“此邦家之光云云。”是科一甲分别为陈冕(顺天)、寿耆(宗室)、管廷献(山东)。二甲为朱祖谋(浙江)、志钧(满族)、丁仁长、邵松年(顺天)、张预(浙江)、熊亦奇(江苏)。

《翁同龢日记》第 1471 页

四月二十八日(6 月 3 日),军机见起时,翁同龢“力陈斐维、左绍佐(庶常散馆考试)不应抑置二、三等,未敢请加恩也”,而慈禧太后“丹毫俯鉴,竟以斐留翰林、左予部属,盖特识也”。奉旨教习庶吉士。

《翁同龢日记》第 1741 页

光绪十一年顺天乡试资料

光绪十一年八月(1885年9月)

按:光绪十一年八月,翁同龢与童华奉旨担任顺天乡试副考官,正考官为潘祖荫。在这次乡试中,翁同龢写了《入闱购物单》、《入闱续记》、《阅文随笔》,以及试卷的批阅记录,对于研究科举考试史极具参考价值。兹录如下:

光绪十一年八月初六日(1885年9月14日),与奎润、童华同奉派顺天乡试副考官,正考官为潘祖荫。翁斌孙派为同考官。次日入闱。潘祖荫判定十八魁。九月初二日,以十七房荐卷二题文多用“诏”、“禄”等字,草奏折,请旨可否取中。初三日,以翁同龢所选卷“置元”。是科元:刘若曾(可毅)、张謇(季直)、赵致中、穆星沅、谈长康。闱中,题奎润(星斋)《蕉花图》。九月十二日出闱。

《翁同龢日记》第1967页

关于这次入闱前后情况,翁同龢在《琐闱随笔》中均有详细记载。关于入闱前准备工作有二项:

《入闱购物单》:“此张子腾(即张家襄)开来,余又加减不必拘也。”阅卷用物,内开:四书、五经、诗韵辨同、策学;笔:水笔、紫毫笔;砚:大、小;薄木板一片,竹纸三刀、安折(带封)、镇纸三、五刀、红格本(要多)、水盂、笔洗、折扇(两面白纸、十柄)、阅卷簿、十景横批、毛头纸三四刀、卷布、卷夹三四十个。

药物,内开:人参、丽参、干姜、神曲、砂仁、槟榔、痧药、陈皮、半夏、正气丸、消蛾散、紫金定、一笔勾、薄荷油、三方。

杂物，内开：草纸、安息香、蜡烛、钱、碎银封、安息盘香、香合子、小香炉、煤、甜水、白米、白面、鼻烟（须多，二十三）、冷布（多）。

器皿，计开：棉爽门帘、椅垫六个、方炕上用带罩八个、大桌毡三、灯盏一、烛台（高三、低三）、烛剪连焟花筒四（今用大洋烛则此不用矣）、面盆、漱盂、盐碗、浆合、痰火令、便壶。日圭、袠、护书、靴页、折镜、眼镜（二三分）、抹布（多）、条帚四、刷帚、火镰、火石、火绒、洋取〔油?〕灯、铁钉锤（要大）、大中小钉子（要好，各一百）、小绳六、小铁锡、菜刀、铲刀、沙吊、大中小碗、碟子、茶碗连茶盘十只、鞋拨板刷、剪刀、柳木牙签、毛担三（要好）、家伙筒。

服用，计开：绸帐、夏布帐（均带帐钩）、被褥、炕围、枕、帽令、帽架、纬帽呢帽、小帽、绒夹领子、靴大小各一、油底一、鞢（棉单各一）、鞋二、衣箱、衣包、补褂、朝珠二、棉夹单纱、袍褂各一套、棉夹单军机褂、青褂罩（大者一）、棉夹单一个元、罗绸长衫三四件、绸夹袄、大棉袄、棉夹背心、小夹棉袄、包袱、扇络扇子、板带二、手巾、饭单、搭连、槟榔袋、扣带、香珠、针线、旱烟火纸、粗细茶叶。

食物（皆付厨子），计开：火腿、猪油（多）、笋干、酱瓜、糖、冰糖、海参、冬笋、虾米、酱菜、酱豆腐、莲子、燕菜、董葱蒜、清酱、醋、盐、花生、水果、糕点（要咸者）、小米、炒酱。

另添脚踏一、小玻璃（连匡）二、字纸篓二、灰槽子一、靠背一、小炕桌、大靠枕、铜浆合、自刻阅卷簿、竹纸批条（买好的）、帐竿竹（长者四根）。

《续记》又增添以下各项，有：

鼻烟要多带，笔洗（或铜或瓷不可太大）、冷布多带，桌棵碍腿，须做一方面活腿支之。圈椅能带一张为妙。机垫须八个，镇纸要三四个，卷布、卷夹三四个，笔架、薄木校、九行红格（每本六十张）、二十五字大红格二百、二十字红格一百、大蓝布包袱（挡窗用）、棉斗篷、圆小钟、蓝紫两色亦酌带、朱亦然（以便请人作画）、作四书柜中分五直格，须狭长轻便下作两桓承之，有门。（癸巳秋同人议如此，余意总欲作软布书架更轻妙）

《翁同龢文献丛编》之二《考试·国子监》第65—67页

为确保考试顺利进行，翁同龢摘录了同治三年、同治十三年顺天乡试考试的有关教训，以告诫同人：

同治三年，朱卷题目脱写字，主考同考未经抹出，主考罚俸三个月，同考六个月。又，朱塞不符，誊录捏造诗句，自逞己□并无嘱托情弊，誊录官罚俸一年，对读同。

同治十三年，策内“公羊”二字拆分两处（在十四本内），举人斥革，主考同考俱抹出免议，其馀疵漏未抹出，主考（罚俸）九个月，同考降一级留。又，春秋文不顾题解，将传语杂凑成篇，照文体不正，举人斥革，主考降二级调，同考革职。又，朱卷“率”字未缺笔，主考、同考均未摘出，主考罚俸的（?）年，同考降一级调。又，破承题蓝笔未点到，主考罚俸一年；墨笔未点破承者，主考降一级留，《嗣攻》全篇未点，降一级留，数行数句未点者，罚俸一年。又，朱卷有误倒字，主考将墨笔勿转，罚俸一年。又，朱卷内多写之字，主考同考用笔删截，主考同考均降二级留。

磨勘。又，经文入其字口气，又用绛县考人，举人罚停二科，主考罚俸九个月，同考降一级留。

同治十三年，在十五本内，因鸿胪寺少卿梁僧宅奏，奉上谕：著礼部将磨勘事例详细申明，认真办理。考官向磨勘官分送闱墨，送者受者均降三级调。磨勘官两科未签一卷者，罚俸一年。引用后世事暨书名者,考官罚两科。引用纪择等书者,考生革去。头二场各艺承讲虚字有故违向,或独出新奇显涉可疑者,以违式论。试卷抄袭雷同,考生罚停两科,主考罚俸九个月,如同在一房,同考降一级留。三场默写二场经文首艺,或小讲,或起比,或中后,听考官酌定,将默写式写于题纸后。十七册内,宗室会试题目纸及考官、安折改于十七日,士子出场后,即行送出,以便十八日一同具奏。此光绪二年事。十二册内,直书御名未避,罚停乡试两科,学政未经指出,罚俸六个月。此同治十二年山西岁贡试事。何以学政如此之轻,同考明彼之意。

《翁同龢文献丛编》之二《考试·国子监》第66页

在《阅文随笔》中,翁同龢对试卷的批阅提出以下要求:

一、阅文须先立主意,或先拟作一篇,则甘苦自喻。一、阅时先寻元文魁文,得卷后,时时展看较量。一、发刻文须慎重,抄文亦须慎重,不可滥抄,徒多周折。一、墨点勿大,恐将来加圈时善不住。一、中卷须将前八行密圈一二句,则开卷了然。一、破承题须点到。一、粘批语签可立暗记,最好者高出数分或一寸。一、偏旁庙讳随笔指出。一、套定三场卷再定去取。此甚难,三场上堂极迟。一、欲重后场,必须将后场全行看毕,始将中卷发房,否则中者已发房,即欲补中后场出色之卷,势难纷纷更换矣。吾屡有遗珠,皆因速发中卷之故,书以志悔。后场齐往往至月初六七,则太迟矣,须令先抽好者从速补荐。一、先将三场卷查看篇幅,长者提出先看。

阅卷工作开始后,同龢针对实际情况,又提出如下要求:

刻闱墨要斟酌,以少为妙。阅卷簿以童公(童华)法为最,两本而经纬分明。以十八房为经,以字号为纬,切记之。汉军合字号佳卷最多。满字最浮夸。闻红字满有大小之别,大满,满州也;小满,蒙古也。癸丑裕寿田言如此。

大堂西屋窗槅须加棂,否则必为风雨所破,屡经之,糊窗纸,能换厚乃佳,绸帐并竹竿。大堂西屋无门榱,必须添作。大堂西屋窗太明,须用蓝洋布包袱两块挡之。内帘往往向外帘多索题纸而吝于刷出之题纸。宗室题书有与头场一并发下者,有十六日发下者。堂上阅文意倦手阑最喜用大点中卷,加圈则不好看矣,此后宜戒。用小水笔即无此弊。批语断不可太刻,及与本房违戾,则临发时又费一番寻检,甚至改换,则大费事矣。切切记之。分皿(乡试)、分省(会试)及一切另编字号者均须细心检点,此四人之事实须以一人承之。填草榜前须汇齐上堂,先归省分数明,然后定名次。中数分隶各人此陋习也,独京闱不得不耳。法当排一表,如中额十人,则每人两本,排定后将所馀二本从头排下,则在前二人应中三本矣,如此再不能舛错。若本人名下实不敷中则向别处补足,亦不致漫无稽考。

一、入闱即看窗户,速令裱糊匠另以皮纸糊好,否则风雨打破极受累。一、刻阅卷簿式,一篇一卷为妙。一、刻收卷簿式,一行分三截,下注二场、三场,收时写字号,阅时就此记批。一、厚竹纸四刀,冷布帘。

改,可刻即刻。抄手要快。格子要大。十五、六日刻起,提前十日即刻毕。名次可先排定。已刻者不可漏中。

阅文勿贪多,但须详定,耐性沉下,字字句句从心上过,方得。签上分三等。圈不可多,□□亦不可多,则一目了然。卷须逐日查对,须时时算卷数。

开单最妙,不必遽上本本,上本本即呆。

一纵一横，房为纵，则定号为横，两者缺一不可。故莫妙于开单。

用布匣盛卷（戊子记此）当好轻且合式也，须度卷之长短宽狭为之。

顺天府所进书籍多不全，即二十四史亦多缺，十三经未见。

《翁同龢文献丛编》之二《考试·国子监》第70—72页

本次顺天乡试，翁同龢说"一切较迟数日，十四日始填榜也"。关于"排日应办事宜"，据《乙酉秋闱日记》具体详述：

八月初六日午正入闱，拜公堂，拜内监试十八房、收掌。

初七日，巳初上堂掣房签。补褂。请定四位房考官折及进呈题纸，请五位明日刻题，请房官商策题。

初八日，辰初书籍到，正副考官跪接，在正考官房拟题，巳正写，午初刻超、申正刷起，酉初刻齐，子初一刻刷讫，子初三刻发讫，凡一万二千张。用六板，题纸五十为一束，请五、六位写题。公备两桌请监试房官，早晚皆有。外惕实到一万一千三百七十一名。

初九日，再拟策题，午写进呈题纸。包恭缴书籍、御章、题纸及安折也。今钦命题于进宗室卷时一同恭缴，故不敬题入筒。书一包、安折匣一包、钥一包。

初十日，巳正传点开门送安折等。潘（祖荫）捧折，余捧筒。请四位写策题。

题徐琪《玩月图》："名流远想万松堂，近代惟闻戴鹿床。两公皆有蓝笔画。难得风帘官烛下，一时二秒论徐黄。分校黄枚岑、编修徐彝年亦工画。清秘槐厅溯旧闻，几人携步陟青云。十洲同看今宵月，独许臣家有二分。侄孙斌孙亦充分校，奉特旨毋庸回避，异数也。老来已觉笔头干，惭负参详文字官。毕竟爱君是苏轼，解吟高处不胜寒。”

十一日，巳初接回折，请五位房官在正主考房写经题，酉正刷毕，请五位先归，仍封后门，留监试及刻匠在大堂候，至戌初二刻开门送题纸，稍早。

十二日，各房写策题讫，校对无讹，四人同送至会经堂，交内监试监刻。请房官十人小饮，童公备。封二题筒安折。

十三日，巳初送安折题筒，校对进呈策题，进卷。未正上堂，各房一揖，补褂。四人同监试掣签置每束上看有无回避，如有即与别房互换，八刻始分毕。策题刊成，酉正散堂。

十四日，卯正上堂阅卷五十一本，辰刻安折回，子初一刻送三场题纸。

十五日，卯正上堂各一揖，补褂。申正发安折题筒，应十六日辰刻发。阅卷四十七本。

十六日，寅正接宗室题书，辰初上堂阅卷三十七本，卯正拟宗室题。

十七日，丑正起，与伯寅监刻宗室题，四刻毕刷讫，天未明也。待至卯初送题纸，六十七人，须封号门后始开内龙门。申正二刻送安折、宗室题筒，缴御章、书籍。阅卷四十一本。夜分三场安折回，头场进卷毕。

十八日，巳刻安折、宗室题回，阅卷四十二本，灯下阅宗室卷十七本。

十九日，知照至公堂，二十二日进呈宗室卷，前一日发出。阅卷五十一本，写进呈宗室卷折。

二十日，阅卷四十四本，封宗室进呈卷并安折讫。

二十一日，卯正送宗室卷，入卷箱，并安折交至公堂。阅卷二十六本。

二十二日，午正宗室卷发下，安折回，由至公堂填榜，阅卷二十七本。

二十三日，辰刻上堂，阅卷十三本。午正撤堂。

二十四日。

二十五日，排房首，再搜落卷，提房首二、三场卷。

二十六日，午刻上堂定大魁，九月朔始定。重排南皿卷。

二十七日，二场卷始上堂。

二十八日，房首各卷二场尚未齐，向各房催促。未正上堂，以十八卷置案，请十八房来各付一卷，请加圈点并细磨。

二十九日，改刻文，中卷归束，备卷亦归束，落卷归箱。房首卷磨毕。定九月十二揭晓。

九月初一日，磨勘前十卷，天未明起，至申正毕。三场卷始上堂。

初二日，三场卷陆续来，随到随着，随归束。

初三日，未刻将十卷钉好，过水平平压。靖四位初六日上堂写前十卷批语八字，又封奏一件，并安折。

初四日，午正封折粘十本黄签包好，初七日始粘签，申正送外帘讫。

初五日，定副榜卷，定誊录卷，申初十本及安折回，戌正时奏回。发各房中卷，各房不匀。

初六日，各房将中卷磨勘毕，陆续送回。初十日始定中卷、定副榜卷。

初七日，磨勘中卷尚未齐。

初八日，卯正令刻匠钉三连卷，巳初毕。即发各房写批。午初定草榜，各持一取中字号单以次排定，一时半毕。申刻写批讫。邀三公饮。检各处落卷，写一条中□本、副□本、誊□本、馀□本，置每束上。发副榜卷，交各房加批。发誊录卷，共二百六十本，令书吏写名次。

初九日，巳初上堂将四处中卷汇齐，各归各字，如皿、又之类。照额点数一过，丝后按草榜逐名排之，五魁一束，馀十本一束。请十房十二日上堂写朱卷名次，大写。两时毕。排定副榜名次，五十九名。拜监试十八房收掌，阄墨排齐。放各项赏。

初十日，辰初发各房落卷，十三日发。数目无讹。午初进篷匠，写榜头榜尾。

十一日，子正三刻即开门，十四日填榜。寅初填榜起，潘（祖荫）判名次，余书姓名于朱卷，因填太速，停顿二次。未初二刻，二百八十名已毕矣。伯寅招同人小饮。戌初填五魁，副榜仅判名次，不唱名。亥初毕，子初二刻送榜。

头场进卷一万千三百零二本。其中"满官"二十七，"南官"三十七，"北官"十四，"中官"十七，"满"四百八十四，"合"三百六十二，"夹"四百二十三，"承"一百二十，"旦"二百十三，"贝"六千一百六十八，"北皿"一千二百六十四，"南皿"九百二十六，"中皿"一千三百四十七。每房分卷六百二十八本，十七、十八两房少一本。

《翁同龢文献丛编》之二《考试·国子监》第99页

翁同龢未刊档案资料中系存了其在本次顺天乡试中对南皿、北皿、中皿荐卷首、次、三场，以及诗作的批语：

对第六房南皿市九十七荐卷的批语是："充畅不免有宽泛处，

次、三皆滞，诗可。”

对第五房南皿寓三十九荐卷的批语是：“气局甚闳，诊词未洁，次宽博，三圆熟，诗平。”

对第二房南皿寓六十一荐卷的批语是：“潦草责塞，殊无意兴，次、三犹谬，次通篇无出落。随手写来，似未经意。”

对第二房南寓七十一荐卷的批语是：“敷畅微嫌浮泛，次、三率。”

对第八房南皿市三十二荐卷的批语是：“多用秦事藻掩其骨，次匀三有翦裁，诗妥。”

对第十五房南皿寓七十三荐卷的批语是：“有风度而不免涂泽，次充鬯，三尚雅令，诗不俗。诏糈字无碍。多喘。”

对第十二房南皿曜二十四荐卷的批语是：“敷畅中间有稺弱处，次、三平然。”

对第十五房南皿要十六荐卷的批语是：“文气充然有馀，次、三亦畅，诗可。”

对第十五房南皿啸四十八荐卷的批语是：“语有实际自异浮嚣，次得类记意，三敷畅而已，诗未工。”

对第三房南皿四十四荐卷的批语是：“敷畅而意思殊薄，次、三同。诗平，惜少凝炼。”

对第三房南皿琴四十六荐卷的批语是：“一著浮藻便不切实，后二实蹈此弊，次板滞，三空，诗可。”

对第三房南皿要五荐卷的批语是：“字字雕琢而出，然伤气矣。”

对第五房南皿琴八十四荐卷的批语是：“干正未能生色，次畅，三匀。”

对第六房南皿笔三十九荐卷的批语是:“声光并茂,次、三充鬯,肤浅毫无实力。”

对第十二房南皿琴四荐卷的批语是:“泽古未琛,选辞多杂,次、三稚嫩,诗拙。”

对第三房南皿朗四十三荐卷的批语是:“曲折赴题,略嫌涣散,诗矜炼,三场尚能条对。”

对第二房南皿笔四十一荐卷的批语是:“声华蔚然,未见根柢,次平、三空,诗平。”

对第三房南皿朗六十七荐卷的批语是:“文气尚清,选词亦䆸,次、三平满。”

对第五房南皿笔四十九荐卷的批语是:“语意清真,微嫌多合掌处,次、三稍弱。”

对第十二房南皿曜六十七荐卷的批语是:“圆润而熟语太多,次、三浮泛。”

对第八房南皿朗七十一荐卷的批语是:“清澈而力量未充,次、三弱。”

对第三房南皿朗二十九荐卷的批语是:“泛语稍多,次有意,三不枯寂。”

对第五房南皿阮七十三荐卷的批语是:“清气为浮所掩,次、三平正。”

对第十五房南皿笔九十三荐卷的批语是:“大致平正,惜无精意,次充畅,三廓然。”

对第十五房南皿朗五十九荐卷的批语是:“辞繁义复,次清畅,三平稳,诗平。”

对第三房南皿朗四十八荐卷的批语是:“浮藻联翩,华而不实,次平，三滑。”

对第六房南皿笔五十九荐卷的批语是：“平铺直叙，少出色处，次畅，三匀，诗可。”

对第三房南皿曜八十四荐卷的批语是：“章安句适三艺一律。”

对第二房南皿市三十六荐卷的批语是：“运典而笔能曲达，次、三平满。”

对第二房南皿朗九荐卷的批语是：“笔致大方，藻不掩骨，次妥，三空，诗可。”

对第三房南皿笔二十六荐卷的批语是：“笔亦圆健，而为辞藻所累，次平正，三畅。”

对第八房南皿伦六十四荐卷的批语是：“讲下未入口气遽尔引《易》，总觉未惬，馀亦多泛，次劲达，三简当而有风致，诗可。”

对第十二房南皿琴五十二荐卷的批语是：“虽无深义而安雅纡绮，次平，三空，而气不振。”

对第八房南皿啸二十九荐卷的批语是：“扫空词障，亮体清明，次有作意，三稍空。”

对第五房南皿二十五荐卷的批语是：“亦用意而笔颇平钝，次、三同。”

对第三房南皿啸六十二荐卷的批语是：“气度好而意味不甚长，次举止泰容，三平衍。”

对第十二房南皿朗四十七荐卷的批语是：“前路稳惬，中后稍松，次、三平，诗平。”

对第八房南皿琴六十荐卷的批语是：“笔气凌方，用史事微嫌着迹，次、三平畅。备。”

对第八房南皿啸五十八荐卷的批语是：“精力弥满，微嫌急抢下二句,次、三皆畅足。诗拙。”

对第八房南皿笔六十二荐卷的批语是:“实大声宏,略嫌肤泛,次雅切,三平满,诗可。备。”

对第八房南皿啸二十六荐卷的批语是:“风神骀宕,中后稍疏,次畅,三空,诗可。”

对第三房南皿市八十八荐卷的批语是:“充足而少实际,次畅,三顾章旨,诗平。”

对第十五房南皿寓七荐卷的批语是:“风度端凝,次、三畅满,二场易艺可,礼无甚阐发,尚非抄拈。”(因二场二十六补荐)

对第十五房南皿市七十九荐卷的批语是:“充畅敷映,次、三足”。“易泛,书是塞卷,诗四言均不古,礼略通小学。”(一场补荐)

对第十二房南皿伦三十六荐卷的批语是:“才华富有,微嫌宽泛,二场五艺皆组织而无经义。易泛,书泛,诗泛,春秋、礼皆泛。三场对者甚少,略有三处引申。”

对第十四房北皿纨六十一荐卷的批语是:“敷衍,次出落生硬,三不合,诗平。”

对第九房北皿扇十三荐卷的批语是:“敷畅而未能切实,次平正,三散行,而笔力殊弱。诗有讹字。”

对第十六房北皿圆三十二荐卷的批语是:“笔不足以达意,辞掩之也,次出落寞,三意思重沓。秋水夏屋之士。”

对第十七房北皿圆十二荐卷的批语是:“沉着,后比稍松,次为题所束,三如题敷衍。次诏禄无碍。”

对第二房北皿粮一荐卷的批语是:“遣词未浩,次后二委婉,三平,诗平。”

对第十四房北皿床十七荐卷的批语是:“文境颇清,尚卢凝谏,次点题处勉强排比。”

对第十六房北皿象八十二荐卷的批语是:“习见语未太扫除,次、三畅。”

对第十七房北皿愿三十六荐卷的批语是:“运思虽细,隶事未精,次生硬,三充足。”

对第四房北皿床二十九荐卷的批语是:“明顺而少意议,次畅适,三平。”

对第九房北皿圆三十九荐卷的批语是:“笔意清楚,尚少陶铸工夫。嫩不可言。”

对第十八房北皿银三十八荐卷的批语是:“三艺皆极意组织,惜辞掩其意,诗有拙句。”

对第七房北皿圆五十五荐卷的批语是:“文有气势,次稍涩,三充畅。”

对第十三房北皿粮四十二荐卷的批语是:“高浑春容,次、三未称盖,笔意局促也。”

对第十房北皿圆二十九荐卷的批语是:“用典不杂,次未见作意,三充畅。”

对第十八房北皿银九十一荐卷的批语是“有精到诏,次安惬,三恰如分际。诗可。”

对第七房北皿圆六十八荐卷的批语是:“极意经营,略嫌板滞,次、三畅适,诗可。”

对第七房北皿纨六荐卷的批语是:“前艺光昌,次、三充鬯,二场诗、礼二艺泛引无征实,来见经义。”

对第一房北皿烛一百荐卷的批语是:“次艺笔致隽雅,然通篇文点题于法稍疏矣。前后半庸熟〔俗?〕,三疏朗,诗可。备。首艺

‘黄鸟殇三良之逝’,句未惬。”

对第十房北皿银六十一荐卷的批语是:“宽博有馀,才华发越,次、三称〈意〉,诗可。”

对第十八房北皿烛四荐卷的批语是:“质!厚,而后二廓落,次平,三空,诗平。”

对第二房北皿床二十八荐卷的批语是:“扼定题首而出语较饱,次平,三抄撮无心得。”

对第十房北皿煌三十一荐卷的批语是:“选言未醇,次平,三大致疏宕,而时露一二浅语何也?”

对第六房北皿银二九荐卷的批语是:“泛语未除,次、三亦然,何也?”

对第一房北皿煌六荐卷的批语是:“大段去得,而未能沉着,次、三同,诗平。”

对第十房北皿床五十三荐卷的批语是:“圆润而语多习见,次、三亦多未惬。”

对第十三房北皿银十二荐卷的批语是:“随手拈来,多未熨贴,次圆熟,三平,诗可。”

对第四房中皿歌三十一荐卷的批语是:“圆浑,入后笔不能振,次稍泛,三敷畅。”(另附有“次诏糈、教忠、天家”数字。)

对第十二房中皿歌六十六荐卷的批语是:“充沛,尚少心得,次平、三肤。”(另附有“朝廷诏禄”四字。)

对第五房中皿接四十八荐卷的批语是:“转引繁称转觉冗长无味,诗点周句。”

对第九房中皿宴四十四荐卷的批语是:“看题尚细而语未精练,次、三有宽泛处。”

对第四房中皿接六十七荐卷的批语是:“后二尚有风神,次、三不免类句。”(另附有“首青定、次鹤俸、三周内亦有河勋”。)

对第三房中皿接六十一荐卷的批语是:“三艺一副笔墨,所惜未能透辟,诗拙。”

对第四房中皿接二十六荐卷的批语是:“勾勒甚清,惜少精湛,次多习见语。”

对第三房中皿歌三十二荐卷的批语是:“平正通达,次稳,三得解。”

对第五房中皿歌八十九荐卷的批语是:“大气包举,后二何其凡,近观次、三艺笔致一律,当是好事。与十三房举二十五雷同,讲及中二。”

对第七房中皿举九荐卷的批语是:“文有浑穆气,惟隶事未工耳,次吐弃凡近三笔,意与前相称,诗不佳。”

对第十六房中皿举四荐卷的批语是:“气足以举其词,次畅,三近杂,诗拙。”

对第九房中皿举七荐卷的批语是:“揣摩时墨,意到笔随,次艺出落殊窘,即此见才力之薄。备。”

对第三房中皿宴六十五荐卷的批语是:“次艺清真刻露,三艺有书卷,以此相较,转觉首艺之平。诗拙。次与十八房觞二十雷同。”

对第十六房中皿觞四十一荐卷的批语是:“语有含蓄,饮嫌空廓,次、三泛。”

对第四房中皿悦八十一荐卷的批语是:“见解固高,讲未中数语,与此题书口气未甚令,次局促,三亦浅。”

对第五房中皿举十一荐卷的批语是:“多寻常语,次、三亦徒事摭拾,未见心裁。”

对第七房中皿且六荐卷的批语是:“得悔过深情中,二比尤涵盖一切,次博大,三稍泛,而笔尚不俗,诗平。”

对第十七房中皿且三十荐卷的批语是:“大致妥适,次出落局促,三充畅。”

对第十一房中皿康五十三荐卷的批语是:“起处博大,通篇仍多套语,次、三平直。”

对第十房中皿盃十荐卷的批语是:“不甚切实而气局从容,次清,三畅。”

对第十八房中皿接四十七荐卷的批语是:“次清,三有敷,第三艺与他卷(十七房盃六十七卷)雷同。”

对第十三房中皿盃一荐卷的批语是:“清𢈪而嫌薄弱,次笔清廉焊,三亦清析,诗拙。”

对第八房中皿接八十四荐卷的批语是:“亦充畅而苦无酝酿,次、三亦凡近,诗不佳。”

对第八房中皿宴九十三荐卷的批语是:“声调词藻无精意以纬之,则堆垛而已,文未免此病。次平钝,三后比既以委吏乘田分股何以中间又双承耶?”

对第九房中皿且八十五荐卷的批语是:“辞畅而气稍浮,次出落牵强,三平。诗君王双拾。”

对第十房中皿且九十八荐卷的批语是:“机用甚圆,惜未精炼,三近率,诗‘蚌’字失黏。三孔子则壮乎牛而吏壮乎年也。”

对第十六房中皿悦二十八荐卷的批语是:“虽疏宕而落后语多习见。次抄袭陈文。”

对第十八房中皿豫八十六荐卷的批语是:“前半古质,中后入时调，次、三疏荡，是一副笔墨。首篇红𢂺卷见过。”

对第十七房中皿悦五十九荐卷的批语是：“意境大而笔力未是以振之，次疏隽可喜，三则薄弱矣。”

对第十五房中皿酒四十二荐卷的批语是：“圆熟，次畅，三略肤。诗拙，有‘轻凭至斧戕’句。”

对第十四房中皿豫八十八荐卷的批语是：“平正微嫌宽泛，次、三久精警。”

对第十三房中皿悦三十五荐卷的批语是：“首、次皆惬，三艺空衍，此揣摩圆到之作，诗未工。”

对第七房中皿觞四十六荐卷的批语是：“亦颇切切实而长句未免缓，次、三平稳。”

对第七房中皿盃二十三荐卷的批语是：“熟而近俗，次板，三空。”

对第一房中皿悦七十六荐卷的批语是：“有泛语，次、三亦未见新颖，诗不工。”

对第十八房中皿觞二十三荐卷的批语是：“涂泽了无精蕴，次清矫，三后半杂。次与三房宴六十五卷雷同。”

对第七房中皿酒十三荐卷的批语是：“处处合度，惜未能勘出真际，次、三绵密有工夫。”

对第七房中皿酒三十四荐卷的批语是：“文心静细，后二时弱于出比，次清，三宗而畅。”

对第十八房中皿修二十六荐卷的批语是：“讲下未入口气，中比有不接处，次廓，三泛。”

对第十房中皿悦二十三荐卷的批语是：“顾章旨扼题字而于实际转抛荒，次三有殊不欲战之意。”

对第十六房中皿悦二十荐卷的批语是:“题界未清,词多肤泛,次、三亦平。”

对第一房中皿接八十荐卷的批语是:“肤辞未经淘汰,次、三平。”

对第十八房中皿康二十荐卷的批语是:“次艺清矫不群,首、三均常语,何也?”

对第十四房中皿修七十五荐卷的批语是:“才力气,惜少含蓄,次平、三嫌杂,诗有佳处,亦有俗笔。”

对第十四房中皿盃八荐卷的批语是:“笔颇平钝,次拙,三亦凑。”

对第八房中皿且三十三荐卷的批语是:“辞意俱清,次畅,三平。诗抬头处未惬。”

对第八房中皿且二十八荐卷的批语是:“气韵特佳,隶势微有痕迹,次清,三略有考证,未见淹通。诗其字誊误。房荐极得意。”

对第八房中皿豫九十三荐卷的批语是:“研精覃思,神不外散,但诠发下二句太略,次清三妥。”

对第十三房中皿举二十五荐卷的批语是:“酝酿深纯,次新颖且有力量,三雅饬,诗清。与五房歌八十九议及中二雷同。”

《翁同龢文献丛编》之二《考试·国子监》第131—192页

本次乡试人数及三场进卷、荐卷概况:

头场卷共一万一千三百零二本,共荐卷一千五百十三本。“正”三百七十八本;“大”三百七十九本;“光”三百八十本;“明”三百七十六本。其中“贝”一百五十五本;“南皿”四十八本:“北皿”三十五本;“中皿”五十九本;“满官”五本;“南官”七本;“北官”一本;“中官”三本;“满”二十五本;“夹”十三本;“合”十八本;“承”四本;“旦”六本。

在《阅宗室卷记》中,翁同龢记录批阅宗室试卷的情况(自注:“填榜后外帘移送名单未注红号,此所记竟不辨谁某也。”):

宗室卷共六十七卷,分得十七卷。十八日已刻进。

福二十五试卷批语是:“卷轴纷伦,高皇典丽,诗字皆佳,惟有讹字,郿庑得‘庑’字误写‘膴’字。”

庆二十五试卷批语是:“文气清畅,诗有佳句,落下举旗行酬似小误。文谬,字干。”

庆二十一试卷批语是:“笔致古质,诗平。同夤的‘夤’字当‘寅’字。不甚通。”

庆五试卷批语是:“典窍华贵,不募不支,诗细切。”

庆二十四试卷批语是:“典重,中后稍杂,诗平,题字有改笔。‘事以生熟而分’不甚通。”

庆二十试卷批语是:“庄重,惜文有脱字,诗刻画稍滞。‘遇符贵贱之辨’,‘遇’字疑‘偶’,‘孝思不愧’,‘愧’当作‘匮’,仅字上疑有脱,不通。”

庆九试卷批语是:“清华朗润,惜有讹字,诗未切,亦未通。‘升之争’当是‘界之争’,诗中‘阔’字多三点。”

庆十七试卷批语是:“罗罗清疏,诗亦稳惬,备。可。”

庆十六试卷批语是:“位置妥贴,楷法亦匀,诗稳,‘蟹’字笔划不清。”

庆十二试卷批语是:“清顺,诗字均嫩,再求精密。诗‘斜’字多一横,漠漠字失粘。‘漠漠日外景,谁言似乌鸦’,稚气不通。”

庆八试卷批语是:“明顺,尚宜研炼,别字留意。诗题印字少划大戎大戊。不通。"

庆四试卷批语是:"请文斐亹,理法兼清,诗细切。字干,点去二字。"

福四十一试卷批语是:"笔致甚清,隶事雅切,诗工细,末句改一字。不娱不敖,申锡脱一字,诗改一字。"

福三十七试卷批语是:"清畅微嫌单薄,诗无出色处。错三字。"

福三十三试卷批语是:"充畅,惜有晦涩语,诗未细切。不通。"

福二十九试卷批语是:"按部就班,重规叠矩,诗平顺无庛,尚可。"

庆十三试卷批语是:"书卷颇多,宜加裁择,字画宜讲求,如醯毙螽薨,六号九撑,尤谬。"

本次顺天乡试荐卷及宗室录取情况是:"宗室举人七名,二十二日进呈发下填榜:瑞贤、普懃、玉源、载定、阿林、祥瑸、灵耀。"

各房荐卷数目为:一房庞,共荐四十六本,大字收十二本。二房李,共荐八十三本,大字收二十一本。三房安,共荐一百十六本,大字收二十九本。四房张,共荐六十四本,大字收十六本。五房赵,共荐九十本,大字收二十三本。六房黄,共荐五十六本,大字收十四本。七房杨,共荐九十四本,大字收二十三本。八房于,共荐八十本,大字收二十本。九房陈,共荐一百十六本,大字收二十九本。十房徐,共荐一百零四本,大字收二十六本。十一房吴,共荐四十本,大字收十本。十二房黄,共荐六十本,大字收十七本。十三房洪,共荐一百零四本,大字收二十六本。十四房涂,共荐八十本,大字收二十本。十五房孔,共荐一百零二本,大字收二十五本。

十六房汪,共荐八十八本,大字收二十二本。十七房江,共荐八十六本,大字收二十二本。十八房翁,共荐九十六本,大字收二十四本。

本次乡试大字阅荐卷三百七十九本。其中:一房十二,二房二十一,三房二十九,四房十六,五房二十三,六房十四,七房二十三,八房二十五,九房二十九,十房二十六,十一房十,十二房十七,十三房二十六,十四房二十,十五房二十七,十六房二十三,十七房二十二,十八房二十四。大字分中八十本,副榜十三本。

《翁同龢文献丛编》之二《考试 · 国子监》第78—99页

在《乙酉顺天乡试中卷批簿》中,翁同龢记录了对中试试卷的批语。

编者按:翁同龢等主考官将试卷分三场:第一场又分首、次、诗;第二场为易、书、诗、春秋、礼;第三场分一、二、三、四、五。当各房考官荐卷呈堂后,先由副主考官批阅,再交主考官拟批语。以下为翁同龢在荐卷上的批语,从中可以看出当时衡文的标准以及录取的程序。

第八房贝矜八:元。刘若曾,直隶盐山人。试卷批语是:"崇论闳议,奄有不台价人之兴,次、三皆浑括大雅。诗平。重复字最多,偶未检到耳。"易、书、诗、春秋、礼"充畅,有识力,书艺感慨,未见有所指","条对气厚,且议论高,有福泽人也"。

第三房南皿伦四十五:第六名。徐德慨,安徽太湖人。试卷批语是:"将首二句镕成一片,妙在沉挚,次语有归宿,三恪如分。诗可。"易、书、诗、春秋、礼"铫满妥帖"。策"妥,对六七"。

第十六房贝佳四十八:第七名。陈智,顺天房山人。试卷批语是:“有高瞻远瞩之概,次风神婉约,三恰如题位,诗庄雅。次国家有驭官之条,受禄亦存定式。”易、书、诗、春秋、礼“此卷本定元,初三日早始易矜八卷,因驭富一语,折内声明不好看也,至后场实亦不如矜卷”。策“二场空说尚无大疵,三场空,第二道抬头明圣”。

第十一房中皿悦六十二:第十二名。马銮光,广东顺德人。试卷批语是:“一句包数意,一气贯数行,风力于克猷为近。次、三各有义蕴,迥异时声速。诗不佳。前篇讲内‘宰臣’二字是否改去”。易、书、诗、春秋、礼“短,略有敷佐,诗有意”。策“宗疏已极”。

第十房中皿且三十五:第十九名。张元钰,广东顺德人。试卷批语是:“再阅加批:首艺道得纯臣心事出次平叙,有法度。三不著一字,品甚峻浩。二十五日灯下翻落卷得之。此卷本定第三,后因八房卷易元,而星翁(许庚身,字星叔)房卷抑置十八魁外,议定将此卷让出,用星翁处十房卷代之。”易、书、诗、春秋、礼“二场清空,尚无大疵,三场略对,能详引,‘之欤’二字点去”,策“第三道颇有征引”。

第八房南皿阮九十二:第三十三名。徐鄂,江苏太仓人。试卷批语是:“承题实正也,亦是也。庚釜秉御赏,皆考证。会计上有论。三艺皆有经术气,望而知为通人,诗亦妙。”易、书、诗、春秋、礼“切鸣字,颇近箴铭,近选赋可知词章亦好,熟于小学□□□有识力。次篇已写未及刻。诗‘云年罗不掩,天尺已难盖,洁碾文芒紫,圆参佛顶黄’。三批:诗近古,礼以倞为京,确有见解,此深于小学者。三场于郑义多所阐发。条对。三场初一补荐”。

第十四房合审五十六:第二十七名。钟广,内务府汉军正黄旗人。试卷批语是:“文情茂美,微患才多。五经艺虽无深义,各具体裁,策第一、第三尤翔实,亟拔之。二、三场可刻。”易、书、诗、春秋、礼“易铨鸣字别趣，书学尤正，诗苦心组织，四公毂体，礼未通小学而用疏体极精，胜于泛填训诂。”策“三场好，凡祭引论衡、南史顾宪之作，通古音。次诏糈之常讴闽意气，空引无妨”。

第十五房贝领七十四：第三十一名。李春泽，天津廪生。试卷批语是：“苦厂心孤诣，出语殊钝，三艺虽非淹博，亦略见一斑。诗‘焜’字想誊误。”五艺“此卷第三艺已刻，因其略用说文尔雅也。次诏禄：自古字诏禄带经族，同官一堂，孰不欲捧檄承短欣□□，天字之赐云云，在起比空处无妨。可如涂附满甚”。策“可，对七八，有议论。首篇末见《程氏通艺录》”。

第十七房中皿且四十五：第三十五名。祁礼贤，广东东莞人。试卷批语是：“初二补荐即中。诏糈有必受。经文可刻。从一缕心光融结而成，何其隽也！次、三妥帖，诗工。经艺字字雅饬，一洗饾钉气。五策淹贯，名于无疑。”易、书、诗、春秋、礼“有才思，此佳士也。诏糈有必受，卖浆草欠兼多沾溉之恩”。策“条对，第一、第三皆旁证，于小学亦深”。

第九房北皿篮五十六：第三十八名。王维城，山东诸城人。试卷批语是：“俊伟磊落，次三同。迥非风响。三多感慨。二场充满，诗艺尚少古泽，礼有敭佐。讼糈有授。各句写平圆叟。”易、书、诗、春秋、礼“而诏糈有经，何必独形其推让。敷佐甚不寂寞，却不得谓之通小学，诗法数语，复述掺字，与上不贯”。策“对六七，有引申文，第二《汉书？律历志》，避字已捸出。区田法对数语”。

第十五房南皿阮九十四：第四十三名。梅文明，江苏江阴人，廪生。试卷批语是：“博大而能切挚，次议论好，三不寂寞，诗有意。”易、书、诗、春秋、礼“妥，甚满”。策“略对”。

第三房承辽五十四：第四十七名。马亶望，建昌人。试卷批语是："从悔过入题，才馀奋发，次畅足，三清老，诗可。"易、书、诗、春秋、礼"充满。诗四字老靠，决非北人。驭穴，札皆在起比题前大者云云"。策"对四、五尚妥，有断制，老到"。

第四房中皿酒七十六：第五十二名。秦次黯，广东顺德人。试卷批语是："大气盘旋，次、三亦高掌远跖，诗雅，隽士也。"《易》、《书》、诗、春秋、礼"易虞郑释鸣字妙，诗古秀在骨，礼解敬字好，佳士也"。策"亦有引申，似习说文者。五道末引陆世仪、王心敬已改去，因二场二十六补荐"。

第三房中皿举五十六：第五十五名。韦佩琼，广东香山人。试卷批语是："字字探喉而出，是极好墨裁，三艺一律，诗谐。"易、书、诗、春秋、礼"极妥，且有经义，极细，此佳士也"。策"极妥，架亦有对处，间有新款语"。

第十二房贝带八十：第五十九名。唐炬，直隶盐山人，廪生。试卷批语是："才锋发露，次、三尤胜，诗亦雅。"易、书、诗、春秋、礼"诗四字，老到。礼有祝词、嘏词，此极用工之作，五艺各有体裁，春秋核架空。有敷佐，有议论，此通材也。此人必连捷"。

第三房南官嵇十七，第六十三名。殷崇光，江苏昭文人，廪生。试卷批语是："气象颇佳，遣词典丽，次笔如鹿卢，面面俱到，三平畅，诗可"。易、书、诗、春秋、礼"斟酌饱满"。策"条对。第二前《汉？律历志》已与抹去"。

第五房南皿市六十：第六十七名。江仁葆，浙江富阳人，岁贡生，二十九岁。试卷批语是："宽博有馀，后二略晦，次有意，三雅。文有内心，故语皆沉着。三两比起句微侵位早言高意。"易、书、诗、春秋、礼"妥满，礼主谐声，诗亦好"。策"对五六，引《说文》。好"。

第十八房夹房五十一：第七十一名。刘滋楷，奉天承德人，二十四岁。试卷批语是:“文有气势,选辞亦醇,次、三落落大方,诗平。”易、书、诗、春秋、礼“次父老亦致君相之思。妥甚且细腻”。策“对三四”。

第十房贝畏六十:第七十五名。李建章,直隶大名人,廪生。试卷批语是:“得悔过口气,笔亦不镕,次、三皆充满,诗可”。易、书、诗、春秋、礼“可。书、诗皆集成句。次升斗之稰经自天家乃用九百之多而殷然小辞”。策“对四五,第四魏元”。

第二房贝昼九十九:第七十九名。李崇熙,顺天宝坻人。试卷批语是:“亦有意而出笔颇钝,次、三高切实。起比讼稰有经无妨。”艺“妥”。策“对一二,陋甚”。

第十三房贝任八十七:第八十三名。傅增淯,顺天宛平人,十七岁。试卷批语是:“气体高华,语无泛设,次隽,三谐,诗有意。”艺“认真”。诗“征引有剪裁,甚好”。策“对六七尚好,非漫无心得者,糊名《续通考》,以为始于宋魏元,云云。查魏元同,宋史无此人,史称淳化元年茄昌简知贡举,糊名考校,此误,已抹出”。

第十一房夹耽十三:第八十七名。王廷槐,奉天五常厅人。试卷批语是:“典会飚举,微党粗豪,次平,三乃点缀。”艺“妥”。策“对三四,尚妥”。

第一房满官游三:第九十一名。崇良,满洲镶黄旗人。试卷批语是:“平写却无套语,次、三近杂,诗可。”艺“空,尚能细腻熨贴,满卷中绝少”。策“十对六七,满卷中罕遇”。

第六房贝绥六十九:第九十五名。李荣,直隶满城人。试卷批语是:“三艺虽皆薄弱而明净无疵。诗可。”艺“诗‘品毬浑欲冻玉尺,不胜星孔肤未抬’蓝墨皆抹去”。艺“空,尚老到”。策“更空,亦老”。

第十六房北皿床五十九:第九十九名。张澂,甘肃古浪人。试卷批语是:“清浅合度,三艺一律。备。”艺“圆熟”。策“对过半,笔能架空”。

第十四房中歌七十三:第一百零三名。李景旸,广东嘉应人。试卷批语是:“气象好而陈言未尽删除,次笔有炉炼,三别有思致,诗亦雅。”艺“极妥”。策“对过半,笔亦老”。

第七房中皿修六十:第一百零七名。郑元燴,直隶长垣人。试卷批语是:经“常语而出以研炼便佳,次、三有疏荡处,是用工文字。”诗好,艺可。诗四字用韵不俗,笔最老到,稍有古泽,非俗士也。其适意也虽非宣力,公朝有讼禄之典,借以钩下。后比谓过取有似乎贪,国家何以厚讼糈,推开议论无妨。策“对过半,甚有断制”。

第八房南朗四十五:第一百十一名。方崟运,湖南临湘人。试卷批语是:“笔势轩昂,才华发越,次妥贴,三妙有敷佐,诗可。”艺“妥”。策“对四五,尚妥”。

第四房中皿修五十九:第一百十五名。王荫槐,四川威远人,优贡生。试卷批语是:经“亦用词藻而言之有序,便与浮滥不,次、三皆经研炼。亦尚修饰”。“艺满,诗畅。‘禄养自在天家,饮水愈昭臣节’,上句得夫子教尔思之与而云云,似拓开说,故宗族交游咸得天朝之赐。中二比然空著论无妨”。策“可,对七八,畅甚,第一第三皆有引申”。

第四房北炜二十七:第一百十九名。陆钟琦,顺天宛平人,拔贡生。试卷批语是:经“气清词沛,次极力斟酌,三委婉称题,诗雅”。有“楼台新气象,李杜大文章。诏糈仕官之途,孰不膺诏糈之舆使必以诏糈为累,则凡出门载贽皆以有所辞为名,推开说不妨”。

艺"好,有工夫,礼之谐声能敷佐"。策"亦好,第三空,且者据且议论殊疏宕,第一道有引申"。

第十五房贝昼五十五:第一百二十二名。陈恩桀,试卷批语是:经"敷畅是用功人文字,次、三亦未见精采,此本房最得意之卷。诗可。次有诏糈等字,讲国家有诏糈之经不可立意之矫也,'之'字下顺,后比所因而一齰乎,'所'字亦不顺"。艺"空而用意做,书艺一股幽风,一股月令"。策"对者多,颇有新色"。

第十四房合仿十:第一百二十七名。宝巽,内务府汉军正白旗人。试卷批语是:经"三艺埼明顺无疵,诗平。次代朝廷颁诏糈,国家庆酬庸之典,推开说后远"。艺"极妥",策"条对。策第五岩陈嗷探农书书录,解题误作陈芳,他卷所未及"。

第十房满鹍四十:第一百三十一名。庆升,满洲镶黄旗人。试卷批语是:经"机调尚熟,次、三用笔欠灵"。艺"甚妥"。"诗、礼可"。论"空,有回问语"。

第十二房南皿笔六十七:第一百三十五名。姜士寯,江苏武进人,监生。试卷批语是:经"圆熟中有沉着语,次平,三健满"。诗"有佳句"。艺"清而老,不通训诂"。策对五六。"此卷因奎公处十二房南皿卷二场有疵,欲易不得,就余商之,余本爱此卷,即抽出付本房看,一见即定,奇哉!是日余过邀三公在堂上小饮,否则舍亦不知也"。

第九房北皿煌六十七:第一百三十九名。秦庆元,山东商丘人,副贡,教习。试卷批语是:"经同一辞藻,研炼便佳,此文有气概,知非俗士。艺满。策略对过半矣"。

第五房满每七十七:第一百四十三名。春生,满州镶黄旗人。试卷批语是:"三艺皆清,惜少力量。诗平。论清空,尚老到。"

第十五房满三十八:第一百四十七名。廷薰,满洲镶红旗包衣。试卷批语是:经“次连类比附独无泛语,首、三平妥。诗拙。艺平。策对一,馀皆空。抬头下尤陋。”

第十三房贝研三十八:第一百五十一名。陶步瀛,直隶玉田人。试卷批语是:“经下语如铸,后比稍松,次、三亦老干无枝”。“诗甚妥”。“策对三、四,稍短尚老洁”。

第七房合曦二十:第一百五十五名。尚其亨,汉军镶蓝旗人。试卷批语是:“经有切实语,次清,三讲有位字。诗平。此卷因二场提,一房有合号有淳化字,不愿中,因以此卷易”。“诗用均不古,竟是赋。礼福字未能诠释”。“策对半,且清楚”。“宋后进士科在元祐后,本房批似误”。

第十八房见庙十:第一百五十九名。赵景新,直隶天津人,附生。试卷批语是:“经文思甚高非俗手也。次撰讲最高,三亦不俗。诗可。”“艺空。老而干,亦一学究也”。“策空尚无疵,甚陋。此学究不如北皿粮三学究矣”。

第一房贝宰二十七:第一百六十三名。侯镇藩,直隶抚宁人。试卷批语是:“经文有内心,惜加涂泽,次、三平正无疵”。“诗妥。策空尚妥”。

第十三房北皿粮七十三:第一百六十七名。缪元笏,直隶天津人。试卷批语是:经“吐弃凡近陈义甚高,次稍廓落而有矜炼处,三亦不俗。诗可”。艺“平钝”,诗书“皆可”。策“对六、七”。

第二房南皿阮六十四:第一百七十一名。王同愈,江苏元和人,附贡生。试卷批语是:经“首艺太泛,次、三畅。二场诗艺征引甚富,礼艺释富字好”。“礼艺好”。次有“乡邻义本相周绸,恤亦赓天家之泽”句。策“稍有引申皆新色”。

第七房贝释九十五:第一百七十五名。周庆榜,顺天宝坻人。试卷批语是:经“圆熟而下字未稳,次平,三笔改不俗”。“诗有思致”。“艺可”。策“对六、七”。“此卷本不取,已而仍取。旋本房撤乃改十房,将此置副车。入夜本房又请将铸六十与此互易则仍入彀矣,命也”。

第十二房南皿寓三十一:第一百七十名。柳元俊,浙江会稽人,监生。试卷批语是:经“词条丰蔚,次稳惬,三平”。诗“雅”。艺“尚细,礼能使笔气,是会做文字人”。策“对半,有条理”。

第五房满答二十:第一百八十三名。瑜琦,满洲正黄旗人。试卷评语是:经“尚无泛语,次、三皆平钝”。诗“拙”。艺“短。“春秋艺法处盛哉乎斯此,谬极”。策“陋”。

第九房中皿觞七十八:第一百八十七名。赵昶,广东顺德人,监生。四十二岁。试卷批语是:经“一讲倒戟而入探龙得珠,馀亦名隽。次、三尚称”。诗“诗可”。艺“笔亦爽。书艺起句‘晏安必必无真快乐’。五艺时有俗语厕其中”。策“短尚去得,仅三百有零”。

第十四房贝矜六十四:第一百九十一名。李福龄,直隶正定人。试卷批语是:经“略有点染,不至堆垛,次、三亦研炼”。诗“清妥”。艺“二场春秋艺房官墨汙横半寸,盖代点时误笔也”。策“略对,断笔老”。

第十七房旦布三十:第一百九十五名。冯谦崇,直隶蔚州人。试卷批语是:经“清畅,后二略泛,次三有意议”。诗“妥”。艺“妥”。策“空”。“此卷远不如布六十一卷,因次艺无疵,故舍彼取此。备”。

第九房见仰五十三:第一百九十九名。华凤章,直隶天津人,附贡生。试卷批语是:经“寻常语一经烹炼,便尔鲜明,次落落辞高,三尚称”。诗“可”。艺“妥极”。策“勉强了事,气尚畅,四道佳”。

第十房北皿愿十三:第二百三名。郑德兴,直隶丰润人。试卷批语是:经“格局一新,然‘容’字已见上文,‘我’字不必重读,树义未确,于法为疏,次、三亦吃力”。诗“诗艺是双拾”。艺“空,尚可”。策“略对五、六”。

第五房南皿曜七十:第二百七名。刘锡璋,福建阆县人,副车,年四十。试卷批语是:经“词意犹人,而气度特胜,次慨乎意之,三书卷纷论”。诗“有夫”。艺“空尚妥”。策“空甚”。

第一房贝俯十九:第二百十一名。刘嘉琛,直隶天津廪生。试卷批语是:经“虽有陈言,尚能组织。中比尚拜失君恩,后比广君惠即所励官廉”。诗“(?)”。艺“圆熟”。策“对六七”。

第十八房北四粮三:第二百十五名。王芝祥,顺天通州人,附贡生,中书科。试卷批语是:经“微嫌枯槁,却无浮词,笔颇老到,此老学究也”。诗“诗书稍有土气”。艺“短。春秋极有法度,礼说理恳到,殆端士老学也。”。策“对四、五”。

第十二房贝箱六:第二百十九名。苏懋宗,直隶交河人。试卷批语是:经“充畅尚欠切实”。诗“妥”。艺“圆熟。‘诏糈设官,不得强违’失宪典。是少年人笔墨”。策“对三、四”。“此卷从落卷中拔出,时初四日天来明也,不解何故”。

第七房北皿异三:第二百二十三名。鹿瀛理,直隶定兴人。试卷批语是:经“平正通达,次三匀称”。诗“谐”。艺“空。有剪裁。夫子祗循驭富之条”。策“对五、六”。

第九房贝任六十四:第二百二十七名。周行释,顺天宛平人。

试卷批语:经“安章宅句,惜少新颖,次平,三发挥,曰字尚欠警醒”。诗“霄字失黏,恐是霁字”。艺“极空而圆润”。策“可”。

第十四房贝昼四十七:第二百三十一名。查尔崇,顺天宛平人。试卷批语:经“入题甚清而辞藻过缛,次平,三熨贴。次特废朝廷诏禄之经”。诗“平”。艺“二场拨几乎落矣。诗用选体,选字礼王尤体,此极用工人”。策“略对,尚清楚”。

第十二房满催六:第二百三十五名。苏崇阿,蒙古厢蓝旗人。试卷批语:经“文思独清,无肤词烂语,次畅,三空”。诗“切”。艺“空,句多不稳。朝廷之诏禄有经,起比空说”。策“空,尚成句”。

第十六房满美五十三:第二百三十九名。瑞启,满洲厢红旗包衣,满工科笔帖式。试卷批语:经“清浅合度,尚无俗调”。诗“不佳”。艺“空,次或以一人之私,薄天家养贤之典云云”。策“对三四,至无处,则嫩句迭见”。

第十三房北皿扇十六:第二百四十二名。刘允中,直隶遵化人。监生。试卷批语:经“语有包孕,若加以酝酿则更善矣,次涩而畅,三称”。诗“可”。艺“可,官常不等私恩,何得以诏禄有经,例束带立朝之士交,互说不妨”。策“空极”。

第十七房贝庙十五:第二百四十七名。王履贤,直隶天津人。试卷批语:经“挥括中时露浅语,次三皆稳惬”。诗“可”。艺“空,诏糈在后比末句,无矫矫鸣高,或忘朝廷之典耳。后比较发已”。策“空,尚对三、四”。

第二房满每五十六:第二百五十名。瑞麟,满洲厢红旗包衣。试卷批语:经“较畅有馀,再求静细。病在文气不能顺。中云:爵赏自在天家,而制禄分田,何敢以清高易国典,不甚妥。妙在上一联:师弟即为僚属,而缘情看分,何敢以厚禄市私恩”。诗“可”。艺

"妥"。策"空极"。

第六房贝赡八十八:第二百五十三名。步其诰,直隶枣强人。试卷批语:经"平正敷畅,次股颇新,三空而满"。诗"可"。艺"尚可,诗四字韵"。策"第四起处忽先发怀挟之弊,谬甚"。

第十八房满答六十六:第二百五十九名。崇桂,满洲正红旗人。试卷批语:经"安章宅句次三皆妥帖"。诗"可"。艺"空。夫子曰:诏糈有定,甚勿以矫激废成章,受禄之匪诬,切勿以更张违国宪。尚图美观,其礼艺意甚鄙陋,此则文外之流露者也"。策"空"。

第十一房贝绥四十:第二百六十四名。康倬,直隶清苑人。试卷批语:经"丽而有则,次有工夫,三语有分寸"。诗"平"。艺"空诗有可吹,馀亦支离"。策"空极无一对。第三道起处,白云黄竹谬极"。

第十六房贝箱三十五:第二百六十七名。王镜溪,直隶交河人。试卷批语:经"棱棱露爽,次清矫不群,虽草草而有劲直气"。诗"拙"。艺"空滑"。策"亦陋。不过自有说等等"。

第六房北皿粮九十七:第二百七十名。刘自然,顺天宁河人。试卷批语:经"充畅,次、三力量较薄"。诗"有意次违碍语"。艺"空尚老靠"。策"空"。"此卷因房分凑"。

第四房贝徘二十三:第二百七十三名。何玉如,直隶平山人。试卷批语:经"三艺皆从苦思力索而来特笔机稍钝耳"。诗"亦然"。艺"可不知入官诏禄思图为宰也。为宰而受禄,非重禄之经也。绝可研"。策"空,近陋"。

第二房合曦十一:第二百七十五名。王玉泉,汉军厢红旗人。试卷批语:经"圆润次匀称三尚简净"。诗"平"。艺"可"。策"空极而齐整。可笑"。"落覆"。

第十七房贝谓六十九:第二百七十七名。崔观卿,直隶武强人。试卷批语:经“于题首四字尚少安顿,笔意亦不免粗豪,次平正,三束比好”。诗“有意”。艺“空,空而嫩,可考而知也,只此一句搪塞”。“此卷在堂上看,三艺束比加墨圈,故取之”。

第十三房贝语八十四:第二百七十八名。门应麟,直隶安平人。试卷批语:经“后比包括葛相温公,颇有气概,馀未佳。次研炼,三稍空”。诗“有意”。艺“空尚可”。策“空甚短,不过三百二、三十字,然五道邂思之法,相传始于伊尹,以七年之旱而作云云则独详”。

第三房南皿琴南:第二百八十名。方孝杰,安徽定远人,拔贡生。刑部候补主事。试卷批语:经“典丽,有作意。三典核,经艺礼最古。五策第一第三熟于小学,名手也。礼专用训诂”。诗“佳”。艺“第一第二专门汉学”。策“空”。

第二房南皿啸三十五:副二。洪思斋,安徽怀宁人。试卷批语:经“真力弥满,次亦平实,三委婉”。诗“有佳联”。

第一房中皿杯六十九:副六。陈廷显,广东顺德人。监生。试卷批语:经“前半切实入后意思少,次一扫陈言。三恰如题分”。诗“用意”。艺“礼艺殊谬”。策“一道开头下,刻石成均”。

第十六房贝仰三十八:副十。李钟瓒,直隶天津人。廪生。试卷批语:经“机局颇紧,惜浮词未尽刊去,次平衍”。诗“平”。艺“空。国家诏稰之经,上面大君下小秩”。策“空”。

第九房北皿筍四十五:副十四。郭恩赓,山东潍县人,监生。试卷批语:经“前次皆圆美流利,三艺稍浮矣”。诗“平”。艺“未见佳。厚禄锡之天家”。策“颇能引申,似通《说文》者”。

第一房合运五:副十八。丁潮瀛,汉军厢黄旗人。试卷批语:

经“后二议论不浮,次充畅,三稍泛”。诗“有意”。艺“空极”。策“空。淳化虽避本房,不愿由正撤副”。

第十一房贝绥十八:副二十二。王祖仁,直隶清苑人,副贡生。试卷批语:经“藻采太多,转失本旨,次充沛,三亦畅”。微与章旨不贯。诗“可”。艺“虽空而清妥”。策“略对”。“二场拔”。

第七房贝纷六十:副二十六。张庆寅,顺天宝坻人。附生。试卷批语:经“颇有风度,次落落辞高,三不滞”。诗“未工”。艺“空为宰其门有诏禄之典而即弟子服耳,在对面说”。策“衍”。

第七房北四炜二十九:副三十。王福增,顺天府文安县人。优贡生。试卷批语:经“有风致,次清婉,三平,经艺未见出色。三略有引伸,于郑学似未了然”。艺“未出色”。策“稍引申然于郑学殊未了之”。“初二补荐”。

第四房贝廊八十七:副三十四。华承勋,直隶天津人,附生。试卷批语:经“后二有远韵,馀平,次近廓,三起讲爽”。诗“可”。艺“可。礼有敷佐”。策“对四、五,尚老到”。

第六房南皿曜三十三:改云庆。李嘉祥,湖北黄安人,试卷批语:经“机调熟,而修词未洁。次平、三称”。诗“可”。艺“尚好”。策“可”。

第八房满鸥二十三:副四十一。荫康,满洲镶黄旗人。附生。试卷批语:经“清畅次三亦无疵类水净沙明”。艺“空”。策“陋”。

第十三房中皿豫六十二:副四十四。赵骥随,广东新会人,监生。试卷批语:经“覃深之思,出语不苟,次劲达,三稍松而不滑”。诗“不佳”。艺“清”。策“空”。

第十二房贝渊四十五:副四十七。张渥济,直隶磁州人,廪生。试卷批语:经“静气凝神,次、三亦有沉着处”。艺“干。朝廷诏稰字太多,不免占实”。策“清楚”。

《翁同龢文献丛编》之一《考试? 国子监》第195—237页

本次顺天乡试中额:“满二十八名,副五名;合十三名,副二名;夹八名,副一名;贝一百零二名,副二十名;南皿二十六名,副七名;北皿三十八名,副七名;中皿三十五名,副七名。

《翁同龢文献丛编》之一《考试? 国子监》第82页

己丑考试汉中书阅卷记

光绪十五年五月二十四日(1889年6月22日)

光绪十五年五月二十四日(1889年6月22日)奉派考汉内阁中书。下午入闱,实考一千〇三十名。闱中作一诗赠汪鸣銮(柳门)。和徐桐、李鸿藻诗。二十九日,汪柳门所取为第一名,翁同龢认为是江西名士文廷式。次日徐桐、李鸿藻来,以第一名起讲引《汤诰》“乃吕刑”语,盖甚游移,翁同龢说“此乃逸书也”,汪鸣銮“亦持之”,良久乃定。初二日出闱。

《翁同龢日记》第2289页

按:关于这次考试,翁同龢专门写有《己丑考试汉中书阅卷》详载考试录取过程。内中保留了其对试卷批阅的文字,兹录如下:

东政十:字光匀,文平衍,策不甚连贯。

西宿二十:字可,文清澈,策稍逊。

西昃三十七:字不佳,文可。策满,然抄撮无发明,且言害不言利。

西往十七:字薄,文清空,策不切畿辅,谬甚。

东寒十七:字干,文平,策略有议论。

东闰三十六:字嫩,文清,策用四六而杂凑。

东调二十:字干,文有沿袭,策杂。

西昃十:字嫩,文佳,释“助”字有新义。策前半不切,后半尚可。

西岁十:字六朝,文宽博,策粗。

东为三十三:字不佳,文泛极,策亦泛。

西宿三十七:字不佳,文陋,策衍。

西来五:字散而歪,文清畅,策可,略有才气。

东云一:字可,文清通,策亦清。

西吕二十八:字可,文畅,策可。

西张七:字薄,文有嫩句,策亦嫩。

东列三十三:字坏,文嫩不成句。策顺。

西往三:字坏甚,文空极。策乱。

西昃二十:字不佳,文清通不出色。策不切。

西结十:字不佳,文平顺,策尚清特不畅耳。

西吕:字光,文论密,策亦足。

东调二十五:字干,文老当,策尚切而多常语。

东列十一:字秀,文清畅,策尚顺而多习见语。

东露二十七:字未佳,文虽做而多沿袭,策平。

西腾三十一:字平板,文满,策俗亦不切,末幅始到题。

西腾十三:字笨不俗,文甚好,老靠。策平,有书卷气。

东闰十三:字六朝体,近怪。文古而洒,策古泽,嫌利,字好。

西以三十六:字润,文清畅,策俗。

东辰十一:字瘦极如柴,文雅令,策因水利而惟言他事,不俗。

东暑十一:字略干,文极佳,策亦排偶雅。

西阳九:字匀润,文有工夫,策妥适。

西往二十四:字尚可,文俗熟,策可。

西腾九:字弱而秀,文清而腴,策衍。

东金二十五:字干,文雅甚而太散漫,策畅。

西收十:字六朝体而僵,文充,策句法雅。

东云十一:上选。字板,文主匠遂之数,确是通人。策泛言水利,意在治河,虽不切题而笔势颇开展。

东冬十一:字俗而熟,文亦然,策陈三利,颇畅。

东为三十二:字熨贴,文句法未稳。策无断制。

西雨八:下。字火,文尤有经术气,策杂。

西霜三十五:字平弱,文平而嫩,策空有牵强处。

西来二十二:下。字北碑体而无力。

西霜十八:下,字钝,文亦衍。策亦平衍。

西结三十三:次。字实,文平正,策专论水害。

东秋五:下。字秀,文畅。策中注填。

西腾十九:下。字可,文清,策平。

东寒十六:次。字秀,文充畅而已。策略有剪裁。撤。

西昃八:次。字匀直,文清通。策两汉称最。

西宿三:次。字大,文杂,策有议论。

东闰十九:下。字拙,文空,策平。

东金三十三:字润,文畅,策清楚。文属八家字。

东调十二:次。字干净,文空无疵,策亦然。

东云二十九:下。字草草,文前半有训诂后半空,策“东京”字屡见。

东云十六:次。字净,文不苟,策同。两作落笔矜慎。

西收一:次。字干,文中二比畅,颇不俗。策有条理而多讹。

西雨二十九:下。字僵,文衍,策近俗。

东金三十五:次。字板,文有点缀。策清。

西来十六:下。字嫩。文空。策杂。已入题而有浙右关中语。

东调十八:下。字松,文清空,策泛极。

西岁十:下。字平平,文杂,策抄。

东律十三:下。字老,文平。然稼明农。

东列二:下。字瘦,文俗,策衍。

东暑二十五:次。字不匀,文尚雅,策野。

西来三十四:次。字尚净,文前半可后懈,策空衍。

西吕二十九:下。字钝,文拙甚,策泛。修忭堤渠竟专论河防矣,谬甚。

西余二十八:下。字俗,文空俗,策钝。

西雨十:次。字散,文通小学,非同懒杂,策写大字而无实际。

东秋三十:上。字散,文颇有气概,策有常语而无俗笔。

东金二十八:次。字润,文清薄,策亦然。

西余三十五:下。虽满而空,字塌文蔓,策衍。

东云三十四:下。字弱,文清,开垦压饫。策空。

西能三十六:下。字整,文用意,策可。

东律三十一:上。字率,文亦常语,而一经研炼便佳,策藻丽。

东冬三十二:次。字笨而贯,文通畅,策平。

东云三十:次。无疵,字净,文平,策杂。

东列三十:次。字整,文平,策满。卷背微污。

东戌八:上。字秀,文细,策平。

西张二十五:上。字老,文起比释“助”字有敷佐,非抄撮者比。余亦不寂寞,策虽空而简练。

西收三十:字嫩,文廓,策泛。

西余二十一:次。字未佳,策专着沟洫,尚有意。

西葳三十四:次。文策皆平常,字尚稳重,无一笔讹。此人有福泽。

东金五:次。字挺而不匀,文有作意,讲用明居一篇。策有意议,引康熙、乾隆朝故事,三抬数处。

西葳八:次。字匀小,文策皆一清如水,妙在空而短耳。

东律三十七:次。字干,文后比用藉训诂不清楚,策泛,援引尚富。

西腾十:下。字圆,文有敷佐,入后牵强。策不成段。

西葳九:次。一笔无讹,而文策皆陋,策尤甚。

东署三十四:次。字系回腕写,文策虽无疵而格格不吐。当再看。

西张十三:次。文策皆平,然无疵类,字亦健。

东致二:下。字好,文策同。垦垦而行,对纷纷不一。

东稠十:次。写作无疵,然皆近滑。策颟顸。

东寒二十九:次。字圆文可,简净无度,策清莹。

东露一:下。字歪,文松,策空。

西阳三十六:下。字熟,文空衍,策嫩。

西阳十七:下。字嫩,文浅薄。策乱。

西往二十五:次。字熟,文庸,策平。

东为三十四:次。字好,文平弱,策头绪未清。

西腾一:下。策谬,字小而匀,文畅。

西结十一:次。字不匀,文策皆可。格太往上,与他卷不同。

西阳二十六:下。字可而文滑,策不切题,竟无可取。

西来十八:上。字匀整,文甚凌躐,策抄撮。

西吕三:下。字特细,文畅,策抄。

东秋十六:字平平,文畅而组织,策四六起而不论。

东露二十九:上。字匀,文有剪裁,策有条理。

东调二十九:上。字挺,文有书卷。策通畅。撤下。

西霜三十一:上。字小而匀,文合作法,上下联成一片,甚融洽。策简净。

西余十四:次。字平平。文于小学尚贯串。策畅。

西吕十一:次。字不俗,文不抄袭常语。策可。

东冬三:下。字扁,文肤,策畅。

东露二十四:未完,下。字小而匀,文畅,策可。二开似未完。

西结八:下。字不匀,文庸,策衍。

西雨二十一:下。补子黑甚二处,文稚,策同。

西岁三十四:下。字匀,文有讹误,“擘”画误“劈”,“度支”作“支度”。策平。

西藏二十五:次。字匀,文雅甚训诂,策敷陈甚多,不及畿辅。

西收十九:下。字匀,文熟而空,策空泛。

西收七:下。字弱,文冗,策空。

东金二十二:下。字匀,文清,策顺。

西张三十七:下。字整,文滑。“同力”为“胁”,谬。策有讹。

西腾二十一:下。字俗匀,文杂创制,策畅而野。

东闰二十三:下。字少文宽,不甚通,策可。

东秋三十二:下。字可,文多习见语。策可。

东秋四:下。字补子黑,文浅,策亦然。

东秋二十四:下。字匀,文俗熟,补字黑。策抄。

东金三:下。字笨而匀,补多微皱,文钝极,策稚气。

东调二十六:下。字散,文讲“更”字。改策题“中策”字,挖左光斗“斗”字。

西阳二十四:字细,文嫩且凌乱,策乱填。

西来九:下。字匀,入后散。文泛,补一字。策平。

东为三十七:下。字可,文庸,策不切题。

西往六:下。字大,文庸空,策乱涂改。

西宿二十八:下。字尖,文空,策庸。

东戌二十五:下。字团,文空泛,策庸。

西岁十三:大字嫩匀,后懈。文平滑,策陋甚。

西张二十七:下。字俗,文俗不通,策补子黑。

东为二十八:下。字俗,文清拌大,黑补子,策乱。

东调三十三:下。字俗,文涩弱,策陋。

西雨七:下。字坏极。文庸。策衍。

东律八:下。多疵。字稳,文用意,策可。

东金一:下。字俗,文空,策陋,有“非敢以意为臆对也”句。

东寒三十:下。字歪,文空,策陋。

东闰二十六:下。字俗,文句法不稳,策可。

西昃四:次。字匀无尖,文俗,策尚剪裁。

西霜十四:次。下。字匀,文空,策可。

东列三:下。字瘦如竹片,文用意,略用双声迭韵。策可。设灞。

西雨十七:下。字疏朗,文空极,三开两行。策补字黑。

东冬三十三:下。字软,文多习见语,策亦抄。

东列九十一:字扁大,文平俗,策乱。

西雨十:下。字板,文俗杂,策抄。

东暑二十三:下。却无疵字。字熟,文散,而无疵,策排偶。

西结三:下。字烂不匀,文空陋,策抄涂水。

西雨六:下。字瘦执甚长。文可,策刮二处。

西岁二十八:下。字笨,文空,策末页带行。

西昃三十六:下。字生,文空,策平。

西宿十五:下。字弱而匀,文嫩,策不陋。

东寒三十七:下。字俗,文俗,策抄。

西余五:下。字不佳,竟写古体可厌。文岂不古,乃烂墨调耳。策抄。

东辰三十四:下。字扁,文杂,策平。

西张三:下。字细瘦,文嫩,策无条理。

西往二十九:下。字干,文、策可。

东寒三十一:下。字生,文论粗豪,策亦夹议。

西葳十二:下。字烂文杂,引字义多误笔,策空。

东露三十七:下。字疏,文可,策尚清。

西结二十二:下。字整而俗,文俗,策排偶。

东金二十:下。字俗,文空,策"秦"汉误"奏"。

西葳十:下。字狭长,文嫩,气不清,策平。

西腾十八:下。字小尚匀,文清,策未到题。

西余二:下。字瘦,文空滑,策杂,"驯政笔不佳"。

西腾四:下。字弱小,文嫩,"脊国肥""脊"当"瘠",肥下脱一字,策抄撮。

西张八:下。字拙,文平常,策谬。

东秋三:字大,文庸,策抄。

东露三十五:下。字可,文空,策平。

东辰三十:下。字可,文空清,策末勤求,瘼脱氏字。

西雨一:下。字可,文弱,策末页字飞舞。

东冬三十:下。字净,文庸俗,策抄。

西收二十一:下。字净,文平,策排偶泛甚。

东寒三十二:字笨,文陋,策亦俗。

西腾三十四:下。字坏,文不佳,补四五处皆极坏。策乱,亦有害补子。

东国三:下。无疵字,可。文俗涂泽不切题,策同。

东律三十四:下。字俗,文滑,策抄《管子》。

东辰二十三:下。字僵,文空,讲中后可。策下。末叶飞舞。

东暑三十八:下。字俗,文空,策抄,不甚通。

东列二十:下。字干净,文清通,策亦顺。开灞。惟未及畿辅,究不切题。

西吕三十四:下。第一页下半页低一字,写又空,补一字甚坏。文策亦不佳。

东调三十六:下。字尚可,文用《说文》,中后皆用以点缀。策有脱字,涂水,双抬。

西腾十一:下。字宽,文俗,策头绪不清。

西结三十六:下。写作中平,策两开无结尾,"叙宣化之水注三角淀以此通考也,四字佳,是未完之卷。

东露二十六:下。字俗,文平,策不通,谬。

西宿十三:下。字弱,文空,策空。

西霜三十九:下。字弱,文嫩策亦支离。

西宿四:下。却无疵。

东秋二十六:下。字可,首页下半较低半格。文空,策平平。

西葳十八:下。字软细,文空,策末写尤散漫。

东云三十一:下。字俗,文空,策牵强。

西宿三十二:下。字大而俗,文空,策平。

东列二十九:下。却无疵。字弱,文空,策亦空。

东为十二:下。却无疵。字僵,文俗,策可。

西雨二:下。字俗,文平常,策同。

东寒三十六:下。字整而笨,文策皆笨。

西余十五:下。字干,文滑,策尚畅。

西宿十八:下。字不平,此写六朝而毫无笔力者。文空极策排偶,刮字甚坏。

东成二十七:下。写作未佳,策末则幸甚,此未完之卷。

西来六:下。写极坏,入后尤不成字。策不知何事,竟说海运矣。海寓臣民。

东为九:次。字熟,文清妥,策尚明晰。

西张三十:下。字庸,文俗调,策无抬头,亦似未完。

西来二十九:下。字扁,文俗不甚通,策不切。

东暑八:字尖。文陋,策亦陋,不清楚。

东列二十三:下。字小,补子黑二处。文陋策谬。

西吕四:次。字直,文俗熟,策可。

西张十五:下。字润,文肤极,策平。

东金八:字妥,文前半可,后空。策空。

西结四:下。字板,文衍,策抄。补一字。

东暑七:下。字不齐,文空衍,策抄。

东为十八:下。字嫩,文嫩稚气,策勉强。

西雨三十二:下。字小,文空,策凑。

东列三十八:下。字不直,缺二字,文空,策抄。

西结十四:下。字塌,文滑,策杂。

东为三十:下。字板,文杂,策嫩。

东调三十五:下。字尖,文空,口碑。策衍。

西来十一:下。字小,文嫩甚,策凑。

东云十:下。字拙,补一字。文滑,策不到题。

西来四:下。字嫩,文肤泛,不按题。策抄。

东致十一:下。字疲,文空,策有讹脱,无抬头。

西阳二十七:下。字小,文平正,策抄。西余七:下。字软,文有习见语,策凑。

东致三十:下。字匀,文泛,填字误慎,策庸。

东露三十四:下。字雅,文亦草草,策同。

西往十二:下。字呆整,文滞,策抄。

东辰三十一:下。字拙,补黑子字。文空滑,策补两三字皆坏。

东金三十一:下。字歪,文陋,缅其法而帖然也。策排。

西来十九:下。字疲,文空衍。策排。

西张三十:下。字俗,文粗,策庸甚。

东云七:下。字拙劣,文荒,策凑。

东金十四:下。字拙,文嫩极,策陋。

西雨三十一:下。字瘦,文嫩,策略着议论。

西昃三十二:下。字板,满。文亦瘦茶,策凑,通经。

西霜二十:下。字嫩,文空,策末页忽高两格写,第三行又忽低两格写。

东露二十一:下。字匀,文空衍,策杂凑。

东致十四:下。字拙,文庸,策平。

西来七:下。字匀,文尚清,别创便宜之妙法。策杂补一字。

西张二:下。字入格。文俗,策无气。

西来二十七:下。却无疵。字小,文杂凑,训诂言之无文。策四六。

西腾二十六:下。字尚可,文空妥,策抄,水字改笔甚不佳。

东寒三十四:下。字嫩,文雅。后尤泛。策"滦"河改"泺"一墨园,末无抬头,似未完。

西余三十二:下。字坏,首页即补黑一片。第二页又补二字,以下字迹杂。

东列七:下。字可,文入后冗。策排,皆是俗笔。

东露三十八:下。字干,文平平,策排,不到题。

东金六:下。字不匀,文薄,策不过厥字便改,挥"汗"作"汙"。

东金二:下。字匀,补数字。文凌杂,策题"畿辅"二字刮。

西岁十六:下。字粗,文率,策亦率。

西腾二十五:下。字嫩,文可,策抄。

此次汉中书考试共录取二十本,他们分别是:西张二十五(三)、东云十一(五)、西霜三十一(九)、西余二十一(十四)、东闰十三(十八)、东暑十一(二十二)、西收十二(二十六)、西来十八(三十)、西岁二十四(三十四)、东为三十二(三十八)、东露二十九(四十二)、东成八(四十七)、东律三十一(五十一)、东云五十六(五十五)、东暑二十五(五十九)、东金五(六十三)、西阳九(六十七)、东金二十八(七十)、东列三十(十四)、东暑三十四(七十八)。

《翁同龢文献丛编》之二《考试·国子监》第379—418页

庚寅殿试读卷记

光绪十六年四月十七日(1890 年 6 月 4 日)

按:光绪十六年四月,翁同龢奉派为殿试读卷官。关于这次殿试情况,他专门写有《庚寅殿试读卷记》。兹录如下:

四月十七日(6 月 4 日),翁同龢奉旨派阅贡士复试卷。文廷式一等第一名。

四月二十日(6 月 7 日),又与福锟、徐桐、麟书、嵩申、廖寿恒、汪鸣銮奉派为殿试读卷官。关于这次殿试情况翁同龢写有《庚寅殿试读卷记》,内容如下:

庚寅四月二十日,晴。寅正三刻诣西苑门,宣已下。福、徐两协揆、麟公、嵩公、徐颂阁、廖仲山、汪柳门三侍郎、臣龢亦与。入至万善殿拟策问题目,八条,黄纸封,引摺一:旧式,一共一匣,令内监口陈。此次策目用二字,从简直也。旧式编为四字,请仍封发。巳正递上,须臾时下。朱笔圈出四道,分拟策题,用余一道,皆徐公主之,徐颂阁、廖、汪三君书之。午初递上,白封筒面书"谨封",引折一。遂饭,两桌。饭罢,缄封发下。余等斋折匣同赴内阁大堂,时满汉监试四人咸集。向例请中书君写题,此次余等自书,屏仆从不得入,分四手写,须臾毕。对讫,仍入匣。待至酉正刻字匠应连捷等,云是四十人始齐,护军统领二人入,封前后门,两监试门内加封讫,发题纸,上板日将落矣。子正一刻刻成,排钉三刻,校对一刻,板碎拼纸又窄,草草而已。丑初一刻刷起,十张一束,实无束,不过叠成一搭,十束一包,未歇手,随看随数。寅正刷毕,凡三百七十张,留二十张,以三百五十张交发。竟夜未偃,因之。

《翁同龢文献丛编》之二《考试·国子监》第 264—265 页

四月二十一日(6月8日),寅正一刻,检点题纸讫,易朝衣,问捧题官到否?文叔平云:“已到。”遂开门,捧题官先行,侍读从余等八人同行,由内阁前门历东廊入中左门至保和殿。设殿黄案上,时监试王大臣未到,坐待三刻始点名,三刻许毕。福公入,捧题纸出,授礼部堂官。礼部堂官跪接,陈于廷中黄案,三叩头。鸿胪官赞,三跪九叩。余等行礼毕后,赞,士子行三跪九叩礼,部司官散题纸,士子跪接,复三叩头。余等先散,坐椅至文华殿门外,住西厢南屋两间,榜曰“慕义殿”。前日定,就睡,乏极,十二刻起,饭,又睡四刻。访颂阁、芝庵、颂阁、柳门先后来。晚柳门招饮,集余处,柳门所居隘且热也。大风忽起,尘土蔽天,申正三刻,二刻许止。闻雷,凉风飒然,疑东边有雨也。与芝庵、颂阁露坐。内收掌翰林刘传福雅宾、黄卓元吉裳、戴鸿慈少怀、唐景崇春卿来拜,均辞以他出。天黑闻未缴卷者尚百馀人也。光禄寺自昨日起送宴,早晚皆有,不堪食。写赏扇而诸兄以为可用,愧甚。

《翁同龢文献丛编》之二《考试·国子监》第265页

四月二十二日(6月9日),晴,热如三伏。寅正起,衣冠答四收掌。卯初上堂,常服挂珠,收掌分卷,供事送置桌上。直至未正三刻始将四十一卷阅竟,又看三位之卷,已酉正矣。腿脚不支,请收掌包讫,余等标押一箱。是日颂阁、仲山、柳门邀饮,菜极多,过饱。露坐良久,未消,倦卧发病。此一日极费精神目力。

四月二十三(6月10日),晴热,卯初衣冠入殿,次第看四公卷,所谓转桌者是也。午初转毕,退饭。余夜来发病,未饭。但倦卧二刻许。午正集殿上,始议前十本,余等各持一、二卷请荫翁品次,良久定毕。余议以第二易第一,福相不可,乃仍之。又看出第三名有签,遂以第五易之。又以第四首行刮字,以第十易之,片刻之中,升沉回异、天下事何者不如是，而为是营营耶？十本定后，即按标识排定二、三甲。内阁官带供事等入粘签，粘毕十本一封，麟、徐两公检点标识，改者两本，以前十卷留福公处。晚邀诸公集余室饮。看复命折，内阁办。开发赏钱，辰巳间微雨，午后大风南来。文华殿二两，茶水八吊。内阁茶房十二吊。饮罢天曛黑，雷电适来。雨如撒菽，刻许止，顿洗炎槁矣。灯下写扇七柄。

《翁同龢文献丛编》之二《考试·国子监》第265—266页

四月二十四日(6月11日)，晴，有风。寅初起，寅正一刻赴西苑门集吏部公所。十本发下，余曰："宜先入至听起处，敬俟。"时起单已下，乃入。卯正，召见于勤政之东室。福相捧十本，黄纸封下，至是去纸用黄绳束。室极窄，福相跪案旁，八人依次跪，末一人折而东，正对案前矣。上云："取得好，无更动。"福公拆弥封至第二，上曰："文廷式，甚有名，作得好。"拆毕，臣奏："第一吴鲁，是军机章京，写作皆好。第四萧大猷，写虽未佳，作实好，故置前列。"即退出，八人分捧十本，盖每奏一名，即递下传观也。再至听起处，写名单递上，俟发下。余等用朱笔判第一甲第一名字于卷首，十本毕，以黄纸封好，交内监守之。持名单出，交奏事官。时听宣诸贡士及执事官皆在桥东，余等出至桥上，奏事官一一呼名，略如乾清门唱名例，每唱一名，则引立桥上，吏部司官告以履历四句：某人，某省举人，年若干岁，中式若干名贡士。俟齐带入，再排班于小廷中，福相持牌子核对省分年岁，遂报齐，即刻引见。十人一排，余等八人分三排跪，余第二排。退至听起处，捧卷坐船出苑门，径赴内阁大堂以朱笔填二、三甲名次，八人皆集，二刻许毕。同诣传心殿，福、嵩两公招饮也，时巳初耳。饭毕，巳正一刻各散。宅内无事，午睡甚适。得松侄镇篁函，皆安，三月十二日发，四月二十一到。一甲：

吴鲁，福建；文廷式，江西；吴荫培，江苏；二甲：萧大猷，湖南；黄绍第，浙江；李立元，贵州；徐继孺，山东；孟庆荣，直隶；何声瀫，安徽；孙绍阳，河南。

《翁同龢文献丛编》之二《考试 · 国子监》第 267 页

四月二十五日（6 月 12 日），寅初起，挈大保同入。余至传心殿坐。卯初，上由隆宗门保和殿后槅扇升太和殿，臣等读卷八人另为一班，在品级山外稍北行三跪礼毕。胪唱宣制讫，遂退诣三所、提督衙门公所，与福相斟酌优给司员单。归后卧一刻，起饭。午正出城贺鼎甲归第，先福州老馆，潘炳年出名；次谢公祠，李某出名；次长元吴馆，潘伯寅出名。

四月二十六日（6 月 13 日），巳初到礼部，赴恩荣宴。午初二刻，福相来。鼎甲文廷式不欲叩头，力言拜乃下手，非顿首也。入宴时，三君竟长揖。余喜其疏隽，同人颇有怒者。午正散”。

《翁同龢文献丛编》之二《考试 · 国子监》第 268 页

翁同龢出闱后，在所记日记中对此次殿试情况仍有所追述和记载：

二十四日，拆弥封，至第二名，奏文廷式名，光绪帝云“此人有名，作得好”。拆封毕，同龢具对：“吴鲁第一，第四一等写不佳而策翔实。”一甲：吴鲁、文廷式、吴荫培；二甲：萧大猷等。二十六日，礼部举行恩荣宴，“鼎甲不愿行叩拜礼，文廷式力言古者拜非首，引《说文》字义与礼部司员辨。两协揆皆怒，往返久之”。迨同龢等入，“而鼎甲三揖”，同龢“答一揖”，“观者愕然”。同龢“退，易衣归”。徐桐“欲传三人至翰林院申斥之”，同龢认为“其实何足道”。

《翁同龢日记》第 2368 页

派考国子监学正学录记

光绪十六年五月二十五日(1890 年 7 月 11 日)

按:光绪十六年五月,翁同龢奉派选拔国子监学正学录考试,在其日记和有关资料中保存了这次考试情况资料,兹录如下:

五月二十五日(7 月 11 日),与徐桐、景善奉派考国子监学正学录。评南学卷。同一天,入试院。三十日,考试阅卷结束。闱中作诗两首,和壁间韵赠徐桐,书于扇。

《翁同龢日记》第 2373 页

《庚寅五月阅国子监学正学录卷,用壁阅韵呈荫轩协揆》:

斗室萧然道气深,斋居常若帝天临;力扶文派回沧海,手种名材作邓林。愧我十年频典校,竟随一世与浮沉;卮言日出寄觚眩,太息胶庠养士心。

伐鼓秋堂夜漏深,当年二老忆同临。癸丑六月,先子与尊公太常寺护月,同坐阶下,谈禅甚契。问禅一笑虾墓窟,证梦三生薝蔔林。先子常梦受碧玉印曰"了观"。宝盖已飞遗偈断,楹书虽在旧徽沉。白头幸得从公后,各勉忧时报国心。是日谈《金刚经》六如真诠。

《翁同龢文献丛编》之二《考试·国子监》第 723 页

阅卷结束后,与徐桐、景善连衔陈折:"跪奏:五月二十五日,臣等奉旨派出考试国子监学正学录,当即恭领钦命试题入场。二十六日,在聚奎堂刊刻刷印。二十七日子刻,送交至公堂分给各士子。嗣准至公堂实送入试卷五百十一本。臣等公同校阅,谨择其文理优通,书法端楷者酌量拟取八十四名,于五月三十日出案招覆,六月初一日,会同监试御史在聚奎堂严加复试。除复试不到扣除外,共取八十二名,笔迹均属相符。谨将试卷拟定名次,粘贴黄签、再于卷尾用墨笔填写包封进呈,伏俟钦定,俟令下之日,即行会同监试御史启拆弥封照例办理。再,前恭领御笔题目谨一并封缴。谨奏”。

《翁同龢文献丛编》之二《考试·国子监》第722页

关于国子监录科致礼部文

光绪十七年二月二十日(1891年3月29日)

本年二月十九日(3月28日),翁同龢访李鸿藻,商礼部复御史广东录科事。

二月二十日(3月29日),是日翁同龢代表国子监草拟复奏礼部文。草底复文内容如下:“国子监复礼部文。辛卯二月。查本监录科久经严立章程,详加校阅,其文理不顺者即不录逞,从无冒滥之弊。即如广东一省于考到录科时不过数百人而补录大收,动增数百,是以近三届送考,广东总有一千三四百人之多。本监凭文录取,但使试作通畅,即不能臆断为必非真才,若冒名顶替等弊则全是识认官之责,识认官包揽出结于前,即不免挟同蒙混于后,则所谓弊源者固在彼而不在此也。今该御史请定录科额数,固亦防弊之一法,然使果无顶冒,则千馀人不为多,如其顶冒不除,则六百人亦为滥。本监权衡办理,拟稍示限制,以七百人为额,仍严加考试,如卷有顶冒等弊,即将该生送部究办,并将出结识认官从严参劾,以肃功令。但中皿中额二十人取中一名,今既录送七百人,是广东一省已溢三名之额,加以云、贵、四川、广西四省中额太少,未免偏枯,其应如何加增之处,应请贵部酌核办理。”

《翁同龢文献丛编》之二《考试·国子监》第773页

附:礼部致国子监行文。“礼部为行查事:查御史吴光奎原奏内称录科送考例有定数,按中皿每二十名取中一名。部议现定中额三十名,斯录送共合六百名。近科广东竟至千馀名,人愈众则弊愈多,请嗣后国子监于录科时严行考核,分别弃取,于量为推广之中仍当定以限制。广东省虽应试人多,录送总不得过六百名,合之川广云贵共三四百名,照旧一律编为中皿。至于枪替诸弊,责成客省出结京官,严定联保识认各章程,以清其源而塞其流等语,查中皿额二十名取中一名,原因边省道远,人数无多,是以从宽定额。迨光绪二年以后海船通行,赴试者众,未便太无限制,从权定为人数虽多,仍不得过南北皿中额之数。初未尝著为定额。今据该御史奏称录科送考,广东竟至千馀名,人愈众则弊愈多,请予录科时严定限制,并责成出结官联保识认等情,所指各节均应由国子监认真办理,方能清弊源而昭核实相应片商贵监详细酌核,如能照该御史所请将中皿试卷严行录料,广东一省定以六百名为限,毋致愈额仍滋流弊之处,希即拟定声复以凭会议具奏并钞录该御史原奏查照可也。径至札者。光绪十七年二月初三日”。

《翁同龢文献丛编》之二《考试·国子监》第731—732页

翁同龢手拟查核广东录科防弊《办法杂记》:“斟酌提堂号,复阅未取卷。查六、七月广东新捐监以实收报考者。查广东京官已取名数(此项由京官录科,今取而仍在七百名之内)。查广东子弟送考者。查明六堂所收人数,注明某人收考,以便稽查。传办考官阅方单亲供填票是否与监照一一核过。又,同姓有四五人投考者应查其照上三代,同者记出调看照式。传点名官有临点控告者即回堂办理发亲供式(另刷纸条,刻曾祖某、祖父,令亲填)。考毕办一奏声明,扣者几名,并请乡试发榜后将录科卷严对笔迹。

一、广东监生向寻枪手在官人屋内代枪，每篇一百吊；

一、广东人借广东冒籍顺天已故之照顶名入场是其惯技。

一、广东有空名监生，如张李陈王等姓好手入场中式得觅同列者卖之。

一、辛卯录科可谓严矣，然闻榜上有剜改姓名之弊，又闻送顺天府册与榜文不符之弊。此二端宜密查，设法杜绝。

《翁同龢文献丛编》之二《考试·国子监》第751页

整顿广东录科期间，广东籍京官李文田、张荫桓以及徐郙致函同龢。

其一："唐元泰一名并未考决科（此人若与录科则纷纷皆入场矣），闻系文理不通，与出结官区德霖私取印结瞒考，希查明酌办为恳。叔平先生阁下。田顿首。"

其二："日昨承示甚纫大教，昨十一考到有罗秉纲名字，查系举人吴龙光之子，其罗秉纲又跨名罗炳（又别一监生名字，均一人作弊也），应请于考遗之日提出整顿，否则高尚无忌惮，蒙等计亦旁矣，除一面向该结官请其追还原结，勿令进场外，如仍不改，惟有由钧处归入访闻，及当场察出，均可查究也。前四届决科卷（末二场两题合为一榜）今缴呈备查，其中或有可细查弊窦之处，惟公明照，要之愈整顿愈见其弊，然未始非于较小之处见有弊也，安得谓非好事乎！卷留尊处，俟八月初发下未晚。若谓考究不恃此则亦不嫌其赘谓耳！敬布诸纸均鉴。叔平宫保阁下。田顿首。"

其三："梁、何、黄、李均无他作弊痕迹，梁向在沈华香家教读，上届取誊录何以不同京官一日考试，此则有疑，然则其人则通，即有弊亦代人捉刀，非请人捉刀者耳。倾问黎编修壁侯语如此，以问他人大率亦云尔。谨复并承动定不一。名另别纸。"

其四:“所闻富翁之子无甚文理者,似可提堂以知通否,不可谓富者定无通才,然作弊往往在此辈耳！请留查之。名别纸。”

《翁同龢文献丛编》之二《考试·国子监》第757—759页

八旗官学现状

光绪十七年二月三十日(1891年4月8日)

按:光绪十七年前后,翁同龢兼任八旗官学事务,对于当时八旗师资、教学、学生生活均有记述。

是月,翁同龢为解决国子监及八旗官学的问题及广东录遗事等一直忙碌。

关于八旗官学,翁同龢记录保存有八旗官学师资、学校所在地、在校学生学习、生活和分配情况资料:

八旗官学:

每学满助教二员,蒙助教一员,满教习一人,汉教习四人,蒙教习一人,弓箭教习一人。学内一切事务悉归助教办理。

八旗官学分布:

镶黄旗官学位于元恩寺,计有校舍共三十七间;

正黄旗官学位于西直门内祖家街,计有校舍共三十七间;

正白旗官学位于南小街新鲜胡同,计有校舍共三十八间;

正红旗官学位于巡捕厅胡同,计有校舍共四十七间;

镶白旗官学位于东单排楼之东象鼻子坑,计有校舍共三十五间;

镶红旗官学位于宣武门内头发胡同,计有校舍共四十八间;

正蓝旗官学位于东单排楼北新开路,计有校舍共三十五间;

镶蓝旗官学位于西单排楼北甘石桥马尾胡同,计有校舍共四十间。

计在东城者四,西城者四。黄旗一东西,蓝旗一东西;白旗俱东,红旗俱西。每学学生一百名,其中满六十名,蒙古二十名,汉军二十名,内咸安宫占三成。下五旗添包衣学生十名,内满六、蒙二、汉军二。共计八旗学生八百五十名。满蒙学生每名每月给银一两五钱。汉军学生每名月给银一两。包衣学生不给钱粮,由各旗自行支银。关于官学生挑缺,由各旗都统送聪明俊秀十岁以上十八岁以下。闲散满二十名,蒙汉各十五名,送监分别翻译、作文、背书,禀公挑取,其资质堪造就者记名注册,但满不得过十名,蒙汉不得过五名。关于学生举优。经书熟悉、文理明顺、翻译通晓者挑取作为优等,每旗不得过二十名,满蒙加银七钱五分,汉军加钱五分。所加钱粮即由现在百名内裁出,每裁一分可加二人。关于上学时刻,端阳节后卯时到未时散;中秋节后辰时到申时散。设到学簿,每日该生亲画到,如三日不到及连日到退迟者申饬,不悛者斥革。教习应在本学居住。如教习不在学者一次,申饬记过,积至三次值报满时,停其保荐,咨回礼部。官书交代,存储书籍助教照依印册查明新旧卷数收贮,遇有升迁移任照册交代。关于学舍修理,凡房屋墙垣应修者及每年糊御顶棚窗格等咨行本旗都统自行派员估修。各学清册:各学六馆年终将学生功课册移交博士厅。教习功课册,教习将本名下学生功课逐日登记,该教习不时稽察,按季送册付博士厅。满、蒙、汉教习均于(每月)三、八日出题试学生,次月初一日呈堂查阅。又有四季功课册移博士厅查核。弓箭春秋两季考验。教习于每日常课外,逢三、六、九等讲书。助教会同教习每月汇课一次。助教会同弓箭教习每月出城校马步箭一次。助教、教习四季各会课一次，将课卷合订一本，呈堂查阅。春秋两季各学生赴监会考各一次，由堂官评定等第，张榜晓谕。各生骑射赴射园听考。季考者以纸笔墨刻奖赏。祭酒司业稽查各学挑背经书面试文艺，如有庸劣者咨回本旗。

《翁同龢文献丛编》之二《考试·国子监》第725—728页

就广东录科事附：张荫桓、荣翰、徐郙、王懿荣等致翁同龢函

光绪十七年七月二十四日（1891年8月28日）

前夕送去冒顿漫书，本拟越日早朝房晤教，其日适蒙召对，下值后庆邸属往译署促发晚电，又都察院堂期，竟日不得休息，亦无暇出城。今早值年黎壁侯送到遗佚各生补注名册，原以杜重考之弊，诸生既不获录遗，复要以自填此册，本不办到。壁侯乘诸生攻讦重考与结官作难，时婉为讽导，遂示次第亲填，壁侯为乡人办事可谓任劳任怨，兹将来函并册统呈鉴察，明日下午当奉诣起居，一切面罄也。手肃。敬颂叔平六兄先生大人晨安。荫桓顿首。七月二十四早。

《翁同龢文献丛编》之二《考试·国子监》第761—762页

附：荣翰二十三日致张荫桓函：

樵翁尊兄大人阁下：昨日奉复数行知鉴亮照，今早遗佚各生均于八点钟集会馆补注名册，午初毕事，计共生等二百五十三名，其应到不到者二十人，形迹可疑即以重考论摈而不录（此不扣除更玩法矣）未为过也。谨将名册缴上，请即饬送常熟夫子鉴定，其能到注册者定非重考，泾渭既分，似当全数录之，以示体恤。即以溢额论，为数亦属无多，计自五月考京官起，至今日补考到止仅九百人，

再合大收四五十人计之，通共亦不出九百五十人之外，其中除去京官、正途、贡、监百馀人，然则溢额六百人之数耳。谅可从完也。夫惩考生之作弊，则必以严防闲善整顿砉成于桑梓董事者。今力所得为者既无不黾勉为之矣，而顾不能求多于百名录科为穷蹙之考生请命耶？同乡办事非有赏罚之权，所恃以陈说利害讽劝斯人者，谓能据情上达耳。所言不验则节节皆虚，微特将来办事束手，即此被黜之百人失望而归，且怨且谤我辈，岂不贻里闬讪笑耶。荣并无亲串下场，所言非有一毫为己起见。第过则惩之，善则劝之无害，于理而有益士林者，虽多不辟，以此度大，君子之用心当不刺谬，故不嫌覼缕也。昔人海上诗云："海风幸勿吹咸雨，杀物而无润物功"。言之有味，附录之，以博一笑。至上游商得何如，幸即惠示，以释悬系。手奉敬叩勋安多福。小弟荣翰拜上。二十三晚。

补册之役明知犯二、三结官之怨（其中阳奉阴违者不出执事意料之外），招重考各生之谤，而亦谤卒为之而不辞者，正以不人欲重考之生结党攻击，其情汹汹，思为之分风擘流，庶几息其争而平其憾也。讵意若辈今早诣监递呈不收，声言再递，则必讼结官并讼值年之容纵，其意指执事与若公皆力能制结官而不理会云云，增兹多口吁难哉！

《翁同龢文献丛编》之二《考试·国子监》第762—764页

此间，徐郙（榕全）也致函同龢，为寒士求情。函中说：

按摩极有效，觉冷气拂拂从涌泉出，中病即止，久恐伤气也。粤士无素识者，惟莫君寿彭伊尊人乃癸酉通家试馆考列特等，心甚滞之。据云有拼措借贷而来者，一落孙山，求糊口而不可得，大约皆为区姓电招所误。昨有人思得一线生路，谓除去京官及京官子弟并五贡出身外，再以七百名为限，或可略增解额，然亦不及百人也。至往年作奸犯科者大半掇高第以去，目下竭蹶而来者措大居多，会馆印结费已去二十馀金，能否入场尚未可定，故愁苦特甚，然并无怨辞。粤士何尝不循谨耶！因一二劣监致令寒儒受累，亦可怜矣。此颂即安。榕全顿首。

《翁同龢文献丛编》之二《考试・国子监》第765页

七月二十七日(8月31日)，就广东录科事，王懿荣致同龢函：

夫子大人钧座：昨日在署所收约千二百卷，分校官迟钝，计至夜分十二点钟始能发榜，道路泥泞，归寓已是寅初。接示知悉。此事昨在署内当月官已说过，伯葵(陆宝忠)亦曾向勰丞(似指孙家鼐)言之。今日入署当即饬办，严查该吏，迅速收考。如荣到时，渠仍言未办再究一切，明日亦可带补也。此次各省卷，除广东已经奏定额数外，馀省录取，一概从宽，非十分大犯规及文理太不通者始从黜除。昨当月官尚无(味)〔谓〕苦缠。荣告以此话不能从我辈口中说出，若有取无去。朝廷安用考官？收卷甫完，便合榜抬出，只须用一堂早足了事矣。但我们所黜断不从刻，凡事皆然，不但是衡文也。肃叩钧安。门人王懿荣叩复。二十七日早上。

《翁同龢文献丛编》之二《考试・国子监》第783页

七月二十八日(9月1日)，就广东录科事，王懿荣再致同龢函：

夫子大人钧座：昨闻尊体违和，不胜敬系。顷询纪纲，知触患滞下者甚为驰急，此证可用姜茶红白糖等分以核桃仁烧焦研末同煎代饮最佳。二十八日广东录科，点完将封门矣，出结官张蔚增率领考生四五十人，并未登册之辈，突请收考，据称照结早交助教朱珩手。查学习助教朱珩久未入署，前因派阅卷不到，已经饬谕其实收逾限，短补之不合例者收考二十馀人，由后门点入提堂免考勉强了事，实属不成事体。昨见樵野访之亦云声名夙劣，且曾枪冒入场，似此未便姑容。门生等议欲查例，咨回吏部，仍保全其功名，以存宽典,未悉如何?敬候酌示。

至庙工已完,内外尚属齐整,惟成贤街水尚未撤干,黄幄下垫三黄土因雨湿性软。昨见孙五年伯,又令加以板垫宽念为叩。又查《东华录》,康熙二十三年十一月东巡祀孔子,已行三跪九叩礼矣。太常则例失载,此更在前。将近中秋,早晚寒热不时,伏祈珍重,专叩福妥。门人懿荣谨启。

又,接有友人函,恳后到数人再请补收,此事不比外省学政可以专主,同官五人意见不能尽合,又近有典礼在前,谢之。

《翁同龢文献丛编》之二《考试·国子监》第783—784页

壬辰记壬辰殿试读卷附

光绪十八年三月(1892年4月)

按:光绪十八年三月,翁同龢奉派为会试正考官,关于这次考试情况,翁同龢写有《壬辰记》、《壬辰殿试读卷附》,兹分录如下:

三月初六日(4月2日)翁同龢奉派为会试正考官,副考官为祁世长、霍穆欢、李端棻。同考官十八人,中有刘若曾、施纪云、袁昶、邹福保、沈曾桐、赵曾重、冯金鉴、朱福诜、徐仁铸等。是日入闱。四书题为"子曰君子矜而不争"两章;"斯礼也"至"士庶人";"井九百亩"至"同养公田";赋得"柳拂旌旗露未干",得春字,五言八韵。五经题为:"为大涂";"厥亦为我周"至"康功田功";"嗟嗟保介维莫之春";"公会诸侯盟于薄释宋公";"僖公二十有一年";"兵车不中度"五句。策题:"论语古注","新旧唐书","荀子","东三省形势","农政"。宗堂试题:"以能问于不能"四,"名山为辅佐",得名字,五言八韵。试期到四月十一日结束。是科张謇未中,"知张謇卷在冯心兰手,未出房”。

《翁同龢日记》第 2517—2519 页

对于这次会试,翁同龢留下了不少资料,对我们研究晚清科举考试史具有重要价值,这里略作节录:

一、翁同龢写有《壬辰记》,内记:

东厢房有树最黑,须多带玻璃。或将来修贡院时,能改明窗。及将宗室房改矮,乃妙。

大堂阅文之座最要者也。近来木榻宽狭不匀,前近于桌,后附于窗,尴尬之至,此必须整顿者也。木榻改狭则桌向前,向后则天光不能照及。

考试回避之例详矣,惟考官、帘官向不回避,如内阁翰林院之制。咸丰庚戌会试,四川卓相国秉恬为总裁官,其子编修卓柽亦典同考官,次日即出闱。是科止十七房矣。光绪乙酉顺天乡试,同龢奉命充副考官,兄孙(翁)斌孙以检讨充同考官,遍检科场条例无回避专条,乃由监临官于初七日具折请旨应否回避,即日奉旨:“毋庸回避”。盖一时荣遇,亦一段佳话也。房考掣签时,同人议将斌孙坐十八房,签荐卷止荐三处,后议仍荐四处。

防弊二端:

一防题纸。头场题纸发出,外帘必短数百张。今访得是委官所为,竟能将出墙外委,每张价若干。此外帘之弊而内帘难于分辨者也。当于头场发题时,眼同外帘细数十馀搭,使之无辞。

一防红号。壬辰春闱发榜回家,即闻今年广东先两三日已报饶姓二人。急检题名录,果有两饶姓。因思此必本房磨勘时不慎密,尤恐草榜在内监试处为书吏等所窥,并恐榜前一日,查提红号致漏消息。当于发卷时,严嘱房官勿传播。至草榜定后不可宣露,即前一日查对双号，仍须亲自检点，惟粘贴小角签及判名次则供事实在旁，但记红号，一出龙门，便知姓名矣。如何防之，再想法。

户部所送外帘官有彭惟墉者，屡次当誊录，惯舞弊，一卷好誊录可得一二十金。

书吏秦世奎以壬辰春闱与外帘争骂，外帘索之急，霍公庇之，获免。癸巳秋闱不见此人。书吏金国瑞连办科场十馀次矣，熟极，滑极，用之而严驭之。其语言不可靠，往往炀（意即应付之意——编者注）之当前。

《翁同龢文献丛编之二《考试・国子监》第72—73页

二、入闱期间，审拟批阅各房所呈荐卷。三月十三日至二十三日对袁昶所呈荐卷进行审阅并分别加上批语：

对编号安徽似三十七试卷批语：头三场及诗“文洁澄清之中仍复趣服事情。次情文交裁，分节全和，但识处具有匠心。三口度毫厘，独标精义，后二尤推阐尽致。诗有工律，八韵尤佳”。

对编号安徽泳三十七试卷批语：“首艺题中虚字抟捖有力，简练老当，不蔓不支。次、三戛娶独造簇簇生新。综观三艺笔墨一色，异于涂泽为工者。诗逊，以文佳难于割弃。”

对编号广西初十八试卷批语：“首艺伟量指称，笔仗圆融，次、三亦朗润。诗平。”

对编号湖北庆五十七试卷批语：头三场及诗“英悍之气得之眉睫，所微不足者少伐毛洗髓之功耳，次、三亦思力沉挚。诗平。合观三艺之思湛气厚，如澹云撼兴震雷俱发之概，是平日寝馈于唐宋十家文者”。

对编号湖南言二十试卷批语：“乘风载响，音岩自远，次艺有分风壁流之笔。三亦镶黄妃白而成，诗有工律。”

对编号云南化四十二试卷批语:“谋下提顿,清言霏屑,甚有隽思,馀立门净,次、三安帖。诗可。”

对编号山西万九十九试卷批语:“笔气恂达,次分疏明晰,三艺中比两撤笔新颖,诗逊。”

对编号江西身九十三试卷批语:“着眼题中四不字,清思一缕宛转阔生。次艺局度安禅。三艺文言道俗情,可谓洞悉民隐。诗律亦匀佃。”

对编号河南岂七十七试卷批语:“大含细入铻纳群言。次沉实高华,兼擅其胜。三融冶易纬、周官疏剔题义,亦翔雅可诵。诗谐。”

对编号河南岂二十四试卷批语:“树义肃抵宏深,中土比按切尔熙宁、元丰间时事,笔势雄拨不群,次轩豁呈霞。三朗若列眉诗叶。”

对编号福建今八十三试卷批语:“纡徐卓荦,笔有余妍。次脉络分明,神味渊永,孟艺后四比疏剔,题字如水清石出百丈之崖,俯见纤磷,尤觇笔仗之妙。诗工雅。”

对编号广东行八十四试卷批语:“穿穴而章理脉运思刻挚,后比尤有盘行窍曲从笔。次艺笔仗整齐,惜提比有衰飒语,乃其疵类。三艺亦层题之层,折结处极有笔意。诗平。”

对编号广东端二十七试卷批语:“平心静气犹如读陈白沙文矜躁偬辉。次组紃工丽,音节和平。三娓娓入情,笔曲而达。诗亦峤雅之遗音。”

对编号湖北积二十二试卷批语:“中□□真有俊如跳掷之概,后二比无垂不缩亦脱胎于管稿。次情文俱茂。三艺冕旒秀发旌旆飞扬,游为恢恢,极行文之能事。诗工。”

对编号甘肃映四十试卷批语:“凝练十亦饶有名隽语,次、三椽园调𢝃。诗可。”

对编号满洲诚二十三试卷批语:“纡余委备,后幅尤胜。次典丽璚皇。三有断制。诗高秀。”

对编号直隶正三十八试卷批语:“理解融澈,风格健举。乙丑一粘皮带骨语。次、三劲气直达。诗蔚然深秀。”

《翁同龢文献丛编》之二《考试·国子监》第424—432页

三、闱中同龢与其他考官诗文酬唱。留有诗多首:

《壬辰春闱和壁问韵呈子禾丈及同事诸公》:“三百年来教泽深,此堂黻晨昔经临;力崇先正厘文体,曲慰寒儒感艺林;志士岂因科目重,试官莫使异材沉;时艰方知民生敝,四海英贤一寸心。

“新辞何事苦钩沉,风定云开皓月临;壁上题诗才几韵,近来继作已如林;一咐联袂人情各,两世持衡旧迹沉;试与尧夫溯家学,白头敢忘秀才心。”

写后,又改动数处而为:“三百年来教泽深,布衣对策仰天临;例放千桃李出地,惊林香俄口看人;桂林日月康衢腾,骏足风鞷起龙吟;华国文章手上慰,筹边宵旰□□□。”(下缺)

《闱中望雨呈祁文》:“屯云衔雨过春深,日日瞻天切鉴临;我辈岂能分菽麦,圣人应已祷桑林;近闻畿辅频伤潦,大筑堤防万漉沉;忧水甫过还虑旱,一时并集长官心。”丈箢京兆,故云。

《禾丈示诗奉和》:“辱公知爱意何深,险韵新诗取次临;天子诏方崇学校,丈人名不愧儒林;丈押林字用学校如林,今年举人复试钦命诗题也。试看长城一字固,肯使群才大鞷沉;别有衷怀言不尽,遡风来往感余心。”

《赠霍慎斋同年》:“粉署才名岁月深,春官秋试一时临;君去年主乡试。祥禽未许辞阿阁，君任阁学最久。朱草还钦出上林；宗臣中君年最长。病起谈诗神愈健，老来对酒气先沉。君少年时豪饮。夜堂灯火浑如梦，枨触当年立鹄心。余与君为丙辰同年。”

《赠李苾园阁学》：“落岑一气墨缘深，差喜连镳琐院临；四省频年持使节，君历典晋粤蜀试督学滇南。几人两度入词林；君任台谏，以回避再入词林。高文竞说傅衣重，昔梦空嗟折戟沉。君为先兄文勤所取士。闻道且兰旧桃李，至今犹识爱才心。先兄任贵州学政时及门在者无几人。”

《遣兴》：“默默端居春已深，琐闱何地可登临；嘤鸣且喜莺迁谷，潇洒终输鹤在林。柳子囚山甘寂莫，苏公浴室任浮沉；海棠落尽东风软，触我江湖万里心。”

《再简慎斋》：“独坐虚堂念虑深，隔墙遥喜履声临；微闻子政多封事，不独君和重艺林；直道自傲天眷顾，孤踪漫与世浮沉；自惭早识同年面，今日方能识子心。”

《闱中食鲥鱼和子禾丈》：“沧江春暖暮潮深，覆釜山边蜡屐临；一箸残腥樱笋节，数家小市蔚蒿林；诵君驱鳄新诗健，愧我烹鲜旧梦沉；漫举当魱笺尔雅，虫鱼琐琐又伤心。”

又，“青来为余画《琐闱玩月小幅》，爽秋（指袁昶）题诗，浩然有江湖之思，时方校阅，未暇属和，放榜前一日，乃作长句，以发一笑”①。

《翁同龢文献丛编》之二《考试 · 国子监》第473—476页

四月初十日（5月6日），撰《秋鹰赋》：“欣携颜氏子，同上景升台。豪气霞千尺，寒声酒一杯。霜毛呀鹘老，风翼大鹏培。江汉羁栖客，乾坤干济才。楚公图骨相，鲁国字胚胎。尚有雄心在，相期

---

① 闱中这些所作诗文与《瓶庐诗稿》均有不同，出闱后又一一作事修改。这里所录系闱中诗草。

倦眼开。朝班多骏品,达尔杜陵才。”

同日,重新修改闱中所有唱和诗:《闱中望雨呈祁子禾,用壁间韵》一诗:“屯云衔雨过春深,日月瞻天切鉴临。我辈岂能分菽黄,圣人久已祷桑林。近闻畿辅频伤潦,大筑堤防为漉沉。忧水甫过还虑旱,一时并集长官心。”

祁世长示诗,同龢再奉和一首:“辱公知爱抑何深,险韵新诗取次临。天子意方崇学校,丈人端不愧儒林。丈押林字,用“学校如林”,今年复试口口钦命题也。试看一字长城固,肯使群才大饘沉。别有衷怀言不尽,溯风来往感予心。”

《食鲥鱼,再和祁世长》诗:“沧江春暖暮潮深,覆釜山边蜡屐临。一箸残腥樱笋节,数字小市柳花林。诵君驱鳄新诗健,愧我烹鲜旧梦沉。漫举当魱笺尔雅,虫鱼琐琐又何心。”

改作《遣兴》一诗:“默默端居春已深,琐闱何地可登临。嘤鸣且喜莺迁谷,潇洒终输鹤在林。柳子囚山甘寂寞,苏公浴室久浮沉。海棠落尽东风恶,触我江湖万里心。”

改写《赠同年霍慎斋》一诗:“粉署才名岁月深,春官秋赋一时临。详禽未许辞阿阁,君任阁学最长。朱草还钦出上林。宗臣中君年最长。病起谈诗神逾健,老来对酒气先沉。君少年时豪饮。夜堂灯火浑如梦,怅触当年立鹄心。余与君为丙辰同年。”

同日改写《再简崔穆欢诗》一首:“独坐虚堂念虑深,隔墙遥喜履声临。微闻子政多封事,不独君和重艺林。直道自邀天眷颈,孤踪漫与世浮沉。自惭早识同年面,今年方能识子心。”

同日,改写《赠李蕊园阁部》一诗:“苔岑一气墨缘深,差喜联镳琐院临。四省频年持使节,君历典晋、粤、蜀试,又督学滇南。几人一两度入词林。君任台谏,以回避再入翰林。高文竟说传衣重,昔梦空嗟折戟沉。君为先兄文勤所取士。闻道且□？旧桃李，至今犹识爱才心。先兄任贵州学政时及门士今在者无几。”

四月十一日（5月7日），青来为翁同龢画《琐闱玩月图》，袁爽秋题诗，“渺然有湖山之思”，同龢次韵，赋诗：

“鹿床文孙擅家学，为我写出江南山。汝南高贤古诗伯，间出妙语深渐渊。嗟余老懒厕其列，一堂二妙难追攀。风帘官烛坐兀兀，臂枯不复亲手翰。明珠沙砾溷不辨，自憾目力今先殚。琐厅韵事差可纪，意在是李苏黄间。沧江连天碧玉环，仿佛梦睹金仙颜。牟尼一串亲授记，信我此语非欺谩。记梦。夜堂萧然灯火间，明日放榜开重关。却嫌官事太迫促，诗情画意纷难园。清和节过尚薄寒。瞻天日日愁占年。海棠苑落榆叶坠，并恐摧我青琅玕。余斋新种竹。昨霄一雨苏地脉，佳穀奋起删茅菅。市声喧嗔乌鹊喜，西山想见明烟峦。继令布濩更优渥，至尊方宿郊宫坛。今日常雩。吾侪今日足可乐，且放衣带欹巾冠。谈诗读画了无事，一尊相属同加餐。明朝鹓鹭各分别，旌旗拂拂青云端。”

四月二十五日（5月21日），翁同龢又奉派为殿试读卷大臣。是科一甲为：刘福姚、吴士鉴、陈伯陶，传胪恽毓嘉。关于此次殿试阅卷情况，同龢写有《壬辰殿试读卷附》内容如下：

壬辰科殿试，值醇贤亲王安葬之日前一日，上诣园寓，恭送礼臣请于四月二十六日举行。二十五日听宣，奉朱笔圈出额勒和布、恩承、翁同龢、李鸿藻、启秀、薛允升、汪鸣銮、陈学棻。同诣万善殿南书房拟策题八道，仍用两字标题。内阁以旧式来，则庚寅科亦编成四字矣。余与柳门省忆前事，遂仍以两字拟呈递，发下圈第三、四、五、八四道，汪、陈两君缮策题，午正二刻递。用饭讫，未初发下，皆封以黄纸。此次策题用大白折。同诣内阁大堂，四监试皆在，侍读以礼部文送阅，皆照例内，一件以庚寅年御史刘纶襄请禁用《说文》。申初余与汪、陈两君分缮策题，额公亦欣然命笔，写毕仍入匣，酉初刻字匠应连捷等皆齐，前此所无也。酉正封门，戌初交刻起，子初刻毕。纸矮抬头只半字，数次修削，仅能挤置，丑初二刻始刷，刷又迟，寅正二刻粗毕，天已明矣。三百七十张。题纸须字大，行疏，板整，纸厚，今所刊反此，记之。今每行二十六字，抬写在外，字小矣；格不方，而狭长，行窄矣；板系碎拼，七字纵横七行，分手刻碎矣，黄毛边极烂薄矣。

《翁同龢文献丛编》之二《考试·国子监》第269页

四月二十六日（5月22日），晴，无风。寅正三刻开门，以题板交厅，封。以样纸交厅，封。捧题官文叔平来，余等朝服入至保和殿，左右两门即点名放士入毕，行三跪九叩礼，士子以礼跪接题纸讫，余等散。额相入殿捧题，仍入班行礼。住文华殿西厢，即前年所居者也。与柳门对屋。昨彻夜未合眼，倦极而卧。午初起，颇觉不支，与高阳相国谈。诸公公服见临，各一揖，旋答拜之，并拜监试恩顺、赵时俊、高夔曾、收掌朱琛、陈梦麟、李绂藻、黄思永。归甚倦，晚柳门招饮，高阳饷鲥鱼，亥正始卧。

《翁同龢文献丛编》之二《考试·国子监》第269页

四月二十七日（5月23日），卯初起，三刻上堂，则礼部官人抬卷箱者未至，不得已，令内阁供事张廷贵雇人抬之。今晚即内阁官人承此事，惟早晨则归礼部。卯正分卷，共三百十七本，每人四十本，末座三十七本。竟日地坐，未申南风起，吹卷如落叶，百方护之。申正四十卷阅毕，又阅恩、李、汪三桌，力竭矣。封卷入箱已曛黑。柳门来谈。亥正卧。

《翁同龢文献丛编》之二《考试·国子监》第269页

四月二十八日（5月24日），未明起，卯初上殿。收掌先在，诸公先后至。乃转桌，四桌毕巳初一刻矣。巳正始议前十本，推让再三，由余与高阳主其事。竟定余卷第一，柳门卷第二，恩露（圃）翁卷第三，高阳卷第四，额小翁卷第五，陈桂生卷第六，薛云阶卷第七，汪柳门卷第八，薛卷第九，陈卷第十。排定粗看一过，包好，退，饭。午正再集，从二甲排起，得三十卷止。又排后十名，排定再从二甲三十卷，外顺排至二甲七十八圈始毕，排至三甲六十一，八尖始毕。二甲一百三十二名，三甲一百七十名。八尖者一半二甲，一半三甲。一面令供事上堂粘黄签，一面查标识，一面排名次，颇不给矣。粘签毕，乃发十卷粘签。堂签拟第一名至第十名，不分甲第，黄纸包，首书"谨封"，面书"恭呈御览"。外用黄绫夹板扎绦讫，交首座暂存。随将二甲第八起十本一包包好，交收掌入箱。内阁诸君率供事等退，余等亦散。邀七公到余室小饮。弹指升沉，每令人感慨。收掌向值主敬殿，文华之后殿。今年在东厢，东厢虽佳，夕照甚热。恩住传心殿南屋，薛住北屋，额、启住传心殿最后之屋，陈住文华东厢，余住西厢南头，汪住北头。

《翁同龢文献丛编》之二《考试·国子监》第270页

四月二十九日（5月25日），阴，无风。寅初三刻起，黎明至苑门公所敬候，卯正起下，遂入。召读卷官八人见于勤政西阁，额相捧一卷，余七人各捧卷，先请旨，无更动，然后拆封。每拆一卷，呈览后以次递下，有"所取各卷写皆好"之谕。退至小屋，柳门写名单，递上。即同出至桥上宣名，良久，始齐。遂引见，履历无误。某人年若干岁，某省举人。退再至小屋，以朱笔判名次于卷面：第□甲第□名，皆大写。出至传心殿，恩露圃招饮，两桌。午初同赴内阁，仍按二十五日坐次，以朱笔分判名次于卷面：二甲第□名，三甲第□名，皆小写。四刻毕。归。倦极，酣睡。新殿撰、探花来见。

新选四川潼川府梁俊来见。晚诣燮臣。一甲刘福姚、吴士鉴、陈伯陶;二甲恽毓嘉、张鹤龄、李云庆、周学铭、赵启霖、周景涛、宝熙。

《翁同龢文献丛编》之二《考试·国子监》第272页

五月初一日(5月26日),上升殿传胪,召见后由西阿苏门还宫,仍由旧路还海。寅初三刻登车,入至传心殿,会齐。卯初一刻,传胪。读卷官另一班在品级山之上,毕遂退。是日户部值日,以事已下,遂未到苑门。颂阁来吃粥,看画,小憩数刻,出城贺归第。先栾庆胡同广西馆;珠市口仁钱馆;横街粤东馆。广西周德润出名,浙许庚身、粤东许应骙、李文田、张荫桓同出名,来请。本家蓼洲来。新门生蜀士两人来见,其中胡从简眇一目。

5月27日(五月初二日),辰正间到礼部,群公先在,惟额相未来。遂上堂入宴,有宴图在大堂正中。朝服。先谢恩,次受新进士拜,不如上年之争执矣。次入坐,光禄寺官(酌)〔斟〕酒三巡,起谢宴,一跪三叩。退至后堂更常服,礼部堂官送于大堂,散。

《翁同龢文献丛编》之二《考试·国子监》第273页

光绪十九年八月主持顺天乡试资料

光绪十九年八月(1893年9月)

按:光绪十九年八月初六日—九月十一日(1893年9月15日—10月30日),翁同龢奉旨担任顺天乡试正考官,副考官为孙毓汶、陈学棻、裕德。翁同龢留下了大量有关本科顺天乡试录取资料,以及与房考官交往活动材料。兹录如下:

八月初六日—九月十一日(9月15日—10月30日),奉命充顺天乡试正考官。孙毓汶、陈学棻为副考官。入闱前夕,“匆遽中次调卿甥韵”诗一首:“骅骝蹀躞待孙阳,兰芷同升君子堂;耿耿寸衷天可鉴,英英俊彦海难量。”入闱期间,房考官李慈铭曾赠诗一首,翁同龢和其诗。九月十一日出闱。

《翁同龢日记》第 2631 页

奉旨主持癸巳秋闱。关于此次顺天乡试人员组织情况,翁同龢记录写道:八月初六日拆封,奉朱笔顺天正考官着:翁同龢去,副考官着孙毓汶、陈学棻、裕德去。钦此。

朱笔这同考官着:吴士鉴(䌹斋)、陈同礼(诃甫)、陆宝忠(伯葵)、刘世安(静皆)、高觐昌(葵北)、张嘉禄(肖安)、朱益藩(艾卿)、谢隽杭(南川)、管廷献(士修)、许泽新(颖初)、黄卓元(吉裳)、张孝谦(巽之)、戴鸿慈(少怀)、丁仁长(伯厚)、马步元(海生)、王同愈(胜之)、刘树屏(葆良)、吴荫培(颖之)去。钦此。

朱笔内帘监试,着:桂年(月浦)、李慈铭(莼客)去,内场监试着:文英、荣山、讷钦阿、和福、如格、唐椿林(辉庭)、戴恩溥(瞻源)、胡蕙馨、王鹏运(幼霞)、王儆(镜逸)去,馀依议。钦此。

朱笔这场内督理稽察,着:左翼副都统善耆(艾堂)、右翼付都统吉恒去。馀依议。钦此。

朱笔这收掌试卷等所官着:有圈的去,馀依议。钦此。沈宗磷、沙从心、何锡骅、高增爵、孙绍阳、楚辅清、吕森、宋淑住、张镇芳、谷如墉、屠尔敏、刘思瀫、恒林、杨觐圭、王海涵、孟广桢、陈应辰、党附云、甘大璋、史从鉴、王光昭、黄晋铭、孙绳武。

附供事名单:吏部书吏丁济溱、户部书吏李锡绶、兵部书吏金国瑞、刑部书吏费文仰、工部书吏徐寿荣、都察院书吏潘益、通政司书吏张瑞芝、大理寺书吏沈德培。

《翁同龢文献丛编》之二《考试·国子监》第 477—478 页

由翁同龢主持,十八房考官经掣签分配如下:第一房张嘉禄、第二房陈同礼、第三房谢隽杭、第四房王同愈、第五房刘树屏、第六房马步元、第七房管廷献、第八房刘世安、第九房陆宝忠、第十房吴士鉴、第十一房张孝谦、第十二房吴荫培、第十三房丁仁长、第十四房高覲昌、第十五房戴鸿慈、第十六房黄卓元、第十七房朱益藩、第十八房许泽新。

翁同龢又就分房阅卷作了分工,阅南皿中皿试卷的考官为:刘静皆、谢南川、管士修、许款初、黄吉裳、张巽之、戴少怀、丁伯厚、马梅生。阅北皿中皿试卷的考官为:吴细斋、陈润甫、陆伯葵、高葵北、张肖安、朱艾卿、王胜之、刘葆良、吴颖之。

翁同龢对试题撰拟作事分工,写头场试题为:黄吉裳、许颖初、张肖安、陆伯葵、戴少收、高葵北;写二场题为:管士修、丁伯厚、陆润甫、马梅生、吴颖芝、朱艾卿;写三场题为:刘静皆、张巽之、王胜之、刘葆良、吴纲斋;写安折为:张巽之;写进呈题纸为刘静;拟策题为:刘葆良、吴纲斋。

试卷正榜人数分别先后用满、合、臾、承、旦、贝、南、北、中、正、大、光、明十三字来统计,副榜则分别用正、大、光、明、满、合、夹、贝、南、北、中十三字来统计。

《翁同龢文献丛编》之二《考试·国子监》第477—486页

各房录取试卷分别由房考官、副考官裕德、陈学棻、孙毓汶、翁同龢分别写上各自的意见:

现存本次乡试荐批卷四件,各自批语分别为:

一件,“臣吴士鉴:风骨遒劲、经策昌明。荐”。“臣裕德:才调纵横,经策典雅。取”。“臣陈学棻:机神洋溢,经策淹通。取”。“臣孙毓汶:气息深纯,经策沣懿。取”。“臣翁同龢:笔力雄发,经策高华。中”。

一件,“臣张孝谦:局正理纯,经策渊雅,荐”。“臣裕:义精法密,经策赅详。取”。“臣陈:笔健气清,经策淹贯。取”。“臣孙:词文旨远,经策甚深。取”。“臣翁:体大思深,经策典赡。中”。

一件,“臣王同愈:探微抉奥,经策淹通。荐”。“臣裕:切理餍心,经策详洽。取”。“臣陈:入深出显,经策光昌。取”。“臣孙:思清笔健,经策清华。取”。“臣翁:义精词卓,经策湛深。中”。

一件,“臣刘树屏:高揖群言,经策朴茂。荐”。“臣裕德:神味渊永,经策精详。取”。“臣陈学棻:根柢盘深,经策赅洽。取”。“臣孙毓汶:思力沉厚,经策敷腴。取”。“臣翁同龢:文律谨严,经策简括。中”。

《翁同龢文献丛编》之二《考试·国子监》第490—491页。

科举考试是国家抡才大典,就房考官如何认真批阅和荐呈试卷,以及闱中后注意的问题,翁同龢为房考官提出如下要求:“书架每格净高一尺九寸三分,净宽六寸;汉尺一尺五寸。阅卷簿以单篇为最妙,只须一本收卷,两本阅卷,其馀开横单手折,此吾旧法也,今年改式大费事,切记切或记。小茶壶使茶不冷,善碗以待容皆不可少。朱蓝需用须精良。阅文嫌太快,须先涵泳三通,然后动笔圈点。批语亦须斟酌,切勿与人争胜,以敏捷炫长。浆子须用松竹斋或裱画铺者,用罐装盛”。

《翁同龢文献丛编》之二《考试·国子监》第513页

关于定草榜,翁同龢要求各房考官:“各持一单集正字室先尽已刻之卷,以下按正、大、光、明四字顺次排下,如遇一房在三名连者即换别房,否则磨勘来不及。谓填榜时朱墨卷送本房磨一遍有讹须收拾也。约两时许方能毕。向来前三日今年,迟一日。”

关于录取官卷人数:“各处不同,满十名取一名,贝二十名取一名,南皿十五名取一名。以上有零数过半者准许计算取一名,如多不过半，不准算。合十名取一名。北皿、中皿皆十五名取一名，此最缭绕，即如南皿十五名取一，若至二十三名则过半矣，可加一名，然即至一百名亦不过得二名之限。北皿则尽多不过得一名之限，此何说也。惟满洲则有六名之额而人数往往不敷，不过二、三名耳！”。衬此，翁同龢又以戊子科为例，指出：“戊子科贝官先成敬送内帘，卷已印官字，既而知照用朱涂去，然已一望而知，岂非明示，以官字既入民卷，须可多取耶？今年则满官三十三本，顷又知照漏印两本，请内帘查添，此于中额无所增，然何以漏印？亦不可解也”！

关于誊录：“今年每处三十五本，共一百四十本。令供事上堂写誊录名次于卷面给钱十六吊。誊录卷带批发须先写批语送各房，省得来索。”

关于此次批阅宗室试卷：“刻题总在寅初二刻，不可早。净场须三鼓，或半夜进卷或次日早，不定。进卷时即有至公堂移会问何日揭晓，即当定期复复之，今年未即复。十九日至公堂又来催，云祀郊须待揭晓定日始奏请额。其实礼部所以要揭晓日期者，在定复试之日，非为请额也。是日晚问即准礼部文云□□钦定中额五名，可见今日已请旨矣。近年宗室中额皆七名，今年只五十三人，故定五名，大约每十名中一，须过半乃加一名耳！四人分看卷之优劣不能匀，此次余勉强凑一本细看，诗不佳，拟仍去之。仍留置第三名。进呈时，安折两份并恭缴乡试题及宗室题朱笔并题匣锁匙。发回卷未封外帘即欲留写榜，余等请先交内帘检看一遍，随即发出，拆封填榜毕，以名单知照内帘落卷即于是日发出。”

关于掣房，此次“签分两筲，一房名、一人名，主考两人分掣之，一房供事即写一房”。

关于进卷,"收掌在龙门点数,书吏用收掌戳记毕,再分"。

关于分卷,"书吏将卷分十八路(有回避者即须将此号之卷提开),一本一本分加于各路上,不得数本一沓,监临监之。考官掣签,每掣一签,即顺次加于每路上,然后以房戳加于签上,毕即令书吏将房戳盖于卷面,送收掌登簿分送各房。假如有回避南皿者,则先将回避之房戳提开,将南皿卷签匀分不回避之人阅看,次将别字号卷排列掣签分予回避南皿之阅看,其数必使相当,俟补足再将无回避之卷匀开满分"。

附:在与各房考官嘱咐有关事宜后,翁同龢于八月十三日等各房荐卷呈堂期间,"坐聚奎堂待荐卷未至,吾友陈桂生谈旧事","戊午秋试,桂生应湖北本省举,于次场号舍大风搴帘,有朱衣修干立于前审视,莫之为谁也。已忽不见,盖非梦也。此与东坡知贡举时与晁,李谈鬼仙诗无异,聊记之"。

《翁同龢文献丛编》之二《考试·国子监》第516—520页

入闱后,翁同龢作为正主考官与副考官孙毓汶、陈学棻、裕德就房考官荐卷进行批阅,决定取舍。其间,孙毓汶致翁同龢短笺八十三封,因原件无具体时间,现按史料原存次序,这些短笺有助于我们了解本次顺天乡试试卷的评阅、考官们的思想、清朝有关科举考试制度方面的规定等,故述录于此:

考试的房号和省分代号则分为:

满(满、蒙)

合(汉军)

夹(奉天)

承(热河)

旦(宣化)

贝(顺、直)

南(江苏、安徽、浙江、江西、湖南、湖北、福建)

北(顺、直、奉、山东、山西、河南、陕西、甘肃)

中(云南、贵州、四川、广东、广西)

闱中孙氏致翁同龢短笺甚多,内多关荐卷试卷评阅看法,依次为:

一、“弟处满官与寿兄比较否?如已定,乞交下原卷。满魁弟无之,兄处老者一本必须定魁,即照抄出改本发刻,万勿游移。桂翁亦未必有此高笔,再强觅必几近者矣。速定勿再商。圣朝三拾应不碍”。

二、“‘元灯’二字未易轻许,兄须留览全卷字句。颇忆首心字句即多参差,亦半由抄誊之坏也”。

三、“不疑何卜巽命塞耳,断金之言泫然被己”。

四、“此卷后二比实实无法,此处必熊掌驼蹄而彼只青蒿黄韭如何之,姑抄出再看可池”。

五、“粗阅经文,头场可信”。

六、“此数卷中,弟独倾倒于贝饱,请审视之”。

七、“瘦透之妙唯在一皱,中比‘不甚’两字似仍可用。斯文得之,次三皆惜巧不发而神珠应手,其妙用在留亦首作皱字之义也,妙甚,妙甚”。

八、“寿田十四房卷二场要来否?奇文容细读,想不即要也”。

九、“满官一本留案头比较何如”?

十、“读书有得,出笔极腴,幽涧鸣泉,泠泠异响,通品何疑。(南官批)”。

十一、“大作好极,弟顷改一段云:光阴吹籥后合矣神采下辞才。又有一起句云:整顿凌云翮,皆暗合矣,然散,至各卷似无妨。马射与天马重”。

十二、“弟处六卷原非皆有可用,口意就料改削送与本房看”。

十三、“前卷不甚惬,然正因其轨镜云云,确是心裁,仍拟取之或不至为所蒙耶,来示不作口定语,何耶?

十四、“此作气味颇醇厚,今日二场来亦好。有真气,非涂抹,拟备一房首,乞确示鱼否”?

十五、“闲雅超隽,胸有积轴,此作想已抄刻,必应前列。‘丹陛’记条例是双抬,想未必磨”。

十六、“‘和’作‘闲雅’有味,原唱用全力,此超以象外,妙绝妙绝。原诗弟留下不还,昨试帖两首仍乞书示”。

十七、“短篇遵改数句,就料为之,空荒可关做,此等文字入手使昏,视可用否?示遵”。

十八、“‘本房未□者’应加‘□未□者’亦必要誊下,请裁定照办。堂批似以全送为是,或先单选又应口者,包上写明请补□,其已□者,俟本房来要再付”。

十九、“‘狼心’对‘鹑首’不碍目”。

二十、“弟两次春闱皆未备饭,缘全请则每人十馀本,一霎即了,在各房亦极愿也。是日前后皆收拾行李,在堂久坐亦无暇”。

二十一、“如此卷郑、卫、戴等抹出,考官尚有处分否?乞示”。

二十二、“刻老”附后似无妨。“道家”两字稍碍目,或致“异端”亦不见佳也。“草木呈祥”,“星宿有美”,皆有实事,不能挑剔。

二十三、“此卷三篇一律无一字不妥切,稳慎工夫深矣。好在不陋无时墨坏活,摈落惜矣”。

二十四、“示卷必应入彀,弟即论二十七一卷才资不逮而工力深，不免为之深惋，姑呈一览也”。

二十五、“前畏俗眼矞突，故请用一向缓二，与本房商刻否最审。阆老一作，弟意可刻”。

二十六、“诗肇域四海是好字面，应无人以兆域拟者亦问如何签也”。

二十七、“卓炼殊常，中比尤湛，后比‘孝真主敬’两语，臣勿摩天，微嫌意竭，不害全体之清刚也”。

二十八、“秋豪之技，敢当东山乎？敢固辞，盍招吴生来？弟度此二题必胜任”。

二十九、“趋于众似非是济三仍骇俗，不刻妙。改句乞酌”。

三十、“‘及身’六字不甚解其句法，不敢动笔。其‘立身孝行之要’七字或改‘诸篇其委训深切’七字”。

三十一、“短篇两卷，一贝一中，呈鉴斟酌可刻否？或择一刻之。贝卷三篇一律老辣，惟前后比语(少)〔稍〕欠净”。

三十二、“再看，悉妥，或提比独不欲视，独瞑其目四独者虑为清河辈话柄，改四五字何如？又不如独字有趣矣”。

三十三、“义卷笔力健洁，中段改处补实甚好，惟卷后比好，提比惧异两义亦可用，惟转正面后与中比语句皆寻常无警炼处，抄后”。［下缺］

三十四、“散堂时，十三房所荐一卷可示一阅否”？

三十五、“三艺精湛圆足超心炼液，语语心裁。五之中，三之下，其位置也。三篇全刻，兼无改动”。

三十六、“又中都一卷，亦极可爱，晨餐侑洒可乎”？

三十七、“两卷笔力皆遒，脱去尘腐，均堪首选。聚诗尤湛，才胎两句，诗人之笔”。

三十八、"令呈上三百馀字一篇,弟酷无其笔趣,然不敢刻,咋见二场易堂皆可喜口下语见修词根。想末一篇最有趣,为兄喷饭可乎"?

三十九、"附上贝秦一卷,亦十三卷荐中二以感应筹顽空却新,亦拟刻之,可否请裁"。

四十、"此篇已略删改,提比无甚意味,仍请斧削"。

四十一、"送上五房满本六十九卷三本备鉴,姑存此,乞勿发"

四十二、"少删。润讲下,'出指视突',须去之。留在中比,后出不迟,两卷皆可刻,弟谨复"。

四十三、"中段萧放自得不可改,亦不能改,提比拙于'为己'两句,似对'不过前比媚世'两句。因忆退之云'欢华不满眼,咎责塞两仪'。今改作'欢华'念切,而'咎责'情疏,似较原本少凝重。然在此文无关紧要,不改亦可,因承再示无言不酬耳"。

四十四、"中段添'万物孳萌,孝弟力田',妙极。如此则'养安'两字有实意,以与前段'体仁以长人'叹合,两段长短亦想配,精心密运,佩服佩服。抄出首作似尚动目,无可挑剔之处矣。《礼经》一篇看至改笔六句,顿觉精神百倍,通篇有此更觉完密矣。均缴上"。

四十五、"顷又选出一卷,兄看可作房首否?如不谬,拟抄刻。此卷弟初得时候无其诗,'台'字韵十字,细看乃知其沐古颇深,可见眼光之钝矣。迟〈盦〉顿首"。

四十六、"昨择出一房贝远一卷,合经场观之,腴饬可喜。首艺取其琢句之紧峭,今统呈法鉴,可备本房首选否?顷示两卷附缴,似尚不若此卷之完密,经文皆促,择其不陋句子加一口,无暇全笔矣"。

四十七、“官卷全挑誊否？乞裁示。弟处共二十三本，除去三本，实馀二十本”。

四十八、“正苦其繁，尊教是，甚望即发挥。迟盦顿首”。

四十九、“弟意亦如是，乞通知桂、寿两公，从同方好”。

五十、“神乎神乎，非精精儿乃空空儿，不畏目昏，更增胆壮。迟盦合十顶礼”。

五十一、“昨呈一卷者虑本房仍有后文，今已帖然便无事。交还之件亦不必再与桂、寿两公看矣。贝卷收费邪？感极丙鉴。迟叩。弟尚有一套未毕。”

五十二、“弟意亦如是，乞通知桂、寿两公从同方好”。

五十三、“今夕应进双供给而杳无消息，明日已请许君于七下钟到堂。恐供给未能如是之，早则误事矣。向式有无传点，催问乞裁之”。

五十四、“副车卷全圈否？抑头场圈，二、三场点，乞示”。

五十五、“二条极妥，绵本避书，其本字较愈。酌之”。

五十六、“满官两卷治十五，识笔俱超卓，胜治六六亦细切。弟不审较，寿翁之卷如何，请审鉴也，定后乞示。两本缴。至中官两本，弟竟不能分其甲乙，亦缴上，仍希自定。因三艺一诗皆好，去一本殊可惜耳。此四本以满治十五为第一，盦叩”。

五十七、“本房改四字甚妥，删去数处尤净，缴上。发写一房、十八房，昨夕各寻一卷未细看。尊示两卷少留一阅。另示两纸所云朝廷学校，想指寿十四房卷，盍索其二场，观之则全身见矣。瓶叟吾师。迟盦顿首”。

五十八、“外开一单，皆弟已刻可备房首者，均已呈览。十一房兄已有巨擘，八房南官不能作魁，除此二卷不算，此外六房卷乞与桂、寿兄酌之”。

五十九、“岂不严哉，太实了，无意味矣。拟‘改呜，呼是何为者哉?’‘浑然’、‘寂然’两比必须有起句以离之，拟添盖由其中而言之，下接浑然而由其识于中者言之，下接‘寂然’。‘诚身之曾子’仍改‘慎独之曾子’为妥，盖‘诚身’两字乃添出字也。提比两如其应改与其，父兄师保拟改知觉□□，北四抉三十四卷。”。

六十、“北富简隽瘦透，蒙庄寓言，笔妙乃尔。三艺可云藻不妄抒。北时言中有‘物瘦劲中更，饶简重较富。’卷尤正。北元似无以上之两卷皆必刻，富之盖艺亦必刻，瞽论如是。附缴请改。迟盦叩”。

六十一、“南何一卷，因三与首不符，已置之。顷捡出再阅，亦似有小异处而词句时露(支)〔稚〕嫩，特呈法鉴一复真膺，盖无聊之思。瓶翁座前。迟盦顿首”。

六十二、“桂兄两卷，北禄不但中比好，前半皆勃峭动目，揣摩家所谓夺魁手，可作房首。另两条拟删改处乞鉴定，可否请桂兄酌之。迟盦白”。

六十三、“苏云‘太山状豪两无穷’，可否云‘有豪末遂至无穷’也。不知念得下去否? 此两句实难措手，总不浑成矣”。

六十四、“弟处首卷六本，原诗多半可存，不忍没其真面目。爰就本诗改削呈鉴，是否可用，乞切实指教为幸。瓶翁吾师。迟叩。阅后新批示仍送各房师同看”。

六十五、“扼吭拊背本，就兵争形胜言之，非无易时语，今此一改更正大。再三吟诵，权奇倜傥，色舞眉飞。老笔如是，此寿征也”。

六十六、“夹文删后颇紧峭，不嫌短，可刻。后比指视亲之两句少有语病，仿佛身旁有四人，两远两近，不如对比文稳洽，亦须酌改”。

六十七、“兄此题出得更窘，弟现在腹中之乎也者尚以为至□□处，再觅多于是者无己，仍是异端，不则‘学’字较多两笔，然又不调平仄如何？声甫先生。梦芬谨复”。

六十八、“如另卷用，此则迴逊，弟处改副之宠卷亦七房也。宠卷二、三场，首场亦极雅饬直行，置副真可惜。今再呈鉴，乞详阅之”。

六十九、“顷因另卷不逮，故有此献，实则函通览是春申铁路，断无磨勘及之者，本房似过于慎重矣”。

七十、“此卷用天地鬼神立柱，有胆有识，盖以中庸神之极思，如在其上等义例之，此实确切正解，否则十手十目竟是何等物是手？文博大昌明，次三一律在贝号，殊不多见。次场文无报摭亦出心裁而不算陋，亦是之难得者也”。

七十一、“后三道均新粹，封二亦妥。发典一道中出处多长宁、淳熙、慈宁等字，实备默出处，须留神磨勘耳。如避写可不磨否？乞酌之”。

七十二、“此卷又殊常，次三更好。兄处何如是之佳作林立邪？如此者弟处一本皆无，能无愧赧。首作附闱墨，后亦可刻。酌之南军四十，提二场来看，亦好，春秋尤好，春秋之朱段尤好，盖明明道著下官也”。

七十三、“尊鉴谓何？示悉。顷奉询之廕阴□□，出处可查，尤一见为快也”。

七十四、“北济一本相视而笑，真瑰瑶也。弟意其首作去数处，罕见之字仍可刻。法眼试再详之，贝饱首作可不改而刻矣。缴上。瓶叟隐几。迟叩”。

七十五、“粗阅两卷似带胜于晋，味厚笔超。虽逸礼诂题，所引用皆帖题。而上下截分贴明白，上截常言，下截追述，尤有理致，可刻也。晋卷亦佳，但寻常文调较多，刻出不甚动目，不必为之费手。两卷诗笔皆好，尤喜带诗翘才鸿渚鹤皋等句击殿，非佳典，然谁知用之也。迟复。“相无廧阴”为制言是否《大戴》懋证，乞示”。

七十六、“又想将‘谨持深察’四字，与上文‘不敢欺少贯矣，究欠浑成奈何，逸礼一作妄拟’数字，改注于旁数处，视可用否？正斟酌廧阴出《大戴》而戴廧应声而倒危哉”。“似不在回避例。谨复”。

七十七、“昨得两卷，一南皿，一南官，颇惬意，愿与先生共赏之。南官一卷孟艺中有黄池董祸数言，不知其源，乞教我也。弟迟白”。

七十八、“原作已说经，铿铿清新爽目，改本更净饬矣。恭校出一于字，馀惟五体投地而已。瓶老函丈。弟迟顿首”。

七十九、“‘宋’字可去，题纸下加语似创见。拙见‘筹愚’句下可否加双抬‘尊养’，或‘孝养之隆，超轶前古’八字，下再有盛典三抬，似考生不至糊涂矣。仍乞尊酌。絅来乞召，当走谈”。

八十、“弟处对照本字坏极，拟假尊处拟语一抄，俟日内不用时再□□可否？弟迟盦叩”。

八十一、“看此情形万难阻止，只好请监试备文办理，仍候裁定。捡弟处旧式簿，于今日定策题未来四首似可与絅商，又三场发刻题纸亦五分，请何人书，乞示。进呈题似到写。迟。肃。另册留诵数刻即缴时已巳正矣，似可发挥分请(似未完)”。

八十二、“观吴函，经用‘考工史问郡县东北’似亦不妨。发典乃原稿，只《水经》嫌习熟，拟添汉儒人道，尊意则虑‘吉金’或写‘古篆’，此必然者。然倘再不用《水经》则少一道矣。水遵之与郡县似不为重复，或再就原稿略添改数条而去‘吉金’一道。统希尊酌。吴函仍缴上”。

八十三、“交件皆极佳，不能备赞，晚间再听明示，外拟易数语可否，统希钧鉴。侍棻上”。

陈学棻致翁同龢函二件：

一、“磨回卷是否仍交本房写蓝墨笔批，抑或另备办法，乞示。棻上。挑誊卷应如何写法？光：壹、五本；贰、四本；又付一。肆、四本，又付一；伍、伍本；陆、四本；柒、五本；捌、四本，又付一；玖、四本又付一；拾、三本又付一；拾壹、四本又付一，拾贰、四本；拾叁、四本；拾肆、四本又付一；拾伍、三本又付一；拾陆、四本又付一；拾柒、四本又付一；拾捌、三本又付一。共正：六十九名，副十二名”。

二、“示敬悉，惟首场有因二、三场犯规，始抑副车者，业经有密圈处，外有二、三场今晨加单圈者过半。其有未圈者谨遵命办理。棻上。提比而自危而安，有觩硊并无颠覆也。中比金人所以贵诚而不贵窒也，原卷六字想系窒字之误”。

《翁同龢文献丛编》之二《考试·国子监》第655—687页

根据规定，正副考官须将闱中考试情况随时呈折奏报，这些奏件分别为：

一，进呈宗宣试卷事折。“臣翁同龢、孙毓汶、陈学棻、裕德跪奏：为进呈宗室试卷事。臣等奉命派充考官于八月初六日遵旨入闱，于十八日准至公堂，移送宗室试卷五十三本。臣等公同校阅谨遵钦定中额拟取五名，粘贴黄签封固进呈，恭候钦定，俟命下之日由至公堂拆封填榜。又本科乡试及宗室乡试钦命《四书》诗题、朱笔题、匣锁匙，一并封固恭缴，为此谨奏。光绪十九年八月□日”。

一、进呈试卷事折。“臣翁同龢、孙毓汶、陈学棻、裕德跪奏：为进呈试卷事。本年癸巳恩科顺天乡试，蒙恩派出臣等为正副考官，于八月初六日入闱，准至公堂陆续移送试卷一万一千九百八十八本。臣等率同各房同考官悉心校阅，分别拟取，谨择试卷较优者拟取前十名，粘贴黄签，恭呈御览，伏候钦定。仍祈发下，俟揭晓日拆封填榜，合并声明，为此谨奏。光绪十九年九月初六日"。

一、试卷策题刻错字自行检举折。"臣翁同龢、孙毓汶等奏为查明检举事：本年顺天乡试三场策题第五问内姜嫄生稷，'稷'字误刻作'契'，臣等均未看出，实属疏忽，相应请旨将臣等交部议处。所有臣等查明检举缘由理合具折奏闻，伏乞皇上圣鉴。谨奏。光绪十九年八月"。

《翁同龢文献丛编》之二《考试·国子监》第515—516页

一、恭谢圣恩折。"臣翁同龢、孙毓汶、陈学棻、裕德跪奏：为恭谢天恩仰祈圣鉴事。九月初六日准至公堂知照：据吏部文称此次顺天乡试策题错误，据正考官翁同龢等自行检举奏请议处，奉旨依议，钦此。查该考官等虽经自行检举，惟其事已不可改正，所有应得处分如应照例核议，应请将该考官翁同龢、孙毓汶、陈学棻、裕德均罚俸三个月，可否准其抵销，恭候钦定。九月初四日，奉旨'准其抵销，钦此'。臣等跪聆之下，感悚莫名。理合缮折恭谢天恩。伏乞皇上圣鉴，谨奏。光绪十九年九月十三日"。

《翁同龢文献丛编》之二《考试·国子监》第521—522页

一、复命折。"奏为恭复恩命仰祈圣鉴事。本年癸巳恩科顺天乡试，臣等奉命派充正副考官，于八月初六日入闱，准至公堂将头、二、三场试卷陆续送到，臣等率同各房同考官秉公校阅，将拟取前十名试卷恭呈御览，奉旨'知道了。钦此'。现已校阅完竣，谨遵钦定中额取中二百八十名，于九月十二日揭晓出闱。理合缮折奏复恩令，伏乞皇上圣鉴，为此谨奏。光绪十九年九月十三日"。

《翁同龢文献丛编》之二《考试·国子监》第523、第515—516、第704页入闱期间，因试事关系，同龢与其他考官间有书信往来。这里选录裕德、李慈铭，吴士监、张孝谦、刘树屏等致同龢函，将有助于我们对本次顺天乡试录取工作有所了解。

裕德致同龢函九件，原件无日期，依资料顺序，兹录如下：

一、“贝饱中爵两卷，今早复核校一过，其圈点字迹均无伪舛，即请鉴收。惟两卷中各有小误，另书于左，呈督酌示。

贝饱卷诗艺末句有遂称为万古之睿圣句，中爵卷第二问第三行‘盛京’二字未抬写，其馀无纤毫之误。裕德谨上”。

二、“治十五卷沈刻精中幅尤佳，二场亦清适。治六卷卓炼异常，讲下一语已足探骊，再视德卷尘羹矣。两卷缴呈，即请夫子大人鉴定。治十五卷三场，治六卷二场。裕德谨上”。

三、“呈六房中爵五五、七房南汉四四、十二房北世四五三场卷各一本，昨定魁元单（已封固）一纸均请鉴收。查十二房三场卷尚未来，须调取。十二房北世卷文诗尚未誊写交刻，即求夫子大人饬人抄出，以便交本房核对原卷，即不必送来也。肃此呈誉。德谨叩”。

“顷十一旁补荐一卷，沉雄瑰丽，博极群书，实仅见之卷。二、三亦均博洽淹通，惟疵类颇多，不知有碍磨勘否？德不敢定，然爱其才，又不忍释。兹敬呈钧鉴。受业裕德谨肃。

头场首艺后比“遂为百世不祧之祖”句，三艺犯下“大国小国”字，该页一二行。

二场礼艺中段刺目句太多，文亦肤泛非常。

四、“满卷仅有三本尚可观，然不足列置魁卷。兹并呈敬请夫子大人鉴定。满二房欢十三，二场附；满四房本八九，二场附；满十六房铭六四，二场附。受业裕德谨上。

再清心丸乞再赐一粒，应用何引服之，并求示下为叩”。

五、“敬呈选取拟刻之卷四本：七房南汉四十四，拟刻头篇三篇；九房北通五十四，拟刻头篇；此两卷拟前列。六房中爵五十五，头篇；贝左八十九，头篇。即请夫子大人法鉴。裕德谨上”。

六、“贝饱卷五策妥适，即呈钧鉴。昨阅卷至夜分，晨起心悸，故乞药服之，总由二佳卷少，观之郁结致此耳！补心丹少热，不敢服也。此上夫子大人赐詧。裕德谨启”。

七、“呈满官治八一本，二、三场卷附，即请鉴定。此卷二、三场尚不苟不易得也，三场卷仅有条对过半者，然笔势蓬勃、词气雄阔者殊少。德昨服清心丸一粒，夜卧甚足，心热已清，承夫子大人淳念感谢。此请钧詧。裕德谨启”。

八、“承示磨勘之卷，通阅一过，墨圈殊少，不甚壮观，已恳本房再圈矣，知念肃闻。德谨启。初二戌刻”。

九、“‘雄心曾鸟祭，倦眼共雕开’一联是否六房中爵五十五卷，祈夫子大人查示，以便原诗底发本房再适定。十八魁单请封固，包封记一押尤密。赐下一观为叩。裕德谨启。中爵卷如此设法极好，已加蓝圈并转知本房揭晓时改易也。知念啸闻谨上，卷并呈。此启祈付两”。

《翁同龢文献丛编》第688—693页

李慈铭致同龢函四件，依次为：

一、“伏读赐和诗，格高语奇，深情周决，无任感幸，尚求别以佳纸赐书可以装裱为蓬荜光。命题荐石侍郎画兰谨成三绝句奉缴，殊污名画，甚以惶恐。外楹帖一副，前日已经面求，伏承允许。闱中所携无佳楮，容回寓捡之，倘有旧缄夹宣再当呈上也。夏初有描金经笺一联，为儿子娶妇求赐墨宝，再望撰语训勉之。琐渎惟鉴宥不尽，肃上夫子大人函丈。慈铭顿首。初八日”。

二、“闱中奉呈常熟尚书夫子，致求正和：七主文衡烛斗躔，三持玉节丽金天；师自乙酉戊子至今科三主顺天试。斡旋元气云霄上，讲论华光帝坐前。常见燕居筹报国，可知草泽不遗贤；两行画烛朱衣影，回首蕉芹十五年。庚辰会试，师欲填余魁选，以景、许两公意不同遂乙其名。李慈铭谨上。九月七日”。

三、“屡承赐珍物，感愧无似，重以家忌曲荷存注，出郇厨之黎，祈兼顾渚之佳茗，贫家菽水不逮于生前璅院斋厨，重劳夫函丈抚衷增惭。镂肊知恩，谨修状陈谢。肃上夫子大人钧右。慈铭顿首”。

四、“钧教敬悉，王弢夫同年求吾师表章母徽。十年以来，未尝暂忘。今得承赐诗四章，苍深警古，荣于华表矣。谨什袭出闱交之，渠当感涕交集也。祇上夫子大人函丈。慈铭顿首”。

《翁同龢文献丛编》之二《考试·国子监》第694—695页

吴士鉴致同龢函七件，依次为：

一、“太夫子大人：执事承发下二三艺，谨领悉，容再细阅数过，即奉闻也。敬叩崇安。门下晚生士鉴谨启”。

二、“太夫子大人函丈：承谕并发下钞文一篇，此卷首二艺为胜，三艺虽有考订，而文律稍疏，前二艺既蒙选刊，则此艺似无妨割弃，或吾师爱其美才，欲全行付刻，士鉴当为之润易数字。惟士鉴初与文字之役，既有所见不敢不上闻，是否有当，仍候谕遵行也。肃复恭叩崇安。门下晚生士鉴谨启”。

三、“太夫子大人函丈：奉来谕，抝挹逾恒，惶悚万状。士鉴何人，真惊欲坠耳！太夫子大人罗而致之，已有知遇之感，在士鉴初次衡校获此一卷亦甚慰，私愿所不得不过虑者旁观之诋其耳！区区下忱，伏求垂祭。明日午前当将拟此携呈。肃此恭叩崇安。门下晚生士鉴谨启”。

四、"太夫子大人函丈:承谕一切当遵即拟稿承上《水经》一问,细思再三,原稿修辞茂美,所采各书皆为国朝有数名人,怀挟短书绝无此类。尊意既不嫌重,似无须增改,以所举具有经纬,颇足觇人底蕴也。汉儒家有卢抱经,严铁桥、章实斋诸先生说可用,兰甫先生说亦能引一、二则。专肃,恭请钧安。门下晚生吴士鉴谨启"。

五、"太夫子大人函丈:两奉手谕并发下策问敬悉。当即转交同人分写,晚间奉上。策底亦将次钞成,容一并呈览。恭请崇安。门下晚生士鉴谨启"。

六、"太夫子大人函丈:承示五策,细读一过,皆翔实博雅,惟第一问既未专经,当遵谕以《考工记》发问。第三问中只有一条涉及太上皇,原稿业已删去,似对者稍知礼制,当不至牵引及此。复阅再三,似颇可用。一则与近日万寿庆典隐相关合,一则所采各书亦皆雅赡通知大体之士,持论似当不同,未知尊意,尚须斟酌否?恭候商定。史学一道,窃以经既专家,史或可略为变一通。史学之要在通舆地,不详不能知古今形势,近日广州陈兰甫先生文初出,有考证文可用。拟专问汉唐至明郡县沿革而今日并不设县治者,东北有归入蒙古游牧之处,西北有远在天山南北之交,既明古者分置郡县兼晓今日边方之要隘,上下贯串,此乃治史之大体。不专一史而与专一史无异,是否有当,祈示下即便遵拟。至菊裳丈所撰《水经》《吉金》两篇,颇为专精,如尊意史学或用士鉴之说,似与《水经》一道,亦不相妨,倘以郡县、水道皆系地学,则《水经》一问,尚有汉人儒家一门可问,亦为未经人道者,专肃,恭请钧安,伏候面谕,当与刘、王二君酌撰也。门下晚生吴士鉴谨启,原稿并呈"。

七、"太夫子大人函丈:细阅此卷二、三艺皆原本经术之文,既承盛意,欲以付刊,似尚不至骇俗,此文当初出时,同人来观,无不叹赏,文中拟删去纬书数语及三艺引申处用子书数语,如此似无过求裁夺。肃此,恭请崇安。门下晚生士鉴谨启”。

《翁同龢文献丛编》之二《考试·国子监》第696—699页

房考官张孝谦致同龢函三件,依次为:

一、“顷间蒙示钧作发函庄诵如钧天广乐,岂复凡响所能攀拟,惟求俯允发刊,俾作凯模多士之幸也。受业拟稿求吾师削正后留以充数。胜之、梅生两同年房首均尚无诗可移赠之。刊样三首读讫改正处,可谓毫发无遗憾,孟艺后比尤精湛,惟原底出股,子男同心云云,子男系题字,对比无之,似出比,仍以不露为是。此本小疵,未知能否改易?受业妄拟数语,另前录呈匆促,自知无当,惟冀吾师鉴宥并赐教指。临纸肃然,敬上夫子大人钧座。受业孝谦谨启。刊样三首附缴”。

二、“谨呈南俊十号卷乙本,系中定者,门生磨讫细读经艺,叹为奇绝,在闱中实为罕见矣。五艺皆笃守汉人家法,其学奥,其谊古,其辞雅,其体备,不意风檐寸晷中,何从得此巨制。头场三艺皆酷似震川,策条对征实属确是经生家言,无丝毫影响之谈。第一、第二尤胜,吾师阅之当可为之一快也。磨后尚未送莱翁处,敬求赐览后发还幸甚。孝谦谨启”。

三、“谨拟试帖诗一首录呈教正:贝饱九十四卷首艺中幅股脚圣人所以言诚不言空也。句拟改“圣人所以言静兼言敬也”,似于文之柱意较醒,未知当否?统候钧裁,无任欲仰。夫子大人侍右。受业孝谦谨启”。

《翁同龢文献丛编》之二《考试·国子监》第699—700页

房考官刘树屏致同龢函三件,依次为:

一、“勘官或云四十人,或云六十人,总之,此君得遇赏音已属万幸,名次前后可弗计,鄙意竟列之百名左右,是否有当,仍求夫子大人尊鉴。受业树屏再叩启”。

二、“不知磨勘共派几人？只要免作第一本便可。敬呈夫子大人。受业树屏再谨启”。

三、“夹卷似不必高列，恐系磨勘官手中第一卷，或反细意推寻也。是否有当，敬求夫子大人尊鉴。受业刘树屏谨启”。

《翁同龢文献丛编》之二《考试·国子监》第701页

在这次顺天乡试闱中，同龢对考官所办事务均有所指令安排分工。并对各房所呈试卷佳作多有批语。如对试题题纸撰写，同龢布置如下：

“十二日，包折题筒，十三辰初传五鱼发。十五日包折题筒，十六辰初发。十六日灯后启钥，写宗室题纸，丑初二刻封后堂门发刻。十七日听鼓送题。二十一日包进呈宗室卷，缴题匣、朱笔等，即日。写头场题为：黄卓元（吉裳）、陆宝忠（伯葵）、高观昌（葵北）、张嘉禄（肖安）、许泽新（款初）、戴鸿慈（少怀）。写请安折为张孝谦。进呈题纸为刘世安。写二场题为管士修、丁伯厚、陈澜甫、马梅生、吴款之、朱艾卿”。

关于刊刻，同龢致函各房考官：“第五道策题末数行有三抬字样，如策内引用应敬谨出一格抬写勿误。添刻在刻题后”。“查科场例，三抬错误考生与考官处分皆重，且恐佳文因违式被贴，因与莱山商酌拟添数语于策题后晓谕考生，乞鉴裁。同龢顿首。十二日”。

《翁同龢文献丛编》之二《考试·国子监》第702—703页

作为主考官，握有士子是否录取的决定权，因衡鉴各房荐卷是其重要工作。同龢对荐卷多有批语，他保存了本次乡试试卷荐卷手批的部分选卷批语：

对编号贝饱九十四的马镇桐试卷的批语是：“隐隐补主敬一段

工夫却深，辨新会之失而并及挑江体认最确，文品峻浩，次能见其大，三亦雅饬，诗妥。易、书、诗、春秋、礼五艺皆从容大雅”。

对满州镶白旗荫生续廉的首场三诗批语是：“如题挨讲，此古法也。其精到处直欲入钱王之室，次三笔力苍坚，老手也。诗不俗”。

对十六房编号南赏九的浙江钱塘附生吴震春试卷的批语：首次三场“力除学部议论恢张，次三亦轩轩霞举，诗不俗。观经艺知为雅人。五艺皆有骏发之气。五策十对八九，第五道颂扬得体，抬头十六处极华藻雍容”。

对第八房编号贝聚八的顺天府东安廪生马元熙试卷批语：首场“出落于重言之意，郑重分明，馀亦无肤庸语。次稍重滞，三尚充足，诗秀。五艺“尚允畅，惟春秋用胡传本房批出。策“可”。

对十七房编号贝庸的孙鸣皋卷批语：首场“慎字勘得细严，字博得紧，次三择言而发，非庸陋者所能，诗得当字意”。五艺“有识见”。策“条对有剪裁，非俗手也”。

对十三房编号中义四十七的广东顺德监生黄立权试卷批语：首场“大学原是《礼记》中一篇，以礼为是，不为别解文，用笔质厚，次截发雅饬，三本春秋妙有阐发，诗有风格，有“英姿真卓荦，馀亦尚徘徊”句。策“有证明有发挥”。

对第九房编号北扶三十四的山东文登拨贡、户部主事张濂经试卷的批语：首场“熟于五子书，故言之有物，次、三皆雅饬，是读书人吐属。诗有佳句：“三年丰物翰，九点渺尘埃”。艺“甚条畅”。策“稍空而笔甚老到”。

对第十房编号北富十二天津优贡、内阁中书华世奎试卷批语：诗“侧重视字，文心敏妙，而笔妙又足达之。次清辩滔滔。三选词雅饬,诗工”。艺“才思横溢,隽快无伦”。策“简严有法”。

对第八房编号合寻二十九、汉军镶蓝旗考生袁桐试卷批语:首场“抉发无遗,笔亦清拔。次博大,三典丽”。“诗平”。艺“满卷空”,策“对过半,笔特爽”。

对第十二房编号贝右四十六顺天大兴考生毛祖模试卷批语:首场“辟二氏并及《墨子》,用意极精。次有书卷。三主《周礼》,语无庞杂,诗稳”。艺“批考据妙有引申,驳难亦细,隽才也”。策“条对”。

对第四房编号南官论十九、善化监生汤宝森试卷批语:诗“语语凿宫庄列之精言也。次主诗谱三本公羊,卓然经生之言,迥非剽窃。诗无俗韵”。艺“统观五艺严于考订而长于骚也。前三约似骚七,《春秋》通公羊例,礼以汉人小文字”。

对第十八房编号南俊八十四、长沙廪生曹广权试卷批语:首场“力扫陈言,发明学派。次渊然有书味。三数典谨严。诗健”。策“批五道皆读书人吐属,似算法、舆地皆所致力”。

对第十六房编号南带五十、湖南宁乡监生傅运森试卷的批语:诗“沉涩中时露俊拔语,自是覃思所致。次总发处颇研炼。三典覈。诗有意”,艺“有典则,五艺皆好”。策“条对详明,语有断制”。

对第八房编号中义四十三、广东顺德监生何家本试卷批语:首场“引《中庸》慎独作证,语有归宿。次稍烂漫。三于《春秋》例尚少阐发。诗未佳。三篇用说文数语、《五经》纷纶拨之”。艺“批词华掩映,考证亦有裁择”。策“满卷于说文算法皆致力”。

对第五房编号中高四十六、广东海阳监生、户部主事蔡学渊诗卷批语:首场“确是第二句慎独阐发处皆经术气。次有古趣。三深明礼制,如读《周官义疏》。诗可”。艺“《五经》纷纶,隽才也”。策

"条对满卷"。

对第十四房编号北富八十一、顺天宝坻副贡、戊子副榜门人张鸿辰试卷批语:首场"朗朗如至山上行,的洗沉闷肤庸"之语。次别具手眼。三空处颇能润色。诗好:"管筵酬少府,高唱野鹰来;风翮三秋整,云霄可里开"。艺"敷足",策"十得八九,颂扬数语亦当"。

对第五房编号贝妙四十五、直隶天津府考生高凌雯试卷批语:诗"精实处自开一经。次开张。三后路驳义最肚。诗清"。艺"五艺皆好,词章尤胜"。策"征引多而出之爽,末颂扬得法"。

对第四房编号南带四、湖南善化增生唐祖澍(曾祖唐仲冕、祖唐鉴)试卷评语:首场"以《逸礼》诂题,别开生面,迥异抄胥。次才华茗发。三有古义而多常语。诗雅"。艺"既观五艺,经艺词章兼而有之"。策"州半,笔不甚挺"。

对第八房编号中官甲一、广东番禺人、许应骙之子许秉琦试卷批语:首场"静深大雅,颇有工夫。次、三皆不苟。诗妥"。艺"颇细腻熨帖,不同涂泽"。策"条对"。

对第十七房编号满官治十五、蒙古正白旗人、惪铭之子义俊试卷批语:诗"涩如谏果而有馀味。次、三无泛滥语,诗可"。艺"清而有作意"。

对第二房编号贝巨六十三、直隶交河附生苏相瑞试卷批语:首场"来脉清真,后二于曾子身分恰合。次、三常语而有熔裁。诗稳"。艺"有古义,亦兼词藻,能文之士也"。策"援则皆当"。

对第十房编号贝丙二十五、顺天府大兴县附生胡启虞试卷批语:诗"诗经研炼,故不嫌沉闷。次贯串。三独典核。诗可"。艺"敷陈略通小学"。策"条畅,似通算学"。

对第一房编号南惠五、湖南长沙监生伍章华试卷批语:首场

“老氏之旨与孔门只隔一尘,难得此隽语剖之。次古朴,三淡荡,故非俗士所能。诗豪放”。艺“骈体擅长”。策“略空”。

对第七房编号南何四十六、安徽青阳县贡生、工部学习主事曹汝麟试卷批语:诗“搏捖尚紧。次平板。三明整。诗可”。艺“经策皆用意,颇似江南人文字”。

对第六房编号中性四、广东东莞监生黎渭贤试卷批语:“一讲清真,馀尚妥适。次疏岩领具炉冶。三敷足。诗平”。艺“才气纵横,是奇特。春秋有中国名御与卉衣酋,满卷力量甚足,不易得之”。艺“满卷讲算法,北边形势。必昌秀也”。

对第十房编号北齐四十九,河南唐县增生牛檠试卷批语:诗“两汉经师微妙之言何缘于时文见之,即以时论,亦荆川,鹿门也。通人何疑”。诗“好”。艺“冠场”。策“得郑氏之意,能于无可索解处疏证新义,馀不必全对而书卷自然流露,末道一半颂扬大藻纷搜”来见,人“短小而秀气,内敛,而与语,似通才,当再详之”。

对第十房编号夹察九、奉天吉林附生杨湿生试卷批语。首场“此题不从上文勘出,则语意无根,文有体验有发明。次蔚然经术气”。三末段“读书得闲是,征泽古功深”。艺“易贴文五说何他?馀四艺尚清畅”。策“宫而有笔气,积石已圯入海,五百里似误”。

对第五房编号贝宗九十三、直隶肃宁附生王镕试卷批语:头三场“深入显出,迥不犹人。次陈义甚高。三不嫌枯寂。诗有意”。艺“大致妥洽”。策“对及半”。

对第十四房编号南晋六十八、安徽寿州俊秀朱正本试卷批语:头三场“短篇无腾语,而有馀力,次摹扬马稍泛三缛而窍,诗有笔力”。艺“慰帖”。策“条对”。

对第十五房编号四十六,湖南长沙监生周广试卷批语:头三场

“抉摘无遗,造句甚峭。次宽大,三明晰。诗健”。艺“经稍空。(此卷从副车特拔)”。“策对八九”。

对第十一房编号为合猷五十二汉军正白旗文生玉昆的试卷批语是:头三场“节短韵长,机流神王。次、三皆研錬。诗健”。艺“清通无疵”策“明畅无疵”。(复试四等,文理费解。)

对第四房编号满易二十二、蒙古正黄旗优贡生春灏试卷批语是:头三场“一讲隽永,后二沉着,次三匀净。诗雅”。艺“细切且皆有笔力”。策“架空有对处,甚妥”。

对第九房、编号北时十一、山东蓬莱优贡生茹恩彤试卷批语是:头三场“中庸戒慎恐惧,是此题的证。次、三皆各树一义。诗可”。艺“有古藻”。策“有分晓”。

对第十房编号中夏九十九、广东南海监生关恩培试卷批语是:头三场:“盖艺最胜,次艺亦厚,首艺独滞何也?诗平。复阅颇切实”。策“骈,于刀剑彝器独详,必好古文者也”。

对第六房编号北车五十五、直隶盐山副生贾恩绂试卷批语是:头三场:“从身心体验而来,故言之深切,次扼要,三不芜杂。诗妥”。艺“甚畅适”。策“明晰条对”。

对第十七房编号贝饱十九、直隶南宫廪生齐福丕试卷批语是:头三场“词意相附,俨然先正法程,次修洁、三典雅。诗得“当”字意“。艺“妥畅”。策“空而欠爽。末写养之隆空前绝后”。

对第一房编号贝利三十七、直隶天津增生林向滋试卷批语:头三场“清言娓娓颇异浮嚣,次、三虽无深义而置妥帖”。艺“妥贴”。策“架空而有武断语。好用抬头”。

对第七房编号贝妙三、直隶天津附生高振鋆试卷批语是:头三场“审幾渐是慎独实功。文能道著,次、三平顺。诗未功”。艺“短而清”。策“对六七、极清澈”。

对第十七房编号贝朗三十六、直隶天津廪生郑德宝试卷批语：头三场“弹丸脱手不蔓不支，次、三匀适，诗未工”。艺“尚妥适”。策“无疵”。

对第二房编号中爵三十六、四川新都优贡生刘乾试卷批语：头三场“着重《曾子》曰三字，中二比疏解详审，次串着用意，三清畅。诗有气势”。艺“通小学，于《春秋》例熟”，策“前三道对，馀空”。

对第十四房编号北富八十七、直隶抚宁县拔贡单元亨试卷批语：头三场“切定《曾子》，语无虚设；次有作意；三不枯寂。诗妥”。艺“尚细用意”。策“排偶有实处，修洁可喜”。

对第十八房编号南仰九十一、安徽泾县监生朱大镛试卷批语：头三场“层层包裹，滴水不漏，是研精覃思之士；次高浑；三大雅。诗佳”。艺“畅适有议论”。策“首三道详，似有工夫，馀空而晓畅。是通人语”。

对第十三房编号北富三十七、直隶大兴县附贡、江西知县陶钧试卷批语为：头三场“笔是以述所见，次、三征引稍杂。诗语豪放”。艺“诗艺为胜，礼太空。满卷”。策“于算法、子书、水道皆曾用功，末颂扬得体，此隽才也”。

对第十二房编号贝丙八十一、顺天宛平廪生郭家声试卷评语是：头三场“凝重处皆刻挚处；次三一色笔墨：三尤典重。诗稳”。艺“畅妥”。策“可观。在贝卷中出色”。

对第十房编号贝书八、顺天府大兴县附生李渫试卷批语：头三场“独字体颇认真；次三亦整齐不杂。诗可”。艺“空”。策“条对”。

对第十一房编号北时三十六、山东福山县增生鹿葆熙试卷批语:头三场“识定则气自昌,次、三随笔挥洒,格韵均好。诗雅”。艺“尚畅特空耳”。策“架空无疵”。

对第八房编号满易九、蒙古正黄旗贡生、理藩院笔帖式傅兰泰试卷批语:头三场“清真刻露,次畅,三谐。诗健”。艺“平畅”。策“直起,不过对四五,笔极老苍”。

对第十房编号满孔六、满洲镶红旗文生喜庆试卷批语:头三场“三艺皆朴,属征至老干无支”。艺“三百馀字然皆有心得语,不袭陈言”。策“陋,却无大疵”。

对第一房编号贝楼十七、顺天府大城廪生王元炘试卷批语:头三场“大力盘旋,惜少细密。三畅满。诗未工”。艺“尚妥,不过空衍耳”。策“直抄”。

对第十八房编号贝妙四十三、直隶天津廪生胡祖尧试卷批语:头三场“春容大雅不疾不徐,次不肤廓,三明晰。诗未工”。艺“平”。策“平”。

对第十六房编号合求九、汉军正黄旗优廪继源试卷批语:头三场“其言明且清,次挥括,三安雅,诗妥”。艺“尚无疵”。策“颇有对处”。

对第十五房编号中性六五、广东香山县监生□□□(原稿漏填姓名)试卷批语:头三场“朴实说理,一扫尘臀;次苦心熔铸;三艺则引用稍杂,笔力亦弱;诗华而俗”。艺“华赡”。策“尚概括,一道阮氏元、戴氏震,末颂扬不陋”。

对第九房编号中节七十六补荐:广东南海监生王寿慈试卷批语:头三场“缜密中有一种安雅气;次平正;三能于空处着笔,极有工夫。诗雅饬”。艺“五作皆有作意,批繁称博引,妙在贴切”。策“畅,首篇有程瑶田《通艺录》”。

对第一房编号满伊二十七、蒙古镶红旗副生廉慈试卷批语:头三场“语无泛设,次畅满,三尚有渲染。诗平”。艺“尚清顺”,策“嫩极,直抄。第二满故元和皆误认作县,大石亦误”。

对十五房编号贝宰九十、直隶藁城廪生范桂萼试卷批语:头三场“提比得故字圆神,馀亦轶出尘壒之外;次大方;三同一隶事而无钞填陋习。诗不俗”。艺“五艺皆畅,礼稍好”。策“三道空尚去得”。

对第十一房编号贝妙六十三、直隶天津附生李炜试卷批语:头三场“一缕精思,略如抽茧;次、三句斟字酌。诗可”。艺“尚妥适”。策“第二《元和郡县志》分两句”。

对第六房编号贝朗七十九、直隶沧州廪生杨庆桂试卷批语:头三场“虽无警语,而气自雄发;次坚卓;三最疏朗。诗可”。艺“经清妥”。策“骈极空,取巧法也”。

对第五房编号满佐六汉军镶白旗贡生德英试卷批语:头三场“辞未甚切,意则甚深;次平实;三独有分晓”。诗“平”。艺“尚无疵”。策“空。全抄封域”。

对第六房编号旦起五、直隶蔚州廪生吴运威试卷批语:头三场“一泓清澈,次、三同”。诗“妥”。艺“尚明白”。策“对半无疵”。

对第四编号夹勉六十、奉天辽阳廪生冯绍唐试卷批语:头三场“应有尽有,雅合墨裁;次、三酣足”。诗“未工”。艺“去得”。策“亦去得,五道引太子勇不伦,末道使祭祀亦谬”。

对第九房编号贝直八十五、直隶开州廪生董鸿基试卷批语:头三场“犀利无前,笔亦老到,后路稍冗;次、三酣足而无新颖处”。诗“平”。艺“仅可”。策“有三四架空甚妥,第五‘寿宇双抬’已指出”。

对第十六房编号贝丙二十九、直隶宁河县廪生邵刚中试卷批语:头三场“落落词高,次、三均大雅”。诗“未工”。艺“尚宽大,本房批之”。策“空。谓《汉志》不引郭璞注”。

对第二房编号贝年二十六、直隶天津附生王宪章试卷批语:头三场“于曾子曰三字不略,文亦雍容大雅;次不肤泛;三尚匀称”。诗“平”。艺“敷衍”。策“直抄而陋”。

对第十三房编号贝利十七、直隶天津附生庞奎垣试卷批语:头三场“脉络分明,无影响语;次、三均经锤炼。”诗“平”。艺“尚妥”。策“空,抄,誊行笔”。

对第七房编号贝远八、直隶滦州廪生李念诒试卷批语:头三场“命意遣词均极浅显;次平;三未矜炼。”诗“可”。艺“有意”。策“空无疵,大石以为地名”。

对第十四房编号承绮四十、直隶朝阳廪生孟昭文试卷批语:头三场“于曾子曰三字不略笔亦简净;次清快;三有伦次,不同抄录”。诗“未工”。艺“短而陋,无疵”。策“空而无疵”。

对第十七房编号合嘉五十四、汉军镶黄旗附生瑞龄试卷批语:头三场“入题紧,勘是细;次平整通达,钩串无迹;三常语而有剪裁”。诗“谐”。艺“陋,无疵”。策“陋甚。第一道语未贯彻”。

对第十七房编号贝利五十三、刘文翰试卷批语:头三场“确如题位,词意皆清;次、三皆慰贴”。诗“妥”。艺“陋”。策“空抄。首篇不了了,帽甚长”。

对第七房编号满伊二十四、蒙古镶红旗监生、文晖之子丛桂试卷批语:头三场“持巟〔论〕甚紧,惟于曾子三字略少安顿;次裁发;三清楚”。诗“平”。艺“陋甚且弱”。策“直抄。陋”。

对第十二房编号贝躬七十一、直隶元城附生曹培经试卷批语:

头三场“简洁明净、老干无支;次、三一律,断非时手”。诗“可”。艺“只三百字,仅通”。策“直抄,陋”。

对副榜试卷批语分别是:

编号北车二十三、天津廪生张芗试卷批语:头三场“轻轻指点将无形而若有形等语一洗而空之;次、三不事铺张,自然高简”。诗“清”。艺“经甚陋短”。策“空抄无疵”。

第十六房四十陈兆桂试卷批语:头三场“拙涩处皆镂心而出;次、三亦然,经、艺、易、诗佳,馀平”。

第五房编号贝府四十七、蒋殿甲试卷批语:头三场“骏发无陈腐语;次、三议论恢恢:可见笔势之劲”。诗“无俗韵”。经“陋”。策“空”。

第九房编号满铭八十八、绩常试卷批语:头三场“按部就班,辞意亦附。次、三匀适”。

第十八房编号贝经、玉田县增生寇登书试卷评语:“首三场亦自修洁而未能透辟,次三平衍,无新色。诗平。(因本房中卷少,混入,此卷实无可取。)”

第十八房贝府、直隶大兴刘国华。试卷批语:“耸切非常手所能。次三皆有警辟处。诗可。策中,郑义最好,即词藻亦好手也。”

第十八房贝悦、深州增生李浦试卷评语:“三艺皆简而有则,自是王俊遗轨,诗不工。经策写尚可用。策空而泛。”

第十二房满佐六十八号、副车蒙古镶白旗赓夔试卷评语:“‘独’字根诚,中形外来,有无泛语。诗平,亦尚妥。策语有依据。”

第五房南俊十八、户部员外郎、湖南陵水人王之杰试卷批语:头三场“敛才于尺幅,故自奇特;次不袭陈言;三亦洒落”。诗“健”。经“空”。策“妥”。“句法短峭,惟讲内恍号恤号是耶?非耶?!宪未惬。此卷已发房磨勘,灯后检副贡卷,则本房南惠四十六特须因中彼发此,仍充副车。《礼》艺空甚,末段如'廷偕川猎犹可帝王师',此何语? 撤之良是"。

第十一房编号八十一、安徽太湖徐德润试卷批语:头三场"有劈礴之气,溢于言表;次慷慨;三明爽"。诗"健"。经"平",策"条达"。

第十六房编号北匡四十二、奉天怀德拔贡、教习荣文达试卷批语:头三场"经义徽徽,溢目,惜少裁择。头场三艺笔意领弱"。诗"有好句'风紧迴呼台'"。策"对过半"。

第十八房编号贝路皿、遵化廪生李松祐试卷批语:头三场"理境澄澈,下语皆有分晓;次融会经义;三晰"。诗"有健句"。艺"礼、艺空,前三艺未免贪多而杂"。策"满。似尚无妨。备之"。

第一房编中都八十一、四川遂宁县监生韩廷杰试卷批语:头三场"以礼释题,有不町不畦之趣;次、三皆有新意"。诗"未工"。统观诸作考据、词章、议论,无一不佳,惟首篇一象数面究用说文篆体未见与语,极了澈,是通人。留京住甘大宅,名士也。写字极误,屡次不完卷,今科亦然"。

《翁同龢文献丛编》之二《考试·国子监》第599—642页

对本次乡试录取前十本批语:

一、"贝饱九十四。批:义法精深,经策赅洽。于性理诸书有工夫,故辨得细,文亦高浑。经大雅,策空而不滑"。

二、"南皿军四十。批:气盛言宜,经策翔实。气势颇壮,三篇一律,似湘人文字,后场亦然"。

三、"北皿禄六十六。批:意精词炼,经策清华。以警刻之笔写湛深之思,必笃实之士,后场不陋"。

四、“贝饱五十二。批：范昌辞伟，经策高华。有俯视一切之概，定是通才，它日可以立事。后场不陋”。

五、“贝秦五十王。批：局正词醇，经策典核。自铸伟词，于学术纯驳处颇知趋向，亦奇士也。后场不苟”。

六、“贝右八十六。批：笔力雄发，经策光昌。确见天道人事相感应，词气警发，三场一律。后场有议论”。

七、“满贡一。批：文律谨严，经策简洁。人谓其荒率，我取其清真，当是枯矫之士。后场空而一色笔墨”。

八、“中皿爵五十五。批：议论闳通，经策条贯。有权奇之势，论文臆为蜀才。后场实”。

九、“北济五十四。批：文心静细，经策通明。沉静有深挚处，亦佳士也”。

十、“南皿赏九。批：秉经酌雅，经策淹通。指点亲切而用笔安雅。后场议论崇闳，却处处有书味，佳士！佳士！”。

对东四旗“福”字号试卷批语：

“福”字“尚可鹅群博。两家专嗜癖，一换各忘形。文清澈，掌齐整，诗妥协。惟末点石枝二页，“谗”意误“绕”。

“福”字“尚思挥毫祭。红掌酬金管，马皮换玉翎；名高留草阁，胜迹抵兰亭。‘名高’与‘胜迹’不对。文细贴，字句整，诗新颖。韩句文有‘庋’字。二页三行禋”。

“福”字“博得白鹅飞。有作意而辞不达，字平，诗失粘”。

“福”字“拟管鹅场授。意境尚清，讹字宜慎，诗未工。亦有讹躐”。

“福”字“鹅可因书至。文分贴甚细稳。字匀。诗未工”

“福”字“尚可博鹅至。文有内心，惜字薄，诗失粘，而选辞未雅”。

对西四旗“庆”字号试卷批语：

“庆”字“白欲笼鹅去。摹近来翁帖，挥得瘗鹤铭。文空衍，字稍嫩。第二行陈字挖补，三行来、六行烝字补。第二页下五行‘燕蓑’，‘精神’作清神。文用意而略空，诗字均秀”。

“庆”字“数纸书成体。山阴遗事韵，妙迹久□生。文华藻。字大而弱，诗未工”。

“庆”字“最爱鹅群口。两家专嗜癖，数纸写传经。与他卷同，末句多士庆兰亭。文泛。字秀而弱，诗不工。文从字顺，书法亦秀，惟字画间有小讹。诗可”。

“庆”字“满案成多纸。文凌杂有稚气。字嫩，诗不属对”。

“庆”字“数纸原何羡。文有工夫，字亦不俗，诗则难于入彀矣。失粘一字，不得题解，惜之”。

“庆”字“得意临川笔。文笔简重，若能留意于字画韵语则善矣。‘飘’字作仄声，误”。

“庆”字“羲之遗韵。文虽廓落而有阐发，字方整诗可。末句点一字，云带行重写”。

“庆”字“博乃仙人法。文凌杂，字潦草，诗不得解，全不切题，虚字亦不顺。诗不知何题”。

《翁同龢文献丛编》之二《考试・国子监》第643—649页

对誊录所呈试卷的批语：

对某房某卷批语：“无握拳透爪痕迹而意自足，次、三圆润，诗平。经无疵。策空而杂。”

对某房某卷批语：“局度雍容。词无枝叶。次、三妥帖。诗可。”

《翁同龢文献丛编》之二《考试・国子监》第651页

闱中还撰写了几首诗稿，说：“此等野诗，不能刻，寄意而已。”

“整顿排云翮,秋风待此才;当随天马至,漫赋野鹰来。毛羽三年养,乾坤一举开。长空铺练似,神力解绦纔;铁骨摩千仞,霜翎刷几回。翻嫌姿飒爽,尚觉意迟徊;落日乌蛮路,平沙马射台。海东邀着赏,鹓鹭许追陪”。

诗稿写成后,翁同龢采纳副考官孙毓汶的意见,作了修改。原诗改成:

“整顿排云翮,秋风待此才;当随天骥至,漫赋野鹰来。健骨三年炼,雄心万古开;长空铺练似,神力解绦纔。碧宇摩千仞,青霜刷几回;翻嫌姿飒爽,转使意徘徊。落日乌蛮路,平沙马射台;海东琛并献,盛世集群材”。

改后,孙毓汶再提意见,翁同龢再作修改:

“六翮凌云起,苍鹰信异才;慨当慷并发,整暇同来题。逸气神仙侣,雄姿搏击才;楚公新画本,葛相旧风裁。雪羽频频刷,星眸缓缓开;飞应翻月窟,呼不到霜台。纵使摩空去,终须掠地回;莫嫌常戢翼,豪翰风池陪”。

《翁同龢文献丛编》之二《考试 · 国子监》第705—706页

甲午殿试读卷记

光绪二十年四月(1894年5月)

按:光绪二十年四月,翁同龢奉派为殿试读卷官,这次张謇一甲第一名,状元及第。关于这次录取工作,翁同龢写有《甲午殿试读卷记》,专门记载本次殿试情况,兹录存于下:

四月二十日(5月24日),翁同龢奉派为殿试读卷官。阅本人分卷毕,又转四桌,“得一卷,文气甚古,字亦雅,非常手也”。二十三日，遂定前十卷，李鸿藻、汪鸣銮、志锐“皆以余处一卷为最，唯南皮（张之万）不谓然。已而得定余处第一”。二十四日，光绪帝御乾清宫西暖阁，“谛视第一名，问谁所取？张公以臣对”。同龢“以张謇江南名士，且孝子也，上甚喜”。是科鼎甲：张謇、尹铭绶、郑沅。传胪：吴筠孙。

《翁同龢日记》）第2695页

关于这次殿试情况，记有《甲午殿试读卷记》，内容如下：

甲午年四月二十日，晴。丑正赴兵部朝房听宣，是日上诣颐和园皇太后前请安，故礼部传早入也。天将明，张中堂令军机苏拉来请，遂入，至南书房，见朱笔圈单：张之万、麟书、翁同龢、李鸿藻、薛允升、志锐、汪鸣銮、唐景崇。遂速拟八题递上，小白折，白宣封，仍用两字标题，须臾圈出四道，自第三起，四、五、七，仍封下。李、汪二公所带底本极费推敲，午初始定，请志伯愚写之，小白折宣封，另缴朱笔黄纸封。饭罢，闻驾已还宫，时未日中也，递上，有顷发下。午正齐赴内阁大堂，监试御史四君先集。申初闭户，写题纸。柳门、伯愚、春卿动笔。柳门看出题内三抬处当两抬，因重排字数再写，稍费事矣。折亦误盖制诏之体，凡臣民文字中三抬皆两抬也。日晡，刻字匠来，四十名。酉正二刻封前后门，三刻上板，子正三刻刻毕，凡三时辰，较迟。排钉三刻，丑初二刻印起，寅正印毕。三百九十张。凡十刻。每十张一包，小包一封。更朝衣冠，天已明矣。内阁备晚饭二桌，另御史一桌。礼部知照，皆照例事各一件，不准用卦画篆体及变体难字。捧题，阁学祥霖开门。由前门历太和门、中左门入至保和殿，谟贝子先在，馀监试诸公并点名之礼部堂官皆未至，且知钱子密入吏部带引见班，因托监试侍卫入内邀之出。卯初贡士毕入。麟公捧题、张樵野侍郎接题，置黄案。余等八人率诸贡士三跪九叩,礼部司官散题纸,余等亦出。是日晚刻,大风,微雨旋止。在南斋写题时闲坐无事,请南皮画团扇素纸一小幅,欣然命笔,略无难色,其论皴法以实锋为主。在内阁堂竟夕未合眼,与唐春卿谈唐书法,春卿属稿未成,极淹博。

《翁同龢文献丛编》之二《考试·国子监》第275—279页

四月二十一日(5月25日),晴热,无风。余住西配殿与汪君各占南北两头,如壬岁也。倒床即卧,十刻醒,盥漱再卧,仍不过四刻,起饭。实到三百十四人,有安(徽)省李英者,余出中左门始到,礼部给卷令入。收掌樊恭煦、洪思亮、黄思永、丁立钧来,未见。侍读奎华、贵秀来见,求书扁。礼部知照补殿试者四十六人,又知照补者或罚科或告假均不得列前十本。午后又酣睡一时,诸公陆续见过,余亦各处皆到,最后张、李、麟三公来剧谈。夜,柳门来谈,亥初散,倦卧。

《翁同龢文献丛编》之二《考试·国子监》第277页

四月二十二日(5月26日),晴热,午后风。黎明起,寅正三刻入殿,监试、收掌皆在。诸公亦集。即分卷,每人三十九本,首次两人各四十本。自卯正抵酉正始散,阅所分三十九卷,又转四桌,力不支矣。得一卷,文气甚古,非常手也。风入殿门,翻动试卷,必得重镇纸乃佳。夜,柳门招饮,剧谈至亥初。甚精腆。

四月二十三日(5月27日),晨访兰孙谈。卯初二刻入殿,阅三桌毕。将本桌圈、尖、点、直,先理一过,遂定前十本。兰翁、柳门、伯愚皆以余处一本为最,余只书十本置案上。南皮言"此卷字散",余未置论。但略摘张、麟首卷疵处而已。一刻许,定。令供事写黄签来拟一名,供事退,余等手粘之,包好。略大,晚再包。交南皮暂收,退饮。一甲一名,翁;二名,麟;三名,张;二甲一名、六名,志;二名、七名,李;三名,薛;四名,唐;五名,汪。黄签只写拟某名,不写甲第也。诸公午睡起,未初始将十本外逐卷按标识排下。八圈者十五本,较上届为少。二甲一百三十二名;三甲一百七十九名;末四本不完卷;老〈最〉后二十皆潦草,请侍读令供事来粘签,与唐君逐本翻看,撤批签,手为之脱。申正毕,将十本用黄纸封好,加夹板油平面,交首座收。此次即交侍读携去。今夜子正递。馀卷入箱,交收掌讫,各散。为兰翁写扇,夜招诸君饮。柳门馈鲥鱼,剧谈抵黑。薄暮闻雷未雨。于殿阶露坐,与芝庵、伯愚谈。

《翁同龢文献丛编》之二《考试·国子监》第 278 页

四月二十四日(5 月 28 日),微阴。寅初起,寅正至景运门外朝房坐,同人先后集。起下,偕诣南书房敬俟首座携卷入。卯正,上御乾清宫西暖阁,北向坐,召八臣入,垫两层,上垫一叩。上接第一卷谛视,似不惬,问谁所取?张公应曰:“此翁某所取,诸臣所定。”上霁颜曰:“好!”即交下拆弥封,麟公接出,剪刀挑开,交张公奏名并奏系某省人,余等依次递卷,比发下,卷亦以次递下,十本毕。各捧一本,或二本,张公空手,又奏数语,大抵谓:“前三无误,馀则不免小错。二甲二十名外黄签亦时有矣。一甲张謇、尹铭绶、郑沅;二甲吴筠孙、沈卫。臣奏“第一名卷字稍散而秀,雅在骨,即字论亦是好手。况廷对原不专重缮写,所作实是冠场,今拆封知系张某,臣夙知为江南名士,且孝子也。上喜甚,又数语,即退。再至南斋开名单,而上已坐乾清宫明间,一面递单,一面持草单出乾清门,八人同。李公一一呼名,惟尹铭绶应名良久始到,带入,即上履历,皆清楚,带讫。三至南斋,以朱笔标十本:第口甲第口名,柳门之笔也。捧十本出,乘椅至传心殿,解衣小坐。应兰荪之招。卷置案上。饮毕,同至内阁。挂珠。填二、三甲,观者如堵,汗流如浆,几晕倒。口甲第口名,小写,三刻毕,才巳正,急归。闻孙、沈两君甲第不可得。午正唐师由阁归,始知同邑孙国桢、沈鹏皆二甲,而孙同康竟三甲三十一矣,盖有一签"并天",又茶首墨汁一块,奇哉!为之嗟诧。昏昏不适,无客来。妾陆病风温,面肿可怕,幸内恙已清。夜麟公送小金榜来看。开发各处赏项:文华殿房钱二两,水钱四吊;传心殿四千;内阁大堂十二吊;文华殿茶水八吊。

《翁同龢文献丛编》之二《考试·国子监》第278页

四月二十五日(5月29日),晴暖,无风。寅初起,寅正入。在吏部公所小坐,旋入。卯初,上御太和殿。八人另班行礼,新进士听传宣,行礼。礼部堂官捧榜,乃退至景运门朝房,易衣趋入,写功课本,孙兄赴顺天府署未值也。进讲四刻,未饭。出,成均朝房小憩。入署钱粮稿与捐纳稿并集,午正出城,先至湖广馆缴帖,徐寿蘅师出名,略坐。旋诣江苏会馆缴帖,翟伯衡出名,甲戌翰林。诸务草草,在彼终席。访杨莘伯,甫从南来。归未见客,腹泻头疼。

《翁同龢文献丛编》之二《考试·国子监》第278页

四月二十六日(5月30日),晴。照常入,退急诣礼部。巳初待至巳正三刻,麟公始到。赴恩荣宴,甫至龙棚行礼,而堂上声如雷,宴桌已空矣。鼎甲四叩,答二揖。无宴可入,再诣龙棚,一跪三叩,退至后台更衣,归。周生锡恩来晤。出城至安徽馆,本部北档房团拜请堂官,此会十馀年未举矣,薄暮散。闻昨日有旨取前十本入内;又昨日升殿,上未起坐而乐已已止,且鸣鞭太早,均将该管官议处"。

《翁同龢文献丛编》之二《考试·国子监》第273—278页

关于此次张謇状元及第,翁同龢期待之深,海内多知之。顾恩翰在《竹素园丛谈》中说:南通张季直殿撰謇,乙酉顺天南元,为翁文恭、潘文勤所赏识,名重公车。壬辰,翁主会试得一卷,以为张謇,置第一,揭晓则吾郡刘葆真可毅也。甲午,汪柳门侍郎主会试得一卷，又以为张謇，以示同考官翁太史斌孙，翁曰："首二场皆佳，五策似稍短。"汪曰："此为季直闱中抱病耳。遂置第一，揭晓则吾邑陶端翼世凤也。刘之学问，陶之品格，实出张謇上，张亦于甲午中式，殿试卷出翁手，力争于张文达（张之万），竟得大魁。"

《竹素园丛谈》

主持同文馆前馆季考

光绪二十一年八月二十九日（1895 年 10 月 17 日）

八月二十九日（10 月 17 日），翁同龢至同文馆，主持季考前馆学生。方法是翻译报纸，英译汉，包括笔译和口译，凡试六人：英文三人：陈贻范、马廷亮、萨荫吐；俄文三人：邵恒浚、刘崇惠、翟青松。成绩皆好，各奖二金。

《翁同龢日记》第 2841 页

国史馆提调呈翁同龢文

光绪二十二年十二月二十九日（1896 年 2 月 12 日）

是月二十九日（2 月 12 日），国史馆提调呈文翁同龢："国史馆提调谨呈：送阅光绪二十一年春季第四单功课，汉字大臣张得胜等列传副本四篇，内《张得胜传》第一页八行奉签晋加'晋'字可去，遵去。《易开俊传》第六页六行奉签'乱刃交错'应酌改否？此句谨拟删。为此谨呈。十二月□□呈。"

又，国史馆提调呈文翁同龢："国史馆提调谨呈：送阅冬季第二单功课汉字大臣《嵩申》等列传正副本各四篇。内杨岳斌正本第三页上五行奉签'截福等''截'改'载'。又二十一年春季三单《忠义列传》、《文彬》副本,首页二行奉答'投充'改'投效',均遵签改正,为此谨呈。十二月□□日。"

《翁同龢文献丛编》之二《考试·国子监》第824—825页

主持同文馆各馆光绪二十三年岁考

光绪二十三年十二月十一日(1898年1月3日)

是年十二月十一日(1898年1月3日)起,翁同龢与张荫桓等主持同文馆各馆岁考,并判定名次如下:

前英馆学生考"以洋译汉",第一名刘田海、二李连壁、三薛永年、四全森、五文志、六爱存、七柏锐、八熙臣、九冯晋秩、十陈寿平、十一增禧、十二国栋。

前法馆学生考"以洋译汉":第一名陈思谦、二唐在复、三德生、四徐绍甲、五德昆。

前俄馆学生考"以洋译汉":第一名王莼。

前德馆学生考"以洋译汉":第一名程遵尧。

后英文馆学生考"以洋译汉":第一名瑞光、二六保、三庆奎、四曹岳中、五胡希霖、六史元燧、七洪百庚、八恩厚、九胡炳诱、十解庆麟。

后法文馆学生考"以洋译汉":第一名陶榶、二刘庆镛、三高恩霖、四海文、五李玉辉。

后俄文馆学生考"以洋泽汉":第一名张庆桐、二傅仰贤、三李垣、四彭宗章、五管尚平、六户文智、七王联升、八阎澍恩。

后德文馆学生考"以洋译汉":第一名恩祜、二舒振龙、三程经世、四凌福增、五李鸿诰、六唐德萱、七李树藩、八高运昌、九岳贻木、十谭礼谟、十一永祜、十二齐宗祜。

考以下各馆学生"以汉译成洋文照会":

英文前馆"以汉翻洋文照会":第一名爱存、二增禧、三冯晋秩、四刘田海、五薛永年、六柏锐、七陈寿平、八熙臣、九李联璧、十全森、十一国栋、十二文志。

英文后馆"以汉翻洋条子":一班:第一名六保、二陈清壁、三恩厚、四解庆麟、五史元燧、六胡希林、七瑞光、八张魁第、九李汝益、十庆奎、十一俞文鼎。二班:第一名洪百庚、二丰泰、三钟晋、四胡炳琇、五曹岳中、六梁煜、七黄浚、八王松庆。

法文后馆"以汉译成洋条子":一班:第一名刘庆镛、二贵和、三李玉辉、四谢福荫、五海文、六文斌。二班:第一名高恩霖、二陶樾、三德本、四文启。

言语考试:

俄文前馆"以汉翻洋照会":第一名范绪良、二扎尔汗、三郝树基、四奎印、五成绪、六范其光、七王莼、八刘庆赓、九周铭勋。

俄文后馆"以汉译洋条子":一班:第一名张庆桐、二管尚平、三李垣、四阎树恩、五卢文智、六王联升、七李纯然、八彭崇章、九傅仰贤。二班:第一名洪本蕊、二瞿宣恺。

德文前馆"以汉翻译洋照会":第一名程遵尧。

德文后馆"以汉译洋条子":第一名程世经、二唐德萱、三齐宗祜、四恩祜、五高运昌、六舒振龙、七永祜、八李鸿浩、九李树藩、十谭孔谟、十一凌福增、十二岳赔本。

汉文算学考试:第一名李联璧。二班:第一名齐宗祜、二史元燧、三张魁第、四刘庆镛、五王莼、六高恩霖、七戴陈霖、八唐在复、九周传经、十徐绍甲、十一黄书淦、十二洪百庚、十三方传钦、十四陈清璧、十五海文、十六李鸿诰、十七唐德萱、十八周铭勋、十九高运昌、二十文斌、二十一李玉辉、二十二凌福增、二十三文启、二十四陈思谦。

洋文三角八线几何考试:一班:第一名柏锐、二国栋、三薛永年、四全森、五熙臣、六增禧。二班:第一名冯晋秩、二恩厚、三六保。

洋文算学考试:一班:第一名范其光、二卢文智、三傅仰贤、四刘庆赓、五王联璧。二班:第一名胡希林;二李汝益、三解庆麟、四瑞光、五俞文鼎。

前馆化学考试:一班:第一名文秀、二全森、三恩庆、四宝兴。二班:第一名增禧、二文志、三刘田海、四陈寿平、五爱存、六李联璧。

后馆化学考试:一班:第一名范绪良、二成绪、三郝树基、四文瑞、五霈厚。二班:第一名唐在复、二方传钦、三黄书洽、四徐绍甲、五周传经、六德生、七陈思谦、八戴陈霖、九文惠。三班:第一名文斌、二刘庆镛、三德本、四陶榶、五青和、六高恩霖、七谢福荫、八海文、九文启、十李玉辉。

格致考试:第一名薛永年、二柏锐、三熙臣、四冯晋秩、五文志、六爱存。

又,翁同龢手录主持考试阅卷评分同文馆教习、翻译官名单,以及各馆学生人数:

同文馆总教习欧礼斐;英文教习马都纳(似有病);法文教习华必乐(老);俄文教习劳腾飞;德文教习顾伦曼、聂□□;化学教习施德明;医学教习德贞;英馆汉教习朱存理;法馆汉教习黄启蓉、俄馆汉教习文聘珍；英文翻译官张德彝、沈铎；俄文翻译官塔克什讷、瑞安；法翻译官世增；算学教习席淦、陈寿田、胡玉麟、王季同；英文副教习斌衡、长德、熙璋、文佑、陈贻范；法文副教习恩禧；俄文副教习萨荫吐；化学副教习王钟祥；格物副教习文秀；天文副教习马廷亮；前馆学生等五十八名；后英馆学生等十三名；后法馆学生等十一名；后俄馆学生等十三名。

《翁同龢文献丛编》之二《考试・国子监》第 828—834 页

欧斐文保举同文馆四馆学生呈翁同龢文

光绪二十四年二月初十日（1898 年 3 月 2 日）

光绪二十四年二月初十日（1898 年 3 月 2 日）同文馆总教习欧斐文保举同文馆四馆成绩优异者二十八名（翁同龢注："皆有出洋差，如此只三人。"）英文十人：马廷亮、丁永焜、陈贻范、王汝淮、周自齐、朱敬彝、李光亨、陈寿平、杨晟、元章。法文八人：世敏、伊哩布、庆元、宝兴、恩庆、双苐、德昆（出差）、汇谦。俄文六人：萨荫吐（出差）、邵枢浚、刘崇惠（出差）、桂芳、陈嘉驹、李鸿谟。德文四人：程遵尧、治格、黄允中、金大敏。

出洋学生经费每月银五十两，每人整装银一百五十两，来往船只代购二等舱票，到洋驻使馆，除饭食外，洋书等由使臣发给。

出差三人为陈贻范、马廷亮、丁永焜。

《翁同龢文献丛编》之二《考试・国子监》第 835—837 页

文　　录

论立身行己之法*

同治九年(1870 年)

联其长少,正其心术,端其趋向,约其放纵,抑其骄蹇,策其惰慢。教以立身行己之法,迪以济世安民之要。使居乡则为端人正士,出仕则为良吏忠臣。一言而乡党相传,一行而家邦所法。不愧俊秀之才,足为社稷之重。

书以竹亭二兄雅正

叔平翁同龢

《翁常熟扇集第一集》

俞氏姊哀词**

同治十一年二月(1872 年 3 月)

姊名寿珠,字绎龄。聪敏喜读书,七八岁诵唐人元白诸诗如流水。楷书端谨,写古人诗矻矻不倦。年二十二归同邑廪生俞大文。嫡姑没,事二姑惟谨。祭祀、宾客、会计出纳之事,处置井井,内外称贤。逾年生子,子生十日而姊卒。姊性开朗,貌丰颀,先大母钟爱之。

龢六岁就外傅,踉跳嬉戏,每日自塾出,姊温语并奖之。龢从姊读必至夜分,比塾师授书,则实已成诵矣。《毛诗》“彤弓之什”犹

---

* 时间系据翁同龢同治九年日记。题目系编者所加。

** 时间系据《瓶庐丛稿》卷六原稿所注。

姊所口授。癸卯十一月，龢将应府试，辞于姊。是日大风，登楼饭，饭已，与姊夫观武士射，归已晡，姊设饼饵啖，龢欢笑移晷反行，姊送楼下，握手，意惨惨，嘿然反袂登楼去。试未毕而凶耗至，五兄亟归，余未知之也。一日心动，从仆人询得之，天未明，方携笔墨入试，□其□，掉舟径归。比至则姊殁已七日矣。姊殁时连呼“吾弟安在”？诵偈曰“孽海茫茫，回头是岸”，后二语不能辨。当是时先大母八十五，吾父母六十，家庭全盛，无死伤哭泣之事。龢临姊棺，欲呼不敢，欲泣又不忍，吞声呜咽，遂以成疾。呜呼伤哉！子钟燮颇聪慧，而踉跳每如余幼时。噫，其果能成立否耶？姊没十馀年矣，未葬，乃为词以抒余哀：

忽不见姊兮十四年，往犹仿佛兮今茫然。余登第兮姊归泉，姊灵有知兮来余前。姊终不见兮有滋涟。立功兮立德，慰姊意兮无终极。

《瓶庐丛稿》卷六

先母事略*

同治十一年二月二十九日（1872年4月6日）

母许氏，昭文县人。外祖讳夔，乾隆乙卯举人，高安县知县。先祖潜虚公①娶于许，为吾母之姑。而外祖秋涛公受业于先祖，故以母字吾父。外祖善书，喜饮酒，常客游。外祖母孙性慈善，终日温然。自吾母幼时，会计事已能亲任之。母一弟一妹，恒保抱携持

---

* 时间系据《瓶庐丛稿》卷五原注。是日翁同龢日记有“撰《先母事略》，未能成也”，此文当完成于是年二月底。

① 翁咸封。

焉。事先祖母张太夫人先意承志，寸铢尺布无私蓄。迨张太夫人年老患风秘，吾母昼夜侍疾，执婢妪所不能任之役。及卒，每事必告，如亲在焉。方吾父客京师，吾母与张太夫人里居。家贫岁饥，屑豆和粥以食。自辰至酉，绣荷囊易百钱；夜则篝灯缝絮帽，闻钟声乃已。酒浆炊爨烦搁之事，皆亲任之。又以其间课伯兄及不孝爵读；又以其间为人抄书数千字，受其值以供甘脂。其敏捷，虽能者弗逮也。

及吾父通籍，视学广东、江西，无所取。吾父再出，筦部务，寓淀园，或居内城，恒数月一归，归则视日影趣驾。而治事之馀，往往不乐，吾母辄以古义相慰藉。迨后与同官不相中乞休，而诸贵人同事者蜚语上闻，诮让之旨日至。其时伯兄在皖，困危城中，家人焦忧，不知所为。吾父方治《毛诗》，手不释卷。吾母则间语家居屑事，词安以舒，未尝询及外事。于是子若孙退而窃叹，以为二老人如苍松古柏，挺然于严霜冰雪中也。

吾母平生无所嗜，珠玉珍宝不以挂眼。布衣浣濯，纫缀重叠。老无齿，犹食馎饦。手抄古人诗至盈寸，而未尝赋诗。尤不喜言仕宦事，有言者，辄笑而颔之。日诵佛经及劝戒诸书，皆有课程，曰“吾诵佛非求福也，静观吾心而已。其诵劝戒诸书也，吾常循省焉。其善者固力而行之，其恶者必返之于心而无是念，然后即安。”其教子孙以恬退为本，每转一官必蹙然曰：“好自立，毋增吾忧。”自吾父捐背，伯兄继卒，不孝爵远官西南，一女在江淮，吾母忽忽思乡里，梦寐常在山水间。而不孝龢直内廷，亲被知遇，母勖以大义，遂亦不复言归。闻圣学日进或朝廷有大举措，则必合掌加额，间引一二古事以证明之。晚年所为忧喜，非仅一家之事而已也。不孝龢善病，母爱怜之，命移居内城便趋直。卜居二十日而疾作，历五十馀日遂至大故。呜呼，悔痛可胜慨叹哉！疾革，子孙请遗言，曰：“吾何言？凡吾子孙，其无忘行善事，为善人。”

母生于乾隆五十六年十二月二十三日，卒于同治十年十二月二十四日，春秋八十有二。累封一品太夫人。方疾革，上日赐垂问。既卒，奉旨褒恤，遣官致祭，发内府银以纪丧事。国朝二百年来，女士之蒙此赐者，盖不数人焉。子同书安徽巡抚，前卒；音保，幼殇；同爵陕西巡抚；同龢内阁学士。女二：长适孝廉俞大文，次适司业钱振伦。孙曾文，廪生，早卒；曾源，翰林院修撰；曾纯，即选同知；曾荣，举人，户部郎中；曾桂，刑部郎中；曾翰，举人，内阁中书。曾孙八人，曾孙女三人。葬吾父先文端公兆域。

不孝同爵、同龢泣血述

《瓶庐丛稿》卷五

先母行述*

同治十一年三月（1872年4月）

先公既卒之九年，吾母以疾弃养京寓，不孝等欲述行事，哀痛荒惙，不能成文。既祥禫，乃泣著其略。曰：

母姓许氏，先世由常熟分隶昭文，遂为昭文县人。外祖讳夔，字秋涛，博学工书。先祖潜虚府君娶于许，为吾母之姑，而外祖秋涛公受业于潜虚府君，故以母字先公。吾母之幼也食贫，然许氏旧家犹可供朝夕。及归我先公，薄田数亩，岁祲则糠籺不给。先公授徒以养，吾母刺绣抄书，以供其乏。及先公既贵任学政，吾母从之

* 时间系据《瓶庐丛稿》卷五原注。

官。初到即敛官物，标而缄题之。比去纤毫无所携。平生不宝一珠，不蓄一锦，珍异之物不挂一眼，布衣粗粝，终身恬然。尤不喜谈官事，常曰仕而忧不如耕而乐也。子孙每转一官，至不敢以贺。先祖母张太夫人年老患癃闭，吾母扶持左右，以指去粪，其诚孝虽古列女不能过。先公当官以职业为重，恒独居，涉月逾旬乃一归，归则视日影趣驾。而治事之余往往不乐，吾母辄以古义相慰藉。迨后为忌者所中，祸不测矣。吾母处之如平时，无一语寻外事。及先公指背，长兄卒于边塞，不孝同爵远官不得归，吾母日夜思乡里，而不孝同龢值讲殿，亲被知遇，遂不复言归。闻圣学日进及朝廷有大举措，则合掌称佛，加餐饭。晚年所为忧喜，非仅一家之事而已也。

吾母幼通《诗》《易》，好观史书。行事必依于中正，端坐终日无惰容。诫子孙曰："吾年八十而辨色必起，虽劳弗息者何也？吾老无尊长，则吾自督敕吾身。吾诵佛，非求福也，静观吾心而已。吾诵劝戒诸书，常默省属善者必力行之，不善者必返之于中而无是念，然后即安。"前卒数夕，语内御者曰："天寒耶，大风耶，彼无衣者奈何？"疾革，不孝等请遗言，曰："吾何言？凡吾子孙，其毋忘行善事，为善人。"

母生于乾隆五十六年十二月二十三日，殁于同治十年十二月二十四日，享年八十有二。封一品夫人，累封一品太夫人。既殁，赐祭赐恤。国朝二百年来，女士之蒙此异数者，盖不数人焉。子同书，安徽巡抚，前卒；音保，幼殇；同爵，陕西巡抚；同龢，内阁学士。女二：长适同邑优贡俞大文；次适国子监司业、归安钱振伦。孙曾文，廪生，早卒；曾源，翰林院修撰；曾纯，即选知府；曾荣，户部候补郎中；曾桂，刑部郎中；曾翰，内阁典籍。曾孙八人，曾孙女三人。

合葬于虞山白鸽峰先公兆域。至世系事实详于年谱中。

不孝同爵、同龢泣血述

《瓶庐丛稿》卷五

兄子曾文述*

同治十一年七月十四日(1872 年 8 月 17 日)

曾文,吾伯兄之长子也。文有兄,数日殇,故文为长。与余同年生,后与余同入塾,同补诸生,未尝一日离也。余幼作文苦艰涩,每构一艺,夜不得寐,而曾文沛然有馀,引笔满纸,灵敏流转。吾兄入翰林,吾嫂氏携两侄入都,而文独侍大母。时先大母年八十馀矣,饮食衣服,呴呴与共。文亦能先意承志,宗族称孝。大母殁,文从吾父居一室,日与讲说书史及先世遗事,漏四下,犹闻言笑声。越四年,吾父母及五兄先后入都,文以授室不得出,操持家务。

咸丰三年,粤贼陷江宁,江南震动。邑设团练,举世家子弟任其事,文乃以诸生为董事。会大暑,奔走烈日中,夜则巡逻衢巷,遂得暑疾,困顿十馀日遂卒,年二十四。乡试屡荐不第。曾以诗赋冠苏、太两属廪生。其赋为人所诵。善蓄书,所藏皆精本。独任门户,丰俭适节,性磊落。饮食或不节,故感疾最深,又无良医,遂致不起,呜呼命也。

子一钧孙,后一年殇;女一。其所著有《桐花馆诗赋》,当删留数篇以附家集后。

《瓶庐丛稿》卷五

---

* 时间系据《瓶庐丛稿》卷五原注。同治十一年七月十四日翁同龢日记有“是日为绂卿忌日,余久于外,早忘之矣,因检得所藏残帙,题诗以示寿官”。

汪东山陆在衡先生图卷题记*

同治十一年七月二十五日(1872 年 8 月 28 日)

余归里门,求乡先生遗迹,得东山汪先生《种芋图》,既又得见在衡先生此帧,时代适相次。汪先生图寓风木之感,其言绝可悲;先生则超然隐君子也。先生医学与叶天士并,天士之术大襮于世;而先生名不出里闬。然陆氏代有潜德,今益光显矣;天士之后无闻矣。然则世之人汲汲于一日之名者何为也。

同治壬申八月　邑后学翁同龢谨题

《瓶庐丛稿》卷三

陆荣事迹**

同治十一年八月(1872 年 9 月)

道光之初,有自滇来京师者,告先君子①曰:"子之乡陆君者,异人也。其令滇中,政平而事简,尝械巨盗置庭中,视令决事,三日具服,五日而涕泣悔罪。陆君诚异人哉。"迨先君子家居,而先生闭户,绝宾客,讲出世之法。先君子不喜学佛,故过从踪迹甚稀。今观杨君题诗述先生吏事甚悉,因并述龢之旧闻于右,而不敢有益词焉,后之传循良者庶几有所征也。

---

* 题目为编者所加。同治十一年七月二十五日翁同龢日记有"漆工汪姓以《种芋图见示》,题咏皆名辈"。

** 时间系据《瓶庐丛稿》卷六原注时间。题目为编者所加。

① 指翁心存。

同治壬申八月　翁同龢题记

《瓶庐丛稿》卷六

汤绥叔[①]先生闱稿题后

同治十一年九月十五日(1872年10月16日)

昔桐城姚先生叙张仲絜侍御时文,称吾邑之君子,曰邵叔山,曰汤绥叔,曰苏园公,曰陈耕岩,而于绥叔先生尤推为朴直好学。当是时,蒋氏父子仍世鼎钟,而士人多乘时,姚先生之说有微辞矣。百余年来,风气益远于古,后生小子闻当时乾嘉老辈一二遗事,仰之如视麟凤。呈先生此卷闱作,呈其家尊,初不经意,而岸然有特立之气。信乎姚先生所谓朴直者欤?先生论说经传甚众,而其书多不传,吾后之人有以传之也。

同治壬申九月　邑后学翁同龢观谨题记

《瓶庐丛稿》卷二

题汪耕馀尊人《观澜图》小照*

同治十一年十月初五日(1872年11月5日)

观澜先生年八十馀,视听不衰,倏然有物外之致,作《观澜图》以寄意。夫水,智者乐焉,夫子之所叹,孟荀之所称,盖有所取也。至其

---

① 原手迹模糊不清。同治十一年九月十五日翁同龢日记有"题汤绥叔先生闱作及家书卷"。

* 时间系据《瓶庐丛稿》卷六所注。题目为编者所加。同治十一年十月初五日翁同龢日记有:"题汪令之尊《观澜图小照》,号观澜,年八十四,久暮。"

惊风怒涛,阳开阴阖,与天地一,则奇杰不得志之士,或藉抒其孤愤之气;而世之赋之者,类皆推为文章之雄。先生之图,其何所取哉!先生哲嗣耕馀太守来治吾虞,政平讼简,百废具举。以其馀暇,将尽复福山奚浦诸港,为吾民兴无穷之利。虞邑多湖瀼,登山而望,隔江诸山,浮岚出没,海门之潮,若在天际。先生倘肯幅巾而来游乎耶!

同治壬申十月　常熟翁同龢记

《瓶庐丛稿》卷六

钱春台翁遗照*

同治十一年十月二十七日(1872 年 11 月 27 日)

吴越之孙,千波万澜。世挺伟材,捍灾御难。翁生海堧,雄武称冠。雕弧一彀,苹札双毋。遂登右科,洊摄邦翰。位不副才,初服乃换。仪昔先公,退居里闬。萧条雀罗,日午未爨。翁来叩门,乐饮衎衎。幅巾森然,突兀修干。口如河流,目电旁灿。红桥之南,窈窕别馆。象棋六搏,二八侍案。余时童嬉,亦尝窥观。削瓜导米,饷我玉屡。古观已矣,耆旧雨散。遗容火色,犹照赤岸。翁乎归来,余言岂谩。

《瓶庐丛稿》卷六

题李缄盦《枫林丙舍图》

同治十一年十一月初十日(1872 年 12 月 10 日)

缄盦先生《枫林丙舍图》兵火之后,失而复得,一时题咏,诧为

---

* 时间系据《瓶庐丛稿》卷六原注时间。

异事。龢尝篼舆来往北山，屡过所谓天亭心石虎里者，寻枫树不可得，盖在图中约略想象之。古之人爱其人则思其树，不特淮桑甘棠之义然也。凡百年之物，静而即之，森然有耆耈盛德之象。龢居山中，往往披荆榛，呼石人而与语；又或摩挲无字断碣，以谓有古泽可喜，大胜流俗刻石之文也。嗟乎，士大夫之身，人子之身也。然而生不能尽其养，没不能祭于墓者，比比也。用此观之，则凡谨身寡过、勤一世而长依丘陇者，皆审于出处之君子，舍此者亦终为东西南北之人而已。悲夫，缄盦先生博学好古，善藏其用，盖向所称之君子者，示龢斯图，叹而题其后。

同治十一年十一月初十日　翁同龢记

《瓶庐丛稿》卷二

论书法*

同治十一年十一月十七日（1872 年 12 月 17 日）

书至隶兴，大篆古法大坏矣。篆籀各随字形大小，故无百物之状，活动完备，各各自足，隶乃始有展足之势，而三代法亡矣。

世人每写大字时，用力提笔，字愈无筋骨神气。作图笔头如蒸饼，大可鄙笑，要须知小字锋势备全，都无刻意做作乃佳，自古及今，予不敏，实得之。榜字固已满世，自有识者知之也。

字要骨格，肉须裹筋；筋须藏肉，帖乃秀润。在布置，稳不俗，险不怪，贵形不贵作。作入画，画入俗，皆是病也。

葛洪天台之观飞白为大字之冠，古今第一。欧阳修道林之寺

---

* 原件系手稿，未署年月。这里的时间系据翁同龢同治十一年日记推定，约在回籍丁忧期间。题目系编者所加。

寒俭无精神。柳公权国清寺大小不相称,费尽筋骨。裴休率意写碑,乃有真趣,不陷丑怪。真字甚易,惟有体势难,谓不如画竿子之匀,其势活也。

吾书小字行书有如大字,惟家藏真迹跋尾间或有之,不以与求书者,心既贮之,随意落笔,皆得自然,备其古雅。陈寺丞,伯修之子也,尝于槐屏效元章笔迹,书杜少陵诗。一日元章近之,见而惊焉。伯修命出拜,元章喜甚,因授以作字提笔之法,曰:“以腕著纸,则笔端有指力无臂力也。”曰:“提笔可作小楷乎?”元章笑顾小史,索纸书所作进黼扆赞表,笔画端谨,字如蝇头,而位置规模皆如大字。父子叹服,因请其法,章曰:“无他,每作字时不可一字不提笔,久当自熟矣。”

《瓶庐丛稿》卷六

史晨前碑跋*

同治十一年十一月(1872 年 12 月)

先生为父兄师长之称。此碑赐先生执事者,即后研所云文学先生,执事诸弟子也。汉世崇儒,故凡郡文学官皆以师长之礼礼之。今部院中胥吏之属,皆蒙是称,不已亵耶?又如《韩诗外传》,贾氏《新书》,以先醒释先生之义,抑何陋鄙也。偶书之,以发一笑。

《瓶庐丛稿》卷三

* 时间系据《瓶庐丛稿》卷三所注。

季孺人传略*

同治十二年正月二十日(1873年2月17日)

孺人江阴季氏,故兵部尚书、闽浙总督讳芝昌之孙,翰林院编修念诒之女。适常熟赵氏,太常寺博士宗建之子妇、儒童仲乐之妻也。孺人生而警敏,尚书公绝爱怜之。比长,遇书开卷成诵,女红纂组弗习而精。编修好客,喜饮酒,恒中夜归。孺人则篝灯待,无惰容。生母张善病,饮食寒燠必在视,既殁,能致其哀。及归于赵,见者咸称佳妇。逾月而病,病九阅月而卒。病既革,犹自强起,不欲以病状伤亲之心,盖和顺婉娩久矣,所称女士者矣。尚书公既退闲家居,侨居于虞,日读书,手植花果,园林之胜,甲于一邑。而赵氏居虞山北麓,有三百年之旧庐,乔木蔚然,台榭上下,居之者拟于神仙。孺人承两家华朊之泽,门庭盛美,宜乎备致福禄,莞簟安而寝兴吉矣,而不幸竟卒。卒之日,遣嫁之衣,犹未开箧也。伤哉!余居尚书公门下二十年,登公之堂,凄然以不复见公为恨,又与编修熟悉,伤其有贤女而早逝,故次为传,以塞其悲,并以告诸博士,曰:"是可以附家牒,而慎毋刊本焉。"庶几所谓达于礼而顺于情也欤。

同治十二年正月　翁同龢撰

《瓶庐丛稿》卷九

---

* 是日翁同龢日记有"晨至季君梅处,拜其生母夫人像,是日俗例阴寿也"。

母哀赞词*

同治十一年正月(1873年2月)

先太保既葬之三年,岁在辛未十有二月丙子,母氏卒于京师,春秋八十二。天子制诏,有司致牢醴之奠,颁帑金以饬丧纪。褒美淑真,称曰贤母。呜呼楙哉!孤同爵、同龢乃号恸述德,刊是哀赞于云表之侧:

猗母德,贤而明,敬夫子,孝尊章。曰妇顺,安厥常,惟安常,德益光。处富贵,怛若忘,俎无鱼,笥无裳。身闺闼,志庙堂,民疾苦,母恻伤。曷拯之,涕泪滂。虞之山,郁以苍,久不归,耿南望。方寿乐,忽贾亡,岂命衰,药弗臧。呼昊穹,永痛怆。

《翁同龢墨迹三种》

题赵叔才曼华父子书画扇

同治十二年二月十六日(1873年3月14日)

昔我先公与赵叔才先生友善,授其子曼华詹簿读,馆于报慈桥者三年。先公晚居京邸,捡故人书札,手自粘治,尝仰屋而叹曰:“嗟乎,吾疲曳久居此,吾甚思报慈桥花间茶熟时也!”同治癸酉,龢居忧还乡里,与次侯数相见,启旧山之楼,因得观先生父子书画合帧,俯仰今昔,话六十年来之事,窃叹先生留遗之厚而詹簿君之早世也。夫声名德业,积之难而失之易。祖父之泽,其浅深久暂,常

---

* 系据原稿所注。题为编者所加。

系于子孙之心。吾与次侯其交相砥厉焉可也。

二月十六日　翁同龢谨题记

《瓶庐丛稿》卷四

南唐瓦研铭

同治十二年四月十四日（1873 年 5 月 10 日）

谁磨此瓦读三礼，
倪迂金怪不敢诋，有倪云林题语，金寿门亦有数字。金，扬州八怪之一。
古柏堂中老兄弟。

《翁同龢日记》第 1010 页

沈石生《吟秋图》册*

同治十二年五月十一日（1873 年 6 月 5 日）

余居里门，方艰疚中，诗文谢绝久矣。客有曰："子顷为某达官作墓志，岂忘之乎？"又曰："尝见某图题一诗，审其迹，出子之手迹无疑也。"余默然不辨。《吟秋图》者，沈君石生遗照。沈君清才，能诗，不幸早卒，其事迹其子叔庚跋尾中。余未获交沈君，而诗文又所禁断，展观数四，无以应也。

一日，余兄厚斋督切之，曰："沈叔庚当性命呼吸之际，不忍遗斯图，且十八年中不忘其亲而欲得子一言，子固执而慢事如此，何以慰其无穷之心哉！"余惧然，谢不敏，援笔记之。夫不肖之言何足

---

* 是日翁同龢日记有"题沈叔庚之父石生《吟秋图》、其母《蓉城秋梦图》"。

取重，而知叔庚所以贴亲令名者，要在即此心扩充之而已。

同治十二年五月　同邑翁同龢

《瓶庐丛稿》卷二

《蓉城秋梦图》题跋*

同治十二年五月十一日（1873年6月5日）

余既题沈石生先生《吟秋图》，因得观其尊室姚孺人遗卷，长秋萧条，百物凄紧，而梦境乃在芙蓉之华，托物为喻，语极悲惋，其意盖与《吟秋图》相仿佛，异夫世俗之所谓秾福者矣。是卷与《吟秋图》皆经兵燹得完，令子叔庚追慕诚笃，故乐为识其后。

《瓶庐丛稿》卷二

盖太孺人像册

同治十二年五月（1873年6月）

狄君仁甫持其曾祖母盖太孺人画像求题，且曰："太孺人行谊见于先文端公集中。"龢退而求诸遗稿不可得，于是蹴然念日。自吾大父著《虞山壶史》，于贞孝节烈事必随所闻见而阐扬之。先公著论以为妇人之德始于俭勤而极于爱敬。吾两节母能体是，是以延衰宗一线之绪。吾祖妣张太夫人能守是，是以躬享上寿而庆泽及于后人。先公之言如是，其深且著焉。今观狄君所述太孺人忠养其姑，诲育其子女，置田奉祀，所见甚远，庶无愧于先公所称者。

---

* 时间系据《瓶庐丛稿》卷二所注。

龢虽不文,窃敢补述斯义以语来者。

同治十二年五月　同邑翁同龢

《瓶庐丛稿》卷四

绿毛龟铭

同治十二年五月初十日(1873 年 6 月 4 日)

凤凰麒麟,世安得有。系嗟灵龟,乃入吾手。吾有奇气,触之则僵。灵龟厌吾,谓吾不祥。大樽注水,大斗酾酒。浴汝酹汝,期汝速朽。玉灵久绝,荆灼弗传。闷汝光气,于千百年。

《翁同龢日记》第 1014 页

宋庚生先生遗墨题记

同治十二年六月十六日(1873 年 7 月 10 日)

癸酉六月,雪帆驾部出其尊人庚生先生遗墨,命龢记之。龢生未识先生,感驾部思慕之诚,叹先生词翰之美,援笔题记。古之人一日而不敢忘其亲身也者,亲亲枝也。敬其身所以敬其亲也。龢在忧中凛然乎失坠是惧,盖尝默自省检而知敬其身之难也。故因驾部之请并发斯义以相质。

是月十六日　同邑翁同龢

《瓶庐丛稿》卷二

张竹淦先生诗集序*

同治十二年闰六月初五日(1873 年 7 月 28 日)

名定鋆,年八十四。

邑尚湖之南,有隐君子曰竹淦张先生,笃老好聚书,于经皆有撰述,于汉唐义疏及近人考据之书靡不采辑,世所传《四书训解》参证者,所著书之一也。

先生于龢为父行,一日出其十卷诗,命龢曰:"子其削之。"既又申言之曰:"吾于此无所得也。吾自庚申遭乱,悲愤穷戚,一寄之于诗。其为言也,得无有过者乎,吾不得详,重刊以正其失。"于是,龢欣然起曰:"小子承俗学,事父兄之日浅,又性偏僻,于古文作者往往意为抉择,其于先生之诗亦犹是焉耳。"先生之诗恬淡和易,与万物相适而不事气矜,此龢所及知也。其不知者,则不敢援陶韦陆杨之作以漫为比附焉,所以尊先生而严事之也。

抑又闻先生于溪南置特室,积书其中,终日默然,若无可语者。先生所得,岂流俗所能窥测哉!故揭先生谦受之实,以式后学。俾读先生诗,知先生所以享大名,跻大台,其沉潜于经术者,深且厚也。

《瓶庐丛稿》卷一

---

* 时间系据翁同龢原稿手迹中所注。同治十二年五月二十二日翁同龢日记有:"竹淦,子和先生之族侄,杨咏春之妇翁。意极谦雅,诗却未工。"闰六月初五日日记有:"作张竹淦先生定鑫诗集序。"

薛福谦虞山方音辨讹序

同治十二年闰六月(1873 年 7 月)

其书其人皆不足留,漫序之。

昔吴江刘献廷作《新韵谱》,其论立鼻音二、喉音四,以鼻音配喉音二为东北韵,宗学西南韵,取华严字母入,参以天竺陀罗尼泰西蠟顶话,小西天梵书,暨天方、蒙古、女真等音,自谓八韵立而四海之音可齐。又欲谱四方土音,逢人咨询,详注《新韵谱》之下,惜乎其书不传也。

是书以唐韵分部,专取吾虞土音与中州韵不合者,条分而附系之,其用力亦颇详尽。吴中人每举吾邑呼鱼字渠字以为笑,不知海澨鴃舌尚不止于此,试取此书一证之。

同治癸酉闰月　翁同龢

《瓶庐丛稿》卷一

《西园雅集》题记

同治十二年八月十五日(1873 年 10 月 6 日)

《西园雅集》,二苏称首,米南宫与焉。南宫之记则曰自东坡而下十有六人,博学多闻,英辞妙墨,名动四夷,恫然自居,不少退逊,何哉?古之人得于心而信于千载,固如是也。李伯时画,世不可见,好事者往往仿之。此仇实父画亦仿为之者,细审首尾,位置不甚完具,谓所称孤松盘郁一段及衾裟坐蒲团者,幅巾褐衣谛听者,二人并坐石上者,今皆无有,盖偶佚之耳。亦泉[①]藏弆此卷,出以见示,篷窗展玩,既赏其笔法之工,亦以叹古人之高致,以千载自命为不可及也。

同治癸酉八月望　同龢题尾

《瓶庐丛稿》卷二

恽南田花卉册书后*

同治十二年九月初九日(1873 年 10 月 29 日)

自南田草衣以墨法写生,世人宗之,趋于鲜媚,而双钩叠笔劲折细密之古法一变。余于近人中最爱陈老莲[②]画,以谓用笔沉著,得唐宋遗意,而南田之诗若画,非所嗜也。此册意态流逸,亦时见骨力,与今世所尚迥异。亦泉鉴而藏之有年矣,偶出见示,因识数语。

《瓶庐丛稿》卷二

《虞山感旧图》跋**

同治十二年九月初十日(1873 年 10 月 30 日)

《虞山感旧图》者,吾宗亦泉追感庚申之事而作也,其详见于汪编修[③]文矣。余与亦泉故未相识,一日至郡,过祥符寺巷,有屋翼然,题曰"翁氏义庄",余窃自忖曰"谁耶?"因叩门,登其堂,得拜景

---

① 指翁同祜。

* 时间系据《瓶庐丛稿》卷二原注。是日翁同龢日记有"题亦泉所藏伪恽册、仇卷"。

② 即陈洪绶。

** 时间系据《瓶庐丛稿》卷三原注。是日翁同龢日记有"题本家亦泉《虞山感旧图》"。

③ 指汪鸣銮,时住苏州桃花坞。

文公之祠。退而与语，蔼蔼循循，其好善若嗜欲，凡机牙诡谲之习，若未尝设于其心。乃大叹异，以为斯人者，真诚信厚弟人矣。

吾翁氏居吴中者，曰洞庭东山支，曰常熟支。而东山支丁最繁，贸易四方，往往著籍他州县。亦泉世居吴江平望镇，亦东山支也，与常熟支实同祖景文公。常熟支虽通显矣，然皆清贫，仁不足以赡族。睹亦泉义庄之举，未尝不叹息，引以为快也。龢之不肖，自两奉先人体魄以归葬，城郭既改，闾巷惨凄。风雨之夕，山号谷啸，鸟兽悲鸣，对斯图□□曾有潸然不能自适者，因亦泉所请，杂书所感以贻之。

《瓶庐丛稿》卷三

郑劭钦麓台画册书后

同治十二年九月(1873 年 10 月)

世人重烟客、圆照、麓台及吾虞石谷画，谓之四王①。而余以谓麓台荒率偃蹇，非石谷所及。又稍变其家法，笔势雄发，直追古人。世人又爱麓台密致稠叠之作，以为深厚。余以谓深厚在笔不在境，虽草草数笔，未尝不深且厚也。甚矣余之谓画戾于时也。劭钦孝廉藏麓台画册，偶以见示，喜其笔墨绝简，无《画史》孤惜之气。又喜郑君之见与余同也，乃题以归之。古之学者期得于心而已，其端始于自立，其究也融万变而归于一，未尝有与俗推移者也。画学艺事，诚无足道，然犹如此，而况于学问之事哉！癸酉九月。

《瓶庐丛稿》卷二

---

① 四王指王翚(石谷)、王原祁(麓台)、王时敏、王鉴，均为虞山画派大师。

题沈仲复同年《蝶研庐图》卷子

同治十二年九月十五日(1873 年 11 月 4 日)

吾友沈君仲复既作《蝶研庐图》,贻书示同龢。龢曰:"古来木石之异,其兆文字之祥者多矣,此未足称引也。君不记夫鹤影乎,听经空山,蹁跹竮静,一念迁坠,遂翥人寰。今之一敬可□□□者,知非振舞之仙禽乎?君不尝游吴兴之山乎,灌木丛篁,恍若风植,五色之羽翔舞迎送,今千篇百轴,酬答如流水者,要知非钝钝之和鸣乎?"

汧阳之山有异石,外璞中纹,鳞鬣飞动,是伏工之□也。造物者中有无为之,适然而已事乎!剖之、琢之、铭之、什之、袭之,风霜之夕泓凝,然墨花既腾,旁流石上,舒笑在人,岂有意为之乎?适自然而已耳!是人工之巧也,孰使之而孰合之,适然而已耳!天下惟适然者最可喜,而文字之乐可著于无穷,此则君子所以图也。敢识数言以稔吾友。

同治癸酉九月既望　常熟翁同龢记

《瓶庐丛稿》卷三

徐藻事迹小记*

同治十二年十月三十日(1873 年 12 月 19 日)

君讳藻,字月槎,吾邑急公任事乐善人也。赋性亮直,辞气滂

* 同治十二年十月三十日翁同龢日记有:"徐月槎病故。"原稿为"汪藻",似应为"徐藻","汪"字为误。

沛。邑有大政必兴，其勤忘身，济物赴若饥渴。邑之东曰白茆河，北则福山，皆泄大湖下流，潮汐吐纳，沙水湮圮，害及旁县。君捐巨金，督役两浚之。行省大吏陶文毅、林文忠[①]咸见委重。道光二十年，邑大水，发粟振饥，君率先出资，不惮劳剧，先公[②]每称叹焉。同治十二年十月，不幸寝疾。是月晦遂捐馆舍。呜呼！乡有善士，民心庇也。方寿而损，未竟厥德。同邑翁同龢伤而诔之，其辞曰：

嗟徐君，秉高义。志利物，弗自利。洞来疑，澹无忮。惟贤子，昌厥世。

《瓶庐丛稿》卷六

题黄觉庵炳宸，梅里人《皈佛禅图》

同治十二年十一月初五日（1873年12月24日）

甫自□出后，而浮屠之说兴，其愚者曰吾苟免矣，则天下何事不可苟焉。而其一二朋达之士，则又深厌斯世之幻，妄求诸虚寂而遂有当于其心，于是潇然有出世之志。盖历汤火而后知肖翘之同一肌肤，当临绝而后悟王侯之俱归槁壤，人之本心也。此浮屠之说所以盛，而净土之门所由启也。龢闻之古之学者无时不敬，亦无时不惧。敬也者，敬其身也，敬天命也。敬之至而不得不惧之至也。穷达一致也，死生一致也。凡穷达死生者，皆所以验吾之学，吾之学不致力于此也。盖甚矣，求道之难也。觉庵先生皈佛而有济世之意，于其诗见之，书以相质。

同治癸酉十一月初五日　翁同龢记

《瓶庐丛稿》卷二

---

① 指陶澍、林则徐。

② 指翁心存。

题瞿浚之《虹月归来图》

同治十二年十一月初十日(1873 年 12 月 29 日)

昔我先公好聚书,凡俸入必以购书,甚至摽岁谷以易之。寒夜篝灯火,手自黏补,而吾母加线缉治焉。故吾家图籍虽杂,庋架阁中,自龢视之较然,识为翁氏书也。先兄药房尤好古书,丹黄交下,多至数十百种。然自粤寇肆乱,藏于家者荡焉无遗,而先兄携至军中一再焚佚,其在者不过十二三耳。故龢于今不忍言藏书。

夫东南图籍之厄,迄今日而极矣。自江以左,达于浙东西,海内所称藏书之家扫地而尽,而吾邑瞿氏惇裕堂[①]之书乃独完。瞿氏三世聚书,所蓄必宋元旧版,其精者尤在经部。乾嘉以来,通人学士多未得,多人间罕见。龢尝戏谓镜之昆弟,假我二十年日力,当老于君家书库中矣。吾邑僻小,自明迄今藏书极盛。近日有南乡蔡氏,农家也,然浙中拜经楼旧本多归之。计收藏之日,正当烽火震荡之中。而镜之昆仲亦以播迁海上,往往得善本。信乎!稽古之士不以性命易所宝,而爱护先泽又出于仁孝之诚,故散而复聚,造物者若隐为之相也。龢既获交于镜之、浚之,泛舟罟里村,观所储藏蓄,属题。私窃以谓君家昆弟好古而不骛名,大异于浮竞好事之习,而又自幼薄祜,失父兄之教。中年废学,发已须白,虽欲强自振厉而未由也。

同治十二年十一月　同邑弟翁同龢记

《瓶庐丛稿》卷二

① 即今常熟古里瞿氏铁琴铜剑楼藏书楼,为清代四大藏书楼之一。翁同龢是日日记有“撰题……瞿浚之《虹月归来阁记》”。

吾友三书家传*

同治十二年(1873 年)

吾邑书法大抵守冯氏①之旧,而道光中以颜、柳之法创著者得三人焉。

王宪中,字叔和,艺斋先生之季子,蓉洲侍御之弟也。工制义,屡试不售,尤肆力于八法②。日临鲁公家庙碑至爇烛不已。臂力独胜,尝自诩可传八百年。有论书数则,余幼时熟识之。

屈□□,字小农,邑廪生,亦工书,以近人蒋衡为法。沉著质厚,为人恂恂,言不出而捡身力学,粹然君子人也。年长以倍而视余独厚。尝同试金陵,薄醉,倚水窗,拊余背曰:“它日子以文名,毋忘友人之憔悴终老也。”其子家珍,举人,亦工书,衫袖尽墨。粤贼至,被掳,过安徽,自投于水死。

刘□□,字雨寰,贡生,亦工书,尤专力于怀仁圣教,得中锋法。性谦退,人称其书,则促促若无所容者。长髯,喜饮酒,风趣渊然。时先兄云樵以书名,当时邑人呼为四书家云。

《瓶庐丛稿》五

---

* 时间系据《瓶庐丛稿》卷五原注。

① 冯班,字定远,号钝吟老人,江苏常熟人。明代书法家。

② 指作书“侧、勒、努、挑、策、掠、啄、磔”等八个方法。

青阳二官传*

同治十二年(1873 年)

青阳二官者,不知何许人,佚其姓名。咸丰十年某月某日,粤贼分数道扑邑城,其一从□□来者,将渡湖桥矣。青阳为哨弁,领炮船二,使人由湖桥历西山之麓,走而呼曰:"贼至矣!"山民不知贼之谓何,方午,欲舍而逃,或草山而望。青阳取茶肆椅桌之属积湖桥上,举火焚之。贼骑至,盘桓不及渡。青阳发两炮,歼贼数十。火熄贼渡,邑城陷,青阳亦遁去,而环山之民闻呼逃免者数十百人。至今述之,犹如方塔寺僧某,贼至不去,移卧具于塔之□层,槁饿以死。常道士某,老矣。居拂水之祖师殿,尸横殿中。僧鹤顺以拳勇,聚门徒数十人,于贼踞城后率以攻东门,杀伤甚众。陷贼计,为所缚支解而死。

《瓶庐丛稿》卷五

笃行传**

同治十二年(1873 年)

余幼时友朋中所服膺者曰潘君欲仁,字子昭。其制义简洁,能发明圣贤之道。其制行绝特孤峭,其临事明而能断,邑中从游者众。亦尝就显者之聘,课其子弟,不激不挠。君中壬子副榜贡生,为铜山教

---

* 时间系据《瓶庐丛稿》卷五原注。

** 时间系据《瓶庐丛稿》卷五原注。

谕。同治戊辰，邑修文庙，余请于抚军揭阳丁公日昌得钱万缗，丁公曰："孰能任此役者？"余独称君。丁公即日移檄铜山。待归，而督役一年工竣，出入较然。邑人捐赀，不劝而集。其族弟曰近仁，字□□，所守尤峻，于儒先之传得其深奥，言行皆可法。余心慕之，而未获识面也。早卒，有书数十卷，为其友王赓保携去，今求其稿不可得矣。

苏□□，字引如，吾适苏氏姑之孙表兄倍孙□□之子也。事母至孝。母亡，引如孑身授徒于某家。日午自塾归，熟饭一盂，哭奠于母前，日晡如之。壬戌、癸酉间，余在墓庐，引如觅地山中，时时过余，面尪瘠足茧，若不能胜，而风日中奔走不已。比余入都，引如应试为诸生。娶妻生二子，不幸早卒。引如尝称某君之孝，以为市人而有德行者，今忘其姓名矣。呜呼，闾里中笃行之士可胜记哉！

《瓶庐丛稿》卷五

沈孝子传*

同治十二年（1873 年）

《方望溪集·沈孝子墓志》曰："沈编修淑请假归，逾年以书请铭其大父墓。"曰："淑逮事尚幼，事迹不敢妄述，所据旌孝录及乡里之公意。"按：孝子之行尤著者，鼎革时负母而行于野，遇盗夺其糒，母固不与，盗怒将杀之，泣而求代并舍之。邻失火，延母寝，母疾方剧，不可以变，孝子号痛呼天，风反火熄。母八十馀，疾危笃，医者皆曰："法不可治。"割股以进弗瘳。梦神绯衣曰："疾非五药所治。医凌某在双林，速致之。"凌至，以针达之，脱然愈。淑年少气锐，乃

---

* 时间系据《瓶庐丛稿》卷六所注。

能不笃于声利而以养母治经为事，其志固与众人异矣，淑之终有立也。吾于孝子之行信之，孝子之行非虚构也。吾即于淑征之。孝子讳育，年九十有四，卒于康熙四十九年，子六人。三子曰锡蕃。锡蕃之子淑，淑卒，方先生又铭其墓曰：

"常熟沈立夫与余同给事武英殿书馆，雍正四年秋告归，曰：'吾母安吾乡，古之人耕且养，三年穷一经，四十而仕，吾齿与学皆末也。吾少好柳文，自先生别其瑕瑜，然后粗知古人之义法，及阅周官之说而又知其可后者也，故奉母以归，将毕其馀力于斯。'八年三月，有来告者曰：立夫死矣。余自童稚随先君子后，具见百年中魁多士，其诚心欲有立于后者，惟吾友昆绳之子兆符，而既夭死，又其后则立夫。区区之文学，亦无以所重而靳其成耶！立夫讳淑，雍正癸卯进士，翰林院编修，卒年二十九，子栻始三岁。"

论曰：桐城方先生，一代儒宗，其称人之善无溢词，而独铭沈氏祖孙之墓，岂非以其人哉？观邑志笃行，无沈孝子事，固知缺遗者多矣。立夫所著《周礼翼疏》及《经玩》等书无刊本，未见，故删去。方先生①志著于篇。

《瓶庐丛稿》卷五

"空桑说"辨*

同治十二年(1873 年)

空桑之说出自纬书，钱氏竹汀②释空桑为穷桑韪矣。然干宝

---

① 方先生，即方苞，号望溪。

* 时间系据《瓶庐丛稿》卷三所注。题系编者所加。

② 指钱大昕。

《晋纪》云:“宝桑之地命名为孔窦,在鲁南山之空窦中,有双石如桓楹,起立高数丈。”云云,固实有其地矣,抑亦后人傅会也。

《瓶庐丛稿》卷三

吴修来试帖诗序*

同治十二年十二月初六日(1874 年 1 月 23 日)

咸丰壬子癸酉间,修来先生以试事留京师,授经余家。余数以文字相质,意相得也。已而余官翰林,先生谒选得教官,授为沭阳训导,不相见者十八年。今年秋,先生暂归里门,余方在草土中,相视而叹,因请于先生曰:“数年中有著述阐明义理者乎?”曰:“无有。”“有古文辞诗赋足以自抒其性情者乎?”曰:“无有也。试帖两卷在某所,子欲观则为我序之。”窥其意,盖鞅鞅不自得者。余漫应之曰:“诺。”

先生之学,熟于经训,于文辞无所不能。其制举之文,渊雅深厚,降其格与世俗相入;其于诗也亦然。至其为人,是非较然。辞受取与,虽细必辨,虽古笃行之士,无以加焉。既不遇世,世亦莫知之。往往被酒悲吟,酣喜独往。晚司学校,粹然有经师之目,而先生则已老矣。

试帖不足窥先生之学,要之清丽典切,无愧乾嘉作者。余以其无可序也,故略著其之志节如此。

《瓶庐丛稿》卷二

* 时间系据翁同龢同治十二年十二月初六日日记。

适俞氏姊墓志*

同治十二年十二月初七日(1874 年 1 月 24 日)

姊翁氏,吾父文端公长女,年二十归同邑俞君大文,生子钟诒,十日而卒。姊讳寿珠。姊之生也,先公任广东学政,以珠江之祥,命曰寿珠。姊性通敏,长身丰颊。好诵书,三遍后复诵,不遗一字,先兄文勤不逮也。能诗及楷书,大母绝爱怜之。既适俞氏,俞氏吾邑旧家也。姊夫端谨博学,其母庶也,其同产之母亦庶也。姊善事二姑,宜于室而敏于事,内外井井。龢幼善病,吾母无乳,辄夜啼,姊携持并以米汁以喂之,使之入睡焉。稍长,踉跳,所读书必先一夕习诵,次日入塾乃复之,以故四子书及《毛诗》皆姊所口授。道光癸卯,龢年十四矣,将应府试,走别姊,姊为设食。是日天寒大风,食已,观武士射,归而日暮,姊意惨然,送下楼,揽袂而泣。泣时龢诧曰:“姊今日焉何也?”试未毕,姊卒,家人匿不以闻。龢方入,心动,诘得之,大惊,弃笔研而出。方是时,大母年八十馀,门以内无死丧哭泣之事。吾母痛姊甚,以大母故不敢言,独夜倚灯坐,舒五指数之,涕缘襟而下。五指者,喻吾子也。呜呼,三十年中,大母殁矣,吾父殁矣,吾兄文勤卒在边陲,吾母以无疾亦捐不肖子而长逝矣。而余孤露,残生旦夕,齿发将尽。念余姊之德,宜有振于后,乃铭以示吾甥。

姊生于道光辛巳七日一日,卒于癸卯十二月九日。其卒也以产后服羚羊药,遂不起。铭曰:

---

* 时间系据翁同龢同治十二年十二月初七日日记。

姊呼弟号弟百里，历三十年呼不已，悲风萧萧声在耳。诒乎诒乎，变乎。安汝业，惟孝友于慰母氏。

《瓶庐丛稿》卷六

廪贡生赠翰林院编修陆君传

同治十二年十二月初八日（1874 年 1 月 25 日）

君讳在丰，字心培，又字元宽，常熟陆氏。君之父叔华先生，振奇之士也，尝官云南。君生于官廨，稍长遣归为世父后，孝敬无违。永平君谢吏事，年老矣，好佛传南宗，削发居常州天宁寺。君涕泣请侍养，不许；请还衣冠，不许。乃特室迎归。当是时，弟子日益进，座下常满，而君笃守经训，孳孳研究，手抄儒书数十种。家贫，授书自给，遇善事辄罄其资，平生未尝易一裘、割一鲜也。

君性静，嘿其言，讷然若不出口，而义之所在，执持甚力。余童时固已识君，及游京师，往来益密。是时君主姚湘坡侍御家。侍御好客，客至饮酒沾醉，君兀然处其中。尝与侍御语不合，遂嘿而不言者累日，侍御谢乃已。顷之归里，里中父老相与推君，讲乡约，开诚设喻，如诲子弟。吴俗重时节，事嬉游。春夏之交，踏青赛会、竞渡诸戏，连延不绝矣。叹息以为风俗之敝，然卒无如之何也。君既囿杌诸生，朴学自励，南北十四试，荐而不售。而君之子懋宗，年弱冠连擢科第，入翰林。君贻书以谓灯火明则膏油竭，家之盛衰亦犹是矣，因录刘蕺山人谱及儒先粹语处之。庚申粤贼陷城，君之子象宗奉君北行以免。明年达德州，道病，而懋宗亦由京师趋视，见君于旅舍。明年壬戌七月十三日卒于德州。

君生于嘉庆癸亥□月□日，年六十。曾祖□□，祖父□□，本生父荣，即永平君也。配□□氏。子定宗、盛宗，并早卒；懋宗，进士，翰林院编修，记名御史；象宗，庠生，知县用，候选盐大使，出嗣。孙二人。君卒之年，象宗以君丧归，葬于□□。越□年乃乞余表而谒诸墓。

同治十二年冬十二月八日　翁同龢撰

《瓶庐丛稿》卷五

清故优贡生诏举孝廉方正俞君墓表

同治十二年十二月初八日（1874年1月25日）

同龢自有知识以来，于乡党中求笃行好古之士，盖仅得数人焉，则密亲昵好者，则莫如我姊夫俞君。君讳大文，号荔峰，昭文县人。曾祖河。祖廷柏，进士，刑部郎中。父照，中书科中书。君承累仕宦，有田园花木图史之娱，而刻苦过于贫士。少孤，生母时氏教督之。与弟大润研钻古训，各有师法。其为文，句梳字栉，深极理趣；其为人，规行矩步，虽舆台走卒不敢失色。而龢之所敬者，尤在于内行不欺。盖其为学自一言一动推而极之，意之所未起，默自检摄，炯然不昧于其心。古之人克其事以毕生为期，如君所得，虽未知于古人何如，然又可谓谨身寡过，执德不忘之君子也已。君少羸病，晚得疑疾，闭户危坐，自号曰"愕忏"。龢尝悲伤其意以母老子弱，身又多病，故亟欲自见于世；既不能得，则抑郁憔悴，颓然不能自振。是岂艳于利禄与世俗争一日之名者哉！

龢年十五六，好议论，谓周公孔子之道必可行于今日，同学之人皆目为迂而笑之。君独引申其说，愕眙累欷，以为志趣之合，未有如我两人者。

国家之制,御极恩诏天下州县,各选孝廉方正一人,谓之制科。诏词严重,应之者恒难其人。而学使者所至三年甄录优行之士,谓之优贡,所录亦或称或否。君于咸丰元年举孝廉方正,明年复以优行贡太学,贤士大夫皆以为宜然,竟不获。留其身以待朝廷之任用,名不出里巷,志不申于时也,悲夫悲夫!

君卒,其弟大润继之,而其母夫人犹在堂,此则其尤可悲。君配龚氏,继配翁氏。翁氏,龢之姊也。继配龚氏。子钟诒,五品衔,候选国子监典籍,姊所出。钟銮,庠生,龚氏出。孙福年。

君生于嘉庆二十年正月六日,卒于咸丰八年九月二十三日。葬于西山之宝岩。君生平多善事,喜急人之难。又尝刲臂疗母疾。然皆庸行,故不著,谨著其志节大者。

同治十二年冬十二月　翁同龢表

《瓶庐丛稿》卷六

俞大文墓表*

同治十二年十一月初八日(1874年1月25日)

俞大文,号荔峰,昭文人,进士廷柏之孙也。生有至性,八岁丧父,哀毁如成人。事生母至孝,饮食寒暖必在视,母病刲臂以疗。其学以慎独为基,严义利之辨,规行矩步,不苟訾笑,而勇于从善,凡善必为,盖诚信笃实之君子也。幼而明敏,试于有司,必居高等,寿阳祁文端公①尝称之。咸丰纪元,诏举孝廉方正,求名实足称是选者,于是陶公贵鉴、杨公希铨以君名牒有司,三院

* 时间系据翁同龢同治十二年十一月初八日日记。

① 即祁寯藻。

考验，俱以才品兼优保请召用。明年壬子科举优贡生，未与廷试而卒。

《瓶庐丛稿》卷六

故武定州吏目陆君事略

同治十二年十二月十二日（1874 年 1 月 29 日）

道光中，吾常熟有以佛法震动一时者，叔华先生也。姓陆氏，讳荣，官于云南，剃度于常州，示寂于苏州，葬于虞山，塔于山佛寺。呜呼，先生倘所谓遗世之士欤，是岂庄生所谓游方外者耶？何其迹之奇也。

先生治法家之学，由供事授云南永平县典史，坐事免。起为武定州吏目，摄元江州典史、旧衙坪经历。旧衙坪属永北厅，瑶倮杂处，数有械斗。初到官，置讼冤之鼓，威惠并济，四境肃然。其在元江，州民作乱，有缚数十人以献者，察其非辜，悉纵遣之。此先生仁德也，乡人至今犹乐称之。先生不乐为吏，年四十一又丧妻，乃长斋布衣，称病谢事。而阮文达公[①]督云贵，知其贤，强以巡捕官委之，曰："吾以君为赵魏老也。"阮公去，尹公济源[②]继之，卒任以巡捕。巡捕者，行省督抚之典谒要津也。先生泊然处之，靡事不举，人以重赇营是缺，先生笑而却之。久之，先生终不乐，乃引疾归。归过常州天宁寺，竟髡发为上座僧，受法号，将终老焉。子姓固请归里，学佛者向之如环，然已出家矣，不可家居，乃营室于苏州盘门外。道光二十二年四月二十八日趺坐而逝，春秋七十有三。呜呼，

① 即阮元，字伯元，号芸台。

② 尹济源，字东沇，号竹农，山东历城人。官至湖北巡抚、云贵总督。

自佛氏之说兴，高明者藉逞其轻世之志，而庸猥者则艳福田利益以自愚，求其实得于心而于事物无所阂者，盖旷世不一见也。

龢之不肖，守先人遗训，于佛书未尝览观焉，诚不敢傅会其说，以内欺吾心。窃闻先生之为人，明敏果决，殆非恒人惑志西教者欤。先生才足以济世，德足以及民。长于折狱，滇之人至今称之。则夫戢雄姿而入于冥法，其识力必有大过人者，惜乎竟以头陀老也。

先生之孙懋宗、象宗等请状事略，逾事未就。一日过先生衣钵之所，题曰“传临济正宗第三十九世铁康老和尚塔”。退而慨叹，益不敢以世俗之文相污，故著其实如右。有知者必于此征信焉。

同治十二年十二月　翁同龢撰

《瓶庐丛稿》卷五

题季君梅藏戴文节画卷*

同治十二年十二月(1874 年 1 月)

龢年二十，随先君子入都，得见一时巨人长者。而钱塘戴公方以侍郎谴归，将治行，布衣席帽，意潇然也。其时某亲王骄贵用事，欲得公画，所谓息眉图者，公峻拒之，因大憾，中以蜚语。一日奏进拟书，笔画小舛，有旨诘责，公竟不谢，退而上疏乞骸骨。然上意实向用公，深惜其去而莫能止也。道光初年，先君子值上书房与歙程

* 时间系据文中时间推断。季君梅，江阴人，季芝昌之子。戴公即戴熙，字鹿林，浙江仁和(今杭州市)人，清代著名画家。咸丰十年太平军攻陷杭州，他投水自尽，事后追谥文节。

侍郎[①]、寿阳祁相国[②]同在澄怀园，往还最乐。及先君乞养归，而戴公与先师江阴季公[③]先后入直。迨先君再出，则戴公已引退，季公直枢府，不得朝夕继见。先公退食，时时登园南土冈，坐丛棘中，慨然有空谷之想。戴公既罢归，其画益浑古，求者辄应。及公死难杭州，天下之士得其寸缣尺幅，珍重比于球琳矣。此卷君梅前辈得之杨渊甫，杨渊甫得之吾乡蒋氏，其笔意殆近梅花庵主，卷中题者极多，而先师尚书公手书长跋，辞意尤切至。方其题跋画之时，戴公固健在也。俯仰十馀年承平侍从之乐，渺不可再，而求其长在湖山天地之间，亦不可得，则信乎吾道之穷矣。每展此卷，辄与君梅前辈感怆不能已也。

谨按：先师尚书公墓志，公由山西巡抚入为军机大臣，前此固未尝直两斋也，记中所叙乃误记。

《瓶庐丛稿》卷三

邹元德公墓表

同治十二年十二月十五日（1874 年 2 月 1 日）

呜呼，此我山愚府君本宗五世祖邹元德公之墓。子东阳公袝焉，其昭穆皆邹氏冢也。山愚府君承姓翁氏，其曾孙赠光禄文安公寄葬东偏最南一穴，西偏迤南则公之曾孙子司，其下手处东则赠荣禄庆贻公，西则赠奉政音保公，其馀累累者皆翁氏之殇也。

呜呼，文安公之殁也，未娶，家贫不能具礼，故偈葬于邹氏之兆

① 程恩泽，字春海，安徽歙县人，时在上书房行走。

② 祁寯藻，字春圃，山西寿阳人。戴公指戴熙。

③ 季芝昌，字仙九，江苏江阴人，时任军机大臣。

域，然系姓虽别，精气实通，褒赠有加，百世式仰，子孙其敬念之哉！

同治十二年冬十二月己丑　同龢敬述并书

《瓶庐丛稿》卷六

题张止庵先生遗像后

同治十三年正月初七日（1874年2月23日）

往时读先生《使缅录》及与那罗闼往返书，辞气抑扬，以为权变之士。今观先生《经说序》而后知其学之醇也。其曰治平之道不外乎孝弟慈。能絜矩则天下之人皆能遂其孝弟慈之愿；若不能絜矩则天下之人不能遂其孝弟慈之愿。又曰必先有中和之德而后合乎中庸之理。至哉言乎，可以推而致之天下四海矣。经说既佚不传，归田稿亦不可见，至于奉使诸绩，特其绪馀耳，何可胜道哉。

同治十三年正月七日　后学翁同龢得观敬题记

《瓶庐丛稿》卷三

族谱后序*

同治十三年二月初七日（1874年3月24日）

今上御极元年春，先公被召，直讲殿，就西华门静默寺以居。一日盛暑，露坐檐际，顾小子龢而叹曰："吾老矣，南纪之乱未已，他日事定，置祠墓、祭田，修族谱，汝兄弟其勖哉！"小子流涕承命。其年

---

* 时间系据文中内容推定。又，翁同龢同治十三年二月初七日日记有："撰先世事略付志局。"

冬,先公薨。越三年,长兄卒于边塞。龢与仲兄服官内外。越十年,遭先母之丧,兄弟举丧归葬。惟时江南之定已八年,亡者归,弱者立。龢与仲兄乃展先公手定之编,补辑完备。既葳事,龢敬书其后曰:

呜呼,盛衰之理岂有常哉!昔太常公兄弟五人著于前明,再传而司寇公陟登三年,少遭闵凶。既贵,不忘艰窭。故族谱之序,推本先世力耕勤俭之积,其言绝可悲,乃不数传而陵夷衰微矣。其在者不过三数人耳。吾大房支,自参政公父子仍世清宦,其后不绝如发,两世贞节母延之,重以赘庵府君之纯孝,潜虚府君之阴德,蓄积而光,遂佑启先公。先公立朝忠謇,于国事靡不尽,而无身家一念之私。尝曰:"一世显宦,三世僚幕。"盖谓大官子弟不能安贫,或藉以微秩自效,甚或走四方以谋衣食,求为农夫布衣寒素之士而不得也。嘻,可畏也。①

同治十有三年二月　同龢谨序

《瓶庐丛稿》卷一

追念亡姊旧事*

同治十三年二月(1874 年 3 月)

道光壬寅,姊初嫁,海警至,先公奉张太夫人住卫家浜。姊夫荔峰侍母避之宜兴,相远不得消息,数月后始通书。此先公书,盖

① 原稿序文结束后,又书数行如下:"先公事君则忠,事亲则孝。自居宰辅,刻苦甚于儒生。尝曰:'一世显宦,必至三世僚幕。盖世家子弟往往不能安贫,不能安贫则亟亟营微禄以自效,又不能得,则走四方谋衣食,而以客游为事。当此之时而求布衣之士而不可得,焉能其自立哉?夫富贵不足保,而诗书忠厚之泽可及于无穷。故谨书先训以示子孙,告我族之人,俾世世永以为式。'"此段似当补于此处。

* 题目系编者所加。

在卫家浜时也。其年龢十三，卫氏屋多鬼，有小楼幽然而黑，龢读书其下，其北通内室，先公支绳床当门，每作字燕泥涴纸笔，至今忆之，犹若儿嬉几案旁也。次年姊卒，先公手书联曰："二十年鞠育付浮沤，最伤心临死缠绵，含泪唤耶娘好慰藉八旬大母；两载因缘成幻梦，叹撒手今生诀绝，回顾托夫婿幸哀怜十日婴儿。"婴儿者，调卿甥也。姊以产后血升误服羚羊角病，草诵偈四句有"孽海茫茫，回头是岸"之语。又数搴帷呼弟安在？时龢府试未归，知姊病伤哉。龢在苏州，一夕梦姊告我塔钟可怕，醒而忘之。迨后述之姊夫，姊夫愕然。方用俗说"结草为人悬钟下"超度而入余梦可怪也。感念旧事，牵连记此，欲使调卿甥毋忘鬻子之难，一举足，一出言，言不可以苟也，而吾与甥怀姊之悲为无穷期也。甲戌二月，调卿甥示此书，敬展一过。

同治甲戌二月　同龢谨记

《瓶庐丛稿》卷三

跋杨利叔象济祖母节孝册后

同治十三年二月（1874 年 3 月）

岁癸酉，龢居母忧，秀水杨利叔先生以其祖母节孝郑孺人传略寄示，欲跋其后而未暇也。既而利叔以书抵余，论东南利害，其辞甚伟。夫国家当多难之日，敌国外患相因而至，然人心思奋，终克夷大难、成大功。及其已治，则晏安佚欲之念生焉，此《否》之九五所以有苞桑之喻也。于国如此，于家亦何独不然。利叔当中年自立之后，恪守节母遗训，是谓不忘其亲。流离震荡，出入生死，无日不以表彰节母为念，是谓不易其志，竟是以往。利叔虽处富贵，必不以晏安佚欲负节母桑蚕茹苦之教,可志也,岂非卓然有志节之士哉!吾闻利叔为人跌宕、好奇行,并世之人鲜当意者。古之君子顷步不敢忘孝,敬其身所以敬其亲也,然则利叔其益慎之矣。

同治甲戌二月　常熟翁同龢

《瓶庐丛稿》卷三

赵曼华画扇卷

同治十三年二月(1874 年 3 月)

嘉庆甲戌乙亥间,先君子主赵叔才先生家,先生之子曼华君亲受业焉。薄暮课书毕,开门入田塍中,叉鸣蛙以为乐。又尝悬的松树林,鸣骹角胜负。君时年少,咏箫执弭马趋蹡其间。道光己丑庚寅间,先君官中允,君以詹事府主簿来京师,居内城,往来尤密。是时君之画学日进,名称动公卿间矣。余生未及识君,而君之子价人、次侯①与余最习。价人工画,独不肯为人作;次侯以鉴画甚精,皆能世其学者,匪特画也。好客,喜饮酒,多藏书。园亭花木种植之事,无不似其先人。抑匪特此也,通经博闻,轻财好施,尚气节,能任大事,亦无一不似其先人。故登赵氏之堂,盎然有古趣,虽偏僻如余者,每旬日辄思过二赵语也。次侯幼孤,访君子画积成一卷,间出示余,余念君家累世之旧,故识之如此。至于画学,卷中跋者论之详矣。

同治甲戌二月　翁同龢识

《瓶庐丛稿》卷三

---

① 赵宗德,字价人;赵宗建,字次侯、次公,晚号非昔居士。

题王石谷《江干七树图》

同治十三年二月二十一日(1874年4月7日)

甲戌正月,余与昆圃[①]尊兄同游江阴之伞墩,风雨中并舟而行,坐论今古,因历数朋侪菀枯显晦之迹,不觉心动。后一个月,昆圃过余墓庐,携耕烟所画《江干七树图》见视。七树图者,惟松可识,馀皆不能名。耕烟作此,不识其何所取也。七树之为态不同,而严恭静正之气,未若并为一,画者之笔趣墨法亦不同;而其严恭静正之气,又与七树并而为一,然后知士生斯世果能特立,固自有静且一者在,乌有所谓同不同哉。向之所论菀枯显晦适见其隘而已矣。抑余又有感焉,曩在京师与温□丈谈江南事,温丈诵"无树即新村"之句以为善状,兵火后民居初定之景,及余奉讳还乡循行阡陌,凄然见山寒而木摧,益自悲诧,不知此身之在何处。耕烟当承平无事之日,文章翰墨上下娱嬉,乌知数十百年后流离之子欲见乔木而不可得者乎!然则七树之遭逢幸矣哉!是岁二月十九日。

《瓶庐丛稿》卷三

虞山七家诗序

同治十二年三月十六日(1874年4月12日)

国家设翰林之官,专以诗赋为职,而乡、会两试及学政之试,皆

① 庞钟璐,字宝生,官至刑部尚书。翁同龢是日日记有:"题昆圃所藏石谷《七树图》卷。"

于四书经艺外，课以五言诗，谓之唐律。承习既久，作者益多，且亦日益工，而有司选取之法日益密。一韵之失，一字之病，往往摈抑真材而不惜。嘻，亦已太甚矣。

钱漱青孝廉，勤学好古，博考吾邑文献以备志乘，因编辑邑人试帖七种，将集以行。清而不密，丽而不靡，足启初学之悟而悉合乎有司之选，其用意可谓勤且慎哉！余于诗律未尝讲习，顾念七人中，景公、吴公则吾先人之父执友也；姚君以次皆素所狎习，或尝朋试于有司者也。循览是编，怃然有今昔之感。故书数言以志钦向。

同治癸酉三月　翁同龢

《瓶庐丛稿》卷一

题赵次侯藏石谷画帧后*

同治十三年三月(1874 年 4 月)

清秋落叶，言访赵子。叩门入室，翻弄图史。次公语我有石谷画一十二帧，合南北派将求辜。山僧所卖，我时惊叹夸诧为绝，独次公吝，只示我六轴。平生谈画，麓台是宗，石谷过密，渔山太浓，然于石谷固当别论，晚年自运老笔最健，或疑此画是蔡，是杨。我曰不然，中有古光，春江掀天，万樯如马，京口一阁，与波上下，是时耕烟年八十三，心腾千古，眼空江南。笔势所向，纸墨不受。烟云吐吞，水石奔走。古春之堂，素壁如雪。一幅已满，何况重叠。次公藏之，同龢题之。客有疑者，来观此辞。

《瓶庐丛稿》卷三

* 时间系据翁同龢同治十三年日记。

亡妻汤夫人墓志铭

同治十二年三月二十一日(1874年5月7日)

夫人,萧山汤氏。祖金钊,吏部尚书协办大学士。父修,太常寺卿。年二十一,适常熟翁同龢。越十年,咸丰八年三月十八日卒于京师。同龢伤之甚,为文志之。后三年有寇警,厝于报国寺。一年,归厝于先兆侧。又六年,始得吉卜,乃行礼葬之于兴福斗牛栈。同龢生藏之右,距其亡十有七年矣。四月乙丑,将举柩前一夕,与柩同在墓庐,追惟畴昔,若在若亡,泫然志之。

夫人讳松,字曰孟淑,生三岁而母卒。为大父母所爱。读书能得其义。二十一来归于龢。职内事勤以挚,又为龢父母所爱,常呼之为女。龢性卞急,夫人常左右之。一言之善,令人愧汗,闺阁中待之如友生。咸丰丙辰,龢登第而夫人居大父之丧,胪唱之日,贺者在门,夫人戚然素衣,颜色惨戚。一时称为知礼。然自是疾日以剧。其疾肝伤咯血,而喜怒无定。平时婉静寡言,至是乃促促不终日,龢常憾之,虽疾笃犹谯责不已。兀坐三年,胁不贴席,最后呕血一瓯而绝。临绝气不属矣,执余手曰:"夫子。"又曰:"臣当忠,子当孝,夫子勉之,而我独不获卒事亲,何也?"夫人居室十年,无子女,循流俗妇女之见,抑郁以死。呜呼,可胜悲哉!夫人卒后数年,余以兄子曾翰为嗣,有两孙矣,而夫人不及见。今长孙年十七,固未尝识夫人也。

夫人萧山汤氏,大父文端公,海内所称仰。父讳修,太常卿。其生以道光九年六月十七日。铭曰。□□□同治十一年,天子推恩侍从,乃以一品封,赠之为夫人。

《瓶庐丛稿》卷六

瞿文懿忠宣四代遗像册

同治十三年三月二十九日(1874年5月14日)

龢不敏,于先正之书未尝览观。幼时仅见昆湖先生制义,近始假得忠宣公册,犹未得其用力之所在。最后检家藏遗书,得忠宣手批《易》程氏传,然后叹公学术之正。其杀身成仁,盖有所本,非激于一时之气而然也。此册有文懿、忠宣遗像,其一幅为参议公,抑太仆公?疑未敢定断,末幅则简讨公也。瞿氏一门清忠孝行,皆本乎学术之正。士生斯世,行不践圣贤之轨,志不任天下之重,而欲临事自奋,与古人相颉颃,不亦难哉!观此册也,盖有茫然慨然愧叹不可终日者矣。

同治甲戌三月二十有九日　邑后学翁同龢识

《瓶庐丛稿》卷三

曾叔岩《明瑟山庄课读图》

同治十三年四月初五日(1874年5月20日)

龢幼时与同里曾阍谷为诗文之社,阍谷气雄而才高,侪辈皆屈伏。一日自外归,检图籍,遽呼气促,竟以是卒。阍谷者,内阁中书叔岩曾君之长子也。君与先兄药房同举壬辰乡试,其制举之文,先兄序之而行。君之祖勉耘先生,其兄牧庭先生并有盛德,博学好古,与先祖为道义交。先君尝与牧庭先生游,而君之尊人芸舫先生齿长于先君。其□□□,盖吾家与曾氏之交数世矣。阍谷既卒,君悲伤无聊,未几有山庄之筑。山庄成,而阍谷两弟森然玉立矣。图中所列,君表、君麟,肩随而读书者也。嗟乎,人事何常,阍谷之卒,同社无不痛惜。今君表兄弟以文誉才行著于乡邦，而君则捐馆舍久矣。台树似富贵，森木似名节，人世何一足恃，惟诗书忠厚之泽可以及于无穷，若君者其可谓有子也。君表属题此图，藏诸篋衍，矜慎未敢落笔。今辞墓北行，乃剪灯记此。俗儒读书如鸟，渺然一去其窠，终身不顾；对田夫野老，不觉愧汗沾背，况贤而能文如君表兄弟者哉！此龢所以尤感叹不置也。

甲戌四月五日鸽峰墓庐　翁同龢谨记

《瓶庐丛稿》卷三

姚君墓志铭*

同治十二年十月初八日（1874年11月8日）

君讳□□，字理堂，姓姚氏，常熟西南乡湖巢人也。湖巢濒尚湖，沙水洄洑，如鸟栖木，故谓之巢。明末有隐虞翁者，自歙来吾邑，乐其地，遂定居焉。子孙守法度，忠厚孝谨，以耕读世其家。君有异禀，龆龀遍诵诸经。以父病咯血，遂肆力于《灵枢》素问及唐宋良医之书，犹未敢试，乃从学吴门名医曹仁伯、高景庭者，尽得其脉法。然是时君父疾已笃，君日夕侍调药以进。疾有间，已而竟卒。君哀毁不欲生，人称孝焉。

君既精于医，用思湛深，不泥古法，尝曰草木之味能夺命，亦能致命。一贵者病喘，或曰此肾虚也。君以橘红煨江子和人参投之，一泄而愈。又有毒发唇下者，方书中所谓虎须丁也。法不治，君独以雄麝汤疗之，由是日益知名，求医者趾错于道，门以外舟航比栉

---

* 时间系据《瓶庐丛稿》卷六原注。翁同龢是日日记有"晨寻吴儒卿，因同余兄弟至姚啸冈家看菊，啸冈住西谢桥，其父理堂业医，已即〈谢〉世矣"。

焉。然君用心仁恕,匪特于医然也。又欲推而致之民物,尝重建云和塘斜桥,岁饥则出资振济,设粥厂,立局赋药。同治癸亥贼退,流亡者得归,君亦以是时返湖巢,然君之庐则已毁矣。是年大疫作,死者相属。君欲施药则无资,又不忍视民死。乃济之以力,施诊于南乡之莫城,日诊百人,全活甚众。而君竟以劳瘁致疾,其年九月九日卒。卒之日,贫民皆呻吟流涕。

君生于乾隆六十年六月二十二日,享年六十有九。曾祖□□,祖□□,父□□,旌表孝子。君卒乡里,上其行迹,诏旌孝子,于是父子并获庙祀。配黄孺人,继配陈孺人,前卒。子大奎,九品衔,亦善医,传君之学;联奎,候选府照磨,殉粤贼难,世袭云骑尉;景奎、耀奎、禄奎、德奎。孙二人,曾孙六人。铭曰:

云和之塘隐君庐,有鞠十亩书百厨。书则烬矣鞠未芜,素秋令节众士趋。君有才矣世厥居,孙曾绳绳循德隅。我为作铭期勿谀,后有知者长嗟吁。

赐进士及第、荣禄大夫、弘德殿行走、头品顶戴、内阁学士兼礼部侍郎衔邑人　翁同龢撰。

按:行述称生于乾隆六十一年,“一”字当衍。三代名皆未填。明医,作“明”为是,旧书中不称名医也。

《瓶庐丛稿》卷六

跋黄谱堂先生诗*

同治十二年十一月(1874 年 12 月)

同龢生晚,不获与邑中诸先生接迹。弱冠游京师,乃益疏远。

* 时间系据翁同龢同治十二年十一月日记,翁同龢是月日记多有题跋文字记载,唯此篇末注具体时间。

谮堂黄先生居梅里镇,距城三十馀里,平生未识面。而今读其诗,调高而气静,殆深于禅悦者耶!诗凡二册,后一册皆庚申以后所作,流离困顿,时时以民生时局为念,若不知身之贫且饥也。梅里张氏乃同龢祖母外家,壬申癸酉间,尝一再至其地,徘徊观想,有荒江寂寞之叹。嗟乎,安得如先生者起而与语□□摧千古也。应哲嗣兰坡孝廉请,以遗册见示,漫识数语,以志景仰。翁同龢敬书。

《瓶庐丛稿》卷三

醴泉铭跋*

光绪六年七月初四日(1880年8月9日)

余藏宋枣木本《醴泉铭》,山舟、惜抱[①]两先生叹为唐拓,末行欧字作一捺,□势龙骞凤游,他本不若是也。平生所见,以光州周芝台相国[②]缺一叶本为最古,肥泽可掬,时露隶势。今新吾世兄获此本于京师,当是南宋之旧拓,□翁所谓神骨清雄,耐人寻味者也。审研数日,爱玩不置。光绪庚辰七月初四日剪灯记。是日毒热。常熟翁同龢。

《瓶庐丛稿》卷四

题曹东谷尊人遗墨

光绪八年二月初六日(1882年3月24日)

临古三种,朝鲜曹侍郎绍云先生遗墨也。先生余弗及见,其嗣

---

* 光绪六年七月初四日翁同龢日记有:“夜为新吾跋《醴泉铭》及小楷《护命》《度人》两经。”

① 指梁同书、姚鼐。

② 指周祖培。

东谷学士奉使来京，箧中携此册以寄无穷之慕，因得拜观。昔山谷论书，谓李西台如法师参禅，王著如小僧缚律，语有低昂，不知舍律无繁悟道也。先生此书左规右矩，毫芒皆有法度，非墨池笔城不能造此境。

光绪八年二月壬戌　常熟翁同龢赞叹谨记

《瓶庐丛稿》卷三

唐人写经题记*

光绪九年十月初八日（1883 年 11 月 7 日）

光绪九年十月，何子峨学士①以唐人写经宝行王正论一卷见示，通篇五字偈，硬黄纸正书，与余此卷笔意仿佛而精整过之。子峨奉使日本，得自彼国，诧为奇宝。尾题云："皇后藤原氏光明子奉为尊考赠正一位，大政大臣府君尊妣赠从一位。橘氏太夫人敬写一切经论及律庄严既了，伏愿凭斯胜因，奉资冥助，永庇菩提之树，长游般若之津。又愿上奉圣朝，恒延福寿；下及寮采，共尽忠节。又光明子自发誓言：弘济沉沦，勤除烦障，妙穷诸法，早契菩提。乃至传灯无穷，流布天下；闻名持卷，获福消灾。一切迷方，会归觉路。天平十二年五月一日记。"

子峨云：日本天平值唐永徽中。当时聘使归国必携佛经，献其

---

* 题目系编者所加。光绪九年十月初十日翁同龢日记有"何子峨（即何如璋）赠唐人写经一卷，日本所藏也"。

① 指何如璋。

国主,此卷盖藤原后纳之西京知恩禅院者。附记于此,以广异闻。

是月初八日　翁同龢识①

《瓶庐丛稿》卷三

吕九霞先生手迹题记*

光绪十一年十月初四日(1885 年 11 月 10 日)

右油素四册,旌德九霞吕先生手迹也,其中多临《万民丛帖》,最后两幅乃先生自运。予未见万帖,为缩临与否不可知。然一篇各具一体,非静且专者不能为也。咸丰癸丑,先公教习庶吉士,先生实居馆职,有文字之契,龢因得亲矣。先生盖醇谨笃厚渊懿君子人也。今哲嗣筱苏编修奉遗墨属为题记,追念两世师友之谊,俯仰三十年人事变迁,怆然而叹,而又喜筱苏醇谨笃厚,一如先生,则先生之泽为不替矣。余书以意行,不守法度,今老矣,虽悔莫及。呜呼,一艺可以观德,其弗信已乎!

光绪十一年十月　常熟翁同龢记

《瓶庐丛稿》卷三

嘉庆已未之狱资料题记

光绪十年十月(1884 年 11 月)

是月某日,同龢在直庐见嘉庆己未之狱资料,在梁耀枢阅后题

① 下有原文自注:子峨名如璋,曾充驻日本大臣,今以学士督理福建船政大臣,并记。

* 题目系编者所加。光绪十一年十月初四日翁同龢日记有:“归,题吕九霞字册,为其子筱苏编修。”

记后亦写了一道题记。梁氏题记为:"直庐清暇,凤石洗马出此卷见示,敬观一过,益叹翰墨之传以事重以人重,洵足为家乘之光矣。甲申秋初梁耀枢识"。

嘉庆己未之狱,三邑横舍为之一空,当时有仿《阿房宫赋》以讽切有位者,其冤愤可知也。士不幸以气节见,然所系于风敬者匪浅,呜呼,士之人欤。光绪甲申十月后学翁同龢获观因记。

《上海图书馆藏翁同龢未刊手稿》第623页

王锡鬯记翁同龢论书法诗文*

光绪十六年四月(1890年5月)

翁文恭师昔尝语余曰:"世人盛推吾书,实则吾于书法茫无所知,去伯寅甚远。伯寅尝笑吾杜撰草法,诚中吾病。盖四十年后,方有意学书,笔性既拙,又苦无多暇,是以终无成就。君为国子师,大好趁未入翰林时,与诸生琢磨文字,斯与古人为徒。一入翰苑,则牵率不暇矣。"

又笑曰:"吾文章知不足示人,只诗歌一道稍有功力,或能传得数首,而世无知者,以此悟人生之幸与不幸,亦非力所强也。"

王伯恭《蜷庐随笔》

* 时间系据翁同龢光绪十六年四月日记。题目系编者所加。王锡鬯,字伯恭,后名仪郑。王氏与翁同龢首次见面是在光绪十六年四月,若交谈,论书法,最早也只能在此年四月。

为光绪帝代拟醇贤亲王碑文底稿

光绪十八年四月二十一日(1892 年 5 月 17 日)

□□有司详定彝章,以研文请　　省司　　　钦奉　　碑文皇帝亲制。子臣　　。越二年,岁次壬辰四月二十一日,恭举葬礼,　　承赍邀涕洟□□□□勋德,勒诸贞石。其词曰:

我本生考醇贤亲王,皇祖宣宗成皇帝第七子也,母庄顺皇贵妃。生而明敏,敦厚孝谨,为皇祖所钟爱,以为有大福泽。六龄入书房读书,十岁能乘马,习火枪,逐牲兽。宣宗成皇帝御极,封为郡王,恩眷优渥,乘舟赋诗,或从猎行围,一如家人礼。穆宗毅皇帝嗣位,两宫皇太后垂帘听政,晋封亲王,授御前大臣,命在弘德殿照料读书。入则辅导圣躬,出则规划武略。创立神机营,选八旗兵丁之材者,亲加训练,教以枪炮,由是京师有炮队劲名。同治十三年穆宗升遐,皇太后命予入承大统,我本生考深怀谦抑,于皇太后前辞免职务,懿旨俯允,命以亲王世袭罔替,倚畀益隆,凡军国重大之事无不咨焉。既仍管神机营,又以创设海军,命综其事。岁丙戌,躬阅沿海形势,遂由天津至烟台、旅顺,轮泊驭风,海波不兴,各国使臣鳞集羽凑,争睹颜色。于是讲求船械,议开铁路,恢恢乎经营六合之规。盖上禀慈训,下集群言,殚心竭思,未尝一日释也。至于规划大工,百废具举,如菩陀峪万年吉地及惠陵寝殿,皆亲历相度,昕夕程督,嗣一切兴作,靡不董正。而雄文丽句,浩若江海,初若未尝构思,而下笔遂与古人相抗。每年章疏,手自缮写,前后凡数十通。予小子嗣服之初,我本生考鉴宋明礼仪之失,密奏皇太后,谓历代继嗣之君推崇本生父母者，以宋孝宗不改子偁秀王之封为至当，将来如有援引治平、嘉靖之说进者，务加屏斥，俾千秋万世勿再更张。迨光绪十五年，大臣中有请议尊崇典礼者，仰蒙皇太后宣示此疏，褒扬贤王心事，以为古今莫及。呜呼！仪礼为人后者之义，高宗纯皇帝《濮议辨》阐明于先；我本生考预杜妄议疏继述于后，实是尽人伦之极则，而立臣子之大防，此所谓一言定论，万世法者也。所著《朴庵文集》、《诗集》、《竹窗随笔》、《(兰)〔滦〕阳日记》、《航海吟草》、《退潜别墅存稿》、《窗课存稿》，为世宝贵。吉□□在京师西山妙高峰庾山中，而地本生考二十年前所亲定。灵筵规制如亲王礼，遵遗志也。生平伟绩，书不胜书，其大者见于历次懿旨中。予小子敢述所闻，敬举数端，以诏来禩。

光绪十八年四月二十一日，皇帝　　　恭述并书

未刊稿，原件藏常熟市文管会

论形与神之关系*

光绪十八年五月初五日(1892 年 5 月 30 日)

是以君子知形恃神以立，神须形以成，悟生理之易，失之一过之害生。故修性以保命，安心以全身，爱憎不栖于情，忧喜不留于意，泊然无憾。而体气和平，又呼吸、吐纳、服食、养身，使形神相亲，表里有济也。夫田种者，一亩十斛，谓之良田，此天下之通称也，不知不同区种可百馀斛也，田种一也。至于树养不同，则功效

* 题目系编者所加。

相悬，谓农无百斛之望，此守常之说也。

壬辰端午日中　翁同龢书

《翁常熟扇集第一集》

题窓斋藏沈画*

光绪十八年闰六月二十四日（1892 年 8 月 16 日）

余既得启南张公洞画卷，以为奇绝，不知真本乃在窓斋河帅①处。己丑八月，暂假还山，饮赵次公北墅，吴县徐翰卿示以窓斋临本，因赋一诗，题其卷尾。今年六月，窓斋携沈画来，始睹真虎，相与叹赏，嘱检旧稿，重书一过。当时草草之作，未经点窜，甚愧荒率，即乞教正。

壬辰闰六月二十四日　常熟弟翁同龢呈稿

《瓶庐丛稿》卷三

读薛福成姚文栋关于野人山划界致总理衙门函稿之后的批文

光绪十八年九月（1892 年 10 月）

是月，翁同龢密切关注英国图谋侵占我国云南野人山地区。自中法战争后，法国夺占越南后，英国出于利益均沾，一直图谋夺取与缅甸接壤的我国云南野人山地区。云贵总督王文韶、清朝驻

---

* 沈画指沈周的画，沈周字石田，晚号白石翁，江苏长洲（今苏州市）人，明代著名画家。翁同龢是日日记有："书旧诗于沈石田《张公洞卷》，应吴清卿之属。"

① 即吴大澂。

英法公使薛福成,以及直隶候补道姚文栋先后致总理衙门的函稿,翁同龢对此分别作了摘录。看了薛函,翁同龢写道:“十九年正月,薛福成据直隶候补道姚文栋咨一件,乃发端之始,最为详尽。九月薛福成与英外部定滇缅界线摺乃收束全局,亦最为详实。要之,此两本档册(按指总理衙门保存的《缅甸档》)竟须熟读,方能谈滇边形势而愧未能也。”看了姚文,翁同龢写道:“姚文栋,上海人,所著有云南勘界筹边记刻本两卷。”还查阅了会典馆藏云南总图,亲手绘制了《一统志腾越厅图大略图》、《野人山滇缅边界图》。图边题签:“编者未及野人山一字,惟槟榔江注中有旧志源出野人界一见而已。”从历史源头查寻野人山的来历。

《翁同龢文献丛编》之六《外交 · 借款》第46—57页

论蔡邕、钟繇等人书法*

光绪十八年(1892年)

蔡邕书骨气洞达,爽爽如有神力;钟繇书如云鹤游天,群鸿戏海,行间茂密,实亦难过耶!梁武评书,阁帖所刻,目为智果书者,非也。智果书名与永师颉颃,安得有此恶札,乃妄庸人为之。

叔平翁同龢

《翁常熟扇集第一集》

---

* 时间系据翁同龢光绪十八年日记。题为编者所加。蔡邕,字伯喈,东汉陈留(今河南杞县)人,工书画,善鼓琴,历任郎中、议郎、中郎将。为八分书的创始者。钟繇,字元常,三国时魏国颍川长社(今河南长葛县)人,封定陵侯,迁太傅,谥成侯,攻书三十年,成三体:一铭石之书(正体),二章程书(谓八分)、三行狎书(谓行草),三法皆为世人所称善。

论书法*

光绪十八年(1892 年)

运笔邪则无芒角,执手宽则书无缓弱。点掔短则法臃肿,点掔长则法漓澌。画促则字横,画疏则字形漫。构则乏势,放又少,则纯骨无媚,纯肉无力。少墨浮澁,多墨笨钝,比并皆然。任意所之,自然之理也。若抑扬得所,趣舍无违,随笔廉断,触势峰郁。

翁同龢

《翁常熟扇集第一集》

为承修跸路《伐石记》

光绪十九年七月二十七日(1893 年 9 月 7 日)

七月二十七日(9 月 7 日),翁同龢奉派为跸路承修大臣后,于是日偕福锟等人查勘修理情形。写有《伐石记》。计“应添新石路 330 丈,修旧石路 3033 丈。辇路中心用青白石。天桥北至正阳门一路石工换五成,天桥南至南坛门石路换五成”。翁同龢饬属“亲勘石骼,详考石料,详看旧石尺寸,查验旧灰土几步及护牙石土灰”。就户部承包二段工程,令溥颋、那桐、王用钦、陈宗妫、宝棻、尹序长、延祉、王绂卿为监督。

《翁同龢文献丛编》之六《内政·宫廷》第 1095 页

---

* 时间系据翁同龢光绪十八年日记。题目系编者所加。是年七、八月,翁同龢与吴大澂、汪鸣銮、廖寿恒、陆恢等论书法,绘画。

关于库平砝码事，翁同龢与日本驻华公使林董交涉存记

光绪二十一年八月十六日（1895 年 10 月 4 日）

八日十六日（10 日 4 日），为库平砝码事，翁同龢午正先到户部，再到总理衙门，将“户部饭银处砝码携至同文馆比较，无一同者”，翁同龢对此感到“可叹可叹”。林董今交来交款章程三条，其“算法与赫德所议同，两万万两合计，较前所开可节省去一百四十万两”。晚间松寿（鹤龄）来，“言甘回事”，认为多因总兵汤彦和“措置乖谬”所致。又言“杨制军（昌浚）醇粹清廉，而其左右则贿赂公行”，以致“吏治大坏”。

《翁同龢日记》第 2839 页

林董函复翁同龢“库平分量合英算法”，翁同龢照录来函：“径启者：库平一节，昨用同文馆所备之衡试取数个一两权称之，均有轻重，未知孰是。因想上月二十七日承示英文节略，所开庶乎其无差，今按其数核算如左：

“库平一两合英五百七十五葛林八二，该银二万万两合英二亿三千九百九十二万五千恩士，核成英国例定银二亿五千九百三十七万八千三百七十八恩士三十七万八千三百七十八。回溯西历本年六、七、八三个月按照伦敦市价折中核算，每一恩士合三十边士三十四万四千四百四十八分之十五万二千五百六十三。总而算之，库平银二万万两合英货三千二百九十万九百八十镑七希令七便士。

“此外，文凭底稿所开：贵王大臣曾云并无异议等语，兹按此数改缮清本汉文二分，先行函送，所有日本文二分，本大臣应于明日

下午两点钟亲赍前往贵署，会同贵王大臣署名盖印，以便彼此迅速电达驻英大臣查照，届期交收，免致失误。端此布订，顺颂时祉。”

《翁同龢文献丛编》之六《外交·借款》第167—168页

八月十七日（10月5日），日本公使林董来，翁同龢以赫德所拟镑价，与林董“画押”。会谈时，翁同龢与张荫桓“欲每期定价”，林董“不允”，辩论良久。适赫德来，翁同龢问赫德“洵以镑价总算中国吃亏否？对云不吃亏”。翁同龢于是遂与林董“定议”。指责林氏字据有讹字，“柒”字写成“染”字，因改于明日画押。次日林董携交凭据四份：二汉文，二日文，彼此签名用印。互换而去。

《翁同龢日记》第2838页

关于英索野人山意见

光绪二十二年正月初六日（1896年2月18日）

自两乌让予法国，而英以有违缅约为言，遂欲废缅约，占野人山，最后乃以开西江通商为结束。沙侯云西江若开，则野人山可以减让，既允开西江，则仍多索野山，经龚使一再辩论，乃又稍让数处，实则中国所得无多，而西江口岸则所索太奢，竟欲北至桂林，西至龙州矣。

《翁同龢文献丛编》之六《外交·借款》第57页

季沧苇手校《通鉴》阅读记*

光绪二十二年二月二十一日（1896年4月3日）

咸丰庚申冬，天子在滦阳，都下萧然，士大夫蹙蹙无所适，余日

* 题目为编者所加。

从肆中检破书。一日与宝东山[①]丈遇于隆福寺之三槐堂书坊,见季沧苇先生手校《通鉴》,剧爱之,已而为丈所得。余戏曰:“公不能独有也,必假余遍读乃可。”丈笑颔之,约曰:“一月读两函,月尽一易。”既而丈扬历中外,余亦直内廷,竟未践诺。光绪甲午,余在农曹,丈之哲嗣叙五为郎官,偶谈及之,仍许借读。时余职事猥并,实未暇也,乃令堂吏先以朱圈移写毕,余又校勘一过,且翻且读,一字未尝遗,十阅月而卒业,盖于舆中为多,未得横几摊卷也。回忆曩游,渺如隔世。喜叙五能承鉴楹之志,乃感慨题尾而归之。时光绪二十二年二月二十一日。常熟翁同龢记

《瓶庐丛稿》卷三

题颂阁尚书所藏乙瑛旧拓奚林和尚藏本

光绪二十二年三月二十一日(1896 年 5 月 3 日)

释成槫,字奚林,诸城人,能诗工隶,见《山左诗钞》、《池北偶谈》载荆庵赠奚林大师一诗,盖国初名僧也。此鲁珍跋中奚下“林”字尚露其半,故拈出之。奚公石墨填禅窟,蝯叟能将真面开。子贞先生所藏《石门颂》、《张黑女志》皆奚林旧物。会见汤阴君表颂,走归竹影研斋来。据跋尚有《张迁碑》。点金磨铁百无成,一字何劳考核精。谓碑中“辟”字完缺。礼器石碑吾未信,曝书亭集本分明。竹垞跋乙瑛与韩敕前后两碑并列,且详著前后之所记,乌得有误。吾友伯羲谓苏斋亦误,仍恐未确。丙申三月二十一日园居无事,题奉颂阁五兄[②]。

翁同龢记

《瓶庐丛稿》卷四

---

① 宝鋆,字东山,满洲镶黄旗人,进士。官至军机大臣、大学士等。

② “竹垞”指朱彝尊,“伯熙”指盛昱,“苏斋”指翁方纲,“颂阁”指徐郙。

论《易》*

光绪二十二年四月十八日(1896 年 5 月 30 日)

南宋诸儒之于《易》,往往离合经传自成一书,赵汝楳《周易礼》,闻疑系词多称“子曰”,定为门人所记,非夫子之言,故以文言散附乾坤象传小象后,固未尝以文言定为系词也。此卷首标大易系而于文言及系词九封之传皆删“子曰”字,似专取有“子曰”肯定为系词,盖创例也。卷为松雪翁手书真行狎草,信笔所至,而真气流衍,断非伪作。末有笪江上数字,称真论圣。前后有项子长等皆真印记,即装池亦精绝。丙申四月,余借都虞司小屋憩息,值估客携过,以十二金得之,非偶然也。因题岁月以谂来者(识欣幸)。

《翁同龢遗墨手迹三种》

题潘祖荫陈彝《筹赈务书》

光绪二十二年七月十二日(1896 年 8 月 20 日)

[前缺]岁庚寅大雨,永定河决,浸近畿各州县。时吴县潘文勤以尚书兼顺天府尹事,而仪征六舟陈公为府尹,请粟于朝,告粜于各行省,求助于京之士大夫,不遑寝食,愍民无算。此四巨卷皆文勤与六舟筹振书,最后两纸则公绝笔也。余与文勤久故,余性迂缓,而文勤敏捷,相左也。然自总角交至垂

---

* 题目系编者所加。翁同龢是日日记有:“以十二金得赵松雪书《大易系词》一卷。”赵松雪即赵孟頫。

暮，意气之合，无如吾两人者。余尝以赈务问文勤，曰："六舟何如？"文勤举手曰："仁人，仁人。"

今观其书，自六月至十月，已累百幅，则六舟之相与往复筹度者可知也已。方咸丰癸丑之冬，粤贼窜天津，顺天府设粮台。是时先公筦府事，与河南宗公小棠同寮，日至府署治事。事毕归，归则宗公以手札至，一夕数返。寒夜灯昏，先公披衣起，龢侍侧呵墨而书之，使者旋辄闻叩门，则后书狎至矣。迨先公去官，继之者若无事焉，而贼亦旋灭。然则事之有无，固视乎其人耶？比年，永定河频绝，六舟再任京兆，值癸巳大水，其劳瘁有过于庚寅者。今年六月，六舟告归，而永定又决。朝廷发粟急赈，一二好义之士亦或冒巨险，持饼穛与攀木升屋忍死待死之民相呼吸，不知当事者亦遑遑劫劫如文勤与六舟耶？抑澹然镇静而事无不举耶？展此卷，因记所闻见于后。光绪丙申七月十二日。翁同龢。

《上海图书馆藏翁同龢未刊手稿》第 624—627 页

论何绍基翁方纲刘墉书法

光绪二十四年十一月二十五日（1899 年 1 月 6 日）

蝯叟臂灵，入锋中正，故能以篆籀法为八分。苏斋小楷亦如此。诸城顿挫轻园矣①。戊戌冬至后十五日。松禅。翁同龢七十岁正后书。翁瓶生。

《翁叔平隶书三种墨迹》

① "蝯叟"指何绍基，湖南道州人，人称道州先生。"苏斋"指翁方纲，直隶大兴（今北京大兴区）人，人称"翁大兴"。"诸城"指刘墉，字文清，山东诸城人。

论何绍基书法*

光绪二十五年二月十二日(1899 年 3 月 23 日)

道州何先生篆隶皆悬锋直下,晚年乃益挥毫离奇,其用意以钟鼎结体,而以李蔡沈古之力运之,故变化不穷。己亥二月十二日鸽峰墓庐瓶。第二通。

《翁叔平隶书三种墨迹》

廉州画册跋**

光绪二十五年六月(1899 年 7 月)

染香庵主画,余见多矣。独摩诘《辋川图》设色古厚,又有仿松雪画,题云始欲仿梅道人,落笔过细,竟似文敏。可见设色之作,先生所最著意也。此册八叶,青孙一幅尤妙精到,其馀仿宋元作随意挥洒,所谓本家笔也。康熙乙巳,先生年六十八,神明不衰,故精到乃尔。曩在懋勤殿见湘碧画极多,而阮文达《石渠随笔》竟未列入。文达论画以富春董文恪①为国朝第一,于太仓一派或有所轩轾耳!

己亥夏　翁同龢识于山中

《瓶庐丛稿》卷三

---

* 此为翁同龢手临汉碑张公方娄元儒第二通题后语,题为编者所加。

** 廉州即王鉴,字元照,一写园照,曾任廉州太守,故人称王廉州。又称染香庵主人。江苏太仓人。"松雪"指赵松雪,字子昂,号松雪道人,浙江湖州人。"梅道人"指金农,扬州八怪之一。"文敏"指董其昌,字思白,谥文敏,松江人。"阮文达"指阮元,字芸台,江苏江都人,谥文达。

① 指董邦达。

吴槐江《伊江笔录》*

光绪二十六年二月十八日(1900 年 3 月 18 日)

康熙时,上问江南逋赋之由,宋文恪德宜面陈:江南多版荒田,有名无实,非尽官吏中饱。并极言苏松赋税独重,民力凋敝,遂诏免四郡钱粮之半。

吾乡蒋氏文肃、文恪父子①相继入参纶阁,其泽盖由副使莘田先生。伊于康熙间绘难民等十二图上之。仁圣览图及疏,动容嗟叹,禁兵焚掠,保全甚多。又上救荒策,以宜分不宜聚,令县各为赈,勿聚于府;乡各为赈,勿聚于城;人各为赈,勿秉于吏;灾黎均沾其惠。

先太夫人殁,柩厝北山。灵地之初,未知墓道中有无名氏茔地,嗣曾姓以拜台碍伊墓道,在县具控,亲友皆曰所控无理。先大夫云台下既有旧坟,于亡者本有未安,今趁此拆去,一举两得,何必兴讼? 即迁让之。次年余捷京兆试,未几二先兄亦捷京兆,庚子入翰林。昔人云阴地不如心地好,谅哉!

慕天颜任江苏抚藩时,浚刘河、白茆、吴淞江、孟渎,以兴水利,除苏松常三郡荒粮二千三百五十馀顷。

于公宗尧年十九为常熟令,既能兴利除弊。先是收粮兑粮责成里民,不惜其累。于令大集粮里差誓于神力以官收官兑之法,自是漕事不为民困。此外循政尚多。其殁也,百姓号泣挽留葬之虞

---

* 此件系翁氏为编纂常熟昭文两县新志搜集资料所作摘录,未注资料来源。光绪二十六年二月十八日翁同龢日记有:“借得吴槐江先生《伊江笔录》等三种,二十年前曾作序者也。”

① 蒋廷锡、蒋溥。

山南麓,至今祀之。

昌化浮粮,陶令元淳请减免两次未得行,次子正靖官御史,疏言该邑地瘠赋繁,民不惜命,纯圣降旨减免。

尹文端、陈文恭[①]在江苏时,胡文伯为四府粮道,漕务肃清,民受其益。又,江苏米往往出洋,虽从前有顾尧年之案,而关吏贿放,仍不能免。苏抚费淳独能实力稽查,数年米价平减,苏民至今思之。

汤文正[②]抚吴时,常熟奴告其主父曾受隆武伪札,迫主远遁占主妇。公曰国家屡更大赦,此草昧事,何庸问?而逆奴以胁其主乎追札焚之,毙奴林下。

昔人良法勿轻改,如吾邑白茆入江之道而多纡折,后之挑者以为径直,又拆除旧坝,以致潮汐涌灌,水退沙停,不久淤垫。近闻刘河亦不通大舟,三江已湮其二,东南田亩安得不淹。

吾乡常昭两邑水利宜浚白茆之里河至北港口,导之使北,归徐六泾之入海,建巨闸以拒浑潮,则费省而功可久,陶太常曾有是议。

《瓶庐丛稿》卷二

《王注苏诗》题跋*

光绪二十六年六月二十九日(1900 年 7 月 25 日)

光绪庚子四月朔,邑子翁同龢获观。

---

① 指尹继善、陈宏谋。

② 汤斌。

* 《王注苏诗》,系明万历刻本。书中有常熟钱简臣的批语。翁同龢开缺回籍后,以读书消磨岁月。此书共 10 册,系翁心存早年从常熟稽瑞楼陈揆处购得。翁同龢阅读时,又借得严思庵的评本。翁氏在该书除了抄录严氏评语外,又写了上述题跋。见黄裳《榆下说书》,三联书店,1982 年版。

评点极矜慎，而于鄙意有未尽合者。余粗疏任气，老将至而未知所裁也。雍正辛亥距今百六十六年，展卷兴感。龢记。光绪庚子五月。

光绪庚子首夏，得此书于邑中书估。有雍正九年钱公简臣批点，丹黄烂然，颇极矜慎。是年六月汪柳门侍郎由吴门寄示严思庵先生手批本，前后数过，最后为康熙五十年辛卯，则又在此评本之前廿年矣。钱公于严先生为乡里后进，而手眼各别，因以紫色笔移写严评并圈点于册内，以证吾虞诗派之同异。

思庵先生，古之狷者也。其罢官居京师时，至于绝粮，得人馈青钱二千始济，非其人必不受也。余削籍归田，生计日迫，然犹有书画数箧、墓庐一区，仰愧先生多矣。龢记。

批本中题记，往往涂抹过半，意当日文字之禁严耶？卷末有味闲居士鎏者，先生长子也。

庚子六月，北方有警，讹言纷然。回望神京，魂神飞越。此岂吾读书时耶？然舍读书又何为也。嗟乎，嗟乎！以庸流参大计，以华士谈诗书，以沾沾格律绳古仙之奇作，同一憾事！是月望，松禅。

自十六以后，无雨。几于流金烁石矣。余假菉卿侄舍以居，书室如斗，蚊雷轰然，临圈点毕，因记。六月廿九日。

梁山舟[①]碑板异文录跋

光绪二十六年八月（1900 年 9 月）

邑耆旧苏园公先生孤清峻直，海内知名，与钱塘梁山舟学士交最深。山舟之书，苏氏所得最多，此《碑板异文录》二卷，山舟集碑

---

① 梁同书，字山舟，晚号不翁，浙江钱塘（今杭州市）人。清代书画家。

帖楷字仿娄氏汉隶字原之例标其所出，凡点画稍小异变者皆著焉。呜呼，何其勤且博也。人之学囿于所习，书道亦然。习欧则欧，习褚则褚，未肯少越，以为规矩、体势当尔也。山舟论书，谓止有看帖无临帖，意其宜固专尚性灵矣，而纂辑之功乃如此，此其所以陶冶众体而成一家也。昔颜黄门[①]讥俗学放矢有"揖下无耳、鼓外设皮"等语。其实随手变体，汉人已然，六朝三唐尤趋尚笔势，乌得尽以六书为绳削？山舟盖取其大意而已。苏君保臣系园公先生后裔，宝藏此迹，可谓识真。尝求园公诗文集未获，今亦于保臣处得之。旧家世泽，元气斯在，保臣其勉之哉！

光绪庚子八月　后学翁同龢观并记

《瓶庐丛稿》卷二

翁小海[②]画册观后记

光绪二十六年闰八月（1900 年 10 月）

吾翁氏随宋南渡，其一支居洞庭山。其在平望者，洞庭山所分支也。当乾嘉时有海树先生曰广平，尝随海舶至日本，搜辑文字，著《吾妻镜补》一书，号称博洽。能画山水，自署莺脰湖长者也。其子长曰大年，藏金石最富，久客刘燕庭[③]处；其季曰雒，号小海，工写草虫杂卉，余幼时犹及见之。今其后凋零矣。庚子闰月，药公以小海画册见示，因记于后。

《瓶庐丛稿》卷三

① 指颜真卿。

② 翁小海，江苏苏州洞庭东山人。明末画家，以擅画花、鸟、虫、鱼著名。

③ 刘喜海，字燕庭，山东诸城人。官至浙江布政使。

《诒经堂图》跋

光绪二十六年九月十五日(1900年11月6日)

吾邑自前明来，藏书家移矣，惟张氏一门群从累数世而不绝。乾嘉，海鹏张君集书最多，所谓照旷阁者也。照旷毁于火，而月霄先生继之。月霄从子曰承焕，贫而好聚书。其别系曰蓉镜，尤贫尤好书，隐然绛云、述古之风焉。月霄先生，吾丈人行也。所居曰"诒经堂"，亦曰"爱日精庐"，厥后移居板桥。板桥之宅再易主而归于吾，庳陋极矣，而有楼，屈曲如连环，或曰此先生庋书之所。先生著述繁富，又尝辑宋元以来说经之书千二百馀卷，为《诒经堂续经解》。然未及集，刊者《藏书志》四十卷而已。昔我先公为秀才时，食贫读书于陈子准丈家。陈与张相埒也，皆不惜善价购书，书贾至，则出入两家，挟以为重。而月霄仿毛氏之例求工书者精钞之，先公亦尝与其事。迨先公赴京师，先母每夜篝竹影写至漏尽目眵乃已，所抄者皆张氏书也。月霄既不遂《续经解》之刻，而爱日书目海内珍重。陈氏稽瑞楼则书尽散佚，并其目亦罕传矣。数十年来，人事迭更，后生无复校雠簿录之学，展此图不胜感喟。杂书旧事以应子戴孝廉之属。孝廉姓宗氏，金陵籍，寓吾邑，承其家学，博览好古，其足继吾乡先生而起者哉！光绪二十有六年九月既望，常熟翁同龢说。

《上海图书馆藏翁同龢未刊手稿》第628—629页

《诒经堂图》书后*

光绪二十六年九月十九日(1900年11月10日)

图为张月霄本其尊人以护先生遗书而作,题者甚多。

吾邑自前明来藏书家夥矣,惟张氏一门累数世而不绝。乾嘉时,海鹏张氏集书最多,所谓照旷阁者也。照旷毁于火而月霄先生继之。月霄从子曰承焕,贫而聚书,其别系曰蓉镜尤贫尤好书,隐然绛云、述古之风焉。月霄先生吾丈人行也,所居曰诒经堂,亦曰爱日精庐。厥后移居板桥,板桥之宅再易主归于吾,庳陋矣。而有楼屋,屈曲如连环,或曰此先生庋书之所也。先生著述繁富,又尝辑宋元以来说经书千二百馀卷为《诒经堂续经解》,然未及刊,刊者《藏书志》四十卷而已。

昔我先公为秀才时,食贫读书于陈子准丈家。陈与张相埒也,皆不吝善价购书,书贾来则出入两家,挟以为轻重。而月霄仿毛氏之例,求工书者精钞之,先公亦尝与其事。先公赴京师,先母每夜篝灯影写至漏尽目眵乃止,所钞者皆张氏书也。月霄既不遂《续经解》之刻,而爱日书目海内珍重,陈氏稽瑞楼之书则散佚殆尽,并其目亦罕传矣。数十年来,人事迭更,后生毋复校雠簿录之学,展此图不胜感喟。杂书旧事以应子戴孝廉之属。孝廉宗姓,金陵籍,寓吾邑,承家学,好古博览,其足继吾乡先生而起者哉!

赵惠甫跋、书贾杨言楼所刊《金文最》一百二十卷或是月霄之旧。

---

* 时间系据翁同龢光绪二十六年九月十九日日记。张月霄为著名藏书家,其藏书楼名“爱日精庐”。陈子准,即陈揆,著名藏书家,其藏书楼名“稽瑞楼”。“先公”指翁心存。“子戴”指宗舜年,宗民,字子戴。

金门曰书局已刊。费屺怀跋月霄所著《十七史引经录》在杭州人家,伊钞得欲刻之,曾在京师闻是书。郭频迦跋谓月霄所著《白虎通论注》、《广释名》、《两汉五经博士考》刊、《丛缀积闻》、《释龟》等书,皆未刊。

《瓶庐丛稿》卷一

翁方纲秦篆三种摹本题后*

光绪二十六年十一月初十日(1900 年 12 月 31 日)

右覃溪先生秦篆三种摹本,附《华岳碑图》,光绪庚子十一月门人罗迪楚自鄂渚来谒,余病未见留此,以苏斋先生手摹泰山、琅玡、之罘三种秦篆油素本见诒。苏斋先生于古刻无一不摹,秦篆为石刻第一,摹本亦苏斋第一。先生既薄会稽,绎山两刻为后人重书而独取汝帖所刻之罘残字者,以之罘有浑古之气也。罗生为予壬辰礼闱所得士,慷慨有大节,为长官劾罢,今将转饷关中。此册得于汉阳叶氏,流传有绪,可宝也。腊月望重装毕因记。

松禅居士同龢

《瓶庐丛稿》卷三

赞吴鸿纶俞钟燮**

光绪二十六年十一月十八日(1901 年 1 月 8 日)

儒卿年八十四,犹能作小楷。金门字既精紧,诗复超然,展示

---

* 光绪二十六年十一月初十日日记有:"门人罗迪楚以诗幅投赠,并以覃溪手摹秦篆三种粘本,极妙。橘一篓、刻赵帖一部见赠。"

** 题为编者所加。

感叹。酣嬉歌舞平章业，积压文书机速房。一写“芙蓉阁上珠光艳，机密房中酒兴长”。一寸山河人不让，南朝犹说十三行。回首东华迹已陈，前记题诗乃二十年前在东华门酒肆事。江乡吟社一番新。金甥感慨诗成史，稼老冲夷笔有神。一写“颇怜俞子诗成史，犹喜吴翁笔有神”。庚子十一月十八夕漏下十刻。松禅老人，年七一。

《上海图书馆藏翁同龢未刊手稿》第620页

“真有张仙”抄书记

光绪二十六年十一月（1900年12月）

张仙名远霄，五代时游青城山得道者，苏老泉曾梦之挟二弹，以为诞子之兆。老泉奉之，果得轼、辙。有赞见集中。人但知花蕊假托，不知真有张仙也。庚子十一月，瓶庐。

《上海图书馆藏翁同龢未刊手稿》第646页

跋白石神君碑为徐翰卿[①]

光绪二十六年十二月初十日（1901年1月29日）

此碑之为汉刻，前人辨证甚详，无可疑者。此旧拓本精到无纤毫缺失，尤可宝贵。碑阴下截重修人名较苏斋金石记多十馀字，最后真定府石匠一行，金石记所未载也。汉末风俗，山川之神，有司请秩祀颂功德，亦既众矣。而此碑所列务城神君李、女神、磃石神

① 光绪二十六年十二月初十日翁同龢日记有“题徐氏所藏帖《孔宙》，又《白石神君》，馀皆观款”。“斗庐五兄”指徐翰卿。徐氏字子静，苏州古董商。《白石神君碑》为东汉隶书碑刻。

君、辟神君者何其多也，岂当时五斗米道方炽，燕赵之士亦靡然向之欤？抑因民之欲固弗之禁欤？是未可知也。

斗庐五兄嘱题　庚子腊月

《瓶庐丛稿》卷四

孔宙碑*

光绪二十六年十二月十一日（1901年1月30日）

碑阴沈韵初记云："同治辛未八月，以海宁毕阮明所藏明拓本校勘，如东平陵吴进之'东'字，盆阳周顺之'盆'字，毕本已泐而此尚完好，其馀笔画之未损者不及备记。"毕本已是明时拓，而此尤胜也。在苏斋本第二册，是碑亦沈氏物，后归子静。

孔宙碑。

《瓶庐丛稿》卷四

松禅居士藏记①

光绪二十六年十二月（1901年1月）

先文端公四子：长同书，安徽巡抚；次音保，殇；次同爵，湖北巡抚；最幼者，同龢也。同龢由一甲进士于同治四年进授穆宗毅皇帝读；今上接位，又授书毓庆宫，前后三十三年。迭蒙恩礼，称为师

* 时间系据翁同龢光绪二十六年十二月十一日日记。日记有"题徐子静所藏帖《孔宙》、《白石神君》"。

① 翁同龢光绪二十六年十二月十八日—二十日，翁同龢认为其妻葬地不吉，组织人迁其坟。日记说："余迁葬亡妻，盖中有不得已者，故凡仪卫鼓吹一概不用，……非特示俭用，以为吾死后之准式矣。"

傅。两次为军机大臣，累迁户部尚书、协办大学士。其中典会试者二，京兆乡试者三，陕西、山西乡试者各一，充学政者一，文字之役莫不从焉。光绪二十四年有罪放归，既而削职编管本籍，乃庐先陇之下，老于山林水石间。先是次兄卜地兴福山为两冢，兄昭弟穆，余妻汤氏葬有年矣。墓不吉，乃迁附于先陇右方，余亦豫营藏穴于是。呜呼！违兄之命不恭，从二亲于地下犹不失为顺，故断于义而著其不得已者如此。余今年七十有一矣，书此记以告后人。

光绪二十六年岁次庚子十二月　同龢记

《瓶庐丛稿》卷六

吾乡俚俗记*

光绪二十六年十二月(1901 年 1 月)

吾乡俚俗，岁除景物有数十年来未变者，漫举数事，补岁时之记云。喊火烛，跳灶王，讨糕头，摇木铎，祭井泉，贴横财，撑门炭，印宅基，画米囤，照田岸。

《瓶庐丛稿》卷六

亡妻葬志

光绪二十六年十二月十八日(1901 年 2 月 6 日)

余既迁葬亡妻于鸽峰先陇之侧，乃追叙其行略，曰：

妻萧山汤氏，字孟淑。祖金钊，协办大学士。父修，太常寺卿。

---

* 时间系据翁同龢光绪二十六年十二月日记。

年二十归余。孝养我父母,躬洒烹饪之事,勉余善而觇余过,闺门中如畏友。余登第之日,即妻病之日,缠绵三载,以咸丰八年三月十日卒于京邸。呜呼,伤哉!病中日夕端坐,既卒,鼻垂玉箸二尺,喷血染余襟,故余誓不再娶。同治中,京师寇数警,厝于报国寺松下。既归里,厝于先陇旁,葬于兴福山。今乃卒葬于先厝之地,凡三入土而安焉。呜呼,贤而孝者不得寿,而余独以有罪之身流浪于死生患难中而未知所税驾也,悲夫!妻以余官,累赠一品夫人,至是余削籍,故用庶人礼葬之,酹其冢。祝曰:既固既安,以永奉吾亲于无极。

光绪二十六年十二月戊午　翁同龢志

《瓶庐丛稿》卷六

手书《法华经》书后

光绪二十六年十二月二十七日(1901年2月15日)

龢于佛法无所悟,其写经也寄焉而已。同治辛未冬,丁母忧,明年随余兄扶柩归葬。吾乡丧乱之礼制缺坏,有丧者之居处言笑无异平人。龢滋惧焉,乃藉写经以谢宾客,断酒食,日写数十行,或数行。比毕,则距祥禫不远矣。此涕泪之所积也,梦寐之所通也,后之人勿作写经观可也。

此七卷写毕,未装,以付兄子菉卿置箧中三十年矣。光绪辛丑从菉卿取得,陆续装褙为四卷子,转付曾孙之廉藏之。

是年十二月二十七日　松禅老人同龢记

《瓶庐丛稿》卷二

题《潞水》《条峰》二图

光绪二十六年除夕(1901年2月18日)

朝廷教忠先教孝,许以庭闱易廊庙。予年丱角侍重慈,亲见先人承色笑。维时前辈鹿樵公,寿萱爱日春融融。辞官养亲乃家法,公之尊甫息园先生于乾隆辛亥由御史告归。三十三年先后同。一图再图纪荣遇,海内词(词)〔人〕悉欣慕。退朝花底每长欷,先公诗中语。惊叹先人旧题句。先人与公气谊敦,谈经诹史兼论文。京华宾从浩如海,一榻惟因徐孺尊。先人在京时,公辟一特室署先人别号,每过从辄居之。古人赠言义非浅,志节勋名实交勉。当时一语性情真,廿载回翔约终践。山庐昨夜寒花开,展图感旧空徘徊。张生有母时迎奉,浙水吴山好去来。光绪辛丑除夕,耽伯世兄以先世《潞水》《条峰》二图属题,卷有公诗,敬缀数语于末,述旧德兼为耽伯勖焉,非敢言诗也。是日向暮,后学翁同稣记于山中。①

《上海图书馆藏翁同龢未刊手稿》第630—631页

跋韩仁铭

光绪二十七年正月初七日(1901年2月25日)

咸丰丁巳先兄文勤公得此碑,寄予京师,兄跋云:君丞二字,授

① 按:《瓶庐丛稿》卷九首前言为:"《潞水图》记息园公,条峰则鹿樵先生也,皆记归养事。"末语为:"光绪辛丑除夕,耽伯兄以先世《潞水》、《条峰》两图属题,卷有先公诗,敬缀数语于末,非敢言诗也。是日夜漏下十刻,后学翁同龢记。"

是日,题自画山花礌落图。同龢说:"有拾余残画付装者,戏集《鲁峻碑》字题之。""宝山澹荡人,忽见江南春。一枝不敢寄,付与箧中尘。"(台北《故宫文物》总字第三十一期《清翁同龢画梅并题图》,《翁同龢诗集》第391页。)

堂谓阳朔元年铜鹰足镫铭有之，不知少室阙亦有此文，或疑少室阙君丞上有缺文而不知缺也。龢按：碑末河南尹君丞喜谓京写云云者，河南郡属司隶校尉，故司隶得以符牒下之。其尹主京都奉朝请职亦崇矣，故竖石刊碑之事不属之尹而属之丞也。喜者丞名，京者写碑人也。汉碑有书人姓名者，武班之严祺，西狭之仇靖，郙阁之仇佛，皆其例也。如律令者，当时文告之体，郡有律令，师即其职也。如后世所云符到奉行也。光绪庚子弢夫侄孙得此旧拓，请余题签，因记之。

此拓完好，惟写字佚。

辛丑人日　松禅老人龢

《瓶庐丛稿》卷四

论蝯叟书*

光绪二十七年正月（1901年2月）

蝯叟书自入蜀而一变，甲寅所赋，蝯臂翁诗尽之矣。叟于篆日写数十，于张迁、衡方各临百通，笔势乃如蛟龙翔舞，而兢兢于悬臂，中锋横平竖直，岂狂怪一流哉！此册黄太史济川得之，以授杨吉南①拔萃，盖传婿砚也。吉南深于八法，不随世论为低昂，因跋而归之。

辛丑正月　松禅居士翁同龢观于山中

《瓶庐丛稿》卷四

---

* 题目为编者所加，蝯叟即何绍基，见前注。但翁同龢在是月日记中所言为杨泗孙（濒石）之子杨吉南、杨献叔来见，所论皆非濠叟（杨沂孙）书法，而是言蝯叟何绍基书法。文与日记记载不一致。

①　杨同升，杨沂孙后代。

白正本十三行跋

光绪二十七年二月初七日(1901 年 3 月 20 日)

昔张尗未得宗梦轩先生青玉真本,考证数千言而屏白玉为复本,甚且疑为璺刻矣。惟杨龙石谓青玉固出自葛岭土中,而白玉版至今尚藏杭州吴姓家,其字较青玉为瘦劲,定是先刻。青玉则丰润中时露秀媚态,故断青玉为白玉化身,其青玉白玉之辨则以文中棄字验之。青玉中直,上下不相蒙,白玉则木之中直,透及世字,此其不同者也。光绪庚子吾友次公获此白玉本旧拓,诧为难得,欲余题记未果,而次公旋卒。今哲嗣坡䙔以见示,春阴横槛,杏花正秾,回溯旧游,不胜感怆,万事如梦,何暇作兰亭偏旁考哉! 辛丑二月七日。

《瓶庐丛稿》卷四

邑中前辈画册题记

光绪二十七年二月十九日(1901 年 4 月 7 日)

余自弱冠随先太保入京师,列官于朝,凡五十年,中间惟居母忧,伏处墓旁者三年耳! 于乡先生学术既未窥万一,而遗闻轶事,亦懵然莫有焉,用以为憾。甲午之春,贾人以画册来,册为汲古阁后人毛琦所集。其时在康熙中叶,凡画三十幅,书如之,皆邑中名流也。夫远游者见乡树而喜,羁旅之士不忘操其土风,况诸先生精神翰墨所寄者哉! 戊戌夏,余得罪放归,求邑中遗迹,渺不可见,而此册乃于数年前获于京师贾贩之手,岂非幸欤! 辛丑二月,菉卿侄检旧箧，出以还余，乃整比而谨护之。后之人倘有如毛君者耶！抑进而务其大者远者，则此册之在否亦无足计矣。

是月十九日　松禅老人龢记

《瓶庐丛稿》卷二

沙洲议*

光绪二十七年四月(1901 年 5 月)

吾邑介江海之交，江海皆有涨沙，可耕可庐，邑民往往而居，两邑各有所隶，然图籍莫可考也。陈见复先生《昭文县志》列沙洲一图而已，无一字之系。近日田益辟，邑绅士颇有倚势争夺者。地广而税轻，民悍而俗朴，长官足迹不到，胥役因缘为奸，弊也久矣。

同治年间，始拨沙田若干亩充游文书院经费及一切善后诸费，于是有委员驻邑而一二绅士辅之，弊犹前也。其争夺而得者，豪姓据为私产矣。其入公家者，官绅侵蚀势使然也。然沙田坍涨不常，南坍而北涨，此坍则彼涨，故必以筑圩为重。筑圩之费，沙民不能任也，则豪家主之，此圩工之难也。湘皖散勇，私盐枭匪，分党占据，有所谓红帮、白帮者，不纳赋，不奉法，则缉匪之难也。功令年一丈量，派员而往，收陋规而归，急则生事，此任人之难也。沙田之弊上起镇江，连延以达吾邑。盖江以南大略如此，非大有为之疆吏焉能收利权而清逋薮哉！

《瓶庐丛稿》卷一

---

* 时间系据翁同龢光绪二十七年四月日记。是月连日看邑志稿方面资料。

指导编撰常昭县志手迹*

光绪二十七年四月(1901 年 5 月)

石城　沙田册。

新府志卷一百四十七杂记采《花当阁丛谈》十馀则。

赵清常、钱牧斋、毛子晋藏书可详记,嗣是二张、一陈、一瞿,宜汇入。

六科案牍何处可求。

撰述当择著其目。金石宜断至宋元止。

乡饮虽废,宜溯其本。田赋改制宜详。

循吏事实、名人事实等。

《瓶庐丛稿》卷二

《周介然先生砎与江苏督粮道论漕政书》摘要**

光绪二十七年四月(1901 年 5 月)

近者喧传宪署通作六五之斛,以颁发州郡,此岂执事之本也哉? 必有巧为饰说以蒙惑左右者,请一一辩之。

旗丁运费定于国初,漕政狼藉未及三十年之久,如果清漕有碍旗丁,则前此百馀年岂尽无以为生耶? 自浮收事起,旗丁目击科敛之厚,遂相与苛索朋分,于是沿途总漕、巡漕及通州之仓场粮厅监督诸衙门,

---

* 时间系据翁同龢光绪二十七年四月日记记载连日看邑志稿。题目为编者所加。

** 时间系据翁同龢光绪二十七年四月日记。是月连日看邑志稿。

一切官吏胥役莫不闻风抑勒。旗丁不胜其求,还索之州县,州县不能不倍收之于百姓,而旗丁又贪多务得,于是中途使水浇米,俾之烂坏,以移祸于州县。甚者谓粮户以丑米交仓,以致旗丁难于交卸。

夫粮户循良者多,即如去年漕务少减,民已欢欣,负载极好之米完仓,而官则多方挑剔驳回另换,小民往返跋涉,不胜其苦,卒之私加米色钱文,则虽低潮次米亦皆收受,如是而反诬粮户以丑米交仓,岂不冤哉?或曰官场清苦,若不藉浮粮弥补则亏项无从设措。不知官司常俸外,复加养廉,本可给用。自官司不娴吏事而全仗幕宾,于是不敷矣。习尚奢华,用度糜费,一弊也。干进争先,馈送逢迎,日增月益,二弊也。民心冤抑,控诉频仍,惧赃私败露,遂多设法弥逢之,三弊也。如此而欲藉漕弥补之,恐亏不可补而祸变将生矣。今日以六五之斛作八折之算,则是加六收漕,又益以软底裂缝凌尖踢斛之弊,是加三不已,必至加六;加六不已,必至加倍矣。执事之意不过乘此稔熟之年为抽丰计,是即漕宪所谓损有馀以补不足也。执事乃徇贪污之言,甘作暴政之首,民心一失,祸乱旋生,可不惧哉!况我皇上亲政以来,屡下清漕之诏不许浮取颗粒,岂料甫隔一年而故智复萌耶!

矿去年条陈漕弊一节,军机大臣驳以并无指实,无从查办。今行六五之斛,其得谓之无指实乎?人之多言,何以弭之。至于衿户包漕,譬如见人为盗,因而抑勒分赃。苟漕粮果清则包户自然消影,否则此辈攘臂而起,执事又安得而禁之?以矿度之,漕政一混,通州之费必倍增;通州之费必倍增,则旗丁需索必倍甚。加以诸上司之呈献,府州县之取盈,而吏胥仆役、青衿武夫、市井无赖无不纷然群嘬于此,执事亦无能深利于其间,又何苦而为此哉?矿家无数亩之田,门少催租之吏,漕之清浊于矿何关,所以必欲哓哓者,上年妄抒狂肆,自分罪应斩首,蒙皇上宥之于万死之中,每思感激图报。

漕粮一事，近在咫尺，稍有所知，不敢不力疾上请，肯望执事听其一言，即斫亦瞑目九泉之下矣。开仓期近，所以不待及期而先事陈言，恐执事难于显然改过，故豫献刍荛，执事其勿复以事无指实反责其言之虚则幸甚矣。云云。

宗汝刚书锄是其外孙，曾得所上万言书及遗文三十四首，古歌谣八首，编为三卷。尝为之序。序言其上书不遇，遂为汗漫游，郡县闻名延致，足迹遍十七行省，所未至者滇南一隅耳！又云性刚直，林中丞[①]议开白茆则力持不可，著七辨八议争之。又云与曾勉耘大令赴任罗山，楚匪犯境，为设方略要击贼遁城完。云云。

按：此论漕务书是嘉庆五年事，当时粮道不知何人，余所欲睹者万言书也，当徐访之。

《瓶庐丛稿》卷二

诚斋《易传》跋

光绪二十七年四月（1901 年 5 月）

同治四年，臣同龢入值弘德殿，其时穆庙[②]冲龄，臣实司讲事。今上[③]御极，臣授书殿中，上尤好《周易》，往往引史事下问。臣对以宋臣杨万里《易传》最为明切，因进是书，日讲数卦，于治乱之几、否泰之际，未尝不反复三致意也。臣夙藏一本，为宣庙[④]潜邸时所储，有皇次子图书及养正书屋诸印书之上，下方有秦绳曾敬书史事，而

① 指江苏巡抚林则徐。

② 同治帝，庙号穆宗。

③ 指光绪帝。

④ 道光帝，庙号宣宗。

题签则萧山汤文端①笔也。既以进御，乃于退食时就逐日所讲诸史录此本内，其见于《左》、《国》者则弗录也。戊戌归田，旧籍零落，忽于箧中检得之。西清帷幄，已如隔世，而臣炳烛馀年，尚得省愆读《易》，其感幸为何如耶！

辛丑四月　臣同龢谨记

《瓶庐丛稿》卷一

钱漕略*

光绪二十七年四月（1901年5月）

天下田赋莫重于苏州，苏州之赋莫重于吾邑，两县漕米凡十万石，抵湖北一省，此蒋莘田先生所以有十二图之奏也。

民既重困，官吏又从而朘之，惟乾隆时邑令康嵇田尝办清漕，民自执概，官无浮收。自此以后，弊丛矣。曰帮费，旗丁索于州县者也；曰规矩，州县奉于上司者也；曰漕规，豪绅劣士索于州县者也。州县以帮费等挟小民，小民以浮收挟州县，交相挟，亦交相藉，而粮台于中，上下舞弄之，至道光末而极矣。当是时纳粮者有二种：曰长价，曰短价。长价者，小户也，颗粒不能缺，以三石为一石，折价则银元八元为率。短价者，大户也，劣绅也，率一石无所加，甚则注荒，盖每年报荒蠲缓之数皆此辈占之而小民不与焉。甚则包漕，小户投附绅董，绅董与吏勾通少减，小户所纳而于是取赢焉。道光二十七八年，县令金诚者，健吏也，一旦置悍吏于狱，尽揭邑中

① 汤金钊，谥文端。

* 时间系据翁同龢光绪二十七年四月日记。是年四月后连日看邑志稿。

豪强名上之，凡革浦氏一贡生，一武举，蔡氏二县令，而事始定，所谓浦蔡之案也。于是议均之令下，凡纳一石者以二石五斗为额，大小户一律，小民似苏息矣。然按诸功令，则加至倍。差稽诸户籍，则小户居十之九，大户居十之一；大户之加者不能减，而小户则暗中渐加无可申诉焉，非法之善者也。迨咸丰三年，粤贼陷金陵，漕船停，驯至苏常陷殁，其中殆无可纪。同治三年，大盗既夷，曾文正公暨今相国李公有减赋之奏，朝廷从之，于是常昭两减去米、银若干，每米一石贴运费一千，每银一两随市价高下，大约需一千多文。民更得休息矣。然大小户之名终于尽泯，所谓大户者有只交米不交运费者矣，有注荒独多者矣。其故由于彼此影射，上下低昂，官不能察，通邑之盈虚尽付之吏，吏则择弱而凌，择瘠而攫，其弊几几与道光时等。

光绪二十五年尚书刚毅以搜括为己任，至苏州以清赋为名，不责官吏之贪横，不审岁时之丰歉，而专斥绅民之短交，令如牛毛，政如束湿，而吾民益嚣然矣。

《瓶庐丛稿》卷一

颜家庙碑跋

光绪二十七年十月十五日（1901年11月25日）

此碑之例于子孙行，叙其名次行谊、次官爵，简质古雅，金石之文宜尔也。据碑所列，颜氏官常熟者二人，颢仁友清白，常熟令，封金乡县。男頔仁纯，常熟主簿，任诚勇，其云“仁纯”，盖称其行谊，犹上文“仁友清白”云尔，而吾邑旧志或以颢为鲁公子，又以为頔字仁纯，皆不免小误。西蠡寄示拓本，云得之锡山旧家，匆匆一观，未暇辨其毡蜡，时邑人方辑图经未竟也。

辛丑十月望　瓶隐居士常熟翁同龢

《瓶庐丛稿》卷四

元秘塔跋*

光绪二十七年十月二十二日（1901 年 12 月 2 日）

王氏萃编谓此碑裴公结衔乃江南西道，足正潜研之误。旧拓江字尚有数笔也。其云碑不详大达之讳，然则所称大法师端甫者非其名耶！碑在西安府学，石质如玉，至今完好，但剜剔失真，世多复本，略具形似耳！此本西蠡所收，云是明初拓。西蠡精鉴，必有所据也。

光绪辛丑十月　瓶生龢观

《瓶庐丛稿》卷四

道因碑跋

光绪二十七年十月二十二日（1901 年 12 月 2 日）

尝得兰台道因旧拓，沉雄峻肃，力厚而锋敛，固非全用此法也。此本锋颖秀发，自亦是佳拓。惟额上三菩萨名未具耳。佛书来自西域，中土文人以意通之而已。然而繁简迭乘，即雕朴异趣，此翻经大德，所以特重其选也。况政教之书、工商之学，今日所纪有百倍于梵夹者乎？西蠡先生方领海上译书事，因漫及之。

光绪辛丑十月　瓶庐学人同龢记

《瓶庐丛稿》卷四

---

* 是日翁同龢日记有："为屺怀书《多宝塔》、《道因碑》跋。"

麓台画琐记*

光绪二十七年十一月初九日(1901 年 12 月 19 日)

辛丑九月,吾仆自京师来持此卷,云见于屠沽家壁上,烟煤熏燎,裂而下之,破一金耳。去岁京师乱,自王公卿士大夫家,靡不荡析,金玉锦绣图书珍玩猥杂狼藉于泥涂粪秽中,桀黠者攘以为利,而妇竖亦偶获焉。呜呼,此文字之一大厄也! 此画为麓台初入内廷时作,格老而韵静,其流转而归于余者幸也。而吾仆以省父病归,不羡金玉而识此残幅,以归于余,其亦异于流俗者矣。仆名孙喜,文安人,有志节。是岁十一月重装讫。

松禅老人同龢记

《瓶庐丛稿》卷三

陈仲弓碑跋

光绪二十七年十一月十五日(1901 年 12 月 25 日)

陈仲弓碑有三:曰太丘长陈寔坛碑,见《隶释》;曰文范陈仲弓残碑;曰司空掾陈寔残碑,见《隶续》。此文范先生碑也。今《隶续》版本有脱失,文范碑适□脱失处,后人作伪,因依傍蔡集描画成字,苏斋辨之甚详。此本少畊观察自海外携归,字画精好,无一残阙,碑首仲躬字与《隶释》合许人也。许下无"昌"字,与《汉书》本传合;醇德"醇"字与《宝刻丛编》合。东瀛古拓胜于中土伪造者远矣。

---

* 是日翁同龢日记有:"闲翻书帙,偶作字而已。"

展观数四，漫识。

岁月光绪辛卯十一月望　常熟翁同龢

《瓶庐丛稿》卷三

蒋玉其之父春曦墓碣*

光绪二十六年十一月（1901年12月）

邑之南有乡曰陶湖，水区也。有蒋氏子曰玉其，贫秀而好学，述其父之行谊，请铭于余。其述曰："蒋氏籍宜兴，国初迁居于此。父春曦，字哲生，国学生，长身隆鼻，慷慨坦直。尝至郡城，遇一少年，迫于粮税几死矣，为偿其负六十千。平居慕范氏义田，力不能逮，则教其子曰：处世以厚，接人以谦，持己以礼，汝辈能此，吾无憾矣。卒年四十二。父曰晋长；祖曰淦；曾祖曰世墉。"余尝悲邑之风俗颓敝，欲求笃行读书之士渺不易遘。观蒋生所述，又考其行谊，不与流俗同科，则家法之美可知矣。故采其语以纪一乡之善士云。铭曰：

陶湖之波天一碧，澄湖之田岁再登。中有修士蹈榘绳，家则能啬施及朋，后有兴者吾言征。

《瓶庐丛稿》卷六

般若庵记**

光绪二十六年十二月（1902年1月）

余读河西陈氏家乘，太学曙庵先生明枢入国朝隐居不仕，晚事

* 时间系据翁同龢光绪二十六年十一月二十三日日记。

** 时间系据翁同龢光绪二十六年日记。

禅悦于桃源洞，遇一方外友，倾盖定交，遂于废圃东辟地创庵，名般若。并无舍基语，有陶潜、惠远之风。及读乾隆中庵记，则称创于元时，明启祯间有何主之，其徒闻月、友云始辟而火之，未尝及陈氏舍基事也。夫有道之士，宅尚可舍，何有于名？而学佛者方一切置之空虚之域，何有于记？彼其人直相遇于无相与焉耳矣。

《瓶庐丛稿》卷六

仙蝶记

光绪二十八年正月初七日（1902年2月14日）

壬寅正月七日，余来山庐检书，登大楼，暴风始过，馀寒甚。屡见一蝶，僵于书几，审视之，黄质黑章，一足有毛，余诧曰："此仙蝶也。"置掌中，俄而栩栩然，俄而翩翩然，开南窗送之，回翔良久，酌以酒不受，但往来庭阶间，倏过墙去。异矣，其时春初也，其地则空楼久闭者也。余在京师，与仙蝶在若远若近间，而独越数千里访我于荒江寂寞之乡，何惓惓也。感其意，为赋一诗。

《瓶庐丛稿》卷六

蒋忠烈公钦《早朝图》朱衣象笏趋朝

光绪二十八年二月初一日（1902年3月10日）

雄虺九首，毒雾吐口。公独奋然，力破厥彀。同台对簿，或喑或伏。公独慨然，谓光科目。戴铣所记如此。呜呼公乎，有亲在堂。身则殉道，魂归亲旁。危行言孙，匪论谏官。我读三疏，嗒焉摧肝。

光绪二十八年二月朔，邑后学翁同龢敬观并赞。

按:公于弘治丙辰登朝,正德丁卯授命,此图末署丁酉,记以俟考。

公登弘治九年丙辰进士,荐擢南京陕西道御史。正德元年十一月疏留二辅,忤旨逮讯。明年正月二十日入狱。狱中三上疏,闰正月九日后复拜,杖三十为民,十八日死于客邸。同时被系戴铣有《成是录》,旧志所记如此。

按:公登第之日讫授命之时,凡十二年,中无丁酉纪年者,此《早朝图》末署丁酉季夏龚显画。又朱衣鹤补于服章亦未合。图虽旧绢,神采奕奕,非公遗像也。秀才泷,字雨南,藏此图,其题签称九世孙,以今日上距正德丁酉,已三百九十六年,其世次殆亦不伦。观嘉靖中志书已叙其元孙凌云矣。

此系自记,未写入图。

严文靖公以学士直西苑,赐一品服。当时以为殊遇。此图面皙而疏髯,童子后随,盘列三爵,雍容吉语,其严公纪恩之作矣。

《瓶庐丛稿》卷六

题《列代十贤后妃图》

光绪二十八年二月初一日(1902 年 3 月 10 日)

渔洋[1]《居易录》第二十八载《十贤后妃图》一卷,元至大三年庚戌王振鹏画,首列名臣阿拉不花、臣塔里不花、臣脱虎脱、臣李邦宁、臣李孟、臣三宝奴,前有表一通,云云。与此册悉同,惟删去表中末联耳。此册余在中枢退食时,就西华门武备院借榻偃息,有持

① 即王士祯。

书画来者,无意得之。戊戌归田,封置尘箧。壬寅正月始捡得,盖自渔洋箸录后二百年流转于长安人家,方始复出。又适当慈圣训政、吾皇养志之年,从此海宇澄清,一心一德。草莽孤臣将扶杖而观德化。彼至大所纪,区区小言,乌足儗哉。

二月朔翁同龢记

《瓶庐丛稿》卷四

清故太常寺博士赵君墓志铭*

光绪二十八年二月初三日(1902年3月12日)

余服官京师,尽识海内贤豪长者,然求其志节磊落不逐时趋者恒不数人,退而求诸乡则吾友赵君其一也。君讳宗建,字次侯,亦曰次公,先世宋室玉牒,由江阴迁常熟北郭,是为宝慈里赵氏。曾祖同汇;祖元恺,按察使司经历;父奎昌,詹事府主簿,三世皆以义侠闻。君少孤,与其兄价人力学,文采斐然,数试不利,以太常寺博士就试京兆,独居野寺,不与人通,已而罢归。归未几,而粤贼之难作。初,贼踞金陵,大军围之数年不能拔。咸丰十年闰三月,溃围出,陷常州,四月陷苏州,吾邑东、南、西三路受敌。团练大臣庞公①偕邑人城守,君别将一营,扼东路支塘。支塘,太仓之冲也。而贼由西路扑城,八月二日城陷,君驰援,遇贼三里桥鏖战,壮士周金龙虎子刚歼焉,君乃北渡江至海门。君之室浦氏以赍装次海门。君慨然曰:"事至此何以生,为尽散之。"得沙勇数百,趁夜过江,毁贼

---

* 翁同龢光绪二十八年二月初三日日记有:"午后赵坡生来索次公墓铭,抵暮去。"本文实际完成于初九日。

① 指庞钟璐。

垒数十。进至王市,天大雾,贼悉锐出,战失利,遂走上海,乞师于巡抚李公①,得总兵刘铭传与偕,日夜图再举。同治元年十月,贼将骆国忠以城降。君从刘君大破贼于江阴、阳舍。于是沿江上下百馀里无贼踪。侍郎宋公②以君功入告,有旨嘉奖,赐孔雀翎,发两江总督曾公③差委,君谢不赴。与邑人士辑流亡,补城垣,浚河道,从此不复问兵事。夫人当流离困厄之际,救死不赡,虽有健者,气亦为靡,而君乃奋身孤往,绝不计利害曲折,断然以恢复为志。及名闻于朝可以出矣,而又徘徊却顾,不欲轻进,其志节为何如哉!

君喜宾客,善饮酒,蓄金石图史甚富,而所为诗文清迈有气格。晚好谈禅。然论及当世事,犹张目嗟呼,声动四壁,性也。昔我先公与君祖叔才公友善,尝主其家。而君兄价人任部郎,当官廉洁。故余与君兄弟尤爱敬焉。

君卒于光绪二十六年五月丙寅,年七十三。明年十二月庚戌,与浦恭人合葬常熟丰三场九龙丘。子仲乐,前卒;仲举,邑庠生。孙士权,前卒;士策,业儒。曾孙石骞。今来请铭者,仲举也。铭曰:

众人营营我珞珞,胸藏甲兵志岩壑。有鹤在樊骥绁脚,后欲知之此其碧。

《瓶庐丛稿》卷六

① 指李鸿章,时任江苏巡抚。

② 指宋晋。

③ 指曾国藩。

知稼翁诗序*

光绪二十八年二月初四日(1902 年 3 月 13 日)

自利禄之途开,学士大夫有终身迷谬而不知所归者矣,岂利禄之误人哉?亦习焉而不察耳!

吾友知稼先生少从事于帖括,尝走京师,名称著公卿间,屡试不第。以文字佐学使者,又遭寇乱,几濒于死。由是大悟,胸中超然,常处于万物之表。其于文字寄焉而已。其为诗,骨格甚峻,初尚缛丽,庚辰后一变而为淡泊真率,其民物之念往往流露若有意若无意焉。先生尝曰:"吾平生得力于'澹'字。夫澹者,天地之元气,五谷之至味也。"吾见近代巨人立盖世之勋,晚始致力于此者,而先生于中年得之,耄老而不变,涵养而益深,岂非所谓闻道早而其天全者欤!龢利禄人也,不足以知先生之学而粗见其大意,故于先生之诗发之。质诸先生,当相视而笑也。

光绪二十八年二月　同学弟翁同龢序

《瓶庐丛稿》卷一

《海虞诗苑续编》小记**

光绪二十八年四月(1902 年 5 月)

《海虞诗苑续编》一册,前后无序记,非月锄宗君题识,则不知

---

* 知稼即吴鸿纶。光绪二十八年二月初四日日记有:"阅儒卿诗稿毕,撰序一篇,请金门复阅。"

** 题目为编者所加。宗氏于光绪二十五年七月初三日卒。是年刊有《湖田竹枝词》。翁同龢见《海虞诗苑续编》一书当在宗氏死后,看邑志稿时所见。

为屈君所辑矣。月锄与余同博士弟子员,后举孝廉。能诗,喜校雠,所藏多前人小集,颇识邑中掌故。庚子病卒,年七十馀矣。殁后无嗣,其家遂散。

松禅记

《瓶庐丛稿》卷一

论"病因"*

光绪二十八年六月初六日(1902 年 7 月 10 日)

南岳思大禅师曰:病从业生,业由心起。心源无起,外境何状,病业与身,却如云影。旨哉言乎!

六月六日松禅

《翁松禅相国家书》

诒晋斋书跋

光绪二十八年六月十五日(1902 年 7 月 19 日)

诒晋斋书初仿松雪,晚年全宗渤海,瘦劲冲澹,别有神韵。此迹与他书不类,疑出同时朱邸名流之手,不能定为何人也。诗稿数首,内一首乃道光八年五月威勇公长龄①平定张格尔还朝膺赐事,其时成哲亲王②薨逝已五年矣,安得云与闻盛典耶? 印记乃后人妄

* 题目为编者所加。

① 长龄,字懋亭,蒙古正白旗人。官至大学士,谥文襄。

② 永瑆,乾隆第十一子,封成亲王,曾任军机大臣,死后加恩为成哲亲王。

加也。

壬寅六月望

《瓶庐丛稿》卷四

邹忠介公书《赵文毅公传》题记

光绪二十八年十月初六日(1902 年 11 月 5 日)

赵君毅庵既刊其九世祖文毅公《松石斋集》,一日出公遗扇敬观,又以邹忠介手书公传示龢。龢时方病,久之乃题卷尾曰:昔史鱼叔向之死,孔子称之曰直。其简且严,如是后世史传有不得不繁其辞者矣。况忠介与公道义相许,同撑拄于水火薄射之中,且其言之悲也。书后一篇今佚,惟此数百言,累累照日月,历三百年而子孙敬守。呜呼,公之德泽岂有既哉!

光绪二十八年十月六日　邑后学翁谨书

《瓶庐丛稿》卷二

题所藏宋刊《楞严经》全部后

光绪二十八年十二月十三日(1903 年 1 月 11 日)

宋刊首《楞严经》十卷,中峰所诵,松雪所藏,香光[①]所赏,其流传的的可据,人间瑰宝也。香光谓松雪题签今不可见,仅卷尾一印耳。其神呪乃与世传之本迥异,而字体峻拔与蜀本大字经籍无二,其为北宋经椠无疑。十年前得之于京师,携来江南,供奉于瓶隐

---

① 松雪即赵孟頫;香光即董其昌。

庐，一段墨缘洵非偶然，珍重记之。

光绪二十八年九月暇[1]　瓶居士危病初起书

《瓶庐丛稿》卷二

三峰藏禅师语录书后

光绪二十八年十二月二十五日（1903 年 1 月 23 日）

二十五卷抄本。三峰。

自古担道之人，必有宏毅之力。汉月禅师从死关入还，悟人法俱空，一真不立，尚何文字之有？而门徒传其语至数十卷。吁，夥颐矣！今三峰法裔药龛长老，珍护此编，余兄子味幻居士曾荣从之借读久，遂留箧中。今味幻已殁而药龛老健，余为补缀断坏而归还。药龛独往独来，敛才入道；味幻清修苦证，一意净土，皆人尘海中不易觏者。余老矣，不敢强不知以为知，而知万法不离勇字。质诸药龛，当相何如而笑也。

光绪二十八年腊月二十五日　松禅居士龢记

《瓶庐丛稿》卷二

连聪肃文冲钢笔临华山张迁爨宝子碑[2]

光绪二十九年二月初七日（1903 年 3 月 5 日）

此蝌斗漆书遗法也。自丰狐秋兔出，而急就奇觚不过纯绵裹

---

① 翁同龢光绪二十五年正月二十五日—二十八日日记曾有校《楞严》记载，可见校此经并非一次。光绪二十八年十二月十三日日记又有"严思庵先生书《楞严》，以六元得之，作跋"。

② 翁同龢是日日记有："连聪肃文冲以铜片作笔，不用毫，就薄纸作汉隶，入锋如刀截，转折处廉而不刿，奇迹也。惠夫自章门携示属题。"

铁而已。天隐子出新意，以钢管作书，其劲直之气，足与此笔相发。伟哉！巨观也。自愧奴书不堪题尾。

光绪癸卯二月　山中瓶居士龢记

《瓶庐丛稿》卷三

史晨二碑为张弁群[1]

光绪二十九年二月十七日（1903 年 3 月 15 日）

右史晨前后两碑，皆明中叶时精拓，前碑“秋”字，后碑“宫”字可证也。竹汀先生释桐车马之“桐”为“通”，然汉沿秦旧，祭祀实有木寓。秦祭四时，木寓车马一驷，汉文帝时增两畤，畤寓车一乘，寓马四匹，驾被其具，此桐车马其放而为之者欤。

弁群张君珍弆此拓，介八十老人石西亭持示。风雨如晦，摩眼一观，不胜赞叹。

癸卯二月　松禅

《瓶庐丛稿》卷三

跋定武兰亭复本

光绪二十九年二月二十四日（1903 年 3 月 22 日）

林佶人详记此本出于三原来氏汤伯。来工医，曾活秦王，秦王赠以金币不受，乃开书库听所取，来亦仅取数种。传至数世，此藏

① 翁同龢光绪二十九年二月十七日日记有“跋南浔张弁群定甫之子，藏《史晨》二碑，《白石卒史碑》”。

甲秦西云云。

余所见禊序定武本，太原温氏第一。许滇生[①]师焦尾本第二，董醖卿[②]藏汪容甫本亦相伯仲，仅见钩刻本，其真本讫未睹也。此本虽不敢定为玉石原拓，然大致与偏旁考悉合。蝉翼精拓出于明初，林佶人跋流传有绪。南氏、来氏，关中名族也。昔先兄玉甫公抚陕时得之，携归南中，曾共嗟赏。子孙其珍护毋失。

光绪二十九年二月二十四日　同龢记

《瓶庐丛稿》卷四

江阴孔君石刻墨本题记*

光绪二十九年二月二十六日(1903 年 3 月 24 日)

江阴孔君刻石数种，皆仿陈氏藏真帖，精妙不失累黍。孔君奇士，其名著于乾嘉时，通小学，工诗文，篆刻乃馀事也。今庞氏君华、君彦昆季得此石以墨本示余，余既仰孔君之为人，又羡二庞君不骛声华，超然以图史、金石为乐。江乡伊迩，憾不溯洄从之。

光绪癸卯二月　翁同龢记于鸽峰墓庐

《瓶庐丛稿》卷四

---

① 许乃普，字季鸿，经崖，号滇生，浙江仁和(今杭州市)人。官至尚书。

② 董恂，字醖卿，江苏甘泉人，官至尚书。

* 题目系编者所加。翁同龢光绪二十九年二月二十六日日记有“题孔千秋刻帖，为塘桥庞君华、君彦昆弟”。

候选训导吴君传*

光绪二十九年二月二十七日(1903 年 3 月 25 日)

君讳鸿纶,字儒卿,号知稼翁。昭文吴氏先世由休宁迁昭文,再传而两广总督熊光[①]始显。两广之兄礼部公讳蔚光,以诗文辞名世,学者所称竹桥先生也,是为君之曾祖。君累世华朊,自力于学,弱冠有文名。余初识君于庠序,其容温然。观其家,孝友烝烝,遂与定交。道光季年,先公入都,君应顺天试,执经门下,称弟子。先公主试,君被摈焉。是时庞公钟璐、杨公泗孙皆主余家。吾兄同爵及杨公之兄沂孙皆与君善,出则同车,入则共灯火。君既累试不售,乃佐学使者衡文,于直隶主张公祥河[②],于闽主李公联琇[③],所至皆重其品。归值粤寇,漏刃走江北,佐军平贼,叙功以训导荐,非君志也。然自此学益进,气益平,无营无欲,以至大耋。君行能未获表见于世,在里闬未尝聚徒讲学而胸中浩然。凡世人所营营者一切弃置,独于天下治乱之故一日不能释,洵乎古所谓有道君子也。已所著诗□□卷,雅近陶、杜;书法出入唐宋诸家。

年八十六卒,光绪二十八年二月壬子也。祖峻莽,父庆鳌,母张氏。娶项氏,二子:家植、家□;孙志仁,皆前卒。次孙熟仁,为主后。

翁同龢曰:乡饮酒之礼废久矣,君在黉宫六十年,邑人方请重

---

* 时间参考翁同龢光绪三十年二月二十七日日记。日记有"重撰儒卿传"。

① 即吴熊光。

② 张祥河,字诗舲,江苏娄县人。官至工部尚书。

③ 李联琇,字季莹,号小湖,江西临川人。官至大理寺卿。

游泮水，以寓宾筵遗意，而君竟不及待。君有聋疾，人以拟宋之徐仲车。其孝友廉贞，盖无愧云。

《瓶庐丛稿》卷五

灵飞经书后

光绪二十九年三月初四日（1903 年 4 月 1 日）

此经残本自甲午年手付斌孙之后，越五年，戊戌余得罪放还，是岁斌孙丁承重祖母忧，又丁本生母忧，伏处里门，断弃笔研。古人所谓百忧重心，三冬鲜暇者矣。今斌孙将赴阙起复，余则淹病山中。念此生恐难再觏，因开箧率子姓敬观，辄识数语，以记岁月。

大清光绪二十九年岁次癸卯三月三日　松禅老人同龢

庚子五月，京师拳匪事起。七月，洋兵入城。圣驾奉慈舆西狩，而都中图书金石荡然尽矣。此经以携还江南，免于劫火，岂非大幸。然士大夫立身不能济天下之变，徒以区区苟免为幸，亦可耻矣。斤斤及此者，亦龟山之遗意也。因和吴槎客诗，感慨系之：狐鸣篝火擅妖符，巨石风刀事有无。敢道过江衣褶在，风尘须洞满皇都。

邑子赵仲简以微秩在嘉兴，识其乡人郭君似壎，其家有六甲经半本，赵君亲见之，惟起讫不能详，最后符书细字犹未全也。延津合否，不能预料，姑识之。

《瓶庐丛稿》卷二

家藏宋拓韩敕碑题记*

光绪二十九年闰五月初七日(1903 年 7 月 1 日)

此韩敕碑宋拓,旧藏赵味辛家,覃溪先生数跋之,叹为绝特。后入沈均初箧。余戊戌南归时见石印本于海上。己亥五月,斌孙及吾宗印若①为余和会,竟以百金及旧帖名画从沈小均处易得,护惜过甚,竟失所在,已乃得诸味显败笈中,老病荒忽为可笑也。余于古碑刻有偏嗜,服官数十年,未尝得一名刻,今乃于归田后割朝夕之需以博眼福,不益悖乎？然竟不能释也,甚矣离欲之难也!

《瓶庐丛稿》卷四

白描十八罗汉卷

光绪二十九年闰五月初十日(1903 年 7 月 4 日)

李竹懒云每见梁楷诸人写佛道诸像细入毫发,而树石点缀则极洒落,以像既细谨,不容不借此以助雄逸之气。至吴道子以描摹画首面肘腕而衣纹战掣奇纵,亦此意也。此卷不知何人作,遍如和尚藏于虎丘,有明人跋。余不解佛语,故仍以画法论法尚雇舍,何况非法？题此真野狐唐突师子座矣。

光绪癸卯闰五月十日　鸽峰墓庐

《瓶庐丛稿》卷四

---

* 题目为编者所加。光绪二十九年闰五月初七日日记有“得《韩敕》旧拓残本”。

① 翁绶祺,字印若。

圆照设色画卷

光绪二十九年闰五月初十日(1903 年 7 月 4 日)

圆照与香光论画时盖在明季,此署壬寅,则康熙元年矣。运笔灵活,设色古厚,当与松雪鹊华秋色并峙人间。此卷为吾友孙莱山尚书所叹赏,今日对之,有九原之感。

癸卯闰五月山庐

《瓶庐丛稿》卷四

二邹先生画跋

光绪二十九年六月初八日(1903 年 7 月 31 日)

画八叶,无锡邹黎眉、衡湘暠弟所作,山水人物皆超轶秀远,秦留仙先生称赏不置,有以虚也。跋中所谓可远者名溶,见《无锡县志》,当与二邹为兄弟行。邹氏既以文采著,而衡湘之子一桂由词垣陟礼侍,乾隆时久直内廷,其画经睿题者至多,遭际之隆,人以比吾乡蒋氏云。同龢七世祖山愚府君系海虞东始庄邹氏幼孤,出继翁后,既贵而邹氏无人,尝欲追赠本生父母不可得,终身饮憾。海虞与锡山履贯各殊,而同出忠公之后,吾子孙不可不知也。故谨志之。

光绪癸卯六月八日　翁同龢

《瓶庐丛稿》卷四

京师贡院明王衷白诗刻记*

光绪二十九年六月(1903 年 7 月)

此京师贡院聚奎堂东壁南向明王衷白诗刻也。光绪丙子二月,余与潘伯寅同阅各省举人复试卷,伯寅手拓以赠余。厥后石渐剥蚀至不可辨识,旧称齐礼堂亦无人知之矣。癸卯六月潢治之,因记。

松禅老人翁同龢

《瓶庐丛稿》卷四

《勺园禊饮图》跋**

光绪二十九年六月(1903 年 7 月)

《勺园禊饮图》署曰乙卯,盖万历四十三年也。画者吴彬,字文中,莆田人,以画授中书舍人。天启中,魏珰用事拟旨,文中批评訾议之,由是逮系削逐。勺园旧址虽不可考,然前临西湖,后倚瓮山,本朝所建清漪园即其地也,今为颐和园,皇上敬奉慈圣驻跸之所。排云金阙,山川炳灵,近复采写放东西万国宫室之制作,飞楼跨空,置鞮译,以宴各国使臣及其妇孺,轨舶如织,伟哉渊宏略乎斯。彼勺园一勺,安足观于沧海之观尔哉!

光绪二十九年六月　翁同龢再记

《日下旧闻考》载洪稚园,即米氏勺园,今为郑亲王府第。

---

* 题目系编者所加。

** 题下原注:“丁酉有跋,此再跋也。”

勺园在风烟里，中有曰“色空天”，曰“太一叶”，曰“松垞”，曰“翠葆树”，曰“林簌树”。今图中亭柱原有细字题刻，后经剜去，不可别识，尚有树石间题字曰“松爽”、曰“韵野垞”二处而已。

《瓶庐丛稿》卷二

金《李庄靖集》元《刘静修集》记*

光绪二十九年八月十四日（1903年10月4日）

金《李庄靖集》

《四库》所收凡十卷，诗多于文。庄靖为金原旧臣，不食元粟。其诗深稳，风格不高，此所钞才数叶，亦无由见其全豹也。至为崔所立碑，则《四库目录》已辨之矣。今无刻本。

元《刘静修集》

《四库》著录三十卷，盖兼拾遗附录而言。诗集五卷，乃先生手定，其馀则门人所掇拾也。诗格雄健，读此可识一斑。

《瓶庐丛稿》卷二

明巡按徐吉论报颜佩韦等五人揭帖

光绪二十九年八月二十日（1903年10月10日）

顾亭林先生《寇公墓志》述此案谓击杀缇骑事，寇公时为知府，

* 题目为编者所加。光绪二十九年八月十四日翁同龢日记有“摩挲藏书，倦于题记”。

实调停主张之。当时抚按皆阉党,私疑为太过。及观崇祯二年定逆案,则徐吉颂美厂臣有泽被海隅语;祠成叙劳,复有厂臣功德不朽语,则其人可知矣。君子善善从长,此疏实保全吴中士民之力。且不特吴中也,东南之民相率禁用天启钱,其不为乱者几稀矣。事有大难,三复兴慨。

大清光绪二十九年八月二十日　翁同龢观

亭林顾先生《寇公墓志》述此事,斥当时抚按皆阉党,私窃为太过。及观崇祯二年所定逆案,则徐吉颂美建祠有泽被海隅、功德不朽等语,与毛一鹭同科,则其人可知矣。君子善善从长,此疏实具保全吴民之力,读者分别观之可也。

《瓶庐丛稿》卷三

蒋文恪画《鱼藻图》

光绪二十九年九月初一日(1903 年 10 月 20 日)

蒋氏为吾虞世族,道光朝有云泉先生者,尝为兴国州,罢归。子孙不振,图籍尽散。先兄玉甫收得十馀种,此其一也。两相国遭际承平,调和庶政,而书画又特邀睿鉴,往往收入《石渠宝笈》中。尝见文肃画扇,文恪[①]塞外花卉,皆有御题冠于首,盖进御后发还者也。鱼藻之义,《诗序》以为刺,而《集传》以为美。美者何?思武王也。治定功成,恺乐饮酒,乃其宜也。若移于幽王之时则悖矣,乌得而不刺哉!我朝雍乾之际,不啻成周盛时,当时文章皆具浑伦之气。降而至于艺事,亦莫不然。观斯图者,宜当论其世而勿泥古义

① 指蒋廷锡、蒋溥。蒋廷锡,字南沙、扬孙,号西谷,江苏常熟人。清代书画家,官至大学士。谥文恪。

以说诗可也。

光绪二十九年九月朔　翁同龢谨记

《瓶庐丛稿》卷四

石谷写唐宋诗词意袖珍册

光绪二十九年九月七日(1903 年 10 月 26 日)

癸卯九秋,药龛长老过瓶隐庐,携此见视,时金门俞甥挈其子莶孙在座,相与嗟赏不已。畊烟作画,逮今二百卅年,乡里后生得览观于湖光云树之际,岂非幸耶!药公今年七十有九,其生也以重九日。自古贤豪乐此节者多矣。吾辈冷处,奚必侈谈高会?独性情之契,千载上犹将起而揖让之,况畊烟耶?画十二幅,赞以一言曰:雅雅则免俗,免俗则不负重九,亦不负吾药公矣。

是月七日灯下　松禅居士同龢记

《瓶庐丛稿》卷四

韩敕碑

光绪二十九年十月(1903 年 11 月)

伏盦精拓直使古碑,面目一一刻露。余藏一残本,墨色沉黝,以较此本,则如浓云翳月矣。间有多一二笔者,时代为之也。所憾碑阴两侧未全,不见两处细字题记耳。此本经平津馆三松堂老人而归于万里楼,吾为之庆所遭矣。

光绪癸卯十月　瓶居士同龢观并记

钱氏竹汀释空桑之说出自纬书,尟矣。然干宝《晋纪》云:空桑之地今名孔窦，在鲁南山之空窦，中有双石，如桓楹起立，高数丈云云。固实有其地矣，抑亦后人傅会也？

《瓶庐丛稿》卷三

石梅先祠记

光绪二十九年十月（1903年11月）

翁氏世恩祠在石梅之麓，带山揽湖，俯瞰万瓦，明朔州太守昇宇公所建也。是为嘉靖三十五年丁未掘地，得尊胜庵碣字，乃舍馀地为庵，止建亭堂五楹，祠门揭“奕叶簪缨”四字，应山杨忠烈所书也。本朝康熙六年丁未无锡教谕克凡公重修之。越二十三年己巳尚书铁庵公[①]购孙氏地，并尊胜禅堂。大启室宇，轮奂翼然。公殁，像设新堂为专祠，公子员外秋允公葬祠左，乃置田二十亩供时祭。嗣是吾宗衰落，祠日以颓，族议推先曾租赘庵府君主祠事。及卒，遗命先叔祖耕梅公承之。公竭毕生之力增置田十亩，改祠门为南向，春秋祀事，备物蠲洁。吾伯父朗若公继之，以传先兄云樵公。咸丰庚申粤寇之乱，祠为焦土。同治癸酉，先兄玉甫公居母忧，以兴复自任，经营两载，次第落成。遵先公训，拨遗产□□亩，并原有者田□□亩，以供祠用。厥后子姓递袭，第缮完而已。今光绪二十九年癸卯，同龢始以族长承祭产，大惧弗克负荷，故叙始末以自儆云。是年十月。

《瓶庐丛稿》卷六

---

① 指翁叔元。

题戴文节《易鹤轩图》*

光绪二十九年十月二十二日(1903 年 12 月 10 日)

道光己酉,余识鹿床先生于澄怀园,其时罢官将归,朝靴戴笠,意萧然也。厥后识其孙青来编修。编修亦能画,问以家传笔法,则曰“不逮事王父,惟一兄粗得遗绪”。意即此第二图所署苏门者也。征图者杨利叔,三十年前来虞山访余,余适病未见,留书而别,颇轶尘壒。今见此图,回环旧事,不特易鹤韵事当时所无,即友朋文字之乐亦渺不再得,为之三叹。

翁同龢

《瓶庐丛稿》卷四

史晨前碑后碑题跋**

光绪二十九年十月二十三日(1903 年 12 月 11 日)

史晨前碑演《孝经》亦当时语也,荀爽谓汉为火德,火生于木,木盛于火,其德为孝。夏则火王是其孝,冬时则废是其不孝。故汉制使天下诵《孝经》云云。何其诞也。

史晨后碑元始中封孔子褒成公,则旧宅宜备阙观,此碑所云望见阙观者也。诸侯内阙一观,公羊家言也。故尚书孔翊元世即韩敕

---

* 时间系据翁同龢光绪二十九年十月二十二日日记。日记有:“阅寅臣处字画,间加题识。戴文节《易鹤轩图》一幅最佳。”戴文节指戴熙。

** 时间系据翁同龢光绪二十九年十月二十三日日记。日记有“题柳门《礼器》、《史晨》两碑”。

碑阴孔翊元世,孔彪之兄也。彪字元上,其字相次,独孔褒文礼、孔融文举也。畔"官"明拓是"宫"字,非"官"字也。

秦祠四时有木寓车马,汉文帝时增两畤,畤寓车一乘、寓马四匹,两汉祭礼如此,虽匡衡、张谭莫能正也,此桐车马盖放而为之欤!

汉时从佐在斯役之列。此月与佐除设守冢吏,而食从佐之禄也。开舍当是"井"字,井舍盖两地也,舍即所谓颜庄者也。

《瓶庐丛稿》卷三

董说事迹择略*

光绪二十九年(1903年)

董说,字若雨,号西庵,浙江湖州府南浔镇人。董为名族,祖份应,吏部尚书;父斯张,博学。世有闻人。说事母至孙。年十四,补博士弟子员,出太仓张溥[①]门,工古文词。更国变,弃诸生,改姓名,曰林蹇,屏迹丰草庵。精研五经,尤邃于《易》、方言、地志、星经、律法、释老之书,靡不钩纂。所为乐府,出入汉魏。丙申秋,削发灵岩,更名南潜,字月涵,云游四方。归吴中,主古尧峰宝云院,年六十七示寂于夕香庵,时康熙丙寅五月六日也。子六:樵、牧、来、舫、渔、村,皆弃举业,以韦布经。说所著书甚多,樵等不能刊,门人为刻遗文总目,冀后之人梓以传矣。摘《南浔志》。

《瓶庐丛稿》卷五

* 时间系据翁同龢光绪二十九年日记。

① 张溥,明代著名书法家。尤擅草书。

《古缘萃录》碑帖二卷跋

光绪二十九年十二月三十日(1904年2月15日)

曩在京师谈金石者,道州何蝯叟,太原温琴舫、仁和张松坪、独山莫子偲、吴县潘伯寅、顺德李仲约、华亭沈均初、会稽赵撝叔数君者,皆重碑而不喜帖。南归后,见武进费西蠡所作汉碑宋帖,各有古拓,叹为绝伦。今又见伯英此编,其精且博,与费君等。而区碑帖为上下两卷,窃喜与余有同志焉。

夫有宋诸刻,纵多糅杂,山阴法声赖以津迷论者,乃于北碑南帖强为轩轾已伪矣。吴氏筠清馆帖鉴,陈氏南村帖考皆鲜传本,覃谿先生题跋集中所载不及三四。此编出即作帖鉴帖考观可也。沧海横流,疆场日蹙,好太王阙特勤等刻终沦于大荒沙漠中,求榷场墨本而不可得矣。书以志慨。

光绪癸卯岁除　松禅老人翁同龢记

《瓶庐丛稿》卷四

附:《古缘萃录》邵松年跋诗

2001年12月12—16日,编者应日本孙文研究会邀请,参加日本举办的《纪念辛亥革命九十周年国际学术研讨会》。会后,17日,应日本神户学院大学教授中村哲夫邀请访问奈良正仓院(天皇家)、大阪。在大阪旧书店中梶松泉堂看到邵松年编辑的《古缘萃录》(光绪甲辰上海澄兰室石印书局印)。书后有翁同龢题跋和邵氏跋诗,当场将邵氏跋诗录下来,附录于此:

半生喜与古为缘,名迹搜罗四十年。留得一编鸿爪在,不教双眼过云烟。聊为古人好护持,强分彼此好堪嗤。不忘瓶篚斋中语,旷达胸怀是我师。什袭权留秘箧珍，偶然脱手亦前因。云林一去风流歇，六百年来无此人。

邵伯英澄兰室《古缘萃录》书画跋

光绪二十九年十二月三十日（1904 年 2 月 15 日）

齐梁以来，品藻书画者代不乏人，然多论说，非考订也。有明朱氏、张氏始举厥例，分别纸素，胪列印章。洎乎我朝石渠宝笈，鸿编斯著，尺度位置，纤屑靡遗。其私家记述，则江村高氏实先河焉。同里邵编修伯英夙擅辞翰，尤精鉴别，爰自三唐迄乎当代书画名迹庋藏至数十百种，益以妇翁杨公旧储最而缘之，仿红村例为书一十六卷，命曰《古缘萃录》。夫缘之为说，肇自佛乘招之不来，麾之不去，适然而合，欻然而离，是名宿缘。以是因缘，历无量劫，是名种缘。编修有真性情，有真识力，千载名流，精神来聚，所谓宿缘耶！夫西恒图籍遭寇警而飘零东瀛，古书因变法而捐弃，编修高卧沧江，虹月无恙，摩挲珍护，与古为袭，抑之所谓种缘者匹象也。不学夙尝嗜此，然而食无馀资，居无定宇，置几格于藩溷之旁，委管钥于仆隶之手，敝帚所享□佚□□何其于缘也，正在有无间耳！并书之以博一笑。

光绪二十九年除夕　松禅老人翁同龢记

《瓶庐丛稿》卷四

书沈石田佚事*

光绪三十年二月(1904年3月)

成化丙午,石田先生年六十,始称白石翁。黄应龙记是年携酒为先生寿于全庆堂,先生戴山谷巾,著白练羽服,青玉钩在腰,持商爵斟洞庭春色劝客,超然神仙中人也。此卷神韵澹远,题曰:"坐邀用以自娱,非老病不能出者也。白石翁印。"盖赤松山农金元玉所镌,见黄记中。

光绪三十年岁次甲辰二月　翁同龢记

《瓶庐丛稿》卷四

华篴秋山水册

光绪三十年二月十六日(1904年4月1日)

余与篴秋先生未尝识面,然夙闻其为令精敏,弭乱未萌。归田后,粤寇起,先生所居荡口当群贼往来之冲,弹丸黑子,屹若金汤,旁县四乡襁负入保。仁者必勇,其信然耶。先生著述甚富,兼精艺事,所作山水简淡劲秀。此册为其适赵女作,虽云摹古,实则自运,其奇气流衍纸外。适赵者曰湘芙夫人,君默贰尹之室也。传其笔法随官西泠,尤得湖山之助,拟与鸥波夫妇盖无忝焉。甲辰仲春获观,因题记之。

《瓶庐丛稿》卷四

---

* 题为编者所加。沈周,字石田。江苏常熟人。书画家。光绪二十八年三月三十日,翁同龢仆人李元来常,"携书画十馀卷、沈石田三卷,……"此文为观后感。

唐大姑殉母事略书后*

光绪三十年二月二十三日(1904 年 4 月 8 日)

光绪三十年二月,客自杭州来,言浙民有愿甘代父死者,余闻之愀然,若如大鲠。客退,乃又见唐大姑殉母事。唐大姑者,直隶清苑唐君殿华之女,陕西孝义陆襄钺之子永棠聘妻也。姑之行谊一征之陕西巡抚旌其贞;再征之湖北巡抚表旌其孝;三征之当代诸君子之文,笔诗歌炜矣,备矣,乃作而叹曰:

嗟乎,世固有奇女子如此人者乎!曰姑者,以其未成妇也。母亡赴井,被拯,竟绝粒以死。曰唐大姑者,以其终身事母,比如古之北宫婴儿成其志也,爰诔以哀之:

末俗颓波沄沄裂学术也,绝圣弃礼纲常忒也,粤(“粤”疑为“越”)有奇女为世则也,不逮事夫母又卒也,毅然服药莫敢泣也,万人吁嗟朝廷敕也,明诏累褒神人悦也,空山鼓琴长累息也,度尚之辞蔡雍笔也。

常熟翁同龢题

《瓶庐丛稿》卷二

江氏杂书札二册题记

光绪三十年三月初六日(1904 年 4 月 21 日)

杂书札二册,江氏所藏。其人皆乾嘉时邑中尊宿,其署款皆江

---

* 时间系据翁同龢光绪三十年二月二十三日日记。陆襄钺次子,随叶茂如来常熟,此文当写于此时。陆氏长子名泳桐,号荫庐,拔贡。

氏之先也。千古文字,惟不经意处见真性情。此尺牍之所以可贵,况藏于其子孙哉!昔树叔先生与先君子同取庚辰教习,往还甚稔,而先生之尊人静萝翁则先外祖许秋涛①公之挚友,册中两书可见也。甲戌三月,子敬仁兄示此册,漫题其后。伏居墓下,人事与宾客日至儽然者,实不能胜矣。

是月六日灯下　翁同龢

《瓶庐丛稿》卷二

柳榖孙医书叙*

光绪三十年四月十六日(1904年5月30日)

智足以知世变者,类能探天地,洞阴阳,参酌古今之宜而不为物所囿。治世宜然,治身亦然。

江阴柳榖孙先生,博雅君子人也。喜藏书,通辞章训诂,而尤粹于医。名满江介矣,犹锐意著书不辍。读其书,奥衍明辨,发人所未发。书凡数十卷,其已刊者曰《温病逢源》,专明伏气与暴感之同异。谓暴感之温,三焦病也。叶香岩、吴鞠通之说备矣。伏气之温,六经病也,而人多抹杀。于法为疏,于文为阙,故推本而极论之。又辑近人医案,且疏且订,未尝墨守一说。信乎,通人之书矣。余不解方书,顾尝与先生上下其议论。又数过散墩,指君庐,在万树梅花之侧,而又惜其终老艺事,不克一用于世也,故感慨而书之。

光绪三十年四月　常熟翁同龢

《瓶庐丛稿》卷一

① 许夔,字秋涛,江苏常熟人,举人。官至江西知县。

* 时间系据翁同龢光绪三十年四月十六日日记。

柳榖孙先生医书二叙

光绪三十年四月十六日(1904 年 5 月 30 日)

或问:"医案何自昉乎?"曰:"古有诊籍,《扁鹊仓公传》所记是也。"曰:"验乎?"曰:"古今异,宜其量齐品物不可得而悉数也。""然则柳先生何日辑医案也?"曰:"时近而辞达,时近则阴阳沴气不相殊,辞显则文字浅近而易晓,且又商榷订正称量而出。"不特古方不可治今病,即今病亦未可概以今方治也。所辑八家,今先刊尤、曹、王、张四家。其弟子王君吉臣,柳君颂馀,金君兰升,勾资成之。诸君守师法,笃风义,皆能得先生之传者。余不知医,而金君嘱余文,乃漫书之,以质世之善读书者。

光绪甲辰四月翁同龢

《瓶庐丛稿》卷一

张桐生诗叙*

光绪三十年(1904 年)

余在京师,四方投诗者多来不观;比归里,乃求乡先生诗读之,然亦未敢意为品次也。一日俞甥景臣携一卷来,则其妇翁张桐生诗也。桐生负清才,不得意于科名,宦游浙中,殁于旅次。其诗不蹈袭、不雕饰,而缠绵于庭闱骨肉之际,有足悲者。桐生为余兄子之婿,余与张氏诸昆相习也,独桐生未识面,其性情气概仅于诗中

* 时间系据翁同龢光绪三十年日记。

得之，又足悲矣。桐生既殁，孤嫠弱媳相继殒谢，鼎钟旧家，门户零落，惟所居三层楼屋尚岿然。

《瓶庐丛稿》卷一

松禅自订年谱

道光十年(1830)

四月二十七日(5 月 19 日) 寅时生于京师罗圈胡同寓所。

十一年(1831) 二岁

十二年(1832) 三岁

是年 三兄①中式顺天乡试举人。

十三年(1833) 四岁

九月 张太夫人率全家由潞河还乡。

十四年(1834) 五岁

三月 吾母携三兄两姊②及龢赴江西。

十二月 随吾母归里门。吾父③步月中庭,龢牵衣行。父拊龢项曰:“儿知吾有所思乎?”对曰:“知之。”曰:“何思?”对曰:“岂非以祖母年老,不能即归耶!”吾父嗟叹流涕曰:“是儿可喜。”

十五年(1835) 六岁

从表伯朱启宇先生受读。大侄曾文同塾。

十六年(1836) 七岁

十七年(1837) 八岁

十八年(1838) 九岁

---

① 指翁同书。

② 大姊寿珠,二姊旋华。

③ 即翁心存。

六月　吾父告养旋里。

十九年(1839)　十岁

二十年(1840)　十一岁

三兄中式进士。

六月　英夷扰浙江,吾邑震恐,全家侍先祖母避地灵岩山蒋氏丙舍。

八月　还家。复赁屋于苏州吉庆街,余与两姊、大侄均随往。

二十一年(1841)　十二岁

从李惺园先生元瑛,岁贡生。受读。始作诗。

二十二年(1842)　十三岁

五经古文粗读毕,学试帖诗。

五月　海警又至,奉先祖母避于南乡之卫家港。卫氏诵芬堂空屋多狐兔,余家至则寂然。

九月　还家。诗有佳句,屡为吾父、三兄所称赏。

是年正月　大姊归俞荔峰秀才大文。吾父以刘蕺山《人谱》册示龢,日夕读之,廪廪恐失坠。

二十三年(1843)　十四岁

二月　始作八股文。

九月　应县试正案,名列二十外。

十二月　应府试,适闻大姊凶耗,遂不待复试,买舟径回。

二十四年(1844)　十五岁

应院试不售。

十月　先伯朗若公卒。

二十五年(1845)　十六岁

三月　三嫂携源，松[1]两侄入都。

五月　应府试，名列第三，府学桂星垣先生文耀也。

六月　先祖母张太夫人卒。

八月　应院试，与大侄同取。诗赋“兄之齿雁行赋”。诗题“娟娟缺月隐云雾。”论题“如有能信之者”，遂同入泮。学使张筱浦先生芾。余拨入府学第四名。

十一月　送入泮。吴中风俗，新生参谒礼毕即疾趋而出，谓之先出学门，余执不可，从容徐步而出。学师冯树尊先生秉桓，常州人，举人。年八十矣，激赏余曰：“勉之，他日大器也。”

二十六年（1846）　十七岁

肄业游文书院。应乡试，卷出高篙渔乙巳进士，名长绅，知县。房，力荐不售。

二十七年（1847）　十八岁

学师保举优行，有“品端学敏”之奖。肄业紫阳书院。岁试，学使李楠堂先生煊颇赏予赋，取列一等第七，正场列二等十三名。

二十八年（1848）　十九岁

科试取。诗赋“名德之与”，赋“径一围三”，正场列一等第三。余以附生不欲应选拔试，云樵兄、绂卿[2]侄强余入，遂得选拔第一，科试正案亦列第一矣，始食饩。

九月　安葬张太夫人于鸽峰新阡。与五兄[3]曾文考游文书院，尚早，因入市楼早食，而楼忽倾，自分必死，竟从人丛中跳而免，三人皆出，危矣哉！

---

① 指翁曾源，翁同书长子；翁曾桂，翁同书次子。

② 绂卿即翁曾文，翁同书之子。

③ 即翁同爵。

二十九年(1849)　二十岁

侍吾父母偕次姊入都,三月抵都。

四月　次姊适归安钱编修振伦①,是月为龢授室汤氏②,萧山文端相国金钊之女孙,内阁中书敏斋先生修之长女也。

六月　还家,以选拔生例应督抚学政会考也。霪雨积久,江湖并涨,舟行邗沟,几覆者屡矣。

十月　应江南乡试,归阻风燕子矶,偕云樵兄、绂卿侄遍游江边岩洞。

十一月　偕杨濒石③同舟行,亲友送予于河滨,独绂卿悲不自胜。

十二月　抵都。

是年　未领落卷,不知卷出何房。

三十年(1850)　二十一岁

正月　宣宗成皇帝④升遐,吾父恭理丧仪,值宿禁城内,龢常随侍,一切典礼皆得与见。

六月　应朝考,列一等第五。赋"务民之义",诗题"兴雨祁祁(时)",复试擢第一,诗题"秋光先到野人家(翁)"。引见以小京官用,分刑部,在江西司行走。初入署治事,见刑杖,急起避之,同人皆笑。

九月　恭送梓宫,派押槓差使。侍吾父于东华门南池子寓斋。

十二月　充实录馆详校官。

---

① 即钱振伦,字楞仙,浙江归安(今湖州)人,进士。官至编修。

② 即汤松,字孟淑,祖汤金钊,浙江萧山人,进士。官至工部尚书、协办大学士,谥文端。父汤修,字敏斋,进士,官至太常寺卿。

③ 杨泗孙,字濒石,江苏常熟人,进士。时为军机章京。

④ 即道光帝。

咸丰元年(1851)　二十二岁

五兄自家乡来考试荫生,分兵部。

是岁　吾父充顺天乡试副总裁,龢与五兄回避。五兄回南。

二年(1852)　二十三岁

四月　实录馆议叙,作为实缺小京官。

八月　应顺天乡试,中式第二十七名,房师呼延冠三先生,振。辛卯解元,甲辰翰林,陕西长安人。座师麟梅谷先生魁,朱桐轩先生凤标,吕鹤田先生贤基。四书题"子曰:中庸之为德也,其至矣乎"一节。"诚者物之终始,敢问何谓浩然之气"二句;诗题:"业广惟勤",得"勤"字。经艺为吕师所赏。

三年(1853)　二十四岁

二月　三嫂携源、松两侄抵都[1]。三兄由怀庆南行赴扬州[2]军营。是月移寓南横街。会试不售,卷出文式岩先生房格,工部郎中。为主考邵又村[3]少宰所摈。

六月　于捐铜局报捐,历俸本部,引见作为额外主事。

七月　闻绂卿侄卒,病卧累日。

四年(1854)　二十五岁

时江西司司员多告假归,余每日诣实录馆校对,饭后出西长安门,赴部决事,昕夕与共者王丈蓉洲宪成、张君惕斋兴仁、吴君柳堂可读也。堂上官屡派予审案,予力辞之。是时,年少锐于治狱,每日矜其能,王丈实左右余,其不至为小人之归者,王丈之力也。

五年(1855)　二十六岁

---

① 三嫂即翁同书夫人钱氏。源侄指翁曾源,松侄指翁曾桂,翁同书之子。

② 原稿为"琢侯军营",此据翁同书《巽斋自订年谱》改为扬州军营。琢侯指琦善。

③ 即邵灿,邵友濂之父。

馆事益繁，每日赴馆赴署，几不暇给。归侍大人，秉烛理案牍，漏三下，乃入室披书，或课一文，或习书，久而安之，不以为倦也。

七月　患牙痛，极剧，医者费姓，洞庭山人，教以艾灸法，余妻手炷数百始渐愈。

六年(1856)　二十七岁

日课一文。

三月　会试。头场病痢，草草交卷出。是时闻扬州托营[①]庀次，三兄驻邵伯收兵，意绪甚劣，二场渐愈矣。四书题"告诸往而知来者，洋洋乎发育万物"一节；"莫如为仁，游鳞萃灵沼"得"灵"字。榜发中式六十三名。座主彭咏莪相国蕴章、全小汀尚书庆、许滇生尚书乃普。刘韫斋阁学琨。房师贡荆山编修璜、拨房金子梅给谏钧。复试一等第二名，殿试一甲第一名。余卷本列第二，裕相国诚复视，拔第一。卷入，上谕读卷官曰："今科所取甚允洽。"及折封奏龢名，上喜动颜色曰："此翁某之子，深知其才。"奏：第二名孙毓汶，上曰："好，其父孙瑞珍与翁某皆上书房师傅，诚佳话也。"是日引见，上注视良久。朝考卷另束发交读卷大臣，谕不必入等第。改充实录馆协修署纂修官。

四月十九日　汤文端公薨于京师，内子归哭过哀。

五月朔　(内子)发咯血疾，自此缠绵不已。

十一月　《实录》告成，赏随带，加三级，并俟散馆后遇有升缺，开列在前。

七年(1857)　二十八岁

派翰林三十人抄文选，余亦与焉，适病目，作字甚苦。自三月

---

① 托明阿，字晓峰，时任都统，督办江北军务。

至五月始竣两卷。内子病剧,余归横街寓,日夕为之求医,四月略瘥,余气刚,偶口角,疾复作,入秋益剧,诸药杂投无效。

八年(1858)　二十九岁

三月十八日　内子卒。临死执余手曰:“吾已矣,为臣当忠,为子当孝,夫子之责也。”内子事亲孝,通书,略能诗,喜画而不工也。以无子女常悒悒,致疾伤哉。

四月　考试差。

六月　充陕西乡试副考官,偕潘伯寅祖荫学士同行,学士为余总角交,极文字之乐。

八月　入闱。中秋前三日闻督学陕甘之命,适患足疾,至是益剧。

九月　放榜。以足疾留陕省一月。

十月　赴三原县接印任事。是月按试凤翔,按试乾州。

十二月　回三原。决意引疾请开缺调理。

九年(1859)　三十岁

正月　奉批回,“准其开缺回京”。后任杜瑞联丁忧,景其浚缘事皆未至。继之慎毓霖也。

三月　起程登华山,援铁绠达北峰,未到南峰而返。遇慎英卿于潼关,交印。于四月抵都。以病未散馆。

十二月　起病,召见于养心殿西暖阁,温谕良久。

是年八月感伏暑,迷不知人者三日。

十年(1860)　三十一岁

三月　五宇案急,户部尚书肃顺与家大人有隙,排挤不已,必欲致之狱。三次明白回奏,上深察其无它,卒保全之。龢以三大愿誓于神明。

四月　补散馆，“燕山八景”赋，“高超百尺岚”诗，列一等第二名。前此阅卷大臣不黏名签，至是始黏，曰“某拟取第几，分教庶吉士。”上亲阅定，朱笔判名次。

八月　英夷犯京师，上幸热河。

九月　奉两亲至房山，余往来定省。

十月　回京，充文渊阁校理。

十一年(1861)　三十二岁

上晏驾于热河。于内阁哭临。

十月　梓宫始还京，随吾父迎于清河道旁哭临。是月，两宫皇太后召王大臣等入见，暴载垣、端华、肃顺之罪，执付狱。寻赐载垣、端华死，诛肃顺于市。今上御报，两宫皇太后垂帘听政。苗沛霖入寿州城。

十二月　特旨命吾父销假，听侯简用。吾父三疏固辞，不允，以大学士衔管工部事务。

是年夏　院长全小汀师[①]派数人同清秘堂诸君检点宝善亭所藏书籍，龢亦与焉，得见秘籍善本甚多。

同治元年(1862)　三十三岁

正月　三兄回京。甫三日，曾国藩劾奏寿州绅练仇杀事，落职逮问，入狱论死。先是，兄尝累疏，言苗沛霖[②]反侧状，中旨谓且镇抚之。十一年正月，苗沛霖围寿州城，时兄适被命来京，四月交卸。徇州民之请，登陴死守。八月，食尽。军士皆啖草根。九月，城陷，州民汹汹，言沛霖本无反志，特与孙家泰为仇，请兄讼其冤，兄既为具疏以羁縻之，而手疏言沛霖实反，请命将四路合剿。已而沛霖移

① 即全庆，字小汀，满洲正白旗人，官至大学士。

② 苗沛霖，字雨山，安徽上蔡人。其时为当地团练首领，后为清廷所杀。

兵城外,不杀一人。兄于岁底北行,复累疏暴其罪状。至是曾国藩劾奏语乃谓徐立壮之杀实以媚苗沛霖云云,故遭此严谴焉。

二月　吾父被命值弘德殿,偕祁相国寯藻、倭大司农仁、李编修鸿藻并授皇上读书。

三月　充会试同考官,得士八人,后拨入三人。

四月　考试卷分教庶吉士。

六月　擢右赞善。

七月　充山西乡试正考官,副之者孙编修念祖[1]也。

八月　抵山西。

闰八月　发榜。

九月　回京复命。召见于养心殿。

十月　充日讲起居注官。

十一月朔　吾父忽感疾,神气不清。越三日进清痰药得吐,而中气不继。病中所言皆皇上圣学及国家安危大计,既而遂不语矣。初七日寅时遂弃不孝而长逝矣。呜呼痛哉!初六日有旨释长兄出狱侍汤药,比归,吾父已不语,犹睇之微泪。呜呼,尚忍言耶!吾父之疾以误服温补致不起,实不孝等通天之罪。遗疏上,上震悼。赐奠,诸孙皆蒙恩赏,予谥文端,赠太保,入祀贤良祠。

十二月　奉灵柩于观应院禅寺。

二年(1863)　三十四岁

居忧。自去岁迄今岁十一月,即住丧次,未尝稍离。

二月　三兄遵旨入狱。

四月　曾源殿试列一甲第一名,海内传为佳话。呜呼,吾祖父

---

① 孙念祖,字绳之,时为编修。

积累之深,吾兄救焚拯溺,生死不渝之志,孰知之而就传之哉!中秋后随五兄觅西北山吉址,得延树南煦家隙地。于昌平州东十里,地名新庄。

十一月二十五日　敬奉灵柩暂安。龢居山中一月始归。是时,家乡新复,未克归葬也。

十二月　三兄蒙恩释,出戍新疆。

三年(1864)　三十五岁

居忧。

三月　三兄长行,前数月胸中如结。送别之顷,益不忍言;四月抵太原,留二月。甘肃统帅都兴阿[①]奏请留营,乃从之于花马池。中秋抵营。

九月　五兄授湖南盐法长宝道,十一月出都。

四年(1865)　三十六岁

二月　服阕起复。

三月　补右赞善,分教庶吉士。

五月　充日讲起居注官。

闰五月　病痢。

六月　署实录馆总校官,逐日校勘无馀力。

八月　转左赞善,是月迁右中允。

十一月　奉旨在弘德殿行走,召见固辞,两宫皇太后褒谕再三,勖以勉承先人未竟之志,流涕受命。次日即于帘前进讲《治平宝鉴》[②]。自后,五日一班进讲。是月二十日突闻三兄讣,肝肠欲

① 都兴阿,字质夫,满洲人,官至将军。

② 全称《治平宝鉴法编》由慈禧太后下令翰林编检人员编写,主要内容有关历代后妃临政的得失经验教训。

裂。三兄自中秋血痢,投参苓愈剧,至十月二十七日终于花马池军次矣。今年迭次以战捡首逆赏五品四品顶戴,至是特旨开复原官,照军营立功后病故例赐恤。先是吾母吐血,卧不能起,讣至不敢告,出则素衣,入则强笑。呜呼!酷矣。十二月母病愈,始徐以闻。吾兄弟相聚之日少,计三十六年中相处者才十一二年。小时诗文兄实启之。近年来乃从狱中问读书法,犹冀他日白首相随之乐,今竟已矣。

五年(1866)　三十七岁

五月　三兄灵柩到京,停于城外天凝寺,予谥文勤。

二月　擢侍讲。每日侍上临书,及讲《帝鉴图说》[①]毕,复讲《庭训格言》。

四月　大考翰詹,特旨徐桐及臣龢毋庸与。命恭代阅文宗显皇帝圣训,自三月至六月毕,凡一百十卷。

七月　偕倭艮峰相国、徐荫轩前辈连衔具摺请准李鸿藻终制,不许。

十二月　《文宗显皇帝实录》告成,以先公曾充监修总裁,加恩赐祭一坛,加同龢四品衔,旋复叙劳,遇缺题奏。岁暮命书"福寿龙虎"及吉祥语字式,上仿书之。

六年(1867)　三十八岁

二月　偕倭、徐两公连衔谏止临幸王府。召对一次。自四月至七月艮峰相国以疾在告,余与荫轩逐日侍学,未尝少休,借东安门外关帝庙屋三椽为小寓,既而移于栅栏外车厂旁酒肆中,题其门曰"门多长者辙,臣是酒中仙"。

---

① 《帝鉴图说》明代张居正编撰,内关帝王事迹。

四月　复移寓于东厂胡同,屋稍多,与艮峰相国同居。仲渊癫痫增剧,九月几殆,入冬略瘥。

八月　五兄授四川臬司,留署湖南藩司。

是年　编列《圣朝圣训》及《开国方略》,每日进讲,并讲祁相国所辑《史鉴摘事》一巨册。圣学日进,书法尤秀挺。

十二月　擢右庶子。

七年(1868)　三十九岁

复移寓于关帝庙,既而卜居静默寺。

七月　捻匪平,赏加一级。是月疏请开缺回籍葬亲,予假三个月,毋庸开缺。以先公灵柩南归,令沿途地方官妥为照料。

八月　具舟潞河①,偕曾桂扶父兄两柩及余妻柩南行,庞氏②舟附焉,许表兄钟秀同舟。时撤勇络绎,兵民互猜,睢睢盱盱。舟抵临清,水涸,乃从临清出陆,过东昌至张秋易舟。

九月二十日　抵里。是月二十六日,奉先灵敬安于鸽峰茔次。

十月朔　奉先兄葬于穆穴。是月十四日北行。登岱遇雪,半途而返。

十一月杪　抵都,始闻擢国子监祭酒之命。入值如故。

十二月　五兄擢陕西藩司。

八年(1869)　四十岁

遇堂期入署治事,剔肄业生补班之弊。助教瑞龄侵挪公项,撤之。补发各省监照二万。上于三月中开笔作论,龢实司讲事,常左右之。

七月　武英殿灾,具摺请停宫禁一切工程,罢外省传办各物,

① 潞河即北运河。

② 指庞钟璐之父。

疏稿具,倭、徐两公见之,欲附名同上,遂连衔上,有旨嘉纳。

九年(1870)　四十一岁

奏请复国子监肄业生。恩赏银六千两,重修南学学舍。定取肄业生四十名,资其膏火,章程甫立。

六月　迁太仆寺卿。先是,书房授书系徐学士[①]专责,是岁四月懿旨命臣龢授生书,仍兼讲书等事,六月《礼记》毕,接读《易经》。十二月,《易经》毕。

七月　天津夷衅起,曾国藩请革府县职以谢之,臣桐臣龢同被召见,龢稍有论列。

十年(1871)　四十二岁

接授《左传》。上作论稿,龢点勘者居多。

七月　擢内阁学士。

十月　奉母移居内城东华门。

十一月　以母病请假三次。

十一月　五兄擢陕西巡抚。

十二月　疏恳开缺侍养,赏假二个月,毋庸开缺。是月母病不起,二十四日辰时弃不孝矣。临终曰:"汝等行好事,作好人。"恩旨褒恤有贤母之称,赐银二千两治丧,谕祭一坛。二十七日迁殡于城外南横街。

十一年(1872)　四十三岁

正月　迁殡于观音院。

二月　五兄奔丧抵京。

四月　扶柩由潞河还南,六月抵里。此行也,哀痛之中,殆无

---

① 指徐桐。

生理。从五兄携仲渊[①]一房并安孙连舟而行。临清登陆，安孙入船，辛苦万状。

九月二十一日　谨奉母柩合窆于鸽峰先公兆域。灵地为筑墓庐计而未逮也。与兄同住新买隔壁仲氏屋。

十二年(1873)　四十四岁

正月　省外家汤氏于萧山。时外舅敏斋[②]先生殁已二年。妻弟伯述秀才，才儁之彦也，与泛镜湖，游兰亭，寻禹穴，手拓窆石字，遇雨戴笠而行。留萧山三日。归过杭州，雨甚，暂到西湖。居城中，逆旅喧杂不能堪，乃冒雨而去。至松江访士吉侄学舍，时署娄县[③]训导。遂至上海，究观洋人所创楼阁车马之属，临流而哭，留一日归。过昆山，食于村居。忽汗发不可收晕而醒。抵家二月杪矣。

三月　呕血升许，几殆。

六月　丙舍成，即居焉。日夕依墓下，旧疾渐愈，复入城一行，编次先人诗集成，并修族谱，盖一年来萃力于此。又徒步访族中古墓，得朔州嵇勋公墓，盖若有启之者。

十三年(1874)　四十五岁

正月　偕庞昆圃游江阴之散墩。墩者，大坟也。或曰吴王之女散葬于此，或曰非也。其傍多老梅，高寻丈，大合围，凡数百株，天下之奇也。又从兄及庞宝生、赵次侯[④]游邓尉。时值积雨，而斯游未尝遇雨。游天平，登山之半，寻元墓；过香雪海，观司徒庙古柏；菖蒲潭者，梅花最盛。村落皆如画。南行至石壁，有小庙，下临

---

① 仲渊即翁曾源。

② 指翁同龢岳丈汤修。

③ 娄县，今属松江。

④ 即庞钟璐、赵宗建。

太湖,伟哉此游也。然终以雨故,匆匆而返。去年浙行时过苏州,由穹窿山乘兜子,六时而往返数十里。其时新霁,花光粲然,余将老葬于雨上天井之间村名矣。

三月　服阕。葬亡妻于兴福山之檀树坟。

四月　从兄携安孙、斌孙辞墓北行。天署,舟中酷热,足疾与时感缠绵。过南洋湖,有龙入舟,至济宁而去。识者曰"黄大王也"。

六月　抵都。命在弘德殿行走。是时躬亲大政,至书斋时少,入值以午。

七月　大臣具疏,请停圆明园工。龢特蒙召对,因具陈民生艰苦,众怨沸腾。是日,有旨停园工。

九月　五兄授湖北巡抚,十月启行,送之于芦沟。

十一月　圣躬患疹痘甚剧,半月渐安,谕旨中所谓"天花之喜"者也。数蒙召见,与诸王、枢臣、御前大臣连衔具摺请皇太后权同听政。是月,邀恩赏戴花翎,余与荫轩侍郎[①]欲疏辞,不许。

十二月　上疾益剧,犹屡入见。初五日被急召,趋入,日将落,时到者不过三四人,即入对于西暖阁。御医李某[②]尚哓哓称说,余叱曰:"何不用回阳汤!"有顷,则报圣驾登遐矣。恭亲王等同奔赴东暖阁,上枕一人坐,已属纩矣。一恸几绝。是夕召见两次。恭闻今上皇帝入承大统之旨,命与军机大臣拟旨。余与伯寅有所建白,皆采用。竟夕哭于值庐,以后每日三奠,均在乾清宫丹墀上行礼,与枢臣同班。命穿缟素百日。奏缴花翎。

---

① 指徐桐,字荫轩。

② 指御医李德立。

光绪元年(1875)　四十六岁

正月　奉懿旨,偕醇亲王、魁龄、荣禄赴东西陵,相度地势,定双山峪为惠陵。复命偕王大臣恭修陵工。自是数往来工次。余议以石像生一项无益于观瞻而劳费最巨,于召对时面陈请停工,即蒙允许。与醇邸倡和诗极多,所谓长歌之哀过于痛哭者也。

七月　署刑部右侍郎。是月,充武乡试正考官。浙江葛毕氏毒毙本夫一案[①],言官劾奏以为诬,余反复供状以可疑者五具驳,同官中有不愿者,余力持之。是年充文渊阁值阁事。

十二月　赴暂安殿行周年祭。甫归,即蒙懿旨偕夏同善在毓庆宫授今上皇帝读。余具疏固辞,不许,面陈再四,亦不不许,遂流涕受命。

是年七月,五兄兼署湖广总督。

二年(1876)　四十七岁

正月二十二日　上在养心殿识字。每日偕御前大臣亲王伯彦诺谟祜[②]、贝勒奕劻、额驸景寿及夏同年同善入殿讲帝鉴一段,清、汉字各五、六。四月二十一日,上至毓庆宫读书,揖诸臣称师傅,以后逐日入值。圣性聪敏好学,比至年终,读《学》、《庸》至《论语·泰伯篇》,字迹端劲,记古事甚多。

四月　余生日,骑马忽坠,伤右足,赖蒙古医德恩治之,犹在假十日始扶掖而出也。

五月　调补户部右侍郎。滇铜初次来局,积弊甚多,竭力剔抉之,虽未尽,然颇用力矣。

八月　署兵部右侍郎,子松入闱也。

① 即"杨乃武与小白菜"一案。

② 僧格林沁之子。

十二月　充经筵讲官。筹儿[①]补内阁侍读。侄孙斌孙还南，应试获隽，为之狂喜。

三年(1877)　四十八岁

授书如故。

三月　斌孙中进士，选庶吉士。

七月朔，帘前召对。凡召见皆垂对。惟军机大臣及穆宗侍臣三数人不垂帘，龢其一也。面陈辞墓日久，恳给假两月，回籍修墓，蒙恩[②]允许，是月十六日具摺，次日出都。醇亲王传旨，以海上风涛无定，回京时著由陆路行走，毋庸拘定限期。由通州入船，三日抵津，携妾及斌孙乘轮船，船名"海晏"，甫出口而大风作，颠簸一昼夜达烟台，泊一夜。与同舟杨古醖秀才、朱叔彝太守[③]登芝罘。风稍定。又两昼夜达沪渎。二十六日抵里。竟谒西山墓下同留宿。时二姊在里中，悲喜交集。正在祭先祠，谒各处墓。将作楚游，而于八月七日突闻五兄凶耗，魂胆皆裂。次日携奎孙[④]由沪渎乘江轮，名"江靖"。十四日抵武昌，一痛殆绝。兄于七月晦夜汗喘交作，顷刻长逝，是夕夜饭犹思弟不置也。与幕中周子京对榻。每日破晓登署后小阜看江。日出哭奠。日入而卧。具摺展假一月。

九月初六日　奉兄柩浮江而下，用轮船带行，是月二十四日到家。留六日仍至上海，乘轮船北趋。十月十六日抵京。温谕周挚，适符三月期也。授书如故。

年终　上读《孟子》至"存乎人者"一章。

---

① 即翁曾瀚。字海筹，举人，官至内阁侍读。由翁母主持立为翁同龢嗣子。光绪三年卒。

② 即同治帝。

③ 杨葆光，字古醖，诸生，江苏松江人。朱叔彝即朱庆元彝尊。

④ 奎孙，即翁之善，翁同爵曾孙。

四年(1878)　四十九岁

授书如故。

五兄之葬本以四月十五日，侄辈听乡里人言，改前十日。既葬，筹儿由陆路北来，五月五日抵天津，时疫疠正行，触秽气遂病，仓卒与疾行，初十日抵京，越四日遂不起。噫，天欲剪余祀，其奈何哉！两孙长者安孙尚读书，次曰椿孙，跳荡不可究诘。

正月　以河南请裁漕米，部具驳疏，余单衔密疏请准行，有旨诘责因何两歧，嗣蒙召对，具言之。而河南、山西遂有特旨发帑、发粟、裁漕之举，沛然德音，天下感戴。余备员户部，目击各省荒旱，毂下饥民塞途，为之絫欷。夏侍郎屡以大义见责，愧负良久，终身之恨也。

五月　拜左都御史之命。每逢双日入署与科道接见，同官咸集也。曾桂列京察一等，欲辞免而未能也。夏侍郎出河南学差。

五年(1879)　五十岁

授书如故。

正月　擢刑部尚书。是年开印起，书房始整工。整工者，膳后复来，申初始退。退后出西长安门，赴部办事，同堂六人，无日不到，向来所无也。与大学士议山东朱永康谋杀委员高文保一案，置朱于法。改定刑律中伙盗供获首盗者量减一等。又改偷漏钱票者计赔以银价高下为断。

四月　臣龢生辰，蒙赐匾额等。以清樽对客，不敢循俗演剧也。是月，调工部尚书。谕以刑部太繁，故调略简之缺，体恤周至。吏部主事吴可读以穆宗圣嗣未定，建疏力陈，竟以死殉。前此，懿旨因有今上将来诞生皇子即立为穆宗嗣矣。至是，臣请再降谕旨，将来绍膺大宝之元良即为承继穆宗之圣子，并于召对时分析言之，得旨允行。

先是，崇厚奉使俄国，臣屡言其必偾事，又以伊犁不必索还为言。是年十一月，崇厚果擅许俄国陆路通商等十八条。廷论哗然。屡次集议。

六年(1880)　五十一岁

正月　与上元乾清宫筵宴，又与廷臣宴。会议察厚罪名，比照增减制书律，斩监候奏结。查办万青藜参案，以皆无实据，照失察家人例交部议处。

二月　坤宁宫吃肉。

三月　派充会试副总裁，正总裁为景廉，余与侍郎麟书、许应骙副之。四月十三日放榜，得士吴树棻等三百十人，知名之士甚多。同邑庞劬庵鸿书，杨莘伯崇伊皆中。斌孙散馆列一等第七，授检讨。月杪，儿妇携两孙南归。时安孙病吐血数月，不欲其归而不能止其行也，送之悽恻。

上读《礼记》毕，接读《左氏春秋》传，兼读《诗经》。《左传》用道光年间御定本。读《鉴》、《语》、《经世编》及书房存记名摺。

五月　会议新疆俄事及崇厚罪名，余与伯寅在内阁另具一稿，见者佥以为然。是月二十七申刻，日戴珥，且双虹，见于东方。

六月　上命书篗扇三柄。

是月二十三日　地微震，殿梁有声。万寿赐听戏两日。

七月　俄事日棘，朝廷命曾纪泽由英赴俄，递国书。曾电奏请速免使臣罪，为转圜也。两宫皇太后同见枢臣，命将崇厚释放。

十四、十六两日，日晕，有黑气。此数月内以慈禧皇太后圣躬违和，征各省名医入诊。

夏子松同年[①]卒于江苏学政任，此友平生所服，故记之。

八月　恭视太庙神龛规制，议将册宝箱每案叠三层安奉。

是月十八日　两宫皇太后召见王大臣于养心殿，臣龢与焉。时俄以十八条要挟，诸臣持两端，惟恭邸言战不足恃，不敢作孤注一掷，侍郎宝廷与面争。臣则谓伊犁可弃，而十八条者不可准；又言战非难，必皇太后先定主意，枢臣及诸臣一心则可。若旋战即和，贻误更大。工部司员夏震川递封事指斥诸臣，语极切直。越日，会议于内阁，军机、大学士、六部九卿、翰詹科道暨右庶子张之洞咸集。惇亲王领衔复奏，大略谓俄系大国，与我壤地相接。彼既遣使布策来，俟到时商议，不致决裂。余单衔递封奏一件。

九月　懿旨派惇亲王、恭亲王、醇亲王、刑部尚书潘祖荫、工部尚书翁同龢于南书房公同阅看内外诸臣摺件及电报、电复等件。自朔日起，自是摺奏皆五人联名。蒙召见，谕俄事惟军机及尔三王、两大臣是任。余力言西安、汉中等处通商及松花江行船两事不可允。

是月初二日　安孙娶妇，常州恽杏耘之女。

是月，恭送《实录》、玉牒、圣容册宝奉安盛京。工部应办彩棚、仪驾等事极繁重，斌孙回南。

十月　坤宁宫吃肉。时日本灭琉球为冲绳县，总署允行，此上年七月事也。至是，言者欲俟俄议定再与细议，因下南洋及江浙闽粤各督抚详议。曾议俄款粗有头绪。

移居东单牌楼二条胡同新屋，此湖南黄恕皆前辈所居也，每月租金二十四两，有太湖石数株，有刻字曰“萧山胡昀”一行。

---

① 夏同善，字子松。

《诚斋易传》批本乃宣庙[①]潜邸旧物，藏臣家久矣，因进呈，逐日讲数页，粗明剥复否泰之理。又以《通鉴览要》小本进，取其易于翻阅。

十一月　上读书不佳，臣每以危言规切，惟写大字甚有腕力。尝赐朱书龙虎福寿字，赋诗记之。

十二月　进讲《通鉴辑览》。俄议屡有波澜，至是始定。删西、汉通商一条，归我帖克斯川一带地方，领事仅设嘉峪关、吐鲁番二处；嘎界照明约，塔界定在明崇两约之间。于是废崇厚之约，另立新约。

书房功课读《左传》至宣公十二年，《诗经》至《江汉》之章。

七年(1881)　五十二岁

正月　派管理国子监事务。以陈奂《毛诗传疏》与潘尚书[②]连衔进呈，奉旨发南书房阅看，有旨褒奖。与上元宴，与廷臣宴。俄议又争得数条：俄民在伊犁一体完税；换约五年改十年；吐鲁番、张家口两处行栈，他处不准。与惇、醇两邸、潘公联衔陈奏摺一件，论俄事及海疆防务。

二月　朝鲜闵尚书等求书，闵号杓庭，其正使任应准号澹斋来谒。左季高[③]来京，授军机，管兵部。与予一见，甚相契。

以《圣祖圣训》进讲。上于史书中批宋璟、李林甫贤奸迥判而明皇不能别，词甚浚厉。

五侄曾桂以京察一等蒙恩放湖南衡州知府。

三月　五侄妇病瘵卒，贤孝之妇也，伤哉！立仲渊第四子康孙

---

① 指道光帝。

② 潘祖荫，时任工部尚书。

③ 左宗棠，字季高。

为后。上体素弱，而左右内监每讳言，余屡斥伊辈诬罔，此为结怨中官之始。

初十日夜半，惊闻慈安皇太后以微疾上宾。亟趋入，门犹未启。天明，命诸臣入哭于钟粹宫。余治办朝帘、旛杆、夹杠、架衣，数刻而具。是日，派惇亲王、恭亲王、奕劻、景寿、宝鋆、灵桂、恩承及臣龢恭理丧仪。自是，每日三祭必在事。间四日，值宿于附近公所，每夜巡行，而工部事尤丛集，命穿百日孝。

是月，梓宫奉移观德殿。斌孙来京。

四月　发汗症、仆于殿墀。俄事议结，与枢廷译署连衔具摺。二十四上御书斋，余于早祭后仍驰入侍功课。复数月皆如之。

五月　内阁所储香册、香宝竟失所在，余督工部制造，连夜制成一分。

大侄妇自家乡来京，俞调卿甥同来，即住余家，闰七月回南。

六月　彗星见于八谷，近紫微垣，旋入紫微，指北极，芒甚长，约二三尺。

二十日　得南信，安孙竟于本月初八酉时卒于常州恽家，老泪不胜挥矣，肝疾大作，在值庐终日偃卧。

七月　查出镶红旗满洲印领大员葬银系伪印，以该处书吏交刑部审办。曾桂侄赴衡州任，奉三嫂同行，余策骑送至通州，一刻而别，即驰归。御史邵积诚劾工部所派总办多大员子弟，谕撤王庆钧帮总办差，余草奏陈明，素麟、景沛亦大员子弟，但俱系屯田司掌印主稿，凡大事皆屯田司承办，于公事一切无误，不能撤换。

是月，太白经天，彗星尚守四辅，无芒，旋隐。又一彗见于斗柄下，芒一二寸，后乃长至丈许。

闰七月　讹言甚多，谓“涿州挖河，出刘伯温碑”，极诞。张凯嵩奏房山山中白莲教或云在理教聚众多人。

八月　大侄妇携斌孙夫妇及稚子由横街移居城寓。　请发《九朝圣训》、《列朝御制诗文集》、《平定粤捻方略》储于国子监。偕惇邸恭诣普祥峪定东陵。演龙輴车，并察看芦殿地盘。归次邦均感疾，力疾驰驱。

九月　派管理火药局。

是月十七日，斌孙随行孝贞显皇后奉安定东陵，前九日梓宫启行，臣职司尤重，步从时多，届时随入地宫。以恭理事毕、勤慎周祥，赏加太子少保衔。以《天下舆图》进，详论形势。

十月　坤宁宫吃肉。讲《开国方略》。上批《读史论略》谓：唐之所以亡者，宦官而已。懿宗而后更无法度，云云。语甚激切。欲看《道德经》及《孔子家语》，遂以两书进。《家语》经窜改，《老子》非治天下之法，上意在博览也。

十一月　上读书甚倦，余于皇太后召对时切陈之。余督司员修工部则例，日看数卷，旧缺承办丧仪一门，今补之。

十二月　得见书斋后室宛委别藏籍。宛委别藏者，嘉庆时藏书之所，大抵未经收入《四库》者，内浙江采进者为多，皆写本也。上批《鉴撮》数语，寓攘夷之意。赏臣带嗉貂褂。写《夙兴夜寐箴》进呈。派充管理沟渠河道差。宫殿各处屋檐上宝匣全被贼匪窃去，一一补安如式。感冒请假五日。

八年(1882)　五十三岁

正月　坤宁宫吃肉。朝鲜使臣金德容，年六十三，以所著古文见示。

二月　坤宁宫吃肉。写进《白居易乐府》数十首，又摘抄《会典事例》，备召对时谘询。地微震。

三月杪　以近时臣工奏折六十件，每日请上阅之。

四月　德孙在家乡完姻，娶庞伯申女。集同人料理全小汀[①]师家事，铭彝归宗，麟祥分产。整理国子监南学。

五月　懿旨发光禄寺少卿王家璧一件，命于书房进讲。

六月　会同宝鋆、李鸿藻、徐桐、麟书等议整顿八旗官学事。斌孙又举一子。之廉，二十五日。

七月　奏准凡孝廉方正应国子监录科者，毋庸补捐贡监。

是月，京师大雨，浙江、安徽、江西皆报水灾。懿旨饬部拨银十八万，分赈之。　朝鲜国乱，囚其王，逼死其相，其大院君李昰应实阴主之。遣吴长庆带兵往讨，而日本亦兴师问罪，吴长庆俘其大院君至津。大院君者，国王之本生父也。

八月　督修紫禁城城墙。周子京维都、士吉侄皆下榻余斋，应京兆试，试毕各归。派复核朝审册。十三日，长星见于东方，芒长一二丈，晓时见之在柳张翼间，旋在鬼柳之际，行甚迟。　派管理户部三库事务。　御史洪良品劾景廉、王文韶于云南报销案得贿。派惇亲王、翁同龢详询复奏。越日奏并无确据。奉旨俟崔尊彝、潘英章到案仍著麟书、潘祖荫详细推鞫。有大星赤色，于二十五日午未间坠地有声。

九月　御史邓承修再劾报销案，旨添派惇亲王及臣龢查办崔尊彝、潘英章等。彗光淡而芒长如旧。二十五日查估地坛望灯杆。

十月　坤宁宫吃肉。象入西长安门，忽狂逸，毙三人于途。讲抄"三习一弊"疏，并本朝诸名臣奏议。以《百孝图》进呈。地微动。二十三日，金星过日在地平下。二十七日，彗留张度。同上。

---

① 即全庆。

十一月初五日　王文韶告养开缺。命臣在军机大臣上行走，仍兼毓庆宫行走，具疏恳辞。奉旨一道，又蒙皇太后面谕，择人极难，毋得固执，乃顿首受命。是日，命潘祖荫同值枢廷。余班次在景廉下，潘祖荫上。每日枢廷撰旨毕，即诣书房，恭侍书房功课，余仍授生书。前日地动，深州为甚。彗芒出天狗，旋即敛尽。二十二日。火药局弊极多，次第清厘之。三库亦弊薮也，不能搜剔，去其泰甚而已。

十二月　侄曾桂续娶，张诗舲先生[1]之幼女也，由松江送至衡州。十四日，皇太后圣躬大安，枢臣入贺，赐"松竹并茂"四大字。岁底皇太后御书"所贵惟贤"四大字。上读左氏传将毕。检点身心，过多善少，誓以"忠信"二字自励。

九年(1883)　五十四岁

正月元日　召见枢臣，皇太后、皇上同坐御榻。上在太后之左，略如宋宣仁[2]故事。臣等奏事，面请裁决。赐八宝荷囊。自是，每日召见臣工，上皆入座。坤宁宫吃肉。法越事起，李相[3]力主在保胜通商。恭邸以疾久在假。同值潘公以父忧去。

二月　坤宁宫吃肉。上读书稍息，臣言语讦直，不无龃龉。是月，读《左氏传》毕，选汉唐古文进读。二十一日，西南坠一星如碗，余亲睹之。皇太后赐御画墨花一幅。云南道员崔尊彝中途病故，惟潘英章解京，督司员严讯之。

三月　法越事浸炽。余持红江各国通商不得入滇境之说。游

---

① 即张祥河，号诗舲，江苏娄县(今属松江)，进士。官至工部尚书。

② 宣仁即宣仁太后，北宋英宗皇后。元丰八年(1085)宋神宗死，哲宗即位，年仅十岁，太皇太后听政，直至她病死后哲宗才亲政。

③ 指李鸿章。

百川查勘山东黄河主分流之说，至是奏言坚筑堤岸，余议以为是。

四月　讲《明史》。派阅新贡士复试卷。派教习庶吉士。

五月　上读《古文雅正》，此选本最纯粹者也。南横街屋，龙兰簃元僖旧居也，兰丈出京，让先公居之，曾交过户部官房价，而砌造之费未酬。至是兰丈手书谓“此屋归翁氏，三十年以后作为翁氏世业”云云。余备二千金交其兄子赞宸、赞新，而两君坚不受也。法越电报络绎。越将刘永福歼法将罗非亚，而法兵亦破南定，入河内。先是三月末命李鸿章督师出关，旋令与脱使[①]议事，至是李奏边衅万不可开，而言者纷纷，谓属国不可弃，乃拨饷四十万，饬滇粤募士勇。上始作论数行，以后日日如是。云南报销将次议上，而惇邸忽欲从重。屡请起面陈。至是，太后特召见惇亲王、阎敬铭、张之万、麟书、翁同龢、薛允升于东暖阁。惇邸力斥诸臣所定之非，并言“此潘某授意翁某者也”。余在上前力析其谬。谓臣等所拟无一字不按《律例》。《律例》者，祖宗成法、国家宪章，岂可意为轻重，凡数百言。诸公亦同词剖析，始定议。翌日，奏上，照议允行。旋部议景廉、王文韶、董恂、奎润皆降三级调用，刘长佑、杜瑞联降三级调用，余罚俸九个月，准抵销。景廉留军机总署两处行走。

六月　御史光熙摺略言：定东陵释服期近，游观声色土木诸事，恐从此而兴。摺交毓庆宫，臣因进讲，推阐切陈之。邵汴生前辈卒，余以三十年故交，一恸而归。归后剧病三日。自十六日起，大雨连昼夜，九衢泥淖，军机直庐水深二尺，民居颓坏甚多。万寿节群臣于乾清门上行礼，停止听戏。二十七日，上祈晴，是日雨势顿衰。

---

① 指法国驻华公使脱利古。

七月　命醇邸到军机处会商法越事。修建南学学舍，并西序石径碑石。曾侯在法国与彼相沙侯者议越事，意者请我退兵，而越之南定已被法占，刘永福屡次小胜而已。法攻越顺化都城，越请停战。士吉侄来京小住，八月即归。

是月二十四日，大雨，山水陡发，永定河决。

八月，进呈工部新修则例。越南与法立约十三条，一切听命。盖越之南圻全失，余乃建划红江而守之议，同僚多不谓然。然始议以彭玉麟募勇防广东，左宗棠、李成谋防沿海，李鸿章防津沽，浸浸及战事矣。　德孙举一男。

九月　刑部秋审黄册，军机大臣例得参酌，余以陕西官犯马仲篪一起斩罪，入实未协，乃加签改缓。派修火药局房屋墙垣工。派修国子监工程。刘永福败退至越之山西，于是议定照会法国，若进兵北圻，决与开仗。饬谕沿海各督抚，严防水口，仍保护法商。摘唐炯顶戴，革职留任。令王德榜率新募勇出关。同官李高阳相国意与余同，而刚柔进退，议论往往不合。

十月十四日　日未出时，东方天赤如火，臣以宋史《天文志》及《文献通考》所纪详陈之。二十三四日尤甚，竟至半天。《开元占经》谓"天变色主四夷交侵"，直至十一月十八日始不见。

是月十七日　始发法国照会，并宣布各国以战事。岑毓英请带二十营，亲赴越南，允之。派修城上堆拨并城墙工。于奏对时发汗症甚剧。

十一月　坤宁宫吃肉。廖寿恒封奏，谓宦寺宜择老成者，并论及土木之工，传办之件。慈谕宫内太监皆守规矩，皇帝左右有不遵法度者，翁同龢即指名具奏。上始作《望雪》诗四句，此后日以为常。初六至十四日天赤尤甚，圣意焦劳，臣等引咎自责。上作《六国论》，甚畅。山东河议未定，陈士杰主筑堤，游百川主分流，工部实司其议，讯询众论，分流入徒骇，须建闸，恐夺溜，姑主筑堤，而仍开浚徒骇。以左相集助国子监二万金发商生息为南学士子膏火等用。

十二月　上始作《祈雪书怀》五古一首。诗笔日进。法攻越北宁，并窥我琼州。彗星见于津第八星上，光小而淡。越之山西为法所破，刘永福、唐炯两营退扎兴化，令粤东派兵援之。查估火器营营房工程，偕麟芝庵策骑往，半日而毕。越日，查健锐营，宿碧云寺，夜起听泉声。查工时，无屋不到，曹司诸君之力也。皇太后赐“旁综广深”四字。拟进春帖子词三首。　银库今年新收一千五百五十一万四千二百四十两，实存九百八十四万八千六百五十二两。管库堂官六人，非出差即告病，余与李高阳则每期必到，而余以居近尤数往，于收发时全力注之，极繁琐、极劳顿。　综计一年中，圣学稍进，而民生日蹙，边事日棘，水灾屡告，言路颇杂，菲材当此，实愧弗胜。

十年(1884)　五十五岁

上读古文。进讲《开国方略》。作五言诗。赐穆宗圣训三十二函。

二月　上作论。每日以办过臣工奏摺请上批之，略如朱批谕旨之式。越南事棘，北宁城为法兵所陷，太原城亦陷。手绘缩本地图并越南图以进。

三月十三日　以军机奉职无状，恭亲王开一切差使，家居养疾，宝鋆原品休致，李鸿藻、景廉均开去差使，降二级调用，臣龢革职留任，退出军机处，仍在毓庆宫行走。自此月后，书房退时以未正一刻为度。是月遂有与法讲和之议，下廷议皆以为是。

四月　遣嫁侄孙女于国氏，新郎国裕，字子馀，行七，癸未进士，年二十五。

五月　进讲司马光《稽古录》。

闰五月　以倭仁所辑《启心金鉴》写进，上每日圈点四页。自谅山捷音到，乃与法相持，已而廷旨撤兵。

七月　法兵攻马尾，张佩纶退衄，法亦被创。补刊《国子监志》。

八月　鸡笼失守，旋收复。关外大捷。

九月　书房与御前大臣连衔递封事。法事久未决，警报叠至，朝廷主战。广绍彭卒，为之处分家事极难。

十月　皇太后万寿，赐臣匾额一方曰"诚明纳晦"，开复革留处分。

十一月　上诗文皆进，曾赋汉章帝曰："白虎亲临幸，诸儒议五经；惜哉容窦宪，谏诤未能听。"不假思索，一挥而就。　苏元春报谅山大捷。　日本乘朝鲜之乱，发兵踞王宫。　山东河工日难，或呈请分流，或主疏濬，或仍筑堤，工部议奏之件，皆出余手。

十二月　我兵于越南迭获胜仗，宣光及所属三府县皆复。以《东莱博议》日日进讲且读。

十一年(1885)　五十六岁

正月　讲《大学衍义》及《吕新吾书节录》，上甚有心得。　镇南关失，旋复，杨玉科阵亡。法国不索兵费，朝廷许罢兵。

二月　和议三条始画约，惟时谅山我兵大捷，台湾告警，朝廷宣谕罢兵。　勘东陵岁修工程，归游盘山，于所谓桃源洞者见一立石，隶书隐隐"三将军到此"数字。

三月　上自去年起，每日作论，作诗，批摺无间断。

四月　以徐松龛所撰《瀛环志略》进。　上试马于宫门东长街。阅侍卫马步，射于西苑，凡八日。移书斋于补桐书屋，又移于长春书屋，又移于画舫斋。始作赞铭等杂体文。

六月[①]　朝俄有密约。　发汗症，旋愈。以休沐日游西山翠薇。

七月　上幸西苑，赐书斋臣坐船。偕麟芝庵查估健锐、火器两营营房工程，住卧佛寺，过摩诃庵睹九莲菩萨画像。　懿旨令写平日上所作诗论进呈，凡论三十四、诗四十，装一册。嗣后每月写呈一册。

八月　充顺天乡试副考官，正考官潘祖荫，余与奎润、童华副之。斌孙充同考官，请回避，旨毋庸。"实能容之"三句，"子华使于齐"全章，"孔子尝为京吏"一节；诗题"尽放冰轮万丈光"得"光"字。凡一万一千三百二卷，宗室六十七卷。初三进呈前十卷。

九月十二日　放榜，得刘若曾[②]等二百十人。余与潘公总角交，论文悉合，所得卷彼此互阅，亦有相牴牾者，然而卒相合，盖莫逆者天下无如吾二人也。是月以《东莱博议》进讲。

十月　再勘健锐营工。士吉侄卒于金山学官任。

十一月　会议黄梨洲、顾亭林从祀孔庙，礼部议驳，余草疏与潘祖荫、孙燮臣、孙子授、龙芝生、盛伯羲[③]连衔上之，交大学士、六部、九卿、翰詹科道再议再驳，有不得谓"躬行实践之儒"语。　同值张子腾家骎病卒。命孙诒经在毓庆宫行走。　上喉病，十馀日未到书斋。　查估内城河道。

---

① 原缺五月内容。

② 指刘可毅。

③ 指孙家鼐、孙诒经、龙湛霖、盛昱。

是月，调补户部尚书，管理者阎相国①，相国虽以理财为务，然持大体，节冗费，与余最契，君子人也。

是年　书房功课作论作诗，讲史鉴、圣训无虚日。

十二年(1886)　五十七岁

与廷臣宴。钩宋拓《张迁碑》刻之。以中书端木埰所恭进《读史法戒录》进呈。

二月　坤宁宫吃肉。再疏请黄宗羲、顾炎武从祀，谕从礼臣议，毋庸从祀。

是月二十七日　皇太后、皇上恭谒东陵。派惇亲王、大学士恩承、协办大学士福锟、尚书翁同龢、左都御史祁世长留京办事。故事，留京者，看调兵合符。符储于匮，锁钥甚坚，由中使交出，诸臣接受而已。是日，惇邸请启匮点检，乃受。合符信牌箱二，内四匣最要者，调兵符也。每日卯正正刻入，酉初二刻出，轮流值宿，看合符箱、稽察四门管钥。未正发报，接报则无定时，凡十日。

是月　上体感热停饮，余请旨传薛福辰、汪守正来京诊脉。

四月　见李若农所藏《华山碑》，脱两叶之本，马氏玲珑山馆旧物，金冬心②钩寄苏斋即此，吴山夫金石本中刊之，为海内第四本，实则最精之本也。　侄孙婿国子馀病瘵殁，越十日侄孙女亦卒，此事最伤余怀。　派殿试读卷。赵以炯、邹福保、冯煦一甲。　是月起，懿旨传每日午初下书房，臣婉陈为时太促，恐入室后，宦官宫寺闻见猥杂，以未刻下书房为宜。本欲撤讲，阎相国力言始止。

六月　驳山西按亩收土药捐事。上作律诗，讲史事，每日批《明史》数语。又以近时奏摺分门缮写，请上批之。

---

① 指阎敬铭。

② 即金农，“扬州八怪”之一。

是月初十日　醇邸面奉懿旨：皇帝典学有成明年正月归政。醇邸约余等在月华门议事，余以为宜请起面论，请缓降旨，而殿门已闭，不得入。遂草一疏，与御前大臣伯彦诺谟祜等连衔上之，大略言："宜训政，不宜归政"也。

十四日　礼亲王世铎领衔，六部九卿摺，醇邸单衔摺，余等与伯王连衔摺，同日上，未蒙俯允。

十八日　懿旨以皇帝吁求多聆慈训，允训政数年。

二十二日　召见，臣因力言："皇上春秋方富，未能周知天下之事，宗社所系，岂一二臣所能赞襄，此事外廷不知，内廷诸臣必知；即内廷不知，臣实知之。"太后默然良久。遂谕京城复制钱事。

月杪　京城大雨，余屋几颓。菉卿由家乡来京。

七月　以《魏郑公谏录》进讲，王益吾新刻者。户部遵旨议复制钱事。上奉皇太后诣北海驻驿六日，仍每日作诗或作论。

八月　直隶报全境水灾，截江北米五万石，懿旨以中秋进项再留二万发赈。顺天府报灾，拨米五万石，银二万两。派复核朝审。用铸制钱款购倭铜三百万，论价极琐屑。　中秋游秘魔崖，一宿而返。

九月　上诣北海看箭，凡八日，此次阅宗室射，盖四十三年未举之典也。懿旨传功课减半。与恩露圃[1]相国查收内城河道工程，片奏北海进水闸口有往来人迹，请添建堆拨，添用闸军，以明严密。

十月　派充会典馆副总裁。皇太后赐御笔菊花一轴，兰花四幅。　再游秘魔崖，并至天太台，一宿而返。　上以召见臣工当如何咨询，令具书以进，因分部、分省，略举故事，分书以进。　进讲

① 指恩承。

《大学衍义补》，仍作论作诗，每日如此。

十一月　偕麟公[①]查火器、健锐两营工程，策骑往还三日。赴东陵收岁修工，往还七日。

是年　上初祭南郊，敬谨陪祀。

十二月　与醇邸、枢廷、户、工部诸君议黄河事。上赐“福”“寿”字，皇太后赐御笔“福”“寿”字、御画钟馗。

是年　书房功课批摺，讲《大学》，仍作诗作论。

十三年(1887)　五十八岁

正月　上诣祈年殿祈谷，敬谨陪祀。部议以京师制钱一时难铸，请先提湖北、两江及浙制钱解京，奉懿旨诘责，户部堂官均严议，议上革职，奉旨改为革职留任。

是月十五日　皇上亲政，御太和殿受贺，群臣俱加一级。与上元宴、廷臣宴。内传自此以后上每日召见办事后始到书房，未初即退矣。引见人员仍系圈单，不传口敕。上召对臣工，日必四五起，皇太后时或在座。

二月　同值孙子授因惩办银库书吏史松涛勒罚事交议，罚俸一年，命毋庸在毓庆宫行走。　上始诣圣人堂行礼在，乾清宫东廊上书房之北。皇太后召见，询书房功课，敬对工夫太少，讲读诗文不能遍及，并泛论各省督抚贤否，因及各省民力凋敝，虽洋药税厘并征，入项稍多，然不足弥海军之缺。同年，延树南[②]卒，树南遇我甚厚，昌平核桃园地，伊所售也。　是月，书房常撤。

三月　派修宝源局座房。上奉皇太后诣西陵行敷土礼，臣随扈行礼。懿旨派恭、醇两邸及臣龢带同风水官英年前往九龙峪相

① 指麟书。

② 指延煦。

地，峪在东口子门外五里许，脉从壬来，九节盘旋而下，此地十三年前曾一到也。复奏此地极佳可用，往返凡十日，归途过巴沟，东凭亭园，花木之盛甲于京师。　上躬耕耤田，臣派从耕。先一日，户部设农具、五谷箱于中和殿，臣以农官得侍班。此典自乾隆三十三年后，距今百馀年矣。讲《孟子》。内传满书功课改于办事前在养心殿，以四刻为度；到毓庆宫专办汉书功课，不过一时许。余力陈圣学宜及时自励。

四月　上于书房散后诣北海画舫斋习射，并阅侍卫等射，嗣后五日一次。　皇太后召见，谆谆于书房功课，并勖臣以尽心规劝，至于挥涕。至钱法事，臣对："大钱已行三十年，一旦更制，民间猜疑。"派修理雍和宫工程，中官求荐木厂，怒斥之。　阎相屡病，部事余主之。制钱日少，而大钱折当极难处。

闰四月　查收两营兵房，于卧佛寺一宿。

五月　懿旨大婚典礼，著户部先筹银二百万，并豫捐各省银二百万。又谕著长春宫总管太监连英总司传办一切。二十七日，酉正太白昼见。

六月　奏故司业治麟①孝行，请付史馆列孝友传，奉旨允行。过巴沟铭鼎臣山庄，颇有野趣。

七月　永定河开口，直隶及南省皆水灾。得南信仲渊侄于是月十三日长逝，盖久病也，为之一恸。　斋宫动工。移书房于养心殿东暖阁，以养心门西头屋为余等直庐。

八月　菉卿侄南归，送之通州。斌孙吐血未愈，闻仲渊卜后欲亟行而不得也。　用度空乏，贷广夫人三千金，月息四厘。　河决

① 治麟，字舜臣，军机大臣景廉之子。

郑州，淮甸震恐。偕伯寅连衔请分导下河诸水归海，以防黄淮涨溢，廷谕下江督苏抚酌行。派李鸿藻驰往河南督办郑工。

九月　筹郑工急款。斌孙南归时，病未痊，意与兴俱驰矣。　筹郑工银六百万，先拨二百万。　寓居东偏之屋颓废殊甚，因重葺之。　郑工浩大，营无所出，不得不为节缩之计，并开捐例，而同堂意见又不合，极纷纭也。

十月　见沈仲复所藏关中本华山碑宋拓。　国子南学诸生彬彬向学，诸作皆可观，学政蔡千禾大年为之师，培植者不少。　以《文类续编》中高宗御制《濮议辨》进览。书房既移养心殿，一日，上偶下座，余见一人自外来，历阶掀帘，口中呜呜，便衣毡帽。余叱之，乃踉跄去。因奏之，命责八十板，于是总管以下皆侧目矣。　孙公以臂病，累月未入值。

十一月　上命至醇邸问候，因入一见。中旨趣发制钱，而制钱铸出者尚不及百万，因请与大钱搭放，恐市面惊疑也。

十二月　户部、国子监，京察道堂，有举无劾。　国子监进呈安邸王筠、浏阳丘之稑所著书。又请以南学肄业生充官学教习。　懿旨开复革留处分。皇太后赐御笔大“龙”字。

是年　自亲政后到书房必巳刻，功课甚少矣。八月以后余独值，乃稍复旧制，每日诗论并作，亦批史事数则，文义通敏。

十四年(1888)　五十九岁

正月　奏京师月饷搭制钱。每人扣银三钱，发制钱一串。市间有废弃大钱之说。添拨大婚典礼一百万。进讲《周礼》。邸报云南石屏、建水等处地震，死者四五千人。

二月　上祀大社大稷、朝日坛，皆陪祀，文昌庙、关帝庙同。上耕耤田，臣龢以户部官侍上播种。观肃王坟架松。

三月　上作诗，有“微雨来时花气活，轻雪走处草根苏”，真佳句也，敬记之。复讲《鉴语》、《经世编》，久不讲矣。

四月　上时享太庙，臣陪祀。常雩礼陪祀，六部到者，惟余一人。初十日，上恭奉皇太后驻跸西苑之南海，王大臣等均花衣。递如意二柄。得闲往丰台看芍药，仅见蓓蕾，花则入篚矣。　书房初在补桐，旋移长春书屋。借都广司小屋为入值时憩息之所。　又续筹郑工一百万。　侄孙宜孙以海运差来京省视。

五月　部驳奉天土药票捐。京师地微震初四中正。　进讲康熙、雍正两朝圣训。北郊陪祀。郑工将合，而西坝忽沉一船，东坝蛰并走一占。　与祁子禾重装报国寺傍买画《妙因胜果图》。

六月十九日　奉懿旨：皇帝典学精进，于军国大小事务均能随时剖决，措置合宜，明年大婚礼成，应即亲裁大政。又奉上谕，敬念圣母三十年为天下忧劳况瘁，兹复重申前命，敢不祗遵。

是月　雨雹大如拳，大风。　以银五千购定黄氏屋，前此盖赁居也。

是月二十九日　南海会元殿天篷为风所拔，并坠殿角鸱吻，篷材皆中折如截，有铁鼎重数百斤者数枚，均移聚墙阴，此处上寝宫也，幸以万寿典礼，驻跸宫中，故未受惊。

七月　续筹拨郑工银二百万先筹一百万。初五夜之雨，北山冲三四村，南山冲二十三村，死者二万。永定河南江浸决，而房山县水忽大发，冲失村庄十馀。余捐赠百金。　群臣请上皇太后徽号。进《九朝东华录》新刊本。　阎相准开缺。

八月　派充顺天乡试考官福锟、翁同龢、许庚身、薛允升，宜孙、炯孙回避，不得应试。共一万四千七百七十六卷。宗室题未写“论语”二字，特寄谕于题纸注明。是月，斌孙由南来京。

九月　初七进呈前十卷，十四日发榜。复命始知此次臣与福锟并为正考官，盖特恩也。　续筹典礼五十万。　上奉皇太后诣万寿山。

十月　懿旨立副都统桂祥之女叶赫那拉氏为皇后。　翻盖东院厢房三间，又砌灰棚四间于东院后。

十一月　初二行纳采礼与后邸筵宴。　偕麟公查收两营工程，住卧佛寺，归途瞻仰颐和园，时正在兴作也。蒙皇太后召见，谕书房须习小楷，讲经书，并谕归政事宜，以万几事重须禀命对。

十二月十六日　太和门火，由贞度门起。五更余即趋入，时冰雪凛冽。贞度门已毁，焰已息矣，忽从茶库穿而东，一刻飞上太和门罘罳，须臾落架；又越而东，毁武备院毡库，至昭德门而止，丑初起，酉正熄。王大臣等始传散。偕孙燮臣连衔封奏，请停办铁路。片言：停工作、惜经费、开言路、杜幸门。由是电止勘路，议稍纾矣。　郑州河工合龙。皇太后赐御书大“虎”字，并朱拓“鹤”字。

是年　书斋功课为时太促，且往往撤去，屡次陈奏，未能回也。五月地震，六月风灾，七月西山发蛟，腊月太和门火，身为大臣，毫无补救，积忧成痗。

十五年(1889)　六十岁

正月　祈谷坛陪祀，所以纪者，六部中惟余一人也。　以冯桂芬所著《抗议》[①]进呈。　初八日，日抱珥，五色向上。与廷臣宴。此年例也，可不纪。　惇亲王薨。　终计大婚典礼银五百五十万两。交进五百十万。御史屠仁守请归政后可密奏，仍书皇太后圣鉴，云云。懿旨：撤去。御史议处，旋议革职，永不叙用。次日，臣蒙皇太后召

① 即《校邠庐抗议》一书。

见，臣以屠仁守所言，天下之公言也，叩头请宽其责，并具陈当世要务，并言亲政后断不可改章程。蒙谕"汝心忠实"。懿旨加恩前枢臣，臣交部议叙。　自正月初十至二月初九皆蟒袍补褂。是月二十七日，大婚礼成，懿旨加恩廷臣，臣蒙赏戴花翎。

二月　初三日，上亲政御太和殿，宣召颁行天下。次日，上以大婚礼成，御太和殿受贺，颁诏如昨仪。六日，恭上皇太后徽号册宝。次日，上御殿受贺颁诏。　菉卿侄自南中寄鹤一双。派阅各省举人补复试卷。斌孙以署撰文，得保侍讲衔，尽先升用。

三月　上躬耕耤田，臣从耕。复讲《帝鉴图说》、《通鉴论》两书，皆切于日用也。　再上皇太后徽号册宝。翌日御太和殿颁诏，百官表贺。前此乃补进同治年恭进之件。　闻家乡有流民麇集占田，电致护抚黄公[1]查办。　阅宗室复试卷。

四月　截南漕十万石，并斋银等发山东赈。阅汉馆生卷。太庙时享陪祀，每节皆然。常雩陪祀。　上有《斋宫斋宿》诗，命南书房属和。　阅新贡士复试卷。　侄孙奎孙、椿孙均来京。　同龢六十岁生辰蒙赐匾额、对联、如意、寿佛等件。　阅贡生朝考卷。派教习庶吉士。

五月　皇太后赐御画团扇，并山水小幅。　久旱，遣官至邯郸请龙潭铁牌同治年中有比例，既抵京，次日大雨。阅考试中书卷，住贡院七日，同派者徐桐、李鸿藻、汪鸣銮也。

六月　阅各省优贡朝考卷。阅试汉教习卷，住贡院七日。发吐血病。

七月　山东黄河冲决章丘县大寨等庄。通州运河决口。十六

---

① 指江苏布政使黄富年。

日,具摺请假两月回籍修墓,谕赏两月假。修墓事竣,加恩赏给驰驿回京。十八日,出京,椿孙随行,于白塘口登“海晏”轮船,二十一日酉正开行,二十二午正泊燕台[①],历一时开;二十四卯正抵上海。儿妇及两孙媳因避流民之乱,暂寓上海,乃携以归,住菉侄南泾塘屋,其夫妇为余料量一切,极周挚。

八月　住西山丙舍,手定义庄条规。二姊住章家角,虽远,然数相见。友朋中惟濒石新逝,馀尚无恙。偕赵价人作邓尉之游,宿元墓还元阁,于虎山桥看月;过虎丘,往返五日。闻此月二十四日京师大雨,祈年殿灾,惊讶不已。

九月　与二姊别,吞声而出。初三日行,菉侄送余至上海。值风雨,坚请缓行,乃于布栈借住。时亦出游,所谓园亭者多洋式,不称意,客亦如之,往往默坐其中。惟铁厂、船坞、洋枪局、织布局等处为有益耳。十六日,携之缮入舟,茂如[②]偕行,即来时“海宴”船也。菉侄别去。十七日开船,大风颠簸,一日始息。亥初泊燕台,泊一时许。十九酉正抵大沽。次日入口,泊白塘口。二十五日销假请安,臣首以祈年殿为意,上亦深以为警惧,曰“变不虚生”者。

十月　妾陆氏感风湿症,极危笃,服牛黄散而转。吾乡自九月初至十月初,一月大雨,水骤涨,禾尽淹,里中诸君电来告急,乃偕潘伯寅、汪柳门、廖仲山、徐颂阁、恽次远、陆凤石连衔具摺请赈,奉旨拨江苏库银五万两,复奉懿旨发内帑五万两速赈。余与潘公各捐一千两交苏州善士谢绥之。浙江、湖北亦报灾。

十一月　派阅考御史卷,部属考。恭阅谕旨,颇有振发意。感寒发热,请假五日。发下懋勤殿所藏碑帖,令臣等检阅一过。　自是

① 即今烟台港。

② 指叶寿松。

月二十日起，咳呛不得眠，至腊月不支，乃请假服药。

十二月　赐观慎德堂藏宋拓皇甫诞碑，琦善家物，跋谓“机务二字未坏”云云。　上选《抗议》中六篇为一册，饬装治置案头。阅汉荫生卷。　赐观三希堂藏王氏三种真迹。王羲之快雪帖、王献之中秋帖、王恂伯远帖。　咳呛吐血，请假十五日，延陈弼臣治之。　同邑诸君电谓吾邑荒二三分，今免征苏州一府为办赈，赈则刁民必返索原租，嘱电止免征云。余答以议赈乃公道，催租必致乱。又有以前意为请者，答应免征，朝廷特恩勘荒，有司专责，不敢请，亦不敢阻。若以一邑之言而阻数郡蠲缓，恐贫民无告益多。　皇太后赐御书“长寿”字，御画翎毛各一轴。　奉恩旨长、元、吴、昆、常、昭①六县漕米停征，条银、芦课被淹者全蠲，薄收者减成征收。

是年　书房功课温理者多，作诗文少，讲求史事，翻绎圣训则不遑也。

十六年(1890)　六十一岁

正月元日　寅刻书“虎”字数十幅。又以甲寅日寅时书数十幅，盖余庚寅生也。与廷臣宴。是年，以年逾六十，例不陪祀。书房课程照旧例。以今年上二旬万寿，赐宴于太和殿。　是月杪，咳始止。

二月　御前首领太监马双福讦前首领王万荣得粤海监督广英银数万。治双福罪。馀不问。　拨库款二百八十八万五千大修黄河堤岸，从山东巡抚张曜请也。

闰二月　初四日亥初，地微震。　皇太后谒东陵，十五日起銮，二十三日还京，臣派出随扈。臣特至惠陵宫门九顿首而还。

---

① 苏州府属长洲、元和、吴县、昆山、常熟、昭文等县。

阅直省举人复试卷。

三月　上御太和殿颁万寿恩诏，群臣表贺。　阅宗室复试卷。

四月　神机营借洋债三千万，每年责户部筹息二百万。　阅汉荫生卷。阅贡士复试卷。磨勘贡士卷。派殿试读卷官。　宜孙押运来京。　阅贡士朝考卷。

五月　皇太后赐画团扇、折扇各一柄。　考取南学肄业生一再复试，严核之。阅考试国子监学正学录，入闱七日。

六月　自前月杪至初十日，雨连日不止，雷电交飞，颓墙之声相应也。余屋四围之墙皆塌，无室不漏。借住内务府关防衙门，以便趋直。通州平家疃决口，宝坻、任丘水溃堤，固安南江决口，良乡、涿州水入城。初七日、十一日，上祈晴，是日皆晴，自十一日后雨止矣。十八、九又大雨。发内帑五万交顺天府赈济，拨米一万五千石设六门外粥厂，派京堂六员，分驻六厂。河南汝宁县风灾，坏城堞及民居九千馀间。永定河决北三号，冲南苑，直至永定门，一片汪洋。余策骑察看水势，饥民塞路矣。每日办炊饼一千交长素厂带放，此涓滴之水耳。与京尹陈六舟函商赈抚事。京师义士捐资设厂，斌孙亦开圆通观厂遣人四出援救。　万寿节赐听戏于西苑之纯一斋，凡三日，派臣进膳。

七月　赏听戏二日，六部堂官皆与。　拨顺天府赈米十万石，大钱七十万串。开顺直捐，拨银十万速筑永定河。　患下血几一月始止。　本科殿试一甲二名文廷式卷内有"闾面"二字，读卷官未经签出，吏议罚俸六个月，准抵。　承修大岁坛工程。

八月　日与南学诸生相策励，以经义、治事两大端，俾分途学之。　捐俸修南学房屋。　派估圆明园八旗营房。　禄米仓亏空，旨饬户部堂官密盘，同官轮替，二十日始毕。此仓应存米三十一万石，今盘见只十五万三千馀石，于廒坐中获张六一名，黑衣伏樑上，著名仓匪也。　得南电，知四侄妇周氏于本月十四日病卒，创办义庄，操持内政，实四侄之贤佐也。还清广宅贷款三千金，顿释重负。

九月　阅汉荫生卷，进讲高宗圣训。　查圆明园营房工程，借宿铭鼎臣巴沟别墅。便道过秘魔崖，宿道院，游宝珠洞、香界寺、龙王堂、大悲寺、三山庵、证果寺，所谓八大刹也。　部疏工作太繁，请分别缓急，得谕允。

十月　续拨顺属赈米五万。　次孙椿孙于本月十八日病殇于家乡，电来知之，伤哉！遣仆范升乘轮归里接儿妇北来。　本部考送总理衙门章京。　潘伯寅以是月晦殁于京师，平生故人惟伯寅莫逆，殡殓皆亲其事。

十一月　同值孙子授[①]病殇，为之一恸。　二十一日，醇邸薨，上召见臣龢、臣家鼐于西苑懋勤殿，嗷然长号，声出户外。询一切典礼及今日服色，臣具四条以进。先是，常以怡贤亲王丧仪及《濮议辨》等陆续上呈，故上意亦有主宰也。既退，复召见一次。命赴军机处偕庆邸及枢臣拟懿旨，旋奉懿旨派御前大臣、军机大臣、翁同龢、孙家鼐会同礼部议奏。嗣是数与诸公集吏部公所，先具十二条上之，特谥曰“贤”。上即日以长春书屋为寝宫，坐褥皆用黑布，凡九日，有旨撤去，仍如常矣。下月初三释缟素，初十日初祭，十六大祭。

十二月　国子监、户部两处过堂，定京察有举无劾。　此两月中余时时呕水，腰膂痛，支离殊甚。　年例赐“福”“寿”字。　复阅候选知府王恂所进《通鉴引义》十三卷。　请于嫂氏命，以斌孙次

① 孙诒经，字子授。时任户部侍郎。

子之廉为安孙后，熙孙次子之循为椿孙后。　二十日，醇贤亲王移殡于海甸之蔚秀园，园即王赐园也。会议醇贤亲王祭礼。　皇太后赐御笔“松”“寿”二大字。内务府于部年拨六十万外，又请三十五万，余持不可，同官遂有违言。　桐城诸生方寿衢以书赠予曰“崇圣学、开言路、求人材”，言皆切实。

今年　上亲政，理万机，又时至邸第省亲，功课大减矣。余家运甚蹇，病体日颓，了无生日之乐。

十七年(1891)　六十二岁

正月　上御太和殿，群臣行礼，不作乐，不宣表，停宗亲宴。各国公使至总署贺年，人臣皆与晋接，此年例也。自今年起，始貂裘挂珠，上元后始有书房，首陈圣德宜以敬畏为务，他语尚多。察典下，照旧供职。上御紫光阁，召见各国公使，皆鞠躬致词，庆亲王传谕答之。次日，赐宴于总理衙门。

二月　退值于趯台阶上倾跌，臂微伤，趯台即瀛台也，其阶五十三级，每日必陟此也。　广东监生赴监录科者百弊丛集，为言官所纠，余谓中皿当复三十六名之中额，而广东录科定取七百名则弊可稍祛矣。　斌孙京察一等，记名以道府用。　出使日本大臣黎莼斋言：“日本兵政修、商务兴，而深忌他国之垂涎，东海宜与连衡。”　策骑至翠微山看杏花，才一宿耳！御史高燮曾请日讲，有旨驳斥。

三月　寓之东院筑室十楹。　以吉林将办铁路，命户部提款一百二十万，各省八十万。阅考试汉荫生及翰林院孔目卷。　奉旨户部堂官偕贵恒、许应骙查各仓工程。仓场严议均落职，因议办法条奏之。　二十五日，天色黄，已而赤，灯无光，大风随起，可怕也。　伯述[1]长子邦直自津来依予。

四月　颐和园工程将此告竣。皇太后于是月二十八日驻跸三日，百官花衣递如意。　抖晾乾清宫旧藏《实录》，凡四日，共二千七百六十九函，玉牒一百包。辰入申出。得睹乾隆中《南巡图》十二卷，画院徐扬绘，五十二年。　以《执中成宪》进讲。

五月　初七日，奉谕保护教堂，严拿匪犯正法。江阴、阳湖皆焚教堂，盖深遭沿江哥老会之起也。　咏春侄孙押海运来，其弟炯孙随之南归应试。　户部筹饷五条内一条以八旗米折改放实米，旗兵不愿也。宝坻蝗虫萌生。　二十九日，雷震内，雹如桃核。

六月　东院危斋忽圮，前一日犹携两稚子徘徊于斯也。　皇太后万寿，停止听戏。

七月　以广东录科冒滥，故考政加严。自五月起，每考到录科，余必到，场规一如学政。严出广东结官之例，余两次襆被住彝伦堂后屋，被遗者纷纷来诉，峻拒之。骡惊，车几覆，微伤。

八月　奉先祠神龛于新堂，设羊豕恭祭。　赐〇〇〇〇世祖章皇帝《劝善要言》一册。查估〇〇〇雍和宫工程。翻盖客座，揭瓦，始知一栋已折。

九月　初八，斌又举一女。　考南学肄业生。　得江南题名，知炯孙中八十二名，顺孙中一百十名，为之欣慰。炯孙试毕即来京，前数日到矣。今既中式，则须南归，填亲供。十月望去。阅顺天乡试复试卷。　礼部议复翁同爵捐置义庄，改题为奏，奉旨赏给御书匾额。

十月　与孙莱山唱和诗十馀首。　李若农之侄骀选为余画大

---

① 汤纪尚，字伯述，翁同龢妻弟。

像。　闻噶台亲王伯彦诺谟祜卒于关外途次，此书房二十年来旧交也，其人质直坦白。　汗症屡发，甚至舌尖麻木。　热河匪徒肆扰，拨部库五万济之。　以康熙分府及新刊十三册各省地图进讲，凡沿海要隘皆手画以进。

十一月　命奕劻带同文馆洋文教习二人在书斋讲解洋文。命臣龢及孙家鼐在西苑门内骑马。　热河报擒新伪王、季妖师、伪侯韩惠等五名，路始通。偕孙燮臣诣蔚秀园醇贤亲王周年行礼。右臂麻木，百方治之，无甚效，自是遂不能榜书。

十二月　拔南学期满肄业生，既引，传何联恩请引见，此数十年未有之事也。既用知县，何用州判？　适叶侄孙女病卒，盖久病矣。　拨内务银二十万，原请三十万，上饬稽核耗费，故减去十万，然自是内府诸君侧目，谓余实发其复，不知讲帷所陈，从不及时事也。　皇太后赐"益"、"寿"二大字，馀照年例。

是年　上政事益繁，功课益少，惟于各省舆地，孜孜讲求，而洋文乃懿旨命习，未敢少懈也。

十八年(1892)　六十三岁

正月　元日，雪，朝贺时，六花盈袖。　端木子畴埰，子畴孝子也，尝辑《通鉴》中人君宜法者数百条手书成册，余奏进之。　与廷臣宴。

二月　恭代撰拟醇贤亲王墓碑。　顺孙、炯孙以会试同来。阎丹初相国卒于虞乡。　阅直省举人补复试卷。

三月　上躬耕耤田，臣随行播种。　派充会试正总裁官，祁世长、霍穆欢、李端棻为副。十三日，上堂阅卷。二十三日，撤查。撤查者，各回住屋阅二三场卷也。房考同。实进五千九百九十六卷。

霍慎斋[1]同年下血剧病，竭力调护始起，出闱一月即故。　勘经策常至夜分，灯下看朱字变碧，俄而变墨，自知精力衰矣。

四月　初六日，进呈前十本。十二日，放榜，得刘可毅等三百十人。　派阅散馆卷，乌达峰尚书喜拉布崇阿以外班而亦与，向来所无也。　尊旨诣醇贤亲王园寓，恭送发引。归途看大觉寺永乐年华严钟，钟高三丈，中外皆刻经。　派殿试读卷官，一甲刘福姚、吴士鉴、陈伯陶，传胪恽毓嘉。是年殿试改于二十五日，以醇贤亲王安葬典礼也。五月，皇太后赐御画山水纨扇一柄。　阅新贡士朝考卷。　秀庄侄孙随叶茂如来京。顺孙南归。奎孙举一子名之崇。

六月　畿辅义仓，徐荫轩相国所创也，近拉余劝捐，至是又添祁子禾尚书，遂连衔奏事。　连日雨无屋不漏。　上祈晴即晴，有喜晴诗。　有飞蝗成阵，却食谷叶，不甚为害。　南电知予二姊于十九日卒于常熟，至是而同气尽矣，伤痛成疾。

闰六月　蝶集藤花架下，饮以火酒，一拂而起。　永定河决北江，永清、东安、武清当其厄，死者数万。　始坐肩舆。　山东黄河、奉天辽河皆溢。　派充会典馆正总裁。　是月雨多。　右腕忽肿成块。

七月　斌孙办圆通观赈，专办固安二十八村。拨十万赈云南。炯孙归，就姻曾氏。　上偶作诗论，馀皆未暇，惟圣训则进讲无虚日。　镇江告灾，请裁漕五万。　山东河决，请裁漕新漕。

八月　祁子禾病殁，春闱同事竟失二人，祁尤为朝廷惜。　右耳肿痛累月。　给事中洪良品奏“朝审内那永氏一案疑窦甚多”，

---

① 即霍穆观。

派臣与怀塔布复讯，妥拟研讯两月，至十月底始奏结：那永氏照刑部原拟，无谋杀夫事。葆环定绞监候情实。

九月　表侄许联桂号丹庭从江西来，年十八矣，怆念许氏之衰。自此起，夜卧如冰，往往寒噤，饮食极少，倦不可支。　派武殿试读卷。

十月　上亲阅武进士弓箭技勇，定甲乙。次日，御殿传胪皆有旨催促，极忙迫也。　皇太后万寿节，特传于丰泽园听戏七日，赐观灯笼。以王夫之《读通鉴论》进呈。　派充查仓大臣，此差无事，几成具文。

十一月　是月书房移回毓庆宫之东室，始传辰正到书房，巳初一刻退。圣体虚弱，太医每进寒剂，臣辄论之，至是用培本暖中之品，懿旨命御前枢廷及臣等同看复奏，佥以为宜。　南中书来，菉卿侄定议以顺孙为嗣。

十二月　上于西苑颐年殿面赐臣工"福""寿"字，如咸丰以前乾清宫故事。皇太后南向坐，上南向立，挥翰如飞，特传书房三人在内务府大臣之前。　派总办万寿庆典王大臣，臣与孙家鼐、松溎与焉。　筱珊[①]侄调补岳常沣道。　皇太后赐御书"长寿"字一轴，又加赏袍褂两副，貂皮八只。懿旨颁赐各省银，每省二万两。　顺直则每年二万以为常。派查京尹孙楫于属员升调有无徇私。旋与徐相国查明复奏，旨毋庸议。

十九年(1893)　六十四岁

正月　每年二日诣国子监，朝服升堂释菜，登降拜起，尚能如仪。　集公所会商庆典事宜。与廷臣宴。　徐相国约余同至畿辅

---

① 翁曾桂，字筱珊。

义仓,拨银十万赈山西饥。

二月　发汗症。得电知吾邑西乡七十图去年旱荒。　庆典处会衔奏皇太后徽号。　是月于上前颇有论说,意在调和宫庭,以圣孝为本。　买日本铜十万担。上耕耤田,臣播种。　奏拨义仓谷二万石,派修撰黄思永等四人赈张家口外饥民。　庆典处奏事奉懿旨:"辇路两旁铺户稍加修葺,经坛点缀,撙节办理。"

三月　截湖广漕米六万,变价并运脚银解往山西赈饥。　命恭代撰《御制万寿寺碑文》,朱笔改数字。　寄银二百两为吾邑西乡助赈之款。　斌又举一女。　正阳门上层西边鸱吻吐气如虹,记同治壬申春大内宫殿皆有,梯视云是蚁蠓也。

四月　勘《会典》稿本,目不暇接。　奉敕书万寿寺碑,臣病臂不能书,乃以李文田代,而仍书臣名。　秀庄侄孙以县丞分发浙江。　皇太后赏葛纱等件。

五月　皇太后赐御画团扇、折扇各一。　咏春侄孙押运来。印若携其弟玉行束见。　派修西直门至颐和园石路工程,与福公锟偕。　俞甥调卿之子冠群号敬丞来应京兆试,下榻吾斋。　以修工事,中官有荐木厂者,叱退之。　吉卿侄署衢州府。

六月　书斋功课不时,即到亦不过三刻。以恭办庆典,准王公内外大小文武官员赏赐银两。　查勘石路,定选旧换新办法。复校两淮新修《盐法志》,逐卷加签,半年始毕,驳回订正。　大雨数日,墙颓屋坏。天安门内波声汹汹,圣意殷殷,为沿河万姓虑。有旨饬查顺直州县被灾,并京城倒塌房屋、被伤人口。上屡次祈晴。　斌为瘈狗所噬。　芦沟桥南堤开口,十二日通州北、东两门外村庄全行漂没,拨义仓谷百石、交西城银五千往通州办急赈。与徐荫轩、李兰荪连名募捐急赈,余首捐三百,前后共集得〇万〇千。

永定东五号、七号皆决四百丈，被淹处较庚寅年尤甚，与徐荫轩连衔请发通仓米二万，又定分三路发赈。通州交编修陈竹香，卢沟交御史徐叔鸿、翰林樊稼轩、部曹濮紫泉，中路交安平公所，皆同人所集之需也。飞函各处，皆谈赈事。　京城齐化门有女化为男，阜城门外龙见。

七月　月初尚连雨，所急者皆赈务也。续拨义仓米三千石发南红门赈。　国子监录科加严，每考必亲莅。而广东卷三次皆封固，俟大收毕乃发榜，共取七百七十八名，全行录送矣。

八月　得养正阁精刊本，因极陈声色之戒。　命充顺天乡试正考官，以孙毓汶、陈学棻、裕德为副考官，房官谢隽杭因病，奏准出闱。以十七房分阅，十三日上堂阅卷，二十三日撤堂，宗室取中五名，看朱字成墨，眼益花矣。

九月　初六日进呈前十卷，初九日定草榜，十二日发榜，得士马镇桐等百十人。是科闱中唱和最乐。孙莱山平生故人，内监试李莼客，庚辰门人也。　御史联陞奏本科顺天乡试幸中者多，派麟书、徐桐查办，旋奏蔡学渊、黄树声、万航均革，周学熙、汤宝森、陈光鋆传齐复试。　拨米三万石、银二千交顺天府添赈。　查收圆明园八旗营房工程，并勘颐和园牌楼后续添之新石路一百十馀丈。　腿疾时作。

十月　皇太后万寿节，赏听戏七日，王大臣共三十人。　旨著户部每年添拨内务府经费五十万，嗣后不得向户部拨借。特旨传翁某、孙某俱由内左门出入，恐乾清门阶级高，冰雪滑也。　以五十金为河西务赈捐。

十一月　庆典报效除扣俸外，户部交〇两，国子监四百两。景秋坪师之内侄德藩为其家料理帐目，称亏银万两，与兰荪、锡之、芝庵[①]平其事。　湖南善化翁氏由余姚迁居，有莆田旧谱，覃溪先生题之，今其系带来索题。因检余姚家谱与吾铁庵公[②]所辑者世次不合。余姚脱何公、则公两代，故学涵称四十世，其实四十二世也，龢则四十一世。　以钞本《天禄琳琅书目》进呈。　腿疾屡作，并觉虚羸，往往夜卧寒呕。　议定分段点景：城内二十六段，十三人分办，俍公摊之一百二十万；城外三十三段，内务府五人分办。内外大臣报效银约八九十万。城内近禁门一段亦归内务府办。嗣制签每人两段，又修理道旁房屋一段。　许星叔尚书病卒，故人之最契者也，亦余壬戌分房得士。

十二月　上于颐年殿面赏"福"字。办京察，户部劾二员，国子监照旧。　内务府既奉旨添拨经费，至是又以御茶膳房每月一万由部代垫，又护军钱粮每年三四万竟无着也。余以为此两事皆不可缓，议准暂挪。　派充国史馆副总裁。　汗症大发一次。　奖南学生五百二十两，此皆余所留照费，每年皆然。　内务府又请借户部银六十万，交议，议上借十万，谕依议，而以内府大臣不能撙节，交部议处，于是怨者专集余身矣。家乡天官坊老宅之西曰"老圃堂"者，山愚府君所葺，额久失所，屋尚在，粤乱后竟成瓦砾场矣。余拟重建作翁氏家塾，今侄孙熙孙督工成屋十间，颇坚整，而家塾经费无著，不知何日能副此愿也。皇太后赐御书"松鹤"二大字轴及"福"、"寿"字。

是年　书房功课益减，上刻意节俭，于内府尤多裁抑。

---

① 即李鸿藻、豫锡之、麟书。景秋坪即景寿。

② 铁庵公指翁同龢第十世祖翁叔元。翁叔元，字宝林，号铁庵，康熙进士，官至工部尚书。

二十年(1894)　六十五岁*

(缺正月至十月)十一月　懿旨授恭亲王军机大臣。并谕撤满汉书房,臣力争不可。越日,召臣赐对,谕“满功课、洋文均撤,汉书不传则不撤”,臣叩头称圣明洞鉴。又有“汝信实可靠”之谕。　复州失守。　上面谕书房照旧。　懿旨准派员在沪会议。会译署照会美使田贝。汝城县失守。　皇太后见起,面奏辽沈告急情形。拿解旅顺失事诸将。　发汗症,肝气,横脉见劲象。　牛庄失守,宋庆退田庄台。　今年恭逢皇太后万寿。冬至次日在皇极殿行朝贺礼,上御太和殿受贺。　派充方略馆总裁。　阴晦时多,气象凄凛。　凡电旨皆孙、徐①两公动笔。

十二月　上于养心殿面赐“福”字。　刘坤一到京,授钦差大臣,节制关内外各军。　旨停年例及明春一切筵宴。　拿问卫汝贵。御史安维竣妄言时政,革职发军台。　张荫桓奉〇〇〇密旨出使日本。　小山②侄授江西臬使。　盖平失守。　倭兵浮海窥威海卫。　召见养性殿。　催刘坤一启行。吴大澂出关。翌日,召对置卫汝贵于法。赏“松”、“寿”二大字一轴、吉语四方。　王文韶到京。　山东荣城县失守,威海益危矣。饬海军舰出口迎击,毋徒坐守。　王文韶充北洋帮办事务大臣。　除夕王大臣于皇太后前行辞年礼。自念以菲材而当枢要,外患日迫,内政未修,每中夜彷徨,憾不自毙。讲帷职事,仅有数刻。最难处者,于枢臣见起之

---

* 翁同龢年谱原稿原藏天津翁开庆家中,“文革”期间被抄走。后归还缺(光绪二十年正月至十月)一册,而翁万戈所藏翁同龢《甲午日记》正好可接续这部分。2015年11月,翁万戈将翁同龢日记原稿及《甲午日记》一并捐赠给上海图书馆,同年上海远东出版社照原样重印。

① 指孙毓汶、徐用仪。

② 即翁曾桂。

先,往往使中官笼烛宣召,及见则闲话数语而出。由是,同官侧目,臣亦无路可以释疑。尝叩头奏:"昔闻和珅曾如此,皇上岂欲置臣死地耶?"终不能回,亦奇事也。

二十一年(1895)　六十六岁

正月　慈宁宫太和殿行朝贺礼。元日,上手授八宝荷包,御书"礽"字。奉先殿站班,于舆中再授荷包,此枢廷例赏也。偶记于此。次日,坤宁宫吃肉,与蒙古王公偕,亦枢臣旧例。威海南三炮台失守,海舰依刘公岛,犹报击沉倭船两只,旋报北三台亦失矣,既而刘公岛亦失,海舰全没。　张荫桓、邵友濂到日本,彼国不与商,谓非十足全权不可。　皇太后召见,谕撤使归国。惟美使田贝居间转圜,仍令总署致信于彼,留作退步。翌日召见,语略如昨。懿旨派李鸿章赴日本,即令来京请训,并开复一切处分。各国护使馆兵入京师城,约二百馀。　李鸿章到京,与枢臣同入见。鸿章奏:"割地诚不敢,譬如占地,索银亦殊难措。"余于上前争之。既退至传心殿集议,李欲拉余同使,盖怵我以难事也,予笑颔之。译署拟敕书稿。　宋庆收复大平山。　李相奉使,议论喧然。

二月　李相面奏,略及割地,余不谓然。　慈圣起居违和,割地之议,大拂慈怀。　宋庆败于大平山。敌扑牛庄,魏光焘、李兴锐两军皆败,牛庄失。　南电知吉卿侄[①]初十卒于里门,惟一孙在侧,可伤。　上左胁患疖甚剧,余与孙公[②]皆进膏药方,太医皆不用。　宋庆于田庄台获胜,既而大败,田庄失守。　吴大澂退至石山,撤吴大澂帮办,来京听部议,旋革留。　令将军永德带兵驻喜峰口,将军丰绅驻八里桥。　福建澎湖倭竟登岸,旋失守。　李鸿

① 即翁曾纯。字吉卿,翁同爵之子。

② 指孙家鼐。

章奉使至倭,与彼使会晤,中途被倭人手枪中左颊,其子李经芳来电如此。

三月　余力筹台湾饷五十万,由南洋往。旋台湾告警,李相电停战,节目止奉、直、东三处,台不在内。　派署吏部尚书。　时议欲弃台,余力争不可,遂大牴牾。恭邸在告,以兵事就商,邸亦无所可否。　阅直省举人补复试卷。　李相电二十三日画押,限二十日在烟台换约。　俄请暂缓批准和约,而同官均有成见,欲草草定议,余与兰荪相对流涕。　上不允割台,词气严正。言路均谓和议不可行,而弹余徇庇吴大澂。嗟乎!吴大澂之进退,岂小臣所敢与议哉!持诸摺就商恭邸,邸谓:"廷议徒扰邦交,宜联而已。"　病脾泄,不敢服药,不敢请假。

四月　庆邸偕枢臣请见皇太后,内侍传慈躬感冒,不能见,一切请皇帝旨办理。　翌日,传懿旨:"和战两有弊,不能断。"令枢臣妥商以闻。仍至恭邸处集议。孙公草宣示议和诏。　使俄大臣许景澄电:"俄云相助。"亦无的实语。恭邸力疾销假。北洋报初四、五日天津大风雨,海啸,计六十馀营被淹。　上意和约不得不批准矣,遂用宝,派联芳、伍廷芳送约。　俄勒日本以辽地还中国,余拟乘此缓换和约,同人不谓然,至于攘袂。法、德、美三国驻使亦以缓期换约为是。正在徘徊,已居十四日之期。上催译署催伍廷芳等在烟台即日换约,遂于是夜子初换讫。　病愈甚,不食者五日。阅贡士复试卷。朱谕一道,饬六部九卿、翰詹科道至内阁恭阅即前日宣示诏也。　和约既换,而台湾固未允割也,于是又派李经方会日本桦山商办。　小山侄抵京请安,蒙召见。

五月　熙麟奏朝考阅卷不公,是非颠倒,遂改定三卷,内曹元弼一卷字迹模糊,余知为江南经生,力言之。而原阅卷三人皆察议。　台湾巡抚唐景崧为台民拥立为总统，旋报基隆失守。　小山侄[①]由海船南行，炯孙随去，计住京才二十四五日耳。　法挟归辽事以为有功，遂定从前分界通商之约。英使又出而阻挠之，不得，则又以英缅未定之约欲占猛乌、乌得二处土司地。　汤伯述来京，数日去。

闰五月　上奉皇太后驻跸西苑。　与徐筱云谈借款事，竟致忿争，余甚悔之。发电订正徐公九三扣之误。一侍郎、七御史连衔劾徐君两乌分界事，旋又因借款事被劾。　甘肃河州狄道回民起事，〇〇命董福祥带兵往援。

六月　阅优贡朝考卷。孙毓汶请开缺，允之。徐用仪被劾，退出军机处并总理衙门。　命李鸿藻、臣龢均在总理衙门行走，力辞不许。　江西信来，筱侄举一子。　钱应溥入值军机处。　炯孙携眷到京。　万寿节赏戏三日。　山东黄河分流至安山破堤入运。京城疫气流行，僵者极多，配药施济。　余羸病不堪，时下白沫。每日书房、枢直、督办处、户部已不胜烦，加以译署，真不支矣。

七月　派管理同文馆事。　日本公使林董定交款二万万之磅价。英使欧格讷来，要挟八事，内四川烧教堂一事为最重。　李鸿章自日本归，上慰问毕，谓"二万万款从何筹给？台湾一省送与外人"云云。词甚峻厉。命留京入阁办事。翰林六十八人连衔劾李相。　阅考试御史卷。　法使施阿兰要挟数事，余概斥之。

八月　国学大成门外柏树为雷所击。　与赫德议交款按磅价有无流弊。　英使欧格讷以川案与两邸争论，两邸允之。刘秉璋革职，永不叙用矣。德使申珂亦来要挟。　磅价照赫德所拟较林

---

① 即翁曾桂。

董原议可省一百四十万，遂定凭据四份，彼此签名。　火药局之晾药房失火，未伤人。　各国使臣来署，往往咆哮恣肆，非复前比矣。

九月　李相与林董在总署议归辽事，余等不在坐。　道员荫昌议挑旗兵赴津习洋队。　英国教士李提摩太来见，其言周孔之道，环球无以易，惟今日养民之政衰。　十一日，有星自南坠北，色青，时酉正二刻。　慈驾幸西山，循登高故事。　欧使告归，其与恭邸特切至。　上御文华殿，见英使欧格讷，以其陛辞归国也。此特举之加礼，前此巴兰德归时曾有之。　袁世凯练洋队七千人，由部筹饷百万。　归辽之约，李与林[1]画押，而商务则由总署细核，尚未定议。　绂卿大侄妇来京数年多病，是月二十八日竟不起，一切丧费余主之，十月十六日移殡龙泉寺，斌孙宿寺中。

是月　李相与林董议商约。　赏听戏一日，又三日。　胡燏棻办津芦铁路，十七日，上宣谕吏部侍郎汪鸣銮、户部侍郎长麟均革职，永不叙用。　余友李若农文田卒于任，不第文字交也，为之一恸。

十一月　董福祥报河州解围。凡甘肃行军进退，一切电旨皆予手稿。　法、英两使以湄江分界事彼此争执不已，余告以此两国之事，与中无与，因定先立湄江约，南边再定。两邸允英使于西江开口岸，自广西浔州下连广东入海，即梧江也，此处开口则广东省穿透。　议借款极纷纭，余在户部，尤吃重也。

十二月　上于颐年殿面赐“福”字。　余以西江开口则野人山应全我要英使。　俄君加冕，彼使请中国派王公重臣往贺。　京师南城有人立强学会，令都察院封禁。考同文馆学生，三年一次，

---

① 指李鸿章、林董。

谓之大考加优保也。　斌又举一子。　进春帖子诗，此枢臣与南斋旧例。先立春一日在懋勤殿跪进，谓之跪春。　皇太后赐“荣”、“庆”二大字，扁字四方，并“福”、“寿”字，皆年例也。　英、德两国先愿借二万万，旋因李盛铎自上海电言：“美国肯借，利息可轻。”遂复绝英、德，而美款仍游移。李相言法国可借，因发电驻法使臣庆常，令向法政府商之，一切来往电信皆总署公电也。　懿旨命李鸿章出使俄国，邵友濂为副。命张荫桓为全权大臣与日本在总署议商约。除夕恭诣养性殿行辞年礼，赏春条及荷包，赏“龙”字。

是年　书房进讲，不过一刻许，实不能有敷陈。

二十二年(1896)　六十七岁

正月　朝贺赏赐如例。元旦日出时，有五色气在北面。《礼·王》云：“非弭非抱，不入占。”　是月十三日，内侍传懿旨：“书房撤。”　驾诣颐和园，余等移寓军机公所，距园甚进，军机直房在东宫门外北朝房，旋改南朝房，稍宽。　十六日，赐颐和园听戏三日，并看灯，花炮，鱼龙曼衍，不可胜记，王大臣凡八十二人。是日，月食。廷臣宴即于仁寿殿举行。次日，赏饭于西配殿，凡二十六人。命恩佑带诸臣遍游园中诸胜处。　李相赍国书五件、送各国瓷、铜、玉器三十四件启行。　各处借款皆罢议，专待法国之款，而法使施阿兰狡诈万端，要挟百出，本议无扣，至是竟称九扣，余不允，施亦罢议。而日本交款日迫，商与展缓不能。至是，乃以借债一事专卸于余身。肝气沸郁，与人言不免激昂，而高阳、李公亦致憾于余矣。　廷寄饬各省开矿。　阅季沧苇标点《通鉴》一周，三月始毕。　南漕改折，下部议，部电江、浙督抚，皆谓可行，刚子良以为有害兵食，遂驳止。　恭邸在园养病，有要事皆就商。

二月　谕将文廷式革职，永不叙用。二十三夜亥刻，户部火，余急赴之，饬各司检印信，移文卷，断火道，保后库，而二堂、大堂皆烬矣。臣入奏奉职无状，每办诸事，无一顺人心，即无一惬已心，故遭此变。火实从颜料库司堂起，堂在户部二门内。二堂既烬，乃借湖广司司堂为公座。

三月　法使施阿兰要挟龙州铁路办法，坚持不允。　额相[①]开缺。　命王文韶、张之洞办芦汉铁路事。　以百金助湘省赈。　甘回事未定，以董福祥为前敌总统，魏光焘为后援，以嘉峪关外事付邓恒会饶剿办。

四月　斌孙闻其母病，仓卒南归。　英使窦纳乐语言不逊，电龚照瑗告英外部。　李相既行，其密电本交张荫桓，而往来电信则专付余与张译递，盖谕令如是，而同人颇疑为专擅，其实余岂乐办此等事者哉！电皆予手写进呈。李相与俄密约，遇事相援，密旨允行。　筱侄擢江西藩司。　在总署会商联俄事，二邸、诸公毕集，乃拟旨一通，并约文全篇，均电发。内监阎得兴、王□、聂德禄均于戌所拿获正法。　侄孙琳孙来京，捐部经历。咏春亦由海运差来，下月去。　俄开东三省铁路，并欲办中国银行[②]。

五月初八日　醇贤亲王福晋薨逝，定期年服。懿旨："皇帝万寿，照常行礼，乐设不作，停止听戏。"　上于初祭后，释缟素。　李兰荪舌蹇，左体痿软，大类中风。

六月　重修户部衙署开工。　英使窦纳乐来索前十年粤东法里冈赔款，竟斥粤督抗违，余与辩论，而张君右窦使，谓所言实是公法。余曰："我不谙公法，只知公理。"　上腹疾已半月，值醇贤亲王福晋奉移园寓，乃力疾恭送至倚虹堂。　电询李相与俄商铺轨尺

---

① 指额勒和布。

② 指华俄道胜银行。

寸，往返数四，卒照俄轨。　浙江改铸制钱，每文七分，余定稿准之，江南亦请如之，而刚君执不可。　之善自里中来。　永定河北中汛七号漫口，发义仓馀款买饼饵救被水饥民，此次灾情不减十九年。　谕臣与法使施阿兰换约，约本凡三：一、光绪十二年越南商务；一、十三年越南界务、商务；一、二十一年两乌界务、商务。此早经全权画押，今用宝后派员在约内不列名。另有凭单画押。　侄孙锦孙绣庄办浙海运来，下月去。

七月朔　合两邸到署公定准俄办铁路。督办处令各省均一律改用快枪。　电来，知儿妇张氏初五日病卒，而德孙妇于前日亦殁，家运如此，难矣。以熙孙之第二子之循为椿孙后，之廉以承重成服。　道员塔克什纳赍中俄密约本由海到京。　入夏屡发吐血症，老景日增，齿牙动摇，淡食饱闷。考户部愿送总署人员，取十六本。借方略馆闲屋，为退食之地。

八月　英使窦纳乐仍肆要挟，既开西江，仍索野人山。电龚使告彼外部横索无理。　张之洞进《承华时略》二册，会典馆稿本不免积压，排日阅七八本。　中秋日，皇太后召见玉澜堂，赏枢臣福寿锞，每人二百，赏戏二日。上侍慈圣御龙舟。臣等乘轮舟于昆明湖观灯。赏蟒袍尺头等。　以密约本用宝交俄使喀希呢赍归俄国，庆邸、张君与余皆于凭单列衔画押。翌日，以约本及管钥恭缴。上吐血又发。　总署考试各部院章京，张君阅满员卷，余阅汉员卷一百本。有一卷，余已摈之，恭邸欲取，余争之力，遂不欢而散。鹿传霖电奏：瞻对应改土归流，中旨不允。以后遂有战事，而藏中喇嘛诉冤。

九月　盛杏生观察以王、张两公[①]荐承办芦汉铁路来京。　福箴庭相国[②]卒，数年同官，甚契洽。兰荪疾渐平，销假。　游乐氏园，入遗光寺，因至明景泰陵，坯土之外，悉为麦垅，仅有一石碑矗立高宗诗论刻焉，感慨久之。贾人持李秀碑、古拓薛稷涅槃经残刻，云是荣仲华物，各题数字还之。　命询盛宣怀借洋债集股票有无把握。命盛宣怀以四品京堂候补督办铁路总公司。　李相回京，携俄国书并宝星进呈。　斌孙由南回京。　李相在总署行走。张南皮[③]相国予告食全俸。

十月　英使于新疆设领事及与法国均沾二条，竟允删去，而西江通商则要索五府坚持之。　陶模、董福祥、奎顺报关内外一律肃清。　皇太后万寿，赏戏三日，懿旨赐枢臣坐篷船。　法使言法君欲赠宝星，遂以十事要请。《一统志》于西江上下流未详起止，故彼族据为不止梧州。检广东所刻《内府舆图》及天津刻《沿海各口图》较详，持与窦纳乐力辩，乃语塞。　见日斯[④]使，令其国保护小吕宋华民，伊直任不辞，可见小国易驯也。　德国不愿黄遵宪为驻使。李鸿藻调吏部尚书协办大学士。　罗丰禄出使英国，随员中有之缮名，盖杨艺芳所嘱也，余在政地而以子弟属人，可乎？告罗撤之。

十一月　四川报绥定、夔州、酉阳山颓壅江，江溢流数千家。西江通商，开梧州、三水两口，南宁再议。　东陵松虫为灾，虫黑色有毛，啮叶几尽，甚毒。　德使海靖阴狡略同英法之使，所要甚多，尤注意于海口借埠。　赐坐暖篷冰床。　拨华俄款，开银行[⑤]。

---

① 指直隶总督兼北洋大臣王文韶、湖广总督张之洞，保举盛宣怀为督办铁路大臣。

② 指福锟。

③ 指张之万。

④ 指日斯巴尼亚，即西班牙。

⑤ 指清政府拨款500万两作为股本，加入华俄道胜银行，变为中俄合办。

十二月　颐年殿赏"福"字。　国子监京察过堂、户部京察过堂皆无劾。　同文馆岁考。　载滢之子溥伟赏贝勒，为载澂后。　法使以英开西江，遂索开矿，索接路矿，指滇粤路通百色，与辩论至抗声拍案，不允一字。　看国史馆书，日凡五六册。　部中欲请办亩捐，已具稿矣，司官毛庆蕃、孙毓骏力争不可，余用其言，撤不办。　皇太后赏御书"逢吉"二大字，"福"、"寿"字，"华曜山岳"四方，赏活计一匣。　腰痛不可支，数日方愈。　上诣醇贤亲王园寝，恭视奉安。　除夕，养性殿辞岁。赏春条荷包。是日，上侍皇太后诣西苑侍膳，听戏、看烟火，圣孝承欢，天下称颂。

综计此一年，外人要索，循环无端，每从译署归，昼不食，夜不眠也，痛亦寖弥矣。

二十三年(1897)　六十八岁

正月　朝贺如礼，赏赐如常年。上御太和殿，不作乐，不宣表。退诣贤良寺，先公位前行礼，此数十年元旦必至之礼，特记之。次日，坤宁宫吃肉，此为祭新月神，二月、十月则为祭天神。向例正月之祭，蒙古王公皆与，人数较多，惟枢臣在列。　西江通商约，派李鸿章画押，谓之中缅附约，旋派李鸿章为换约大臣。　拨盛杏生银行一百万①。英既得西江约，法又来索利益，余检上年问答以龙州铁路与西江通埠相抵，伊始无词。时事之艰，惟李相洞悉，相与咨嗟，甚至涕洟也。　去年延一美国人吴德斯律师在总署实无所用。　有法国人桑尼宜以洋文信投余，请将中国银钱市面情形密告之，许赠贿六百磅，由总署发还之，奇事也。　京察题本上，枢臣均蒙恩议叙。　各国使臣入觐于文华殿，惟施阿兰违例由中门出。

① 盛宣怀督办中国通商很行，户部拨银一百万两，存储该行，以示支持。

海靖责敬大臣[①]掣伊袖，皆哓哓无理。次日设宴于总署款之。

二月　命张荫桓以头等钦差出使英国，贺其主在位六十年，颁贺物十六件，又〇〇〇东朝御笔等十件、上赐十件。　山东黄河凌汛，决口二处，在历城、章丘交界。　日本交款尚短一万万，余曰："借款乃国家事，还债乃户部事，吾与同官力任其难。至向何国称贷，则合肥相国亦不得辞其责矣。"由是始有英、德两国同借之议。　崇礼、许应骙均在总理衙门行走。　节过惊蛰，犹大雪数次。　兰荪病甚。

三月　各国争觐见礼节，力驳之。　之善赴津到省。炯孙得子。拉借洋债者甚多，余答以在总署讲论，私宅一概不与闻。　懿旨革贝勒载澍职，重责八十，永远圈禁。懿旨发内帑银十万赈四川，又五万赈湖北。命户部筹拨银十万备川赈。　法君送宝星由使臣施阿兰进，上御殿见之，有加礼，又进火枪二支，弹一箱。

四月　陶模之子某著《求已录》一书，论时务而以儒先之说为根本，通才也。赏戏两日。　派阅考试之差卷，每日取八卷，不拆弥封。次日，命军机大臣复看。　户部二堂落成，余等始还坐。　俄使吴克托穆到京，章京迎于永定门外，府伊亦亲迎，备公馆，设行厨，舆马之盛，前此未有也。单开王爵乌和他木斯科。礼物多珍异。　芦汉铁路借比国款，余力赞成之。　俄使进见于文华殿，面递宝星。枢臣到园，蒙皇太后召见，赐食，赐御画条，又命看俄国所进传声筒。俄使送王大臣礼物，受之。以礼单交总署奏闻。　二十七日，俄使再见于文华殿，呈进皇太后宝星、国书，上起立受，又立宣答敕，彼使亦颇恭敬如礼。宴俄使于总署，菜用西宾馆，皆洋式也。

---

① 指敬信。

五月　添派李鸿章办借洋款事。电谕张荫桓，到英国后毋允加税免厘，盖洋税无把握也。系传○○○懿旨。　端午，皇太后赐团扇、折扇，皆御画，又尺头等。赏听戏二日。　初七日，上诣醇贤亲王园寝，行释服礼。园寝银杏一株，金元时物，前月杪懿旨伐去之，俾明堂开展。　拨芦汉款四百万。　英使窦纳乐进见，文华殿递国书、英后照像。　赠吴克托穆礼物，盖施报之恒情耳。　十三日，斌孙扶柩南归，之润同行。　张子青相国病殁。　颁回答俄后十件懿旨；俄君十件上旨；吴王赏八件皆○○○懿旨；两羽林军各四件。　懿旨赐俄使宴于总署。派阅考御史卷。　与吴王辩论，余以图们江置中国码头明告之，伊亦未拒，但云水浅耳。　与德璀琳论铁路利益。　看聂士成《东游纪程》。　派吕海寰为德国驻使。以五事要吴使，吴使无词。鹿传霖奏德尔格忒斯地归诚，旋恭寿、文海陆续奏鹿办此事措置失当。

六月　日本公使矢野文雄觐见。　南信顺孙又举一子，名之涛。菉卿十八起感署，吐泻发热，初不以为意，越两日而病情大变，气仅如丝，乃断棺备衣，赖吴子备一手调治，用参附重剂，竭力挽回，竟得无恙。　高阳李相国竟以前疾顿逝，亦吴子备下药也，岂非命耶。高阳与余论交三十年，意气相得，至是而平生知己尽矣。　万寿节于阅是楼赏听戏两日。　顺孙得电来省其父。

七月　派教习庶吉士李公缺，赐《方略》一部一函。廖寿恒在总理衙门行走。菉侄病屡反复，立秋始定。感热服药。服人参头眩。斌到江西省祖母，遂携之润赴金陵。　军机值房雨漏，揭宽之。

八月　发寒噤旧疾。　命署吏部尚书。　炯孙患吐血，幸即止，携其妇、子南归。　皇太后召见枢臣于乐寿堂，赏银锞，每人二百两。中秋日，蒙懿旨命臣以户部尚书协办大学士，力陈办事无一称职。赏听戏。是夜，慈驾于夜明幄次行礼，入舟看烟火。枢臣等坐翔云轮船从。　阅宗室乡试复试卷。

九月　顺孙南归。之善由南来。　会典馆在禁城内，其左近失火，驰入救之。　德使海靖辞行，赴南洋索屿澳泊船。　懿旨派恭亲王、庆亲王、奕劻会同礼部、内务府办庆贺典礼。　题本上，奉懿旨：本年万寿在颐和园排云殿受贺，宣表行礼。上躬进贺表。　瑞典国使臣威哪使固特觐见。　十九日，于入对时，忽气逆，同官掖予起，出户而大汗大吐。上两次遣中官垂问。退后偃卧，粒米不能入口，次日力疾入，未请假。吴子备方用参服之，仍胀。　阅顺天乡试复试卷。　张荫桓由外洋回京。　发考试南书房卷，命看照原发次序递上。　始至马家堡看新造火车。　送菉卿侄南归，菉卿新愈，为之悬悬。

十月　汗症又发，发必兼泄，形为之羸。　恭进庆贺贡物，即日皇太后召见，赏御笔画一轴，绣蟒一袭。自初七起推班九日。　初八日，皇太后御仁寿殿，赐群臣宴朝衣冠。上亲进酒。赐酒者凡十八人，臣以枢臣得与先期工部搭盖彩殿。内务府进宴图殿内近支王公十张，彩殿内王公大臣六十四张，廷中二品大臣六十张，二宫门外三品以下官五十六张，宴桌共一百九张，技艺九项。赏听戏前后七日。　初十日，万寿节，上亲进贺表，率群臣行礼。　十一日，近支王公宴，上躬进舞，恭亲王等皆彩衣进舞。凡十对。是日，赐近臣至排云门看灯；并坐翔云船进膳，赏御书“长寿”字。　李相屡借洋款不成，张君荫桓以为于国体有碍，而李相极诋前此与日本定磅价暗中吃亏，彼此交讧。　十五，山东曹州有杀毙德国教士之案。　二十二日，李秉衡电“德兵船直入胶澳、占山头、勒我兵速撤。我兵四十八点钟已退尽”云云。　巨野已获凶盗四名。　遵旨电饬李秉衡：我兵勿先开炮。饬许景澄向德外部理论。发照会于德国，责其不照会遽调兵船。警报络绎，章高元退扎四方山。上力持“不战”二字，述慈圣甚焦劳。恭邸以连日电奏、电旨抄呈慈览，下园面递，归云：“皆蒙垂纳。”自是每有胶件皆邸下园亲进。　俄使巴甫罗福到署，已派兵到胶，与德国诘难。德使海靖由南洋归，恭邸首责之。然章高元被羁洋舰，德提督携炮入胶州矣。

十一月　初四，奉旨派臣与张荫桓前赴德馆解说，即日往。告以先撤兵再商办。自此起，凡与德使问答，均次日即钞呈。余作一奏欲递，而恭邸呢之。　斌孙携之润到京。　海靖到署，二邸及诸公皆集。所言益横，必要重办东抚，并添出曹县等七州县。　巨野教案恭邸仅令办照会来再议而已。　初十日，与张君再诣德馆，持六条驳诘之，以为必大闹，而竟得十之七八，余即假其铅笔，详注于下，并允胶澳兵悉数入船，不登岸。　次日，到署与两邸定照会海靖稿，即昨所语也。庆邸于第六条“不得赔偿”句下，添“当另案办理”五字。　又发照会诘责海靖，具稿后，李相笔削数字，张君不悦，力阻勿发。　上谓前日所递问答，慈圣有“办得甚好”之谕。　十四日，三赴德馆，问以照会须复，答大致相同，并允将船退出胶口。　十五，李相与巴使谈，竟请俄代索胶澳。　德使久不照会，遂又变卦矣。　英使窦纳乐来署，探问胶事。　炯孙到京。　日使谓以胶暂租与德。　俄得李电以三舰赴旅顺矣。　二十二日，四诣德馆，催其照复。伊云：“胶退兵，办不到。”因告以胶开通口岸，可免各国饶舌，彼云恐俄不愿。余与力争，张竟无言。　宋[①]报俄船到旅，北洋报英船入旅大湾。　与刚公论事不合，刚欲赴各省查办中饱，余谓宜责成各省督抚

① 指宋庆。

也。言路纷纷,但云宜备战,不言开战。　三十日,五诣德馆,称教案可了,惟请准德商由胶至济南铁路,余不允,即乘此催胶口退兵。彼云:“澳内仍归中国,惟须准让租界中盖船厂、煤厂、炮台耳。”余定以胶口开各国口岸,海亦无词,云下月初六可互换照会。

十二月　颐年殿面赏“福”字如例。　俄船已到旅顺,不闻与德为难,转与德兵官通往来。余疑俄将乘此占旅顺,与李相商办法,而李相自任俄意无他,此船必退。　初五日,海使送照会稿到署,合署公商,皆云初意办不到此。余以铁路一条多流弊,恭邸云且允之,须中德合办耳!即日六诣德馆,以驳改两条示之,伊强辩,因以守口之利,只许占一岸。　次日,照会竟欲全踞胶澳。另一件言曹州府复有驱逐教民事,并指言提督万本华所指使,此案不办,兵不撤。又次日,则大肆狂悖,将下旗归国云云。时两邸均在署,遂撤万镇任、候查办矣。愤懑之极,精神不支。　俄巴使到署,谓先以松花江章程立刻商定,语亦极横,诘以何日退船,则云:“德若踞胶,我即常泊旅顺也。”初九日,德又请照会,早晨请旨,上趣令前往,于是又偕张君往,已第七次矣。海忽软语指地图,则仍是前说。余力持南岸归中,北岸归德,总之,陈家岛断不能让,坚持至两时之久,余拂衣起。　十一日,又往德馆,海以所奉本国训条告我,且云:“若不允,即当战。”并问陈家岛何如?余答以何任恐吓此岛断不让,海遂起立,口中喃喃,竟由后户出。时张君尚欲留,余曰:“决裂即决裂耳,吾不能忍!”遂起。　翌日,入奏之,上意欲许。退至总署,二邸群公毕集。海靖因我不允,遂面与二邸议,邸竟许陈家岛让彼,张君一力赞成,余发愤于坐上,痛斥之,然驷不及舌,已成铁案,归而肝痛欲死,时则丁酉十二月十二日也。　礼邸请假,云病甚剧,精神恍惚,寒噤连发。海于照会内又添铁路由济南至山东界,余又持不可。　英使窦见余,担保汇丰借款四厘息,不折扣,五十年还清。胶案结。皇太后召见于乐寿宫,恭邸首陈办理胶事,臣等无状。臣又申言之,叩头不已。慈谕深悉此事之难。赐御书"康乐"二大字,"布藻垂文"四斗方。　时事日难,上诘责诸臣以变法为急,臣对宜从内政根本起。退拟裁绿营、撤局员、荐人材之旨。循例辞年。　自三月讫年底,借洋债,如德贞托曾侯李相画押,又毕德格与红牌议,又李沧桥揽怡和行,又汇丰借四厘半息,盛杏生荐美商五厘息九五扣,又荐英商呼利。李相具奏。俄使又出揽,最后英使担保,皆旋议旋散,盖电询驻使,均答云不可靠也。

是年,胶州事起,而余如在汤火中矣,噫!

二十四年(1898)　六十九岁

正月　一切庆贺如常礼。是年正月旦日食,八分三十四秒。上御乾清宫,不御殿,群臣蟒袍补褂行礼。初亏有云,俄顷浓阴翳之。　俄阻英借款,英又诘俄何以干预,两国相持,无从排解,乃议各借五千万。旨特开经济制科。　海靖到署,指摘数端,余力驳之,彼虽怒,似少戢也。是日二邸、相国皆未至,余首座,乃得申其说。　所以汲汲借债者,因倭归本之期已近也。乃思釜底法,与彼商展期半年。　海靖照会,谓余种种与之为难,候李相再商,云云。　李秉衡吏议处分,恭邸与余请姑缓发,上意不然,遂予降二级调用。　上屡趣臣赴德馆再议,臣以海靖桀骜,徒受其侮,往晤无益。

部议准黄思永请办昭信股票,每股百两,周息五厘,二十年本利并完,意在开中国民债之渐,免借洋债。　英款停议,而转索我利益。

海靖照会指称:"翁大人前语失欢,须允沂路及与德先商两条,若不允,即用兵挟办。"于是,李相、张君延伊来署,竟允沂路矣。　英、俄两国借款均罢。赫德乃出议借汇丰款,而欲指定某处厘务归赫管理。

二十日，廷臣宴。　准容闳开办津镇铁路，容久住美国者也。　上索黄遵宪《日本国志》，臣对未称旨，颇诘难；又准外人舆马入禁门，臣谓不可。　集议德事，恭邸意在悉允，急须撤兵了事。　各国使臣入宫于文华殿贺年，次日宴于总署，悉用洋式。　与户部同官商酌，指定厘金五百万始抵每年之息；又议股票票式。恭邸首先报效昭信股三万，旨令其仍领股票，无须报效。　各国皆言山东铁路不可与德先商。　谕旨切责疆臣于裁兵节饷空言搪塞。

二月　添袁世凯三千、董福祥五营、神机营选锋，助各直省办团。询各省勇营实数。　定内仓闲屋为昭信股局。定汇丰洋行借款，与赫德立合同一万万，四厘五息，八三扣，二厘五用钱，指盐厘江苏二、浙东一，归总税务司代征。赫德偕汇丰商人熙尔德华到署立合同，用总署印，共四份，司员舒文，那桐签名画押。　命刑部尚书廖寿恒在军机大臣上学习行走。　俄使来，专言旅大租地及造支路达黄海两事，云："五日须复。"余直责以坐视不救，彼遁词支吾。发国电致俄君，派许景澄为头等钦差，驻俄专使。　十四日，派李鸿章、翁同龢充与德国画押大臣。此事两邸主之，诸公成之，臣衷殊疚，而恭邸力请派臣。　俞甥钟銮会试来京。　法使吕班又以四端来要挟。　许景澄见俄君，论旅大事不能挽回。予因屡发电令许力持。　山西抚胡[①]许意国借款，在晋开铁路。　月杪，恭邸因病请假。

三月　上以旅大开口事屡召李鸿章、张荫桓入见，即派李、张二人画押，余等删其约章数句，并坚持金州一城不入租界。次日又议，忽又于铁路条中变为沿海至营口，余持图大声斥之。伊认笔误，而李相遽许之。　刚公有封事，懿旨褒之，大致并各局、办保

① 指胡聘之。

甲、重积谷也。　发吐红症。　余建议大开口岸，先许各国屯船处所，然后定一大和会之约，务使不占中国尺土，不侵中国利权，共保东方大局，诸公各不谓然。　御史文悌愿持书赴俄辩论，不得则以身殉。派署吏部尚书。孙公入闱也。　俄兵于旅顺开炮登岸，宋庆退营口。　斌孙擢翰林院侍讲。　英使来索威海租地，谓俄得旅大，英必与抗衡。　开吴淞埠为各国通商口岸。准粤汉铁路借美款办。俄使巴甫罗福持国电觐见于文华殿，登纳陛亲递于案，上宣谕用汉语，不用庆王传宣，发下答敕系重定红格正书，此从来所未有也。　德使亨利云是德君之弟到京，纷纷议进见礼节，上意欲在毓庆宫，准其乘轿入东华门，臣以为不可，上发怒诘责。　十六日，在园值，中夜寒战，气自丹田上冲，吐泻并作，危甚。　德使进见，礼节系张荫桓所定。皇太后召见，详论之。法使吕班要四条，李相面允之。　阅直省举人补复试卷。　至碧云寺一行，以验足力。总署始制头等宝星。　遵旨诣恭亲王府问好。王疾委顿，流涕不已。　阅宗室贡士复试卷。　二十三日，总署代递康有为摺并书。命将康有为摺并书及前两次条陈皆呈〇〇〇慈览。

闰三月　麟芝庵书疾卒，十年来好友，时时过从者也。　日本使臣于李相寓面索福建沿海不让他国，允之。初三，在园植，寒战又发，中夜呕泄几殆。次日舆疾入城，未请假。群医杂治，吴子备在京，开麻黄鳖甲，云少阳下陷，上垂问谆至，并传懿旨，命自卫身体，叩头衔感。　安徽藩司于荫霖奏劾翁某、张荫桓误国无状，臣于递上时，引咎不置辩也此摺留中。　派福州将军兼船政大臣时，船厂重整，未派专员。　御史潘庆澜劾康有为保国会之妄。阅新贡士复试卷。　之善自京来。　德王到京，于进见礼节妄肆求请。　御史翰林数十人连衔言德兵于即墨毁圣庙像，电询东抚张汝梅，复奏尚无此事。再电驳令详察。　皇太后、皇上诣火器营校场，阅神机营火器、健锐两营，武胜新队兵。　湖北沙市洋房为湖南人所烧，日本派兵船来。　前此，饬张之洞速来京，以沙市教案起，又令折回本任。　二十三日，德王西利亦作亨利到京。庆邸、李相、张、敬、崇[①]三公迎于马埠[②]，送之入德使馆绿轿黄绊，从者多轿。越两日，亨利觐见皇太后于乐寿堂，次见上于玉澜堂，致颂词，进礼物。上坐，命亨利坐于右偏高杌。海靖以下皆入殿立，诸臣、侍卫皆立殿内外，一刻许，于南配殿赐之食。上步行至南配殿慰劳之，面予宝星。庆邸、张君陪游龙王寺，余先退。庆邸设宴于承泽园款待，余亦在座，用洋莱、洋乐。　下第举人有保川、保浙等会，严禁之。　法使毕盛递国书，入觐文华殿，特命上纳陛，致颂词，翻译亦同。上亲宣答词，如见俄使例。上亦佩宝星，尤异数也。亨利在京城至天坛瞻仰，又乘马进雍和宫，又游行市肆，出京游居庸关，到处皆具供张，地方官延接。

四月　亨利称彼君有黑鹰宝星进呈。　初五日，上于西苑勤政殿见之，致国电、宝星。上起立，握手赐坐。伊言胶澳练兵，谕以兵船两国并泊。退，命游北海。庆邸、李、张二公陪之乘舟，余径归。致德君国电，答以一等第一宝星。次日亨利始出京。　严饬东抚查即墨圣庙事，张汝梅复奏并无毁像，取教官切结。　拟国电致各国，约广开口岸、振兴商务、不得图占土地。　户部昭信股票，京中集得七十四万零，各省七百馀万。　初七日，上索康有为所进书，再呈一份，命臣传知。臣对："康某，臣不敢与往来。"上问："何也？"对："此人居心叵测，故不敢。"次日，复申前旨，臣对如前。上

---

① 即奕劻、李鸿章、张荫桓、敬信、崇礼。

② 指马家铺火车站。

怒，颇加谯责。传旨张荫桓。越日，荫桓以康书原稿送枢值代递，不知书中何所言也。　王鹏运劾余与张荫桓朋谋纳贿。　十一日，恭亲王薨。懿旨传枢臣赴恭王府听起。两宫震悼。褒恤之例视怡贤亲王故事。　荣禄授大学士，管户部。刚毅授协办大学士，调兵部。上传懿旨："以前日杨深秀、徐致靖言国事未定，此言良是。今宜专讲西学，明白宣示。"等因。臣对："西法不可不讲，圣贤义理之学尤不可忘。"退拟旨一道。　上欲于宫内见外国使臣。臣对："乾清宫非便殿可比，不可。"又以张荫桓被劾，疑臣与有隙，欲臣力保之，臣据理直陈，不敢阿附。退后颓然。　二十五日，徐致靖保康有为、张元济、黄遵宪、谭嗣同、梁启超。上欲即日召见，臣对宜稍缓。　传旨："以后在宫中见洋人。"传旨："问张荫桓：宝星数件，如何佩带？"张因附奏请给伊宝星。　谕李鸿章、张荫桓均赏一等第三宝星。　二十六日，赏饭于南配殿。　二十七日，先谕翁某毋庸上。臣在值房检点官事五匣交苏拉，恭候诸公起下。恭读朱谕："翁某渐露揽权、狂悖情状，姑念在毓庆宫行走有年，著即开缺回籍。"臣感激涕零。次日，具谢摺于大宫门外碰头。又次日，颁端节赏葛纱等件到寓，臣不敢领。内监传云："请旨仍赏。"余乃托同官代奏陈谢，未具摺也。　余既去国之次日，康有为始被召对，命在总署上行走。

五月　料理笔墨，凡求题求书者，一概扫尽。同官颇有来送者。荣仲华馈赆，受之。贾人持汉碑来，价昂不能得。　闻胡孚宸劾予与张荫桓得贿二百六十万。　十三日，北向叩头，门生等五十人[①]送余登火车，半日而至塘沽。客有来见者，并馈赆者，概却之。

---

① 唐文治在《茹经堂集》中讲送行者多达五百馀人。翁同龢此讲门生五十馀人，并不包括其他熟识翁氏的以及国子监、同文馆的学者及各部的役吏等。

甲午日记*

光绪二十年六月十三日起(1894年7月15日起)

按:《甲午日记》,可补自订年谱所缺(正月至十月)部分,特录存于此。

六月十三日交片

军机大臣面奉谕旨:本日据奕劻面奏:"朝鲜之事,关系重大,亟须集思广益,请简派练达之大臣数员会商等语,著派翁同龢、李鸿藻与军机大臣、总理各国事务大臣会同详议,将如何办理之处妥筹具奏。钦此。"

十四日

辰刻议。未到书房,在河沿露坐四刻。是日庆邸〈在〉书房陈说讲事,上未置可否。军机见起,上意专主战,并云不欲各国调处,不准借洋债,懿旨亦如是。并谓臣与李某前此法越事未办妥,此番尤宜奋发。又云即日明发谕旨,布告天下。枢廷委婉陈奏,退后再商。余谓添兵之议断不可缓,宜令东三省练兵调四五千由鸭绿江进,宋庆军酌调四五营由海口进。余谓更改朝鲜政事一节,日以此商我,我当正当任起,庶不致权落一国,且所以收利权、崇国体也。应派员迅赴朝鲜,或即电袁世凯就商。　电信一厚本,大略皆讲论事。　封奏一匣,皆主战事。文廷式劾北洋、枢臣。志锐、张仲炘保刘锦棠、岑春荣。　电信未全呈。　问答一本:英使欧格讷第一次语,未见。第

* 刊《近代史资料》第98号。

二次立约四端：一撤兵；二朝鲜待日人如中国；三遣使到朝鲜议改内政；四两国公护即两属。　日本小村照会一件，词近谩。此件未答，即另钞之十三日来文。

十五日

先到书房，上问昨事，对："添兵是第一应办之事，惟开仗后可虑之事亦多。"又奏："派员往高丽清理政治未始非待属国之礼，此节似未行。"又奏："许其讲解否？"上曰"可，惟须撤兵再讲，不撤不讲。"又曰："皇太后谕诸臣所行照会不准有示弱"之语。臣即退出，偕庆邸乘舟诣北河沿昨所住处在军机直房南门外。少顷，兰孙、受之来同坐至六刻，军机始来请看今日志锐一折一片，看电报一件，北洋调兵赴韩。电报十馀件在庆邸手中看过，军机则止以一件见示。

看昨英使到署问答：亦谓日本照会措词失当，应今日问小村。坐谈良久，小云改会奏折，已正毕，余节两句改二字"调停"，高阳添数句，定明日奏入。乃散。

北洋电：卫汝贵盛军六千人进平壤，马玉昆庆军二千人进义州，皆雇商船由海路。左宝贵八营由奉天旱路。叶志超移平壤。丁汝昌以铁甲一艘为游弋援兵。

志〈锐〉折：总署因循，北洋颓唐。参叶志超、丁汝昌不扼仁川而屯牙山无人之处，人称为"败叶残丁"云云。片保姜桂题、贾起胜、郑崇义、卫汝成。皆分别查。

吉林电此从庆邸处见。闻俄人集库页、海参崴兵船八只在图们江口大操，将于二十日与日交战，云云。

袁世凯电同上，但称病，求回津，并云日本兵殴打英公使[①]夫妇。

---

① 英国驻华公使欧格讷。

复奏折[略][①] 折上,有廷旨寄予北洋。

是日进讲,谕以后仍会同阅电报,恳辞再三,未允。

十七日

晨晤庆邸,约此后逐日到戈什住处看电报,惟高阳不能来,俟枢廷知会。 欧云欲令倭兵扎汉城南,华兵扎汉城北。 龚[②]电:见英外部金,亦云欲倭退掷汉城至浅莫坡再议。北洋谓浅莫坡即仁川口。 叶电我兵不可轻移,请添兵。 龚电有倭若战将索兵费,北洋驳之谓此无稽之谈。 袁电俄韦贝云:中日若和,我不予闻;若有战,我不能不问。八船大操,云备边境。又一电有云:中国力大而难动,倭力小而灵动。此二语是洋人评量颇切当,是伦敦人语。

十八日

先在庆[③]处看电七八件,无关系。递上者一件,发北洋斟酌牙山添兵恐为倭困。 到军机处看摺。余联沅摺三策:上策攻其东京,中策严我海口,下策在朝鲜开仗。请廷臣密议。片保刘铭传、刘锦棠、刘永福、陈湜,请发庆典款备兵。 安维峻片参军机、总署。 是日翰林院代递曾广钧折,上携至书房交阅,对军机言之。曾广钧折灭兴师灭日本七条,过万言,谓中国办洋务,督抚被汉奸欺,又以汉奸欺朝廷,议款偿费贻误至今。严罚盐斤加价,每斤二百文。勒捐铺户分派,不交者杀。惟选将一条、计日本兵船之数二条可采。

十九日

北洋电抽盛军二千馀,十九、二十登轮赴牙山,叶军成五千,可

① 即六月十六日,军机处复议摺,此摺已收入本集。

② 即驻英公使龚照瑗。

③ 庆亲王奕劻。

当一面，高[1]信叶恶倭，叶军不至为倭所困。又仁川今倭早退。龚电可遣使整韩内政。

汪[2]电倭闻中添兵似内沮。　庞[3]折宣谕战事以一众志，攻东京以伐其谋，谓倭兵新练不足惧。

二十日

北洋电：各军于十九、二十、二十三日陆续登轮，轮雇招商三只，英二只。左军三千五百，定派丰绅额[4]带一千五百克日起行。　唐绍仪电大鸟[5]问韦贝，若改韩政，囚韩王，各国如何？韦不答，但云问美、法使，美、法使答若如此，必下旗归国。韦云须俟本国电，岂可擅专。　准良折宣战封港，余二条攻东京、备海防，语皆简老。亦言倭铁甲只两艘，我北洋八艘，南洋五艘可用。

二十一日

巳初二刻到军机处，午正二刻始散。　北洋电：大鸟行文韩廷，谓倭所定教条二十六条不能改，韩如大典，日中皆应平等，如韩不遵，中日共勒令遵改，中若添兵，便以杀倭人论。中高所定通商约应罢废。又云，俄使云现有十船在图们江，如调往仁川甚便，北洋答以中国水师提督亦可带船会办，并云俄动公愤，未必要渔人之利。喀[6]使在津颇通情理。　唐绍仪电大鸟行文唐使，大略亦谓教条不能改，并勒该国五日速复，如不复自有办法云云，伊不敢决，请北洋示。　汪电日有兵轮窥台湾。　北洋电牙口恐不能进。

---

① 即高丽，朝鲜。
② 指驻日公使汪凤藻。
③ 指庞鸿书。
④ 即丰升阿。
⑤ 指大鸟圭介。
⑥ 指俄驻华公使喀希尼。

上意深恶大鸟所云而以北洋引俄相助为失策，命会商时可电北洋不得倚仗俄兵，又懿旨饬思法越打仗旧人。

奏片一件，本列前衔去之。此片递上，留，明日办。电旨发下，今日即复。钟德峻折请重整船政局，历诋从前办事诸人而自荐。片劾汪凤藻荐贿误国。片劾叶志超、丁汝昌，谓东国腾笑，必偾事，见日报。片谓贤才见厄宜召对中外臣工，自言年已五十，止御史何所图，然更事已多。片谓气须先振。折寄，片未发。

二十四日[①]

辰正至军机值房，巳初散。时○○上还宫，故余等至隆宗门值房议事。　北洋电。但言左宝贵兵启行，未及援牙山兵入口与否，闻电线断三日，此必有故矣。　欧格讷到总署问答，云：此日本无理，我仍欲调停。闻俄使亦欲与其事，我所甚愿。今约英、法、俄、德、义五国公电该日本，责以退出汉城，务令中兵、日兵不聚一处，仍按从前四条之说讲论，云云。　端方折：东三省练兵无用，请将定安移驻通化县。起刘锦棠，限一月来京。将巨文岛借与英国驻兵。请饬新授安抚李秉衡回籍办理吉、奉团练。请募咸镜、平安两道之民善用鸟枪者二百人。请提四成洋税，全行解京，以后不准外省留用，并请○○○庆典用款挪充军需。　杨晨片：以利益啖英人使发兵，谓台湾、山东抚皆不知兵。奏片一件。端方折：惟刘锦棠已电令来京，巨文岛经总署屡催始还朝鲜，不能由中国擅借。四成洋税均由要需拨用，嗣后能否提京由户部核办。至办团募勇各条皆缓不济急。杨晨未谙各国条约情形，应毋庸议。

是日退后，申初二分，闻北洋电：仁川委员刘永庆由烟台电称

---

① 二十二、二十三日缺。

倭兵二十一围宫拘王,华电局、使署员皆散去。想拘王勒令背华。我兵已到义州,催令前进。本日午发。

二十五日

在阅是楼听戏,遇枢廷问大概。　欧格讷到署问答:将合英、法、俄、德、意五国电致日本,勒令将日兵撤至仁川,并请中国兵撤至平壤,此数日且勿宣布,失此机会可惜。又英电,但言日兵过韩王宫,彼卫兵先开枪,伤日兵,因而争斗,无拘王之说。　北洋称电线被毁,消息不通。　是日樵野信,言我兵船在牙山口外被击败退。

二十六日

偕兰翁晨至军机直房,午初散,午正二散。有旨令商。　北洋电派队二千馀援牙山,雇英轮,挂英旗,并派"济远"、"广已"二船迎护。顷"济远"管驾方伯谦报:二十一、二十二日英轮"爱仁"、"飞鲸"抵牙山,兵俱上岸,二十三日突有倭船多只在牙山口外拦截。彼先开炮攻"济远",战四点钟之久,"济远"中弹三四百个,多打在望台、烟筒、舵机、铁炮等处,弁兵死十三,伤二十七,机器未损,倭船伤亡亦多。午时我船整理炮台,倭船紧追,我开后炮伤其望台、船头、船腰,彼即转船逃去。但见"广乙"中两炮歪侧,未知能保否。又运送军械之"操江"船被倭击掉。英轮"高升"装兵续至,在近牙山湾西南被击三炮,遂沈云云。鸿[①]查华倭现未宣战,倭骤来扑,彼先开炮,实违公法,我船甚单,赖"济远"苦战,未至大损。"广乙"系闽所造,中炮即歪,未知下落。"高升"系怡和租船,上挂英旗,倭敢无故击毁,英必不答应。除详细情形查奏外,饬丁汝昌统带铁快各

① 指李鸿章。

船驰赴朝鲜洋面相机迎击,续再驰报。有辰。

奏片称与臣某、臣某商酌,明日面奏。　是日赫德到署云兵须慎重,处处办妥,始可宜战。　昨欧使到署不复言五国公商事矣。

二十七日

到直房,已初散。　南洋电:现用机器引电,众炮齐发,猝不及防,请一见倭船即迎头先击。又云"图南"一船亦毁。　看宣示稿一件。　是日军机见起,南北洋帮办并福建请借德华银行五十万不照寻常洋债镑价,此二事皆俯允。又,留林维源在台,亦准。

二十八日

入内一次,未见诸公。俞君实、张樵野先后来告:北洋电牙军二十三日鏖战,杀敌千馀,我军伤亡过百,拟移扎水原,云平壤已为倭踞。丁提督带战舰往返汉江口,未遇敌而返,云顾威海卫。

二十九日

入内遇庆王于途。庆邸云:二十四日牙山又有战事,未审胜负。前此胜信系商人某所述,此信是外国人所传。电信尚通。平壤被据之信不确。左、卫各军陆续到义州,已催令前进。大同江口铁岛所泊倭兵船亦开去。

七月初一日

内阁奉上谕,今日始见,故书初一日。上谕:朝鲜为我大清藩属二百馀年,岁修职贡,为中外所共知。近十数年来,该国时多内乱,朝廷字小为怀,迭次派兵前往勘定,并派员驻扎该国都城,随时保护。本年四月间,朝鲜又有土匪变乱,该国王请兵援剿,情词迫切,当即谕令李鸿章拨兵赴援,甫抵牙山,匪徒星散。乃倭人无故派兵突入汉城,嗣又增兵万馀,迫令朝鲜更改国政,种种要挟,难以理喻。我朝抚绥藩服,其国内政事向令自理,日本与朝鲜立约系属与国，更无以重兵欺压强令革政之理。各国公论皆以日本师出无名，不合情理，劝令撤兵，和平商办，乃竟悍然不顾，迄无成说，反更陆续添兵，朝鲜百姓及中国商民日加惊扰，是以添兵前往保护。讵至中途，突有倭船多只乘我不备，在牙山口外海面开炮轰击，伤我运船，变诈情形，殊非意料所及。该国不遵条约，不守公法，任意鸱张，专行诡计，衅开自彼，公论昭然。用特布告天下，俾晓然于朝廷办理此事实已仁至义尽，而倭人渝盟肇衅，无理已极，势难再予姑容。著李鸿章严饬派出各军迅速进剿，厚集雄师，陆续进发，以拯韩民于涂炭，并著沿江沿海各将军督抚及统兵大臣整饬戎行，遇有倭人轮船驶入各口，即行迎头痛击，悉数歼除，毋得稍有退缩，至干罪戾。将此通谕知之。

初二日

辰初二刻入，与庆邸、诸公避雨小屋中。辰正二至军机处，巳初一散。　电报二十馀件，不能悉记。北洋初一电：雇英商小轮往探仁川，英领事与税口书云二十五、二十六日牙山又捷，杀敌二千馀，我兵伤亡二百馀，现进扎距汉城八十里。倭兵在汉城者撤出来御，仅留围王宫兵在城。现促卫、左、马三军速进平壤。　北洋电：据龚使报，倭购快船三，我亦宜添购快船，请饬海军、户部筹款。南洋电：倭称不犯上海，至长江则仅称不犯崇明以南，崇明以北则不保，请亟长江之防。　汪使电："广乙"船到牙山前云逃系误。倭"吉野"船被"济远"击伤。　又，不记谁电，称倭"欲山"船被"靖远"击伤，恐是错字。　北洋电：平壤电局无恙，倭探路者距平壤二十里折回，又倭船在铁岛者亦去。"高升"船装兵九百五十名，今德船援救一百四十二名。其馀皆催兵催饷电报，浙添十营，江添五营。　至欧使问答，皆恫喝之辞。

奏片一件:海、户两衙门各筹百万购快艇,并拟电〇〇旨同递。

初三日

入值,军机来请。进讲时,略陈一二,先退。偕庆邸到苑门,李兰翁亦来。巳正二刻递奏片,事下始退。　长麟摺请派恭亲王任事。奏片:事体重大,臣等未敢妄拟,此摺拟请留中。　丁立钧摺请饬北洋驻威海,令刘锦棠带旧部二三十营来直拱卫,李鸿章应严议,台湾等处宜派员防守。　志锐摺一意主战,所论甚多,往往陈〔仿〕醇贤亲王商略[①]之语,谓庆亲王、李鸿章未能善体斯意,不得谓为无过。末言袁世凯何以不来京。片请令丁汝昌来京陛见,即交刑部治罪,以示不测之威,并追论吴安康凿船事,谓宜一体示儆。片裁东三省练军二成,以其款充饷。　奏片:丁摺李鸿章驻津,断无移在威海〈卫〉之理,且威望夙著,方将奖励责成,岂可加以严处?刘锦堂已起用。　志摺一意主战,现在办法即是如此,惟进退机宜,不容遥制。袁世凯已令病痊速来。至片奏丁汝昌退缩,现已饬查,俟查复请旨。沿海海防疆臣专责派员会办,徒多掣肘。东三省正在征调,岂可遽议裁兵,均毋庸议。　北洋电:叶军仍驻牙山,倭从釜山添兵,恐牙受敌。卫军二十九日抵宣州。马军在前六七十里,距平壤约二百里。平壤以东倭兵设伏防守。拟破站赶至平壤。

余与李公力言速援牙山,枢廷言昨已电北洋从牙口设法往援矣。午后得盛杏孙电,谓倭从釜山、元山入,牙必重围,北军进甚迟,黄州已为倭踞,应严饬海军全队由威海送子药,选千人由牙山之南觅口上岸,但责其接济,不责其进攻,然非全队亦难尝试,云云。

---

① 言略仿当年请与醇亲王奕譞会商军国大政做法,意在请恭亲王奕䜣出山。

懿旨:“据李鸿章电称:直隶提督叶志超一军在朝鲜牙山一带地方于六月二十五、六等日与倭人接仗,击毙倭兵二千馀人,实属奋勇可嘉,加恩著赏给该军将士银二万两,以示鼓励戎行至意。钦此”。

初四日

访庆邸。旋军机来请,至隔壁看摺,此外发下者,乃先一商也,无所可否。见电报一。　北洋电一件:据丁汝昌电,倭于朝鲜各口皆有鱼雷、水雷,我船只有七只,势难一掷。北洋出语谓是老成之见。今令该提督带船六只游弋大同江、汉江口外,遇敌船北来,即可奋击,彼船速甲薄,我炮大甲厚,尚堪一战。至牙山一军距海口百馀里,无从应援,只得另设他法云。

初五日

书房交看北洋电:马玉昆、卫汝贵两军初四日均抵平壤,左、聂亦到。　又,龚使谓倭告英,谓“高升”船主降从,华兵不降,故开炮击。　法因救我兵四十二名,请宝星。德救一百五十名。同。

初六日

无书房。辰集军机处看折。李公来。福、崇、张①亦来。　北洋电:二十八牙军大挫,叶有他往之信。初三闻牙山有大炮声,或海军六舰在彼开仗。倭废韩王,逼大院君下令不属中国。　又,复查丁汝昌,力言七舰不能轻掷,且初三开仗,胜负未可知,功罪难遽定。　黑龙江将军依克唐阿电奏:请率八营由珲春入咸镜道,以辅平壤西北之不足。　吉林将军长顺电奏:俄兵三艘约三百人,人持一斧,载大炮八尊赴元山口。　龙湛霖:直捣东京,保刘锦棠、陈湜、谭

① 指福锟、崇礼、张荫桓。

△,参丁汝昌。　褚成博摺:参李合肥,请示薄惩,参丁汝昌。　文廷式摺:论台湾守口情形,请撤邵友濂,参丁汝昌。　钟德祥摺:沿海防务炮台宜派员巡视。　瑞洵摺八条,亦有直捣东京语,办渔团。　熊亦奇摺六条。　罗应旒摺末论开矿。　曹志清摺空语。

奏片:略言各摺多直捣东京之说,现在兵舰太少,力有未及。至丁汝昌折回威海,臣等亦谓其退缩。今李鸿章电称已带六舰赴朝鲜洋面,且初三牙山开炮或即此六舰打仗,胜负未知,功罪难定,应俟李鸿章续查到日再行请旨。其馀各摺或迂远难行,或空言无济,毋庸置议。臣等拟有急办者五条:一平壤后路当筹接济;一大同江口为运路所关,当悉力扼守;一山海关等处添兵严守;一调腹地劲兵及该督旧部;一台湾孤悬可虑,请派藩司唐景崧、总兵刘永福帮办防务。　电旨六件:饬李鸿章探叶志超下落,设法接济;饬陈湜募勇旧部数营北来;饬张之洞查刘锦棠何日起程;准依克唐阿带兵赴韩;此四件军机承旨。饬李鸿章妥筹平壤后路,即奏片所拟;命唐景崧、刘永福帮同邵友濂办理台湾防务。　退后,连得盛电:一言牙军复没,韩境海口尽为倭占初五发;一言牙山人来,二十八叶一营被袭,叶退扎公州,倭兵往围。

朝鲜王遣闵尚能改西人服赴津乞援,且告被胁,不能自主。

初七日

未入,无事。

初八日

入直,于庆王处见数电,无要紧。南洋言兵轮皆木壳钢甲,不能海战,仅能守口,且调往台二只,甚单。北洋谓南洋宜速添快船。

初九日

入直数语。诣军机处,兰孙、福相、崇君、张君俱到。　摺四件:张百熙摺空,片筹饷六条,交户部。　叶庆增摺,空。　岑春煊摺,直捣东京。　安维峻摺:见闻不的多讹传,马玉昆在“高升”船被沉云云。　奏片一件:张百熙片请交议,安维峻摺尤多讹,余皆无可采。

北洋电:牙山商人来云:叶退公州倭往围,初三牙山炮声,不知何事。丁带六艘往大同江口外。又,不记何处,英带六船责倭击坏英船事。又,卫汝贵等电二十五叶专弁到平壤,消息甚好;初七,赏韩人往探。平壤后路由丰[1]都统派兵两旗、步一营分扎安州、定州驻防。

电旨:平壤各军署行宜调护,须稳扎稳进,后路粮运尤宜妥办。南路叶军退至公州,须密探消息,设法接济。

十一日

庆、李、福、崇、张同至军机处,巳正一散。　洪良品摺六条。户部司员聂兴圻折六条。　奏片、洪摺禁米接济一条已行,馀条及聂摺均无取。责成李鸿章饬七船护威海迎剿,“济远”管带前此有功传旨嘉奖。南洋添快船二只,户部筹款。　电旨:同前。

电:北洋报威海于初十卯刻,倭船二十一只开炮。又,据成山头报,船二十一只由威海败回开炮,午刻。又,成山又报,六船往东南,一船往东,十四船尚在成山、威海间。　馀电甚多,不悉记。

归得盛道两电:一报威海事,云开四炮未中要害。一报今日船到旅顺开炮,恐西窥渝关,东断鸭绿,请调嵩武营赴津。

十二日

是日上还宫行礼。先与军机商数事。军机下,即命无庸到书

① 指丰升阿。

房，赴军机处会商。余将地图及开呈八条交懋勤殿递，即与庆邸同赴枢曹商定奏片、电旨即散，时辰正也。　奏片：令李严饬丁速赴山海截击，若能毁其数舰尚可以逭前愆并添兵赴关厄；调大同、宣化、正定兵赴通；饬神机营调马步赴通；饬曹克忠招津勇数营、八旗操防扎天津后路。　命依克唐阿八营折赴奉天。　命定安调吉、江[①]兵赴奉。　饬李办营口水雷。准张之洞派吴凤柱带五百人赴津。　又上海禁米出洋。李电以为不可，饬南洋照办。　确探旅顺所过倭船今往何处。

电旨四道：北洋，即前说，交神机营。依克唐阿、定安、南洋米。

北洋电：十一日丑刻旅顺有倭船开炮，黑夜不知几船。又闻对面△△沙炮台回炮数声，天明时越铁岛而去。

十三日

照常入，令毋庸到书房，即偕庆、李、福、崇、张同至军机处。礼王传旨，云翁某云电信随时递，咸丰时军机散直极晚。又云福润宜予处分，因登州无备也。又云旨稿只改一二字如何办事？又云李鸿章爱卧，可与翁某面商，如意相间则递奏片，否则或请起，或另递，如得于奏片外别有陈说。余对云书房非大廷可比，某所陈说岂止此数事，然如福润仅指为疏懈，并未请加处分，此亦不必辩。但奏片外不准再有陈说，则奏片就事论事，挂漏极多，某之所陈或据所闻，或出臆见，或责难于上，或引咎于躬，事有万端，不能悉数，既在论事之地，即以言语为职，非罢斥屏逐之，则臣舌犹在，断不能缄默不言。群公相顾亦无以难也。

余联沅摺：山海关设备，请付都统招兵。李秉衡办东三省练

---

① 指吉林、黑龙江。

兵。劾枢臣,谓惟孙、徐尚办事,馀盘乐忘返,凡所为老成人皆如此。张荫桓人称为汉奸。馀片电报匿不以闻,并有改字句处,请饬庆邸查奏。　安维峻折:劾李相、劾丁汝昌,谓山海关大沽均见倭船,末请两宫同御便殿面授机宜,翁、李等同枢臣进见,以免欺朦。瑞洵折:劾汪凤藻。

北洋电:十二日倭船又到威海、成山,山海无警报。丁在海,电不通,已专船去调。　又,龚使请购四快船,三船七万磅,馀一船四十万磅,提川盐副本四十万。　又叶、聂皆觅路北行,距汉城百馀里,通信平壤。　又倭船挂英旗。　裕禄电:倭船至大连湾放炮,遥望有二三十只,拖带民船数只,请饬刘盛休协同防守大孤山各口。

是日,李秉衡到京见起,〇〇旨著军机及翁某等面询海防办法及东三省练兵,李云海防须厚集兵力,海船不宜调向远去,至东三省情形不熟,伊自幼随任,仅回籍两次不及半年,罢官后寄居满城,实不能募兵办练。

奏片一件:余联沅折:山海设备及练宣大[①]兵一节已奉旨饬办,于片奏二件皆未提。安维峻折:山海、大沽见倭船,交李鸿章查复,馀亦未提。瑞洵折:亦未提,云且俟再办。面询李秉衡语照写。丁汝昌出洋数日未见寸功,若再因循观望,致令窜扰近畿,定必重治其罪。快船准购三只。巴西一只,行迟价重,无从筹此巨款,川盐付本亦无庸提。饬李鸿章严防山海关一带,并饬大连湾刘盛休协助防守大孤山各口。　又,电报如有应行请旨者,如在臣等未散直以前,可即行缮呈;如已散值而无甚紧要者仍于次日面递,云云。

---

① 指宣化、大同。

电旨三件:一北洋,一奉督,一东抚。

十四日

未直书斋,偕庆邸、福两人诣军机处,容贵有他事,传旨亦同往,异哉? 端王载漪摺:请加李鸿章统帅节制提督。片:练外三营及八旗汉军。　郑思贺摺:筹饷六条,铁路一条奉旨毋庸议。　户部筹饷摺:内停工一条,命福与臣商酌而已,工匠失业也。　奏片:载漪摺意在一事权而责成功,俟召见时请旨。户部摺:臣福锟、臣翁同龢查系指以后寻常工程,若业经兴修之工,毋庸停止,拟旨呈览。　郑思贺摺:除铁路一条外,交该部议。

北洋电:丁汝昌回威海往西剿捕再至山海,山海添兵可无虑,奉天各口亦严防。　南洋电:禁米一事不能不办,除北洋一处有即照来则可,余仍禁。　商略李秉衡位置,答以此用人行政大纲,不敢参预。　山海关付都统宜贵摺:请由北洋拨银一万,洋枪二百五十杆。

十六日

书房入见后,赴军机商事。李公来,福、崇、张亦来。　张伯熙摺:保许振祎赴津。未行。　长麟摺:工匠人多,另练一营扎南苑。未行。　定安摺:添足二千人,请海军仍拨三十万。准。　北洋电:俄使喀希尼来言,奉其君教条,言十二年拉德仁面订之约,李中堂既承认,此时仍宜守此约,不取朝鲜土地云云。查拉德仁约,从前曾允,今俄有兴兵逐倭意,我不能拒;如照前约似于国体尚无大损,乞代奏。　又,龚使电:智利二船运费甚巨,连前订一船则二百万,断不敷。乞酌。　南洋电:获倭奸细,美国不肯交出。

复奏片:许振祎正办秋汛未可调。定安添兵照准。智利二船饬龚查实数速电。至俄欲兴兵固不能拒,亦不可联为外援,致将来难于偿酬，此时惟当严饬水陆各军极力进剿，若能得胜乃居先著，毋得虚盼强援致疏本计。　电旨：李鸿章即照奏片语。又饬平壤军迅速，定安准添兵。　旨：李秉衡调山东抚。福润调安抚。载漪管神机营。

十七日

正趋朝，中途得军机交片，遂晤庆邸。撤书房。巳初李公来，同至军机处，未正散。无译署诸公。　北洋电：据马、卫、左、丰电：平壤距王京，中隔峻岭，而大同江、临津江小轮可入，我若进兵则后路须处处留兵看守，此时必得二万馀，进剿，一万人分布后路方可云云。李相意直省俟新勇到后尚可分调五千人，尚欠万人，无从添拨，饷需亦不资。　湖北电：接湘抚七月十三日函，刘锦棠因病物故。　曾广钧摺：历诋丁汝昌等罪状，虽未明参北洋而皆为北洋发，请将海军队中分出"靖远"、"致远"两船，伊愿统带，前往在牙山一带攻剿，用北洋军火，不归北洋节制，使天下知世臣中尚有效死之臣云云，其言极壮。　钟德祥一摺四片：大略言宜另简大臣临边。片参邵友濂。片请断和议，恐大臣壅蔽阻阏。片南洋亦请简伟略重臣巡察。片参盛宣怀、袁世凯、汪凤藻。　易俊摺：请派刘锦棠或刘铭传出任统帅。片请土药厘归户部。　王鹏运摺：保恭亲王专办海军剿倭事。奏片同，未写。片请捐海防加级。片请派船游弋。　周承光摺：抽直省绿营四成赴津。

余联沅、褚成博摺：请收回神机营赴通驻扎之命。

奏片：北洋电请添兵往韩，拟令俟宣化及晋豫各军到齐后，酌量若干派赴朝鲜，为平壤后路。曾广钧奋勇可嘉，惟海军船少，且以二船往，实未敢轻于一掷。钟德祥指邵友濂布置尚妥未便遽易。长顺军营出身，现无劣迹，拟暂留察看。此似非钟摺，姑记于此。

请除壅蔽盖指和议,此时并无议和之说,简员行边实难其选。易俊摺请派刘锦棠、刘铭传统帅,现在一故一病,无胜此任之人。土药厘金归户部交议。　王鹏运摺:请捐海防加级交部议。　周承光摺:抽绿营四成,窒碍难行。　余联沅、褚成博摺:神机营兵拟请驻南苑操防,毋庸赴通驻扎。

电旨:北洋酌添兵赴平壤,仍以后路为急,尤以运道为急。

交旨土药厘税该衙门。海防加级吏部、户部。神机营暂不赴通。

昨志锐劾孙、徐两君,斥为把持,故今日奏片令顾渔溪写。

十九日

中途得交片,先到书房后,偕庆邸到军机处,李公及崇、孙两君皆在。巳正散。　北洋电:税务司得十五日函,叶志超带兵二千五百人,今在黄海道,已过王京三百山里,聂无到平信。闻釜山口过倭兵一万五千,将赴平壤,元山口亦有倭兵七八千云云。　张仲炘摺:八条:一严海防,保云南总兵马柱,贵州总兵和耀增,一请派懿亲重臣赴韩督师;一顾平壤安设台站;一收海军各船守北洋各口;一办沿海渔团。

奏片:饬北洋办平壤后路粮台于张仲炘摺皆条具,如海防则云现办,正如此。惟云贵将弁难调,于请派重臣则云前已函致李某,令举帮办,俟奏到请旨,于海军船守口亦称正在办理,惟于渔团则云法防时曾办无效,无庸置。　是日兰翁出片纸,请以姜桂题△△△所募勇交袁世凯带往平壤,并访闻已革知州陈长庆前曾随吴长庆带兵往韩颇称奋勇,请交袁世凯差遣委用,商之枢廷,庆邸皆以为然,遂于奏片末叙入此段,称臣等公同商酌,云云。　电旨二道,一饬北洋设台站,并袁世凯带兵。一准吴大澂北上,仍询湘境是否全谧,王濂能否胜任,令先复奏。　吴大澂电:请带三四营航海赴津。

二十日

无会商之事。是日奏事处太监文德兴因私看封奏发打牲①,十年还。　北洋电:左、卫、丰、马公电:十九日接叶手函,自六月二十六日夜倭偷营,相持两时,倭败,聂镇等追至嵇山,毙倭千数百人。黎明倭大至,约万六千,水陆来攻,炮多地熟,不能狠追,因于天安伏两营诱击,彼已探知不来。倭又调釜山兵来围,我军且战且收,退至忠、清两州,我兵共伤二百馀。后由险窄小径退至平康,三五天可到平壤云云。职前派周鼎甲探迎,在遂安等候。现又派一千四百人迎接云。鸿按图,计平康至平壤三百馀里,该统领派队探迎,二三日当有续报。

是日得盛电四次:一与丁提督约,如倭船入北洋门户即与海战;一贾起胜八营、潘万才马队两营扎秦皇岛洋河口一带;一聂到金川;一即北洋今日电。

二十一日

先进讲,退至枢直,庆、李、福、崇、张皆集。　北洋电:叶志超电现住平康,大略与昨电同。惟称治军无状,请加处分,并军士劳苦及异国言语不通,问讯不易。　又,龚电:先订之快船难运,后订智利二快船二十日画押,计行十六日可抵旅顺。又,智利又有一大快船须四十万镑云云。北洋以为西谚谓如今是船炮天下,彼倭人现新买七快船,各国惊羡。况巴西前日欲卖之大快船已为倭人定去,未可惜费忘患,请饬部筹款。并云前此二百万海军息放之银尚难一时取回,户部则丝毫未发。又言部议停购船炮,故数年未

① 在黑龙江,全称打牲乌拉。为犯罪太监流放之地。

添。 鄂抚谭继洵电:请带刘锦棠旧部数营,再募四营驰赴朝鲜。 樊恭煦摺四条:一以威海、烟台、旅顺责之李鸿章;一以李秉衡办高丽粮台;一禁止米谷接济倭人;一各省严防海口。

奏片一件:购订大快船现在帑项支绌,军饷船价势难兼筹,俟数日定议请旨。谭继洵具见悃忱,惟将军藩司提督皆已北来,拟毋庸带营前来。樊恭煦摺:三口本是北洋所辖,现已设防。朝鲜后路粮台必当设立。禁米及防海皆已次第办理。刘坤一摺:保举将材,除陈湜已饬募兵北上,刘永福业经渡台外,魏光焘可酌募刘锦棠旧部数营北上,程文炳本是淮军宿将,令李鸿章酌量应否奏调。

电旨三件:北洋、粮台、购船,问"吕顺"是否"旅顺"?鄂抚令不必来,湘抚令魏光焘募勇。 馀电甚多,大抵南洋索倭奸于美,美不出交事?

退后得津电,言运粮由津用局船运旅顺,雇民船沿海北行入鸭绿江达义州。 二十二日,见李相裁河运十三万充兵糈摺,已允行。

二十三日

书房进讲退食,始知有会议事,兰翁亦从城赶来,总署惟崇一人,适奏事有起也。 北洋电:龚购船云智利大快船实外洋奇货,今尚有一快可购,拟购定三轮并行而无价值若干。 志锐摺:恐八九月间乘我弛懈猛力来突,北洋举止改常,其子李经方、其婿张佩纶皆因论朝鲜事被斥,属员季邦桢亦然。请派重臣视师兼察其病,如竟不起可留津统其军。陈存懋摺:派知兵大员三人往津,派刘永福带船伐倭,令各省捐输每州县七千,通天下可得千万。 奏片:重臣视师一节,现在李鸿章调度一切,阅其电报尚属周匝,且未请病假,应毋庸议。乘弛来突一节,臣等亦虑及此,应责丁汝昌严扼威海、大连等处来往逡巡，毋得远离，致倭船阑入，倘有疏虞定重治其罪。陈存懋摺多窒碍，毋庸置议。闻津郡多倭奸，一经拿获，不得轻予纵释云云。　电旨：李鸿章：饬丁云云，倭奸云云。　李瀚章：与冯子材妥商，该提督能否北来助剿。　昨奉上谕严催平壤进兵，并丁汝昌巡查洋面，凡数百言。晚知叶军今日到平，聂军明日可到。　余今日进讲，不知昨有○○○严旨论平壤，则以稳扎稳进为要，论海防则以扼守门户为要，皆与昨旨稍有违戾。

二十四日

所见电：叶、聂到平壤。伦敦报日本借英五千万元。又倭所购伊士兰一船，英已扣。使俄大臣杨[1]报俄廷断不助倭，无出兵之意。

二十五日

偕译署及李公[2]午正一散。　钟德祥摺：保张其元，王之杰。馀府道甚多。牙山被倭，杀我兵二万馀。昨日事。　片内务赃罚库有银八百万，查无其事，另片奏。　易俊摺参丁汝昌。两片。高燮曾摺：撤点景。此摺留中，奏片未写。　长麟摺：请长顺、依克唐阿两人中派一钦差，并派人帮办驻通州。片劾吴大澂不知兵，止其北来。　湖督电：保张春发、潘瀛。又，丁槐，已革镇谭修纲，蒋宗汉，又保袁世凯、黄遵宪来京。

复奏片：钟德祥摺全驳，倭兵船载水雷入大沽拿获放去，所保知府等皆无所闻。　长麟摺全未行。　易俊摺、高燮曾摺片参劾丁汝昌，查该提督畏葸迁延，诸臣所奏，异口同声，拟将丁汝昌革职带罪自效，如蒙谕允请明发施行。又臣等公商拟请派叶志超总统全军，相机进剿。又张之洞电，张春发、潘瀛均令北来。丁槐等三员

---

① 指杨儒。

② 此句不完整。《翁文恭公日记》为“偕庆邸诣枢直，译署及李公皆在”。

皆在云贵，拟无庸调派。袁世凯已赴韩，黄遵宪在新加坡，窎远难调。　电旨两道：一令叶志超总统各军，一切机宜仍电商李某；一令李瀚章转电张春发、潘瀛北来，军械由苏省、广省分拨。

仁川税司电：倭以兵轮五护兵四千由仁川上岸。　朝鲜闵尚爽电：倭于京畿、临津、松山留兵三千，黄海、瑞安、平山等处各四五百，中帅带兵攻平壤。　龚电：智两快轮勿毁议，前订阿轮英亦欲扣，又盛称智大快之精，又智另一快须价三百万，语极模糊，可憎也。有电询明日发。　发电问谭文卿，德华借银如不论磅定五百万。

二十六日

偕庆邸诣枢廷看摺，诸公未往。　余联沅摺：李鸿章贻误大局六端，请易置。　文廷式摺：劾李鸿章略与余摺同。片：李某病状灼然，请派李秉衡往查。又盛宣怀把持密电。片：福建船厂另设大臣整理。　北洋电：龚使电南美有五快船可售，请照台湾前例，勿电商致失事机。前两快虽添价，亦不售，云是倭人阻挠。今日已有电旨问船价式样。后又发电信，谓宜问定价值电商，俟复不得援台湾之例。　又，卫、左、马、丰等电：倭兵续添三万，图扑平壤，元山、仁川陆续来兵，欲截后路，现在分兵于要隘扎营，后路之义州、安州、定州亦分营往扼，就此兵力到齐后不过一万六千人，分则见单，若待其来扑尚可迎头痛剿，若急图躁进，恐致挫失云云。鸿谓平壤三面受敌，我兵不及二万，后路尤须兼顾，现在晋豫各军未到，正定马队亦尚在途，若后路空虚，为患甚大，拟请暂勿催战，俟布置周妥再行，进扎较为稳著，请代奏。此电六七百字，午刻到，即日递。户部代递裕绂摺七条：严军律，固根本，停工作，广捐输，求贤才，开矿务。

奏片:余摺疆臣贻误一节,查临敌易将,兵家所忌。该给事中亦既知之,李鸿章身膺重寄已数十年,虽年逾七旬尚未衰眊,且环顾盈廷实无人能代是任者,所奏应无庸置议。文摺与余摺大略相同,惟请派员察看李某病状一节,查李秉衡尚未出京,请寄谕该抚俟过津时面晤李某,察其精神气体有无衰病情状,据实复奏。　裕绂摺捐输一条交户部议,馀皆勿庸置议。　龚使电购船一节,当查明价值多寡行驶迟速、船身长短、电商俟复。

正在商办间,接北洋大臣电云云,臣等熟思审处用兵之道、进止机宜,瞬息百变,倭兵三万图攻平壤,自宜稳扎坚守,倘冒昧轻进,使倭人绕截后路,退无可守,关系非轻,本日所奉催战电旨拟暂缓发,俟布置周匝再令进剿。

二十七日

庆、李、福、崇、张皆集。巳正散。　北洋电:聂电称到平壤,叶电长极云江水发,桥冲,聂尚在中和。两电追叙六月二十七苦战,实杀倭三千。叶云在金化,沿途遇倭从元山来,一战即遁。现在休息,并云不可轻进。李云现以三路分兵甚是,彼利速战,我须谋定后动云云,如昨电也。　叶电:汉城南北贼布置已满,朝鲜招讨洪启薰降贼为铁原使,今愿导我兵。袁世凯有惠政,朝鲜颂之,请令办粮。又拟派统领一二人募韩勇六千,保将士十数人。　龚使电:有大快船名"拉马赛",索二十六万镑。南美阿根廷有一快船长二十五丈,行十八迈,价九万五千镑,问要定否?

电旨三道:催陈湜、程文炳、张春发、潘瀛、魏光焘、△△。　又令龚使详细阿根廷国名所造船如果精良即定。

昨日革丁汝昌之旨呈慈圣,即留中,云现在此人无罪可科,俟李鸿章奏保有人再定。今日枢廷拟旨却甚严切,饬北洋不得藉口临敌易将，曲为弥缝。严催布置后路办粮台者何人？

二十八日

李公及译署皆到。　余联沅、褚成博摺黄面红里，以倭事正殷，援康熙时成例，请皇太后宫内受贺，摺甚委婉曲至，佳文也。

奏片谓该给事所奏备见敬慎之忱，思虑亦甚周密，惟典礼崇隆可否恭呈慈览，伏候圣裁。今晨入值时，传谕此事斟酌不敢上闻也。　余摺四条：立高丽王严东三省，片北洋刘姓窝奸，南洋鬼奴捐道员。　安维峻摺禁止前敌骚扰韩民，有电旨严禁。片闽粤等关及东边木税可提交户部。片劾丁汝昌。　长顺摺亦电来，请添兵五千，令部筹数十万，交户、兵部。　奏片于余摺多驳，片倭奸等饬南北洋严查。　安摺禁韩军[1]毋扰，有严切电旨。片关税交部议。馀则悉不记忆矣。

是日，明发谕旨，褒叶志超。电旨谓六月二十七日在成欢接仗，倭兵死亡甚重而移兵经过清州、忠州、全州，沿途遇倭兵拦截皆经击退，全军既抵平壤等语，此次叶志超以少击众，自六月二十三日以后迭次殄毙倭兵不下五千馀人，该军将弁奋勇御敌异常出力云云。

聂士成、江自康、谭清远、叶玉标以上提镇、冯义和、许兆贵以上副参、魏家训、毛殿飏、孙礼达、聂鹏程以上参将游击、徐兆德、戴长荣以上游击、解俊卿、王臣以上都司、吴学廉道、张云锦府、刘长英、金庆慈县、史云龙同知、范汝康县、任家佑县丞，共二十一员或勇号，或黄褂，或超升。　阵亡付将李大本、游击吴添培、王治国，守备闫起龙，千总许义友、李玉祥均加等赐恤凡六人。

---

① 指在韩清军。

二十九日

因病未能到班，嗣闻未会议。 莱山函云：北洋电大东沟外见红船二只，丁提督率八舰往，因奉不可远离之谕，故声明。 三十日莱山函又云昨日会议上命俟翁某出再议，故诸公皆到而未议。

八月初五日①

李、总署诸公，敬、汪两君②初次与议。是日看摺六七件，电报无数，不能悉记，即如蒯摺已上数日，今日始发交枢廷也。约明日递奏片。 夏时济摺万馀言，凡三条：一朝鲜地势；二人事；保一二十人。三天文王辰金星昼见，谓夷狄灭之征。 蒯光典摺二万言，凡八条，于时政无不诋之，然切至条畅，得未曾有，排和议，筹饷需，练陆军，添海舰，改则例。 徐树铭摺专保黄翼升，请抽调长江水师三千，五省兵勇各三成得万八千人赴韩督战，以为兵可集而饷不增。片十二利，亦指用黄翼升而言。 张伯熙摺：宜查倭奸，警跸加严并请开福锟步军统领。 安维峻摺专论购船之失计。 马丕瑶摺未见，闻请停庆典。 陈学源摺六条：严守北洋各口，如乐亭等处。 电信：叶两次长电，后一次昨日到，称倭兵密布祥原等处，各留一万，各州县或千，或数百。现元山又到万二千，马数百，牛数百，意在大举。并载木板为桥梁之用，计已有四万馀人，我兵在平仅万人，馀数千分扎安、定等州。倭尚称欲截我粮道，断我援师须得四万人方能进战。前一次电云须分三路进，黄州为正路，其两路皆在东偏道。 龚电：阿轮需加三万二千镑始能运送。馀尚称有数船可买而游移其词。另有北洋与海军总署文，称英人某教习称，须购鱼雷猎及雷艇各样四只，庶可补海军之乏，今有鱼雷猎四只或

① 此前数日翁同龢因病未记。

② 指敬信、汪鸣銮。

二只,或猎船四只。

杨电:美廷谓美使护倭奸非是,已饬速交办。　北洋电谓无倭奸,惟刘五等系军械所自行查出,会县协拿,审未承认,惟形趾可疑,交县收禁。　又,丁某在洋巡视,今遵旨守威海门户。　伦敦电谓中倭之事,英俄未能劝解,实属可惜,意在从中调处而未明言,盖设词尝试也。

电旨一道:叶在牙山气颇壮,何以到平后颇形退沮?黄州一带既称倭兵欲造浮桥,何不半渡击之?必须分兵踞守,毋坐待其来攻。前此马玉昆等须兵三万,今称须四万,何也?且李鸿章仅据来电转达,并无断语,恐前敌诸将未能和衷,或各不相下。聂士成何以欲回津募勇,著不准行。周馥即催赴平壤。枢廷云此皆出上意,故详询之。　又,粤电:冯子材年迈八旬,须数十营方行,请毋庸调。从之。　又,张春发、潘瀛须十一月方到北洋,未习北方水土,请留广东。亦从之。

初六日

偕李公及译署诣枢值。　易俊摺六条,皆常言。　奏片惟陆摺[①]防滦州、乐亭等处,俟楚军到后再分拨。易摺卫汝贵畏葸庸鄙,交北洋查,此外皆驳。徐摺保黄翼升亦驳,谓长江紧要,且三成勇丁不能抽调也。

初七日

偕庆王、李公诣枢堂。言有章摺六条,多陈言,语却激烈,同人指为非所宜言。　北洋文:龚使谓有船可买,洋人某云至少须猎船四号,每船三十二万,一点钟行二十八迈。　又摺截留洋铜到津者

---

① 指陆润庠,但陆摺文中无记录。

三十八万零，铅二十二万零，就平壤铸钱发饷，两钱可抵彼处三钱。若银价每两只换七百五十钱，军士太吃亏也。　叶电：倭兵三千到临津，倭船十六只到仁川，凤山、瑞安皆有兵，贼势浩大。　奏片于言摺皆驳。购船请定四只。截铜铸钱请照准。　电旨二道：一令购船，问何人经手，并是否准行二十八迈；一批旨：著照所请，户部知道，截铜铸钱。

初八、初九日

八、九两日皆未往议。初九见北洋叶电：初七日左军至黄州侦探，遇倭数百，杀倭百馀，我兵亡一伤四。是日报倭兵陆续向平壤来者约五六千，叶布置粗定，惟后路安州四营太单，已调九连城营扎安州，而以依军四千扎九连城。　伦敦报俄两大铁舰赴倭。南洋电倭奸二名：一悯系小村所使；一△△认传暗字。

初十日

李公及译署皆先至，已正散。　张仲炘摺劾李经方与倭宫眷往来，认倭王女为义女，并订娶倭女为儿妇。以八百方[①]开行于倭，在上海以三千米资倭，张鸿禄为之侩，亦及盛宣怀。又劾北洋获倭奸不办，倭人藏水雷八箱得而纵之，并资助使去。刘姓之奸有地图，有口供，请派大臣密查并请会议诸臣评其可否，末请天津办团练。又劾张士珩军械所所办侵占窳败，平壤不战职是之故。　片办临清至陶城埠铁路运粮。　奏片谓所参李经方事或疑似之词，或暧昧之事，碍难查办。　电旨查张士珩，令李不得回护。嗣复奏毫无弊病，今已奔丧南归。天津办团可扩充。天津倭奸须严办昨日电。　南洋电：倭奸在上海，各国希冀从轻，拟提至江宁惩办。

① “方”为“万”字误。是日《翁文恭公日记》有“经方以八百万开银行于倭”。

十一日

叶电：阳德、成川皆有贼，明系南北并来，调两千队〔人〕回防北面，后路可虑。平壤民迁，米难购。子药才至义州，须十日方能到。　伦敦报谓倭告英将攻上海，意在胁英使出调停。又云倭占旅顺左近一岛，则查无其事。　叶电大鸟在韩传檄各郡，使备牛马车驮。

十二日[①]

十三日

未入。次日亦无知会来请。　盛电：倭南踞黄州，逼平壤；东至阳德，逼安州；后路危急。刘盛休四千人上轮，蒋尚钧将到，程之伟无信。　叶电：我粮五艘于大同江被倭劫去，现在平壤不足五日之粮。

自十一日起至十八日，此七日中如坐瓮底，所传一二皆友朋传示者也。十八日方会议，得见前后电报十馀件。大约平壤两次小胜仗，而叶病，左中风[②]，已狼狈。至十七日，三电则一步紧一步，黄州已被占去，而一股从元山来径抄后路，安州、平壤两面受敌，呼号告急，李但令力支危局而已。

十八日

与邸、李及总署偕。　十七日戌刻一电则言是日两三次接仗，不能胜，城圮而卑，敌在高山俯击数百炮，城中人马糜烂，水源又乏，万难守住。安州电线已被割断。

是日，李公抗言："北洋事事贻误，非严予处分不可，尤非拔花翎褫黄褂不可。"枢廷不谓然，南皮动色相争。余曰："李公正论，不可没也。"遂拟奏片：一谕叶与聂将后路打通，一请将北洋严处。而

---

① 原稿无十二日的内容记载。

② 指叶志超、左宝贵。

拟旨两道一严议，一拔翎褫褂，请上择一发下。待至未初，竟俯如所请将拔翎一道发出，真明决哉！李公直诋北洋为意在讲和，有心贻误，词气俱厉。　户部代递谷如墉摺，捐厘金一条抄交。

十九日

与李公偕。早晨得信，庆有事。总署未请。　宋庆电：带四营岂得御数万之贼，若驻义州尤可，若催令进剿则俱糜耳！若令在朝鲜剿办，须募足三十营，尤不可以某营某将归其统辖，徒有虚名，语甚激切。李谓老成之论，请准募三十营，而户部供月饷每月十五万。又论零星凑款不能济，此时德华、汇丰皆肯论磅借银，六厘行息，请饬户部熟商。　电旨准宋庆募三十营，先驰赴义州驻扎。电信：闽浙督拟在香港借二百万，不论镑，八厘息，令速定，无为他人所先。　交片镑价借银户部议，又专指闽款供宋军。　收北洋大臣电八月十九日：旅顺龚照(玙)〔瑗〕效卯急电：丑刻“济远”回旅，据称昨上午十一点钟，我军十一舰在大东沟外遇倭船十二只，彼此开炮，先将彼队冲散，战至下午三点钟，我队转被彼船冲散，但见击沉敌船四只，我军“定远”头桅折，“致远”被(击沉)，“来远”、“平远”、“超勇”、“扬威”四舰时已不见。该轮阵亡七人，伤处甚多，船头裂漏水，均不能施放，驶回修理，馀船仍在交战等语。刻下胜负不知，候有确(开)〔闻〕再续禀云。鸿。效辰[①]。

二十二日

扶病入，仅商重借款事。先退。自是请假五日。无所闻见，但知平壤已失，安州、定州不能守。叶尚云扼博川江，其实作退避计。已而闻义州亦不可保，刘盛休八营虽到，扎义州东，未入城也。

---

① 此电系翁氏侄孙辈抄录，似有漏脱、钞错之处。

台湾获倭船装军火。

二十八日[①]

销病假，看电报、摺件甚多，不能悉记，不外败闻而已。败兵已令陆续渡江，并搬运军火粮械，而苦无船。　桂祥带神机营赴山海关。　吴大澂欲令余虎恩募十馀营，合魏光焘、刘树元共二十六营而己统之，○○旨准令添足二十营，而发余虎恩随吴大澂办事，催湘军速北来。是日申正皇太后、皇上召见于便殿。命臣赴津与李鸿章商饷械，仍责其商定战事有何把握。

九月初六日[②]

归。自东始入。病未愈，勉强入，看摺极草草。始见恭邸于枢值，旋有起，见二刻。散后又入，酉初二刻始抵家。　胡俊章摺：内城团防，会同水会。　郑思贺摺：保荣禄练神机兵。　管廷献摺：论接济倭米、械。似参津局卖前膛枪，又东海道所治有以米面出洋者。　钟德祥摺：仍系请缨与依克唐阿剿倭，语气郁律。　懿旨令传办二事：一地营，一△△。

初七日

群公皆集，总署未来。　翰林院代奏编检庶常三十五人连衔摺丁立钧、尹铭绶参李鸿章大罪八条曰：贪庸骄蹇，有心贻误。　又，张謇摺极长，而不甚警，亦极〈诋〉李鸿章。　贵铎摺请投效。准。　高燮曾摺论事和平，不可议和。　陈彝摺保刘永福。　恭邸有起。　懿旨：北洋无人可易，且缓办。

初八日

先入讲，后会议。李公未到。恭邸来。未看奏片即散。　志

① 以上数日因请病假未记。

② 以上数日未记。

锐摺交恭邸办。未发看奏片,恭邸单衔,令孙、徐今日先与赫德商,明日恭自见赫议之。微闻言赫德之友为述英有战船五十二只,可朝发夕至,但须三四千万可购也,再缓无及云。 是日,孙、徐见赫,云并无此语,西法向无受货兴兵之事。 易俊摺和平,亦云不可和。 丁之栻摺不记。

初九日

先入讲,后会商。李公、二邸来,无译署。 电报:初八四件皆“威远”成山见倭船八只,兵船只一。凡四报,最后酉刻报“威远”云而东北去,成山云向东南去,卒不知何往也。 文廷式等三十八人连衔摺:大约联英伐日,如昨志锐摺,而云张之洞曾有成说。 戴鸿慈摺:调度一切,李秉衡出关。片刘永福带兵击长崎,亦及海盗可用。 徐传旨令枢廷照行者二事:一、张之洞奏请余虎恩、熊铁山两军归吴大澂节制,并准熊募足十营。一、催依克唐阿赴九连城。昨已催。 又令恭亲王今日传赫德询问一切。 旨令邵友濂问刘永福能否带兵赴日本。 旨令余、熊两军归吴节制。 张之洞请挪库款购快枪,由部筹款补还,照准。

初十日

会商,无总署,余皆到,庆未来,午正二散。 翰林徐世昌摺:召张之洞来京决大计。 余联沅摺劾叶志超、丁汝昌、卫汝贵,孙显寅。片办京团练一劲旅。 洪良品摺与余同。 准良摺:关外形势。 陈其璋摺:恭邸为大帅,李某往山海,似如此,不甚记忆。 奏片:张之洞已奉旨陛见,叶已撤总统,卫已交查,孙已革职,丁现受伤,俟病痊责其后效,馀置勿议。团练劲旅难,应否次日派团防大臣未派。明日请旨。另请饬北洋将已到兵勇先奏,续到兵勇人数日期随时电奏。 龚电:英调四兵轮来华护商,又法国诸事肯让,吕案偿款减一半,越界早定,实心与华交好,倭事颇代不平。　北洋电:成山报倭船往南去,已电南洋设防。

十一日

庆未至,敬来。　安维峻摺:劾叶未打仗,先弃城,丁伤轻妄报,卫、贾同统盛军,李经迈向索三万,卫应之,故令独统。片催粮台。廷寄:叶、卫、丁交宋庆查,李经迈交吴大澂查,恭邸意如此。　电旨:汉纳根赏二等第一宝星。

十二日

庆未到,敬来,巳正三散。　文廷式摺:保玉庚明日召见、徐建寅引见、黄绍宪未行。又谭文焕未行。　唐景崧电与邵友濂不协,诸事不令与闻,请改京秩带兵,又献策四条,实三条。　邵友濂电:刘永福不能北来,只三百人,闻命一军皆惊,若回粤募勇需数月。　电旨:刘永福驻台,无庸北来。询邵友濂何以军事不与唐景崧知。李经迈改交宋庆查。昨递后留,未发,今日改。上意不以查李经迈为然,又不以吴大澂为然,故今日特改。　昨催依克唐阿电中,上朱笔改添数十字,有如"放倭人过江","该统帅均按军法从事"。

十三日

庆告病,诸公毕集。恭邸有起四刻。　张仲炘摺:劾徐用仪授意浙人上书言和,前日有上书恭邸者,孙宝琦等十馀人,皆杭人也。片:闻宫内节省银四千万当思处置之法。　张百熙摺:申军律将卫正法。片地营。　翰代徐受廉摺六条,保岑春煊、曾广钧。　电信:宋庆请饬依八营防蒲石河、长甸河。杨昌浚请带八营来京。唐景崧又劾邵抚。　电旨:依克唐阿仍赴九连城,蒲石、长甸令分兵严守。杨昌浚毋庸来京,八营令董福祥统带。台湾抚藩交谭钟麟查复。　恭邸见起,将赫德所递节略。有孙莱山改驳,面递。此件余等皆未见。参徐折不报,片亦未说四千万。地营发电寄依、宋各营,馀皆不报。

十四日

诸公皆集,汪来。军机有起,巳初散。　李文田等摺:请停点景。此件在上前见过,请懿旨,故有军机起。次日,礼王传一切景点均停办,彩䌷灯只均收好,俟补祝时用,每段四万仍领。　电报:倭兵大队循江而北,蒲石河、长甸河吃重,饬依、宋严防。　又,龚请买钢甲一、快船六,李极言当买而无价值、到华时间。请旨询明再买。余等创论谓叶、卫两军败衄之余卒,应归聂士成统带,枢有难色,允明日请旨。

十五日

诸公皆集,译署张、汪来。巳初三散。　电报:邵唐互讦,下闽督查复,至是复云邵未谙兵事,朝令暮改;唐师心自用,遇事张皇。　旨:邵友濂调署湖南巡抚,唐景崧署台湾巡抚。　电旨:叶志超不得力、卫汝贵劣迹甚多,均撤去统带,两军均归聂士成统带。　电旨:关外小洋河、芦台盐滩、山东利津均严防偷袭,此志锐致恭邸书云然,并云此伊细作得来密信,故有此电。

是日以赫德节略交看,首言"属国"二字本不能认,十一年约中已落此权矣。次言西例本有各国保护之法,可照土耳其、瑞士置朝鲜于局外,末言○○○庆典届期宜停战事,以迓祥和,云云。

十六日

未初散。自赫德有豫筹之议,恭邸及孙、徐两君催令速办。十五日英使欧格讷由燕台抵京,即日到译署促邸会商,以两事要挟:一以朝鲜为各国保护之国;一日本须偿兵费,限明日三点回复。是日恭邸有起,次余与李公、次军机。　圣意于首一事固俯允,即第二事亦可商。余等入对，力陈允兵费不知为数多少，且驷舌难追。谕若多仍不允。对曰：如此则备兵益急，固请饬九连城兵如能固守加懋赏，又旅顺船已修竣，饬北洋量遣侦击，皆允行而退。　是日孙、徐两君气势甚盛，谓不如是则沈阳可危也。　曹志清摺：直捣长崎，劾定安。

十七日

巳正散。　闻昨日译署诸君见赫德问所索之数不能得。访欧使则傲慢殊甚，孙公遽以朝廷允许二事告之矣。　钟德祥摺：参余与张荫桓先后赴津议和，张尤丑诋。劾李文田、陈学棻移家南走，劾邵友濂，劾陈湜，劾魏光焘，而仍自保。凡八片。　电甚多，可取者：许使谓倭畏寒，利速战，请固守持之，俟冰冻可得手。张之洞请购船八九〈只〉，每只百馀万。余等奏片俟伊来面议，现在问龚船事未暇也。宋再请依防长甸、蒲石，依已到，允之。　刘铭传坚请病假，置弗问。

十八日

巳初散。是日无书房。译署无回音，看摺及电，递奏片而已。安维峻摺：劾李文田、顾璜、陆宝忠移家，丑诋之，有腼然人面语，不报。　王鹏运摺：请断山海关铁路，防贼乘胜入关。片北洋改电报。两事皆交北洋查复。　电数件：周、袁[①]探报义州贼万人，又有三十船载兵在龙川登岸，又有三千人添往。电旨交宋、依严备。

十九日

巳正散。齐兰摺：沿海团练禁米出洋，未办。　袁、周电：大鸟六万人到安州，有大马二千，非倭产。　宋电：九连、沙河或可守而

① 指周馥、袁世凯。

兵单,依位较崇,未敢请赴长甸等处,盖未接十七电旨也。皆分电令防范,以蒋尚钧四营归依。　译署无回信,传赫德询以他事。

二十日

无会议。

二十一日

午初散。庆昨销假,今又未来。　翰林王荣商摺:十条,保张佩纶,皆不报。　管廷献摺:甚刻。挑旗兵一万,令董福祥、陈湜教练。未行。片请办平粜,交户部。　文廷式摺:力排和议,谓枢臣与北洋先有和谱,坐视兵败,乃坚和说。片劾盛宣怀买米得数十万金。天津招商局被焚,恐为冒销地步。交北洋查奏。　瑞洵摺未下,军机看过不宜说。　祥麟摺:请通州驻兵。未行。通州办团,交顺天府议。　电旨:以蒋尚钧四营、刘世俊五营三哨两军归宋前日本归依节制,仍拨防长甸、蒲石一带。张之洞派吴元恺带炮队四营归吴大澂调遣,允之。

译署无回信。次日同。

二十二日

巳正散。会奏摺六条:粮台、功罪、驿站、乡团,其一忘,此条本不交议,恭王为经略。片花衣一日,军报勿稽迟。皆不报。　宋电:叶、卫残军恐聂士成一人难整顿,又派二人分带。　刘盛休电:倭二万于义州搭浮桥,声言二十九过江。

二十三日

阅卷散后,未初到枢值商量别事。张仲炘摺:由旅顺进攻仁川。未行。

二十四日

早散。　徐树钧摺:保唐仁廉统淮军数营扎山海以南。俟召见后再请旨。　宋电、布置情形，亦有二十九过江之说，旨策励之。

二十五日

巳正散。　余联沅二摺三片：劾依克唐阿。未行。劾台、浙两抚唐欲悉改邵所派营员，廖①书生不谙军旅。交谭钟麟查。劾张士珩卖军械得银四十万，与张佩纶瓜分，又天津招商局失火，洋货先搬空，疑有弊，交王文锦查。　令南洋、闽、广分船捣日本，或募沿海渔户扰之，未行。　劾枢曹等电信不尽以闻，未行。　志锐摺：劾枢臣主和议欺上。未交议。　文郁摺片，隔膜语多，无可采。宋电：虎耳山在爱河中虽可筑土炮垒而山下浮沙不能扎营，仍在西岸立垒扼守以游兵往来。电旨加意防扼。　电旨汉纳根打仗勇往，总理衙门有面询之件，即著来京。此李公意。　电旨拨吉林兵三四千驰往长甸，交依统带。此语发自余已久，今始行。

二十六日

巳初散。　电旨饬依，不得推诿，如有疏虞，惟该将军是问。　依电长甸上游兵单，请派大臣带重兵驰往帽儿山以护山陵。

巳正散。　戴鸿慈、樊恭煦并编检六十人连衔摺：斥和议，又四条。　冯煦摺：八条，是日某某，颇好，大旨斥和。又四条。　张鸿翊摺：八条，并善后办法，内一条不必专用洋枪，即抬枪、线枪皆可敌洋械。　丁立瀛摺：依军少，请以熊铁山十营派往。　陈鼎摺：论北路军务而自请投效南洋。未行。　宋电：布置虎耳山，令马金叙扼守，聂士成、宋得胜佐之。　张之洞电：一巴西两铁舰价一百八十万两可购。电旨询杨使。一奥国快枪二万枝，美五千枝，请急买。电旨询价若干。　宋又电：二十五日倭渡江，击却。又从

① 指廖寿丰。

鼓楼渡。倭恒额正在战时,付都统报倭从东洋河、蒲石河等小口渡一二千人,倭恒额退扎红石磊子,距九连三十里,现派马队往援,依隔断,云云。　电旨责依退葸。又饬定安、裕禄派兵守兴京门户。

二十七日

申正二始散。　高燮曾摺:斥和议。片集船择将。未行。　扎拉丰阿摺:请招万人为一军,并保十馀员,除朱洪章外,皆不知名。指拨各省饷,明正成军东渡云云。驳未娴行阵,远募无期。　庞鸿书摺:筹南粮由运河,末请招商采买。采买寄直督酌办。片不记。　北洋电:九连城线断,旅顺见倭船二只。馀电极多,不悉记。　宋电:二十六日夜大雾,义州贼集三浮桥渡,我兵奋击,刘盛休亦出精锐夹攻,伤贼甚多。贼拼命猛扑,我枪炮不及彼之利,伤亡太多,凭垒奋击不退,我无后援,莫可如何。且我生力只新陈四营、马玉昆疮痍二千,实不能敌,惟有竭尽心力以报两朝之恩,请先行严议云云。　电旨:令宋择要扼扎,相机雕剿,毋得株守一隅,当思变计云云。　电旨:饬定、裕派兵严堵,倾一省之力以防东南。　电旨南北洋各抽调兵数千入卫畿疆。　电旨催蒋尚钧、刘世俊速赴宋营。　电旨:李鸿章、吴大澂妥筹山海防务。

依、宋之败久在意中,后路无援,新兵未集,必危之道也。昨恭邸拜各国使臣,俄使喀托病不谈,他国皆泛谈,不及东事。最后与英使欧格讷语,询以有无回信,答云日本所志甚大,不在赔款,各国私议,至少须二千千万元犹不能保无它索,中国果能致死,则将倭打入海去,更无它法。又云中国喜事似可不办,何暇更及筵宴事耶?又云倭布置已好,中竟是瞎子,语皆奚落狂悖。赫语亦决绝,云只可拼死打仗,他国友邦爱莫能助也。

今日樵与莱[1]在枢值密语,旋告恭邸,匆匆寻赫去。赫有奥国来福后膛枪十八万杆,价八十万,带子。只得订定。

二十八日

午正散。先见上起,后见于仪鸾殿,与恭、庆邸、李公同见。刘盛休电:苦战自辰至午,势难抵敌,退至九连城,不过守一二日。馀与昨宋电同,然未提宋一字。　徐邦道等电:大连湾之北沙窝子倭兵上岸二千馀人。　周馥等电:凤凰城溃兵甚多,伤残者半,九连已失。　安维峻、王鹏运摺:痛劾北洋。片保崇绮、盛煜。　又单衔摺,未见。　瑞洵摺:力斥和议,片言倭俄私约。又请亟联英、德。　电旨:斥李鸿章于东事败衄一字未加议论,并责保守畿疆门户。　电旨定安等。电旨李鸿章拨营交唐仁廉及胡燏棻办粮台。　廷寄命唐仁廉赴津,令李鸿章多拨数营驻山海一带。廷寄命张汝梅赴河南募旧部数营北来。廷寄命胡燏棻赴津办后路粮运军械。

三十日

午初散。　文廷式二摺:一劾军机,未见;一劾龚照瑗。樊恭煦一摺未见。　余联沅、褚成博摺,似前敌布置。　易俊摺、张仲炘摺:地营筑垒,仍申前攻长崎之说。片招沿海及各省义勇,给以印照。　宋电:详述二十七日战状,今日退至摩天岭,收失馀烬。　周馥等:亦往摩天岭。定、裕电请大枝兵援辽阳。　电旨以吴凤柱马队及新募四营并以卫汝成五营交吴凤柱迅赴辽阳一带。　电旨催各军前进,凡七道。　电旨申斥龚照瑗购船迟钝。电报模糊。　是日申刻抵暮在译署见汉纳根,询战状及方法,语极

① 指张荫桓、孙毓汶。

长，一曰援宋军，并令徐退；一曰购快船，盛言智利七船之佳，内一船旧。其人尚诚实激昂。

十月初一日

未初散。无摺。　金州付都统电：请留陈之伟于金州。准。　是日唐仁廉召见，传至军机问话，伊云赴奉天同将军办城守，须得三万人，方能平朝鲜打日本云云。

初二日

无会议。推班一日。在恭邸处见电不少，惟旅顺、大连告急，馀不记。又盛宣怀条陈长电：买船、买枪、练洋队，借洋磅。

初三日

先到养心殿。又同恭邸、庆王、李公见一起。　所见多昨电，北洋电：旅大后路可危。　高燮曾摺：袁祖礼能造鳞甲牌以避炮，今在神机营。　志锐摺：美、法入觐可准在禁城内。准。请召对汉纳根。驳。电旨饬北洋巡历海口。又准留吴凤柱、卫汝成营援旅顺。　奏片两事：一请设巡防团练；一请借洋款，仍借磅。发下无说。

初四日

慈圣召见。庆王、恭王、军机及余与李公。午正先散。　摺甚多，电亦然，皆不记忆。志锐请赴朝阳募勇，未准。是日庆邸请派恭亲王督办军务。允之。诸臣入见。孙毓汶首以与各国照会，请其公断为言，朝鲜不为属国，赔偿兵费。并称翁某昨与臣商云云。余对以臣等办事如此，万死不足塞责。臣与孙某商者战事，亦兼及美国调处事，至偿款二千万万，中夏何以为国？臣不敢知，语甚长，不记。命偕李公再见汉纳根，盖余力保此人无二心也。　退后往总署见汉、德两洋人，议稍有头绪。

初五日

先与恭邸见一起，庆、李同。又至宁寿宫见起，仍系四人。礼邸另一起。余联沅连衔摺：四十二人皆台谏。请照盛宣怀所请速办。借款已准。船械正在与汉纳根商量。　张之洞电：新枪万杆比国；又八千杆本二万，已被人买去万二千。电旨速定。　旨派恭亲王督办军务，奕劻帮办，余与李公、荣禄、长麟会商办理。　旨派巡防王大臣，即前六人。　旨派团防大臣：敬信、怀塔布、李文田、汪鸣銮。　旨卫汝贵革职拿问，交刑部治罪，丁汝昌撤议叙。

初六日

裕禄电：倭离金州七十里，旅顺告急。　电旨调登州防兵夏辛酉四营援旅顺，昨日事。尚有数件不记。　电旨饬宋庆毋得避贼远守，并派员押卫汝贵来京。

是日奉懿旨：同龢、李鸿藻、刚毅为军机大臣。

初七日

入直。高燮曾摺恭王不能出关，请派董福祥、彭楚汉分队出。洪良品摺。　电旨：再饬夏辛酉拔营赴旅，李抚留之也。尚有二三道，不记。无紧要电，然窃虑贼日进矣。

初八日

入直。钟德祥摺八条，语皆切直。片自愿赴南洋招渔户，有高路子者，奉边匪徒，可招。参交督办处。　代奏条陈二件，玉贵、胡某。　电旨：唐仁廉调，允。文焕，不准。饬依克唐阿、长顺抄截倭贼后路。饬山东八营。连昨所调四营赴旅顺。俟李光久五营到时扎山海关，调桂祥驻蓟州。鹿传霖请入卫，不准。

初九日

钟德祥摺：论兵事，语多偃蹇。三片，一半遗忘矣。　长萃摺：

风闻幸长安乞止,未发看。 旨令恭亲王会神机营查点八旗枪炮。 旨奕劻前往南苑试挖地营及验鳞甲牌。 得季邦桢电:旅大万紧,乞东军[①]东渡,并汉纳根带兵轮往援。适在督办处即请恭邸发电催东兵,并给汉札,带六舰。 又札汉纳根令赴津练兵。伊请十万,札内未定数,此大举也,月需饷一百七十馀万。并札胡燏棻同汉妥商。

初十日

北洋电:宋军由摩天岭移队赴复、金[②]援旅顺。又电:大连湾已见仗。西报云两军皆大伤。徐邦道送信南关岭接仗。 电旨:饬北洋援救。

十一日

北洋电:旅顺危,徐邦道杀倭六七百,而彼众我寡,退三十里。卫汝成中途折回,程之伟兵单未战。金州已失。旅只可支半月,粮将绝。 宋电:十一拔队,南趋十五里,可到金。 电旨:饬北洋抽调数营设法东渡。此件余携入缮呈。 北洋致督办处电,大略同前,请派唐仁廉赴旅统率各军。电旨允行。 又北洋电:在督办处见。南关岭又失,各军皆退。

十二日

电甚多,电旨亦多,未记。 钟德祥摺:保董梦兰。管廷献摺:造铁路运粮。

十三日

摺三件:陈彝请下诏罪己兼劾贪臣。留。易俊空谈。片储火药,调四川、湖北、山西等处造者。准行。 王鹏运:参定安、依克

---

① 指驻山东清军。

② 指复州、金州。

唐阿。准行，见明发。又，丰升阿倭恒额，未行。　电极多，惟张之洞布置营垒及车炮。一交吴大澂，一询北洋。　又，北洋据丁电，定远在旅鸥中。严电谓丁若不能救此，当于军前正法。李某迭次电谕皆不复，徒以"焦急"二字塞责。

十四日

要电：北洋谓汉纳根亦谓六舰不可轻掷，调丁汝昌来津与议，谓冒险无益。　旨"定远"、"镇远"两船皆出，并"来远"亦带出。仍饬丁往援。明发彭楚汉署长江提督。

十五日

代奏：陆钟岱连衔摺十二条论军事。交军务处。　端良摺不足取。电多，无甚要，云美允调处。　晚见北洋电：旅不能援，今营口渡章军，与宋[①]合军南向。

十六日

余联沅等摺未下，十六人连名劾枢臣，兼及余与高阳。片不记。文廷式摺：劾方恭钊、沈家本，保汪守正、沈振鹏。　张百熙摺。恩溥摺：未下，劾枢。片劾刘秉璋潜逃。　良弼摺：告奋勇，未准。　安维峻摺：未下，劾枢。　洪良品摺：北洋左右多奸细。电：北洋谓海舰不可护兵，惟游弋撞见即击，拟令章八营乘轮由营口进，助宋攻金州。

十七日

无封事。惟王文锦查复张士珩私卖军火属实。廷寄饬拿。电旨不少，惟催援旅顺，并令守旅将领鼓励士卒，舍此别无生路。

---

① 指章高元、宋庆。

十八日

叶庆增摺:渔团。片劾田在田。　又,户部代裕祓摺:奉天形势。　翰林院代傅世炜摺:通州固防。　又,冯煦。又朱延熙。十二条。　电旨:丁汝昌既能到旅顺,则尽可堵截,否则亦须游弋往来。李鸿章称大沽防守妥协,何以不遵旨亲往查看。派唐仁廉带李光久、潘万才、吴凤柱兵与宋庆攻金州。　交督办处传谕:汉纳根准募勇十万,用洋法教练,仍令胡燏棻会同妥商。　交崇礼:令庆裕暂缓赴任,同崇礼会志锐议热河团练事宜。

十九日

戴鸿慈等十六人摺:劾孙①。文廷式摺:劾礼、额、张、徐②,皆丑诋。两摺未发。　徐致靖摺,片斥和议。　电旨:饬通旅顺。　闻车炮并制合膛炮子。饬宋庆须防凤城之贼来抄后路。削丁汝昌尚书衔,摘去顶带。　交旨:徐建寅赴北洋查看定、镇等船炮位情形,并有合膛炮子。又,青州付都统讷钦,李秉衡称为忠勇一片③。　电旨:令道员徐建寅往查定、镇等船炮位情形。

二十日

是日张荫桓回京,召见。　都察院代递十馀人连衔。有何乃莹力言西迁之不可。　又,已革道员李耀南摺、皆兵书陈言。杨颐摺请立粮台,保龙锡庆办粮台。以上三摺皆未行。　电甚多,一见辄忘。　电旨亦不少,其非答电者:调海军六船至大沽,令徐建寅检验。催各路兵丁速行。准两淮盐商捐输,奖实官百万。　廷寄:恭、庆两王及北洋,准德璀林赴日本,通伊藤,未明言。　在督办处见电:一奉天昭陵

---

① 指孙毓汶。

② 指礼亲王世铎、原军机大臣额勒和布、张荫桓、徐用仪。

③ 以下五十馀字原件模糊,无法识录。

总管十馀员电告警,请朝廷主和。一"镇远"船进口触水雷伤底,尚可修补,而林泰曾仰药自尽。一奉天三陵总管等二十馀人电求讲和,谓兵无可恃。

二十一日

与恭、庆两王、李公见,第二起。　电二十馀件。十七日旅顺炮声不绝,兼有火光。聂士成等苦守大高岭。　电旨八九道:催兵、援旅、兵差、车船沿途应付,"镇远"被伤情形。　阔普通武折:无一语可取。　易俊折七条:内一条立统帅○○○。上深韪之,命议。片:王□系马贼,在奉辽为患,宜招抚兼办团练。又参金州付都统连顺先逃,又去年阅兵索赂。　步军统领折:拿获倭细高顺、赵二、吴二,交刑部。　命恩泽为黑龙江将军,荣禄授正白汉都统。

二十二日

电十四件:聂士成于十八日在大小高岭击退倭兵,我伤二十馀人,彼伤十之七八。　电旨:催唐仁廉速带李光久、吴凤柱、潘万才援宋军。　端王载漪封奏:练旗兵三四万,保丰绅、崇善、丰升阿、穆隆阿,片造抬枪。　王鹏运折:未下,闻劾主和之孙、徐。　松椿二折:一筹饷七条,片河运;一保郭宝昌、潘万才、舒永胜。命存记。

二十三日

徐桐折:未下,劾济、嘉[①]。　安维峻折:未下,劾小李[②]。又,援宋。　翰林代递王荣商折:论兵事,一和议摇惑;一畏死心重,罢和须除李,致死必杀卫[③]。　敬信等团防随员。　电旨:催唐仁廉,革叶志超职。问韩效忠招致否。

---

① 指山东济宁人孙毓汶,浙江嘉兴人徐用仪。

② 指李经方。

③ 指李鸿章、卫汝贵。

二十四日

戴鸿慈等二十四人连名摺劾孙兼及徐。陆宝忠等连名摺,两斋,惟无徐、李、王及上斋徐耳,劾枢臣十大罪。以上三摺皆未下。众论汹汹,奈何。　电旨革聂桂林、丰升阿职,以岫岩失守,此人不知避何处也。赏旅顺军士一万两,令与宋军夹击,勿株守。二十二日姜桂题率各军出战,卫汝成冲锋杀倭数百。

二十五日

张百熙摺责令北洋,防南洋海口。托佛欢摺论兵不通。

翰林代递陈鼎摺片皆论兵事尚畅切,片言庆物内监索银五千云云,无此事。又,贵铎摺言盛京事,并云危甚。此不应代递声明,所言关系根本重地,不敢不陈。　电信岫岩二十一失守,盖平告警,势将赴营口。又,赵怀业于金州失守时,连顺等求援不应。电旨革赵怀业职,交宋庆查办,所部归徐邦道统带。　是日美使田贝称奉其国电为中倭调处,拟一稿请用总署印以为信,恭、庆两邸见慈圣起。

二十六日

李榕摺:提各省军火。片勿买洋械。　电旨:皆无紧要事。准张之洞调冯子材募十营赴宁。

二十七日

翰代奏贵铎摺:南洋进兵。　熙麟摺:八条内有可取。　秦绶章摺:援旅。　吴大澂摺:以山海关防自任,谓不使贼越一步。李秉衡先后电报,旅顺以二十四日失守,凡三日苦战,卒以东西两海岸俱被占,南面水师雷艇拦截,北面墙失姜营火起,遂失守。姜、赵、徐、张、袁皆不知下落。

二十八日

电:宋报金州接仗,先胜杀数百人,后铭军遇伏,小却得逃兵知旅顺二十四寅时陷。　北洋奏丁查明"镇远"损处十馀,仍以触浮鼓擦礁为言。　电旨:饬唐仁廉就所募四营及李光久、吴凤柱出关。伊请拨二十营畀之。　洪良品摺二条:一避炮法,一保张汝梅、汤△△帮宋。二片。　钟德祥摺:叙徐邦道战功,仍保董、李可用。两片。　张嘉禄摺:浙防空虚,张其光拥兵自重。片:四川税契加派。　美无回电,而德璀林者,总署止其行。李电回:云已放舟大洋,无从追矣。今日李电伦敦报,日浼美调处,惟中须遣使请和云云,盖自圆其遣德[①]之意,机栝甚精也。

是日余创论遣谭文焕带新募之勇赴锦州相机招剿土匪,奏片言之并电旨予吴大澂。

二十九日

无封奏。自初一起所有逐日封奏均递○○○皇太后慈览,原摺不封,另匣。

十一月初一日

文廷式等七人摺:陈遹声、丁立钧四条,一条罪己,一条参孙莱山与合肥,并参曰孙李有怨讟之言盈于道路,跋扈之迹暴于禁廷,君臣之义已离之,诛宜及等语。　余联沅等二十六人摺:末部曹,杀丁汝昌,参龚照瑗。　徐致靖摺:请将战事明发或下廷议。片。　萨廉摺:末练旗兵,片论团防,文义不了了。　电旨六七道。　电报:聂士成报夺回连山关,依报得胜仗,与聂通信。　丰升阿、聂桂林退出岫岩,失炮七尊。交查,前已革职。　胡燏棻报购械

① 指德璀琳,时任津海关税务司。

一千万，粮台四百万。旅顺已全陷。昨报馒头山、老铁咀尚战。

初二日

褚成博摺：力斥迁都谓宜宣示，俾邪论不得伸。四片：一论丁汝昌通李莲英，此件留。　易俊摺：冰未冻，滦、乐[①]宜防，冻后速合大枝出关。　电报：宋退至熊、岳，聂士成，吕本元报分水岭、连山关之战，毙其前锋将军富冈三造，倭兵排队鼓吹焚其尸。　电旨：聂士成、吕本元赏翎管、小刀、大小荷包，馀酌保，赏兵银万两。饬吴大澂速挖长壕。　明发懿旨：以一万五千件皮衣赏宋、聂各军。

初三日

翰林代王荣商摺：旅顺不必顾，东省防要紧，皆空言也。督办处京城布置摺留中。　外瞿鸿禨摺：不可议和，所言尚在平壤未失时事。　电旨：令宋庆查明三路贼情人数多寡并褒励之。令陈宝箴迅即交代来京陛见。　桂祥祥普带神机营四队由蓟州回京，英廉接防。　廷寄：令志锐回京当差，此懿旨，仍写谕旨，四百里寄。

是日见田贝复音。昨日在总署面交。日本政事谓未惬，彼意须中国派头等全权大臣一二员赍国书赴日本，日本亦派大员会商，再议和停战，云云。　总署复田使函，大旨须日本先说所有之意再议，仍烦美使调处，以符旧约云云，词甚婉也。恭邸将此两件面呈皇太后，谕照办。孙往总署见田面致。　高阳云：张鸿顺子遇自津急回致北洋语，谓洋务惟彼一人最澈，若欲和须费三千万，不割地云。高阳将信将疑，余亦唯唯否否，姑记于此。次日晤子遇云三千万下尚有一字，不肯说。又云若成则平壤或可商，朝鲜若驻日兵则俄必不许。

---

① 指滦州、乐亭。

初四日

王懿荣摺:攻旅顺,斥和议。　丁之栻摺:沿海各省办团。　昆冈摺:举刘坤一、王文韶督帅,问李鸿章长策。　高燮曾摺:先论今日军情之急,皇上所宜措意。次及昨日二贵[1]之谕,劾枢臣承旨之非,语多不伦,意似有在。　片:保袁祖礼善制造能将兵。袁有《战守新法》一册。　余联沅摺:攻旅顺,禁骚扰。　电旨二道:一与宋庆,并催唐仁廉、吴凤柱出关;一予依克唐阿,令与聂士成合。依在草河口遇倭,彼此多伤亡也。

初五日

无封奏。与两邸商拟电旨一道,侦探旅顺敌情,并令前敌悬重赏募死士,又加给勇丁口分。

初六日

电报:依仍在草河口接仗。宋初六抵盖平。营口报有贼踪,不过距数十里。吴报闻旅顺贼大山岩一股将扑山海,严兵以待。

初七日

溥侗摺:谓廷臣水火,宜别邪正,上过仁厚云云,请面陈。　是日有起。　督办致胡燏棻函,与商汉纳根练兵是否可行。　电报:吴复昌黎、滦、乐海口俱与大沽同时结,永无不封冻之说。　明发:裕禄奏金州失守情形,连顺革职,戴罪图功;赵怀业已革拿交刑部治罪;佟茂荫革职留营。

是日,又恭邸、张荫桓见起于仪鸾殿。是日田贝得倭信,仍须派员同议,再议停战,再议所欲言。

---

① 指珍妃、瑾妃。

初八日

电报:刘含芳探旅顺炮台、船坞皆未动,惟杀人甚惨。宋庆报盖辽间无山可展布,或能得手。　安维峻摺:吴大澂忠勇,未经战阵,诸将不服,请戒饬之。四百廷寄,抄阅。　明发:志锐补乌里雅苏台参赞大臣。　懿旨:恭亲王奕䜣补授军机大臣。

是日,恭邸请起,偕孙毓汶、徐用仪、张荫桓同见仪鸾殿。枢臣亦有起。圣意遣员可允,惟不能在京,亦不能在彼国都,天津、烟台、上海皆可。又停战不可,恐以和款误我也。

初九日

无封奏。　电报:长顺请重兵赴辽阳。　吴大澂奏:唐仁廉营官冯文焕以利诱其勇入营者十七人,请摘顶。旨革职。

初十日

是日臣独蒙皇太后召见,论书房事。无封奏。　电报:宋称悬赏之难,宜浑括曰:进则重赏,退有大刑。电旨称其得当,并指授机宜。　刘含芳探旅顺情形如前日所报。　电旨三道:催各路勇丁在途者速行。

十一日

翰代奏王荣商摺,文甚巧,谓言和言战必衷一是,请廷议。　朱延熙摺八条:保于荫霖,京城外筑炮台,军机值宿,关陇办团。　冯文蔚等十四人摺:滇省地营并图。片保谭修纲、马维骐、马拉。片将士功罪或明发,或否,宜一律。片谓和事独委有心误国之李某。　良弼摺:宜设侦探等,文冗。　电报:依在三道河不能进与聂士成合,云打仗伤亡多,聂亦三面受敌,倭添兵,依退至三道河。

十二日

恩溥摺:劾枢臣阿附李相,不发明旨。片:卫汝贵安坐天津,枢臣何以不催？谓其与王有李、刘子通安置打点。此片未递。片劾奕年。　载濂摺：请保卫盛京，择宗室王公一二人前往。未行。片保崇志、李云麟、冯武塞参领。皆未行。汤传至督办处查看，其人老钝。　秀林摺：内蒙古祝嘏者请饬回。　电报：依与聂士成可晤面，倭夜遁，云云。　宋报旅顺贼不过三千，馀悉往金州。

十三日

无封奏。电报：聂士成等追贼至草河口，杀数百人。有明发奖励并准并案保奏。

十四日

都代递道员陈明远摺：勿和先战，末言有引线可办，此密事不能形诸奏牍。交督办处。　宋报：初十复州失守，贼由半拉山扎桥北犯。唐仁廉请由津及山海拨炮数十尊，唐在锦州。　电旨：饬宋严备，若北犯当力战，此今日军事要著。　廷寄：李、吴酌拨炮位于唐。

是日督办处札魏光焘、陈湜各将所部迅即出关帮同宋庆剿贼。筹饷十二万给两军，俾利遄行。

十五日

易俊摺：四大支出关。片尽此三月速备，片吴凤柱添募。　电信：山海关见倭船数只游弋，威海开炮中倭一船烟筒，宋在盖平布置，聂拟收复凤凰城。　李秉衡片：参威海统军帅船早回，置旅顺不顾，谓当明赏罚。　电旨：饬北洋查办。有龚照瑗而未及丁汝昌，却有姜、程。又，聂桂林、丰升阿交裕禄提讯。又，令宋庆与聂士成等商酌可否合兵盖平。　明发：程文炳补福建陆路提督，程之伟之缺，即其族叔也。

十六日

管廷献摺：山东州县办团不善，骚扰小民。廷寄饬查。　电报：依与聂晤商，拟十六日两路进攻凤凰城，两电略同，似凤城已无贼矣。依小胜，系永山、福山所打仗。贼守长岭炮多，云云。　丁汝昌保徐建寅忠勇可为副提或监战大员。　电旨：发宋军银十万两悬赏，如得胜仗即行分赏。又饬王文韶由陆路兼程北上。

是日，张荫桓一起，军机一起，皆蒙皇太后召见，允派员至上海会商办结之事，无他语。即日由总署照会田贝。

十七日

张荫桓起。王鹏运摺：勿为和议所误，宜及时修战备。　电信：聂、依两军皆败，聂保分水，依退草河。宋欲援聂，又兼顾海城、析木城，南防大石桥，渐渐不支。　电旨五道：于宋饬其稳扎，催陈到锦，合沙克马队。　北洋复奏：龚照瑗未先逃，革职留营。革，不准留。　又奏并无倭奸假装米船偷运火药事。

十八日

樊恭煦摺：防海口冰冻后，踏冰上岸。祁口、秦王岛、小洋河三口尤要。片：俄以四十人护使馆，义十一人，须阻止。　电报：宋退大石桥扼海、盖之冲，章驻盖平。聂、依皆退扎原处。　电旨：明发天寒人杂，著步军统领派人保护各国使馆。

十九日

翰林代三件：冯煦摺：和六谬、策四：申军律、选锐卒、策胜算，办团防。片：汉纳根洋队可虑七，可疑三。盛宣怀误国。置汉纳根于闲地。　王荣商摺：驳和议十条，婉转博辩，总之非战不能自强，则非先去李鸿章则不能战。　丁立钧摺：宜去淮军，专用湘军，劾旅顺失守诸将，劾周馥、胡燏棻。四条派统帅、设湘军粮台，新枪发湘军用，戒湘人浪战。　片：劾张荫桓市侩鄙夫，两次赴津，人言藉藉，李某奴隶使之。　余联沅摺：封冻后宜派劲旅前进。又营口不冻,宜扎重兵。片:赵怀业、龚照瑗、卫汝成、蒙仕成应即正法。片:派钦差督办三省军务,定安、依克〈唐阿〉不可用,长顺亦不可用。片:汉纳根为胡臬司阻抑。劾胡铺张为开销计。片:大沽守备单弱,旅顺并未开仗。片:劾李鸿章为秦桧,其阅大沽北塘,未登炮台。片:吴大澂大言不惭。　张仲炘摺:劾盛宣怀、胡燏棻皆丑诋之,谓盛持翁某为奥援,翁为其所愚,称人虽不正,其才可用。胡为李某门生,李受其愚,以为可大任,请将盛革职,藉其家私。胡立罢斥。交王文锦查,十二月初六日复奏,语甚空。批:"知道了。"片:胡不欲汉练洋队,请令陈宝箴代。片:湖北铁厂应令张之洞遥领,闻谭某将厂匠委员停撤。　电旨四道:命程文炳为福建陆路提督,程之伟革。

是日,定与赫商借洋款。是日,晚闻十七日海城失守。

二十日

无封奏。电报:十七日海城失守,宋腹背受敌,贼距营口六七十里矣,电线已断。　南洋报海口吃紧。又报北洋枪械不再截留,惟陆运极难。　电旨:慰宋庆,令稳慎。令漕督设转运局。查卫汝贵是否潜往天津。明发:聂桂林、丰伸额屡次溃退,拿交刑部治罪。由析木退至海城,不战而溃。

二十一日

无封奏。是日见美国人毕姓与日本外务笔谈,其索我者五条:一赔款,二朝鲜自主;三割地;四赔南洋所杀人;五沾利益。　电报:宋在房瓦寨,距牛庄、海城各三十里。　明发三道:宋庆查复卫汝贵、叶志超、丁汝昌,卫催解,叶、丁拿问;旅顺失守龚照瑗拿问,卫汝成、黄仕林、姜桂题、程允和查明下落复奏。赵怀业速即查拿交刑部治罪;岫岩失守,丰升阿、聂桂林置州城不顾,著刑部归入前案，一并按律定拟。周鼎田、金得凤、张占魁撤勇号，留营效力。

二十二日

电信宋致善[1]函将攻海城，章[2]驻盖平城外，防复州窜贼，看去似零星小股，正恐一旦大股猛扑耳！　刘含芳电：美国人晏海德、郝威从日本过，被扣留逃出，此人能作雾。晏开呈十条，大略谓贼不能见我，且能以商船作兵船直攻彼舰云云，并云所费无多，现遣至威海试验云。　电旨：令北洋保海军提督等缺，并以李和徐建寅询之。

二十三日

未入值，因病。

二十四日

军机有起，余以病未入。懿旨：命张荫桓、邵友濂为全权往彼国议和停战。张加尚书衔，译署函致田贝，指明长崎。

二十五日

张荫桓见东朝起。　电报：宋退牛庄。章、陈择地守。营口告警。攻海城不利。金后大股，宽十馀里。李留丁，谓海军人员难得而力驳李和、杨用霖、徐建寅不称。两美员在威须得多只商船试验。　电旨五道：准吴凤柱抚锦州马贼。饬丁交替速即起解。徐建寅从威海查船归来见，述丁之废弛，保复恒。

二十六日

孙君未入。　电报：宋连日接仗，由海城退至田庄台。铭、毅各军均在焉。旋报牛庄失守。是役毙倭不少，而愈杀愈进，且早已包抄，竟为所袭，章高元等亦往北退。　长在辽阳告急，依在大高

---

① 指善庆。

② 指章高元。

与聂、吕皆告急。电旨:饬陈湜径赴辽阳,饬宋庆顾营口,饬长、依等各坚守。 美员之法尚未试验,须先给金洋一千元。 明发:姜桂题、程允和、张光前均革职留宋庆军营效力。

二十七日

早散。 电报:无前敌信。李据威海将领留丁汝昌。另德璀琳等电恭亲王亦请留丁,以为不如此,洋将皆散,此件未递。 电旨:仍遵昨谕,丁汝昌交替即解,不得渎请。准美员先立合同再行试验。昨曾驳以何船试验,令条复。

二十八日

翰代三摺:徐世昌等四人,黄绍箕摺,又黄绍箕摺,张仲炘摺,钟德祥摺。七片。管廷献摺:整顿海军八条。瑞洵摺撤叶志超所保案,片劾刘铭传、郭宝昌,应问罪。 电报:无要紧者。宋报贼未到牛庄。

二十九日

封奏:安维峻摺万言,力言和之不可。孙、徐遭诋,恭、李及余亦称误国。 阔普通武摺一开窖极。片乐亭有倭奸探水。 廖寿恒摺:招勇四弊。片籍卫汝贵,片提各省生息款公家予利。 唐椿树摺:保苏元春。片同。 陈其璋摺:令林维原、刘永福捐资召募,捣日本。 电报:辽阳南六十里安山站见倭骑。

三十日

封奏:王鹏运摺力参北洋,语极峻厉。片山西借款骚扰,片劾李经方不可充使。片请留李永芳在京十日。 电报:宋仍在高庄台,而金、旅大股渐渐北移,并在熊岳,恐章、张两军在盖平者不能支,拟令会合云云。电旨令酌量。吴大澂撤谭文焕,以左孝同接统五营赴锦。 明发:奉天府尹福裕因病请开缺,著赏假一月,仍赴新任。

十二月初一日

刘坤一到京。两边皆有起，恭邸起。　电报：裕留聂、吕守大高岭。　依摺：报草河口等处打仗情形。　电旨二道。　明发：依克唐阿报迭次打仗杀贼二千馀、将士恤赏，逃者三人，饬拿正法。　依奏：永山攻凤城阵亡，恤典甚厚，永山，富明阿子也，二十七，予谥入祀，立传，二子及岁引见。特旨停二十三紫光阁、除夕保和殿筵宴及明正一切筵宴。刑部卫汝成即行革职拿问，提督黄仕林查明下落复奏。　岑春煊摺三条：一统帅，一申纪律，一△△△。　余联沅摺：恭亲王督师出关后则另派钦差大臣。片：和议非不可行，特须先战。

初二日

庆邸、孙、徐有起。电报无甚要。电旨二道。　封奏岑春煊摺请发往前敌。　易俊摺：不可和，片：论卫汝贵，片撤叶保案，片河南停止分发非是。　杨颐摺：和议之非三端。　秦绶章摺：三十七人，御史、编检、庶常。邪说误国请收回成命，足致危亡者十端：兵费、强倭、割地、效尤、勇难遣、兵空返、纳质并有不忍言，阳和误我，权臣挟以为重，张李小人，李改姓许，有秉钧群辅纤默怀欺语。三误。战事有名无实，奸臣结党营私，溃将稽诛玩法。片：威海后路见贼即击。　戴鸿慈摺：未和之先，既和之后，皆有可虑，陆军，水军。　都察院代递道员何长清雄辉之子摺：奇兵分两路，一取王京，一取釜山。　安维峻摺：先未下，至殿庐始发。请杀北洋，并论枢臣，谓如在云雾中，故乐闻洋人致雾之法。内有传闻议和乃皇太后旨意，李莲英左右之。市井之谈，原未足信。谓皇太后归政久矣，若遇事牵制，将何以对祖宗天下乎！李莲英何人而敢○○○乎一段。

是日,奉上谕安维峻肆口妄言,毫无忌惮,若不加以惩办,恐开离间之端,著即革职,发往军台效力赎罪,原摺掷还。并戒饬不应具折之员连衔陈奏,以后若有似此者概行惩处。　上谕:授刘坤一钦差大臣,关内外防剿各军统归节制。明日请收回成命。不允。　上谕:太仆寺少卿岑春煊交刘坤一差遣委用。

庆邸、孙毓汶、徐用仪皆有东朝起。昨田贝得电云日本议在广岛讲和未派员,并有如日本愿和再议停战语,云俟使臣到广岛四十八点钟内即可会晤。

初三日

电报:宋报南路大股欲出未到,其零星小股避宋而行。　电旨:令其稳扎。　封奏:洪良品摺:李鸿章可内召,有其子经方既与日本姻娅则其父似宜引嫌云云。片:李秉衡可任直督。片:刘铭传可任东抚。

初四日

无封奏。电报:依赴辽阳与长合。宋仍在田台,欲攻海城,贼在熊岳。　军务处电扎锦州吴凤柱准招马贼十营,责令东联辽阳,西助宋庆,能否即电复。

初五日

电报:无要紧。　封奏:钟德祥摺论和战,语含讥刺,实无一策。片二件:言内务府事。总署拟给张、邵等国书:大清国大皇帝致书于大日本大皇帝,两国本同文之国,素无嫌隙,近因朝鲜之事兵事祸结,今遣某某为全权大臣会商了结,望大皇帝以礼接待云云,大略如此。

初六日

电报:章高元电,二十七贼去熊岳向东。二十九贼至石门岭,贼探骑至牵马岭。初一石门贼退向析木城。江抚德馨请北上帮办军务。旨毋庸北来。

初七日

张荫桓起。　电报多而无警。倭挖洞藏匿,岭防吃重。沙将察哈尔马队拨还,另募西丹。　张荫桓奏带司员十人:顾肇新、瑞良、伍廷芳、梁诚、沈铎,馀五人不记。另聘律师科士达。德璀琳似亦在调中却未奏。见电云以参谋位置之。田贝到署云,日有公电,称所派系至大之官或二或三未说名姓。又有私电,云是陆奥。中国使臣可由长门下关,进口,终未说出条款。用局外船旗。次日递上。

初八日

封奏:准良摺:论和之不可。片:依捐三万应加奖。片:保辽阳州徐庆璋。皆存。　刘坤一摺:大致以关外交宋,关防交吴,海口交北洋。不甚透切。亦存。　电报:聂探雪里站添倭万馀。宋报同,其营官刘凤清新到四营驻营口,后四营亦将到。　北洋谓卫汝成无骚扰事,今与赵怀业均无下落。黄仕林失守炮台,请革职永不叙用。　明发:黄仕林革拿治罪,赵怀业、卫汝成仍查下落速解。

初九日

无封奏。电报无要事。南洋报英言吴淞不准犯,若犯即击,又言俄有兵九万,五铁甲在日畿、海参崴驻扎。

初十日

张荫桓赴日本,跪安请训,上及东朝皆有起。　封奏:余联沅摺论和战,斥北洋将掣钦差肘。片:参汇丰掌柜吴懋鼎。片:水军、陆军、粮台三项宜饬刘坤一力任,交刘。谓程文炳、阎殿魁、李培荣皆应酬不可用。余虎恩、董福祥可赴前敌。　蒋式芬摺:请撤吴大澂,言大而夸,刚愎自用。　是以张荫桓坐名敕书呈览,内有电尔总理衙门请旨遵行语,国书内却无之。恭邸带荫桓入见。　皇太后退传懿旨,另拟谕旨一道,用黄纸书之,饬张荫桓、邵友濂:如日本所请于国体有碍及中国力所不逮者皆不得擅许,凛之,慎之,云云。　又面传不得先许停战:一则疑于求和,一则塞前敌诸将之心也。并饬张某无须汲汲前往,在上海小停顿,候音。

十一日

无封奏。电报皆不甚紧要。海城添倭二千馀,大山岩,山县有朋皆至海城,恐北犯。

十二日

封奏:高燮曾摺:分别和与服之异同,云偿款则屈服矣,非和之谓也,交刘坤一看。　祥霖摺:不可和。片:过兵骚扰,未指何处。　谢希铨摺:参李瀚章去虎门排椿得贿数十万。片:参陆维祺,仍以道员发粤。片:参继格纵旗兵抢劫奸淫,均交巡抚马丕瑶查。　电报:无战事。

孙兄[①]信云李新吾言倭将由间道扑奉天。

十三日

封奏:庆祥摺:参定安及双纶文格子。片:乐亭防务。片:永清团练。　电报:成山有倭船游弋,威海严备。宋兵屯高坎,欲移缸瓦寨,徐邦道带十营亦至高坎而海城大酋并集,恐有诡谋,将并力猛扑。

十四日

封奏:翰代王荣商摺:请刘帅出关驻锦州,语甚尖刻,甚切当。

---

① 指孙家鼐。

交刘阅看。　电报:宋欲进,又接章报,倭攻盖平,添兵二千、炮十馀。大鸟等欲〔报〕二十三日之挫,由熊岳出兵,于是令章、张仍扎盖平,徐回援,宋在高坎,相机迎击。

十五日

无封奏。　电报:宋在石桥,盖平前后皆敌,章告急,宋亦馁,云盖平若失,营口难守。　电旨:令稳慎防剿。

十六日

封奏:洪良品摺:和议宜慎,极诋李相以资财放倭,条款请交廷议。　电报:伦敦电谓中国办事无果决之才,田贝所议至今未定,直待取北京再定云云,极狂悖。依、长报安山站有贼,荣和与接仗云。　东抚李报成山金山寨倭船测水,东省十馀营不敷防守。

十七日

文廷式摺:令刘驻津。片:参松椿、邓华熙,交李秉衡查。片:各省添机器局。戴鸿慈摺:令刘出关,宜兼北洋,并奉天总督。片:添造抬枪、劈山炮。　高燮曾摺:刘兵权宜一,应节制宋、吴,即各将军亦归考核。　钟德祥摺:语仍讥讽,三策收人材、浚利源、修武备。片:东便门外金家村有新开磨面坊,其机器可造枪,而南城坊官王桂棻持票禁止。交都察院查。　电报:袁世凯探,十五日章、张力战未稍却,分统杨寿山阵亡,盖平遂陷。　德璀琳探报日本第三支兵出广岛,将于威海上岸。　依、长报牵马岭小胜,长赴前敌。　电旨五道:宋庆以力保营口为主。催军械赶运。朱淮森降付将。

十八日

陈其璋摺:捐例减成。片:未经验看不准派委。片:民捐宜停。片:道府捐例宜准实缺同通。　张仲炘摺四条:并海军,并陆军,设粮台,严军律。提镇皆准正法。令刘坤一通盘筹划。交刘阅。片:劾吴大澂军中作乐,兵饷三两四钱。交吴。片:商借扰累。

吏部奏司员王荣先、鲍心增摺:阅李鸿章、张荫桓主和议有八条诘责,是否能保云云。　顺天府摺:谓官车局请款二三万。五城保获盗人员。　电旨:依、长报牵马岭之小胜,此前事也。宋报盖平十五失,章退回,徐仅到三营亦退,自请治罪,章、刘议处。催刘出关。此电气馁甚矣。　明发:宋庆议处,章高元、徐邦道严议。又,宋朝儒放九江镇。　电旨:令海军各船毋株守威海口内,出口迎击,俾进退自如。　又,饬宋庆合兵先剿一路,身在前敌,责无旁贷。

十九日

管廷献摺:买山东、河南杂粮运京。片:劾吴育仁种种懈废。片:兵勇搔扰,又行旅被劫。　电旨:成山有倭船二只抛锚,令李鸿章、李秉衡严防,并告以赫德所言二万二千人由海面趋之说。又,令张荫桓、邵友濂由沪即赴广岛,毋庸再候谕旨。　电报:许景澄言倭畏寒,宜急击,令兵出关,倭愿奢,和议难卜。　章高元报盖平失守情形,阵亡统带凡五人,杀倭三千,我亡八百。馀尚有六件不甚要。

是日,见慈圣起,谕今日电旨中张荫桓等一道拟撤下。又谕:令吴大澂速带所部出关助宋。又谕令刘坤一进扎山海关。

奏对语甚多,最要者遣使一事不可中止,请少加圣虑,勿使彼族以滞留使事藉口。又力陈敌势日逼,战事未可知。明年开河后虑其冲突畿疆,日前沈阳岌岌。

二十日

电报:宋报十五日贼扑盖平,章、张杀倭甚多,杨寿山、李仁党阵亡，城陷。今章、张在大房山，徐在二道沟。嵩、铭二军在石桥，毅军在侯油房，皆离营[①]十馀里、二三十里，所恐由牛庄袭来。　又报贼至石桥十里，恐并股扑营口，李光久五营驻田庄台，请催吴凤柱扎牛庄。吴大澂请于正月初出关与宋庆合，请刘坤一到关镇守。　戴宗骞报十八倭一艘至威海，我开两炮，一中船面，船北去。　张荫桓报十八晚到沪眩晕稍息。　电旨：饬宋勿待大股至始剿。饬二李[②]防威海。饬北洋于头批枪械拨枪五千支交刘坤一。

二十一日

电报：宋报营口变急，牛庄见贼骑。称徐邦道、章高元、张光前苦战。　刘含芳报英、法等九艘集烟台，闻倭欲成山登岸。　刘坤一摺：请以宋庆、吴大澂帮办军务，调程、董[③]两军。又八条。

是日，见东朝起，四刻。允宋庆、吴大澂帮办。程、董两军留卫京畿。命明日张荫桓如无电，即发电往询，后日可催令起程赴广岛。　刑部奏卫汝贵斩候，情节较重，可否加重请旨。上谕：卫汝贵著即处决。

二十二日

吏代洪嘉與摺五条：筹饷烟酒税，择将保袁祖礼；设局；审局势，推心腹。　翰代王荣商摺：练东三省兵。　郑思贺摺：海军，令闽粤渔团助战，令彭楚汉充海军提督，三件皆留。　电信：多无警报。　吴凤柱新招三营，连前共七营，索饷三万，由吴大澂先借拨。丁汝昌等布置海军，大略以船依炮台不能出海，丁屡为洋人所留，有电未递。

---

① 指营口。

② 指李鸿章、李秉衡。

③ 指程文炳、董福祥。

二十三日

是日恭王因谢赏年物,有东朝起。　准良摺:速易去李鸿章,斥为通倭,语亦无聊。　电报:无紧要。戴道报威海小船不令出海,拉上岸者百馀只。依请招猎户二千。　电旨:令张荫桓等即赴广岛,无庸再候谕旨起程电复。

二十四日

电报:无要事。封奏:王鹏运摺:捐借病民,一劾松安。查。一卫汝成、黄仕林、赵怀业案三人交北洋责令交出。未办。　无电旨。

二十五日

封奏:杨颐摺:请易去李鸿章。　电信:依、长十九日各出兵大战竟日,似得手。营口报析木、海城次第收复。　宋报昨倭逼营口并力未图,明日预备战事。　李报倭船至登州,连发数十炮,城中人有伤者,旋向西北去。又云自登至威海长五百里,只二十营防守。

二十六日

封奏:文廷式摺:请撤使臣示以必战。片:张春发、谭修纲、刘良□。片:参北洋及陈湜。片:饬张之洞筹饷,洋款不可专恃汇丰。　端良摺:请派重臣赴津查炮台。片:主战实久安之计。片:天津海口未有责成。片:倭奸持金市言官参宋庆。　恩溥摺:不甚了了,辅和之策三,曰勉励张荫桓毋妄许偿款;曰李留津转妨和局;一李在津倭必攻津,不如用刘坤一。片:辽阳官绅宜奖。　外摺:徐致祥摺劾奕劻、李鸿章,劾奕劻操守不严,用人不当,喜谀悦佞,徇情行私,保王福祥,人所共斥。举冯子材、刘永福。　电信:连报成山有倭船三四十,闻已登岸,威海有洋划扑犯,击沉数只。海城收复不确，依所报胜仗不过贼探。　电旨：饬威海严防，并设法保全海舰。又令张春发带旧部北上。

二十七日

封奏：易俊摺：和议宜罢，请饬刘坤一联络诸将进剿。督办处准胡燏棻练洋队十营。　电信：荣城县于二十五日酉刻失守。倭先游弋于龙须岛等处，继以小轮柁船扑岸。该处驻兵用两炮伏击，毁小轮，死者甚多，旋大轮来，快炮齐发，我不能支，遂由金山咀又名落凤坡登岸，各营皆退，荣城遂失。数电悉同。威海守将竭力设法死守。定、镇等船无出口信，但云如万不得已，惟有保全之法。吴大澂报正月初二日亲督队出关。　营口尚坚守，贼踞太平山运炮数十，意图扑袭。　电旨：饬海军各船出口进剿，或能断其归路。令陆军悬重赏。

二十八日

宁寿宫见起。无封奏。　南洋请以后调江南各营折赴威海，力言威系南北要地。　电信：威海悬赏，南岸距贼只三十里。南洋请截留北上各营救威。依报二十攻海城垂得，荣和受伤遂带。张、邵改坐英轮于元日开行，由神户火车赴广岛，随员等二十一人，仆从二十三人，行李一百三十件。　张、邵报：日本派伊藤博文、陆奥宗光、渡边国武、伊东已企治四人会商，未的。　电旨：令威海各船出口奋击，果有功，即丁汝昌亦可赦。调丁槐一军折赴威，令陈凤楼马队五营赴威。　刑部奏龚照瑗解到，○○○交刑部严讯，按律定拟。　旨云贵总督王文韶著派充北洋帮办事务大臣。又电宋：闻有三万人北趋，即岁除元日令节，皆不可疏懈。

二十九日

电信：刘请江南所调各营助威海，并请宥丁汝昌，责其立功自赎。自请暂驻津,而调程、董赴东。有海城已复,东路较松语。依、长报攻海城情形,自二十一至二十四屡战。宋言未能先发制人,姑且稳扎。　电旨:淮江南各营并昨调丁槐、陈凤楼皆赴威海。催刘速赴山海关,毋得逗留。程、董留卫近畿,不能调。令宋稳守,待吴至会剿。

除日

电信:长顺报二十四日攻海城情形。　李报威海有倭船游弋而成山外四十艘皆回东洋,声言装兵再来。　张、邵报定于元日行至神户,会科士达往广岛。闻日前酋将返东京或云已返。　电旨:饬威海南岸陆路炮台须固守,出力者破格赏,溃退缩者军法诛。裕禄奏查宽甸等厅州县失守之地方等官请革职查办,共五十九员。　明发:令将凤凰城失守之宜麟等四员迅查速奏,宜麟有致书宫闱事。懿旨令俟奏到时重惩者也。

乙未正月初一日①

威海电报小捷。东抚派孙万林、戴道②派刘树德于荣城西戾头击毙倭百馀,生捡三。　烟台英领事护商,属中倭勿开炮。　张、邵报元日夜子初起程由神户登岸,彼使亦在彼接待。　旨饬威海防兵毋狃小胜,当俟其大队至并力击之。　总署电刘含芳告英领事既欲护商,当照上海例勿使倭船驶进口岸,若仅彼此不开炮,则彼乘间登岸,将何以拒之。

初二日

威海报防守情形。　刘帅报不敢逗留,谓未知吴抚初二起程。　长、依报进攻海城四路进扎。长报暂留丰升阿带队。无宋

① 原稿书有"乙未正月起,日记第三"字样。

② 指戴宗骞。

报。　旨荣城至威海重山复岭，我宜守险，不可专守炮台及营墙，仍悬重赏。又，准丰升阿留营。又饬刘坤一迅速部署赴关。

初三日

吴大澂电：威防刘超佩有弃台守营之议，请查确在军前正法。　张之洞以威防紧，设二策：一团练，一海军舰速赴成山断接济。　东抚李催丁、陈、李援军。　北洋二电：一各国兵三五十人在烟台护商。一贼至东盐滩，离南炮台十五里。　依报二十七攻海城，将及濠遇伏而退。长报陈湜在辽布置情形。　封事：余联沅摺：催王文韶迅速起程并将劾李前后各摺交看。片：与刘坤一同心，勿为李所掣。片：洋债不可专归赫德。此片留。　王懿荣摺：回籍办团，带其弟鸿发以陕西八营援威海。　明发：准王回籍办登州团练事务，王鸿发带兵援威无庸议。　电旨：有创弃台守营之议者即以军法从事。又催丁、陈、李、杨各军星夜赴援。又以南洋两策下北洋、东抚。　交片：以余摺片交王文韶阅看。在军务处。　军务处电致刘帅以马心胜驻乐亭，因陕军不愿牛师韩节制也。

初四日

电信：戴报威海山岭置炮，贼不敢远出，时来扰。刘超佩守长墙。　李报贼船驶进威海北台，我开七炮，中二贼船似歪驶避。长报二十七血战海城，贼坚拒，我军左某、周绪科头颅碎，某某皆阵亡。　东抚请添募三十营防登莱一带。　封奏：御史李念兹摺：请山东募数十营防莱、潍、黄县一带，保汤聘珍。　电旨：准汤聘珍募三十营。饬威海守台毋专守墙。　英商请中倭两不开炮之说，英提督未奉彼国教条，总署不能与辨，彼船来犯，我即击之，不能顾虑。　饬长顺设法进攻海城。

初五日

电报:刘坤一奏调赣镇何明亮。　东抚报威海初三倭至龙泉汤,刘树德迎剿,贼退我追剿过山。孙提督初一、二亦与倭接仗,互有胜负,贼约万人,真倭数千。　戴电:中东军因就粮退扎未能折回语,馀与上电同。　封奏:御史钟德祥一摺四片:刘坤一迟重孺缓恐胆识随之而减,如准臣赴其军于边局或有益。片:浙镇海、定海两防仅万人,宜速添募,各口惟宁波为最稳,保张其光,诋虎门提督,未指其名。片:大将须有威,何不立饬如臣者数人出助刘坤一,使张其威,全局斡旋,非浅近之效。片:知县应按班轮用,不得将特旨人员掺入酌补。片:上驷院卿增润与郎中锡麟统同作弊,又厩长炽昌剋扣草价。　明发:钟德祥奏:知县班次交吏部议,又上驷院事派怀塔布查。　电旨:询威海电所称东军就粮折回者系何军何人所统,并酌调孙金彪援威。　又准刘坤一调何明亮。又问宋庆何以久无电报,令速复。

是日,又有德璀琳、汉纳根同电:力言丁船未可至成山,又请饬李秉衡赴威等语。此件未递。

初六日

御史管廷献封奏:李瀚章营私纳贿,付将杨安典等开摊纳规,道员杨文骏,知县潘泰谦贪酷。片:刘坤一速出关。丁汝昌既拿问,急选良将易之。　御史蒋式芬封奏:龚照瑗于旅顺失事前半月惊遁。片:请令刘永福直捣长崎,又不必责李秉衡以死。片:北塘防将吴育仁部卒羸弱不足恃。　电报:戴报初五早三虎口山失,长墙陷,若南岸两炮台失则以身殉,现扼八里墩。　山东李报将援威退缩之付将谭得胜军前正法。　宋报贼踞太平山不出,拟令吴大澂住田庄台,自攻海城。龙殿杨、李家昌十营未到。　南洋张银元厂虽在鄂,仍归其经理。　旋连接五电:南岸三台全失,水师船依刘公岛,击沉倭鱼艇一,兵船一。刘超佩逃往刘公岛。丁力主弃台,反责戴不用其言致败。　明发:龚照瑗参款交刑部,廷寄交马玉昆查。吴育仁、李瀚章交王文锦查。　电旨:饬威海守将力支危局。　查刘超佩及退缩兵弁军前正法。　催李占椿等兵及丁槐星夜赴援。

初七日

电报:丁报南岸二台未坏,遣王登云往毁之,并烧火药库,免以资敌。因将王登云请奖,亡者抚恤。戴附丁报独守北三台,若倭四面来抄,万难久存。丁报电局已散,电线不通矣。　东抚报孙万林、李楹皆退至酒馆、下庄等处,迨折回威海已无及。依报二十七以后相持情形。馀不能记。　电旨:丁汝昌既攻南岸已失之台,即可护北岸各台,所请王登云保案无庸置议,以水陆各军皆有守台之责也。　令李秉衡严饬孙万林、李楹速援北岸炮台。

初八日

恭邸见东朝起,八刻。　电报:东抚报北台尚坚守,孙万林等驻苑家口。　宋报催吴诣田庄台,已以剿太平山贼自任。　汤聘珍报招募事,请大枝劲旅援东。　刘坤一查复李培荣参案二件:不理军务坐轿进京皆因病。皮衣发半价属实。调袁祖礼、黄本富以李永芳扎郢子口。　明发:李培荣改革职留任,上年兵部议处,调二级调,摺未下。仍寄杨昌浚察看。　电旨:丁汝昌等海舰能保北台即保,若事急则出口奋击,仍如前电,所谓船沉人尽,总之万不可以我船资敌。　饬孙万林、李楹尽力援北台,不得远扎它处。　告东抚等无兵可拨赴山东,其枪械可商之刘帅及北洋。

初九日

余联沅封奏摺:直捣倭国,唐有电请刘坤一交翁某,翁某不以为然，遂弃而不留，云云。又云此议屡经人奏，李某沮于前，翁某格于后，其误国之罪直与李鸿章同科，请饬张之洞、唐景崧速购船。片：宋庆会诸军奋勇攻剿。片：龚照瑗先期逃窜，并龚照玙买船取利，其弟可杀，其兄亦不可恕。片：查北洋不复奏之件，令明白回奏。　余又摺：北洋应办者五六条，饬帮办王文韶预为布置。片：汤聘珍挟诈行私，所募交附李秉衡。片：张煦老耄昏愦。片：饬张之洞赶购铁舰。　杨福臻摺：叶志超节节溃退，请饬刑部严讯。电报：北洋查吴育仁尚可抵挡，请将聂士成带四营回芦台。　聂报二十八夜袭长岭、陡岭秋木崖之贼，贼惊自残杀，遁归雪里站，除夕来扑，毙一头目而去。　章高元请回援威海，宋庆亦为之请。　长报元日以后无战事。　吴报初八抵锦州，十二三日可抵田庄台，魏、吴须二十后到。　电旨：令张之洞、唐景崧商捣倭事。　命聂士成入关，令宋、吴酌派营填扎大高岭一带。　令海军轰击，如北台不守，须设一保全之法。

是日，申刻督办处接电：东抚电初七日倭在羊亭与孙万林接仗而潜由南岸袭北山角炮台，戴宗骞兵溃力竭，为队下拥上定远船，北岸全台俱失，孙万林等退至酒店。李自请严议，孙万林等苦战救援不力，孙、李亦请严议，今在宁海州驻扎。又请自扼莱州，登州责成夏辛酉，烟台责成孙金彪、刘含芳，宁海一带责成孙万林等，请旨，并请大枝劲旅来东。丁槐、陈凤楼等军尚未到齐。

初十日

吕本元电：初二东道岭接仗，互有伤亡，并云所驻距大高岭七十馀里。　北洋电：威海失守情形。　刘帅电：感冒未痊，十三日起程。　胡燏棻电：连补二商各抵智、美并阿根庭国，船事商有端倪再电。　电旨：直、东两省举办团练。准李秉衡驻莱州，所请严议以兵单改议处，孙万林、李楹严议，调章高元回东、询李需此否。准刘坤一留余、熊[①]两军驻关。问海舰能否冲出。　夜柳门信云，张、邵致田贝云，日人以非十足全权不愿与议，暂留广岛。又以广岛为屯兵之所，属在长崎听信。

十一日

王懿荣摺：登州十属共练十营，每营步饷二千四百，马饷一千五百三两八钱。片：调五员：王守训、王㾗、孙葆田、陈阜、周步云。江西游击带一营赴东。片：借二千两路费。　刻关防有钦命字，片请兵部勘合。　张百熙摺：力顾山东，请刘派防埕子口、胶州。北洋挟东抚，撤其表弟李正荣之嫌，故将章武等营调出关。　易俊摺：论战守诸法。片：吴大澂用纨绔之曾、左。片：保吴凤柱。片：挑敢死者为选锋，倍其饷，裁老弱补之。　李念兹摺：劾张煦年老健忘，呵斥张汝梅不必练兵。请留张汝梅练晋兵。片：保张汝梅、汤聘珍、胡聘之聪明过人，诚笃尚欠，辅理有馀，专任不足。陈宝箴、赵舒翘。片：保孙葆田。片：令李秉衡毋死守烟台，并请将其奏全字电寄。此摺文理不甚通畅。　电信：吴报过锦州，吴凤柱病未见，请以吴凤柱四营守锦，而令其部下梁永福带三营赴牛庄。　北洋电：日本以中国议和大臣国书文理不全，不允开议，华使若不即离倭，倭乃遣员护送前赴长崎。英、法、俄三国驻华驻倭大臣已接该国政府训条，出而调处中倭愤事。　胡燏棻报阿根廷有二船可购。　明发：张煦来京陛见。　电旨：李秉衡须全大局，令各将领分守并闻刘公岛情形。饬吴凤柱带兵速赴牛庄。　田贝来信：即昨张、邵之电。末云初十到长崎、拟由便轮回沪。此信今日面递，又递东朝，俟商

① 指余虎恩、熊铁山。

有办法,明日请起。　督办处晚接电,初八日倭以四舰在北口外诱敌,见"定远"驶出,倭即退去。

十二日

军机、庆王同见起于养性殿。　谢隽杭摺:撤李鸿章入阁,令董福祥由海援威。　电报:宋、吴等留聂士成守摩天岭。　裕:布置情形,唐新募未到。东抚李:水师打沉倭船数只。孙万林救文登,调章高元回东。李占椿等归何处节制。北洋据英观战者盛称威海水师恶战,刘公岛尚支,戴已自尽。　胡臬司:枪一万五千二月初可到,乞饬汇丰二次枪价勿如初次逾限。　刘坤一:调何明亮江西、黄本富江南各五营北来饷归部拨,械用南洋。　电旨:多如所请,惟聂士成仍调入关,又调丁槐来津控地营并饬岑春煊会丁同办。　北洋电:译张、邵致田贝信,大致与昨同而理稍异,略言须便宜行事真全权大臣,毋庸请示者方开议。

是日,太后召见,首言应撤使归国,词色俱厉。恭邸及孙、徐略辨,未允。臣谓不得已可加入候批准数字始允,此节在值庐已与孙、徐力辨须加。诸臣唯唯。退后孙具稿致田贝,添入"批准"二字,稿递无说。闻是日洋人来贺年,两邸邀英使别室,未知作何语,而赫德则云若有"批准"字,日本必再驳,孙、徐又为踌躇,未知明日作何办法也。

十三日

军机、庆邸同见东朝起。　高爕曾摺:王文韶不可驻津,应驻芦台,顾北塘,否则恐为北洋所制。片:曹克忠派守埕子口、母猪河。　张仁黼、曹鸿勋摺:聂士成不可调回,并云此李鸿章诡计,恐其成功。片:申明前意。片:另派人守北塘,吴育仁不可恃。片:山东各军归李秉衡节制行法。　外摺:王文锦奏永、遵两属绅士公举张佩纶办团。朱批所请不准行。　电报:北洋:丁槐甚平常。国书未合,使臣无权乃倭人推托之词,非到北京不止。又,丁死守威海,急盼援军。又,倭船在北口被我击沉一只,此英观战者之言。又,拟以聂八营及所招十营,合吴宏洛为一支,曹克忠为一支,程、董备调者二支,力言聂不可留在沈。　刘坤一:以魏光焘为营务处。张之洞:炽大洋行有款三百万磅可借,一切较赫借为省,请饬总署、户部问赫有无妨碍。　德馨:周步云未带勇营,现守九江炮台。电旨四道:令丁等冲出威海;周步云无庸调;仍催聂士成入关;准魏光焘办刘坤一营务。

是日,见起时,恭、孙、徐专论敕书内拟去"批准"二字,盖赫德、欧格讷等同词以进,田贝虽未复信,意亦欲去此二字也,委婉激切,一再陈请,圣意已回,可以俯允。臣则未置一词。

十四日

吏代递笔帖式汇瀛摺:战守十四条,内撤电线一条。都查复机器磨坊事:南城未批准,街道批准,而仍放活指挥王桂芬议处。片:京城永不准开机器店。阁督学隆恩摺:保崇志,革道何应钟,川人,鲍超报销事。革,永不叙用。　褚成博摺:战法,地营,保岑春煊。片:战舰驶回天津。片:勿调聂士成。片:戒军营克扣。褚又一件:丁汝昌军前正法。片:美国人奇术安在?请诘李,令复奏。　恩溥摺:召还张荫桓等,立罚李鸿章,和不可成,论李之护丁。片:撤督办处,归巡防。片:枢臣宜通盘筹划,不耐观章奏而徒附疆吏所请。片:王文韶迅赴津,调李培荣所部赴东。　张仲炘摺:购船,速简海军提督,归王文韶整顿,前购之二船限一月来华。片:勿调回聂士成。片:查南洋济米奸细。片:捐烟馆,捐澳门花会。　电信:北洋:倭陆路抵上庄,顷传岛舰凶耗,烟台存亡未定。　又,刘含芳急电:昨威海炮声不绝,今早有大震声,恐船上药舱焚,未知彼此,有倭船一、雷艇五在之罘,向通“伸仑”开炮,炮台还炮,船尚未去。又,英议院云中倭事有机会劝重归于好。又,倭有订购军火,计价六十馀万磅。　东抚请留丁槐一军在东,宁海孟良口已接仗。又,刘公岛已失,水军复没。倭船西驶,今移扎莱州。　吴抚:请以徐邦道十一营回驻芦台,聂军难移动。　宋:吴未到,请一人督剿,一人督防。　裕:十二月太平山情形及正月三日胜仗,乡团魁福、徐斌等夺回潜家大岭,斩川神社御、都守织田郎,皆辽阳团长之力。　谭:闽借款不成,请部拨一百万。　明发:严戒各营将领克扣。　电旨:准留丁槐在山东。准以徐邦道回驻芦台,聂士成仍守大高岭。查刘公岛失守情形,饬裕禄查出力团练先奏请奖。　廷寄:查上海运米济倭之奸细,指名有二人。

十五日

电报:北洋:刘含芳十三报:初十日彼以雷艇潜入攻沉“定远”。十一日沉“来远”、“威远”,宝筏。十二日各船冲出北口。“镇远”、“靖远”、“广丙”未知如何。丁在“镇远”。我军舰艇已尽,北洋自请罢斥。十四巳。又,刘十四报,“益生”轮过威,见刘公岛南炮台尚挂黄龙旗,亦未见冲出之“镇”、“靖”、“丙”三船,似张文宣炮台未失。未闻炮声。十四戌。又,力请聂士成回直,徐邦道溃败未乞当一面。　刘帅:魏为前敌营务处,非行辕营务。　电旨:责成李鸿章防务,若予罢斥转使置身事外。准调聂回直。谕聂士成,令星速入关。准魏光焘为前敌营务处。　戴鸿慈摺:撤李杀丁。片:地营、土垒。片:严赏罚,令督办处定章程。片:补记昨汇瀛十四条:和议不足恃,进剿宜及时,查各军情形、方略宜筹、选将练兵、振士气、求人才、纪律宜严、赏罚宜当、牵制策略、接济宜断、查奸究、急保奉天、饷需宜筹。空。电报宜撤。

十六日

北洋电:刘含芳十四日电:丁槐到莱州,租界燕市无伤,倭船四十馀只,岛舰犹在。又,刘十五日电:“利顺”船沉,“镇远”尚在口内,传丁提督带五船冲出谅岩。又,请调陈凤楼马队五营。又,英教士李提摩太言有妙法,救目前亦救将来,请酬银百万,不成不取。又,沪电:张、邵国书无济,须犯北京而后可公论相劝。又,王之春初九到俄,以头等礼迎。　刘帅电:请饬调郭宝昌来统淮将。又,请派陈宝箴办湘军东征粮台。　吴抚电:与宋晤,现只到两营,倭添数千。　裕电:查飞骑系卫汝贵所部,请留聂。　唐电:大鸟将攻台,造铁牌车,台北须防。论北方情形,请巡幸热河。悬赏如能夺回地方者予以爵赏。　电旨:准调陈凤楼赴直。谕李、刘严防北塘、乐亭。饬郭宝昌来京陛见。准英教士试法。又特谕王之春俟事毕约俄相助。

十七日

文廷式摺:保崇绮、黄体芳、盛昱。又摺:劾海军刘步蟾、罗逢禄、张翼、严浚。　殷如璋摺:沿海各口令援浙江例,西洋各国保险。三件俱存。　王莲生[①]力言海口可保险。　电信:北洋:十五刘电“镇远”等船尚在,并打沉倭雷数只。又,英提督致电京使,始称岛尚无恙,旋言十三日雷艇或被拿或沉毁,或搁浅。　刘帅:山海一带布置,言滦、乐不可恃,阎尚未到,马三唯未见。　宋帅:贼两支抄营口,现预备大战。　外摺:杨儒:西洋各大国无船可买,南洲小国以旧船牟利,巴西距美万馀里,不能深知底蕴。倭购巴西

① 即王懿荣。

船，恐非实事。　田贝回信：日本云须从前曾办大事，位望甚尊、声名素著者授为十足全权大臣方能开讲，张、邵不准驻境内。

是日，请东朝起，因慈躬违和，未见。谕一切遵上旨办。

十八日

见东朝起。　电信：北洋：据丁函皆十三以前事，诸舰之毁略同。前报惟言南洋三台之炮可击船岛。又云十雷艇先逃，九被抢，一被沉，请将逃出之管驾拿获正法耳。　东抚：宁海贼已入城，清泉寨逃民已至烟台。烟台之外有倭船，早晚有战事。　王[①]报十七日申刻到津。　电旨：饬东抚须以雕剿法拦腰截击，不可俟其聚处钝攻。

是日见起。定派合肥全权，令来京面谕一切。明日始下。　封奏：顾璜、张仁黼摺：江南盗风大炽。片：州县送上司节寿。片：缉捕四参，请宽。　蒋式芬摺：保武举李福明能办木路。

十九日

来电：刘帅：请催聂急行，毋两途贻误。唐军械请催北洋。又，调总兵郑连拔在湖南募五营。　北洋：德璀琳称见俄使喀希尼云，俄、英、法皆电告日本，不得过于得意，现在尚未见日本所索条款，无从调停，须见后方能干预。末言若占奉天，俄不允，若占通商口，英不允，此理甚明，云云。催将国书改好。又，十六寇至清泉寨，去烟十五里，烟市商民一空，旦夕莫保。十六，海宁城内无贼，大股在大庄。　南洋：请不惜巨款速购铁舰五六只、大鱼雷〈艇〉数只，多用粤将，并购公司船数只为运船公司，可装兵千馀。现北洋遣“补海”赴美洲、汉纳根在阿根廷定铁快舰等各一，此两船请归南洋，再

---

① 指王文韶。

由南洋添数只可勉成一队。与北洋分为二支,此购费约二千万,将来由二十一省每年筹还一百数十万,尚不为难。　电旨:催聂、催唐械。复南洋准借款购船并告阿根廷两只已定。　蒋式芬摺:武举李福明能制木路。片:保崇绮办直属团练。　李念慈摺:整顿海军,买铁舰。片保崇绮可任清要之职。

二十日

封奏:翰代盛炳纬摺:常州生员某献计于倭,一由海州断清江,一由沾化断德州。　廷寄:翰代孙绍第摺:和议难成,请以董福祥防大沽、北塘一带。存。　高燮曾摺:叶、龚等罪名请从重,有辇金贿通朝贵语。交片。片:魏光焘替聂士成,聂专摺奏事。片:利津一带举办渔团。　电信:北洋:十八日亥离烟十三里竹林寺已开仗,烟电已断。又,十八午"靖远"又沉,而打得甚好,各国皆服。提督望援,两眼急得似铜铃云云。戌末倭至距烟二十五里之五台。孙金彪拟移福山。　东抚:文登失守,孙万林救援不及,今扎海阳。东军败后不敢战而援军不至,今惟剩"镇远"一船。又,丁槐留东,陈凤楼北上。　许大臣:王使[①]十八抵德今偕赴俄。　电旨:密。谕许景澄:倭势日张,今改遣李某为全权,闻俄廷与倭有宿嫌,可请其由海参崴调船,要倭停战,以尽数百年芗好之谊。倭得志非俄之利也。又,王之春俟庆吊礼毕,俟许有成说再与申说,不必与许同往,转与专使之意彼此牵混也。

二十一日

余联沅等褚成博、刘心源、王鹏运、恩溥、谢希铨、陈其璋等九人摺:责枢臣徇私误国,读之深愧。存。片:保董梦兰,熟东三省情形。发刘坤一。

---

① 指许景澄、王之春。

片:劾胡燏棻,请撤去粮台。存。片:许景澄所购枪械八千支,七成旧物。交王查。片:宁河团练,庶吉士王照纪律甚严,请各口仿办。交王。王鹏运摺:劾刘汝翼曾办制造东局,偷减物料,军士切齿,请撤销粮道。交王查。片:李耀南迭著战功,请发刘坤一。发山东。

电旨二道:一责成王文韶防务。　电信:李鸿章接十九廷寄与王文韶商酌交卸再行起程,并请由总署电倭停战。又烟台裴税务司劝刘含芳勿开炮,刘不允,自言只守烟台,不能出击。又,聂士成即日拔队。东抚文登县之柳花庄因杀倭人,全村屠戮。　王之春:十八到德,二十三可抵俄。　明发:奉尹福裕中途屡次告病开缺,勒令休致。

是日,孙、徐访田贝,令其电日本停战,强之始发。

二十二日

李念兹摺:军营克扣积弊。末参李培荣。片:申前说,请重办叶,龚。　洪良品摺:直攻日本,募闽广数万,饬张、边、唐①三督抚会商。片:保闽中许枋能避炮法。片:论叶志超朝阳冒功,并龚、卫、赵、张,请查抄。片:驻藏大臣讷钦尚未出京。　庞鸿书摺:歧河口、乐亭须严防。片:参阎殿魁、潘万才。　杨颐、戴鸿慈摺:调度各军驻北塘等处。片:请饬刚毅保粤将带兵防津。　电信:张、邵四件:一到后情形,自请罢斥。彼言回复旧好,未谓中国求和。一问答。一敕书节略,末言所议条款俟朕亲加查阅如果妥协批准互换。一彼国宣谕。　东抚:十八丁汝昌、刘步蟾、张文宣俱尽难,刘公岛挂白旗。令再查。　岑春煊:奉刘派赴东,请专摺奏事。会丁槐防剿,有奏交东抚。又,丁槐勇行至诸城,因饷戕营官。刘派

① 指张之洞、边宝泉、唐景崧。

岑往东办调援各军军务。　长、依报拟攻海城，令宋攻盖平，吴攻岫岩，唐攻凤凰，同时并举。宋、吴二十二日攻海城。　北洋：岛船俱尽，闻倭兵扑渝关。　杨儒：请连英、俄击倭，以赔费供彼资粮，馀二件未记。今复奏得自西人议论，抑自抒己见？　电旨三道：明发五道。善联放奉尹。宋庆更正叶志超前报保案。电张、邵自请罢斥无庸议，仍在沪候旨。问北洋何日起程。饬刘帅严防乐亭。

二十三日

电信：北洋：威海丁、刘、张已死，尚有三大船、三小船在口内，必被抢。　又，据张侍郎电留科士达过三月。索款、索地、索改旧约，索开口岸，及未战前龃龉事。前二款科不能断，馀则须科辨论。　伍廷芳到日，伊藤留与絮谈：国书可免，敕书照乙酉年式，画押后即应批准，不得将约作为废纸。以上皆见张电。　南洋：拟延琅威理为水师提督。又，令汉纳根往南洋练兵一万人。　北洋：沪电俄王告王之春，与英国力为调护。又各国闻派李某，皆额手为然。又报二十五交卸，二十七起程。　东抚报各兵未到，而不及烟台一字。　王文韶：苏元春可否调令带万人北上。　电旨：令张荫桓回京，邵友濂回署任。琅威理现在英国系实官，不能来华。汉纳根经手船械，不能赴南洋。苏元春毋庸北上。

二十四日

唐景崇摺八条：绝和议为主，防各口，保山东，调良将，魏入关为游击之师。募死士，保董梦兰，以韩效忠、刘忠、王殿魁为佐，保广东总兵朱国安募广勇。集厘款，买海船，末言琼州榆林港恐法来窥。　高赓恩摺：歧河口有倭船二三十只聚集。　电报：北洋据张电：伊藤与伍廷芳问答。伍云彼国有三端欲和：一恐英、俄涉手，一虑得胜之兵强横难制，一议院散逾月，经费难筹。伊自夸其国不贫。又,二十五午时交卸,未时起程。又,丁汝昌、刘步蟾、张文宣请从优议恤。　南洋:调三员,丁大文在程文炳营。又,调娄云庆五营,令仍招五营填扎。　裕:十八聂拔队,十九陈赴大高岭。吴报同前。　电旨三道:防歧口,准娄五营调江南。丁汝昌等再查死难实据。

是日,刑部审拟叶志超、龚照瑗皆斩监候。照写明发。

二十五日

恭王、庆王有东朝起。　端良摺:刘坤一吸鸦片二三两,体弱病深,人皆不服。片:滦、乐防宜固。片:聂调入关,李之子侄怂恿毋再坠诡计。　电:王之春:到俄以头等馆配备,唁贺礼约五万法郎。　刘帅:复潘万才、阎殿魁尚可用,并一切调度。　南洋、冯子材四十日可到镇江。　又,张春发、岑毓宝募勇北上。　江抚德:催翁曾桂迅赴臬任。　东抚:刘公岛二十日失,"镇远"、"平远"、"济远"、"广丙",小铁甲五只皆为倭得,兵五六千,倭以马队护送往烟台。丁、刘、张、杨国霖皆亡,倭留丁柩祭之,送五柩赴烟。　许使:致外部要倭停战,未允。　杨使:美致谢,国书俟日本说明当饬田贝相助。　张、邵:张回京,邵患病请假。　张荫桓:一伊藤挑我国书语;一驳伊藤语;一所探情形,彼君嗜酒,惟伊藤是听,银币价仍不跌,有一贵族拼死尊中华,欲于新报馆下手。

昨日,田贝致总署书,日本来电,除偿费及朝鲜自主两条外,若所派全权无因交仗商让地土及条约或一或二之权者,即不必派,将来定约随时由日本开议。

二十六日

李念兹摺:保长萃练旗兵。片:下诏责己,恤兵民之苦。片:参田在田克扣,刘盛休于九连城拥兵不救。　电报:依二十二日竟日攻海城不得手。又,是夜贼来扑,互有杀伤。　长:与依报同,亡二哨官。又,停调察哈尔马。　依:请拨足五十万饷,部只拨二十五万也。　王之春:俄、英、法议院为德阻许使以连俄,恐难行,王意欲并连德。　龚:和局俄难独出,非约英不可。王使调在法之庆常不能去。　杨:美真局外,英、俄皆思于中得利,窃恐英、俄以我未求助,俟倭到京城,始行干预,似应密商驻京英俄使臣酌许重酬,倭必内怯。　署:北洋:复吴育仁笃实少英锐,时督饬之。歧口添曹两营,距歧五里之尚古林又扎十营,大沽防已密,曹十八营扎新开路,距大沽三十里。　懿旨:饬长、依、宋、吴及时进剿。饬刘坤一、王文韶严密设防。褒张之洞能顾大局,饬于购船、选将、筹款等事,尽力为之。　旨:令南洋推广炽大借款,并询枪炮厂何时开工,每月出快枪若干。旨:饬长、依慎重进攻,毋徒恃气攻坚,致有挫失。依保草河岭出力各员暂存。又所保荣和、韩登举、寿长多隆阿之孙、博多罗、倭勒兴额五员嘉奖,文案程国安存记。　旨:著宋庆查刘盛休被劾罪状。

是日,命孙、徐两公往英、法、德、俄、美五馆与通款曲,盖英、俄、法昨日皆电致日本勿犯直隶不可至北京。而德初不欲与闻者,今首先电日停战,似各国皆欲调停,不独美使居中关说也。

二十七日

电报:裕、唐:陈湜到防扎甜水站,令队扎下马塘、老虎岭。大高岭有吕、孙十八营,三家站有奉军守之。　刘帅:复歧口防务并举,刘家河、黑洋河、间河等口。　两广:复榆林港有一营。　许使:俄云如倭要索太过,必立即出约英、法劝其退让等语,似有禁倭占地之意,至胁倭之事碍难行。　电旨:俄既回复许使,王之春即不必再说。　裕、唐:会守奉城,关内无兵可调往。

今日,始递田贝信,二十五到总署。二十三日接奉本国驻日本大臣来电,内称日本政府请其转达中国政府,云中国另派大臣欲商和议,除先允偿兵费,并朝鲜由其自主外,该大臣若无因交仗可以商让地土以及订立与日本日后办理交涉或一条约,或数条约、能以画押之全权,仍归无用,即无庸派其前来,并云另有别事,然如上事之至要者,亦须有权商定。设日后日本想有别事应行整办并应归日本主持开议商办。二十六日,田贝又据日本电称,须按二十三电办理。

随手记*

按:《随手记》是有关甲午战争后期清朝高层政治、外交、军事活动的重要史料,为助研究,故录存于此。

(一)

乙未正月廿八起(1895年2月22日)

正月二十八日

易俊摺:盐商捐二千两准入商籍,二十万准永额一名,三人进学一名,五万中额一名,半者副榜。片:闱姓每元抽五厘,得彩者每百抽一两。

电:长、依、吴①:均廿七日攻海城山口。　长:请留舒之翰。　王②:祁口未见倭船。　宋③、吴:吴进扎三台子,距海城十馀里,约依长二十七日进攻。　东抚④:宁海文登驻贼无多,刘超佩应否即行正法,抑解交北洋查办。　许⑤:与王胞叔病故致唁。津海:澎〈湖〉见倭船六只,台湾水线已断。　南洋:职大借款欲添行用二万镑。未递。

---

* 已刊于《近代史资料》第99号、100号

① 指长顺、依克唐阿、吴大澂。

② 指王得胜。

③ 指宋庆。

④ 指李秉衡。

⑤ 许景澄。

旨:饬长、依、宋、吴将进攻情形随时具奏。准舒之翰留营。饬山东将刘超佩解往北洋审讯。寄福建将拨台之款设法兑寄。

是日,李鸿章到京,枢臣同起见。合肥面奏让地不敢允,若占地索酬费奈何。合肥与孙、徐[①]二公访田贝,以敕书稿与商。合肥又云俄既有禁倭索地意,宜电许使,令上紧催促。

二十九日

恩溥摺:李鸿章以"权宜"二字上愚君父,下欺臣民,迫枢臣以无可如何,要皇上以万不得已,云云。片:奉天王公祖产地甚多,毋为贼久踞。　陈其璋摺:浙西客民分党,有回与土客为难。片:临安县差役办粮扰民。片:震泽县图长害民,吴江县无此名目。

电报:宋、吴:二十七日夺获大平山,宋带队进剿。　南洋:据王之春电,德与倭连,俄英调处,尽为德格,请连德,穆某亦云然。　署:北洋:关内布置,聂初二、三可到关。又,刘含芳报威海逃出兵民数千人。　东抚:宁海城内空无贼。

电旨:嘉奖宋、吴[②]调度有方。饬刘、王商酌聂军应驻何处。询闽督台湾军情,并设法兑银一百万。

是日,李鸿章、庆王与枢臣同见起。鸿章仍持不敢许地之说。欲其子经方随往○○○,上允之。经方习日本语,与陆奥[③]有旧也。○○○命往德、英、俄、法各国馆,促其出为调处。

是日,呈递敕书稿及致田贝信稿,皆孙公所草。面谕李鸿章让地不可,若还地酬款尚无不可,并云此东朝圣意如此。又谕著重俄使,令调度。

---

① 指李鸿章、孙毓汶、徐用仪。

② 指宋庆、吴凤柱。

③ 指陆奥宗光。

三十日

李念兹摺:严防埕子口。

电:闽浙:台、澎并无倭船。电线断已复。台绅林①有积粮百馀万。　唐抚:同前,但云澎湖外似有三船。　北洋:登州八角口等有倭船十三只。又,报杨用霖、黄祖蓬、陈景祺、梅萼、陶国珍、陈嘉寿、丘文勤、杨春燕、陈国昌阵亡。　长:攻海城至栗子洼,于初二日丑刻进剿,贼占山头未易攻。又,请拨八十万,先领四十万。东抚:进攻宁海、文登。登州夏辛酉报倭船三只向登开炮数十。

旨:饬李秉衡现宁海无贼,登州后路无抄截患,饬丁槐、李占椿相机进剿。　又,依克唐阿请募西丹二万,著按一万人饷械何日成军具奏请旨遵行。民团津贴系地方事,应咨裕禄妥筹办理。

是日巳刻,李相、庆邸及枢臣七人集于传心殿议事。李连日晤英、德、法、美、俄使,皆无实在相助意。英推诿,德语切直,谓不割地则迁都,无中立之法。俄允电本国而已。　有李提摩太者,前云有急救之策者也,今在南洋,所索四事:立密约,彼此相助;改一切政事;收铁路、煤矿等利二十年;商务。如约则后患可弥,目前可不失地。盖所言者,英国交涉也。

二月初一日

电:署北洋:聂驻芦台,仍顾滦。又,登州倭船皆东去,夏辛酉尚得力。　唐抚:倭三船停红头屿,火烧时旋驶去。　广东抚:催张人骏先行到任。　依将军:二十七日攻海城各军出力,毙贼多名,我兵伤亡二百馀,坏炮五尊。与宋、吴商而不及长。　旨:饬依慎进攻。

---

① 指林维源。

是日,李鸿章独对,略陈洋人所言割地事。军机见时,恭邸亦发其端。彼得日本信,伊藤欲再凑一万万元供战,议院同声称快。又预备兵丁夏衣。　张樵野电:倭志在得地,偿款次之。

初二日

电:北洋:曹克忠带十八营,十二营在祁口上古林,驻新开路双井,顾津沽,顾祁口,南路尚可恃。　吴:遣队攻海城,连夜扰之。东抚:登防夏军尚固,海宁有贼,文登未复。又,李、万陆续东拔,新募三十营请于汉纳根购枪内,先拨三千枝。

洪良品摺:军事渐顺,和议不可行。言山东大捷,各国调处可设词谢绝。复高丽,攻长崎。　高燮曾摺:田在田、李培荣贪庸,不可令回任,应予罢斥。片:饬各军力复城池。又,议和当令在烟台、上海。又,江西人朱子琴住东北园,以星相摇惑人,且有内侍往来。

电旨一道:饬直隶、山东各处严防海口。

昨语割地达请东朝,大拂圣意。

见李相所具节略,先述四国英、俄、德、法使臣语,后总一按语。略言各国既不能出力相助,而绅珂所陈迁与割二端,权衡轻重,岂能遽许,请宸断。

初三日

戴鸿慈摺:严防歧口,调关外兵回顾畿边。

电信:北洋:聂初一入关。　宋:三十日在太平山血战,贼在山发炮,我兵伤亡四五百,宋坠马伤腰,请严议。吴:报宋三十日挫失,现防牛庄。　南洋:炽大可再借二百万镑,购枪尤急。又洋行垫办枪炮不必现银,或二年或六年,六厘行息。　龚[①]:英外部金

① 驻英公使龚照瑗。

云:须大臣赴倭后知有索项,自有商酌,否则难干预。俄、法同此意。龚云应让何地?答曰已有定见,刻下不便言。又,俄告庆常,俄、法、英有保大局,杜侵占之约,倭说出索项,华难允,再出评论。京兵宜用快枪炮,宜防倭在奉、直登岸抄袭。法、英遣船赴台、澎探倭行踪。英、法、俄现集战舰六十,不愿轻发。　陈[1]:津南北各有游击之师,余、熊亦可与聂、吴等合。　安抚:郭宝昌二月起程。东抚:宁海收复,进规文登。现在悬赏十万进攻海城,李光久不能赴大高〈岭〉。　吴:吕孙报倭踞三家子,请饬唐派兵往助。

旨:安慰宋庆,免严议,并令稳慎。吴亦免议,勖勉马玉昆。令裕、依、长派兵防大高岭。

是日,李相节略递上。敕书稿经田贝于二十九日用汉字电倭,乃初二日倭驳,何以不用洋文。田贝即于是日改洋文电去。

初四日

电报:长:吕、孙报三家子地方已失,金、胡两营不能支,令田、长顺抽调二三营拨唐,请派大员移扎东路。　依:大高岭有贼。又倭三千由吉峒峪河坎赴援海城。　裕:留运通粟米一万五千、豆二万一千备充军粮马料。

旨:饬陈湜速移防分水岭与吕、孙会商,准奉天留粟豆。准南洋续借洋款二百万镑。

是日,枢臣请见,并传李相递牌子。东朝奉谕肝疾未平,一切事遵上旨办理。

初五日

电报:北洋:聂士成到津,今凑三十五营为津北防军。曹克忠

① 指陈湜。

三十营为津南防军。　宋：报三十日战事，毙倭七百馀，我军伤亡三百馀，营官赵云奇请恤。　吴：报大高岭告急，请长军分营援辽。　宋、吴：初三日攻克龙泉堡等三处贼巢，毙倭三百馀，营官刘云桂攻唐王山，中炮阵亡。　东抚：岑春煊请调侍卫李绍荣等三员。

旨：饬长顺移札辽阳，固沈阳门户。令聂士成总统津沽以北防军。令宋庆稳慎，进取毋坠贼计。不准岑调侍卫。

初六日

钟德祥摺：决战四利，仍自荐。片：谓宋庆无战略。又，严军营滥保。引赵秉仁一人两保。又，参辅国公毓森买地勒租，受其害者六十馀户。又，锦州荒请截南漕赈济。　李鸿章摺：赴日议约预筹大略情形。倭意重割地，恭亲王传奉皇上面谕：予臣以商让土地之权，议停战不过一两句，倘议未定而彼进兵，当如何布置。兵费多寡亦应定数目，俟日本复在何处会议，即行请训。唐有河湟之弃，无损于灵武之中兴，宋有辽夏之侵，不失仁英之全盛。

电报：刘：令陈湜救分水岭，并请徐邦道、李光久往助。求饬吴及依、长回顾根本。　长：贼逼隆昌洲，辽阳危在旦夕，请吴统全军往援。　辽阳徐：贼近石岭子，距城四十里，援军明日不到，辽城无望。　南洋：台湾若押于美，可借银元十万万，容闳说。若押于英，可借银款，丹文说。今有二策，向英借二三千万，以台作保，一策也；若不肯保，则除借款再许英开矿一二十年，此又一策也。

是日，李鸿章、军机同见。夜晤李，知田贝送日本回电，于敕书底改三字添'欲'字，改'立定'字。在长门会议，长门者，即彼国马关，大沽轮行三日可到。

是日，发致英、俄、法、德四国之电。国电欲如国书，致其国君者也，辞曰大清国大皇帝问某国△△好。

初七日

翰代奏七人摺：黄绍箕、丁立钧、沈曾桐、徐世昌、陈遹声、王安澜、阎志廉割地之害六条，后归罪于李相并责枢臣，词甚讦直。此摺存。

电报：依长、吴、刘：皆报辽阳万分危急，刘谓海城不必攻，长推吴，吴推长，依则派营往，兼请吴派徐邦道、李光久赴辽。未递。北洋：复沧州二口：祁口、埕子口，亦报辽危。　唐：台湾不可不守，讹言谓将弃珠崖。　许：王使礼成，可婉商求助。另，南洋复李提摩太议论皆空。未递。　旨：饬依、长顾辽阳，并催陈湜。令唐景(崇)〔崧〕慎守台防。是日重写敕书，明日用宝。

吴电二件：一言依全队已拔赴辽阳；一言李、徐难动，今海城北皆贼，吴军孤。　东抚：文登亦收复，威海尚有贼，丁槐到黄。此三件续到明日递。　廷寄：李相勖其妥办和事。　枢臣连衔并庆邸奏片一件，奏慈圣。声明时势阽危，前欲面陈，蒙传谕一切皆遵谕旨办理。皇上洞烛机宜，予李某商让土地之权，云云。　田贝信一件：即论敕书事，改三字，准使臣发密电请旨。

初八日

李鸿章请训，单起见。

电报：宋：或顾沈阳或顾营口，请指示。　两广：饬额勒精额北上。　王之春：制宝星送俄外部及礼部数十件。　吴二件、东抚一，见昨。　蒋式芬摺：误保不安分之李福明，请更正。　李鸿章摺：随员张孝谦、于式枚、徐寿朋、罗逢禄、马建忠、伍廷芳、罗庚龄、科士达、毕德格。片：关防开用日期。又，带其子李经方赴倭。

旨：饬宋、吴保营口，防贼西窜，徐、李两军不必赴辽。

田贝译倭全电:即敕书事,改汉文三字,驳洋文三四处,有云中国自谦之词,汉文内无之,今删去,不知所谓谦词者何语也。　营口至奉天电不通,获鹿至太原亦然。

初九日

电报:北洋:谣传开河后将攻沽南。辽阳两口无报。　龚:递答英国回礼,英君颇关切,恳其助理。又,与英外部订期递国电。　宋、吴:海城窜贼将扑牛庄。　裕:辽阳前数日情形,云攻海之兵不能全撤,请调李光久顾辽。　刘:亦辽阳情形,已饬陈湜往援,长、依顾辽,宋、吴攻海。

郑思贺摺:大臣捐输,崇礼、恩佑、崇光、李瀚章、刘秉璋、桂馨。一二十万。片:徐州芒阳间土匪甚炽,劾署徐州镇程孔德、归德镇杨玉书皆无能。　片:参吴凤柱任用吴学颜。片:参丰升阿何以不解京。　樊恭熙摺:和不可恃,山海至津应分三段,刘与聂、曹[①]各占一路,重其权,俾自择将领,化分为合。片:曾广钧任性,棍责提督。刘拟撤,吴庇之。片:程留近畿,董宜赴滦乐,请督办专议。

初十日

电报:北洋:调李占椿来埕、祁口之间。　东抚:威海无贼,惟刘公岛有船二十馀。　吴:贼攻牛庄,李光久存亡未卜,自请带队赴大房山。　宋:锦州重于营口。又,贼由牛庄窜田庄台,拟存全军回锦州。又,牛庄失,湘楚军挫,距田庄四五十里,拟仍向北路援辽。擅自离防请治罪。　长:拨队援辽,请吴分李光久驻六儿堡,通沈阳之路。　许:请王使准佩俄所赠宝星。　余联沅摺:战守不可恃,责李鸿章,责枢臣,又责刘坤一、王文韶。以战为守,以守为

① 指曹志忠。

战，勿以和而生懈。片：参陈湜、长顺。又，丁汝昌之死可疑者三，请交李秉衡查奏。

旨：令李鸿章速东渡于二十日前到彼。　饬宋、吴西扼锦州。准北洋调李占椿等十五营扎祁、埕两口之间，丁槐若可调，一并调来。　饬长、依力保辽阳。　廷寄：查丁汝昌死事情形是否实在，交李秉衡。　美使田贝信：顷日本信，敕书底均属妥协，李中堂务于二十一、二到长门，再订会晤。

十一日

电报：吴：大房山有贼，今赴双台子，路遇魏、李二人。令宋庆回田庄台驻守。　刘、王：据陈宝箴禀请调户部员外毛庆蕃。准。　南洋：添设电线由襄阳通陕西、保定至京亦宜专设一线。准。　唐：台绅林维源捐两营月饷五千，并捐四万，请饬借银百万。交户部速议。　龚：国电须亲递，不能使参赞代递。　旨：饬吴驻双台子，杜西窜。吴元垲炮队较精，须妥护勿遗失。　准湖北至保定添电线。同日王文韶奏到，自老河口接至陕西省。

是日，田贝译昨电全文谓两礼拜可订期会晤。两礼拜、即二十一、二也。并随员人数以便接待。由总署电告李相。又，田信称须坐局外轮船。

十二日

电报：宋：折回田庄台而吴大澂已驰赴双台子。营口倭奸勾盖平贼遂入营街，营街悬英、美保险旗，是以并未放火杀人，云云。自请严议。　吴：牛庄接仗，毙贼千馀，既而众寡不敌。魏光焘，李光久、刘树元皆冲出，徐邦道亦调回梁子沟，各军并非进战不力，自请严议。阵亡记名提督余福章、谭桂林请恤。　直督王[1]：袁电初十

① 王文韶时署直隶总督。

日未刻营口失守，善联、蒋希夷均至田庄台。李相十一日未刻到津。　旨：宋、吴改议处，饬扼西窜锦州之路。

十三日

电报：依：攻吉峒峪。　长、依：依在潜家鲈向阳寺土台子，长顺在土台子王家庄、兴隆台八里堡，首山堡，派队驻扎严守。　吴：现驻双台子。　北洋：周馥调回驻唐山，与聂联络，设法防护铁路。又，吴：善联在营口御敌不支，赴田庄台。　许：德国电交赓音布，十三日递。俄国电十四递，均交外部。　龚：英国电十二日交外部。

是日，李相电，十七登船，十八开行，二十一日到长门。　旨：饬长、依攻吉峒峪，并吉峒在辽阳何方？准许使令参赞赓音希递国电于德。

十四日

封奏：翰（林院）代：黄绍箕、丁立钧、徐世昌、冯煦、陈遹声、丁仁长、陈荣昌、阎志廉，偿款割地皆万不可，请廷议。云不必有其事而不可无其意，盖隐有所指也。外无良将，内无良臣。　陆宝忠摺：劾程文炳贪污、扣饷、缺额、交结，所部滋事。片：田在田、李培荣报销应核，田应撤任。阎殿魁勇半道散，溃大半。阎交查，馀皆存。　王鹏运摺：和战两不可恃，指李相父子为乱臣贼子。片：蓟、三河、顺义荒甚，应加赈抚。廷寄交顺天府。　文廷式摺：罢和议，请廷议。斥大臣有所隐而不言，语刺枢臣颇多。片：洋人曼德购械不可靠。又，查刘步蟾、丘宝仁平日克扣情形。

电报：李相三件：十七登船十八开，船用德国“礼裕”、“生义”。南洋：押台之说已电龚、许，允其开矿、铁路，并询其所欲得者，仍请旨饬二使臣筹商。　刘帅：大致请前敌勿攻坚。　王督：李占椿二十日可抵埕口,丁槐扎武定。　东抚:收复荣城,威海尚未能收,刘岛尚有船二十馀。　许:先递俄,即赴德递国电。　龚:顷递英,即递法,再递义国电。　宋:十一大云,倭扑田庄台,杀倭五六百名,积尸遍地,马玉昆存记,宋得胜、黄口、程允和开复,余择奖。

旨:林维源著筹一百万,其外借者给息,俟缴清百万后,将该京卿破格优奖。又,褒宋庆十一日之战,叙功照准。又,交刘坤一查阎军散溃及渔团有无成效。

十五日

直督:大沽并无倭船游弋。　刘帅:吴退石山站,陈湜未可移。　裕:辽阳形势,陈在东南之冲于老君堂获小胜,不可移。　依:攻吉峒峪,恐贼截后,与长顺孰战孰守,请旨饬遵。　南洋:丁槐曾经详议,请令入卫。　张、唐:会商出奇之法,张拟添钢甲、造快艇、募洋将。唐拟募闽广熟于水者,用商船载以东渡。议未决。　宋:十一捷后,次日大队来扑。马、宋出击,而贼伏左近,大炮数十猛攻,营街房屋燃著,势不能支,退守双山站,徐徐移石山站,自请严议,撤昨日保案。

旨:饬宋力保石山、扼锦州一带西窜之路。饬吴力赎前愆,毋为大言。令王、刘合商丁槐一军可否扎山海关一带。饬依慎攻吉峒,令长顺与依联合一气,勿分畛域,孰战孰守,不为遥制,所请毋庸议。

十六日

李电:德船"生义"改"公义",十八开驶,随员三十三人。　署:直督:丁槐营兵不甚安靖,炮械未齐。大沽无倭船。　长:已到辽阳,陈湜援辽不如守岭。裕:牛庄之失,魏、李两军伤亡过半。吴:吴炮队等十二营扎双台子迤西二三十里。　许:递俄国电,许极力劝和。　李致总署函，以李经方为参议官。

封奏：洪良品摺：倭不难制，须先断其接济火药。片：倭饷已绌，我勇不得一战，必散而为土匪。片：悬赏使汉奸杀倭来归。又参阎殿魁扣饷，四两者只二两半。郑崇义虚额，派刘锡彤则先通信，借吴宏洛勇五百弥逢之。　钟德祥摺：京城内外及村镇著名恶棍十馀人及南城倭奸娄姓未办。片：无所不诋，今日募十营，明日二十营，今日借五百万，明日千万。有可怜不能办贼及可笑等语，不平之至意在。召对。　祥普摺：六条皆慎重，禁城以防奸宄。内一条内侍出入。

外摺：王文韶查复刘汝翼无事。又，丁汝昌等实死。丁、张、刘步蟾皆仰药，杨用霖自击死。舆论于张文宣、杨用霖则有恕词，以官卑也。

旨：交刘坤一查阎，交王文韶查郑。廷寄：提督衙门，顺天五城查土棍。明发：申严门禁。

十七日

电报：李：刘含芳探有把总周逢辰在复州见倭兵两万、马队三千馀，铜后膛炮二百多尊，待开河西渡云云。　王：李占椿数日可到埕子口。拟将章八营移扎祁口。闻旅顺正月抄聚三万数千人，自二月初一至初十，北去者二万，尚存一万二三千。北洋防务此半月内非同紧要。　宋、吴：双台无险，宋今抵杜家台，吴驻石山站。　吴：卫队付将郭长云远至四十里外，请革职留营。　龚：交法国电即往义，法外部欲商之事俟回法再议，英复电尚未到。

旨：令王文韶加意严防。饬宋庆、吴大澂扼西窜，责吴毋得以胜败无常等词塞责，若再退畔，自问当得何罪。

十八日

翰代吴肃封奏：主战，请调黄少春，冯子材、雷正绾，苏元春。

片:请发湘军得胜歌。又,请办顺义等民团。又,皮甲藤牌。

电报:王:加曹克忠月五百两公费。　长、依:西路空虚,惟陈湜一军可调,深恐辽阳路断。　宋:田庄失守情形,营官何占魁、唐某二人优恤,阎殿魁严议。　吴:与宋皆扎石山站,分兵守间阳驿、广宁驿、义州等处。

旨:饬宋、吴不必驻一处,促令东扎杜家台、双台子等处。义州僻在一隅,不必扎兵。准曹志忠月加五百。

十九日

张荫桓到京有起。　戴鸿慈封奏:请下罪己诏。兵过处蠲,贼占处俟收复后免四五年钱粮,末言须节俭。此摺命暂留候办。

电报:北洋:营口租界无恙。李相十七日登舟,即夕开行。又,请令宋扼石山,吴恐难振。吴守锦,万不可与宋一处。　刘帅:宋云田庄损二千馀兵,拟扎石山而无法扎此,欲与再决,魏、李已至锦州,余熊不能调。　吴:与宋约坚守石山,宋今扎八里庄,日内拟赴间阳驿。　胡臬:据袁电称吴但知拼命并无奇著,而所部抢运米车无纪律,若再如此,定当痛杀之。胡亦谓吴慈而寡断,本是同年,袁又与吴儿女亲,为大局计,不得不陈,非助宋抑吴也,云云。　许:德已电倭,中日议和,日所索不宜太过。又云日之武员权重,未知听劝否。

旨:斥吴首先退避,何得云将领若退,定按军律等空言敷衍?令吴驻锦州,令宋由石山站进扎间阳、双台,向东剿取。令裕禄查营口失事情形具摺奏来。

二十日

电报:王:无倭船,聂布置妥回芦台。　宋:驻间阳驿,义州有桥宜防,宋、马二军尚整。

余联沅封奏：饬刘坤一、王文韶严榆关津沽之守。片：军营克扣有十营仅五，八营仅三者，月饷有分文不发，全数兑回本籍者，即余熊申及刘光才皆不免。又，地营屡次奉谕未办。又，参吴大澂退衅与卫、叶同，请撤帮办严议。 谢希铨摺：李瀚章著名贪黩，任杨文骏署臬，以杨安典为中军种种劣迹。片：徐琪拜李瀚章为师，其妾认李妾为义母，并出题割裂。 托佛欢摺：蓬莱县知县胡炜任幕友王宾、门丁侯二、张二，种种勒索得贿，并私卖仓谷。 斋兰摺：广东千文者可捐数十万元，商人承认往收送交户部。片：道、府、州、县均令一体捐输。

旨：饬刘、王实力办地营，并令刘查各营有无克扣。又，查滦、乐有无贼船。 旨：宋庆所电均照办，仍令相机东向剿办，探海城贼信，扼其窜路。

二十一日

钟德祥封奏：保程从周、董福祥，大率诋大官为无血性，自荐为奇才。凡七人。片：参宋、吴，宋尤痛诋。又，参山东某县武官陈承卿不法。又，举京中匪徒勾倭之贾二等七八人，请密拿。

电报：王：津沽无船。又，黑沿子见船三只，停一点钟向东去，在芦乐间。裕：岭防在分水岭老君堂一带。陈在南分水至货郎沟一带。辽南有依、长，在鞍山站腾鳌一带。惟田庄至广宁、新民之路太空。 刘、宋在闾阳或可支，吴败溃之馀，恐难靠，调丁槐赴关。 宋：东大道有徐邦道、马玉昆、宋得胜、姜桂题分扎，石山以东将开冻，倭不能行。闾阳四路之冲当扼，吴扎石山，吴凤柱扎义州。 龚：英复电，英君闻中日议和甚喜，相机劝助。 吴：已移扎锦州，兼防海口。 沙：现在辽阳，催新募西丹。

旨：撤吴帮办，以湘军交魏光焘统带，责成刘坤一调度。查吴所部几营。又,裕所保连山关、分水岭出力各员暂存候旨。又,明发:吴大澂身为统帅,徒托空言,实疏于调度,著撤去帮办,来京听候部议。

二十二日

电报:刘:报丁槐二十四由武定拔队赴关。　长:言辽西空虚,吉峒峪去辽数百里,非添大枝兵不能扼。　王之春:俄答礼物并赠头等第二宝星。　裕:保凤城、宽甸等地方官带团收复宽甸,请留营效力:凤凰同知章樾、守卫佑善、安东县荣喜。　唐:二策:一粤会首请带船勾倭乱党。此计费重时迟。一会匪可集万人北上击倭,愿将所占地一一克复,轻则十万,至百万之赏,重则封爵。此密件也。钞电皆堂上所写,未经南屋。

旨:准凤凰厅章樾等三人留营效力。饬长顺、依克唐阿严防辽阳西北入沈阳要隘,并告以无兵可添。

二十三日

高燮曾封奏四条:将弁宜择,营伍宜并,士卒宜练,器械宜精。枢臣以为空言,不知臣虽空言,行之即为实事。片:参江西办息借商款,州县借以勒索。又,参宜黄县吴大惇贪劣各款。

电报:刘:地营多不能挖,数尺即有水,并言黑沿子倭船已去。　北洋:亦云地营难一律举办。又,津南大雪泥深,李占椿等未到津北。聂军可恃。津沽无船。　南洋:冯子材未到,到后暂驻镇江,有警即北上。娄云庆只三营。拟添足十营北上入卫。　吴:接奉谕旨,现在锦州阳山冈,俟接统有人即回京。　龚:义国电已递。　王之春:临行请俄实助,答云心照。惟倭非属国,俟李到开议,如多索土地,必与英俄出而劝解。

旨:饬刘坤一将湘军归魏调度,并以魏纪律夙严,令重加整顿。

又,饬张之洞毋庸添募新军,冯到镇江候旨北上。　廷寄:查江西息借扰民及宜黄县劣迹。又,令刘、王照高夔曾所奏三条酌办。又,令神机营查袁祖礼所造挡炮牌是否合用即复奏,即高奏第四条中语。

二十四日

电报:刘:请派魏光焘帮办,陈湜、李光久为前敌营务处。又,秦皇岛示见倭船东驶。撤曾广钧回京查办。　宋:留吴大澂守天乔厂。宋现驻闾阳驿。　王:长山岛有倭船上岸焚电局,又有船将"海定"船拦查,跟至津沽停泊。　东抚:报长山岛情形与王同,距登州四百海里。　南洋:萧县土匪王二已获,山东郓城、濮县亦有土匪。李相尚无到彼消息,不可解。

旨:饬刘、王严防海口,魏之帮办未准,曾广钧撤回,仍候查办。令宋庆相机扼守,不准吴大澂留天乔厂。令李秉衡查长山电线并查拿郓、濮土匪。

二十五日

唐景崇封奏:调苏元春出山海关与宋庆合力。片:唐仁廉添营。　秦绶章摺:江苏息借办理不善,署督到后,重又催征。　李念慈摺:劾山海关副都统宜贵贪劣各迹七条。又摺:整顿军务三条:兵未精,将不专,克扣。复劾及吴大澂。

电报:王:二十三戌初沽外有二枝半桅敌船一只停泊,又二十四午刻此船向西南开去。又,本日津沽口外无船。　台抚:倭将犯台,澎湖有法兵轮一只,又来两轮,一旗看不明,又有五轮,旗亦不明,皆在澎湖,请询法公使确有几轮到台,恐倭假冒,拟开炮请法远行。

旨:令王文韶催唐军器械。饬唐景崧坚守严防。　廷寄:刘坤一查宜贵劣迹。张之洞、奎俊查江苏州县以捐借两事扰民。

二十六日

陈其璋摺:玉田县奇荒,请直督发赈。片:保徐庆璋令添募勇。

电报:王:倭船一只二十六午又来,旋又驶去。　长、依:依守辽东南,长守西北,惟西边太空恐难顾。又闻敌欲袭辽,日内必有战事。　依:贼由鸡更屯来,二十日寿山力战,右胁被枪子穿透。贼又回海城,新民难兼顾。　松椿:海州鹰游门有黑白二船,又有小船数十测水,江督拨杜崑龄五营、杨文彪二营从江阴往彼未到,请先留李宝书一营。　唐:部拨百万除用外止存五十万,林维源有现银非严旨饬拨四十万不可。又,各国兵轮来观战,请总署知照,恐误击。　刘帅:吴大澂共十九营四哨,今以曾三营归李光久,左五营归魏。魏七营三哨共三千三百人,阵亡九百人,收回二千二百,新募千人尚未到。李光久五营二哨共二千七百馀人,阵亡七百人,收回二千人,已补足二百人。昨日总署发电告唐,询法使言实有三法轮泊澎湖,旗不假,已饬遇警远避。　李相电:二十三到广岛,闻有五千人由马关内渡。次日移驻公馆,互看敕书,伊、陆皆到。伊言相别十年,中国未变成法,故至于此,同为抱歉云云。二十五日会晤再议,并将条款商办。　又接电:倭议停兵条约云须将大沽、天津、山海关城池垒堡及一切军需归伊暂据守管理,山海关铁路归带队官管理。停战期内,一切行军费用均归中国认偿。再将停兵画界及细目商议定后,方将议和条款给看等语。要挟太甚,碍难准行。看来新出马关之五千人必扑北路,乞饬严备,此三日内待复,乞速办。

旨:令刘、王严备津榆各口。令松椿慎固海州海口。令依、长合力守辽阳。令唐严扼台防,传旨林维源捐四十万。　廷寄:令直督查玉田荒。

是日，封递李电并递奏片一件，枢臣外并列庆王名，共八人呈皇太后览，略言日本要挟太甚，断难允行。惟臣等再四熟商，若概予驳斥，势必立至罢议，拟与各国公使商酌，将停兵期内赔偿军费一条允准，明日请旨电知李鸿章云云。

二十七日

洪良品摺：倭断不敢犯京城，迁避之说断不可。李氏父子均有资本数百万在倭，万不可允。和约到日，请廷议。　曹志忠摺：畿东玉田等处灾重，请饬直督速筹赈救滦、乐。片：展各处粥厂一月。

电报：王：津沽无船游弋。又，谣闻唐仁廉中风不语，请询裕禄。　东抚：长山岛外船尚未开，曹州匪已派队往剿。又，济阳纸纻坊漫口，旋于十八日堵合。　台抚：二十五报倭船已去。又，二十六恒春见船十馀游弋，澎湖又见五船，已饬刘永福分营往恒春。宋：闾阳以东泥淖难行，调陈湜、孙显寅、吕本才助辽，留耿凤鸣防大高岭，派徐邦道由新民屯往辽与长扼西北。

电谕李鸿章：第二电无辩论之词，未知续有论否？倭所索各条，万难允准，不得已或允停战期内准给军费一条，惟只此一条恐难就范。昨总理衙门王大臣商诸各使臣亦谓应先索和约条款为是。著李鸿章即将允给停战军费力与磋磨，务期索得条款。并告中国诚心议和，所开条款可允必允，无须质喈。英、俄、德已电告本国矣。李经方曾任使臣，谅知彼国底蕴，著密筹办法为釜底抽薪之计，勿使和议中梗。　又，饬刘、王严防并倭议停兵多所要挟，津榆皆所唾涎，刻刻留意。铁路加意保护，如事急即应拆断，将车收在天津。　又，询裕禄，闻唐仁廉近患风疾确否？　又，饬宋休息整顿，调陈、孙、吕三军赴辽，徐一军援辽。　又，饬唐严防台口，勿使乘隙登岸。　又，饬张之洞转电湖广令娄云庆带三营北上，兼派妥员再募数营续发。此传懿旨。

是日，吴大澂报牛庄失守情形，议恤八员、受伤请奖者二员，存记。刘树元革，留营。吴元恺、饶、长△严议。此二员旨亦改革职留营。魏光焘、李光久自请严议。旨毋庸议处。

二十八日

封奏：李念慈摺：永、遵两属荒状，请由长芦拨十万买米平粜。片：永、遵之米全赖奉粮，请饬裕禄等助，粜并官车局当立。 管廷献摺：劾吴大澂，请严加惩处。片：拣选溃退勇丁。 瑞洵摺：专祠太滥，请交部核议请旨。片：喜峰口须防，热河办团。片：参阎殿魁，交督办处派员查。片：海军既撤又钻营神机营，请加考试。

电报：李致德璀琳：停战要款万办不到，议和条约下次会议时出示。 刘：魏、李两军给养伤银三千两。 王：津北聂与吴宏洛、陈凤楼联络必能战。津南曹军亦可一战，颇有把握。 闽浙：接台抚电，二十七日巳刻倭十二船攻澎大城北，被我击沉二船，坏二船，倭遁复来，我力战容稍退，恐复来，我炮台无伤，立颁垂赏。 唐：报澎情形与上同。 东抚：倭船二只十四至二十二，在安东外，探问海州、青口、沂州路程，请防清江运道。

旨：饬松椿等防海州。 又，饬李瀚章令张春发仍遵旨来京。又饬唐景崧慎固台、澎。

二十九日

恭邸来入，请，来到时，起已上。

电报：闻倭船二十只赴津沽，又闻二十五澎湖上岸。 李相：二十八未驳停兵款。前又一条京畿无险可保，万不能行。军费一条，乃停战中应有之例，恐不足厌其欲，已备文驳复。停战如此要挟，和款之难可知，恐未能就范，今日申刻会晤。 唐电：澎血战三时，贼由文良港登岸，炮台微损。又，次日情形仍力持。又，文良港登岸之贼与战未退。又，澎线已断，无援可虑。又，借洋镑银三百万源丰顺、斯璧士。　李经方电：二十九申刻会晤，已将停战搁起，允次日午刻出议和条约。归途忽被倭人手枪狙击，中左颊骨，血流不支，子未出，登时晕绝。伊、陆来慰问。恐此事难终局矣。又，戌刻始苏，子深仍未取出。众医云，明晨再探脉。伊面称将取台湾。徐庆璋电：历数宋庆退让各处地方，自古无此兵法。称陈湜调度高人一等。辽阳危，请饬宋、魏分军来援。

旨：慰问李鸿章，语极切挚，仍令李经方索其和议条款。　又，饬唐景崧台防加紧，并刘永福力顾凤山等处，毋令登岸。准唐借洋债，但须问明何国洋行，在何处开设。　又，令宋庆酌拨队伍援辽。

是日，吏部、兵部会议，宋庆降二级调，吴大澂降三级调，奉旨均改为革职留任。明发。

三月朔

恭邸来入，明日回。

文廷式封奏：请决绝和议，令李鸿章回国。战则称贼称寇，和则称君称王。又云便于诸臣而不利于国家。末云虽出奇可喜之策，臣不敢侈谈，而实事求是之方，臣略知次第云云。片：练洋队，练武举、武进士，皆未办。

电信：王文韶：保铁路，急则拆断，先拦火车。又，据上海电，李伤不甚重，津无船游弋。　南洋：通筹全局，请将北洋事件并电南洋，未行。又，济台枪械子药，请拨百万解台。又，请许振祎驻济宁办运械事，并剿土匪防海州倭贼登岸等事。未行。又，请电龚许两使，令俄，英助兵。　闽浙谭：二十八贼由澎之文良港登岸，即至午交战，午后电断，刘永福欲援无轮。　漕督松：海州口船虽退，然恐再来，有数营到防。　台抚：报澎情形与闽浙同，二十八晚炮声止。李经方：子仍未出，神气尚清。已刻备文往取和款。贼已获监禁。科士达：报李被击，言往(住)处回，在轿与中被枪，贼逃入铺，已拿获。伊藤、(睦租)〔陆奥〕皆来看。伤虽重，不致殒命。又云现在安眠。

旨：再慰问李相伤如何，仍令索和款。　又，驳张之洞通筹之说，谓此旨系指军需等而言，若事事告知，则北洋事焉能南洋办，且秘密之件不能宣布。　又，总署与各国商酌从无相助发兵之说，王之春等何以电南洋肯发兵，著将原电抄呈。　又，闽能筹兵筹械援台否？著谭与唐妥商。　又，令张、李、松会商运械事，许有防河之责，不能驻济，令山东派大员带数营顾运道。

初二日

洪良品摺：重庆盐厘，文天骏请恤。片：停关外铁路，请留二十万。

电报：北洋：无倭船二十只来扰之事，津沽无船。又，初二日无倭船游弋。　闽浙；澎二十九尚固守，煤米可支三四月，惟军火缺。台抚：恒春尚见轮，志在取台。台力薄，缺军火，非有巨款不济，前借洋款乞准速行。又，二十八澎湖之战倭伤百馀由岸退船。　依：请留吴大澂在营。　龚：法亦愿劝和，国电再复。　贵铎：请速进兵，饬刘坤一剋期归复各城。　李鸿章：受伤情形，血满襟袍，幸恰当颊上，下数分必毙命。陆奥函云：伊藤已乘轮往广岛见倭王，议款或可稍减，须后日回，再与李参议商酌，迅速照办。日〈皇〉后派看护妇两名带日后亲制之绷布前来。凶手已得，俟严办，并令伍廷芳看审。　李经方：子深入二寸馀，非两面割开，不能挖取，高年不能禁此大痛，只可以药洗，与皮肉补好。又倭王及亲王小松皆遣员看视，然则小松似未出兵。

旨:再问李鸿章伤病全复。　又,饬谭、唐设法暗渡,以济澎湖军火,并著张之洞筹办。　又,告以已令户部、总署知照赫德速电上海源丰顺行照数借给,并由户部在上海汇丰借款摺内拨五十万交赖鹤年运台。

初三日

电报:李相:钞日本谕其国人之语,言与中虽未息兵,然中所派全权,有此意外之事,于国家光耀有损,应照例从严办,云云。王:无倭船。　南洋:炽大借款不成,请另借洋款悉依汇丰所借息扣办法,户部不必细核摊还之数,云云。又,辨明前电系发公论,非发兵,电码误,并抄呈龚、王等原电语。　刘:督饬宋,无庸赴辽。　宋:力言屡次大战敌欲得而甘心,表其并非退衅,且指驳徐电之谬。谓依、长北去,故海城之贼得出犯牛庄、营口,今拟率队亲往辽西。　闽浙:澎贼全遁,船亦去。厦门有一船挂黑旗后改法旗进大担。又有七船在口外放炮。　唐:所报与刘略同,谓英轮与渔船目睹。　东抚:丁槐共募足十一营,又马队一、二营,北赴山海关。月饷三万并杂支由何处给?　广督:张春发已令北上。

旨:令谭、唐嘉奖澎湖出力守将,趁此速济军火。询厦门之船是否假冒法旗。　又,饬宋庆驻闾阳驿毋庸赴辽。并电刘。昨唐电户部,请转电驻英龚大臣即谕斯璧士之弟速交银三百万两。此事赫德查。源丰顺乃洋货铺非洋行,系德人亦非英人,总署已复唐。部中再当发电复之。　在督办处见总署发电,有法兵轮二只于初七,八进大沽口保护租界,属北洋勿拦截之电。因拟一电,谓虽于公法不能阻止,似应盘查,令裕阆西[1]回,恭邸发之。　夜知澎

① 即裕庚。

湖失守。

初四日

管廷献封奏:山东曹州杆匪段瞎子等肆行勒索,将成巨患。又金钟罩即铁布衫教人数更多,与杆匪为难,然亦是匪徒,请查办。保曹州府毓贤能捕盗。

电报: 唐抚二十九日午澎湖失守,知府朱上泮多伤,总兵周振邦、同知马步梯不知下落。自请严议。并呈台港多兵单,防不胜防。 南洋:娄云庆之兵先调海州,须再募十营。又,海州、青口、灌河口有倭探水,急调兵二十营前往扼扎。 东抚:令田恩来扎济宁,筹运道,别招勇随来。 李相密:子仍不出,精神饮食尚好。陆奥密谈,并出照会:云倭主已将不索停战一节允准。帷期与界[①]皆有限制。看节目,可令经方去取。凶手小山丰太郎,京东郡县人,因李相主战不主和,久欲至中国刺之,今在长门故来刺,欲击胸,误中颊云。

旨:寄李停战既允,不索条款,则和款当可出,馀皆慰问语。又,寄唐免议处,惟台防已筹数月,且义勇有万四千,似足分布。杨歧珍今在何处?著与刘永福妥筹布置,勿使有隙可乘。 廷寄:令李秉衡查办杆匪。

是日,电报局报台线断。

初五日

瑞洵封奏摺:和议难恃,战备四条:关内诸将分扎地段,沐兵额,宋驻杜家台,朝阳粮贱。 都察院代司员四人摺:中书顾镛基、主事李安,孙崇纬。通州、海门防务:办渔团、修范公堤、提积谷捐。

---

① 指停战时间与地域范围。

电报:北洋:无倭船游弋,渔团已办妥。又,宋庆可驻石山站,以顾榆关。闻海、盖贼不过万人,辽阳较松。　刘:关内布置已妥,惟乐亭较空,贼登岸必在津榆之间。　闽浙:报澎湖失守。　唐抚:澎失守,贼乘汽球登岸,人执一铁牌聚成炮台。手枪开花极猛速。

旨:饬刘、王慎防,不可一刻稍疏,告以澎湖气球铁板等事,使早为备。　又,饬唐善办台防,毋使贼得声东击西,逞其狡谋。廷寄南洋、苏抚:查办通州、海门海防。

初六日

电报:刘:吴凤柱新募四营多系土匪,异常扰害,应收缴军械,补饷遣散。腾出四营饷,准潘万才添两营。　闽浙:台南常有倭船来往,刘永福驻凤山防务后口,万国本驻安平口此台南。杨歧珍十营驻基隆,顾沪尾。张兆运八营驻基隆,廖得胜、余致廷十馀营驻沪尾,其馀小港各派二三营不等。福、厦尚安定。　沙:请拨四十万饷,添募二十营。　依、长:依腾鼍堡、安山站,长守刘二堡、小沙河。依万人在吉江△尚未足。　刘:报关外麻菇崖一带有倭船三只,旋去。亦报津站一只。　北洋:大沽有二桅船,一只停泊。又,次日辰刻驶去。　东抚:曹属剿匪专交毓贤。　李相:停战节目六款,停奉天、直隶、山东,而不停台湾、澎湖。又,陈创口不甚痛,精神饮食渐复。又,力言台湾不能停战。以上三电详具册尾。

旨:饬李鸿章俟和款出,当竭力设法磋磨,务须说成而后已,语甚多。　又,饬唐严防,告以台不停战。　又,告刘帅、王督台不停战,直虽停,仍不可松劲。饬刘查吴凤柱其勇需设法遣散,勿孟浪。　又,谕沙侍卫不必募营勇。　又,准毓贤带兵剿匪,两营官归其统带。　又,东三省将军严拿逃兵,因依奏请拿。总署电各国李相被枪事。此余力言未用者,今乃电使臣告外部。　又,告李相无庸派员观审。此二事照樵野言之,余等不知也。

初七日

电报:刘:山海关外有三船游弋。又,洋河口见倭船,子刻三灯,一往东,二往南。又,祁口有倭船一只,停片时去。　依:自寿山汤仑接仗后无战事。海城贼尚有万人。唐仁廉兼顾新民屯。李相:昨备文催属伊藤、陆奥送给和议条款,顷伊藤来寓慰问殷勤,云条款已具,但事体重大,头绪繁多。见鸿章伤后精神委顿,不欲过事烦难。而停战期迫,又难再缓,商令经方明午赴公所会商,或出条款见示,容再续电。并据称倭兵在澎湖上岸,我军被擒官士兵五百馀,拟将官弁解回,兵勇释放,并问刘永福在台否,请代奏。又,凶手小山丰太郎经彼问,终身即徒罪,照从前刺俄太子例。山口县及巡捕皆革职,马关系山口县所辖也。

无电旨。　另有唐电,言赖道借款总署未复,经总署发电,答之矣。

是日,钦天监奏,初五日酉正一刻有流星大如盏,赤色,自招摇抵车府触造父,占云招摇主有兵,车府主外寇内侵,客胜于主,造父主奉御不安其职云云。

初八日

田志肃封奏二件:摺请民间一体筑砦。又,摺请训练绿营兵。片:州县讳盗,酿成巨患,请严惩。片:归德盗风大炽,虞乡著名匪首岳二迷、段瞎子等到处捉人烧逼,申集、青梧集皆有案,永城县亦迭被劫掠,归德镇杨玉春畏葸不出等情,请饬查办。廷寄。

电报:唐景崧四件:各处停兵,惟台不停,商民环问,义勇尤甚。晓以此非朝廷意,然愚民难喻。一分南北,二路分守:南刘永福,北杨兆元,中△△,杨岐珍往来游击,惟兵分力单,三路共六千馀人,游击者不过三营,义勇无械且防番之兵亦不能撤。一请广东速办枪五千、子弹、火药数万,一请将兵轮悉拨赴台。 刘坤一:泛论大势并及台湾孤悬无助,宜令闽广设法接济,并陈前敌勇丁骚扰。王文韶:停兵期内常加儆备。 龚照瑗:法回电称议和时当劝助。皆空言也。

电旨:饬唐严守,告以停兵止二十一日,各处虽停兵而彼兵仍扎,并非专力注台。又云绅民倘出资出力必将从优给奖,不次酬庸。又已饬粤协军火,闽、江皆设法使渔船偷渡,洋船保险,并酌拨兵轮,但南洋兵轮不能出海,恐难应手,云云。 又,饬两江、闽浙设法接济,酌拨兵轮。 廷寄:饬刘树棠速办归德土匪,并杨玉书迭被参奏,从严查办。 明发:州县讳盗处分,如有扫除巨匪者给加奖叙。

是日,有随员杨宜治电告总署可购英铁甲商船十只,用银二百万镑,随船兵足用,三个月到华并可欠账,俟到华再付云云。此电在总署。

初九日

礼邸未入。 无封奏。 杨岐珍电在台十营分布情形。旨饬其慎防,并会同唐景崧传知刘永福一体侦察固守。 李相电:和款条款,凡十款,缺第九款:一朝鲜绝朝贡,二割奉天地、台、澎地,三赔费三万万两,四、五、六商务,七、八、十。科士达云若全允则中国无办法,非将奉天腹地及赔款大加删减则和议断不可成,请告英、俄、德三国使臣,不必告以商务,恐索一体均沾。李相无出语,但云商务所索六处皆各国所欲得而不可者也,须与辨,云云。全电另录于后。

是日,田贝信致总署,驻日美使述日本之意须派李经方为全权随李鸿章办事,庶该国可以接待。以上两件皆呈递。又具东朝奏片,略言日本所欲太奢,索地偿款必须大加删减,明日与恭王面商。

初十日

电报:北洋:无倭船。　刘:请准宋庆驻大凌河两岸。　宋:大凌河宽,船少,请扎河西,以便顾榆关防务。令铭、嵩两军驻闾阳、石山站,〇〇允之。请调编修张孝谦,毋庸发往。　依:新军一万在吉、江、天津分募,须四月成军。　谭:拨毛瑟弹三万粒运台,所拨五十万已饬运往。

电旨:和议各款索费奇重,索地太广,万难幸就允许,非一二次所能了。伊藤、陆奥此次既派全权,于该大臣情意不薄,务当与之平心联络,竭力磋磨。来电云辨驳数千言,俟交阅后,看其如何答复,再行酌核。昨田贝函称日本愿得李经方为全权大臣,此节是否于事有济,伊、陆等曾否论及,著该大臣察核办法即行复奏。

李电:商务细款极长。又,昨已拟定辨驳数千言,明日送交阅看。德赫士告科士达云:伊藤前此往广岛,力言始将停战一约除去。至和议条款,偿费、索地皆左右之员主之,伊藤等无能为力,云云,看来此事难于结局。

俄喀希尼:俟所索何地说出再议。法施阿兰:略同前。　德绅珂:倭意全在割地则和议成,不割则都城危,今宜释者割地、迁都而已。　英欧格讷:兵败议和,必不可行。即如割地一节,亦有险要、膏腴与散荒之判。如金州、大连湾、旅顺,威海皆险要,应指驳,而以散荒地抵换,若耻不肯为,欲求庚申城中之盟,岂可复得?海军既无,陆军器不精。

谨按:各国使臣以上之语,俄、法帮助之说浮而不实,英、德药石之言，苦而近真。倭人需索多端，所最可注意者无过割地。中国寸土尺壤，无论肥瘠荒要，岂可轻以予人？而细察德国公使绅珂、英国公使欧格讷两人议论非尽无因。近日倭人倾心媚德，德既与倭亲密，自能审其命意之所在。英国在华商务最盛，甚愿中国永能持盈保泰，亦未必故为轻藐之词，所陈或割地或迁都之说，二者关系皆极重大，臣与王大臣再四会议，不敢遽决，语云两害相形，则取其轻，伏惟圣明裁择，密授方略，俾有遵循，天下幸甚，微臣幸甚。臣李鸿章谨呈（李合肥说帖）。

沈能虎电正月二十八日

李提摩太昨自宁回，来晤。于时局洞见症结，谓七年前曾陈其说，要以穷变为急务，虎属其具华文说帖代为电达，今日将大要意旨当面交来。内称：为酌拟华英相助约章，一、英国许保护中国，不致再失地。若英国异日万一与他国失和，中国亦许助英。二、中国整顿水陆军务、学校、赋税，并一切文事、武备，外国与英国同心商改，务裨尽善，英亦遴荐妥干人员供中国用，至中国欲增请他国人员，以冀集思广益，亦无不可。三、中国允英人在各省筑铁路，开五金矿、煤矿，立工作厂，俟二十年后，凡内地之铁路、矿场、工厂悉准中国按公平之价购回自用，必中国允。凡有益于通商者，如增开口岸，整顿税厘之类，与英商议，乐为推广，推于中国岁入之款必不致损。以上四条举其大要，如为可，当请会同总署速与英国驻华钦使熟商，以期其成。或疑此策太迟，然及今行之，不但可免将来诸外患，且略有助于今日议和之局，否则敌人要挟割地索银兼欲握无年限之权，目前和矣，后事奈何云。李提摩太二十七日呈。并与探讨隐渐。谓不及今变法，遍参西学，不过数年，又有如倭之构衅者。譬如人身气血阻隔，日见衰颓，其理一也。而变法务在遍行各省州县士绅合力劝导，庶几上行下效，否则昔年如醇邸欲开铁路尚阻格不行，必以遍设学校为始基，则事物有本矣。虎阅其所陈条目并所论，言简意赅，信能行之，虽无裨于今日，足弭后来之患云。

电信乙未三月初六日到：李电：停战草约：一、奉天、直隶、山东地方水陆各军，均照以下所定条款。二、各军各驻守现在屯扎地方。停战期内，不得互为前进。三、停战期内，两国兵队，无论或攻或守，各不加增前进，并添派援兵及加一切战斗之力。新兵遣往前敌助战者不在此款之内。（似指攻台之兵——翁注。）四、海上转运兵勇军需，所有战时禁物，仍由敌船查捕。五、此约签定后，限二十一日照停战办理。所有电线不通处，专凭知照，前敌将领亦可彼此知照。六、约于三月二十六日夜十二点钟届满，彼此无须知会，如期内和议决裂，此约即当中止。　已定明日画押，不及请旨，乞代奏并摘要电饬各将帅知照。三月初四日酉刻。　又，鸿精神饮食渐复，虽伤血太多，夜睡不安神，洋医用药得手，创口不甚痛。初五日辰刻。　又，敬勘电言倭将攻台，昨停战约首言台、澎战不停，鸿与力争，始改奉天、直隶、山东地方皆停战，为保护京师、沈阳之计。二十八日，伊藤即云：吾将取台、澎。鸿云：若占台，恐英人不利，伊云与英利无碍，若中国将台送于别国，亦必笑纳。窥倭意必欲得台。请饬唐抚竭力守御。伊不日回长门。其条款必奢，届时再电闻，请代奏。初四日亥刻。　此三电不过撮举大意，不全。

旨：三处停战，台不在内，其意可知。将来和议。李鸿章必当竭力设法斟酌磋磨，务须说成而后已，以全大局，不可畏难避谤，事废半途。押于英人之说，系担文臆说，今已作罢论。

（二）

四月十一日至五月二十四日(5月5日至6月16日)

四月十一日

高爕曾摺:海溢乃示警,非逼和。片:请派陈宝箴查海溢实情。片:请上仰承懿旨不可割地,转负不孝之名。语甚重。　李念兹摺:劾王文韶及枢臣孙某等,以海溢遽请批准。片:请派刘坤一查海溢是否如王文韶所报。　张百熙摺:罢和讲战。片:调度诸将。片:声明和约已批而前摺不能不递。　都代七件:京官王宝田等引星变力驳枢臣之议语,甚文而意极深。宗室等,皆旗汉。陕西举人等。河南举人等。江西举人等。奉天人等。　外,依克唐阿摺:斥和议。

电报:李:路透电俄所言,倭决意力拒。　又,换约大臣关防应加"全权"字。准。又,留科士达一二月,添薪酬。准。　王铁路电线均修通,聂士成营军装,人口无损,惟帐房大半损坏。　南洋:王之春电,法外部云,倭已有电,阳许减约,阴耸逼批,告以机不可失。言次发兵轮分布基隆等处,并约西班牙协助。俄喜押辽。英已调兵轮赴长崎,显系忌俄得辽,或系胁日索台。乘此各国纷纭,可以求援,互相牵制,令倭废约。请责成许、龚两使,一切实商俄,一切实商英,予以实惠,以为我助。又,俄大舰二十七八只,次兵船、运船二十只即日赴烟台,煤粮均由上海〇〇行供办。明系俟换约后向倭索辽,英在香港亦聚煤二万吨。　南洋:七人连衔电:张、边、谭继洵、德、李秉衡、唐、张联桂十四日换约有关大局安危,请饬总署、使臣力恳各国切商倭人展限数旬,停战议约。恳各国助战则难,展期则易。若竟换约,各国归咎于我,岂不多树数敌。　许:俄舰难改调。立约一层，倭尚未复到，此时俄办法未定，难遽复是否，云云。查俄意阴主兵胁，故兵船不便改泊，拟仍俟倭不允再与密订。又，德外部云：德主现办劝法，与批准与否不相关涉。　许：外部云：倭仍无复，惟探闻忽有变卦，此时尚难确告等语，后将密约申说，据云甚感中国盛意，果有战事，俄电商事尚多，俟再详议，云云。巴使所云只是悬揣，并无办法。　裕：长顺请留沙克都林札布，可否准行。　长：留沙帮带并留所募西丹二千。　依：演炮误药，倭即开炮出队，派人告知始收回。　又，裕：论和之不可。　唐仁廉：十可战。依亦论不可和。（三电皆极长，不及抄，明日递。）　刘：榆关军营壕垒填平，装帐多损，人马被淹极多，灾变甚大。

电旨：饬刘何以迟报海溢情形，亟加查整。　告唐景崧：法有兵轮来台护商，出示民间勿惊疑。　明发：昨顾璜、张仁黼请假三月，今文廷式请假三月，嗣后在京各员不得纷纷请假等因。　昨德使绅珂到署称未接倭复，亦觊好处数端。　群公访法使，嘱其电外部立约护台事，允今日发电。

十二日

电信：许全钞：格总办述罗拔言，倭复分辽地为六处，五处作暂押，旅顺一处不还。俄主仍持初议驳复，惟换约期迫，是否照换，请转述中国自定等语，再四商论其事，争全辽，口气颇坚，而换口决断，彼终不肯担认。十一日未刻到。又，详查利害，不换约倭必搆战，三国仍守局外；如换，三国争辽如故，恐收地后别作办法，拟明日称接中国电复，再请俄廷明阻换约，但期迫无及，一面由换约大臣以俄国现论情形商倭，使约后添注辽地，俟日本与三国议定另立专条，请示日廷，冀稍腾挪。两事均无把握，姑陈钧署备闻。十一日申刻到。　李：巴兰德复云，恳即换约，仍须费力，因东洋自说明可商改条款。如请改时,中国大致可允,然未定之先,详细电我知道。又,路透报法闻日已先允,除旅顺外,将辽东交还,但须以他项相抵,此事尚未定。　刘:因病重暂驻唐山。又,山海关营墙累壕沟莫不摧塌,军装亦多损坏,幸兵马伤损无多,较津沽略轻。又,郑连拔五营已到鄂,是否北上抑裁撤?　龚:法外部闻初七日电有复信否?　伍廷芳等:十一已抵津,将上轮赴烟。　张之洞:借瑞记一百五十万镑,息六厘,九六扣。未递。

封奏:熙麟摺:虑三国有责言。　翰代杨天霖:驳和议。督(办军务处)代董福祥:和万不可,请赴敌。　外摺:陈宝箴摺:力驳和款,未及西幸。先亲驻通转而西。

是日,命庆、孙、荣三公赴俄馆问喀使,有无确信。彼云若换约可惜,并云若届时前数刻电到,当有办法。

十三日

启秀摺:缓换约,连各国。

电报:南洋:王之春请派庆常帮同办事,请知照法公馆。请旨。　李:俄铁甲一、快舰二、猎船三到烟台。　唐抚:奉电旨台民感悦,问总署与法使立约否?　刘:再论和约不可遽换,语极切。　伍:十三酉抵烟。　许:昨商格毕明阻换约。据云,须俟中国电复,顷告以缓换出自中国,倭可生衅,故恳俄国以辽议未定阻之。彼称本日礼拜先电致罗拔,明日回复等语,并告德外部,俟得复电闻,馀俟探明并复。　科士达:拟照会甚长,旋李电已接,奉旨照会二件,前所拟即无庸议矣。

是日,发展缓换约日期信,由田贝转电日本。田及三国公使皆云,甚妥。惟绅珂又接国电,称若不换则彼不能帮云。

十四日

外摺:鹿传霖摺:力言和议不可行,请西幸。

电信:许:昨商德外部,明阻换约。据复倭已允退辽,但恐另议偿费,中国此时总以先换约为息战要著云。查倭复节略太简,德外部所虑或非无因。据闻。又,俄外部告:昨晚日使交来节略,允退全辽,已电喀使。询以是否暂押,答云节略未说明。又询换约办法,答云中国既得俄国明告,两国换约大臣自能商办。　李相:日使伊东虽到,地方官备馆请登岸,未允。云停战换约,均明日期满,今日务须先行议妥,明日十二点钟以前互换,方肯上岸。伍廷芳等未奉谕旨,不敢遽换云云。　许:探询添费一节,擒燕毕云,日使曾言如还地,当向中国另索贴费,本部未与置论,切告已许巨款,万难再加,全仗俄国驳阻。彼云,此时暂可不论。　刘:申言被水情形,答前此之诘责。　刘:徐庆璋请兵进剿。　台抚唐:法轮将到,台民甚喜,忽闻有阻挠者将中止,城内外已竖旗聚众,台变在俄顷,崧命在旦夕,务求法轮迅速来台,九顿以请。　龚:法告庆常全辽可还。德使绅珂译其本国电云,辽地已还,添费由中日议,约必须换,若不换即不能帮助矣。

电旨:伍廷芳、联芳三国现已复到,所有约章并照会两件著即日互换。昨由田贝致日本信即作罢论。余意欲添允退全辽于复到之下,嗣云可以不必,于由田贝电日本信中添入。(此旨并电李鸿章。)

是日巳刻,庆邸,孙、徐两公赴俄馆,喀使来约,有要语相告也。俟会晤后如大致与许电同,即由总署将换约之旨即刻电发,仍一面知照法、德两使云,嗣闻俄使语与许同,又有总署交田贝达日本信一件,告知换约如期,昨信作罢论。又由总署发电信二件:一饬刘大臣阻徐庆璋等不得妄动,一告台:法只两艘护商,并无别项办法。

是日巳刻,总署即排发,以后陆续发数电,惟恐稍有耽搁也。允还全辽一节,三国电我,而我未与日本对破此语,恐换约后此地归各国另办,许电语。致书莱山,又言之于恭邸,因发电令伍等备照会予日本。

十五日

封奏:都代两件:一云南举张成濂等,约五十人,驳和款,筹办法。一举人罗,颇有议论。

电报:李:申初用英文电告伊藤,本日奉旨云云。政府第二件照会已电伍等。　又,伍等电:日使派员来告:本日如不换约即当回国。又云,本日四点钟尚不互换,立须回国,事便决裂,恐再开仗,云云。　龚:法合俄、德争还辽东全境,法议院以前议界务、商务未定,有违言,哈外部颇为难,请钧署与施使即商通融办法定议,以服国人之心,乞酌。　刘:请以款地分予三国。　北洋:被水各军均已整顿。　杨昌浚:驳和议,李某老悖。　张汝梅:驳和议,言巡幸。　唐仁廉:拟开赴辽阳。　依:未招五营请补。奉旨无庸招。

十六日

刘恩溥摺:和约已成,速筹练兵。片:铁路宜修。又,顺直水灾。

电报:伍:十四日亥刻换约,三件照会并交。又,照会旋即托人带回,未收。又,日使伊东于寅刻即展轮去,似往旅顺。刘含芳电同。　李:伊藤复:停战换约可缓五日。　李:路透电法廷现欲掣日本肘,又谓法不任日本管辖台、澎,系受俄之愚。此事非三国联合约内订明,连埃及一事亦妥办不可。　刘:请暂留唐山,又获奸细云，倭计由滦河登岸。　长：力疾销假。　依：在长岭子防守，倭忽来犯，我开枪中倭一骑。又，请部先拨十五万。

电旨：令许于俄、龚于法先致谢，并令许于阻偿费一节，恳俄及二国切实帮劝。　又，饬龚回英。　总署电信致王之春，南洋转。致谢法廷，告以昨日法使到署密商台事，现约已换，只可绅民出面，与国家无涉，庶免倭人启衅。问以能否真以兵力护台，是否藉十一年兵事为词，为台、澎与法有交涉之据。并饬慎密。南洋亦宜勿宣露。

十七日

王鹏运摺：台有可复之□，饬枢、译各臣悉心酌度。

电报：李：前电伊藤，台事另行筹商，伊并未复，不得谓之默允云云，因前日有诘责李相，台事究应如何筹商也。　胡聘之：驳和款。　李：科士达在烟台见俄舰十二只整备临敌。　恩泽：倭奸至海参崴绘炮台，查获十名，俄官奉俄主电助中伐倭，限三日整理。又，探闻倭已击毁俄船一只。　依：据珲春电俄欲由宁、珲进兵伐倭，云云。　刘：倭索辽偿一万万元，不可许。　许：借款事罗拔属晤户部详询。又云，所托帮阻偿费实有为难，现商德、法，与日廷议定归地约据，或中国亦派使预议，同与辩论，亦可帮助调停，如德、法允办，再电喀明告。告以日本节略不及诸岛，应并归，罗拔谓应议及缓换约事已遵告。　台抚：法有阻台之说，不知确否？法员未到，两员来恐无益。若批约内未删割台，恐法独力难挽回，台民死不服倭，彼此用武，徒伤生灵。可否饬总署邀同各国公使与日本公使商一安民之策。又，民变在即，如何办法，求时赐消息。　李相：将展缓五日之文注销。　龚：外部立约已批准，台事难商。王之春与张之洞电商情形，照瑗始终未办。　张之洞：数百言，论联三国废约之法。　刘:郑连拔五营既撤,请赏一个月饷。　台抚:一法保台,不如合三国保台,求总署善办。又,请部拨二百万济台,词甚悲。　南洋:借德商瑞记一百五十万请旨,此十一日到,今日补递。　裕:留粟米赈锦宁饥民。

电旨:准南洋借一百万镑,又拨五十万两,由南洋济台。又,准留奉天贾米赈宁、锦饥。又,准郑连拔营一月饷银遣散。

是日,庆、孙、徐赴法馆致谢,法使言换约后,台事不便干预。王之春在法借钱太滥,法外部未与之相见,且恐漏泄,于中国危险云云。并云台若变乱,法自有办法,因台与越南近也。有问答一篇,十八早呈览。

许大臣电四月十七日:俄户部大臣威特称,俄主愿中国偿费早给,日兵早退。已饬本部筹备巨款,约合一万万两要作借,以免银行居奇。现须询知三事:一偿款分期付法细情,一实在需用若干,一何项押保,请转达国家速复。叩以息在五厘以内无折扣。答云此俄国国家情借,必可比银行通融,统候复到再商等语,请筹定示遵。

十七日,命大学士六部九卿翰詹科道诣内阁恭阅朱谕一道。

是日,值复试阅卷,派出八人,即令在南书房先恭阅毕,再令军机章京赍赴内阁大堂。

自是日起至二十三日,无封奏。

十八日

电报:许:俄备款一万万,息银总比银行为省,此系情借。又,俄云倭只允五日展缓,以换为是。　李照会两件已电日本。前电伊台湾一节,虽未复,不得谓默允。　杨:河循有警,请董速回。　龚:回英。依:报枪炮数兼请款。

电旨:许景澄:辽东藉三国之力,倭允归还。现和约已换,三国视为事已了结,惟台湾众情不服,势将变乱,难以交结,此中国最为棘手之事。闻台民不愿从倭,意在他国保护。著许景澄将此情形密商俄外部,能否仍联三国设一公同保护之策,速即电复。

十九日

电报:台抚:有德人来说台事,请英俄设法,今又专请法,独未及德,似未周到。德领事亦谓应有电旨饬许使向德外部商请阻割台湾等语。查台地无法商,亦无法领事,惟德有之,然添请德国,于法使有无妨碍,请总署妥酌。　南洋:唐请拨奥枪七万。　许:巴兰德谢嘉励。德主出游,致谢国书由外部接递。

二十日

外摺:李鸿章伤病续假一月。

电信:李相:伊藤电已派水师提督子爵桦山资纪为台湾巡抚,请中国派一人或数人与该抚桦山会晤。又,烟台共到俄船十五只,英、德一只,东驶。有人自旅顺来言:倭兵五、六千,船三只。　增祺:据爱珲副都统电:俄督照会倭,占中地帮兵助剿,路次发价自办云云。　鹿:甘回滋事,杨来商将入卫马队二营遣往助剿。　龚:遵旨回英。　南洋张:略言伊东恫喝,遂据换约之失,此时补救乞坚持定见,勿再许辽地偿费。闻伊藤已向李相授意切勿为所愚,俄有与倭商立退地约据、保索偿费,允代调停之说,应但与倭议不与俄议。至台事请撤龚回英,并饬王使与法切商,则台保全而不加巨款,乞朝廷坚忍力持云云。此电由柳门处来。

电旨:赏李鸿章一月假。告以台湾不能交接。唐某系守台之官,万无交台之理,况现为台民迫留,危在旦夕,亦无权与之交割。李某既电伊藤有重为虑及另行筹商之语,彼既派员则不通商量,已可概见。然台湾如此情形，李某设身处地将何从措置？究竟如何筹商？有无补救之法？即妥酌复奏。烟台除俄舰外，各国兵船共有若干，著密探续闻。又，告增祺：和约已换，俄兵似以倭不允退辽为用兵之计，此节并未告我，以后须切实联络，毋得轻动。

总署电许：询明俄外部有无用兵助中之说，俄督曾否电我爱珲各官。

李电全抄四月十九日：接伊藤十八戌正电称：十七日来电收到，日本一俟应先预备中事整办之后，即可与中国开议奉天南边之地。至台湾一节，日本已告明中国政府，今日皇已派水师提督子爵桦山资纪作为台湾巡抚，并作为日本特派大员办理。按照马关和约第五款末条之事，约两礼拜，该巡抚即可履任办事，于行抵该处时即预备办理特派之事。日本政府盼望中国政府立即简派大员一人或数人与该巡抚会晤，并将该大员衔名告明日本政府。按照如此情形，本大臣告知贵大臣：日本政府谓如中国政府所请速派大员一人或数人，与该巡抚桦山会晤，毫无延宕，则贵大臣所虑危险之事即可免矣，该巡抚一经到任之后则境内保全平安之事一惟日本政府是问。玩其语意，似已电田贝告知钧署，适科士达来，密与筹商。科谓和约既经妥准互换，除日本见还奉天南边另议外，其馀应逐一照办，断不可游移，藉故诿延，以致另起波澜，生意外危险，即请他国保护，即使办到，亦必枝节横生。鸿告以台湾官民不肯交接奈何？科谓皇上批准，中国官民岂可任听梗阻，致失国体。如国家采纳吾言，应由政府属田贝转告日本，以中国派大员交台湾，日本应同时派大员商交辽东，方为公允云云，可否仍责成唐署抚与倭员妥为商办，乞代奏请旨。

二十一日

电报：李相：路透电日本派桦山为台、澎总督，又俄与日和商条约尚未定,云云。　依:续假十五日。　鹿:回事松,马队毋庸调,拟派一营留陕,一营入川。　田贝信:日本派桦山资纪为台抚,请中国派大臣一人或数人先知照日本。　总署致许景澄电信:谏电已呈览。俄询三层:一偿款六个月先交五千五,再六个月交五千万,馀一万万分六年先期交清亦可,中国需用刻难定数,拟先订俄款五千万,周五厘以下,无折扣;一中国向来借洋款,本利均由税关出票,户部盖印,按期拨还,现亦拟照此办理,请先询商再定。现德、法亦愿借款,俟俄商定再与酌订,祈婉达俄廷,并谢关切即复。

旨:准依假十五日。　又,鹿传霖毋庸带马队入川。　又,著许景澄询问俄外部辽东还地、何处换约?德、法是否同办?总须三国帮助到底方为有益。　又,张之洞:台湾运枪谓绅商自购之物则可,若系官运,恐于和约有背,具系笨重之物,尤宜慎密。

二十二日

电报:王:锦州、广宁麦收无望,请将今届湖北漕米三万折价解往。　许:遵啸电密商,据格毕云俟筹定可否由罗拔面复。先闻。龚:哈外部告庆常云,倭事尚未稳妥,议院将诘问助华原委,若界务,商务不定,政府必受责,他事难为出力。哈云云南领事及盐矿已嘱施使酌量通融,馀事请照准等语,庆常探闻,法与他国密议台事,暂不使华与闻生枝节。二十一发。　李相:二十一亥刻,二十日旨奉到。查条约既批准互换断无违约不交之理,因与科士达筹,姑先与伊藤电问。电文云:贵大臣十七日来电业经转电中国政府。奉昨日电旨内开:"现在台湾兵民交愤,必不甘服听命,该署抚唐景崧系守台之员,现为台民迫留,危在旦夕,实无权与之交割,究竟有何办法,如何补救,著妥筹复奏。"钦此。本大臣以贵大臣屡因两国所有为难各事和衷与本大臣商办,况现在两国重缔和好,其交涉为难之处应照友谊议结，察看台湾现在情形，两国全权大臣急宜议此事办法。查贵大臣业经认明所有弃让奉天南边之事，应行会议办理，本大臣之意以为以上两事务须同时议结，现因台地情形改变与前天同，中国国家万不得已。著本大臣与贵大臣商酌办法，谅贵大臣必以为然，并令日本大员桦山提督暂缓起程为要等语，此即前电另行筹商之意，彼即再会议，亦必不肯放松，彼既弃辽，岂甘弃台？姑先商缓，看其复电云何，仍求朝廷熟思审处，设法开导唐署抚。勿任固执，另起波澜，致一隅误大局，是为至幸，请代奏。

是日，伍廷芳等赍日本和约呈进，彼约内之汉文与我约不尽合，其文义倒置者多结，云睦仁。闻睦仁，即其主也。

电旨：予庆常：据龚电云云，台民汹汹，势难交割，刻下日本派员将到，办理殊棘手。即著庆常密询外部能否再申护台前议，迅速电复。再，法使有外部不愿接见王之春之语，究竟曾否会晤，著一并电闻。

二十三日

电报：张之洞：全台绅民电禀："台湾属倭，万姓不服，迭请唐抚院代奏台民下情，而事难挽回，如赤子之失父母，悲惨曷极。伏查台湾已为朝廷弃地，百姓无依，惟有死守，据为岛国，遥戴皇灵，为南洋屏蔽，惟须有人统率，众议坚留唐抚暂仍理台事，并留刘永福镇守台南。一面恳请查各国照割地绅民不服公法，从公剖断，台湾应作何处置再送唐抚入京，刘镇回任。台民此举无非恋戴皇情、图固守、以待转机，情形万紧，伏乞代奏。全台绅民同泣叩。"此电并申总署及闽督。　台抚唐：台民知法不可恃，愿死守危运，为南洋屏蔽，坚留景崧与刘永福，反复开导，再三力拒，无如众议甚坚，臣等虽欲求死而不得，至台能守与否亦惟尽人力以待转机，此乃台民不服属倭,权能自主,其拒倭与中国无涉。恳旨饬下总署商倭外部,彼员从缓来台,则台与倭尚可从容与议,若即以武相临,不过兵连祸结,彼断难驯致矣,台以上各节,请皇上训示,请代奏。　李:路透电,日本因弃辽东,民人失望,甚为愤激,日下在日本之各国公使皆有戒心。　长:照旧驻扎。　增祺:俄有旱、水两路由江假道,并由恰克图进兵云云,约十二千,过此尼结力[①],好日即起程。许:俄督所云发价,谅非外部所饬,一经询明转觉著迹。　谭钧培:郑连拔五营正饷半月,恩饷一月,均俟该营到潮再行发给。　许全抄:罗拔称,俄国不及顾台,亦不能再向日本说话,德国已由领事告台民不能保护,实无他策,再述交地棘手情形。据云似宜先撤防兵,次第办理,此外亦无善策可筹。

二十四日

电信:王之春:外部未见。庆常闻外部云,前商立约,在未批准以前,华既迟误,三国展限,华又不缓,台事无办法。之春候轮回华。

封奏:准良摺:请采办平粜,户部拨银百万。片:热河杂粮可买。　文郁摺:请加前锋护军口粮操练。　王鹏运摺:李鸿章父子必求所以处置之,勿假以事权。片:辽东还地不可再加费。　谢隽杭摺:请饬李鸿章父子办交台事宜。片:请交直顺买米免税。

电旨:著三品顶戴前出使大臣李经方前往台湾与日本使桦山商办事宜。　又,王之春著即回华。　总署电信:致许景澄,言前此俄外部所云,退辽地三国将与日本立约据之语,喀使不知,已嘱其电询本国,令许再询外部,如二十一日所发电旨迅速电奏,此信

① 尼结力下黑线为原稿所有。原文如此。

亦递。　又，总署致李鸿章：李经方如未在津，即电令赴沪候桦山，到时同赴台湾。

二十五日

李相电：顷接伊藤二十三戌电：二十一电悉，按照两国批准和约，台湾所有之治地方之权业已交与日本，其了结地方变乱之法，勿庸两国会议，是以中国政府只须将治理台湾之事并公家产业查照条约及前电，即派大员交与日本大员。按照以上情形而言，桦山启程勿庸暂缓。查该巡抚已于本日由西京动身矣。至奉天南边之地，日本之意已于前电声明等语。鸿查此电词意甚为决绝，桦山已于二十三起程，计日必到台、澎，应请先行电知唐署抚筹备为要。至台绅民公电云，请各国查照割地绅民不服之公法剖断。询科士达查洋文公法原本所载并非战后让地之例，难以比拟，且倭既不肯会议，俄、德、法亦不过问，孰为剖断？应请传谕，毋得误会，此事恐开衅端并连累他处，务祈慎重筹办，大局之幸。二十四巳。　又，前嘱德转电巴，请极力设法耸动各国劝阻倭人赴台交割，顷巴电复云：德京皆言天津阴令台民叛拒，显系违约，倭必兴兵构怨，势极危险，若再战败，重议和约，必视前约更甚，我已辞职回里，云云。鸿迭奉旨饬问伊藤有台民愤乱抗拒之语，因前约明电无密码，或沿途漏泄讹传，或倭人藉词捏造，其实阴合台民叛拒者南洋及台抚也。今德君臣既疑中国违约不愿帮助，俄亦未必与倭真感中朝，必应妥慎筹办，勿先违约，自贻后祸。二十五子刻到，二十四戌。　德外部电：屡次闻现驻台之中国兵丁较前加增，煽惑人心播乱将日本逐出，如再开仗，中国应当赔偿更多，深恐不但台湾，连迤南、舟山等处一并失去。令绅珂劝中国总署设法弹压，本部所闻的确无疑。

二十六日

电报:许:遵询俄外部,据云:拟饬驻使在日都商订,仍须三国同议。现与德、法尚未言定。近闻日拟在津商议尚须酌定。又,阻索偿一层,罗拔已达俄主,允俟临时酌助,请代奏。路透电传日不索偿,恐未确。　李相:派李经方旨,钦此。查经方自马关回津后病势沉重,回南就医。今据复称:"素未到台,情形不悉,地方官绅无一知者,桦山亦素未谋面,无从商办。又怔忡神识不清"云云。查无一语捏饬。交台事自应台抚同顾肇熙妥办,否则饬闽督派大员前往会同该处绅士筹办,似未便令情形隔膜,资浅望轻之员,搪塞外人必至贻误,李经方实不胜任,理合自行检举,请收回成命,另行简派。

封奏:钟德祥一摺十片。四摺及三片办,馀皆存。杨福臻摺:用人。

电旨:唐景崧开缺来京陛见,其全台大小文武各员均著饬令陆续内渡。　又,李经方回津尚未复命,何以遽行回南?昨派赴台湾,又藉病推诿,殊堪诧异。李鸿章当将台事妥筹结局,岂得置身事外?转为李经方饰词卸责。本日已将唐景崧等开缺内渡,现倭使将到,仍著李经方迅往,毋得畏难辞避,倘迁延贻误,惟李经方是问。李鸿章亦不能辞咎也。　又,俄允三国同议辽事,尚未酌定商议之地,著许景澄随时探问,并告以台难交割,使俄知之,免倭借口。

二十七日

封奏:长萃摺:劾李鸿章鞅鞅不奉诏,请懿旨惩治并使交割台地。

电报:李相:抄日本自谕其民,谓辽地归还中国,三国之意,与彼适合。李谓其饰词自复,亦可见辽事不至变局矣。又,达绅珂电,谓面见总署大臣,告以总署已无管理台湾之权,此语已经北洋电知伊藤云云。李谓总署无管理台湾之权等语,不但并未告知伊藤,且失中国政体,恐绅使误会。　许:俄借款须一万万,五厘息,无折扣,三十五年还清,若少借,须加息扣,且非俄主劝日早退之意,并谓现系商号承借,拟派员至华查看作保约之据,云云。答以德、法各国亦欲借款,故须减借。因与婉商,彼云此六个月定借,方可借他款,不必宣播。关税如足敷抵还,即可不派员查看。　庆常:哈外部云台事今已情形不同,故不能再申前议,王使既无可商,故不接见。

电旨:告许可先借俄五千万以作六个月还款,至关税有总税司册可凭,不必派员来查考。至所云不可宣播,其意安在?又六个月后乃借他款是否指法,德而言?　又,由总署电李相:李经方如再推辞,定干严谴。

是日,递长萃摺,奏片叙明李经方告病未准,并声明无别员可派,若李鸿章再为申请,定不能准云云,盖见面时○○无语也。

二十八日

电报:李:奉○○惶悚,李经方患病未愈,且虑不能胜任,何敢饰词推诿,惟时势紧急,遵即电饬力疾前往。经方禀可否添派一人同往,或留顾肇熙、杨岐珍在台候交结,并令科士达偕往。查顾、杨二员均与鸿同好,人亦明练,乞暂留,与经方会商一切,所需洋文、东文参赞、翻译已酌调,并赶紧代刻关防,并由沪道给公费定轮船,又电嘱伊藤致桦山和衷相机商办。　王:请再留山东漕五万发锦宁赈。又,请免芜湖镇江米厘、上海商十家运平米三十万石北来。　藏员奎(俊):藏人不能分界,不供汉员夫驮。　庆裕等:台民汹汹请设法公议保台。　杨昌浚:循化撤回未戢,牵引别处,催甘军速回。

电旨:准李经方带科士达及参赞随员,而顾、杨不准调,着北洋另派人同往。　又,东漕小米京中需用,不准留。　又,准平粜米不收芜湖、镇江厘税。

二十九日

熙麟摺:请将前日〇〇朱谕明发。

电报:龚:克萨借款不能退。　许:俄借款恐妨德、法银行,故欲于六个月后再订德法款。　江西抚:请调回军防湖南三点会匪。

五月初一日

李:路透电:日退辽一事,三国现问究竟应补若干之数即行声明,俾驻辽日军迅撤。　又,复伊云:台民不服开导,不放唐抚内渡,中国特派交割大员断难冒险轻进,贵国商请先来长崎协同兵船前往,事多窒碍,望贵大臣电致桦山,在台海边或澎湖会晤。至中国所派大员已奉旨加全权字样,如台地平静,即按第五款末条办理交接,倘台民叛乱不已,祈贵大臣另筹善法。　台抚唐:杨岐珍是否回厦门本任? 又,江督电美国曾估台湾可押十万万,即不然,大约数万万可押,请饬总署与李鸿章向日本酌议。李经方来台交割,定有奇祸,即澎亦不可往,请饬江督与议。　许:辽地三端:一令驻日各使立让还之约;二、兵费交若干始退兵;三偿地之款必力驳其不合,若不能则议减,三国都到底,无庸中国派员同办,且德、法之意亦不愿中国与闻,以为与公帮助之说不符也。　增祺:龙江江上俄兵已遣散,水师千馀亦尚在我约未定约之前派出,今亦将撤。

电旨:杨岐珍著回任。　又,与许景澄:三国既帮到底,立约事已力任,可不派员,惟偿费中国万无其力,仍请三国力驳。

初二日

陈其璋摺:发直隶籽种。　恩溥摺:劾吴大澂不可回湘抚任。都摺:广西举人[①]甘捐二千为父赎罪。

电报:唐抚:法提督到台,台民请自主求法保护,法轮赴长崎。依:报倭兵陆续撤回海城。　许:俄外部罗拔云户部借款他国银行万办不到,仍请中国按一万万数全借,早退日兵,以满俄主始终了结辽事之愿,当以德、法为答。彼云:俄法一气,无庸电,德国一边可另想法,请遍达国家定办,语颇谆切,因思榆关、珲春议定铁路逼邻韩境,必应赶造,若与德筹借路费分年交款,足应所欲,而以头、二次兵费全借俄国,似与邦交边防两便,请酌度。

电旨:令许景澄定借一万万,若与法作为公借之款,尤一举两得。干预关税须防。

初三日

管廷献摺:劾李经方请拿问。片:李鸿章受伤无痕,请召来面验。

电报:李:驳台抚估押于美之说,谓台抚及南洋不明详情,凭虚臆造。李经方手无兵权,自不可冒险。台北人来云,前杀中军系兵变,非民变,哥老会亦欲劫库。唐抚不遵旨内渡撤兵,横生异议,幸朝廷勿为所惑。　又,桦山云两国特派大员应以淡水为会商之所,如淡水有碍难情事,应将中国大员安稳护送至澎湖或福州暂住。伊藤电望李经方径行淡水。　又,路透云日本派林董为驻华公使。　长:海城以北无倭踪,城门大开。　许:五厘是周息,德款搅动稍松,若铁路缓办以借款购船炮,许之亦可。法俄方睦可暂置,

---

① 脱漏名字。

罗拔并有分办不如勿借之说，似否俄为亟。

初四日

熙麟摺：劾朝考阅卷不公。　阔普通武摺：军营积弊。

电报：李电：伊藤云，李经方现在上海并无带兵管理地方之责，应候桦山弹压平靖后，方婉商办，上海距淡水仅两日夜，如得桦山确信。李经方再赴淡水相会。　胡燏棻：请将陕西永定军四营一哨令叶良魁带回陕西。　唐：臣奉电旨钦遵开缺，即起程入京陛见。惟臣先行，民断不容，各官亦无一保全，只合臣暂留此，先令各官陆续内渡，臣再相机自处。台民闻割台后，望有转机，未敢妄动。今日绝望，公议自立为民主之国，于五月初二日齐集衙署，捧送印旗前来，印文曰“台湾民主国总统之印”，旗为蓝地黄虎。强自暂留保民□□，臣坚辞不获。伏思倭人不日到台，台民必拒，炮台仍用龙旗，开仗恐为倭人藉口牵涉中国，不得已允暂视事，将旗发给各炮台暂换，印信收存，专为交涉各国之用，一俟布告各国并商结外援，嗣后台湾总统均由民举，遵奉正朔，遥作屏藩，俟事稍定，臣能脱身即奔赴宫门，席藁请罪。昧死上闻，请代奏。

初五日

李电：伊藤来电，桦山初四可抵淡水，两国大员会晤之期，愈早愈妙，此事甚属紧要，本大臣盼中国大员立即起程不必鳃鳃过虑，如果有不虞，桦山必当出力助护云云。闻台湾已自立为民主之国，布告各国，恐无出而援助者。绅民义愤，固无如何，惟不应奉署抚唐景崧为总统，使朝廷号令不行。日本岂不明知，必有责言，虑生他衅，李经方前往交地，兹无地可交此各事无从过问。伊藤仍催赴淡水会齐，经方即去亦不过作壁上观，我断难设法排解。究竟如何处置，李经方应否速往，请旨迅速指示。　南洋张：台民自主为民主之国,前奉旨拨济台饷五十万及军火各节,已拨三十万并酌拨器枪并弹,今既改为民主之国,以后饷械等事自未便再为接济。　增祺:遵旨致谢俄督,目下安靖。

电旨:饬李经方相机前往,若不速行转令生疑。伊藤既有出力助护之说,自可商办,即使不能排解,彼亦无可藉口。　又,山东布政使汤聘珍已开缺来京,另简,著李秉衡饬将所募勇丁妥为遣散,俟办理完竣,再行起程。　又,饬张之洞:台事无从过问,饷械等自不宜再解。

初六日

胡俊章摺:择将才,如冯子材;保人。片:挖通州河。片:冀州有勒抢幼孩之案。　李念兹摺:发银购米平粜,户部不发银。片:饬大兴县及绅士购杂粮。

电报:裕:复聂桂林、宜麟一案。因人数众多,路有梗塞,行提尚多未到,拟赶办即行具奏。

初七日

李电:嘱经方,以各国均疑台民自主系朝廷嗾使,倭亦不能无疑,桦山若怪,唐抚以开缺之员为民强留即不得目为华官,彼即战争不当波及他处。台有百营,岂能一鼓溃灭,须旷日持久。汝可照伊藤四月二十三电云按照马关约,台湾所有主治地方之权业已交予日本,只须将治理之事,并了结地方变乱之法,一并交日本,日本自行经理。酌量回舟,以后与我国无干云云。事势至此,只有如此办理。　唐抚:今之自主为民劫留,惟此后不无奏咨之件及与各省文件。公牍,拟用本衔及巡抚关防,一息尚存,未敢稍逾臣节。顾肇熙回籍,杨岐珍待轮内渡,其不敢内渡别具苦心。倭轮三五或泊或游,台民安堵。　南洋:略与唐同。唐迫于台民,想蒙鉴及,倘能支持数月，冀可再与倭商赎台之法。　陕甘：撤回勾通外五岗，撤回逼攻积石关，河州西乡震动。有马桂元之子改名韩文秀从中为首，以报复马占鳌为词，西宁各属到处蠢动。又安西州报，闻马贼百十为群，入关者不计其数等语。似此情形非争教显然可知，请董提督回甘防剿。

初八日

李电：抄录致伊藤电，大致与谕经方之语同。又，路透云俄今日将驻韩兵撤退，又日本现在淡水口外，不日必战。　唐：倭大队犯基隆，旁路已开仗，未分胜负。　川督：端五川民有抛李之戏，洋人往观启衅，民至教堂搜出洋铁箱装男孩一名，约十三四，微有气息，因将教堂打毁。次日又往各处寻找幼孩，又将各堂打毁。又，华阳黄令禀：幼童已醒，不能言语，写系十三岁，名黄弁福，油店生理，被洋人扯进福音堂捆吊，涂以黑末，用铁匣藏于地板内，又匣内有大小骨头十六块，该令收留洋人男女十三口。　许：罗拔云日索偿费与否，尚无把握，总当留意，尽力办去。询以三国商定一事，则云均已发电。　总署：发电问四川教案情节支离，若果藏孩，无待拥搜，便已问究，且藏在地板内亦非登时能搜出，恐会匪播弄谣言，借闹教与地方为难。

旨：许景澄仍与俄联络力阻偿款。

初九日

恩溥摺：请办理绰号人犯，如无实据，应令原参官回奏。

电报：李相：旅顺仅有倭船一只，日往来装运。商轮数只将台局之物运去，存兵无多，闻三礼拜皆去。　闽浙：初六倭轮十馀犯基隆，旁口澳底地方登岸，已开仗。　四川：贴格杀勿论告示并派兵驱逐洋人大小三十名，无伤毙者。藏害幼孩情真事实万难诡辩，然告示中未露一字。所毁教堂数处，匪党已获多名。

初十日

密电：唐：初六倭数千人，十四艘，在基隆五十里之澳底登岸，至三貂岭相持三日，初八下午粤军与倭迎击，杀贼甚多，并斩两划官首级一名，贼退至三貂岭。　闽浙：报台情形尚在前。　上海道：李星使初五起行，倭使未到，约在澎湖会议。　依：仍请三十万饷。又，假满力疾从事。

封奏：杨颐：参高州土匪滋事，吴川县李之蕃种种贪婪贻误。片：参李瀚章庇护前电白县黄宗彦。　准良：联络邦交请派大员往俄、德、法。　会章：住恪、准良三人连衔摺李鸿章以受伤未逾为词，即予开缺回籍，另简大臣妥办。片：俄借巨款，德、法两国同时揽借，应早与定。　陈璧：军营滥保宜防。　陈其璋：奉省灾重，请免钱粮。　余联沅等六人连衔：倭欲未厌，严修战备，能废和约，以巨款用兵。片：请简北洋大臣，并云王文韶诡随，不能胜任。

旨：饬广东、南洋均不得接〈济〉台湾饷械。

十一日

徐桐摺：未发下。　都代康有为摺：数万言，条陈自强之策。熙麟摺：裁勇恐骚扰。片：蒙古王公不得置民女为妾。又，东城浮言甚多。

电报：李：经方初九到淡水，得桦山函，言淡水不能进口，乃取道基隆附近，将入台北府，因派兵轮名“千代田”请来会，经方只得即刻同此船前往基隆，与桦山接晤。桦山带兵船一，陆兵一万已登岸。　又，杨歧珍电称：台兵乌合。绅士正者知难，劣者图利，当道性偏，无识者随声附和，假民为主，已见形迹。珍坚持遵旨办理，任死不变。继乃代奏回任。　又，龚电云：英廷接唐抚变民主之电，拟不复云。鸿想各国必皆不复，我国须自立脚步，以免日后口舌，凭各国公论是非。　粤督抚：南海县访获黄仕林，派员解赴刑部。　依：准长顺、刘坤一先后各电，饬寿、长酌拨队伍移防鞍山站，并潜筑女墙。

电旨：日本使林董即日到津，派李鸿章、王文韶为全权大臣与之商办一切，不必先令来京。　又，饬依克唐阿毋庸派队进扎安山，切勿轻动生事，所请添拨银两已饬户部拨十万应用。　又，谕李、王：台已据为岛国，前令文武各员内渡，昨又令南洋、广东禁止私运军火勇丁赴台，此即自主脚步之意。如日使言此，著李等切实告以和议既定，中国断无嗾令台民自主之理，勿听洋报谣传，致生疑虑。

十二日

刘坤一电：接依电，徐庆璋请扎队安山，并防凤、海、台城等处，恐衅自我开。

旨：令刘转饬依、长等不得轻动。

十三日

唐电：基隆血战六日，统领张兆连重伤，全军顿散，基隆不守，教民四起，省城瓦解，事不可为矣。　李相：李经方十二日申正回沪，台事交接清楚甚顺手。又，沈能虎电云，闻海参崴俄兵各整行装，听候续示，立刻出境，似不久俄倭将交绥。　北洋：新加坡黄遵宪电，请将唐抚革职，免彼藉口。所论不为无见，惟云现在劝谕则恐揽在身上。　刘：请联络三国，恐倭再得三国为助。　长：牛庄、海城均添贼，雪里站等处亦然，恐和局已决裂，此间未奉明文，云云。有〇〇〇令前敌勿妄动。　马丕瑶：台来募粤勇在和局未成之前，今即饬禁。至香港军械则不得而知。　山东抚李：汤聘珍募勇只六营,已撤一营,馀分布海地,未能撤。方即交卸来京。　川督:新津教堂亦被毁。有旨饬查。

旨:饬许景澄,辽东添倭兵,似有不肯让地之意,并洋报云海参崴俄兵在整装欲战。著随时向外部探闻。借款亦宜早定。

十四日

六电皆台事:李相:经方与桦山问答,初十在台之三貂澳。又,经方交台文据:东经百十九度起至百二十度止,及北纬二十三度至二十四度之间诸岛屿,并堡垒、军器、工厂一切属公物件均皆清楚。又,报唐抚逃,署被焚。　上海:基隆炮台兵未回一枪。　福州:唐抚有迁至新竹意,尚未布置。又,唐赴沪尾,土人肆抢。

旨:李经方与桦山将台事交接清楚,立有文据,此后台湾变乱情形与中国无涉,应由李鸿章电知伊藤,以为了结此事之据。至海线如何办理,饬电局预为筹议。

十五日

李电:前订阿轮一只,今将于半月内开行来华,计价六千五百镑。名“飞霆”。又,唐及大小官十二夜赴沪尾,拟坐驾时船往申,被兵扣留。　福州庆等:唐抚由沪尾附“雅打”商轮内渡,沪尾炮台拦截,经德兵轮放炮救之,始开去。昨晚台城火药局被毁,倭兵尚未入城。

十六日

胡俊章摺:四川教案请宣示。片:甘肃撤回宜分良莠,明降谕旨。　裴维俊摺:撤回滋事,由于地方官索费。片:盛宣怀告假取巧。

电报:李相:伊来电:林董于十三日由横滨起程赴任,请到津时赐予优待帮助云云,当即电照办。经方初九日与桦山互立文据将台湾交接清楚,以后治理地方之权应由桦山自行照办与中国无涉。林董可先在津商办。昨奉谕派李、王为全权大臣与日本使臣商办事件,林大臣自不必先行进京。本大臣病假将满,当会同王大臣遵旨款留与之和衷妥商。

许:罗拔告款事户部筹划将定,再迟数日,会同邀议。

十七日

和福摺:琉璃窑商赵春宜叔侄亏空。

电报:李:沪电据洋报:十三晚"驾时"载唐出口,沪尾炮台开炮击之,经德兵轮还炮,始得脱。湘粤兵勇格斗,劫掠居民店铺,残杀甚多。有说"驾时"已到淞外①,探无确信,闻台员由厦来沪不少。又云俄派加忌人士八千户迁帕米尔即巴马兹为属地云。

十八日

电报:李:沪电:闽昨午电云,倭进占台北,唐"驾时"走否未确,线已不通,又闻洋人传言"驾时"所载非唐云。又,刘含芳电:英兵船开去六只,三只赴日本,三赴旅顺。法船一南行。 许:十三,罗拔称辽事终开谈,无情形可告。顷总办格毕胄称日廷现允即行商办,大约定议迟速难知,其事总无变卦,又询添兵一层,彼无所闻,似不介意,请代奏。 定安:吉江练军半多调至奉天,应领春夏饷银五十三万,尚未领到,此数月通融拨放。请仍申妥员黄甲荣领回解奉,以便归垫划分,一俟秋季饷到再行分成,各归各领。请饬户部速拨。因前日奉〇〇旨,练军饷项令由三省将军各归本省划分成数,妥为经理也。

昨德使绅珂到署云:俄借法债四厘九三扣转借与中国,此事两

① 指吴淞口外。

国所无,因系官款非商款,若受借便是属国,云云。总署发电问许大臣西例如何。

十九日

自是日起,恭邸因腹疾未入三日。　许:俄户部准借法银四万万佛郎,现改九三扣,连用费交三万七千二百万,每年还本息二千三百二十一万,三十六年还清,中国自行指汇,与银行先立草合同,海关作押,由俄主加保。并立据四端:一海关告明每年应付本息及上年收税两项总数;一、先尽俄款;一、如海关不能付,应预告俄,以何项另押。一,中国以后借款如允海关及他项权利亦准俄均沾。即将派员查询关税等节作罢论。又,俄款现合周息四厘七五零,较五厘无扣,通共少还本息三千四百九十二万佛郎,扣去扣数,尚长六百九十二万,扣法九四折,加用费一厘。　南洋:瑞记款已提十二万镑,今已罄,馀供裁撤军营饷约百馀万,练洋队陆兵约一百馀万,大快枪、大快炮厂各一所,约二百馀万,创修、改修各炮台约一百馀万,已有不敷,乞敕部万勿拨作他用。　长:接电旨仍扎安山北大红旗一带。　川督刘:毁教堂共九处:法六、英二、美一,又新津、彭山州教堂皆未毁,稍失物。

电旨:饬张之洞将练洋队、添枪炮厂,建修炮台等事奏明定议再办。又湖北快枪制成若干,即复。

二十日

电报:李:伊电谢李帮助一切,其按照马关条约议事,林董尚无此权,须俟到任后再由日本予以权柄,以便与李、王会议云云。查该使需到任后乃能办公议事,现虽款留,势难坚阻,闻两日可到,俟晤商再陈。　川督刘:法主教杜昂瓦本一伤已平、现除法二人暂住府署外,又江油一人回江,其馀二十八人送重庆交英领事。　依:

遵旨调回各营扎原处不轻动。

二十一日

许全抄:现拟中国自与银行订约,德使言不符,无俟另查。惟俄、法垄断,非德所甘,恐又指代保一层相诋。明日约晤罗拔,称奉训条,改为代募,能否言允,再请示遵一条需仍请核奏示复,免致他疑,左右为难,殊棘手。澄啸。　李全抄:俄代借法款一万万两四厘九三扣,每年约还本息不及七百万两,据各国洋人谓中国历年借债无如此次息轻者,应请速成,于公法、国体均无碍,将来续借他国,仍可援例商办。又,洋报据横滨来电,桦山报已在基隆立总督衙门,台北府民馈礼以迎。北方全境已归日有,南方尚须战云。又,漠河袁大化电俄黑河园毕尔那托照会,日本欺压须助兵保护。迅过中国境食用一切日行供给,云已电复,俄意颇亲睦,其备兵防倭未必越我边界。　刘:陈湜十营病勇颇多,先调回锦州同魏李合扎。　李经方:因病调治,俟稍愈即行入都。

旨:准陈湜十营调至锦州并令酌量裁汰。

二十二日

恭邸请假五日。

许全:晤外部商改代保一层,彼云:此节于第二次晤时述明,现与银行定办耳。每年付款,尚在议减、派员查明等节,已允作罢,难再更改。惟可将俄国代筹倭事及遵照中国减息来意,详叙作保缘由,以免他疑,并请中国勿信他国妒忌、造谣等语,祈并核奏示复。效。　李:沪电洋报,“驾时”已到厦门,当该抚乘船离淡水时有兵十名被炮台击死,德船送出海时,船上有乱兵一千五百要往广州不肯回厦。又,杨歧珍电:淡勇来厦六七千,一无所有,今遣资一元。　闽督:大略与前同。台北倭兵管理,绅民俱服。华官内渡,台中、台南消息不通，恐尚有战事。　李：法国议院：日索中国甚多，中国何以自存？越南与中通，商颇兴旺，尤宜力保，中国、法国方不吃亏等语，议员皆鼓掌。　四川：办教案不敢存五日京兆之心。幼孩一层已照尊指含蓄奏报，日内可抄发，云云。

旨：苏元春无庸带兵北上。饬直、东、江、浙海关免征平粜米商米税，以两个月为限。

总署发许大臣电信：英德公使言：西国借用商款，事有常经，无由他国国家代保者，既保借款，即为保护国事之渐，并以埃及曾用英国借款为证，虽或忌我龚断，为耸听之词，然亦不能无疑。俄款借法，既无利可取，又请中国秘密，并请克期早定，现又不改“代保”字样，且声叙作保缘由，语转结实，其意果何所为，恐英、德之言亦非无因。此事揭破则失欢，隐忍则贻患，宜告以英德公使，皆以中国借用俄款大伤体面之语，既承美意，务须另想办法，勿使中国声名有损为要，看其如何答复，再作计议。事关重大，必须详慎办理，允贻后悔。帕米尔事仍探闻。

二十三日

电报：闽督：审拟失守澎湖之总兵周振邦、通判陈步梯，均斩候。陈步梯可否援法防城案，乞恩未减。　川督：已饬重庆镇道府防范，嘉定、大竹尚未据报。又，接嘉定守禀洋人寓及福音堂被毁门窗，英人一家四口逃在县署，法人日思默与英人赫芟秋闻谣已赴重庆。

电旨：询杨昌浚撤回在循化情形，河州、西宁是否安谧。

二十四日

李、王电：林董二十三申刻到津，派罗逢禄往晤，据称赍有国书，留津四五日即赴京，约二十四上午来谒。　宋：探报十一日至今倭船至营口甚多,载来炮二三百尊,兵二三万到海城等处布防甚密,情殊叵测。　许全抄:西例月扣借款皆不计折扣,俄谋迁哈萨克住帕代守兵,非即办。　许全抄:十九电悉。代保一层,德报以三国议辽,俄独占面子,不无异议。英廷已告议院,中俄款事,英不干预。德国一层,或请钧署密告绅使,以后兵费必向德先商,俾免意见。俄户部称款为俄法银行合办。　刘:就所部有急须裁者:阎十营、牛七营、马六营、宋六营、何顺高五营,拟先行分次遣散,馀系直辖淮军,可否与北洋筹商,请旨饬遵。　依:将弹压土匪情形照会倭官,彼亦毫无嫌疑。

(三)

五月二十五日起六月初七日止(6月17日至7月28日)

五月二十五日

李电:假期届满。林董于本日已正式来晤。林云:应先赴京到任,递国书。答以天气炎热,未知大皇帝接见方便否?两国既和,早迟必准觐见。林云,必须先进京往总署请示,倘令我回津再来商议公事。询及辽东何时退还,林云:三国正议此事,辽东兵一时尚难撤回。询以营口尚报添兵,林云:断无其事。林又云:广岛、海城有俘虏华兵一千六百人,照通例应由华筹给送费。询以台有信否?林云只知已到基隆。询以何日进京?林答:俟酌定水陆路程再告。以上各节无甚狡强。　李、王电:沪电"驾时"昨夜到,据水手说,唐由此船来,昨夜即上岸不知何往。至倭王入台,土人引从基隆搭一小桥而进,又某秀才等引至台北,倭兵仅二百名。"驾时"由淡水开时,抬来银三万五千两为大炮台所见,即向"驾时"开炮,德兵船往问何故？炮台答云：三个月无饷，忽有银装出故击之。德兵船即饬将银送交炮台。又有土炮台未得银后，向“驾时”开五炮，中二，伤数人。倭送粤勇到厦，谓航装往广东云[①]。　廖[②]：论通商新约，苏、杭设栈，各州县宜阻。又花布蚕桑税可免，厘难免，请派王大臣与议。

旨：饬李、王派人护送林董。又答复李经方准病痊来京。饬依克唐阿在营养病并褒其勇敢。

二十六日

李：日使林董二十七日由水路赴京，派炮艇护送。日署跟役赵春霖、高顺、吴承栋三名，请饬刑部照约释放。　南洋张：给照已一百万石，除第一起三十万石准免外，沈能虎请十六万石，又四万石，施善昌十万石，职员唐荣俊四十万石，计已一百万石，税厘两项计少则五十万，沈能虎另请差照三十万石，分别赈米、军米，概行宽免，若以平粜为名，则惟二麦粟米准免，其馀大米照旧完税厘。边：赀遣散勇三船，尚馀六七百名，现倭船又装勇二千馀当妥遣。闽口于闰五月初二日撤封，即知照各领事。

封奏：徐桐：请崇节俭，罢工程。又，善后四条。　秀林等：获盗葛凤起等七名。又，寄仓场连升兴平仓监督包应顺种种回护，并花户韩大等。

电旨：宋庆赏假二十日，在营调理。　又，询北洋，运米各商有无案据。是日户部奏偿款太巨，筹措为难，奉交旨一道。

二十七日

恭邸销假。李电：刘含芳遵查营口只剩日兵三百人，十五日起

① 原文如此。

② 指浙江巡抚廖寿丰。

由大连湾续到二千馀人，快炮三十尊。又，传闻俄副提督接俄海参崴提督电，嘱切勿离烟台，其复电有二百馀字。　依、长电：海城有倭兵进城者二万馀人，大小炮三百馀尊，白粉板浮桥数百块。徐芰璋报大孤山约万馀，凤凰城二万馀。闻有由边外或由宽甸奔通化、怀仁及海新城抵开铁直至奉天之说，其心叵测。　许全抄：俄外户部同告：以英、德使所论，请其另筹。外部初不受商，议导再四，乃称不用俄保，借息必重，银行必考察海关，于华无益。合同指明加保股票，措辞本轻，现并除去“加保”字样，只言如海关付款愆期，由俄国家垫付，以期两全。又称各国谓俄欲藉此干预中国之事，现声明俄国断不在拟订四端外别索利益，以释中国疑窦。此次款项，由中国与银行径行料理，亦不由俄外部过手。但银行各董日内即集，请中国速定大端。是否速复等语，候遵示。澄。　总署发电：川督：法教士杜昂电称：毁主教住所二十处，教堂十五处，学堂房十六处，又婴堂二处，医院一处，仓房二处，传教士死二人，主教死十九人，确否即复。

电旨：告长、依：以刘含芳所探与彼不同，饬勿张皇。　又，令张之洞于司道及候补道中保堪以出使者。

二十八日

是日，庆王、徐公与法国画新约押。美使亦来，怒而去。　长、宋、刘含芳电：自营口至凤凰城各添倭兵二三万，炮二三百尊。英队三百在海城与倭验炮，器械俱改双筒汽枪。　杨昌浚：循化解围，河州亦定，贼窜巴彦戎及积石关，而海城县回匪乘机劫狱，案又起。

电旨：令许使定借款，但须改垫付一语为俄国确知中国海关必能如期应付。又令密询俄外部，以倭添兵辽东事。　又，饬杨昌浚妥办海城等处回匪。

二十九日

许:俄外部面交四端拟稿,其三端略如筱电所陈。末端略云:如中国因事许他国预收关税,及再借他款,凡监守稽察等事,许他国及他国民人所得权利,如管理地方刑名,并制造商务等项,即准俄国同得。外部谓由国经办款事,所要中国报答,以此限制。查末端条援照语太宽浑,应候台端定见,再询核。宥。又,遵敬电,再商罗拔,据称:现已改去“代保”名目。昨又电喀,将拟订四端向钧署表明俄无他意,惟候中国速决是否,以免银行人久待,深以俄德忮见,恐日本伺隙,转误辽事动之。彼云:俄可与德说开,总盼款事早定,辽事无虑翻复等语。据闻有电末条宽浑,彼云定后再论。　李相:刘含芳电,烟台探报:凤城一带倭人添兵增饷情形与前敌所报同。　宋:毅军拟暂留三十营,先汰五营。

旨:谕许景澄电称,俄称款末端所云预收关税、监守稽察、管理地方刑名等语,此中国所必无之事,何尔虚拟,列入条内?至制造商务,亦与借款无涉,现与德议借款,德亦无他求,俄经办款事原是美意,若以此求报,恐为他国訾议,著许景澄婉言与商,总宜彼此得体,不可迁就贻远为要。　又,南洋运米,除唐荣俊四十万石非直隶给照查明核办外,沈能虎、施善昌所运米准其免税。　又,长顺著赏假二十日,其荐丰升阿自代,著不准行。　又,棍噶札拉参,著仍回新疆八音沟新寺。

三十日

电报:南洋张:唐景崧遵初七电旨脱身内渡,于二十七日到江宁,应否仍入京陛见。　前川督:教士所电,大抵耸听,其实有全拆者,有仅打门窗者,有随经修复者。彭县教堂最多,全行保住,并杀毙匪首杨蛮子。　裕：倭添兵情形，留陈湜仍驻大高岭。　长、依：亦留陈湜，毋庸移扎锦州。

电旨：唐景崧著革职回籍。　又，准陈湜十营留防大高岭。本日刘坤一请嘉奖之处，无庸议。

闰五月初一日

阔普通武摺片：流民妇女请设纺织局收养。赈米折价有流弊。

电报：川督：重庆教堂六处全毁。　南洋电交户部议：芜关请开米禁，江藩厘局、镇江请不可开禁。查米向由镇江装贩至上海，去年始改赴芜湖而镇关之厘顿绌，今自上年九月十五至本年五月十五止，八个月镇江米税多收四十三万馀，而江宁等三厘卡亦多收二十馀万，通计一年可增米税一百万两，拟请由镇江拨补芜关每年三十八万，并由三厘局将司事等办公经费得贴芜关先行试办耳。并请此后江海、镇江、九江、江津各关米税一律弛禁。　闽浙：台北已设总督，出伪示。吴光亮在桃子园截倭，倭不敢南。刘永福于十八至二十二在台南截杀并炮轰毙甚多，安平炮台伤彼二艘，倭不敢深入，颇惮刘。

电旨：饬张国正赴山东臬司任，毋庸来京。　又，饬刘秉璋保护教堂。

初二日

封奏三件：丁之栻参玉田县陈缙。乌尔庆额摺禁九门挖土。片：兴平仓仓虫。　王鹏运摺：请派持正大臣赴津议商款，片：俄不可拒。

电报：李：据东海道探，旅顺倭兵陆续撤退，尚留数千人，金州留一千馀，大连湾留三四千人，所有炮台之炮全行拆去，各库屋门窗地板径行拆去。又，路透电新开河落成，德王乘轮率各国兵船至欺尔码头宴会，惟法国水师官谢不往。　刘：阎殿魁军有鼓噪情形，并请于一月口粮外，再赏一月，现派申镇弹压。阎殿魁禀请刘大臣拨兵弹压而兵勇已将军米抢劫，恐有再抢饷银事。

电旨：饬刘坤一：阎军妥慎遣散。　总署发信询李鸿章病体已否全愈，未见摺奏。次日递上。

初三日

是日，倭使林董到总署谒王大臣。

封奏二件：户代聂兴圻摺：十七条，有建陪都一条。　山西臬司李有棻摺：六条，亦有陪都一条。

电报：李：复总署昨电，云可否代奏暂行销假。　闽浙：倭犯台中，屡为林朝栋所败，接仗在中立居笼等处。又倭八艘载万二千人由基隆南进。又，华人多附商轮往厦门。　许全抄：遵与外户部切商照改。据称此次订息，实省中国银千数百万，合同添列俄国一层，全为银行售票轻速起见，但言确信不愆，语仍不足。今拟云：或遇付款阻滞，俄国与中国商妥，允许银行一面蝉联发给股票本息，以代垫付，说法较为两便。又俄款末端持以《天津条约》已括正意，彼始允删去全条，惟称因此次借款之一事，中国声明必无允许他国有管理钱财之权并利益，如或何国得此权利，亦准俄国均沾等语，如可定订，请并霰电十七日俄款前三端核奏示复。又告倭兵在辽情形，答云不知。叩以归地近议，据云俄意原因退兵筹款，俟款事定后，当即催办，语颇狡。三十。

电旨：全：许景澄：电悉。借款删去末端，声明他国如得权利准俄均沾，当无关碍。至改拟付款阻滞，许银行蝉联发给股票等语，不甚明晰。著即详悉电复。此外三端，如与前电相符，亦可照办。许景澄务当斟酌妥协，即与订定，并将汉、洋文字句逐一核对，勿稍歧误。借款与归辽系属两事,合同内切勿牵连及之。

初四日

洪良品等七人摺:劾李鸿章贻误重罪,并其子经方庸劣。片毁和决战。片:二万万难偿,请再议大加删减。片:辽东倭兵焚掠,请奉天尹照会倭人禁止。　洪良品摺:平宣氏一案问官崇廉威逼人命。

电报:川督:成都法教堂赔款索七十万,省外及英美尚须另议。新督二十四到广元。又,前日所报"重庆"系讹字,是崇庆州之案也。又,五月十五六日以后浮焰已息。　宋:姜桂题铭军、刘世俊嵩武〈军〉应先撤,吴凤柱之旧队应令带回。毅军应再去五营,暂留新旧三十营。吕本元、徐邦道、蒋尚钧现扎大高、辽阳一带,已咨依等察看。依、长:海城尚在挖壕葺城,其兵时去时来,初无一定。

初五日

电报:滇督:两乌当按约交割,思茅通商窒碍情形。边境盐茶之利兹此尽为法有,且英人前有半里不让之约,恐以前言诘我。龚:英议换首相、外部,尚未选定。法告庆常云,如英有违言,法必与论。川事庆已详告。又,昨令格哩先将电意告外部侍郎,据云英告驻法使不能允华让猛乌、乌得。

电旨:饬刘树堂,令袁世凯销假交吏部引见。

初六日

许电:俄外部因我不愿称俄国代中国垫付关款,故言俄国代银行按付本息,并除去"海关"字,以取委婉。照洋文对译系俄国与中国国家商妥,允许立合同之银行一面如期蝉联,用备发给到期应销票息票本之款,云先闻。豪。　李:林董过津,请照约驻兵威海,今荒川已次函称日军八千人俟兵房备齐即由旅顺驻威。查约云四十里以内中国不得驻兵,今南岸防营应撤。又,刘含芳探营口、海城等处均有倭兵添运米、粮、咸菜、军衣等物并饷银十万八千。　德:请饬申道发拔队回江。　发龚电,辩猛乌、乌得。

电旨:饬李秉衡派员与倭议威海驻倭兵事。

初七日

李文田奏摺:极言筹款之难,有不可者四,而无归宿。劾孙、李。片言淮军不可恃,不宜独留。　张百熙摺:言善后事颇讥因循。单十四条铁路、矿川滇、捐封典等,直设巡抚,渝设总兵、设东边督、铁甲华商捐办、银钱、罚锾、练旗兵、汰绿营、团练、变文武科、机器局。片:保举人才。　信恪摺:善后开矿、铁路。片:撤回宜防。　张嘉禄摺:慈溪土匪尤田鸡。

电报:李:路透云,英宰相兼外部派沙力士尼,内部德文斯、户部赫及斯弼士、海部高森、印度喀诚。　南洋:法因川案,有兵轮四进长江,现驻江阴。英人云法来索费,不允即将攻击等语。既有此说,长江口外灯塔及浮筒均暂缓重设。　河南抚:袁世凯由濮回津,催令进京引见。　许:筱电俄款四端,据外、户部口述,嗣商拟稿,因末端全改,故先撮电。其二端添俄国代垫一层,径电已述及,故言略,以俟定时再核。顷晤罗拔,说明未将后稿全电钧署缘由,彼已理会。明日外、户部邀议,应贷俄款并合同要节酌改妥协电明再行成订。又,罗拔允两电均不牵连辽事,并允电驻日使,询倭添兵事。支。

初八日

余联沅摺:湘、淮、庆三军不可偏重,并力陈淮军之弊,止知李而不知朝廷。　王鹏运摺:力言湘军不可撤,淮军不可恃,片劾盛宣怀种种劣迹,请交李秉衡查办,词连沈能虎。　许:豪支电计达。

外、户部会议拟俄款定稿，作为两国互订专条。一、俄国凭中国驻使知照海关上年进项及已押借款，与每年分还本息各数为据；二、中国允将关税拨还前押本息外，即还此款。至以后借款，每年应在分还此款本息后再行拨用。三、如遇付款阻滞，不拘何故，俄与中国商妥，允许银行一面如期蝉联，备给应销票款本息，中国应以他项入款加保，由两国大臣在北京办，将所添代垫关款语改去。四、因借款事，中国决不允他国办理照看税入等项之权利。如允何国此项之权利，亦准俄均沾。前拟钱财字宽，故指明税项。五、此专条至还清借款为止。商添此条示限制。□□均本前拟情节，洋文法较冗，撮叙实义，请核奏。合同要节续陈。歌。　许：合同二十条。中国驻使奉准备全权谕旨，与银行会董订立。第一、二条借虚数四万万佛郎，由驻使出给借款总据，会董收执。四、八、十一、十四条，此款按九四又八分之一扣，再扣印税造票工本、发寄等费，周息四厘。西历本年七月一日起算，每年还本息二千一百十五万四千七百五十二佛郎，加银行用费四分厘之一，添印息票刊报等费，十年一发，三十六年还清，十五年后亦可全还，在巴黎交款汇华，摊给汇费，首期极迟限八月朔，次期十月，末期正月，或一期全付，未交款前所起息由银行贴还。九海关作保，另立押据。下按三十豪电所拟，如遇付款阻滞，至俄允许银行发给票款等语，改去"加保"之字。十六，中国在六个月不另借款并售票，此条系西例，银行恐碍售票而设。三、五、六、十二、十三条皆售票事。馀条合同例语。各费确数再查陈，即日户部导见银行会董。如与专条均准画押，请知照喀使，并示遵。鱼。　闽浙：参福建候补道杨汝翼带勇由台内渡携银引避，意图牟取，请革职。　刘：阎殿魁十营军械已缴，遣撤完竣。　李：杨岐珍电新竹土匪与倭斗，彼此小伤。台中林朝栋全散。台南刘永福虽未回，亦不备战。又，杨电淡水绅言倭感瘟疫，桦山初二晚病危，日兵殁甚多，确否再禀。　龚：使署存新画界图，江洪全境至英东经一百三度而止，跨湄江东西，江洪城在一百一度，误在绘图，未将全境各土司注明，致英以缅约第五条藉口，法界约请暂缓批准。

初九日

是日起在西苑值房。

翰代奏丁立钧摺：淮军不可全留，湘军不宜全撤。深诋李之专权，刘之世故，并拟办法八条。片：两湖撤勇回省后作何办理。皆请交督办处。　戴鸿慈摺：专论此次撤兵之偏重，大致与丁同。易俊摺：请严核厘金中饱。片：请禁嘱托推荐外省差使。片参英山县尹允熙种种贻害闾阎。　督办处摺：裁东三省练军，另筹练法。总署摺：日本使臣林董进见递国书。

电报四件：许：见昨日电，今日递。　王之春：在西贡被枪击左臂，疑同舟之倭人所为。　奎焕：藏番坚持鄂博之议，开导不从，请商英使后五年再议。　北洋：报刘汝翼于十九日起程赴粮道任。

电旨：许景澄：初六日电已悉。合同各条著许景澄斟酌妥协，即与画押订定。佳。

初十日

翰代阎志廉摺：淮兵不可留者五端，言甚激烈。

电报一件：杨昌浚电：循化窜贼渐次就抚，而河州韧关礼拜寺牌坊被焚，回民疑杀汉民多命。由是回汉猜嫌。河州东乡奸回闵秃子系阎殿臣之孙，于本月初七日竟聚众数千人攻狄道州城，势甚猖獗。现调各军并咨陕抚拨兵驰援。河狄大乱，省城兵单，请饬董福祥统甘军回援，急电上闻。

电旨:董福祥一时难撤,如陕省有兵可调,即酌派前往。

十一日

瞿鸿禨摺:建陪都。片:抄卫汝成等家产,贺星明革职不足蔽辜。　徐树铭摺:通论生财节用之法,大旨以裁勇开矿为事。片:购买军器之委员中饱。片:轮船机器由中国自办。片:将遗失船械,著该管官赔偿。

电报:李:桦山已瘟死,倭兵在台南东港登岸。　许:佳电悉。惟合同六个月不另借一条,彼不允删,仍候复到,与歌电专条同画押。泰。

十二日

电报一件:张汝梅:甘军八营已到陕,催赴河州并派恭占魁等往援。

封奏:熙麟摺:参江西抚复奏吴大惇一案不实。片:东江米巷洋馆挟妓饮酒请饬禁。　齐兰、唐椿森摺:德胜门外匪徒赵长竟等夺犯伤差重案,请拿办。片:获犯请保。

十三日

封奏:高爕摺:劾德馨。片劾吴大澂。　管廷献摺:筹款谓户部宜将乾隆年入款与此时比较。

电报五件:李:刘含芳电威海倭兵将到,其委员欲住民房。又,录复刘含芳语,据约与辨,请总署与商林董。　东抚:请再赏假一月回省垣,并弹压各营遣撤之勇。　南洋:保黎庶昌、陈允颐堪出使日本。　上海道:瑞瑙教堂在成都者一处,人俱逃出。

旨:饬各营遣勇路费不准丝毫克扣。

十四日

电报三件:李:刘含芳报倭官强占民房允将附近寺观村庄开单

与商,尚未满意。　刘:成都教堂赔价不肯减,省外尚须另议。许:真电悉。此条复商俄户部,不肯删。现俟外部定期即画押。罗拔又电喀使,询问俄款专条是否均准画押,因此与罗拔互订也。歌电首条三项,只须大概总数,乞速示。交款次期为中八月十三日必可赶汇。彼言德款有费用,亦九三扣。文。

旨:饬鹿传霖持平办教堂之案,所索七十万应与磋磨,并饬刘秉璋俟教案办结再行启程。

总署发许大臣电:文电悉。俄款专条均准画押。歌电首条三项,查中国洋关进款每年约收二千万两,应还旧借本息,每年约五百万两,抵借俄款有盈无绌,俄款系九四又八之一扣,周息四厘,已准鱼电,订定合同。德款并未商定,昨与德使言明六个月后再议,以免银行股票滞销。俄款十六条亦并照办。刻由署照会喀使达外部,希詧照。顷喀使持外部电来商,再请电旨,将商号合同两国互订专条,分析画押,明日奉准再电达。俄款息扣已照鱼电。重与喀使声明,希勿歧误。盐戌。

十五日

电报三件:李:致伊藤电论威海倭兵强占民房种种不便,令其转饬司令等官照约办理。又,据刘电,倭官詹男恃强占房等情,请总署与林董理论云云,请饬东抚照约于海湾四十里内归倭驻守。　两广:继格十四日出缺,以付都统兴存暂署。

电旨:保年现在来京陛见,广州将军谭钟麟兼署。　又,著许景澄于两国互订专条并商务合同,斟酌妥协,分析画押。　又,谕李秉衡草庙防营在海湾四十里以内,应照约迁徙。

十六日

封奏:准良摺:请办铁路。

电报五件:李:刘电詹男拟于冶口驻兵,本处防兵不准,统领孙万林有开枪轰击语,孙营实在四十里之内。又,欲于四十里外再划瓯脱若干里,约明两国兵均不能过界。　山东抚:日使所绘驻兵界线已逾原约,又另加划线,将文登、荣城两县一并圈入,不惜微躯与之力抗。　刘:裁撤各军另给恩粮一月,远者俟到本籍再给一月,军械在津关给领者收缴,原带来者全准带回。　许全:俄外部接喀复相符,本日合同、专条均已画押,另奏咨。寒。

十七日

封奏:阔普通武摺:筹款。

电报六件:李:接伊藤电,已转达兵部,令其由电谕知军队司令官展缓赴威,俟至该处暂驻兵房起盖完竣方行。　刘:报熊铁生中风。　鹿:饬两司将英案同法案一律在省妥议。法索赔太巨,急难就绪。十四接印。　杨:河狄回氛甚恶,省城亦戒严,请饬牛师韩统七营迅援。　龚:沙外部尚未谈,巴侍郎云猛乌、乌得在江洪十二土司内,如华让法则缅约作废。使署两图,一薛[①]绘存至百三度,一英存使署至百二度三十分。二图地名部位不符。　王之春:枪伤未收口,请赏假一月。　总署发直督:通州教士谢卫梅被二人持刀刺伤。

十八日

电报五件:长、依:徐邦道病故所统兵派罗应旒暂统。　刘:丁槐、陈凤楼、宋朝儒五连三四军[②]拟仍留。　奎焕:郎员循界并未知会华官,前电请缓办是否可行。　滇督:法使照会龙膊至九龙江定界会同既画押将中国所让南乌江之猛乌、乌得、里江之猛蚌、猛萱

---

① 原驻英、法、义、比公使薛福成。

② “五连三四军”,原文如此。

等处交与法国，请派员交割等语，惟巴威所画蓝浅，除两猛外，尚有误入猛伸土司之地，应如何分晰，免使边民固执启衅。至第二段之猛筒、第五段猛蚌、猛萱等处，现两水已发，瘴疗盛生，请照会法使，缓至秋末再定。　直督：通州教士被修房工匠曹大曹二砍伤，命似可保，教士极讲情理，现已获凶讯供。　李：依、刘电，委员所报威海情形尚是十四日事，尚未接伊藤电也。

电旨：徐邦道营著遣散。　又，丁、陈、宋、王四军仍照前议遣撤。　又，黎庶昌俟教案办毕，再给咨引见。

是日，奉旨惠潮嘉道裕庚著开缺，以四品京堂候补，充出使日本大臣。

十九日

电报一件：杨昌浚：海城戕官劫狱，首逆李昌发及其子伪二帅暨首要各犯按名正法，逸匪仅数十人，此股一律荡平。

封奏：徐桐摺：筹饷八条，末条截各关贡物及传办。片：各督抚分省筹出新款专条，供每年还洋债。又，保董福祥、余虎恩驻南苑练兵。片：择外国最快利之枪一体仿造，勿购外洋军火以杜各弊，弹子一律。

信恪：严劾庸劣，请饬各部院各将军督抚慎办。

电旨：问杨昌浚海城一股已净，何以河狄一字未提。

未递电二：许：银号称数日内有一万万佛郎备交，应汇何处收乞速示，惟偿费交现银或西币算合，未定。或先兑英镑，拨存伦敦汇丰，以及汇镑汇银较便，请饬赫德电汇丰接洽候酌。洽。　又，请转电总署候复。澄。俄户部谓借款汇华兑银，再汇日京，银价必骤抬，所亏不小。宜请钧署预商日廷云。首期偿款已在欧洲借备，但转兑银两，中国徒受亏耗，于日本无益。查日本金钱与西币算合有价,若估定银两市价,径用西币算合日币,由洋汇日,或听指交欧洲何国银行分收,实为两便,此法揣日本于理可允,请代达备采等语。所言亦切事宜,惟银价合英镑,早晚不定,似可与商,就交款之日,照上海规银兑镑市价升算库银,即以西币若干合成交千万两,最平允,不审可办否?并陈。澄盐。此电从新疆转来。

二十日

电报五件:李:刘电日员尚未得彼国军队迟来待盖兵房之信,仍标记民房不肯商,请总署照会林使。　东抚:同前。　刘:牛师韩请于七营外添招十三营赴甘,并由河南预备枪炮军装。　龚:晤沙侯,云前勘界之士考特十日可到,询明如猛乌非华属,请暂勿奏准,容和商通融办法。　李相:喀云辽地因倭议事,秘密不得确信,想两月内可归结。又云各国(公使)将出京避暑,倭使来津议商约。

封奏:徐桐等:请将御史钟德祥革审。　敬信等:保举团防绅董等十员。寻常劳绩。

电旨:饬牛师韩带七营起程,毋庸添募。

二十一日

无封奏。　电报五件:许:遵询外部,据称,前商日本退地,迄未复。近又电驻使催询,彼称俟用文复。至赔费,日本称必须议给,但可减少。切告中国万难再允。罗拔言拟先商驳再酌。又据驻日使电,辽地并无英队,倭添兵未确。　刘:宋朝儒先撤,丁槐俟入觐后再撤,陈、王两军随后办理。　鹿:刘秉璋先一日启行,奉电旨即飞递,据复云折回,转骇听闻,于教案无益,请免留办。　李相:刘电日不可占民房,气焰稍杀,似已得其政府缓来之信。　依:请仍拨敌忾饷五十万。部议先拨三十八万,不敷用。

电旨:令刘秉璋折回成都,仍遵前旨候教案办结再行起程。

又，谕许景澄偿费万难再允，罗拔既有议驳之语，应嘱其始终力驳，无令中国为难。以见彼此邦交美意。同时退地仍随时密询电闻。

二十二日

电报一件：鹿：教堂英尚易结，且迷孩事伊亦内愧，惟法难了。被毁者二十处，且一洞乔老教堂实有存款二十万，故狡称七八十万，意在多赔。

封奏二件：会章摺： 洪良品等七人联衔摺：易俊、曹志清、王鹏运、刘桂父、高燮曾、杨福臻。均未下。

电旨：饬张之洞保能办铁路人员，并由京至清江铁路是否可办，即复奏。

二十三日

电报二件：李：刘电威海日兵相度营房基址，其司令官水峻詹男二人问地价。 谭：广东河源县黄天村教民毁神像，村众聚千人围教堂，幸教堂未毁，教士未伤。

电旨：询杨昌浚河狄情形，催令电闻。

二十四日

电报一件：杨：河狄回炽，省城戒严，飞调各军尚未见到。请饬董福祥回甘，或调余虎恩一军赴剿。东南久不通，北路亦时通时塞。渭源、金县亦有贼，西宁、碾伯告警。

封奏四件：熙麟摺：御史奏拿绰号者数数十人全虚，应将原参官议处。未指明钟德祥。 宋承庠摺：寄。松江城火，仓库请移建城外。又，片：无锡米捐骤加三百文，请以后免米谷捐。 联锦摺明：参理藩院司员于蒙古捐输袭职等事种种舞弊请查办。片：不准御史妄参绰号，指明钟德祥案。 杨福臻摺：饬保人员不可专重洋务，嗣后保人须有“心术端正”四字，否则流弊更大。

又续到电报一件:刘:廿一日旨在泸接到,即由陆折回省城。

电旨:报杨昌浚将以董福祥援甘,惟路远迟到,仍先令各军赴急。

二十五日

电报一件:李:据刘探,大连湾兵来往大约赴台湾,炮台物件均拆去。

电旨:饬刘坤一转饬余虎恩,挑选所部来河西务一带驻扎。交旨:董福祥著带所部赴甘援剿。　许:电催借款事请复,由总署办复。　总署:发许大臣电:二十五日洽霰电悉。日本政府拟在伦敦交款,由伊酌指银行接收。中国意见相同,再将详细交收办法相告,本署照准,已属日使电复政府。俟接来文,商定办法,再电达。

二十六日

电报三件:刘:余虎恩遵调,拟令魏光焘回扎渝关以足三十营,宋庆回扎锦州。又,潘万才添募之二营先撤。　依、长:海城倭兵情形,彼兵被瘟甚多。又二件:一克萨,一瑞记,皆要赫德出票。未递。

封奏:褚成博摺:用人宜慎,若尽讲新法则得人更难,历举胡、曾、沈、丁诸摺,何尝不虑远思深,而其效安在?大致如此。片:管廷献谓各局皆须撤,然有不可行者,机器等局是也。请招商股办。并请交户部与管摺并议。论各局有贵官为子弟营求者请查。片:请饬董福祥速赴甘肃。　张仲炘摺:未发下。　恩顺等摺二件:一留练勇,一保团练局员,三年照例。

电旨:饬刘坤一仍遵前旨,令余虎恩移河西务,山海关有熊军,其魏、宋等军毋庸移扎。　总署发许电:递后发盐电,照尊处鱼电,声明俄款九四又八之一扣,四厘息。合同内是否照此载明。如九三扣，则大有出入。此节必须更正，即电复。

二十七日

电报三件：龚：俄、法催倭退辽旅，倭意或先交若干或稍加费，即可议结。法廷已饬法商借款息轻，以后仍可借助。华匪扰越，请筹办法。　盛报：太原电线及老河口线同时皆断，兰州报俟通。许全：顷银行报交二万万佛郎，九四又八之一扣，再扣印税费六十四万二千，净一万八千七百六十万八千存巴黎听拨用。现商令暂存原银行四家，陆续提汇，如全提在二十日前知照，等回一厘半息，即候筹示。澄有。

封奏三件：傅顾摺：请加关税，绸缎等酌加一倍。　溥颐摺：筹饷四条：裁兵勇三成，裁局员，盐斤加价，抽烟膏厘。　顺天府：另事。　刑部议失守金、复、海、盖、凤凰等处文武罪名：黑龙江，新疆，军台。东边道宜麟改为新疆效力。

二十八日

封奏二件：熙麟摺：存。诋谈洋务新法者为邪说。片：平宣氏一案司员受贿。　陈兆文摺：湖南教匪日滋，隐忧甚大。交德寿。

电报三件：奎顺：西宁吃紧，添募勇丁一营一旗。巴彦戎被扑，碾白告警，有勾结十五会回匪，云云。　盛：甘电已通。　杨：王文韶转：董福祥已准回甘，牛师韩一军请无庸度陇。　许：罗拔称：接驻日使电，辽之约，旬内可商定办法。赔费复问切嘱。据称日本但允少，不准无。谨闻。宥。未递。上海道电：巴山船可否以四千五百磅议结。

电旨：饬杨昌浚以饷械接济西宁，并谕仍令牛师韩一军往援。今日西宁大臣奎顺告急。又，杨致北洋谓牛军可不赴陇，故有是旨。　补昨日总署发许电：洽电有已复。昨接有电，款存巴黎候拨。如全提,在二十日前知照,算回一厘半息,如何算法?此款现存银行究系何日起息,希并复。沁。

二十九日

电报二件:张汝梅:甘回滋事恐窜陕西,请调豫省练军赴陕协防。张家川、平化川等处皆系陕回,并请调总兵郭广泰统兵前往。　崧蕃:法兵越境,伤我兵二人,马一匹,而法员指我田莲地方谓即彼之上蓬,影射朦惑。　许:合同扣法照鱼电。

封奏二件:戴鸿慈折:善后十二条。　张百熙折:新约内第六款须加斟酌,请饬两江、两湖、闽浙、四川督抚一体会商。片:李鸿章万人腾笑,外国亦轻之,是否回任,请圣断。

六月初一日

电报三件:崧:驻蒙[①]法使照会三园官带兵五十名来接收中国所让之猛乌、乌得,请告法员,俟华员到界,方可同入两乌之境。　南洋:丁槐不避艰苦,迅速赴敌,古州偏僻平静无事,请将该员赴江南差委。裁江南旧营,不另添饷。　许:俄外部称借款合偿费一万万两,不足请预补备,俟辽议一定,中国即可全付,早令退兵,否则不必早付,兼作辽事之操纵。属电陈。俭。

电旨:丁槐新募之营就近裁撤,即带原有五营前往江南听候调遣。

封奏:总署折:申明旧约一切文书不用"夷"字。　裕庚折:奏带随员二十人。

初二日

洪良品折:请建陪都于山西。片:驳管廷献奏以乾隆入款与今时比较,万不可行。　余联沅等九人折洪、王、高、褚、易、戴、恩溥、李念兹、

① 指云南蒙自。

张仲炘劾李鸿章始终误国，不可回北洋本任，不可者五，请予休致。淮军只裁十营，馀仍欲添足。海船已到二只，仍令闽党接带，并有仰天诟厉，词极狂悖等语。片：厦门私信谓台湾大捷。刘永福不许彼和，并擒得丁汝昌[①]云云，末言宜缓还赔款，连俄拒倭。

电信三件：刘：牛师韩赴陕尚未起程，前队已拔。　许全：银行告本日开售股票，颇顺适，如日内全款可交，如兑镑汇伦敦，照合同不收汇费，惟须分每礼拜先一百万镑，庶免涨价吃亏等语，款既备，自以早交早撤兵为便。可否商日使，即将银行指定随兑随交，取该行收据汇核，约九月初交齐，否则陆续收存汇丰，候交，请酌示。感。　鹿：教案有在千里外者，尚未查齐，请法暂缓开议。至办匪议处两层，均可办到。　总署致许电：佗电俟辽议定再交。感电云随兑随交，与外部意两歧，似宜听外部信为妥，或暂存汇丰亦可。致边电：台有何消息，确探电闻。

初三日

长萃：保延茂、岑春暄、升允、柯逢时。　片保句容训导张祥书。

电报一件：杨：狄道围解，河州固守，西宁遍地皆贼，兵稍集，望董军甚切。　又未递二件：许：借款一律西七月朔起息，此次二十五日交款，以前贴息已报收，银行以是日照存款净数起算一厘半息，兑镑后分别停息。勘。　许：银行二十八日续交一万万佛郎，照扣外，另加十九天贴息，共一千四百三十三万六千一百十一佛郎，仍暂存。又法银行商董称："此次商办借款，有益中国，恳钧署面告法使，遇有商务机会，加意招呼，法外部必乐闻"等语。候酌

① 时丁汝昌已去世。

行。艳。

电旨:饬南洋令刘麒祥来京,并催陈允颐起程北上。　又,令杨昌浚就现兵布置,告董福祥起行,一时难到。

初四日

曹志清摺:论保举人员当分邪正,片滦案办兵差扣留赈款,片直隶盗窃频仍。片:总署出使各员须择强干有为者。

电报四件:长、依:十七日未刻海城倭弁兵长福太郎、伊藤禄田均被雷击并连击同室三卒,迨雨后倭酋乘马出城,雷复击其马,倭酋昏坠,时许方甦,该城疫盛日毙二三十人,现运到子药百车,大米千馀石。　边:倭陷新竹,生员吴汤兴接仗,互有胜负,仅能拒守,不能进攻。桦山病毙,倭兵疫死甚重,台南无兵事。　刘树堂:牛师韩电由水路溯流迂道至汶,殊出意表,请电催改道前进。　许:罗拔函告,接驻日使电:日本索辽东赔费五千万,付此款及首期偿费退出金州界,付二期偿费议定商约,全退等语。罗拔现赴俄主谒商,俟订晤恳其力驳,再闻。冬。

电旨:饬许景澄告罗拔:中国财力已竭,辽费万难再允,嘱其切实力驳。　又,刘坤一饬牛师韩由山西赴陕,若纡道溯运,即严参。

是日,户部奏筹巨款摺。兵丁米折一条交八旗速议;正折裁制兵,整顿钱粮,厘剔厘金。清单内裁局员,盐斤加价,收烟酒捐。均交各将军督抚妥议。

初五日

都察院代云南京官、公车公呈:蒙自、普洱等处锡厂、茶山不可让与法国。

电报一件:刘大臣:滇事紧要,冯提督年老,何不以丁槐代之,练团自固,且彼于江南情形不熟,五营亦少。

电旨:台湾各官关防印信饬边宝泉查明收存。又,丁槐仍遵前旨带五营赴江南。

初六日

许应骙摺:联俄拒倭。　锡光世袭侯摺:陈八旗、内务、巡捕各营积弊。　陈璧摺:劾张国正种种贪淫,请交边宝泉查办。片:汕头、厦门于由洋归华人民勒索多端,请禁止。

电报一件:北洋王:牛师韩豫七营军装已由水路赴道口陆路,请由陆路取道东豫。

旨:准牛师韩由陆路取道河南。

是日廷寄:户部奏需饷孔殷,谨陈办理情形一摺览奏,均悉。现因偿款过巨,息借洋款每年筹还本息约须一千五六百万,各路防军又未能尽撤,需饷亦繁,亟需预为筹备,该部所拟考核钱粮、整顿厘金各节,皆属切实,著各直省将军、督抚查照该部所拟认真妥办,据实具奏。又裁减制兵一条,拟令各省挑留精壮三成,其馀老弱一概裁撤。著该督抚各就地方情形悉心妥筹,核实裁汰,奏明请旨办理。该将军、督抚皆受国厚恩,务当体念时艰,共矢公忠,力图补救,不得瞻徇迁就,畏难苟安,仅以一奏塞责,是为至要。该部另单所陈,除停放米折一项,本日已有旨令八旗都统议奏外,其盐斤加价、裁减局员薪费,重抽烟酒税厘各条,并著各该将军、督抚一体实力举行妥速筹办,以期有裨急需,原摺单均著抄给阅看。将此谕知户部并由四百里各谕令知之。钦此。

初七日

都代递呈摺:河南民人张汶兴控李金聚杀其父。　启、徐[1]摺:

---

① 指启秀、徐郙。

平宣氏结案。

电报二件:南洋:和约第六款并有关商务者,请电发。 许:商请外部力驳赔费,彼称俄廷现已转商法、德,尚未酌定办法,据闻。

代递章京陈炽条陈一件,片二件:普借国债,公保朝鲜。

(四)

六月初八日起至八月十五日止(7月29日至10月3日)

六月初八日

电信一件:浙廖[①]:绍兴蚕桑日盛,已委员劝办,可开总厂二三处,杭州继之。嘉湖情形不同,再酌办。于辛山产棉处开纺局一处,现正议办,将来酌借官款,以安商情。杭州本有小轮十馀,现准令运货。

封奏:李念兹折:直东交界之海丰、庆云、王营、小山地方盗首刘绍庭在海丰充捕役,该令廉孝只图本境不顾邻封。片:冀州勒赎幼孩之案,层见叠出,请责成朱靖旬拿办。冀州牛昶煦不办,宁晋东鹿等处问。 总署折:请添派驻法国使臣。 督办处代递丁槐折:办云南沿边团练十万。片六条:陆兵、海军、开矿、制造、专任、储材。

外折:良弼折:奉天诸将情形。依、宋、马玉昆、陈湜、徐庆璋、荣和、寿山皆敢战,长顺不战,徐邦道无纪律。力保于荫霖。

电旨:催张之洞保办理铁路之员。

---

① 指廖寿丰。

初九日

电报二件:许:遵又切嘱力驳,罗拔云:日本索赔过多,退期迁延,意颇不善,不给费断不能办。现惟核减赔数,撤去商约,冀早结局,已商德、法,如所复意同,即电驻使商办。又,冬电情节,罗云日本嘱俟四国商定方告中国,系关切预达,请致总署,弗作明告,据闻。　川督:并非不以杜为委员,惟杜自称代理钦差,告以未奉京电,现定一、二日内两司必与面商。

旨:饬许景澄辽事迁延,殊属可嗟。罗拔云撤去商约,冀即结局,办法甚是,仍著随时探闻催办。

初十日

无封奏。　电报一件:北洋:海丰交界贼,上紧查拿,冀州掳人勒赎,匪首牛堂已获,俟讯结。　外摺:杨昌浚一报海城案已办毕,请奖请恤;一报河狄情形;一请添饷一百万。

十一日

肃王摺:筹款以管廷献摺为最,户部当照此办。末言李秉衡能奉法,请将管与李嘉奖。　继恒摺:前锋护军挑缺,有不法匪徒将中箭者阻挠。　徐、刚连衔摺:钟德祥案办结。　李文田摺:保游智开。　王鹏运摺:未发下。

电信四件:张之洞电:论清江铁路不能办,有十弊,不如办芦汉。又,请办苏杭铁路,由上海至江宁。又,保于荫霖、陈宝琛办铁路。　龚:薛寄署图系至一百一度十二分,红字洋文注明,江洪至泄场未详悉。存署图则江洪全境至一百三度自不足为据,沙候俟查界所绘图看明再复,法与英辨,英亦未复。　未递一件:许:存款询商俄户部,据云钞数尽存商号,非正办,现令银行陆续兑镑汇伦敦国家银行暂存候拨。末批一万万佛郎由户部嘱银行稍缓交。齐。

电旨:饬恩泽传令于荫霖速即赴京,由吏部引见。　旨询张之洞:芦汉铁路从前曾经建议当有规模即复奏。　旨饬谭继洵传令游智开来京陛见。

十二日

吴光奎摺:筹饷四条:制兵、土械、开矿、局员。片:开矿,保周维纶。片:盐务,勇营当撤。

电报两件:谭继洵:复奏第六条商约:一定租界;一沙市行船照宜、汉;一指定制造何项货物;一土货正半税,此条宕长;末言租界内不准华商冒开行栈。此件达数千言。　龚:庆常函云:哈言此地与英无涉,中国爽约藉口于英,已告议院,无可挽回,云云。须俟沙候复法再电总署裁夺。此电不了了。　户部递周维纶等请开川矿摺呈。

电旨:饬龚照瑗随时询问英国勘界新图如何?与法国有无争执。　又,饬李秉衡威海倭兵驻界不可越海湾四十里。刘含芳著察看。

十三日

电报二件:鹿:论商约各条拟就产货处多征而轻其出口税,川盐为大宗。　刘:吴凤柱军已撤,留三营回襄。调李光久驻关,宁远由魏派兵分扎。

电旨:吴凤柱准留三营,馀皆撤。李光久准调入关,魏光焘拨队扎宁远。

是日,递总署章京沈曾植一件,吴景祺、刘宇泰、吴品珩三人连名一件,皆论商约。

十四日

梁仲衡八人封奏:沈思嘉、刘恩溥、蒋式芬、曹志清、李念兹、丁之栻、高赓恩。摺劾李鸿章任直督种种贻误,断不可回任,自言是北洋签押。

电报一件:龚:接电旨,闻沙侯赴某处行宫,十八日回伦敦。又,沙无暇看图,亦未见勘员,其意不可知,云云。

十五日

御史溥松摺:劾岑毓宝不回避姻亲,并徇私纵资各情。

电报二件:龚:庆常云:哈外部言,与英辨猛地属越,勿与华为难,英未置辨。现法正助辽事,款事、界约不得难对议院等语。瑗即晚赴巴黎晤哈外部,详告一切。覃。　庆、边:六月十一日在古田距城四十里华山地方菜匪伤毙洋教人,电词简略。古田有英教堂寓所四十四处,美二十四处,此案有无洋人,所伤若干,教堂是否损坏,派福州府秦炳直往办,并派队扼扎严拿。元。

电旨:饬庆、边严拿古田菜匪,按律惩办,并查明何国教堂,所毙何人,并将各教堂寓所妥为保护。　又,廷寄李、王商务条款详细斟酌,先行复奏,鹿、谭、廖[①]三电并沈、吴等说帖抄给阅看。

十六日

川督鹿等:与初九所递电同,仅易一字。　李秉衡:兖州安主教必欲入城,请令与济东道面商。

电旨:仍饬川督迅查速办并诘以前后两电,何以雷同。　又,饬刘坤一、宋庆令遣散之兵回缴军械。

是日,令徐公退出枢廷并译署。钱君[②]初入直。

十七日

无封奏。　电报:奎顺:西宁大通回起数万,毙民人万馀,现凑

① 指鹿传霖、谭继洵、廖寿丰。

② 徐公指徐用仪,钱指钱应溥。

各兵抵御。又,西宁郊外皆贼,大通被围情形甚急。　鹿:无迷拐告示凭据,系民讹言。周道名振琼。　刘:牛、李等军尚未全拔,枪械俟缴清再报。　庆、边:杀英七人,烧毙四人,内女一,女孩三,男孩二,传教一人,又路中死一,犯正缉拿,有三营兵。英领事俟古田路通再送往。菜匪即吃菜之教。　川主教杜:两司首府审此案有进益,鹿到民已压服,皆愿刘赔款或抵押。

电旨:令杨昌浚分兵援西宁,饬奎顺固守。又饬鹿、刘以法使要挟百端,宜赶紧集议磋商了结。　又,告庆、边以川案未杀人尚难办,况伤人十馀,急宜获犯严办,不可迟延。

十八日

田志肃摺:地方官不得人,四民失业。片:营勇之弊,请派员查验京城请〇〇躬阅。　田又摺:筹款。　片:陈州府属勒捐。片:办积谷,河南起运漕粮。　外摺:铁路、陆军、海军、学堂、商务、工政、游历、各省设枪炮厂,预备〇〇巡幸处所。　张之洞摺:通筹大局九条,深切沉痛。又,借洋款筹办船炮。又,铸银元。又,与俄立密约。此三件皆有关系,特记之。

电信:依、长:海城踞贼添炮,并制华民衣裤。　龚:到法晤哈,语颇不洽,总云华如违约,即辽事、款事均有碍,并已令越督守地,云云。　鹿:赔款七十一万二千,磨去零数,明日画押,分年交。省外教案已结二十起,赔款约六万,尚有英、美未结及其馀教堂。

电旨:询鹿赔款在外筹,如何分年?省外教堂一并连结。

十九日

王鹏运摺:记名御史不准奏留。片:广东善堂绅士潘赞清加三品卿衔,请收回成命,另给奖。

电报一件:崧;两乌交地,因英有违言,令黎肇元缓起程。今法催交，即饬该员前往，约七月中旬到界。

旨：饬福润传令前宗人府府丞，吴廷芬由海道来京。

二十日

准良摺：闻倭、俄将搆兵，请公保朝鲜。片：请革刘永福职，免其抗命之罪，勿使倭有藉口。

电报四件：李：路透电，古田杀英教士一家女教士七人，英人忿愤，电水师提督来闽。 庆、边：中途所毙一人即古田受伤之英人，现获匪目林引进一名，匪在岺山，已饬围捕。又屏南县已获杨论子等五名监禁。 鹿：赔款押已画，分三年交。省外七处教士催款刁难，杜较直，故仍与议。英、美两国已议结六处，若不赴重庆，三日可全结。 龚：薛开寄总署江洪等十二土司，名单内有猛瓦，即猛乌、乌得，据张斯栒云，系译文之异。

二十一日

无封奏。 东抚李请回省城办事。 电旨：准其回省。

二十二日

无封奏。

电报六件：川督：赔款本年交三十万，馀分三年，款由川筹。省外各堂及英、美索多至三十万。 闽浙等：菜匪仅获数人，现饬总兵徐万福务将余宏亮火速追捕。付将唐有德、知县王汝霖革职留缉。 李相：厦门电台南郡如常，教匪三四千揭竿。刘派许绅抚勦，教(匪)死甚多，官军微伤，吴光亮由新竹败，来郡面陈。 许：顷晤罗拔，彼允即商法外部，劝践法使所许前说，得复再闻。又辽事，俄、德尚徐商要办法。号 龚：顷晤沙外部，告以猛乌、乌得原中国宁洱，奉旨饬询勘员绘图如何，沙出勘员所绘图，猛地在江洪极东，至一百二度半而止。与薛使绘存使馆之图大致相同。查薛使与英议让江洪时,英虽绘江洪草图交薛,薛未曾附进呈图内,乃是疏忽。今沙仰体我朝睦谊,据称猛地在江洪境内毫无疑义,已告驻英法使,此地与法无涉,而法与中朝为难情形,英亦深悉,但须使英有词可答议院。拟允将猛地让法,中朝以新得八募北野人山地酌让若干归英,如见允,俟履勘分界中英两边分守之地,再定界,请电商总署照此入奏,英候复示办理等语。至古田教案,沙外部以此事若不严惩,有伤中外体面,亦请奏闻。沙论以上二事,语皆和平,请代奏。　又,如旨允让英野人山地,请仍勿告欧使已派员交猛地与法,惟密令施使勿催,俟英让地界留驳论馀步。号。

电旨:令川督再与磋磨赔款。　又,福建教案付将唐有德,知县王汝霖均革。

二十三日

恭邸未入。

电报:王:据依报,徐邦道十营内六营已缴枪械,四营不缴,罗长旒无法使缴,请饬裕、唐在沈勒缴。　杨:西宁贼益炽,围平番,凉州镇刘璞失利,河州仍被围,电线断,报不通,催董、牛、马三军速援。

电旨:饬张汝梅俟牛、马到陕,即饬兼程赴甘援剿。告杨昌浚:董未即到,就现兵防剿,毋得株守待援。　又,饬裕禄、唐仁廉派队收徐营军械,仍查明有无欠饷及遣费,将来入关派员弹压护送。

外摺:刘坤一请设公司,借款集股兴办铁路。保张翼、冯锡仁可办。

二十四日

洪良品摺:请毋借洋款,与倭议改约。片:如议不成,请备战。片劾李经方。片借款累至三十馀年,在事诸臣不及见矣,其如各国勒我让地何。

电报:谭、马[①]:复佛山镇医士与布客争角,华民往馆打其药瓶,今赔药瓶五百元,事已寝,非闹教堂也。　新疆陶[②]:陈甘新两处回乱日炽,文报不通,恐董军尚不敷剿,请多派兵速了。此电由俄国来。

外摺:马丕瑶陈时务十条:圣学、言路、使才、水师、陆师、人才。

电旨:饬陶:西宁被围,贼扑平番,河州围未解,董已往并派牛、马赴甘。关外回旗多,恐勾结,著严密防范。

二十五日

无封奏。　电报二件:闽督等:古田案英、美两教士均赴古田,已派员护送。永福县教堂无事。古田续获匪首谢国松,连前共二十一名。　奎焕:开导番人,已允委员前往,可否知照印督,派员会勘。前印督来文似非一勘即定。

电旨:奎焕既经开导藏番,令委员前往勘界,著即派精明妥实之员详细履勘,毋稍含混,一面知照印督派员会勘。

二十六日

无封奏。　电信一件:署直督:据依电,日本俘虏共十一名如何交还乞示。内依获四名,陈获二名,团练五名。由总署照会林董。

二十七日

电信两件:许:辽事俄商德,撤去商约,意已同,惟德不准结倭怨。论赔款事,与俄不合,尚在电商,谨探闻。有。　刘坤一:因感时症就愈,续请假一个月。

---

① 指马丕瑶。

② 指陶模。

电旨:许景澄:电悉,辽事撤去商约甚是。缓交兵费及辽地不再索偿,此论发自俄廷,今又云赔款事俄、德不合,可见俄实有帮助到底之意,惟电商不决,究竟有无变动,著确报具奏,外间纷传俄调兵与日争朝鲜,确否?并探闻。钦此。

二十八日

无封奏。　电信一件:署直督:吴凤柱马队三营、步队四营回鄂给两月饷,在津招募给一月饷。津勇鼓噪,哨官受伤,捡斩数人,现胡燏棻带王得胜弹压,必可安静,云云。

电旨:吴凤柱先行交部议处,仍著王文韶督饬胡燏棻等妥为遣散,并查明该统领有无克扣。

二十九日

无封事。　电信四件:南洋:留总兵丁大文在江南。又,请饬琅威理[1]来华就南洋现有木壳兵轮暂归调练。　胡粮台[2]:吴凤柱部勇已按名发给恩饷,帖然无事。　杨:贼扑河州,雷正绾出城获胜,毙匪四百馀,匪遁八方老巢。马安良在洮河东岸亦毙匪三百馀,生捡十一名,现饬李良穆力扼洮河东岸,俟荣占魁到狄即行进剿。奎顺信西宁城危急,现派李培荣率邓全忠往援。汤彦和为贼所隔。回逆狂悖,大张“扫清灭汉”旗号,非有大枝劲旅不能了结。

电旨:丁大文准留江南,交张之洞差委。琅威理允来华,俟到后再定办法。　又,饬杨昌浚:饬诸军实力堵御,将领中不得力者随时撤参,并著奎顺固守西宁,所募士勇能否成军?即复。李培荣能否得力?

---

① 原北洋水师副提督、英人琅威理。

② 指胡燏棻。

七月初一日

无封事。　电信二件：直督王：吴凤柱勇饷已放讫，吴已议处，细查尚无克扣。　谭：李约德被粤匪掳往马头山勒赎。法攻之两次皆败。苏元春如到东边，当令冯守互相联络。冯本苏之营官，呼应必灵也。苏统钦军固无不可，但非兼统法军，越军恐亦未得手。　此外五件未递。

初二日

无封事、外摺。　电信一件，馀五件未递。　裕：报唐仁廉病故。

电旨：唐军派记名提督初发祥暂统，归裕禄节制调度，初发祥能否胜任著察看。　又，饬许景澄：海军以铁舰为根本，从前镇、定两船[1]共三百二十六万，今若由德厂订造需费若干？几时可成？著详查电复。又，西国如有上等愿售之船并查奏。辽事赖俄维持，著密商罗拔，杜其婪索，以速了为要。

初三日

电信两件：崧蕃：蒙领事叶国麟称："奉驻京公使电云两乌本越南地，无庸中国派员交割，即日派兵往守"等语。此节是否与总署言明，无从知悉，请复。　川督：沙亦系主教，现与磋商。　此外四件未递。　又，外局电黄河漫口系寿张县境黑虎庙、柏家庄地方，距安山坡河十里。

督办处代递袁世凯封奏一件：四大端：人才、理财、练兵、洋务、共二十四条。

电旨：重立海军以铁甲舰为根本，前造定、镇两舰共用银三百

---

① 指北洋海军主力舰"镇远"号、"定远"号。

二十六万，此时若在德厂订造最坚利之船需费若干？几时可成？著许景澄切实查明电奏。此外，如有现成上等船出售者一并查奏。该大臣办事精详，务当广为咨访，以付委任。辽事赖俄维持，著与罗拔密商办法，杜其婪索，以速为要。

初四日

电信三件：杨：古田案美国不与中为难。　许全：顷罗拔称：德廷不愿减日本索费，本部力主核减，近日德稍松口，又议交赔费即退辽，不牵首二期兵费。德谓须并付，故尚未决。此但密述，俟商妥即电喀使明告等语。朝鲜电不通，俄外部未得详情。现无举动，请代奏。冬。　杜教士：沙教士来，中国官唆使百姓，教民变，恐吓待救。此即昨接到后，即由署发电致川，令弹压勿再添事。

外摺：李鸿章：报初五起程来京。　徐致祥：力陈和议之谬，劾李鸿章并及枢臣，责余者曰"首鼠两端"云云。　总署代递王之春条陈：八端，皆可行。

电旨：许电悉。归辽一议，发自俄廷，若仍赔费则与俄之初意未合，且与中国交谊亦未为完足，今德既松口，即当趁此定议。一面令日本将辽地交还，一面由中国将首二两期兵费一并交付，如此则与日有益，于中无损。而俄从中说合亦易于措词。该大臣身膺重寄，务与罗拔密商，使辽地早归，赔费悉去，以符前此操纵之说，方为妥善。

初五日

翰代翰林十三名连衔摺：劾李鸿章在直种种乖谬：一吏治之坏；一海军之坏；断不可令回任。　余联沅摺：极言保举人材须视所举之人为何如人，否则流弊益大。又摺：劾李鸿章请移任云贵总督，片铁路开矿当办而须得人。片：联俄须派人密商。又辽南不可再出费。又,先期五千万须与辽南并作一事,今乃划成两事。

电报三件:庆、边:古田获六十馀人,有确供者不及十人,该领事拟九条不可行,已分别准驳。英、美皆派员,美只一人微伤,似不必带兵官前往。　龚:古田案,英君到议院,甚以此事为重,并知中国已严办。会审非条约,观审则西例有之。　陶:新疆人心尚定,惟甘、凉空虚,拟派徐有△带兵一营一旗、马队二旗入关防守。

电旨:饬庆、边:严拿古田首要各犯并龚所电会审非例,观审有例,著庆、边力持速了。

初六日

电报一件:裕:报徐邦道拱卫军未缴枪械共有四营,查系正饷、月饷尚未发足,应由锦州粮台发给,并议给遣资。

外摺:张之洞:保荐人才:于荫霖、黄体芳、陈宝箴、李用清、林寿图、梁鼎芬、孙佩南、赵尔巽、陈仪洛、陆元鼎、恽祖翼、黎庶昌、袁世凯、王炳思、联元、江毓昌。　又,摺:论教堂房屋毋庸呈报地方官一节,流弊太重,请总署再与法使辩论改订。

电旨:询张之洞,孙佩兰是否即孙葆田。　又,饬宋庆俟拱卫军四营抵锦州时发足饷费妥为遣撤。

初七日

庆、边:美兵船驾弁坚欲赴古田,已于某日前往,请署告田使令瀣就理勿刁狡。盖只伤一人,已将平复。　鹿:沙教士名德容,并无官唆百姓之事,现在磋磨。英、美在重庆商办。　谭继洵:游智开遵旨七月中起程来京。　许:德厂无现成船出售,现令伏尔铿厂开具铁甲、穹甲各式再酌。有两旧船不可售。

由署电龚:一野人山关系甚重,未可轻许;一述英使请办刘督语于公法不合,令其据理与外部商办,勿用欧使先入之言。　又,电浙抚:温州南溪镇枫林教民徐定鳌家被毁系徐象严之谋,巡道派弁查办,敷衍了事云云。此案未据准报。

初八日

电报一件:闽浙:陆路提督黄少春请赴长江水师本任。

封奏四件:易俊摺:参锦州府奎华钱局差车病商病民,转运局员周冕亦舞弊。　高燮曾摺:劾李鸿章令百行乞退,请将此奏交伊阅看,有枢臣与皇上皆非说。片:参南海在籍道员刘学询曾经呈告忤逆,现办闱姓及种种不法。　敬佑:参河东监掣同知张贻琯及其家人姚姓、温姓把持盐务,并在风台时将长子盐务垄断,商人歇业。片:绰号须有实在犯案情节。　熙麟摺:南北洋购桥可停,募勇可撤。又,摺:洋枪不如抬枪及鱼雷铁舰皆无用,令八旗捡呈炮位清册。片:息借商款办不可,洋债不必借。片:令李鸿章捐赀及其所保各员出赀,以补赔款之万一。

又电报一件:杨:汤彦和大败,雷正绾守河州四战皆胜,难民六、七万,恐饥溃难支,万分危急,请饬张汝梅商派河南数营援剿。西宁可固守,甘凉亦不靖,已商陶模调营旗入关助剿。

电旨:饬刘树棠酌派数营赴甘,雷正绾固守河州。又,黄少春俟程文炳到任再赴长江水师提督任。

初九日

与李鸿章同起召见。　电报一件:川督省城外教堂已允赔二十一万八千两。又,六万数千了结,英、美尚未结。　翰代丁立钧等六十八员摺:劾李鸿章罪状种种。内而枢译,外而海疆均不可用此衰庸贪鄙之人。末言此番到京必有变法之条陈、过人之识议足耸观听,此皆左右奸邪之所为,乞勿为所动,云云。　南洋张电:俄造西伯利亚铁路,尽罗亚洲东方贸易之利,闻总署允其造黑龙江南岸之路以接海参崴,又闻允其沿鸭绿江而南。今中国方谋以铁路自强,此路系中国应收之利,应速与俄议,无论何方皆由中国修造,造路之费即托俄代借即以本路作押,可振中国富强且防无穷后患。此件查明再递。 昨法翻译到署言襄阳南漳县有焚烧教堂杀教民之案,即日由署电询鄂抚。

电旨:令张汝梅催董、牛、马速赴甘。 又,川省法教案只可照议办理,仍饬黎庶昌将英、美教案速了。 上谕:李鸿章留京入阁办事,王文韶调补直隶总督兼充办理通商事务北洋大臣。 廷寄:令王文韶整顿吏治、军政,有未协者即随时变通,用人一节尤应详审。

初十日

电报三件:张之洞:孙佩兰即孙葆田,系笔误。 庆、边:领事到古田亲见讯办情形,均尚帖服,无异议。后获十九犯内有首犯刘祥惺、张赤二名,据供系在逃张七主使,俟有供招再电惩办。 龚:让野山尚未奉旨,沙未提及,瑗亦不便言,恐占实,令格里询山侍郎,前沙所言究系何处。山云定此转圜之法,沙亦不详悉地界,已电印督,俟复到,如中国允商,再告知地方边界等语。薛使缅图似系昔马美利等地,姚文栋勘界记言野山关系甚重,业于寄总署江洪图时函中声明。又,奉初七电即约晤沙侯,俟晤后再闻。 新报云古田案派刘督查办,西人哗然;是否乞示。庚。 未递电:尚有数件皆无紧要。 两广:德教堂分设广惠、南雄、嘉应共三十九处,皆安静。又,苏提督电法员雅五画闻元春东巡,请帮查匪类寻李约德下落,且云由河内督电驻京公使云云,昨河内提督罗梳来晤,亦请早赴东界会钦,廉防军堵截。今拟初七起程,派先锋队前去,云云。顷得潘守电,法兵攻破马头山,匪窜越之十万山,潘率队回防,边界无事。　滇督:刀丕文、黎兆光先后启程不致逾期。　明日递一件:张之洞:论日本商约十九条。

十一日

准良摺:甘回宜剿抚兼施,请饬董福祥查起衅根由,出示解散。参汤彦和办理不善。

电信:裕:唐军初发祥可胜任,并请派付将舒拜昌帮统,记名提督皮天霖总理营务处。　鹿、刘:重庆领事不能分身赴省,请总署乘此向英使力阻仍令在重庆议结。　湖北抚:南漳教民罗清泉与教民马启志互殴,因拆教民房数家,伤一蔡姓教民均不重。该国仅德国教士赵动弥一人现回漳。　河南抚:河省兵难拨,赴甘牛豫凯七营已到豫,催令前进。　龚:昨外部文询易地事,究如何议。顷晤沙侯,云前奏尚未奉旨,总署令询议让野山究系何地?沙云俟总署电允议并示在何处商议,即言出地名。瑗云即电请示。现川教案欧使言过分,总署颇为难。沙云查欧所言,刘督情形是实,欧告总署各语,系奉国谕。瑗云如此于公法邦交皆有碍,且中国体制何在?沙云:各国皆心不服,不予罪名不能休。瑗云我朝廷自有权衡,查实必予以应得之罪。沙云此语颇爱听,望速电请总署必持平办,才可服众心,固邦交等语。沙独怪刘督事前不肯出示,闹事时不保护,以欧言为实,他国又附和之,如何分解,不伤体制。古田案准领事听审,英无异言,西人皆悦。佳。

电旨:饬裕将唐军酌量情形陆续裁撤。　又,谕长顺丰升阿改为发往军台效力,不准留营。　补龚电:昨与沙云刘各省服官,有交涉事,皆持平了结,三十年来未闻言恶西人教堂。沙云此次刘错,中国肯予应得之罪,英不过问,可否便告欧使。蒸。

外摺:李报黄河开口。

十二日

恭邸入直。　电报三件：张汝梅：董、马两军抵平阳，泥深水大，不能前进。　王之春：伤已愈即来京。　许：遵旨详商罗拔，并付首二期兵费，不给赔费，催速退辽。据称不赔实办不到。现三国公议减去二千万两。此乃与德再四争执，才无异议。德谓非兵赔，两费并交，倭必不允，致仍不决。惟不可再延，请即密询中国，除借款外，能否添凑，彼云俄已尽力商办二月之久，尚无成说，可见事极费舌等语，请核奏。佳。片：翻译阅卷，请将翻译科甲人员开列在前。

电报一件：依：海城交换俘虏本定七月十三日而日本于初七送到。现派员接收，惟恐奸细混入，或别有狡谋，若须开战，必当舍身图报，云云。

十三日

无封奏。恭邸未入直。

电报三件：张之洞报奎俊丁忧。　恩泽：俄商乘轮来吉，拟商办松花江各处通商章程，吉省止准购买谷畜电示，馀无明文，请电复。又，俄官带十数人拟取道南冈赴马白山、奉天游历，嘱令来吉换照，不允竟行。　龚全：英法议地事，定办法否？沙侯将赴马赛，回英须时，与沙议事较易，如有办法，可否告欧使电沙。文。　恩电由署发，龚则仍未复。

十四日

恭邸未入。

电旨：许电悉。赔费减去二千万，在俄虽极费力，而中国实不能照办，现在日使在京，设彼竟允让，岂非转虚俄廷美意，此节著许景澄再与罗拔密商，务加磋磨，商定即奏。钦此。

另四电未递:北洋:威海被倭拆码头。又,拱卫四营枪械已交。杨:准领事往查古田案,外部惬意。　增祺:俄遣轮一日到黑江贸易。

十五日

都代甘肃京官十五人摺:六月十五日以前回变情形,雷正绾听受贿嘱,误于抚议。杨昌浚迟回误听及军营空额诸弊。逆首马永麟。　杨福臻摺:部院及外官皆须定期勤见僚属。　恩溥摺:京城时疫流行,秽气充积,沟渠失修,粪厂满处,请交顺天五城清理掩埋,步军衙门禁止木厂占路。片:武乡试监场御史添一员,馀文场可裁数员。

电报一件:长庚:伊犁道禀,吴领事来商俄派马兵七十名往吐鲁番,住领事寓所,拟由伊犁、库鄰一带行走等语。查领事虽设而俄兵驻内地事系创举,应否准行,祈示。　又,龚两电皆同,刘督有无往古田查案及处分如何。总署亦云刘有不是等语。由署答以无古田事,处分不能预请。

十六日

电信二件:龚:山侍郎言易地事早议,益处甚多,沙平正宽大,向有面情,议院散后即过海。公文议事,定然笔不如口,此关切语,请谅云。瑷窥言意似已知派员交地,法已电于英,若英说出,恐其欲不在野山等处。盐。　龚:今早晤山侍郎,云沙昨赴乡,将来函交阅,函云:中国如不予刘督相当之罪明发,即派兵船到华海口报复等语。瑷云川案未结,即明与刘处分,我朝有大为难,且与川案不利,请达沙电欧,山允。瑷回署,奉盐电,与瑷言恰合,复往晤山,告知电语,山云已将总署为难非不愿即请严办情形告沙,即电欧,应缓数日俟中国办理。盐。

电旨:关内回氛日炽,著陶模酌拨数营入关助剿。　又,陈湜前在甘肃剿回出力,著统所部十营西发,惟伊子陈善所募各营颇有物议,著即沙汰。刘坤一所统诸军如有愿随行者并酌带数营前往。　又,缅约所定野人界,中国本自无多,岂容再让?惟英与我邦交日久,八募左近之红奔河以南,尚可酌让数里,著龚照瑗明告外部,此系情让,毋再求益。　又,答复杨昌浚汤彦和已革,李良穆练军著准接统。　由署电龚:川案与古田案相去数千里,岂能以古田而加刘督罪名,且此事何要以兵船来华恫喝?令龚与沙再商,并遵旨办野人山地。一催川重庆速了,一询古田起衅根由。

是日,见德璀琳致合肥电云:倭准退辽地不索兵费,朝鲜允各国保护。

十七日

无电报。　翰代王荣商摺一件:四川洪雅县人萧开泰精于制造,现在同文馆无所用之,请发银二千两令造火镜,试其能否。

十八日

电信三件:刘:江西请调申道发刚字营回江,刚营如不能,或先将吉字营调回。　依、长:甘泉堡俘虏彼此交清。　许:赔费遵商罗拔,中国力难照办,嘱其再筹。据云商减费力情形前已密达,此时万难想法。顷又约晤,坚称三国公议已定,惟请中国体察实情,勿再耽延,并云俄德意见尚未尽合,本部因欲赶办,已约德、法将公议大略,各电驻使,先告日廷,得复再述等语,请代奏。

封奏:徐树铭摺:保人材,共十九人:王之春、聂缉椝、蔡钧、卫杰、许贞干船政、张鼎佑算学,以上六员洋务。陈鸣志、刘倬云、周绶、李兴锐,以上为守皆优。陈宝箴、唐树森、翁曾桂、季邦桢、龙锡芝、俞廉三、江人镜、吴引孙、朱寿镛,以上九员皆治民能振作。片:论船政局宜整顿自造。外摺德馨摺芦汉铁路保张之洞为钦差督办铁路大臣。

电旨:准吉字一营回江西。

十九日

褚成博封奏:江浙交界盗风日炽,请饬两省会剿,语甚切实。片劾吴江县李汾。片:劾归安县沈宝青不办盗。

电信二件又二件明日递:张、赵:小轮分六路沪至苏、沪至杭,沪至崇明、通州,苏至镇,镇至清江,沪至宁波。商人请照洋章免厘,此不可行,惟轮船不准拖带,此必应力持。　又,产货地方先抽厘金,丝蚕向于卖出时并抽一道,浙亦同。棉花视运行远近为厘金之多少,今将江北、江南花行令厘金一次完纳。新约只准租栈存货,并无准其开行字样,此节当力持。如林董来问,可告以中国恤民之政与外国无涉。此两件明日递。　又,思得一策,此次息借商款共二百二十六万,五月已还利一次,十一月即应本利并还,拟即移此款开办局,将利银仍给本户,本银即转于商务局,以钱庄当店二十家作保,有愿开机器仿制洋货者借给公款,至多不过十万,分十年还清,其愿收回本银者听。机器以缫丝为一大宗,拟设厂于无锡兼开蚕行,此外各厂皆设于上海。织绸厂只可另议。　片:驳杨昌浚摺报语模糊不切实,应通饬各督抚不得如此。

电报五件:浙抚廖:缫纺局补救无多,小轮船无济货厘,厘重税轻不啻驱华入洋,所损尤巨,莫如就苏、杭设洋关,置税司,厘税并征,中外两得其平,请总署与总税务司订条款。　南洋:请调丁忧道员杨枢、海宁州牧李熹来江办商务。　刘:病稍愈,拟由唐山赴津就医。又,昨日张、赵[①]:小轮、棉花二件同递。江西德[②]请以翁曾

---

① 湖广总督张之洞、江苏巡抚赵舒翘。

② 指德馨。

桂署藩，裕昆署臬。

电旨：张、赵电悉。商款二百二十六万，准其借给，商务局，分十年归还，惟机器厂商人亦须自借资本，不得专用官款，致外人藉口，谓为官饬商办，又生枝节。小轮专走内河，崇明、宁波两路可不必办。棉花就行抽厘甚扼要，即照行。本日廖奏纺织厂获益无多，小轮船流弊甚大，拟于苏杭设洋关置税司，厘税并征是否可行交总理衙门酌办。杨枢、李圭著分别咨调。　赵：大略以商款二百二十六万借给绅富，与张电同，并力劝绅民并官场亦入股。　刘：曾广钧之钢、武二营二哨，李光久屡请裁撤，应请旨加恩饷照章发给，购器造房期年方成。　庆、边：华山闹事，鹿教士云六七十人，又云百人，而领事出名单，竟至二百数十人，其为挟嫌无疑，现获犯已及百人，有确供者十三人，尚有十馀人未经鞫定，按命抵偿，已有盈无绌。现派许星翼与古田领事商，俟定议再闻。　龚：昨奉旨告别外部野山地事，今早奉铣电，探沙已赴乡未回，约晤山侍郎，晤后再电闻。前山云系奉廷谕议派船，故沙有此急函等语。自系欧为害。篠。

是日，田贝到署坚欲派官二教士一往川查办，驳之不允。发电致杨大臣，令告外部。

二十日

封奏：熙麟摺：劾杨昌浚、雷正绾，请派大臣查办。为汤彦和诉冤。又，董福祥计抵陕，牛、马两军统归节制。旧部有闻风投效者著广为招募，克日成军，饷需由部筹拨，惟不得招用回众入营。　又，德：电悉，陈湜现赴甘剿回，翁曾桂署藩司，裕昆调署臬，均照准。

二十一日

封奏：都代奏：湖北麻城县漕弊。　胡薰馨摺：以勇丁挑挖河道,武清等处。片:浙西办盐斤加价,甲商周紫绶从中舞弊,请饬查。

电报四件:南洋张:上海丝厂利三分,纱厂利二分,若有大款可尽收利权,如设丝厂五处,每年可出丝五千担,值银三百馀万,则江南一省之蚕可归尽矣。又如设纱厂五处,每年可出纱二十四万包,值银一千二百四十万,则外洋进口洋纱五厂可以拒之矣。浙省现谕丁、庞两绅设缫丝厂两所,各借官本五万,以上办法需一千二百四十万,拟官代商借七成,令商自筹三成,借洋款五百万,息六厘,凑江省息借商款二百万,户部所借克萨一百万,此项洋款不必海关作保,即以各厂作保,兼以招商作保。商局值银五百万中外皆知,人多议商□借洋款,故拟此策而不敢不陈。不得已又思一小办之法,于本日第一电会奏。此摺件姑备一策,仰候○○圣裁。如户部筹有良法,无须筹借巨款,尤所深愿自当遵行。洽四。　刘:带钱字三营付将方友升愿凑足五营,随陈湜西征。　张:日本新约第六条从上海驶进吴淞江及运河,至苏州、杭州,此"运河"二字殊未明晰,当系由苏至杭之内河,抑指由镇江至苏州之运河,务于洋约内指明,以免牵混,请代奏。　庆、边:教案已获多犯,而领事意终未厌。窃谓案近仇杀,必应持平办理,若不分轻重,概予骈诛,恐众怒难犯,难免众怒。许道已弛往会商,晓以利害,以期速结。该道乃通商局员,洋案是其专责,已严饬妥切商办。又张之洞论铁路长电,明日递。

电旨:问杨昌浚近日河狄情形。　又,方友升可调,俟陈湜商定再闻。

二十二日

刘恩溥封奏:请照辽南办法,以三千万赎台湾,即再借二万万以赎亦可行，请邀各国公使同议。片：吴桥、东光一带有草上飞者强劫。

电报四件：张之洞：请调吴凤柱、陈凤楼带马队合千二百人赴甘帮剿。又，奏陈办铁路之法，洋洋两千馀言，归宿以四干路△枝路雇德匠，以路抵押，更正小国包办语。　庆、边：古田案秦守、炳守禀各犯供到华山约百人，到洋房者三四十人，行凶者十馀人，现首犯刘祥惺等三人全获，又获凶要闽清七等十二人，此外助势者亦获二十馀人，正凶无漏网。此案缉捕之速实不馀力，应请总署转商公使速谕领事，无过苛求，以便完案。　龚：沙赴乡未回，又令格里到外部约期。瑗赴部宣告并诘沙脾气太重，川案不能定刘督罪，不能请，山侍郎并乞示让法地广长里数指两乌，云沙已过海，两月方回。沙虽平正，实阴鸷。倭事英未与，且未得利，意不足，又教案迭出，欧又挟轻视之嫌，易于挑衅。瑗万言不如欧一电，祈外示亲密，勿决裂。

电旨：庆、边：凶犯既无漏网，即与领事商办速结。　又，张：拨枪械赴甘甚是，陈凤楼，吴凤柱毋庸调往。张电谓谭奉旨查由鄂至粤铁路并无其事，著查复张电铁路事太恢张难办。张近来电奏亦太繁冗，以后有数百字不能尽者，具摺以闻。

外摺：额勒经额：铁路万不可行，南漕万不可折。

二十三日

陈璧封奏摺：请复船政四条又各种办法。片：开矿之利。

电报二件：杨：河州固守如常，雷提督有病未能出队。北路援师初一战胜。宁河围亦松。马新良新添铺一战毙贼甚多，贼目阎秃子箝制回众不准投诚，八方回目，心已涣散。董提督到后得一好仗，河回可了。西宁回时至近城，邓镇杀贼颇多，城内足资防守。

李提督抵岷番后派队搜捕，道路疏通，电线复设，饷亦起解西宁。但野猪麻一股数千屯于碾伯、享堂一带，非扑灭不能进至西宁。杨[①]：见外部，辨驳良久，据称中国已允英派人会英领事赴川查案，美教士产业在川独多，非确查妥办难弭后患，法已查毕，英派人在即。美华利益一体均沾，总统不欲以英法所查为据是体中国不愿美英会查之意，前称不附英，谓英借端要挟，不预闻。至保护教民，美英无异云。个。

电旨：依克唐阿：所奏悉。仍著稳慎固守，毋涉孟浪，刊刻关防著用厢黄旗汉军都统字样。

二十四日

电信四件：南洋张：前电谭奉旨云云，系误会，至六路分勘，诚一时难办。臣意非欲同时并举，措词未能明晰。　北洋：王吴凤柱万不可调。　龚：晤山、巴两侍郎，宣明旨意。伊将薛使盖印野人山图查出细阅，云沙已派巴与印度部侍郎议此事，应当将野人山界图另绘，约二十五到外部公看，再将沙意言明等语，英存盖印图，自与进呈图无异。查图内红奔河自北而南，流至太平江而东行。旨允酌让红奔以南数里，究在纬度线几度，乞示。个。　又，昨与山又言川案结可议刘罪并辩状复字，山云此意我等皆抱歉，沙故转计，请总署密告欧，刘何处分，可俟川案结再办等语，外部总以轻视英介怀，皆欧先入之言，瑗力辞稍解。养。

电旨：德寿已调江西巡抚，所有交查事件著交谭继询查办。

二十五日

封奏：吴光奎摺：劾刘秉璋不能弹压教案，未起事前有匿名遍

---

① 指杨儒。

帖,云云。　无电报。　总署复龚电,递下又发:谏电悉。红奔河以南"南"字系"西"字之误,惟阅地图,穆雷江以南、红奔河以西野人山地酌量少让则可,此在执事之设法维持。

二十六日

电报二件:刘:陈湜请添足二十营,又马队三、四营。　鹿:重庆不开议,深恐黎庶昌推诿。

电旨:陈湜到关,著添足二十营,并方友升在内,陈善著饬回皖。　总署电信致川督川案英、美两公使种种要挟,英拟刘前督罪名,美欲派员入川,此等情形非黎道推诿,现在可否将法案先结具奏,若待英、美全完定议,恐无了期。

二十七日

封奏:徐桐折:请将李鸿章放归田里。片:劾盛宣怀、马建忠。

电报三件:广督谭:越匪又将李约德抢往摩岭,在越南界。苏提督带八百人、清培楷带六百人在北仑中国界搜捕。　董福祥:二十四抵西安,请添募马队数营。　龚仝:有电敬悉。查薛使画界图,穆雷江南、红奔河以西归英,英执印图为据,难争论。乞查进呈印图,将允让野山地经纬度数,酌示遵办。有。

电旨:饬依克唐阿:于荫霖著赏三品顶戴来京陛见。

二十八日

无封奏:电报无递者。

二十九日

封奏四件:都代递关榕祚等三人折:开广西矿。又,湖南革员张铭控案。　熙麟折:流民饥毙,请资遣回籍。片:掩埋暴露。溥松折:土棍数名,各种皆有,请拿办。

电报三件:鹿、刘:派臬司赴重庆,请总署告美使,无庸派人往川。　庆、边：古田案已将柳久迷、陈番孖、林难民、林先、叶明日、陈侵赎、戴收营七名正法，公使云办犯伊可作主，结案须公使奏彼廷。后数日折来有刘祥屿、张赤、郑九三三名，而此未见何也？　西宁奎顺：城关回匪勾通叛乱，北川、西川贼屡次扑城，待援甚急。邓增接仗。

电旨：谕庆裕等：古田已办七犯，馀须取有在场动手确供，不可多杀，领事既观审签字，谅无异词，饬该道等议结案。　又，谕杨昌浚拨军火接济西宁。　又，谕董福祥速进派队援西宁。　又，谕奎顺固守西宁，先靖城厢之贼，毋令内外勾结。　又，谕许景澄：归辽事，三国既电驻使，何以日廷久无复音？即电复。

三十日

封奏一件：杨福臻摺：请删待质公所之条。

电报三件：刘：裁撤周兰亭一营。　王：留季邦桢备替署臬司。　裕：报二十五日到日本。

外摺：西宁将军宗室钟泰请募二十营土勇，请饷四万，以后由川、陕、晋接济，请军火并后膛枪五千杆、炮二十尊。

电旨：准奎顺募勇不得过十营。　又，令杨昌浚拨银四万接济奎顺募勇。　又，饬刘、王查缴回军械现有若干。

八月初一日

电报三件：边：报庆裕三十日出缺。　杨儒：川案总统办法已决，如中国轻弃邦交，独不允美查办，惟有用最捷最得势之法，自行办理。词甚决绝，辩商再四，坚执如前。又接勘电，窃以总统、外务均为教士毁谤所迁，闻外务日内回都，当再而力争，恐亦无益。俭。　龚：廿六外部将野山就薛印图另绘画线，由荫伯坪起偏东而南，顺山脊到三达，又而南，至北纬二十四度十五分，向西南顺南碗河折向东,南至瑞丽江,循江南支至孟卯相近处,又向东北,至北纬二十四度十分,东经九十八度五十五分,向南顺山脊至工隆八关、科干皆在内。沙未回,英派庸、黎两侍郎,二十八会议。臣云看所划图,非待友邦之意。彼云欧到署请缓画押,不久,系失约轻视,今请非过分。臣以猛地属宁洱,载在志书,总署未见江洪界图,欧又不肯将图借证,虽与法画押,未批准,何失约轻视?若藉此多索地,恐人见笑,于英声名有碍。巴云究如何议?臣云前已告明,奉〇〇〇作交情,于红奔河酌让数里,此番划界,不能复命。巴云如缅约第五条何?臣云不动缅约足矣。巴默然久之,曰应否候信再商。臣云请重邦交,方可再议,辩至数时之久,英实贪得,恐难结束。现不敢遽请代奏。英始终以失约轻视见怪,明露骗端,大国亦如此奈何?惟祈酌度,不动缅约,另设他法。示瑗,并密告施使,英为难事多,勿言英索野地多寡,瑗奉示后,再与法外部商,英知与法又有办法,不受挟,或易商减,否则至交猛地时,无可挽回,关系甚大,乞速酌示。啸。　又来递电:陕甘:接陶模电,闻英、俄在帕米尔分界已有成议,曾否通知总署?　奎焕:查界事拟明年办理,前奏函致三条,务望酌定其一电复。

电旨:派边宝泉署福州将军。　又,总署是日电龚应设何法并与法商何事,如有办法,即电复。

初二日

电报二件:刘:收缴军火数目并陈湜坚请添足二十营。　王:收回缴存军火数目。

外摺:徐致祥保朱之榛、廷茂、吴杰(武)、廖天佑(武)[①]。

① 此处与八月十五日内容有误,此四人八月十五日记载系刘坤一保荐。

电旨:令王文韶拨枪二千杆备宁夏来领　又,告刘坤一:陈湜仍带二十营,无庸再添。　又,吴廷芬何日起程。

初三日

封奏二件:易俊摺:乡会中额请减。片:减学额。片:榜下中书应疏通,请停考中书一次。片:湖北银元须防偷减,又请库上收银元。　翰代黄思永摺:修顺直河道,陈积弊四端。

电一件:许全:俄外部称三国告复,日外部但言俟商伊相再复,现未得续耗,谨闻。三十。

初四日

电三件:刘:魏光焘请移营入关。　裕:复奏吴廷芬尚未报起程。　董:马队募一营,初三由陕起程,闻海城又有贼兼敌军情急,后路空请饬吴统带速开。

外摺:廖寿丰条陈:铁路、水师学堂、矿务,制造,归本于崇俭以理财,核实为用人,又溯源于上下一心、实心求是八字。　张斯桂条陈十端:铸银元、放银元、行银票、核税契、办洋税、兴商,以上开源。裁冗官、裁冗兵、省局务、节糜费,以上节流。　单一件驳户部所奏为不足偿巨款。

电旨:准魏光焘移扎山海关。　又,谕刘树堂:牛师韩一军本令由陆赴甘,今改水道又复迟滞,实属懈弛,著催令速进,毋许刻延。

初五日

电三件:路透报:德决意帮俄、法,设法催日本速还辽东。又,土耳其属亚米尼亚杀教士多命之案,各大国令其改变国政,土已允办,诸大国甚不合意仍设法催逼。　又,英沙侯以古田案欲将总署及各大员惩办,并将催中国照此意办。以上二件李鸿章送总署。　杨:昨见外务议论与署外务同,难望转圜,可否变通办理,请酌示。江。

初六日

电报三件:依:于荫霖遵即入都陛见。　许:德外部告汕头教堂被抢,已电绅使严办,口气极重。又称日耳曼厂造船可靠,愿与海部同荐,嘱电达。　龚全:东电悉。令庆常来英,密告回法晤哈外部以猛地法既不力与英辩,中国甚为难,或另商转圜了结。探哈意,俟庆常回信再电闻。豪。

初七日

都代递四川举人李德昭呈,新津人家被迭劫。　杨颐摺:为湖南知县张铭诉冤,谓席宝田实蚀勇饷三百万,请交张之洞查办,兼劾谭抚。　洪良品摺:请练禁兵三万,仿团营之制。片:以权词谢赔费以待翻约。片:建育婴堂于天主堂侧,以示保护。片:劾长顺,用文温、明征、富兴三人。

电信四件:依:于荫霖八月初六日起身。　福:吴廷芬八月初三起身。　裕:陈湜于察哈尔马内拨二百馀,并借给银五千,七月二十九开拔。　魏:复奏移营入关,约节后可拔。

初八日

联锦摺:接刘永福信,不知何来,迹近匿名。内参姚近范、任如芬、苏绍良三人携饷捐官。任改江南。

电一件:鹿:毁堂匪犯正法六名,拟军流、枷、笞杖者十三名,法案即日出奏。臬司俟信赴重庆。闻美派三人由水路来川,不知英案仍在重庆议否?如定局,祈早示。

电旨:予杨昌浚所保人员著存记,阵亡各员交部议恤。

初九日

庞鸿书摺:野人山不可让,请派大员查勘。片:盐务督销局应撤。片:劾太仓州金光炘。

电二件:甘督:回攻河州,二十二一战,毙贼甚多。西宁甚紧,李培荣由平番进碾伯大小峈,后被贼据,未能进。大通县困守如故。近日贼屯洮河黄河南。董军约八月下旬可到。陕将叶占魁何建威到狄,意见不合。　龚:新报中国不肯议刘罪,英派多轮进长江等语。探外部于此事现与欧如何云,如有为难乞示,当与外部说。未递一件裕庚初八进国书,庚安见日后。

电旨:饬杨昌浚责成李培荣进援西宁,何建威、叶占魁归董节制。　饬董福祥多招马队,吴云伍催令赴甘,白遇道准调。饬张之洞查湖北铁政局质不良,价较贵,须除此二弊,快枪尚未制成,著通盘筹划。　谕鹿传霖法案具奏,驿递需时,著将此案起事根由、获犯名数及省城大小各员应得处分详细具陈,毋赘毋略,限三日内电到,不得刻延。　又,总署发川电,令将保甲局周道及首府县附参,即日电奏。

初十日

电二件:刘:李光久所部老湘营可否撤回江南。　许全:询外部,称辽事尚无驻使确复。惟察知日廷看得甚难办云。庚。

十一日

端良封奏摺:裕德、会章轿车夫于考试时抢人勒赎及抢物件。片:街道厅公款收御史私宅,致魏晋桢、桑书腾布[①]。

电二件:吉林将军富国塔准俄文,欲于三姓依满河口采取石块与约章不符。由总署复。　署晋藩恩霖:张煦于初十日出缺。电旨谕龚照瑗:本日已将刘秉璋永不叙用。又,许景澄于俄日交情谅

① 原文如此。

能探悉。今辽议迁延，应告外部专待俄廷转圜，以符帮助到底之说，如俄有他意亦当电陈，总之开诚相与，上紧催问是该大臣之责，毋得因循致误。　是日，据吴光奎参刘秉璋摺明发一道，将刘秉璋革职永不叙用。

十二日

戴恩溥封奏摺：各仓陈米筛飏，请饬户、仓定折耗，每石若干数目。片：上驷院粟米请改放籼米。

电三件：依：请长顺军缓撤。　边：古田案已办七犯，馀讯明动手者亦当正法，而领事必欲照不分首从例，几生衅，此受教民怂恿。领事称非伊所能结案，许道无从与商，请总署商英使示复。　龚：庆常晤哈外部，告界务为难。哈云英谓另与华议，不挠猛事，法有公文责欧无礼，英已调换。今英与华为难，当再与辩。英因川案入江寻衅，法约俄防范保大局。倭迟退辽当再催，以闽案宜速结，布告各国。铁路法商可集款，俄外部现在法，即面商，已电施使等语。哈虽云猛地与英讲，英未必理，幸法有肯认自辨语，瑗于英执定未失约为辞。哈期未议定，不交猛地，英无藉口，俟法转圜，两不伤和。欧调俄，驻京英使未选定。

是日，川电一件未递。

十三日

电一件：鹿传霖：四川教案议结。恭寿、鹿传霖、刘秉璋三人连衔，刘自请议处，周道振琼、唐守丞烈皆声明，请从宽，凡千馀言。

十四日

电二件：崧蕃：是否兼署云南巡抚。　边：许道电称林祥兴等六犯供，诸领事不肯签字，亦不观审，并言华山案犯二百人仅拿四十馀，地方官实阴庇，交单一纸迫令徐镇穷搜，云云。此系教民播弄,恐激他变,可否先告公使,俾勿偏听生疑。

电旨:云抚仍著崧蕃兼署。

十五日

电二件:刘:陈湜十三日到石山站,并称援甘须二十一复,除本部及方友升各营外,尚应募六营,似此迁延更久。

电旨:陈湜俟入关后与刘坤一商酌,挑足二十营,其添募六营,著毋庸议。

许:遵旨催向外部,据基斯敬云:日仍无复信,告以中国注盼甚切,商请电催。彼云辽事俄国一样注重,计不久必有复,无庸致催。又云现揣俄日意见不同者只在付头期兵费并赔费后退兵,或在二期后迟速之故,但此时尚难确告等语。罗拔往法饮水未通,察基口气似无他意。又上月杪,德宰相来俄,俄主密告须日本退辽后并退高丽兵,其交谅难骤合,请代奏。元。

刘坤一:八月朔保毛庆蕃、曾丙熙、唐际治、林志道,又李光久。　徐致祥:保朱之榛、延茂、吴杰(武)、廖天佑(武)。

本书有关人物名、字、号索引

五画

六画

华峰　魁　麟
华潭　鲍源深
竹孙　史恩培
竹筼　许景澄
竹坡　宝　廷
竹铭　曹鸿勋
竹垞　朱彝尊
尧峰　华祝三
仲山　廖寿恒
仲良　刘秉璋
仲芳　聂缉椝
仲渊　翁曾源
仲宣　吴　棠
仲路　溥　颋
仲约　李文田
仲岳　罗泽南
仲鲁　刘可毅
仲鲁　杨沂孙
仲鲁　志　钧
仲复　沈秉成
仲诚　边宝泉
伟如　潘　蔚
伟堂　雷正绾
庆云　陈国瑞
亦韩　陈祖范
次山　恽世临
次远　恽彦彬
次侯　赵宗建
次棠　于荫霖
西林　英　翰
西亭　杨　晋
吉甫　贺寿慈
吉南　杨同升
吉卿　翁曾纯
百斋　桑春荣
耳伯　孙承泽
地山　崇　厚
地山　单懋谦
芗泉　蒋益沣
艮峰　倭　仁
师郑　孙　雄
芝轩　潘世恩
芝莽　麟　书
芝盦　麟　书
芝生　龙湛霖
芝台　周祖培
芝孙　丁祖荫
芍亭　彭祖贤
芍棠　王之春
朴山　崇　实
朴庵　奕　谖
朴园　奕　谖
屺怀　费念慈
达峰　乌拉喜崇阿
怀清　曾　钰

七画

吾山　陆襄钺
近仁　管廷献
体斋　朱根仁
伯元　阮　元
伯述　汤纪尚
伯玉　何　璟
伯平　陈启泰
伯恭　王仪郑
伯羲　盛　煜
伯涵　曾国藩
伯简　刘熙载
伯寅　潘祖荫
伯英　邵松年
伯葵　陆宝忠
伯瑜　钱宝琛
伯潜　陈宝琛
伯愚　志　锐
克斋　胜　保

八画

咏春　杨沂孙
剑泉　景　寿
念劬　钱　恂
定盦　龚自珍
孟朴　曾　朴
诗舲　张祥河
宝生　庞钟璐

九画

南田　恽寿平
南园　钱　沣
药房　翁同书
荇农　周寿昌
荫轩　徐　桐
荫堂　屈承干
荫堂　王榕吉
星斋　奎　润
星斋　罗惇衍
星岩　文　煜
星岩　冯汝骙
星叔　许庚身
星台　许应鑅
春圃　祁寯藻
春岩　穆图善
春浦　穆图善
郦亭　庞鸿书
香涛　张之洞
省三　刘铭传
秋亭　李金镛
秋坪　景　廉
信臣　李端棻
俭卿　景　廉
衎石　钺仪吉
建霞　朱凤标
恒轩　吴大澂
恒斋　丁立钧
彦卿　岑毓英
亮生　朱　采
荫方　皂　保
祝三　宋　庆
祖庚　翁同书
树南　延　煦
柏斋　桑春荣
柳门　汪鸣銮
柳堂　吴可读
冠三　呼延振
禹生　丁日昌
禹廷　丁汝昌
退谷　孙承泽
映南　张　鸿
觃生　胡林翼
�仙　钱振常
思白　董其昌
适斋　崇　实
荔门　阎敬铭
荔秋　陈兰彬

十画

莼客　李慈铭
耕烟　王　翚
振仙　张树声
振轩　张树声
莱山　孙毓汶
起东　刘宗周
起田　瞿式耜
润民　边宝泉
润芝　胡林翼
涛园　沈瑜庆
涤生　曾国藩
席卿　锡　珍
康侯　刘麒祥
朗亭　沈兆霖
朗斋　张　曜
朗青　王德榜
海珊　翁曾翰

十一画

十二画

十三画

十四画

雁汀	王庆云	筱云	徐用仪	蕲生	胡聘之
博川	文 祥	筱岩	梅启照	毅斋	刘锦堂
惺吾	杨守敬	筱泉	胡瑞澜	憩棠	程楙采
牥山	嵩 申	筠仙	郭嵩焘	箴庭	福 锟
渠庵	庞鸿书	筠堂	贾 桢	静庵	琦 善
琢如	曹毓瑛	筠庵	许应骙	蔼苍	沈瑜庆
景山	马玉昆	蓉洲	王宪成	翰宇	沈葆桢
景亭	冯桂芬	稚璜	丁宝桢	阆斋	龚守正
尊古	黄 鼎	睦庵	瑞 联	阆斋	廖寿恒
紫铨	濮子泉	睦轩	郑敦谨	豫甫	立 山
鲁艻	王毓藻	愙斋	吴大澂	穆堂	鲍源深
敬甫	谭继洵	鉴堂	李秉衡	儒卿	吴鸿纶
椒生	王之春	韫卿	董 恂	衡山	文征明
锐卿	宝 鋆	韫斋	刘 昆	濒石	杨泗孙
蛰生	孙家鼐	蒿庵	冯 煦	粹甫	朱其诏
		颐伯	丁寿昌	偲山	马新贻

鼎丞	翁奎孙	偲似	廖寿丰
楞仙	钱振伦	蔼云	志 和	墨井道人	吴历
慎伯	包世臣	蔼堂	庆 常	薇言	童 华
筱轩	吴长庆			薇卿	唐景崧
筱山	额勒和布	## 十四画		燕山	桂 良
筱山	翁曾桂			燕廷	刘喜海
筱沅	任道镕	潭溪	翁方纲	襄臣	石赞清
筱荃	李瀚章	慰庭	袁世凯	燮臣	孙家鼐
筱峰	昆 冈	蔚之	唐文治	霞仙	刘 蓉
		蔚若	吴郁生

本书有关人物谥号索引